C000129864

1 MONTH OF
FREE
READING

at

www.ForgottenBooks.com

By purchasing this book you are eligible for one month membership to ForgottenBooks.com, giving you unlimited access to our entire collection of over 1,000,000 titles via our web site and mobile apps.

To claim your free month visit: www.forgottenbooks.com/free927587

* Offer is valid for 45 days from date of purchase. Terms and conditions apply.

ISBN 978-0-260-09494-0
PIBN 10927587

This book is a reproduction of an important historical work. Forgotten Books uses
state-of-the-art technology to digitally reconstruct the work, preserving the original format
whilst repairing imperfections present in the aged copy. In rare cases, an imperfection in
the original, such as a blemish or missing page, may be replicated in our edition. We do,
however, repair the vast majority of imperfections successfully; any imperfections that
remain are intentionally left to preserve the state of such historical works.

Forgotten Books is a registered trademark of FB &c Ltd.
Copyright © 2018 FB &c Ltd.
FB &c Ltd, Dalton House, 60 Windsor Avenue, London, SW19 2RR.
Company number 08720141. Registered in England and Wales.

For support please visit www.forgottenbooks.com

ANNALES

DES

SCIENCES POLITIQUES

Revue bimestrielle

Publiée avec la collaboration des professeurs et des anciens élèves
de l'École libre des Sciences politiques

VINGT-TROISIÈME ANNÉE

I. — 15 JANVIER 1908

FÉLIX ALCAN, ÉDITEUR

108, BOULEVARD SAINT-GERMAIN, PARIS

COMITÉ DE RÉDACTION

M. ANATOLE LEROY-BEAULIEU, de l'Institut, Directeur de l'École libre
des Sciences politiques;

M. ALFRED DE FOVILLE, de l'Institut, Conseiller maître à la Cour des Comptes
M. STOURM, de l'Institut, ancien Inspecteur des finances et Administrateur
des Contributions indirectes;

M. AUGUSTE ARNAUNÉ, ancien directeur de l'Administration des Monnaies,
conseiller maître à la Cour des Comptes.

M. A. RIBOT, de l'Académie française, Député, anc. Président du Conseil des Ministres;

M. LOUIS RENAULT, de l'Institut, Professeur à la Faculté de droit de Paris;

M. ROMIEU, Maître des requêtes au Conseil d'État;

M. VANDAL, de l'Académie française;

M. ÉMILE BOURGEOIS, Professeur a la Faculté des lettres de Paris.

Professeurs à l'École libre des Sciences politiques.

RÉDACTEUR EN CHEF :

M. ACHILLE VIALLATE, Professeur à l'École libre des Sciences politiques.

Les ANNALES DES SCIENCES POLITIQUES (Vingt-deuxième année,
1907) sont la suite des ANNALES DE L'ÉCOLE LIBRE DES SCIENCES
POLITIQUES. Elles paraissent tous les deux mois (en janvier,
mars, mai, juillet, septembre, et novembre), par fascicules grand
in-8.

PRIX D'ABONNEMENT
Un an (du 15 janvier)

Paris...............................	18 fr.
Départements et étranger..............	19 fr.
La livraison.........	3 fr. 50

On s'abonne à la librairie FÉLIX ALCAN, 108, boulevard Saint-Germain,
Paris; chez tous les libraires, et dans les bureaux de poste.

Les années écoulées se vendent séparement : les trois premières, 16 fr., les
suivantes, 18 fr. chacune. Les livraisons des trois premières années se vendent
chacune 5 fr.; à partir de la quatrième année, 3 fr. 50 chaque livraison.

FÉLIX ALCAN, ÉDITEUR

BIBLIOTHÈQUE D'HISTOIRE CONTEMPORAINE

Viennent de paraître :

Le protestantisme au Japon (1859-1907), par R. ALLIER,
agrégé de philosophie. 1 vol. in-18............................... 3 fr. 50

Sophismes socialistes et faits économiques,
par Yves GUYOT, ancien ministre. 1 vol. in-18.................. 3 fr. 50

La politique coloniale en France de 1789 à 1830, par P. GAFFAREL, professeur à la Faculté d'Aix-Marseille. 1 vol. in-8... 7 fr.

DU MÊME AUTEUR : Les Colonies françaises. 6e édition. 1 vol. in-8......... 5 fr.

Bismarck et son temps. T. III. Triomphe, splendeur et déclin (1870-1896), par P. MATTER, substitut au tribunal de la Seine. 1 vol. in-8............................. 10 fr

Précédemment parus :

I. La préparation (1815-1862). 1 vol. in-8......................... 10 fr.
II. L'action (1863-1870). 1 vol. in-8............................. 10 fr.

DU MÊME AUTEUR : La Prusse et la Révolution de 1848. 1 vol. in-16.... 3 fr. 50

La question d'Extrême-Orient, par E. DRIAULT, 1 vol. in-8............... 7 fr.

DU MÊME AUTEUR : La Question d'Orient. Préface de M. G. MONOD. 3e édition.
1 vol. in-8.. 7 fr.

DISCOURS

PRONONCÉS

A L'INAUGURATION DU MONUMENT ÉLEVÉ A LA MÉMOIRE

D'ÉMILE BOUTMY

FONDATEUR DE L'ÉCOLE LIBRE DES SCIENCES POLITIQUES

LE 12 JANVIER 1908

Le dimanche 12 janvier 1908, le monument élevé à la mémoire d'Émile Boutmy, fondateur de l'École libre des Sciences politiques, dans le préau de l'École, a été inauguré, en présence des membres du conseil d'administration de l'École, du Comité de perfectionnement, du corps enseignant, des anciens élèves et élèves, et de ses anciens amis qui avaient répondu à l'appel du Comité de souscription. La séance était présidée par M. Léon Aucoc, de l'Institut, président du Conseil d'administration de l'École, président du Comité de souscription pour le monument Boutmy. Deux discours ont été prononcés : par M. Anatole Leroy-Beaulieu, de l'Institut, directeur de l'École, et par M. Albert Delatour, directeur général de la Caisse des Dépôts et Consignations, président de la Société des anciens élèves et élèves de l'École libre des Sciences politiques.

Discours de M. Anatole Leroy-Beaulieu, de l'Institut, directeur de l'École libre des Sciences politiques.

Mesdames, Messieurs,

Dès le lendemain de la mort inopinée d'Émile Boutmy — il y aura déjà deux ans à la fin de ce mois — ses collaborateurs et ses amis songèrent à lui dresser un monument dans le préau de l'École, de façon qu'il restât à jamais présent parmi nous, et qu'il continuât, comme par le passé, à veiller sur son œuvre et à encourager nos travaux.

Il se forma, dans ce dessein, un comité sous la présidence de M. Aucoc, président de notre Conseil d'administration. Les souscriptions affluèrent, de tous les points de la France et de nombreux pays étrangers; elles vinrent des élèves et des anciens élèves, comme des collaborateurs de Boutmy, montrant combien profond et vivant était demeuré, chez tous ceux qui l'avaient approché, le souvenir de ce grand éducateur.

Nous pouvons le dire, avec une légitime fierté, le monument élevé par vous, Messieurs, à la mémoire de Boutmy, est, de tous points, digne de l'homme que nous voulons honorer. Le mérite en revient, tout entier, aux artistes qui l'ont conçu et exécuté. Il revient au savant architecte, à qui l'École devait déjà tant, à M. Nénot qui, avec un goût d'une sûreté rare, a su nous donner un chef-d'œuvre de grâce simple et de sobre élégance, où l'harmonie des marbres rehausse la pureté du dessin. Il revient au maître illustre qui, dans le bronze d'une médaille impérissable, avait gravé, pour les siècles, le noble profil de notre ami. Pour faire revivre, parmi nous, les traits de notre fondateur; — ces traits aux lignes délicates et fermes, où comme dans son intelligence et son caractère, la vigueur apparaît sous la finesse, — nous n'avions qu'à reprendre, en l'agrandissant, l'admirable médaille offerte à Boutmy pour le 25ᵉ anniversaire de la fondation de l'École. C'est ce qu'a su faire, avec une scrupuleuse habileté, un sculpteur de talent, M. Drivier. Chez Boutmy, à côté de l'éducateur, de l'écrivain, du philosophe politique, il y avait, toujours vivant, un artiste. L'œuvre de MM. Nénot, Roty, Drivier, eût satisfait le sens de la beauté de l'auteur de la *Philosophie de l'architecture en Grèce*.

Messieurs,

L'École fondée par Boutmy a traversé victorieusement l'épreuve la plus redoutable pour les œuvres humaines. Elle survit à son fondateur, à celui qui, jusqu'en ses dernières semaines, alors que la maladie le tenait éloigné de nous, en était resté comme l'âme invisible. Non seulement, elle continue à vivre, de la vie forte et libre qu'il avait mise en elle; mais elle continue à grandir après lui.

Plusieurs d'entre vous, quoique le nombre hélas! en aille sans cesse diminuant, ont assisté, place Saint-Germain-des-Prés, dans une salle louée à l'heure, aux humbles débuts de cette École, où se pressent aujourd'hui des élèves du monde entier. Ils savent de quelle haute inspiration est née cette grande œuvre; et ils savent aussi qu'elle a toujours été fidèle à l'esprit dont l'avait animée Boutmy.

Scholæ in luctu publico spe indomita conditæ, lisons-nous sur l'exergue de la médaille où Roty, avec un art merveilleux, nous représente la patrie, déposant une palme sur la chaire de l'École.

Elle remonte, cette école, — nous avons le droit de nous en faire honneur, — à l'époque déjà lointaine, et déjà peut-être trop oubliée, — des grands revers de la France. Tous alors, j'en prends à témoins les survivants de ces temps douloureux — mais temps aussi d'espoir indompté et de vivaces énergies, — tous nous songions à refaire la France, à la refaire matériellement et moralement, à la refaire d'abord au dedans pour la refaire bientôt au dehors. La politique était naturellement, avec l'armée, le premier souci de la France vaincue; car, si notre France avait été défaite et mutilée, la faute en était, avant tout, aux erreurs ou aux inconséquences de sa politique.

Pendant que la plupart des Français, en leur ardent désir de reconstituer la France, étaient surtout préoccupés de la doter d'institutions qui lui pussent assurer la liberté, la stabilité, la paix intérieure, Boutmy, plus sage, songeait surtout à faire des hommes. Il sentait que si importantes que fussent les institutions, si grand intérêt qu'eût la France à ce qu'elles fussent adaptées à ses besoins et conformes à son génie, les institutions et les constitutions ne valent jamais que ce que valent les hommes appelés à s'en servir. Ce maître en histoire constitutionnelle savait déjà que, si ingénieuse que puisse être une machine politique, si bien agencé qu'en semble le mécanisme, elle ne peut fonctionner sans accidents qu'aux mains de mécaniciens instruits et expérimentés, capables au besoin d'en réparer ou d'en renouveler les rouages. Ces mécaniciens, ces techniciens, ces spécialistes politiques, il résolut de les donner à la France.

Il n'était pas de ceux qui, avec une superstitieuse révérence, attribuaient à l'instruction obligatoire et à l'instituteur prussien les victoires de Moltke et les triomphes de la diplomatie bismarckienne. Si noble et si urgente que lui parût la grande tâche de l'éducation populaire, Boutmy sentait qu'elle ne pouvait suffire au relèvement d'un pays tel que la France. Certes, c'était servir la patrie, encore meurtrie de ses défaites, que d'élever, pour la France et pour la République, des générations de citoyens libres et de patriotes conscients; mais eût-elle entièrement réussi, en cette tâche nécessaire, que l'œuvre de l'éducation nationale fût demeurée incomplète. Pour replacer la France à son rang parmi les nations, il fallait quelque chose de plus et de plus difficile encore; il fallait assurer, à la démocratie française, des hommes capables d'en discipliner l'effort et d'en diriger les énergies, au dehors comme au dedans; à l'État, des serviteurs aptes à en conduire tous les grands services; il fallait dresser pour la France nouvelle, des administrateurs, des financiers, des diplomates, des politiques — et si possible, lui élever des hommes d'État.

Cette œuvre, malaisée entre toutes, la plupart des Français, s'ils en eussent aperçu la nécessité, l'eussent confiée, selon la routine séculaire, à l'autorité omnipotente dont ils étaient habitués à tout attendre, à l'État. Tout autre était la pensée de Boutmy.

Il croyait que pour rendre à la France, et à l'État lui-même, tous les services qu'il leur en promettait, un pareil enseignement avait, par-dessus tout, besoin de liberté et d'impartialité; il jugeait que, par cela même, il fallait avoir soin de le placer au-dessus des passions politiques et des luttes des factions, à l'abri de l'esprit de parti. Il sentait que, pour créer un pareil enseignement, pour le rendre vivant et fécond, il ne fallait pas s'adresser à tel ou tel corps de professeurs; mais, au contraire, en recruter les maîtres dans toutes les fonctions et les carrières, en faisant librement appel à tous les talents et à toutes les compétences, sans distinction d'origine, comme sans acception de partis.

C'est de cette conception qu'est née l'*École libre* des Sciences politiques. Pareille création, en un pays comme le nôtre, au lendemain de nos désastres, semblait au-dessus des forces d'un homme, d'un jeune homme surtout qui, malgré ses talents variés, ne possédait ni l'autorité d'un grand nom, ni la puissance d'une grande fortune, ni l'appui du pouvoir. Boutmy n'en réussit pas moins, en peu de mois, à ouvrir la nouvelle École. Grâce à sa ténacité douce, à sa souple énergie, à son rare don de persuasion, il sut se procurer les ressources et les concours nécessaires.

Miracle plus étonnant encore, il sut, pour cet enseignement improvisé, découvrir et, comme on l'a dit, inventer des professeurs, dont la plupart s'ignoraient eux-mêmes, et qui sont devenus, sous sa direction, l'honneur de l'École et de la France. Ces maîtres éminents, historiens, juristes, diplomates, économistes, financiers — hommes d'études ou hommes d'action, — hommes privés ou hommes publics — qu'il est allé chercher dans les milieux les plus divers, ces collaborateurs qu'il nous a légués, Boutmy ne me pardonnerait point de ne pas les associer, en ce jour, à son souvenir, comme ils l'ont été à son œuvre.

Avec de pareils maîtres, dirigés par un tel guide, le succès ne pouvait faire défaut. Il est venu, peu à peu, grandissant d'année en année, l'École se développant avec une régularité constante, à la façon d'une plante vigoureuse en un sol profond.

Le succès a été tel que, à plus d'un égard, il a dépassé les espérances de Boutmy, sans peut-être avoir égalé toutes ses ambitions.

Nous n'avons qu'à nous souvenir des jeunes hommes que nous avons vus s'asseoir sur ces bancs, depuis un tiers de siècle; nous n'avons qu'à parcourir la longue liste des diplomates, des financiers, des administrateurs, des écrivains, des politiques sortis de ces murs, et dont la plupart sont encore aux débuts de leur carrière, pour être fiers de l'œuvre dont Boutmy nous a faits les collaborateurs. Nous avons le droit de l'affirmer en glorifiant sa mémoire, cette libre École a donné à la France et à l'État, dans les domaines les plus divers, des serviteurs tels que, aux plus brillantes époques de sa longue histoire, la France n'en a jamais connu de meilleurs, de plus compétents, de plus dévoués. Diplomatie, Conseil d'État, Inspection des finances, toutes les hautes carrières publiques, qui ont trouvé en cette maison leur pépinière, possèdent aujourd'hui un personnel qui fera de plus en plus honneur à la France, et à l'École dont il est presque tout entier sorti. Et s'il m'est ici permis de ne rien taire de la vérité, j'oserai dire que la supériorité de certains de ces grands services éclaterait encore plus à tous les yeux, si les concours publics en étaient demeurés la seule porte, et si l'accès en restait toujours fermé à la faveur.

Certes un pareil succès eût suffi à la réputation d'une école et à la gloire d'un maître. Mais pourquoi ne pas l'avouer? ceux d'entre nous qui ont eu le bonheur d'être les amis de Boutmy et les confidents de sa pensée, savent que plus hautes encore avaient été ses premières ambitions. Il avait espéré ou rêvé davantage. Il s'était flatté de former ici une élite, ou, comme il aimait à dire, une tête de nation, à laquelle serait spontanément revenue, au moins pour une large part, la direction des affaires publiques. Noble et grand rêve, mais rêve téméraire, à tout le moins prématuré, en un temps comme celui-ci, en un pays comme le nôtre! Former une élite, préparer une tête de nation, Boutmy n'est pas le seul à y avoir songé, ni à y avoir travaillé. C'était bien là aussi l'espoir ou le rêve de tous les grands éducateurs qui, à côté de Boutmy, et parfois à son exemple, se sont efforcés de renouveler notre enseignement supérieur. Dirons-nous qu'ils y ont tous également échoué? Non, ce serait être injuste envers eux et envers nous-mêmes. Cette élite, cette tête de nation, à bien regarder autour de nous, elle existe, elle est au moins en formation, et nous y contribuons ici pour notre part. Mais, à une époque de rapide évolution sociale comme la nôtre, devant une jeune démocratie, ambitieuse et impatiente, confiante en ses forces et en ses lumières, et défiante de tout ce qui ne lui semble pas sortir de son propre fond, le plus malaisé n'est pas de former une élite, mais bien de lui assurer, en politique surtout, le légitime ascendant que réclament pour elle l'intérêt public et peut-être le salut même de notre Démocratie.

Cette élite, cette tête de nation, faut-il, pour cela, renoncer à la former? Boutmy ne le pensait point, et nous n'avons pas le droit d'en désespérer plus que lui. Des hautes ambitions qu'ils nous a léguées, nous n'en devons abdiquer aucune. Certes, ce n'est pour nous, ni une mince tâche, ni un mince honneur que de préparer à l'État des fonctionnaires compétents et des serviteurs dévoués, et mieux nous y réussissons, plus nous devons nous y appliquer; mais à cela ne doivent point se borner nos efforts. Pour demeurer fidèles à la pensée de Boutmy et à la vocation de l'École, engendrée par lui aux jours d'épreuves, il convient de ne rien abandonner de la mission de relèvement national qu'il lui avait osé assigner.

Schola virorum civiumque nutrix, est-il gravé dans le bronze de la médaille de Roty. Telle doit rester la devise de notre École, et telle est la tâche que tous, professeurs ou anciens élèves, nous devons l'aider à remplir.

Cette haute tâche, imposée à l'École par le patriotisme de son fondateur, la renommée de l'œuvre de Boutmy n'a pas permis que la France seule en profitât. Là encore, le succès a dépassé toutes nos espérances. Boutmy n'avait en vue à l'origine que la grande blessée de 1870; il s'est trouvé, conformément aux instincts et à la vocation de l'esprit français, qu'en travaillant pour la France, il travaillait pour le monde. Car son œuvre a bien vite débordé la France et l'Europe elle-même. Non seulement elle a rencontré, dans les deux hémisphères, des imitateurs, mais de tous les pays, de tous les continents, nous sont accourus des élèves, — de la jeune Amérique, ou mieux des jeunes Amériques, comme de l'antique Asie, impatiente de rajeunir. Faible ou puissant, monarchique ou républicain, il n'est peut-être pas un État, pas un peuple du monde qui n'ait été représenté sur ces bancs; il en est bien peu d'où ne nous soit venu, lors de la souscription à ce monument, des témoignages de reconnaissance envers le fondateur de ce large enseignement, ouvert sans distinction aux hommes de toute race, de toute religion, de toute civilisation.

Cet afflux d'étrangers, attirés à nous par son œuvre, Boutmy en était fier, pour l'École, et pour la France; il avait conscience que, par là aussi, il contribuait à relever l'ascendant du pays, auquel il conférait une primauté nouvelle. Son patriotisme n'avait jamais borné son horizon à nos étroites frontières. Il était heureux de voir cette École, fondée pour la France, devenir un centre international, sentant ce qu'y devaient gagner en largeur et l'enseignement de nos maîtres et l'intelligence de nos élèves. Comme aucune des hautes aspirations de ce temps ne lui était étrangère, pourvu qu'elle ne heurtât ni son patriotisme ni sa raison, il aimait à penser que, par l'unité des méthodes et par la confraternité des études, cette École française travaillait, pour leur bien mutuel, au pacifique rapprochement des civilisations et des peuples. Et c'est encore là une tâche à laquelle, fidèles à son exemple, nous saurons ne pas faillir.

Mesdames, Messieurs,

En inaugurant le monument du fondateur de notre École, vous ne me pardonneriez pas d'oublier ceux qu'il avait intimement associés à sa vie comme à son œuvre. Sa famille d'abord, cette famille encore récemment si cruellement éprouvée; sa noble femme, avant tout, compagne de ses heureuses et trop courtes années, confidente et collaboratrice de ses hautes pensées; celle qui, au lendemain même de leur union, était venue, avec lui, installer ici, en cette maison, un foyer trop tôt brisé, que la maladie, avant la mort, avait déjà rendu solitaire. Aucun de ceux d'entre nous qui ont eu l'honneur de l'approcher, n'oubliera jamais l'exquise et fière distinction de ses traits, la hauteur généreuse et la loyale vivacité de ses sentiments, le charme doux et sévère à la fois et la grâce sérieuse de toute sa personne, qui s'alliaient si bien, en un tout harmonieux, à la ferme intelligence et à la virile délicatesse de son époux. A cette noble femme, en cette heure même retenue, malgré elle, loin du monument élevé à la gloire de celui dont elle porte le nom, montent, aujourd'hui, avec nos respectueux regrets, nos douloureux hommages.

Après la famille de Boutmy, ses collaborateurs disparus. En ces murs où retentissait naguère leur voix, en ce jour d'hommage suprême au fondateur de notre École, n'est-ce pas, pour nous, un devoir pieux, de joindre à son souvenir, celui de ses collaborateurs qui l'ont précédé, — ou hélas! déjà suivi dans la tombe? Entre tous, vous me permettrez d'évoquer ici les deux plus illustres, Taine et Sorel, dont le nom demeure à jamais lié à celui de Boutmy, comme à la fondation de l'École. Qu'ils restent unis dans la mémoire reconnaissante de nos élèves, les noms glorieux de ces maîtres, de ces parrains de l'École, dont ils verront planer l'image au-dessus de leur front, en ce préau où, près du monument de Boutmy et du pensif médaillon de Taine, nous comptons dresser l'austère buste de Sorel! Qu'en se promenant, ou en discutant entre eux, à l'ombre de ces grands morts, ces jeunes gens de tous pays s'inspirent virilement, selon le libre esprit que nous nous efforçons de leur inculquer ici, des leçons et des exemples de ces maîtres de la pensée française.

Discours de M. Albert Delatour, directeur général de la Caisse des Dépôts et Consignations, président de la Société des anciens élèves et élèves de l'École libre des Sciences politiques.

Mesdames, Messieurs,

En célébrant, le 28 janvier 1906, l'œuvre admirable que Boutmy avait créée, Albert Sorel disait de lui : « Après avoir été en sa vie le chef de la famille, il deviendra le protecteur invisible du foyer construit par ses mains; notre ami d'hier est désormais l'ancêtre de demain. » Il l'est déjà et, bien qu'il soit toujours difficile de répondre de la mémoire des générations à venir, on peut cependant affirmer dès maintenant que le nom de Boutmy restera inséparable de celui de l'École libre des Sciences politiques.

Mais s'il n'était pas besoin d'un monument pour perpétuer le sou-

venir du fondateur de l'École, nous avons voulu néanmoins en conserver les traits, ici, dans ce préau qui lui était familier, à côté de
ce cabinet directorial où nous ne pouvons nous habituer à ne plus le
voir.

Ce profil est celui qui figure sur la médaille commémorative que
le grand artiste Roty avait gravée pour la Société des Anciens Élèves
à l'occasion du 25e anniversaire de cette Institution. Il restera ainsi,
dans l'École même, comme un témoignage de l'affectueuse gratitude
des trente-cinq générations d'élèves qui ont eu Boutmy pour directeur.

Si nous sommes devenus ce que nous sommes, c'est à lui que
nous le devons, c'est à la forte éducation intellectuelle qui est ici
donnée. Le but qu'il poursuivait, ce n'était pas de distribuer des
diplômes, c'était de faire des hommes capables de discerner le bien,
des citoyens capables de le vouloir. Aussi, parmi les professeurs
qu'il groupait autour de lui avec une si remarquable intuition,
voulait-il des hommes d'action qui, en contact journalier avec
les réalités, fussent à même de nous faire profiter de leur propre
expérience et de développer en nous, non seulement le savoir, mais
encore le goût de l'action sans lequel le savoir n'est qu'une joie de
l'esprit.

Ce but que Boutmy avait entrevu au lendemain de l'Année terrible, qu'il avait poursuivi avec son génie d'organisation et une douce
mais inlassable ténacité, ce but est atteint. Son rêve s'est réalisé :
la renommée de l'École est universelle, les nouveaux locaux eux-
mêmes sont désormais trop petits pour les élèves qui affluent de
toute part, de toutes les parties du monde, et l'œuvre qu'il a créée
contribue puissamment au rayonnement de la France !

De tous ces élèves, Français et étrangers, notre Société est en ce
jour l'interprète pour apporter ici l'hommage ému de leur reconnaissance et de leur admiration.

Avant de lever la séance, M. Aucoc prononce les paroles suivantes :

Mesdames, Messieurs,

Vous venez d'entendre d'éloquentes paroles. Il y a quelque chose
de plus éloquent encore, c'est le monument que nous inaugurons et
il parlera toujours.

Il évoque le passé glorieux de l'École qui éclaire le présent et
garantit l'avenir.

En présence de la fidèle image de Boutmy, je répète avec confiance ce que je disais au jour de ses funérailles : Il a fait l'École si
forte qu'elle peut vivre et prospérer sans lui.

LE ROLE POLITIQUE DE GIOSUE CARDUCCI

« POÈTE NATIONAL DE LA TROISIÈME ITALIE »

(1835-1907)

Ceci n'est pas une étude de critique littéraire, mais, et sous réserve de ce que l'expression peut avoir de trop prétentieux, un essai de psychologie politique. — Plus simplement, étant donné que Carducci fut, au dire de tant d'Italiens, le « Poète national de la Troisième Italie », quel écho ont trouvé en lui et quel relief ont pris dans ses œuvres [1], les idées, les sentiments, les rêves, les aspirations, en un mot : les façons de penser et de sentir de cette « Troisième Italie » ?

Le Troisième Italie, cela s'entend de reste, c'est l'Italie moderne, succédant après huit siècles d'attente à la vieille Italie romaine, et s'en prétendant l'héritière; cela ne serait pas assez, faisant le rêve et trop beau et trop vague pour qu'elle ose le formuler ouvertement, d'être la continuatrice de sa gloire. — « L'Italie n'est pas ressuscitée seulement pour elle, mais encore pour le monde. Pour vivre, elle doit avoir ses idées et ses forces propres : elle a à jouer un rôle national et humain. » — La phrase est de Carducci; elle servit de thème à son éloge funèbre prononcé par le président du Parlement [2]; tous les députés furent unanimes à l'applaudir. On peut donc prétendre, sans crainte d'être accusé d'exagération, qu'elle résume, en même temps que l'idée maîtresse de Carducci, la pensée dominante de l'Italie : ou mieux, — car, au dire de Stendhal, il faut cent ans pour

---

1. Bibliographie, 20 volumes. Zanichelli (Bologne). *Œuvres de Carducci* et spécialement : *Rime di S. Miniato* ; *Ode a Satana* ; *Levia Gravia* ; *Odi barbare* ; *Giambi ed epodi* ; *G. Garibaldi* ; *Alla figlia di Framesco Crispi* ; *Confessioni e battaglie* ; *la Guerra*. Les poésies de Carducci ont été éditées en un volume par la maison Zanichelli, qui a également publié en un volume un choix de ses œuvres en prose.

2. Séance du Parlement (16 fév. 1907). Discours du Président Marcora.

donner aux peuples les opinions de leurs gouvernements, — la
pensée dominante, nouveau dogme, dont voudraient la pénétrer
ses hommes politiques, ses historiens, ses philosophes, ses orateurs, ses poètes. — Ce n'est pas assez d'être une nation ; il faut
encore être une grande nation, parmi les plus grandes, sinon la
plus grande, au moins par l'influence morale et intellectuelle.

*
* *

Futur poète de la Révolution, mais aussi futur poète de « l'Italianité » comme disent les Italiens, Giosue Carducci naquit en 1835,
dans la Versilia, au hameau de Val di Castello (province de Lucques),
« beau pays où commença son chant, beau pays dont la grande et
fière nature resta toujours gravée dans sa mémoire.... »

> Là dans la Marenne où fleurit
> Mon triste printemps,
> Là s'envole ma pensée
> Avec le tonnerre et la tempête.
>
> Là dans le ciel noir je voudrais planer
> En regardant ma patrie,
> Puis dans un coup de tonnerre plonger
> Entre les collines, dans la mer [1].

Plusieurs de ses ancêtres avaient été, jadis, gonfaloniers de la
République florentine... Son père n'était plus qu'un très modeste
médecin de campagne, mais de cette petite bourgeoisie libérale, qui,
malgré l'hostilité de la noblesse, l'apathie de la haute bourgeoisie et
l'indifférence des paysans, devait, plus tard, faire l'unité. — « Les
idées condamnables, dit une note de police, sont répandues principalement chez les médecins. » — Compromis en 1848, le père de
Carducci dut partir : la clientèle fuyait un homme si mal noté. Il
s'établit à Florence.

Ce qu'était Florence à cette époque ? — Ce que serait aujourd'hui
la moindre de nos préfectures. Comme distractions, presque chaque
jour la promenade des Cascine, pendant de la promenade du Tour-
de-Ville ; deux fois par an les bals du Grand-Duc, pendant des soi-

1. *Rime nuove*, XLIII.

rées du préfet; sans compter les commérages, les bavardages et les potinages, « mauvaise langue, œil perçant », disait-on depuis longtemps des Florentins,... et puis, il y avait le Carnaval (ce fut toujours une grande affaire que le Carnaval à Florence) et puis les processions, et les défilés, et les revues des troupes,... et pour les lettrés, nous sommes dans la « Cité des Lettres », quelques vagues Académies, où l'on continuait à commenter Dante, à réciter le Tasse et à copier Pétrarque ou Boccace. — Faut-il ajouter que le plus grand nombre se contentait de cette existence égale et morne? Au demeurant, on vivait. Et pourvu qu'on ne s'occupât « ni de l'autorité, ni du culte, ni de la politique, ni de la philosophie, ni des gens en place, ni des corps en crédit... ni de personne qui tînt à quelque chose », on vivait tranquille, sous un souverain qui s'intitulait, lui-même, « un despote paternel ». — « Si l'inertie avait un palais, comme les poètes en ont élevé pour le sommeil, certainement il devait être placé à Florence[1]. »

Mais à côté de cette masse inerte, augmentait chaque jour la petite minorité des remuants et des agités. C'étaient, principalement, des médecins, des avocats, des fonctionnaires, des étudiants. Épiés et traqués par la police, ils se réunissaient en cachette dans les loges de carbonari, les magasins de libraires, les arrières-boutiques de pharmaciens. Là, entre amis, il ne se gênaient pas pour dauber sur le Grand-Duc, sur l'Autriche, sur les prêtres, et pour lire, sans la permission alors exigée du Vicaire-Capitulaire, les livres interdits : les Encyclopédistes, Voltaire, Rousseau, bien d'autres encore... Patriotes avec Alfieri, mais républicains avec Mazzini, ils commentaient avec aigreur l'échec de 48 et ne se faisaient pas faute de l'attribuer à la trahison de Charles-Albert.... Aussi, pourquoi s'être fiés à ce monarque indécis, à ce roi tâtonneur, « re tentenna », plutôt que d'avoir proclamé la République? C'était par les révolutionnaires que le mouvement avait commencé, à Milan; c'était par la République qu'il s'était maintenu le plus longtemps, à Rome, à Venise; il fallait refaire la Révolution, il fallait imposer la République fût-ce par la force et dût-on, pour ce faire, soulever la populace... Mais que tenter avec le peuple, quel fonds faire sur lui, tant

1. Niccolini.

qu'il serait dans la main des prêtres? — Révolutionnaire, républicain, anticlérical, voilà ce qu'on était alors; ce que les policiers traduisaient en rapports incolores, mais les policiers doivent être lus entre lignes. — « La maudite maladie jacobine se répand formidablement, ils sont chauffés pour la liberté, ils font vœu d'éviter de saluer notre souverain, de ne jamais passer devant le Palais-Royal, de ne pas aller à la messe. Pour eux, Dieu n'existe pas et l'âme n'est pas immortelle. Ils croient plus à l'indépendance italienne qu'à l'Évangile [1]. »

C'est là, le milieu où Carducci passa son enfance et qui devait le marquer de la première empreinte. — Puis, il alla au collège, et, à défaut d'autres maîtres sans doute, ce fut chez des ecclésiastiques. Inutile d'ajouter, d'après un mot encore en cours aujourd'hui, qu'il n'eut jamais « l'esprit de la maison » : témoin les fréquentes escapades qu'il faisait chez certain tailleur de la ville, pour lire les livres défendus. C'était toujours la grosse question que celle des livres défendus. Et combien de pays, au surplus, où tant de Révolutions n'ont abouti qu'à conquérir pour tous le droit de tout lire et de tout écrire?

En 1856, il était docteur en lettres et en philosophie. Il donnait des leçons, il collaborait à une édition de poètes latins. C'était la vie difficile connue de tant d'étudiants pauvres. Entre temps il publiait et ses vers commençaient à circuler parmi ses intimes. En 1860, déjà connu, il était par le nouveau gouvernement nommé professeur à Bologne.

« Bologne, la vieille ville, la ville âpre et remueuse du Moyen âge, la berceuse des factions, la ville à l'esprit osé, révolutionnaire, précurseur des idées nouvelles, la cité qui a pour devise : Libertas [2]. » — Historien, critique, philologue, se passionnant pour les origines de la littérature italienne, éditant des textes inconnus, rééditant des textes oubliés, publiant de volumineuses études sur la poésie du XIVᵉ siècle... conférencier, orateur... poète... c'est là

1. Cité par Julien Luchaire, *Essai sur l'évolution intellectuelle de l'Italie,* Paris. 1906.
2. Goncourt, *Voyage d'Italie.*

que Carducci devait passer ses jours. Professeur à 3,000 francs, à 3,500, pour finir à 8,000, il menait l'existence d'un provincial rangé. Son seul luxe était d'acheter des livres, sa seule distraction d'aller, vers les quatre heures, chez son éditeur Zanichelli. Il s'y rencontrait avec des amis : on prenait le café ensemble, on causait, on lisait les journaux, on parcourait les revues, on feuilletait les ouvrages récents,... on récitait des vers. — Un jour qu'on le félicitait d'une poésie nouvelle, on l'entendit murmurer : « Dante! Dante! qui jamais égalera Dante! » C'était un modeste! que de fois ne l'avait-on pas comparé à Dante!

Dans le clair hiver s'élève la sombre Bologne et ses tours,
Et plus haut les collines blanches de neige sourient.

C'est l'heure suave où le soleil mourant salue
Les tours et ton temple, divin Pétrone ;

Les tours dont les créneaux ont été léchés par l'aile de tant de siècles
Ainsi que du temple solennel la cime solitaire.

Le ciel dans une froide lumière de diamant étincelle,
Et l'air, comme un voile d'argent s'étend

Sur le forum, estompant en leurs contours les masses
Formidables qu'éleva le bras cuirassé des ancêtres.

Sur les hauts faîtes s'attarde le soleil regardant
Avec le sourire languissant qu'ont les violettes,

Et dans la pierre grise et dans les briques d'un sombre vermillon
Il paraît réveiller l'âme des siècles.
. . . .
Telle, la Muse sourit de loin à mon vers où tremble
Un vain désir d'atteindre à la beauté antique [1].

En 1904, déjà malade, Carducci dut renoncer à son cours. Presque paralysé, il ne sortait plus guère; à peine si, de sa main engourdie, il pouvait tenir une plume. Un de ses amis lui ayant envoyé quelques plumes d'oie, dans l'espérance qu'elles lui seraient plus faciles à manier que ses plumes ordinaires, reçut de lui ces quelques vers... ses derniers.

1. Sur la place de « San Petronio », *O les barbares.*

> Je veux écrire vite
> Comme à mes bons jours,
> Vole comme la pensée, ma bonne plume,
> Ne te rappelle pas le pesant oiseau palustre dont tu viens,
> Vole là où t'envoie mon désir,
> O belle plume, ô plume illustre.
> Vole, vole, pour Dieu, ne te laisse pas rattraper
> Par ta sœur du travail industriel.

Cette plume fut la dernière dont il put se servir : cette poésie fut la dernière qu'il put écrire.

Quelques mois avant sa mort, le 10 décembre 1906, entouré de sa famille, du préfet, du syndic, du recteur, de quelques amis, il reçut le prix Nöbel des mains de l'ambassadeur de Suède. — « Toutes vos œuvres, illustre maître, ont célébré le culte de l'idéal... C'est toujours l'idée de la patrie qui a dominé votre pensée, de la patrie telle que l'ont reconquise et réédifiée vos contemporains, avec leurs batailles et leurs victoires, leurs souffrances et leurs luttes, leurs martyrs et leurs triomphes... Dans votre œuvre, la grandeur romaine s'allie à la grâce italienne ». — Il ne devait plus vivre que quelques mois; il s'éteignit le 16 février 1907.

Sa mort fut une apothéose. — Séance tenante, les Chambres votèrent le transfert de son corps à Santa Croce, à côté de Galilée, de Michel-Ange, de Machiavel, d'Alfieri, de Rossini. Et cela ne parut pas encore suffisant à certains : disons que c'étaient des poètes. — « C'est à Rome, au Forum, que doit être porté son cadavre, pour être toute une nuit veillé par le peuple, et le matin à l'aube incinéré au sommet de l'Arc de Titus... Ainsi, pendant les longs crépuscules, sur les rives du fleuve sacré, son esprit pourra retrouver les grandes ombres des héros. [1] » — Mais, « il eût été plus facile d'enlever à Bologne ses tours, que le corps de Carducci ». On dut s'incliner et se contenter de grandioses funérailles.

Les télégrammes affluèrent : télégrammes du roi, de la reine-mère, des ministres, de presque toutes les villes d'Italie : télégrammes où l'on célébrait « le plus grand des citoyens... le plus grand des éducateurs... le plus pur des poètes... celui qui des sources éternelles d'Athènes et de Rome avait fait jaillir la beauté et

---

1. *Giornale d'Italia* (17 fév. 1907).

la gloire de sa race... » Et toujours revenait comme un refrain funèbre... « Carducci, poète de la patrie... Carducci, poète de l'Italie... Carducci, poète national de la Troisième Italie... de la Plus-Grande Italie. »

Même la Troisième alliée, la grande voisine, l'Autriche, finit par prendre ombrage, et maint journal de Trente et de Trieste fut mis sous séquestre, pour avoir trop bien glorifié ce poète trop italien.

*
* *

Quelles idées représentait donc Carducci, puisqu'aussi bien, c'est seulement comme poète représentatif que nous avons à l'étudier ici?

Révolutionnaire et républicain après 1848, monarchiste en 1859, puis révolutionnaire et républicain en 1860, pour redevenir royaliste sur le tard ; violemment anticlérical et tout imprégné de paganisme, et cependant, à certaines heures bien fugitives il est vrai, comme touché de mysticisme : voilà ce que fut Carducci. — Poète national, c'est-à-dire représentant les idées de toute la nation, le fut-il vraiment?

L'Italie est monarchiste (je parle pour le grand nombre et non pour quelques rares républicains, que malgré quelques brouilles passagères Carducci représentait certainement), mais en même temps, n'est-elle pas Mazzinienne et Garibaldienne? L'Italie est catholique (je l'entends de la masse et non des anticléricaux ou des indifférents, ni de ceux qui ont ou croient avoir l'âme païenne, comme il sied aux héritiers de Rome, et ceux-ci encore Carducci les représentait non moins sûrement), mais en même temps, les plus catholiques n'y sont-ils pas fréquemment antipapistes, les plus religieux n'y confondent-ils pas trop souvent la religion avec la superstition, cette fausse figure du mysticisme, dans leurs fêtes à demi païennes? — C'étaient là, certes, pour Carducci, bien des points de contact avec la nation. — Avouons-le pourtant, Carducci ne fut jamais lu par la foule : il ne fut compris et apprécié que par une minorité, si elle le préfère, par une élite, très remuante et très agissante. Poète de la Révolution, de la lutte contre Rome, même rallié à la monarchie, Carducci resta, comme tant d'autres révolutionnaires, à la tête

de ceux qui voulaient l'Italie toujours plus forte, toujours plus puissante. Poète de Rome antique et de ses gloires, Carducci s'appliqua
sans cesse à chercher, dans ce passé lointain, une tradition et des
leçons d'avenir. Poète des grandeurs d'autrefois et des espérances
futures, Carducci fut le poète d'un certain Idéal italien, et, puisqu'après tout on veut le sacrer poète national, disons : de l'Idéal
dont aspirent à faire l'Idéal italien, ceux qui se sont donné comme
rôle de conduire et de diriger l'Italie.

L'Unité fut faite par une minorité. Tous sur ce point sont d'accord,
et ceux qui y ont aidé, et ceux qui en ont profité, et ceux qui en
ont pâti. Mais combien aurait été réduite cette minorité, réduite
au point de ne pouvoir agir, sans la propagande incessante d'une
pléiade d'écrivains : philosophes, historiens, pamphlétaires, satiristes, poètes... dont plus tard Carducci, qui devait être « le poète
de la guerre nationale », et qu'on nous représentait hier, comme
ayant été l'un des plus grand poètes de « l'Italianité », Carducci qui
allait glorieusement parfaire l'œuvre inachevée de ces philosophes,
historiens, pamphlétaires, satiristes, poètes qui l'avaient précédé.

> .... Aigles de grand vol,
> Aigles précurseurs qu'il aurait à peine osé imiter
> Tant étaient petites ses forces, tant était haut leur vol [1]...

Le rôle de ces précurseurs (et il est indispensable que nous en
parlions, fût-ce brièvement) avait été justement de faire pénétrer
dans les masses l'idée de liberté, l'idée d'indépendance,... puis
l'idée d'unité, et de préparer ainsi les voies à l'avenir.

Sans doute, Turin, Milan, Parme, Bologne, Naples, s'étaient
révoltées, en 1821, 1824, 1831, 1833, 1838 : révoltes spontanées et
sans entente, révoltes vite réprimées et tôt oubliées.... Mais alors,
même parmi les plus exaltés, combien peu croyaient à l'Unité ? —
« En 1838, ceux qui parlaient de l'Italie et de Rome, étaient traités
de brouillons et de casse-cous [2].. » — Qu'en devait-il être vingt,

---

1. *Juvenilia*, XL, sur Parini.
2. *Confessioni*, p. 54.

trente ans auparavant? Bien plus, qui, en Italie, avait jamais sérieusement songé à l'Unité? : au Moyen âge, Rienzi dans ses plans grandioses de tribun populaire... puis Dante, Pétrarque, dans leurs rêves lointains de poètes, plus récemment, Murat, dans ses conceptions égoïstes de politique... Car la première raison de ne pas penser à l'Unité, n'était-elle pas qu'à aucun moment elle n'avait existé, pas même sous la République ou sous l'Empire Romain? — « Créer une Italie, dira plus tard Proudhon, c'est faire quelque chose qui n'a pas été un seul jour. » — Rome avait bien conquis l'Italie, comme la Gaule, comme l'Espagne, comme bien d'autres pays encore; pas une minute de son histoire, elle n'avait été la capitale d'une nation italienne. Aussi bien, toutes ces insurrections n'avait eu qu'un but : réclamer des constitutions, obtenir un peu plus de liberté. — « Ce qui dominait alors, c'était l'idée de liberté, et l'idée de l'indépendance nationale était restée nulle et secondaire. D'où cette conséquence que les mouvements révolutionnaires étaient individuels. Pendant qu'une contrée s'insùrgeait au nom de la liberté, l'autre dormait tranquillement à l'ombre du despotisme[1]. »

Pour substituer, à l'idée de liberté, l'idée d'indépendance, il fallait, ce qui n'impliquait nullement l'unité politique, il fallait créer une unité de sentiments, il fallait faire une âme italienne. Ce fut la tâche des écrivains du Risorgimento, de Foscolo, de Berchet, de Niccolini, de Monti, de Giusti, de Manzoni, de Parini, de Guerrazzi, de Cattaneo,.... presque tous de tendances diverses, mais tous unis par le besoin de l'indépendance et la haine de l'étranger. Et combien d'autres qui sont oubliés aujourd'hui : médiocres journalistes, médiocres pamphlétaires, pauvres chansonniers. Qu'importe à leur mémoire? Car « quel plus grand tribut de gloire pour un écrivain, que d'avoir contribué puissamment à sauver la patrie. Une épée qui, en tuant l'ennemi, se brise dans la blessure, ne vaut pas moins que celle qui repose, objet d'admiration, dans un musée ».

« A cette époque, dit Carducci, toute la littérature italienne était politique, toute étude, tout essai, était comme une préparation à la guerre. La ballade était une allégorie, l'ode une allusion, le roman et le drame un apologue; d'art on ne s'en occupait guère, mais les

---

1. Spaventa, *Dal 1848 al 1861.*

philosophes et les critiques excitaient et appelaient à l'insurrection ; les historiens et les érudits étaient conspirateurs ; les poètes se sacrifiaient dans les batailles. L'Italie à elle seule se suffisait à faire un grand poème... à l'étonnement de l'Europe qui jusque-là l'avait prise pour une compagnie de chanteurs, pour un peuple de morts [1]... »

Ces tendances allaient se préciser. — En 1842, paraissait *il Primato italiano* de Gioberti, qui conseillait une confédération de tous les princes italiens sous la présidence du pape; l'année suivante, les *Speranze d'Italia* de Balbo, qui voulait rejeter l'Autriche vers l'Orient, et faire du Piémont agrandi le nœud d'une alliance entre tous les peuples de la Péninsule. Arrivés en leur temps, ces ouvrages eurent une énorme répercussion, une influence pour l'avenir de l'Italie, peut-être égale à celle qu'avaient eue en France, à d'autres époques, *le Contrat social* ou *le Génie du Christianisme.* Mais pas plus pour Gioberti que pour Balbo, il ne s'agissait encore de faire l'unité. — Le seul qui y pensa alors, c'était Mazzini, par la Révolution, par la République « une et indivisible [2] ».

Les idées de Gioberti, de Balbo, de Mazzini devaient se trouver en présence en 1848-1849. — Pie IX acclamé comme un libérateur, la cocarde blanche et jaune du pape épinglée au drapeau tricolore d'Italie, l'armée romaine combattant en Lombardie, au cri, nouvelle croisade, de «. Dieu le veut [3] ». — Le Piémont prenant la tête du mouvement... les victoires, Goïto, Pastrengo... la défaite, Novare,... la débâcle, Custozza. — La Révolution un instant maîtresse,... la République proclamée à Florence, à Venise,... à Rome.

Effrayé d'une guerre avec une puissance catholique, inquiet des progrès de la Révolution, Pie IX avait rappelé ses troupes : c'était la fin. du rêve de Gioberti. Qu'apporterait l'avenir ? — La Fédération par le Piémont, ou l'Unité par la République ?

---

1. Carducci, *del Rinnovamento litterario in Italia.*
2. « Les unitaires étaient bien peu nombreux. C'étaient des bourgeois, des militaires, des littérateurs, qui, par habitude d'esprit, dédaignaient la plèbe, cette plèbe sans laquelle les révolutions sont impossibles, et qui alors, en Italie, n'avait ni l'idée, ni la volonté, ni le besoin d'une révolution. Qui inocula la fièvre de la Révolution à la plèbe d'Italie ? Qui la fit bondir et s'élancer vers l'Unité ?.. Giuseppe Mazzini ». — Carducci, *Étude sur Alessandro Manzoni.*
3. « La première année du pontificat de Pie IX parut donner raison aux théories de Gioberti, et toute la péninsule, d'un bout à l'autre, acclama d'un seul

Dans le milieu où grandissait Carducci on tenait pour Mazzini. On était révolutionnaire et républicain, « parce qu'on était unitaire, parce qu'on voulait faire de la patrie une nation. Et comme les princes ne pouvaient pas, comme le pape ni ne pouvait, ni ne voulait, on se rejetait sur le peuple [1] ».

Telles furent, bien entendu, les idées de Caducci, dès qu'il put écrire — « que la plèbe, point d'appui nécessaire, apprenne qu'il y a une patrie [2]! » — ni gibelin, ni guelfe, comme on disait encore, mais purement italien; pour l'Unité contre la Fédération, c'est-à-dire, pour la Révolution et la République contre le Piémont et la Maison de Savoie.

Curieux destin que celui de la Maison de Savoie et combien elle paraissait peu préparée à faire l'unité [3]! — « Portière des Alpes », comme on disait d'elle, fixée dans les hautes vallées du Pô, du Rhône, de l'Isère, elle hésita, des siècles, entre ces trois directions, toujours prête à aller de la France à l'Autriche « pour gagner », toujours disposée à troquer quelqu'un de ses territoires, fût-il italien, pour s'enrichir à l'échange. Définitivement barrée du côté du Dauphiné, de la Bresse, du pays de Gex, depuis longtemps déjà, elle avait jeté son dévolu sur le Milanais et la Lombardie. Dynastie alpestre, mi-suisse, mi-savoyarde, italienne si peu, elle ne cherchait que son agrandissement. — « S'il me fût jamais venu à l'esprit, que le Piémont n'était pas distinct de la France et de l'Italie, Sa Majesté m'aurait remercié comme un fou [4]. » — La phrase est de 1726 et date de Victor-Amédée II. — « Jusqu'à la fin de 1815, le Piémont se considérait comme ne faisant pas partie de l'Italie [5]. » — Cela est plus récent, et combien de temps encore, cela sera-t-il vrai!

et immense cri l'auteur du *Primato*, Gioberti, pour le premier philosophe et le plus grand penseur de la nation. » — Carducci, *Étude sur Goffredo Mameli*.
1. Mazzini, *République et Royauté* (1848).
2. *Poesia* (1896).
3. « L'idée a Mazzini (et de cette idée Carducci fut un des apôtres les plus violents), la décision à Garibaldi, les avantages à la Maison de Savoie, le bénéfice final à l'Italie. Voilà en quelques mots l'histoire de l'Unité ». Tivaroni, *L'Italia degli italiani* (Roux. Turin).
4. Fiorentini di Lucca (1726).
5. Emmanuele di Villamarina, *Notes autobiographiques.*

C'était bien l'avis de Mazzini, des Républicains, des Révolutionnaires, des Unitaires, de ceux qui entouraient Carducci, jeune
encore, quand ils virent le Piémont s'imposer en 1848... De quel
droit? — « Ce n'était qu'une guerre de conquête, ce n'était que la
guerre d'une faction [1] ». — Et de fait, dès le début des hostilités,
il y eut deux partis, « l'un, celui de l'aristocratie, qui voulait unir la
Lombardie au Piémont, l'autre, celui de la classe moyenne, des
négociants, des hommes de lettres, de la jeunesse, qui était partisan
de la République [2]. » — « Le roi possible d'une Italie monarchique
n'existait ni au delà, ni en deçà des Alpes. On marchait à la République [3]. »

Et si la Maison de Savoie ne marchande pas sa reconnaissance à
des hommes comme Mazzini, comme Garibaldi,... comme Carducci,
qui ont été si souvent ses adversaires, n'est-ce pas, et elle s'en rend
compte, et elle leur en sait gré, qu'ils l'ont poussée et comme
forcée, ne fût-ce que par crainte de la République, à faire l'Unité...
ce qui alors paraissait, ce qui longtemps encore devait paraître,
une utopie : plus encore, une folie [4].

Le soir même de Novare, Charles-Albert abdiquait. Que serait,
que ferait son fils Victor-Emmanuel? — L'Unité ne pouvait se faire
que « par un homme ou un principe [5] ». Serait-il l'homme?

En tous cas, dès 1859, l'Union était faite sur son nom. Sans doute,
le parti révolutionnaire, dont était Carducci, regrettait son appel
à Napoléon III. C'était risquer de substituer l'influence de la France
à celle de l'Autriche, ou, si l'on voulait être libre, d'avoir à donner
des compensations,... la Savoie... Nice peut-être... Mieux aurait
valu tenter à nouveau seul le sort, une fois de plus « fare da se ».
Aux premiers succès, toute opposition avait cessé. « Italie et Victor-
Emmanuel » était devenu le cri d'unanime ralliement. Carducci était
des premiers à s'y rallier :

1. Proudhon.
2. Robert Campbell à Palmerston (30 mars 1848).
3. Metternich (2 août 1847).
4. « Le comte de Cavour, qui considérait encore l'Unité comme une utopie,
aurait vu volontiers la candidature du prince Murat à Naples. En 1856, il char-
geait Villamarina de dire : « Nous sommes pour Murat, si la France le désire... »
Tivaroni (*loc. cit*). Il Muratismo.
5. Mazzini, *République et Royauté* (1848).

Gloire à toi. . . . .

. . . .

Et sur les barbares lève
L'épée, Victor-Emmanuel.

Et sur toutes nos rives,
De la mer Adriatique
Aux tours de Peschiera,
La victoire va éclater.
Lève-toi et en toi, roi,
Résume le destin de l'Italie.

Avec nos armes et nos cœurs
Nous nous pressons autour de toi.
Dieu te protège, notre amour et notre joie.
Blanche croix de Savoie,
Dieu te protège et sauve le roi [1] !

Charles-Albert n'est plus le roi félon de 1821, de 1833, le roi traître de Novare; c'est le roi magnanime, le roi victime, le roi martyr, le roi mort, en exil volontaire, de chagrin et de désespoir :

Que font dans la vallée du Pô, les épées de l'étranger,
Les épées qui poussèrent Charles-Albert
A l'exil et à une mort inconsolée ?

Entre oppresseurs et opprimés de paix jamais !
Mais guerre, guerre, guerre !
Aux armes, que la terre frémisse !
Aux armes, vieillards, femmes, enfants débiles !
Armes, sortez des temples, des maisons !
Armes, sortez des tombeaux mêmes !

La guerre !... Napoléon III allait brusquement l'interrompre après Solférino, et, sans même prévenir Victor-Emmanuel, signer les préliminaires de Villafranca. — L'Italie gagnait la Lombardie. La France allait gagner Nice et la Savoie.

« Si l'on avait proposé le 24 juillet 1859 le problème suivant : aller en Italie avec 200,000 hommes, dépenser un demi-milliard, gagner quatre batailles, restituer aux Italiens l'une de leurs plus belles provinces et revenir maudit par eux, on aurait déclaré le

1. *Juvenilia*, XCIII. Alla croce di Savoia.

problème insoluble. Eh bien, il ne l'était pas, le fait l'a prouvé [1]. »
Déjà en 1852, le Prati avait adjuré l'empereur de faire l'Unité.

> Belle s'ouvre la destinée devant toi !
> Il peut triompher le sang dont tu es né.
> Mais malheur à toi, si tu manques à l'œuvre
> Pour laquelle Dieu t'a marqué.
>   Ou Infâme ou Grand !
> En silence le monde regarde et attend.

« Ou Infâme ou Grand! » C'était parler en poète. Les politiques
dirent plus simplement : « Conservons les avantages que nous a
donnés la France; au besoin, laissons-lui ce qu'elle nous demande.
Mais, à partir d'aujourd'hui, il est bien entendu que nous sommes
quittes et déliés de toute reconnaissance. »

**
* **

« Nous allons voir ce que vous saurez faire seul », aurait dit
Napoléon III en quittant Victor-Emmanuel, et l'on cite cet autre
mot de Cavour : « Ils me forceront à passer le restant de mes jours à
conspirer. Je prendrai, s'il le faut, Saloro della Margherita d'une
main, de l'autre Mazzini, et je me ferai révolutionnaire. »
Révolutionnaire, et Carducci qui représentait la Révolution lui
reprocha toujours de ne pas l'avoir tenté, Cavour aurait porté la
guerre en Toscane, en Romagne, en Ombrie, dans les Marches; il
l'aurait portée en Vénétie, à Rome, à Naples peut-être. Il aurait
cherché, et sans délai, à faire l'Unité, par la Révolution. Mieux
valait attendre, patienter, et, fidèle à une vieille doctrine, « manger
l'artichaut feuille à feuille », conspirer peut-être, ou, plus habilement encore, laisser conspirer. — Garibaldi déclarait ne rien comprendre à cette « politique de renard ». — Carducci poussait de
l'avant.

> Lève tes tentes, et accélère la fuite de tes chevaux.
> Arrière, sur les terres italiennes l'astre antique resplendit.
> Lève tes tentes, étranger, ton règne a cessé.

1. D'Azeglio.

Des vieux et des nouveaux martyrs la voix se confond.
Un seul cri retentit de l'Arno au Pó,
Une seule pensée, une seule âme; toute l'Italie s'enflamme.
Lève tes tentes, étranger. Ton règne a cessé.

Et toi, roi des libérés, roi de l'Italie armée,
Atteins à la gloire suprême réservée aux rois.
Tends la main aux peuples.
De la vengeance la foudre s'allume.
Lève tes tentes, étranger, ton règne est fini [1]....

Moins d'un an après Villafranca, la Toscane, l'Emilie, Parme,
Modène, avaient voté leur annexion au Piémont. L'Europe laissait
faire, et le premier parlement italien se réunissait à Turin.

La forte Emilie tendait les bras
A la gentille Toscane.
Legnano et Gavinano
N'étaient plus qu'une seule patrie.

L'ombre des ancètres ressuscitait
Rayonnante des tombeaux...

Et pas une motte de terre, qui, témoin d'un combat,
Ne rappelât aux barbares,
Qu'avec les temps nouveaux
Était revenu l'âge antique.

Restait Venise, restaient l'Ombrie, les Marches et Rome; restaient
Naples et la Sicile. N'était-il pas prudent de s'arrêter? Au surplus,
n'avait-on pas plus qu'on aurait pu espérer quelques mois seulement auparavant, et, si l'on n'était pas « libre jusqu'à l'Adriatique »,
n'avait-on pas, en revanche, conquis le Centre, le Centre dont il
n'avait jamais été question, le Centre, royaume désigné du Prince
Jérôme? — « Laissez-nous nous organiser, disait Cavour, et avoir une
forte armée, nous penserons ensuite à Venise, puis au Sud, puis à
Rome. » — Et Ratazzi renchérissait : « Que serait-ce, si nous avions
la Calabre, l'Ombrie, la Sicile sur les bras? C'est le plan des républicains avancés pour créer des embarras au Piémont et s'en débarrasser. » — Personne d'ailleurs, ne s'était soulevé, ni à Venise, ni à
Naples, ni à Rome. Il fallait temporiser, se recueillir, attendre les
événements.

1. *Juvenilia*, XCVIII. Il plebiscito.

Si on avait attendu les événements, on aurait peut-être eu Venise
On l'eut depuis, par le seul jeu de la diplomatie, après Custozza,
après Lissa. Aurait-on jamais eu Naples? Aurait-on jamais eu Rome?
— Ce fut le rôle des révolutionnaires de précipiter les événements : et,
des révolutionnaires, Carducci resta sans cesse l'écho et comme le
coryphée. Ils agissaient, lui écrivait; il sonnait la charge, il appelait au combat; il s'apprêtait à faire de ces révolutionnaires autant
de héros et de martyrs. — Ce fut la force de Victor-Emmanuel, de
savoir tour à tour provoquer les événements, les enrayer, les suivre,
de savoir s'en servir toujours : mais pour cette politique de sous-
entendus et de réticences, pour la politique, Carducci n'eut jamais
que mépris.

Et pourtant, c'est de la somme des efforts et des uns et des autres
que devait sortir l'unité. Royalistes et modérés seuls, auraient
sans doute aidé à agrandir le Piémont, à en faire, au plus, une bonne
puissance de second ordre; ils n'auraient pas suffi à faire l'unité italienne. — Révolutionnaires et républicains seuls, auraient peut-être
constitué l'Unité anarchique de Mazzini,... à moins qu'ils n'eussent
succombé dans les luttes et rivalités de province à province, de
ville à ville, de clocher à clocher,... à moins que l'Europe ne fût
intervenue pour mettre l'ordre.

Pour aboutir à l'Unité monarchique, la seule possible à l'époque,
il fallait avoir l'habileté de laisser faire les révolutionnaires, tout en
paraissant les désavouer, — « le gouvernement du roi déplore ce
qui se passe, il ne peut l'empêcher, il n'y aide pas, il ne peut non
plus le combattre[1] », — l'habileté, plus grande encore, de s'inter-
poser au moment voulu, comme pour rassurer l'Europe, en lui
insinuant : Puisque l'Unité est impossible à éviter ne vaut-il pas
mieux une monarchie, qu'une république révolutionnaire?

*
* *

Carducci ne consentit jamais à s'attarder à ces questions de
convenance, d'opportunité et d'à-propos. Il rompt brusquement
avec la monarchie, qui temporise, qui hésite, qui pèse et soupèse
les chances, et se range résolument du côté des Révolutionnaires,

---

1. 5 mai 1860, Dépêche de Cavour.

qui, follement, poussent de l'avant. — Aurait-il dit, comme Garibaldi : « Quand même il y aurait danger de perdre ce que nous avons gagné, rien ne nous arrêtera. » C'est peu problable ; mais il pensait certainement comme Mazzini : « Les modérés, les royalistes, ne savent rien faire : ils manquent d'audace, d'esprit de sacrifice. »

Au demeurant, si les modérés, si les royalistes, sur qui reposait tout le poids des responsabilités, manquaient de foi, c'est que, bien rares étaient, même parmi les révolutionnaires, ceux qui montraient de l'audace et de l'esprit de sacrifice. — « Les paysans étaient hostiles. Quant aux gens de la classe moyenne, ils faisaient de grandes déclamations, des discours, mais leur enthousiasme s'évaporait en phrases de rhétorique [1]. » — Les magnifiques sacrifices... l'instinct du courage national... le pays qui se soulève comme un seul homme... n'étaient que façons de parler [2]. » — De fait, en 1859, pour chasser les Autrichiens, les volontaires de Garibaldi avaient été 2,500 suivant les uns, 7,000 suivant les autres... Napoléon avait amené la légion étrangère presque vide avec de simples cadres : personne ne s'était présenté pour les remplir... Milan avait fourni 80 volontaires. — En 1860, pour conquérir la Toscane, l'Émilie, Parme, Modène, il y avait au plus 25,000 volontaires, 9,000 dans l'armée régulière, 8,000 dans la Toscane, 3,500 venus des Alpes, quelques milliers des Apennins et des Romagnes [3]. — Pour envahir Naples et la Sicile : ils allaient être « Mille ».

« Qui aurait dit que tous les campaniles allaient crouler avec un si parfait accord ? » Cet étonnement de d'Azeglio exprime bien l'étonnement de tous, de presque tous, et pouvait-on croire, au surplus, que duchés, grands-duchés, royaume, allaient s'effondrer au premier choc, et ducs, grands-ducs, roi, s'enfuir à la première alerte... Carducci fut de ceux qui ne s'étonnèrent jamais : bien plus, qui ne pensait pas comme lui était un lâche.

> Un seul cœur, un seul pacte, un seul cri,
> Ni étrangers, ni oppresseurs, jamais plus.
> En armes, que l'antique rapine
> Cède le pas au droit éternel.

1. Taine, *Voyage en Italie.*
2. Tivaroni (*loc. cit.*).
3. Nous empruntons ces chiffres à Taine... à Tivaroni.., (*loc. cit.*)

Mazzini et Garibaldi deviennent ses héros,

Mazzini. . . . .

> Telle que parmi ses arides rochers, ¦solitaire, sur la mer,
> Gènes se dresse, géant de marbre,
> Tel, venu en de sombres jours, sur le siècle
> Fluctuant, lui, grand. austère, impassible, apparaît.
>
> De ces rochers, d'où Colomb enfant,
> Voyait de nouveaux monts surgir loin dans les mers,
> Lui vit, dans le ciel crépusculaire
> Avec le cœur de Gracque et la pensée de Dante
>
> La Troisième Italie; et les yeux fixes,
> Vers elle marcha à travers un cimetière,
> Et un peuple de morts derrière lui se rangea.
>
> Exilé antique, vers le ciel serein et sévère,
> Il lève maintenant ce visage qui jamais n'a souri,
> — Toi seul, pense-t-il, O Idéal, est vrai — [1].

Garibaldi. . . . .

> Quel est celui qui chevauche glorieux,
> Parmi les éclairs de fer et de feu,
> Beau comme dans le ciel orageux
> Le serein Orion lui-même.
>
> Il se nomme et ses cent cavaliers
> Mettent en déroute les mille légions des rois.
> Il se nomme. Les villes sont foudroyées
> Les ruines étincelantes s'amoncellent.
>
> Garibaldi. . . ! Dans ta lagune déserte
> Lève la tête, ò dolente Venise.
> Et toi, de la race italienne la mère,
> Rome, reprends le sceptre et l'empire [2].

Venise,... l'Italie devait en 1866 la recevoir « comme une aumône ».
Le mot est de Carducci et note mieux que tout autre quels étaient
son état d'esprit et son genre de polémique, à cette époque. —
« En cette année on nous a inoculé le déshonneur,... nous sommes
la risée de toutes les nations.... Être l'Italie, et n'avoir ni une idée,
ni une valeur politique, ne rien représenter, ne rien exprimer, être

1. *Giambi e epodi*, XXIII.
2. *Juvenilia*, C. Sicilia e la Rivoluzione.

en Europe quelque chose comme le fou dans le jeu de tarots : pire,
être un mendiant dont on se moque ; être un domestique qui
réclame sa mancia quand les autres se lèvent repus de la table des
nations [1].... »

Rome... on allait l'attendre dix ans.... Pendant ces dix ans,
pendant le décennio — cette période a mérité d'avoir son nom historique — c'est Aspromonte, c'est la convention de septembre,
c'est Mentana. C'est, de plus en plus, le fossé qui se creuse entre les
patients et les impatients, entre les conservateurs et les révolutionnaires. C'est la lutte entre deux politiques dont la répercussion
dure encore.

Il faut s'organiser, disaient les uns après l'acquisition de Venise,
comme ils l'avaient dit après l'annexion du Milanais et du Centre,
comme ils l'avaient répété après la conquête de la Sicile et de
Naples. Rome sans doute viendra, mais plus tard, et pour couronner l'édifice. En attendant, bâtissons patiemment et pierre à
pierre, ne brusquons rien de peur que tout ne s'écroule, et comptons sur le temps, sur l'occasion propice, sur le hasard peut-être.
— Sans Rome, disaient les autres, et de ceux-là était Carducci, que
nous importent, et Venise, et le Milanais, et le Centre ; que nous
importent la Sicile et Naples ? Bon : s'il s'agissait de créer une puissance de plus en Europe, une puissance quelconque, aux frontières
plus ou moins étendues, au budget plus ou moins bien équilibré,
aux lois plus ou moins libérales. Mais que serait cela ? C'est l'Italie
de Rome qu'il nous faut ressusciter, c'est son prestige qu'il nous
faut faire revivre, c'est sa tradition qu'il nous faut renouer, tradition de gloire, de domination, de suprématie morale et intellectuelle. — « Faisons l'unité matérielle par l'unité morale et donnons
l'Italie à Rome et non Rome à l'Italie [2]. » — Comme pour Gioberti,
le Primato [3] était leur dogme, et tout aussi bien que lui, ils

1. *Confessions*, p. 152.
2. Mazzini.
3. Gioberti, *Il Primato italiano.* « Le Primato est le dogme de l'Italianité....
Italiens, quelle que soit votre misère, rappelez-vous que vous êtes nés princes et
destinés à régner moralement sur le monde ». Partisans de la Fédération sous
la présidence du Pape quand il écrivait le « Primato » (1842), Gioberti devint
ensuite partisan de l'Unité par le Piémont et écrivit le « Rinnovamento » dont
Cavour disait qu'il était le bréviaire de tout Italien. « La nouvelle Rome est
celle de l'avenir, plus grande et magnifique que celle du passé, étant la somme
et l'harmonie de toutes. Née dans le Latium avec la Royauté, devenue italienne

auraient prouvé que l'Italie, que l'Italie Romaine, devait être la
première, non seulement par les armes, mais encore « dans les
œuvres de la pensée, dans les sciences philosophiques, mathématiques, physiques, la première dans l'érudition, dans l'histoire,
dans les belles-lettres, dans les arts... qu'elle devait être comme
la synthèse et le miroir de l'Europe ».

Trop heureux étaient les premiers d'exister seulement, et de vivre
au jour le jour : trop fiers étaient les seconds pour consentir à exister...
à moins que ce ne fût pour faire de grandes choses. Et même avec
Rome capitale, ces deux tendances ne continuent-elles pas à diviser
les partis d'Italie? — Parmi ceux dont l'ambition était la plus surex-
citée, dont l'amour-propre national était le plus inquiet, dont les rêves
de gloire étaient les plus grandioses, devait rester Carducci jusqu'à
sa mort; et ce fut sans doute, pour une grande part, ce qui fit sa
bruyante renommée. — Jusqu'aux plus conservateurs, jusqu'aux
plus modérés, jusqu'aux plus terre à terre, se sentaient comme
transportés à entendre un si illustre poète leur prédire de si belles
destinées.

> O Soleil, tu ne pourras jamais éclairer
> Plus Grande et plus Belle chose que l'Italie.

De passage en Italie, Taine écrivait en 1864 : « L'ardeur, la vivacité, sont ici les mêmes qu'en 1790... N'est-il pas curieux, après
soixante-dix ans de retrouver des jacobins? Plus je lis les journaux,
et plus je cause, plus je trouve la ressemblance frappante. C'est ici
la petite édition d'un grand livre... Ils ont la colère toute prête,
l'espérance indéfinie... Ils ronflent les phrases du xviiie siècle [1]. »

De ces jacobins, Carducci va être le poète, dût-il lui aussi, et, combien souvent, ronfler les phrases du xviiie siècle ! La Révolution française le hante, et, de ces souvenirs, il composera plus tard un « *Ça ira* »
en douze chants, à la gloire de Robespierre, de Danton, de Marat, de
Saint-Just, de Camille Desmoulins, de tous les auteurs connus ou

---

et ultramontaine avec la République et l'Empire, chrétienne avec l'Évangile,
cosmopolite avec le pape, elle sera la cité civile et sacrée par excellence. »
1. Taine, *Voyage en Italie.*

inconnus, conscients ou inconscients, de la formidable épopée. C'est
qu'il aurait voulu une grande guerre, comme celle de 1792, qui aurait
entraîné dans le même élan tous ces peuples divers ,de races, d'aspi--
rations, de sentiments, qui aurait transformé en action cette agitation superficielle, qui aurait appris à tous qu'il y avait une patrie...
« Alors ! pour que la patrie vive, on mourait ! »... c'est qu'il rêvait'
d'une poussée violente qui... « comme l'ouragan les fleurs des
champs »... aurait tout ébranlé sur son passage. Car, alors, du sang,.
des ruines, et du chaos, peut-être, aurait enfin surgi un monde
nouveau ! — Bien au contraire, il voyait les choses se passer
bourgeoisement, et comme trop facilement à son gré, sans grandes
luttes, sans grands soulèvements, sans bouleversements et sans-
sursauts. Pour quelques-uns qui faisaient la besogne, les autres se
contentaient d'applaudir. Sans doute, le gouvernement s'unifiait
peu à peu et il unifiait avec lui les impôts, les douanes, et la législa--
tion, et la marine, et l'armée. C'est ça qu'il appelait préparer l'Unité
et créer une nation !! Quoi !! Y songeait-il même vraiment à l'Italie, et
n'était-ce pas plutôt le Piémont qu'il continuait à arrondir? L'Italie...
mais Florence, mais Parme, mais Modène, mais Bologne, mais Naples,
s'étaient contentées de voter « leur annexion au Royaume de Sardaigne » et le Parlement siégeait à Turin !... Encore Turin pouvait-il
être considéré comme une capitale d'attente... Bientôt, Florence allait
être la capitale officielle... Etait-ce donc qu'on avait définitivement
renoncé à Rome?

Dans Florence capitale, Carducci assistait un jour à une pompe
en l'honneur de Dante. « Pendant le défilé de ces processions si fières-
du bruit de leurs bannières, j'ai vu, dit-il, l'attitude des grandes statues,
qui, du campanile de Giotto à la place de la Signoria, peuplent de
gloire et de beauté le nid de cette démocratie qui illumina le monde.
Les faces barbues des apôtres se tenaient muettes de dépit : les-
madones et les saintes courbaient tristement la tête, comme dans le
pressentiment des hontes et des malheurs prochains, et, dans le
calme divin de Saint-Georges, je devinais un frémissement de colère.
Je ne pus m'empêcher de crier : A bas! » [1].

1. *Confessions*, p. 128.

Jamais Florence ne sera le nid de l'oiseau italien.
Sus aux rebelles et aux parjures : à Rome ! à Rome ! ! [1]

A Rome !... Mais, puisque Victor-Emmanuel et ses ministres hési-
taient, puisque, pourtant sourde aux appels des Autrichiens et des
Bourbons, l'Europe prêtait maintenant une oreille respectueuse aux
anathèmes du pape... à Rome...! on ne pouvait y aller que par la
Révolution [2].

<center>.*
* *</center>*

« Croyez-vous qu'on ira jamais à Rome? A Rome, on n'y va que par
la Révolution », écrivait Carducci à l'un de ses amis, et il se faisait
gloire d'avoir, dès 1858, conseillé à Victor-Emmanuel « de jeter sa
couronne dans le Pô, de se faire le tribun armé de la Révolution
italienne, d'aller à Rome recueillir les voix populaires [3] ».

Et, s'il est vrai qu'il faut aux Révolutionnaires une langue spéciale,
faite d'insultes et d'injures, se mêlant aux grands mots et aux apos-
trophes ronflantes, Carducci saura parler cette langue. — « Via...
le dieu-prêtre-roi de la caste hérétique des Sémites!... Via, Jéovah!...
nous n'en voulons pas ! »; et Rome est « une sentine », le Vatican
pire encore... — Mais cet anti-cléricalisme de populace ne saurait
heureusement lui suffire, et tant de haine accumulée va passer dans
son célèbre « hymne à Satan ».

<blockquote>
Vers toi, de l'Être
Principe infini,
Matière et Esprit,
Raison et Sens ;

Pendant que dans les coupes
Le vin scintille
Ainsi que l'âme
Dans la pupille ;

Pendant que se sourient
La Terre et le Soleil
Et qu'ils échangent
Des paroles d'amour ;
</blockquote>

1. *Levia gravia*, XXVI.
2. Mazzini disait aux Romains : « Soulevez-vous pour la république.... Le
principe royal ne peut ruiner le pape et prendre ses domaines. »
3. *Impressions et Souvenirs* de Joseph Chiarini (1901).

> Pendant que court un frisson
> De mystérieux hymen
> A travers les monts et que palpite
> Féconde la plaine ;
>
> Vers toi s'envole
> Mon vers hardi.
> C'est toi que j'invoque, ô Satan,
> Roi du Banquet.
>
> . . . .
> . . . .
>
> Salut, ô Satan,
> O rébellion,
> O force vengeresse
> De la Raison.
>
> Jusqu'à toi s'élèvent pieusement
> Les encens et les vœux !
> Tu as vaincu le Jéovah
> Des prêtres [1].

Pour lui, Satan, c'est l'esprit de révolte et d'orgueil qui ébranle les dogmes et les lois, qui pénètre dans les domaines de l'intelligence au delà des limites que Dieu a imposées à la nature humaine. A sa suite, il célèbre Wicleff et Huss, Savonarole et Luther, et Galilée, et tous les hérétiques, et tous les sorciers, et tous les révoltés, tous les rebelles, tous les révolutionnaires,... tous les philosophes,... tous les savants. — Comme Gœthe à son Faust, il ferait dire à son Satan : « Je veux égaler Dieu par la puissance, par la gloire, par la science »...... Comme Richepin à son Antéchrist :

> Oui, je suis l'orgueilleux vaincu.
> Venez, recommençons ensemble la bataille
> De l'orgueil éternel !

Cependant, les événements le rappellent à la réalité... La réalité, c'est toujours la Monarchie, tergiversant, atermoyant, attendant les événements au lieu de les brusquer, comptant sur son habileté, sur sa diplomatie, agissant en sous main, au lieu d'agir au grand jour, par la Révolution

1. *A Satana.*

Écoutez et voyez. . . . .
Voyez, je vous apporte une triste nouvelle.
Oui, notre patrie est lâche.

Peuple d'Italie, ma vie et ma pensée.
O peuple d'Italie, ô vieux Titan qui s'ignore !
En face, je t'ai appelé lâche
Et tu m'as crié « bravo ! »

De mes vers funèbres, tu as enguirlandé ta coupe.
. . . .

Qu'importe, de honte un peu plus, un peu moins, à qui en profite.
Moi, je suis poète et non marchand.
L'Italie est un ghetto ouvert à tous.
Allons, au peuple d'Italie, qui veut donner un coup de pied...

C'est ainsi qu'il fulminait après Aspromonte,... c'est ainsi qu'après Mentana, il se prenait à désespérer « de sa lâche patrie, non de la patrie de Dante, de Garibaldi, de Mazzini, non de la patrie des héros et des martyrs, mais de la patrie... de ces gens-là[1] ». Ces « gens-là » c'était le roi, c'étaient les ministres, c'étaient les modérés. Qu'avait-il, au surplus, à leur reprocher, sinon trop de patience, sinon trop de finesse? Pouvaient-ils déclarer la guerre à Rome malgré l'opposition formelle de l'Empereur? Et l'Empire serait-il donc éternel qu'on ne pût attendre!

A Aspromonte, les volontaires garibaldiens sont arrêtés dans leur marche par l'armée italienne : ils sont battus... « Heu Pudor! »... Garibaldi est blessé. — A Mentana... « Meminisce horret! »... c'est « l'obscène brigand de France », c'est « l'Impérial Caïn » dont « les chassepots font merveille ».

Et il confond dans la même haine, pape, roi et empereur :

Au héros, au pauvre blessé,
Dans sa prison muette,
Portez, ô vents d'Italie,
Mon premier salut.

1. *Confessions*, p. 330.

> Gloire à toi,
> Magnanime rebelle !
> Que pour ceindre ton front,
> Leurs plus beaux lauriers
> Soient fauchés dans la forêt d'Aspromonte !....[1]
>
> . . . .
>
> Enfermez-vous... barricadez-vous....
> Couvrez-vous des plus noirs des voiles !
> D'un horrible cauchemar je suis hanté.
> J'ai vu le ciel de honte s'obscurcir....
>
> Et des belles collines, où tuaient les fauves étrangers,
> J'ai entendu un son de litanie monter lentement, lentement.
> Tout un peuple pâle criait : Miserere...![2]

Puis, « devant les traîtres et les lâches qui s'accouplent comme chiens sur les places... » il se prend « à maudire son antique patrie, sur laquelle s'accumulent la honte présente et la vengeance des siècles... Poète solitaire, il veut briser sa lyre sur l'urne des morts. »

Et « toujours fuyaient, fuyaient rapides les irrévocables années ! Et toujours frémissaient les esclaves, toujours insultaient les tyrans !»

— Enfin, l'armée italienne entre à Rome. — Comment va-t-il fêter cette grande date ?

> Chut, Chut ! Quel est ce tintamarre
> Au clair de lune,
> Oies du Capitole, chut ! Je suis
> L'Italie grande et une.
>
> J'arrive de nuit parce que le docteur Lanza
> Craint les coups de soleil.
>
> . . . .
> . . . .
>
> Couâ, couâ, couâ. Que voulez-vous ?
>
> . . . .
>
> Si c'est pour Brennus, pauvres oisons, inutile
> Maintenant de monter la garde. Si forte
> Je fus et si fine, que je suis entrée,
> Juste quand il s'en allait.

1. *Levia Gravia*, XXII. Dopo Aspromonte.
2. *Giambi e Epodi*, II, Meminisce Horret.

Oui, oui, je tenais leur sac aux zouaves,
Et je battais des mains
Hier aux Turcos : aujourd'hui, mes bambins graves
S'habillent en uhlans....

Et, d'un pied sur l'autre mes filles
Portent leurs baisers de l'un à l'autre....

. . . .

Ainsi, d'année en année, et de ministre
En ministre, je me retourne
Du centre droit sur le centre gauche
Et mes fins de mois sont toujours bonnes :

. Jusqu'à ce que Sella, un beau jour, à une fin de mois,
Donne un coup de pied dans la caisse,
Et vende à un lord archéologue anglais
Ma très auguste carcasse [1].

C'est qu'il avait compté sur une montée triomphale au Capitole,
au milieu des pavois, des illuminations, et de je ne sais quel
immense cantique de la multitude : on était entré par la petite porte,
comme tout étonné d'une si grande audace et quêtant le pardon du
pape. — C'est qu'il avait rêvé d'un peuple se levant tout entier,
pour mourir, au besoin contre la France, au besoin contre l'Europe;
c'est qu'il voulait des holocaustes, et des héros, et des martyrs : on
avait mis en déroute quelques gardes-suisses.

« Oh! l'entrée à Rome : le gouvernement italien montant la voie
triomphale, comme si c'eût été la Scala santa, agenouillé, la corde
au cou, faisant des signes de croix, à droite, à gauche, et demandant
grâce. Je ne pouvais, je ne pouvais faire autrement que de crier :
chut!... C'était comme si j'avais reçu des coups de pied par derrière [2].... »

On avait mendié le pardon du pape,... on avait vaincu quelques
gardes-suisses,... on avait été piteux,... mais on gardait Rome et
l'Unité était faite!

Les Garibaldiens, les Mazziniens, les Révolutionnaires,... tous
ceux qui, comme Carducci, étaient honteux d'une si mesquine fin de
drame, lui furent reconnaissants de les avoir ainsi vengés. Quant

1. *Giambi e Epodi*, XXII. Canto dell' Italia che va in campidoglio.
2. *Confessioni*, p. 153.

aux autres, aux royalistes, aux modérés, comment n'auraient-ils pas pardonné à Carducci? Ils n'avaient pas été héroïques, mais ils avaient été si rusés, et si habiles, et si diplomates! La fin avait justifié les moyens : pourquoi lui en auraient-ils voulu d'un désaccord qui, au surplus, n'avait roulé que sur une question de moyens? — Bien plus, au fond, ils lui savaient gré d'avoir rêvé de si grandes choses... dans le recul des années, peut-être même, se figuraient-ils les avoir faites!

Carducci!... c'était un poète,... un grand poète,... et qui aimait tant sa patrie!... Eux, ils étaient des politiques!... Mais, quand plus tard vinrent, de leur part, les éloges, les jubilés et les apothéoses, lui, se rappelant le passé, ne souriait qu'à demi! Car, mieux que personne, il savait ce que lui devaient royalistes et modérés, à lui, à Mazzini, à Garibaldi, à tous ces révolutionnaires dont il avait été le poète : mieux que personne, il comprenait, qu'habiles encore une fois, c'était pour détourner à leur profit ie courant révolutionnaire, que royalistes et modérés prodiguaient les statues à Mazzini, à Garibaldi, à d'autres, et à lui, — en attendant les statues, — les éloges, les jubilés et les apothéoses.

« J'étais calme dans le travail, et serein dans la critique littéraire. Dans les questions politiques, j'ai voulu et j'ai dû combattre... [1] » — Les temps sont révolus, « ce court moment historique a fui ». Que va devenir Carducci? Va-t-il continuer à combattre?

Anticlérical, antipapiste plutôt (il y a là une nuance italienne), Carducci le restera. Au surplus, l'anticléricalisme, l'antipapisme, n'est-il pas en Italie, surtout dans les anciens États de l'Église, sur·tout à Rome, une forme du nationalisme; et beaucoup qui s'accommoderaient du catholicisme, ne se contentent-ils pas de ne pas vouloir du pape-roi : ce qui, du reste, n'est pas parfois sans amener des cas de conscience assez bizarres? Certain qui va à la messe, qui fait même ses pâques (ce n'est qu'être catholique), ne ferait pas maigre le vendredi, ne jeûnerait pas au Carême (ce serait être papiste); cela lui rappellerait le temps où la police des papes, où leur pouvoir

1. *Confessions*, p. 170.

politique fermait les boucheries, les jours d'abstinence. — Inutile de dire que de tels cas de conscience n'intéressèrent jamais Carducci.

Pour lui, la papauté n'a été à Rome qu'un long incident, qu'une grande halte; il faut l'oublier et revenir à la Rome antique. Eût-il eu le loisir d'écrire des manuels, il n'eût pas manqué, comme bien d'autres d'ailleurs, de faire remonter l'histoire italienne à Romulus et la littérature italienne à Virgile. Et puisque l'antique Rome était païenne, il voudra, après avoir été un grand poète patriote, devenir un grand poète païen, et, par là encore, rester un grand poète national.

Cela lui sera d'autant plus facile de se faire entendre, que la tradition antique est restée vivace en Italie : dans le Sud, qui n'a jamais cessé d'être païen d'âme et de pensée; dans les autres provinces encore, qui sont presque toutes demeurées semi-païennes, au moins de souvenirs et de tendances. — « Nous sommes naturellement grecs et latins... » disent les Italiens. — A Rome même, les croix et les statues des apôtres ont bien pu couronner les colonnes des empereurs, mais ces colonnes sont restées debout, et jusqu'aux papes ont été forcés de transiger avec cette survivance du sentiment païen, en augmentant sans cesse l'importance des pompes, des rites, des cérémonies, des fonctions, à l'usage d'un peuple, toujours porté à substituer l'extérieur à l'intérieur, la figure à l'objet figuré, pour le moins, la dévotion à la piété intime. — Le grand reproche fait par les protestants aux catholiques romains, n'était-il pas qu'ils étaient restés des païens? — Le plus beau musée païen du monde n'est-il pas au Vatican? — Le plus grand peintre de Rome, Raphaël, n'est-il pas tout près d'être un païen?... « O Italie! tes morts et tes divinités sont encore avec toi! [1] »

« Je sens la patrie antique frémir dans mon cœur et sur mon front brûlant planer les dieux d'Italie! [2] » — Dans ses poèmes, Carducci va réveiller « a travers les monts, les collines et les fleuves, les antiques dieux de la patrie; sur les ruines des cités disparues et des peuples éteints, il va faire revivre les origines divines, la valeur et le courage des ancêtres [3] »; — il ranimera « les légendes enseve-

---

1. *Odes barbares.*
2. *Id.*
3. Carducci, *A propos de Virgile.*

lies, depuis tant de siècles, dans les cavernes préhistoriques, dans **les sépultures étrusques,** sous les murs cyclopéens, sous les temples **grecs,** sous les arcs romains, et réédifiera ainsi la longue histoire **des peuples d'Italie** [1] ». — ... Et voilà que renaissent dans ses vers, **Bologne,** et Florence, et Pérouse, et Spolète, et Venise, et Brescia, **et Ferrare,** et Ravenne... Rome surtout.

> Couronné de fleurs pourpres
> Avril te vit sur la colline émerger
> Au sillon de Romulus
> Regardant d'un œil grave les plaines sauvages.

> Après une longue suite de siècles
> Avril t'irradie, sublime, immense,
> Et le soleil et l'Italie te saluent
> Toi fleur de notre race, ô Rome,

> Bien qu'au Capitole ne monte plus
> La vierge silencieuse derrière le pontife
> Et que sur la voie sacrée le triomphe
> N'incline plus les quatre chevaux blancs,

> La solitude de ton forum
> Surpasse toute renommée et toute gloire,
> Et tout ce qui dans le monde est civilisé,
> Grand, auguste, est encore romain.

> Salut, Rome divine ! Incliné sur les ruines
> Du Forum, les yeux mouillés de douces larmes,
> Je parcours et j'adore tes vestiges épars,
> O patrie divine, ô ma sainte mère.

> Par toi, je suis citoyen d'Italie,
> Par toi je suis poète, ô mère des peuples
> Qui donna ton esprit au monde
> Et fit participer l'Italie à ta gloire [2].

Poète de la Révolution, poète de Mazzini et de Garibaldi, réserves faites de ce que tout Italien, même le plus modéré, sait et avoue devoir à la Révolution, à Mazzini et à Garibaldi, Carducci était encore l'homme d'un parti : chantre des anciennes gloires ita-

1. Carducci, *Critica e arte.*
2. *Odes barbares*, Le XXI avril de l'an MMDCXXX de la fondation de Rome.

liennes, voire même des anciens dieux de Rome, tant les souvenirs
en sont vivants chez tous, Carducci devenait vraiment le poète de
la nation, le poète de l'Italie : le plus grand poète de l'Italie après
Virgile, diront couramment les discours et les articles nécrologi-
ques. Il est vrai que dans de tels discours et articles, on exagère
parfois.

Mais sa nature belliqueuse va survivre aux grandes luttes d'autrefois. — « O vous, statues de la beauté, statues brisées, et vous
mânes des dieux morts, ombres bien aimées qui peuplez les cieux
de la poésie, c'est vous que j'invoque [1] —. » Cela pouvait suffire à
Henri Heine, cela ne suffira pas à Carducci. Païen, c'est l'essence
même du paganisme, c'est toute la vie païenne qu'il défendra et
opposera au christianisme. Contre le christianisme qui prêche la
crainte de Dieu, le mépris et le détachement des honneurs et des
plaisirs, l'abdication de soi-même, la mortification de la chair, contre
le christianisme qui dit : bienheureux les pauvres, les humbles,
bienheureux ceux qui souffrent, mais malheur aux heureux et aux
puissants de ce monde, il prendra parti pour le paganisme qui
exalte le culte de la beauté et fait épanouir les magnificences de la
terre, qui prêche la religion des sens, l'adoration de la matière.
l'amour de la puissance et des plaisirs, les vertus inspirées par
des vues humaines, et par-dessus toutes... virtus... la force. D'un
mot, où percera l'orgueil d'un romain de l'Empire, il appellera le
christianisme « une religion d'esclaves ».

> Adieu, divinité Sémique ! Toujours
> Dans tes mystères la mort préside.
> O inaccessible roi des esprits,
> Tes temples proscrivent le soleil.
>
> Martyr crucifié, tu crucifies les hommes ;
> De tristesse tu empoisonnes l'air :
> Et pourtant les cieux resplendissent, les champs sourient,
> Et d'amour s'illuminent.... [2]

1. Henri Heine, *Les Dieux en exil.*
2. *Odes barbares,* Dans une cathédrale gothique.

*
* *

La politique, la politique courante, ne passionnera jamais plus
Carducci. — De révolutionnaires, comme il y en avait avant l'Unité,
il n'y en a plus guère; de républicains, il y en a si peu, et que
feraient-ils de plus que les monarchistes? Il va se rallier à la
royauté, mais il n'en conservera pas moins son franc-parler. Ce
qu'il reprochera surtout aux ministres qu'il voit se succéder, c'est de
manquer d'idéal. — « A cette nation jeune d'hier et vieille de trente
siècles, il manque un idéal, c'est-à-dire la religion des traditions de
la patrie, et la sereine conscience de sa mission propre dans l'histoire et dans la civilisation, religion et conscience qui seules font
un peuple d'avenir. Mais il ne peut y avoir d'idéal, là où les hommes
politiques n'ont aucune idée, mais seulement de petites passions et
de petits intérêts... [1] » — Et c'est bien là, en effet, ce que beaucoup
d'Italiens non suspects reprochent à l'Italie. — Dès 1872, M. Pasquale
Villari disait : « Depuis que l'Italie est devenue indépendante, on
dirait qu'elle a laissé le temps tel qu'elle l'a trouvé : nous avons
obtenu tout ce que nous voulions et au lieu de s'élargir devant
nous, notre horizon semble s'être rétréci. Nous sommes des gens
désarmés et découragés. » — Récemment, c'était M. Barzellotti, l'un
des plus célèbres professeurs de Rome, qui écrivait [2] : « Notre révolution n'est passée par aucune grande épreuve capable de retremper
toute la nation au feu des sacrifices... Elle n'est pas l'œuvre de la
vertu et des sacrifices de tous... Au milieu des ruines de Rome
antique et à côté de la Papauté, la chétive statue morale du nouveau royaume disparaît dans l'ombre gigantesque des deux plus
grandes créations historiques dues au sens politique organisateur
du peuple latin... Pas une seule idée nouvelle et organique digne de
rester dans notre histoire depuis l'entrée à Rome... L'État est devenu
une grande coalition d'intérêts locaux, régionaux et privés... » —
Plus récemment encore, M. Morasso, l'un des apôtres de l'Impérialisme formulait les mêmes plaintes, mais trouvait d'autres raisons [3] :

1. Ça ira, *Prose de Carducci*, p. 1050.
2. Barzellotti, *Etude sur Taine*.
3. Muret, *La Littérature italienne d'aujourd'hui* (1906), article sur Morasso.

« L'Unité fut accomplie en Allemagne par la corporation militaire
et non pas, comme en Italie, sous la pression et avec la collaboration forcée des classes populaires. Le nouveau régime en Allemagne
accrut le prestige de l'armée et des dirigeants, inclinant toujours
plus la culture vers la domination... L'Italie, cependant, grâce au
Risorgimento politique, se précipitait vers une civilisation du type
inférieur ». — Aussi bien, quand on dit : la France, l'Angleterre,
l'Allemagne pourtant pas plus vieille que l'Italie, quand on dit : la
Papauté, on a comme une vision subite de ce qu'elles sont et de ce
qu'elles représentent. Quand on dit : l'Italie moderne, on ne voit
rien que d'obscur. En aurait-il été de même, si, au lieu d'avoir été
l'œuvre de grands hommes d'État et de grands diplomates, souvent
aidés par le hasard, elle avait été l'œuvre de la Révolution, comme
le voulait Carducci, ou l'œuvre d'une dictature militaire, comme
d'autres se prennent à le regretter maintenant? Sortie de la Révolution ou de la Dictature, l'Italie n'aurait pas eu son but en soi.
Révolution ou dictature ne l'aurait créée que pour un but qu'elle se
serait donné à tâche d'atteindre. Mais, bien au contraire, c'est la
politique et la politique seule qui a fait l'Italie. Une fois faite,
l'œuvre était accomplie : il ne s'agissait plus que de la faire durer,
au jour le jour. Plus encore, il y avait une telle disproportion entre
les rêves d'autrefois, les rêves à la Gioberti : devenir la continuatrice de Rome... et la réalité : se contenter d'être une nation comme
les autres, et qui devait vivre, que le point d'équilibre n'est pas
encore trouvé.

L'idéal de Carducci, ce sera la force : la force qui fait les nations
puissantes et qui les impose au respect. Aux glorieuses prétentions
de jadis, il se contraint à ne plus croire, et s'il en reparle, ce ne sera
plus que comme d'un stimulant moral, comme d'un motif d'agir.
Il ne dira plus : il faut faire d'aussi grandes choses que nos ancêtres ;
il se contentera de dire : quand on a des ancêtres qui ont fait d'aussi
grandes choses que les nôtres, il faut, soi aussi, faire de grandes
choses. Il voudra, pour le moins, l'Italie forte et puissante, la plus
forte et la plus puissante possible.

Il sera avec ceux qui convoitent Trieste, Trente, l'Adriatique,

l'Orient, Tripoli : il sera avec ceux qui convoitaient Tunis et l'Ery-
thrée. Il sera pour la guerre... « fatale et sublime folie... », et, dans
une poésie qui fit époque [1], il bafouera certain Congrès de la Paix
tenu à Rome. Il sera pour Crispi, le seul ministre dont les Italiens
aient été fiers depuis Cavour, le seul qui ait su flatter leur amour-
propre, car « avec la passion qu'il portait en tout, son orgueil personnel gigantesque, ses audaces impulsives [2] », il leur semblait
l'homme prédestiné, le héros national, marqué pour leur donner le
baptême de la gloire. N'était-il pas lui aussi, Crispi, un survivant
des Révolutionnaires, des Révolutionnaires qui voulaient faire grand
et qui croyaient qu'il n'y avait qu'à vouloir? — « De Crispi, je pense
et je sens qu'il fut le seul grand homme d'État italien depuis 1860,
le seul qui ayant conservé l'idéal ait montré qu'il était capable d'y
subordonner sa politique. Venu trop tard au pouvoir, il n'en fut pas
moins le seul grand ministre italien, depuis Cavour. Mégalomane!
C'est là un mot de réthorique inventé par des pédants qui n'osent
se dire peureux... Crispi est mégalomane, comme Mazzini, comme
Victor-Emmannuel, comme Garibaldi, qui voulaient l'Italie forte et
respectée. Autrement pourquoi l'avoir faite?... [3] »

Mais il ne suffisait pas à Carducci que l'Italie fût forte matériellement, il aurait encore voulu qu'elle le fût intellectuellement : mieux,
qu'elle eût dans les choses de l'esprit, sa personnalité, et comme sa
marque propre. Il disait à ses élèves : « Cette unité, cette liberté
que nos pères ont conquise, nous devons la soutenir dans le
domaine de l'esprit... C'est par l'art et la science que les nations
s'éternisent... Nous avons besoin de nous affirmer hautement et
glorieusement comme nation... La civilisation italienne n'a pas de
lacunes, nous n'avons que faire des barbares... Il faut qu'en
étudiant la langue, on étudie la nation, et qu'on imprime sur son
âme, comme un sceau, le caractère italien pur... Nous sommes
aujourd'hui trop Français, trop Anglais, trop Américains, nous
sommes doctrinaires, positivistes, évolutionnistes, éclectiques, nous
sommes individualistes, socialistes, autoritaires : nous devons être
Italiens...»

1. *La guerra* (1892).
2. Ferrero, *Il fenomeno Crispi.*
3. Lettre de Carducci du 17 juillet 1892 citée par le *Giornale d'Italia*
(21 février 1907).

A l'occasion des fêtes données en l'honneur de Carducci, d'Annunzio célébrait récemment *la force qui naît de la force*.... « Il est
écrit : Dans le principe était le Verbe... Il est écrit : Dans le principe
était l'Intelligence... Moi, j'écris hardiment : Dans le principe, était
l'Action.... » Et il levait son verre — à la Plus-Grande-Bretagne :
« Comme déjà la Paix Romaine illumina la Méditerranée, bientôt la
Paix Britannique illuminera les Océans »; — à la Plus-Grande-
Allemagne : « Sur la vieille tradition militaire prussienne s'est
greffée miraculeusement la nouveauté de la lutte industrielle.
L'instinct de domination allemande en a été comme renforcé... La
France a été vaincue une seconde fois »; — à la Plus-Grande Italie :
« L'Italie est comme le centre de toutes les contrées où ont
fleuri et où fleurissent les civilisations les plus illustres. Elle joint
l'Occident à l'Orient par la Méditerranée, notre mer, qui porte sur
ses eaux la plus belle chose du monde, le Génie Grec, et la plus
grande, la Paix Romaine. Les montagnes formidables de ses Alpes
semblent entrer dans le cœur même de l'Europe, tandis que les
vents de l'Asie et de l'Afrique réchauffent ses rives extrêmes...
Délicates et rudes, agiles et vigoureuses, ses races les résument
toutes. La suprématie morale semble être son partage [1]. »

C'est ainsi que Carducci aurait souhaité d'être loué par tous :
comme le grand poète italien « de la force et de l'action »... comme
le grand poète italien « des gloires passées et des espérances
futures »... gloires dues, espérances réservées aux seules nations
« fortes et actives ».

Tel il fut en effet. C'est pourquoi, — oubliant leurs querelles
d'hier : n'était-il pas trop anticlérical, trop antireligieux, trop révolutionnaire, trop crispinien? s'abstenant pour quelques heures de
penser aux conflits de demain : vis-à-vis de la Papauté, convient-il
d'être conciliant ou menaçant, à l'égard de la religion sympathique
ou tracassier, en face de l'Europe pacifique ou entreprenant? —
tous ceux qui voudraient sortir l'Italie de sa torpeur en lui donnant un idéal et une signification. se sont trouvés d'accord, de

---

1. *Corriere della Sera* (25 mars 1907).

quelque parti qu'ils vinssent pourvu qu'ils fussent Italiens et Unitaires, pour sacrer Carducci... poète de la patrie... poète national de
la troisième Italie..., unis, ne fût-ce qu'un jour, dans le besoin
d'être et de faire enfin quelque chose.

> Salut, ô ma patrie.
> Que ma langue se dessèche
> Si jamais je t'oublie
> Dans mes pensées et mes écrits !
>
> Fol censeur et stupide
> Chantre de vieilles folies,
> Voilà ce que tu dis de moi, Italie.   . . .
> Mais peu m'importe, car de lâches
> Affranchis, jamais je ne serai le flatteur [1].

STÉPHANE PIOT.

[1]. *Juvenilia*, LXVIII, i voti.

L'ACCORD ANGLO-RUSSE DU 31 AOUT 1907

L'accord anglo-russe, signé le 31 août, publié le 26 octobre 1907, n'a été une surprise pour personne. Rarement, négociation internationale de cette importance a été traitée si ouvertement. L'opinion publique, préparée par d'habiles sondages, a pu suivre la marche d'une évolution qui s'est prolongée pendant deux années environ.

Nous disons deux ans. D'aucuns font remonter plus haut la genèse de la convention. Ils citent la fameuse campagne de « Calchas » dans la *Fortnightly Review*, dont le premier article date d'octobre 1900. Ils veulent voir dans le rapprochement de la France et de l'Angleterre le point de départ de l'entente de la Grande-Bretagne et de la Russie. C'est pousser un peu loin le désir de concilier *a posteriori* l'alliance franco-russe et l'entente cordiale, deux combinaisons qui, à l'origine, semblaient passablement contradictoires. Qu'on se rappelle seulement les violentes critiques que souleva, à Saint-Pétersbourg, la convention du 8 avril 1904. Le traité Delcassé-Lansdowne apparaissait au lendemain de la déclaration de guerre japonaise, au début d'une crise que la Russie considérait, non sans raison, comme l'œuvre de la diplomatie britannique et la suite logique de l'alliance anglo-nipponne. Nos alliés rêvaient alors de consolider par les armes l'édifice si hâtivement élevé en Extrême-Orient. Certes ils ne songeaient pas à une liquidation de la politique d'expansion en Asie, en Asie centrale moins qu'ailleurs. Dira-t-on que les meneurs de la diplomatie britannique prévoyaient les futurs événements et tout le profit qu'ils pourraient en tirer? Bien informés de la force du Japon et des faiblesses de son adversaire, ils croyaient, sans doute, avoir ponté, cette fois, sur le bon cheval. Mais c'est une politique bien hasardée que celle qui repose uniquement sur le hasard des batailles. Le vrai est que, dès cette époque, les hommes d'État anglais étaient en éveil, prêts à recueillir les fruits de leur habile manœuvre et à tirer dans l'Asie centrale tout le parti possible des embarras russes.

Le premier indice d'un rapprochement apparaît en. Angleterre après les défaites de Liao-yang et du Cha-ho, au moment de l'incident de Hull. La solution pacifique donnée à ce conflit est un symptôme significatif, qui se précise par l'intervention britannique en faveur de la paix. Moins apparente que l'action de Roosevelt, le rôle du cabinet de Saint-James a été plus efficace. Sa manifestation la plus éclatante a été le resserrement brusque des cordons de la bourse qui, au lendemain de Tsoushima, a enlevé au Japon toute possibilité de poursuivre la lutte. Quelques semaines plus tard, au commencement d'août 1905, le renouvellement de l'alliance anglo-japonaise marquait le terme de la crise Orientale.

Dès lors le plan anglais est arrêté. L'intervention brutale de l'Allemagne dans la crise marocaine a achevé de le fixer. La rupture de l'équilibre européen, conséquence de la disparition momentanée du facteur russe est apparue pleine de périls. On a compris, à Londres, l'urgence de conjurer le danger. On a compris aussi le prix de cette heure où la Russie affaiblie par ses désastres se débat dans les affres de la révolution. Quelle meilleure occasion de régler avantageusement les différends asiatiques, de faciliter la concentration des forces de l'empire en Europe, tout en assurant pour de longues années la sécurité de l'Inde!

La sécurité de l'Inde! C'est depuis trente ans la préoccupation dominante des hommes d'État anglais. Certes, les opérations de Mandchourie ont montré combien sont chimériques les craintes de ceux qui attendent des soldats du tzar le renouvellement des exploits d'Alexandre. Il s'en faut pourtant que tous les enseignements de cette campagne soient également rassurants. Nulle part plus qu'en Angleterre on n'a rendu justice aux résultats extraordinaires obtenus du transsibérien par les efforts du prince Khilkoff. Le transport et le ravitaillement de plus d'un million d'hommes par une seule ligne ferrée est un exploit dont la presse britannique a souligné la valeur. Si l'on réfléchit que la mobilisation russe dispose dans l'Asie Centrale, non plus d'une seule, mais de deux voies ferrées : le Transcaspien et la ligne d'Orenbourg-Taschkent, que les ressources militaires britanniques sont restreintes, on comprendra

que l'on ait conservé en Angleterre, même au lendemain de
Moukden, certaines appréhensions pour l'avenir de l'Inde. Ces
inquiétudes se sont affirmées par l'insertion dans le second traité
d'alliance japonaise d'une clause permettant de faire appel au
concours des troupes nipponnes. Mais c'est un remède héroïque,
presque pire que le mal. N'était-il pas infiniment préférable d'obtenir
de la Russie affaiblie un arrangement convenable? Les avantages
de ce plan ne pouvaient échapper à un souverain aussi averti
qu'Édouard VII, à des diplomates de la valeur de lord Lansdowne
et de sir E. Grey.

La manœuvre anglaise se dessine donc dès l'automne 1905. La
première impression en Russie n'est pas très favorable. Les revers
de Mandchourie ont bien amené une réaction anti-impérialiste, une
lassitude des aventures. La gravité des troubles intérieurs recommande le recueillement. Mais la blessure est trop récente pour que
ne soient pas encore très vives les rancunes contre la nation qui a
déchaîné la crise. Puis, la roue tourne à Londres : les libéraux, très
hostiles à l'autocratie russe, arrivent au pouvoir, le portefeuille des
Affaires étrangères est bien confié à un impérialiste, sir E. Grey,
que suivra la voie tracée par son prédécesseur, mais il faut
attendre... C'est à Algésiras, que sont posés les premiers jalons, dans
les conversations du comte Cassini et de sir A. Nicholson, qui vient
d'être nommé ambassadeur à Pétersbourg. Puis, le comte Lamsdorff
passe la main à M. Isvolsky, un élève de Lobanoff, un prudent qui,
dans un long séjour à Copenhague a noué des relations étroites
avec la diplomatie britannique. Son arrivée au pouvoir, en mai 1906,
marque l'heure décisive de l'évolution russe. Dès lors, la partie s'engage sérieusement.

Bien des obstacles restent à surmonter. Les radicaux anglais,
dont l'influence est prépondérante, résistent à l'idée d'une entente
avec le gouvernement du tzar. Le fameux cri de sir H. Campbell
Bannerman : « La Douma est morte, vive la Douma », traduit leur
sentiment. Il faut ajourner une visite annoncée de la flotte anglaise
à Cronstadt. Les défiances renaissent à Saint-Pétersbourg. Dans
l'été 1906 tout paraît sur le point de se rompre. Cependant les artisans discrets qui se sont voués au succès de l'œuvre de rapprochement ne se découragent pas. Les fils se renouent. Les négociations

reprennent et se précisent. Quand Mouzaffer-ed-dine meurt, en janvier 1907, l'accord des politiques anglaise et russe en Perse est déjà virtuellement un fait accompli. L'évolution favorable des pourparlers engagés entre M. Isvolsky et M. Motono pour la liquidation des questions laissées en suspens par le traité de Portsmouth indique les progrès du rapprochement anglo-russe. On peut considérer l'affaire comme réglée quand, le 10 mai, éclate la nouvelle de l'accord franco-japonais. On traine les choses pour préparer l'opinion et éviter un éclat irritant à la Chambre des Communes. Et l'entente n'est annoncée qu'au lendemain de la séparation du parlement britannique.

Elle se présente sous la forme d'une déclaration générale, de trois conventions distinctes et d'un document annexe. Dans l'introduction, les deux contractants déclarent avoir décidé « de régler d'un consentement mutuel différentes questions touchant aux intérêts des deux États sur le continent asiatique » et avoir résolu « de conclure des accords destinés à prévenir toute cause de malentendu entre la Russie et la Grande-Bretagne au sujet des dites questions ». Suivent trois conventions relatives à la Perse, à l'Afghanistan et au Thibet et une déclaration unilatérale de l'Angleterre relative au golfe Persique, exprimée dans une lettre de sir E. Grey à sir A. Nicholson. Les documents sont brefs, de rédaction claire. La conception générale et les tendances de l'accord se dégagent aisément d'un plan qui s'offre rationnellement à l'analyse.

Nous n'entreprendrons pas de résumer l'histoire de la rivalité anglo-russe en Perse. Il faudrait remonter jusqu'aux dernières années du xviiie siècle. Une simple esquisse dépasserait les limites d'un article de revue. D'ailleurs, la crise aiguë dont le traité Grey-Isvolsky marque, sinon la conclusion, du moins une étape importante, ne date guère de plus de vingt ans.

  Jusqu'en 1885 la poussée russe en Asie se manifeste surtout vers l'est. C'est l'occupation du Turkhestan avec les campagnes de Tchernaïeff, de Romanowsky, de Kauffmann, de Skobeleff et l'audacieuse entreprise du Transcaspien lançant le rail à travers le désert, jusqu'à Merv et la frontière afghane. L'Angleterre, de son côté s'acharne en vains efforts pour établir sa domination à Kaboul. Et c'est sur le revers de l'Hindou-Kouch que les gourkhas se trouvent face à face avec les cosaques en 1885. Les dispositions conciliantes du cabinet Gladstone et du gouvernement d'Alexandre III préviennent un choc, qui a paru un moment imminent. Arrêtée dans sa marche vers l'Orient, l'expansion russe se tourne alors vers le sud où elle va éprouver l'attraction de la mer libre.

. La lutte d'influences commence en Perse, mais sans grands éclats pendant les dernières années de Nasr-ed-dine. Ce prince prudent et économe évite habilement les prétextes d'intervention. Avec le drame du 1er mai 1896 sonne l'heure décisive. L'histoire n'est pas nouvelle. Un souverain débonnaire, faible, bourreau d'argent; un ministre ambitieux et dénué de scrupules; des prêteurs bénévoles, entraînés aux secrètes combinaisons de la finance et de la politique : ainsi vont les choses en Perse pendant les sept premières années du règne de Mouzaffer-ed-dine, sous le gouvernement de l'Atabeg Azam, Amin-es-Sultan. C'est l'âge d'or de l'influence russe. Et l'Angleterre ne peut s'en prendre qu'à elle-même de cette mésaventure. C'est à Londres que le shah s'est adressé, tout d'abord, au commencement de 1900, pour remplir son trésor prestement vidé. Par une défaillance dont la diplomatie britannique offre peu d'exemples lord Salisbury décline la proposition d'un emprunt sérieusement garanti par les douanes du golfe. La Russie saisit la balle au bond. Elle avance généreusement 56 millions. Puis, durant trois ans, les roubles ne cessent de rouler entre Saint-Pétersbourg et Téhéran. Les Russes exploitent la situation avec une remarquable ingéniosité. Ils exigent le remboursement d'une créance Anglaise de de l'Impérial Bank of Persia, imposent l'engagement formel qu'aucune concession de voie ferrée ne sera accordée sans leur consentement. Ils construisent des routes dans le Nord, admirable instrument pour leur commerce que favorise un remaniement du tarif douanier. La Banque Russe de Téhéran concentre les services financiers de l'empire. Le contrôle des douanes et l'organisation du service des postes sont confiées à des agents belges subordonnés à l'influence moscovite. Une compagnie de navigation subventionnée relie Odessa au golfe Persique. Entre temps Mouzaffer-ed-dine fait trois voyages en Europe avec des visites solennelles à Pétersbourg.

Surprise un moment, l'Angleterre se ressaisit, multipliant les efforts surtout du côté de la mer. On attire le shah à Londres, on lui envoie l'ordre de la Jarretière. Mais l'heure de la revanche n'a pas encore sonné et la mission chargée de conférer au souverain persan le plus illustre des ordres britanniques arrive à Téhéran juste pour apprendre la conclusion d'un traité de commerce très avantageux pour la Russie. C'est l'apogée de l'influence russe. Le recul va commencer avec les prodromes de la crise mandchourienne. Un agent anglais énergique, sir A. Hardinge, obtient, en septembre 1903, la disgrâce de l'Atabeg Azam, qui a mis sa toute-puissance de grand-vizir au service du tzar. Quelques mois plus tard lord Curzon fait sa tapageuse croisière dans le golfe. Il jette dans le Beloutchistan la première amorce d'une voie ferrée de Quetta à Nushki. La mission anglaise Mac-Mahon est chargée de régler le conflit qui divise les Afghans et les Persans pour le partage des eaux de l'Hellmund. Surviennent les événements d'Extrême-Orient qui portent un coup terrible au prestige russe. Le Pactole cesse de couler. Alors le mirage dissipé laisse apparaître le désordre d'une administration follement dépensière et corrompue. Les Persans subissent l'attraction de l'exemple qui leur vient du nord et font, eux aussi, leur révolution.

Le rôle joué par l'Angleterre dans cette crise intérieure reste obscur. Il a dû être considérable. L'étonnant accord de vingt mille émeutiers venant chercher refuge à la légation britannique, en juillet 1906, est bien curieux, au moins comme symptôme du revirement qui s'est produit en faveur de l'influence anglaise. La Russie n'échappe à une éviction complète que par une activité commerciale qui ne se dément pas au milieu des plus dures épreuves.

Telle est la situation au moment où s'ouvrent les négociations entre Londres et Saint-Pétersbourg. Pourquoi les deux puissances renoncent-elles brusquement à la politique de rivalité pour la politique de conciliation? Nous avons exposé plus haut les raisons générales qui ont déterminé cette évolution pacifique : du côté russe, réaction contre l'esprit d'aventure et besoin de recueillement; pour l'Angleterre, préoccupations européennes, ralentissement de l'activité extérieure qui coïncide toujours avec l'arrivée au pouvoir des libéraux. Il faut ajouter l'entrée en scène sur le théâtre persan d'un nouveau personnage : l'Allemagne. La puissance qui a entrepris l'œuvre colossale du chemin de fer de Bagdad ne peut se désintéresser de l'Iran et du golfe Persique. L'activité allemande, admirablement secondée par le ministre du Kaiser à Téhéran, M. Steinrich, que vient de récompenser un portefeuille de sous-secrétaire d'État, se manifeste dans toutes les branches : établissement d'un service de navigation de la *Hambourg Amerika*, envoi d'une mission de la *Deutsche Oriente Bank*; création d'une banque à Téhéran. Chacun des deux premiers occupants peut redouter une entente de la partie adverse avec le troisième larron. Un accord direct anglo-russe est le meilleur moyen de conjurer ce risque.

Du moment que l'on entrait dans cette voie, on devait fatalement adopter les bases fixées par lord Salisbury, qui avait déjà songé à la combinaison. L'éminent diplomate anglais considérait comme seuls principes admissibles d'entente le désintéressement politique et la répartition des sphères d'influence économiques. La convention du 31 août 1907 suit ces lignes.

Le préambule consacre l'engagement mutuel de « respecter l'intégrité et l'indépendance de la Perse ». Puis, après un rappel de la « théorie de la porte ouverte » destiné à ménager les susceptibilités légitimes des autres puissances, il déclare que chacun des contractants renonce au bénéfice de la libre concurrence dans certaines régions où la partie adverse, pour des raisons d'ordre politique ou économique, peut invoquer un intérêt spécial.

Les deux premiers articles fixent les bornes des sphères russe et anglaise, en précisant les limites du désintéressement mutuel. La zone russe est déterminée au sud, par une ligne qui part de Kasri-Chirin sur la frontière turque — point situé à peu près à mi-distance de la Caspienne et du golfe — passe à Ispahan descend jusqu'à Yesd, puis remonte jusqu'à Zutticar, point situé à l'intersection des frontières de la Perse, de l'Afghanistan et du Turkestan russe. Elle englobe toutes les provinces septentrionales, d'Azerbetdjan, de Gilan, de Mazanderan, d'Ardilan, d'Irak-Adjemi et du Khorassan avec environ un tiers de la superficie totale. La zone anglaise, plus restreinte et ne comprenant guère qu'un cinquième du territoire est tout entière au sud d'une ligne qui part de Bender-Abbas sur le détroit d'Ormuz et s'oriente au nord-est pour aller atteindre la frontière afghane à 200 milles au sud de Zulficar, enserrant la province de Kerman et le Seïstan. Le reste de l'empire est ouvert à la rivalité commerciale de l'Angleterre et de la Russie par l'article 3. Les articles 4 et 5 maintiennent les garanties affectées aux emprunts russe et anglais, subordonnant toute modification à une entente préalable des deux parties.

Ces stipulations ont causé une grosse émotion en Perse : campagne de presse, manifestation à la Chambre. Le gouvernement a dû se dégager formellement de toute adhésion même tacite à l'accord. Cette explosion d'irritation ne saurait surprendre de la part d'un peuple qui, au sortir d'un engourdissement séculaire, manifeste une vitalité singulière et pousse l'exaltation de son nationalisme jusqu'à la xénophobie. Les Persans ne manquent pas de raisons pour soutenir qu'on a un peu trop négligé de les consulter. Susceptibilité parfaitement honorable à qui il ne manque, pour sembler légitime, que l'appui de quelques centaines de mille soldats. L'hommage platonique rendu à l'indépendance et à l'intégrité de la Perse corrige insuffisamment les libertés très grandes que l'Angleterre et la Russie prennent envers les droits souverains du Shah. Les allusions à la nécessité de « maintenir l'ordre et la paix » sont trop nombreuses et précises pour ne pas laisser entrevoir des éventualités d'intervention dont le peuple persan a le droit de s'émouvoir. Peut-être aurait-il mieux à faire, pourtant, que de récriminer contre un état de choses dont il n'est pas entièrement irresponsable. Le véritable moyen de conjurer les risques de l'accord anglo-russe est d'adopter une politique d'ordre et de prudente réforme. Pas de troubles, pas de prétexte d'intervention. Les amis de la Perse — la France s'honore d'être parmi les plus anciens et les plus désintéressés — n'attendent pas moins de l'intelligence d'un peuple dont le passé est une promesse d'avenir.

La convention persane n'a provoqué et ne pouvait provoquer aucune protestation des tierces puissances. Leurs intérêts sont sauvegardés par le maintien de la « porte ouverte ». Pour le reste, elles ne sauraient méconnaître la valeur des titres invoqués par les deux contractants ni leur droit de régler à leur guise leurs propres affaires. Le mécontentement des Persans peut d'ailleurs offrir des occasions exceptionnellement favorables à celles dont l'attention est attirée de ce côté. L'Allemagne s'en est déjà avisée.

En Russie, l'opinion commence à peine à se dégager de l'hypno-tisme de la crise intérieure et elle est restée à peu près indifférente.

En Angleterre, l'accord a été soumis à une analyse plus sérieuse, en général approbative. Il y a eu pourtant des réserves. Quelques puristes ont dénoncé les violations de la souveraineté persane. Mais les critiques ont porté principalement sur la répartition des sphères d'influence. Elles ont trouvé leur expression la plus caractéristique dans une lettre au *Times* du colonel Yate, ancien commissaire en chef du Beloutchistan, et dans la *Fortnightly Review* sous la plume de M. Perceval Landon et de M. Angus Hamilton.

L'argumentation peut se résumer ainsi. Il y a entre les zones anglaise et russe une disproportion injustifiée, au double point de vue économique et politique. La Russie pourra pousser son réseau ferré jusqu'à Ispahan à 200 milles à peine du golfe. Installée à Téhéran et à Ispahan elle commande les trois grandes routes com-merciales : celle de Téhéran à Bagdad par la Porte Médique, celle qui remonte le fleuve Karoun pour aboutir à l'ancienne capitale, enfin celle qui va de Bouchir à Chiraz et à Ispahan. Par contre, l'Angleterre ne se réserve qu'une zone étroite, en grande partie infertile. Elle n'a même pas affirmé ses revendications séculaires sur la côte du golfe. Ses intérêts commerciaux sont sacrifiés. Quant à la valeur militaire de la tractation elle est nulle. Chimère que la crainte d'une invasion russe par le Seïstan et le Beloutchistan, dont les solitudes désertiques ne sont traversées que par une mauvaise route de caravane.

A vouloir trop prouver les adversaires de l'accord compromettent la valeur de leur raisonnement. Les campagnes alarmistes de la presse anglaise sont trop récentes pour que l'on puisse oublier l'importance que la Grande-Bretagne attache à la couverture de la frontière de l'Inde. Les garanties insérées dans l'accord persan sont assez sérieuses pour compenser bien des sacrifices. Les concessions sont-elles, d'ailleurs, aussi considérables qu'on le dit? La zone pro-prement russe ne dépasse pas les limites atteintes par la prépon-dérance absolue du commerce moscovite. Nous n'en voulons pour preuve que les conclusions des rapports consulaires anglais. Le consul général à Ispahan constate en 1906, que les produits anglais ne peuvent lutter contre les produits russes favorisés par les conditions géographiques plus encore que par le tarif douanier. Même constatation du consul à Yezd. Toute la partie méridionale est neutre, ouverte à la libre concurrence. Les Russes ne sont pas favorisés, si ce n'est par la nature qui a jeté entre ces provinces et le golfe Persique la chaîne abrupte du Zagros, muraille de 4,000 mètres n'offrant au trafic que quelques mauvaises passes de montagne. Par contre, les Anglais ont pour eux la suprématie maritime avec toutes les facilités qu'elle donne. C'est leur force. Elle repose sur des assises plus solides qu'un protocole diplomatique. On ne voit guère ce qu'aurait pu y ajouter de valeur pratique l'inscription formelle des rivages du golfe dans la zone britannique.

On s'attendait pourtant à une reconnaissance de la prépondérance de l'Angleterre dans cette mer. Le silence du traité sur ce point a été une surprise, la seule peut-être que nous ait ménagée la publication du texte.

Pourquoi cette question capitale a-t-elle été réservée? On ne saurait envisager l'hypothèse d'une concession faite par la Grande-Bretagne. La nécessité d'écarter toute influence rivale du golfe Persique est un axiome de la politique anglaise, fondé sur une appréciation exacte des conditions de la défense de l'Inde, justifié par des efforts séculaires. De ce côté, jamais de défaillance, une vigilance incessante dont les récentes manifestations ne se comptent pas. C'est l'affirmation du protectorat britannique à Koweït en 1901. C'est la croisière de lord Curzon en 1903. C'est l'occupation des îles Bahrein en 1905. C'est l'établissement d'un câble télégraphique dans le détroit d'Ormuz en 1906. C'est surtout la déclaration retentissante de lord Lansdowne en mai 1903 : « Toute création de base navale ou de place de guerre sur le golfe Persique, de quelque puissance qu'elle vînt, menacerait directement les intérêts anglais, et le gouvernement s'y opposerait par tous les moyens possibles. » Le *casus belli* est nettement posé.

Un abandon de cette thèse est inadmissible. D'ailleurs, pour éviter toute ambiguïté, sir E. Grey rappelle les revendications anglaises dans une lettre adressée à sir A. Nicholson, l'avant-veille de la signature du traité, le 29 août 1907, et publiée en annexe : « Il est désirable

d'attirer l'attention sur les déclarations antérieures de la politique
britannique, de confirmer à nouveau, d'une façon générale, les déclarations antérieures relatives aux intérêts britanniques dans le golfe
Persique. »

Le chef du Foreign Office a prévu les critiques que ne pouvait
manquer de provoquer le silence du traité. Il a tenté de les
devancer. « Le golfe Persique, dit-il, n'est que partiellement en
territoire Persan. Il n'a donc pas semblé qu'il y avait lieu d'introduire dans la convention une déclaration positive concernant les
intérêts spéciaux de la Grande-Bretagne... » L'argument ne serait
plausible que si l'accord était limité à la Perse. Or, le préambule lui
assigne comme but le règlement de tous les différends asiatiques.
La formule est assez large pour englober tout ce que la diplomatie
aurait pu désirer y faire tenir.

La raison de sir E. Grey n'est donc qu'un prétexte. Il y en a une
autre. Est-ce l'impossibilité de mettre d'accord les vues de l'Angleterre et de la Russie sur ce point particulier? Nullement. Le chef du
Foreign Office écrit : « Le gouvernement russe, au cours des négociations, a déclaré explicitement qu'il ne visait pas les intérêts spéciaux de la Grande-Bretagne dans le golfe Persique... » et « le gouvernement de Sa Majesté a de bonnes raisons de croire que cette
question ne donnera lieu à aucune difficulté entre les deux gouvernements dans le cas où surgiraient des événements qui rendraient
nécessaire une nouvelle discussion. » On ne peut indiquer plus
clairement que la solution a été ajournée par des considérations
de politique générale. Orientée dans cette voie, l'analyse pénètre
aisément un mystère qui n'a rien de bien obscur. La question
du golfe Persique est intimement liée à celle du chemin de fer
de Bagdad. Un arrangement conclu en dehors de l'Allemagne
aurait menacé de provoquer une crise analogue à celle du Maroc. Il
n'est pas démontré que l'Angleterre la désire. Il est certain que la
Russie ne saurait s'y prêter. L'entrevue de Swinemunde a montré
que le gouvernement du tzar désire éviter toute interprétation de
l'accord anglo-russe inquiétante pour son voisin de l'ouest. Voilà
pourquoi le traité du 31 août est muet sur le problème le plus
important de l'Orient moyen. Ce problème ne saurait être résolu
que par une entente de l'Angleterre, de la Russie, de l'Allemagne,

et nous pouvons ajouter de la France. Entente difficile, dira-t-on. Peut-être plus prochaine qu'on ne le croit.

La convention relative à l'Afghanistan est la partie de l'accord anglo-russe la plus nettement favorable à l'Angleterre. La prépondérance britannique est formellement reconnue.

Triomphe peu disputé, au demeurant. Non que la diplomatie moscovite se soit désintéressée du massif de l'Hindou-Kouch. L'importance stratégique de cet éperon montagneux qui s'avance en coin entre la Perse et le Turkhestan est trop évidente pour que l'on n'ait pas éprouvé à Saint-Pétersbourg quelques tentations d'annexion. Mais le gouvernement du tzar a très vite compris qu'il ne pouvait être question d'appliquer à Kaboul la méthode si heureusement suivie à Boukhara et à Khiva. Une Suisse asiatique, grande comme la France et la Belgique réunies, hérissée de montagnes de plus de 5,000 mètres, habitée par six millions d'hommes braves, indomptables : voilà l'Afghanistan. Les Russes, avertis par leur rude expérience du Caucase et par les déboires que leurs rivaux anglais ont rencontrés sur la route de Kaboul, ont, dès le premier contact, renoncé à l'idée d'une conquête. En 1869, Gortchakoff écrit à l'ambasssadeur de Russie à Londres : « Vous pouvez répéter au secrétaire d'État de Sa Majesté britannique l'assurance positive que Sa Majesté impériale considère l'Afghanistan comme complètement en dehors de la sphère où la Russie peut être appelée à exercer son influence. Ni intervention, ni ingérence d'aucune sorte opposées à l'indépendance de cet État n'entrent dans ses calculs. » L'avis est renouvelé en 1874, en 1883. Pourtant l'année suivante les Russes, maîtres de Merv, manifestent quelques velléités de profiter d'une occasion favorable : l'Angleterre paraît absorbée par les les affaires égyptiennes; une crise de succession Afghane ouvre la porte aux intrigues. Mais la vigilance britannique est en éveil. Aussitôt l'ours rentre ses griffes, reprend son air paterne, qui a le don d'agacer les Anglais beaucoup plus qu'une résistance ouverte. Le détachement de la Russie à l'égard de l'Afghanistan rencontre à Londres beaucoup de sceptiques. Une convention anglo-russe de 1875, qui lui donne une première consécration diplomatique, ne dissipe même pas les défiances. Il y a tant de gens que hante la crainte de voir un beau jour les Cosaques déboucher sur la route d'Hérat que nous ne jurerions pas que le traité du 31 août 1907 suffise à calmer leurs appréhensions.

Les Anglais auraient pourtant mauvaise grâce à accuser la fortune. Celle-ci les a servis à la pleine mesure, on pourrait peut-être dire au delà de leurs mérites. Des fautes ont été commises, qui ont été réparées par l'énergie d'agents habiles, mais aussi par l'heureux concours des circonstances. Il faut quarante ans d'efforts infructueux, le massacre de deux missions britanniques — la mission Burnes en 1848 et la mission Cavagnari en 1879 — trois campagnes glorieuses, mais stériles, pour que l'on s'avise à Londres de l'inutilité de prendre le taureau afghan par les cornes. La dernière crise a été particulièrement critique. La valeur de lord Roberts, l'énergie de ses troupes ont sauvé l'honneur des armes. Auraient-elles suffi à gagner la partie, si les Afghans avaient pu trouver des appuis au dehors, si les Russes n'avaient pas été absorbés par la pénible liquidation des affaires balkaniques? Heureux hasards. Cette fois, la leçon a été comprise. Le futur vainqueur de Paardeberg trace la ligne de conduite à suivre : « Moins les Afghans nous verront, moins ils nous détesteront. » Vingt années durant la politique britannique s'inspire de cette sage maxime, renonçant à la manière forte pour l'intrigue. L'ouverture, on ne peut plus opportune, d'une crise successorale offre une excellente entrée de jeu. Le nouvel émir Abdur-Rhaman ne s'installe au pouvoir et ne s'y maintient qu'avec l'appui discret mais effectif du gouvernement de l'Inde. Dès 1883, une subvention annuelle de trois millions crée entre Calcutta et Kaboul un premier lien, qui va se fortifiant jusqu'à l'accord de 1893, étape décisive. L'Angleterre s'engage à défendre l'Afghanistan contre toute agression étrangère.

Les choses vont ainsi jusqu'au début de la vice-royauté de lord Curzon. Très jeune, fougueux, impérialiste, cet homme d'État brûle de justifier par des actions d'éclat la faveur d'un avancement exceptionnel. Tempérament, antécédents, tout le porte à l'action extérieure. De Calcutta partent des notes pessimistes sur les intrigues russes, sur les armements de l'émir, qui a organisé une armée de

cent mille hommes et créé des arsenaux. On arrête dans les ports
Hindous les batteries d'artillerie achetées en Europe par l'Afghanistan. Les relations se tendent et quand Abdur-Rhaman meurt
en 1901, le premier acte de son fils et successeur Habibullah est de
refuser le subdide anglais. On revient de vingt années en arrière. Il
a suffi de quelques maladresses pour réveiller les défiances afghanes.
Mais voici bien la chance de l'Angleterre. Les Russes ne sont pas en
mesure de profiter de l'aubaine. Bientôt même l'écho de leurs
désastres retentit dans toute l'Asie. Nulle part, il ne produit une
sensation plus profonde qu'en Afghanistan. Habibullah comprend
que le moment serait mal choisi pour se brouiller avec son voisin
de l'est. En 1904, il envoie à Calcutta son fils Inayatullah Khan,
messager de conciliation. Au printemps de 1905, il reçoit dans sa
capitale un envoyé de lord Curzon, M. Louis Dane. L'Angleterre fonde
de grandes espérances sur cette ambassade. On rêve de l'installation d'une mission permanente à Kaboul, de la construction d'un
chemin de fer de Quetta à Kandahar, d'une réorganisation de l'armée
afghane avec des instructeurs britanniques, de routes, de télégraphes, bref d'une mainmise complète sur l'Afghanistan. La désil-
lusion est grande quand M. Dane revient ayant obtenu pour tout
succès le renouvellement pur et simple du traité de 1893. Ce n'était
déjà pas si mal. Malgré tout, l'échec relatif a été vivement ressenti
et n'a pas été étranger au déclin prématuré de l'étoile de lord
Curzon. Encore un événement heureux pour les relations anglo-
afghanes dont l'intimité va se resserrer sous l'action conciliante du
nouveau vice-roi lord Minto. L'émir Habibullah visite l'Inde dans les
premiers mois de 1907, comblé d'honneurs, de fêtes, répondant par
des paroles extrêmement chaleureuses. Des mots seulement, dira-
t-on. Les Anglais auraient peut-être désiré quelque chose de plus
positif. Ils ne pouvaient guère le demander à un souverain très
jaloux de son indépendance. Mais ils viennent de l'obtenir de la
Russie.

La convention afghane est d'une précision exceptionnelle. « Le
gouvernement impérial de Russie déclare qu'il reconnaît l'Afghanistan
comme se trouvant en dehors de la sphère d'influence russe et il
s'engage à se servir pour toutes ses relations politiques avec l'Afghanistan de l'intermédiaire du gouvernement de Sa Majesté bri-

tannique; il s'engage aussi à n'envoyer aucun agent en Perse »
(art. 1). Ce n'est pas seulement le renouvellement de la formule de
désintéressement de Gortchakoff, c'est un véritable blanc-seing délivré
à la Grande-Bretagne. Ce blanc-seing est limité par des restrictions
qui voudraient ménager les susceptibilités des Afghans. L'Angleterre déclare n'avoir pas l'intention de changer l'état politique de
l'Afghanistan (art. 1). Elle s'engage à éviter toute immixtion dans
l'administration intérieure, toute occupation de territoire, pourvu
que l'émir exécute fidèlement le traité de 1905 (art. 2). La formule
est des plus élastiques et fournirait le cas échéant tous les prétextes
d'intervention désirés. On peut dire que l'accord consacre virtuellement la mainmise de la Grande-Bretagne sur l'Afghanistan. Le
dessein est si clairement indiqué que l'on peut se demander si les
formes courtoises dont on cherche à le voiler suffiront à tromper la
finesse d'un peuple intelligent et soupçonneux. C'est la seule critique
que les Anglais puissent adresser à la convention et c'est, pour les
Russes, la meilleure garantie contre les dangers d'une concession
qui supprime une des défenses avancées du Turkhestan. Pourtant,
d'autres reproches ont été adressés, en Angleterre, aux négociateurs.
On les a blâmés d'avoir proclamé le principe de la liberté commerciale (art. 4), d'avoir reconnu aux Russes le droit de régler directement avec les Afghans les menus litiges de frontière qui n'ont
pas un caractère politique (art. 3). Pourquoi ne pas demander de
suite l'évacuation du Turkhestan ou même de la Sibérie? L'Angleterre ne serait plus l'Angleterre si elle n'avait plus de jingos. C'est
déjà un signe heureux des temps qu'ils soient devenus une exception.

*   *
*

S'il est une région du monde qui semble destinée par la nature à
échapper aux convoitises internationales, c'est bien le Thibet;
plateau glacé de plus de quatre mille mètres d'altitude moyenne,
isolé du reste du monde par les montagnes les plus hautes du
globe; climat meurtrier; population clairsemée, paisible, insociable,
soumise à la discipline stricte d'un clergé qui conserve les pures
traditions du bouddhisme. Que le mystère de ses solitudes et de
ses cités défendues attire les explorateurs, que les sociologues se

passionnent pour l'étude de son étrange constitution théocratique :
soit. Mais franchement on ne voit rien là qui puisse provoquer des
compétitions de puissances.

Rivalités économiques? le pays est pauvre. Combinaisons stratégiques? Au Thibet plus encore qu'à l'Afghanistan s'applique le mot
fameux de Salisbury : « A ceux qui m'interrogent sur le péril russe,
je réponds simplement : qu'ils achètent des cartes à grande échelle. »
Après des temps héroïques dans les premiers siècles de notre ère,
pendant des centaines d'années, la tranquillité du « Toit du monde »
n'a été troublée que par les dissensions de ses chefs religieux, le
Taché-lama de Shigatsé, incarnation de Bouddha, et le Dalaï-lama
de Lhassa, qui occupe un rang moins élevé dans le Nirvana bouddhique, puisqu'il n'incarne que le premier disciple du dieu,
mais qui avait obtenu la prépondérance temporelle jusqu'aux
événements d'hier. Cependant, dès le XII° siècle, la Chine a imposé
au Thibet un lien de vassalité. Joug très léger, d'ailleurs, qui, ne
se manifeste que par la perception d'un tribut et la délégation à
Lhassa d'un amban, ambassadeur ou résident de fonctions mal
définies.

L'Angleterre, maîtresse de l'Inde, ne pouvait manquer d'éprouver
quelque curiosité à l'égard de l'énigmatique contrée cachée par la
formidable barrière neigeuse limitant l'horizon du nord. Mais il faut
arriver aux toutes dernières années, pour trouver autre chose que
des tentatives discrètes d'exploration ou de pénétration commerciale. L'occupation de la vallée de Sikhim en 1888 ne peut même être
considérée comme une manifestation de desseins ambitieux. Cette
vallée du revers méridional de l'Himalaya fait géographiquement
partie de l'Inde. En 1890 et en 1893 l'Angleterre signe des conventions commerciales avec le Thibet. Elle obtient l'ouverture d'un
marché sur la frontière à Yatung, l'admission en franchise de la
plupart des produits britanniques, le thé excepté. Les résultats sont
peu brillants. En 1901, le mouvement d'échanges ne dépasse pas
49 000 livres pour les importations et 52,000 pour les exportations,
Peut-être les Anglais n'auraient-ils pas songé à s'en émouvoir et
à en accuser la déloyauté des Thibétains, si un nouveau facteur
n'était intervenu dans cette région de l'Asie centrale.

Il y a un peu plus de dix ans, des informations britanniques

signalaient l'arrivée à Lhassa de deux Russes, le major Kozloff et
un nommé Djiorgieff. Ce dernier, un bouriate mongol appartenant au
culte bouddhique, prenait rapidement une grande influence dans
l'entourage du Dalaï-lama. Il était nommé grand maître de l'artillerie (!), ministre du trésor, de l'intérieur, bref jouait au factotum.
Fidèle sujet du tzar, il usait de son crédit au profit de son maître,
si bien qu'en 1900 et 1901 deux missions thibétaines prenaient le
chemin de la Russie, trouvant à Livadia et à Pétersbourg un accueil
empressé. Il n'en fallait pas tant pour attirer l'attention de l'administration anglo-hindoue. La presse britannique sonne l'alarme.
Pas de doute, Djiorgieff a rapporté de sa dernière mission un traité
en bonne et due forme établissant le protectorat moscovite à Lhassa.
Les Anglais esquissent une tentative de diversion en nouant des
relations avec le Taché-lama. C'est insuffisant, une contre-manœuvre
plus précise s'impose. Elle ne tarde pas, précipitée et facilitée par
la crise mandchourienne.

Dans l'été de 1903, une mission anglaise dirigée par le colonel
Younghusband est envoyée à la frontière sous prétexte d'obtenir du
Thibet l'exécution de la convention commerciale de 1893. Les négociateurs thibétains ne paraissent pas au rendez-vous. La petite
troupe anglaise, escortée par quelques centaines de gourkhas sous
les ordres du général Mac Donald se lance hardiment dans la montagne. Après une marche audacieuse, entrecoupée de combats, elle
débouche le 26 juillet 1904 aux portes de la ville sainte. Et c'est
dans le palais même du Dalaï-lama, le fameux Potala, que le
colonel Younghusband impose, non au grand pontife qui s'est enfui
en Mongolie, mais à ses conseillers, les conditions de paix. Le
traité, signé le 7 septembre 1904 reprend les clauses de l'accord de
1893, avec quelques précisions et une notable extension. Trois marchés au lieu d'un sont ouverts au commerce britannique : Yatung,
Gyang-Tsé et Gartok. Les Thibétains s'engagent à n'accorder aucune
concession de route, de chemin de fer, de télégraphe, de mine, à
n'admettre aucune immixtion étrangère dans leurs affaires, sans en
référer au gouvernement de l'Inde. Ils acceptent de payer une forte
indemnité de 35 millions, dont le versement est échelonné sur une
période de soixante-quinze années, pendant laquelle les Anglais
retiendront en gage la vallée de Chumbi, le principal couloir d'accès

au Thibet. Cette occupation prolongée prenait une véritable tournure d'annexion.

On a vu alors se produire ce phénomène presque sans précédent : un agent anglais blâmé formellement pour excès de zèle et par un gouvernement conservateur, impérialiste. Le traité Younghusband est désavoué à Londres. On lui substitue une nouvelle convention limitant l'indemnité à 12 millions et la durée d'occupation de la vallée de Chumbi à trois ans. Quelle est la raison de ce recul imprévu ? On ne peut l'attribuer à la crainte d'irriter la Russie absorbée par ses désastres, ou au désir de faciliter une entente qui est encore dans les mystères de l'avenir. A-t-on redouté à Londres de s'engager dans un nouvel engrenage ? Il est plus probable que la réserve du cabinet de Saint-James a été inspirée par les considérations de sa politique chinoise. Le gouvernement de Pékin a manifesté une très vive répugnance à ratifier la convention édulcorée, qui reconnaît cependant formellement les droits suzerains du Céleste Empire. Son adhésion n'a été donnée qu'à la fin d'avril 1906, après d'interminables pourparlers commencés à Calcutta et continués à Pékin. La première convention aurait été repoussée. C'eût été un conflit tout à fait inopportun au moment où la diplomatie britannique tentait de regagner de l'influence à la Cour Chinoise. Telle est l'explication la plus raisonnable d'une modération dans la victoire presque sans précédent.

Quoi qu'il en soit, cette modération a grandement facilité l'entente de la Russie et de la Grande-Bretagne. Le gouvernement du tzar ne pouvait faire moins que de subir la contagion de ce vertueux désintéressement. L'accord anglo-russe se borne à entourer de garanties un échange de renonciations mutuelles. Dès le préambule, après un rappel de la suzeraineté chinoise, la Russie reconnaît que l'Angleterre a un intérêt spécial au maintien du *statu quo* créé par le traité de Lhassa. Suit une confirmation explicite de ce traité (art. 2). Les deux contractants s'engagent à maintenir l'intégrité territoriale du Thibet (art. 1), à ne pas envoyer de représentants à Lhassa (art. 3), à ne rechercher aucune concession (art. 4), à ne prendre aucune hypothèque sur les revenus du Thibet (art. 5). Une clause additionnelle envisage le cas où l'évacuation de la vallée de Chumbi serait retardée faute d'exécution par les Thibétains de clauses du trai de septembre 1904 et prévoit un échange de vues entre Londres et Pétersbourg.

Toutes ces dispositions tendent à placer le Thibet en dehors de la sphère d'action des deux puissances. L'Angleterre et la Russie vont jusqu'à prendre l'engagement de suspendre les explorations. La solution est bonne. Elle serait encore meilleure si une des clauses ne laissait la porte ouverte à quelques malentendus. D'après l'article 2, « les bouddhistes russes et anglais peuvent entrer en relations directes, sur le terrain strictement religieux, avec le Dalaï-lama et les autres représentants du bouddhisme. Le texte prévoit bien que les relations ne peuvent avoir qu'un caractère religieux. Mais il est bien difficile de distinguer politique et religion, surtout dans un pays ou le chef de l'État est à la fois pape et empereur. Les événements des dernières années ont montré avec quelle habileté Russes et Anglais s'entendent à exploiter les dissensions religieuses des Thibétains. Tandis que le gouvernement du tzar continue d'entretenir des relations étroites avec le Dalaï-lama réfugié à Ourga, l'administration anglo-hindoue a hébergé le Taché-lama de Shigatse et lui prodigue les honneurs. Que se passera-t-il si jamais le Dalaï-lama cherche à rentrer à Lhassa? Les relations religieuses peuvent devenir une tentation, une cause de suspicion qu'il eût été sage d'éviter. Il y a là dans le traité du 31 août 1907 un vice, un élément de précarité dont on aurait tort de méconnaître l'importance.

*
* *

Considérée dans son ensemble l'entente anglo-russe apparaît comme le type le plus achevé d'une espèce d'accords internationaux dont les exemplaires se sont multipliés au cours des dernières années. Citons seulement l'entente Mouravieff-Goluchowki, les conventions franco-anglaises, les accords méditerranéens, le traité anglo-franco-italien relatif à l'Abyssinie. Il y en a d'autres. La caractéristique commune de tous ces accords, fruits de la concurrence impérialiste, est de ne pas se limiter à la liquidation du passé, au règlement des conflits dont les éléments territoriaux ou juridiques sont nettement délimités, mais d'anticiper sur l'avenir et de chercher à fixer ce que l'on pourrait appeler les « espérances »

des peuples. Qu'est-ce en effet que cette singulière procédure
de délimitation de sphères d'influence, taillées dans le domaine du
voisin que l'on n'a garde de consulter, sinon l'expression assez
brutale de convoitises à peine dissimulées?

Les traités de ce genre sont évidemment fort contestables au
point de vue juridique. Qu'il s'agisse de prendre hypothèque sur le
Maroc, de déterminer le futur réseau des chemins de fer éthiopiens,
de régler l'avenir de la Tripolitaine, de l'Afghanistan, du Thibet, de la
Perse, les puissances étrangères qui émettent cette prétention ne
peuvent invoquer comme raison de leur immixtion que l'éternel
quia nominor leo. Nous sommes loin des beaux principes de la paix
par le droit. Les gens pratiques diront, sans doute, que c'est déjà
fort beau d'assurer la paix tout simplement. Argument qui ne
manque pas de force. La fin justifie les moyens. Mais cette fin, il faut
l'atteindre. Des événements récents sont là pour prouver que parfois
le calcul, dont les opérateurs avaient bien cru déterminer tous les
facteurs, renferme des inconnues qui se révèlent à l'improviste. Les
ambitions, s'étalant au grand jour, par le seul fait qu'elles
cherchent à se concilier, à se faire leur part, éveillent des convoitises
latentes. L'appétit vient à voir manger. Les accords ne lient que les
contractants. D'autres peuvent réclamer leur part à la curée. C'est
l'histoire du Maroc. Sera-ce celle de la Perse? Espérons que non,
mais n'oublions pas le *tertius gaudens*.

C'est là un premier point faible des accords du genre de l'entente
anglo-russe. Il y en a d'autres. Les accords qui visent l'avenir sont
essentiellement temporaires, car les vues de l'homme sur le futur
sont essentiellement limitées. Les clauses acceptées par l'Angleterre
et la Russie répondent au sentiment que les deux puissances ont
actuellement de leurs intérêts. Combien de temps cette conception
sera-t-elle exacte. L'immense empire moscovite affaibli par une crise
pénible éprouve un pressant besoin de recueillement. Mais qui
oserait soutenir que, dans une période indéterminée, retrempé dans
l'épreuve, ses forces renouvelées il ne ressentira pas de nouveau le
besoin d'expansion, la hantise de la mer libre, il ne se trouvera pas
à l'étroit dans la zone qu'il juge aujourd'hui suffisante? Il en va de
même de l'Angleterre. Assagie par la guerre sud-africaine, préoccupée d'une grave évolution sociale, inquiète des progrès d'un

rival redoutable, elle limite son effort, concentre ses forces. Mais
plus tard?... Jamais elle ne renoncera à la primauté en Asie.

L'accord anglo-russe est donc limité dans le temps. C'est un
point qu'il ne faut pas perdre de vue pour en apprécier la véritable
portée. Cette caractéristique est si évidente que l'on est presque
surpris de ne pas trouver une clause restrictive de durée. On l'a
sans doute jugée superflue et on a préféré laisser faire le temps.
C'est sagesse. Mieux que la volonté des hommes, l'activité des peuples orientera l'avenir. Ne cherchons pas à voir trop loin. Sir
E. Grey et M. Isvolsky ont agi prudemment en se bornant à régler
une entente qui, dans la mesure du possible, supprime toute chance
de conflit pour une période assez longue. En cela, ils semblent avoir
réussi. Concessions et profits sont assez équitablement partagés.

L'Angleterre obtient une garantie de sécurité pour la frontière de
l'Inde, protégée désormais, sur le revers de la montagne, par une
zone de couverture avancée s'étendant de la frontière chinoise au
golfe Persique. Avantage inestimable si l'on en juge par l'obstination que les hommes d'État anglais ont apporté à sa réalisation. Et
ce succès n'est vraiment pas acheté trop cher. Qu'abandonne la
Grande-Bretagne? Les aléas d'une expansion chimérique au Thibet,
les risques d'une politique de réaction violente contre l'influence
moscovite en Perse. L'actif dépasse largement le passif.

Les avantages de l'accord pour la Russie sont moins apparents
car ils sont, en quelque sorte, négatifs. On devait craindre à Saint-
Pétersbourg de voir se renouveler dans l'Asie Centrale les difficultés
éprouvées en Extrême-Orient, de ne pouvoir opposer à une vigoureuse offensive britannique que l'effort inférieur d'une puissance
entravée par de grosses préoccupations internes. Le péril est conjuré. Force a été de faire la part du feu, d'abandonner quelques
précieux atouts. L'essentiel est que les cartes maîtresses soient
sauves, et elles le sont. La Russie garde en Perse, où sont ses principaux intérêts d'avenir, une position vraiment forte. Elle ne sacrifie
pas définitivement les rêves d'expansion vers la mer et elle se
ménage, pour une période de transition qui sera longue vraisemblablement, une large sphère d'activité économique. On pouvait
craindre pis.

Ainsi, grâce à d'heureuses combinaisons d'équilibre, l'entente des

grands rivaux asiatiques le présente comme l'heureuse réalisation
de mutuelles aspirations pacifiques. Elle offre de sérieuses garanties
d'efficacité et conjure toute crainte d'un conflit prochain dans l'Asie
Centrale. Par ce seul fait, elle ne saurait manquer d'avoir une
répercussion opportune sur la politique mondiale et particulièrement sur la situation européenne. Il ne faudrait pourtant pas se
laisser entraîner à tirer des déductions exagérées d'analogies plus
apparentes que réelles. L'accord anglo-russe diffère beaucoup de
l'accord anglo-français. Le traité Delcassé-Lansdowne du 8 avril
1904 a été une conclusion, l'aboutissement d'une évolution qui, par
une habile préparation, a rapproché en Angleterre et en France non
seulement les gouvernements mais les sentiments populaires. L'entente cordiale serait bien fragile, si elle ne reposait que sur la base
d'une convention inégalement avantageuse. Elle a des racines plus
solides dans les intérêts des peuples. Nous ne voulons pas dire qu'il
n'existe pas entre les nations Anglaise et Russe des raisons analogues militant en faveur d'un rapprochement étroit, raisons dont des
événements plus ou moins prochains feront ressortir la valeur. Mais
nous n'avons pas à anticiper sur l'avenir. Considéré en lui-même le
traité Grey-Isvolsky n'est qu'un point de départ. C'est une entente
exclusivement diplomatique. Les peuples n'y ont aucune part. Sans
attacher plus d'importance qu'il ne convient à certaines manifestations des libéraux anglais, on ne saurait méconnaître un état d'opinion assez caractérisé pour que le gouvernement de sir H. Campbell
Bannerman ait cru nécessaire d'éviter toute discussion immédiate à
la Chambre des Communes. La défiance des radicaux britanniques
à l'égard du gouvernement du tzar ne désarme pas. Tant que sub-
sisteront ces sentiments de la majorité du peuple anglais, ce serait
une illusion que d'envisager un développement plus intime des
relations Anglo-Russes.

Il n'est pas d'ailleurs démontré que l'on considère actuellement
à Saint-Pétersbourg un tel développement comme désirable. De par
sa situation géographique — sans parler des solidarités polonaises
— la Russie est tenue à de grands ménagements envers l'Allemagne.
L'influence allemande trouve des appuis jusque dans l'entourage
immédiat de Nicolas II. Impuissante à modifier l'orientation générale de la politique russe, qui reste basée sur l'alliance avec la

France, elle est assez forte pour paralyser toute tentative qui pourrait se proposer pour but d'entraîner la Russie dans une combinaison dirigée contre la puissance allemande. Le tzar a souligné cette nuance en précédant la signature du traité anglo-russe d'une entrevue avec le Kaiser à Swinemunde. Cette démarche a coupé court à toute interprétation tendancieuse du traité. Elle a fixé le principe directeur de la politique russe dans la période de recueillement : politique de paix et d'équilibre. Surtout pas d'aventures.

L'indication n'est pas superflue. L'accord anglo-russe était à peine signé que l'on a vu se manifester un curieux réveil des aspirations panslavistes, à l'occasion de la visite du grand-duc Vladimir à Sofia. Ces manifestations coïncidant avec la recrudescence des troubles en Macédoine, avec l'entrevue des ministres des affaires étrangères russe et austro-hongrois à Vienne, avec une intervention plus active de la diplomatie britannique dans les Balkans ont créé un certain malaise. On a pu se demander un moment si la Russie ne s'arrachait pas à l'hypnotisme asiatique que pour retomber sous la fascination du mirage du Bosphore. Le gouvernement russe est décidé à résister à cette tentation. Nous en avons recueilli l'assurance de la bouche même de M. Isvolsky.

La Russie n'a qu'une ambition pour le moment. Elle veut se régénérer par des réformes prudentes et reprendre en Europe le rôle qui lui revient, qu'elle a trop longtemps abandonné pour la poursuite de dangereuses chimères. La France a souffert des erreurs qui ont faussé l'orientation de la Duplice et ont privé les deux peuples d'une partie des avantages qu'ils étaient en droit d'en attendre. Elle ne peut donc que se féliciter de voir son alliée revenir à une saine appréciation de ses intérêts.

L. DE ST VICTOR DE ST BLANCARD.

LE PARTI OUVRIER AU PARLEMENT ANGLAIS

Depuis les dernières élections le Parlement anglais compte un parti nouveau : le Parti ouvrier, le *Labour Party*. Par son importance numérique, surtout par les forces politiques dont il est l'expression, ce parti semble destiné à un rôle considérable. Déjà en 1903, lorsqu'un candidat ouvrier, M. Will Crookes, présenté par le « Comité de la Représentation Ouvrière », fut élu à Woolwich, le *Times* écrivait : « Le sens trop clair de cette élection est que le mouvement ouvrier qui a détruit l'équilibre des partis sur le continent s'est manifesté également ici dans une forme pratique et que le pays aussi bien que les deux partis politiques doivent compter avec lui [1] ».

Dans ces lignes le grand journal conservateur faisait preuve de clairvoyance, mais si telles étaient les réflexions qu'inspirait en 1903 le succès isolé d'une candidature ouvrière, quel bouleversement politique ne faut-il pas attendre du triomphe d'un parti organisé et résolu comptant 52 membres ?

Pour beaucoup l'événement fut une surprise. Sans doute, il est exact que des circonstances extérieures ont pu accentuer encore le succès électoral du Labour Party. Mais son avènement à Westminster ne doit pas étonner, et ceux qui connaissent l'histoire du syndicalisme anglais le prévoyaient avec certitude. Car il n'est pas accidentel, ses causes sont profondes et le mouvement dont il procède peut être dégagé aisément.

Un tel examen s'impose, il nous permettra de mesurer la portée de la transformation politique qui résultera pour l'Angleterre de la présence du Parti Ouvrier au Parlement. Cette étude mérite d'autant mieux de retenir l'attention qu'il s'agit pour le syndicalisme de tous les pays d'une question primordiale et qui fait l'objet des

---

1. *Times*, leader du 12 mars 1903.

discussions les plus passionnées. La façon dont l'Angleterre l'a résolue, si elle n'apporte pas une solution, fournit des faits qui doivent être pris en considération.

Il faut noter immédiatement que l'action politique n'a pas pour objet de se substituer à l'action syndicale, mais de s'y superposer.

L'idée de combiner les deux modes d'actions est d'ailleurs ancienne.

Déjà en 1874, n'ayant pu obtenir la modification de la loi syndicale de 1871, les Unions présentèrent 13 candidats aux élections générales : deux, Burt et Mac Donald, furent élus.

Il y eut alors un embryon de parti du travail et le résultat souhaité fut obtenu.

On comprit que, si on les y contraignait, les forces politiques ouvrières à l'état latent interviendraient dans la lutte politique, c'est cette idée beaucoup plus que la présence aux Communes des Députés ouvriers qui décida les Conservateurs alors au pouvoir à voter les lois syndicales de 1875 et 1876.

L'effort ne fut pas renouvelé aux élections suivantes. Le Parlement a cependant eu depuis 1874 des membres ouvriers, mais ceux-ci n'étaient que les représentants particuliers d'Unions et non de la collectivité ouvrière. Ils n'avaient pas reçu l'investiture des Congrès des Trade-Unions ou de leur Comité Parlementaire. Ils ne défendaient que les intérêts particuliers de leur Union. Il y en avait 11 en 1889, 9 en 1886, 16 en 1892, 12 en 1895 et 1900. Mais ces représentants n'avaient pas l'autorité d'un parti indépendant et avec lequel les autres doivent compter. Toutes proportions gardées, ils ont été loin de jouer le rôle des nationalistes irlandais.

Mais si les Trade-Unions avaient repris après 1874 leur action individuelle, si elles s'étaient cantonnées temporairement sur le terrain professionnel et économique, elles n'avaient pas en principe répudié l'action politique comme moyen de défense des intérêts généraux de la classe ouvrière quand elle serait nécessaire. Cependant, en fait, un certain nombre d'Unions n'étaient pas favorables à cette tactique.

L'une des causes qui devaient conduire le Parti Ouvrier à se constituer en parti politique, c'est l'introduction dans le Trade Unionisme d'éléments nouveaux qui, plus que les anciens, avaient besoin de l'action législative, et n'avaient pas à son égard les mêmes répugnances. A cette cause d'ordre interne il faut ajouter une cause d'ordre externe, l'hostilité contre les Trade-Unions manifestée surtout par les arrêts fameux de la Chambre des Lords, qui firent sentir à toutes les Unions la nécessité de l'action parlementaire.

La cause d'ordre interne, c'est l'avènement du Néo-Trade Unionisme. Les nouvelles organisations professionnelles qui se constituèrent après la grande grève des Docks de 1889 étaient fortement pénétrées d'esprit socialiste. Les mêmes hommes, Keir Hardie, Ben Tillet, Tom Mann, qui étaient à leur tête, dirigeaient aussi le mouvement socialiste.

Aussi, l'action de ces groupements nouveaux différa-t-elle nécessairement de celle des anciennes Unions d'ouvriers qualifiés. Nouvellement constitués, ils n'avaient pas de traditions; formés d'ouvriers à bas salaires, ils n'auraient pu organiser des mutualités ni accumuler des capitaux. D'ailleurs, cela était incompatible avec les principes de leurs chefs. D'autre part, les anciennes Unions groupant la majorité des ouvriers habiles de leur profession, hommes que l'on ne pouvait remplacer s'ils quittaient le travail, avaient un moyen d'action qui échappait aux nouvelles. Celles-ci, composées de manœuvres qui n'étaient jamais indispensables aux employeurs, puisqu'on pouvait leur substituer n'importe quelle unité dans l'innombrable armée de réserve, ne pouvaient maintenir par leurs propres moyens leurs conditions d'existence, d'où leur tactique de grèves courtes et fréquentes.

Mais ce moyen était encore insuffisant, et c'est de l'action législative qu'elles attendaient différentes améliorations; c'est pourquoi elles l'inscrivirent en tête de leurs revendications et commencèrent en sa faveur une propagande incessante. Longtemps les congrès des Trade-Unions repoussèrent leurs motions, mais en 1899 elles remportèrent un premier succès au Congrès de Plymouth, qui invita son Comité Parlementaire à provoquer la réunion d'une conférence entre syndicats, organisations socialistes et coopératives, afin de discuter la question de la représentation ouvrière directe au Parlement.

Cette conférence se réunit à Londres les 27 et 28 février 1900 sous le nom de *Comité de la Représentation Ouvrière.* Elle comprenaît 68 organisations syndicales et les organisations socialistes anglaises : Social Democratic Federation, Independant Labour Party et Fabian Society; les sociétés coopératives s'étaient et se sont tenues depuis à l'écart du mouvement.

La conférence décida qu'il y avait lieu de « fonder un groupe distinct au Parlement, qui aurait ses propres chefs et sa politique particulière; entre autres objets, ce groupe doit être prêt à coopérer avec le parti, quel qu'il soit, qui à ce moment précis cherchera à faire voter des mesures intéressant directement le travail ». L'intervention de John Burns fit prévaloir l'avis que le nouveau parti s'occuperait des intérêts généraux de la classe ouvrière, et non pas de ceux de catégories professionnelles particulières.

Dans le Comité Exécutif de la Représentation Ouvrière, les organisations socialistes, quoiqu'elles ne représentassent que 22 000 adhérents, avaient 6 membres, tandis que les 465 000 syndiqués n'en avaient que 7.

L'influence des socialistes était prépondérante, et il put sembler alors que le Comité n'était qu'un prolongement de l'Independant Labour Party, dont il adopterait sans doute le programme de collectivisation des moyens de production, de transport, d'échange et aussi de réformes ouvrières.

Ce programme ne pouvait rallier les suffrages de la majorité des ouvriers qualifiés, qui n'étaient pas socialistes. Comme les ressources devaient être fournies par leurs Unions il semblait que le mouvement dût avorter, et d'autre part les socialistes seuls ne pouvaient aboutir. Tous leurs efforts électoraux n'avaient ouvert la porte de Westminster qu'à un seul représentant, Keir Hardie, élu en 1900. Mais c'est alors qu'intervient la cause externe que nous avons signalée, qui amène parmi les anciennes Unions un revirement favorable à l'idée de la Représentation du Parti au Parlement.

L'arrêt des Law-Lords de 1901 posait en effet une question très précise et urgente à résoudre. Après la proclamation de la responsabilité civile des Trade-Unions pour les dommages causés par leurs membres, et la démonstration faite de l'ambiguïté des textes des lois syndicales, il s'agissait par l'action politique, non d'acquérir des avantages nouveaux, mais de conserver les libertés que les syndicats avaient cru posséder : l'avenir du syndicalisme, son exis-

tence même étaient menacés. Si la loi était ce que la faisait l'interprétation des Law-Lords, elle était mauvaise, il fallait la changer.
C'est pourquoi, en 1901, le congrès de Swansea déclarait qu'il fallait
faire préciser les actes licites en temps de grève et que le seul
moyen d'y parvenir était la constitution d'un fort Parti Indépendant du Travail.

« Vous vous plaignez de la loi actuelle et de son injustice! qui l'a
faite? Les patrons que les ouvriers envoient les représenter à la
Chambre des Communes. Les ouvriers dépensent tous les ans
2 millions pour défendre les intérêts du Trade Unionisme et au jour
du scrutin ils élisent des employeurs qui font des lois tendant à
détruire ce Trade Unionisme pour lequel les ouvriers dépensent
tant d'argent[1]. »

Mais l'arrêt de 1901 n'était qu'un premier pas et la situation devait
encore s'aggraver : cet arrêt rendait à peu près impossible la conduite d'une grève une fois celle-ci déclarée. Les ouvriers croyaient
pouvoir cesser le travail brusquement en s'abstenant ensuite de
tout fait de grève. Un arrêt des Lords décida que cette cessation
brusque donnait lieu à des dommages-intérêts qui furent en l'espèce
fixés à 1,250,000 francs.

Il n'était plus possible aux syndicats de faire grève autrement
qu'en observant les délais de prévenance.

En 1905, un nouvel arrêt interdit dans ce cas à l'Union de verser
à ses membres la paie de grève prévue par les statuts, sous prétexte qu'il y avait grève illicite, arrêt d'autant plus monstrueux
que, d'après la loi, toutes les grèves sont licites, quel que soit leur
motif[2].

Le droit de grève, toujours inscrit dans les Trade Unions Acts, n'est
plus qu'un droit théorique. On comprend que la classe ouvrière
tout entière, quelles qu'aient pu être ses préférences pour l'abstention politique, ait décidé d'envoyer au Parlement des représentants
en nombre suffisant pour défendre des droits acquis et le mouvement, dont les élections de 1906 ont montré l'ampleur et la puissance, s'explique aisément.

---

1. *Report of the Proceedings of the 34th Annual Trade Union Congress.*
2. Cf. notre article, La Chambre des Lords et les Trade-Unions, *Revue d'Économie politique*, novembre 1905.

Les Congrès syndicaux de Swansea en 1901 et de Londres en 1902 adoptèrent à l'unanimité des résolutions invitant les Trade-Unions à coordonner leurs efforts en vue de l'action politique. Pour cela, elles devaient s'affilier au Comité de la Représentation Ouvrière, afin de constituer au Parlement un groupe homogène et indépendant, chargé de défendre les intérêts collectifs ouvriers.

Dès cette époque, il y avait à la Chambre des Communes un noyau de Parti du Travail, constitué par les quelques députés ouvriers que leurs organisations respectives avaient fait élire.

Au lendemain du jour où les Congrès s'étaient prononcés pour l'action politique, ces députés cessaient d'être les représentants d'un Union particulière pour devenir ceux de la classe ouvrière toute entière. Leur présence au Parlement prenait une signification nouvelle.

Et si leurs efforts, tant qu'ils avaient été isolés, n'avaient pas été sans résultat, on leur devait le peu de législation sociale votée jusqu'à cette époque, leur influence était singulièrement accrue du seul fait de leur nouveau caractère, surtout après les élections de Shakleton et de Will Crooks dont le programme était uniquement la défense des intérêts du travail.

Le parti libéral auquel jusqu'ici les députés Trade-Unionistes avaient prêté leur concours vit nettement la modification qui venait de se produire et qu'un nouveau parti politique était né dont il faudrait tenir compte. Mais il espéra qu'il pourrait canaliser le mouvement à son profit en appuyant les revendications formulées.

L'influence du nouveau parti est très sensible à la fin de la législature et tout à fait disproportionnée à son importance numérique.

C'est que ces 12 députés représentaient un pouvoir considérable dans le pays, pouvoir qui jusque-là était resté inactif. Ce fut la cause de l'attraction qu'ils exercèrent sur le parti Libéral. Les Libéraux, favorables en principe aux revendications ouvrières, n'eussent pas, seuls, trouvé l'énergie nécessaire pour les faire entendre, si quelque considération de fidélité à leur parti les eût incités à laisser passer le moment opportun de les manifester. Mais, entraînés par les députés ouvriers, ils leur apportèrent leur concours très largement et sans hésitation. C'est ainsi que l'on vit par trois fois, malgré l'opposition du gouvernement, les députés ouvriers faire inscrire à l'ordre du jour et discuter des motions et des projets de loi donnant satisfaction aux Trade-Unions, quant à leur statut légal. Le 2 mai 1902, le Ministère Balfour ne put obtenir que 29 voix de majorité contre une proposition de M. Beaumont déclarant qu'une loi était nécessaire pour empêcher les ouvriers de se trouver placés par des arrêts judiciaires dans une situation inférieure à celle que leur avait accordé le Trade-Union Act de 1871. En 1903, Shakleton déposait un projet de loi qui rendait légal le *picketing paisible*, amendait la loi de conspiracy et mettait les fonds des Unions à l'abri des atteintes. Le Speaker des Communes fit retrancher cette dernière disposition; cependant le Bill ne vint pas en discussion. En 1904, malgré qu'il fut énergiquement combattu par M. Balfour, ce même Bill fut adopté en seconde lecture à une grosse majorité et le premier ministre dut recourir à la ruse pour l'empêcher d'être discuté en Comité. L'année suivante, les Trade-Unionistes représentèrent le projet. La seconde lecture fut votée à la presque unanimité, le gouvernement s'étant désintéressé de la discussion après avoir compris qu'il ne pourrait empêcher la Chambre de le voter. Le Bill fut examiné par le Grand Comité de la Chambre, mais là il subit, à la requête des amis de M. Balfour, des modifications si importantes que rien ne subsistait de ses dispositions essentielles. Aussi les ouvriers n'insistèrent-il pas pour la troisième lecture. Ils se contentèrent d'exercer leur action en dehors du Parlement en vue d'augmenter l'effectif de leur représentation [1].

Mais les résultats obtenus n'étaient pas négligeables. Or, les syndicats ne s'étaient pas en effet leurrés d'illusions sur le sort réservé aux propositions ouvrières, ce qu'on avait cherché c'était à signifier aux autres partis la puissance dont disposaient les travailleurs organisés. D'un autre côté, on montrait aux hésitants l'efficacité de l'action politique au cas où des membres ouvriers seraient en nombre suffisant. « Voyez, leur disait-on, ce qu'a pu faire une majorité infime! elle a obtenu ces votes si importants et la défaite du gouvernement. Si, au lieu de 12, le parti comptait 40 ou 50 membres et qu'il fût en mesure d'établir ou de rompre la majorité par son vote, il obtiendrait, non plus des décisions platoniques,

---

1. 1902, 1904 et 1905. Bills connus sous le nom de Motion Beaumont et Paulton et Shakleton Bills.

mais des mesures efficaces; le Ministère, quel qu'il fût, lui ferait des
concessions pour obtenir sa neutralité, puisque le Parti du Travail
serait l'arbitre de la situation entre Libéraux et Conservateurs. »

*
* *

Le Comité de Représentation Ouvrière n'est pas parvenu à assurer
l'unité du mouvement ouvrier. On peut se demander pourquoi? Issu
des Congrès syndicaux, dont il devrait être un organe permanent,
son rôle étant précisément d'assurer la coordination des efforts des
divers syndicats sur le terrain politique, il devait servir de lien
entre eux, concentrer les fonds, déterminer les circonscriptions où
on livrerait bataille et choisir les candidats du travail. Mais nous
avons dit l'influence prépondérante qu'eurent dans ces Congrès les
organisations socialistes. Or, si à la Conférence de Londres on avait
décidé « que le Parti du Travail pourrait coopérer avec les partis
bourgeois, s'ils travaillaient à faire voter une législation de réformes
ouvrières, et que l'on pourrait admettre parmi les membres non seulement des travailleurs mais des hommes — *en sympathie avec le but
poursuivi par la classe ouvrière* — et dont la candidature serait soutenue par l'une quelconque des organisations représentées à la
conférence », vote qui avait entraîné l'adhésion au L. R. C. des
syndicats d'ouvriers qualifiés, il devait naître bientôt des divergences sur cette question de tactique entre eux et les socialistes.
En vue des élections, ils préconisèrent en effet l'alliance avec les
Libéraux, espérant, grâce aux bonnes dispositions de ce parti, qu'elle
leur assurerait le succès dans un grand nombre de circonscriptions.
Les socialistes Will Thorne, Pete Curran (gaziers), Ben Tillett,
Sexton (dockers), Keir Hardie, d'autres encore, firent prévaloir
l'opinion contraire. Avant tout, le nouveau Parti devait sauvegarder
son indépendance : créé pour défendre des intérêts de classe distincts et souvent antagonistes des intérêts des partis bourgeois, il
ne devait ni faire leur jeu, ni se confondre avec eux, il y allait de
son autorité morale, de sa puissance véritable, quand même il
devrait y perdre quelques sièges électoraux. « Et seront seuls
Labour Candidates, dit la résolution adoptée, ceux qui ayant accepté

le programme du L. R. C. seront présentés par lui et se porteront uniquement comme représentants du travail [1]. »

Et, dès avant les élections, les membres du L. R. C. observèrent au Parlement leur principe d'indépendance, n'acceptant avec les partis bourgeois qu'une coalition momentanée, votant aujourd'hui avec les libéraux, demain avec les conservateurs, ce qui contribua à accentuer les dissensions entre eux et les Libéraux ouvriers qui, fiers des résultats qu'ils avaient déjà obtenus, voulaient donner leur appui aux Libéraux en échange de leur concours pour les questions ouvrières.

La tactique du L. R. C. était hardie, utile à l'avenir du parti ouvrier. Elle était périlleuse et risquait d'aboutir lors des élections à l'émiettement des voix ouvrières que sa création avait eu pour but d'éviter. Ces anciennes Unions, qui n'étaient entrées dans l'action politique qu'en raison des arrêts des Law-Lords, étaient effrayées de ces tendances. De plus elles avaient dû, pour suivre le L. R. C., sacrifier les hommes qui les représentaient au Parlement et ne le voulaient pas.

C'est ce qui explique pourquoi, après les élections de 1906, il n'y avait pas à Westminter un parti ouvrier — mais trois : le Parti du Travail (avec 29 membres), les Libéraux ouvriers (avec 9), les Mineurs (avec 14), ayant chacun leur *Whip* spécial.

En dépit des difficultés de son entreprise, le Parti du Travail remportait donc un succès. Par ses seuls efforts, combattant à la fois conservateurs et libéraux, il a fait élire 29 députés sur 50 candidats. Il est d'ailleurs intéressant de remarquer qu'aucun d'entre eux n'a été élu comme socialiste, mais que tous l'ont été comme représentants du travail (22 étaient Trade-Unionistes, 7 furent désignés par les organisations socialistes), et Hyndman malgré sa popularité a été battu à Burnley par Madison, le plus libéral des Libéraux ouvriers.

1. Le L. R. C., pour être assuré que ses candidats ne contracteraient aucune alliance électorale — qui leur fît abandonner une portion, si faible fût-elle, de leur indépendance, — après avoir affirmé sa résolution par des motions de plus en plus nettes, faisait signer la déclaration suivante à tous ceux qui sollicitaient son appui : « ... Ils s'engagent à s'abstenir strictement de toute action ayant pour but de s'identifier aux, ou de favoriser une section quelconque, des Partis libéral et conservateur et à *ne s'opposer à aucun autre Candidat proposé par le Comité.* Tous les Candidats s'engagent à accepter cette constitution, a se soumettre aux décisions du groupe pour parvenir aux fins de cette Constitution ou *à démissionner* ».

A l'intérieur même du Parti, après les élections, deux tendances
se sont manifestées : l'une, modérée, qui proposa Shakleton comme
leader avec l'espoir que grâce à ce choix un rapprochement pourrait se faire avec les Libéraux ouvriers; l'autre, intransigeante,
avait pour candidat Keir Hardie, chef de l'Independant Labour
Party, qui fut élu par 2 voix de majorité.

Les Libéraux Ouvriers de leur côté désignèrent un leader.

Quant aux Mineurs, ils occupent une situation intermédiaire
entre les deux groupes précédents. Par certains de leurs membres
comme Burt, ils se rapprochent des Libéraux, par d'autres tels que
Glover et Walch, du Parti du Travail. Les puissantes organisations
des mineurs [1], qui ont des intérêts propres à défendre, une législation
particulière à faire voter, ont persévéré dans leur action politique
indépendante, elles ont tenu à ce que leurs représentants con-
servent théoriquement leur autonomie et soient en quelque sorte
aux autres partis du Travail ce que le Parti du Travail veut être aux
Conservateurs et aux Libéraux.

La scission entre le Parti Ouvrier et les Libéraux Ouvriers devait
d'ailleurs s'accentuer encore après les élections. Keir Hardie, une fois
nommé leader, proposa que les membres du Parti coopérassent avec
les autres élus ouvriers sur toutes les. questions économiques. La
proposition fut soumise au L. R. C. (réuni à Londres les 16, 17 et
18 février 1906) et repoussée; les libéraux ouvriers furent exclus du
Parti.

Le L. R. C. (qui désormais prend le nom de Parti du Travail)
décida en même temps que ses élus seraient à l'avenir soumis
d'une manière permanente au contrôle du Comité Exécutif (et non
plus seulement pendant les sessions) pour leurs actes et leurs
paroles. Le succès électoral leur faisait plus que jamais un devoir de
rester complètement indépendants.

Quel programme va défendre le nouveau parti? A dire vrai,
il a de nombreuses revendications, mais elles ne constituent pas
un véritable programme, et cela intentionellement. Il n'a pas
voulu être lié, préférant conserver toute liberté pour présenter au

1. A leur congrès de l'automne 1906 la question fut posée de l'affiliation de la
Fédération des Mineurs (près de 500,000 membres) au « Parti du Travail ». Après
une très vive discussion, cette proposition fut rejetée.

moment le plus favorable l'une ou l'autre de ces revendications.

Ces revendications portent en premier lieu sur les lois syndicales, dont les débats récemment terminés sont une grande victoire pour le parti, qui fit intégralement adopter le texte qu'il avait choisi, sur le principe du droit au travail, l'extension de la loi sur les accidents du travail, les retraites ouvrières, l'instruction élémentaire gratuite et même le paiement par les pouvoirs publics de la nourriture des enfants fréquentant les écoles, l'instruction secondaire gratuite (mais d'une façon moins pressante, on accorde que cela ne peut être immédiat), enfin la réforme électorale avec l'indemnité parlementaire et le paiement par l'Etat des *returning officers*, réforme que l'on s'étonnera peut-être de voir en tête d'un programme ouvrier, mais à laquelle est attachée l'extension et même peut-être le maintien de la représentation directe du Travail. Aussi convient-il de donner sur elle quelques explications.

La représentation au Parlement est une lourde charge pour les syndicats et le *Labour Party* aura grand'peine à faire face à ces dépenses. Si ses 50 candidats avaient été élus, il n'aurait pu y parvenir. En effet, il supporte 25 p. 0/0 des frais de campagne électorale et assure une indemnité annuelle de £ 200 à ses élus. Pour faire face à ces charges, il dispose en recettes d'une contribution de 1 d. par adhérent versée par les syndicats et organisations socialistes qui paient en outre 15 shillings par an et par 1,000 membres, et d'une contribution de 30 shillings pour le premier délégué et de 10 shillings pour les délégués supplémentaires des 76 Trades-Councils (équivalent de nos Bourses du Travail) affiliés; soit au total : pour les 900,000 membres appartenant à l'Independant Labour Party, à la Fabian Society, aux 165 Trades Unions et aux 76 Trades Councils £ 4,423 auxquelles il faut ajouter £ 2,200 provenant de don en vue des élections générales. Or les seules indemnités aux 29 élus représentent très près de £ 5,000. Il va falloir, ce à quoi on est d'ailleurs résolu, augmenter les contributions [1]. Mais le Tra-

1. Pour payer leurs cotisations les Unions se sont constitué des fonds électoraux alimentés par des cotisations spéciales. Ces fonds (en dehors de la participation du L. R. C.) servent à couvrir les frais de l'action politique particulière de chaque Union qui paye également 25 p. 0/0 des dépenses d'élections de ses candidats patronnés par le L. R. C. C'est ainsi, par exemple, que les mineurs avec leurs 330,000 membres à 1 shilling recueillent £ 16,000 et les employés de chemins de fer, £ 2,670, avec 53,000 adhérents.

vail n'a pas obtenu à beaucoup près (à la fois à cause de la répartition des circonscriptions électorales et par le mode de votation) la représentation à laquelle lui donne droit le nombre de suffrages recueillis.

Or, quelques sacrifices que s'imposent les forces ouvrières, il n'est pas possible qu'elles réunissent les 50 ou 60,000 £ qu'il faudrait avoir chaque année.

C'est pourquoi cette question de l'indemnité parlementaire a pris une importance considérable et est une de celles sur lesquelles le Parti du Travail tenait à prendre position plus tôt.

L'ensemble des réformes que nous avons énumérées entraînerait des dépenses considérables, aussi les revendications ouvrières ont-elles pour corollaire nécessaire la création de ressources financières nouvelles, et le Parti réclame la modification de l'assiette de l'impôt.

Le programme que nous venons d'exposer n'est pas défendu seulement par le Parti du Travail, et c'est aux mêmes mesures que s'attachent les Libéraux ouvriers. C'est là un des motifs pour lesquels il est permis de croire, qu'en dépit des affirmations de principe, il y aura entre eux entente sur le terrain pratique. Il ne faut pas oublier que les vieux Trade-Unionistes, par leur nombre et leurs ressources, constituent la force véritable du mouvement ouvrier. Et si, pour des raisons identiques, le Parti du Travail veut les entraîner dans une action que leurs convictions n'acceptent pas, ils se retireront. Les chefs du Parti du Travail le savent et il est probable qu'ils en tiennent compte, dans l'intérêt même des réformes qu'ils veulent faire aboutir. Et pour ces réformes tous les membres du Parti et Libéraux Ouvriers agiront de concert. La partie est trop belle pour les ouvriers pour qu'ils ne sachent pas en profiter. L'annonce seule des succès électoraux [1] du Travail a amené le gouvernement à faire aux Unions une concession qu'elles réclamaient en vain depuis de lon-

1. Années	Candidats.	Élus.
1874	13	2
1885		11
1886	12	9
1892	} 17	16
1894		
1895	16	12
1900	18	13
1904	80	52

gues années. Les syndicats de fonctionnaires sont légaux, mais les
Ministres s'étaient jusqu'ici refusés à traiter avec eux. Dès qu'il put
se rendre compte qu'un parti ouvrier siégerait à Westminster, le
Post-Master general fit savoir que dorénavant le Syndicat des agents
des Postes traiterait avec l'Administration de toutes les revendications collectives. Et quelques jours après, aux Communes, le
ministre, qui avait pris maladroitement position sur la nomination
d'une Commission d'Enquête sur ces revendications, dut céder devant
la volonté du Parti Ouvrier et des Conservateurs, et accepter que
le nombre des membres de cette Commission fût porté de 5 à 9 et
qu'ils fussent désignés, non par le gouvernement, mais par les
whips des partis.

C'est encore le gouvernement qui, répondant au vœu des Congrès,
se résout à la journée de huit heures et au paiement des salaires
trade-unionistes pour les travaux de la guerre et de la marine, ce
que les ministres précédents déclaraient inadmissible.

La Chambre des Communes décide que les enfants des écoles
seront nourris aux frais de l'État, et que les Municipalités seront
autorisées, à cette fin, à prélever une taxe spéciale, et le ministre de
l'Instruction publique, M. Birrell, introduit cette disposition dans
l'Education Bill.

Enfin, toujours à l'instigation du parti ouvrier, les Communes
votent à l'unanimité une motion décidant qu'une indemnité de £ 300
sera allouée à ses membres, et que les dépenses des returnings
officers seront payées par l'État, et elle décide d'établir des retraites
ouvrières.

Sans doute, les deux dernières motions ne sont à l'heure actuelle
qu'une affirmation de principe. Comme le fit observer le Chancelier
de l'Échiquier, le Gouvernement n'a pas les ressources nécessaires
pour qu'elles reçoivent leur effet. Mais elles ont son appui et l'on
peut être assuré que les membres ouvriers lui rappelleront ses
engagements et lui suggéreront les moyens d'y faire face. Ils ont
affirmé que, libre-échangistes convaincus, ils n'hésiteraient cepen-
nant pas à se prononcer contre le gouvernement s'il n'entrait pas
dans la voie des réformes. A une autre occasion, on a rappelé à
M. Asquith ses promesses de refonte de l'impôt et de taxation de la
propriété non bâtie, et il n'a pu que reconnaître que c'était là la

solution de la question et s'engager à soumettre des projets dans ce sens au Parlement.

Ce ne sont là que les premières manifestations de l'influence reconnue au Parlement du Parti du Travail : il a, à son actif, une victoire dont nul ne songe à contester l'importance.

Dès les premiers jours de la session de la Chambre des Communes, le Parti du Travail s'est préoccupé des moyens de faire reconnaître, législativement cette fois, le statut dont les Trade-Unions avaient joui en fait depuis trente ans.

On sait qu'elles réclamaient que le *picketing* fût défini et autorisé, que les actes commis au cours d'un conflit par une collectivité ne soient punissables qu'au cas où ces mêmes actes, émanant d'un seul individu, étaient punis par le droit commun, et enfin que l'arrêt de la Chambre des Lords, de 1901, fût annulé et que la Loi déclarât explicitement qu'en aucun cas une Trade-Union était pécuniairement responsable des dommages causés à des tiers.

Le Gouvernement déposa un bill donnant satisfaction aux Unions sur les deux premiers points, mais, au point de vue de la responsabilité civile, le texte distinguait entre les dommages volontairement causés, sur ordre du Comité exécutif, pour lesquels le principe posé par les Law-Lords était maintenu et les dommages causés par les membres des Trade-Unions, sans que leur Comité fût intervenu. Dans ce dernier cas, le texte du Gouvernement décidait qu'il ne pouvait y avoir lieu à dommages-intérêts.

Keir Hardie protesta au nom du Parti du Travail que le Bill ne donnait pas satisfaction aux intérêts dont il était mandataire, et comme les Ministres lui faisaient observer qu'il ne tenait qu'aux Unions de ne jamais voir se réaliser l'éventualité première, en confiant la direction des grèves à un Comité composé de membres n'occupant pas de fonctions rétribuées par l'Union, le leader du Labour Party, dans un beau mouvement oratoire, s'indigna des compromissions suggérées par le Gouvernement et de la tactique équivoque qu'il prenait.

« La classe ouvrière, dit-il en substance, veut une situation nette : elle entend que le Parlement dise sans ambiguïté s'il veut ou non donner satisfaction à ses revendications en supprimant explicitement, dans tous les cas, la responsabilité pécuniaire établie par l'arrêt de 1901. Elle n'acceptera pas le moyen du Gouvernement qui, pour arriver au résultat souhaité, ne permet pas aux Unions de prendre la responsabilité de leurs actes. »

Sir Henry Campbell Bannermann, devant l'attitude énergique du Parti du Travail, capitula en se ralliant au texte explicite déposé par Keïr Hardie et ses amis, déclarant qu'il n'y avait pas au fond de différence appréciable entre les deux textes et que, puisque celui du leader ouvrier était plus clair, le gouvernement n'hésitait pas à le faire sien.

Et à la fin de la session d'automne de 1906, la nouvelle loi syndicale fut votée par le Parlement sans que la Chambre des Lords eût tenté d'y apporter de modifications. C'est là pour le Parti du Travail un véritable triomphe : la loi nouvelle a dépassé les espérances mêmes de ses leaders. Il ne lui a pas suffi en effet de rendre aux Trade-Unions les avantages qu'elles avaient cru posséder après la loi de 1871, c'est un statut privilégié exorbitant du droit des associations qu'elle a établi pour elles.

L'Act de 1906 reconnaît en effet aux syndicats le droit de posséder sans limite et non seulement les affranchit de toute responsabilité civile pour les actes portant préjudice à des tiers, accomplis par eux ou leurs agents, mais il étend encore, exception unique au droit commun, le bénéfice de cette disposition à ceux de leurs membres qui ont été exécutés dans un intérêt collectif, même contre les ordres du syndicat.

C'est la caractéristique principale de cet Act, véritablement révolutionnaire, auprès de laquelle tous les autres avantages qu'obtiennent les Syndicats s'effacent.

C'est à peine si l'on songe que désormais la loi sanctionne expressément les actes de Picketing, dont elle donne une définition précise et élargie, pourvu qu'ils soient accomplis de manière paisible, qu'elle s'est refusée à limiter le nombre d'ouvriers composant les Pickets, qu'elle a supprimé le pouvoir d'interprétation des juges, en repoussant les mots « et de manière raisonnable » que l'opposition voulait introduire dans le texte et grâce auxquels les tribunaux auraient pu imputer aux Trade-Unions des faits d'intimidation qu'interdisent les dispositions encore en vigueur, les lois antérieures.

Enfin, la loi ne permet d'intenter aucune action contre ceux qui auront incité des tiers à rompre leur contrat de travail.

Après cette affirmation de sa puissance, les autres mesures dont la Représentation ouvrière a obtenu le vote paraissent de minime importance, et l'extension de la loi sur les accidents du travail elle-même aux catégories exclues en 1897 par le législateur mérite à peine d'être signalée.

En 1907, l'activité parlementaire du nouveau parti a paru se ralentir : le sens pratique de ses chefs exige qu'ils n'aillent pas trop vite en besogne et les réformes qu'ils veulent faire aboutir ne sont pas encore assez mûres pour être imposées. Ils préparent les voies et c'est ainsi qu'on les a vus se rapprocher temporairement tout au moins des Libéraux ouvriers et même de l'aile radicale de la majorité dans la lutte engagée contre la Chambre des Lords qui paralyserait par son hostilité tous leurs efforts.

Cependant le Parti du Travail poursuit sa propagande dans le pays et récemment encore, à Colne Valley, son candidat M. Grayson, battait ses adversaires, un libéral et un conservateur.

Ces succès électoraux ont surtout une importance morale : ils montrent aux libéraux que la constitution du Parti du Travail n'a pas été due à des causes fortuites, et qu'ils doivent hâter le vote des réformes ouvrières, dont la plupart des radicaux sont d'ailleurs partisans, mais qu'ils ajourneraient peut-être en d'autres circonstances.

C'est pour les syndicats une ère nouvelle qui commence.

Les ouvriers organisés ont pris conscience de leur puissance politique en Grande-Bretagne. Ils entendent désormais exercer au Parlement et dans le pays l'influence à laquelle leur nombre leur donne droit.

On les a obligés à sortir de l'inaction politique dans laquelle ils s'étaient volontairement renfermés. Ils n'y rentreront pas et lutteront pour l'évolution des privilèges dans ce pays traditionaliste et resté féodal par bien des côtés.

Et, comme le disait au lendemain des élections un journal [1] conservateur qui n'a pas peu contribué (encore qu'involontairement) à provoquer ce mouvement politique : « Lorsque la Chambre des Lords rendit son fameux arrêt proclamant la responsabilité pécu-

1. *The Times.*

niaire des syndicats, les employeurs triomphèrent et poussèrent des cris de victoire. Ils firent preuve de courte vue. Il est des victoires qui sont pires que des défaites et qu'il vaut mieux ne pas remporter. L'atteinte que les employeurs portèrent aux droits syndicaux pour consolider l'édifice social de leurs droits et de leurs privilèges fut le premier coup de pioche porté à cet édifice. Ils en détachèrent la pierre angulaire. »

MAURICE ALFASSA.

LE RÉGIME FONCIER DE MADAGASCAR

I. — Historique et principes du régime foncier.

Pour comprendre toute l'importance d'une réglementation de la propriété foncière à Madagascar il faut se souvenir que le régime foncier malgache avait été une cause de dissentiment entre le gouvernement français et celui de la Reine de Madagascar.

Les expéditions de 1883 à 1885 ont été causées en effet par le refus du premier ministre Rainilaiarivony d'admettre les réclamations de la France au sujet de la succession immobilière de Jean Laborde. Celui-ci à sa mort en 1878 laissait une fortune immobilière évaluée à plus d'un million. Aux termes des articles 4 et 11 du traité franco-hova du 8 août 1868 cette fortune devait revenir à ses héritiers[1]. Cependant le gouvernement malgache prétendit que la coutume ne permettait pas aux étrangers de posséder des terres à Madagascar, en pleine propriété. Invoquant ce droit coutumier, Rainilaiarivony refusa d'admettre les réclamations des héritiers Laborde. Il proclama même sa théorie, dans le Code malgache, dit des 305 articles, qu'il fit promulguer en 1881.

En 1885, après plusieurs campagnes de médiocre succès, le gouvernement français dût abandonner une partie de ses prétentions. Le traité de 1885 ne reconnaissait plus aux Français le droit d'être propriétaires fonciers à Madagascar, mais seulement celui d'être locataires par baux emphytéotiques, renouvelables il est vrai au seul gré des parties, avec faculté de transmettre aux héritiers des contractants les avantages et les charges du contrat[2].

---

1. Traité franco-hova de 1868, art. 4 : « Les Français pourront... en se conformant aux lois et réglements du pays, s'établir partout où ils jugeront convenable, prendre à bail, et *acquérir* toutes espèces de biens, meubles, et immeubles ».

2. Traité du 15 décembre 1885, art 6 : « Les citoyens français pourront résider, circuler et faire le commerce librement dans toute l'étendue des États

Seul, l'insuccès de nos expéditions avait entraîné l'abandon d'une partie de nos prétentions, aussi après la campagne de 1895 et la prise de possession de l'île, le gouvernement français put-il prendre sa revanche sur ce point. Une loi de la Reine du 9 mars 1896, inspirée par le Résident général, reconnaissait à tous le droit d'être propriétaire foncier au moins en « domaine utile », l'État se réservant un domaine éminent. Cette même loi créait l'immatriculation à Madagascar et instituait à Tananarive un conservateur de la propriété foncière. Elle proclamait, en outre, solennellement l'inviolabilité de la propriété *immatriculée*. Tel est l'embryon du régime foncier actuel de Madagascar [1]. Peu après cette loi, l'île de Madagascar était déclarée colonie française [2].

Le Gouverneur général, par un arrêté du 10 septembre 1896, réglementait de nouveau la législation foncière, ne se contentant plus comme la loi malgache précitée de poser les principes de l'immatriculation, l'arrêté en réglementait l'application. Malheureusement il reproduisait un grand nombre de dispositions du Code Civil, dont il était inutilement encombré ; il modifiait, d'autre part, insuffisamment le régime métropolitain pour le mettre d'accord avec celui de l'Act Torrens. C'était en résumé un compromis entre deux systèmes inconciliables, celui du Code Civil et celui de l'immatriculation.

On comprit bientôt la nécessité de modifier cette réglementation et d'appliquer résolument le système de l'Act Torrens. C'est ce que fit le décret du 16 juillet 1897 que nous allons étudier.

---

de la Reine. Ils auront la faculté de louer pour une durée indéterminée par bail emphytéotique renouvelable au seul gré des parties, les terres, maisons, magasins, et toute propriété immobilière... Dans le cas où un Français devenu locataire d'une propriété immobilière viendrait à mourir ses héritiers entreraient en jouissance du bail conclu par lui pour le temps qui resterait à courir avec faculté de renouvellement. »

1. Notons le curieux exposé du motif de cette loi : « Voici ce que je vous dis, ô peuple... Vous savez qu'autrefois des abus ont existé, abus qui ont jeté le trouble parmi vous au sujet de vos biens. A l'avenir cela n'existera plus, car chaque propriétaire pourra se procurer un titre avec un plan constatant les limites de sa propriété, et, quand le propriétaire aura le titre, personne au monde, pas même Moi votre Reine, ne pourra toucher à vos biens. Vous pourrez donc désormais développer en toute sécurité vos travaux de culture..... ceux qui désireront obtenir des titres de propriété n'auront qu'à s'adresser au Gouvernement, il ne leur en coûtera rien que les frais indispensables pour lever des plans et rédiger des titres ».

2. Loi française du 30 mai 1896.

On sait que l'immatriculation, appliquée pour la première fois dans la loi australienne, connue sous le nom d'Act Torrens, a pour but de créer un état civil des immeubles en portant sur un titre officiel de propriété les mutations successives dont l'immeuble est l'objet.

. Le but évident de ce système est de faciliter la circulation ou la mise en gage des immeubles.

Les auteurs de ce régime sont donc partis d'un point de vue opposé à celui du Code Civil et de notre ancien droit. Nos anciens auteurs, considérant comme un danger économique et surtout social de laisser le propriétaire aliéner ses immeubles, entravaient ces aliénations; les législateurs modernes au contraire, cherchant à faciliter la circulation sous toutes ses formes, facilitent ces mêmes aliénations d'immeubles.

Ce principe étant posé, on doit se demander si le régime de l'Act Torrens est une chose désirable dans une colonie nouvelle, et en particulier à Madagascar.

Si l'on envisage cette question au point de vue des seuls colons Européens, la réponse affirmative n'est pas douteuse : ce système leur assure le maximum de garanties, en ce qui concerne les droits de propriété des vendeurs indigènes.

Au point de vue des indigènes la question est singulièrement plus délicate. N'est-il pas imprudent de faciliter aux indigènes les transactions foncières, et n'est-ce pas leur permettre de se ruiner. eux-mêmes? Les peuples primitifs sont des peuples mineurs, devons-nous les laisser, pour l'appât d'un gain immédiat, se déposséder pour l'avenir?

Mais sur ce point il faut remarquer que les garanties que le Code Civil accorde à la propriété foncière, dépendent presque toutes du statut personnel (minorité, régime matrimonial, hypothèque de la femme, du pupille, de l'interdit), statut qu'on n'a jamais songé à appliquer aux peuples sujets.

Si la vente, conforme au Code Civil, est plus dangereuse pour l'acquéreur, elle n'est pas plus difficile à réaliser pour le vendeur. En fait, ce mode de vente n'a pas empêché les Arabes d'Algérie de vendre la majeure partie de ce qu'ils possédaient. On peut donc considérer cette garantie comme illusoire.

Il est par contre d'un très grand intérêt de protéger l'indigène contre les exactions d'autres indigènes, ou même d'Européens, en les rendant propriétaires *indiscutables* de leurs terres.

Le principe de l'immatriculation étant admis à Madagascar, une première question se posait pour le législateur : devait-on rendre cette immatriculation obligatoire, ou laisser les propriétaires libres de ne pas se soumettre au nouveau régime ?

Il n'est pas douteux que l'immatriculation obligatoire qui place en une fois, sous le nouveau régime, tous les immeubles d'un pays, soit infiniment préférable.

Nous avons pu constater par nous-mêmes que presque toutes les difficultés qui naissent à l'occasion de l'application du régime de l'Act Torrens proviennent de la simultanéité de l'ancien et du nouveau régime : cette situation ambiguë entraînant la confusion dans l'esprit du public... et parfois même des hommes de loi.

Malheureusement si l'immatriculation obligatoire évite cet inconvénient, elle a par contre celui d'être très onéreuse pour le pays qui l'entreprend.

En effet, si l'État force les propriétaires à faire immatriculer leurs terrains il lui est difficile d'exiger d'eux les frais de l'immatriculation.

On ne pouvait, à Madagascar, engager cette dépense, ni aux frais de la Colonie, ni aux frais des particuliers; aussi a-t-on adopté le principe de l'immatriculation facultative. Deux restrictions toutefois ont été portées à ce principe et sont contenues dans l'article 14 du décret : « l'immatriculation est facultative. Exceptionnellement « l'immatriculation est obligatoire : 1° dans tous les cas de vente, « location ou concession de terrains domaniaux; 2° dans tous les cas « où des Européens ou assimilés se rendront acquéreurs de biens « appartenant à des indigènes. Dans les cas de vente, location ou « concession de terrains domaniaux les intéressés auront un délai « de trois ans pour faire immatriculer les immeubles. »

Toutefois, aucune sanction n'est prescrite à ces obligations. Pour les contrats passés avec l'État, si le concessionnaire n'a pas, dans le délai de trois ans après la concession, engagé la procédure d'immatriculation, l'État peut reprendre le terrain concédé; pour les terrains achetés par des Européens à des indigènes il n'en est pas de même et la validité de la vente, malgré le défaut d'immatriculation, ne saurait être douteuse. Une sanction indirecte et d'ailleurs très efficace existe cependant à cette obligation : les immeubles non immatriculés sont, ainsi que nous le verrons, dans une situation d'infériorité légale par rapport aux immeubles immatriculés.

II. — Procédure d'immatriculation.

La procédure d'immatriculation a pour effet de créer au profit d'un individu une présomption « juris et de jure » de propriété. L'immatriculation prononcée, aucune preuve n'est plus admise contre les droits du propriétaire qui l'a obtenue, ni contre les droits réels qui sont inscrits sur ce titre de propriété [1].

Le jugement d'immatriculation a donc ceci de particulier qu'il a force de chose jugée à l'égard de tous. Il faut donc que celui qui engage cette procédure provoque — pour ainsi dire — tous les tiers à contester sa demande. Le Tribunal appréciera ensuite souverainement si le réquérant est réellement propriétaire. La procédure d'immatriculation comprend ainsi deux phases. La première administrative a pour but de porter à la connaissance des tiers la demande d'immatriculation en les invitant à s'y opposer; elle a aussi pour but de délimiter d'une façon officielle le terrain à immatriculer. Cette phase est constituée par un bornage, des affichages et des publications.

La seconde phase, d'ordre judiciaire, a pour but d'examiner le bien-fondé de la demande du requérant et d'apprécier s'il est réellement propriétaire de l'immeuble dont il demande l'immatriculation, d'examiner la valeur des oppositions faites par des tiers, d'ordonner enfin l'inscription sur le titre de propriété des droits réels dont est prouvée l'existence. Cette phase comprend les oppositions, les requêtes introductives d'instance, enfin l'instance elle-même, s'il y a eu opposition. En l'absence d'oppositions, une ordonnance du Président du Tribunal prononce ou rejette l'immatriculation si le requérant a ou non prouvé son droit de propriété.

1. Inversement, un tiers ne sera pas admis à prouver l'existence d'un droit réel antérieur au jugement d'immatriculation, si le jugement n'a pas reconnu ce droit et n'en a pas ordonné l'inscription au titre de propriété.

Celui qui veut faire immatriculer un immeuble remet au conservateur de la propriété foncière une déclaration contenant : 1° les noms, prénoms, domicile et état civil du requérant; 2° élection de domicile dans une localité de Madagascar; 3° description de l'immeuble, déclaration de sa valeur vénale, sa contenance, le nom sous lequel il doit être immatriculé, enfin la situation de l'immeuble, les constructions ou les plantations qui peuvent s'y trouver; 4° le détail des droits réels immobiliers avec la désignation des ayant droit [1].

D'autre part, le requérant doit déposer tous les titres de propriété, contrats, actes publics ou privés et documents quelconques de nature à faire connaître la situation de l'immeuble et les droits réels dont il est grevé [2].

Après des formalités administratives, destinées à faire connaître aux tiers la réquisition d'immatriculation, commence la phase judiciaire. La procédure sera d'ailleurs absolument différente selon qu'il n'y a pas eu d'oppositions. S'il n'y a pas eu d'oppositions, le Président du Tribunal prononcera par simple ordonnance l'immatriculation demandée.

Il devra d'abord examiner si la demande est régulière en la forme, si les formalités de bornage et surtout celles de publicité ont été légalement remplies. Il se peut en effet que l'absence d'opposition résulte d'une publicité défectueuse.

Est-ce à dire que le rôle du juge doit se borner en ce cas à vérifier l'exécution des formalités requises? Nullement. Cette ordonnance est un véritable jugement d'autant plus grave qu'il est sans appel. Le juge doit vérifier les titres invoqués, puisque par son ordonnance, il déclare que le requérant *a fait la preuve* de ses droits de propriété.

Enfin, le législateur charge spécialement le Président du Tribunal de veiller à ce qu'aucun droit des incapables ou des absents ne soit lésé. A cet effet ce magistrat a le droit de procéder à toutes vérifications et enquêtes nécessaires. Les pouvoirs qui lui sont conférés dans ce cas sont discrétionnaires. Le magistrat peut par simple

1. Décret du 16 juillet 1897, art. 17.
2. Même article : « Dans le but d'éviter des fraudes, ces titres ne seront pas rendus au propriétaire, mais gardés par le service de la Conservation. Toutefois le dispositaire en recevra sur sa demande des copies authentiques. »

ordonnance faire procéder d'office à une enquête ou à un nouveau bornage.

Il peut également accorder une prolongation de délais à l'effet de former opposition en faveur d'incapable ou d'absent [1].

D'ailleurs, cette obligation imposée au Président du Tribunal de s'occuper des droits des absents et des incapables n'empêche pas les représentants légaux de ces incapables ou même le procureur de la République d'intervenir en leur faveur.

En somme, il faut reconnaître au juge de l'immatriculation, qu'il y ait ou non opposition, un pouvoir discrétionnaire, une sorte de « *Jus arbitraria* », à l'effet d'apprécier en équité si le requérant est pro-priétaire.

Ainsi, le juge doit rejeter la requête lorsque le requérant demande l'immatriculation à son profit et à titre de propriétaire d'un terrain qu'il possède à un autre titre ; il a été jugé notamment qu'un loca-taire emphytéotique qui demande l'immatriculation comme pro-priétaire, doit être débouté, même en l'absence d'opposition et même s'il s'était comporté en propriétaire sur le fonds dont il n'était que locataire notamment en transigeant sur la propriété [2].

Si des oppositions viennent à se produire, la demande en imma-triculation sera portée devant le Tribunal de première instance La procédure est écrite, les parties ayant toutefois le droit de pré-senter ou de faire présenter par mandataire des observations orales à l'audience. Le Tribunal peut prononcer ou rejeter l'immatricula-tion, ou ordonner toutes les mesures d'enquête qu'il juge utile et possède naturellement le même pouvoir discrétionnaire qu'avait le Président en l'absence d'opposition.

III. — LE TITRE FONCIER.

Quand toutes ces formalités ont été remplies et que l'immatricu-lation a été prononcée, le Conservateur remet aux propriétaires un

---

1. Décret du 16 juillet 1897, art. 25.
2. (Ordonnance du Président du Tribunal de Tamatave du 2 avril 1900, immeuble « Berthe »). « Nous, Président..... attendu qu'en sa qualité d'emphytéote, B... devait requérir d'abord l'immatriculation au nom de son propriétaire Ramiganamanga ou de ses héritiers, et, la propriété immobilière étant ainsi fixée, requérir l'inscription sur le titre du droit réel immobilier résultant en sa faveur du bail du 12 février 1899.... Par ces motifs le déboute, etc. »

titre de propriété. Ce titre porte un numéro d'ordre, le nom donné à l'immeuble, la description de l'immeuble, sa contenance, les plantations et constructions qui s'y trouvent, enfin les droits réels immobiliers existant sur cet immeuble et les charges qui le grèvent [1].

Un plan de l'immeuble est joint à ce titre [2].

Ces titres de propriété sont inscrits sur un registre qui reste entre les mains du Conservateur du Domaine. Aucun texte n'oblige, comme dans les colonies anglaises [3], le Conservateur à tenir ses registres à la disposition du public; toutefois, par une heureuse interprétation de l'esprit du décret, le service de la conservation foncière autorise les recherches qui lui sont demandées.

Une copie du titre est remise au propriétaire, c'est cette copie qui formera désormais son titre de propriété; elle sera nominative et le Conservateur en certifiera l'authenticité [4].

Quant aux titulaires de droits réels, ils recevront un certificat mentionnant l'inscription de leurs droits sur le titre de propriété.

Quelle est la force probante de ces titres de propriété? D'abord la copie du titre fait foi des mentions portées à l'original jusqu'à inscription de faux.

D'autre part, aucune preuve n'est admise contre ce titre de propriété. « Il formera, dit le décret, devant les juridictions françaises le point de départ unique de la propriété et des droits réels qui l'affectent à l'exclusion de tous les autres droits non inscrits [5]. »

Si, après l'immatriculation, l'immeuble est l'objet d'un contrat de

---

1. Décret du 16 juillet 1897, art. 39.

2. Il y a lieu de remarquer que seuls les droits réels immobiliers doivent être inscrits sur ce titre à l'exclusion des droits personnels. Ainsi la Colonie, en accordant des concessions, se réserve souvent le droit d'y faire passer des routes ou chemins sans accorder d'indemnité au concessionnaire, nous estimons que c'est une obligation personnelle du concessionnaire et qu'elle ne peut donc être inscrite au titre de propriété. Toutefois cette solution est controversée. De même, si, en sens inverse, l'administration fait immatriculer un immeuble qu'elle a accordé à un particulier à titre *de concession provisoire*, nous estimons que c'est un droit personnel du concessionnaire et qu'on ne peut non plus l'inscrire au titre de propriété.

3. Notamment : règlement pour la Colonie des Établissements des Détroits (Singapoor), toute personne peut en acquittant les taxes exigées se faire communiquer le registre matrice et faire des recherches aux jour et heure fixés, le droit est de deux shillings pour une recherche si le volume et le folio sont indiqués, si les renseignements ne sont pas fournis il est dû comme pour une recherche générale cinq shillings.

4. Même décret, art. 45.

5. Art. 39.

vente, de louage, d'emphytéose, ou de tout autre contrat constitutif de droits réels, mention devra être faite de cette mutation au
titre de propriété, faute de quoi, le contrat ne sera pas opposable
aux tiers.

Cependant il était à craindre, qu'au cours d'un procès immobilier,
un propriétaire peu scrupuleux n'aliénât ou n'hypothéquât l'immeuble
en cause. L'acquéreur n'aurait vu sur le titre foncier aucune trace
du procès en cours; et, si son vendeur avait perdu le procès, il se
serait trouvé en conflit avec le gagnant. Pour éviter ce danger, le
décret déclara que toute demande tendant à modifier des droits
réels pourra, après autorisation du Président du Tribunal, être
mentionnée au titre de propriété. La validité des inscriptions
ultérieures restera subordonnée à la décision judiciaire.

Si la demande n'est pas inscrite, le jugement n'aura d'effet à
l'égard des tiers que du jour de son inscription.

IV. — LES DROITS RÉELS.

En principe les droits réels sont les mêmes à Madagascar qu'en
France. Ce sont : la propriété immobilière, l'usufruit des immeubles,
l'usage et l'habitation, l'emphytéose, la superficie, les servitudes
foncières, l'antichrèse, enfin les privilèges des hypothèques. « La
propriété immobilière est le droit de jouir et disposer d'un immeuble
par nature ou par destination de la manière la plus absolue[1]. »

Ne pourront donc être l'objet d'immatriculation les immeubles
par destination de la loi.

Le droit de propriété peut être augmenté ou diminué par une
servitude d'une nature particulière, spéciale à Madagascar, le droit
de préemption. Ce droit est l'extension du droit de retrait succes-
soral de l'article 841 du Code Civil à des hypothèses analogues :
celles du propriétaire du sol vis-à-vis du superficiaire (c'est-à-dire
de celui qui a construit sur le sol d'un autre) et réciproquement,
et celles du propriétaire indivis ou même divis[2].

---

1. Même décret, art. 48.
2. Même décret, art. 54 ; cette dernière désignation nous semble faite par
erreur : nous comprenons le droit de préemption entre propriétaires indivis ;

Le bail emphytéotique fait l'objet d'un titre spécial. Pour des raisons historiques, que nous avons vues, il a eu à Madagascar une très grande importance. Après le traité de 1885 les Français ne pouvant acquérir d'immeubles en pleine propriété étaient obligés de les louer aux indigènes, par bail emphytéotique.

Ils louaient ces immeubles pour soixante-quinze ou quatre-vingt-dix ans et versaient en une fois le prix de location. Souvent le Malgache prenait l'engagement pour lui et ses ayant droit de ne plus jamais troubler l'Européen dans la jouissance de l'immeuble. C'était en somme une vente dissimulée.

Le « droit de superficie » est un droit réel immobilier, qui consiste à avoir des bâtiments ouvragés ou plantations sur un fonds appartenant à autrui. Ce droit est susceptible d'être aliéné ou hypothéqué.

Dans un pays nouveau les constructions sur un fonds appartenant à autrui ne sont pas rares, ce fait est très fréquent notamment sur la côte Est de Madagascar, où les maisons sont généralement construites en bois, facilement transportables et fondées sur des pilotis dans des terrains sablonneux de peu de valeur comme terrains.

L'antichrèse n'est pas et ne peut pas être beaucoup employée; il est évident en effet qu'un contrat qui oblige l'emprunteur à se dessaisir de son gage ne saurait être d'un usage pratique ni pour un colon ni pour un indigène. Ce contrat n'offre guère d'intérêt non plus pour le prêteur dans un pays où l'État fait des concessions de terrain gratuites.

V. — LES PRIVILÈGES ET LES HYPOTHÈQUES.

Le point, sans doute, le plus intéressant du régime foncier de Madagascar, parce qu'il s'écarte le plus de notre législation traditionnelle française, est la théorie du gage immobilier.

Partant d'idées auxquelles nous avons déjà fait allusion, notre ancien droit s'opposait à la réalisation du gage immobilier. Le Code

mais si la propriété a été divisée, il ne reste entre les anciens co-propriétaires aucun lien de droit. La pratique n'offre d'ailleurs aucun exemple de l'exercice de ce droit.

Civil entrave encore cette réalisation par des formalités, des frais et des lenteurs. L'idée de notre régime foncier est au contraire de faciliter le prêt hypothécaire, et de faciliter ensuite la réalisation du gage, si le débiteur ne se libère pas à l'échéance.

Pour faciliter le prêt hypothécaire, il faut en assurer la sécurité. Dans ce but notre législateur supprime les hypothèques occultes, danger redoutable en France pour le bailleur de fonds. On a cherché à créer dans l'Act Torrens un régime si simple et si pratique, qu'au seul examen du titre on puisse connaître d'une façon certaine quel est le propriétaire, et dans quelle mesure l'immeuble est déjà grevé de droits réels.

Malheureusement nos légistes français, en appliquant un système australien, n'ont pu se défendre complètement contre les traditions du droit nationnal.

Le titre foncier devant indiquer tous les droits réels dont est grevé l'immeuble aucun privilège n'aurait dû subsister. Cependant, les auteurs du décret n'ont pas osé aller jusque-là, et, adoptant une solution intermédiaire, ils ont supprimé les privilèges spéciaux sur les immeubles de l'article 2103 du Code Civil, mais ils ont conservé (en y introduisant, quelques modifications de détail) les privilèges généraux aux meubles et aux immeubles des articles 2104 et 2101. On ne peut que regretter cette disparate du système qui enlève au prêt hypothécaire une partie de sa sécurité.

Toutefois, il est juste de reconnaître qu'en général les privilèges de cette nature sont peu considérables et que d'ailleurs ils ne doivent s'exercer qu'après discussion du mobilier. Une autre question se posait : celle des hypothèques occultes considérées à bon droit comme l'une des plus fortes entraves au crédit hypothécaire. La question était d'autant plus délicate que l'hypothèque du mineur ou de la femme mariée touche de près à la capacité de ces personnes, qui devait être la même à Madagascar que dans la Métropole. On ne pouvait donc modifier ces hypothèques qu'avec prudence. Adoptant ici une conséquence logique du régime de l'Act Torrens, le législateur supprima toutes les hypothèques occultes. Nous allons voir par quel moyen il a donné aux incapables des garanties équivalentes.

Examinons d'abord les principes généraux du nouveau régime

hypothécaire. L'hypothèque est à Madagascar un contrat formel, la formalité requise étant l'inscription sur les registres de la propriété foncière.

« Le décret sur ce point s'écarte du système hypothécaire français qui admet que les droits réels se transmettent par le consentement des parties. La transcription et la publicité ne sont exigées que dans l'intérêt des tiers, et pour fixer la date certaine à laquelle ces droits commencent à produire leurs effets. Dans le système du décret, le consentement ne suffit pas. L'hypothèque n'est valable, même à l'égard des intéressés, que par l'inscription sur le titre de propriété [1]. »

De même que la création de l'hypothèque est subordonnée à son inscription, de même son extinction ne peut être causée que par sa radiation.

La prescription spéciale de l'hypothèque a été supprimée; l'hypothèque ne disparaîtra pas plus que le droit de propriété lui-même. Il existe deux espèces d'hypothèques : les hypothèques forcées et les hypothèques conventionnelles.

Les hypothèques occultes du Code Civil ayant été supprimées, il fallait donner par un autre moyen des garanties analogues aux incapables qu'elles protégeaient. Il fallait aussi donner des nouvelles garanties au vendeur d'immeuble, à l'échangiste et aux co-partageants dont les privilèges et les droits de retention avaient été supprimés. C'est pour atteindre ce but que furent créées les hypothèques forcées.

L'hypothèque forcée est celle qui est acquise en vertu d'une décision de justice sans le consentement du débiteur et dans les cas déterminés par la loi [2].

Cette hypothèque est accordée au mineur et à l'interdit sur les immeubles de leurs tuteurs, à la femme sur les immeubles de son mari, enfin au vendeur, à l'échangiste et au co-partageant sur l'immeuble vendu, échangé ou partagé. Différence essentielle avec le système français, la validité de ces hypothèques est subordonnée à leur inscription, aussi sont-elles nécessairement spécialisées à un immeuble déterminé.

---

1. Cahuzac, *Institutions et droit malgache*, p. 463. Toutefois cette théorie qui nous paraît indiscutable n'est pas admise par la jurisprudence.
2. Décret du 16 juillet 1897, art. 113.

A l'ouverture d'une tutelle, le conseil de famille désigne contradic-
toirement avec le tuteur le ou les immeubles qui seront affectés à la
garantie hypothécaire de l'incapable.

Pour la femme, c'est le contrat de mariage qui détermine les
immeubles hypothéqués et le montant de l'hypothèque; d'ailleurs en
cas de besoin la femme pourra en cours de mariage requérir inscription d'hypothèque sur les immeubles de son mari.

De leur côté, si les garanties hypothécaires sont devenues excessives, le mari et le tuteur pourront en poursuivre la réduction, ou
même donner une garantie mobilière.

Le vendeur peut, au contrat de vente, stipuler qu'il se réserve
l'hypothèque pour garantie du paiement total ou partiel du prix de
l'immeuble. A défaut de stipulation d'hypothèque, le vendeur non
payé peut obtenir un jugement déclaratif d'hypothèque sur l'immeuble vendu.

Toutefois, conformément aux principes déjà posés, cette convention ou ce jugement n'ont de valeur qu'après inscription sur le titre
de propriété.

On doit approuver sans réserve ces dispositions. Les auteurs du
décret furent moins heureux en voulant remplacer le droit de suite
reconnu au vendeur d'immeuble par le Code Civil. Le vendeur d'un
immeuble peut stipuler qu'en cas de nouvelle transmission de la
propriété de l'immeuble avant paiement total ou partiel du prix il
conservera l'action en résolution de vente [1].

A défaut de stipulation au contrat de vente, le vendeur peut
obtenir un jugement du Tribunal ordonnant l'inscription de ce droit.

Mais, ici aussi, le jugement n'est opposable aux tiers qu'après
inscription au titre de propriété.

En somme l'action en résolution subsiste à Madagascar, mais elle
n'existe pas de plein droit, et doit être stipulée, ou accordée par le
Tribunal; d'ailleurs, elle n'a de valeur qu'après inscription au titre
de propriété.

Quel est exactement le droit du Tribunal lorsqu'il ordonne ainsi
l'inscription d'une hypothèque? Il juge d'abord si le demandeur est
dans l'un des cas d'hypothèque forcée; il fixe dans certains cas le

1. Décret du 16 juillet 1897. art. 120.

montant de l'hypothèque; il ordonne enfin au conservateur de la propriété foncière d'inscrire cette hypothèque sur le titre foncier.

Nous avons vu que l'original du titre foncier reste à la Conservation foncière et que la copie est délivrée au propriétaire. Le décret à dû prévoir l'hypothèse où le propriétaire — détenteur de la copie du titre — refuserait d'y laisser inscrire la mention dont l'inscription a été ordonnée contre lui par une décision judiciaire.

Dans ce cas, dit l'article 210 du décret, « le Conservateur fera l'inscription au titre de propriété, il la notifiera aux détenteurs des copies et jusqu'à ce que la concordance entre les titres et les copies ait été rétablie il refusera toute nouvelle inscription prise de leur consentement ».

Aucune nouvelle mutation ne pourra donc être faite avant l'inscription de la mention ordonnée par jugement. D'ailleurs, ainsi que nous l'avons vu, les registres de la conservation foncière sont communiqués à tous ceux qui en font la demande et il appartient à celui qui traite avec un propriétaire d'immeuble de contrôler si la copie du titre est conforme à l'original.

Remarquons qu'il n'existe aucun rapport entre ces hypothèques forcées et l'hypothèque judiciaire de la législation métropolitaine. Il n'existe pas à Madagascar d'hypothèque judiciaire ni aucune institution qui s'en rapproche ; nous avons vu précédemment en parlant des oppositions conservatoires comment dans un cas particulier, le décret avait substitué une autre garantie à celle-là.

Les hypothèques volontaires. — Le chapitre des hypothèques volontaires a été copié sur la section du Code Civil qui traite les hypothèques conventionnelles, toutefois nous y verrons quelques modifications importantes.

C'est d'abord la création assez heureuse de l'hypothèque testamentaire. « L'hypothèque testamentaire est celle qui est établie pour un chiffre déterminé sur un ou plusieurs immeubles, spécialement désignés dans le testament, pour garantir les legs par lui faits. »

C'est la transposition dans une législation qui rejette les hypothèques générales et occultes des dispositions de l'article 1 017 paragraphe 2 du Code Civil.

Cette innovation pourra rendre de grands services dans la pratique, nous devons dire toutefois que nous n'en connaissons pas encore d'exemple.

Quelles sont les conditions de validité de l'hypothèque à Madagascar? L'article 128 du décret copie ainsi qu'il suit l'article 2 129 du Code Civil. « Il n'y a d'hypothèque conventionnelle valable et par conséquent pouvant être inscrite que celle qui, soit dans le titre constitutif de la créance, soit dans un titre postérieur déclare spécialement la nature et la situation de chacun des immeubles actuellement appartenant au débiteur sur lequel il consent l'hypothèque de la créance. »

On remarquera que cet article est la copie littérale de l'article 2 129 du Code Civil sauf que le Code parle du *titre authentique constitutif* ou d'un acte *authentique* postérieur.

Il semble bien résulter de la seule comparaison de ces deux textes que le décret n'exige pas un acte authentique pour la constitution d'hypothèque.

Toutefois la validité de l'hypothèque sous seing privé fut longtemps discutée. La jurisprudence, qui avait d'abord rejeté la validité de telles hypothèques [1], est fixée maintenant en sens contraire et admet la validité d'hypothèque sous seing privé.

Ayant participé nous-mêmes à ce changement de jurisprudence nous croyons devoir insister sur ce point.

Les partisans de la nécessité d'acte authentique pour constituer l'hypothèque invoquaient des arguments de la législation montrant la garantie apportée au contrat hypothécaire par la présence d'un notaire. Il était facile de leur répondre sur ce point, d'abord que l'esprit même du régime foncier de Madagascar est hostile au formalisme et que d'autre part on peut se demander en considérant les résultats si la protection des officiers ministériels est bien efficace, et si loin de dissuader l'emprunteur d'un contrat dangereux ils ne sont pas, en fait, les courtiers de capitalistes à la recherche de placements avantageux. Il faut ajouter qu'il n'existe pas à Madagascar de véritables notaires, que les greffiers des Tribunaux ou Justices de paix sont

---

1. Notamment ordonnance président Tribunal Tamatave du 9 août 1902 (*Tribune des colonies*, 1903, 1, 1929, 364).
Jugement Tribunal de Tananarive du 22 août 1904 (*Tribune des colonies*, 1905, 2148, 211).

chargés de ces fonctions, et que leur capacité professionnelle n'est
. pas toujours égale à leur bonne volonté.

D'autre part l'hypothèque sous seing privé est formellement
reconnue par la législation de Tunisie, du Congo et du Dahomey et
l'on comprendrait difficilement le motif d'une protection plus grande
à l'égard des Malgaches que des autres peuples sujets.

Les adversaires de la validité de l'hypothèque sous seing privé
invoquaient d'autre part des arguments de texte [1]. L'article 183 du
décret parlant des actes translatifs des droits réels s'exprime ainsi :
« Les signatures des parties apposées au bas des écrits autres que
les actes authentiques ou judiciaires seront etc... »

On concluait de ce texte, très arbitrairement selon nous, que les
écrits dont il était parlé désignaient les contrats de vente, tandis que
les mots actes authentique ou judiciaire désignaient les contrats
constitutifs d'hypothèque ou les jugements ordonnant l'inscription
d'hypothèque forcée. Nous avons jugé au contraire que la seule conclusion qu'on puisse tirer de ce texte et que la forme authentique
des contrats de vente ou d'hypothèque n'est pas prohibée à Madagascar, qu'elle peut exister puisque la loi y fait allusion, ce qui n'est
d'ailleurs pas contestable.

1. Décret du 16 juillet 1897, art. 183. « Tous faits ou conventions ayant pour
effet de transmettre, déclarer, modifier ou éteindre un droit réel immobilier,
d'en charger le titulaire ou de modifier toute autre condition de son inscription, tous baux d'immeubles excédant trois années, toute quittance de cession
d'une somme équivalente à plus de trois années de loyer ou fermages non
échus, seront, pour être opposables aux tiers, constatés par écrit et. inscrits
sur le titre par le Conservateur de la propriété foncière.

Les écrits indiqueront l'état civil des parties contractantes et mentionneront
leur contrat de mariage, s'il en a été fait un, ainsi que la date de ce contrat,
les noms et résidence de l'officier public qui l'a reçu. Ils seront, ainsi que toute
décision judiciaire ayant le même effet, déposés soit en original, soit en expédition, à la Conservation de la propriété foncière. Ils seront conservés dans les
archives et des copies, faisant foi de leur contenu et de la date du dépôt, pourront être délivrées à toutes époques aux intéressés.

*Les signatures des parties, apposées au bas des écrits autres que les actes
authentiques ou judiciaires,* seront, avant le dépôt, légalisées suivant la forme
ordinaire.

Si les parties ne savent ou ne peuvent signer, la reconnaissance de l'écrit aura
lieu devant les autorités chargées de la légalisation des signatures, en présence
de deux témoins sachant signer et ayant la capacité nécessaire pour contracter.

A défaut de légalisation, le Conservateur refusera l'inscription, si plusieurs
originaux ou expéditions des pièces énumérées ci-dessus lui sont remises pour
être inscrites, le Conservateur n'en conservera qu'une et devra remettre les
autres aux intéressés, après y avoir mentionné que l'inscription a été effectuée.

D'autre part, on invoquait aussi l'article 108 du décret qui est ainsi conçu : « L'hypothèque n'a lieu que « dans les cas et suivant les formes autorisés par la loi » ; on prétendait que cette loi à laquelle renvoyait le décret ne pouvait être que le Code Civil et que par suite l'article 2 127 du Code Civil était applicable à Madagascar.

Cependant il y a lieu de remarquer que le terme de loi peut être appliqué au décret foncier de Madagascar, que ce terme dans sa généralité comprend tous les actes de législation ou de réglements ; notamment le pouvoir législatif étant à Madagascar délégué au chef du pouvoir exécutif, les décrets y ont force de loi. Il est à remarquer aussi que le décret de 1897 ayant traité intégralement le régime hypothécaire ne pouvait renvoyer au Code Civil. Enfin pour contester la validité de l'hypothèque sous seing privé on invoquait l'article 2 du décret. « Les dispositions du Code Civil qui ne sont contraires ni au présent décret ni au statut personnel des Malgaches s'appliquent aux immeubles immatriculés et aux droits réels sur ces immeubles. » Cet article 2 ne nous semble pas applicable au titre des hypothèques, on ne comprendrait pas pourquoi le législateur aurait copié presque tous les articles du titre des hypothèques, pour renvoyer au Code Civil, pour le seul article 2 127. D'ailleurs le texte formellement contraire au Code Civil existe dans l'article 183 déjà cité.

C'est en raison de ces motifs que le 10 avril 1906 le Tribunal de Tananarive revenait sur l'ancienne jurisprudence et admettait la validité des hypothèques sous seing privé. La Cour de Tananarive, par arrêt du 1er août 1906, confirmait ce jugement, en adoptant ses motifs.

On admet donc maintenant comme indiscutable la validité des hypothèques sous seing privé ; il est cependant regrettable qu'un point aussi important que celui de la forme à donner aux actes constitutifs d'hypothèque ait pu être mis en discussion, faute d'un texte suffisamment explicite.

VI. — L'EXPROPRIATION FORCÉE.

Au point de vue de l'expropriation le décret a cherché à réaliser une heureuse innovation. On critique depuis longtemps en France les lenteurs de la procédure d'expropriation hypothécaire, et les frais exhorbitants qu'elle entraîne. Cette procédure est en rapport avec la législation foncière du Code Civil, mais ses lenteurs et ses frais auraient été en contradiction avec une législation foncière dérivée de l'Act Torrens et de la mobilisation de la propriété foncière.

C'est pourquoi on appliqua au droit commun de Madagascar une procédure d'expropriation calquée sur celle dont jouit en France le Crédit Foncier en vertu du décret du 28 février 1852.

Le principe était bon, malheureusement le texte sur l'expropriation, trop sommaire, laissa des obscurités, d'autant plus nombreuses qu'un renvoi implicite du législateur au Code de Procédure civile laissait parfois les magistrats dans le doute sur le texte à appliquer. Les premières poursuites aux fins de vente immobilière furent annulées, il en résulta l'opinion imméritée que cette nouvelle procédure d'expropriation était plus compliquée que celle de la métropole. Nous croyons au contraire que c'est là un progrès sensible sur le régime métropolitain.

Le décret reconnaît au prêteur le droit de stipuler, soit dans l'acte d'emprunt, soit dans un acte postérieur, que faute de paiement à l'échéance il pourra faire vendre l'immeuble hypothéqué par-devant notaire. Cette clause doit être mentionnée sur le registre du Conservateur.

On a souvent critiqué en France l'article 742 du Code de Procédure civile qui oblige les parties à saisir le Tribunal pour les ventes immobilières. Le législateur de Madagascar s'est, à bon droit, montré plus libéral sur ce point en admettant que la vente sur saisie immobilière pourrait être faite par-devant notaire.

En vertu de quel titre peut être faite la saisie immobilière? On peut exproprier d'abord en vertu d'un titre exécutoire comme on le fait en France; on peut également poursuivre l'expropriation en vertu d'un acte sous-seing privé, pourvu toutefois que cet acte ait été inscrit sur le titre foncier [1].

Il eût été en effet sans intérêt d'autoriser les parties à contracter des hypothèques sous seing privé si le créancier n'avait pu poursuivre l'expropriation hypothécaire en vertu de ce titre non authen-

---

[1]. Décret du 16 juillet 1897, art. 167 : « La vente des immeubles ne peut être poursuivie qu'en vertu d'un titre inscrit *ou* exécutoire pour une dette certaine et liquide ».

tique. Toutefois l'idée d'une exécution forcée en vertu d'un titre qui n'était pas revêtu de la formule exécutoire parut d'abord si surprenante que, malgré un texte formel, la jurisprudence ne voulut pas l'admettre.

« Attendu, disait un arrêt, qu'il apparaît à la Cour que l'article 167 sus-visé doit être entendu en ce sens que si l'on peut poursuivre l'expropriation d'un immeuble en vertu d'un titre inscrit c'est à la condition que ce titre contienne la formule exécutoire, qu'il ne saurait en être autrement puisque, en vertu de la règle générale portée dans l'article 545 du Code de Procédure civile à laquelle le décret du 16 juillet 1897 n'a nullement dérogé, nul jugement ni acte ne peut être mis à exécution s'il ne portent pas le même intitulé que les lois et ne sont pas terminés par un mandement aux officiers de justice, et qu'aux termes de l'article 551 du même Code il ne peut être procédé à aucune saisie immobilière qu'en vertu d'un titre exécutoire [1]... »

C'était aller directement contre les termes formels du nouveau décret au profit des principes traditionnels du droit français.

En examinant la validité de l'hypothèque sous seing privé dans un jugement auquel nous avons fait allusion tout à l'heure, le Tribunal de Tananarive avait repris cette question.

« Attendu que s'appuyant sur un arrêt de la Cour qui déclare que l'exécution d'un immeuble ne peut avoir lieu qu'en vertu d'un titre inscrit et exécutoire. L... déclare que l'hypothèque sous seing privé n'aurait aucune valeur pratique.

« Mais que la jurisprudence de la Cour est sur ce point difficile à admettre, que l'article 167 a été transcrit de la loi foncière Tunisienne dans celle de Madagascar, qu'en Tunisie elle est le résultat de deux modifications successives (loi du 16 mai 1886 et loi du 15 mars 1892).

« Qu'on ne saurait donc l'imputer à une inadvertance du législateur [2]. »

L'arrêt de la Cour de 1906 qui confirma jugement du Tribunal admettant les hypothèques sous seing privé confirma également sa théorie sur ce point :

« Attendu que les appelants soutiennent qu'une hypothèque con-

1. Arrêt de la Cour de Tananarive, 21 décembre 1902.
2. Jugement Tribunal de Tananarive, 10 avril 1906.

sentie par acte sous seing privé n'aurait aucune valeur pratique, « puisqu'il faut pour exécuter un titre inscrit et exécutoire » et qu'ils invoquent à l'appui de cette affirmation un **arrêt de la Cour** de céans en date du 21 décembre 1902.

« Attendu que cette version, pour si justifiée qu'elle paraisse, étant admis que le décret de 1897 ne se suffit pas à lui-même et doit être complété pour les dispositions du Code de Procédure civile, a, il faut bien le reconnaître, le défaut de contrevenir à la règle d'interprétation qui était formulée dans l'article du titre V du livre préliminaire qui devait figurer en tête du Code Civil, laquelle était ainsi conçue : « quand une loi est claire il ne faut point en éluder la lettre sous prétexte d'en pénétrer l'esprit. »

Attendu que l'article 167 du décret est très clair :

« La vente forcée des immeubles ne peut être poursuivie qu'en vertu d'un titre inscrit ou exécutoire ».

Attendu que le sens de cet article textuellement emprunté à la loi tunisienne du 15 mars 1892 apparaît avec évidence quand on suit les modifications que sa rédaction primitive a suivies;

Attendu que la loi du 1er juillet 1885 disait : « La vente forcée des immeubles ne peut avoir lieu qu'en vertu d'un titre authentique et exécutoire. »

Que la loi du 16 mai 1886 disait : « La vente forcée des immeubles ne peut être poursuivie qu'en vertu d'un titre inscrit et exécutoire.

Que la loi du 6 novembre disait : « La vente forcée des immeubles ne peut être poursuivie qu'en vertu d'un titre exécutoire. »

Attendu qu'il est inadmissible que l'attention du législateur n'ait été à maintes reprises attirée sur les conditions dans lesquelles pouvait être poursuivie la vente forcée des immeubles et que sa volonté, a été de simplifier de plus en plus jusqu'à l'autoriser, en dernière analyse, en vertu d'un titre inscrit ou exécutoire :

« Attendu qu'il nous est permis d'affirmer que l'arrêt du 21 décembre 1902 aurait été tout autre si les textes ci-dessus avaient été portés à la connaissance de la Cour... »[1].

On doit donc considérer maintenant à la suite de cet arrêt qu'un

---

1. Arrêt de la Cour d'appel de Tananarive. 1er août 1906, revue de la *Tribune des Colonies*, 1906, p. 293.

immeuble immatriculé peut être vendu en vertu d'une hypothèque constituée par acte sous seing privé.

Le reste du décret foncier est consacré à la réglementation du service de la Conservation foncière, aux formes de l'inscription du droit réel, enfin à l'immatriculation des immeubles vendus à la barre. Ces textes nous paraissent d'un intérêt trop spécial pour les commenter ici.

Situation des immeubles non-immatriculés. — Il nous semble intéressant d'examiner en terminant la situation des immeubles non immatriculés à Madagascar.

Ces immeubles ne sont pas régis par le décret foncier du 16 juillet 1897, l'immatriculation ayant justement pour effet de les soumettre au nouveau régime, ainsi que le déclare l'article 8 du décret : « L'immatriculation a pour objet de placer l'immeuble qui y a été soumis sous le régime du présent décret ».

Quel est donc le régime de ces immeubles non immatriculés?

Il faut distinguer entre les immeubles appartenant à des Malgaches qui sont soumis à la loi locale et les immeubles appartenant à des Européens.

En ce qui concerne le régime des terres malgaches, nous ne pourrions le décrire sans sortir du cadre de cette étude[1].

Remarquons seulement que par arrêt du 20 juin 1900 la Cour de Tananarive a décidé que le droit de propriété éminente que le souverain malgache se réservait sur les immeubles de ses sujets était purement théorique et que l'indigène capable, ayant la propriété utile, était, vis-à-vis de l'État français, le seul et incommutable propriétaire.

Quant aux immeubles appartenant à des Européens ou assimilés ils sont, théoriquement, soumis au régime du Code Civil. Nous disons théoriquement, car il résulte du défaut d'organisation administrative conforme qu'ils ne peuvent y être soumis réellement.

Il n'existe pas à Madagascar de conservation des hypothèques ni d'administration de l'enregistrement, on ne peut donc ni inscrire une hypothèque, ni faire enregistrer une vente immobilière.

C'est à tort qu'on verrait dans cette situation un oubli du législa-

1. Voir sur ce point le savant ouvrage de M. Cahuzac : *Institutions juridiques des Malgaches.*

teur, c'est la sanction indirecte, mais très efficace, de l'obligation pour les Européens d'immatriculer leurs immeubles.

Voici la preuve de ce que nous avançons.

La loi d'annexion de 1896 a compris dans le territoire de Madagascar deux anciennes petites colonies françaises : l'île de Nosi-Bé et le territoire de Diégo Suarez. Il existait dans ces deux colonies des Conservations des hypothèques; aucun texte ne les ayant supprimées, la Cour de Tananarive, par arrêt du 19 novembre 1902, en reconnaissait formellement l'existence et le fonctionnement, en ce qui concerne les immeubles non immatriculés. Le Gouvernement s'étant ému de cet arrêt, deux solutions pouvaient être adoptées : ou créer près de chaque Tribunal une Conservation des hypothèques, ce qui eût été ruiner le régime de l'immatriculation ou supprimer les deux Conservations existantes pour accorder définitivement la suprématie au nouveau régime foncier.

C'est cette dernière solution qu'adopta très logiquement le décret du 18 mai 1904; toutefois, par une mesure d'équité, le décret déclara que les créanciers hypothécaires inscrits pourraient obtenir gratuitement l'immatriculation des immeubles qui leur avaient été donnés en gage, ainsi que l'inscription de leurs droits réels conformément au nouveau régime.

Nous en concluons donc que c'est volontairement que le législateur a privé d'organisation hypothécaire les immeubles non immatriculés.

On doit donc admettre en ce qui concerne ces immeubles les conséquences suivantes : le privilège du vendeur existe en théorie, mais la vente ne peut être transcrite et comme la transcription de la vente est, aux termes de l'article 2108, une condition indispensable pour la conservation du privilège du vendeur, ce privilège est inexistant faute de pouvoir être conservé conformément à la loi[1].

On pourrait appliquer le même raisonnement aux autres privilèges pour lesquels l'article 2106 impose la formalité de l'inscription comme condition même de leur efficacité.

---

[1]. En ce sens, jugement Tribunal Tamatave, syndic Joulia contre Coutet, du 12 octobre 1906. — Il est vrai qu'un récent arrêt de la Cour de Tananarive vient d'infirmer ce jugement. Nous ne pouvons toutefois nous rallier à cette jurisprudence.

En ce qui touche les hypothèques, il y a lieu de faire une distinction entre les hypothèques des incapables et les autres hypothèques.
Aux termes de l'article 2 135 les hypothèques du mineur, de l'incapable et de la femme mariée existent indépendamment de toutes
inscriptions, ces hypothèques ont donc pu subsister à Madagascar.

Il n'en est pas de même, au contraire, des hypothèques judiciaires
qui, faute de pouvoir être inscrites, perdront toute efficacité. Il eût
été d'ailleurs singulier que les jugements des Tribunaux de Madagascar aient entraîné hypothèques judiciaires sur les immeubles non
immatriculés, sans avoir la même conséquence sur les immeubles
immatriculés.

Pour les hypothèques conventionnelles, on sait que la seule convention des parties constitue hypothèque, mais qu'en l'absence
d'inscription le prêteur ne peut ni opposer son hypothèque aux
tiers ni poursuivre contre le débiteur l'expropriation forcée. Une
telle hypothèque aurait donc une existence purement théorique
puisque, inopposable aux tiers, elle ne serait pas non plus susceptible d'expropriation forcée. La seule ressource qu'aurait un créancier
hypothécaire dans ces conditions serait de requérir l'immatricula-
tions de l'immeuble hypothéqué au nom de son débiteur comme
propriétaire en ayant soin de faire inscrire son hypothèque par le
jugement d'immatriculation. Il faut remarquer en effet que si l'hypothèque n'est pas inscrite par le jugement d'immatriculation elle ne
pourra plus être inscrite par la suite.

En effet, le jugement d'immatriculation fait purge de tous les droits
réels antérieurs et aucune preuve n'est admissible à l'effet d'établir
l'existence d'un droit réel antérieur au jugement d'immatriculation
et qui n'y a pas été mentionné.

Telle est la situation de défaveur où le législateur a placé le propriétaire d'immeubles non immatriculés. Certains lui en ont fait
un grief, nous estimons au contraire cette législation satisfaisante.

Le législateur impose l'obligation de l'immatriculation à tout Européen qui reçoit un immeuble de l'État ou qui acquiert un immeuble
d'un indigène; or, tout Européen propriétaire d'un immeuble le
détient, lui ou son auteur, en vertu de l'une de ces deux origines
concession de la Colonie ou vente d'un indigène, on peut donc
admettre que tout Européen propriétaire d'un immeuble non imma-

triculé est en faute, lui ou son auteur. C'est donc à bon droit, ainsi que nous le disions précédemment, que le législateur voulant établir le nouveau régime a mis dans une situation de défaveur ceux qui ne s'y sont pas soumis.

VII. — CONCLUSION.

Tel est le nouveau régime foncier, dérivé de l'Act Torrens, établi à Madagascar par le décret du 16 juillet 1897. Essayons maintenant d'en apprécier la valeur. Il n'est pas douteux selon nous que ce nouveau régime soit infiniment supérieur à notre régime foncier métropolitain.

Toutefois, bien qu'il ait largement profité des précédentes applications qu'on ait faites aux Colonies françaises du système de l'Act Torrens, notamment du régime foncier tunisien, le régime foncier de Madagascar n'est pas sans défauts.

Nous avons signalé quelques-uns de ces défauts au cours de cette analyse, résumons ici nos observations.

Le reproche qui a été fait le plus souvent au décret foncier est l'insuffisance de la publicité qui précède l'immatriculation. Il arrive souvent, d'après certains critiques, que les intéressés et notamment les indigènes ne sont pas prévenus ou ne sont prévenus que trop tard d'une instance en immatriculation qui pourrait leur nuire.

Nous croyons qu'il y a dans ces critiques beaucoup d'exagérations. Il est possible, cependant, qu'il soit arrivé quelquefois que des indigènes n'aient pas fait opposition à des réquisitions d'immatriculation qui les dépossédaient. Mais il est injuste de rendre le décret foncier responsable de cette spoliation.

Il est en effet peu vraisemblable, si toutes les formalités exigées par la loi ont été légalement remplies par les fonctionnaires auxquels elles incombaient, que les intéressés aient ignoré la réquisition d'immatriculation. Si donc ils n'ont pas fait opposition c'est moins par ignorance que par crainte. Nous avons constaté nous-même dans la pratique certaines réquisitions d'immatriculation auxquelles il était inexplicable que des indigènes n'aient pas fait opposition s'ils avaient été informés de leurs droits et laissés

libres de les faire valoir [1]. Ces faits ne sont nullement imputables
au décret, mais seulement à la façon dont il est parfois appliqué.

D'ailleurs, dans ces cas, le juge ayant, même en l'absence d'opposition, un pouvoir discrétionnaire, peut rejeter l'immatriculation
demandée, ou se rendre sur les lieux et procéder lui-même à une
enquête.

Nous estimons naturellement que chaque fois qu'un doute de cet
ordre se présente, le juge ne doit pas hésiter à se rendre sur les
lieux, quels que soient les frais que son transport puisse entraîner.
Un autre reproche adressé au décret foncier nous semble plus exact.
L'immatriculation, bien que son prix ait été réduit, est encore une
procédure trop coûteuse surtout en ce qui concerne les immeubles
de faible valeur et ceux qui sont éloignés des sièges des Tribunaux.

Les frais de bornage et de levée de plan pourraient être sensiblement diminués.

Nous avons envers le décret des griefs plus sérieux puisqu'il
visent l'esprit même dont il est animé. En matière de réglementation foncière le législateur doit choisir entre deux systèmes : dont
l'un protège l'individu contre lui-même et entrave la circulation
immobilière, — l'immobilité de la propriété foncière dans les mêmes
familles étant considéré comme un principe social — et dont l'autre,
considérant la circulation des biens meubles ou immeubles comme
nécessaire à la prospérité générale, laisse au propriétaire foncier
sa pleine indépendance et partant sa pleine responsabilité.

Les auteurs du décret foncier de 1897 en adoptant ces derniers
principes n'ont pu se détacher complètement des traditions du
droit français. C'est pourquoi nous avons pu constater parfois des
hésitations, des timidités dans l'innovation qui enlèvent à l'œuvre
définitive son caractère d'unité.

---

1. C'est ainsi que dans une réquisition d'immatriculation faite pour le compte
d'une grande exploitation coloniale, un village entier avec ses cultures était
compris sur le terrain dont l'immatriculation était demandée. Le procès-verbal
de bornage constatait que « le représentant de l'administration n'avait pas cru
devoir faire un lotissement en faveur des indigènes ». — Il était évident que
ceux-ci n'avaient pas été informés de leur droit de s'opposer à l'immatriculation.
Cette spoliation est d'autant plus redoutable lorsqu'elle se produit que les
grandes compagnies concessionnaires de terrains immenses se bornent à prélever un tribut sur les indigènes ainsi dépossédés en droit, mais non en fait.
Ceux-ci croient payer un nouvel impôt. C'est l'exploitation de l'indigène substituée à celle de la Colonie.

Toutefois, il serait injuste selon nous d'attribuer à des hésitations de cet ordre le fait que le décret n'a pas rendu immédiatement et pour tous l'immatriculation obligatoire; il est peu probable que sur ce point tous les auteurs du décret n'aient pas été d'accord, mais des raisons budgétaires ont empêché cette réforme.

Le régime hypothécaire, ainsi que nous l'avons vu, n'a pas été à l'abri de ces hésitations. Des discussions s'étaient produites à ce sujet au sein de la commission chargée de rédiger le projet du décret; certains membres de cette commission avaient fait remarquer que la suppression des hypothèques générales et occultes portait une grave atteinte aux mesures de protection que la législation française avait établies au profit des incapables et de la femme mariée [1].

Toutefois sur ce point la logique du système l'emporta et on rejeta les hypothèques occultes.

Il n'en fut malheureusement pas de même en matière de privilège et nous avons vu que le décret avait laissé subsister certains privilèges incompatibles cependant avec l'économie du nouveau régime.

L'hypothèque sous seing privé qui est admise à Madagascar par la nouvelle législation est un progrès incontestable. L'obligation de contracter hypothèque par acte authentique était naturelle à une époque où l'engagement hypothécaire était un fait anormal, par lequel un individu engageait un capital acquis par ses ancêtres. C'était d'ordinaire le signe précurseur de la ruine.

Si l'on considère au contraire le contrat hypothécaire comme un acte normal de la vie économique, si surtout l'on admet que celui qui engage ainsi sa propriété est aussi celui qui l'a achetée et l'a mise en valeur — c'est-à-dire qui l'a créée au point de vue économique, on comprend que l'authenticité du contrat hypothécaire est un anachronisme.

Il y a lieu cependant de faire un grave reproche au décret de n'avoir pas exprimé plus formellement son intention de valider les hypothèques sous seing privé. Sur une question aussi importante

---

1. Procès-verbaux des séances de la Commission foncière instituée par arrêté du 29 juillet 1896, séance du 5 septembre 1896, discours de M. Sourd président de la Cour d'Appel.

que celle-là, jamais il n'aurait dû être possible à la jurisprudence d'avoir des hésitations.

Toutefois, si notre vœu est que les parties soient dispensées de faire des actes notariés, cette réforme ne doit pas être faite au profit des agents d'affaires, mais au profit des contractants eux-mêmes. Les législations anglaises ont imaginé sur ce point une création très pratique que nous regrettons de ne pas trouver dans le décret foncier. C'est la création des types de contrats immobiliers.

« Dans le but de faciliter les transactions, des formules imprimées de vente, de mortgage (hypothèque) et autres contrats seront mises à la disposition du public dans les bureaux des titres de propriété [1] ».

Au moyen de ces « passe-partout » toute personne pourvue d'une instruction moyenne peut sans peine remplir les formules dans la plupart des cas, sans avoir besoin de recourir aux offices d'un praticien.

Il est à souhaiter que, sans s'arrêter aux protestations desdits praticiens, on adopte à Madagascar une mesure aussi pratique.

Au sujet du régime hypothécaire il faut encore reprocher au décret la rapidité insuffisante de son système d'expropriation. Certes c'est un progrès considérable sur les lenteurs voulues de la saisie immobilière de la métropole. C'est encore insuffisant, trop de nullités sont encore possibles, trop de frais aussi sont nécessaires. On a si bien senti ce défaut dans la pratique qu'on a essayé de saisir comme meubles des maisons malgaches, les Tribunaux ont dû s'opposer à cette pratique.

Nous avons noté au cours de cette étude que le Conservateur donnait au public les renseignements qui lui étaient demandés au sujet des immeubles inscrits sur ses registres. Toutefois, aucun texte n'impose au Conservateur cette obligation et ce n'est que par une heureuse interprétation de l'esprit du décret que l'administration accorde ces renseignemets, il y a là sur ce point dans le décret une lacune regrettable que nous avons d'ailleurs déjà signalée.

Parmi les innovations des lois anglaises que nous regrettons pour Madagascar, l'une des plus intéressantes est la possibilité d'endosser l'hypothèque au profit d'un tiers — sous réserve toutefois que cet endossement soit transcrit sur les registres fonciers.

1. Projet de réglement immobilier pour la Colonie des « Straits Settlements ».

Dans l'une des séances de la commission chargée de préparer le projet on avait proposé de déclarer par un texte formel que l'hypothèque pourrait faire l'objet d'endossement et devenir ainsi d'un transfert aussi facile qu'un titre de rente nominatif. On a fait observer que, en France sous l'empire du Code Civil, la jurisprudence de la Cour de cassation admettait la cession de l'hypothèque par voie d'endossement en même temps que la créance dont elle dépend; qu'il suffisait pour cela de rédiger cette hypothèque en brevet et de la revêtir de la clause à ordre. Bien qu'à Madagascar, sans aucun texte spécial, cette cession soit actuellement possible — pourvu naturellement que chaque nouvel endossement soit soumis à la formalité d'inscription — on demandait sur ce point un texte spécial. La Commission chargée de rédiger le projet de décret avait rédigé un article sur ce point, il est regrettable qu'il ait été supprimé du texte définitif[1].

Louis HOLTZ.

[1]. Procès-verbaux de la commission foncière, séance du 26 février 1897, discours de M. Cahuzac.

LES « PAGES NORMANDES » D'ALBERT SOREL [1]

« Elle parle à tous les yeux, cette nature normande, colorée, mou-
rante, contrastée. Elle apparaît tour à tour riante, épanouie, mélancolique, douloureuse à l'automne, hérissée en hiver et peuplée de
fantômes... Nous autres, qui en recevons l'impression avec le premier souffle de la vie, elle nous prend tout enfants, et ne nous lâche
plus. *Ceux qui ne restent pas reviennent toujours !* » Albert Sorel écrit
ces lignes à propos d'un peintre, Eugène Boudin, honfleurais comme
lui. Il constate ce retour inévitable au sol natal des enfants qui l'ont
tant soit peu abandonné, le « retour à la terre ». Est-ce là un semblant de regret exprimé par celui dont l'existence entière fut consacrée aux fonctions publiques et à l'étude de l'histoire, à la France
toujours? Le collaborateur de M. de Chaudordy, à Tours et à
Bordeaux, le secrétaire général du Sénat, le professeur à l'École des
Sciences Politiques, l'historien de *l'Europe et la Révolution Française*
ne laissa jamais passer une année de sa vie, sans réserver quelques
semaines à son coin de Normandie; il n'eut donc pas à y revenir.
Depuis longtemps, il songeait, seule la mort a interrompu son rêve,
à donner le gage de sa fidélité et de son culte à la « petite patrie ».
De ce gage rêvé, la piété filiale vient de rassembler les éléments ;
les « *Pages Normandes* » demeureront le « petit livre » d'Albert Sorel.

Livre précieux : s'il apporte dans ses feuilles, tout imprégnées
d'aspirations terriennes, une éloquente contribution au prodigieux
essor des « littératures provinciales », il fera connaître un Albert
Sorel que l'on soupçonnait, mais que l'on ignorait encore. A revendiquer pour la province d'origine les Normands qui l'illustrèrent,
en les expliquant, eux et l'œuvre, par leurs attaches ancestrales,
Sorel s'analyse; par échappées, il se dévoile; et ces pages fami-
lières de magnifique poésie révèlent, une fois de plus, l'ardeur

1. Vol. in-8, Paris, Plon. 1908.

de ce patriotisme qui constitue la base morale de son œuvre historique.

*
* *

« La Normandie où le poète promène ses rêves ! » Albert Sorel la dépeint et la chante « ... terre des étés lumineux et rafraîchis, du printemps où roulent les rafales, des automnes noyés de pluie, des hivers bouleversés par les ouragans... » ; mais il y a aussi la Normandie paysanne, industrielle et productive, et la Normandie, terre de gloire et d'aventures ; pays très différencié par l'aspect des lieux, mais homogène par le type social, le type physique même de sa race, si particulier qu'en ces régions de langue d'oïl, où toutes provinces cousinent, Normandie et Normands tranchent sur l'ensemble de la grande famille. « Le centre latin a rayonné à toutes les extrémités..., c'est une contrée qui ne ressemble pas aux autres..., terre grasse, opulente et féconde... *Normannia nutrix!* »

C'est la patrie des Normands, des grands Normands! Elle a vu naître Corneille et Flaubert, à Rouen ; Maupassant à Miromesnil, près de Dieppe ; Malherbe à Caen ; Eugène Boudin, à Honfleur ; Le Play, à la Rivière Saint-Sauveur, « tout près de Honfleur »... Le lieu de naissance est un premier titre : le sang en est un autre. Corneille, lui, présente cette double noblesse ; Flaubert est Normand par sa mère, née au pays d'Auge, élevée à Honfleur, et par sa grand'mère, une Cambremer de Croix-Mare, nom qui sonne étrangement la basse Normandie ; la mère de Maupassant est Normande et la famille est établie dans le pays depuis le milieu du xviiie siècle... Ainsi, des autres, et de tous.

La terre..., la naissance... Mais Corneille ne serait pas le chef de nom et d'armes reconnu par la Normandie intellectuelle, s'il n'avait su fonder sur des impressions, recueillies dans l'entourage de toute sa vie, l'image des femmes de son pays : dans *Polyeucte*, Pauline, la femme Normande.

S'agit-il de sauver des ruines une maisonnette et quelques arbres? C'est l'humble toit, ombragé de tilleuls, du pavillon de Croisset, où Flaubert enfanta ses chefs-d'œuvre ; et le plaidoyer est superbe qui réclame pour la Normandie « artiste et inquiète », Félicité, la fille au cœur simple ; Homais, « que le suffrage universel nous envie », et Emma Bovary, Normande ayant doublé « l'étape », la fleur « empoisonnée par tous les venins du siècle..., mais la fleur du territoire normand », et cueillie par Flaubert sur « les décombres de ses rêves ». Et Maupassant! ses *Romans* et ses *Contes*; n'est-ce pas toute la Normandie? et ce style d'un classicisme définitif. instrument du plus précis des observateurs, et du plus lyrique des poètes..! Le contraste secret de son âme, n'est-ce pas le secret même de l'âme normande? « La même terre alimente le paysan qui la féconde, l'ouvrier qui en transforme les produits, le négociant qui en trafique, le marin qui les exporte, le colon qui tâche d'ouvrir des débouchés..., des savants, des écrivains, des artistes qui, tournant aux aventures et conquêtes de la pensée l'énergie natale, créent de la beauté... et dressent leur monument! »

.*.

De ceux-ci, Albert Sorel. Comme ses aînés, il est de la « terre »; comme eux, il a du sang, un passé familial qui l'enracine très profondément, par atavisme paternel et maternel, aux rives de l' « estuaire ». Et c'est l'hérédité. « Mon père, homme de grand sens et de grande expérience, qui avait fait sa carrière dans l'industrie et le commerce, très fin observateur des affaires..., méfiant de lui-même et embarrassé trop aisément par le bavardage et l'aplomb des raisonneurs... ». L'observation,.l'audace dans l'entreprise, l'activité, la ténacité, le bon sens seront l'héritage paternel. Mais le legs des ancêtres, « la couvée sourde des rêves lointains, l'étrange écho du passé, l'appétit d'aventures..., la poésie native qui se réveille soudainement au choc des passions... », tous les enthousiasmes seront tempérés par la raison, l'équilibre, la droiture, l'intelligence de la vie et l'intelligence de soi-même : ce sont les qualités maternelles.

De sa mère, Albert Sorel ne nous dit rien expressément; mais qu'il trace le portrait de Pauline [1], celui de la mère de Flaubert, ou de toute autre Normande, l'on devine sa sollicitude à l'égard de celle qu'il devait appeler, comme Corneille, « son plus cher souci ». La femme normande, nous nous la représentons « grave, au profil altier, de belles manières et de haute réserve..., vaillante, saine,

---

1. « Pauline, c'est ma mère! » aurait dit Sorel, à ses derniers moments. Cf. la notice de M. Georges Picot, sur la vie et les travaux de M. Albert Sorel.

sensée, entreprenante..., belle en toute modestie et pudeur et digne d'être aimée..., aimante aussi, elle est née pour des temps apaisés et e bonheur ordonné ; elle redoute les orages et plus que tous les autres les orages du cœur, l'inquiétude sur l'amour, l'anxiété sur le devoir. Nul étalage de sentiments et de ses troubles intimes : point de tourbillons, ni de vapeurs, comme on disait; point de nerfs, ni de neurasthénie, comme nous disons... elle est la santé même. Viennent les épreuves, les heures où il faut prendre parti de sa vie même, elle sera prête..., c'est la femme forte, affectionnée, la mère, qui porte, où qu'elle aille, ce qu'il y a de plus solide en France, le foyer, dont la flamme ne s'éteint pas. » Sans doute, c'est Pauline, c'est Virginie, c'est Charlotte Corday, mais c'est aussi la Française de France, quelle que soit sa province d'origine, Berri, Champagne ou Lorraine; « ... on ne fait pas, sur cet article, aux Françaises la part qui leur revient. »

La Bruyère eût écrit : « ... Il est Normand de tout son être, par le contraste de ses traits nobles et rudes, et par la complexité de son âme, profonde et repliée : par ses yeux pleins de lumière, que l'on devine facilement humides, que l'on sent doux et dominateurs, sous le front haut, grave, fier, et l'arc broussailleux des sourcils; par son nez proéminent, busqué, entreprenant, excessif; par son sourire contenu, nuancé de tristesse et d'ironie ; par son génie qui perce au sublime, d'un coup d'aile... »

Est-ce Corneille? est-ce Sorel? M. Donnay[1] retourne à l'historien le portrait du poète; et la confusion, certes, est permise.

Normand de race, Sorel, reconnaît, chez ses aînés, l'inspiration du terroir et à ce titre, les voue à la gratitude de la « petite patrie »; à ce titre aussi, la Normandie peut réclamer pour son Panthéon l'auteur des *Pages Normandes*. C'est le tribut payé à sa province d'origine; à Honfleur, son berceau; à la campagne normande qu'il admire en artiste et décrit en amoureux.

Normand, il l'est aussi, « par l'inquiétude de son esprit raisonneur et méticuleux...

J'épiloguais mes passions... »

---

1. Académie Française, séance du 19 décembre 1907 : discours de M. Maurice Donnay prenant place au fauteuil de M. Albert Sorel.

Une voix autorisée [1] a dit récemment comment l'historien est né
du poète, et après quelles luttes intérieures. Nous retrouvons dans
les *Pages Normandes* mainte trace de cette inquiétude native, produit du sol, semble dire Sorel. C'est tantôt «·le brouillard du Nord
que Flaubert a respiré de sa naissance », tantôt « le ciel qui travaille en grisaille », ou encore « la mer avec ses déconcertantes
allures, ses surprises, ses infidélités, ses perfidies..., la mer bitu-
meuse ». Ces images en demi-teinte et en camaïeu ne reflètent-elles
pas les « tressaillements que causent à ceux qui les portent les
grandes œuvres futures » (il le dit de Flaubert), ou les « réveils en
sursaut de l'autre âme que chacun porte en soi » (il le dit de Maupassant); et, n'est-il pas permis de penser à Sorel quand il écrit,
après avoir lu la *Correspondance* où Flaubert exhale ses enthousiasmes, ses émotions et ses doutes : « Combien de jeunes hommes
inconnus, aux déceptions muettes... sont restés impuissants... à se
délivrer de leurs inquiétudes..., étouffés par le poète qui couvait en
eux et qui ne pouvait naître à la vie ! »

M. Paul Bourget cherche les raisons de cette inquiétude; il la
trouve dans les événements de 1870-71 : Sorel les suivait au jour
le jour dans les dépêches officielles; la guerre terminée et la paix
signée, il voulut s'associer au relèvement moral du pays; il réfréna
son imagination qui allait se donner libre carrière et tourna bride
pour devenir historien, alors qu'il était parti pour être romancier.

*
* *

Ses *Romans* (il fait de ses héros des Normands et l'action se
déroule en Normandie) auront été le premier hommage rendu à
sa province, comme les *Pages Normandes* auront marqué pour lui,
« au grand exode de l'été, le moment du retour au port d'attache,
le moment d'*atterrir*... » La richesse des descriptions et des images,
l'analyse des caractères, la progression de l'intrigue et la perfection du style faisaient prévoir des chefs-d'œuvre à la Balzac, que
le chef-d'œuvre d'histoire permet de ne pas regretter. Disciple
direct de Flaubert, Sorel eût été le frère aîné de Maupassant.

1. Académie Française, séance du 19 décembre 1907 : discours de M. Paul
Bourget répondant à M. M. Donnay.

Ces premières œuvres littéraires ont un cadre historique; dans le *Docteur Egra*, ce sont les années troubles de 1848 et de 1849; la *Grande Falaise* embrasse toute la Révolution, et pose ainsi comme le premier jalon de *l'Europe et la Révolution*. Composés avant la guerre [1], les romans annoncent l'historien, comme les *Pages Normandes*, écrites dans les dernières années de sa vie, le rappellent : lisez le tableau du xviie siècle, dans le *Discours sur Corneille*, synthèse plus magnifique existe-t-elle? Un autre lien marquera encore l'unité de l'œuvre : l'étude constante de l'âme humaine. Entre l'analyse de caractères de ses héros imaginaires, dans les livres de début, et celle de l' « état d'âme » de Corneille, de Flaubert et de Maupassant, pour ne citer que les pages principales de son livre posthume, le philosophe qu'était Albert Sorel ne s'est-il pas révélé dans les biographies si profondément fouillées de *Montesquieu* et de *Madame de Staël*; et n'a-t-il pas animé sa galerie de la Révolution et de l'Empire, de portraits, crayonnés à la Saint-Simon, psychologie de l'individu, au milieu des tableaux, brossés à la Michelet, psychologie des foules?

Pour rendre cette foule sensible à nos yeux (« il voudrait faire sentir presque matériellement les choses qu'il reproduit »), il emploiera toujours la même image qui revient souvent dans *l'Europe et la Révolution* : la Mer, l'Océan. Il a la hantise de la foule, et de sa houle.

> Homme libre, toujours tu chériras la mer...

Les *Pages Normandes* nous le montrent sans cesse repris par « l'attrait enveloppant de ce grand mystère des eaux qui montent... par l'océan qui envahit la terre ». Lisez les *Notes et Souvenirs, les Paysages*; à toutes les pages, c'est la Normandie maritime qui fournit à Sorel ses plus belles images; c'est aussi celle-là qui lui est la plus chère et pour laquelle il continue à revendiquer les aïeux, « les chevaliers errants de la mer en qui bouillonne le sang des corsaires..., Guillaume le Conquérant, Robert Guiscard..., les compagnons de Tancrède et de Simon de Montfort... »; Champlain qui

---

1. La *Grande Falaise* et le *Docteur Egra* furent écrits en 1868 et 1869; ils ne parurent en librairie qu'en 1872 et 1873.

s'embarque à Honfleur pour conquérir le Canada; Eugène Boudin, le peintre d' « Amphytrite Normande »; le droit de cité ne peut être refusé à l'auteur des *Trophées*, enfant de Normandie par attaches maternelles et dont l'aïeul, Conquistador, eut l'âme d'un Wiking! Tous les génies..., toutes les gloires...! Peut-être même jalouse-t-il secrètement la géographie qui veut que le « Grand-Bé » soit battu par la mer bretonne, et que la Corse ne flotte pas aux bouches de la Seine! Quelle joie Sorel ne dut-il pas ressentir le jour où, scrutant une carte de cette Nouvelle-France, fondée par des marins, partis de « chez lui », il s'aperçut que là-bas, une ville, à quelques lieues de Québec, portait son nom...!

« La Normandie, je ne la prends pas, c'est elle qui m'a pris. » Il la prend quand même et y rattache tous ceux qui l'ont glorifiée, habitée ou traversée. Guizot a été député du Calvados; il est un Normand d'*élection*; et aussi Puvis de Chavannes : « son *Pauvre Pêcheur* est de chez nous », et Sauvage, qui « essaya dans nos bassins la première hélice ». Il ne louera jamais assez Ruskin d'avoir écrit : «...il y a eu, en somme, trois centres de la jeunesse de ma vie : *Rouen*, Genève et Pise... » Rouen! « Que je lui sais gré d'avoir transplanté dans notre France de l'ouest l'insigne du pèlerinage de beauté... »; dans la Normandie, « chef-d'œuvre de paysage », la cathédrale, « chef-d'œuvre de pierre »!

Sorel s'empresse d'ajouter : « Nous ne réclamons que la part d'héritage de là petite patrie... ; nous l'aimons tous à notre façon; mais nous n'avons qu'une façon d'aimer la grande ». Ainsi, pour Corneille, par exemple; si l'on s'apprête à fêter le troisième centenaire de sa naissance, ce doit être pour nous « l'occasion de rappeler la France à soi-même, en son plus glorieux passé ». « La petite patrie, c'est le beau point de vue d'où nous apprenons à nos enfants à regarder la France. » Prenez les *Pages Normandes*; ce *leit motiv* du patriotisme le plus fervent, harmonisant dans une superbe unité la vie et l'œuvre d'Albert Sorel, fait vibrer sous vos yeux les feuillets de son livre d'*Outre-Tombe.*

MAURICE ESCOFFIER.

CHRONIQUE DES QUESTIONS INDUSTRIELLES

(1907)

Les paquebots géants modernes et leurs conditions de réalisation comme de fonctionnement. La vitesse atteinte et la comparaison avec le passé ; le prix de cette vitesse et le coût des grands transatlantiques. Les perfectionnements apportés à la coque des navires et les aciers nouveaux. L'augmentation de puissance des machines et son peu d'importance relative par rapport aux résultats assurés : la faible consommation des engins modernes, les progrès accomplis. L'exploitation économique des bateaux les plus coûteux, et le bon rendement pécuniaire des récents Cunarders. — La question de la force motrice au point de vue général, et les dilapidations de combustible dans la machine à vapeur la plus perfectionnée ; le rendement pratique et le rendement théorique d'un kilo de charbon. Les améliorations diverses poursuivies en vue d'une économie de combustible ; chaudières tubulaires, alimentation automatique, tirage artificiel, surchauffe, etc. Le moteur à gaz et le gaz pauvre ; rendement bien supérieur avec facilité de conduite. Les moteurs à gaz de grande puissance. — Une économie nouvelle en métallurgie par utilisation d'un sous-produit : les gaz perdus des hauts-fourneaux et des fours à coke ; leur emploi direct pour la production de la force. Un combustible qui ne coûte rien. — L'allègement des moteurs automobiles ; les machines extra-légères appliquées aux ballons et aux aéroplanes. — Les nouveaux métaux, succédanés du cuivre, du zinc et de l'étain ; l'utilisation réelle de l'aluminium principalement sous forme d'alliages et les services qu'ils rendent.

Dans une chronique antérieure, nous avons eu l'occasion de montrer la supériorité de la turbine à vapeur sur la machine classique à pistons, et nous avions laissé entendre les services rares qu'elle était susceptible de rendre en matière de navigation ; aujourd'hui la démonstration de ses avantages est faite, et sur des proportions gigantesques, qui avaient fait craindre un échec, gigantesque lui-même, par ceux qui n'avaient pas confiance dans cet engin méca-

nique. Les deux plus grands transatlantiques que le monde possède
à l'heure actuelle ont été dotés de ce mécanisme propulseur, qui a
donné tout ce qu'on pouvait attendre. Mais si, sans la turbine, la réalisation du *Lusitania* et du *Mauretania* étaient impossibles, par suite
de l'impossibilité même où l'on aurait été de. loger, dans une coque
pourtant de près de 240 mètres de long, des machines alternatives
encombrantes donnant la puissance de 68.000 chevaux nécessaire
pour atteindre la vitesse désirée; il faut bien reconnaître aussi que
cet admirable résultat est dû également à d'autres progrès industriels
et techniques : bon rendement des chaudières, résistance exceptionnelle du métal formant la coque et lui assurant légèreté en même
temps que rigidité. C'est donc bien le moins que l'on considère dans
leur ensemble des navires comme les deux paquebots gigantesques
de la C^le Cunard, afin de se rendre compte de la façon dont ils sont établis, dont ils effectuent ces traversées à toute vitesse qui sont leur raison
d'être. Et comme, en matière industrielle, le prix de revient est ce
qu'il faut considérer avant tout; que, en particulier pour les Cunarders, il serait absolument irrationnel de vanter de semblables instruments de transport s'ils ne devaient pas « rapporter », fonctionner
avec bénéfices, s'ils étaient réellement obligés de compter sur le
versement de subventions de la part du pays désireux de voir flotter
son pavillon sur les transatlantiques les plus rapides du monde;
nous rechercherons ce qu'il en est du fonctionnement économique
des bateaux modernes à très grande vitesse.

Au moment où le *Lusitania* a fait ses premières traversées, certaines personnes avaient commencé de se réjouir, en constatant qu'il
s'était tenu à 23 nœuds d'allure : elles y voyaient la preuve manifeste
de l'infériorité de la turbine sur la machine alternative; mais leur
triomphe a été de peu de durée. Volontairement, et pour mettre au
point les machines, les armateurs n'avaient fait d'abord donner
celles-ci que pour les 3/4 environ de leur puissance; et peu à peu, on
a vu la vitesse moyenne augmenter, jusqu'au jour où la traversée
s'est faite en quatre jours et douze heures, et où l'on a atteint et
dépassé cette vitesse de 25 nœuds pour laquelle avaient été étudiés
navire et machines. Pour se rendre compte de ce que représentent
cette vitesse et cette durée de traversée, il faut jeter rapidement un
coup d'œil en arrière : se rappeler par exemple que, en 1856, le
Persia avait excité l'étonnement dans les milieux maritimes en traversant l'Atlantique en neuf jours une heure, ce qui constituait en
effet un progrès surprenant par rapport aux quatorze jours du *Bri-*

tannia de 1840. En 1866, on était parvenu, avec le *Scotia*, à abaisser la durée du voyage à huit jours deux heures ; à six jours dix-huit heures en 1882 avec l'*Alaska* ; à cinq jours douze heures en 1882 avec le *City of Paris*. Tout naturellement l'abréviation relative diminuait au fur et à mesure que l'on atteignait des allures plus rapides en elles-mêmes, car il est fort malaisé de gagner quelques heures sur un horaire aussi tendu que celui des transatlantiques modernes. Cela n'empêche que, en sept années seulement, de 1900 à 1907, on a porté l'allure moyenne de 23 1/2 nœuds à 25 ; et un des nouveaux navires de la Cⁱᵉ Cunard arrive à franchir dans sa journée une distance de plus de 620 milles marins (1.150 km.), alors que les plus puissants, les mieux construits des transatlantiques allemands (qui constituaient jusqu'ici le prototype de la perfection) n'ont pas franchi plus de 583 milles dans ce même temps. Sans doute le *Kaiser Wilhelm II* a pu, dans une certaine circonstance, dépasser l'allure de 24 nœuds, mais ce ne fut qu'exceptionnel ; et de plus en plus on prétend exiger des navires, surtout postaux et à passagers, une régularité comparable à celle des convois de chemins de fer.

C'est pour arriver à ce résultat qu'on a dû donner aux deux nouveaux transatlantiques de 1907 cette longeur de 240 mètres au total qui leur fait mériter le qualificatif de gigantesques ; c'est pour cela qu'ils présentent un tirant d'eau de 10 m. 21, un déplacement ou poids de 38.500 tonnes, fait du poids de leur coque ou de leurs aménagements intérieurs, de leurs chaudières, machines ; pour cela qu'il a été nécessaire de les doter de chaudières et de machines répondant à la puissance indiquée plus haut de 68.000 chevaux. On ne s'étonnera pas ensuite si le coût unitaire d'un navire de ce genre atteint un total énorme, qui est bien entendu dû en partie aux aménagements de détail, aux installations luxueuses exigées à notre époque par les voyageurs, mais qui est aussi en grande partie le résultat des conditions et des proportions dans lesquelles on doit établir la coque et la machinerie propulsive. Ce prix est naturellement à considérer presque en premier lieu dans le budget d'exploitation, dans l'établissement des recettes nettes d'un navire de ce genre ; et c'est pour cela que nous donnerons un ou deux chiffres rapides à cet égard.

Si nous voulions simplement procéder par relations, et non en données absolues, nous verrions que, rien que pour porter la vitesse de marche de 16 à 20 nœuds, il a fallu doubler le prix de construction des transatlantiques ; pour passer ensuite de 20 à 23 nœuds ou un peu plus,

le coût se trouva multiplié par 3 3/4; et pour deux navires analogues
filant respectivement 16 ou 25 nœuds, le prix serait dans la proportion
de 1/6. Le fait est que le *Lusitania*, par exemple, revient à plus de
31 millions de francs, alors que le coût du *Lucania*, de 1893, ne ressortait qu'à un peu plus de 15 millions; le *Kaiser Wilhelm II* lui-
même, malgré ses brillants états de service, ne coûta pas plus de
23.200.000 fr. Que l'on comprenne du reste le sens de ces mots de
« pas plus », que nous venons d'employer : ils sont justifiés par la
différence relativement faible qu'il y a entre les allures du fameux
transatlantique allemand et des nouveaux bateaux anglais. Du reste,
par contre, il est curieux de songer que, en 1874 encore, le coût du
plus grand transatlantique ne dépassait point 5 millions, et que le
chiffre correspondant en 1889 se limitait à 10 millions.

La coque d'un navire de 240 mètres auquel on veut donner une
sécurité pour ainsi dire absolue, en y multipliant les compartiments,
les doubles fonds, toutes ces dispositions de sécurité dont nous
avons parlé dans une autre chronique, nécessite naturellement
l'emploi d'un poids de métal considérable; et sa mise en œuvre, la
pose d'innombrables rivets dans des conditions de solidité aussi
parfaites que possible, l'achat premier du métal (en dépit de l'abaissement considérable des frais de fabrication des meilleurs aciers),
entraînent des dépenses énormes. Sans doute, on a pu apporter
d'heureuses transformations dans les anciens procédés de construction; en ce sens notamment qu'on se sert d'acier présentant
une résistance de 50 p. 100 plus grande que celle des anciennes tôles
de fer; autrefois le poids de la coque représentait bien la moitié du
déplacement total, alors qu'aujourd'hui, avec l'énorme poids mort
que représentent les luxueuses installations destinées aux passagers,
c'est à peine si le poids propre du navire correspond à cette même
proportion. Et d'ailleurs, si nous en croyons des autorités comme
M. Francis Elgar; si nous songeons que la construction du célèbre
Great Eastern était (avec des éléments en fer) bien plus légère que
celle de nos grands paquebots; si nous nous rappelons également
que ce *Great Eastern* a fait vaillamment ses preuves de résistance,
notamment dans la pose d'un câble sous-marin; nous pouvons
espérer une simplification nouvelle dans la coque des transatlantiques, sans que cette simplification (qui se traduirait par une économie sur le prix de premier établissement et sur le poids mort)
puisse nuire à la sécurité de la navigation. Quoi qu'il en soit, on a
fait appel, dans la construction de la coque des *Cunarders*, à ces

aciers spéciaux à haute résistance qu'on utilise de plus en plus dans tous les mécanismes ou les constructions métalliques appelés à supporter des efforts très élevés : ce sont les aciers à haute teneur en carbone, les aciers au silicium, qui permettent de donner aux pièces dont on les compose des épaisseurs et des poids très sensiblement moindres. L'assemblage de toutes ces tôles a été fait au moyen de rivets appliqués à l'aide d'appareils hydrauliques sûrs, et ces rivets n'ont pas été au nombre de moins de 4 millions. Ajoutons que, d'une manière générale, l'usage des aciers dits spéciaux a permis de réduire de 10 p. 0/0 le poids de la coque, par rapport à ce qu'il aurait été avec des aciers ordinaires.

Mais le second chapitre de dépenses sur lequel nous devons insister est celui de la machinerie. On a eu l'occasion de le répéter bien des fois, depuis plusieurs années que les compagnies de navigation diverses font assaut de vitesse : pour obtenir une augmentation assez modeste dans l'allure, on est forcé de faire croître démesurément la puissance motrice; et, sans rappeler les formules, nous pouvons fournir quelques chiffres rapides et éloquents en cette matière. En 1840, on se contentait de munir les transatlantiques d'une machinerie correspondant à une puissance de 0,34 cheval-vapeur indiqué par tonne de déplacement. En 1880, on n'avait pas abordé vraiment les vitesses très accélérées, celles qui imposent un taux d'accroissement pour ainsi dire vertigineux dans la puissance de la machine motrice : néanmoins, la force indiquée par tonneau de déplacement ressortait à deux fois plus à peu près qu'en 1840. En 1890, ce coefficient (aisément compréhensible, pour peu qu'on se rappelle que le déplacement, c'est le poids du navire, et que le cheval-vapeur est l'unité de mesure de la puissance des moteurs à vapeur) atteint déjà 1,42; il s'élève à 1,69 en 1900, et enfin à 1,76 en 1907. C'est-à-dire que, pour un même poids à déplacer sur mer (à une allure très différente, naturellement), il faut installer dans la coque une puissance motrice au moins 5 fois plus considérable à notre époque qu'il y a un peu plus d'une soixantaine d'années.

Et pourtant, si énorme que paraisse cette différence, elle est infime par rapport à ce qu'elle aurait dû être, si précisément on n'avait pas bénéficié de ces admirables perfectionnements techniques et industriels dont les *Cunarders* nous présentent la plus récente, nous ne disons pas la dernière manifestation. On vient en effet parler des consommations formidables de charbon de ces transatlantiques modernes; mais il ne faut pas s'en tenir aux chiffres absolus; on doit bien mettre en lumière les progrès acquis. Sans doute on peut nous dire, et en ayant raison au point de vue des quantités absolues, encore une fois, que le *Britannia* de 1840 ne consommait que 570 tonnes de houille, dans une traversée qui durait pourtant si longtemps; alors que le *Lusitania* en brûle 5.000 tonnes, pour un voyage de beaucoup moins de 5 jours; le *Campania* lui-même, transatlantique qui circule toujours en traversant l'Atlantique à une belle allure, n'en réclame que 2.900 tonnes. On pourrait répondre tout de suite à cela que cette augmentation considérable de dépense correspond à une économie précieuse sur le temps passé par les passagers dans leur traversée; il est indispensable de ne point perdre de vue que les moyens de transport peuvent demander à leur clientèle une rémunération rapidement croissante, au fur et à mesure qu'ils assurent leurs déplacements à une vitesse plus grande. Mais, étant admise cette nécessité de vitesse réclamée par le voyageur, autant d'ailleurs que l'obligation de développer étrangement la puissance des machines, si l'on veut qu'elles répondent aux besoins d'accélération de la marche; on doit au contraire s'émerveiller que l'engin propulseur de 68.000 chevaux d'un *Lusitania* ne brûle que 5.000 tonnes de houille, pour développer, près de 5 jours durant, une puissance représentant 95 fois celle du *Britannia*; toutes choses considérées, le travail effectué par la machine moderne est 30 fois plus considérable que celui de l'engin de 1840, et pourtant la consommation de combustible n'est pas plus de 9 fois ce qu'elle était à bord du *Britannia*. Les chiffres que nous avons donnés permettraient de faire des comparaisons analogues pour d'autres navires. Si nous les traduisons toutes en relevés un peu plus synthétiques, nous dirons qu'actuellement on ne brûle pas même 5 kilos par chaque poids de 100 tonnes transporté à 100 milles marins de distance, sous la forme de ces immenses transatlantiques modernes; le chiffre correspondant était de près de 10 kilos en 1840, de 8 et plus en 1860, et encore de 5,4 kilos hier même, avec les magnifiques navires allemands, qui avaient ce désavantage de ne pas profiter des nouveaux progrès industriels, particulièrement de la turbine à vapeur. Si nous nous placions à un autre point de vue, nous verrions que le cheval-vapeur réclamait comme aliment, pour fonctionner durant une heure, en 1840, 2,25 kgs; il se contentait de 1,72 kgs en 1860; on avait réussi à le nourrir en 1893 avec 725 grammes; et maintenant on l'a mis à une ration encore plus économique, en ne lui accordan t que 650 grammes. Et à une époque où le combustible coûte cher, où l'on doit bien plus que jadis songer à sa raréfaction, on comprend quelle importance prend ce progrès technique.

Si intéressante que soit cette question, nous ne pouvons ambitionner ici de montrer, même sommairement, tous les perfectionnements grâce auxquels cette économie, ce meilleur rendement du moteur à vapeur a été obtenu. A coup sûr n'avons-nous rien à dire de la turbine, puisque nous en avons parlé il y a peu de temps. Nous ne devons pas du reste être ingrats envers la machine alternative, qui a donné ce *Kaiser Wilhelm II*, par exemple, où tant de progrès étaient déjà réalisés. Nous ne pouvons pas omettre (pour expliquer cette amélioration graduelle du rendement et de la consommation des machines) de rappeler ce principe de la machine à pistons et compound, où l'on est arrivé à pratiquer l'expansion quadruple, c'est-à-dire une utilisation de la vapeur bien autrement effective que dans la machine à simple expansion. Dans la construction de ces moteurs à triple ou quadruple expansion, on a, comme de juste, tiré le parti le plus heureux des qualités de résistance nouvelles qu'offraient les métaux fabriqués par la métallurgie nouvelle elle-même ; et ce n'était pas seulement sous la forme d'allégements possibles des machines, qui, dès lors, alourdissaient moins le navire de leur poids mort. On a pu fabriquer des cylindres offrant des dimensions énormes, jusqu'à 2,85 m. de diamètre. On ne craignait pas d'autre part d'animer les mécanismes, en particulier les pistons, d'une vitesse formidable, assurant un meilleur rendement : couramment des pistons se déplacent, sans danger de fracture, à 200 et 300 mètres à la minute. D'autre part, le nombre de tours faits par un organe atteindra et dépassera facilement 100 et 120 à la minute, alors que jadis on se limitait à 50. Nous ne parlerons pas du tirage forcé, amenant au charbon dans les foyers la quantité d'air convenable pour assurer sa bonne combustion. Mais il va presque sans dire que la résistance des métaux nouveaux a permis l'usage des pressions de vapeur élevées, qui contribuent si puissamment à ce qu'on tire le meilleur parti de la puissance théorique qui se trouve dans le morceau de charbon : et cela pour la turbine tout comme pour la machine alternative, et pour la chaudière, qui fournit aux deux appareils le fluide moteur. En 1880, on s'arrêtait timidement à des pressions de 7 kilos, alors qu'à bord des *Cunarders* on pratique une pression de 14 kilos, qui n'est nullement le maximum possible.

On arrive donc à conclure que ces bateaux pour lesquels on dépense, sans paraître compter, les millions, sont établis sur des bases tout à fait économiques. Et si l'on se rappelle ce que nous avons dit tout à l'heure du prix de la vitesse; si l'on veut bien songer qu'en fait les passagers de première classe (nous ne parlons pas des occupants des cabines de luxe, qui acceptent les tarifs les plus fantastiques) consentent parfaitement à payer sur le pied de 0,40 franc par mille parcouru; si l'on sait également que, depuis quelques années les prix ont considérablement augmenté, sans que pourtant les passagers cessent de se présenter en nombre continuellement croissant; on ne s'étonnera plus que ces entreprises de navigation payent parfaitement, en dépit des affirmations plus ou moins intéressées; et particulièrement de celles qui ont amené le Gouvernement anglais à faire des avances pécuniaires, à promettre une sorte de garantie à la Cⁱᵉ Cunard pour la mise en service de ces *Cunarders* qu'on n'a voulu présenter que comme une satisfaction, ruineuse, offerte à l'amour-propre anglais. Le journal technique anglais *Engineering*, qui fait autorité, l'a parfaitement indiqué : le rendement par mètre carré de pont est sensiblement le même pour les derniers paquebots mis à flot que pour ceux qui ont fait leurs preuves de bonne exploitation financière; « l'earning power », comme il dit, par tonne de déplacement, s'est maintenu au même chiffre. Au surplus, une feuille spéciale du monde anglais a établi récemment le budget des recettes et dépenses du *Lusitania*; et elle a abouti à des conclusions rassurantes. Pour un voyage aller et retour, elle est arrivée à une dépense totale de moins de 450.000 francs, comprenant 28.000 francs pour l'intérêt du capital, 51.000 environ pour l'amortissement, 30.000 pour l'assurance, 125.000 pour le charbon, etc. Et les recettes atteignent plus de 780.000 francs. Il est vrai qu'il y est fait état de près de 59.000 francs de subvention; mais on pourrait la faire disparaître complètement, sans que l'exploitation d'un géant de cette sorte, à allure extraordinairement rapide, devînt une folie pour la Cⁱᵉ de navigation qui la tenterait avec ses propres moyens. Les économistes y trouveront une nouvelle preuve de l'inutilité d'une subvention d'État; les techniciens se réjouiront de voir semblable démonstration des admirables progrès de la technique moderne. Encore est-il probable que ces progrès continueront, et nous réservent de nouvelles surprises.

On pourrait presque dire que tout se résume en questions de force motrice, dans notre industrie moderne, où la machine est l'instrument essentiel de la production, et où tout demande à être actionné mécaniquement, si l'on veut produire à bon marché. Et c'est pour cela qu'il est indispensable de suivre la question des moteurs à un point de vue plus général que la navigation ; les résultats acquis pouvant s'appliquer un peu partout, et étant susceptibles quelque jour d'entraîner une transformation considérable dans la locomotion sur rails. Or, nous avons laissé entendre tout à l'heure l'économie à laquelle on était arrivé dans l'alimentation des machines marines, au point de vue de la combustion du charbon. Il va de soi que des résultats, des économies tout analogues ont été réalisés dans les machines installées à terre. Mais ces consommations relativement faibles ne sont possibles que pour de grosses unités, là où tout est organisé au mieux ; dans les moteurs à vapeur de faible puissance, la consommation par cheval-vapeur durant une heure dépasse constamment un kilo, quand ce n'est pas 2 ou davantage. Au surplus, ce dont on ne se rend pas assez compte, c'est que la machine même de grande puissance, dont nous sommes si fiers, quand nous ne la voyons brûler que 650 grammes de houille par cheval-heure, ne s'en livre pas moins à une dilapidation terrible de combustible ; elle ne tire que bien faiblement parti de la puissance virtuelle contenue dans le morceau de charbon que dévore sa chaudière. Théoriquement, si l'on pouvait transformer la chaleur en mouvement sans passer par l'intermédiaire d'une chaudière et d'une machine utilisant la vapeur, il suffirait d'un kilo de charbon pour donner près de 11 chevaux durant une heure ; autrement dit 90 grammes fourniraient ce cheval-heure pour lequel pratiquement nous consommons 650 grammes, quand ce n'est pas bien plus d'un kilo, dans nos installations motrices. Cette chaleur, ces calories qui représentent du mouvement possible, il s'en perd de tous côtés : rien que dans les gaz chauds qui s'échappent du foyer de la chaudière, ou par le rayonnement des parois de cette chaudière, il s'en échappe souvent 30 p. 0/0 ; et il ne faut pas croire ensuite que les 70 p. 0/0 vont se retrouver sur le volant que fait tourner le piston : les frottements et mille autres causes en dissipent une quantité qu'on peut qualifier de fantastique. Ce sera une

machine exceptionnelle que celle dont le rendement sera de
15 p. 0/0, qui rendra en mouvement utilisable les 15 p. 0/0 de
cette puissance contenue virtuellement dans le combustible brûlé.
Et combien de moteurs à vapeur fonctionnant dans une foule
d'usines plus ou moins bien organisées, surtout pour des dimensions
modestes, ont un rendement qui tombe à 7, à 6 p. 0/0! La dilapidation est telle que, même en présence de ces turbines à vapeur
qui accusent tant d'avantages par rapport à la machine à piston,
mais principalement pour la facilité de conduite, le poids, le faible
encombrement, la douceur de rotation, le technicien doit avoir la
pensée constante de diminuer ce chapitre de dépenses, et la consommation vraiment folle à laquelle nous nous livrons de cette houille
que la terre nous donnera de moins en moins généreusement.

On poursuit l'économie dans des voies multiples; par exemple
en s'arrangeant de manière à ce que la chaleur de la combustion se
transmette mieux à l'eau de la chaudière, ou encore à ce que le
charbon, en brûlant, donne à l'eau et ensuite à la vapeur une température plus élevée. On a songé aux chaudières aquatubulaires,
dans lesquelles ce ne sont plus les gaz chauds, mais bien le liquide
lui-même qui passe dans des tubes : bien qu'employées dans les
navires de guerre, où l'on sacrifie tout au but poursuivi, elles ne
sont pas sans présenter des inconvénients graves, comme leur prix
et les difficultés du nettoyage des tubes. De plus en plus on alimente
les foyers automatiquement, le charbon étant distribué mécaniquement, sans ouverture des portes susceptibles de refroidir l'intérieur
du foyer, et avec une régularité qui assure une bien meilleure combustion; la disposition même de la grille a une influence considérable sur la combustion, car elle peut gêner ou favoriser l'arrivée
de l'air apportant l'oxygène indispensable à la combustion. Il s'agit
en somme d'éviter la production de la fumée, qui n'est pas seulement nuisible une fois évacuée dans l'atmosphère : elle représente
du carbone qui est lancé dans l'air sans avoir été brûlé, c'est donc
du combustible employé en pure perte. On commence aussi d'utiliser la chaleur que renferment des gaz de combustion, avant qu'ils
s'échappent dans l'air, pour commencer de chauffer l'eau qui sera
ensuite introduite dans la chaudière, ou l'air que l'on enverra dans
le foyer : en évitant une cause de refroidissement, on obtient naturellement une plus grande production de vapeur pour une même
quantité de houille brûlée. Et si l'on pratique bien plus fréquemment que jadis le tirage artificiel, cet envoi d'un courant d'air au

moyen de ventilateurs que nous avons vu installer dans les chaufferies des grands navires; si cela permet de proportionner la quantité d'air aux besoins stricts de la combustion; on comprend qu'il vaut mieux envoyer ainsi de l'air déjà chaud, qui n'est pas susceptible de refroidir aussi sensiblement la température du foyer, et les gaz d'échappement sont utilisés à ce réchauffement. Il est bien probable que bientôt, le prix de l'air liquide diminuant dans des proportions considérables, on pourra lancer dans le foyer d'une chaudière, un courant d'oxygène fourni par cet air liquide, et élever dans des proportions énormes la température donnée par la combustion.

Possédant le moyen de produire simplement ces hautes températures, on développera certainement l'usage de la surchauffe de la vapeur, qui fait actuellement des progrès déjà si considérables. Elle consiste tout uniment à faire passer la vapeur, une fois produite, dans un récipient où elle subit un chauffage supplémentaire; cette élévation de température, qui la portera parfois à 300, 400°, fait qu'elle n'est plus susceptible de se condenser, de se retransformer en eau sans avoir fourni du travail, notamment en arrivant dans le piston. Et en fait il est constaté que l'emploi de la surchauffe bien pratiquée se traduit par une économie de 10 à 25 p. 0/0 sur le combustible, sans parler d'une économie bien supérieure sur l'eau d'alimentation (ce qui n'est pas à négliger). Actuellement, on adopte de plus en plus la surchauffe, surtout pour les locomotives; à noter qu'elle peut rendre des services précieux dans les turbines à vapeur, qui s'y accommodent merveilleusement.

Mais tout cela n'empêche que les machines à vapeur, même les turbines les plus perfectionnées, consomment relativement beaucoup de combustible, et, de ce chef surtout, font payer la force motrice un prix élevé. Or on entend abaisser ce prix, en recourant d'une façon beaucoup plus courante aux moteurs à gaz. Empressons-nous de dire que ce que nous entendons par là, ce ne sont pas les moteurs au gaz d'éclairage, qui coûte généralement trop cher, parce qu'il est fait coûteusement en présentant des qualités qui ne sont nullement indispensables pour l'alimentation d'un moteur; il s'agit des moteurs à gaz pauvre. Nous préciserons ce mot tout à l'heure; mais ce sur quoi nous insistons, c'est que, dans ces engins, le gaz qu'on utilise n'est point brûlé pour échauffer un liquide qui se transformera en vapeur, et sera utilisé sous cette forme dans un cylindre et sous un piston; le gaz, additionné convenablement d'air, constitue un mélange tonnant, et c'est l'expansion des gaz

résultant de cetfe explosion qui chasse le piston; nous sommes dans
le domaine de ces moteurs explosifs ou tonnants qui ont fait fortune
dans l'automobilisme, sous l'aspect des moteurs à pétrole, à essence.
C'est le même principe, par suite, et le même fonctionnement que
nous trouvons dans les moteurs à gaz pauvre; mais ils ont l'avantage de fonctionner plus économiquement : l'essence de pétrole,
surtout avec les tarifs douaniers, est un combustible très cher.

Des comparaisons basées sur des observations pratiques ont été
faites de toutes parts, et c'est ainsi qu'on est arrivé à cette constatation manifeste, que le moteur à gaz est l'agent thermique fournissant la force motrice de la manière de beaucoup la plus économique; même quand on ne lui demande pas beaucoup plus de la
moitié de la puissance maxima qu'il serait susceptible de fournir,
il assure une économie de 25 p. 0/0 sur la turbine à vapeur. Le
rendement de l'appareil où se fabrique le gaz pauvre, le gazogène,
est de 10 p. 0/0 au moins supérieur à celui de la chaudière. La
combustion s'effectue bien mieux dans l'engin à gaz; pour ainsi dire
pas de production de fumée; et, bien qu'il y ait certainement
encore beaucoup de perfectionnements secondaires à apporter à ce
moteur, dont l'usage sur une grande échelle et dans d'importantes
dimensions ne remonte qu'à assez peu de temps, le rendement d'une
installation à gaz pauvre atteint déjà facilement 30 p. 0/0 et plus,
ce qui dépasse étrangement le meilleur rendement de la meilleure
installation à vapeur.

On comprend que, dans ces conditions, nous avons tenu à mettre
en lumière les avantages du moteur à gaz, d'autant que les applications variées lui sont quotidiennement trouvées. En dehors des
applications aux stations de force à poste fixe, on songe à utiliser les
moteurs en question aussi bien pour la navigation que pour la locomotion sur rails. Nous ne pouvons envisager toutes ces applications
ici. Mais regardons d'un peu plus près la façon dont le gaz pauvre
est obtenu; cela nous amènera à faire une constatation des plus
intéressantes, au sujet de cette utilisation des sous-produits, des
déchets qui est si importante à l'abaissement du prix de revient
dans toutes les fabrications.

D'une manière générale, c'est principalement aux houilles plus
ou moins pauvres ou maigres, aux anthracites, au coke que l'on
recourt pour la fabrication du gaz pauvre : il y a du reste des types
innombrables de gazogènes, qu'il serait bien difficile de classer suivant leur valeur relative. On y effectue une combustion incomplète

du charbon, souvent en lançant dans le foyer de la vapeur d'eau (ce qui donne plus spécialement le gaz à l'eau); on obtient de l'oxyde de carbone, un peu d'hydrogène, et de l'azote; on s'arrange du reste de façon à ce que ce dernier gaz soit en faible proportion, et l'on prend des mesures pour que la combustion ne donne pas ou guère d'acide carbonique : c'est qu'en effet ce gaz n'est pas combustible, ne formerait point un mélange explosible avec de l'air, au contraire de l'oxyde de carbone. On comprend tout de suite que, si l'on veut produire et utiliser de l'oxyde de carbone, il ne sera nullement nécessaire de recourir à la combustion de charbon proprement dit : on pourra faire brûler incomplètement des mélanges très divers, les combustibles végétaux les plus variés, et aussi bien des déchets de bois, des sciures que des feuilles mortes ou de la paille. Quel que soit l'intérêt de ces combustibles bon marché, qui constituent souvent des déchets dont on ne saurait que faire, comme ils ne sont pas à la disposition facile de tout le monde, on se sert plutôt des charbons maigres, afin de produire les gaz pauvres utilisés dans les usines et ateliers ordinaires. Le gaz obtenu mérite bien ce nom de pauvre qu'on lui a donné, en ce sens qu'il n'a pas ce pouvoir calorifique élevé du gaz que les usines ordinaires nous distribuent pour l'éclairage et aussi pour le chauffage; mais, pour la force motrice, la puissance calorifique est toute secondaire, on pourrait presque dire qu'elle est nuisible. On comprime fortement le mélange explosible de gaz et d'air dans le cylindre, sous le piston, et le rendement est bien meilleur : si on agissait ainsi avec du gaz riche, l'explosion se produirait avant le moment voulu. Et le moteur auquel on fournit de la sorte du gaz pauvre, ne demande finalement jamais plus que l'équivalent de 900 grammes de charbon, il en demande fréquemment à peine 400, pour donner une puissance d'un cheval durant une heure; si l'on se rappelle les chiffres que nous avons donnés pour la machine à vapeur, et qui doivent être portés au moins à 2 kilos de houille pour les petites installations (houille moins maigre que celle dont se contentent le gazogène et le moteur à gaz pauvre); si l'on songe qu'il n'y a pas besoin d'envisager des moteurs à gaz de très grandes dimensions pour arriver à ce chiffre de 400 grammes; si l'on réfléchit de plus que le moteur à gaz présente tous les avantages de facilité de conduite, de mise en marche immédiate, du moteur des voitures automobiles; si l'on sait en outre que l'on combine des moteurs alimentés par un gazogène automatique, où la production du gaz pauvre est réglée par la consommation même de l'engin, qui aspire le gaz dont il a besoin, sans accumulation du gaz fabriqué en attendant sa consommation (ce qui donne une automaticité bien supérieure à la complication d'une station à vapeur quelconque); on ne s'étonnera pas que beaucoup de gens considèrent la machine à vapeur comme très menacée par le moteur à gaz. Cela d'autant que de nombreux constructeurs se sont lancés dans l'établissement de ces nouveaux engins, en les perfectionnant de jour en jour, en les établissant dans des proportions sans cesse grandissantes. En cinq années, on a installé en Europe des moteurs de ce genre représentant une puissance de plus de 250.000 chevaux; couramment on en construit d'une puissance unitaire de 2.000 chevaux, et l'on arrive même parfois à 5.000, 6.000. A Madrid, on a monté une station électrique dont les génératrices de courant sont commandées par 5 moteurs à gaz de 2.000 chevaux chacun.

Encore devrions-nous dire qu'on poursuit à l'heure actuelle la réalisation pratique des turbines à gaz, qui permettraient peut-être autant d'économie sur les dépenses d'alimentation du moteur à gaz ordinaires, que celui-ci en a donné sur les moteurs à vapeur.

Il va sans dire que cette substitution d'un engin produisant la force en brûlant étrangement moins de charbon, aux machines à vapeur que nous employons couramment, assurera une diminution énorme dans la consommation de la houille, prolongeant d'autant nos réserves. Mais le moteur à gaz est également en train, à l'heure actuelle, de réduire très sensiblement les prix de revient dans la métallurgie du fer et de l'acier, d'une façon indirecte qui se rattache précisément à cette utilisation des sous-produits dont nous parlions tout à l'heure.

Il faut d'abord se rappeler qu'un haut-fourneau, l'instrument encore indispensable de la fabrication de la fonte (et par suite de l'acier), est un gigantesque générateur de gaz combustibles, et explosibles lorsqu'ils sont en mélange avec de l'air; de gaz assimilables à ceux que donne le gazogène à gaz pauvre : pendant longtemps on a laissé ces gaz s'échapper par le haut des hauts fournaux, en polluant l'atmosphère. On les a captés ensuite, mais utilisés imparfaitement : une partie servaient à chauffer l'air que les machines soufflantes envoient dans le haut-fourneau, pour activer la combustion et la fusion du minerai; une autre partie étaient brûlés sous des chaudières fournissant de la vapeur, et celle-ci alimentait une portion seulement des moteurs, et par suite des machines diverses .dont on a besoin dans un établissement métallurgique. Mais nous avons vu que chaudière et moteur à vapeur utilisent mal le combustible (quel qu'il soit); et l'on s'est dit avec raison qu'il vaudrait mieux employer le gaz s'échappant du haut fourneau à alimenter directement un moteur tonnant, qui fournira la force motrice dans de bien meilleures conditions, qui donnera une puissance supérieure. Et c'est ainsi qu'on a combiné les moteurs aux gaz de hauts-fourneaux, qui deviennent peu à peu légion.

On commence de procéder de façon tout analogue pour ce qu'on nomme les fours à coke : ce sont des fours dans lesquels on transforme en coke métallurgique, comme on dit, la houille qui doit, seulement après cette transformation, donner, par combustion dans le haut fourneau, la chaleur et aussi le carbone nécessaires à la production de la fonte. Des fours à coke s'échappent des torrents de gaz combustibles que l'on voit encore brûler en magnifiques panaches dans tant de régions métallurgiques. C'est une véritable dilapidation d'une substance utilisable, d'un de ces sous-produits qu'on doit ne pas laisser perdre, si l'on veut procéder économiquement. Et voici que, de plus en plus, on recueille ces gaz pour les faire arriver dans les cylindres de moteurs à explosions. C'est la facilité d'utilisation de ces gaz de ces engins, qui a amené à tirer parti de ce sous-produit, de ce déchet de la fabrication du coke, et par conséquent de l'industrie sidérurgique. Notons, à ce propos, que des évaluations très vraisemblables portent à un quart l'économie sur le prix des produits finis, poutrelles, aciers laminés, etc., l'économie de fabrication que peut donner, dans une grande usine métallurgique, la généralisation de l'utilisation complète des gaz des hauts fourneaux et des fours à coke.

Qu'on ne soit pas trop surpris de l'énormité de cette proportion : qu'on songe d'une part aux machines innombrables pour lesquelles on a besoin de force motrice dans une usine métallurgique, et aux quantités de combustible considérables qu'on doit normalement brûler, en dehors des gaz des hauts fourneaux, pour actionner les moteurs indispensables; il faut aussi se rendre compte qu'un seul haut-fourneau émet des masses énormes de ces gaz qu'on sait maintenant utiliser. Quand on fabrique une tonne de fonte seulement, dans un de ces appareils, et une fois assurés le service du soufflage de l'air et bien d'autres soins du haut fourneau même, on a encore à sa disposition de quoi fournir une force motrice de 7 chevaux. On peut dire aussi, indication éloquente, que la combustion d'une tonne de coke dans le haut-fourneau laisse échapper une quantité de gaz correspondant, comme puissance, à au moins un quart de tonne de coke ; rien que dans les hauts-fourneaux de la Côte Nord-Est d'Angleterre, cela représente une valeur de quelque 15 millions de francs. Si, d'autre part, nous considérons des fours à coke, nous voyons qu'une production de 330 tonnes par vingt-quatre heures, fournira une quantité de gaz susceptible de développer une force motrice de 2.300 chevaux. Une aciérie pratiquant complètement la récupération de ses gaz de hauts-fourneaux, pourra installer une station électrique où le combustible ne lui coûtera rien, et qui répondra bien plus qu'à ses besoins normaux. On nous pardonnera d'avoir insisté longuement sur cette transformation de l'industrie moderne ; mais elle est bien caractéristique. En France on commence de suivre le mouvement ; en Angleterre on est un peu plus lent ; mais en Allemagne, nous aurions à citer les 26 moteurs à gaz, formant une puissance totale de 36.000 chevaux, des usines Krupp, qui tirent ainsi parti des sous-produits de leurs 6 hauts-fourneaux. Nous rencontrons des installations analogues de 20.000 chevaux à Differdange, de 23.000 à Rombach. Enfin nous signalerons les établissements Cockerill, qui ont été presque les premiers à se lancer dans cette voie, et possèdent une station électrique aux gaz de hauts-fourneaux représentant une puissance de 10.000 chevaux.

*
* *

Nous avons parlé des moteurs automobiles pour dire que leur fonctionnement était relativement cher, par suite du combustible, ou comburant, qu'ils emploient ; mais il est essentiel de faire remarquer, surtout à l'heure actuelle, qu'ils sont venus permettre une révolution extraordinaire, grosse de conséquences, par suite de leur légèreté relative. Pour les alimenter, point besoin d'une chaudière, ni même d'un gazogène ; et par-dessus tout, à cause même de l'application qu'on prétendait leur donner, on a fait tous les efforts possibles pour leur donner une résistance presque parfaite, sous un poids et avec des proportions d'organes réduits au maximum.

Tout naturellement, depuis que l'on a commencé de perfectionner la machine à vapeur primitive, on a bien cherché à l'alléger ; car cela diminuait son prix d'établissement (puisqu'elle exigeait moins de matière première), et abaissait le poids mort des locomotives, des bateaux où l'on prétendait l'installer. C'est ainsi que, s'il fallait, en 1840, 1.200 kgs par cheval de puissance, ce poids s'est ensuite abaissé à 800, puis à 700 kgs vers 1860, à moins de 100 kgs ces dernières années; on est du reste descendu au-dessous de ce chiffre, et jusque vers 40 kgs, du moins pour des moteurs exceptionnels. Mais il fallait mieux encore, surtout si l'on voulait arriver à réaliser, et la voiture automobile donnant de grandes vitesses, et ce rêve d'hier, réalité d'aujourd'hui, le ballon dirigeable, et aussi la machine volante. Nous n'avons pas à nous occuper de ces deux derniers engins, qui sortent du domaine industriel; mais il est essentiel de jeter un coup d'œil sur les moteurs qui ont seuls permis leur réalisation, car on y constate un nouveau progrès de la technique.

Il ne faut pas perdre de vue que c'est, encore une fois, l'automobilisme qui a dirigé les chercheurs dans cette voie : à l'occasion de ces courses de vitesse, dont on a nié pourtant l'heureuse influence générale au point de vue de l'industrie. On avait limité le poids des voitures à 1.000 kgs; et il fallait, pour se tenir dans ces limites, en leur donnant la puissance indispensable aux grandes allures, combiner des moteurs robustes, et pourtant aussi légers que possible. On est descendu peu à peu à 15, puis à 10, puis à 6 kgs par cheval de puissance. Mais on n'a pas voulu se contenter de cela, et surtout quand il s'est agi d'installer, à bord de ballons dirigeables, un mécanisme moteur développant la puissance considérable nécessaire à la propulsion de celui-ci, sans l'alourdir de façon à empêcher son enlèvement. C'était précisément une des plus grandes difficultés auxquelles s'étaient heurtés les précurseurs, depuis les Giffard jusqu'aux Tissandier, ou aux Renard et Krebs. On en est arrivé à construire des moteurs marchant bien, comme les types Levassor, Buchet, Antoinette, qui ne pèsent pas plus de 2 kgs par cheval; et le dernier mot (peut-être temporairement) dit en la matière, l'est par le moteur Esnault-Pelterie, qui pèse sensiblement moins de 2 kgs par cheval. Il n'est pas besoin d'insister pour faire comprendre les avantages d'un semblable résultat.

*
* *

Il va de soi que, dans ces engins si légers, et dont pourtant les organes sont animés de vitesses considérables, dans ces mécanismes qui tournent couramment à 1.000 tours à la minute, on est forcé de faire appel à des métaux aussi résistants que possible, et très légers eux-mêmes. On recourt naturellement à tous ces aciers nouveaux dont nous avons dit un mot, et qui s'appliquent de plus en plus aux

usages divers; nous nous réservons d'y revenir plus tard, d'autant
que leur champ d'application ne peut que s'élargir. Mais il est curieux
de noter que l'aluminium tient sa place dans la construction de ces
engins : d'une façon plus générale, on constate à l'heure actuelle
que ce métal, sur lequel on avait fondé tant d'espérances quelque
peu exagérées, puis dont on avait renoncé presque à tirer parti (et
de manière exagérée également), est en train de reprendre une place
très importante dans la métallurgie et les usages courants. Cela
résulte en partie de l'élévation du prix de métaux comme le cuivre,
le zinc, l'étain, et l'on aperçoit là une vérification fort intéressante
de la loi de substitution bien connue. Il nous a paru nécessaire de
dire un mot des usages auxquels maintenant on n'hésite plus à consacrer ce métal.

On avait cru d'abord que l'aluminium allait faire merveille pour
de multiples ustensiles domestiques : à cet égard, et même maintenant, on ne lui a pas trouvé d'emplois bien satisfaisants. Par
contre, il est différentes applications industrielles où il joue un rôle
des plus sérieux, comme les tirages lithographiques sans pierre, et
au moyen de rouleaux en tôle d'aluminium : ici il s'est largement
introduit, sans que le grand public s'en doute. Mais un emploi bien
plus général de l'aluminium est celui qu'on en fait en métallurgie.
Dans les lingots d'acier tout particulièrement, au moment de la
fonte, il empêche ces défauts, ces creux plus ou moins importants
qu'on appelle des tassures : la présence d'une faible proportion
d'aluminium abaisse le point de fusion de l'acier, et rend celui-ci
plus malléable, ce qui lui fait mieux prendre les empreintes, s'écouler
dans les creux des moules. Dès maintenant la métallurgie réclame
plus de 3.000 tonnes de ce métal pour la fusion de l'acier. C'est
d'autre part l'aluminium qui a permis la réalisation de cette méthode
curieuse de soudure qu'on nomme l'aluminothermie, et grâce à
laquelle on porte au rouge des pièces de fer ou d'acier, ou d'autres
métaux, à jonctionner, sans foyer de chauffage proprement dit : on
allume à leur surface un mélange comprenant essentiellement une
poudre à base d'aluminium, et l'oxydation intense qui se produit
alors fournit l'élévation de température nécessaire. Grâce encore à
l'aluminium additionné de fer, de nickel, de titane, on modifie les
fontes de fer, on leur donne une résistance bien plus élevée. Au
point de vue de la production des hautes températures, et spécialement pour les explosifs, il y a certainement un avenir considérable
ouvert à l'aluminium : c'est qu'en effet, si on le fait brûler dans un

courant d'oxygène (pour lequel il a une affinité extrême), on peut produire des températures très supérieures à celles que donne l'arc électrique, et au moyen desquelles on peut traiter les substances les plus réfractaires.

C'est en grande partie sous forme d'alliages que l'aluminium rend ou rendra tous les services qu'on en peut attendre : nous l'avons déjà indiqué à propos de ses usages métallurgiques. En lui-même, il est un peu trop mou; mais, comme beaucoup d'autres métaux, il est transformé complètement par l'addition de substances étrangères en très faible proportion. Et si on l'emploie tel quel par exemple dans certaines parties des voitures automobiles, où cette mollesse n'est pas un défaut dirimant; dans cette même industrie, on en fabrique des pièces de résistance, quand il se présente sous l'aspect de ce qu'on nomme le magnalium. Cet alliage est formé en réalité de magnésium et d'aluminium; il est extrêmement léger tout en étant dur, et il remplace avantageusement, comme poids et comme prix, le laiton et les alliages où le cuivre tient une place importante. Ce magnalium est bien plus léger que l'aluminium, tout en offrant une dureté bien supérieure, ce qui semble tout à fait paradoxal, et il offre une résistance aux efforts de traction d'arrachement comparable à celle de la fonte. On fait aussi, en additionnant l'aluminium de faibles proportions de tungstène et de cuivre, le wolfranium et le romanium, qui présentent des résistances surprenantes, avec un peu moins de légèreté, il est vrai, que l'aluminium pur. De l'aluminium, avec un tiers de zinc, nous donnera une matière dure comme l'acier à outils; une très faible addition de manganèse et de zinc permettra de forger et de travailler l'aluminium, ou l'alliage d'aluminium, pour tous les usages.

L'aluminium, plus ou moins allié, est en train de supplanter le cuivre pour la confection des conducteurs électriques, distributeurs de courant dans les installations électriques, stations hydro-électriques, ou même tout simplement pour les communications télégraphiques ou téléphoniques. Sans doute en lui-même l'aluminium ne donne pas aussi facilement passage à un courant que le cuivre; et, pour arriver à une même conductivité, comme on dit, il est nécessaire de donner au fil d'aluminium une section plus considérable. On y parvient sans inconvénients, sans fatigue pour les poteaux de support, sans dépenses exagérées, d'autre part, grâce à la légèreté caractéristique de l'aluminium, et aussi à son prix modeste. Tout considéré, il faut un poids d'aluminium qui ne représente que la moitié des conducteurs de cuivre, pour transporter le même courant électrique. Quant aux chances de rupture de ces nouveaux fils ou conducteurs, il ne faut point s'en préoccuper, car, pour un même poids, ils seront beaucoup plus résistants que les fils de cuivre; par suite en peut s'assurer une résistance équivalente en économisant très sensiblement sur le poids. En présence de ces résultats, il est naturel que dès maintenant les États-Unis possèdent une longueur totale de plus de 800 kilomètres de conducteurs électriques en aluminium, pour distribuer une puissance de 65.000 chevaux fournie par des stations électriques.

Nous pourrions ajouter que, si l'aluminium est, sous cette forme, en train de se substituer partiellement au cuivre, à d'autres égards il remplace partiellement le plomb et l'étain. Non seulement en effet il permet ces soudures sans « soudure » dont nous avons parlé; mais encore il est employé couramment aujourd'hui pour remplacer ces fameux papiers d'emballage en étain, dont il se fait une consommation formidable vraiment dans le monde; les nouveaux papiers d'aluminium ne sont pas entièrement constitués de ce métal, mais bien de papier ordinaire recouvert d'une couche d'aluminium. Cela ne fait du reste que donner plus d'élasticité au nouveau produit, qui est sans doute appelé à faire disparaître presque complètement le vieux et coûteux papier d'étain, coûteux, surtout étant donnés les prix atteints par le métal dont on le fabrique.

DANIEL BELLET.

ANALYSES ET COMPTES RENDUS

Capitaine d'Ollone. — *La Chine novatrice et guerrière.* Lib. A. Colin,
1 vol. in-18.

Voici encore un volume dans la série nombreuse qui traite de la Chine.
Le capitaine d'Ollone a cherché à comprendre le pays où il était envoyé en
mission et il a eu l'idée fort juste de rattacher le présent au passé; si l'idée
est juste, elle n'est pas neuve, même en ce qui touche la Chine, les écrits
d'Ed. Biot, de De Groot, d'Abel Rémusat, du P. Amiot (je cite au hasard)
cherchent toujours l'origine des institutions et des idées modernes dans ce
qui est connu de l'antiquité. Seulement les ouvrages des sinologues, vivants
ou morts, sont restés dans le cercle des spécialistes; la civilisation de la
Chine forme un ensemble si vaste, si indépendant de l'Occident, nonobstant
de nombreuses connexions, qu'elle n'a pu encore être exposée, de façon à
peu près adéquate, aux yeux du grand public, voire des « honnêtes gens ».

Le capitaine d'Ollone n'a pas tenté un exposé général; en cherchant à
montrer le lien entre les mouvements actuels de la Chine et les faits de sa
longue histoire, il a volontairement limité son champ visuel à quelques
directions, à quelques percées dans un ensemble trop touffu, les relations
étrangères, les religions, l'aristocratie, l'armée, etc. Encore eût-il gagné
peut-être à se borner davantage, il eût pu défricher un champ restreint au
lieu de jalonner une route si vaste et il eût alors échappé sans doute à des
obscurités, à un certain décousu, à des redites, qui naissent d'un plan un
peu flottant. Tel qu'il est, ce volume prêtera matière à réflexion au lecteur
qui veut s'enquérir de la Chine; les rapprochements fréquents avec l'histoire occidentale, la brièveté de certaines formules (ainsi : Louis XI chinois,
il supprima les grands vassaux, — la grande muraille constituait une route
stratégique incomparable) piquent l'attention : s'il naissait de là quelque
curiosité intelligente, quelque dégoût pour les idées rebattues et non véri-
fiées, l'auteur aurait rendu un service.

Une des thèses présentées, c'est la mobilité, l'esprit d'adaptation de la
race chinoise, en opposition avec l'immobilité dont nous avons fait un
dogme. Je n'ai pas attendu ce jour pour signaler dans le passé reculé ou
récent les vicissitudes de quelques institutions, pour imaginer à l'avance
ce que serait pour les affaires publiques l'intervention des classes commerçantes, ou seulement l'intérêt manifesté par elles. Mais il faut bien constater

que, pour avoir évolué, la forme de la famille a été toutefois depuis l'origine singulièrement plus fixe qu'en Occident; que l'aristocratie lettrée des
mandarins sous les Han offre plus d'un trait commun avec celle des derniers siècles et que, si dans l'intervalle l'influence de cette classe a subi des
éclipses, cependant le mandarinat s'est reconstitué d'après des principes
analogues aussitôt que les obstacles momentanés ont disparu. Il faut noter
aussi que depuis le XVI° siècle jusqu'à la fin du XIX°, et cela malgré la conquête mantchoue, les cadres de la société n'ont pas bougé, les classes sont
restées immuables, les individus mêmes ne passant de l'un à l'autre que
d'après des coutumes consacrées et prévues; certes, il y a eu auparavant de
grands bouleversements sociaux; mais la période dont je parle est la seule
dont l'Europe ait eu connaissance directe et d'après laquelle se soient
modelés ses concepts. Avec ces restrictions, j'admets toutefois cette thèse;
mais je ne saurais adopter l'avis de M. d'O. quand il dit, si je le comprends
bien, qu'historiquement il n'y a pas de Chine, que la Chine, pas plus que
l'Inde n'est ni un pays ni un peuple, qu'elle est un tout complexe (p. 237).
Complexe, certes; souvent morcelé, d'accord; comprenant sur son territoire
des races diverses qui, même après des siècles d'union, ne peuvent encore
s'entendre sans interprètes, cela est vrai. Mais au-dessus de tout cela il y a
une civilisation commune, des aptitudes pratiques, des arts, une littérature,
une écriture (monument raffiné et splendide, non pas « grimoire indéchif-
frable », p. 196), un concept de la vie, qui forment un tout, qui ont évolué
ensemble, qui sont consacrés par le souvenir de trente siècles d'histoire : la
conscience de cette unité dans le passé et dans le présent, quand même les
associations d'idées et la liaison des intérêts ne se présenteraient pas aux
Chinois comme aux Occidentaux, peut bien suffire pour former une nation.
M. d'O. croit à une dislocation plus ou moins prochaine : je ne me hasarderai ni à approuver ni à combattre cette prophétie.

Je ne signale pas quelques erreurs ou quelques faits insuffisamment
établis [1], préférant discuter les idées; j'aurais aimé, je dois toutefois le
dire, que l'auteur eût fait revoir les noms propres par quelque sinologue,
qui aurait du moins mis de l'unité dans la transcription : il aurait ainsi
évité la confusion des systèmes graphiques divers [2].

MAURICE COURANT.

1. P. 53, les escadres mongoles à Ceylan et à Madagascar; p. 62, la soumission
de la Mongolie aux Ming; p. 31, les Japonais en Corée au II° s. a. C.; p. 29, le
meurtre de Tshin Chi hwang-ti, etc.
2. Sons semblables en italiques; *liéou* v. *you*, *ouéi* v. *wei*, *chao* v. *tchang*,
hsang v. *si* v. *hi*, *tsoung* v. *hong*, etc.

L. Richard. — *Géographie de l'Empire de Chine* (Cours supérieur). 1 vol.
in-12 de xviii + 564 + xxii pages. Chang-Haï, Imprimerie de T'ou-sè-wè,
1905.

Voici un livre en français sur la Chine, qui nous vient de Chine. Il y a là
semble-t-il un fait assez intéressant et assez rare en même temps, pour
mériter d'être signalé pour lui-même. Mais d'autres raisons recommandent
le nouveau volume à notre attention.

L'auteur, M. L. Richard, de la Société de Jésus, attaché depuis plusieurs
années en qualité de professeur, au Collège de Zi-ka-Wei, près de Chang-
Haï, possède outre la connaissance de la langue, une expérience assez longue
déjà des hommes et des choses de Chine. Il a donc par là un avantage
marqué sur la plupart de ceux qui ont entrepris avant lui de nous faire
connaître la nature physique, l'organisation politique et administrative du
grand empire jaune.

A vrai dire, comme l'indique le titre, il s'agit ici d'un ouvrage nettement
scolaire; d'ailleurs, l'auteur le déclare avec franchise, dès sa préface :
« Plusieurs plans s'offraient à nous, également bons... Nous avons choisi
celui qui nous a paru le plus favorable pour l'enseignement méthodique
à des élèves chinois. » De là, de nombreuses divisions et subdivisions, se
répétant d'une manière identique de chapitre en chapitre, le numérotage
des principaux paragraphes, les entêtes d'alinéas en caractère gras, etc.
Mais le livre n'en reste pas moins appelé à rendre bien des services à tous
ceux qui dans la métropole s'intéressent à l'Extrême-Orient. C'est ce que
je voudrais essayer de montrer par la rapide analyse qui va suivre.

Après une introduction de sept pages où sont esquissés les résultats
actuels des recherches scientifiques touchant la formation géologique du
sol de la Chine et les origines de la population présente du pays, la description des dix-huit provinces de la Chine propre occupe, dans le livre I,
9 chapitres établis suivant le plan ci-après qui, comme il vient d'être dit,
se reproduit invariablement pour chaque province : Superficie, nombre
des habitants. Le nom. Les limites. La capitale. Autres préfectures.
Aspects et caractéristiques. Constitution géologique. Relief. Climat. Hydrographie. Faune et flore. Richesses agricoles. Richesses minérales. Population. Langue. Villes et centres principaux. Industrie et commerce. Voies
de communication. Ports ouverts.

Le livre II est consacré aux pays dépendants de la Chine ou récemment
séparés : Mandchourie (ou Mantcheou), la Mongolie (ou Mong-Kou), le Turkestan ou Nouveau Territoire (Sin-Kiang), le Tibet (ou Si-Ts'ang), la Corée
(Han Kouo) et enfin Formose (ou Taiwan). Le même plan, que pour les
dix-huit provinces, se retrouve ici, quelque peu abrégé cependant.

En dehors de cette description générale du Céleste Empire province par
province, ou pays par pays, des chapitres spéciaux, dans le livre I, traitent
à part des vallées du Pei-ho et du Hoang-ho (I, section I), du Yang-tse-Kiang
et du Hoai-ho (I, sect. II), du Si-Kiang et des rivières côtières du Fou-Kien

·et du Tché-Kiang (I, sect. III), faisant connaître notamment pour chaque bassin, les caractéristiques, la constitution géologique, le relief, le climat, l'hydrographie. Je citerai par exemple ce passage consacré au Hoai-ho, dit communément la *Hoai*... « Il suit dans la province (du Ngan-Hoai) une direction de S.-O.-N.-E. et se jette dans le lac Hong-Tché. Il recevait jadis une partie des eaux de Hoang-ho, par le Cha-ho qui est encore son affluent le plus important. Le Hoai-ho a de 150 à 400 mètres de large et est sujet à des crues violentes qui brisent souvent ses digues de la rive gauche et inondent le pays voisin. Comme lui, la plupart des ses affluents sont navigables, mais il leur manque des canaux pour les unir entre eux, canaux jadis creusés, dit-on, par le grand Yu, comblés depuis, malheureusement. » Après avoir donné, au sujet du même fleuve, des indications à peu près semblables, le *Chinese Empire*, volume publié dernièrement à Londres sous les auspices de la *China Zuland Mission*, rappelle que le grand Yu fut un ministre d'État, qui vécut sous le règne de Yao en 2357-2255 avant J.-C. Yu devint lui-même empereur (2205-1198). La région du cours inférieur de la *Hoai*, ainsi que celle des bords du lac Hong-tché, fait partie de l'aire où la famine a le plus cruellement sévi l'hiver dernier [1].

Dans la section IV du livre I (pp. 232-279) sont étudiées séparément, les côtes, dont le développement, depuis le Tchéli jusqu'au Koang-Tong a été évalué, d'une façon générale, et sans tenir compte de toutes les sinuosités, à 3 500 kilomètres. « Il faudrait plus que doubler ce nombre, dit à ce sujet M. L. R., si l'on voulait suivre la côte dans ses nombreuses indentations et encore sans faire mention des côtes de ses îles [2]. » Après avoir décrit la nature des côtes (dont il n'existe en Chine que deux types principaux, la côte d'alluvions et la côte granitique), l'auteur donne au sujet des marées, du régime des vents, des cyclones, typhons, etc., des détails précis résumant les observations de l'Observatoire de Zi-ka-weï, célèbre dans tout l'Extrême-Orient. Je signalerai, notamment, p. 239, un diagramme montrant la variation annuelle du vent à Shanghaï : de novembre à janvier, la brise souffle du N.-N.-O. la plus grande excursion à l'O. est en décembre. Juillet donne la résultante la plus sud. C'est en somme le résumé du régime des moussons.

La section suivante (V du livre I) est celle qui, sans doute, est destinée à être la plus utile et la plus intéressante pour les lecteurs en Occident. Elle se rapporte spécialement au gouvernement et à l'administration de l'empire de Chine, à l'état de sa ou plutôt de ses populations ainsi qu'à son développement économique. Elle se termine par un résumé historique présentant un tableau en raccourci, mais clair et exact, des périodes qu'ont tra-

1. V. les *Trades Returns* des Douanes Maritimes chinoises pour 1906. Part. II, vol. II, Yangtze Ports; carte du district de la famine, jointe au rapport sur le commerce de Tchinkiang (p. 217).

2. Développement des côtes de France : 2 800 kil. (dans la Corse, 490 kil.), du Japon, îles principales : 10 239 kil.

versées les générations des fils de Han, soit, après les époques mytholo-
giques (les 10 *ki*, âges, des historiens chinois) et légendaires (les cinq souverains) les temps des 22 dynasties, à partir de la fondation de l'empire
(2 205 avant J.-C.) jusqu'à nos jours.

La compétence particulière de l'auteur se manifeste spécialement dans
la partie relative au gouvernement et à l'administration. Après avoir
énuméré les différents rouages du système à Pékin, où les « Six Ministères »
traditionnels, Lou-Pou, ont été augmentés en 1903 d'un ministère du
Commerce, et en 1904, d'un office de l'Instruction Publique, M. L. R.
décrit l'administration provinciale qui n'est pas tout à fait uniforme, comme
on sait, même dans la Chine propre. Parmi les dix-huit provinces ou *Cheng*,
les unes ont à leur tête un gouverneur général ou vice-roi (Tsong-tou, *vulgo*,
Tche-Kaï), les autres, seulement un gouverneur (Sian-fou, *vulgo*, Fou-t'ai).
Puis il passe en revue les différents emplois existant dans chaque province,
depuis ceux de *Se-tao* (receveur de Finances, grand juge, contrôleur de la
Gabelle, contrôleur des grains), de Taotaï, intendant de circuit, de *Hio-t'ai*,
Hio-Tcheng, examinateurs, etc., jusqu'aux postes de *Tchai-jen* (satellites de
Tribunal, ou plutôt de Yamen) et de *Ti-pao* (sortes de gardes champêtres) en
passant par les *Eul-fou*, *Pou-ting* (assistants de préfets, sous-préfets, etc.).
Il y a là un ensemble d'indications précieuses par leur abondance et leur
sûreté, bien propres à éclairer plus d'une nouvelle arrivant de Chine, et
plus d'un passage de récits des voyageurs. Je me bornerai à noter ici un
point important : parmi tous ces fonctionnaires, fort peu nombreux, en
somme sont ceux qui sont nommés directement par le Gouvernement
central. Un tableau général de l'Administration chinoise résume d'une façon
synoptique, en les complétant dans certains cas, les renseignements donnés
au cours de ce chapitre. De grandes dimensions (1 m. $\times$ 0.55), comportant 53 colonnes verticales et 24 horizontales, il est renfermé dans une
pochette à part. Les 24 colonnes horizontales correspondent aux 18 provinces de la Chine propre, plus celles de la Mandchourie et du Turkestan.

Dans les pages traitant de la population, M. L. R. exprime l'avis que le
caractère moral de la race chinoise (peut-être le pluriel eût-il été ici plus
exact?) est encore plus difficile à déterminer, plus variable que les traits
physiques. Au sujet de la langue, l'auteur nous dit, p. 334 : « Dans la plus
grande partie du pays, on parle la langue chinoise... On appelle cette
langue le mandarin ou le *Koan-hoa*. » Toutefois, on distingue le mandarin
du nord, celui du centre, celui de l'ouest. Dans les provinces de l'E. et du
S.-E., on parle divers dialectes (plus exactement diverses langues) se rapprochant plus ou moins du mandarin, en différant pourtant assez pour être
incompréhensibles à un Chinois de pays mandarin. M. L. R. en énumère 8,
parlés par des populations comprenant au total 83 millions d'individus.

La langue mandarine (*Koan-hoa*) est essentiellement une langue parlée :
elle peut cependant être aussi employée par écrit. A côté et au-dessus d'elle
existe, pour les lettrés, la langue écrite, ou langue classique, celle qu'ont

étudiée et approfondie, sans d'ailleurs sortir de France, les éminents sinologues qui ont nom Abel Rémusat, Stanislas Jullien, etc. Celle-ci comporte
à son tour des distinctions et se divise notamment en style (*Kou-wen* et
demi-style (*wen-li*). Un certain nombre de journaux et la plupart des livres
d'études modernes sont rédigés en *wen-li*, mode d'expression de la pensée
qui est compris à la lecture, sinon à l'audition, par les Japonais cultivés
ainsi que par les lettrés annamites, coréens, etc. Enfin les Miao-tsé, les
I.-kio, les Lolos, les Mossos ont leur langue et leur écriture propres, complètement différentes de la langue et de l'écriture chinoise. L'impression
qui se dégage en somme de cette revue rapide des langues de la Chine
propre, c'est que celle-ci, en réalité, ne fait bloc que pour qui se contente
d'une étude superficielle. Finalement, on est amené plutôt à admettre que
comme le monde dans son ensemble, la Chine est, à la fois, unité et
diversité.

Bien d'autres points, dans ce livre riche d'observations intéressantes, de
données bien contrôlées, mériteraient mieux qu'une simple mention en
passant : particulièrement les chapitres sur les religions, l'instruction,
l'agriculture, les mines et l'industrie (à cet égard on aurait aimé à trouver
quelques détails de plus, notamment en ce qui concerne les industries
étrangères), les voies de communications. Mais il faut nécessairement se
borner. Je souhaite seulement en avoir assez dit pour engager le lecteur
qui prend, à un titre quelconque, intérêt aux choses d'Extrême-Orient, à
recourir à l'ouvrage lui-même. Des listes bibliographiques étendues, composées sans aucun parti-pris d'exclusion systématique, portant sur les
ouvrages français, anglais et allemands, sont placés à la fin de chaque
chapitre : des tables analytique et alphabétique, établies avec beaucoup
de soin, un index des principaux termes géographiques chinois (avec les
caractères à côté de la transcription française) achèvent de faire de ce
volume un précieux instrument de travail.

Ed. Clavery.

A. Bourguet. — *Études sur la politique étrangère du duc de Choiseul.*
1 vol. in-8, Paris, Plon.

Dans un ouvrage récemment paru, M. Bourguet nous avait fait connaître
les circonstances qui préparèrent le *pacte de famille*. Et il y avait trouvé
l'occasion de mettre en valeur le talent diplomatique de Choiseul. Il reste
fidèle à son héros, dans le présent ouvrage, qui n'est, à proprement parler,
qu'un recueil d'articles. L'auteur nous en prévient : il procède méthodique-
ment; il enserre son sujet de travaux d'approche minutieux et bien noués.
Chacune de ces études prépare une œuvre définitive et nous en fait déjà
pressentir l'esprit. M. A. B. veut réhabiliter Choiseul. Qu'il nous parle de
ses premières relations avec l'Autriche, après son arrivée au ministère, ou

de ses tentatives pour détacher la Hollande de l'Angleterre, ou de ses efforts pour nouer avec cette dernière des négociations de paix, à la Haye d'abord, avec M. d'Affry, puis à Londres avec M. de Bussy, c'est toujours le même homme qu'il nous montre : soucieux de son devoir, de l'honneur de son maître et de la grandeur de son pays, habile à saisir les occasions, constant dans ses efforts, et d'un beau sang-froid quand les choses tournent mal. M. B. cite de longs passages de sa correspondance. Cela est fort bien fait. Rien ne peut rendre mieux le caractère, la pensée et la valeur de l'homme que ces pages alertes et bien raisonnées, qui font comme un manuel du bon sens et de l'honneur à l'usage des diplomates.

M. C.

Léon Douarche, docteur en droit, licencié ès lettres. — *Les Conventions relatives aux conditions du travail*. — Paris, Marchal et Billard.

La question du contrat collectif du travail est à l'ordre du jour dans nos assemblées législatives depuis que le gouvernement a déposé, en juillet 1906, un projet de loi sur ce sujet. M. L. D. a étudié ce problème sous ses différents aspects juridiques : la formation des conventions collectives; leurs effets et leurs sanctions. Son travail est précédé d'une bibliographie très complète, que consulteront tous ceux qui voudront écrire sur le même sujet.

Un chapitre est consacré à l'histoire des conventions collectives, tant en France qu'à l'étranger. On y voit, par l'exemple de l'Angleterre, des États-Unis, de l'Allemagne, etc..., quel rôle bienfaisant jouent ces contrats dans la solution pacifique des conflits entre le capital et le travail.

L'objet du contrat collectif touche à une foule de questions : le taux du salaire, la limitation et la fixation de l'horaire du travail, le temps, le lieu et les modalités du paiement, les heures supplémentaires, le travail à la tâche et au temps. Les effets du contrat collectif doivent être, d'après M. L. D., la réglementation de la concurrence et la régularisation des prix. Les conventions collectives ont aussi des effets conciliants sur les grèves : elles ne sont pas un remède absolu, un traité de paix perpétuelle, mais elles contribuent à limiter et à solutionner les conflits.

L'auteur examine ensuite la portée des conventions collectives, les obligations qu'elles engendrent et les sanctions qu'elles comportent en cas de rupture.

A.

Georg Jellinek. — *Verfassungsänderung und Verfassungswandlung*. Berlin, O. Häring, 1 br.

M. G. Jellinek s'est fait, dans les études de droit public, une place assez large pour que rien de ce qu'il écrit ne passe inaperçu. Il arrive à un moment de la vie savante où, après les patientes recherches de l'érudition et les longs efforts des vastes ouvrages, on se recueille volontiers, pour condenser ses réflexions, et ramasser les résultats de ses expériences en quelques constatations précises. Cela donne à la fois plus et moins qu'un livre. On n'a plus, dans une œuvre de ce genre, le développement copieux, ni la documentation parfaite de l'œuvre de longue haleine; on y trouve, par contre, en quelques pages d'une allure libre et presque familière, des idées largement esquissées, qui vont chercher leurs points d'appui dans tous les coins de la science, et y jettent de larges traits de lumière. De semblables travaux n'apprennent rien de nouveau : ils font mieux comprendre ce que l'on savait déjà. En groupant des aperçus épars, ils font jaillir des révélations. Ils ramènent à la simplicité de deux ou trois faits fondamentaux les impressions des longs développements didactiques.

Nous trouvons quelques-uns des mérites de ce genre d'ouvrages dans l'opuscule de 80 pages que M. Jellinek a consacré à l'étude de la revision et de l'évolution des constitutions.

En voici le très bref résumé :

L'auteur signale dans l'introduction la nécessité, en Allemagne, d'études constitutionnelles ouvertes beaucoup plus dans le sens de l'observation politique, que vers le commentaire juridique. C'est sous l'impression de cette idée qu'il a poursuivi la présente étude. Il constate ensuite que les lois dites *fondamentales* ne sont pas, en réalité, dans un État quelconque plus solides que les lois ordinaires. Les unes comme les autres sont commandées par la nécessité. Si, en droit, une constitution ne peut être modifiée que par la loi, la coutume et, peut être, le juge, il en est, en fait, tout autrement. — Un État a le droit absolu de changer sa constitution. On a vu, souvent, des révolutions opérer des transformations complètes. C'est le cas particulièrement en France, dont l'exemple prouve que l'abrogation des lois fondamentales n'entraîne pas forcément la disparition des principes qu'elles ont posés. Certains États, comme l'Amérique, ne touchent pas au texte primitif de leur constitution, mais y apportent, par adjonctions successives, des amendements; d'autres, comme l'Allemagne, ne se soucient même pas de maintenir la concordance entre leur acte fondamental et les lois successives qui y ont apporté des dérogations (p. 6). L'expérience a prouvé la faiblesse de ce qu'on appelle les garanties constitutionnelles. En fait, une constitution évolue constamment sous l'influence de multiples facteurs au nombre desquels il faut placer les règlements des assemblées (p. 9), les lois ordinaires, et l'interprétation des administrateurs et des juges (p. 14). Ces derniers jouent un rôle particulier dans le système constitutionnel américain dont l'Europe n'a pas toujours compris le mécanisme et s'est exagéré le mérite (p. 16-20). La nécessité et le fait accompli jouent dans l'évolution des constitutions un rôle prépondérant. On en trouve des exemples remarquables en Allemagne (p. 21-24). Une constitution se modifie suivant l'usage que chacun des pouvoirs fait de ses attributions. Se transforme-t-elle par le non-usage de l'une d'elles?

L'auteur opine pour la négative. Le facteur le plus puissant de la transformation est l'évolution lente qui modifie la constitution dans toutes ses parties et produit des résultats inattendus tel que, par exemple, la tendance actuelle des Assemblées à abdiquer entre les mains d'un Cabinet tout-puissant (p. 46). L'expérience nous montre partout une opinion singulièrement refroidie à l'égard du parlementarisme. Il en est de cette institution comme de beaucoup d'autres : la théorie la représentait comme parfaite et l'usage en démontre la faiblesse (p. 62). Rien de plus fictif que l'idée de la représentation du peuple (p. 64). En fait, en dépit de la démocratisation, le prestige des chefs d'États (Édouard VII, Roosevelt) augmente sans cesse (p. 69). Mais, insuffisance ne veut pas dire disparition des Parlements. Que peut-on prévoir? Des articles de lois ne sauraient assurer le partage des pouvoirs. « Les vraies forces politiques se meuvent d'après leurs lois propres, qui agissent indépendamment de toute forme juridique. » On voit déjà, à côté des assemblées, s'élever de nouvelles forces politiques, la presse, les associations, qui prennent chaque jour une influence plus grande et réduiront peut-être un jour le Parlement au rôle de simple agent de transmission entre les deux seules forces naturelles et indestructibles de l'État : le gouvernement et le peuple (p. 80).

On le voit : M. Jellinek ne nous dit rien que nous ne sachions déjà, mais il dit mieux, et avec plus d'autorité ce que l'opinion et l'expérience nous font entrevoir depuis quelque temps déjà. Deux idées, dans cette œuvre, doivent surtout nous arrêter : d'abord, la nécessité, en Allemagne, d'orienter plus directement les études constitutionnelles vers l'observation des faits politiques; c'est la méthode dont M. Boutmy a tiré, chez nous, tant de profit et dont il a si bien prouvé la valeur. En second lieu, la constatation de l'insuffisance des *principes* à assurer, par leur seule vertu, le fonctionnement d'un système d'institutions; c'est l'introduction, dans l'étude du droit public, de la méthode d'observation purement objective et de la théorie de l'évolution.

M. CAUDEL.

Ouvrages envoyés à la rédaction.

A. AULARD, professeur à l'Université de Paris. — *Taine, historien de la Révolution française*. Lib. A. Colin, 1 vol. in-18.

HENRY-ÉMILE BARRAULT. — *La réglementation du travail à domicile en Angleterre*. Larose et Focel, 1 vol. in-8, 290 p.

EDME CHAMPION. — *Vue générale de l'histoire de France*. Lib. A. Colin, 1 vol. in-18.

CLÉMENT CHARPENTIER. — *La progression dans les impôts indirects en Allemagne*. F. Alcan, 1 vol. in-8, 164 p.

A. COLSON. — *Cours d'Économie politique*; livre 6ᵉ : Les travaux publics et les transports. F. Alcan, 1 vol. in-8, 560 p.

J. CORRÉARD. — *Les sociétés coopératives de consommation en France et à l'étranger* (préface de M. Paul Leroy-Beaulieu). P. Lethielleux, 1 vol. in-18, 300 pp.

ÉTIENNE FLANDIN. — *Institutions politiques de l'Europe contemporaine*. T. I. Angleterre, Belgique (2ᵉ édition). H. Le Soudier, 1 vol. in-18, 311 p.

GUILLAUME DE GREEF. — *L'Économie politique et la science des finances*. F. Alcan, 1 vol. in-8, 514 p.

VICTOR MARCÉ, conseiller référendaire à la Cour des Comptes, maitre de conférences à l'Ecole des sciences politiques. — *L'Impôt sur le revenu en Autriche*. F. Alcan, 1 vol. in-8, 100 p.

PAUL MATTER. — *Bismarck et son temps*, t. III : Triomphe, splendeur et déclin (1870-1896). F. Alcan, 1 vol. in-8, 658 pp.

F. MOREAU ET J. DELPECH. — *Les règlements des assemblées législatives*. Giard et Brière, 2 vol. gr. in-8.

Prof. M. SIOTTO PINTOR. — *Della responsabilita dei ministra e dell' autorità complente pronunciansi in ordine adessa*. 1 broch. in-18.

— *La donna e l'élettorrato politico secondo la vigente legislazione italiana*. 1 broch. in-18.

— *Ancora sul diritto della donna all' elettorato politico secondo la vigente legislazione italiana*. 1 broch. in-8.

PAUL ROYER. — *Les grands établissements de crédit dans l'Algérie et les colonies françaises*. A. Michalen, 1 vol. in-8, 468 p.

L. SCANSA-LANSA. — *Essais de solution du problème social par les magasins généraux*. F. Alcan, 1 broch. in-18, 92 p.

ALBERT SOUBIES et ERNEST CARETTE. — *Les régimes politiques au XXᵉ siècle: Les républiques parlementaires*. 1 vol. in-8, 222 p; — *La république démocratique*. 1 vol in-8, 227 p. E. Flammarion.

Université de Grenoble : *Livre du centenaire de la Faculté de droit*; discours, études, documents. Allier frères, 1 vol. in-8, 314 p.

L'école prussienne en Pologne, 1906-1907; *publications des sociétés pédagogiques de Varsovie et de Leopol*. 1 broch. in-8, 55 p.

A hand book of the national laons of Japan, with the principal laws and regulations relating thereto. Tokio special national debt consolidation bureau. 1906; vol in-18, 205 p.

MOUVEMENT DES PÉRIODIQUES

Voir la table des abréviations à la dernière page.
La lettre qui suit l'abréviation du titre de la Revue est la première lettre du mois de la date de la publication.

HISTOIRE, DIPLOMATIE, POLITIQUE

Algérie (L'utilisation des forces militaires de l'), E. Chautemps, RBl. 21 D.

Algésiras (L'erreur d'), C. Sabatier, RPP. 10 N.

Allemagne (Le trade-unionisme en), E. Bernstein, CR. N.

— (En — L'Empereur et le Chancelier), F. Dernburg, CR. D.

— (L' — et l'Angleterre), Nat. R. D.

Angleterre (La convention entre l'— et la Russie), NC D.

— (La défense de l'— contre une invasion), J. Legland, NC. D.

— (L'Église et la loi en), Russell, NC. D.

— (En —, Les finances de l'Université d'Oxford), CR. N. D.

— (La politique extérieure de l'), H. Rumbold, Nat. R. N.

— (En —, L'Église et la Nation), Nat. R. N.

— (En —, La défense de l'Écosse), Wilson, Nat. R. D.

— (Guillaume II en), V. Bérard, RP. 15 N.

— (En —, La reine Victoria d'après sa correspondance inédite), RDM. 1ᵉʳ N, 15 N.

Armoises (La dame des), A. France, RP. 1ᵉʳ N.

Autriche (En —, François-Joseph et ses Peuples), M. Lair, RBl. 16 N.

— (La lutte des classes en), P. Louis, RBl. 30 N.

— (Le pangermanisme et l'avenir de l'—), M. Lair, RBl. M. D.

Belgique. Brockard (Victor), G. Lux, RBl. 7 D.

Canada (L'anglais au), C. Watney, Nat. R. N.

— (Les Japonais au), L. Aubert, RP. 1ᵉʳ N.

Confédération helvétique (Les origines de la), Landosle, C. 10 N.

Congrégations (Le milliard des), F. Gibon, C. 10 N., 10 D.

Convention anglo-russe (La dernière), Rouire, RDM. 1ᵉʳ N.

Cuba (à). R. L. Bullard, NAR. N.

Éducation nationale (Un ministère de l'), T. Steeg, RBl. 2 N.

— (Une maxime d'), G. Lanson, RBl. 28 D.

Église et la Science (L'), Mgr. Mignot, C, 10 D, 25 D.

États-Unis (L'industrie aux), L. G. Macpherson, NAR. N.

— (Les — et l'exclusion des Chinois), J. Miller, NAR. N.

— Le patronage industriel aux), P. Escard, Réf. S. 16 N.

— (La crise des), EF. 30 nov., 7 et 21 D.

— (Les candidats à la présidence des), A. Viallate, RBl. 30 N.

— (Le problème des chemins de fer aux), G. N. Tricoche, JE. D.

— (La prochaine élection présidentielle aux), O. Ferrara, RPP. 10 D.

— (La crise des), R. G. Lévy, BDM. 15 D.

Europe (Les transformations de l'), AR. Colquhoun, NAR. N.

Espagne (La rivalité anglo-allemande et la politique extérieure de l'), A. Marvaud RPP. 10 D.

Femmes (Œuvres sociales de), P. Archer, RDM. 15 N.

France (La — le Maroc et l'Europe), F. de Pressensé, CR. D.

Français (L'avenir du) J. Novicow, RDM. 1 D.

Groupes parlementaires (Les) T. Steeg, RBl. 23 N.

Klaczko-H. Welschinger, RDM. 1ᵉʳ D.

DROIT PUBLIC ET PRIVÉ

Colonies pénitentiaires (Nos). P. Mimande. **RBA. N.**
Conférence de la Paix (La seconde). G. Lémonon, **RPP.** 10 **N.**
Contrat collectif de travail (Le), A. Isaac, **Réf. S.** 16 **N.**
Héritage libre (L'), Favière, **Réf. S.** 1ᵉʳ. 16 **D.**
Problème criminel au moment présent (Le). H. Joly. **RDM.** 1ᵉʳ **D.**

VOYAGES, COLONISATION

Casablanca (Les opérations autour de), R. Kahn, **RP.** 15 **N.**
Chine (L'opium et l'alcool en) H. A. Giles, **NC. D.**

— (Les missions en), W. Cecil, **Nat R. D.**
Conférence coloniale (La — de Londres en 1907), Biard d'Aunet, **RPP.** 10 **N.**
Inde (Le gouvernement de l'), B. Fuller, **NC. D.**
— (Dans l'), N. Lamont, **CR. N.**
— (Lettres écrites du sud de l'), M. Maindron, **RDM.** 1 **D.**
Indo-Chine (La réforme de l'), Harmand, **RBL.** 2 **N.**
Instruction publique aux colonies (L'), M. A. Leblond, **C.** 25 **N,**
Maroc (L'anarchie au), V. Bérard, **RP.** 1 **D.**
— (Algérie et), V. Bérard, **RP.** 15 **D.**
Peuples primitifs (L'alcool et les), Nouët **JE. D.**
Question siamoise (Le nouveau règlement de la), Ste-Suzanne, **RPP.** 10 **D.**
Séparation de l'Église et de l'État (La). **RDM.** 15 **D.** R. Pinon.

INDEX DES REVUES CITÉES

AG. — Annales de Géographie.
APS. — Appleton's popular Science Monthly.
BAF. — Bulletin du Comité de l'Afrique française.
BLC. — Bulletin de la Société de Législation comparée.
BU. — Bibliothèque universelle.
C. — Correspondant.
CH. — Le Carnet historique.
CR. — Contemporary Review.
DJZ. — Deutsche juristen Zeitung.
DR. — Deutsche Rundschau.
E. — Les Études, publiées par la Compagnie de Jésus.
Eo. — The Economist.
EF. — Économiste français.
FR. — Fortnightly Review.
G. — Gegenwart.
Go. — La Géographie.
JE. — Journal des Économistes.
JNS. — Jahrbücher für national Œkonomie und Statistik.
JPE. — The Journal of Political Economy.
JR — Juridical Review.
LQR. — Law Quarterly Review.
MD. — Mémorial diplomatique.
ME. — Monde économique.
MS. — Le Mouvement socialiste.
Na. — The Nation.
NA. — Nuova Antologia.
NAR. — North American Review.
Nat. R. — National Review.
NC. — Nineteenth Century.
OR. — Archiv für öffentliches Recht.
PJ. — Preussische Jahrbücher.
PP. — Revue politique et parlementaire.
QC. — Quinzaine coloniale.

QDC. — Questions diplomatiques et coloniales.
QH. — Revue des Questions historiques.
QJE. — Quarterly Journal of Economics.
QCS. — Political Science Quarterly.
RB. — Revue bleue.
R... — ...e des Deux Mondes.
RDP. — Revue du droit public et de la science politique.
Réf. S. — Réforme sociale.
REI. — Revue économique internationale.
REP. — Revue d'économie politique.
RFC. — Revue française de l'étranger et des colonies.
RGA. — Revue générale d'administration.
RGo. — Revue de Géographie.
RH. — Revue historique.
RHD. — Revue d'histoire diplomatique.
RI. — Revue de droit international et de législation comparée.
RIC. — Revue de l'Institut catholique de Paris.
RIE. — Revue internationale de l'enseignement.
RIP. — Revue générale de droit international public.
RIT. — Rivista d'Italia.
RM. — Revue maritime.
RP. — Revue de Paris.
RR. — Review of Reviews.
RS. — Revue socialiste.
SaR. — Saturday Review.
So. So. — Science sociale.
St. — Statist.
Z. — Zeitschrift für die gesammte Staatswissenschaft.

Le propriétaire-gérant : FÉLIX ALCAN.

Coulommiers. — Imp. PAUL BRODARD.

FÉLIX ALCAN, ÉDITEUR

Viennent de paraître :

BIBLIOTHÈQUE DE PHILOSOPHIE CONTEMPORAINE

Introduction physiologique à l'étude de la philosophie.

Conférences sur la physiologie du système nerveux de l'homme, faites à la Faculté des lettres de Montpellier, par **J. GRASSET**, professeur de clinique médicale à l'Université de Montpellier, avec une préface de M. Benoist, recteur de l'Académie de Montpellier.) 1 vol. in-8, avec 47 figures .... 5 fr.

Philosophie de l'effort.

Essais philosophiques d'un naturaliste, par **A. SABATIER**, doyen honoraire de la Faculté des sciences de Montpellier, correspondant de l'Institut. 2ᵉ édition. 1 vol. in-8.. 7 fr. 50

L'évolution créatrice,

par **H. BERGSON**, de l'Institut. 1 vol. in-8. Troisième édition.......... 7 fr. 50

L'Idée de Bien, par A. BAYET. 1 vol. in-8 .... 3 fr. 75

La bourgeoisie française au XVIIᵉ siècle.

Étude sociale, par **Ch. NORMAND**, docteur ès lettres, professeur au lycée Condorcet. 1 vol. gr. in-8, avec planches hors texte.................................. 12 fr.

Politique commerciale et coloniale franco-allemande,

par **L. COQUET**. Préface de M. Saint-Germain, sénateur. 1 vol. in-18 .... 3 fr. 50

C. COLS .
Ingénieur en chef des Ponts et Chaussées. Conseiller d'État.

COURS D'ÉCONOMIE POLITIQUE

PROFESSÉ A L'ÉCOLE NATIONALE DES PONTS ET CHAUSSÉES

6 volumes grand in-8..................................... 36 fr.

On vend séparément :

Livre I. — Théorie générale des phénomènes économiques. 2ᵉ édition revue et augmentée............ 6 fr.
  — II. — Le travail et les questions ouvrières. 3ᵉ tirage... 6 fr.
  — III. — La propriété des biens corporels et incorporels. 2ᵉ tirage... 6 fr.
  — IV. — Les entreprises, le commerce et la circulation. 2ᵉ tirage... 6 fr.
  — V. — Les finances publiques et le budget de la France.......... 6 fr.
  — VI. — Les travaux publics et les transports.................... 6 fr.

COMPTOIR NATIONAL D'ESCOMPTE DE PARIS

Capital : 150 millions de francs entièrement versés.

Siège social **14, rue BERGÈRE** – Succursale **2, place de l'Opéra, Paris.**

OPÉRATIONS DU COMPTOIR Bons à échéance fixe. Escompte et Recouvrements. Escompte de chèques. Achat et Vente de Monnaies étrangères, Lettres de Crédit, Ordres de Bourse, Avances sur Titres, Chèques, Traites, Envois de Fonds en Province et à l'Étranger, Souscriptions, Garde de Titres. Prêts hypothécaires maritimes. Garantie contre les Risques de remboursement au pair. Paiement de Coupons, etc.

AGENCES 33 Bureaux de quartier dans Paris — 11 Bureaux de banlieue. — 140 Agences en Province — 10 Agences dans les colonies et pays de Protectorat — 12 Agences à l'Étranger

LOCATION DE COFFRES-FORTS Le Comptoir tient un service de coffres-forts à la disposition du public, 14, rue Bergère, 2, place de l'Opéra, 147, boulevard Saint-Germain, 49, avenue des Champs-Élysées et dans les principales Agences — Une clef spéciale unique est remise à chaque locataire — La combinaison est faite et changée par le locataire, à son gré. — Le locataire peut seul ouvrir son coffre.

Garantie et Sécurité absolues. Co compartiments depuis 5 fr. par mois

BONS À ÉCHÉANCE FIXE. Intérêts payés sur les sommes déposées De 6 mois à 11 mois. 2 0/0 ; de 1 an à 3 ans. 3 0,0 — Les Bons, délivrés par le Comptoir National aux taux d'intérêts ci-dessus, sont à ordre ou au porteur, au choix du déposant.

VILLES D'EAUX, STATIONS ESTIVALES ET HIVERNALES. Le Comptoir National'a des agences dans les principales Villes d'Eaux Ces agences traitent toutes les opérations comme le siège social et les autres agences, de sorte que les Étrangers, les Touristes, les Baigneurs, peuvent continuer à s'occuper d'affaires pendant leur villégiature

LETTRES DE CRÉDIT POUR VOYAGES. Le Comptoir National d'Escompte délivre des Lettres de Crédit circulaires payables dans le monde entier auprès de ses agences et correspondants, ces Lettres de Crédit sont accompagnées d'un carnet d'identité et d'indications et offrent aux voyageurs les plus grandes commodités, en même temps qu'une sécurité incontestable

Salons des Accrédités, Branch office, 2, place de l'Opéra

Librairie de Jurisprudence ancienne et moderne
Spéciale pour les ouvrages d'occasion
ÉDOUARD DUCHEMIN
18, rue Soufflot, 18, PARIS.

VIENT DE PARAITRE un Catalogue complet d'ouvrages d'occasion : Droit, Jurisprudence, Économie politique, Diplomatie.

Envoi franco à toute personne qui en fera la demande.

OUVRAGES PRINCIPAUX :

Dalloz. Collection complète comprenant :
Répertoire alphabétique. — Supplément au répertoire.
Recueil périodique 1845 à 1905 inclus et tables complètes. 1/2 rel. chagrin. bel exempl . . . . **1000 fr.**
— Répertoire alphabétique seul. 47 vol. reliés. . . . . **150 fr.**
Gazette du Palais. Collection complète reliée. — Origine 1881 à 1905, avec Tables décennales et quinquennales . . . . **220 fr.**
Labori. Répertoire encyclopédique de droit français. 12 vol. in-4°, reliés 1/2 chagrin. . . . . **160 fr.**
Journal du Palais. Jurisprudence française. — Origine 1793 à 1905 avec la jurisprudence administrative. Lois et décrets. 1/2 rel. . . . . **300 fr.**
Pandectes françaises. Nouveau répertoire alphabétique de législation et de jurisprudence. 59 vol., collection complète, brochée. . . . . **550 fr.**
— — Chronologiques et Recueil périodique. 1789 à 1905 et Tables.
1/2 rel. . . . . **300 fr.**
Sirey-Devilleneuve-Carette. Recueil général des Lois et Arrêts. — Origine 1791 à 1905, avec Lois annotées et Tables complètes. 1/2 rel. bel exempl. . . **500 fr.**

ÉCOLE JEANNE-D'ALBRET
63, Avenue de la Grande-Armée.
DIRECTRICE : Mlle Gabrielle MONOD.

Cours d'Études classiques pour les jeunes filles. — Étude surveillée.
Langues vivantes. — Dessin. — Couture. — Coupe.

ANNALES

DES

SCIENCES POLITIQUES

Revue bimestrielle

Publiée avec la collaboration des professeurs et des anciens élèves
de l'École libre des Sciences politiques

VINGT-TROISIÈME ANNÉE

II. — 15 MARS 1908

FÉLIX ALCAN, ÉDITEUR

108, BOULEVARD SAINT-GERMAIN, PARIS

COMITÉ DE RÉDACTION

M. ANATOLE LEROY-BEAULIEU, de l'Institut, Directeur de l'École libre
des Sciences politiques;

M. ALFRED DE FOVILLE, de l'Institut, Conseiller maître à la Cour des Comptes

M. STOURM, de l'Institut, ancien Inspecteur des finances et Administrateur
des Contributions indirectes;

M. AUGUSTE ARNAUNÉ, ancien directeur de l'Administration des Monnaies,
conseiller maître à la Cour des Comptes.

M. A. RIBOT, de l'Académie française, Député, anc. Président du Conseil des Ministres;

M. LOUIS RENAULT, de l'Institut, Professeur à la Faculté de droit de Paris;

M. ROMIEU, Maître des requêtes au Conseil d'État;

M. VANDAL, de l'Académie française;

M. ÉMILE BOURGEOIS, Professeur a la Faculté des lettres de Paris.

Professeurs à l'École libre des Sciences politiques.

RÉDACTEUR EN CHEF :

M. ACHILLE VIALLATE, Professeur à l'École libre des Sciences politiques.

Les ANNALES DES SCIENCES POLITIQUES (Vingt-deuxième année,
1907) sont la suite des ANNALES DE L'ÉCOLE LIBRE DES SCIENCES
POLITIQUES. Elles paraissent tous les deux mois (en janvier,
mars, mai, juillet, septembre, et novembre), par fascicules grand
in-8.

PRIX D'ABONNEMENT
Un an (du 15 janvier)

Paris............................... 18 fr.
Départements et étranger.............. 19 fr.
La livraison......... 3 fr. 50

On s'abonne à la librairie **FÉLIX ALCAN**, 108, boulevard Saint-Germain,
Paris; chez tous les libraires, et dans les bureaux de poste.
Les années écoulées se vendent séparément : les trois premières, **16 fr.**, les
suivantes, **18** fr. chacune. Les livraisons des trois premières années se vendent
chacune **5** fr.; à partir de la quatrième année, **3 fr. 50** chaque livraison.

FÉLIX ALCAN, ÉDITEUR

OUVRAGES ANALYSÉS DANS LE PRÉSENT NUMÉRO :

Paul **MATTER**

BISMARK ET SON TEMPS

TOME III
Triomphe, splendeur et déclin (1870-1898).

1 volume in-8 de la *Bibliothèque d'histoire contemporaine*............... **10** fr.
Précédemment parus : I. **La préparation (1815-1862)**. 1 volume in-8... **10** fr.
II. **L'action (1862-1870)**. 1 volume in-8......... **10** fr.

E. D'EICHTHAL
Membre de l'Institut.

LA LIBERTÉ INDIVIDUELLE DU TRAVAIL
ET LES MENACES DU LÉGISLATEUR

1 vol. in-16 de la *Bibliothèque des Sciences morales et politiques*........ **2** fr. **50**

V. MARCÉ
Conseiller à la Cour des Comptes.

L'IMPOT SUR LE REVENU EN AUTRICHE

LA POLITIQUE MARITIME, MILITAIRE

ET COLONIALE DE L'ESPAGNE ·

La séance du *Congreso* de Madrid, du 27 novembre, 1907 où furent
votés les crédits destinés à la réorganisation de la marine, restera
dans les annales parlementaires espagnoles. Les journaux l'ont
qualifiée de « séance patriotique », de « séance historique », évo-
quant, à les en croire, le souvenir des plus belles journées des
Cortès de Cadix ou de la Constituante de 1868... Le fait est qu'on
n'est guère accoutumé, chez nos voisins, à ce que les partis politiques et les différents chefs de groupes fassent si facilement trêve
à leurs divisions coutumières et à leurs rivalités personnelles, toujours en éveil.

L'éloquence du président du Conseil a sans doute été pour
quelque chose dans cette soudaine entente, dans cet enthousiasme
imprévu, d'autant plus surprenant que jusqu'à ce jour le projet de
reconstruction de la flotte s'était heurté aux plus tenaces résistances,
tant de la part des libéraux que des « solidaires » catalans. Mais
les récents événements du Maroc n'y ont pas dû être non plus
étrangers.

Ce qui ajoute de l'intérêt à cette « mémorable » séance, c'est
qu'elle marque un succès considérable pour ce qu'on peut appeler
la politique personnelle d'Alphonse XIII. Dès qu'il eût pris en
mains la direction effective des affaires, le jeune souverain manifesta très nettement son ardent désir de relever le prestige de son
pays à l'extérieur. Les hommes d'État, appelés dans les conseils de
Marie-Christine, les dernières années de la régence, avaient employé
tous leurs soins à panser les blessures de la nation, presque ruinée
par les désastres coloniaux et par la guerre avec les États-Unis, et
à reconstituer ses forces économiques. Sous l'habile direction d'un

Villaverde, l'Espagne parvint à mettre de l'ordre dans ses finances et à relever son crédit à l'étranger. Les visites qu'Alphonse XIII rendit, dès son couronnement, dans diverses capitales, notamment à Paris et à Londres, s'en trouvèrent facilitées.

L'affaire marocaine, déjà engagée, allait lui fournir l'occasion qu'il souhaitait pour faire rentrer son pays dans le cercle des grandes puissances. Le premier traité avec la France, du 3 octobre 1904, avait été conclu sous un ministère conservateur Maura. A leur tour, les libéraux ne se montrèrent pas moins partisans d'une entente étroite de l'Espagne avec l'Angleterre et la France. Le second traité relatif au Maroc fut négocié avec notre ambassadeur par M. Montero Rios, à Saint-Sébastien, pendant l'été de 1905 : il contenait parait-il, tout les points traités plus tard à Algésiras [1]. C'est aussi M. Montero Rios, qui, sur la demande de M. Moret, rédigea, dit-on, les instructions qui furent remises au délégué espagnol à la célèbre conférence, le duc d'Almodovar. A Algésiras, — comme elle l'avait déjà fait auparavant, — l'Espagne sut repousser toutes les tentatives de séduction ou d'intimidation de la part de l'Allemagne. Enfin, par son mariage avec une princesse anglaise, le souverain, tout en suivant l'inspiration de son cœur, montra nettement quelles étaient ses préférences politiques personnelles. Les relations entre les cours de Londres et de Madrid devinrent plus étroites qu'elles ne l'avaient été même au temps de la guerre de l'Indépendance, et la France ne put en prendre ombrage, puisque les précédents traités — que vint couronner, au printemps de 1907, l'entente méditerranéenne — avaient heureusement resserré les liens entre les trois États de l'Europe Occidentale [2].

1. L'accord de 1904 n'a été connu que par une déclaration des deux puissances publiée en même temps dans la *Gaceta de Madrid* et dans le *Journal Officiel*. Mais l'accord lui-même est demeuré secret : et il en a été de même du traité du 1er septembre 1905. Ce double secret aurait été éventé, parait-il, par les diplomates allemands, et le Kaiser y aurait trouvé des prétextes d'intervention à Tanger, et. en 1905, de pression à Madrid. (Voir, sur ces points, *Le problème espagnol dans la question du Maroc*, par Émile Bourgeois, dans la *Grande Revue*, 10 septembre 1907.)

2. Voir notre article *La Rivalité anglo-allemande et la Politique extérieure de l'Espagne* dans la *Revue politique et parlementaire*, 10 décembre 1907. Cette étude a fait l'objet d'un bienveillant commentaire et aussi de quelques critiques de *la Epoca* (9 janvier 1908). Le principal grief que nous adresse l'organe conservateur est de n'avoir attribué à l'Espagne qu'un rôle passif. Mais cela tient — ainsi que l'a parfaitement compris *la Epoca* — à ce que nous nous sommes placés exclusi-

LA RÉORGANISATION DE LA MARINE DE GUERRE.
L'ARMÉE. LA MARINE MARCHANDE.

En dépit des démentis officiels, l'opinion au sud des Pyrénées n'a pas manqué de faire un rapprochement entre ces récents accords méditerranéens — qu'elle ne croit pas connaître complètement — et le projet de réorganisation de la marine de guerre. S'il n'y avait là, en effet, comme l'a affirmé M. Maura, qu'une question d'« indépendance nationale », on pourrait s'étonner que l'Espagne ait attendu près de dix années, depuis les désastres de Cavite et de Santiago de Cuba, pour se rendre compte des dangers qui la menacent et de la nécessité de reconstruire sa flotte et d'outiller ses arsenaux.

A en croire l'officieuse *Epoca* [1], la faute n'en serait pas, il est vrai, aux conservateurs. D'après ce journal, il ne s'est guère écoulé de législature, depuis 1899, où M. Maura n'ait abordé à la Chambre le problème naval. Il le fit, notamment, en 1902, en tant que membre du cabinet présidé par Silvela. La crise qui survint, au cours de l'année suivante, et qui amena momentanément la division au sein du parti conservateur, n'avait point d'autre raison, paraît-il, que des divergences sur cette épineuse question de la marine. En décembre 1903, M. Maura revint au pouvoir, cette fois en qualité de président du Conseil, et il ne tarda pas à déposer au Parlement un plan complet de réformes navales : ce fut le projet de juin 1904. Il ne différait du programme qui vient d'être adopté par les Chambres qu'en ce qu'il échelonnait les dépenses de la reconstruction de la flotte sur un certain nombre d'années, tandis qu'aujourd'hui on envisage d'ores et déjà cette réfection totale. Il ne faudrait pas chercher de raisons de cette différence — toujours d'après la *Epoca* — ailleurs que

vement dans cette étude au point de vue français. L'article, *tout objectif*, que nous consacrons aujourd'hui à la politique maritime et coloniale de l'Espagne sera, du reste, la meilleure réponse que nous puissions faire au grand journal madrilène.

1. 3 décembre 1907.

dans les trois ans écoulés, qui ont permis à l'opinion de se convaincre de l'urgence de ces dépenses, tandis que les vieux bateaux, qui constituent à l'heure actuelle toute la puissance navale de l'Espagne achevaient de moisir dans les ports. L'un d'eux, la *Numancia*, a eu l'honneur de faire le tour du monde... il y a près de quarante ans ! Le *Pelayo*, le *Carlos V*, — dont les noms, toujours les mêmes, reviennent dans les journaux à propos de toutes les manifestations internationales auxquelles participe l'Espagne, — ne sont guère moins couverts de gloire et d'années. Le plus jeune d'entre ces navires appartient à un type déjà démodé [1].

Le président du conseil ne s'est pas montré moins convaincu et pressant : il s'agit pour l'Espagne de son « droit à la vie », du « droit à l'intégrité de son autonomie souveraine... » « Notre pays, a-t-il ajouté, est placé de telle manière à la rencontre des intérêts, des aspirations et des nécessités commerciales et navales de l'univers, qu'il ne peut jamais être assuré de demeurer indemne dans les conflits des autres, et encore moins d'éviter les conflits; il doit bénir la Providence qui lui ménage aujourd'hui du temps pour se préparer, pour que, quand sonnera l'heure nuptiale, son flambeau ne soit pas éteint. Or, ceux qui peuvent plus que nous, ceux qui ont dans le concert des nations une voix plus efficace ne cessent de se tenir sur leurs gardes, et nous ne mériterions de la postérité que le mépris qu'inspirent les imbéciles, si nous restions sans rien faire, oubliant que la paix d'aujourd'hui n'a pas de garanties éternelles...

« ... Mais, notez-le bien, ce qui fait notre danger constitue aussi

---

[1]. Voici quel est, à l'heure actuelle, l'état de la flotte espagnole :
1 cuirassé de 2ᵐᵉ classe, le *Pelayo* (1887), de 9 000 tonnes.
3 croiseurs protégés de 1ʳᵉ classe : *Emperador Carlos V* (1895), de 9 200 tonnes, *Principe de Asturias* (1896), *Cataluña* (1900).
2 croiseurs protégés de 3ᵉ classe : *Rio de la Plata* (1897), *Estremadura* (1900).
2 garde-côtes : *Numancia* (1868), *Victoria* (1865).
5 contre-torpilleurs (1886, 1896 et 1897).
3 torpilleurs de 1ʳᵉ classe (1886-1887).
5 torpilleurs de 2ᵉ classe (1885-1886).
4 canonnières de 1ʳᵉ classe (1885, 1896 et 1897).
10 canonnières de 2ᵉ et 3ᵉ classes (1887, 1889, 1891, 1895).
En tout : 36 bâtiments, réunissant un tonnage de 64,681 et armés de 388 canons.
En construction : un croiseur protégé de 2ᵉ classe, *Reina Regente*, de 5,871 tonnes.
Les équipages comprennent 5,600 hommes; l'état-major, 778 officiers et 56 aspirants. Il faut y ajouter 2,358 hommes d'infanterie de marine avec 303 officiers.

notre salut... L'Espagne ne restera jamais seule, parce qu'il existera toujours de puissants intérêts alliés aux nôtres, des associés naturels, des forces parallèles sur lesquelles elle pourra s'appuyer, à une seule condition : celle de ne pas s'enfermer dans l'isolement où elle a vécu et de ne pas renoncer à faire valoir ce qu'elle possède par un don gratuit du ciel... »

Ce que l'Espagne « possède par un don gratuit du ciel », c'est la longue étendue de ses côtes, que la nature a merveilleusement aménagées, ce sont ses rades profondes et à l'abri des vents, où peuvent aisément évoluer les plus nombreuses escadres, c'est sa situation exceptionnelle à l'extrémité de l'Europe et aux portes de l'Afrique, à cheval sur deux Océans. Voilà ce qui donne du prix à son alliance. Pour la première fois depuis Trafalgar, s'il faut en croire le propre fils du président du conseil, M. Gabriel Mauray Gamazo, l'Espagne a enfin une vraie politique extérieure[1], et cette politique s'appuie essentiellement sur l'entente avec Londres et Paris. Cet honneur ne va pas, il est vrai, sans quelques charges, et voilà pourquoi, suivant l'exemple que lui donnent les grandes puissances d'Europe, d'Amérique et d'Asie, que paraît hanter la perspective prochaine d'un conflit inéluctable et universel, l'Espagne arme à son tour, à la fois pour se montrer digne de ses récentes amitiés et pour protéger, le cas échéant, son indépendance...

*
* *

Peut-être a-t-on le droit, toutefois, de se demander si la nouvelle *armada* répondra au but qu'en attendent nos voisins. Il s'est trouvé des techniciens et des hommes politiques dans la Péninsule même pour le mettre en doute. Ce n'est pas, assurent-ils, avec trois cuirassés de 15,000 tonnes, trois destroyers de 6,000 tonnes et vingt-quatre torpilleurs de 180 tonnes que l'Espagne arrivera à repousser victorieusement une attaque des puissances navales d'Europe ou d'Amérique, même de second ordre. La nouvelle escadre doit, à vrai dire, être « purement défensive », suivant une expression du

---

1. *Die Lage der auswärtigen spanischen Politik*, dans la *Deutsche Revue* (juin et juillet 1907).

président du conseil; mais on ne voit pas comment avec trois unités de combat — qui seront démodées au bout des huit années que durera leur construction — on va défendre le littoral méditerranéen et celui de l'Atlantique, l'archipel des Canaries, les Baléares, les places du Maroc et les établissements de Guinée. « Plutôt qu'une pareille escadre, affirme avec un peu d'exagération *El Imparcial*, mieux vaudrait ne pas en avoir du tout. » Quand l'Italie voulut avoir une flotte, elle y consacra 700 millions de lires... Ce que nous faisons, ajoute l'organe libéral, c'est une « parodie d'escadre »; « nous jetons tout simplement notre or à la mer... »

Les navires que l'on va construire ne seront, du reste, d'aucune utilité, si on ne prépare en même temps des bases navales suffisantes, si on ne fortifie les points stratégiques des côtes. « Occupons-nous d'abord de défendre nos côtes, a déclaré à la Chambre un Catalan, M. Macia : plus tard, nous verrons à construire une forte escadre. » Actuellement, l'arsenal du Ferrol ne possède pas même de chemin de fer, et la plupart des ports du royaume ne sont pas assez profonds pour permettre l'entrée aux navires de 20,000 tonnes. Ni Carthagène, ni Valence, ni Barcelone ne sont à l'abri d'un coup de main. Les fortifications de Mahon datent de vingt-sept ans. Les Canaries sont sans défense. Faute d'une artillerie suffisante à Ceuta, le détroit de Gibraltar n'est pas protégé du côté espagnol, c'est-à-dire sur le versant africain. Or, le projet voté par les Cortès ne prévoit que 10 millions pour le Ferrol, 3,184,000 francs pour la Carraca (le port de guerre de Cadix) et 370,000 francs seulement pour Carthagène. Une somme de 3,120,000 francs est consacrée à la défense de ces trois ports, alors que le crédit visant les constructions neuves est de 170 millions.

A ces diverses objections, qui ont été soulevées à la tribune de la Chambre, le président du conseil a répondu que ce crédit total de 200 millions ne constituait qu'un commencement[1]. Et cette réponse, à vrai dire, est assez inquiétante pour l'avenir... L'Espagne est-elle,

1. Pour faire face à ces dépenses, le gouvernement a été autorisé à se procurer 175 millions par une émission de dette amortissable en obligations 3,5 0/0, cet intérêt ainsi que l'amortissement devant figurer au chapitre III de la section des obligations générales de l'État. On soldera les dépenses des arsenaux avec le budget ordinaire de la marine, qui s'élève cette année à 50 millions (au lieu de 36 millions en 1907) et qui sera porté, les années suivantes, à 65 millions.

en effet, suffisamment riche pour se permettre de telles dépenses ?
N'y a-t-il pas de l'imprudence à renoncer sitôt à la sage politique
d'économies inaugurée par Villaverde et toujours respectée jusqu'ici
par ses successeurs ?.. M. Maura a affirmé que le déficit, s'il se
produisait, n'atteindrait pas cette année un million de pesetas ; il a
promis solennellement de ne pas s'écarter de la voie tracée par
l' « inoubliable » Villaverde. Mais l'opposition croit voir dans sa
politique actuelle un démenti apporté à ses propres paroles : au
dire des libéraux, M. Maura « met la charrue avant les bœufs ».
Plutôt que de « jeter ces millions à la mer », on pourrait leur
trouver un emploi plus profitable à l'ensemble du pays, en donnant
une plus grande impulsion aux mines et aux usines, en créant les
voies de communication qui manquent tant à l'Espagne, en multipliant les travaux hydrauliques, en développant l'instruction. Au
lieu de faire peser sur les épaules du contribuable, déjà trop poussé
par la misère à abandonner le sol natal, ne conviendrait-il pas de
créer dans la Péninsule ces sources de richesse, où viendra s'alimenter l'impôt, et qui seules permettront au pays de créer une
escadre et de l'entretenir ? Telle est, en particulier, l'opinion d'un
ancien ministre des travaux publics, M. Raphaël Gasset, et le chef
du parti libéral lui-même, M. Moret, tout en apportant sa voix au
projet naval de M. Maura, n'a pas manqué de réclamer un chiffre
égal de crédits en vue de l'enseignement et du développement économique du royaume. Le président du conseil n'a pu qu'incliner la
tête, en signe d'assentiment : mais comment l'Espagne pourrait-elle
affronter, à la fois, ces deux sortes de dépenses ? Nécessairement, il
faut choisir, et ce sont les dépenses pour l'enseignement qui ont
été, encore une fois, sacrifiées.

Il semblait que le débat sur la marine dût appeler l'attention
du gouvernement sur les réformes à apporter à l'armée de terre.
S'il n'en a pas été ainsi, la raison en est que cette question avait
déjà fait l'objet d'importantes discussions, sous de précédents ministères. Les partis en ont fait, par malheur, une question politique, et
ceci explique que tous les projets de réformes proposés jusqu'ici

aient misérablement avorté. Toutefois, il ne me paraît pas inutile d'en dire quelques mots.

L'histoire glorieuse de l'Espagne dans le passé offre la preuve la plus éclatante des grandes qualités militaires de ses habitants. « Notre peuple, — a pu écrire sans exagération le maréchal Lopez Dominguez, — est sobre, honnête, enthousiaste, apte à supporter les épreuves de la guerre, respectueux de ses chefs, en possession des conditions qui font les meilleurs soldats, de sorte que si ceux-ci sont bien commandés, ils peuvent être conduits sans crainte à la victoire sous toutes les latitudes, car ils ont une vertu essentielle : celle de ne jamais se laisser abattre ni par les revers, ni par la fatigue. » Malheureusement, l'armée espagnole, de l'aveu de ses propres officiers, appartient « au type le plus lamentable qui soit ». Jusqu'à ces quinze ou vingt dernières années, elle n'a été qu'un instrument au service des institutions politiques. Aujourd'hui encore, c'est avec regret, semble-t-il, que le gouvernement renonce à l'employer à une telle fin. Pendant la plus grande partie du xixᵉ siècle, l'Espagne a été trop continuellement occupée par ses crises intérieures et ses querelles intestines, pour songer à se mêler à la politique internationale : et ceci explique que son armée présente les caractères d'une institution politique, plutôt que d'une armée vraiment nationale.

« La misère du peuple, un des résultats produits par les troubles civils, a poussé la classe moyenne à embrasser la carrière militaire, tandis que le libéralisme contribuait à en éloigner l'aristocratie. Les guerres civiles entre les partis faisaient que les gouvernements s'assuraient des volontés qui leur prodiguaient l'encens, et les vacances qui se produisaient dans les échelons inférieurs de la hiérarchie permettaient d'y placer des bourgeois peu propres à de tels emplois [1]. » Les périodes de paix, alternant avec les périodes de guerres coloniales ou de luttes intérieures, aggravèrent encore cette pléthore d'officiers. A la fin de la dernière guerre de Cuba, l'armée espagnole comptait 499 généraux, 578 colonels et plus de 23,000 officiers. Ensemble, tout cet état-major représentait en soldes, gratifications, pensions attachées aux décorations, etc., les 60 p. 0/0 du

---

1. J. Alas, *L'armée espagnole*, dans le *Nouvelle Revue Internationale*, 1900.

budget total. A cette époque, les crédits pour la guerre se répartissaient de la façon suivante : 80 millions pour les généraux, officiers et assimilés; 45 millions pour les soldats; 13 millions pour le matériel.

L'énorme somme qu'absorbe la paye des officiers fait que le contingent annuel appelé à recevoir l'instruction militaire est insignifiant, par rapport au nombre des citoyens aptes à servir sous les drapeaux : en 1900, il était inférieur à 25 p. 0/0. L'instruction des soldats, aussi bien que celle des officiers et des auxiliaires, ne peut, en outre, acquérir aucun caractère pratique, parce qu'on manque d'argent pour exécuter des grandes manœuvres, des exercices de tir, etc., si bien que les recrues, n'étant plus rappelées par périodes sous les drapeaux, perdent naturellement le peu d'instruction et d'éducation militaire qu'elles avaient acquis au temps de leur service. Le matériel de guerre est insuffisant et défectueux. « Dans ces conditions indéniables d'infériorité militaire, déclarait en 1900 un officier des plus distingués, M. Jenars Alas, qui sont uniquement dues au nombre excessif d'officiers, on se tient nécessairement éloigné de la vie militaire, on oublie les habitudes de commandement et en général tout ce qui concerne l'art militaire. Il arrive ainsi que la moitié des officiers ne trouvent pas à s'occuper. De l'autre moitié, une bonne partie détient des emplois officiels sans but déterminé. On peut dire qu'il y a en Espagne, pour 30,000 hommes, six fois plus d'officiers qu'en France pour 180,000 hommes. En outre, les officiers qui sont destinés au commandement sont impropres à l'étude des plus simples problèmes techniques. Il existe des régiments d'infanterie de 542 hommes et d'autres de moins de 400!... »

En 1906, l'armée espagnole comprenait encore dans l'active : 4 capitaines généraux, 32 lieutenants généraux, 60 généraux de division et 125 de brigade; et dans la réserve : 9 lieutenants généraux, 41 divisionnaires et 235 brigadiers, soit en tout 497 officiers généraux! Le général Luque, qui, à cette époque, détenait dans le cabinet libéral Lopez Dominguez le portefeuille de la guerre, trouva ce chiffre excessif, en comparaison des autres armées européennes et pour un effectif de 80,000 hommes! Il présenta aux Cortès un vaste plan de réformes, qui causa une vive émotion dans le monde militaire et amena (octobre 1906) de violentes discussions au sein du

Parlement et dans la presse. Ce projet avait en vue notamment : l'abaissement de la limite d'âge de 68 ans à 64 ans pour les généraux de division et de 65 à 62 pour ceux de brigade, la transformation du grade de capitaine général en une dignité avec grandesse qui ne pourrait être accordée qu'aux généraux victorieux en campagne. L'instruction militaire devrait être répandue parmi la jeunesse. L'unité de combat devenait la division, et chaque division devait être dotée de tous ses éléments de combat. Les régiments d'infanterie de l'active comprendraient trois bataillons.

Ce projet, qui semblait un acheminement vers le service obligatoire, trouva de chauds partisans parmi les républicains, — qui fondèrent même un instant sur le général Luque les plus grandes espérances pour le succès de leur cause, — mais il se heurta à l'opposition irréductible des conservateurs, de certains libéraux, et même de républicains, comme M. Rodrigo Soriano, qui, dans son journal, la *España Nueva*, préconisait, de préférence à la « nation en armes », la constitution d'une armée professionnelle de 200,000 hommes.

Les mesures relatives au rajeunissement des cadres soulevèrent aussi de vives protestations de la part des intéressés, qui trouvèrent leurs porte-paroles dans la personne des généraux Weyler et Polavieja, tous deux candidats au grade de capitaine général que l'on parlait de supprimer. Ils firent valoir que l'effectif de l'armée s'élève non pas à 80,000 hommes, mais à 112,000, en comptant la garde civile (gendarmerie), et qu'il devrait être porté, en cas de guerre, à près de 500,000 hommes, qu'il faudrait pourvoir de cadres : « Il n'y a donc pas, disaient-ils, trop d'officiers : il n'y a seulement pas assez de soldats sur pied de paix ».

Il convient d'ajouter que le peuple espagnol, retranché derrière ses montagnes et qui se croit à l'abri d'une invasion, est foncièrement hostile à l'idée du service militaire obligatoire[1]. De plus, si

---

1. La loi espagnole (11 juillet 1885-4 décembre 1901) proclame bien le principe du service universel obligatoire depuis l'âge de vingt et un ans pour une durée de douze ans, dont trois dans l'active, trois dans la réserve première et six dans la deuxième réserve. Mais elle admet le rachat du service actif, contre le paiement de 1,500 pesetas, de même que le remplacement entre rères.

Le contingent annuel des recrues de 1907 a été de 48,000 hommes, dont 35,484

ce mode de recrutement apparaît à certains esprits éclairés comme un *desideratum* pour l'avenir, ils ne croient pas qu'on puisse l'adopter d'un coup, sous peine de charges trop lourdes pour le budget. De l'avis du général Lopez Dominguez, l'instruction militaire obligatoire doit avoir le pas sur le service militaire obligatoire. Le général Luque l'avait ainsi compris : mais l'ignorance profonde de la masse, aussi bien que l'entêtement de certaines classes sociales, qui s'opposent à toute idée de réforme, empêchèrent son projet d'aboutir. L'état de choses antérieur a subsisté... Peut-être cependant les nécessités de sa nouvelle politique extérieure obligeront-elles, dans un temps prochain, l'Espagne à réorganiser son armée, comme elle a déjà commencé à reconstituer ses forces navales. Et la *Correspondencia Militar*, tout en déplorant que, dans la séance « historique » du 27 novembre, on ait paru oublier l'armée de terre, ne s'est pas fait faute de rappeler un des derniers discours de Silvela, où il montrait la nécessité pour son pays d'avoir des forces militaires nombreuses et bien organisées : « Toute économie sur ce chapitre, ajoutait cet homme d'État, ne sera payée que de revers dans un avenir qui n'est peut-être pas très éloigné... »

*
* *

Au contraire, le gouvernement espagnol devait être nécessairement appelé à s'occuper, dès à présent, de la marine marchande et de l'industrie de la pêche, destinées à subvenir aux besoins des populations côtières, parmi lesquelles se recrutent les équipages de la flotte [1].

Le problème n'est pas nouveau. Il y a beau temps que des hommes

seulement ont été incorporés. En 1907 également, on complait 11,756 officiers de tous grades, sans parler de la garde civile ni du corps des carabiniers.

1. L'Espagne possède une loi sur l'inscription maritime, analogue à la nôtre (loi du 17 août 1885). Conformément à cette loi, un décret royal fixe à la fin de chaque année le chiffre du contingent appelé au service actif. Voici quel est l'état de l'inscription pour 1908 :

	DÉPARTEMENTS			
	Cadix.	Férrol.	Carthagène.	Total.
Nombre d'inscrits	1,169	3,200	1,271	5,640
Contingent demandé	206	562	223	991

comme le capitaine D. Ernesto Lyders, de la marine marchande, et des institutions comme la *Liga Maritima*, appellent sur ces diverses questions l'attention des pouvoirs publics.

Malgré les charges très lourdes qui pèsent sur elle, la marine espagnole — et particulièrement la marine à vapeur — n'a pas cessé, cependant, de faire, dans les dernières décades du XIXᵉ siècle, de notables progrès. Le tonnage a passé de 590,356 en 1893 (dont voiliers, 286,164, et vapeurs, 304,192) à 811,102 en 1903 (dont voiliers, 88,157, et vapeurs, 727,945). On calcule que, de 1855 à 1899, le nombre des tonnes de marchandises importées en Espagne par des navires espagnols a décuplé, et que le nombre de tonnes exportées par sa propre marine est de treize fois supérieur. Après cet effort considérable, il semble seulement qu'on subisse un temps d'arrêt. Des réformes s'imposent, en effet, afin d'alléger la marine des droits de port, des frais d'embarquement et de débarquement, qui sont excessifs, et des autres impôts, dans le détail desquels je ne puis entrer.

A la suite d'une campagne menée par la presse et par la Ligue Maritime, un projet de loi a été déposé aux Cortès, sous le ministère Maura, en novembre 1903, par le ministre de Fomento, M. Gonzalez Besada : il donnait satisfaction, sur bien des points, aux marins et aux armateurs de la Péninsule. Mais la chute du gouvernement et la dissolution des Cortès empêchèrent qu'il fût mis en discussion.

M. Maura est revenu au pouvoir, et il compte cette fois encore dans son cabinet M. Besada. Le projet dont celui-ci vient de donner lecture à la Chambre, le 24 janvier dernier, diffère peu du projet de 1903. Sa répercussion possible, s'il est voté, sur la vie économique de l'Espagne nous invite à en donner ici un rapide aperçu.

Ce projet comprend trois parties. La première partie se réfère à la navigation. Les navires battant pavillon national seront désormais affranchis de tous impôts ou droits perçus par l'État, à l'exception des droits de douane. L'impôt sur le transport terrestre ne frappera plus les marchandises destinées à être exportées directement d'Espagne, sur des navires espagnols, et dans des conditions déterminées. Le droit perçu à l'embarquement ou au débarquement est également supprimé, sous les mêmes conditions. Il en est de même de l'impôt sur le cabotage, qui est aboli dans sa totalité. Le cabotage demeure, d'ailleurs, réservé aux navires construits dans les chantiers espagnols, au cours des cinq ans qui suivront la loi. Le matériel destiné au service des ports devra aussi être exclusivement de construction nationale.

Le projet accorde des primes de navigation, oscillant entre 0,60 et une piécette par tonne et par 1 000 milles parcourus, selon la rapidité du navire. Y auront seuls droit les navires faisant le trafic dans les pays ou régions rangés dans un tableau annexe sous les catégories suivantes : Brésil, Uruguay, Argentine, Angleterre, Baltique, Adriatique, mer Noire, Algérie, États-Unis.

Le projet détermine sur quelles nouvelles bases devront être réorganisées les communications régulières rapides de la Péninsule, soit avec l'Afrique, l'Amérique, l'Asie et l'Océanie, soit avec les Canaries, les Baléares, le Nord et le Nord-Est africains.

D'autres dispositions tendent à une meilleure organisation des ports, dont l'autonomie administrative se trouve augmentée, à la simplification des divers réglements et des diverses formalités auxquels sont astreints les navires, à l'abaissement des tarifs perçus au profit des ports.

Dans une seconde partie, consacrée à la construction navale, on exempte de la même façon les navires construits en Espagne de tous les droits, sauf de ceux de douane. On continuera, d'ailleurs, comme par le passé, à faire remise des droits de douanes perçus sur le matériel destiné à la construction des machines, des chaudières et des coques de navires. On accorde, en outre, aux constructeurs des primes par tonne de jauge et variant avec la classe et la rapidité du navire.

Enfin, une troisième partie a en vue la pêche maritime, qui jouira d'exemptions analogues à celles dont vont profiter les navigateurs et les constructeurs. Elle est réservée, sur le littoral espagnol, aux navires battant pavillon national. La grande pêche, celle qui se pratique dans les mers libres du Nord et du Nord-Est africains, bénéficiera d'une exemption de droits complète. Des primes seront accordées aux navires se livrant à l'industrie de la pêche dans des conditions déterminées, pendant les cinq premières années de la mise en vigueur de la loi.

D'après le projet, cette loi restera dix ans en vigueur; cependant, la validité des dispositions qui se réfèrent aux communications régulières maritimes pourra être prolongée, en sus, dix nouvelles années.

II

Le Congrès Africaniste de Madrid et la Politique Coloniale.

« Nos ambitions nationales, avouait un Espagnol à M. René Bazin en 1894, ne sont pas opposées aux vôtres. Elles sont très franchement avouées... Nous en avons trois : la reprise de Gibraltar, une union politique étroite avec le Portugal, et une situation privilégiée au Maroc...[1] » L'entente avec l'Angleterre empêche nos voisins de donner suite, au moins pour l'instant, à la première de ces « ambitions ». Pour ce qui est de la seconde, le temps ne semble pas venu, non plus, de songer sérieusement à la réaliser[2].

En revanche, une nouvelle ambition a surgi au cœur des Espagnols, le lendemain même du néfaste traité de Paris qui leur enlevait leurs dernières possessions d'outremer. Déjà, à ce moment, le besoin d'une marine se faisait sentir, et en même temps celui d'une attraction sur la mer, Méditerranée ou Océan, vers l'Afrique ou vers l'Amérique. « En vérité, disait un député castillan à M. Charles Benoist en 1897, c'était le génie de notre pays qui portait nos pères à suivre le double flot, se retirant et les attirant vers l'Occident et vers l'Orient, et avec eux allait la fortune de l'Espagne...[3] »

C'est d'abord, et tout naturellement du côté de cette Amérique, qui venait de rompre ses derniers liens avec elle, que l'Espagne porta son attention. A défaut de liens politiques, elle songea à nouer avec ses anciennes colonies des relations économiques et intellectuelles plus intimes; et quelques hommes hardis de la Péninsule, comme M. Sanchez Toca, au moment où leur pays semblait écroulé sous le poids de ses défaites, purent ainsi parler d'une « plus grande Espagne ».

---

1. *Terre d'Espagne*, page 169.
2. Voir notre article *La situation actuelle du Portugal*, dans les *Questions Diplomatiques et Coloniales*, 1er janvier 1908.
3. Dans la *Revue des Deux Mondes*, 1897.

Le mot ne serait pas exact, selon M. Gabriel Maura y Gamazo : il vaut mieux dire une « meilleure » Espagne. A celle-ci incombent deux grandes et nobles missions : une mission américaine, que l'Espagne partagera avec l'Italie, le Portugal et l'Angleterre (M. Maura semble oublier la France), et une mission, si l'on veut, africaine, qui consiste pour l'Espagne « à maintenir, autant que ses forces le lui permettront, le *statu quo* politique dans la Méditerranée : l'accord franco-espagnol de 1904, l'attitude des délégués espagnols à Algésiras et l'entrevue de Carthagène — ajoute le distingué diplomate — n'ont pas d'autre signification... [1] »

La première de ces missions, ou, si l'on préfère, de ces « ambitions », n'a pas eu jusqu'ici les résultats qu'on en attendait, en dépit des efforts de l'*Union Ibéro-Américaine*, à cause des nombreux obstacles tenant à la nature même des relations de la Péninsule avec l'Amérique latine. Peut-être, cependant, la vive impulsion que nos voisins donneront à leur marine, si la nouvelle loi est votée, profitera-t-elle du même coup au développement des relations hispano-américaines [2].

Mais, à l'heure actuelle, c'est vers l'Afrique, c'est vers le Maroc que l'attention se porte de préférence, au sud des Pyrénées. A l'ancienne formule « notre avenir est en Amérique » a succédé cet autre système de politique : *Nuestro porvenir esta en Africa*. La politique du *statu quo*, à laquelle fait allusion M. Gabriel Maura, dissimule mal ce qui a toujours été le dessein plus ou moins avoué des hommes d'État de la Péninsule : réserver le Maroc, en tout ou en partie, à l'influence de leur pays. Ils attendaient seulement, pour agir, d'avoir reconstitué entièrement les propres forces de l'Espagne.

Cette échéance leur apparaissait comme lointaine. Le principal, pour eux, était de sauvegarder l'avenir, et c'est ce qui explique la coquetterie, peut-on dire, exagérée, du cabinet de Madrid, à s'en tenir à la lettre aux clauses de la convention de 1880, qui avait proclamé, comme on sait, le *statu quo* et le principe de la porte ouverte dans l'empire chérifien.

1. Article cité de la *Deutsche Revue.*
2. Voir nos articles : *la Plus grande Espagne*, dans les *Questions Diplomatiques et Coloniales* de novembre 1905 ; *les Relations économiques hispano-Américaines*, dans la *Revue Économique Internationale* de décembre 1907.

En vain, quelques politiciens en vue, Azcárate, Coello, Labra, J. Costa, Saavedra, Cardenas, d'autres encore réclamaient du gouvernement une action plus effective de l'autre côté du Détroit : le public ne gardait de ces retentissants meetings que le souvenir de beaux et éloquents discours, de phrases sonores et grandiloquentes, et les milieux officiels ne s'en montraient pas autrement émus.

La lutte contre l'infidèle n'a cessé, cependant, de hanter le cerveau du populaire, au sud des Pyrénées; et on ne saurait sans injustice refuser à l'Espagne l'honneur d'être au Maroc la doyenne de l'Europe. Mais si nombreuses qu'aient été ses tentatives, sous Isabelle et ses successeurs, de porter la croix chez ses anciens maîtres, retranchés derrière le bras bleu de l'Océan, elles n'ont jamais obéi à un programme méthodique de conquête, et, de fait, à part les *Presidios*, — ces bagnes perdus dans un pays demeuré hostile, — il n'en est rien resté. Plus près de nous, la brillante campagne de O'Donnel à Tétouan n'eut point d'autre résultat que de jeter un nouveau lustre sur les intrépides soldats de Castille et de Catalogne. Voilà à peu près à quoi se résument ces prétendus « droits historiques » au Maroc, dont on a tant parlé ces dernières années. M. Gabriel Maura en a le premier fait justice, dans un livre qui fait le plus grand honneur à son talent d'écrivain et à son courage d'homme politique [1].

Un autre Espagnol, M. Gonzalo de Reparaz, dans un ouvrage édité à Barcelone, *Política española en Africa*, a mis en regard — non sans mélancolie — l'œuvre très forte réalisée par la France en Algérie, l'autorité morale qu'elle a su conquérir dans le monde musulman et la politique, molle et indifférente, de l'Espagne en Afrique pendant tout le siècle dernier.

Ce fut la France, qui, en parlant d'intervenir au Maroc, pour assurer la sécurité de ses nationaux et de sa frontière algérienne, vint secouer nos voisins de leur profonde torpeur. Bon gré mal gré, il leur fallut accepter d'agir de concert avec nous, sous peine de se voir à jamais exclus de cette terre promise. Sans nul doute, le

1. *La Cuestión de Marruecos desde el punto de vista español* (Madrid, 1905).

concours de l'Espagne eût été plus empressé et plus effectif, si elle avait simplement suivi l'impulsion de son jeune souverain et si elle n'avait eu à compter avec une partie de l'opinion, exagérément hostile à toute politique d'aventure. Mais, en dépit du pessimisme voulu de la majorité de la presse, il n'est pas douteux que la politique personnelle du roi, c'est-à-dire le désir de jouer un rôle plus actif aux côtés de la France, ait gagné du terrain, à la faveur des événements.

Il suffirait peut-être de relire certains passages du discours de M. Maura, dans la séance du 27 novembre, pour se rendre compte que l'Espagne se désintéresse moins que jamais des affaires marocaines : « De la Moulouïa jusqu'au delà de Tanger, a déclaré le président du conseil, jamais l'Espagne ne consentira à ce qu'une nation qui ne soit pas le Maroc pose le pied, et cela coûte que coûte ». Le 2 décembre, au Sénat, le ministre a précisé ses déclarations. Il a distingué nettement entre cette bande de terre « que baigne la Méditerranée, le Détroit et l'embouchure de ce détroit », où l'Espagne a une « situation unique, absolument exceptionnelle, situation heureusement reconnue, respectée et effective », qui est une « partie intégrante de sa propre sûreté, de sa personnalité et de son indépendance nationale », et le reste de l'empire, où « elle n'est qu'une nation parmi toutes celles du monde... »

« De là, a-t-il ajouté, dérive cette conséquence pratique, que nous, qui ne fûmes à Casablanca qu'avec les 300 substituts de la police indigène non encore constituée, pour ne pas laisser, en attendant sa constitution, inaccomplie la volonté commune des puissances signataires, nous avons à Algésiras un corps d'armée absolument prêt et en mesure de passer en Afrique dans les quarante-huit heures...[1] »

---

1. Le 16 février dernier, l'Espagne a occupé Mar-Chica. Cette occupation, d'après une note officielle communiquée aux puissances, est basée sur l'inobservation du traité de 1804, qui oblige le makhzen à assurer la sécurité des régions environnant les places espagnoles, la nécessité d'adopter des mesures pour éviter que les tribus ennemies du Rif viennent vider leurs querelles dans les limites des territoires espagnols, et surtout pour mettre fin à la contrebande exercée sur le littoral. Les forces espagnoles, ajoute la note, seront retirées quand le makhzen remplira ses engagements.

*
* *

D'autre faits, également curieux à noter, témoignent de l'intérêt, toujours plus grand, que prennent les pouvoirs publics et aussi les particuliers, au sud des Pyrénées, je ne dis pas seulement à ce qui se passe dans l'empire chérifien, mais d'une façon générale aux choses coloniales. En même temps qu'elle se prépare à conquérir, le cas échéant, la partie du Mogreb qui semble devoir lui revenir, en vertu de traités demeurés, secrets, l'Espagne, elle, cherche à étendre son influence économique et morale, sa pénétration pacifique dans le reste de l'Empire, conformément à l'acte d'Algésiras, aussi bien qu'à développer ses « présides » de la côte et ses autres possessions du continent africain. C'est ainsi que, par un singulier contre-coup, l'affaire du Maroc rappelle l'attention de la métropole sur ses colonies africaines, demeurées jusqu'ici dans un complet abandon : Fernando-Po, Annobon, Corisco, Elobey, Rio de Oro et le territoire du Muni, qui coûtent chaque année à l'Espagne une somme de deux millions, sans autre utilité que d'offrir un débouché à ses soldats, à ses religieux et à ses fonctionnaires; les Canaries, livrées aux compétitions des Anglais et des Allemands [1]; enfin, les

1. On pourra consulter : Ricardo Beltrán y Rózpide, *La Guinea Continental Española* (Madrid, 1903); Henri Lorin, *Les colonies espagnoles du Golfe de Guinée* (dans les *Questions Diplomatiques et Coloniales*, 1er février 1906), et le dernier rapport, assez pessimiste, du commissaire royal D. Diego Saavedra y Magdalena. Le commerce de la Péninsule avec ses colonies africaines est insignifiant, comme on s'en rendra compte par les chiffres suivants, empruntés à la statistique officielle de la Direction générale des douanes pour 1906 :

		Pesetas.
Présides de la côte africaine.	Importations d'Espagne....................	1,351,362
	Exportations en Espagne.................	143,351
Rio de Oro.	Importation d'Espagne........................,	218
	Exportation en Espagne.....................	18,374
Fernando Po.	Importations d'Espagne.......................	2,752,669
	Exportations d'Espagne.....................	936,696

	Kil. q.	Population.	Densité par k. q.
Fernando Po....................	1,998	90,742	10
Annobon......................	17	1,204	69
Rio Muni.....................	25,700	139,000	5
Rio de Oro....................	185,000	130,000	0.7
Afrique du Nord	13	10,282	790
	212,728	301,228	1.4

Pour les Canaries, qui ne sont pas, à vrai dire, considérées officiellement

présides de la côte chérifienne, sur lesquels il convient d'insister.
Les troupes qui y tiennent garnison y font moins figure de vainqueurs en territoire soumis, que d'assiégés obligés de se défendre
contre les attaques incessantes des tribus qui les menacent de
toutes parts. « Quatre siècles d'occupation espagnole n'ont amené
ni une détente sérieuse dans l'attitude des Rifains, ni une expansion
quelconque de l'influence des conquérants sur les conquis, de l'Europe sur les barbares. Ce sont, au contraire, les Rifains qui s'offrent,
quand bon leur semble, le luxe de visiter les possessions espagnoles,
d'y vendre leurs produits, mais sans aucune compensation pour
ceux-ci, qui ne peuvent s'approcher en aucun cas des groupements
indigènes, ni même s'aventurer à quelque distance de leurs limites
sans craindre pour leur vie [1] .» Il semblerait, pourtant, que la situation unique de Ceuta dût en faire un lieu de transit fréquenté et un
des plus importants marchés de l'Afrique septentrionale; mais son
port n'est pas aménagé; les travaux en sont même interrompus
depuis plus de six ans. Ceux de Melilla et des Chafarines n'ont pas
encore été commencés. Melilla, presque avant de naître, se trouve
menacée dans sa prospérité éventuelle par les établissements français, déjà florissants, de Port-Say, du Kiss de Marnia et de Berguent.
Le développement possible de Melilla se devine, cependant, à l'augmentation de sa population qui, de 1890 à 1905, a passé de 3,500 à
11,000 âmes, ainsi qu'à l'extension de son commerce qui était de
un million et demi, il y a quinze ans, et qui atteint aujourd'hui
12,500,000 piécettes. Les profits, à vrai dire, en vont surtout aux
étrangers, et, sans trop d'exagération, on a pu prétendre que Melilla

comme une colonie, mais qui font partie intégrante du royaume d'Espagne, je
me permets de renvoyer à mon article publié dans les *Questions Diplomatiques*
du 1ᵉʳ août 1907.

1. Dechaud, *Melilla et les Présides*, dans le *Bulletin de la Société de Géographie
Commerciale de Paris* (décembre 1907 et janvier 1908).

Les Espagnols occupent Ceuta depuis 1415, Melilla depuis 1496; l'îlot de
Balech (aujourd'hui Vulez de la Gomera) fut pris en 1508, et l'île Hadjerat en
Nekour (Alhucemas) en 1073; enfin, plus récemment, en 1847, le drapeau espagnol fut hissé sur le groupe des îles Chafarin (Zaffarines). « Sans aucune relation avec la terre ferme, les Zaffarines, comme Alhucemas, comme le Peñon
de Velez de la Gomera, reçoivent tout de l'Espagne, même l'eau potable, car
les citernes installées dans ces îles sont insuffisantes à alimenter la population cependant si restreinte de ces tristes lieux de détention. » (Dechaud, *loco
cit.*)

était une place anglaise défendue par des soldats espagnols[1]. A Ceuta, le total des importations espagnoles n'atteint pas le chiffre d'affaires que réalise la Péninsule avec la minuscule République d'Andorre!

Au Maroc même, il suffit de lire les aveux, au sujet de Tanger, d'un Espagnol, M. Sanchez Ocaña[2], pour juger de la place insignifiante qu'y occupe la Péninsule. « Ici, écrit-il (à Tanger), tout est français, anglais ou allemand... Si les hébreux venaient à disparaître, on ne verrait plus une seule enseigne espagnole. Il n'existe que deux journaux rédigés en castillan, et encore l'un d'eux est-il publié par un fils d'Albion! Soit manque d'audace de la part de ses capitalistes, soit faute de protection suffisante du gouvernement de Madrid, l'Espagne perd, chaque jour, un peu plus de terrain. Il faut l'avouer, la population espagnole — pour la plupart originaire d'Andalousie — établie dans ce port ne constitue pas « le dessus du panier » : les rixes sont fréquentes dans le *zoco* entre Juifs et sujets de Sa Majesté Catholique... Le dimanche, la poste espagnole est fermée; les bateaux qui font le service — en trois et six heures — avec Algésiras et Cadix, ne partent pas. Depuis le samedi midi jusqu'au lundi dix heures — c'est-à-dire pendant plus de quarante heures — chaque semaine, les relations entre le Maroc et l'Espagne sont interrompues!.. »

Ce tableau, pris sur le vif par un témoin, n'est-il pas caractéristique? Pour plus de précision, on peut consulter les statistiques. Elles ne concordent pas toujours, selon qu'elles sont d'origine anglaise, marocaine ou algérienne, — mais la même conclusion s'en dégage, très nette et décisive. Pour un total d'affaires de 118,300,000 francs que représentait, d'après les rapports consu-

---

1. On pourrait dire, mieux encore, une « place française ». C'est, en effet, notre pays qui occupe la tête dans le commerce de ce port :

	1903	1905	1906
	Francs	Francs	Francs
France...........................	5,817,109	5,847,341	6,027,578
Angleterre.......................	3,147,212	2,872,661	5,197,057
Espagne..........................	1,606,816	2,081,104	1,642,644

Comme on peut en juger par ces chiffres, si Melilla a rapidement prospéré, le mouvement commercial espagnol est resté stationnaire. L'Espagne n'importe guère, en effet, que des articles de consommation ou d'entretien destinés au corps d'occupation et aux forçats. (Déchaud, *loco cit.*)

2. Dans le journal madrilène *ABC*, 20 septembre 1907.

laires britanniques, le commerce extérieur du Maroc en 1906, l'Espagne n'arrive qu'au quatrième rang, avec seulement 5,600,000 francs !

D'une année à l'autre, l'augmentation de ce commerce est insensible, et les exportations du Mogreb dépassent des quatre cinquièmes les envois que lui fait la Péninsule [1]. C'est qu'en effet l'Espagne doit recourir aux Marocains pour combler le déficit de sa production agricole; ce qu'elle leur achète, ce sont des articles de consommation et de première nécessité, tels que légumes secs, fruits, œufs, avoine, maïs, etc., et, en retour, elle ne leur vend guère que des cuirs pour chaussures, des oranges, des huiles et des vins communs, sans parler du Xérès falsifié, dont les fils du Prophète ne font pas, au demeurant, une très large consommation... Encore convient-il de remarquer que, parmi les clients de l'Espagne au Maroc, figurent 6,000 de ses sujets, établis à Tanger : et pourtant, elle n'exporte dans ce port, chaque année, que pour 30,000 francs, alors que l'Angleterre, qui n'y compte pas plus de 600 nationaux, dépose sur les quais de Tanger pour plus de quatre millions de marchandises, dont la moitié représente des tissus de coton. Les chiffres fournis par les consuls espagnols à Tétouan, Mazagan, Larache et Rabat ne sont guère plus satisfaisants. Dans le trafic de tous ces ports, sauf le dernier, c'est la Grande-Bretagne qui vient en tête; à Rabat, Casablanca, Safi et Mogador au contraire, le commerce français est prépondérant.

Avec un peu d'exagération, sans doute, nos voisins semblent redouter le développement économique du Maroc, comme s'il devait en résulter une menace directe pour leur marché, destiné à être conquis par ce pays à brève échéance... Cette crainte est, à vrai dire, toute nouvelle. Il a fallu la conférence d'Algésiras pour décider l'Espagne à transporter ailleurs ses établissements pénitentiaires de

---

1. Commerce européen au Maroc en 1906. (La première colonne fait état des renseignements fournis par le contrôle des douanes marocaines, les agents consulaires français et le service de la douane algérienne. Les chiffres de la seconde colonne proviennent des rapports consulaires anglais).

France et Algérie............................	42,807,663	47,300,000
Angleterre	24,549,848	37,900,000
Allemagne............. ·	7,182,780	13,400,000
Espagne.................................	3,865,894	5,600,000
Belgique..	2,564,009	*
Total du commerce extérieur marocain...	110,700,000	118,300,000

la côte. C'est à cette époque aussi qu'ont été constitués à Barcelone
— à l'exemple de l'*Union Ibéro-Américaine* — les *Centres Hispano-
Marocains*. Le récent congrès tenu à Madrid sous leurs auspices
— qui s'est intitulé fièrement « le Premier Congrès Africaniste » —
me semble la plus éclatante manifestation de la politique coloniale
espagnole actuelle.

*
**

Il est possible de trouver a ce Congrès des antécédents : le Congrès géographique et commercial de 1883, d'où sortit la création de
la factorerie de Rio de Oro ; la réunion, l'année suivante, du théâtre
de l'Alhambra, où fut discutée, sous tous ses aspects, la question
des relations de la Péninsule avec le Maroc ; enfin, l'assemblée africaniste, réunie à Grenade, sous les auspices de l'Union Hispano-
Mauritaine, sœur aînée des Centres Hispano-Marocains. Mais, conférences et discussions n'aboutirent en somme qu'à alimenter un dossier énorme de *desiderata* et de pétitions au Parlement, qui dorment
encore aujourd'hui dans les cartons des Cortès !

Les événements se chargèrent de montrer au pays que les glorieux parchemins, dont il se montrait si fier, — le testament d'Isabelle la Catholique, les plans du cardinal Cisneros, les traités de
Wad-Ras, de Madrid et de Marrakech (ce dernier signé par Martinez Campos) — étaient, en réalité, bien peu de chose en regard des
résultats positifs obtenus au Maroc par l'Angleterre, la France,
l'Allemagne et la Belgique.

Sous l'influence, sans doute, des Catalans, le gouvernement de
Madrid se laissa gagner à son tour à une politique plus réaliste. Deux
ministres, en leur temps, avaient déjà émis deux projets, qui méritent
de retenir notre attention. Celui de M. Perez Caballero, ministre des
affaires étrangères dans le cabinet Moret, préparé en secret aussitôt
après Algésiras, et qui n'a été connu que par des indiscrétions de la
presse, avait en vue la conversion de Ceuta et de Melilla en grands
ports de commerce et en véritables places de guerre. En même
temps, afin d'aider à la pénétration pacifique de l'Espagne au Mogreb,
on devait créer des hôpitaux et des écoles indigènes dans les présides, ainsi qu'à Larache, Fez, Tanger et Tétouan. L'Etat espagnol

s'engageait à subventionner deux journaux rédigés en arabe, destinés à répandre l'influence de la Péninsule de l'autre côté du détroit.

Le projet de M. Garcia Prieto, ministre du *Fomento* (commerce), moins ambitieux, ne visait qu'au développement du commerce espagnol au Maroc. Il comprenait en particulier :

1° La construction des ports de Ceuta et de Melilla; 2° l'étude de la création de trois lignes ferrées : de Melilla à Marbilla, de Ceuta à Tétouan, de Melilla à la rive occidentale de Mar Chica; 3° l'aplanissement des bas-fonds de Benzú et d'Alhucemas ; 4° l'établissement d'un sémaphore à Benzú, d'un hôpital et d'un marché (*zoco* ou « souk ») au Tarajal, près de Ceuta, d'un autre *zoco* et d'un dépôt de grains à Melilla pour les tribus amies; la construction dans l'enceinte de cette place et au Tarajal de *fondaks* ou auberges mores ; l'adduction d'eaux de Benzú à Ceuta; la construction de citernes publiques et de puits artésiens en divers points, etc.; 5° enfin, la création de groupes d'expansion commerciale et la concession de primes à l'exportation espagnole au Maroc.

Les ministères se succèdent avec une telle rapidité *tras los montes*, que ce projet ne pût seulement être mis en discussion devant les Cortès.

*
* *

Le *Premier Congrès africaniste* [1] avait réparti sa tâche entre sept sections, chargées d'étudier respectivement : les moyens pour l'*industrie* espagnole de lutter avec ses rivales au Mogreb et dans les présides; pour développer la *navigation* nationale et le *commerce* entre les ports de la Péninsule, l'Afrique du Nord et les port marocains; les moyens les plus adéquats pour répandre la *langue* castillane sur l'autre rive du détroit; les mesures indispensables pour venir en aide à la *monnaie* espagnole dans l'empire chérifien ; les améliorations à apporter à l'organisation des *consulats espagnols* au Maroc; enfin, les facilités qu'il conviendrait d'accorder à l'*émigration*

1. *Primer Congreso africanista, Documentación, resena de las sesiones y acuerdos tomados* (Barcelone, 1907).

au sud des Pyrénées, pour la diriger vers les possessions de la
métropole dans l'Afrique occidentale et septentrionale.

Entre autresvœux, la section de navigation a demandé que les
marchandises transportées sur des bateaux faisant le cabotage entre
les ports de la Méditerranée et ceux de l'Atlantique ne perdent pas
le bénéfice de la nationalité, par le fait seul qu'ils touchent à Tanger,
Ceuta et Melilla.

Au sujet de l'émigration, le Congrès a préconisé la constitution de
commissions d'émigration, patronées par le gouvernement et installées dans divers ports d'Espagne et du Maroc. Malheureusement,
il semble que l'Empire chérifien, avec ses dix millions d'habitants,
ne puisse jamais servir de grand déversoir aux émigrants espagnols :
c'est plutôt vers la Guinée continentale que l'attention des pouvoirs
publics chez nos voisins devrait se porter exclusivement.

Ce qui a été décidé au sujet de la circulation fiduciaire mérite
également d'être retenu. Plus de 180 millions de monnaie espagnole
circulent actuellement au Mogreb et y ont cours officiel. Mais nos
voisins semblent redouter que la Banque Internationale, dont la
création a été décidée à Algésiras, ne vienne porter un coup à ce
privilège de fait. Pour parer à ce danger éventuel, le Congrès de
Madrid a réclamé l'établissement de succursales de la Banque
d'Espagne à Tanger, Ceuta et Melilla, destinées à faire, moyennant
un taux d'intérêt qui ne sera pas supérieur à 6 p. 0/0, des prêts
garanties par des dépôts de marchandises destinées à être exportées en Espagne.

Nos voisins ne font, du reste, aucune difficulté à reconnaître que
le rang secondaire qu'occupe leur pays dans le trafic marocain est
dû surtout à une mauvaise organisation de leur commerce. Il est
tels produits, en effet, comme le sucre (dont le Maroc importe
annuellement pour 80 millions de piécettes), la farine de blé, les
bougies, le savon, l'huile, que l'Espagne serait à même d'expédier
en plus grande quantité sur l'autre rive du détroit. Sans oser parler
d'abaisser leurs bannières douanières ni d'accorder au Maroc les
mêmes faveurs dont jouit le Portugal, — ce qui pourrait susciter des
difficultés diplomatiques, en admettant que le Makzen se prêtât à
cette combinaison, — les Congressistes ont préconisé notamment :
l'extension du système des admissions temporaires, tel qu'il fonc-

tionne dans la Péninsule, aux relations avec le Maroc; le remboursement des droits de douane aux objets manufacturés, sous certaines conditions; la création de bazars subventionnés par l'État à Tanger et dans d'autres ports; l'établissement de docks; etc. Ils ont demandé, en outre, qu'il soit créé au Centre National d'informations commerciales, récemment fondé à Madrid, une section spéciale destinée à concentrer tous les renseignements statistiques et autres, de nature à faciliter le développement du commerce de la Péninsule avec le Maroc. Ils réclament encore l'organisation de missions commerciales, la création de Musées de produits marocains à Madrid et Barcelone et de produits espagnols à Tanger, Tetouan, Melilla et Ceuta; enfin, la restauration du câble du Tanger à Cadix, qui est, depuis quatre ans, interrompu.

Pour aider au développement des « présides » de la côte, — qui sont naturellement appelés à servir de base à l'expansion espagnole au Maroc, — le Congrès a demandé qu'ils soient mis sur le pied des ports de la Péninsule, tant sous le rapport de la législation que des tarifs douaniers. Enfin, comme l'œuvre de l'Espagne au Mogreb doit être aussi bien intellectuelle et morale qu'économique, le Congrès a voté toute sorte de conclusions, en vue de propager la langue castillane de l'autre côté du détroit, d'y créer des écoles et des hospices et de vulgariser en Espagne même la connaissance des divers dialectes parlés par les populations indigènes marocaines.

Depuis un an que le Congrès de Madrid a clos ses travaux, quelques-uns de ses desiderata ont déjà reçu satisfaction. Le câble de Tanger a été réparé. Un décret royal du 7 mai 1907 a autorisé les navires qui font le cabotage à faire escale librement à Ceuta et à Melilla, pour y procéder aux opérations de chargement et de déchargement. Une école primaire destinée aux enfants indigènes s'est ouverte à Melilla, sous le patronage du ministère des affaires étrangères, en septembre dernier. On parle de créer une autre école pour les israélites, dont le nombre, dans cette seule place, dépasse 1300.

Le gouvernement a répandu à profusion dans les écoles espagnoles des cartes géographiques, où est indiquée l'importance du

commerce des diverses puissances dans l'empire marocain. Il s'est
engagé à donner des subventions aux groupements d'expéditions
commerciales organisés par les chambres de commerce et autres associations et dirigées sur le littoral chérifien ou dans les villes de
l'intérieur [1].

Un musée d'échantillons a été organisé à Tanger.

Enfin, le 21 août dernier, la *Gaceta de Madrid* a accordé à une
société encore en formation, — la *Sociedad general hispano-africana,*
— une subvention de 500 000 piécettes, à charge d'exécuter la construction des ports de Ceuta, de Melilla et des Chafarines, les travaux
d'adduction d'eau à Ceuta et Melilla, la construction d'un dépôt de
charbon à Ceuta, des *alzebes* (citernes) publics et des puits artésiens
à Melilla, d'un *zoco* (marché) avec *fondak* (auberge) au Tarajal de
Ceuta, d'un autre à Melilla, etc. Cette société, à la tête de laquelle se
trouve le richissime manufacturier de Barcelone, M. Güell, est également chargée de travaux publics à Rio de Oro et Fernando Po.
C'est une véritable compagnie privilégiée, qui pourra être investie
de services officiels, comme ceux de trésorerie et du recouvrement
des impôts en Guinée, au Maroc du monopole des tabacs, de la télégraphie sans fil, etc.

Ce décret a fait l'objet des plus violentes attaques, dans la presse
et au Parlement de Madrid. Le *Centro hispano marroqui* a protesté
auprès du gouvernement. A la Chambre, le président du conseil et
le ministre des affaires étrangères ont été rudement pris à partie par
toutes les oppositions réunies : libéraux, démocrates, républicains
et carlistes. On leur a reproché d'avoir confondu deux politiques et
deux entreprises nationales, auxquelles ne convient pas la même
direction et qui ne devraient pas être confiées à la même main :

1. Ce décret, publié en mai 1907, a été pris à la suite d'une vaste enquête
auprès des principales villes industrielles et commerciales de la Péninsule. Il
déclare, dans son dispositif, que ces groupements d'expedition commerciale
pourront demander la subvention inscrite au budget, à la condition d'accompagner cette demande du devis approximatif des frais de l'expédition, qui seront
couverts par le ministère du Fomento dans la proportion de 80 0/0. Les associations qui demandent une subvention pour ces expéditions devront, par contre,
s'engager à payer les frais dans la proportion de 20 0/0. Les expéditions dure-
ront trois mois et, à leur achèvement, leurs organisateurs présenteront au
ministre des Fomento un mémoire sur les travaux cffectués par chaque groupe
dans les marchés visités, avec toutes les indications nécessaires sur le meilleur
moyen de rivaliser avec la concurrence étrangère.

l'une vise la mise en valeur des possessions espagnoles du Sahara et
de Guinée; l'autre tend au développement des intérêts matériels de
l'Espagne au Maroc. Entre ces deux entreprises, il ne saurait exister
aucune relation. C'est un tort, a-t-on ajouté, d'abandonner l'œuvre
esquissée jadis par M. Garcia Prieto. Ce qu'il convient pour faciliter
l'expansion espagnole, ce ne sont pas des monopoles et des subventions énervantes à des compagnies nées de la bureaucratie; mais une
protection large accordée à tous les producteurs, à tous les trafi-
quants, aux voyageurs qui se risquent à l'intérieur, aux maîtres
d'école qui vont enseigner le castillan aux indigènes, aux ingénieurs,
aux laboureurs, aux marins. C'est d'hommes décidés et aventureux
que l'Espagne a besoin, et non de commanditaires subventionnés et
d'actionnaires privilégiés.

M. Maura s'est tiré d'affaire en soutenant que le décret avait
décidé les financiers à secouer leur visible apathie pour toute entreprise en territoire marocain. C'était le seul moyen pour l'Espagne,
a-t-il déclaré, de convertir les ports militaires qu'elle possède en
Afrique en comptoirs commerciaux : lorsqu'il s'est agi de construire
le port de Melilla, c'est en vain que l'État fit procéder à trois adjudi-
cations successives!.. A propos des droits conférés à la *Sociedad
hispano africana*, le président du conseil repousse le mot de monopole : on peut encore moins parler d'abandon des droits de souveraineté de l'État, qui a seulement affermé des services publics d'utilité
commune. Le gouvernement est prêt, du reste, à accorder les mêmes
avantages à tous ceux, particuliers ou compagnies, qui présenteront
les mêmes garanties. Et M. Maura a fait allusion à quatre sociétés
déjà sur les rangs, alléchées par les 25 000 pesetas que les ministres
des travaux publics et des affaires étrangères ont inscrites à leurs
chapitres du budget pour aider à l'expansion commerciale et agricole au Maroc.

*
* *

Cette discussion parlementaire semble témoigner de l'intérêt plus
grand que prend l'Espagne aux choses du dehors. Pourtant, il faut
reconnaître qu'en dehors de la masse du public, indifférent à toutes
ces questions qui ne le touchent pas directement, la nouvelle poli-

tique extérieure et coloniale de l'Espagne rencontre, dans les partis
dynastiques même, les plus vives oppositions. Le député libéral que
nous avons vu déjà s'élever contre les crédits de la marine, M. Raphaël
Gasset, proteste aussi vivement contre l'œuvre d'expansion entreprise au Maroc. « On comprend, dit-il, que des travaux peu dispen-
dieux soient entrepris dans cet empire, afin de nous y réserver
l'avenir, auquel nous prétendons légitimement... Mais abstenons-
nous d'entreprises exigeant du temps, des forces, de l'argent : nous
en avons trop besoin ici-même, sur notre territoire. Développons
notre richesse et notre bien-être, avant de songer à celui des Maures.
Mettons-nous d'abord en état de coloniser : sinon, tout ce que nous
ferons ne servira qu'à d'autres. Faute d'instruction et de ressources,
nous n'arriverons pas, Espagnols, à récolter ce que nous aurons
semé à Ceuta ou à Melilla... »

Et, dans le journal l'*ABC*, un écrivain à la plume acerbe, qui signe
du pseudonyme d'Azorin (Martinez Ruiz), sous le titre suggestif de
« Patriotisme », émettait les réflexions suivantes : « Le problème,
pour nous, le voici. Nous sommes une nation, l'Espagne. Devant
nous, s'étend un immense empire qui n'est pas civilisé. Un de nos
rois a légué à son pays, il y a trois ou quatre siècles, la mission de
civiliser ce territoire, et l'opinion de certains parlementaires, politiques ou écrivains est, en effet, que nous devons étendre notre domination sur ce pays. Mais le pouvons-nous? Est-ce rationnel et
logique?... Examinons donc, avant de répondre, la situation de l'Espagne... » Et, après un tableau poussé au noir de son pays, avec sa
faible population, ses vieilles cités désertes, ses fleuves torrentiels
inutilisés, le tiers de son territoire en friche, les procédés arriérés
de son agriculture, ses paysans mourant de faim en Andalousie, ses
écoles étroites et humides, où ses enfants perdent la vue et la santé,
son clergé ignorant et indifférent à la misère du peuple, son fisc
déréglé, son administration scandaleuse, le cultivateur victime de
mauvaises récoltes, de l'impôt, de l'usure, et le seul remède à tant
de maux, l'émigration, qui prive à tout jamais la mère patrie d'un
grand nombre de ses fils, — Azorin conclut : « Telle est notre
Espagne. Où devons-nous travailler? Ici ou là-bas? Quel pays devons-
nous songer à coloniser et enrichir : celui-ci ou un autre?... Non!
Notre mission, notre devoir sont ici. Ne pensons pas à des chimères,

oublions ce testament d'une mère, morte il y a trois ou quatre cents ans... »

Nous n'avons tenu à reproduire ces éloquentes et pessimistes paroles que parce qu'elles expriment, au sud des Pyrénées, l'opinion qui est encore la plus répandue. La politique personnelle du roi, secondée par quelques ministres et appuyée sur un « parti colonial », où les Catalans occupent la première place, n'a pas réussi jusqu'ici à s'imposer à la majorité du pays... La dernière phrase d'Azorin appelle, cependant, une correction. Il y a loin, en vérité — on a pu s'en rendre compte par cette étude — entre l'œuvre d'expansion commencée ces temps derniers par l'Espagne et ses rêves chimériques d'antan. Dans le discours qu'il a prononcé à la séance de clôture du Congrès de Madrid, M. Perez Caballero a nettement montré que les modernes Africanistes espagnols ne se réclament aucunement des antiques projets d'Isabelle la Catholique. Il y a un abîme entre la vieille politique coloniale suivie trop longtemps autrefois par les rois d'Espagne et celle qu'inaugure aujourd'hui leur héritier : « Les idées et les sentiments exprimés ici, a déclaré l'ancien ministre, attestent que notre politique extérieure et que notre système colonial ne sont plus imbus des trois grandes erreurs, auxquelles on a fait allusion. On a démontré que le principe bureaucratique a disparu, que les ambitions militaristes aussi sont en train de disparaître, et qu'il ne reste plus rien non plus de ce prosélytisme religieux qui méconnaît les différences de morale chez les peuples, qui fomente les sentiments de haine et qui est l'origine de troubles graves... »

ANGEL MARVAUD.

L'ŒUVRE ADMINISTRATIVE DE DE VILLÈLE
SES IDÉES, SES DOCTRINES[1]

A vrai dire, de Villèle n'eut pas de doctrines économiques ou financières bien déterminées. Il fut surtout un administrateur de haute envergure, un organisateur méthodique de l'ordre et du contrôle dans les Finances. C'est dans ce sens que le juge un écrivain royaliste A. Nettement, dans son *Histoire de la Restauration*, en le définissant : « administrateur habile, plutôt que ministre éminent », et il semble bien que ce soit l'homme politique qu'il vise en tant que ministre. Nous n'avons pas à nous placer à ce point de vue; ici, le ministre des finances seul nous intéresse. En réalité, c'est son œuvre administrative qui est la plus étendue et la plus féconde par ses résultats. C'est elle que nous allons exposer d'abord. Nous essaierons ensuite de montrer que les opinions de Villèle sur le crédit, sur les douanes, sur le régime économique du pays, ne s'appuyaient pas sur des théories, des doctrines, ou sur un système, mais ne furent guère que le reflet des préjugés les plus répandus de l'époque sur ces questions. Il défendit, d'ailleurs, les mesures protectionnistes qu'il réclama des Chambres, sans y être conduit par un intérêt égoïste, comme ceux auxquels elles profitaient. Les nécessités de la politique l'obligèrent à certaines concessions, et le désir de ménager les intérêts en présence ne fut pas étranger à l'adoption de cette méthode que l'on qualifierait aujourd'hui d'opportuniste. En toutes ces questions, cependant, de Villèle demeure l'homme de l'ancien régime, et l'on sent qu'il porte, au fond de lui, comme le regret de ne pouvoir adapter à l'idéal très vague qu'il s'en fait le régime parlementaire et les besoins modernes.

---

1. Cet article est la seconde partie d'une étude sur de Villèle, extraite d'un ouvrage : *Portraits de financiers*, qui paraîtra prochainement chez Félix Alcan.

Pour se rendre compte de l'action exercée par l'œuvre administrative de Villèle, en ce qui concerne surtout les finances publiques, il faut se souvenir 'qu'à l'époque où commença de s'établir, en France, le gouvernement parlementaire, il n'y avait pas d'organisation régulière répondant au nouveau système de gouvernement. Le baron Louis avait, dès le début, lors de son premier ministère, habilement interprété la Charte en vue d'établir un commencement de procédure pour la discussion méthodique du budget. De Villèle avait aussi, lui, senti la nécessité de fixer de bonnes règles financières pour rendre le contrôle du Parlement plus effectif et pour tenir le ministre des finances en haleine. Au cours des débats sur le budget, en 1817, il ne manque pas d'intervenir à cet égard. Il demande la fixation précise de l' « arriéré » et la liquidation générale, dans le courant de l'année, des effets émis par les diverses caisses. Par cette dernière opération, il voulait faire cesser la pratique ruineuse qui consistait à anticiper sur toutes les recettes. Il voyait dans ces émissions d'effets un aliment pour l'agiotage, un moyen de corrompre et d'entraver nos services publics, et une cause, pour les ministres, d'outrepasser leurs crédits contre tous les principes du gouvernement représentatif. Duvergier de Hauranne, avec quelque exagération, a appelé ce discours l' « Évangile financier du parti royaliste [1] ». A côté de ces judicieuses critiques, il réclamait des mesures assez puériles. Pour faire face aux énormes paiements que la France avait à faire à ce moment là, et dans des délais assez courts, il conseillait les économies sur les traitements, en exceptant du minimum de 40 000 francs, fixé par lui, les ministres, les maréchaux et les ambassadeurs. C'eût été une bien petite ressource dont l'évaluation peut faire sourire. Mais il voyait là un moyen d'attaquer l'administration impériale, de dénoncer les dilapidations du régime déchu; critiques assurément fort imprudentes, dans la bouche d'un royaliste attaché, comme lui, aux traditions de l'ancien régime! Il eut, sur ce point, à subir une verte réplique de M. de Barante. Toutefois,

1. *Hist. du gouvernement parlementaire*, t. IV.

il apporta son très actif concours à la création de la « commission annuelle chargée de vérifier la conformité des dépenses publiques avec le texte des prescriptions légales ». Ce terrain administratif était assurément plus sûr pour lui que celui de la politique. En 1818, sur sa proposition, fut votée l'obligation pour les ministres de porter aux Chambres, chaque année, le compte des exercices antérieurs pour y être approuvés et clos par une loi.

C'est encore à propos du budget, en 1818, qu'il réclama l'émancipation des administrations locales, et c'est dans cette session que la commission du budget fit adopter l'adjonction des plus imposés aux conseils municipaux en cas d'impositions extraordinaires. Il répugnait à certains changements, et s'opposa énergiquement au projet qui modifiait le terme de l'année financière en le portant du 1er janvier au 1er juillet. On espérait ainsi pouvoir éviter le vote de douzièmes provisoires, devenu presque une nécessité chaque année depuis l'établissement de la Restauration. Il ne perdit pas de vue cette question qu'il s'efforça de résoudre quelques années plus tard dans l'ordonnance du 14 septembre 1822.

Cette ordonnance de 1822 et celle du 10 décembre 1823 représentent l'œuvre fondamentale de Villèle dans l'organisation administrative des finances publiques. La première fut discutée et établie dans des commissions que le ministre des Finances présida le plus souvent lui-même. C'est sa méthode et sa pensée qu'il y fit prévaloir. Le caractère et la durée de l'exercice budgétaire y furent soigneusement déterminés, et les disponibilités dont pouvaient user les ministres strictement fixées dans les limites des crédits accordés par les Chambres. Pour arriver à donner toute leur destination légale à ces crédits, pour qu'il n'y eût aucun retard dans les paiements, les ordonnateurs, à tous les degrés de la hiérarchie administrative, furent astreints à tenir une comptabilité en règle de leurs opérations. L'année suivante, de Villèle compléta ces mesures en créant, pour veiller à leur application, un organe spécial. L'ordonnance du 10 décembre 1823 institua, en effet, une commission composée de membres appartenant aux deux Chambres, au Conseil d'État et à la Cour des Comptes. Elle fut chargée de vérifier et d'arrêter annuellement les comptes des ministres avec l'obligation de publier les rapports détaillés de leurs opérations et d'établir ainsi la concordance et la régularité des comptabilités centrales.

En réalité ce n'était là qu'un contrôle de chiffres, fort utile assurément, mais impuissant, en certains cas, à dévoiler de grosses fautes administratives. Malgré les précautions prises, dès son arrivée au pouvoir, par de Villèle, pour veiller à la bonne gestion des ministères dépensiers comme ceux de la marine et de la guerre, l'armée française, qui allait rétablir le pouvoir des Bourbons en Espagne, après la conférence de Vérone, se trouva sans approvisionnements à la veille d'entrer en campagne. Le fait était d'autant plus grave qu'il s'agissait non d'une guerre contre le peuple espagnol lui-même, mais d'une intervention où l'on avait toutes les raisons de le ménager. Nos soldats devaient donc être fournis de tout pour ne point recourir aux réquisitions et au pillage. Cette campagne ne ressemblait en rien à celles de la Révolution ou de l'Empire, alors que les armées vivaient le plus souvent des ressources enlevées à l'ennemi. C'est à ce moment critique que le duc d'Angoulême, généralissime, fut amené à signer avec Ouvrard les fameux marchés de Bayonne. Malgré la défiance que de Villèle tentait d'inspirer au duc d'Angoulème, dans les lettres qu'il lui écrivait au mois d'avril 1823, contre le célèbre fournisseur, il fallut bien se rendre à l'évidence et constater la faillite de l'intendance militaire. A de Villèle, qui lui écrivait, le 7 avril, de s'armer de méfiance et de sévérité contre Ouvrard et « ses semblables qui se mettent ainsi à la suite des armées et finissent par faire la honte et le déshonneur de leur administration », le duc d'Angoulême répondait, le 13 avril : « Quant aux propositions de M. Ouvrard, contre lesquelles vous me prémunissez, le meilleur moyen de ne pas avoir recours à lui était d'assurer les approvisionnements de l'armée, » et plus loin il ajoutait : « Grâce à vos prévoyantes réserves de fonds et aux approvisionnements de M. Ouvrard la campagne s'est ouverte aussitôt que j'en ai reçu l'ordre, et elle s'est ouverte sous de très heureux auspices... » Plus tard, lorsque le général Foy attaqua les clauses des marchés de Bayonne, de Villèle lui répondit : « Le gouvernement s'est convaincu que l'administration était impuissante. Trois fois, il a cherché, par des efforts toujours constants, à remettre le service de l'approvisionnement aux mains de l'administration de la guerre, mais il a fallu y renoncer. La preuve de ce que j'avance, comme note justificative, se trouve, messieurs, dans les trois traités successifs qui ont été passés [1]... »

II

Les opinions de de Villèle en matière de douanes et de régime commercial se devinent aisément à la tournure de son esprit. Il était, comme presque tous les hommes de son temps, et plus encore que beaucoup d'entre eux, en raison de son attachement aux traditions autoritaires de l'ancien régime, ce que nous appelons, aujourd'hui, un protectionniste convaincu. Nous disons « convaincu » parce que de Villèle ne semble pas avoir mis ses intérêts particuliers en jeu lorsqu'il fut appelé à se décider sur ces questions. Il était agriculteur, il est vrai ; néanmoins, les revenus de sa terre de Morvilles ne l'inquiétèrent pas lorsqu'il eut à se prononcer sur les problèmes douaniers. Il obéissait à une doctrine et non aux suggestions de son égoïsme. Malheureusement, il n'en était pas ainsi dans les milieux où l'on menait une campagne continue en faveur de l'accroissement des monopoles et des privilèges constitués par les droits de douane. Cette politique économique, inspirée par le ferment toujours vivace des intérêt particuliers, n'a pas depuis cessé d'avoir une influence puissante qui, en ces dernières années, n'a fait que grandir.

Lorsque l'on discuta, en 1821 [2], les lois sur les grains, il ne craignit pas de dire qu'il considérait « comme injustes et impolitiques les droits imposés sur l'introduction des grains ». Il y voyait une cause « d'élévation factice des prix » et « un impôt injuste et impolitique sur les subsistances » au moyen duquel « on enrichissait le Trésor aux dépens des consommateurs. » Ces prémisses étaient excellentes, et un partisan de la liberté économique n'aurait pas mieux dit. De Villèle, pourtant, n'était pas favorable à la liberté du commerce international des grains. Le blé étant un produit de toute première nécessité il aurait voulu pour ce produit un régime spécial. Selon lui, le gouvernement devait borner ses soins à en maintenir les prix à un taux modéré, à un prix moyen, par des lois. En réalité,

1. *Moniteur*, 1824, p. 175.
2. *Id.*, p. 35 et 592.

il était partisan de l'échelle mobile, système déplorable et dont on a pu constater les effets mauvais. L'idée de Villèle était d'assurer au peuple un prix du pain peu élevé et de combattre les disettes. Ce sentiment l'honore en dépit de l'inefficacité du moyen. Les protectionnistes qu'il combattait alors ne paraissent pas avoir eu ce souci.

Cette opinion sur le commerce d'une denrée de première nécessité n'empêchait pas de Villèle d'être partisan en principe de la protection. Il y a même dans ses arguments en faveur des droits de douane des naïvetés qui montrent bien l'ingénuité de ses convictions. A propos d'une taxe sur les bestiaux étrangers, il défend avec ardeur cette protection « spéciale ». A ses yeux, la multiplication du bétail en France doit permettre de féconder davantage son sol et d'améliorer la nourriture des habitants. Jusque-là il demeure dans la logique apparente des protectionnistes. Mais il ajoute qu'avec l'argent employé à se procurer du bétail étranger, — bétail que les Français produiront eux-mêmes, ils achèteront désormais les vins, vendus jusque-là aux nations voisines et qui alors « pourront être bus par eux ». Cependant, les nécessités du pouvoir, l'intransigeance et l'âpreté des protectionnistes d'alors adoucirent chez de Villèle ses propres opinions sur la politique douanière. Les réclamations outrancières de ses anciens amis l'inclinèrent vers des idées presque libérales pour cette époque. Dans la discussion de la loi des douanes en 1826, il résiste aux exigences sans mesure des protectionnistes. Il déclare qu'il faut être dorénavant avare de prohibitions, que notre situation industrielle s'est améliorée, et que des aggravations nouvelles doivent à l'avenir être évitées le plus possible. Il pense qu'il faut plutôt songer « à modifier progressivement la rigueur de nos tarifs à mesure que, comme chez nos voisins, notre industrie et nos produits venant à se perfectionner, seront en état de soutenir, tant au dedans qu'au dehors, la lutte avec les objets manufacturés de l'étranger ». Il craint aussi les représailles et la guerre de tarifs. Et, quelques jours après, il défend les droits sur les chanvres, parce que l'agriculture, chargée en France, selon lui, d'un impôt direct considérable, doit pouvoir vendre ses produits. Toutefois, il repousse le système des primes,

1. *Moniteur*, 1826, p. 466, 501, 544.

la restitution des droits à la sortie. Il voit là un moyen d'annuler les droits et, pour les exportateurs, l'avantage d'acheter des cordages à l'étranger.

Il était partisan très résolu de ce que l'on pourrait appeler le pacte colonial. Tout d'abord — souvenir de ses croisières aux Antilles et dans l'océan Indien — il considérait les colonies comme des points d'appui, et des centres de ravitaillement pour nos vaisseaux. Au général Sébastiani, qui demandait la liberté pour les colonies, il répondait que les colonies ne pouvaient exister sans le monopole du marché national, sans le privilège de fournir exclusivement la métropole des denrées et des objets qu'elles produisent. Supprimer ces avantages, c'était supprimer les colonies, où la France prenait alors la totalité du sucre qu'elle consommait et la moitié des autres productions coloniales.

III

En matière de fiscalité, de Villèle avait des idées plus précises et un peu plus fécondes. Il s'occupa beaucoup des impôts directs et travailla très sérieusement à réduire l'impôt foncier. En 1826, il comptait avoir allégé les contribuables par la réduction ou le dégrèvement de plusieurs impôts, dont l'impôt foncier, d'une somme de 45 millions. On discutait beaucoup à cette époque la question du cadastre. Gaudin y avait travaillé à plusieurs reprises. De Villèle pensait que la réfection du cadastre n'avait guère d'intérêt que pour les communes et surtout pour les particuliers, au profit desquels elle permettrait de diminuer les inégalités; il ne croyait pas à l'utilité de l'opération pour la répartition entre les départements. Ses tendances sont bien, d'ailleurs, celles d'un propriétaire foncier. C'est aux agriculteurs que vont ses préférences. Il essaya, en 1824, d'arrêter le morcellement en présentant une loi ayant pour but de ne frapper que d'un droit de 5 fr. l'échange de morceaux de terre contigus. C'est encore pour favoriser les campagnes qu'il s'éleva, en 1824, contre l'élévation réclamée des droits d'octroi. Il montra que leur exagération nuit à la consommation, que les villes sont des débouchés pour les produits agricoles et qu'il faudrait bien plutôt les étendre, ces débouchés, puisque la production de ces denrées augmente elle-même. C'était porter, à son sens, un coup fatal à l'agriculture que de mettre des entraves à la libre circulation de ses produits.

De Villèle, en définitive, ne possédait pas de théorie générale sur les impôts ; il n'eût pu s'en faire une qu'en étudiant les travaux publiés sur cette matière très étendue et qui étaient fort nombreux déjà à cette époque. Il ne semble pas avoir examiné ces questions d'un autre point de vue que celui du côté étroitement technique. Il n'avait point entretenu de relations avec les économistes et devait se défier d'une science derrière laquelle s'abritaient Mollien et Louis.

IV

Nous avons déjà indiqué, dans la première partie de cette étude, que les connaissances les plus restreintes de Villèle étaient celles ayant trait aux questions alors fort importantes de crédit public. Il n'eut jamais, sur ce point, des conceptions bien justes. Il se refusa toujours à voir quelles étaient les véritables conditions du crédit des États. En 1817, il combattit vivement l'emprunt de 30 millions de rentes proposé par Corvetto. Il aurait voulu que cet emprunt ne fût pas fait à des étrangers, alors, qu'en France, un appel de capitaux n'aurait pas réussi, et, qu'en tout cas, en admettant qu'il y eût eu des souscripteurs, les ressources qu'ils auraient apportées à l'État devant être versées à l'étranger, auraient privé la France de capitaux dont elle avait le plus grand besoin après tant de guerres, de révolutions et de crises épuisantes. Cette idée que le crédit public devait franchir les frontières, devenir international, pour permettre un marché plus vaste, ne lui fut jamais familière. Et cependant, au moment de la guerre d'Espagne, il négocia avec la maison Rothschild un important emprunt fait de capitaux qui n'étaient pas en majorité des capitaux français. Ce fut même à cette occasion que Barbé-Marbois, heureux de le mettre en contradiction avec le Villèle de l'opposition, le Villèle hostile aux emprunts de Corvetto, l'accusa de livrer à des banquiers étrangers l'exploitation de la fortune publique.

Dans une lettre qu'il écrivait à Mme de Villèle, le 13 février 1817, on trouve les raisons instinctives, si l'on peut ainsi dire, pour lesquelles il n'eût jamais une conception claire des conditions du crédit public. Après avoir parlé du budget et des économies qu'il aurait voulu voir réaliser et que l'on n'avait faites, suivant lui, que « pour la forme », il ajoute : « M. Laffitte nous a dit le fin mot de l'énigme; ils ont fait tronquer son discours, mais vous trouverez la phrase dans le *Journal général*. Il nous a dit que l'Angleterre n'avait eu du crédit qu'en fondant ce crédit sur les libertés publiques, qu'elle les obtint en traitant avec Guillaume III; qu'on n'obtiendrait, chez nous, de pareils résultats que d'une semblable cause [1]. » Les libertés publiques? N'est-ce pas contre elles, contre celles invoquées par Laffitte que de Villèle dirigea toutes les forces de son esprit et de sa volonté? N'y voit-il pas un danger pour la dynastie des Bourbons et par contre-coup pour la France? Aussi s'écrie-t-il à la fin de sa lettre : « Dieu viendra à notre aide, il faut l'espérer, et retirera notre pays de la terrible situation dans laquelle ces gens-là le placent : je ne vois que lui qui puisse opérer ce miracle. »

Nous avons déjà dit quelle crainte superstitieuse, lorsqu'il dirigeait l'opposition, le dominait, à l'égard de la Bourse et de ses opérations qu'il confondait toutes sous le nom « d'agiotage ». On trouve cette répulsion encore très accentuée chez les agrariens allemands qui ont réussi, pour le plus grand dommage de l'agriculture allemande, à faire fermer les bourses de commerce où l'on traitait les affaires de céréales et d'autres produits de l'agriculture. Dans ces milieux où l'on ne comprend pas le rôle de ces grands marchés, rôle d'équilibre et d'unification des prix, on est très porté à ne voir dans la spéculation que les crises provoquées par ses excès et non les services qu'elle rend constamment en temps normal. Sur ce point encore, la politique de son parti força de Villèle à oublier, pour quelques mois, des préjugés, ou à refouler ses sentiments lorsqu'il entreprit de faire la fameuse conversion de la rente 5 p. 0/0 en rente 3 p. 0/0 et facilita une spéculation à vide, la hausse factice de la rente 5 p. 0/0 poussée au delà du pair par une compagnie de banquiers en vue de préparer artificiellement l'opération.

Nous avons donné, dans une étude sur Laffitte, — en raison de

1. *Mémoires*, t. II, p. 195.

là part importante qu'il prit à la campagne en faveur du projet, — les éléments généraux de cette conversion qu'Ouvrard prétendit avoir été suggérée à de Villèle par des banquiers étrangers. C'est le fameux milliard des émigrés, c'est-à-dire les indemnités que l'on devait leur verser pour les pertes qu'ils avaient subies du fait de la Révolution, qui amenèrent de Villèle à présenter son projet en 1824. Il fallait, en effet, réaliser, sur le budget, une économie permettant l'emprunt nécessaire, sans soulever les protestations véhémentes de l'opposition. De Villèle ne pouvait mentir, non plus, à tout son passé et accroître la dette sans une diminution équivalente de dépenses. Voici donc quel était son plan.

La dette perpétuelle s'élevait alors à un peu plus de 197 millions de rentes 5 p. 0/0, dont 57 millions appartenaient à l'État ou à certains services publics. Il restait donc 140 millions de rentes 5 p. 0/0 que l'on proposait de convertir en 112 millions de rentes 3 p. 0/0. Cela donnait 28 millions d'économies sur les arrérages de la dette perpétuelle. Vis-à-vis des rentiers, l'opération se présentait ainsi : on leur offrait, ou le remboursement au pair, c'est-à-dire 100 francs par 5 francs de rente, ou l'échange de leur titre contre un autre du taux nominal de 3 p. 0/0, mais délivré au prix de 75 francs. Les rentiers perdaient donc ainsi 1 p. 0/0 d'intérêt. Il est vrai que le nouveau titre étant vendu 75 francs et le capital nominal s'élevant à 100 francs, il y avait une prime, pour l'avenir, de 25 p. 0/0. Or, la rente, après bien des efforts, avait été poussée à la cote de 104 fr. 80, dépassant le pair d'une somme inférieure à 5 francs. Ce n'était pas un prix normal puisque la spéculation avait mené la campagne de hausse en vue de l'opération elle-même de la conversion. Mais en admettant que ce taux fût le produit d'achats faits pour classer réellement les titres de rentes, pour placer des capitaux et non une intervention artificielle, il est certain que le calcul établi sur ces bases mêmes n'autorisait pas une réduction de 1 franc sur l'intérêt.

De Villèle mit beaucoup de soin à développer les arguments en faveur du principe de la conversion. La légitimité, pour l'État, d'une telle opération était loin d'être admise par tout le monde, alors, et de Villèle lui-même, s'il eût été, à ce moment, dans l'opposition, aurait probablement partagé les préjugés à cet égard de beaucoup de gens. Mais il s'agissait d'atteindre à un but politique, de faire payer, comme on eut l'occasion de le dire au cours des débats, par la Révolution, une rançon au profit des émigrés; les obstacles lui semblaient donc devoir être facilement emportés. D'ailleurs, de Villèle déclarait, dans son projet, que l'abaissement du taux de l'intérêt sur le marché, l'abondance des capitaux et l'extension du crédit, avaient permis de s'assurer des moyens « d'opérer, en réalité, le remboursement de la dette s'il était réclamé ». On apprit, plus tard, lorsque le projet fut porté à la Chambre des Pairs, que la collaboration des banquiers était rémunérée par une somme d'environ 35 millions, — somme que l'on considéra comme trop élevée et qui, suivant nous, n'était point excessive, en raison des risques courus.

La discussion devant la Chambre des députés prit une allure très vive, bien que la commission nommée pour examiner le projet fût favorable à la conversion. Nous n'avons pas à entrer ici dans l'examen de ces intéressants débats. Les arguments invoqués contre de Villèle se devinent aisément. On lui reprocha d'avoir favorisé une hausse factice des cours de la rente et d'affirmer un fait évidemment faux, en prétendant que l'intérêt des capitaux était tombé à 4 p. 0/0, alors qu'un emprunt, négocié quelques mois auparavant, à 5,60 p. 0/0, n'était pas encore « classé », n'avait pas été absorbé par les portefeuilles des véritables rentiers. On lui demanda, de même, à lui ministre des finances, gardien d'ordinaire si vigilant de l'économie budgétaire et des intérêts de l'État, pourquoi il augmentait ainsi, sans sourciller, le capital de la dette. Mais la passion politique aveuglait de Villèle, et il n'était conduit que par le désir ardent de trouver les moyens de payer l'indemnité aux émigrés. Aussi, plus qu'en aucune autre circonstance, il aborda la bataille parlementaire avec passion; Il s'y montra nerveux, acerbe, et d'une opiniâtreté mêlée de beaucoup d'aigreur. Il se sentait, de plus, entouré d'adversaires résolus ou simplement envieux et malveillants. Dans le ministère dont il était le chef, il se savait trahi et n'ignorait pas la guerre sourde que lui faisait Chateaubriand. Il n'était pas homme à reculer devant des obstacles. Son respect du parlementarisme n'allait pas, du reste, jusqu'à lui faire scrupule d'exercer sur les députés une pression formidable, en raison des résistances vigoureuses de l'opposition. Elle assura en dernier lieu le succès du cabinet, et la conversion fut enfin votée le 5 mai 1824.

Il s'agissait de la faire accepter par la Chambre des Pairs. On y porta le projet dès le 6 mai. On pensait qu'en battant le fer pendant qu'il était chaud on arriverait à enlever l'affaire. Cette espérance fut trompée. De Villèle s'en aperçut bientôt. Le reproche qu'on lui avait fait d'accroître le capital de la dette avait été l'argument le plus dangereux pour lui, celui dont l'effet était le plus certain sur l'opinion publique. Pour essayer d'effacer cette impression, il prit un détour en assurant qu'au bout du rachat de toutes les rentes, on pourrait aligner un joli bénéfice de 3 ou 400 millions. Or, il arrivait à ce résultat, hypothétique, en supposant l'économie d'intérêt de la dette obtenue par la conversion entièrement consacrée au service de l'amortissement. Les 28 millions, destinés dans sa pensée à se procurer, par un emprunt, l'indemnité à payer aux émigrés, recevaient donc ainsi une destination tout autre. Cependant de Villèle, très adroit en cette circonstance, avait demandé à deux financiers, membres de la Chambre des Pairs, leur avis sur la question. Mollien et Roy, consultés, répondirent en se déclarant favorables à la conversion. Lorsque le projet fut présenté à la Chambre des Pairs, on apprit que tous les deux le combattaient. De Villèle possédait les lettres de Mollien et de Roy : il ne voulut point en faire état et les jeter dans la discussion. Depuis, la lettre de Mollien, ou du moins des passages de cette lettre ont été publiés dans la « Notice historique » consacrée par le comte de Neuville à de Villèle. Mais ces fragments sont insuffisants pour démontrer que l'ancien ministre du trésor de Napoléon acceptait, dans la forme où il était présenté, le projet de Villèle. Roy déclara qu'il avait mis des restrictions à son approbation, à cause des difficultés d'exécution.

Puis un incident survint. M. Sartoris, qui représentait une des compagnies garantissant l'opération, intervint, près de la commission, pour proposer de modifier le traité de sa compagnie en offrant de payer encore, pendant un certain laps de temps, aux petits rentiers, des arrérages de 5 p. 0/0. C'était détruire l'échafaudage si péniblement élevé par le ministre des finances. Les représentants des trois autres compagnies, de Rothschild, Baring et Laffitte, qui, eux, ne s'étaient point solidarisés avec Sartoris, eurent beau écrire qu'ils repoussaient la modification proposée et s'en tenaient aux clauses du premier arrangement, l'effet de cette intervention, véritable pavé de l'ours, fut déplorable.

La haute Assemblée ne pouvait donc qu'être mal impressionnée par ces préliminaires fâcheux. Beaucoup de ses membres avaient, en outre, des raisons personnelles d'être hostiles à la conversion. Certains d'entre eux étaient alliés par des relations mondaines ou de famille aux membres de la haute banque, partisans, en général, de l'opération. D'autres possédaient une fortune dont les rentes d'État formaient la plus grosse part. Enfin, presque tous avaient vu l'effet produit par la réduction du tiers consolidé et craignaient que l'on interprétât mal l'opération de la conversion [1]. La discussion fut aussi ardente qu'à la Chambre et plus élevée à tous les points de vue. L'opinion publique, sous ses diverses influences, se prononçait de plus en plus contre le projet.

De Villèle devait, dans cette lutte, subir tous les coups du sort. Fait paradoxal, en cette circonstance, ce fut M. de Quélen, archevêque de Paris, qui enleva les dernières résistances des Pairs encore hésitants à voter contre le ministère. L'archevêque de Paris, préoccupé des conséquences qu'aurait, pour les pauvres, la réduction d'un cinquième des revenus possédés en rentes de l'État par les gens riches, tint aussi, lui, à intervenir et au nom de la charité. « On a dit, écrivait-il alors, que la loi ne ferait fermer ni un théâtre ni une guinguette. Cela est possible; mais ne pourrait-on pas se demander aussi si la loi ne fera pas fermer plus d'une bourse encore ouverte aux pauvres et si la réduction d'un cinquième dans les rentes ne diminuera pas d'un cinquième les aumônes? »

Ce n'était point pour satisfaire ceux qui attendaient leur part de l'indemnité. Mais, le plus souvent, ce ne sont pas les véritables raisons qui font réussir ou rejeter les idées ; le sentiment a aussi, lui, même dans les questions d'où il paraît, au premier abord, devoir être exclu, une influence irrésistible. La Chambre des Pairs rejeta donc le projet à une forte majorité : 128 voix contre 94.

L'indemnité, toujours réclamée par les émigrés, tenait trop au cœur de de Villèle pour qu'il ne s'efforçât pas de trouver le moyen de se procurer les ressources afin d'y faire face. Dès 1825, après la

1. *Théorie et Histoire des Conversions de Rentes*, par H. Labeyrie.

mort de Louis XVIII, et alors que Charles X venait de lui succéder, il revint à la charge en proposant, cette fois, une conversion facultative. Sans réticences, il liait l'opération au paiement de l'indemnité, ce qu'il s'était bien gardé d'avouer un an auparavant. Nous n'entrerons pas dans le détail de cette combinaison compliquée. Cette complication fut, avec raison, un des arguments que l'on invoqua contre de Villèle. Pour qu'une opération de cette nature puisse réussir, il faut qu'elle se présente clairement aux rentiers et fasse ressortir les avantages qu'on leur offre; c'est l'a b c du métier. De Villèle, au contraire, imagina de créer des rentes 3 p. 0/0 qu'il donnerait aux émigrés; puis, à côté, il suspendait l'amortissement pour les rentes ayant dépassé le pair — les rentes 5 p. 0/0 — et appliquait les fonds qui y étaient affectés, soit 75 millions par an, à l'amortissement des rentes 3 p. 0/0. Alors il proposait aux porteurs de 5 p. 0/0, ou de convertir leur rente en 4 1/2 p. 0/0, au pair, en garantissant le fonds contre tout remboursement pendant dix années, soit — souvenir du projet de 1824 — de prendre à la place du 3 p. 0/0 au taux de 75 francs. C'était faire jouer à la caisse d'amortissement un rôle pour lequel elle était loin d'être instituée. Il la faisait, en effet, intervenir pour provoquer la hausse du 3 p. 0/0, et, par suite de la suspension de l'amortissement du 5 p. 0/0, pour faire baisser ce dernier fonds. C'est à cette occasion que les *Débats*, inspirés par Chateaubriand, dont Fiévée traduisait les sentiments, ouvrirent une ardente polémique contre le projet.

Les deux Chambres votèrent cette conversion bâtarde, avec quelques amendements, malgré les efforts que fit Mollien à la Chambre des Pairs pour corriger les dispositions défectueuses qu'elle contenait. Ses résultats sont connus. Ce fut un insuccès. L'opération ne procura aucun profit à ceux qui avaient fait l'échange de leurs titres. De son côté, l'État ne réalisa qu'une économie d'un peu plus de 6 millions de francs, tandis que le capital nominal de la dette s'élevait d'une somme un peu supérieure à 200 millions. Or, c'est là le vice radical de toute conversion, les opérations de cet ordre ne devant être exécutées qu'à la condition de ne pas faire plus lourde la dette de l'État.

Comme on le voit, de Villèle ne réussit guère les grandes combinaisons financières de crédit dont il prit la responsabilité. Il a certainement fallu qu'il soit poussé par la passion politique pour édifier des opérations où il reniait ses opinions antérieures et où il se déjugeait même à quelques mois de distance. C'est qu'il n'était point, par son éducation, par ses antécédents ni par son tempérament, préparé à de telles œuvres. Il restera, néanmoins, comme un adminis·trateur financier dont les qualités d'ordre et le sens d'organisation sont les caractères marquants.

ANDRÉ LIESSE.

LES DÉBOUCHÉS MARITIMES DE L'AUTRICHE-HONGRIE

LES PORTS DE TRIESTE ET DE FIUME

A l'inverse des autres grandes puissances de l'Europe continentale, la monarchie austro-hongroise, dont les frontières de terre présentent une étendue considérable, n'offre qu'un très faible développement côtier, et compte seulement deux ports de commerce importants : Trieste pour l'Autriche, et Fiume pour la Hongrie. Cette particularité de la configuration géographique des deux royaumes n'a nullement entravé l'extension de leur mouvement économique : elle a seulement contribué à la concentration des courants commerciaux. Au cours de l'année 1907, le trafic de Trieste, exprimé en valeur, a dépassé le chiffre de deux milliards de couronnes [1], soit plus du triple des résultats enregistrés en 1856 (560 millions); plus de la moitié de cette somme représente des opérations effectuées par voie de mer. Et le total des arrivages et expéditions du port de Fiume pendant la même période s'est élevé à 655 millions de couronnes; la quote-part de l'élément maritime dans cette somme d'échange est supérieure à 300 millions de couronnes. Bref, Trieste et Fiume contribuent respectivement pour 42 p. 0/0 et pour 13 p. 0/0 à l'ensemble du commerce extérieur et intérieur de l'Autriche-Hongrie.

A un autre point de vue, la situation incontestée des deux grandes villes maritimes au milieu des petits ports de pêche et de cabotage de la côte istro-dalmate a permis aux gouvernements dont ils relèvent de faire de leur développement économique une question nationale, sans éveiller la susceptibilité du patriotisme local, très chatouilleux dans tout l'empire. Les assemblées parlementaires des deux rives de la Leitha ont toujours été unanimes à sanctionner

1. Les statistiques présentent en bloc le trafic intérieur et extérieur.

les mesures prises par les pouvoirs publics en vue d'accroître la
capacité de trafic et d'étendre les relations commerciales de Trieste
et de Fiume : projets d'appropriation des ports, création d'ouvrages
nouveaux, réfection de l'outillage, subventions à la marine marchande, tarifs réduits pour les transports par voie ferrée, enfin
construction de chemins de fer de pénétration. Faute de compéti-
teurs, la monarchie ne connaît pas cet épisode si fâcheux de la concurrence parfois malencontreuse que se font entre eux certains
ports français : la course à la subvention. On n'y voit point des
arguments d'ordre politique primer les considérations économiques
lors de la détermination d'un programme de travaux publics, comme
ce fut le cas de notre plan Freycinet, et les Parlements n'y dénouent
pas les compétitions aux frais des contribuables, en donnant satisfaction à toutes les demandes appuyées par des personnalités bien
en cour.

L'histoire des deux grandes villes maritimes de l'Autriche-
Hongrie a été la même pendant près de deux cents ans. C'est en 1717
que l'empereur Charles VI proclama la liberté du commerce et de la
navigation dans la mer Adriatique. Deux années plus tard, il
déclarait ports francs Trieste et Fiume. Ce régime, prolongé pendant
cent soixante-douze ans, permit aux deux cités de devenir des places
de transit, l'une de premier ordre, l'autre de notable importance.
Et quand, en 1891, deux lois identiques et parallèlement votées
vinrent substituer le régime nouveau du point franc (punto franco)
à l'ancienne exemption complète de toute exigence fiscale, Trieste
était devenue la reine de l'Adriatique, et Fiume balançait Venise.
Aujourd'hui encore, malgré la distinction très nette de leurs
intérêts, et la supériorité marquée du port autrichien sur le port
hongrois, ces deux villes maritimes demeurent dans une certaine
mesure solidaires l'une de l'autre. D'abord, par ce fait que la monarchie constitue jusqu'en 1917 une union douanière ; ensuite, en
raison de l'application en commun par les deux gouvernements de
tarifs de transports combinés, destinés à faciliter l'exportation de
certaines catégories de marchandises d'un point quelconque du
territoire austro-hongrois, via Trieste ou via Fiume, au choix de
l'expéditeur.

LE PORT DE TRIESTE.

Fondé 600 ans avant l'ère chrétienne par une tribu dalmate, Trieste, le Tergeste des anciens, a tenu jusqu'aux temps modernes une place assez effacée dans le monde maritime de l'Europe méridionale. La souveraineté de l'Adriatique, comme celle de tous les golfes, est impartageable. Sous la domination romaine, elle était échue au port d'Aquilée. Protégée par le port militaire de Pola, sentinelle postée à l'extrémité de la péninsule istrienne, cette ville maritime avait imposé sa suprématie à toute la région avoisinante. Le moyen âge consacra sa déchéance au profit de Venise, avantagée par son autonomie politique et par sa proximité des grands marchés de l'Europe centrale. Avec la période contemporaine, Trieste, héritière d'Aquilée, a reconquis la prépondérance économique. L'amélioration des moyens de transport par terre, la création d'industries locales, et surtout l'accession à la vie industrielle et commerciale d'une région géographiquement placée sous sa dépendance ont favorisé à la fois l'augmentation absolue de son trafic et son affranchissement économique de l'ancienne cité des doges. Cette dernière, déchue de son ancienne puissance politique et commerciale, est même devenue tributaire de son émule pour ses relations avec les deux Amériques [1], les mesures prises par le gouvernement italien dans l'espoir de lui faire reconquérir sa supériorité d'autrefois — tel l'établissement du punto franco, décrété la même année qu'à Trieste et Fiume — n'ont pas eu grand effet jusqu'à ce jour

Il n'en a pas été de même à Trieste. En dehors des causes économiques d'ordre général, sa prospérité est en grande partie due aux efforts et aux sacrifices pécuniaires des pouvoirs publics. Unis dans un même sentiment de sollicitude envers les intérêts triestins, — qui se confondent avec les intérêts maritimes de l'Autriche, — l'État, la municipalité et la chambre de commerce sont intervenus dans la lutte engagée par la métropole istrienne pour la conquête

---

[1]. Mouvement maritime de Venise en 1905 : 6,658 navires, 3 millions et demi de tonnes.

de la souveraineté de l'Adriatique. La concession de tarifs très
réduits pour le transport par voie ferrée de certaines marchandises
à destination de Trieste, l'amélioration de l'outillage du port, la
construction de bassins nouveaux, et, lors de la substitution du
« punto franco » au port franc, la création d'une véritable cité
d'entrepôts réels plus étendue que l'ancienne agglomération de
magasins privés, sont les principales manifestations de cet esprit
d'assistance officielle. Une dernière mesure d'ensemble couronnera
l'œuvre entreprise par les collectivités publiques autrichiennes et
consacrera au profit de Trieste la maîtrise de l'Adriatique. La rade
actuelle, en raison de son exposition, est mal garantie contre les
tempêtes du nord. Aussi, après de longues tergiversations, excusées
par le chiffre considérable du devis estimatif des travaux (évalués à
90 millions de couronnes), les défenseurs de Trieste se sont décidés
à créer dans une échancrure voisine de la côte un nouveau mouillage mieux abrité. L'emplacement choisi est Saint-André, faubourg
de Trieste situé dans la vaste et sûre baie de Muggia. En raison de
leur coût élevé, l'exécution de ces travaux a dû être échelonnée
sur une période de plusieurs années.

Assurés de la prépondérance de leur ville sur Venise et Fiume,
les Triestins ont eu d'autres ambitions. Ils s'efforcent d'engager une
vive compétition avec les ports de Brême et de Hambourg, sinon
pour l'ensemble du trafic austro-allemand avec le bassin méditerranéen, du moins pour le monopole des relations entre la Haute-
Autriche, l'Allemagne du Sud et la Bohême d'une part, le Levant et
l'Extrême-Orient de l'autre. A cet effet, le gouvernement autrichien
s'est approprié les armes de combat des rivaux du grand port national. D'accord avec la Hongrie, il a établi des tarifs combinés
d'exportation. Ces taxes réduites sont applicables aux transports
par lignes directes de certaines catégories de marchandises,
notamment les farines, les bois travaillés, etc., d'un centre industriel
ou agricole de la monarchie, ou d'un point frontière, aux principaux
ports du Levant, via Trieste ou via Fiume, indifféremment. Mais, en

outre, le gouvernement a élaboré et fait adopter par le Parlement (loi du 6 juin 1901) un programme de travaux de chemins de fer destinés à améliorer les communications par voie ferrée entre Trieste et l'hinterland austro-allemand. Aux contours des anciens tracés, désormais délaissés par le trafic international, seront substituées deux voies nouvelles de pénétration sur l'Allemagne du Sud et la région viennoise. La première, la ligne Trieste-Goritz-Klagenfurth, traverse les tunnels de Wochein (6,365 mètres) et des Caravanches (7,943 mètres); à la sortie de cette grande galerie, elle se divise en deux tronçons, dont l'un oblique au sud, gagnant Villach, centre important de voies ferrées, tandis que l'autre vient se souder, à Klagenfurth, aux réseaux des chemins de fer de l'État (ligne Klagenfurth-Salzbourg-Vienne) et Sud-Autrichiens (ligne de Marbourg à Innspruck). L'emprunt de cette voie nouvelle permettra de réduire à 10 heures au lieu de 14 la durée du trajet entre Vienne et Trieste. Sauf le raccordement de Klagenfurth, cette ligne a été ouverte à l'exploitation en août 1905. La dépense totale de cette entreprise est évaluée plus de 103 millions de couronnes. La seconde voie ferrée du programme nouveau, la ligne Villach-Schwarzach, se détache à Mollbruck de la ligne Villach-Salzbourg (réseau Sud-Autrichien), — le parcours Villach-Mollbruck est en tronc commun, — remonte la vallée de la Moll, traverse le massif des Tauern par un tunnel à double couloir d'une longueur de 8,420 mètres, et vient s'embrancher à Schwarzach sur la ligne Innsbruck-Salzbourg, qui la relie au réseau de l'Allemagne du Sud. Le terminus actuel de cette ligne est à Gastein. Le coût de ce nouvel ouvrage est évalué à 19 millions 1/2 de couronnes. L'achèvement complet du programme des voies ferrées de pénétration est prévu pour le mois de juillet 1909. Les difficultés d'exécution n'ont pas manqué, le nombre des ouvrages d'art étant très considérable, particulièrement entre Trieste et Goritz.

La réalisation de ce projet complexe et coûteux, mais parfaitement cohérent et fort bien adapté aux fins qu'il se propose, marquera pour Trieste le point de départ d'une ère nouvelle : suivant la prédiction de Bismarck, la métropole de l'Adriatique deviendra un port allemand. En d'autres termes, les terres germaniques des deux côtés de la frontière, Haute et Basse-Autriche, Bavière, Saxe, etc., deviendront les tributaires de Trieste pour leurs relations avec le Levant et l'Extrême-Orient.

Déjà le commerce avec l'Allemagne est l'un des principaux courants d'affaires de la place de Trieste. Sans parler du trafic par voie de mer [1], les échanges effectués par chemin de fer entre la métropole istrienne et l'Allemagne se sont élevés en 1906 à 49 millions de kr. aux entrées (correspondant à 21,000 tonnes) et à 68 millions aux sorties [2] (96,000 tonnes). Ces chiffres sont plus élevés que les nombres correspondants pour les relations par voie ferrée entre Trieste et la Hongrie. On peut juger par ces données de l'importance que prendra ce mouvement commercial au jour prochain où les relations par voie ferrée seront considérablement facilitées entre Trieste et l'Allemagne du Sud. Cette région riche en industrie et très peuplée aura intérêt à s'approvisionner à Trieste de produits de provenance levantine (matières premières et denrées de consommation), et à écouler par son intermédiaire ses articles d'exportation en Turquie d'Europe ou d'Asie, en Grèce, en Égypte et aux Indes anglaises.

***

L'amélioration des communications entre la métropole istrienne et l'hinterland autrichien n'aura pas une moindre répercussion sur le trafic du grand port de l'Adriatique. Étant donnée la faible étendue du littoral austro-hongrois, le petit cabotage de la monarchie, à l'inverse du grand cabotage, très développé [3], ne prend qu'une part insignifiante (89 millions sur 858, soit à peine 11 p. 0/0) dans le trafic intérieur de la monarchie. La presque totalité des opérations commerciales de cette catégorie, dont Trieste est l'un des points extrêmes, s'effectuent par voie de terre. En 1906 on a enregistré dans les

1. Importations : 18 millions de couronnes, 23,000 tonnes. Principaux articles : cafés, thés et autres denrées coloniales. Exportations : 3 millions de couronnes et 5,000 tonnes. Principaux articles : fruits secs, riz.
2. Relations maritimes; principales catégories d'importations : bière, articles en coton, machines, quincaillerie; exportations : citrons, oranges, coton brut, légumes frais, tabac en feuilles.
3. Exemple : le tonnage des entrées et sorties du port de Venise comprend 1,170,000 tonnes pour les navires italiens et 1,160,000 pour les navires austrohongrois.

gares de Trieste 425 millions de couronnes d'arrivages de marchandises austro-hongroises (dont 30 millions de provenance magyare)
et 344 millions de couronnes d'expéditions à destination du territoire national (dont 32 millions pour la Hongrie). Une meilleure
adaptation des moyens de transport permettra d'accroître encore
ces chiffres, et, par voie de conséquence, d'augmenter les possibilités de trafic maritime de Trieste.

Ce trafic atteint déjà près de 490 millions de couronnes aux
importations et 470 aux exportations. Il se décompose en un petit
nombre de courants commerciaux très importants, dont la plupart
n'ont qu'un sens, et n'amènent à Trieste ou n'en emportent que
deux ou trois espèces de marchandises. Les principaux correspondants maritimes de Trieste sont l'empire ottoman, l'Égypte, l'Hindoustan, les États-Unis, le Brésil, l'Angleterre et la Grèce. En ce qui
concerne les trois premiers, le classement par ordre d'importance
est à refaire chaque année. Car si le trafic entre le port autrichien
et les deux Turquies d'Europe et d'Asie présente une stabilité relative, il n'en est pas de même de son mouvement commercial avec
la colonie anglaise et le pays soumis à son influence. Tandis que le
principal élément du trafic maritime austro-ottoman est l'exportation au départ de Trieste, le courant d'affaires entre cette place
d'une part, les Indes britanniques et l'empire khédivial de l'autre,
consiste surtout en importations de denrées agricoles asiatiques
ou africaines : riz, jute et coton, dont les expéditions se propor-
tionnent naturellement aux résultats de la récolte, plus variables
qu'ailleurs dans des pays où la science agricole est encore à l'état
rudimentaire. A s'en tenir aux chiffres de 1906, au point de vue de
la valeur des produits échangés, le premier rang appartient à la
Turquie avec un total d'affaires de 202 millions de couronnes (correspondant en poids à 182,000 tonnes). La part revenant aux importations à Trieste s'élève à 63 millions, représentés par des envois
de tabac en feuilles, de raisins secs, figues et noix. En échange,
l'empire ottoman se fournit à Trieste de café (104,000 balles en 1906),
de carton, de papier, d'articles en laine et en coton, enfin contribue
pour plus de la moitié (105,000 tonnes sur 200,000) aux exportations de sucre austro-hongrois. Au total ce courant de trafic s'élève
à 139 millions de kr., soit plus du double du chiffre des importa-

tions. Ces résultats sont dus en grande partie à la politique économique du gouvernement autrichien, et notamment à l'institution
des tarifs combinés pour les exportations à destination du Levant,
ainsi qu'au régime des subventions aux lignes de navigation desservant l'Asie Mineure.

Si les exportations de produits autrichiens prédominent dans les
relations entre l'Empire ottoman et le grand port autrichien, la
situation inverse se présente non seulement pour ses deux concurrents immédiats, mais encore pour la plupart des autres correspondants commerciaux de Trieste. L'Égypte, qui détient en 1906
le second rang, avec un mouvement de 190 millions de kr.
(122,000 tonnes), importe à Trieste pour 130 millions de marchandises diverses ; du coton pour la moitié, et, à titre d'appoint, des
produits de culture maraîchère et des peaux de bœuf. Elle prend
seulement pour 60 millions de kr. de commandes, qui consistent
notamment en bois travaillés, bière et papier. Autrefois très élevées, les exportations autrichiennes de sucre en Égypte ont beaucoup diminué depuis plusieurs années. La production indigène,
non contente de refouler graduellement l'industrie étrangère du
marché égyptien, lui fait aujourd'hui concurrence en Turquie et
jusque dans les Indes anglaises.

Il en est de la balance du commerce entre Trieste et ce dernier
pays comme de celle de la métropole adriatique avec l'empire khédivial. Sur un total de 148 millions de couronnes d'entrées et de
sorties de marchandises, 100 millions représentaient en 1906 la part
des importations à Trieste. Non content de surpasser l'Égypte comme
pourvoyeur de coton et de jute (60,000 tonnes en 1906), l'Hindoustan s'est adjugé la première place comme importateur de riz
(100,000 tonnes). Les exportations triestines (48 millions de kr.),
en dehors du sucre (30,000 tonnes), élément dominant du trafic,
comprennent surtout des articles de ferronnerie, du ciment et du
papier.

Le mouvement commercial entre Trieste et l'Italie, sa plus
proche voisine, s'effectue en majeure partie par voie de mer ; on a
enregistré, durant l'exercice 1906, 51 millions de kr. (192,000 tonnes)
d'arrivages maritimes, notamment les oranges et citrons, dont les
deux tiers suffisent, en tenant compte du contingent de Fiume, à

l'approvisionnement de la monarchie; le surplus est réexporté en Allemagne; les briques et les tuiles (70,000 tonnes), le soufre de Sicile, les figues, et un peu de café d'origine brésilienne. En retour, le port autrichien a envoyé en Italie d'importantes quantités de bois travaillé (125,000 tonnes), et y a réexpédié 15,000 tonnes de charbon et de coke de provenance anglaise. Au total, 186,000 tonnes et 28 millions de kr. [1].

C'est qu'en effet la Grande-Bretagne s'est taillé une large part dans le trafic de Trieste : elle s'est attribué le monopole des importations de charbon par voie de mer, et en a fait entrer durant l'année 1906 plus de 550,000 tonnes, représentant une valeur d'au moins 10 millions de kr. Le mouvement commercial de sens contraire est presque nul. Il en est de même en ce qui concerne le Brésil et les États-Unis. Le premier de ces deux pays américains n'expédie que du café à Trieste (700,000 balles en 1906), sans lui prendre grand'chose en échange. Quant aux États-Unis, en dehors des cotons bruts, courant de trafic peu important vu la concurrence des produits égyptiens et hindous [2], ils envoyaient jusqu'à ces derniers temps de grandes quantités d'huile de coton (23,000 tonnes en 1905). Le nouveau tarif douanier, rendu exécutoire à partir du 1er mars 1906, a élevé le droit applicable à cette matière au taux prohibitif de 40 couronnes les 100 kilos (au lieu de la taxe antérieure de 8 kr.). Aussi cette source de profits pour le commerce américain s'est-elle tarie d'elle-même, et le chiffre des importations des États-Unis à Trieste a-t-il baissé de 13 millions de kr. d'une année à l'autre [3].

1. Importations italiennes par voie de terre à Trieste : 11 millions et demi de couronnes, et en poids 9,000 tonnes. — Exportations de Trieste en Italie : 8 millions de couronnes, et 39,000 tonnes.

2. Importations de coton à Trieste en 1905 par pays de provenance : Egypte, 30,000 tonnes; — Indes, 25,000; — U. S. A., 12,000 tonnes.

3. Mouvement commercial de Trieste avec le Brésil et les Etats-Unis : Exportations de Trieste à destination des Etats-Unis (le chiffre du Brésil est insignifiant) : 94,000 tonnes, 20 millions de couronnes. Importations à Trieste : du Brésil 55,000 tonnes, 44 millions de couronnes; des U. S. A., 100,000 tonnes, 52 millions de couronnes, en 1906.

* *

Parmi les pays qui contribuent dans une large mesure au mouvement commercial de Trieste nous n'avons pu citer la France. Notre pays n'apporte, en effet, qu'une très modique contribution au trafic international du grand port autrichien. Son chiffre d'affaires n'a fait que décroître au cours des quinze dernières années, c'est-à-dire précisément pendant la période d'augmentation de l'ensemble des opérations commerciales de Trieste. En 1891, il atteignait 23 millions de couronnes, pour s'abaisser successivement à 18 millions en 1899 et à 13 millions en 1902. L'année 1906 le voit descendre à 10 millions, savoir :

Importations....... 7 millions de couronnes (10,000 tonnes)[1].
Exportations 3   —   —   (13,000   —).

Et cependant, rien n'était venu s'opposer à l'extension de nos relations *maritimes* avec l'Autriche-Hongrie, sauf en ce qui concerne l'exportation de nos vins non mousseux. Le tarif douanier en vigueur dans la monarchie de 1891 à 1906 assujettissait à une taxe élevée certaines de nos spécialités nationales, comme les tulles de coton, les soieries, les tissus de laine, la parfumerie à l'alcool, mais ces marchandises avaient toujours emprunté la voie de terre, comme constituant des éléments de fret peu désirables, leur masse n'étant pas en rapport avec leur valeur. En sorte que les maîtresses branches de notre trafic maritime n'étaient, à une seule exception près, l'objet d'aucune entrave fiscale lors de leur importation en Autriche-Hongrie; les phosphates algériens et tunisiens, les crins végétaux de même provenance, les résines brutes, les fibres de coco, continuaient, en vertu du tarif général, à entrer en franchise; les huiles d'olive étaient toujours soumises au droit de 6 fr. 25 ou de 25 francs

1. L'ensemble de notre commerce avec la monarchie austro-hongroise s'élève, d'après les statistiques françaises, à 73 millions de francs pour les importations en France, chiffre a peu près égal à la contre-partie donnée par les statistiques de la monarchie; mais le chiffre de nos exportations, tel que le présentent nos documents officiels, est manifestement inexact; aux 35 millions accusés par eux il faut ajouter un chiffre au moins égal d'importations effectuées par l'intermédiaire de l'Allemagne.

par 100 kilos, suivant la nature des récipients; enfin les vins mousseux faisaient l'objet d'une convention particulière assez favorable remontant à quelques années. En revanche, la situation faite à nos vins non mousseux était très désavantageuse. En vertu d'une clause du traité austro-italien de 1891, les vins en provenance du royaume voisin bénéficiaient d'une détaxe considérable : au lieu du droit général de 50 francs par hectolitre, ils acquittaient seulement un droit de 8 francs. Ce privilège assurait à l'Italie le monopole de l'importation des vins non mousseux. L'Autriche-Hongrie ayant dénoncé la convention dans le délai stipulé de six mois, cet état de choses, connu sous le nom de régime de la *clausola*, a pris fin le 1er janvier 1904. En l'espace d'une année, les importations de vins italiens dans la monarchie tombèrent de 420,000 tonnes à moins de 30,000. Il y avait là une place à prendre, où plutôt à disputer à la Turquie et à la Grèce. Nos commerçants n'ont pas sû saisir l'occasion qui leur était offerte, et, une fois de plus, se sont laissés devancer par leurs concurrents. Les progrès de la viticulture istrodalmate, sur lesquels comptaient avec raison les parlementaires de la monarchie, n'ont pas arrêté les importateurs hellènes et ottomans : en 1906, ils ont expédié et placé à Trieste 30,000 tonnes de vin.

Loin de chercher à conquérir de nouveaux débouchés, notre négoce n'a même pas su se maintenir dans ses positions antérieures. Tout d'abord, il s'est laissé supplanter petit à petit par les Italiens et les Allemands comme pourvoyeur de certains articles de vente courante qu'il fournissait encore au marché austro-hongrois il y a quinze ans. Le peu de commandes directes que nous ayons conservées dans cette branche de l'activité économique consiste en huile d'olive, produits minéraux, résines, articles de tannerie; encore le chiffre de nos envois a-t-il bien peu progressé. Nous faisons aussi un peu de transit de denrées coloniales : 40,000 balles de café, 2,000 quintaux de cacao, des arachides, des fibres de coco et de l'huile de palme. La cause de cette déchéance du commerce franco-triestin n'est pas imputable au consommateur de la monarchie; elle réside uniquement dans l'esprit d'intransigeance et l'incurie de nos négociants. Comme le constate notre représentant officiel à Trieste dans son rapport sur la situation commerciale de cette ville, les maisons françaises perdent du terrain par leur faute : elles n'envoient guère de voyageurs de commerce, et ne savent pas mieux s'adresser aux petits détaillants. Quand des clients viennent à leur faire des commandes, elles se refusent à leur accorder les petites facilités d'emballage si aisément octroyées par nos rivaux d'Outre-Rhin.

Délogés du terrain de la consommation courante, champ de bataille économique de l'industrie allemande, nous avons été vaincus par les Autrichiens eux-mêmes sur celui des articles de luxe, notre spécialité nationale depuis des siècles. Non que les produits français aient perdu leur vieux prestige d'élégance et de fini. Mais, en vertu des nouvelles habitudes prises par les marchands austro-hongrois, au lieu de notre ancien monopole de fournitures de modes, de lingerie fine, de confections, nous n'avons plus que celui des modèles ou patrons. Nos journaux spéciaux ont beaucoup contribué à vulgariser nos principes de coupe; de fréquents voyages à Paris des professionnels de la couture et de la confection, et le savoir-faire des ouvrières indigènes ont fait le reste. Nos importations à Trieste de vêtements et chapeaux sont tombées en 1906 à un quintal. Sous l'empire de circonstances analogues, nos envois de meubles et de parfumerie de luxe se sont abaissés aux chiffres non moins dérisoires de 33 et 17 quintaux! Avec leur brutalité coutumière, les statistiques douanières nous font trop bien comprendre « qu'aujourd'hui l'Autriche n'est plus une sorte de grande province par rapport à Paris [1] ».

Les exportations de Trieste en France vont de pair avec le courant inverse. Consistant principalement en douelles, elles ne semblent guère appelées à s'étendre davantage en ces temps de crise viticole.

Si nos échanges avec le port de Trieste sont aujourd'hui bien diminués, une compensation légère nous est donnée sur le terrain colonial. L'Algérie et la Tunisie nous ont fait regagner depuis cinq ou six ans une partie du terrain perdu par la métropole. Par suite de la transformation des conditions de la production agricole en Hongrie, les cultivateurs sont contraints de recourir de plus en plus à l'em-

1. Rapport du consul général de France à Trieste pour 1905.

ploi des engrais. Il y avait là un débouché tout trouvé pour les gisements de phosphates de notre colonie de l'Afrique du Nord et du pays de protectorat contigu. Les envois de cette catégorie ont dépassé, au cours de l'année 1906, 8,000 tonnes pour l'Algérie et 6,000 pour la Régence [1]. Ce double courant est toutefois concurrencé par les importations de la Floride. Moins favorisées en raison de la distance à parcourir, ces dernières ont cependant augmenté dans une proportions plus forte [2]. En sorte que l'Algérie et la Tunisie, après avoir contribué pour les deux tiers aux expéditions d'engrais en Autriche-Hongrie, ne pourvoient plus aujourd'hui qu'à la grosse moitié des demandes. L'établissement d'un droit de sortie sur les phosphates algériens n'est pas sans avoir exercé quelque influence sur cette modification des conditions d'approvisionnement des agriculteurs magyars. Réserve faite de ses conséquences budgétaires, cette mesure est un expédient détestable au point de vue économique.

Outre cet élément dominant des importations algéro-tunisiennes à Trieste, notre colonie de l'Afrique du Nord y expédie encore des crins végétaux [3] dont elle a le monopole, des figues et du liège. Le trafic des minerais de fer, après quelques années de grande activité, a complètement cessé. Par contre on espère créer un nouveau courant d'importations portant sur les oranges et citrons, dont l'Italie est en ce moment le seul fournisseur. Il est regrettable que rien n'ait été fait jusqu'à présent pour favoriser le placement en Autriche-Hongrie de ces produits.

Au total, les importations de marchandises algériennes et tunisiennes à Trieste s'élèvent à 22,000 tonnes (contre 9,000 en 1900), correspondant à un chiffre d'opérations en argent de 3 millions et demi de kr. Le chiffre des exportations du port autrichien à destination de ces deux pays est en revanche très minime : il n'a pas dépassé, en 1906, 1,000 tonnes et 600,000 kr. [4].

---

1. Chiffre de 1902 : Algérie, 6,300 tonnes; Tunisie, 1,000 tonnes.
2. Importations des phophates floridiens :
   En 1903... 3,000 tonnes.
   En 1906... 12,000 —
3. 4,000 tonnes en 1905 contre 2,700 en 1902.
4. Alcools, bois à ouvrer, meubles (en diminution très sensible depuis quelques années) et quincaillerie.

Quant aux autres colonies françaises, les espérances conçues par les négociants indo-chinois à la suite d'une commande de 40,000 tonnes de riz en 1905 ne se sont pas confirmées. Ce mouvement est resté exceptionnel comme l'étaient les causes qui lui avaient donné naissance. L'année 1905, la dernière de la guerre russo-japonaise — dont une des conséquences économiques fut de transformer momentanément l'exportation japonaise en importation — avait coïncidé avec l'une des plus mauvaises campagnes agricoles de l'Hindoustan.

Le nouveau tarif douanier de la monarchie, en date de 1906, résulte du traité de commerce austro-italien de la même année. Il présente pour notre commerce maritime avec la Monarchie, — par le jeu de la clause dite de la nation la plus favorisée, — un mélange d'avantages et d'inconvénients. Les droits sur les cognacs et les vins non mousseux ont été notablement augmentés [1]. Si notre commerce avait su mettre à profit les deux années qui se sont écoulées entre la dénonciation de la « clausola » et la passation du traité avec l'Italie nos pouvoirs publics auraient été mieux armés pour obtenir à l'amiable tout au moins le retrait de la disposition relative aux vins en bouteilles, surchargés de 50 p. 0/0 par le nouveau tarif, alors que l'augmentation relative aux vins en fûts ne dépasse pas 20 p. 0/0. En revanche, les exemptions concernant nos importations algériennes ont été maintenues, et les droits sur les huiles d'olives notablement réduits [2]. Cette disposition a été obtenue par l'Italie, dont le chiffre d'affaires dans cette catégorie est de beaucoup inférieur au nôtre. La taxe sur les produits chimiques, les terres colorantes et la parfumerie ne contenant pas d'alcool n'a pas été modifiée. Quant aux importations de denrées coloniales, le droit d'entrée par voie de terre a été tout au contraire notablement relevé [3]. Somme toute, si ce tarif ne semble pas devoir favoriser la création de nouveaux courants de trafic entre la France et

	Droit ancien.		Droit nouveau.
1. Cognacs........	142 kr. 86		200 kr. l'hectolitre
Vins non mousseux.	47 kr. 62 (50 fr.)	{ En fûts........	60 kr. l'hectolitre
		{ En bouteilles..	75 kr. —

2. Huile d'olive en fûts, 30 p. 0/0 de réduction aux 100 kilos ; huiles en autres récipients, 9 p. 0/0.

3. Café : par terre, 95 fr. aux 100 kilos ; par mer, 88 fr. ; fèves de cacao, 58 et 48 ; safran et vanille, 280 et 268.

Trieste, il ne peut manquer de contribuer à l'accroissement des chiffres afférents à certaines des catégories d'échanges actuellement existantes.

Dans un ordre d'idées plus général, la Monarchie a accordé à nos commerçants en juillet 1907 le bénéfice de la dispense de caution à l'importation (*güteranweisung*), le caractère d'« avantage corrélatif à cette facilité douanière ayant été reconnu au régime français du transit international.

Une notable partie des marchandises débarquées à Trieste ne fait qu'y passer, l'Autriche-Hongrie n'étant pas, au moins sous leur forme actuelle, leur destination définitive. Les charbons anglais réexpédiés en Italie et les fruits italiens envoyés dans l'Allemagne du Sud sont des éléments de trafic qui se rangent dans cette catégorie; mais ce transit est tout profit pour l'Autriche-Hongrie, et son extension est pleinement désirable. Il n'en est pas de même d'un groupe d'opérations de transit d'un caractère tout différent. Des produits mi-achevés et des matières premières en provenance des pays d'outre-mer sont importés à Trieste, pour en être presque immédiatement réexpédiés à destination d'Allemagne, par voie de terre ou de mer. Elles subissent dans ce pays une transformation industrielle plus ou moins complète, et reviennent ensuite sur le marché austro-hongrois. De là un double transport dont les frais incombent définitivement au consommateur national. Cette majoration, doublée d'un manque à gagner pour l'industrie du pays, est à peine atténuée dans le bilan de l'activité nationale par le profit minime des intermédiaires triestins. Situation fâcheuse, qui s'est d'ailleurs quelque peu améliorée au cours des dix dernières années; elle dérive de l'insuffisance simultanée des moyens de transport vers l'hinterland autrichien et du développement de l'industrie locale. Le premier de ces deux desiderata est en voie de prochaine satisfaction. Quant au second, sa réalisation ne va pas sans beaucoup de difficultés. L'industrie triestine n'avait qu'une existence nominale à la fin de la première moitié du dernier siècle. D'énergiques efforts ont abouti à la création successive d'un certain nombre d'établissements importants. Outre des

chantiers de construction navale appartenant à la compagnie de
navigation subventionnée le « Lloyd autrichien », on compte aujour-
d'hui à Trieste deux usines de décortication du riz, plusieurs filatures
de jute et de coton, des raffineries de pétrole, et deux grandes hui-
leries, dont l'une représente avec une stéarinerie la part de l'initiative française — exemple trop rare pour n'être pas signalé. Malheureusement, à l'heure où le développement du trafic commercial de
la métropole istrienne exigerait de nouvelles créations manufactu-
rières, deux obstacles nouveaux viennent ajouter leur influence à
celle de l'ancienne pierre d'achoppement de l'industrie triestine : le
manque de force hydraulique. Ces causes de stagnation sont le renchérissement de la main-d'œuvre, par suite des exigences croissantes
de la population ouvrière, et la hausse du prix des terrains de banlieue, fruit d'une suite de spéculations immobilières. En sorte que
l'accroissement du chiffre des opérations commerciales de Trieste ne
se traduit pas par une augmentation corrélative du chiffre des opérations productives. Le simple transit augmente dans de grandes
proportions, tandis que les importations de matières premières ou
de produits à demi transformés, et à destination, soit de l'industrie
locale, soit des centres manufacturiers de l'intérieur, ne suivent pas
la même courbe.

Au point de vue de la navigation, les progrès du trafic triestin sont
en rapport avec l'accroissement des échanges commerciaux. Le tonnage des navires entrés ou sortis pendant l'année 1906 s'élève à
6,130,000 tonnes, correspondant à 18,888 unités. La jauge moyenne
est donc assez faible : 320 tonnes, contre 614 à Hambourg, 906 à
Rotterdam, 1,111 à Marseille et 1,713 à Liverpool. Cette particularité s'explique par la proportion dans le mouvement global des petits
bâtiments de pêche et de cabotage international avec l'Italie, dont la
plupart ne jaugent pas plus de 100 tonneaux. Les résultats enregistrés pour le tonnage pendant la dernière année sont supérieurs de
20 p. 0/0 aux chiffres de 1902, et l'accroissement a été continu au
cours de cette période.

La répartition par pavillon donne, en se bornant à considérer le chiffre des entrées :

7,068 navires austro-hongrois, avec......... 2,500,000 tonnes [1].
2,037   —   italiens.................... 260,000   — [2].
  132   —   387,000   — [3].

Le surplus consiste en navires allemands, russes, ottomans et hellènes. Quant à la France, elle est représentée d'une manière très intermittente : un navire en 1906, 1905, et 1903.

La flotte du port de Trieste se compose de 1,902 navires, jaugeant 407,000 tonnes. Sur ces nombres, 196 bâtiments (363,000 tonnes) sont affectés à la navigation au long cours. Le surplus est utilisé pour la pêche et le cabotage [4].

En ce qui concerne les relations maritimes régulières, rien n'a été négligé pour maintenir les débouchés existants et en créer de nouveaux. La principale compagnie de navigation, le Lloyd autrichien, en dehors des lignes de grand cabotage (deux départs par semaine sur Venise, un sur Corfou, etc., avec escales en Dalmatie et Albanie, assure le service entre Trieste et l'Orient : Échelles du Levant, Inde Anglaise, Chine et Japon. Elle affecte à ces diverses lignes une flotte totale de 63 navires jaugeant 122,000 tonnes [5]. Le gouvernement autrichien lui a depuis longtemps accordé une subvention, en vue de développer les exportations de produits fabriqués et d'assurer

1. Proportion des navires à vapeur : nombre, 94 p. 0/0; tonnage, 92 p. 0/0.
2.   —   —   — 15 p. 0/0;   — 73 p. 0/0.
3. Tous à vapeur.
4. Marine marchande autrichienne, fin 1905 :
    12,478 barques et petits navires de pêche ;
    1,687 navires de petit cabotage ;
     220 navires de grand cabotage et de navigation au long cours.
Soit un total de 420,000 tonnes.
5. *I. Lignes de l'Extrême-Orient.* — Service mensuel entre Trieste et Kobé (Japon) avec escales à Port-Saïd, Aden, Bombay, Colombo, Penang, Singapour, Hong-kong, Shanghaï et Yokohama. Service bi-mensuel entre Trieste et Calcutta, et hebdomadaire entre Trieste et Bombay.
II. Ligne du Brésil. — Un départ tous les deux mois pour Santos, avec escales à Fiume, Bahia et Rio de Janeiro.
III. Lignes du Levant et de la Méditerranée. — (a). Service hebdomadaire entre Trieste et Alexandrie (on touche à Brindisi). (b). Service hebdomadaire de Trieste à Constantinople (prolongé 1 fois sur 2 jusqu'à Odessa) avec nombreuses escales, notamment à La Canée, le Pirée, Salonique et Gallipoli. (c). Service Trieste-Constanza (les navires touchent à Brindisi, Corfou, Patras, le Pirée, Constantinople, Bourgas et Varna (hebdomadaire). Enfin, il faut citer la ligne de l'île de Chypre (départ toutes les semaines) et celle de Batoum, bi-mensuelle (mêmes escales que celle de Constantinople, et, en outre, Smyrne et Trébizonde.

dans de bonnes conditions l'approvisionnement en matières premières de la Monarchie. Le contrat passé entre l'État et le Lloyd
venait à l'expiration le 1er janvier 1907. Il a été, au cours de l'année
1905, prorogé pour une durée de quinze ans, aux conditions suivantes. Le Lloyd s'engage à maintenir les services actuels, et à fournir
un parcours minimum de 1,500,000 milles [1]. La vitesse réglementaire des navires est augmentée. Enfin, 15 navires nouveaux devront
être construits dans un délai de cinq ans [2], et 15 autres au cours des
sept années suivantes; le tonnage global de ces 30 bâtiments ne
devra pas être inférieur à 120,000 tonnes. En échange, le gouvernement élève la subvention annuelle à 7,234,000 cour., et consent à la
Société une avance immédiate et sans intérêts de 6 millions de couronnes, remboursable en neuf payements échelonnés de la sixième
à la quinzième et dernière année de la convention.

Les lignes de Dalmatie et du Brésil, actuellement exploitées par le
Lloyd, vont être confiées à des sociétés filiales. Le dernier de ces deux
services est d'ailleurs en voie de réorganisation : il est question de
rendre les départs plus fréquents, de manière à favoriser l'exportation directe du café en Autriche, et d'affranchir le consommateur de
la Monarchie du tribut actuellement payé aux intermédiaires du
transport par mer ou par terre de cette denrée (Angleterre, Allemagne et France).

La seconde compagnie de navigation ayant Trieste pour point de
départ est d'importance plus modeste. L' « Union Autrichienne de
Navigation » ne peut mettre en ligne qu'une flotte de 23 navires, jaugeant au total 64,000 tonnes. Elle est aussi subventionnée par le
gouvernement, et assure les relations de la Monarchie avec l'Amérique [3]. Depuis quatre ans, elle a organisé un service périodique
entre Trieste et le Mexique, avec de multiples escales, notamment
à Dakar et aux Antilles françaises. D'autres créations sont à

1. Parcours de 1905 : 2,280,000 milles.
2. Cinq sont déjà en chantier, dont deux à trois hélices (« Baron-Gautsch » et
« Prince-Hohenlohe »).
3. Principales lignes. — 1° *Amérique du Nord* : Trieste-New York, Trieste-
Nouvelle-Orléans, Trieste-Galveston, Trieste-Pensacola et Trieste-Savannah
(sans escales).
2° *Ligne de l'Amérique du Sud* : Trieste-La Plata (avec escales à Naples, Las
Palmas, Montevideo et Buenos Ayres). Il y a en outre un service entre Trieste
et Vera Cruz, un autre sur l'Amérique Centrale et une ligne Trieste-Bombay-
Calcutta, concurrente de celle du Lloyd.

l'étude. Cette corporation en est encore à ses débuts, n'ayant été constituée dans sa forme actuelle qu'en 1905, par la fusion de deux compagnies secondaires, la Compagnie Austro-Américaine et la maison d'armement Cosulich fils. Quatre navires de grande dimension ont été récemment mis en chantier [1].

Les autres sociétés ne font que des opérations de cabotage. La fusion des quatre entreprises les plus importantes [2] de cette catégorie, négociée pendant cinq ans, est accomplie aujourd'hui. La nouvelle société « Dalmatia », qui fonctionne seulement depuis le 1er janvier 1908, va recevoir une subvention postale du gouvernement. Le projet de convention vient d'être soumis aux Chambres. Cette initiative, en développant le trafic par cabotage, ne peut que contribuer à la prospérité du grand port autrichien.

MAURICE-L. DEWAVRIN.

(*A suivre.*)

1. Parcours total des navires en 1905 : 990,000 milles.
2. Aucune de ces sociétés n'avait son siège à Trieste, mais toutes le desservaient. Ce sont les maisons d'armement Pio Negri (de Sebenico), Rismondo frères (de Macarsca), Serafino Topich (de Lissa) et la « Navigazione a vapore Zaratina » (de Zara).

LE JOURNALISME
AU GOUVERNEMENT PROVISOIRE DE 1848 .

Dans l'histoire de la presse, l'année 1848 marque une étape déci-
cive. Au triomphe, au moins provisoire, de l'idée démocratique
correspond, à cette date, l'avènement de la presse démocratique, de
la presse à un sou. Sans doute, dès le règne de Louis-Philippe on
avait pu prévoir un tel progrès : les innovations d'Émile de Girardin,
qui avait abaissé à 40 francs le prix de son journal *la Presse* et qui
rivalisait avec le directeur du *Siècle* pour la publication des romans
feuilletons à succès, avaient puissamment aidé à développer en
France et surtout à Paris le goût du journal. Mais l'obligation de
verser un cautionnement, le droit de timbre perçu sur chaque exem-
plaire, la sévérité des lois de répression de 1835 empêchaient de
nouveaux organes de se créer et ne permettaient aux anciens que de
se vendre par abonnement; ils ne s'adressaient ainsi qu'à une clientèle relativement riche, donc restreinte.

Or la révolution de Février, faite au nom de tous les principes de
liberté, celui d'association et celui de la presse autant que celui de
réunion, ne pouvait maintenir tant de mesures restrictives. Le
Gouvernement Provisoire, né de la révolte de l'opinion publique, ne
pouvait, sans renier cette origine, refuser la liberté à la presse, expression multiple de cette opinion. Bon gré, mal gré — et plutôt mal gré,
en raison des difficultés financières du moment — une série de
décrets du Gouvernement Provisoire détruisirent l'œuvre de la législation royale en matière de presse.

Le résultat ne se fit pas attendre : du haut de cette tribune, dont
on donnait l'accès à tous, tous voulurent parler. En quatre mois,
de février à juin, plus de deux cents journaux parurent. Avec une
ardeur incroyable, tous ceux qui savaient tenir une plume, et même
ceux qui le savaient mal, voulurent faire œuvre de rédacteur. L'his-

toire entière de la révolution de 1848, le conflit des idées comme les rivalités des hommes, se retrouve dans cette multitude de feuilles, dont tant furent éphémères, mais qui, par leur variété même, demeurent une mine très riche de renseignements.

Le prix modique de ces journaux les mettait à la portée de tous. Le premier, Émile de Girardin fit vendre dans les rues *la Presse* à 0 fr. 05 ; dès lors presque tous les journaux qui se créèrent furent des journaux à un sou. Ce fut au numéro, dans la rue, que se vendirent les feuilles nouvelles. Paris fut assourdi par les cris multiples des vendeurs. Des milliers d'exemplaires se distribuaient sur la voie publique, où — chose inconnue jusqu'alors — des passants s'arrêtaient pour lire.

Mais ce régime de pleine liberté n'était guère propre à faciliter la tâche du gouvernement. C'est Armand Marrast qui affirmait : « La liberté de la presse, on ne peut pas gouverner avec elle », quelques jours à peine après que la révolution avait fait de lui un membre du Gouvernement Provisoire : lui et ses collègues furent pourtant obligés de gouverner avec cette liberté, d'apparence si redoutable.

Or, on sait quelle lourde tâche le Gouvernement Provisoire avait assumée : faire l'éducation républicaine de tout un peuple assez rapidement pour que les élections ne fussent pas conservatrices ; prendre par voie de décret les premières mesures nécessaires à assurer la souveraineté populaire ; préparer tout au moins les réformes sociales qu'aux jours enthousiastes de Février l'on croyait toutes proches ; contenir par la persuasion une population victorieuse et non désarmée ; conjurer une crise financière imminente, tâche immense et qu'aucun gouvernement n'aurait pu mener à bonne fin dans le temps limité laissé à l'initiative de ces hommes nouveaux.

Or, après une courte période d'enthousiasme et d'applaudissements dont les vieux organes conservateurs avaient presque donné l'exemple, le ton général de la presse s'aigrit. Parmi les feuilles nouvelles peu étaient modérées : la situation des partis ne se prêtait guère à une politique de juste milieu ; tous les journaux se partagèrent bientôt entre deux tendances extrêmes. Si le Gouvernement Provisoire était loin d'être conservateur, la majorité de ses membres résistait énergiquement à ceux qui voulaient le pousser dans une voie révolutionnaire. Le résultat fut un mécontentement général :

les journaux socialistes, qui tous espéraient voir le gouvernement commanditer leurs théories, déçus dans leur attente, l'accusèrent de sacrifier à des réformes politiques superficielles les réformes sociales, seules décisives; les journaux démocratiques lui reprochèrent une extrême timidité et menacèrent de refaire une révolution, s'il n'adoptait une politique plus radicale; les journaux conservateurs le blâmèrent âprement des concessions faites aux partis avancés et prophétisèrent la ruine par sa faute du crédit public et la banqueroute. Jusqu'aux journées de juin, où la ditacture de Cavaignac supprima à nouveau la liberté de la presse, ces attaques se multiplièrent contre le Gouvernement Provisoire et la Commission exécutive, son héritière directe.

Mais elles ne restaient pas sans réponse : pour soutenir ses idées, pour faire connaître ses intentions, le gouvernement eut, lui aussi, ses journaux, et c'est leur histoire que nous nous proposons d'étudier.

Cette presse gouvernementale dépasse de beaucoup en intérêt une presse gouvernementale ordinaire. On peut dire qu'elle fut en 1848 partie intégrante du gouvernement : les hommes qui étaient arrivés au pouvoir le 24 février étaient à peu près tous des journalistes : ils appartenaient à deux opinions, républicaines toutes deux, mais de nuance différente, et ces opinions se reflétaient en deux journaux célèbres à cette époque, *le National* et *la Réforme*. L'alliance du *National* et de la *Réforme* fit le Gouvernement Provisoire, association d'hommes qui n'avaient qu'un minimum d'idées communes. Aussi l'histoire de ces deux journaux, qui n'abdiquèrent rien des convictions propres à chacun d'eux, est-elle l'histoire même des rivalités intestines du Gouvernement Provisoire : leurs opinions, le ton qu'ils leur donnaient, la chaleur qu'ils mettaient à défendre le pacte d'alliance, ou la promptitude à critiquer un acte du parti rival sont l'indice infaillible de la bonne ou de la mauvaise entente qui régnait à l'Hôtel de Ville.

Déjà, sous le règne de Louis-Philippe, ces deux feuilles, *le National* et *la Réforme*, avaient joué dans la lutte des partis un rôle considérable. Elles représentaient alors, à peu près à elles seules, l'opinion républicaine. Sous le ministère Guizot, avec une égale fermeté, elles avaient mené la lutte contre la politique conservatrice. Mais, si leurs haines étaient communes, elles étaient déjà loin de se mettre d'accord sur le but à atteindre. Alors que *la Réforme* poussait à ses extrêmes conséquences le principe de la souveraineté populaire, *le National*, en coquetterie avec l'opposition constitutionnelle d'Odilon Barrot, ralliait à lui ceux que séduisait l'idée d'une république modérée, fondée sur les principes d'ordre et qui ne la jugeaient possible, peut-être désirable, que dans un avenir lointain.

En quelques pages brillantes, Lamartine a fort bien caractérisé les deux feuilles républicaines :

« *Le National* était le journal de l'opinion républicaine, la pierre d'attente de la future révolution. Toutefois, la République n'étant encore pour les masses qu'un pressentiment lointain, ce journal n'avait pas une immense clientèle dans le pays. On le lisait par une certaine curiosité de l'esprit, qui veut connaître ce que lui réservent même les éventualités les moins probables de l'avenir. Ce journal se tenait dans des limites indécises entre l'acceptation du gouvernement monarchique et la profession de foi de la République. Mr Marrast le dirigeait, c'était le Desmoulins sérieux et modéré de la future République. Jamais la facilité, la souplesse, l'imprévu, la couleur, l'image méridionale, la saillie gauloise ou attique ne décorèrent de plus d'ornements artificiels le poignard d'une polémique dans la main d'un Aristophane insouciant. On sentait sous ce talent un esprit plein d'impartialité, peut-être même de scepticisme.

« *La Réforme* représentait la gauche extrême, la république incorruptible, la révolution démocratique à tout prix. C'était la tradition de la Convention renouée cinquante ans après les combats et les vengeances de la Convention, la Montagne avec ses foudres et ses fureurs au milieu d'un temps de paix et de sérénité... Ce journal était rédigé habituellement par M. Flocon, main intrépide, esprit ferme, caractère loyal, même dans la guerre d'opinion faite à ses ennemis. M. Flocon était un de ces républicains de la première race qui avaient pétrifié leur foi dans les sociétés secrètes, les conjurations et les cachots. Froid d'extérieur, rude de physionomie et de langage, quoique fin de sourire, simple et sobre d'expression, il y avait dans sa personne, dans sa volonté et dans son style quelque chose de la rusticité romaine, mais, sous cette écorce, un cœur incapable de fléchir devant la peur, toujours prêt à fléchir devant la pitié[1]... »

1. Lamartine, I, 24 et suiv.

A eux deux, ces journaux représentaient donc l'opinion républicaine : c'était à leurs bureaux de rédaction qu'aboutissaient les nouvelles transmises par les comités républicains et les sociétés secrètes;
c'était là qu'on prenait le mot d'ordre aux jours des décisions graves :
leurs rédacteurs étaient les orateurs du parti.

Mais l'union dans la lutte n'empêchait pas la jalousie. Ces frères
rivaux se haïssaient d'autant plus qu'ils se ressemblaient davantage. *Le National* et *la Réforme* étaient de même format et de même
aspect; ils coûtaient presque le même prix (60 francs par an pour *le
National* et 66 pour *la Réforme*); ils s'adressaient au même public,
s'intéressaient aux mêmes nouvelles; ils ne pouvaient vivre d'accord.
De cette rivalité des polémiques fréquentes étaient nées, et elles
étaient particulièrement vives au début de 1848. En fait, à la veille
de la révolution, *le National* avait plus de vogue que *la Réforme*
(3,000 abonnés contre 2,000), ce qu'il devait tant à la modération plus
rassurante de ses opinions qu'à l'éclat de sa rédaction. Or, le 24 février
au soir, les rédacteurs du *National*, de *la Réforme* et leurs amis politiques, réunis à l'Hôtel de Ville sous le nom de gouvernement provisoire, étaient les arbitres des destinées de la France. A la jalousie de
la veille, l'union indispensable à tout gouvernement fort allait-elle
pouvoir succéder?

Il importe de reprendre quelques jours en arrière l'étude des
événements pour juger les sentiments qu'éprouvaient, les uns vis-à-
vis des autres, ces journalistes passés dictateurs.

La campagne des banquets avait été provoquée et conduite par
l'opposition dite constitutionnelle beaucoup plus que par le parti
républicain. Celui-ci, qui ne se jugeait pas prêt pour une action
décisive, avait suivi la lutte en allié sceptique et décidé à ne pas
s'engager à fond. Lorsque Guizot défendit le banquet du XIIe arrondissement et que le parti d'Odilon Barrot refusa de faire appel contre
le ministère au peuple de Paris, *le National* se rallia à lui : « Il y a
des moments où, sous l'impression même la plus pénible, on est
obligé de dévorer en silence l'amertume de ses pensées. Nous devons
nous imposer la patience pour parler : le moment viendra [1]. »

La Réforme n'avait pas plus d'audace : le 22, les républicains les

1. *National*, 23 février.

plus avancés, Flocon, d'Althon-Shée, Ledru-Rollin, Louis Blanc, Caussidière, s'étaient réunis dans ses bureaux. Tout les premiers, Ledru-Rollin et Louis Blanc avaient refusé de donner au peuple le signal d'un combat qui, suivant eux, ne pouvait être qu'une boucherie sans résultat. Et le lendemain Flocon écrivait dans le journal : « Hommes du peuple, gardez-vous, demain, de tout téméraire entraînement : ne fournissez pas au pouvoir l'occasion cherchée d'un succès sanglant. Patience ! quand il plaira au parti démocratique de prendre une initiative, on saura s'il recule, lui, quand il s'est avancé[1]. »

Les hommes qui le lendemain devaient triompher n'entrevoyaient donc même pas la possibilité du triomphe : de leur propre élan, la garde nationale, le peuple firent la révolution. On ne vit sur les barricades, ni les rédacteurs du *National*, ni ceux de *la Réforme* : jusqu'au bout ils restèrent à la suite du mouvement. Mais quand le peuple eut triomphé, et que l'heure vint d'organiser sa victoire, il se tourna vers ceux qui avaient façonné ses convictions.

Le 23 au soir, quand, pour fêter la chute de Guizot, une colonne de gardes nationaux et d'hommes du peuple traversa Paris avec des chants de triomphe, elle s'arrêta aux bureaux du *National*, rue Le Pelletier, comme pour lui faire hommage de son succès. Et deux heures plus tard, après la fusillade du boulevard des Capucines, c'est encore vers *le National* que se dirigea le cortège dramatique qui entourait le tombereau des victimes. Garnier Pagès alors parut à une fenêtre et harangua la foule, il promit que justice serait faite, que les ministres responsables seraient poursuivis : il ne paraissait pas songer à une révolution possible.

Le 24 au matin, les revendications des journaux républicains étaient bien modestes. *La Réforme* croyait aller très loin en demandant, avec la mise en accusation des ministres, « le droit de réunion constaté en fait par un banquet le dimanche suivant, une réforme électorale assise sur des bases populaires et l'abolition des lois de septembre ». Elle ajoutait même : « avec ces mesures, on rétablira l'ordre promptement[2] ».

Mais contre les barricades se brisèrent dans cette matinée du 24 les

1. *Réforme*, 23 février.
2. *Id.*, 24 février.

concessions successives de la royauté. La classe ouvrière, acquise aux idées démocratiques de *la Réforme*, la garde nationale, propice à la République modérée louée par Armand Marrast, poussèrent leur victoire à ses conséquences extrêmes et à l'Hôtel de Ville dont ils prirent possession, à la Chambre qu'ils envahirent, réclamèrent un régime entièrement nouveau. Alors seulement les chefs du parti républicain prirent la tête du mouvement. Mais qui allait l'emporter, de la république radicale à tendance socialiste de *la Réforme*, ou de la république libérale du *National?* En fait, chaque parti s'organisa comme s'il était seul vainqueur.

Depuis le matin, les militants du parti apportaient les nouvelles au *National* : « Vers midi, dit Garnier-Pagès, l'intérieur et les abords du bureau étaient encombrés. Penchés aux fenêtres de la grande salle de rédaction, les rédacteurs, les amis, les clients échangeaient les nouvelles, les encouragements, les excitations, les cris avec la foule entassée dans la rue. A l'intérieur de cette salle une inextricable cohue d'hommes politiques, d'amis, de gardes nationaux, les mains tendues, l'œil en feu [1]. » Longtemps, au milieu du bruit, Thomas, Emmanuel Arago, Sarrans, Edmond Adam, Hauréau, Louis Blanc, discutèrent sans rien décider. Mais quand, vers midi et demi, Armand Marrast accourut de la Chambre pour apporter la nouvelle de l'abdication du roi, et qu'il déclara, soudain très résolu, que la république était devenue une nécessité, on dressa la liste d'un gouvernement provisoire qui aurait compris Dupont de l'Eure, Arago, Marie, Garnier-Pagès, Marrast, Odilon Barrot et Ledru-Rollin, — cela malgré les protestations de Louis Blanc aussi indigné de voir sur la liste le nom d'Odilon Barrot que de n'y pas voir le sien. Mais, à la Chambre, Odilon Barrot refusa son concours, et c'est Lamartine qui joua le rôle d'arbitre décliné par le chef de l'opposition dynastique. En tout cas ce fut la liste du *National* qui, lue à la tribune, y obtint l'assentiment populaire.

Mais *la Réforme* n'était pas restée inactive. Aux bureaux du journal, rue Jean-Jacques Rousseau, vers deux heures, c'était le même spectacle qu'au *National* : des combattants étaient même venus se mêler à la discussion. Des hommes noirs de poudre, appuyés sur

1. Garnier-Pagès, *Histoire de la Révolution de 1848*, II, 191.

leur fusil, entouraient la table de rédaction. Il y avait là Beaune, qui présidait, Louis Blanc revenu du *National* pour dénoncer les dispositions qu'on y prenait, Martin, de Strasbourg, qui tentait de faire l'entente avec le parti de Marrast, Thoré, Grandmesnil, Delahodde, Etienne Arago, Caussidière, Sobrier, Cahaigne, tous les futurs dirigeants de la République démocratique. Là aussi on arrêta une liste : Dupont de l'Eure, Ledru-Rollin, Arago, Marrast, Flocon, Lamartine, Marie, Louis Blanc... Ce dernier demanda l'adjonction d'un ouvrier. « Un ouvrier présent, dit Garnier-Pagès, désigna M. Pascal, de *l'Atelier*; un autre, M. Albert, mécanicien. M. Albert était beaucoup moins connu que M. Pascal : mais au moment où l'on prononça son nom, il entra : le hasard décida pour lui[1]. »

On sait comment les élus des deux listes se rencontrèrent à l'Hôtel de Ville, comment bon gré, mal gré s'opéra la fusion, aucun parti n'étant assez fort pour se passer de l'alliance de l'autre. A part Dupont de l'Eure, président du Gouvernement Provisoire, et Lamartine, que son indépendance politique et son éloquence prestigieuse firent, mais pour quelques jours seulement, l'arbitre des partis, le reste du gouvernement se partageait nettement entre les deux tendances rivales. Armand Marrast était rédacteur en chef du *National*; Garnier-Pagès y écrivait, Marie, Crémieux et François Arago reflétaient fidèlement son esprit. — Ledru-Rollin avait fondé *la Réforme*. Flocon la rédigeait en chef; Louis Blanc y avait publié des articles sur l'organisation du travail, — et Albert n'avait d'autres opinions que celles de Louis Blanc. Ce partage d'influences se retrouve même dans la distribution des hauts postes administratifs. Si Goudchaux nommé ministre des finances, Recurt et Pagnerre adjoints à la mairie de Paris, étaient tout dévoués à la politique du *National*, Caussidière, préfet de police, et Étienne Arago, délégué aux Postes, étaient d'anciens rédacteurs de *la Réforme*.

Les deux journaux se partageaient donc le pouvoir. Mais un gouvernement composé d'éléments si divers ne pouvait résister à ses ennemis du dehors — et il n'allait pas en manquer — que par une entente absolue entre ses membres. Comment les hommes des deux

---

1. L'opinion de Garnier Pagès est discutable : les radicaux de *la Réforme* devaient avoir une forte raison d'écarter la candidature de Pascal : c'est que les tendances du journal *l'Atelier* leur étaient peu sympathiques.

partis surent-ils garder cette entente et comment se reflète leur opinion dans les journaux qu'ils inspiraient, c'est ce qu'il nous faut
étudier maintenant.

Cette politique de conciliation, ce fut *le National*, au début, qui la
préconisa surtout.

Membre du Gouvernement Provisoire, et maire de Paris, Armand
Marrast ne pouvait garder la lourde tâche qu'était la direction d'un
journal. Dès le 6 mars, *le National* reproduisait une lettre écrite par
lui à Duras. « Les soins de tout genre qui m'absorbent en ce moment
ne me permettent pas de remplir comme je le voudrais mes fonctions
de rédacteur en chef. Je vous prie de me remplacer en cette qualité...
Thomas¹ partage à cet égard mon sentiment. » Ce Duras était un
rédacteur du *National*, introduit au journal par Duclerc : c'était un
homme instruit et de bonne compagnie, mais qui n'avait ni la verve,
ni l'originalité de Marrast : caractère de second plan, il laissa toute
l'autorité morale à l'ancien rédacteur en chef, dont *le National* continua à refléter fidèlement l'opinion.

Le National n'avait rien d'un journal de spéculation et ses rédacteurs ne visaient pas à faire fortune : il avait peu d'abonnés —
4,000 à peu près — et la vente au numéro, si fructeuse en 1848 pour
certains journaux entreprenants, n'existait pour ainsi dire pas pour
lui. Son but unique était de défendre, de propager ses idées politiques : s'il y avait des bénéfices, ils allaient à la police secrète organisée par Marrast à la mairie, pour faire pièce à la police officielle
de Caussidière.

Dans ces conditions *le National* ne sacrifiait guère au goût du
jour : il ne publiait pas de romans feuilletons signés de noms illustres ;
ses nouvelles de l'étranger étaient étriquées ; ses articles financiers
n'étaient que des panégyriques de tels de ses rédacteurs devenus
ministres des finances : Garnier-Pagès, Duclerc ; ses annonces
tenaient peu de place. Le journal lui-même, imprimé sur trois larges
colonnes, avait une allure massive, sans élégance ni souplesse.

Tout l'intérêt allait à l'article de fond, à l'article politique : mais
celui-ci même, rédigé par Duras, visait plus à démontrer abstraite-
ment qu'à convaincre avec vivacité. *Le National* était un journal

---

1. Thomas était à ce moment administrateur du *National*; il devait, du reste,
peu après se démettre de ces fonctions et être remplacé par Caylus.

d'avocats, et d'avocats épris d'idées générales : on ne croirait guère à le lire que ses rédacteurs aient participé de très près à la gestion des affaires. Leurs articles sont d'une élégance correcte, un peu terne, parfois prudhommesque : « La probité fleurit au sein d'une opinion politique éclairée et vigilante et si déjà, sous les différents gouvernements qui viennent de tomber, l'opinion arrêtait ou punissait tant de méfaits, son influence sera bien plus puissante dans une République, où ni dynastie, ni caste, ni clan ne pourra lui imposer silence[1] ».

L'armée est toujours la « brave » armée. Les représentants du peuple sont tous « dévoués ».

Enfin la polémique y était toujours de bon ton et évitait les questions de personnes ; cela ne va pas sans une certaine monotonie : on peut se demander parfois si *le National* se battait contre des principes purs.

Cette allure dogmatique fut surtout sensible pendant les premières semaines de la République, où *le National* prit très au sérieux son rôle d'organe semi-officiel. Sans doute, il se défendit d'être gouvernemental à tout prix : le 20 avril, un article signé par la Rédaction et la Direction (Ch. Thomas-Duras-Dornès) affirmait : « *Le National* est dégagé de tout lien et de toute solidarité avec les honorables citoyens qui ont accepté le lourd fardeau des affaires », et Lamartine, dans son *Histoire de la deuxième République*, parla de « ce journal qui passait à tort pour être l'organe du gouvernement ». Mais d'autre part toute l'opposition reprochait au *National* sa stérilité vis-à-vis du parti au pouvoir, et Caussidière, dans ses Mémoires, put l'accuser d'avoir été plus « gouvernemental que ne l'avaient jamais été *les Débats* ». Un article du *National* du 26 avril laisse entrevoir une vérité moyenne : « Nous avons voulu que l'unité du Gouvernement Provisoire ne fût pas rompue et depuis deux mois nous avons toujours tendu à ce but. Pour *le National* le Gouvernement Provisoire était une personne indivisible représentant l'unité de la République — et c'est ce qu'il sera pour nous jusqu'au jour où l'Assemblée nationale, légalement investie de l'autorité souveraine, mettra un terme à son pouvoir temporaire et l'absorbera dans son sein. »

1. *National*, 27 février.

Représentant d'une fraction du Gouvernement, *le National* a donc
défendu l'entité qu'était le Gouvernement Provisoire sans pour cela
se rallier à la politique de certains de ses membres. De même que
Garnier-Pagès, Marie, Arago, Marrast, pour éviter le risque d'une
révolution nouvelle prenaient leur part commune de responsabilité
de certains actes de Ledru-Rollin ou de Louis Blanc, désapprouvés
par eux, de même aux instants critiques, *le National*, sans approuver,
se tut : les travaux de la commission du Luxembourg, la création
des ateliers nationaux, les circulaires de Ledru-Rollin furent toutes
choses qu'il ne mentionna qu'incidemment. Pas plus au 17 mars, qui
fut le triomphe de la politique de Ledru-Rollin, qu'au 16 mars, qui
marqua sa ruine, *le National* ne laissa soupçonner les conflits terribles qui surgissaient au sein du gouvernement. Hostile au recul
des élections, il en combattit le projet (5 mars-18 mars), mais le présenta comme une nécessité quand les membres avancés du gouvernement l'eurent imposé. Pour lui, la confiance dans le Gouvernement
Provisoire fut un dogme, « tout bon citoyen en a le devoir, la sécurité de tous, le salut de tous l'exigent impérieusement » (26 février).

Pour mieux sauvegarder cette unité précieuse, la rédaction du
National souscrivit même à des professions de foi que Ledru Rollin
n'eût pas reniées : « La République française a donc pour obligation
d'organiser la société sur des bases toutes nouvelles. Personne ne peut
élever d'objection contre une obligation aussi équitable : les classes
si longtemps déshéritées ont droit au travail, à l'éducation et à une
existence qui n'exclut pas la jouissance des avantages de la civilisation » (26 février). Mais, ces concessions faites, *le National* n'abandonna rien des principes de liberté et d'ordre qui faisaient la base de
ses convictions. Il fut nettement hostile à toute innovation révolutionnaire et n'aborda d'autre part que timidement les théories
sociales ; la réglementation des salaires, l'organisation du travail, le
principe d'association... La présence de Louis Blanc au Gouvernement
Provisoire l'obligeait à beaucoup de ménagements. A l'orateur, il ne
ménageait pas les éloges. « On chercherait vainement une éloquence
plus facile, plus claire, plus limpide. On ne peut l'écouter sans
admirer sa parole. Mais si, après avoir joui du plaisir de l'entendre, on
réfléchit à ce qu'il dit, on est étonné quelquefois de ne pas partager
son opinion » (5 avril). C'est ainsi par des dénégations très cour-

toises, ou mieux encore par son silence, que *le National* savait
opposer une fin de non-recevoir aux demandes de réformes immédiates, décisives, faites par les membres avancés du gouvernement.
Les rédacteurs du *National* étaient décidés à ne pas heurter de front
les hommes du parti radical. Pour eux il fallait gagner du temps,
parvenir sans trop de concessions à l'époque des élections qu'ils
comptaient bien pouvoir faire au profit exclusif de leurs idées. De
même Marie, ministre des travaux publics, ne pouvant empêcher la
création des ateliers nationaux, en avait pris la direction et les avait
organisés dans un esprit tout opposé à celui de Louis Blanc. Mais
pour que cette politique réussît, il fallait empêcher toute révolution
nouvelle qui, rejetant les élections à une date lointaine, aurait
rendu leur résultat plus aléatoire. Et, seul, le Gouvernement Provisoire uni pouvait contenir l'esprit révolutionnaire. Ce fut le secret
de l'appui constant que *le National* prêta à sa politique, quelles qu'en
fussent les manifestations.

Mais cette attitude n'avait sa raison d'être que jusqu'aux élections
qui donneraient à la France une représentation indépendante du
peuple de Paris : aussi ne fut-ce que jusqu'à la fin d'avril, date des
élections, que le journal d'Armand Marrast demeura fidèle au pacte
d'alliance. Le 4 mai, à la réunion de l'Assemblée constituante, *le
National* avait repris sa pleine liberté.

La Réforme, pendant ce temps, avait suivi une politique toute
différente. Les ruses du *National* lui étaient restées inconnues. Ses
rédacteurs ne craignirent jamais de dire toute leur pensée : ils ne
redoutèrent pas les phrases qu'on ne peut renier, les professions de
foi qui lient. Ils tinrent moins à ménager l'unité du Gouvernement
provisoire, lorsqu'ils eurent découvert que cette unité allait à l'encontre de leurs tendances résolues. Ils refusèrent au moment dangereux de rien abdiquer de leurs convictions. Ils furent sincères jusqu'à
l'imprudence.

Pas plus que *le National*, *la Réforme* n'était un journal de spéculation : à la veille de la révolution, sa situation financière était
déplorable; elle ne comptait pas 2,000 abonnés. Pour la soutenir,
Ledru-Rollin avait dépensé une partie de sa fortune et de celle de sa
femme, et Caussidière faisait des tournées de quête parmi les républicains de province. Bref, dit Garnier-Pagès, la situation était si déses-

pérée que, le 20 février, « Flocon, demandant à un membre du comité
de rédaction 300 francs pour payer le timbre du numéro à paraître,
lui confiait que toutes les ressources étaient épuisées... que *la
Réforme* abandonnait la partie, qu'elle vivrait seulement jusqu'au
mercredi lendemain du banquet, afin de mourir dans un triomphe
de la démocratie et qu'il lui restait pour faire face à la dépense des
numéros du 22 et du 23, la liquidation du mobilier [1] ». Le triomphe
du 22 février qui mit Ledru-Rollin au ministère de l'intérieur, la
suppression du timbre surtout, permirent à *la Réforme* de subsister : mais ses rédacteurs n'y firent pas pour cela fortune. *La
Réforme* acquit une haute importance politique : elle ne devint pas
pour cela un journal à fort tirage.

Comme au *National*, la rédaction en chef changea de titulaire.
Flocon céda la place à Ribeyrolles. Ribeyrolles, qui était déjà un des
rédacteurs habituels du journal, était un méridional fort jeune,
plein d'entrain, éloquent, souvent spirituel et qui savait écrire avec
une chaleur, une nervosité qui manquaient à l'honnête, mais un
peu lourd Flocon. Certains de ses « mots » firent fortune. C'est lui
qui compara plus tard à une « jatte de lait empoisonnée » le rapport de Jules Favre sur la participation de Louis Blanc au 15 mai.
Sous sa direction, *la Réforme* prit un ton enthousiaste, vibrant,
très caractérisé. Ses collaborateurs Schœlcher, Pascal Duprat, Étienne
Arago, Félix Pyat, George Sand étaient tous convaincus et intransigeants, comme lui.

A de tels esprits la prudence savante des hommes du *National* ne
pouvait que déplaire. Ils furent gouvernementaux d'une tout autre
façon. Il ne faut pas chercher dans les colonnes de *la Réforme*
l'expression de la volonté du Gouvernement Provisoire, mais l'opinion de certains de ses membres, de Louis Blanc, de Flocon, de
Ledru-Rollin surtout. Ce journal critiqua parfois les décisions du
gouvernement en désaccord avec l'idéal démocratique, aussi durement que n'importe quel journal de l'opposition de gauche. Mais
c'est la preuve qu'alors Ledru-Rollin avait subi, malgré lui, la volonté
de ses collègues. Aussi, ne fit-on jamais à *la Réforme* le reproche si
souvent adressé au *National*, de servilité vis-à-vis du pouvoir.

1. Garnier-Pagès, *op. cit.*, I, 198.

Très résolus à mener à bonne fin la tâche qu'ils avaient entreprise, en leur qualité de mandataires du peuple démocrate de Paris, Ledru-Rollin et ses amis, qui se savaient en minorité dans le pays, étaient résolus à ne pas ménager la propagande. *La Réforme* était en leurs mains un instrument déjà approprié. Ils s'en servirent.

Aussi ce journal fut-il un journal d'action. On n'y disserta pas sur les théories, comme au *National* : le principe de la souveraineté populaire posé, *la Réforme* en réclama les applications immédiates, absolues. Tout pour les républicains, et tout par les républicains, ce pouvait être sa devise. En présence de volte-faces trop rapides son indignation fut véhémente : « Au moment de la fuite de Louis-Philippe... où étaient donc ces poètes de cour, engraissés et fiers comme des paons. Ils étaient accroupis déjà sous la cocarde républicaine, et les mains encore pleines de l'or qui ruisselait sur eux de la caisse des fonds secrets, ils chantaient le peuple qu'ils avaient insulté la veille, ils saluaient la nouvelle aurore. Appelez donc vos écuyers cavalcadours, vos courtisans, vos heiduques, vos chambellans à broderies. Appelez tous ces esclaves qui pour vous devaient mourir. En moins d'une heure ils ont changé de livrée : c'étaient hier les paillettes, le panache et les plaques : aujourd'hui c'est le ruban de la liberté; c'est la cocarde de la victoire trempée dans le sang du peuple » (2 mars). Ce morceau permet de juger du style imagé de Ribeyrolles.

Aussi Ledu-Rollin se servit-il de partisans aussi enthousiastes pour soutenir toutes les mesures radicales qu'il prenait ou proposait de prendre. C'est ainsi que *la Réforme* prit hautement la défense des fameuses « circulaires » où il était dit que les commissaires envoyés dans les départements avaient des pouvoirs illimités : « Ils se sont tous ligués contre cette instruction révolutionnaire, la seule pourtant qui jusqu'ici nous ait rappelé la cause, la seule qui porte l'empreinte du grand devoir. Constituants de petite légalité, dynastiques de la régence, royalistes parlementaires et royalistes purs, tous, bourgeois et conservateurs, s'entendent à merveille pour attaquer directement ou par insinuation la très nette et très rigoureuse circulaire du ministre de l'intérieur » (15 mars).

Elle prenait à son compte en les développant les idées de ces circulaires. « Il faut que les comités des divers centres électoraux sèment et répandent des instructions courtes et claires : il faut que le maître

d'école dans chaque commune serve de moniteur à la révolution ; il
faut que les délégués viennent s'éclairer au canton et qu'ils emportent dans les bourgs et les villages la parole de la République »
(14 mars).

Fidèle à la tradition de 92 *la Réforme* eût même voulu républicaniser
l'Europe : « Il ne faut pas seulement une barricade de trois mètres
en travers de la rue Richelieu : il faut une barricade de mille cou-
dées de hauteur sur les rives du Rhin. Il faut balayer les Russes des
champs de la Pologne, les Autrichiens de l'Italie. Il faut lancer à la
hauteur des cieux, afin que le monde entier puisse le voir, un drapeau français avec un mot : Révolution » (8 avril). Cela n'était guère
d'accord avec les déclarations pacifiques de Lamartine, ministre
des affaires étrangères : mais cela ne prouve que mieux que *la
Réforme* n'était gouvernementale qu'en tant que représentant une
fraction du gouvernement.

C'était cette fraction du Gouvernement Provisoire qui, au 16 avril,
avait voulu tenter un coup d'état contre la majorité du conseil et
avait dû reculer devant l'attitude de la garde nationale. Celle-ci,
dans un élan spontané contre les communistes, nom sous lequel elle
confondait à la fois toutes les sectes socialistes et le parti démocratique avancé, avait porté son concours au parti d'Armand Marrast,
qui fut dès lors le maître du pouvoir. *Le National* avait passé cette
victoire sous silence : rien d'après lui n'était changé ; le Gouvernement
Provisoire restait ce qu'il était. *La Réforme*, au contraire, ne dissimule pas son irritation : « La journée d'hier n'a été qu'une journée
de dupes. La garde nationale a prêté les mains sans s'en douter à une
infâme machination. Elle a servi de complice à la réaction qui chante
victoire... On va essayer de nous faire peur avec le communisme, et
comment n'avons nous pas vu que ces mêmes hommes qu'on nous
représente comme des incendiaires et des pillards ont été deux fois
les maîtres de la cité qui dormait en paix sous leur sauvegarde ? »

Ainsi, aux approches des élections, le journal de Ledru-Rollin ne
cachait pas que le fossé se creusait entre les deux fractions gouvernementales du parti républicain.

Les élections devaient avoir lieu le 24 avril, et chaque parti qui
comptait les faire à son profit en attendait fiévreusement le résultat.
La Réforme plus ouvertement, *le National* en secret, mais avec un

remarquable esprit de suite, faisaient toute la propagande qu'on peut imaginer. Mais, longtemps à l'avance, les amis de Ledru-Rollin avaient profité de leur situation prépondérante au ministère de l'intérieur pour créer — à leur usage — un journalisme qui fût vraiment officiel et dont l'influence s'étendît plus au loin que celle de *la Réforme*. Cette tentative eut un grand retentissement et elle mérite de retenir l'attention.

Si la République avait été acclamée à Paris, patrie de l'enthousiasme révolutionnaire, il n'en avait pas été de même dans les départements : bourgeois de petites villes, conservateurs par tradition, paysans craintifs des innovations, c'était là un médiocre public révolutionnaire. Contre Louis-Philippe, qui n'avait pas provoqué de guerre ruineuse, qui n'avait ni converti la rente ni surtaxé la propriété foncière, il n'éprouvait aucune prévention ; il n'avait pas protesté contre la proclamation de la République, parce qu'aussi longtemps que ses intérêts immédiats ne lui parurent pas lésés, il n'était pas dans son caractère de protester : mais il n'applaudissait guère.

Or, aux élections, ces hommes des campagnes et des petites villes allaient par leur vote décider de l'avenir politique. Fidèles à leurs traditions, ne porteraient-ils pas au pouvoir des conservateurs ? On s'inquiétait fort d'une telle éventualité dans l'entourage de Ledru-Rollin. *La Réforme* était lue à Paris et dans quelques grands centres ; sa sphère d'influence était étroitement limitée. Et pourtant il fallait trouver un moyen de faire pénétrer l'idée démocratique dans chaque hameau, si infime, si retiré fût-il. C'est alors qu'Étienne Arago, délégué aux Postes, songea à employer les facteurs ruraux pour porter dans chaque commune une feuille spéciale qu'on afficherait et qui, exposant les faits, les interprétant, ferait aimer la jeune République.

Ce fut l'origine des fameux *Bulletins de la République*. Ils parurent en principe tous les deux jours et ne furent insérés ni au *Moniteur* ni aux *Bulletins des lois*. Il y en eut 25 échelonnés du 13 mars au 6 mai. C'étaient des affiches de 60 centimètres sur 45, imprimées sur trois colonnes et aisées à placarder. A la suite d'un article de fond composé à l'intention des habitants des communes, ils contenaient tour à tour les circulaires du ministre de l'intérieur ou de l'instrution publique, les décrets du Gouvernement Provisoire, des listes de dons patriotiques, des nouvelles des révolutions étrangères. Une lettre de George Sand, adressée à son fils, nommé maire de Nohant, fait bien comprendre le but de cette publication. « Ah, monsieur le maire,... vous lirez chaque dimanche un des bulletins de la République à votre garde nationale réunie : quand vous l'aurez lu, vous l'expliquerez, et quand ce sera fait vous afficherez ledit bulletin à la porte de l'église. Les facteurs ont ordre de faire leur rapport contre ceux des maires qui y manqueront » (Paris, le 24 mars).

Les *Bulletins de la République* devaient être une publication officielle, c'est-à-dire émanant du gouvernement tout entier. Aucun parti ne devait en faire un usage exclusif. Mais comme ils furent rédigés au ministère de l'intérieur et distribués par la direction des Postes, ils devinrent vite un moyen de propagande à l'usage de la fraction avancée du Gouvernement Provisoire.

En effet, c'était Jules Favre, secrétaire général du ministère de l'intérieur, qui les rédigeait en chef, assisté d'Élias Regnault, chef de cabinet de Ledru-Rollin, et de Delvau, son secrétaire particulier. De leurs amis, Anselme Petetin ou Charles Lecointe leur aidèrent parfois.

Les premiers numéros étaient modérés de ton : ils vantaient le bonheur de vivre sous un régime républicain ; ils faisaient le procès de la monarchie tombée : ils laissaient entrevoir un avenir idéal de fraternité, de prospérité aussi...

Mais on joignit à ces déclarations des documents moins anodins. Le n° 1 reproduisit la circulaire de Ledru-Rollin du 12 mars, celle où il était dit qu'il fallait « révolutionner » ces mêmes départements qu'on voulait rallier par la persuasion aux idées républicaines ; — et dans le n° 2 on inséra une adresse anonyme que les chefs des clubs faisaient circuler dans Paris, pour obtenir l'ajournement des élections. Il y était dit : « Dans les campagnes une tyrannie savante étouffe, par son système d'isolement individuel, toute spontanéité au cœur des masses. Les malheureux paysans, réduits à la condition de serfs, deviendraient à leur insu le marchepied des ennemis qui les oppriment et les exploitent. » Il était maladroit de publier de telles appréciations dans une feuille destinée à être lue dans les campagnes. Des protestations s'élevèrent.

Aussi, à la séance du 15 mars, certains membres du Gouvernement Provisoire se plaignirent-ils vivement de cet abus d'une publication qui passait pour officielle. Et pour empêcher de nouvelles imprudences, il fut décidé que les Bulletins ne paraîtraient désormais plus que sur le bon à tirer d'un membre du gouvernement : l'ordre de roulement des membres fut même établi d'avance; mais la multiplicité de leurs occupations leur fit souvent négliger ce devoir, et bientôt Ledru-Rollin resta seul maître de leur rédaction. Il venait du reste de s'attacher un collaborateur précieux.

C'est, en effet, à cette même séance du 15 mars que, sur sa demande, Ledru-Rollin avait été autorisé par ses collègues à accepter, pour les Bulletins, la collaboration de George Sand. Dès avant février, le grand écrivain, dont les opinions républicaines étaient de vieille date, puisqu'elles dataient des premiers temps de sa liaison avec Michel de Bourges, avait été en relations avec le monde de *la Réforme*, Louis Blanc, Étienne Arago, Eugène Pelletan, etc. Il est peu probable qu'elle ait connu Ledru-Rollin avant la révolution : il n'existe dans la « Correspondance » publiée aucune lettre adressée à celui-ci. L' « Histoire de ma Vie » mentionne à peine son nom, qui ne figure pas dans la liste des amis de l'auteur qu'elle dresse au moment de conclure à la date de 1847. Il est probable que c'est au ministère de l'intérieur que G. Sand fut présentée au ministre, lors de son premier voyage à Paris, à la fin de février. Celui-ci connaissait l'ardeur des convictions démocratiques de la nouvelle venue et l'on comprend qu'il ait fait appel à une collaboratrice si capable de poétiser la politique révolutionnaire. Dès ce moment il est évident que George Sand exerçait une grande influence au ministère de l'intérieur, puisqu'elle pouvait faire nommer commissaire du gouvernement à Nevers son ami Girerd, un républicain de vieille date.

Après un court retour à Nohant le 18 mars, G. Sand revenait à Paris et se lançait dans la vie politique. Pendant plus d'un mois, elle allait s'y donner tout entière avec joie, avec fougue : elle allait en être comme grisée. Les lettres fiévreuses qu'elle écrivait à son fils révèlent une activité sans cesse renouvelée. Elle collabora à *la Réforme*, rédigea pour Ledru-Rollin et pour Carnot des circulaires, écrivit des « Lettres au Peuple » débordantes d'enthousiasme. Les *Bulletins de la République* nᵒˢ 3 et 5 en donnèrent des extraits. Le début de la première donne le ton de ces pages. « Bon et grand (grand) peuple,... tu es héroïque de ta nature; ton audace dans le combat, ton suprême mépris du danger n'étonnent personne. Personne au monde n'eût osé nier les prodiges que tes vieillards, tes femmes et tes enfants savent accomplir. Mais hier encore toutes les aristocraties du monde avaient peur de toi et, doutant de ta clémence, pensaient qu'il fallait arrêter ton élan... Tu as prouvé une fois de plus au monde et d'une manière plus éclatante qu'aux jours consacrés par la victoire que tu étais la race magnanime par excellence. Doux comme la force! O peuple que tu es fort, puisque tu es si bon! Tu es le meilleur des amis et ceux qui ont eu le bonheur de te préférer à toute affection privée, de te sacrifier quand il a fallu leurs plus intimes affections, leurs plus chers intérêts, exposé leur amour-propre à d'amères railleries, ceux qui ont prié pour toi et souffert avec toi sont bien récompensés aujourd'hui qu'ils peuvent être près de toi et voir ta vertu proclamée enfin à la face du ciel. »

Un tel enthousiasme aura même pour résultat de faire parfois dépasser à G. Sand sa propre pensée. Il lui arrivera, emportée par son élan, de soutenir certaines idées presque en contradiction avec ses opinions ordinaires. Cela lui arriva surtout dans la rédaction des *Bulletins.*

Sa collaboration à cette publication officielle devait rester secrète : elle ne signa jamais. Mais des indiscrétions furent commises et son style n'était pas de ceux qui pouvaient garder l'incognito. On eut bientôt mis un nom sous les pages trop éloquentes des Bulletins.

C'est à partir du 25 mars que G. Sand s'adonna entièrement à cette tâche nouvelle : elle rédigea le 7e *Bulletin.* Elle l'adressa aux habitants des campagnes et leur fit la théorie du rôle providentiel de l'État vis-à-vis d'eux : « Vous habitez des maisons malpropres et malsaines. L'air pur des champs est vicié dans vos demeures par l'accumulation de la famille et surtout par celle des animaux domestiques dont elle est à peine séparée. Ceux d'entre vous qui possèdent quelque aisance sont menacés par l'intolérable misère de leurs voisins. Habitants des campagnes, on le sait, la plupart d'entre vous ont le sentiment d'une admirable charité et dans les années de disette nous avons vu le pauvre nourri par un voisin presque aussi pauvre que lui. L'État doit se charger de ceux qui ne peuvent pas travailler et si votre bonté leur vient en aide, — car à Dieu ne plaise que la charité soit tarie dans vos cœurs, — il faut du moins qu'elle ne se réduise pas elle-même à la misère. »

Quand parut le *Bulletin* n° 12 qui revendiquait les droits de la femme à la liberté et au travail personnel, il n'y eut qu'une voix pour en proclamer l'auteur... « Pauvres femmes, fleurs flétries avant d'éclore, martyres d'une civilisation menteuse et d'une société impie, lamentez-vous comme les filles de Sion, car il n'y aura pas assez de larmes pour laver les affronts que vous aurez subis! Mères infortunées, qui avez vu vos enfants pâles et sombres, rentrer le soir après l'heure et tomber dans vos bras, avec le frisson convulsif de l'horreur et de l'épouvante, parlez à vos époux, à vos frères, à vos fils! C'est une grande prédication que celle de l'affranchissement sérieux et moralisateur de la femme. »

Mais un avocat d'une éloquence aussi emportée pouvait être dangereux quand il s'agissait de convaincre des paysans méfiants et qu'apeurait le spectre du communisme, évoqué à leurs yeux par les ennemis du gouvernement. Car les Bulletins de la République étaient faits avant tout pour rassurer les électeurs futurs. George Sand du reste était la première à se défier de sa plume : ses articles passaient sous la censure d'Élias Regnault, et loin de s'humilier de ce contrôle elle le réclamait. Elle n'ignorait pas que Ledru-Rollin supportait là responsabilité politique de ce qu'elle écrivait, puisqu'elle ne signait pas. Elle-même disait : « Du moment que je consentais à laisser au ministre la responsabilité d'un écrit de moi, je devais accepter la censure du ministre et des personnes qu'il commettait à cet examen. C'était une preuve de confiance personnelle de ma part à M. Ledru-Rollin, la plus grande qu'un écrivain qui se respecte puisse donner à un ami politique. » (Lettre à Girerd, 6 août 1848.) L'opinion d'Élias Regnault confirme sur ce point celle de George Sand. « Le chef de cabinet conservait sur la rédaction une autorité souveraine, ajoutait, retranchait et modifiait selon qu'il jugeait à propos. Madame George Sand le demandait toujours : elle craignait les entraînements de la poésie politique, et se méfiait elle-même de ses formules idéales qui souvent semblent des menaces pour un présent matérialiste. Ce contrôle du reste l'exemptait du soin pénible de mesurer ses expressions. » (El. Regnault, *Histoire*

du Gouvernement Provisoire, p. 285.) Le résultat était que George
Sand écrivait à la hâte sans se donner la peine de revoir les épreuves.

Or, ceux qui, le 15 avril ou les jours suivants, purent voir afficher
le *Bulletin* n° 16, y lirent ces phrases :

« Les élections, si elles ne font pas triompher la vérité sociale, si
elles sont l'expression des intérêts d'une caste... ces élections qui
devaient être le salut de la République seront sa perte... Il n'y aurait
alors qu'une voie de salut pour le peuple qui a fait les barricades, ce
serait de manifester une seconde fois sa volonté et d'ajourner les
décisions d'une fausse représentation nationale. » Puis une apologie
du rôle révolutionnaire de Paris : « Paris se regarde avec raison
comme le mandataire de toute la population du territoire national.
Paris ne séparera pas sa cause de la cause du peuple qui souffre,
attend et réclame d'une extrémité à l'autre du pays. » Enfin, le Bulletin se terminait par cet étrange développement sur le fondement
en droit de l'illégalité : « Citoyens, il ne faut pas que vous en veniez
à être forcés de violer vous-mêmes le principe de votre souveraineté.
Entre le danger de perdre cette conquête par le fait d'une assemblée
incapable ou par celui d'un mouvement d'indignation populaire, le
Gouvernement Provisoire ne peut que vous avertir et vous montrer les
périls qui vous menacent. Il n'a pas le droit de violenter les esprits
et de porter atteinte aux principes du droit public. Élu par vous, il
ne peut ni empêcher le mal que produirait l'exercice mal compris
d'un droit sacré, ni arrêter votre élan le jour où vous apercevant
vous-mêmes de vos méprises, vous voudriez changer dans sa forme
l'exercice de ce droit. » Ce dernier euphémisme était la théorie de
ce qui devait être le 15 mai.

Comment des paroles aussi imprudentes avaient-elles pu échapper
à la censure par laquelle passaient les articles de George Sand,
et comment George Sand elle-même avait-elle été amenée à de
telles déclarations de principes ?

Lors de l'enquête faite plus tard à Bourges sous la direction de
Quentin-Beauchart sur les événements du 15 mai, l'affaire du
16° *Bulletin* vint en discussion, et Jules Favre, puis Carteret, donnèrent l'explication suivante : G. Sand aurait rédigé trois bulletins
de nuance politique différente, et c'est par mégarde qu'Élias Regnault,
chef du cabinet de Ledru-Rollin, aurait choisi pour l'envoyer à

l'imprimerie le plus ardent des trois, qu'on aurait désiré au contraire laisser de côté. Ce fut assez longtemps l'explication acceptée : mais le témoignage de G. Sand, confirmé par Garnier-Pagès dans son *Histoire de la Révolution de 1848*, permet de la rejeter : « Le 16ᵉ *Bulletin*, dit G. Sand (lettre à Girerd, déjà citée), est arrivé dans un moment où M. Élias Regnault, chef de cabinet, venait de perdre sa mère. Personne n'a donc lu apparemment le manuscrit avant de l'envoyer à l'imprimerie. Comme, jusqu'à ce fameux Bulletin, il n'y avait pas eu un mot à retoucher à mes articles, ni le ministre, ni le chef du cabinet n'avaient lieu de s'inquiéter extraordinairement de la différence d'opinions qui pouvait exister entre nous. Apparemment M. Jules Favre, secrétaire général, était absent ou préoccupé par d'autres soins. Il est donc injuste d'imputer au ministre ou à ses fonctionnaires le choix de cet article parmi trois projets rédigés sur le même sujet dans des nuances différentes ; je n'ai jamais connu trois manières de dire la même chose et je dois ajouter que le sujet ne m'était pas désigné. ». En effet, d'après les déclarations mêmes d'Élias Regnault, le 14 avril, G. Sand, qui partait pour la campagne, écrivait à celui-ci de passer prendre l'article chez sa concierge où elle le déposait ; le même jour le chef de cabinet apprenait la maladie grave de sa mère : alors, avant de partir, il courait en hâte chez G. Sand, prenait l'article et, sans même décacheter le pli qui le contenait, le portait à l'imprimerie.

Le lendemain, le *Bulletin* nº 16 était envoyé dans les 36 000 communes de France. Il y fut plutôt mal accueilli. G. Sand s'en étonna : « Pour un bulletin un peu raide que j'ai fait, écrivait-elle à son fils, il y a un déchaînement incroyable contre moi dans toute la classe bourgeoise. » Mais comment en était-elle venue à faire si peu de cas du suffrage universel et à subordonner à la volonté nationale celle de Paris révolutionnaire ? car c'est une idée que G. Sand n'eut qu'à cet instant et que plus tard elle désavoua. Mais, en avril 1848, elle ne paraissait pas s'apercevoir de l'inconséquence qu'il y avait à bâtir un régime nouveau sur le suffrage universel et à en dénier en même temps le caractère obligatoire. C'était du reste là, parmi les républicains de 1848, un état d'esprit général : ils ne paraissent pas s'être rendu pleinement compte de la puissance extraordinaire de l'arme qu'ils venaient de se forger avec un succès si rapide, et c'est une erreur qu'ils devaient payer très cher. Comme beaucoup de ses amis, G. Sand avait été vraiment grisée par le succès — et le 16ᵉ Bulletin est l'expression la plus éloquente de cet état d'esprit.

Aussi, un an plus tard, le 14 mars 1849, dans une lettre à Barbès, G. Sand devait-elle écrire : « Entre l'idolâtrie hypocrite des réactionnaires pour les institutions-bornes et la licence inquiète des turbulents envers les institutions encore mal affermies, il y a un droit chemin à suivre. C'est le respect pour l'institution qui consacre les germes évidents du progrès, la patience devant les abus de fait et une grande prudence devant les actes révolutionnaires qui peuvent faire, j'en conviens, sauter par-dessus les obstacles, mais qui peuvent aussi nous rejeter bien loin en arrière, et compromettre nos premières conquêtes, comme cela est arrivé. »

Ce qui était tout à fait grave, c'est que le 16ᵉ *Bulletin* venait à une heure où les partis rivaux en étaient presque aux prises. Il parut en effet le jour de la manifestation du 16 avril, alors que la garde nationale parcourait les rues de Paris aux cris de : « A mort Cabet! A mort les communistes! » Du coup, G. Sand fut assimilée aux communistes. Ce fut contre elle le « déchaînement incroyable » dont elle parlait et Ledru-Rollin en subit le contrecoup. Il était déjà sorti très amoindri de la manifestation du 16 avril, et, sans l'intervention de Lamartine, qui joua le rôle d'arbitre, le parti d'Armand Marrast eût peut-être profité de l'occasion pour « épurer » le Gouvernement Provisoire. Dès lors le 16ᵉ *Bulletin*, dont il était responsable, rendit encore plus délicate la situation du ministre de l'intérieur. Dès qu'il eut connaissance des termes employés par G. Sand, il envoya à la poste l'ordre de suspendre l'envoi. Mais les Bulletins étaient déjà partis. Ledru-Rollin n'eut que la ressource de désavouer ces pages trop peu politiques : il ne se priva pas de le faire et G. Sand lui en voulut quelque peu. Mais l'impression restait produite.

Les *Bulletins* qui suivirent le nᵒ 16 furent beaucoup plus modérés. G. Sand y collabora encore : les nᵒˢ 17 et 19 au moins portent nettement la marque de son style : mais la censure dès lors s'exerçait activement. Le *Bulletin* du 20 avril (qui ne paraît pas du reste avoir été écrit par G. Sand) alla même jusqu'à condamner en bloc toutes les doctrines socialistes. Mais cette concession ne pouvait

effacer le souvenir de la fougue imprudente des pages dont les
ennemis de la République s'étaient fait une arme. Car ce moyen
de propagande sur lequel Ledru-Rollin avait tant compté se
retournait contre lui. Loin d'avoir attiré à la République les habitants des campagnes, les *Bulletins* avaient été exploités par les partisans de l'ancien ordre de choses. Les amis du ministre de
l'intérieur en allaient faire la douloureuse expérience aux élections
du 24 avril.

Ces élections — d'où devait sortir l'Assemblée Constituante —
allaient marquer le terme des pouvoirs du Gouvernement Provisoire.
Or, durant le dernier mois, l'alliance des deux partis républicains
était devenue terriblement précaire. A plusieurs reprises on avait pu
redouter une scission. La médiation de Lamartine, quelques concessions de Ledru-Rollin, surtout la volonté bien arrêtée des hommes
du *National* d'atteindre sans encombre l'heure des élections, avaient
retardé cette éventualité.

Devant les électeurs, les deux partis redevinrent rivaux.

En cette circonstance, *le National* fit preuve d'une habileté politique qui n'était peut-être pas d'accord avec une scrupuleuse bonne
foi. Tant que l'union de tous les républicains avait neutralisé
l'action des démocrates, il s'était fait le partisan obstiné de cette
union. Il fut au contraire le premier à rompre l'alliance à l'heure
où commença la campagne électorale. Cette campagne, du reste, *le
National* la mena avec une maîtrise incontestable. Avec ses armes
propres (le ministère de l'intérieur étant au pouvoir de ses adversaires), mais résolument, il lutta pour les siens et pour les siens
seuls, glissant dans chaque liste départementale des noms de ses
rédacteurs ou de leurs amis, les poussant en avant aux dépens des
alliés de la veille, actif, insinuant, âpre au gain des sièges électoraux. Si le Comité central des élections, qui reflétait les opinions
du *National*, consentit à admettre sur sa liste tous les membres du
Gouvernement Provisoire, du moins en exclut-il soigneusement les
démocrates, amis de *la Réforme*. Ceux-ci s'en plaignirent fort.
Pierre Leroux, dans une lettre à Cabet [1], conte que, candidat à
Limoges, il avait dû abandonner la lutte, parce que Trélat, commis-

1. Citée par Vermorel, *Les hommes de 1848*, p. 188, note.

saire du gouvernement et dévoué au *National*, l'avait, bien que de ses anciens amis politiques, combattu comme socialiste.

Au contraire, découragés par les événements du 16 avril, par l'échec des *Bulletins* de la République, les rédacteurs de *la Réforme* firent campagne plus mollement : eux aussi — mais ce n'était pas un état d'âme qu'ils avaient dissimulé — auraient désiré le triomphe unique de leur parti. Ce ne fut pas la liste du Comité central, mais celle du Club des clubs que *la Réforme* adopta, et cette liste, où se trouvaient les noms de Barbès, Martin-Bernard, Huber, Sobrier, Proudhon, Thoré, n'admettait, parmi les membres du Gouvernement Provisoire, que Ledru-Rollin, Flocon, Louis Blanc et Albert. Mais les hommes de la *Réforme*, suspectés par la majorité du pays, n'avaient d'autre part pour eux que la sincérité de leurs convictions : tout ce qui était manœuvre de ruse — ou simplement de prudence — leur était inconnu. Ils sentaient bien qu'ils luttaient à armes iné- gales.

Les élections du 24 avril donnèrent raison au *National* : ses can- didats passèrent à de fortes majorités. Il fut vite évident qu'ils seraient les maîtres dans l'assemblée nouvelle. Fort de cette consta- tation, le *National* se hâta de dénoncer le pacte conclu en février. Dès le 30 avril, avant même la réunion de la Constituante, il déplorait « le choix des commissaires généraux fait avec une précipitation dont il est facile de se rendre compte, mais qui n'en est pas moins à regretter ». En même temps, il avait à cœur de renier toute alliance socialiste : « Sans doute, à travers la réserve que nous imposaient les circonstances, nos lecteurs ont dû comprendre que les idées émises par M. Louis Blanc n'étaient pas les nôtres... »

Quant à *la Réforme*, elle avouait sa défaite, mais sur un ton qui laissait prévoir qu'elle allait tout à fait cesser d'être gouvernemen- tale : « Hé bien, si l'on veut la République sans les républicains qu'on la fasse donc sans nous; mais, pour Dieu, qu'on la fasse grande et belle, car c'est ainsi que nous la voulons: qu'on la fasse égalitaire et fraternelle,... qu'on la fasse tutélaire et maternelle pour ceux qui souffrent. car c'est ainsi que nous l'avons imaginée... Si l'on veut nous la tailler aristocratique et bourgeoise, étroite et cau- teleuse, usurière et rachitique. aux armes! citoyens, car nous sommes trahis! Aux armes! car ce ne sont pas les noms propres qui sont en question, mais les principes. Aux armes, car ce sont les idées qui ont vaincu qu'on écrase : car ce sont toutes les saintes aspirations de l'humanité qu'on étouffe. » (2 mai.)

Et, en effet, le rôle officiel de *la Réforme* comme la participation au pouvoir du parti démocratique étaient terminés l'un et l'autre. Dès la réunion de l'Assemblée Constituante, le Gouvernement Provisoire abdiquait devant elle et, dans le nouveau gouvernement, ce fut *le National* qui eut tout le pouvoir effectif. C'est Dornès, un rédacteur de ce journal, qui fit confier le pouvoir exécutif à un directoire de cinq membres, qui fut la Commission exécutive. Arago, Marie et Garnier-Pagès, qui représentaient l'esprit du *National*, y formèrent la majorité. Leurs noms passèrent en tête de liste, bien avant ceux de Lamartine et de Ledru-Rollin. Les nouveaux hauts fonctionnaires de la République furent pris dans la rédaction du journal. Le *National* disposa de quatre ministères et non des moindres, de l'intérieur par Recurt, des finances par Duclerc, des travaux publics par Trélat, des affaires étrangères par Bastide. Clément Thomas fut porté au commandement de la garde nationale et Buchez au fauteuil de la présidence de la Constituante. Cet envahissement systématique isolait du gouvernement Ledru-Rollin, qui n'eut plus d'influence. Quant à Armand Marrast, il restait le chef incontesté de son parti : vice-président de l'Assemblée et maire de Paris, il ne revendiquait pas l'apparence du pouvoir, mais, dominant à son gré les hommes de second plan qu'il avait mis à la tête des affaires, il en avait toute la réalité : avec une haute méthode, profitant des circonstances et des fautes de ses adversaires, il allait ruiner la popularité encore gênante de Lamartine, de Ledru-Rollin et de Louis Blanc, jusqu'au jour où l'insurrection de Juin allait permettre à son parti de gouverner à lui seul.

Rien ne peut mieux donner une idée de cet esprit de solidarité qui animait les rédacteurs d'un journal que ce tableau publié le 16 juin par l' « Organisation du Travail », une feuille d'opposition, où l'on faisait le dénombrement de la « dynastie du *National* ».

Chef : Marrast I, rédacteur en chef; lord-maire de Paris, représentant du peuple, vice-président de l'Assemblée Nationale.

Famille : Marrast II, avocat, passé procureur général à Paris; — Marrast III, capitaine au 7ᵉ régiment de ligne, nommé chef de bataillon au choix par la

République; — Marrast IV, sous-directeur du lycée Corneille; — Marrast V, officier de santé, représentant du peuple.

Maison militaire : Clément Thomas, l'épée du *National*, ex-maréchal des logis, passé représentant du peuple et commandant supérieur de la garde nationale de Paris en remplacement de Masséna, Oudinot, Gérard, Lobau, Lafayette.

Médecins : Recurt, médecin en chef du *National* et représentant du peuple, ministre de l'intérieur. — Trélat, médecin ordinaire du *National*, représentant du peuple et ministre des travaux publics.

Avocat : Marie, membre de la Commission exécutive et représentant du peuple.

Sénat de rédaction. : Bastide, ministre des affaires étrangères; — Dussart, préfet de la Seine-Inférieure; — Rey, représentant du peuple; — Degouve-Denuncques, préfet de la Somme; — Charras, chef de bataillon sous Louis Philippe, passé lieutenant-colonel et ministre intérimaire de la guerre; — Génin, directeur des belles-lettres au ministère de l'instruction publique; — Adam, adjoint au maire de Paris.

Libraire : Pagnerre, libraire des écrivains du *National*, passé maire du X⁰ arrondissement, secrétaire du Gouvernement Provisoire et de la Commission exécutive, directeur du Comptoir d'Escompte.

Allié : Lalanne, directeur des Ateliers nationaux, etc.

Le *National* n'avait donc pas cessé d'être gouvernemental. Il avait simplement transformé le gouvernement en une succursale de sa rédaction.

Mais ceci est de l'histoire postérieure à celle du Gouvernement Provisoire et à plus d'un point de vue différent. A cette époque, en effet, c'était l'Assemblée Constituante qui avait le pouvoir réel. Elle déléguait l'exécutif et il se trouva que ce fut presque uniquement aux rédacteurs d'un même journal ou à leurs clients. Mais elle restait souveraine.

Au contraire, les hommes du Gouvernement Provisoire représentaient à la fois le législatif et l'exécutif. Tout le poids des affaires retombait sur leurs épaules, les journalistes furent pour deux mois les maîtres des destinées de leur pays. Or, malgré leur rôle politique, ils restèrent journalistes. Ils le restèrent par leurs habitudes d'esprit; ils le restèrent plus encore en continuant à rédiger ou inspirer des articles. Enfin, grâce à ce moyen, ils purent continuer à soutenir leurs idées respectives que dans le conseil du gouvernement ils étaient parfois obligés de taire. C'est ce qui fait de ces journaux gouvernementaux une source précieuse d'informations. C'est dans leurs colonnes, bien plus que dans les résultats des délibérations du Gouvernement Provisoire, qu'il faut chercher quel était l'état d'esprit véritable des hommes de l'Hôtel de Ville. Et le ton même, si différent, des deux journaux, l'un si mesuré, l'autre d'une fougue si imprudente, montre bien quel abîme séparait les deux partis qui dirigeaient en commun les affaires. On y trouve la preuve qu'un accord durable était impossible entre eux et qu'il fallait qu'en 1848 l'un des deux l'emportât sur l'autre. Les journalistes rivaux de la veille ne pouvaient être longtemps les alliés du lendemain. L'histoire de leurs journaux se confond avec l'histoire de cette tentative d'alliance, son bref succès, son échec fatal.

ALFRED ANTONY.

LA POLITIQUE DES BANQUES ALLEMANDES[1]
RELATIONS AVEC L'INDUSTRIE — CONCENTRATION

Les alertes financières de ces mois derniers, la crise américaine, les difficultés monétaires survenues dans différents pays et particulièrement aux États-Unis et en Allemagne ont attiré l'attention sur le régime des banques et leur politique dans ces deux derniers pays.

Nous voudrions indiquer les particularités de l'organisation financière de nos voisins d'outre-Rhin et faire apparaître les idées dominantes de l'industrie de la banque en Allemagne.

Les grandes banques allemandes — celles que l'on désigne sous le vocable d'Instituts Berlinois — dont, en 1870, les capitaux réunis représentaient à peine 180 millions de francs, avaient, dès 1885, doublé leur importance. Aujourd'hui, elles possèdent un *capital-actions* qui atteindra bientôt 2 milliards, et les capitaux sociaux des entreprises commerciales et industrielles qui, il y a trente ans, se chiffraient par moins de 5 milliards, dépassent actuellement 15 milliards sans compter les obligations[2].

Enfin, le mouvement du commerce extérieur vient préciser la courbe favorable de ce développement : d'environ 7 milliards en 1872, il a passé à 16 milliards en 1907[3].

Et, pendant la même période, la population augmentait de 50 0/0.

La fortune mobilière de l'Allemagne, d'après de récents calculs, est évaluée à plus de 112 milliards de francs, dont une dizaine placés à l'étranger dans des entreprises commerciales.

Contrairement à notre pratique habituelle de placer nos capitaux

---

1. BIBLIOGRAPHIE : Edgar Depitre, *Le Mouvement de Concentration dans les Banques allemandes*, Paris, Rousseau, 1905; — Léon Barety, *L'Évolution des Banques locales en France et en Allemagne*, Paris, Rivière, 1908.
2. Cf. *le Temps*, 25 janvier 1906.
3. Chiffres du commerce extérieur de l'Allemagne : en 1904, 14 milliards 1/2; en 1906, 15 milliards.

dans des valeurs à revenu fixe et principalement en fonds d'État, les capitalistes allemands choisissent de préférence des entreprises privées, généralement productives, d'ailleurs, d'intérêts allant jusqu'à 10 p. 0/0.

Le récent développement économique de l'Allemagne l'a rapidement placée parmi les pays les plus prospères, et son expansion, qui ne s'était pas localisée dans des régions privilégiées, est sans conteste née de son évolution vers l'industrie, de même que c'est de là que lui est venue la crise, crise industrielle autant que monétaire.

Les fonds d'État allemands eux-mêmes se virent préférer par le public les valeurs industrielles, préférence vivement encouragée par les banques, qui ouvrent volontiers leurs guichets aux émissions de valeurs d'entreprises nouvelles.

Le développement industriel si remarquable de l'Allemagne n'a d'ailleurs pu se réaliser que grâce à l'appui constant des banques.

Pendant un certain temps, — avant la crise de 1907 et les faillites qui l'ont marquée, — il semble que ni les banques, ni leur clientèle n'aient eu à se plaindre de ce concours prêté au commerce et à l'industrie.

Une statistique officielle prouve, en effet, qu'en 1903, au lendemain même pour ainsi dire d'une des crises fréquentes en ces derniers temps du marché allemand, 719 sociétés anonymes (contre 701 en 1900), admises à la cote des bourses prussiennes, cotaient en moyenne 53 p. 0/0 au-dessus du pair [1]. Et, de ces valeurs représentant un capital nominal de près de 6 milliards, les neuf dixièmes avaient payé un total de dividendes de 400 millions.

Ces résultats suffiraient à expliquer l'estime dans laquelle sont tenues les valeurs industrielles que le public consent à capitaliser jusqu'à 4 et 5 0/0.

Il y a là une exagération évidente qui explique en partie les crises à la moindre stagnation industrielle.

Il n'en reste pas moins que le concours précieux donné par les banquiers allemands aux industriels et commerçants a permis à l'Allemagne d'accroître rapidement sa puissance économique.

1. Cf. *Temps*, 25 janvier 1906.

Cet appui constant donné par les banques à l'industrie était récemment encore signalé dans un ouvrage fort intéressant [1].

On y indiquait que l'essor industriel et commercial des régions d'Elberfeld et de Barmen est dû au crédit énorme sans couverture, et l'on pourrait dire sans limites, offert par les banques à l'activité des fabricants.

Sans doute, elles ont éprouvé des difficultés à remplir un rôle si important, dans un pays où, il y a quelques années encore, le peuple allemand n'avait pour ainsi dire point d'économies.

On peut dire aujourd'hui que c'est le crédit qui a enrichi l'Allemagne. En France, les banques ne donnent pas en général de crédit en blanc au commerce et à l'industrie, alors que cet usage est courant en Allemagne.

Dès qu'un banquier a confiance dans la capacité d'un industriel ou d'un commerçant, il lui offre tous les capitaux nécessaires. Dans la seule vallée de la Wupper, il y aurait ainsi près de 200 millions prêtés par les banques.

Le célèbre usinier Krupp, a-t-on pu dire, aurait sombré vingt fois si les banques ne l'avaient soutenu avec énergie; Thyssen, le puissant concurrent des fonderies d'Essen, a été dans le même cas. L'admirable fabrique de produits chimiques Frédéric Bayer, d'Elberfeld, fondée par un tout petit négociant et qui est aujourd'hui connu universellement, n'aurait pu arriver à ce développement sans l'appui des banques. Aujourd'hui elle enrichit les banquiers! Les actions valent 550 p. 0/0 et rapportent 33 p. 0/0 de dividende [2].

Il était fatal que le jour où les industries allemandes subiraient une crise, les banques si intimement liées avec elles souffriraient également.

La crise prévue est venue faire sentir ses atteintes.

L'Empire allemand où, ainsi que nous venons de le dire, l'industrie commanditée par les banques a pris depuis une vingtaine d'années un essor magnifique, se débat depuis un an dans des embarras monétaires sans cesse renouvelés; les banques dont les capitaux ont

---

1. Cf. Jules Huret. *En Allemagne, Rhin et Westphalie,* 1907, p. 291-292. — Voir aussi : M. Blondel, *L'Essor industriel et commercial du Peuple allemand,* Paris, 1900, p. 482; — M. Sayous, dans divers ouvrages; — P. de Rousiers, *Hambourg et l'Allemagne contemporaine,* p. 231.

2. J. Huret, *op. cit.*

été investis en titres industriels et qui ne peuvent sans danger liquider, sur le marché intérieur, leur stock de papier national ont vu leurs disponibilités réduites au minimum et, pour protéger leur encaisse contre la demande incessante du commerce, se sont vues contraintes de hausser très fortement le taux de leur escompte.

Le Reichsbank a annoncé depuis un an des taux de 5 à 8 p. 0/0 et les banques libres ont exigé des taux de 10 à 12 p. 0/0.

Cette situation est due en grande partie à l'entraînement un peu irréfléchi qui a poussé les banques allemandes à commanditer sans cesse des affaires industrielles sans se préoccuper suffisamment si, après une période de prospérité considérable, ne surviendrait pas une période de surproduction et de crise.

Cette crise est survenue, mais fort heureusement on a pu remarquer moins de défaillances qu'on aurait pu le craindre. Et pourtant la crise américaine a pu toucher certaines banques allemandes [1], cependant le marché allemand est saturé de papier.

Mais les banques, après avoir aidé le commerce et l'industrie, se sont entr'aidées.

La crise de 1901-1902 n'avait été qu'un temps d'arrêt et on était reparti à une allure toujours plus vive.

Banques, sociétés industrielles et commerciales, compagnies de navigation grisées quelque peu par de premiers succès ont voulu accroître leur production ou le mouvement général de leurs affaires, perfectionner leur outillage et, pour cela, ont fait d'incessants appels au crédit.

Dans la seule année 1906, il ne s'est pas fondé moins de 216 sociétés par actions [2] avec un capital de 562,300,000 marks, soit plus de 700 millions de francs; 17 banques ont demandé au marché 119,000,000 de marks; 19 mines, hauts-fourneaux, salines, 95,000,000 de marks; 35 entreprises métallurgiques et de machines, 55,000,000 de marks; 25 entreprises de construction ou de terrains, 44,000,000 marks; 8 sociétés d'électricité, 15,000,000 de marks, etc.

Il faut noter par ailleurs que cette année 1906 faisait suite à

---

1. La Deutsche Bank a des liens qui l'unissent à Speyer et C°, la Diskonto Gesellschaft à Kuhn, Loeb et C°, la Darmstädter à Hallgarten C° et la Dresdner Bank à Pierpont Morgan.
2. Voir la statistique des années précédentes dans Guillemot-Saint-Vinebault, *La Spéculation financière*, 1906, p. 164 et 165.

une année, 1905, pendant laquelle les émissions avaient également été considérables [1].

D'après la *Gazette de Francfort*, les émissions de titres de 1901 à 1906 en Allemagne auraient atteint 13 millions et demi de marks.

Or, si l'on s'en rapporte aux calculs des économistes allemands, ces derniers estiment que le peuple allemand, dans son ensemble, épargne en moyenne 2 milliards par an dont il placerait la moitié en valeurs mobilières, ce qui donne à penser que le classement de tout le papier industriel émis pendant ces dernières années est loin d'être opéré.

D'autre part, si l'on considère que la circulation des effets de commerce en 1906 était en augmentation de 8,3 p. 0/0 sur celle de 1904, on s'étonnera encore moins de la pénurie de capitaux en Allemagne [2].

Peut-on, en conséquence, s'étonner du désir à peine déguisé que les banques allemandes éprouvent d'écouler une grosse partie de leur papier sur notre marché français.

Nous avons indiqué plus haut que, grâce à la politique suivie par les banques allemandes, l'industrie avait pu se développer, et nous avons en passant indiqué par quelques exemples combien cette affirmation était vérifiée par les faits.

Il nous faut cependant montrer plus en détail quelle est l'importance des affaires industrielles pour les banques allemandes.

Il ne nous est guère possible d'indiquer ici quel secours telle petite industrie aura reçu d'une banque locale, et la chose, au reste, n'aurait pas grand intérêt.

Ce que nous montrerons, c'est la part prise par les grandes banques berlinoises dans les créations d'affaires industrielles, et nous les verrons en quelque sorte se spécialiser dans des branches différentes d'industrie, sans qu'on puisse dire d'ailleurs qu'il y a là une préférence toujours voulue.

La *Deutsche Bank* s'est plus spécialement attachée au développement des industries électriques; — elle participe notamment aux groupes Siemens et Halske et de l'Allgemeine Elektricitätsge-

1. Cf. Barety, *op. cit.*, p. 53 et 146.
2. Le portefeuille-effets de la Reichsbank n'a d'ailleurs pas cessé de s'accroître.

sellschaft — et des entreprises de transport et de navigation transatlantique. C'est ainsi qu'elle a participé aux Tramways berlinois, à la compagnie Hambourg Amerika, au Norddeutscher Lloyd.

Elle s'est également intéressée à de très nombreuses banques et compagnies d'assurances, à des brasseries, à des aciéries et charbonnages, comme la Harpener, à des industries textiles, à des industries chimiques et raffineries, comme la fabrique de couleurs Frédéric Bayer et Cᶦᵉ, à des constructions de machines et industries métallurgiques, comme les usines Krupp d'Essen et la fabrique de locomotives Kraus et Cᶦᵉ, à des briqueteries, à des sociétés d'hôtels, à des distilleries et enfin à diverses entreprises, dont la Société de Dynamite Nobel.

La *Diskontogesellschaft*, qui paraît s'être surtout occupée d'entreprises de transport, comme la Hambourg Amerika, les tramways de Leipzig, le chemin de fer Varsovie-Vienne, la Société des Télégraphes de l'Est-Européen, s'est également intéressée à des mines et charbonnages comme la Gelsenkirchen, à des fabriques de machines comme la Berliner Maschinenbau, à des industries électriques comme l'Allgemeine Elektricitätsgesellschaft de Berlin.

La *Dresdner Bank* s'est particulièrement attachée aux industries textiles et chimiques, comme la fabrique de produits chimiques Heyden, à Dresde.

Elle s'est intéressée aussi à des mines et charbonnages comme ceux de la Sarre et de la Moselle, à des industries électriques comme l'usine d'électricité de Leipzig, à des sociétés de construction de machines, comme la Hartmann (Russie).

Sa quasi-associée, la *Schaffhausens'cher Bankverein*, s'est surtout attachée aux mines et houillères, et aux sociétés de construction de machines.

Enfin la *Darmstädter Bank* (Bank für Handel und Industrie) a puissamment aidé, comme son titre le promettait, l'industrie et le commerce allemands, mais sans se spécialiser.

Elle est intéressée dans des mines et charbonnages, dans des fabriques de machines, dans des industries électriques, dans des industries chimiques.

Il est aisé de voir, par l'aperçu que nous venons d'en donner, l'appui important fourni à l'industrie par les banques allemandes.

Ces participations se sont accrues d'année en année et il était à prévoir qu'après avoir aidé puissamment l'industrie, une crise les atteindrait du jour où manifestement le capital circulant serait insuffisant à soutenir les entreprises nouvelles.

* * *

La crise dernière a été cependant en partie conjurée par les groupements de banques s'assurant entre elles une grande mobilité de capitaux, et il faut se réjouir que quelques petites crises, véri-tables soupapes d'échappement, soient venues à plusieurs reprises apporter un peu d'élasticité au marché allemand et lui épargner jusqu'ici la secousse qui a ébranlé les bourses américaines.

Mais l'attention a cependant été attirée par ce fait que les dépôts faits dans les banques allemandes pouvaient être dangereusement engagés sous forme d'avances au commerce ou à l'industrie.

La disparition en Allemagne des banques moyennes, la concen-tration des banques en véritables syndicats, l'insuffisance des bourses de négociation font d'autant plus apparaître le vice radical du système allemand.

On mêle les opérations fiduciaires représentatives des dépôts avec les opérations purement spéculatives.

Comme on l'écrivait encore tout récemment[1], la sagesse des banquiers ne saurait remédier à ce danger spécial.

Dès qu'une crise survient — et c'est le cas actuel — les consé-quences ne se limitent pas à telle ou telle entreprise, mais atteignent la généralité des affaires. Il n'existe pas dans les banques allemandes, contrairement à ce qui se passe en Angleterre et aussi en France dans nos établissements de crédit, de démarcation assez nette entre les dépôts et les affaires industrielles.

Les Allemands ont pensé répondre victorieusement aux objections graves qui leur étaient faites par la formation de cartels et par des alliances financières en dehors de l'Empire.

Mais ne peut-on craindre qu'une pareille concentration, qui finit

---

1. Cf. *France économique et financière*, 21 septembre 1907.

par aboutir à un monopole de fait, se retourne fatalement contre le capitaliste déposant?

Cette question du régime des dépôts fut fort discutée au Congrès de Hambourg, qui réunit, en 1907, huit cents représentants de banques allemandes.

Convient-il qu'une banque qui patronne et soutient financièrement des affaires industrielles soit également une banque de dépôts ? Une banque qui se livrerait aux deux opérations ne risque-t-elle pas de ne plus pouvoir garantir solidement les dépôts qui lui seront confiés? Et, particulièrement en ce qui concerne les banques allemandes, le double caractère qu'elles présentent ne constitue-t-il pas un danger, en dehors de toute préoccupation de théories. On peut se rendre compte, par ce seul énoncé de questions, de l'intérêt que présente le problème.

Il s'est d'ailleurs posé dans d'autres pays, notamment aux États-Unis et si la politique même des grandes banques françaises de dépôts n'a pas suscité de critiques à ce point de vue, il peut très bien se faire que nos banques locales aient, en poursuivant une politique plus active, à ne pas oublier ce que l'expérience allemande nous a enseigné.

Toujours est-il que la question se posa nettement à Hambourg et l'on ne se fit point faute de donner les exemples de la France et de l'Angleterre, où les banques de dépôts ne sont point des banques d'affaires.

Pour expliquer que le contraire se produise en Allemagne on allégua que c'est la nécessité des choses qui a conduit à cette sorte de cumul.

On a fait valoir qu'il ne pouvait y avoir place pour des banques s'occupant uniquement de dépôts pour la suffisante raison que la fortune publique n'était pas assez développée pour que les capitaux puissent être suffisamment rémunérés dans cette branche d'industrie.

Bien mieux, on représenta que les dépôts n'étaient pas en Allemagne des représentations d'économies ou des capitaux en quête d'emplois, mais plutôt des fonds de roulement, destinés au commerce et à l'industrie.

Mais les banquiers allemands sont allés plus loin pour expliquer la politique suivie par eux.

On a dit, à Hambourg, que c'était une erreur de croire à une augmentation des risques par l'effet d'une fusion étroite des dépôts avec le portefeuille correspondant des valeurs industrielles.

Les banques allemandes, au dire des intéressés, seraient plus liquides que les banques anglaises. Alors que ces dernières accumuleraient dans leur portefeuille des valeurs difficiles à suivre et à surveiller, les banquiers allemands, au contraire, grâce à une profonde connaissance des affaires industrielles auxquelles ils s'intéressent, grâce également à la réglementation très précise des émissions, seraient fort bien placés pour sauvegarder les intérêts des déposants. Ces derniers, ajoute-t-on, seraient fort étonnés que leurs banquiers ne puissent leur rendre tous les services financiers qu'ils leur demandent.

Aussi les banquiers allemands répondirent-ils négativement à la question de savoir s'il fallait réglementer l'industrie des dépôts en banque et, de plus, ils affirmèrent que la nécessité de créer de plus petites banques de dépôts ne s'était pas encore fait sentir. Ils votèrent d'ailleurs une résolution que nous pouvons ainsi résumer :

L'organisation des banques répond à la situation économique du pays et ne doit pas être modifiée.

Non seulement le besoin de banques de dépôts ne se fait pas sentir, mais outre que ces banques seraient dans l'impossibilité de se suffire, la publication périodique des bilans des sociétés par actions et le pourcentage des disponibilités affectées en couverture des dépôts, traites, reports, prêts, effets, etc., donnent toute satisfaction à ceux qui veulent contrôler la liquidité des dépôts et s'assurer de leur remboursement.

Dans de telles conditions, l'ingérence du législateur dans le sens d'une réglementation des dépôts ne pourrait qu'être désastreuse à la prospérité des banques et troubler profondément la vie économique de l'Allemagne.

Jusqu'ici, d'ailleurs, il n'est pas de grand État où on ait établi soit une réglementation légale, soit un contrôle administratif pour les banques qui réservent des dépôts.

Nous comprenons fort bien que les Allemands soient satisfaits d'un système qui leur a permis de développer considérablement leur industrie et leur commerce.

Et c'est en réalité l'appui qu'ont pu se donner les banques rattachées entre elles par des liens plus ou moins fermes qui a permis d'échapper en grande partie à une crise sérieuse.

En effet, les grandes banques se présentent dans de bien meilleures conditions que les petites banques locales.

On a pu, à l'occasion de faillites de banques de province, constater qu'il y avait des abus dans leur gestion.

Nous n'étudierons pas ici les banques locales allemandes. Nous l'avons fait ailleurs [1].

Nous ne pouvons cependant nous empêcher de rappeler le cas de la *Marienburger Privatbank*, dont le krach, en 1907, fit ressortir quelle disproportion existait entre le capital actions et réserves d'une part et les engagements d'autre part.

Le capital de cette banque était de 300,000 marks et les dépôts de 10 millions de marks.

Sans doute, c'est là une exception; mais des cas analogues se présentent dans les banques locales et d'une manière générale la disproportion entre les ressources et les engagements est beaucoup plus accentuée dans les banques locales que dans les grandes banques allemandes.

∴

Au reste, la concentration se poursuit en Allemagne dans l'industrie de la banque.

Elle ne s'accomplit pas seulement comme en France par l'absorption des banques privées au profit des grands établissements de crédit [2], mais par une concentration de force financière qui, en liant et unissant des groupes de banques, laisse cependant à chacune d'entre elles leur individualité propre.

Les établissements de crédit ont procédé en France comme les banques anglaises, par la création de succursales qu'elles érigeaient à la place des banques locales absorbées.

En Allemagne, les Instituts berlinois ont employé deux moyens. Ils ont également créé des succursales.

1. Cf. Barety, *L'Évolution des Banques locales en France et en Allemagne,* Paris, Rivière, 1908.
2. Cf. Barety, *op. cit.*

Mais ils ont aussi transformé des maisons de banques privées en sociétés par actions dont ils se sont assuré la majorité.

Ils ont commandité des banques locales ou pris des participations d'intérêts chez elles et nous voyons alors la commandite préparer l'absorption.

D'autres fois, enfin, nous assistons à des associations d'intérêts, comme dans le cas de la **Dresdner Bank** unie à la **Schaffhausens'cher Bank**.

Quelles ont été les causes de ce mouvement de concentration ? Elles sont nombreuses et complexes.

On peut considérer que l'évolution vers la concentration a commencé vers 1890 pour ne plus s'arrêter depuis.

La cause générale c'est, en somme, la tendance que l'on constate dans toutes les industries et qui conduit au groupement des forces de production.

Mais il est aussi des causes particulières qui, en venant s'ajouter à la cause générale, ont précipité cette tendance.

Ce sont la direction même donnée aux opérations des banques allemandes, les lois de Bourse, la crise de 1900-1901.

On peut comprendre, en effet, que les banques dont le sort se trouvait de plus en plus si intimement lié au développement des affaires industrielles aient estimé avec raison qu'il leur convenait de diviser et de répartir leurs risques, et cette considération les a conduites à se grouper.

D'autre part, certaines lois de finances[1], comme la loi sur les dépôts et la loi sur les bourses, ont eu comme conséquences, au moins dans leurs effets si ce n'est dans l'esprit de ceux qui les élaborèrent et les votèrent, d'accroître la supériorité des grandes banques sur les petites et, par suite, de précipiter les fusions.

Enfin, la crise de 1900-1901, marquée par la faillite de la Leipziger Bank, fortement engagée dans les affaires malheureuses de la Société de Séchage des Drèches de Cassel, a été également une cause particulière — et non des moindres — du mouvement de concentration.

---

1. Depitre, *op. cit.*, et Carl Pickenbrock, *La Loi allemande sur les Bourses et ses effets*, Thèse, Lausanne, 1905. — La loi de Bourse de 1896 va être modifiée, cf. *Kölner Zeitung*, 26 novembre 1907, et Barety, *op. cit.*

Un grand nombre de banques locales et de société s'abimèrent, seules les grandes banques, auxquelles des demandes précipitées de remboursement de dépôts à vue furent faites et servies, résistèrent.

Leur situation en fut fortifiée et elles rapprochèrent encore plus d'elles un public qui ne demandait qu'à abandonner les banques de province gênées dans leurs opérations par leur spécialisation dans les affaires et par les entraves que leur apportait la loi de Bourse.

La crise de 1907, assez semblable à celle de 1901, aura, à notre avis, les mêmes effets, et nous allons certainement assister à la continuation du mouvement de concentration.

Ce dernier a été fort bien étudié. Aussi nous contenterons-nous d'indiquer qu'il se continue toujours et que, dans ces deux dernières années, on a vu les grandes banques berlinoises accroître encore leur puissance financière par l'intégration d'autres banques.

Une rapide énumération des récentes fusions opérées donnera une idée de ce que nous avançons.

A. *Groupe de la « Deutsche Bank »*. — L'*Essener Creditanstalt*, déjà filiale de la Deutsche Bank, absorbe à son tour, en 1906, la *Westphälischer Bankverein* et l'*Ahlener Bankverein*.

La Deutsche Bank s'annexe directement la maison Bühler et Heymann, d'Augsbourg (1906), et deux vieilles maisons de Breslau et de Guben (1906). Pour opérer ces annexions, la Deutsche Bank, qui avait déjà augmenté son capital de 20 millions de marks en 1904, l'a de nouveau augmenté de 20 millions en 1906, et sa filiale l'Essener Creditanstalt en a fait de même en augmentant le sien de 10 millions.

Elle s'est en outre intéressée à l'Hildesheimer Bank, laquelle possède des succursales à Goslar et Göttingen, une caisse de dépôts à Harzbourg et une autre, créée en 1907, à Lamspringen.

B. *Groupe de la « Dresdner-Schaffausens'cher Bank »*. — La Dresdner Bank a fondé en 1903 une succursale à Munich et s'est affiliée diverses maisons à Bautzen, Augsbourg et Meissen.

La Schaffhausens'cher Bank, de son côté, absorbait la Westdeutsche Bank et la maison Camphausen. Pour cela le groupe des deux banques a dû porter son capital de 285 millions de marks en 1903 à 325 millions en 1907.

C. *Groupe de la « Diskontogesellschaft ».* — Elle fonde en 1905, à Nuremberg, la Bayerische Diskontogesellschaft, qui a absorbé en 1906 toute une série de petites banques à Bamberg, Neumarkt, Hof, Wurzbourg et Kulmback, cependant qu'elle-même s'annexait la Geestmunderbank et la maison Stahl et Federer.

D. *Groupe de la « Bank für Handel und Industrie » (Darmstädter Bank).* — Ce groupe nous fournit des exemples de commandite préparant l'absorption ou l'annexion.

C'est ainsi que nous voyons en 1905 la Darmstädter Bank s'annexer la firme Warschauer, de Berlin, qu'elle avait commanditée et qu'elle érige en succursale, et la *Wismarerbank.*

Elle fait alliance avec la puissante *Berlinerhandels Gesellschaft,* fonde, de concert avec elle, la firme Marmoresch, entre en relations avec la Bayerische Bank für Handel und Industrie et, en 1906, procède à la fusion de la Deutsche Nationalbank de Brême avec la Norddeutsche Bank, qui apportait elle-même ses intérêts dans la Banque de Vegesach et l'Oldenburggischer Bank.

Enfin, en 1907, la maison de banque Edouard Lœb et Cⁱᵉ, à Neustadt, et sa succursale à Landau (Palatinat), commanditées par la Darmstädter Bank, devinrent, à partir de septembre, succursales de ce puissant Institut.

Nous venons de citer les cas récents de concentration opérés par les quatre grandes banques berlinoises. Il en est trois autres qui tendent peu à peu à se caractériser également : ce sont ceux de la Mitteldeutsche Kreditbank, de la National Bank für Deutschland et de la Kommerz und Diskontobank.

La Mitteldeutsche Kreditbank vient, en janvier 1908, d'acquérir la firme North, Kammeier et Cᵒ, à Essen (Ruhr), qu'elle commanditait jusqu'ici.

Cette politique d'amalgamation est suivie également par les autres banques de moyenne importance.

La Bank für Thüringen (autrefois banque Strupp), à Meiningen, achète, au commencement de 1907, pour les transformer en succursales, les maisons de banque Severus Ziegler, à Eisenach, et Nicol Martin Scheler et fils, à Saalfeld.

En août 1907, la *Bayerische Handelsbank* fonde une succursale à Mindelheim (Bavière) en achetant à cet effet la maison de banque

Miller, fondée en 1867. C'est là une politique semblable à celle qui se pratique en France.

En septembre 1907, l'assemblée générale de la Holsten Bank décide l'acquisition, à dater du 1ᵉʳ janvier 1908, de la *Schleswiger Bank*, avec son actif et passif, et en même temps l'augmentation de son capital de deux millions de marks à cinq millions et demi, l'émission des nouvelles actions ne devant avoir lieu qu'au cours de l'année 1908, en raison de la mauvaise tenue du marché monétaire.

La Hallescher Bankverein von Külisch, Kämpf et Cᴵᵉ attire à elle, en 1906, la Gewerbebank de Gera qui, en janvier 1908, augmente son capital pour pouvoir absorber elle-même la Weissenfelser Bankverein.

En janvier 1908, la *Nurnberger Bank* décide sa fusion avec la Bayerische Vereinsbank, de Munich.

Citons, enfin, un cas assez curieux de concentration par absorption. Une firme de banque de Goslar ayant en août 1907 été déclarée en faillite avec un passif de 150,000 marks et un actif de 38,900 marks, la *Braunschweigische Bank und Creditanstalt* offrit aux actionnaires 50 p. 0/0 de leurs créances, et les créanciers, en présence de ces offres, décidèrent la liquidation extrajudiciaire de la maison en faillite, par les soins de la Braunschweigische Bank, qui acquérait ainsi une nouvelle maison.

Cette concentration, qui se poursuit ainsi sous nos yeux, a des causes nombreuses que nous avons déjà mentionnées. Nous ne pouvons nous empêcher de constater que c'est grâce à cette puissance des banques berlinoises que la crise a pu se dénouer sans trop grands dommages.

Les Instituts berlinois qui, dans les moments difficiles, ne peuvent pas compter autant sur la Reichsbank [1] que nos établissements de crédit et nos banques locales sur la Banque de France, ont conscience du rôle qu'ils ont à remplir.

Leur puissance financière leur permet, avec des risques divisés, de faire face aux difficultés temporaires.

---

[1]. La Banque de France a une encaisse métallique de plus de 3 milliards et demi et peut mettre en circulation plus de 4 milliards et demi de billets ; la Reichsbank n'a une encaisse que de 8 à 900 millions de marks et sa circulation fiduciaire n'atteint qu'un milliard et demi de marks.

Cette puissance, quelle est-elle? C'est ce que nous allons examiner en nous servant de quelques chiffres donnant leur état en 1906.

Les banques allemandes représentent un capital total de 3 milliards 700 millions environ, plus un milliard environ de réserves.

Dans ce chiffre, le capital-actions des quatre grands groupes et des trois groupes moins puissants est compris pour 2 milliards 200 millions environ plus 515 millions de réserves, ce qui fait que les Instituts berlinois représentent avec leurs ressortissants une force capitaliste de 2 milliards 700 millions de marks.

Trente-neuf banques hypothécaires représentent de leur côté 754 millions dans les 3 milliards 700 millions du total.

Quelle était la part détaillée des grandes banques berlinoises dans le total en 1906.

La *Deutsche Bank* groupait un capital de 747,04 millions de marks (capital-actions et réserves), la *Diskontogesellschaft*, 633,40 millions de marks, l'Association d'intérêts *Dresdner Bank Schaffhausens'cher Bank*, 558,66 millions de marks, la Bank für Handel und Industrie (Darmstädter Bank), 297,8 millions de marks, la Kommerz und Diskonto Bank, 105,84 millions de marks.

Puis viennent : la *Mitteldeutsche Kreditbank* avec 61 millions de marks, la *Nationalbank für Deutschland* avec 92,02 millions de marks, la *Berliner Handelsgesellschaft* avec 129 millions.

Ces chiffres représentent pour 1906 une augmentation totale de 200 millions sur 1905.

Le nombre des banques allemandes va d'ailleurs en augmentant et il ne faudrait pas en faire un argument contre la concentration.

Il était de 188 en 1906 (contre 182 en 1905) [1], dont 143 de crédit, 40 hypothécaires et 5 d'émission.

Il est à remarquer que le pourcentage des réserves par rapport au capital-actions augmente d'une manière régulière.

Il est de 27.4 p. 0/0 en 1906 contre 26.4 en 1905, 22.9 en 1900, 18.72 en 1890, 14 p. 0/0 en 1883.

Le dividende moyen des banques allemandes a été en 1906 de 7.91 p. 0/0 du capital actions contre 7.69 p. 0/0 en 1905, et 7.37 p. 0/0 en 1904.

---

1. Pour les années de 1890 à 1904, cf. Depitre, *op. cit.*

Soit en ressources personnelles ou fournies par des tiers, les banques avaient à la fin de 1906 l'administration d'une somme totale de 25 milliards, soit une augmentation de 2 200 millions de marks sur 1905.

Ces chiffres donnent une idée de la puissance financière des banques allemandes et de son développement.

Y a-t-il lieu d'envisager une continuation de cet accroissement ?

Nous y croyons pour notre part. L'Allemagne vient de traverser une crise financière. Ses banques ont résisté fort bien à une secousse assez forte. On n'a pas eu à observer les défaillances auxquelles certains s'attendaient peut-être.

La crise, il est vrai, ne pourra être jugée qu'avec le recul du temps, qui seul permettra d'avoir des renseignements exacts sur l'intensité des difficultés rencontrées par les banques allemandes. Les grandes banques se sont soutenues entre elles et le public allemand a fait preuve, somme toute, d'assez de sang-froid.

Mais peut-être peut-on se demander si cette aide mutuelle et cette attitude des capitalistes allemands auraient suffi sans l'appui prêté aux banques allemandes par la finance étrangère.

Quelle a été l'importance de cet appui, et est-ce principalement la France qui a secouru l'Allemagne de ses capitaux. Ce sont là des questions très controversées, qui ne peuvent obtenir de réponse aujourd'hui.

Quoi qu'il en soit, la crise de 1907 a eu cet excellent résultat de faire apparaître en pleine lumière les vices du système et elle a incité à une certaine prudence.

L'Allemagne ne possède pas un capital monétaire aussi considérable que la France et n'a pas pour compenser cette infériorité une règlementation rationnelle du chèque et la pratique des virements qui font la force du crédit en Angleterre.

Ce sont là des inconvénients [1] qui sont apparus, et il est mené en ce moment même une grande campagne de presse en Allemagne en vue d'obtenir une législation du chèque appropriée aux besoins de la circulation [2].

1. Raffalovich, *Le Marché des Capitaux en Allemagne*, Économiste français, 4 janvier 1908.

2. Cf. Dr Siegfried Buff, *Zur Popularisierung des Schukverkehrs in Deutschland*, Münchner Neueste Nachrichten, 7 août 1907.

D'autre part, la législation sur les marchés à terme a paru trop restrictive et un projet de loi actuellement déposé par le gouvernement au Reichstag va donner plus de libéralité à la spéculation.

La crise actuelle aura eu cet excellent résultat de faire apparaître certaines réformes nécessaires, et leur exécution sera saluée avec satisfaction par tous les économistes.

Est-ce à dire que l'avenir s'annonce radieux! Certes non. Nous allons entrer dans une période de liquidation et déjà les banques d'émission ont abaissé leurs taux d'escompte.

Mais dans un pays comme l'Allemagne, où le développement industriel s'est fait d'une façon extrêmement rapide, où l'audace des capitaux est extrême, où les banques sont très actives, il faut s'attendre de temps à autre à quelques secousses.

Ges crises partielles sont d'ailleurs nécessaires, elles donnent de salutaires avertissements et constituent des soupapes de sûreté contre l'éclatement que serait une crise considérable.

Léon Barety.

CHRONIQUE DES QUESTIONS OUVRIÈRES

(1907)

Suivant notre plan ordinaire, nous diviserons la présente Chronique en deux parties principales : 1° Mouvement ouvrier proprement dit; 2° Action des pouvoirs législatif et réglementaire en ce qui concerne les ouvriers.

Les faits relatifs au mouvement ouvrier proprement dit feront l'objet de quatre chapitres : 1° Statistique des organisations syndicales ouvrières; 2° Grèves en 1906; 3° Mouvement ouvrier en 1907 (A. Grèves; B. Agitation pour l'application de la loi du 13 juillet 1906, sur le repos hebdomadaire; C. Les syndicats de fonctionnaires; D. Le mouvement syndical, les congrès socialistes (Nancy et Stuttgart) et le congrès anarchiste (Amsterdam); E. Relations syndicales internationales); 4° Associations ouvrières de production.

I. — STATISTIQUE DES ORGANISATIONS SYNDICALES OUVRIÈRES.

La Direction du travail n'a pas publié, en 1907, une nouvelle édition de son *Annuaire des syndicats professionnels*; mais le *Bulletin de l'Office du travail* a donné, dans son numéro de novembre, un résumé général de la situation des syndicats professionnels à la date du 1ᵉʳ janvier. Nous extrayons de ce document les renseignements suivants :

Le 1ᵉʳ janvier 1907, il existait 5,322 syndicats ouvriers, comptant 896,012 membres, soit une augmentation de 465 syndicats et de 60,878 membres par rapport à l'année précédente. Le total ci-dessus comprenait 79,260 femmes, dont 25,145 dans le département de la Seine.

Les syndicats mixtes, au nombre de 154 (au lieu de 140 en 1906), réunissaient 30,698 membres, soit 2,520 de plus qu'en 1906.

Les syndicats ouvriers se groupaient, au nombre de 3,675, comprenant 752,362 membres, en 187 unions ou fédérations, dont 54 dans le département de la Seine.

Parmi ces unions, 131 bourses du travail (soit 6 de plus qu'au 1er janvier 1906) réunissaient 2,586 syndicats et 455,790 ouvriers.

II. — Grèves en 1906.

Au cours de l'année 1907, la Direction du travail a publié la *Statistique des grèves et recours à la conciliation et à l'arbitrage survenus pendant l'année 1906*.

En 1906, le nombre des grèves a été de 1,309, celui des grévistes (en chiffres ronds) de 438,500, et celui des journées chômées de 9,438,600. Par rapport à l'année précédente il y a eu augmentation du nombre des grèves, du nombre des grévistes et du nombre des journées chômées (respectivement 830, — 177,700, — 2,746,700).

« L'accroissement considérable du nombre des grèves en 1906, lit-on dans la préface du volume, s'explique dans une certaine mesure par le grand nombre de conflits auxquels ont donné lieu les demandes de diminution de la journée de travail formulées par les ouvriers à l'occasion du 1er mai. Ces grèves.... ont été au nombre de 295, atteignant 12,585 établissements, soit 64.08 p. 0/0 du total des établissements atteints par des grèves en 1906, fournissant 202,300 grévistes, soit 48.18 p. 0/0, et 3,571,000 jours chômés, soit 37.82 p. 0/0. » Les grèves du 1er mai font, dans la *Statistique*, l'objet d'un historique spécial dont il sera parlé plus loin.

Le compte rendu donne une classification des grèves par grandes catégories professionnelles (industries textiles, travail des métaux, etc.); mais, « en rapprochant le nombre des grévistes du nombre total des ouvriers occupés dans les différents groupes professionnels, on obtient une série de rapports qui permettent d'apprécier d'une façon plus exacte l'importance des divers mouvements grévistes ». Le nombre d'ouvriers, sur 1,000, qui se sont mis en grève en 1906, a été (en chiffres ronds) de 475 dans les mines, de 315 dans les usines métallurgiques, de 278 dans la construction, de 162 dans les industries polygraphiques, etc.

Dans 1,003 grèves, sur 1,309, les ouvriers étaient, en tout ou en partie, membres du syndicat de leur profession ; 16 syndicats (dont 1 syndicat *jaune*) ont été constitués au cours des grèves ou immédiatement après ; 1 syndicat a disparu en conséquence d'une grève.

Les syndicats ou fédérations de syndicats ont assuré des secours à leurs adhérents (et parfois aux grévistes non syndiqués) dans 128 grèves, dans 115 desquelles (dont 66 concernant les industries polygraphiques) ces secours ont pris la forme d'une allocation régulière en argent. Dans 3 grèves, qui ont duré respectivement 5, 2 et 1 jour, le salaire intégral du temps de grève a été versé aux ouvriers ; dans une grève de 15 jours et dans une grève de 23 jours, les ouvriers ont reçu leur salaire de 8 et 20 jours.

Les principaux motifs des grèves ont été les suivants : 1° demandes d'augmentation de salaire, seules ou associées à d'autres demandes, 797 grèves (près de 61 p. 0/0 du nombre total) avec 301,100 grévistes (plus de 68.5 p. 0/0) ; 2° demandes de diminution de la durée du travail journalier, 383 grèves, la plupart se rattachant au mouvement du 1ᵉʳ mai ; 3° questions de personnes (demandes de réintégration d'ouvriers congédiés ou demandes de renvoi d'ouvriers et de contremaitres), 295 grèves (22.5 p. 0/0) ; etc.

Voici maintenant les résultats : réussites, 278 grèves (31,150 grévistes) ; transactions (ou réussites partielles), 539 grèves (253,260 grévistes) ; échecs, 490 grèves (154,000 grévistes).

L'application de la loi du 27 décembre 1892 sur la conciliation et l'arbitrage a été, au cours de l'année 1906, constatée dans 302 différends, soit une proportion de 23.07 p. 0/0 (au lieu de 29.64 p. 0/0 en 1905). Sur ce nombre, l'initiative du recours à la loi a été prise 141 fois par les ouvriers, 8 fois par les patrons, et 6 fois par les patrons et les ouvriers réunis ; dans 147 grèves le juge de paix est intervenu d'office.

Quant à la tentative de conciliation elle-même, elle a été repoussée 119 fois, dont 100 fois par les patrons, 3 fois par les ouvriers, et 16 fois par les deux parties.

Grèves se rattachant au mouvement du 1ᵉʳ mai 1906. — Le mouvement pour la diminution du temps de travail dont le centre a été la date du 1ᵉʳ mai a donné lieu à 295 grèves (dont 121 en avril, 136 en mai, etc.), comme il a été dit plus haut. La *Statistique* les divise en trois groupes, suivant qu'elles ont eu pour objet l'obtention de la journée de 8 heures, de la journée de 9 heures (ou de la *semaine* anglaise) ou de la journée de 10 heures : 1° 103 grèves ont eu pour objet l'établissement de la journée de 8 heures : elles ont abouti à 88 échecs, 13 transactions et 2 réussites; 2° l'obtention de la journée de 9 heures ou de la semaine anglaise a motivé 109 grèves, qui se sont terminées par 45 échecs, 28 transactions et 36 réussites; 3° quant à la journée de 10 heures, en vue de laquelle 83 grèves ont été déclarées, on a enregistré 40 réussites, 16 transactions et 27 échecs.

Le mouvement pour l'obtention de la journée de 9 heures dans la typographie fait l'objet, dans la *Statistique*, d'un chapitre spécial.

III. — Mouvement ouvrier en 1907.

A. *Grèves.* — A en juger par les relevés provisoires du *Bulletin de l'Office du travail*, le nombre des grèves aurait été en 1907 de 1,170 environ. Quelques-unes de ces grèves ont beaucoup impressionné l'opinion publique.

D'abord celle des électriciens de Paris, au nombre d'un millier, qui, déclarée le 8 mars, prit fin le 9. Les grévistes demandaient principalement la journée de 8 heures et une majoration des retraites: le conflit se termina par une transaction. Le surlendemain (11 mars), en réponse à une interpellation de M. Jaurès, M. Clemenceau, président du conseil et ministre de l'intérieur, exposa la conception que le gouvernement dont il est le chef a de ses droits en matière de grève, et il fit le procès des « hommes de l'action directe ».

Notons ensuite la « grève générale de l'alimentation », dont nous parlerons à propos de l'agitation pour l'application de la loi sur le repos hebdomadaire.

Puis la grève des inscrits maritimes. Cette grève fut la conséquence extrême d'une résolution prise au mois de novembre 1906 par le quatorzième congrès de la Fédération nationale des syndicats maritimes, résolution d'après laquelle un Comité national de défense des gens de mer était constitué dans le but d'obtenir du Parlement, à bref délai, le relèvement des pensions de demi-solde des inscrits maritimes, conformément à une proposition de loi déposée par M. Siegfried; en cas d'insuccès, il devait donner le signal de la grève générale. Le ministre de la marine ayant déclaré à une délégation que les chiffres portés dans cette proposition étaient inacceptables, l'agitation s'accrut rapidement parmi les inscrits; elle aboutit à une déclaration de grève, le 31 mai, à Marseille et dans une vingtaine d'autres ports. Aussitôt le Gouvernement prit les mesures nécessaires pour assurer les transports; d'autre part, le président de la Commission de la marine à la Chambre informa le Comité de défense qu'il n'y avait aucun espoir que le Parlement adoptât la proposition de M. Siegfried. Dès le 3 juin, des délégués des syndicats des divers ports se réunirent à Paris pour chercher, d'accord avec le Gouvernement, à mettre fin à la grève; ils se contentèrent de l'assurance que le projet que le Gouvernement avait présenté quelques semaines auparavant serait amélioré, et ils rédigèrent une série d'amendements qu'ils remirent au rapporteur de la Commission de la marine de la Chambre; puis ils invitèrent télégraphiquement leurs mandants à reprendre le travail. Il y eut des protestations dans plusieurs ports; cependant, le 8 juin, la grève était complètement terminée.

Citons encore, parmi les grèves moins retentissantes, mais cependant importantes, celle de 2,000 mouleurs de Revin (Ardennes), qui avait pour cause la demande de retrait d'un nouveau règlement; commencée le 22 avril, elle se termina le 2 septembre par une transaction; — la grève de 5,000 tisseurs de Flers (Orne), qui dura du 24 avril au 1er août; motivée par une demande d'augmentation de salaire, elle se termina également par une transaction.

B. *Agitation pour l'application de la loi du 13 juillet 1906 sur le repos hebdomadaire.* — Nous avons dit l'année dernière quelle agitation avaient suscitée durant les derniers mois de l'année 1906 les difficultés d'application de la loi sur le repos hebdomadaire, agitation qui n'était guère moins vive dans le monde patronal que dans le monde ouvrier. Elle continua au début de 1907, mais avec ce caractère particulier qu'un courant nettement défavorable, sinon aux principes de la loi, du moins à certaines dispositions ou, plus exactement peut-être, à certaines des interprétations qui leur avaient été données, se manifesta au sein de la majorité gouvernementale, spécialement à la Chambre. La délégation des gauches, en vue des interpellations annoncées, arrêta les termes d'un ordre du jour auquel le Conseil des ministres eut quelque peine à rallier M. Viviani, ministre du travail. Cet ordre du jour, adopté le 23 mars par 277 voix contre 61, portait que la Chambre était résolue à maintenir intacts les principes de la loi du 13 juillet, mais qu'elle prenait acte de l'engagement du Gouvernement « de proposer les modifications nécessaires à la loi en temps utile pour qu'elles puissent être discutées avant la fin de la présente session ».

Cette condamnation morale de la loi fut encore aggravée par une circulaire, relative aux infractions commises, que le ministre de la justice adressa aux procureurs généraux le 31 mars.

Bien avant le vote de l'ordre du jour du 23 mars, certaines corporations, notamment les employés de commerce et les ouvriers et employés de l'alimentation, avaient proféré des menaces de grève pour le cas où la loi sur le repos hebdomadaire recevrait quelque atteinte. Après le 23 mars, la Fédération nationale des travailleurs de l'alimentation se prépara à agir.

La « grève générale de l'alimentation » à Paris et en province fut déclarée, non sans solennité, le 11 avril; en réalité, ce fut une suite de grèves dans diverses spécialités de l'alimentation, principalement à Paris. D'abord celle des ouvriers boulangers de Paris (11 avril), grève qui ne prit pas un développement suffisant pour gêner la population; les grévistes comptaient, pour assurer le succès de leur mouvement, sur la cessation de travail successive des autres corporations parisiennes de l'alimentation. En effet, le 19 avril, les garçons de café et de restaurant se mirent en grève; puis ce furent les garçons d'hôtel et les cuisiniers. Mais peu à peu ces diverses corporations reprirent le travail, les boulangers les premiers (2 mai), puis les garçons restaurateurs-limonadiers, etc., sans avoir, en somme, obtenu satisfaction. Depuis, les protestations contre la non-application intégrale de la loi du 13 juillet 1906 n'ont pas cessé, mais elles ont revêtu un caractère en quelque sorte individuel fort différent d'une agitation organisée et systématique.

C. *Les syndicats des fonctionnaires.* — On ne peut parler du mouvement ouvrier en 1907 sans mentionner au moins les tendances qui se sont manifestées parmi les associations de fonctionnaires, notamment celles d'agents des postes et celles d'instituteurs, en faveur d'un rapprochement avec les syndicats ouvriers et la Confédération générale du travail. Nous n'avons pas à rappeler ici la lutte qui, spécialement dans les six premiers mois de l'année, eut lieu entre le Gouvernement, d'une part, et les associations syndicales ou syndicalistes d'instituteurs et d'agents des postes de l'autre. Le Gouvernement a pensé qu'il pourrait contenir dans certaines limites le courant qui paraît emporter le personnel de certains services publics vers une adhésion aux bourses du travail et autres groupements ouvriers, et, dans ce but, il a déposé, le 12 mars 1907, un projet de loi sur les associations de fonctionnaires, projet de loi qui n'a pas encore été discuté.

D. *Le mouvement syndical, les congrès socialistes (Nancy et Stuttgart) et le Congrès anarchiste (Amsterdam).* — Nous avons dit l'an dernier que le Congrès corporatif d'Amiens avait consacré cette opinion, fort répandue dans les syndicats, que « le syndicalisme se suffit à lui-même », c'est-à-dire qu'il n'a besoin de l'aide d'aucun parti politique (de celle du Parti socialiste notamment) pour faire la révolution sociale; et nous avons ajouté que le Congrès socialiste unifié, tenu à Limoges peu après le congrès d'Amiens, s'était divisé en deux fractions presque égales sur l'attitude à prendre désormais à l'égard de la Confédération générale du travail et avait voté, à une faible majorité, une motion d'attente et de confiance dans l'avenir pour l'établissement de relations entre l'organisation économique et l'organisation politique du prolétariat français.

Mais cette question des rapports du Parti et des syndicats était inscrite à l'ordre du jour du Congrès socialiste international qui devait se tenir à Stuttgart au mois d'août 1907; pour essayer de la résoudre au point de vue français, elle fut portée de nouveau à l'ordre du jour du congrès que le Parti socialiste unifié allait tenir à Nancy quelques jours avant l'ouverture du Congrès de Stuttgart. Cette tentative, qui souleva de vives méfiances dans le camp syndicaliste et donna naissance à des polémiques ardentes, n'aboutit qu'à une réédition complète de ce qui s'était passé au Congrès de Limoges.

Les socialistes français se présentèrent donc au Congrès de Stuttgart divisés en deux fractions : celle qui avait triomphé aux Congrès de Limoges et de Nancy, et celle qui voulait faire admettre le principe d'une entente, variable suivant les circonstances, entre l'organisation syndicale et l'organisation socialiste.

C'est cette dernière fraction, c'est-à-dire la minorité française, qui l'a emporté au Congrès de Stuttgart, et à une écrasante majorité : 222 voix 1/2, contre 18 voix 1/2 seulement, ont en effet décidé que des rapports intimes et constants doivent exister, dans tous les pays, entre le Parti socialiste et les syndicats. Tout ce que la majorité française a pu faire a été de lire une déclaration portant que cet état de choses n'est actuellement pas possible en France.

Depuis le Congrès de Stuttgart, des flots d'encre ont coulé, dans la presse socialiste, sans qu'un accord ait pu encore se faire sur la façon dont peut être faite en France l'application de la résolution votée par le Congrès socialiste international.

Le Congrès anarchiste qui s'est tenu à Amsterdam à la fin d'août, c'est-à-dire quelques jours après le Congrès socialiste international de Stuttgart, en a présenté en quelque sorte la contrepartie : « Les syndicats, avait déclaré ce dernier, ne feront leur devoir dans la lutte émancipatrice que s'ils sont inspiré de l'esprit socialiste ». A propos de la grève générale révolutionnaire, les anarchistes ont décidé à Amsterdam qu' « il est nécessaire, pour arriver à une telle grève générale, que les organisations syndicalistes soient imprégnées des idées de l'anarchisme ». Les anarchistes, comme les socialistes, estiment que le syndicalisme ne se suffit pas à lui-même, bien qu'ils se proposent de compléter autrement son action.

Il ne faut pas essayer de résumer les nombreuses résolutions, relatives aux syndicats, qui furent adoptées à Amsterdam ; certaines furent contradictoires, ce qui importait peu, puisque le Congrès n'entendait pas trancher les questions à l'ordre du jour en dégageant des majorités. Mais ce qu'il convient de noter surtout, c'est que le Congrès a mis en lumière, et même en opposition, deux courants dans l'anarchisme : dans les comptes rendus on a pu opposer à l'anarchisme traditionnel « l'anarchisme ouvrier », qui se pique de déserter la spéculation pour l'action, et dont certains tenants vont jusqu'à accepter de subordonner le mouvement anarchiste au mouvement ouvrier, tout comme l'extrême gauche du Parti socialiste, qui mettrait volontiers le Parti au service de la Confédération générale du travail.

On pourrait pousser plus loin ce parallèle des tendances qui existent, à l'égard du mouvement syndical, dans une fraction du Parti socialiste et chez certains anarchistes. Il suffira de noter en terminant qu'actuellement on cherche, de l'un et l'autre côté, à influencer le mouvement syndical, soit en s'imposant à lui, soit en s'offrant à le servir.

E. *Relations syndicales internationales.* — Nous avons exposé [1] pourquoi la Confédération générale du travail s'était abstenue de se faire représenter à la Conférence tenue en juin 1905 à Amsterdam par les organisations centrales nationales affiliées au Secrétariat syndical international : elle avait vainement essayé de faire inscrire à l'ordre du jour la discussion de la grève générale et de l'antimilitarisme. En 1906 le comité confédéral a fait approuver par le Congrès

1. Chronique des questions ouvrières (1905), *Annales,* 15 mars 1906.

corporatif d'Amiens la conduite qu'il avait tenue en cette affaire.

Une nouvelle Conférence fut annoncée; elle devait se tenir le 15 septembre 1907 à Christiania. Le 28 août, le comité confédéral envoya à tous les centres syndicaux adhérents une circulaire pour leur indiquer les raisons qui l'empêchaient d'envoyer un délégué à Christiania, et pour leur demander d'obtenir que la conférence invite le secrétariat international (établi à Berlin) à inscrire à l'ordre du jour de la prochaine Conférence les questions de l'antimilitarisme et de la grève générale.

La Conférence, composée des délégués de neuf pays, après avoir discuté l'abstention de la France, a voté une résolution, déjà adoptée à Amsterdam, d'après laquelle « sont exclues des débats toutes les questions théoriques et toutes celles qui concernent les tendances et les tactiques du mouvement syndical dans les différents pays ». De plus, a-t-elle ajouté, l'antimilitarisme et la grève générale rentrent dans le domaine des congrès socialistes internationaux, et elles ont même été tranchées par ceux d'Amsterdam et de Stuttgart. Enfin, la Conférence a invité la classe ouvrière française à étudier ces questions d'accord avec le Parti socialiste de France, à participer aux congrès socialistes internationaux et à adhérer à l'Union syndicale internationale.

La Conférence s'est ensuite occupée du passage des membres d'une organisation d'un pays dans l'organisation similaire d'un autre pays, de la réglementation de l'émigration par le placement syndical, des moyens d'empêcher l'emploi des « jaunes » d'un pays dans les conflits survenant à l'étranger, etc.

La prochaine Conférence aura lieu à Vienne en 1910.

Le compte rendu des débats de la Conférence de Christiania a été mal reçu par les syndicalistes français; et la *Voix du Peuple*, organe de la Confédération, a fait, dans plusieurs articles, une vive critique des résolutions adoptées.

IV. — ASSOCIATIONS OUVRIÈRES DE PRODUCTION.

Renseignements statistiques. — Dans son numéro du mois d'avril 1907, le *Bulletin de l'Office du travail* a publié, sur les associations ouvrières de production existant au 1er janvier précédent, un ensemble de renseignements qui dépasse de beaucoup par son importance les statistiques publiées au cours des années précé-

dentes; une circulaire ministérielle du 29 décembre 1906 avait, en
effet, précisé la nature de cette sorte d'associations et les points sur
lesquels les préfets devaient éclairer la Direction du travail [1].

Au 1ᵉʳ janvier 1907, le nombre des associations ouvrières de production (non comprises les diverses sociétés de production agricole :
laiteries, beurreries, etc.) était de 362. Dans le courant de l'année
1906, il y a eu 58 fondations de sociétés et 32 dissolutions. Sur
ces 362 associations, 112 appartenaient à l'industrie des travaux
publics et du bâtiment, 55 à l'industrie du livre et du papier, etc.
D'autre part, 138 fonctionnaient dans le département de la Seine.

331 associations ont fait connaître le nombre de leurs sociétaires,
qui s'élevait à 15,838. Près d'un tiers d'entre elles possèdent exactement le nombre de sept membres nécessaire à la formation d'une
société anonyme ou en possèdent un nombre inférieur; il n'y a que
63 sociétés, soit un peu moins d'un cinquième, qui aient plus de
50 membres.

Parmi les associations qui comptent le plus de sociétaires citons :
le Familistère de Guise, avec 1.921 sociétaires; une société d'imprimerie avec 800 sociétaires (dont 50 seulement occupés au siège
social), etc. « On ne saurait toutefois juger de l'importance d'une
association ouvrière de production par le nombre de sociétaires; en
effet, par exemple, 3 sociétés, qui comptent respectivement 819, 737
et 396 membres, sont signalées comme faisant respectivement un
chiffre d'affaires de 36,700 francs, 37,000 francs et 27,000 francs. »

Le document publié par le *Bulletin de l'Office du travail* fournit
encore des renseignements sur un sujet qui est, au point de vue
coopératif, assez délicat : l'emploi des ouvriers auxiliaires. C'est,
en effet, un argument fréquemment employé contre les associations
ouvrières de production que trop souvent elles se transforment en
une sorte de patronat collectif qui, sous le nom d'ouvriers auxiliaires, perpétue le salariat en ce qui concerne l'établissement social.
Sur ce point ce ne sont plus les 362 associations existantes, ni même les
331 associations ayant indiqué le nombre de leurs sociétaires, qui ont
répondu, mais 200 associations seulement : ces 200 associations, qui

---

1. Cette circulaire visait aussi bien la statistique des sociétés coopératives de
consommation et des sociétés coopératives de crédit que celle des associations
ouvrières de production. Sur ces deux premières catégories de sociétés les renseignements publiés par le *Bulletin de l'Office du travail* sont d'une importance
exceptionnelle; seul le manque de place nous empêche d'en donner un
résumé. Voy. le *Bulletin*, septembre 1907, p. 930 et suiv. pour les sociétés de
consommation, et novembre 1907, p. 1160 et suiv., pour les sociétés de crédit.

comptent 9,726 sociétaires, travaillant ou non pour la société, occupent en temps ordinaire 5,424 ouvriers. Sur ce nombre de sociétés, 142 (71 p. 0/0) emploient un nombre d'auxiliaires inférieur ou égal au nombre de socrétaires (travaillant ou ne travaillant pas pour l'entreprise), et 58, par conséquent (29 p. 0/0), emploient un nombre d'auxiliaires supérieur : telles la Société stéphanoise de la Mine aux mineurs qui, pour 63 sociétaires, occupe 280 auxiliaires; une société de boutonniers avec 40 ouvriers contre 7 sociétaires; une société de facteurs de pianos, 40 ouvriers contre 7 sociétaires ; deux sociétés de charpentiers, dont l'une, également avec 40 ouvriers contre 7 sociétaires, et l'autre avec 100 à 200 ouvriers contre 28 sociétaires; une société de lunetiers avec 1,200 ouvriers contre 225 sociétaires, etc.

Sur le chiffre d'affaires des associations de production les réponses ont été nombreuses (297 pour 362 associations). Plus de 50 p. 0/0 de ces sociétés font moins de 50,000 francs d'affaires par an; à l'autre extrémité de l'échelle, on trouve 10 associations qui font un chiffre d'affaires de 500,000 francs à 1,000,000 de francs; enfin 5 associations qui dépassent un million : ce sont le Familistère de Guise (7,200,000 fr. d'affaires par an), une société de charpentiers (2,000,000 de fr.), une société de peintres (1,500,000 fr.), la Société des ouvriers diamantaires de Saint-Claude (1,750,000 fr.) et la Société des lunetiers de Paris (5,000,000 de fr.).

Au 1er janvier 1907, la Chambre consultative, la plus importante des fédérations d'associations de production, comprenait 198 sociétés.

Encouragements sur le budget de l'État. — On sait qu'un crédit de 300,000 francs permet au ministère du travail d'accorder des « encouragements aux sociétés ouvrières de production et de crédit et aux institutions de crédit mutuel », et que ces encouragements peuvent prendre la forme, soit de subventions, soit (depuis un arrêté du 15 novembre 1902) de prêts.

Le *Bulletin de l'Office du travail* du mois d'août a donné le détail des subventions et prêts accordés en 1906. Les subventions ont atteint le chiffre de 119,000 francs, et les avances remboursables celui de 91,000 francs. *Le Bulletin* a en outre publié l'état, au 31 décembre 1906, des recouvrements opérés sur les avances consenties aux associations : depuis la fin de 1902, 66 sociétés ont reçu 353,500 francs d'avances, dont 20,000 francs n'avaient pas encore été délivrés au 31 décembre 1906. A cette dernière date les termes échus s'élevaient à 132,051 fr. 75. Sur cette somme les retards montaient à 25,253 fr. 05, dont 18,763 fr. 45 dus par des sociétés en faillite et ayant reçu 23,000 fr. d'avances.

II

La seconde partie de cette Chronique, consacrée à l'action des pouvoirs législatif ou réglementaire dans la préparation, l'adoption et l'application des mesures intéressant les ouvriers en tant que tels, se subdivise en cinq sections : 1° Législation et réglementation; 2° Protection internationale des travailleurs; 3° Application en 1906 des lois du 2 novembre 1892 (travail des enfants et des femmes dans l'industrie) et du 13 juillet 1906 (repos hebdomadaire); 4° Subventions aux caisses de chômage en 1906; 5° Session du Conseil supérieur du travail.

I. — Législation et réglementation.

Comme les années précédentes nous passerons successivement en revue sous cette rubrique les lois votées, les projets ou propositions de loi discutés ou, parfois même, simplement déposés, les mesures réglementaires édictées.

Loi du 27 mars 1907, concernant les conseils de prud'hommes. — Cette loi a réalisé une réforme qui était depuis longtemps pendante devant le Parlement : d'une part, elle a unifié d'une façon complète la législation prud'homale, dont elle forme aujourd'hui le code (en 74 articles); de l'autre, elle a apporté à cette législation d'importantes modifications que le *Bulletin de l'Office du travail* [1] résume ainsi : 1° Création de droit d'un conseil de prud'hommes lorsqu'elle est demandée par le Conseil municipal de la commune et que les avis des corps consultés sont favorables; 2° Extension de la prud'homie à toutes les catégories du commerce ; 3° Extension de la prud'homie aux industries extractives et aux entreprises de manutention et de transports; 4° Extension de l'électorat aux femmes; 5° Extension de l'éligibilité aux anciens électeurs hommes n'ayant pas quitté la profession depuis plus de cinq ans; 6° Réduction du temps d'exercice de la

1. Mars 1907, p. 272.

profession et de la résidence pour l'électorat; 7° Autorisation de plaider aux femmes et aux mineurs; 8° Possibilité d'obtenir l'assistance judiciaire devant les conseils de prud'hommes; 9° Alternance, pour la présidence du conseil, entre l'élément patronal et l'élément ouvrier; 10° Compétence, lorsqu'il y a plusieurs sections, déterminée par le genre de travail et non plus par la nature de l'établissement [1].

Loi du 17 avril 1907, relative à la sécurité de la navigation maritime et à la réglementation du travail à bord des navires de commerce. — La partie de cette loi qu'il importe plus particulièrement de signaler au point de vue où nous nous plaçons est le titre II, qui traite de la réglementation du travail à bord des navires.

Loi du 18 juillet 1907, ayant pour objet la faculté d'adhésion à la législation des accidents du travail. — L'objet de cette loi ressort d'une façon suffisamment claire des dispositions suivantes. Aux termes de l'article 1er : « Tout employeur non assujetti à la législation concernant les responsabilités des accidents du travail peut se placer sous le régime de la dite législation pour tous les accidents qui surviendraient à ses ouvriers, employés ou domestiques, par le fait du travail ou à l'occasion du travail ». Il dépose alors une déclaration à la mairie du siège de son exploitation et, en même temps, un carnet destiné à recevoir l'adhésion de ses salariés. « La législation sur les accidents du travail, porte l'article 2, devient alors de plein droit applicable à tous ceux de ses ouvriers, employés ou domestiques, qui auront donné leur adhésion, signée et datée en toutes lettres par eux, au carnet prévu par l'article précédent. » L'article 3 indique les formes dans lesquelles l'employeur peut faire cesser son assujettissement à la législation sur les accidents, cessation qui « n'a point effet vis-à-vis des ouvriers, employés ou domestiques qui ont accepté, dans les formes prévues à l'article précédent, d'être soumis à la législation sur les accidents du travail ». L'article 4 détermine les bases de la contribution de l'employeur au fonds de garantie.

Loi du 23 juillet 1907, relative à l'hygiène et à la salubrité des mines. — Cette loi, qui modifie la loi du 21 avril 1810, déjà modifiée

---

1. Dans la séance de la Chambre du 30 mai, le ministre du travail a fourni, en réponse à une question, des explications sur la mise en pratique de certaines parties de cette loi.

par celle du 17 juillet 1880, a pour but, voyons-nous dans le *Bulletin de l'Office du travail*[1], « par l'insertion du mot « hygiène », de faciliter la lutte contre l'ankylostomiase, en donnant au préfet la compétence nécessaire pour intervenir en matière d'hygiène comme il intervient déjà en matière de sécurité. Cette même loi modifie également l'article 1er de la loi du 8 juillet 1890 et donne aux délégués à la sécurité des ouvriers mineurs, en matière d'hygiène, des attributions analogues à celles qu'ils possèdent déjà en ce qui concerne les conditions de sécurité du personnel employé dans les travaux souterrains. »

Lois diverses. — Bornons-nous à citer : 1° la loi du 29 juin 1907, tendant à prévenir le mouillage des vins et les abus du sucrage, dont l'article 9 est relatif à l'intervention des syndicats dans la poursuite des fraudes et falsifications des vins; 2° la loi du 28 mars 1907 (qui ne concerne pas spécialement les ouvriers) sur les réunions publiques; 3° la loi du 13 juillet 1907, relative au libre salaire de la femme mariée et à la contribution des époux aux charges du ménage; 4° la loi du 19 décembre 1907, concernant la surveillance et le contrôle des sociétés de capitalisation.

Discussion ou dépôt de projets ou de propositions de loi. — Dans ses séances des 4 et 6 juin, la Chambre des députés a discuté et adopté une proposition de loi ayant pour objet la suppression des économats patronaux et l'interdiction aux employeurs de vendre directement ou indirectement à leurs ouvriers des denrées d'aucune sorte; l'article 1er, qui pose cette règle, a été adopté sans scrutin. Tout économat, porte l'article 2, sera supprimé dans un délai de 6 mois, délai qui sera porté à 5 ans sous les deux conditions suivantes : « 1° Que la vente des denrées et marchandises ne rapporte à l'employeur aucun bénéfice; 2° Que l'économat soit administré par un conseil d'administration composé en majorité de délégués élus par les ouvriers et employés de l'établissement. » L'article 3, adopté après de vives discussions, excepte des dispositions de la loi les économats des compagnies de chemin de fer placées sous le contrôle de l'État, à la condition qu'ils remplissent les deux conditions ci-dessus. « Toutefois le ministre des travaux publics fera, cinq ans après l'accomplissement de ces conditions, procéder, dans les formes fixées par arrêté ministériel, à une consultation du personnel sur la

1. Août 1907, p. 845.

suppression ou le maintien de l'économat de chaque compagnie. »

Le 20 juin, la Chambre a adopté un projet de loi ayant pour objet de conférer aux femmes l'éligibilité aux conseils de prud'hommes. En déposant ce projet le 23 mai, le ministre du travail avait tenu un engagement qu'il avait pris, le 15 mars 1907, pour obtenir la disjonction d'un amendement en ce sens, dont l'adoption aurait pu avoir pour conséquence l'ajournement du vote de la loi sur les conseils de prud'hommes mentionnée ci-dessus.

Les 27 juin et 2 juillet, la Chambre a discuté et adopté avec des modifications un projet de loi que lui avait renvoyé le Sénat, relatif à l'emploi des composés du plomb dans la peinture en bâtiments. Notons seulement que la Chambre a repoussé, par 362 voix contre 139, un amendement qui posait, contrairement au texte de la commission, le principe du droit à indemnité pour les fabricants atteints par la loi. C'était la seconde fois que la Chambre se prononçait en ce sens, le Sénat ayant, entre temps, adopté une disposition favorable à l'allocation d'indemnités.

Le 5 juillet, la Chambre a adopté une proposition tendant à étendre le champ d'application de la loi du 29 juin 1905, sur la journée de huit heures dans les mines. Au lieu de s'appliquer aux seuls ouvriers « employés à l'abatage dans les travaux souterrains des mines de combustibles », soit à 65,000 ouvriers environ, la législation sur la durée du travail dans les mines s'étendrait à tous les ouvriers du fond, soit un total de 127,000 ouvriers. D'autre part, la proposition modifie le régime des dérogations édicté par la loi de 1905. Enfin, à l'article 6 de la loi de 1905, qui traite des peines frappant les infractions commises, un paragraphe serait ajouté : « Toutefois la peine ne sera pas applicable si le dépassement de la durée de la journée est reconnu imputable à un cas de force majeure »; l'infraction personnelle de l'ouvrier serait considérée comme telle.

Le 17 décembre, le Sénat a adopté un projet de loi, présenté le 5 juillet précédent, qui modifie l'article 5 de la loi du 12 avril 1906, relatif à la contribution imposée aux exploitants non patentés pour l'alimentation du fonds de garantie institué par la loi du 9 avril 1898 sur les accidents du travail.

Notons enfin deux projets de loi adoptés par la Chambre le 10 juin 1907, et qu'on trouvera sous la rubrique « Protection internationale des travailleurs »[1].

1. Signalons encore le vote par la Chambre de deux projets de résolution : l'un, dont l'occasion fut une grève à Essonnes, ainsi conçu : « La Chambre

Les principaux projets de loi présentés en 1907 et qui n'ont encore
été l'objet d'aucune discussion sont les suivants : le 14 janvier, un
projet portant abrogation des articles 414 et 415 du Code pénal
(atteintes à la liberté du travail); — le 7 mai, un projet établissant
des délégués adjoints à l'inspection du travail dans l'industrie (projet qui a provoqué de vives discussions, tant du côté patronal que
du côté ouvrier); — le 31 mai, conformément à un engagement pris
par le Gouvernement et à l'ordre du jour adopté par la Chambre le
23 mars (voyez plus haut), un projet ayant pour objet de compléter
la loi du 13 juillet 1906 [1]; — le 18 novembre, un projet tendant à
permettre aux délégués mineurs institués par la loi du 9 juillet 1890
de signaler les infractions aux lois du 2 novembre 1892, 30 mars 1900
et 29 juin 1905 relevées par eux au cours de leurs visites.

Décrets. — Parmi les décrets rendus en 1907, nous ne citerons
que les deux suivants : 1° un décret du 24 juin, qui a eu pour objet
principal de modifier la composition du Conseil supérieur du travail
en ce qui concerne la représentation des associations ouvrières de
production; 2° un décret du 13 juillet, modifiant le décret du
24 août 1906 sur le contrôle de l'application de la loi sur le repos
hebdomadaire.

II. — Protection internationale des travailleurs.

Conventions relatives à la réparation des accidents du travail. — Sur
ce point il convient de compléter notre dernière Chronique en mentionnant les conventions suivantes : 1° Arrangement franco-italien,
signé le 9 juin 1906 en application d'une des dispositions de la Convention relative au travail conclue le 15 avril 1904; cet arrangement,
approuvé par une loi du 3 juin 1907, a été promulgué par un décret
du 13 juin suivant; 2° Convention franco-luxembourgeoise du
27 juin 1906, promulguée par un décret du 10 novembre 1906.

compte sur le Gouvernement pour faire toute diligence auprès du Sénat, à
l'effet d'obtenir dans le plus bref délai possible l'inscription à son ordre du
jour de la proposition de loi votée par la Chambre le 8 décembre 1898 relative
aux salaires des ouvriers et à la suppression des amendes »; — l'autre, le
8 novembre, au cours de la discussion du budget du service pénitentiaire :
« La Chambre invite M. le Président du Conseil à rechercher le moyen de
relever le niveau moral des prisonniers par un travail qui ne prive pas les
ouvriers libres de leurs moyens d'existence ».

1. La Chambre s'est occupée de l'application de cette loi au personnel des
chemins de fer dans ses séances du 14 juin et du 25 novembre 1907.

Application de la Convention internationale de Berne. — La Chambre des députés a adopté, le 10 juin 1907, deux projets de loi, l'un concernant la ratification, et l'autre la mise en vigueur d'une des Conventions signées à Berne en 1906 : celle qui est relative à l'interdiction du travail de nuit des femmes dans l'industrie. Le second de ces projets supprime quelques dérogations aux règles générales posées dans la loi du 2 novembre 1892 sur le travail des femmes et des enfants dans l'industrie. Ces modifications, qui, une fois opérées, mettraient la loi de 1892 en complète harmonie avec le texte adopté par la Conférence diplomatique de Berne, n'entreront du reste en vigueur (à supposer que le Sénat, qui en est actuellement saisi, les consacre) que trois mois après la clôture du procès-verbal de dépôt des ratifications de la convention.

III. — APPLICATION EN 1906 DES LOIS DU 2 NOVEMBRE 1892 (TRAVAIL DES ENFANTS ET DES FEMMES DANS L'INDUSTRIE) ET DU 13 JUILLET 1906 (REPOS HEBDOMADAIRE).

Le *Journal officiel* du 21 août 1907 a publié le rapport de la Commission supérieure du travail sur l'application, pendant l'année 1906, de la loi du 2 novembre 1892 et de la loi du 13 juillet 1906.

Quelques mots d'abord sur la tâche qu'a actuellement à remplir le Service de l'inspection du travail. Le nombre des établissements réglementés était en 1906 de 548,225 (contre 511,783 en 1905); sur ce nombre « 207,207 n'ont encore point reçu jusqu'à ce jour la visite qui doit fixer le Service sur leur importance, et parfois sur leur existence même ». Chaque année le Service s'efforce d'en réduire le nombre, mais, en supposant que chaque année apporte une diminution équivalente à celle qui a été opérée en 1906, « il faudrait plus de quinze années pour arriver à la suppression des établissements non encore inspectés ». Cette situation, remarque la Commission, est en grande partie imputable aux lois nouvelles qui, telles que les lois du 11 juillet 1903 et 13 juillet 1906, ont soumis un nombre considérable d'établissements nouveaux au contrôle du Service; aussi la Commission annonce-t-elle qu'elle « ne cessera de réclamer les augmentations de personnel nécessaires pour mener à bien cette tâche, tout en continuant à assurer aux visites de contrôle toute leur efficacité ».

On a vu, dans notre dernière Chronique, que la Commission supérieure du travail avait commencé à mettre en doute son opinion ancienne, que le désir des patrons de se soustraire à l'application de la loi de 1892 les avait amenés à remplacer, autant que possible, le travail en atelier par le travail à domicile; cette évolution des idées de la Commission s'est accentuée depuis l'année dernière : après avoir cité, d'après les inspecteurs, un certain nombre de faits particuliers constituant autant d'abus imputables au système des ateliers de famille, la Commission remarque que « les faits qui précèdent ne permettent point de conclure à un accroissement de l'importance des ateliers de famille. Il semblerait plutôt qu'on se trouve en présence d'un mouvement limité à quelques industries très spéciales, et que, malgré l'introduction signalée dans quelques-uns de ces ateliers de moteurs mécaniques, la tendance générale soit plutôt en faveur d'une centralisation toujours accrue des moyens de production. Aussi, malgré leurs efforts, les petits ateliers ne parviennent-ils en général qu'à vivre d'une existence fort précaire, en attendant qu'ils disparaissent définitivement. Déjà des inspecteurs signalent que le nombre de ces ateliers ne s'est point accru dans leurs circonscriptions. D'autres font part de mécomptes éprouvés et de la réduction considérable de ce mode de production. »

Même accentuation d'une note optimiste très récente en ce qui concerne les conséquences de la journée de dix heures, établie depuis le 31 mars 1904 au bénéfice des femmes et des enfants et des ouvriers adultes employés dans les mêmes locaux que ce personnel protégé. Au point de vue de l'influence qu'a pu avoir, sur la production, la réduction à dix heures du travail dans les ateliers mixtes, la Commission écrit : « En somme, les conclusions générales des inspecteurs sont que l'équilibre de la production, un instant rompu par suite des réductions successives de la durée du travail des ateliers mixtes, n'est pas loin d'être rétabli, grâce, à la fois, aux efforts de l'ouvrier et aux perfectionnements de l'outillage. » La plupart estiment cependant que le régime antérieur avait son utilité « en ce qu'il donnait alors à la durée du travail une élasticité qui lui fait défaut aujourd'hui. »

On sait qu'un autre reproche, très grave, a été fait à la loi du 30 mars 1900, qui a modifié la loi du 2 novembre 1892 : pour échapper aux limitations successives de la journée de travail édictée en ce qui concerne les ateliers mixtes, de très nombreux industriels auraient renvoyé les enfants qu'ils occupaient; ils avaient pu, dès

lors, maintenir dans les ateliers où auparavant des enfants travail-
-laient avec des ouvriers adultes une journée de travail de plus de
dix heures, mais par là la situation de ce jeune personnel était compromise, l'apprentissage mis en danger, etc. Sur ce point encore, la
Commission rétracte son opinion ancienne, et dans des termes
qu'il convient de citer textuellement; après avoir établi pour les
six dernières années la statistique des enfants protégés, la Commission remarque : « Il semble résulter de ce tableau que le chiffre
du personnel des jeunes ouvriers a été effectivement influencé par
la première application, en 1902, de la loi du 30 mars 1900, mais
que, depuis cette époque, son importance n'a point varié sensiblement.... Ces recherches semblent prouver que les renvois d'enfants n'ont point eu, dans leur ensemble, un effet aussi important
qu'on avait pu le craindre. Cependant, comme ils ne se reprodui-
saient que dans certaines industries, on comprend que leur répétition ait impressionné les inspecteurs. Nous ajoutons que ces chiffres
viennent à l'appui des constatations beaucoup moins pessimistes des
rapports de cette année que nous examinerons en détail dans un
chapitre suivant. » Ces constatations, il est inutile de les relever; il
suffit d'enregistrer l'impression qu'elles ont produite sur l'esprit
des membres de la Commission.

La Commission ne pouvait pas être aussi nette dans son appréciation des premiers résultats de la loi du 13 juillet 1906 sur le repos
hebdomadaire des ouvriers ou employés de l'industrie et du commerce. D'abord la mise en vigueur de cette loi a été tardive, incomplète, puis elle a été entourée de difficultés de tout ordre; du reste
et en tout état de cause, le jugement de la Commission n'aurait pu
porter que sur une trop courte période : cinq mois et demi.

Aussi est-elle assez embarrassée dans le choix des paroles qu'elle
doit dire, et elle se retire volontiers dans des généralités : la loi du
13 juillet, écrit-elle, attendue avec impatience par les employés du
commerce, a été accueillie par eux avec une vive satisfaction; mais,
depuis, elle a soulevé des réclamations nombreuses, « dont les unes,
sérieuses et justifiées, étaient provoquées par de regrettables inégalités de traitement entre établissements concurrents, tandis que les
autres ne visaient à rien moins qu'à faire échec à une législation dont
le tort principal était de gêner des habitudes acquises. Cependant,
malgré des critiques qui ne lui ont pas été ménagées, la loi sur le
repos hebdomadaire, grâce à la jurisprudence régulatrice du Conseil
d'État, grâce aussi à un certain nombre de tempéraments apportés

à son application, entre progressivement dans les mœurs ». Mais il faudrait, poursuit la Commission, que ces tempéraments nécessaires soient inscrits dans la législation.

Plus loin, la Commission examine, d'après les rapports des inspecteurs, les chances qu'a d'être mis en vigueur le système de la fermeture obligatoire du. dimanche, et elle déclare ces chances minimes; elle signale « combien les divergences de vues des préfets dans la délivrance de leurs arrêtés d'autorisation ont gêné, dans le début, l'application de la loi ». Surtout, elle indique et discute les multiples difficultés d'interprétation qu'a soulevées cette loi compliquée.

En réalité, il était encore trop tôt pour que la Commission pût rendre compte des résultats de la loi du 13 juillet 1906; son rapport sur l'application des lois ouvrières pendant l'année 1907 sera sans aucun doute plus instructif.

IV. — SUBVENTIONS AUX CAISSES DE CHOMAGE EN 1906.

Le 26 septembre 1907, le ministre du travail a présenté au Président de la République le second rapport annuel, afférent à l'année 1906, sur la répartition du crédit ouvert au budget de son département pour subventions aux caisses de secours contre le chômage involontaire par manque de travail [1].

Pour chacun des deux semestres de l'année 1906, le taux des subventions a été fixé, « vu le petit nombre des demandes », aux maxima prévus par les règlements. 45 caisses de chômage ont été subventionnées pour le premier semestre, mais 9 d'entre elles ne l'ont pas été pendant le second, et inversement 19 caisses ont été pour la première fois subventionnées durant cette dernière période; il ressort de là que 36 caisses seulement ont été subventionnées pendant toute l'année.

Sur ces 36 caisses, 3 caisses fédérales (les seules de cette espèce qui soient subventionnées) : celles de la Fédération française des travailleurs du livre, de la Fédération des ouvriers mécaniciens et parties similaires de France, et de la Fédération lithographique française, ont reçu « plus des trois quarts du montant total des subventions de l'année », et les 5 caisses comptant plus de 1,000 adhérents (les 3 caisses fédérales ci-dessus, la caisse de la Chambre syndicale

1. *Bulletin de l'Office du travail*, octobre 1907, p. 1038 et suiv.

des ouvriers en instruments de précision du département de la Seine et la caisse de la Chambre syndicale des employés de Paris, soit un total de 28,394 adhérents) ont reçu « les cinq sixièmes du montant total des subventions ». Le dernier sixième ayant été réparti entre les 59 caisses qui, indépendamment des 5 caisses dont il vient d'être question, ont été subventionnées pour l'un ou l'autre semestre, il n'y a pas lieu d'en parler.

Voici, dans ce qu'elle a de plus saillant, la conclusion que donne à son rapport le Ministre du travail : « Ces résultats sont encore modestes. Sur un crédit de 110,000 francs, 42,495, soit moins de la moitié, ont été répartis. Il y a cependant progrès assez sensible sur l'année 1905 [1]. Le nombre des caisses subventionnées a passé de 47 à 64, dont 3 caisses fédérales au lieu de 2 l'année précédente. Étant donné l'effort réel qu'exigent, de la part des travailleurs, la création et le fonctionnement régulier d'une caisse de chômage, il ne faut pas s'attendre à un développement beaucoup plus rapide de ces institutions si utiles... On doit cependant compter sur une nouvelle extension, en 1907, du service des subventions. D'une part, 19 caisses ont pour la première fois participé aux subventions afférentes au second semestre de 1906, et d'autre part un certain nombre de caisses ont été fondées au cours du même semestre [2]. »

V. — SESSION DU CONSEIL SUPÉRIEUR DU TRAVAIL.

Au cours de sa session de novembre 1906, le Conseil supérieur du travail n'avait pas eu le temps d'examiner le rapport présenté par sa Commission permanente sur l'affichage des lois ouvrières; c'est par la discussion de ce rapport qu'il a commencé sa session de novembre

1. Les espérances que ces lignes font concevoir ne se sont pas réalisées, du moins pendant le premier semestre de l'année 1907. 50 caisses ont été subventionnées au lieu de 55 caisses pour le second semestre de l'année 1906. D'autre part, pour le premier semestre de 1907, les subventions allouées n'ont atteint que la somme de 14,031 francs (contre 24,913 pour le semestre précédent); des cinq semestres compris entre le 1er janvier 1905 et le 30 juin 1907, c'est le chiffre le plus bas, sauf un (le premier semestre de 1905, 13,482 francs) (*Bulletin de l'Office du travail*, janvier 1908, p. 25).

2. Il ne faut pas oublier qu'un décret du 31 décembre 1906 (mentionné dans notre Chronique de l'année dernière) a augmenté d'une façon notable les facilités jusque-là données aux caisses de chômage pour leur participation au fonds de subvention, et que les dispositions de ce décret ont été appliquées pour la répartition des subventions afférentes aux indemnités versées par les caisses dès le premier semestre de 1906 (*Bulletin de l'Office du travail*, février 1907, p. 133).

1907. Dans la résolution adoptée se trouvait un paragraphe ainsi conçu : « Pour remplacer l'affichage du texte *in extenso* et pour permettre aux chefs d'établissement et aux personnes protégées par les lois visées de connaître leurs droits et obligations, l'État éditera ou fera éditer une brochure contenant le texte *in extenso* des lois et décrets dont l'affichage est prescrit.... » La question de la marque syndicale à apposer sur cette brochure a provoqué de vives discussions, qui se sont terminées par l'adoption du vœu suivant : « La brochure ne pourra être imprimée que par des maisons ayant le droit d'apposer la marque syndicale de la Fédération du livre sur leurs travaux ».

Puis le Conseil a émis un certain nombre de vœux relatifs à la protection du salaire en cas de faillite ou de déconfiture. D'autre part, il a invité le Gouvernement à rechercher les moyens de faire représenter l'agriculture au Conseil supérieur du travail. Surtout il a examiné la question de la capacité commerciale des syndicats professionnels.

Proposée en 1899 dans un projet de loi émanant du cabinet Waldeck-Rousseau, puis reprise à titre personnel par un de ses anciens membres, M. Millerand, en 1902 et en 1906, « rapportée » ainsi que d'autres propositions de modifications à la loi du 21 mars 1884, par M. Barthou à la fin de 1903, l'attribution aux syndicats professionnels de la capacité de faire des opérations industrielles et commerciales a été l'objet d'une longue discussion devant le Conseil supérieur. Elle n'avait pas été étudiée d'une façon complète par sa Commission permanente : en effet, les membres patrons ayant refusé d'aborder la discussion si elle ne portait pas sur l'ensemble de la loi de 1884 (comme, par exemple, le rapport de M. Barthou), deux rapporteurs ouvriers, MM. Keufer et Coupat, furent désignés pour rédiger conjointement une note dans laquelle ils se bornèrent à présenter le point de vue ouvrier en cette matière, laissant aux membres patrons la liberté de présenter leurs propres observations au Conseil supérieur.

Il convient de rappeler, avant tout, le sens des dispositions proposées par M. Millerand (et auxquelles s'est, en somme, rallié M. Barthou) relativement à la capacité commerciale des syndicats. Les syndicats, y voit-on, pourront faire des actes de commerce en se conformant aux dispositions ci-après : « Les syndicats de plus de sept membres qui, dans le but d'exploiter une entreprise commerciale, formeront une société à responsabilité limitée, régie par les lois du

24 juillet 1867 et du 1er août 1893, bénéficieront des exceptions suivantes aux dispositions des dites lois » : le syndicat pourra être propriétaire de la totalité des actions ; « dans ce cas, les syndiqués auront le droit d'être administrateurs sans être individuellement porteurs de parts ou actionnaires » ; le capital pourra être divisé en actions ou coupures d'actions de 25 francs, etc.

Contre ces dispositions les deux rapporteurs ont présenté, en raccourci, les objections qu'antérieurement une très forte majorité des syndicats ouvriers avaient déjà formulées. Le syndicat ouvrier, déclarent-ils, a bien autre chose à faire que de s'occuper du commerce ; qu'il accomplisse d'abord la tâche immense que lui a assignée la loi du 21 mars 1884 : la défense, non seulement des intérêts directs de ses membres, mais aussi des intérêts généraux de la corporation, sans parler de ceux du prolétariat tout entier. Au lieu de bénéficier à tous le syndicat commerçant ne profiterait qu'à quelques-uns ; ses membres les plus actifs et la plus grosse partie de ses ressources seraient employés à des opérations souvent hasardeuses qui le détourneraient de son but essentiel ; son existence même pourrait être compromise ; en tout état de cause il deviendrait l'instrument d' « un misérable mercantilisme ». D'ailleurs il y aurait, au sein des organisations syndicales, « dualisme entre les partisans de l'action syndicale pure, exclusive, et les partisans de l'action commerciale, industrielle » : de là des discussions, des ruptures et un véritable émiettement des forces ouvrières. Sans doute la loi projetée n'oblige pas les syndicats à faire du commerce ; elle se borne à leur donner une liberté nouvelle en leur fournissant des facilités pour en faire usage ; mais ce serait là une liberté dangereuse. Cette liberté, est-elle seulement utile ? « Si des travailleurs résolus et capables veulent entreprendre des opérations commerciales ou industrielles, rien ne les empêche d'organiser des sociétés coopératives de production. Les lois du 24 juillet 1867 et du 1er août 1893 leur en donnent la facilité, et l'État favorise par des subventions le développement des associations ouvrières. Une nouvelle expérience se produit dans ce sens.... Cette expérience doit se faire, non pas dans le syndicat, mais à côté, en dehors ou parallèlement. La confusion serait néfaste aux deux institutions, et principalement aux syndicats, dont le rôle est primordial : il vise l'ensemble des intérêts économiques du prolétariat. »

Quelle a été, durant la session du Conseil supérieur, l'attitude des membres patrons sur cette question, nous ne le savons pas au juste; mais, de nombreux articles publiés antérieurement dans des organes patronaux, on peut inférer que leur opposition à la « commercialisation des syndicats » a été non moins vive que celle des membres ouvriers, et que, notamment, ils se sont appliqués à mettre en évidence les graves inconvénients que comporterait l'abandon, au profit des syndicats professionnels, patronaux ou ouvriers, des dispositions tutélaires édictées par les lois de 1867 et 1893 pour la constitution des sociétés commerciales.

Quoi qu'il en soit, le Conseil supérieur a adopté la résolution suivante, dont la première partie a recueilli 37 voix contre 6, et la seconde 38 voix contre 0 : « Le Conseil supérieur du travail — constate que les travailleurs ont l'entière liberté de faire des entreprises commerciales et industrielles en vertu des lois de 1867 et de 1893; — exprime l'avis que soit porté à l'ordre du jour de la Commission permanente l'examen des diverses opérations auxquelles pourraient se livrer les syndicats professionnels, telles qu'achat et répartition entre leurs adhérents des matières accessoires et outils nécessaires à l'exercice de la profession, publications professionnelles, création de cours professionnels, ateliers d'apprentissage, etc. »

OCTAVE FESTY.

ANALYSES ET COMPTES RENDUS

Albert Vandal, de l'Académie française. — *L'Avènement de Bonaparte.* — *II. La République consulaire, 1800.* — Paris, Plon, éd., 1 vol. in-8.

« Bonaparte c'est la paix... » avait crié le peuple le 19 brumaire et il avait imposé ainsi un programme impérieux à l'ambition du nouveau Consul. Celui-ci ne se sentait et n'était réellement pas le maître de la France au lendemain du coup d'État et il ne le fut pas encore après avoir promulgué une constitution façonnée à sa guise et amoncelant tous les pouvoirs dans ses mains. Pour désarmer les factions, briser les résistances, cesser d'être la créature d'un groupe de politiciens, il fallait devenir l'élu de la majorité du peuple, en apportant à ce peuple le seul don de joyeux avènement qui le pût complètement séduire, c'est à savoir la paix. Mais la paix entière, complète et dans tous les domaines, avec l'étranger comme entre les citoyens; la paix révolutionnaire, en outre, c'est-à-dire imposant à l'étranger la reconnaissance des frontières naturelles et consolidant définitivement à l'intérieur ces libertés civiles pour lesquelles le tiers avait naguère déchaîné les États généraux. Il fallait dès lors une réorganisation du gouvernement entier, afin de mettre un terme aux désordres innombrables et aux abus scandaleux; puis, la fin des persécutions religieuses et la refonte du régime des cultes, possibles, l'une et l'autre, seulement après un accord avec la cour de Rome; enfin, des négociations aussi avec l'Angleterre et l'Autriche, mais négociations qui nécessiteraient des victoires préalables, pour qu'on s'y trouve en mesure de dicter les conditions. Rien de cela ne pouvait se faire brusquement, par quelques coups de force ou quelques inspirations de génie; tout exigeait des efforts soutenus, des travaux opiniâtres, en un mot, beaucoup de temps. Aussi de longs mois devaient-ils s'écouler avant que les lois organiques de l'intérieur pussent être complétées par les traités du Concordat, de Lunéville et d'Amiens. Ceux-ci rétablissaient enfin la fameuse « paix générale, » mais pour la forme seulement. En dépit des accords officiels la reprise de la lutte contre l'Angleterre devenait déjà chaque jour moins douteuse, si bien que le premier et le plus important article du programme de brumaire restait définitivement inexécuté. En pure logique, Bonaparte n'aurait donc jamais dû parvenir à terminer la conquête de la France. Mais la logique n'est pas seule à diriger le monde et sur l'esprit des hommes l'espérance a plus d'action que les réalités. Quand le premier Consul commença de réaliser ce qu'on attendait de lui, quand, par exemple, l'ordre reparut dans les finances, et que les chouans déposèrent les armes, puis quand, par surcroît, des bulletins de victoire arrivèrent d'Italie, le peuple ne voulut plus attendre ni douter et, escomptant joyeusement un avenir illusoire, se donna tout entier. Alors s'accomplit l'avènement véritable du futur Empereur et c'est pourquoi M. Albert Vandal, qui s'est proposé de nous expliquer les causes et les circonstances de cet avènement, a pu clore au lendemain de Marengo le deuxième et dernier volume de son magistral ouvrage.

Le premier s'était arrêté au lendemain de la constitution consulaire. Dans la description qu'il nous fait aujourd'hui des mesures prises par Bonaparte pour satisfaire aux besoins de la France et s'assurer ainsi la possession du pays, M. Vandal s'est systématiquement borné aux affaires qu'il jugeait surtout caractéristiques. Les négociations avec l'étranger étant demeurées accessoires durant ces premiers mois du Consulat, il les a résolument passées sous silence de même qu'il n'accorde que de brèves mentions aux préparatifs ou aux opérations militaires. Ces sacrifices sévères ne vont point parfois sans causer quelques regrets aux lecteurs, mais ils lui valent, par contre, une compensation : grâce à eux, en effet, autant que grâce à son objet même, le présent volume montre le talent de son auteur sous un aspect nouveau. Dans la plupart de ceux qu'avait déjà publiés M. Vandal, les questions diplomatiques tenaient une place importante et dans tous, si ma mémoire ne me trompe, le récit dominait ; récit parfois dramatique, parfois pittoresque, mais toujours étonnamment vivant et vibrant, récit merveilleusement composé, en outre, où les éléments les plus complexes se coordonnaient logiquement, si bien que le lecteur se laissait emporter sans réserves, et croyait assister par lui-même soit aux péripéties qui marquèrent l'amitié d'Alexandre et de Napoléon, soit aux intrigues qui préparèrent la ruine du Directoire et au coup de force qui précipita sa chute. Le Directoire tombé, il y aurait eu faute à conserver exactement le même ton. Rejeter tout pittoresque, supprimer toute description aurait compromis l'unité de l'ensemble : M. Vandal s'en est donc gardé, témoin, par exemple, certaine parade du quintidi, papillotante comme une aquarelle, telle description de Paris, admirablement colorée et grouillante, la mise en scène si brève et pourtant si frappante de l'entrevue entre le Consul et les émissaires royalistes. Mais les besognes administratives qui primaient désormais s'accomplissent à l'ordinaire sans solennité. Au contraire d'une négociation bien filée dont le développement se laisse suivre de l'origine à la conclusion, elles sont préparées dans le va-et-vient journalier des bureaux, ébauchées dans de vulgaires notes de service, décidées au cours de conversations dont il n'est pas tenu de protocole. Et dans ces conversations quotidiennes, chef d'État, ministres ou hauts fonctionnaires abordent sans désemparer les objets les plus divers. Il leur faut passer brusquement de la marine aux finances, de l'agriculture à la justice. Des affaires très différentes se trouvent ainsi constamment juxtaposées qui ne réagissent aucunement les unes sur les autres et les menues brouilles du « courant » absorbent souvent plus que les mesures essentielles. Impossible dès lors de démêler toute la genèse de celles-ci ni de narrer leur élaboration ; impossible surtout de mentionner dans l'ordre où elles sont intervenues les petites solutions journalières et enchevêtrées. Il faut respecter, bien entendu, l'ordre chronologique, sans lequel il n'est point d'histoire, mais ne faire intervenir les différents ordres de questions qu'aux dates où se trouvèrent prises les décisions essentielles et grouper autour de celles-ci tout l'accessoire. Plus qu'en aucun autre cas, il faut éliminer, condenser, masser les détails, en un mot abstraire souvent au lieu de décrire et dresser des bilans au lieu de raconter.

En nous montrant successivement ainsi l'attitude de Bonaparte à l'égard des royalistes, sa conduite vis-à-vis des députés, la promulgation des premières lois organiques et la refonte de l'administration départementale, comme les mesures concernant les cultes et le clergé, si M. Albert Vandal a quelque peu modifié et renouvelé sa manière, il a pris soin toutefois de ne rien sacrifier de certaines de ses qualités dominantes et dont il convient de parler d'autant plus que lui-même semble presque mettre de la coquetterie à ne les point vouloir étaler. Les références sont relativement peu nombreuses dans l'*Avènement de Bonaparte* : à peine deux ou trois par page; mais bon nombre renvoient à des articles de journaux ou à des dossiers administratifs. Or, quiconque a travaillé sur des documents de ce genre a dû apprendre à ses dépens combien il fallait tourner de feuillets et dépouiller de liasses, entasser de notes qui resteront inutiles et sacrifier de journées avant de trouver la pièce typique et d'en extraire la substance, parfois, d'une seule phrase. La clarté et le brillant de l'exposé ne peuvent point ne pas frapper chez M. Vandal, mais ce brillant même et cette clarté si élégante empêchent d'apercevoir autrement qu'à la réflexion le labeur formidable que s'est imposé l'historien pour arriver à un exposé si minutieusement consciencieux, et par là même si impartial. Car l'impartialité, en histoire, suppose presque autant de constance et de patience que de bonne foi et de justesse d'esprit. Elle implique, en effet, de ne point arrêter ses recherches quand les événements paraissent éclaircis et semblent se grouper en un système harmonieux. Il faut chercher sans trêve et s'assurer que rien ne vient ébranler tout à fait les conclusions tirées. Ce n'est pas tout. Les témoignages se contredisant presque toujours sur quelque point, il faut avoir aussi le scrupule, parfois bien difficile, de laisser le lecteur juge suprême, c'est-à-dire de séparer ses vues personnelles des faits contre lesquels rien ne prévaut, des faits parmi lesquels on ne doit choisir que pour n'omettre aucun de ceux qui vont à l'encontre de vos conclusions. M. Vandal n'y manque point. Il admire profondément Bonaparte et l'œuvre par lui réalisée durant les premiers mois de son gouvernement. N'empêche que son ouvrage donne satisfaction entière même à ceux qui déplorent l'œuvre consulaire tout en admirant le génie du Consul et qu'il causera peut-être quelques déceptions aux enthousiastes fanatiques comme aux personnes qui s'obstinent à croire, en politique, à l'entière efficacité des sauveurs. Nous voyons, en effet, le génie le plus prodigieux qu'on connaisse, investi de pouvoirs presque illimités, contraint de louvoyer sans cesse. Sa raison supérieure lui montre l'odieux des prétentions acobines comme la puérilité des revendications royalistes. Mais pour pacifier et dominer, il lui faut arriver à se concilier les masses royalistes sans rompre avec ses amis jacobins. Il donnera donc des gages à gauche comme à droite, ne s'avancera que prudemment, tolérera bien des écarts de ses agents, promettra sans oser toujours tenir immédiatement, et se trompera parfois, car malgré ce séjour dans la Cisalpine, où, comme l'a si bien montré M. Albert Sorel, il a fait son apprentissage du gouvernement, bien des choses lui demeurent encore étrangères qu'il doit apprendre au jour le jour, au fur et à mesure qu'il se trouve contraint d'en décider. Il n'est plus, en un mot, le magicien, si cher à certaines imaginations débridées, qui d'un coup de baguette reconstituait la France ; il fut un homme incomparable, mais un homme réalisant une tâche humaine avec des moyens humains. Ainsi présentés par M. Albert Vandal, les premiers mois du Consulat deviennent sans doute moins miraculeux, mais ils me semblent pour ma part plus captivants. Je les crois plus directement instructifs aussi. Le premier volume de l'*Avènement de Bonaparte* avait mis en pleine lumière cette vérité, si souvent méconnue, que ni coups d'État ni révolutions ne transforment brusquement un pays ; le second volume, qui complète admirablement son aîné et s'harmonise parfaitement avec lui, nous montre maintenant qu'on ne pacifie point une nation avec un seul parti, mais en tenant compte de toutes les opinions comme de toutes les classes sociales, et si nous ajoutons ce que nous savons de l'histoire extérieure du Consulat aux révélations de M. Vandal sur le début de son histoire intérieure, nous constatons, en outre, qu'une tâche politique donnée demeure un idéal que nul ne saurait réaliser intégralement, en même temps qu'une œuvre de très longue haleine puisque Bonaparte lui-même ne put accomplir la sienne ni brusquement, ni complètement.

C. S.

Paul Matter, substitut au Tribunal de la Seine. — *Bismarck et son temps*, t. III : *Triomphe, splendeur et déclin (1870-1898)*. F. Alcan, 1 vol. in.8, 658 p.

M. Matter vient de donner le troisième et dernier volume de sa longue étude sur Bismarck, commencée il y a bientôt dix ans. Les deux premiers avaient été accueillis avec faveur; ils font aujourd'hui autorité. Dans ces volumes, nous avons vu Bismarck se former et se développer, prendre conscience de soi-même, de sa force, du but ultime qu'il donnera à sa volonté. Déjà même, nous l'avons vu, dans ses luttes contre le Danemark, puis contre l'Autriche, engager cette longue campagne qui, « par le feu et par le sang », aboutira à la formation de l'unité allemande, sous l'hégémonie de la Prusse. Ce dernier volume nous le montre achevant la réalisation de son dessein, puis s'efforçant de compléter son œuvre et de l'assurer contre les incertitudes et les imprévus de l'avenir.

L'ouvrage s'ouvre sur cet épisode tragi-comique : la candidature Hohenzollern, d'où devait sortir la guerre franco-allemande. Ayant chassé leur reine, les Espagnols s'étaient mis à la recherche d'un roi. Ils s'adressent au prince Léopold de Hohenzollern. Celui-ci était peu ambitieux; les révolutions si fréquentes en Espagne lui faisaient prévoir de nombreuses difficultés. Il eût refusé cette offre peu tentante, mais un homme entendait qu'il l'acceptât, parce qu'il voyait dans cette candidature l'incident attendu qui, vraisemblablement, provoquerait la France à quelque démarche imprudente et amènerait la guerre qu'il croyait inévitable « entre l'empire français à son déclin et la nouvelle Allemagne en formation ». Bismarck faillit cependant voir échapper l'incident sur lequel il comptait. Mais il voulait la guerre, et sa volonté, aidée, malheureusement, par la légèreté de quelques Français, sut violenter les événements pour la rendre inévitable. Le « truquage » de la dépêche d'Ems fut le dernier moyen. « Les destinées des peuples sont régies par des lois obscures et mystérieuses, auxquelles les hommes résistent en vain. Rares et brèves sont les heures où la volonté d'un seul peut agir sur l'avenir d'une nation; l'instant enfui ne revient point. Le 13 juillet 1870, d'une main ferme et brutale, Bismarck empoigna l'occasion de la fortune. » C'était la troisième guerre volontairement réalisée par le Chancelier de fer. Ce devait être la dernière, mais ce fut la plus sanglante, et celle-ci, à la différence des autres, laissait après elle une amertume profonde. Dans l'enivrement de la victoire, Bismarck avait laissé commettre « une grande injustice et une grande faute », et ouvert une de ces questions qui creusent entre les peuples un fossé infranchissable.

Le chapitre sur « la renaissance de l'Empire allemand » est particulièrement intéressant. M. M. a fort habilement dégagé et exposé la suite des négociations qui, commencées au lendemain des premières victoires, aboutirent à la cérémonie du 18 janvier 1871, où Guillaume, roi de Prusse, fut proclamé empereur d'Allemagne, dans ce château de Versailles que Louis XIV avait élevé à sa propre gloire.

Nous ne suivrons pas l'auteur dans le cours de son récit. Un livre de ce genre ne s'analyse pas. Il appelle et mérite une lecture sérieuse et profonde. Sobrement écrit, habilement et simplement composé, sans artifice, il inspire une confiance absolue par le ton ; la documentation précise de M. M., comme sa sincérité et ses efforts pour juger avec impartialité un des plus redoutables adversaires qu'ait rencontrés la France s'imposent vite au lecteur. Ce dernier volume est digne de ceux qui l'avaient précédé ; il semble même que l'auteur se soit haussée davantage : il est vraiment de plainpied avec le difficile sujet qu'il avait osé aborder, et qu'il a su mener à bonne fin. Il a suivi son héros du berceau à la tombe, et l'impression que nous laisse cette longue vie, si habilement et si volontairement menée, au milieu des obstacles multiples qui se dressent devant l'accomplissement de tous les plans des humains, est bien celle que résume l'auteur à la conclusion de son œuvre : Bismarck « fut un grand homme au service d'un grand mouvement. Et qu'on le compare à Richelieu ou à Frédéric, à Napoléon ou à Cavour, il égale les plus grands parmi les fondateurs d'Empire ».

A. VIALLATE.

Jacques Régnier. — *Les Préfets du Consulat et de l'Empire.* Édition de la *Nouvelle Revue.*

Un des mérites le plus généralement reconnu à Bonaparte fut d'avoir su discerner les hommes capables et de les avoir placés au poste qui leur convenait. Dans la réorganisation administrative qui fut l'œuvre dominante de son Consulat, le choix des hommes devait influer singulièrement sur son succès ou son échec ; les représentants du Directoire avaient contribué pour une large part à la déconsidération du régime ; il fallait faire partout place nette.

Les candidats ne manquaient certes pas pour les fonctions nouvellement créées : la Révolution dans ses Assemblées successives avait éveillé assez d'appétits qu'elle n'avait pu nourrir, éclairé parfois des talents qu'elle n'avait pu utiliser. M. R. dans sa concise et élégante étude, a raconté avec une suffisante impartialité, l'origine et la carrière de ces hommes qui allaient participer à l'organisation du gouvernement, à sa stabilité, plus tard à son affaiblissement et à sa chute.

Ces anciens orateurs de la Révolution manquaient presque tous, au début, de l'esprit de soumission que Bonaparte exigeait tout autour de lui ; les préfets n'étaient pas nommés pour répandre dans leurs départements leurs propres opinions et administrer selon leurs principes personnels ; il fallut quelques circulaires et quelques mois pour obtenir des nouveaux fonctionnaires cette indispensable soumission. L'obéissance pouvait paraître d'autant plus dure à ces hommes qui n'en avaient pas l'habitude, que peu à peu Bonaparte leur dictait une conduite toute opposée à celle qu'ils avaient affichée pour leur propre compte depuis dix ans ; aux anciens montagnards, aux constituants de 1789, il pouvait paraître dur de célébrer, au lendemain du Concordat, la gloire de la religion restaurée, ou les avantages d'un gouvernement fort et centralisateur.

A côté des représentants de la Révolution Bonaparte dès 1800 choisit pour les préfectures, des hommes nouveaux dans la politique, des juristes, voire même des généraux. Il voulait surtout faire du Conseil d'Etat une pépinière pour ces fonctionnaires administratifs, qui recevaient ainsi une éducation appropriée, les sous-préfectures furent très vite occupées par de jeunes auditeurs ayant à peine un an de stage au Conseil. A ces divers éléments, l'empereur ajouta des représentants de la noblesse ralliée à son gouvernement; ceux-ci, quoique peu au fait de la France nouvelle, surent par leur habilité suppléer à leur insuffisance, et jusqu'aux jours des défections, Napoléon n'eut pas à regretter de leur avoir confié des postes importants.

M. R. n'a pas étudié l'organisation des préfectures, leur vie, leur utilité; à côté de sa monographie, l'étude de cette organisation administrative déjà ébauchée dans des ouvrages généraux reste un travail utile à faire.

Ici l'auteur s'est surtout attaché aux hommes; il a montré avec quelle facilité ces fonctionnaires de Bonaparte abandonnèrent quelques-uns de leurs principes pour lui obéir, et profitèrent de la tempête de 1815 pour prêter à d'autres, avec empressement, leur serment de dévouement. En ce sens cet étude n'est pas dénuée d'une philosophie un peu décourageante et stoïcienne : le politique se drape dans sa servitude comme d'autres dans leur intransigeance; en servant les gouvernements qui se succèdent, on sert toujours la France; on doit le faire avec un zèle égal, en faisant une courageuse abstraction de ses sentiments personnels; la paix publique est à ce prix : c'est grâce à la souplesse des préfets de l'empire que les Bourbons ont pu rentrer en France sans avoir à faire une révolution administrative toujours dangereuse; que Napoléon a pu tenter une dernière fois la fortune, et que Louis XVIII doit d'être remonté sur son trône!

M. R. suit avec commisération, dans l'exil, les préfets régicides, les Thibeaudeau, les Luissette, les Carnot, les Desportes, les Letournées de la Manche; il note aussi les honneurs réservés aux Pasquier, Barante, Molé, Beugnot. Il signale enfin le préfet modèle, M. de Jessaint, qui représenta à la tête du département de la Marne, sans interruption, le Consulat, l'Empire, la première Restauration, les Cent Jours, la seconde Restauration et la Monarchie de Juillet de 1800 à 1838. « Je regrette, disait Napoléon à Sainte-Hélène, de n'avoir pas fait davantage pour M. de Jessaint; mais aussi, il ne me demandait jamais rien. »

Cet ouvrage est une contribution nouvelle et intéressante aux études documentaires de l'épopée impériale

PIERRE RAIN.

Eugène d'Eichthal, de l'Institut. — *La liberté individuelle du travail et les menaces du législateur.* F. Alcan, 1 vol. in-18, 204 p.

L'interventionnisme dans le domaine de la législation individuelle ou ouvrière, suivant le terme que l'on préférera, gagne chaque jour du terrain. Sans doute, des modifications considérables amenées par le développement de la grande industrie, par la concentration puissante qui se manifeste dans certaines de ses branches, motivent sur beaucoup de points l'action du législateur : des situations nouvelles, des conditions inconnues autrefois ont été créées, qui nécessitent dans nombre de cas des prescriptions et des sanctions légales. Mais le mouvement à la tête duquel s'est mise une minorité, faible jusqu'ici, mais audacieuse et agissante, et auquel cède la masse, déborde singulièrement ces limites. Les chefs de ce mouvement prétendent hâter le cours des choses et veulent briser au moyen de mesures législatives les obstacles qui entravent la réalisation de pratiques qu'ils jugent nécessaires ou seulement désirables. Ils veulent faire de la loi un instrument d'éducation, et ils prétendent se servir d'elle pour précipiter dans la voie qu'ils jugent la meilleure l'évolution sociale. M. d'E. étudie et critique, dans ce nouvel ouvrage, quelques-uns des projets de loi récents dont l'effet serait d'apporter des limitations nouvelles à la liberté du travail. Sa première étude est consacrée à la proposition d'abrogation des articles 414-415 du Code pénal, faite par M. Barthou, et transformée en projet de loi par M. Viviani, le ministre actuel du travail. Dans une critique serrée, M. d'E. montre l'importance de l'article 414 pour la protection efficace de la liberté du travail ; il se prononce pour son maintien dans le code, tout en y apportant quelques modifications, pour satisfaire les observations justifiées qu'a suscitées sa rédaction actuelle. La seconde étude a pour sujet le projet de loi déposé par M. Millerand, alors qu'il était ministre du commerce, sur « le règlement amiable des différends relatifs aux conditions du travail », et plus connu sous le nom de projet sur la grève et l'arbitrage obligatoires. L'auteur étudie ensuite les mesures relatives aux conventions collectives, contenues dans le projet de loi sur le Contrat de travail. Il termine par une analyse du projet de loi déposé il y a un an à la Chambre par M. Vaillant et 51 de ses collègues socialistes, sur la journée de travail des adultes : pas de travail avant seize ans, quatre heures de seize à vingt ans, huit heures pendant cinq jours et demi par semaine à partir de vingt ans, le salaire payé nonobstant pour sept jours, et fixé par tarif syndical là où existent des syndicats, par entente entre la Confédération du travail et les patrons là où il n'y a pas d'organisation syndicale. — « Nous voilà bien loin de la liberté du travail proclamée par nos pères le plus imprescriptible des droits ».

A. V.

Victor Marcé, conseiller référendaire à la Cour des Comptes, maître de Conférences à l'École des Sciences politiques. — *Traité de la Comptabilité publique* (Décret du 31 mai 1862 mis à jour et annoté). Dalloz, éd., 1 vol. gr. in-8.

Le décret du 31 mai 1862 constitue le code, modifié sur beaucoup de points, de notre comptabilité publique; MM. Lompallez et Renoux ont publié en 1887 le texte de ce décret avec addition des articles modifiés, mais, pour employer l'expression courante, « le Lompallez », qui a fait fortune en son temps, est aujourd'hui épuisé et presque introuvable, et il n'est pas à jour depuis longtemps.

M. Marcé a cru répondre à un besoin pour beaucoup de juges financiers, d'administrateurs et de comptables, et ajouterons-nous, d'élèves de l'École, en publiant un nouveau décret du 31 mai 1862, mis à jour et annoté. Cette publication est conçue sur un plan très différent de celui du « Lompallez ».

L'auteur ne s'est pas contenté de rechercher les textes modificatifs du décret du 31 mai 1862 et d'en donner la teneur. Il n'a pas fait seulement œuvre de compilation, compilation utile et délicate entre toutes d'ailleurs, il a fait œuvre juridique et scientifique en commentant les articles du décret et en les commentant surtout avec les décisions des tribunaux administratifs ou civils supérieurs : Cour des Comptes, Conseil d'État, Cour de Cassation. C'est proprement le contentieux de la comptabilité publique que M. Marcé a dégagé de la jurisprudence de ces tribunaux, sans s'attarder aux décisions des Conseils de préfecture.

Tout en se tenant sur les sommets, l'auteur a dû descendre souvent dans le détail, pour être complet : le sujet le comportait et aussi la méthode du Dalloz dans lequel ce travail a été publié d'abord. C'est dire que cet ouvrage qui peut rendre de grands services aux candidats à la Cour des Comptes et à l'inspection des finances ne saurait suppléer aux cours et conférences de l'École, qui seuls peuvent donner à ces candidats les principes de doctrine forcément épars dans ce gros traité pratique de la comptabilité publique.

Nous leur signalons cependant dans cet ordre d'idées la Préface et l'Introduction à l'étude de la comptabilité publique. La préface expose les principes généraux de la procédure très peu connue de la Cour des Comptes, procédure d'où est sortie la jurisprudence dont il est fait état dans le corps de l'ouvrage. Dans l'introduction, l'auteur définit la comptabilité publique et détermine sa place dans le domaine de la science financière et du droit public. Puis il montre l'évolution de la comptabilité publique en France aboutissant à la formule moderne en harmonie avec le régime parlementaire. Après cet exposé historique, M. Marcé sort de nos frontières pour présenter un exposé sommaire de la comptabilité publique, en Angleterre et en Italie, et pour donner des notions générales sur la Cour des Comptes et les institutions analogues à l'étranger.

Une table analytique ou résumé général du décret du 31 mai 1862 est complétée par une table alphabétique des matières.

La Préface annonce un supplément général qui contiendra les principales décisions de jurisprudence et les textes de comptabilité publique postérieurs à 1905, date de l'impression de l'ouvrage, dans le *Recueil des Codes administratifs* annotés de MM. Dalloz.

Victor Marcé. — *L'Impôt sur le Revenu en Autriche.* 1 broch. in-8, Paris, F. Alcan, éditeur.

Cette publication n'est qu'une partie d'une étude générale de l'impôt sur le revenu à l'étranger entreprise par la Société de Législation comparée.

Le système autrichien n'avait pas encore été étudié. La cause en est sans doute dans la complication des lois et ordonnances sur les impôts personnels directs en Autriche.

M. Marcé a débrouillé l'écheveau. Il expose le mécanisme de ces impôts en s'attachant surtout à la *Personaleinkommensteuer*, l'impôt personnel global et progressif sur le revenu, qui se superpose : 1° aux autres impôts personnels cédulaires : impôts sur l'industrie, impôt sur les rentes ou intérêts, impôt sur les traitements au-dessus de 3 200 florins; 2° aux impôts réels : impôt foncier, impôt sur la propriété bâtie.

Au surplus, l'auteur ne s'est pas contenté d'exposer, en la clarifiant, la législation autrichienne.

Il a recherché comment elle était appliquée. Il a mis en lumière les causes d'équilibre du système, le taux relativement modéré de la progression, l'impôt sur les successions étant d'ailleurs proportionnel, — le produit peu élevé de la *Personaleinkommensteuer*. Il a montré comment les contribuables participent eux-mêmes à l'assiette de l'impôt, avec une influence proportionnelle à leur cote, comment en Autriche cette assiette a été améliorée par l'augmentation du nombre des contribuables et la diminution de celui des exemptés, comment le fisc est arrivé à augmenter le produit de l'impôt en diminuant le montant des déductions sur le revenu brut faites pour calculer le revenu net. En Autriche, aussi bien, le contribuable est habitué depuis un siècle à la déclaration de son revenu ; il a pris cette habitude à une époque où l'aristocratie et la grande propriété avaient une situation politique prépondérante.

Dans ce pays monarchique, il y a des freins constitutionnels puissants : le système électoral par classes, la chambre des seigneurs ; avec cette constitution, le capitaliste ne craint pas l'augmentation indéfinie des tarifs et les excès fiscaux.

C'est le parti conservateur qui a fait l'impôt personnel global et progressif.

L'auteur, après avoir mis en lumière les causes d'équilibre du système, n'en cache pas les points faibles et parmi ceux-ci il faut ranger l'inégalité de l'assiette par suite de la fraude, qui sévit en Autriche où la *Stener moral*, la morale fiscale, laisse beaucoup à désirer.

Ce travail est une contribution impartiale à l'étude de l'impôt sur le revenu à l'étranger.

Pour avoir un caractère purement scientifique, et ne concerner que l'Autriche, il a cependant un intérêt spécial d'actualité en France.

J. S.

Edgard Allix, professeur à la Faculté de droit de l'Université de Caen. — *Traité élémentaire de science des finances et de législation financière française*. A. Rousseau, 1 vol. in-8, 622 p.

M. A. a tenu dans une courte préface à exposer le but qu'il a poursuivi en écrivant cet ouvrage. Ceci n'est, dit-il, qu'un manuel où il a « cherché à présenter l'ensemble des notions de science et législation financières, nécessaires aux examens de science et de doctorat, en un volume dont les dimensions ne fussent pas susceptibles de rebuter les étudiants par leur ampleur ou d'inquiéter les examinateurs par leur exiguïté. Il a entièrement réussi dans son dessein : auprès des étudiants, l'ouvrage, par sa clarté et sa précision, a été très vite en faveur. Quant aux examinateurs, plus d'un sans doute s'en servent aussi pour rafraichir une mémoire rebelle, et ils doivent être reconnaissants à l'auteur pour l'utile instrument de travail qu'il a mis entre les mains des étudiants.

La première partie du volume est consacrée au budget : préparation, vote, exécution, contrôle de l'exécution. La seconde a pour objet les ressources publiques : impôts et emprunts. Dans une troisième partie, beaucoup plus brève, l'auteur expose, en deux chapitres, les finances locales.

« Notre principal désir, dit M. A., a été non point d'innover, mais d'être aussi clair que possible dans un sujet aride. » Brièveté et clarté, telles sont les deux qualités fondamentales de cet ouvrage, que complètent une jolie précision de langage et une grande variété de connaissances.

V. A.

Ouvrages envoyés à la rédaction.

ALPHONSE ANDRÉ. — *Les retraites ouvrières en Belgique.* Giard et Brière, 1 vol. in-8, 373 pp.

PIERRE BODEREAU. — *La Capsa ancienne, la Gafsa moderne.* A. Challamel, 1 vol. in-8, 238 pp.

J. CORRÉARD. — *Les sociétés coopératives en France et à l'étranger* (préface de M. Paul Leroy-Beaulieu). P. Lethielleux, 1 vol. in-18, 301 pp.

LUCIEN DESLINIÈRES. — *Projet de code socialiste.* V. Giard et E. Brière, 1 vol. in-18, 123 pp.

EUGÈNE D'EICHTHAL, de l'Institut. — *La liberté individuelle du travail et les menaces du législateur.* F. Alcan, 1 vol. in-18, 204 pp.

A. FASTREZ. — *Ce que l'armée peut être pour une nation.* Publications de l'Institut Solvay, 1 vol. in-18, 294 pp.

P. FAUCHILLE et N. POLITIS. — *Manuel de la Croix-Rouge à l'usage des militaires de terre et de mer et des sociétés de secours aux blessés* (Lettre préface de M. L. Renault, de l'Institut). Société française d'imprimerie et de librairie, 1 vol. in-18, 195 pp.

HENRY GERVAIS. — *La rémunération du travail dans la viticulture méridionale.* A. Rousseau, 1 vol. in-8, 247 pp.

GUILLAUME DE GREEF. — *La structure générale des sociétés* : t. I, La loi de l'imitation ; t. II, Théorie des frontières et des classes. 2 vol. in-8, 178 pp. et 304 pp.

VICTOR GRIFFUELHES. — *L'action syndicaliste.* M. Rivière, 1 vol. in-18, 68 pp.

HERMANN JUSTUS HAARMANN. — *Die ökonomische Bedentung der Technik in der Suschiffahrt.* Leipzig, 1 vol. in-8, 102 pp.

RENÉ HENRY. — *Des monts de Bohême au golfe Persique* (avec une préface de M. Anatole Leroy-Beaulieu, de l'Institut); ouvrage avec des cartes et des schémas. Lib. Plon, 1 vol. in-18, 566 pp.

Mlle KRITSKY. — *L'évolution du syndicalisme en France.* V. Giard et Brière, 1 vol. in-18, 427 pp.

L. DE LANZAC DE LABORIE. — *Paris sous Napoléon : la religion.* Lib. Plon, 1 vol. in-8, 394 pp.

MARCEL LABORDÈRE. — *Autour de la crise américaine de 1907 ou capitaux réels et capitaux apparents.* Messagerie des journaux ; 1 broch. gr. in-8°, 31 pp.

G. LECARPENTIER. — *Le commerce international.* M. Rivière, 1 vol. in-18, 109 pp.

V. MARCÉ, conseiller référendaire à la Cour des Comptes. — *Traité de la comptabilité publique* (Décret du 31 mai 1862, mis à jour et annoté.) Dalloz; 1 vol. gr. in-8°.

MARCY, VAUTHIER et ERRERA. — *La*

personnification civile des associa-tions. Pub. de l'Institut Solvay, 1 vol. in-18, 189 pp.

E. PARENT. — *La crise budgétaire prussienne de 1862 à 1866.* A. Rousseau, 1 vol. in-8, 162 pp.

Le Dʳ MADELEINE PELLETIER. — *La femme en lutte pour ses droits.* V. Giard et Brière, 1 vol. in-8, 80 pp.

GEORGES PICHAT, maître des requêtes au Conseil d'État. — *Le contrat d'association.* A. Rousseau, 1 vol. in-18, 203 pp.

EMILE POUGET. — *La confédération générale du travail.* M. Rivière, 1 vol. in-18, 64 pp.

J. M. RUBINOW. — *Economic condition of the jews in Russia.* Washington, 1 broch. in-18, 95 pp,

ACHILLE VIALLATE, professeur à l'École des Sciences politiques. — *L'industrie américaine.* F. Alcan; 1 vol. in-8°, 492 pp.

MOUVEMENT DES PÉRIODIQUES

Voir la table des abréviations à la dernière page.
La lettre qui suit l'abréviation du titre de la Revue est la première lettre du mois de la date de la publication.

HISTOIRE, DIPLOMATIE, POLITIQUE

Abbatucci (Charles —), P. F. Dubois, **RBL**. 8 **F**.
— (Souvenirs d'un homme d'État du second Empire —), **RBL**. 8 à 29 **F**.
Allemagne (La marine de l'— et celle de l'Angleterre), H. W. Wilson, **Nat. R. F.**
— (Le patriotisme des socialistes, en), R. Michels, **MS**. 15 **J**.
— (En — La politique extérieure de Guillaume II), Ellis Barker, **NC. J.**
— (En — Guillaume II et le socialisme), L. Elkind, **NC. J.**
Angleterre (La réforme douanière en — d'après le parti unioniste), **CR. F.**
— (L'assistance aux vieillards en), E. Sellers, **CR. F.**
— (L'Église et l'État en), Forsyth. **CR. F.**
— (La politique étrangère de l'), H. Rumbold, **Nat. R. J.**
— (La situation politique en), F. G, Mastermann, **NC. J.**
— (En — Le véritable impérialisme), Lord, Curzon **NC. J.**
— (En — Le gouvernement et les retraites de la vieillesse), H. Spender, **CR. J.**
— (L'État de la marine britannique), Archebald Hurd, **FR. J.**
— (Le commerce des produits industriels en), G. H. Schooling, **FR. J.**
— (En —, Le réveil des Conservateurs), J. Bardoux. **RBL**. 15 **F**.
Balkans (Les chemins de fer aux), Messimy, **RBL**. 29 **F**.
Bellegarde (L'aide-major —), A. Chuquet, **RBL**. 8 f. 15, 22, 29 f.
Biens ecclésiastiques en France (La

liquidation des), E. Combes, **RBL**. 29 **F**.
Boutmy (Emile), J. Lux, **RBL**.16 **J**.
Bulgarie (La force de la), R. Pinon, **RDM**. 15 **F**.
Canada (Au — Le conflit de la baie d'Hudson), Mc. Grath, **FR. J.**
Comnène (Anne), Ch. Diehl, **RDM**. 1ᵉʳ **F**.
Culturkampf (Le — badois), G. Goyau, **RDM**. 15 **J**.
Danemark et l'Allemagne (Le), M. Lair, **RBL**. 25 **J**.
— (Le — et la question de la Baltique), G^ᵃˡ Bourelly, **RPP**. 10 **F**.
Écoles d'Orient (Les —), A. Aulard, **RBL**. 1ᵉʳ **F**.
Éducation sociale (Une maxime d'), F. Buisson, **RBL**. 18 **J**.
Éducation civique (Une maxime d'), G. Lanson, **RBL**. 1ᵉʳ **F**.
Éducations (Les deux), P.-Félix Thomas, **RBL**. 25 **J**.
Église catholique en France (La crise de l'), Steeg, **RBL**. 22 **F**.
États-Unis (L'avenir des), J. J. Hill, **Nat. R. F.**
— (La crise aux), lord Welby, **CR. J.**
— (Aux — Les idées), G. d'Avenel, **RDM**. 1ᵉʳ **J**.
— (Le Japon et les), A. Tardieu, **RDM**. 15 **J**.
— (La crise monétaire aux), H. Gans, **RPP**. 10 **F**.
Espagne (En), H. Ellis, **FR. J.**
Évolution humaine (L'), A. R. Wallace, **FR. J.**
Fête du 21 janvier (La), R. Guyot, **RBL**. 18 **J**.
Français (Comment on juge les — en

Amérique), Bonet-Maury, **RBL.** 18 **J.**
France (La — monumentale et la politique), Péladan, **RBL.** 18 **J.**
Irlande (En), J. H. Campbell, **Nat. R. F.**
— (En — 1907), Ian Malcolm, **NC. J.**
Lavigerie (Le cardinal — et la République française), A. Debidour, **RBL.** 25 **J.**
Liquidation des Congrégations (La), L. Delzons, **RDM.** 15 **F.**
Lloyd-George (L'honorable David —), Lovat-Fraser, **Nat. R. J.**
Maroc (Le problème du), J. Delafosse, **Nat. R. F.**
— (Le), P. Leroy-Beaulieu, **RDM.** 1ᵉʳ **J.**
Marseillaise en Allemagne (La), A. Chuquet, **RBL.** 25 **J.**
Observations et faits psychologiques. E. Renan, **RBL.** 4, 11, 18 **J.**
Patrie (L'idée de), A. Croiset, **RPP.** 10 **J.**
Petitot (Jean), G. Williamson, **NC. J.**
Portugal, Oswel-Crawford, **NC. J.**
Prêtre émigré (Un) (1792-1801), G. Lefèvre, **RDM.** 15 **F.**
Révolution (La — ouvrière), J. London, **CR. J.**
Russie (En — Le socialisme devant la Haute-Cour), M. Kovalevsky, **RBL.** 1ᵉʳ **F.**
Saint-Germain (Le comte de), U. Birch, **NC. J.**
Ségur (Le Cᵗᵉ Louis-Philippe de), Mᵐᵉ de Ségur, **RDM.** 15 **J.**
Taine (d'après sa correspondance), V. Giraud, **RDM.** 1ᵉʳ **J.**
Tencin (Mᵐᵉ de), M. Masson, **RDM.** 1ᵉʳ **F.**
Victor-Amédée, II. C. de Beauregard, **RDM.** 1ᵉʳ **J.**
Victoria (La politique extérieure de la Reine), R. Blennerhassett, **Nat. R. J.**

FINANCES, ÉCONOMIE POLITIQUE

Banques associées de New-York (Les), G. François, **REP. J.**
Bourses (La réforme de la loi des — en Allemagne), P. Hans, **Réf. S.** 16 **J.**
Budget municipal et les Églises (Le), Péladan, **RBL.** 15 **F.**
Canada (La politique commerciale du —), A. Viallate, **REI.** déc. 07.
Fonction économique de l'État (La), E. Fournière, **RS. J.**
Impôt sur le revenu à la Chambre (L'), Paul Leroy-Beaulieu, **EF.** 8, 15, 22 **F.**
Industries régionales (Le Crédit et les), F. Maury, **RBL.** 22 **F.**

Libre-Échange (Lord Cromer et le), **Nat. R. F.**
Le Play et Michel Chevalier, **Réf. S.** 1ᵉʳ **J.**
Morcellisme dans l'Industrie (Le), C. Sabatier, **REP. J.**
Prusse (Les finances de la), **EF.** 15 **F.**
Rachat des chemins de fer de l'Ouest (Le), Boudenoot, **RPP.** 10 **J.**
Taxation (La — directe, ses conditions), H. Belloc, **CR. F.**

DROIT PUBLIC ET PRIVÉ

Armée de mer (Le recrutement de l'— et la loi de deux ans), Duranti, **RPP.** 10 **J.**
Assistance (La crise du libéralisme en matière d'), G. Delprat, **RPP.** 10 **F.**
Conventions collectives (Les — dans le projet de loi du gouvernement sur le contrat de travail), E. d'Eichthal, **RBL.** 15 **F.**
Mariage (Le régime du — en Angleterre), **Nat. R. J.**
Marques collectives (Les), L. Vigouroux, **RBL.** 15 **F.**
Organisation des fonctionnaires civils (L'), L. Salaun, **RPP.** 10 **J.**

VOYAGES, COLONISATION

Carnatic (Au sud de l'Inde, le), M. Maindron, **RDM.** 1ᵉʳ **J.**
Chine (Les missions chrétiennes en), **CR. F.**
Congo (La question du), G. Lorand, **CR. F.**
— (La Belgique et le), Ed. Morel, **CR. J.**
Congo français (Le), **EF.** 22 **F.**
Corée (Les Japonais en), Mc. Kenzie, **CR. J.**
— (La japonisation de la), **RDM.** 1ᵉʳ **J.**
Expansion coloniale de la France (L'—), G. Bardoux, **Nat. R. J.**
Indes (La famine aux), B. Aitken, **CR. J.**
Indo-Chine (La politique monétaire de l'), G. Demartial, **RPP.** 10 **F.**
Khartoum (en 1907), W. F. Miéville, **NC. J.**
Natal (Les Zoulous au), R. C. Hawkin, **CR. J.**
Nouvelle-Zélande (En), E. Salmon, **FR. J.**
Pénétration Pacifique (La), **RPP.** 10 **J.**
Tunis ville d'expériences sociales. Ch. Géniaux, **RBL.** 25 **J.**

INDEX DES REVUES CITÉES

Le propriétaire-gérant : FÉLIX ALCAN.

Coulommiers. — Imp. PAUL BRODARD.

26, rue de Condé, PARIS

DIX-SEPTIÈME ANNÉE *Paraît le 1ᵉʳ et le 15 de chaque mois* (DIX-SEPTIÈME ANNÉE)

SOMMAIRE DU N° DU 16 FÉVRIER 1908

FÉLIX ALCAN, ÉDITEUR

Viennent de paraître :

BIBLIOTHÈQUE D'HISTOIRE CONTEMPORAINE

L'industrie américaine, par A. VIALLATE, professeur à l'École des Sciences politiques. 1 vol. in-8. **10 fr.**

Le conventionnel Goujon (1766-1793), par L. THÉNARD et R. GUYOT. 1 vol. in-8.................................... **5 fr.**

La question d'Extrême-Orient, par J.-E. DRIAULT. 1 vol. in-8.................. **7 fr.**

DU MÊME AUTEUR : La Question d'Orient. 3ᵉ édition. 1 vol. in-8........... **7 fr.**

Bismarck et son temps. T. III. Triomphe, splendeur et déclin (1870-1898), par P. MATTER, substitut au tribunal de la Seine. 1 vol. in-8........................ **10 fr.**

Précédemment parus :

I. La préparation (1815-1862). 1 vol. in-8, 10 fr. — II. L'action (1862-1870). 1 vol. in-8.. **10 fr.**

DU MÊME AUTEUR : La Prusse et la Révolution de 1848. 1 vol. in-16... **3 fr. 50**

Le protestantisme au Japon (1859-1907), par R. ALLIER, agrégé de philosophie. 1 vol. in-18.............................. **3 fr. 50**

Politique commerciale et coloniale franco-allemande, par L. COQUET. Préface de M. SAINT-GERMAIN, sénateur. 1 vol. in-18.. **3 fr. 50**

Économie de l'histoire. **Théorie de l'évolution,** par G. DE MOLINARI, rédacteur en chef du *Journal des Économistes*. 1 vol. in-16........ **3 fr. 50**

La liberté individuelle du travail et les menaces du législateur, par E. D'EICHTHAL, membre de l'Institut. 1 vol. in-16 de la *Bibliothèque des Sciences morales et politiques*.. **2 fr. 50**

La vente des biens ecclésiastiques pendant la Révolution française, par G. LECARPENTIER. 1 vol. in-18.................... **3 fr.**

Capital : 150 millions de francs entièrement versés.
Siège social **14, rue BERGÈRE**. – Succursale **2**, place de l'Opéra, Paris

OPÉRATIONS DU COMPTOIR Bons à échéance fixe.
Escompte et Recouvrement. Escompte de chèques. Achat et Vente de Monnaies étrangères, Lettres de Crédit, Ordres de Bourse, Avances sur Titres, Chèques, Traites, Envois de Fonds en Province et à l'Etranger, Souscriptions, Garde de Titres, Prêts hypothécaires maritimes. Garantie contre les Risques de remboursement au pair. Paiement de Coupons, etc

AGENCES 33 Bureaux de quartier dans Paris — 11 Bureaux de banlieue. — 140 Agences en Province — 40 Agences dans les colonies et pays de Protectorat — 12 Agences à l'Etranger

LOCATION DE COFFRES-FORTS
Le Comptoir tient un service de coffres-forts à la disposition du public, *14 rue Bergère, 2 place de l'Opéra, 147, boulevard Saint-Germain, 49, avenue des Champs-Elysées* et dans les principales Agences — Une clef spéciale unique est remise à chaque locataire — La combinaison est faite et changée par le locataire, à son gré. — Le locataire peut seul ouvrir son coffre.

Garantie et Sécurité absolues

Compartiments depuis 5 fr. par mois

BONS A ÉCHÉANCE FIXE. Intérêts payés sur les sommes déposées De 6 mois à 11 mois. 2 0/0 ; de 1 an à 3 ans, 3 0/0 — Les Bons, délivrés par le Comptoir National aux taux d'intérêts ci-dessus, sont à ordre ou au porteur, au choix du déposant.

VILLES D'EAUX, STATIONS ESTIVALES ET HIVERNALES Le Comptoir National a des agences dans les principales *Villes d'Eaux* Ces agences traitent toutes les opérations comme le siège social et les autres agences, de sorte que les Etrangers, les Touristes les Baigneurs, peuvent continuer à s'occuper d'affaires pendant leur villégiature

LETTRES DE CRÉDIT POUR VOYAGES. Le Comptoir National d'Escompte délivre des *Lettres de Crédit* circulaires payables dans le monde entier auprès de ses agences et correspondants, ces Lettres de Crédit sont accompagnées d'un carnet d'identité et d'indications et offrent aux voyageurs les plus grandes commodités, en même temps qu'une sécurité incontestable

Salons des Accrédités, Branch office, 2, place de l'Opéra

FÉLIX ALCAN, ÉDITEUR

LES MAITRES DE LA MUSIQUE

ÉTUDES D'HISTOIRE ET D'ESTHÉTIQUE PUBLIÉES SOUS LA DIRECTION DE
M. JEAN CHANTAVOINE

Chaque volume in-8 écu de 250 pages environ...................... **3 fr. 50**

Viennent de paraître :

RAMEAU
Par LOUIS LALOY

MOUSSORGSKY
Par M.-D. CALVOCORESSI

Précédemment parus :

J.-S. BACH, par ANDRÉ PIRRO (2e édition). | BEETHOVEN, par JEAN CHANTAVOINE (3e édition).
CÉSAR FRANCK, par VINCENT D'INDY (4e édition). | MENDELSSOHN, par CAMILLE BELLAIGUE (2e éd.).
PALESTRINA, par MICHEL BRENET (3e édition). | SMETANA, par WILLIAM RITTER.

C. COLSON
Ingénieur en chef des Ponts et Chaussées. Conseiller d'État.

COURS D'ÉCONOMIE POLITIQUE
PROFESSÉ A L'ÉCOLE NATIONALE DES PONTS ET CHAUSSÉES
6 volumes grand in-8.. **36 fr.**

On vend séparément :

Livre I. — **Théorie générale des phénomènes économiques.** 2e édition revue et augmentée.............................. **6 fr.**
—   II. — **Le travail et les questions ouvrières.** 3e tirage........... **6 fr.**
—   III. — **La propriété des biens corporels et incorporels.** 2e tirage... **6 fr.**
—   IV. — **Les entreprises, le commerce et la circulation.** 2e tirage... **6 fr.**
—   V. — **Les finances publiques et le budget de la France**.......... **6 fr.**
—   VI. — **Les travaux publics et les transports** .... **6 fr.**

La monnaie, le crédit et le change, par **A. ARNAUNÉ**, directeur de la Monnaie. 1 vol. in-8, 3e édition, revue et augmentée.................... **8 fr.**

Le budget, son histoire, son mécanisme. Cours de finances, par **R. STOURM**, de l'Institut, professeur à l'Ecole libre des Sciences politiques. 5e édition. 1 vol. in-8............................... **10 fr.**

Les systèmes généraux d'impôts, par LE MÊME. 2e édition, revisée et mise au courant. 1 vol. in-8.. **9 fr.**

Coulommiers. — Imp. PAUL BRODARD.

ANNALES

DES

SCIENCES POLITIQUES

Revue bimestrielle

Publiée avec la collaboration des professeurs et des anciens élèves
de l'École libre des Sciences politiques

VINGT-TROISIÈME ANNÉE

III. — 15 MAI 1908

FÉLIX ALCAN, ÉDITEUR
108, BOULEVARD SAINT-GERMAIN, PARIS

COMITÉ DE RÉDACTION

M. ANATOLE LEROY-BEAULIEU, de l'Institut, Directeur de l'École libre
des Sciences politiques;

M. ALFRED DE FOVILLE, de l'Institut, Conseiller maître à la Cour des Comptes

M. STOURM, de l'Institut, ancien Inspecteur des finances et Administrateur
des Contributions indirectes;

M. AUGUSTE ARNAUNÉ, ancien directeur de l'Administration des Monnaies,
conseiller maître à la Cour des Comptes.

M. A. RIBOT, de l'Académie française, Député, anc. Président du Conseil des Ministres;

M. LOUIS RENAULT, de l'Institut, Professeur à la Faculté de droit de Paris;

M. ROMIEU, Maître des requêtes au Conseil d'État;

M. VANDAL, de l'Académie française.

M. ÉMILE BOURGEOIS, Professeur à la Faculté des lettres de Paris.

Professeurs à l'École libre des Sciences politiques.

RÉDACTEUR EN CHEF :

M. ACHILLE VIALLATE, Professeur à l'École libre des Sciences politiques.

Les ANNALES DES SCIENCES POLITIQUES (Vingt-deuxième année,
1907) sont la suite des ANNALES DE L'ÉCOLE LIBRE DES SCIENCES
POLITIQUES. Elles paraissent tous les deux mois (en janvier,
mars, mai, juillet, septembre, et novembre), par fascicules grand
in-8.

PRIX D'ABONNEMENT
Un an (du 15 janvier)

Paris.............................	18 fr.
Départements et étranger..............	19 fr.
La livraison.........	3 fr. 50

On s'abonne à la librairie **FÉLIX ALCAN**, 108, boulevard Saint-Germain,
Paris; chez tous les libraires, et dans les bureaux de poste.

Les années écoulées se vendent séparément : les trois premières, **16 fr.**, les
suivantes, **18 fr.** chacune. Les livraisons des trois premières années se vendent
chacune **5 fr.**; à partir de la quatrième année, **3 fr. 50** chaque livraison.

FÉLIX ALCAN, ÉDITEUR

· *Viennent de paraître :* ·

E. MILHAUD
L'Imposition de la Rente

1 volume in-16........................... **3 fr. 50**

A.-E. GAUTHIER ET VOGUET
Pour l'impôt sur le Revenu

1 volume, in-16........................... **3 fr. 50**

AUTRES OUVRAGES TRAITANT DE L'IMPOT SUR LE REVENU

CHARTON (P.). **La réforme fiscale en France et à l'étranger**, 1 vol.
gr. in-18. . . . . **12 fr.**
DUFAY (J.). **L'impôt progressif en France**, 2ᵉ édit., revue et augmentée.
1 vol. gr. in-8. . . . . **5 fr.**
— **L'impôt progressif sur le capital et le revenu**, 1 vol. in-12. **1 fr. 50**
GUYOT (YVES). **L'impôt sur le revenu**, 1 vol. in-12. . . . . **3 fr. 50**
MANCHEZ (G.). **L'impôt général sur le revenu**, broch. in-8. . . . . **1 fr.**
STOURM (R.), de l'Institut, professeur à l'École libre des Sciences politiques.
Les systèmes généraux d'impôts; 2ᵉ édition revisée, 1 vol. in-8. . **9 fr.**

L'AUTRICHE NOUVELLE

SENTIMENTS NATIONAUX ET PRÉOCCUPATIONS SOCIALES

Depuis déjà plusieurs années les observateurs de choses politiques se demandaient si l'Autriche des luttes nationales, des conflits de peuples, des batailles linguistiques, des revendications de droit d'État ne présentait pas des symptômes nouveaux. Depuis un quart de siècle toute son histoire est incluse dans ces mots : l'Autriche lasserait-elle pas? Sans rien abandonner de leur idéal national, de leur prédilection culturelle, de leurs aspirations, les peuples d'Autriche ne sentiraient-ils pas un jour le besoin d'un armistice, le désir d'une collaboration pratique en vue de leur développement économique? Et la masse pauvre, soucieuse de son pain autant que de sa langue, ne finirait-elle pas par réclamer d'autres choses que des rivalités nationales, des tumultes parlementaires et des obstructions savantes? ses revendications sociales, n'en imposerait-elle pas la satisfaction? et dès lors la lutte politique ne serait-elle pas transportée sur un autre terrain? Toutes ces questions se posaient au voyageur qui parcourait l'Autriche et décelait des indications prophétiques. Elles se posent aujourd'hui à tous, maintenant que l'avènement du suffrage universel et les premières élections faites sous ce régime au mois de mai 1907 renouvellent la vie politique et sociale de ce pays, dénotent la puissance des couches inférieures de la population, et donnent de précieuses informations sur l'état d'esprit des peuples d'Autriche.

C'est en nous aidant de ce que révèlent les élections récentes, de nos souvenirs d'observateurs passant en ces régions à l'heure où la vieille Autriche préparait sa transformation, et de l'histoire des partis, que nous voudrions répondre à ces questions et décrire l'évo-

lution qui se produit sous nos yeux au point de vue national et au
point de vue social.

Les élections de 1907 ont eu lieu dans des conditions favorables
et la représentation nationale reflète sans doute, autant que faire se
peut, l'opinion publique ; l'Autriche est sortie de la période de crise
aiguë, déchaînée en 1897 par les ordonnances Badeni ; les ministères
de fonctionnaires et le ministère parlementaire du baron de Beck ont
fait passer les querelles nationales de la lutte violente à la rivalité
supportable ; la période électorale s'est écoulée dans le calme ; la
tranquillité n'a guère été troublée que le jour du scrutin par quelques manifestations surtout à Trieste, en Istrie, en Galicie et à Czernovitz, tous lieux coutumiers de semblables événements ; encore les
incidents y furent-ils moins graves qu'en 1897 par exemple, où
paysans Galiciens comme Italiens et Slaves du littoral causèrent
de sérieux désordres.

D'autre part, la situation économique du pays était assez satisfaisante en 1907 : on était, en Autriche comme partout, à une époque
de prospérité industrielle ; elle aidait à supporter sans trop de plaintes
l'augmentation des prix, en particulier du prix de la viande, qui
datait au reste d'une année déjà et servait les intérêts agricoles.

Ainsi aucune circonstance anormale n'a faussé le résultat du vote,
n'a fait prédominer une question, au point de laisser oublier les
autres. D'un autre côté l'administration autrichienne ne sort pas de
ses fonctions, pour « faire les élections » : elle ne s'en occupe pas ou
fort peu et pourrait être citée en exemple à d'autres. Non seulement
la candidature officielle est inconnue, mais le plus souvent on ignore
quel est le candidat agréable au pouvoir. Dans la carrière « d'État »,
comme ils disent, les agents peuvent professer toutes les opinions
politiques, sans défaveur : deux partis seulement sont regardés
comme inacceptables, celui des socialistes et celui des pangermanistes. Mais même contre leurs candidats, aucune pression officielle
n'est exercée. La liberté électorale est remarquablement observée
en Autriche.

Ce n'est pas à dire qu'il ne se glisse de-ci de-là quelque action discrète de l'administration ; mais dans l'ensemble, cette dernière reste un témoin impartial. Les seules plaintes un peu vives émanent des Italiens de Trieste et du littoral : les libéraux à tendance irrédentiste accusent le gouvernement de favoriser slaves et même socialistes à leurs dépens. Il est du reste remarquable que des trois ministres allemands qui se portaient candidats, un seul, M. Prade, fut élu au 1er tour à Reichenberg avec une majorité à peine supérieure à la majorité absolue. Au second tour, M. de Derschatta à Graz passa en recueillant les voix des socialistes, qui votaient contre le chrétien-social. Quant au ministre de l'instruction publique, M. Marchet, il ne réunit pas à Baden plus de 2,000 voix sur 8,000 votants et fut ainsi distancé par deux autres concurrents.

Ce disant, nous n'entendons pas comprendre l'administration polonaise de Galicie dans l'administration autrichienne ; depuis 1869, la Galicie est de fait plus indépendante de l'Autriche, que la Croatie de la Hongrie. Nous n'ignorons pas les accusations qui ont été élevées contre le gouvernement provincial par ses adversaires et nous savons que c'est un milieu particulier qui mériterait une étude spéciale.

Enfin ce qui contribue à donner toute leur valeur aux élections de 1907, c'est l'intérêt que la population tout entière a porté à cette première consultation du suffrage universel : dès février, c'est-à-dire quatre mois avant l'ouverture du scrutin, fixée au 14 mai, la campagne électorale était virtuellement ouverte et l'activité des partis extrême. Le nombre des candidats fut considérable : en Bohême, 130 sièges furent disputés par 515 concurrents et ce fut à l'avenant dans les autres provinces. Partout aussi on remarqua l'empressement des électeurs : à Vienne, où, il est vrai, le vote obligatoire avait été édicté, on ne compta pas 9 0/0 d'abstentionnistes.

Les peuples d'Autriche prenaient conscience de l'importance de cet acte et des préoccupations accidentelles n'en venaient pas dénaturer la portée.

Partis ou fractions de partis, nul parlement n'en compte autant que celui d'Autriche : on en peut énumérer sans peine une quarantaine, encore en laissant de côté ces groupes qui se composent parfois d'un chef et d'un seul lieutenant. C'est qu'en Cisleithanie le classement ne s'opère pas sur un seul plan, mais sur deux : l'un est d'ordre

social et politique, comme en tout pays; l'autre est d'ordre national :
les 9 nations d'Autriche ont chacune leur gamme de partis. Cela seul
fait pressentir l'extrême complexité de la politique intérieure, puisqu'il faut multiplier par 9 les divisions que l'on rencontre normalement dans tous les États. Aussi, sans nous perdre dans la mêlée des
groupes et des sous-groupes, voulons-nous seulement examiner l'influence du suffrage universel sur l'évolution des partis aux deux
points de vue essentiels : le point de vue national et le point de vue
social.

*
* *

C'était le grand espoir du gouvernement et de nombreux esprits
de voir le suffrage universel amener sinon une pacification des luttes
nationales, du moins un apaisement. Cet espoir a-t-il été déçu?

L'organisation même des circonscriptions composées autant que
possible avec des électeurs d'une seule nationalité, a placé la bataille
sur un terrain dont sont exclus les conflits nationaux. Mais ce principe n'a pas été sans recevoir de notables exceptions et ce sont ces
exceptions mêmes qui ont fait revivre localement des conflits que
l'on désirait éteindre.

Dans plusieurs pays, particulièrement dans le territoire de Trieste
et en Istrie, les circonscriptions comprenaient une assez forte minorité nationale, capable de jouer un rôle : ainsi dans la ville de Trieste
au premier tour de scrutin des socialistes italiens venaient en tête,
puis des libéraux et des chrétiens sociaux italiens. Les candidats
nationaux slovènes n'avaient recueilli qu'une moyenne de 500 voix,
mais ce chiffre était suffisant pour déterminer le résultat du second
tour, si les libéraux n'avaient préféré boycotter les élections. De là
vient que les luttes de races ne diminuent pas dans ces contrées
et aussi que les candidats croates et slovènes de Trieste et d'Istrie
ne portent que l'étiquette « candidat national », sans se combattre
entre fractions dissidentes.

En Galicie, l'existence de circonscriptions rurales, à populations
mélangées, qui élisent deux députés au scrutin proportionnel, produit
le même effet irritant: aussi voit-on que le parti ruthène de M. Bar-
vinski, porté à l'entente avec les Polonais, n'a pas joué le moindre
rôle dans ces élections.

En outre dans le partage des districts électoraux, on n'avait tenu compte que de 8 nationalités en Autriche. Or une 9ᵉ a réclamé sa part et l'a prise de force, en déjouant les calculs et en déchaînant, comme on pense, les colères nationales : ce peuple nouveau, ce sont les 1,250,000 juifs dont un nombre chaque jour plus grand prétend constituer non pas des Allemands ou des Polonais de religion israélite, mais la nation juive. Dans l'est de la Galicie et en Bucovine, ils ont joué un rôle actif aux dernières élections : dans une douzaine de districts électoraux urbains, à Léopol, à Cracovie, à Tarnopol, à Kolomea, à Drohobyez, à Zloczow, à Brody, à Stanislas, à Stry, à Zolkiew, à Buczacz, etc., pour ne citer que des villes de Galicie, la population juive forme la majorité; mais un assez grand nombre de juifs se dit polonais, et, quoique les idées nouvelles gagnent chaque jour du terrain, sur 9 candidats sionnistes, un seul le Dʳ Stand, à Brody, a été élu; un autre nationaliste juif, mais modéré, M. Gall a été élu à Tarnopol contre un sionniste.

Dans la campagne, les juifs sont relativement moins nombreux : toutefois, grâce au jeu de la représentation proportionnelle, deux sionnistes, le Dʳ Mahler, privat-docent à l'Université allemande de Prague, et le Dʳ Gabel, ont été élus dans l'extrême-est de la Galicie : ils n'avaient recueilli que 2,000 voix sur 30,000 au premier tour, mais au second les Ruthènes ont voté pour eux contre le concurrent polonais. Les chefs politiques de la nation ruthène se sont en effet en maintes circonstances alliés aux sionnistes et l'un d'eux saluait avec espoir dans l'*Ukrainische Rundschau* ce mouvement national, qui créait une tierce nation en Galicie et enlevait les juifs des mains de la noblesse polonaise et du parti polonais national-démocrate, qui se servaient d'eux, disait-il, pour « poloniser » les Ruthènes[1].

En Bucovine la population juive est encore plus dense et les partis nationaux plus forts : il s'est formé là deux partis juifs, séparés surtout par des questions de personnes[2], mais qui ont fait bloc aux élections. Dans 3 des 4 circonscriptions allemandes de Bucovine, le parti nationaliste juif a présenté des candidats, même contre un libéral allemand philosémite[3] : l'un, le chef du parti juif en Autriche, le

1. *Ukrainische Rundschau*, octobre 1906, p. 377.
2. Le parti national juif est celui que dirige le Dʳ Straucher. Contre ce dernier s'est formé le parti « juif démocrate ».
3. C'est le député Skedl, professeur à l'Université de Czernovitz, chef du « *Partei*

Dr Straucher, a été élu à Czernovitz; et, dans l'autre circonscription de cette ville il n'a pas fallu moins que l'alliance des Roumains bourgeois et ouvriers et des Allemands cléricaux et anticléricaux pour faire nommer un socialiste roumain.

Une organisation du mode de suffrage plus adaptée aurait pu obvier à cette cause de luttes nationales. Mais aucune ne pourra empêcher les conflits de même ordre qui mettent aux prises les partis ruthènes et les partis dalmates : c'est au sein d'un même peuple que se heurtent des idées nationales différentes.

A vrai dire, l'opposition est dans le principe plus essentielle, et dans l'application plus profonde chez les Ruthènes qu'en Dalmatie. Les Vieux-Ruthènes se considèrent comme appartenant à la nation russe, tandis que les Jeunes-Ruthènes veulent être un rameau séparé du tronc slave commun; les premiers regardent vers Pétersbourg, du reste avec discrétion[1], et sont surnommés les « Moscalophiles », les seconds vers la métropole antique de Kieff et se disent « Ukrainiens », en souvenir des anciens fastes de l'Ukraine, qu'ils veulent ressusciter. Ce sont ces aspirations nationales qui différencient ces deux partis; par ailleurs, ils sont l'un et l'autre composés de petits bourgeois et de petits paysans et se montrent forcément démocrates chez un peuple décapité de son ancienne aristocratie et formé presque d'une seule classe sociale; ils sont tous deux préoccupés de la lutte contre la domination polonaise et leurs manifestes électoraux ne contiennent pas autre chose[2]. Malgré cela, ces frères ennemis restent partout d'irréconciliables adversaires et leurs discordes n'ont même pas su

---

des *deutschen Bundes* », progressite et philosémite. Mais la plus grande partie des Allemands, professeurs de l'Université et étudiants, appartiennent au *Partei des deutschen Volksvereines*, que dirige le professeur R. Scharitzer, parti anti-sémite et anticlérical, en relation avec le *Deutsche Valkspartei*.

1. Car le parti proteste de sa fidélité à l'empereur François-Joseph : dans une réunion tenue en novembre 1906 à Léopold, par les délégués du parti, entre autres les députés Korol et Kurylosvicz, on envoya au gouvernement un télégramme protestant contre la répartition des circonscriptions et le rendant responsable « de l'ébranlement de fidélité pour l'Empereur et l'Empire, jusqu'à present si profondément enraciné dans le peuple ruthène » (*Neue freie Preese*, 3 novembre 1906).

2. Le manifeste des Vieux-Ruthènes regrette qu'un compromis n'ait pu être conclu avec les Jeunes-Ruthènes et promet de former avec eux au parlement un club unique. Le manifeste des Jeunes-Ruthènes contient comme programme : l'opposition à tout élargissement de l'antononie provinciale en Galicie et la division de ce pays dans le dessein d'organiser une province ruthène avec son Laudtag particulier.

s'apaiser, pour empêcher un Polonais d'être élu dans la 54e circonscription rurale de Galicie, où la majorité ruthène est cependant considérable.

En Bukovine, les Jeunes-Ruthènes, dirigés par M. Nicolas Wassilko ont conquis les 5 sièges ruthènes de la province avec une majorité énorme, les Vieux-Ruthènes n'ayant pas même le sixième des voix. En Galicie, ces derniers disposent à peu près partout d'une assez forte minorité et arrivent à faire passer 5 candidats; mais les Jeunes-Ruthènes triomphent avec 15 députés. Encore leur politique nationale est-elle appuyée par un groupe de radicaux, que conduisent un avocat, le Dr Cyril Trylonski, et un poète, le Dr Iwan Franko : ce nouveau parti a fait quelques conquêtes aux élections récentes, surtout dans les districts ruthènes des Carpathes et n'est pas, comme les deux autres fractions, adversaire des social-démocrates.

Si chez les Dalmates, comme chez les Ruthènes, c'est une question d'ordre national qui est au premier plan des préoccupations politiques, elle porte en Dalmatie seulement sur un problème de tactique. Les relations en effet des trois nationalités, qui peuplent la province, ne sont plus en cause : Croates et Serbes sont en paix; l'entente est presque complète et les Croates ont laissé au peuple frère sans arrière-pensée deux circonscriptions. Quant aux Italiens, il ne reste d'eux que leur langue, qui demeure dans tous les ports celle du commerce, leurs monuments, depuis le palais de Dioclétien à Spalato jusqu'aux murailles de l'ancienne république libre de Raguse, et un petit noyau de populations éparpillées dans les ports, qui n'arrive à constituer une majorité que dans la capitale, Zara. Mais entre Croates, deux partis sont aux prises : tous deux souhaitent la formation d'une grande Croatie, dans laquelle la Dalmatie serait incorporée; mais l'un, dit « parti croate », soutient la politique préconisée par ce que l'on nomme la résolution de Fiume : les « résolutionnistes », comme on les appelle, essaient, ou plus exactement essayaient encore au moment des élections et depuis 1905, de s'entendre avec la Hongrie à certaines conditions, contre Vienne. L'autre parti, dit « parti croate du droit pur », soutient les idées préconisées dans le royaume de Croatie par Starcevic : les « Starcevianistes », selon leur sobriquet, ne veulent se prononcer dès aujourd'hui ni pour Vienne, ni pour Budapest; ils restent dans le statu quo, atten-

dant les événements et plus d'un espèrent davantage de l'Autriche
que de la Hongrie. Ces derniers sont dirigés en Dalmatie par le prêtre
Prodau et ont 2 représentants au parlement : la plus grande partie
du clergé travaille pour eux, sans que toutefois ils constituent à proprement parler un parti catholique ou chrétien-social, l'autre parti
comptant aussi des prêtres dans ses rangs. Les élections ont favorisé le « parti croate » : sur 9 circonscriptions croates de Dalmatie,
il en détient 7, si l'on met à son compte deux districts, où son candidat a été accepté par l'autre parti. Mais il ne faut pas exagérer la
portée de cette victoire : les résolutionnistes ont fort peu parlé de la
« résolution de Fiume », avant même que la politique hongroise ne
l'ait fait répudier par ses auteurs pendant l'été de 1907; ils ont mis
beaucoup d'eau dans leur vin, comme on l'a écrit, ainsi que le montre
du reste l'existence des candidatures de compromis. La méthode,
qui a été approuvée, est surtout celle d'une pression vigoureuse
exercée sur Vienne, pour déterminer le gouvernement à s'occuper
de la Dalmatie. On y.a réussi: des commissions d'études ont été
nommées; l'Autriche a négocié avec la Hongrie la construction de
chemins de fer reliant la côte à l'intérieur. Si cette action économique est résolument continuée, il n'y aura nul besoin de faire un
ministre de M. Ivcevic, le président de la diète et le chef du parti
croate, pour que la résolution de Fiume ne soit plus que de l'histoire.

*
* *

Si l'espoir pacifique du gouvernement n'a pu se réaliser dans les
provinces où l'organisation même des circonscriptions met en présence des nationalités différentes ou des partis dont les conceptions
nationales se heurtent, il n'en a pas été de même dans les autres
pays de la monarchie.

Le signe le plus net, auquel on reconnaît que les luttes nationales
ne s'exaspèrent pas, qu'au contraire elles ont tendance à s'apaiser,
se montre dans l'échec relatif des fractions les plus nationalistes.

Ce phénomène se marque déjà chez les Slovènes, les Italiens et les
Polonais. Les Slovènes libéraux, parti de la bourgoisie naissante,
dont tout le programme tient en deux points : lutte contre le germanisme et lutte contre le cléricalisme, n'a réussi à enlever que 5 siè-

ges sur 24. Il est très remarquable que dans la Styrie du sud, où les conflits ont été le plus vifs entre Allemands et Slovènes, le parti libéral n'obtient une légère majorité que dans 2 circonscriptions sur 7 ; dans les autres districts il est mis de beaucoup en minorité ; enfin il s'est créé là un nouveau parti, dont les adhérents se trouvent dans la petite bourgeoisie et qui a recueilli à peu près partout un sixième de voix : c'est la fraction dite « Parti de Stajerc » qui, ouvertement germanophile, prône l'entente avec les Allemands. En Corinthie, le chef du parti du peuple slovène ou parti chrétien-social, Dr Breje n'a pas craint de déclarer dans une réunion publique qu'il avait conclu un compromis électoral avec les chrétiens-sociaux allemands : ceux-ci devaient voter en Basse-Carinthie contre les « progressistes-nationaux » slovènes, et les premiers en Haute-Carinthie contre les nationalistes allemands[1]. Cet aveu n'a pas empêché le candidat slovène d'être élu.

Le parti libéral italien n'a pas eu plus de succès : il a eu beau accuser la fraction catholique d'être d'esprit peu national, et les socialistes de trahir l'*italianità*. Il a subi un échec retentissant : les Italiens envoient aujourd'hui, comme hier, 19 députés au Reichsrat ; en 1901, 15 étaient des libéraux ; en 1907, 4 seulement ; dans le Trentin, ils n'obtenaient pas plus de 500 à 600 voix sur 6,000 dans les circonscriptions rurales et un tiers des suffrages dans les villes. Si le baron Malfatti est élu à Rovereto, c'est que ce grand propriétaire a toujours su se concilier le parti catholique, qui est maître du Tirol. Dans leurs anciennes citadelles de Trieste et de Trente, les libéraux n'ont pas pu résister à la poussée socialiste : il est vrai qu'ils accusent le gouvernement d'être le complice de ces derniers. L'irrédentisme est réduit à chercher ces derniers représentants dans les petites provinces littorales d'Istrie et de Görz !

Chez les Polonais, un nouveau parti s'est fondé à la fin de 1905 ; plus exactement le parti le plus puissant en Pologne russe a jeté un rameau en Pologne autrichienne : c'est la fraction national-démocrate, fréquemment désignée sous le nom de panpolonaise. Cette appellation laisse pressentir les idées du parti : son idéal, exprimé et non point seulement pensé, c'est l'indépendance politique aussi bien que culturelle et économique de la nation polonaise, c'est la croyance en sa vitalité et son avenir ; par sa constitution même,

cette fraction démontre l'unité du développement national dans les
trois empires copartageants. Son programme immédiat est exclusivement national; le parti veut travailler à développer le sentiment
de solidarité polonaise entre toutes les parties et classes de la
nation, émanciper l'esprit national d'influences étrangères, « particulièrement de l'intelligence allemande », soutenir le polonisme
partout où il est menacé, enfin en Autriche élargir l'autonomie de la
Galicie à laquelle on adjoindrait la partie de la Silésie autour de Tés-
chen : il reprend à son profit, mais dans un tout autre dessein, la
prétention des pangermanistes à la « Sonderstellung » de cette province, c'est-à-dire à son indépendance relative. Une résolution
votée, sur la proposition de son chef, le professeur Glombiski dans
une assemblée du parti tenue à Leopol le 7 octobre 1906, prétendait
lier cette question à celle du suffrage universel, dont on redoutait
les effets centralisateurs. « L'assemblée réclame qu'avant de reviser
la constitution de 1867 et de terminer la réforme électorale, on
garantisse par une loi au royaume de Galicie une autonomie telle
qu'elle embrasse au moins les questions touchant à la langue en
usage dans les services publics, à l'organisation des fonctionnaires
du pays, aux écoles, à l'agriculture, comme aussi la responsabilité
du gouvernement provincial devant la diète. » Lorsque ce parti s'est
affirmé en Galicie, il n'a voulu ni combattre les anciens partis, ni
créer une organisation électorale, ni même se constituer en fraction
distincte au Reichsrat ou au Landtag; ses membres prétendaient
seulement raviver l'esprit national de leur peuple, le pousser à juger
toute question selon l'unique intérêt de la Pologne. Cet état d'âme
correspondait aux prédilections d'un assez grand nombre de professeur et d'étudiants d'Université et il était bien vu des conservateurs,
alors tout-puissants, qui sentaient le besoin de rajeunir leur parti
et de lui donner une apparence démocratique. Le journal panpolonais, *Slowo Polskie*, devint le plus lu des journaux de Galicie. Aussi,
quand le suffrage universel fut introduit, l'élément conservateur et
modéré mit-il son espoir dans le nouveau groupe. Celui-ci au début
de 1907, se constitua en parti électoral distinct, publia un appel où
l'on conviait à « un travail national commun », « au progrès de la
nation polonaise tout entière ». Le Dᵣ Glombinski disait publiquement que les nationaux-démocrates seraient désormais en majo-

rité dans le club polonais et nous-même, nous recueillions alors en Galicie cette croyance en leur succès.

Le résultat des élections donne un cruel démenti à ces espérances : on ne peut dire avec certitude que le parti panpolonais ne compte que 5 députés, comme l'impriment plusieurs journaux autrichiens, car parmi « les démocrates de gauche », qui se recrutent surtout dans l'est de la Galicie, la plupart se sont présentés avec le nom et le programme des nationaux-démocrates. Mais, même réunis, ces deux groupes ne recueillent que 14 mandats sur 80! ils en obtiennent la plupart dans les villes polonaises de l'est de la Galicie, qu'entoure la campagne ruthène, et dans les districts à population mêlée, où l'on a porté un tel candidat, comme propre à réaliser l'union nationale.

Il n'est pas jusqu'aux Roumains, qui ne témoignent également leur prédilection pour des candidats assurément bons Roumains, mais indépendants des partis nationalistes actuels : des 5 districts qui leur sont réservés, 3 élisent des candidats hors parti, dont l'un, le comte François Bellegarde est préfet dans l'administration autrichienne [1].

Mais l'exemple le plus intéressant de cet échec des fractions ultra-nationalistes nous est offert par les Tchèques et les Allemands. La décade de 1896 à 1906 est remplie du bruit de leurs querelles : il semble que l'histoire de l'Autriche se réduise alors au conflit des deux races. Or, depuis la fin de 1905, les deux grands partis en lutte font trêve; puis un compromis est conclu en Moravie; enfin les chefs des Jeunes-Tchèques et des Populistes allemands entrent dans le même ministère et l'on s'entend même sur le partage des circonscriptions pour le suffrage universel. Ne sont-ce pas l'armistice, les premières négociations de paix?

De cette volte-face, les partis ultra-nationaux entendent profiter; les Tchèques évoquent le souvenir des élections de 1901 : c'était après que le cabinet Clary avait dans l'été de 1899 supprimé les ordonnances sur les langues favorables aux Tchèques; les Jeunes-

---

1. Les deux partis nationaux-roumains obtiennent chacun un mandat : c'est le parti national-démocrate du chevalier Aurel d'Onciul, soutenu par les maîtres d'écoles et longtemps populaire chez les paysans, et le parti dit « l'Aparea », du nom de son organe qui lutte contre l'influence de la famille Onciul.

Tchèques paralysaient le parlement impérial par leur obstruction, mais ils avaient accepté de prendre part en mars 1900 à une conférence entre Allemands et Tchèques en vue d'un compromis sur la question des langues en Bohême et en Moravie. Aussitôt un nouveau parti, qui n'avait encore qu'un député au Reichsrat, saisit l'occasion de grandir à leurs dépens. Et ce fut une campagne dans toute la Bohême contre la tiédeur nationale, presque contre la trahison des représentants tchèques. Ceux-ci, effrayés, non seulement quittent le tapis vert des négociations, mais accentuent leur obstruction, jusqu'à ce que le Reichsrat finit lamentablement dans un tumulte sans exemple le 8 juin 1900. Ce revirement ne suffit pas à ramener aux Jeunes-Tchèques tous leurs électeurs et dans la curie du suffrage universel, le nouveau parti, dit nationaliste-socialiste, s'empara de 5 mandats sur les 15 des Tchèques.

Aussi pronostiquait-on volontiers un grand essor à cette jeune fraction. Déjà on rappelait qu'en 1891 les Vieux-Tchèques s'étaient suicidés en signant le compromis avec les Allemands; les Jeunes-Tchèques, oublieux de cette leçon, reprenaient la tactique de ces anciens vaincus; c'étaient donc aux nationalistes nouveaux de continuer la politique intransigeante abandonnée, avec la triple formule : reconnaissance du droit d'état de Bohême; rejet de tout accommodement avec les Allemands; suffrage universel égal.

Malgré la coalition de ce parti socialiste-nationaliste avec deux autres petits partis[1], coalition qui se revêtit du nom ambitieux de « jeunes partis tchèques », un seul député de cette opinion fut élu au premier tour du scrutin. Au second tour, grâce à l'alliance de tous les partis bourgeois contre les socialistes, 8 autres furent élus. Si l'on veut leur adjoindre cet aristocrate dévoyé qu'est le comte Sternberg[2], cela fait en tout 10 mandats sur les 107 des Tchèques.

A cet insuccès correspond l'échec pangermaniste; encore l'échec des idées pangermanistes paraît-il plus grand que celui des groupes

1. La coalition se compose du parti socialiste national que dirige M. Klofac, assisté de deux acolytes illustres dans les fastes du Reichsrat M. Choc et Fresl, du parti radical du droit d'état du Dr Baxa et du parti progressiste de droit d'état du Dr Hajn.

2. Le comte Sternberg - dirigeait - si l'on peut dire, le groupe Sternberg, composé de lui et d'un lieutenant. Le groupe est réduit de moitié et son chef revient seul au Reichsrat, comme devant ultra-nationaliste, agrarien conservateur, célèbre surtout par ses attaques violentes contre les Habsbourg.

« alldeutsch » : ceux-ci ne reculent que de 21 à 17, dans une chambre
accrue, il est vrai, d'un cinquième. Mais combien différente est la
physionomie des élections actuelles et de celles de 1901 ! En 1901,
le courant radical-national paraissait un torrent qui emportait
toutes les positions des modérés, au moins dans les pays des
Sudètes; les partis progressiste et populiste allemands s'étaient
déclarés, dans leur programme commun de Pentecôte 1897, prêts
à concéder aux Tchèques le droit à l'usage de leur langue comme
langue de service dans les tribunaux et les fonctions publiques, sur
les parties de territoire déjà réservés de fait à la langue slave :
cette modeste proposition de légaliser la pratique offrit aux radi-
caux-allemands l'occasion désirée pour mener une violente agitation contre la tiédeur nationale de ces partis : ils reprirent à leur
compte l'exigence, qui avait été celle des libéraux et réclamèrent
la reconnaissance de l'allemand comme langue d'État dans toutes
les parties de l'Autriche.

Cet appel aux passions nationales, surexcitées par la lutte, était
appuyé sur les moyens que l'on pensa les plus efficaces : on lança
alors le mot de bataille de « Los von Rom », pour s'attirer les sym-
pathies des adversaires du catholicisme; on se servit aussi de l'antisémitisme, si populaire en Autriche, et comme les progressistes
allemands l'avaient répudié, on les attaqua sans mesure, espérant
leur arracher les administrations municipales de Bohême, qui
étaient pour la plupart entre leurs mains, et faire bon profit des
places salariées par les communes. Enfin, cultivant la crainte des
Allemands pour une hégémonie slave en Autriche, on introduisit
dans la bataille l'idée pangermaniste « die Alldeutsche Idee » que
le prince de Bismark paraît avoir eue en 1879, mais qu'il abandonna
ensuite; on la formulait ainsi : fortifier le lien entre l'Autriche
et l'Empire allemand dans la Constitution des deux pays, de façon
à le rendre plus difficile à briser; et le chevalier de Schönerer
reprenait à cet effet dans le programme de Linz, le vieux plan des
allemands nationaux de 1880 : se retrancher sur les anciennes terres
allemandes, conclure avec la Hongrie une union personnelle et
donner à la Galicie et à la Dalmatie une situation particulière qu'on
qualifiait simplement de « Sonderstellung ».

Le groupe pangermaniste, qui ne comptait que 2 députés en 1891

et 5 en 1897, recueillit 21 mandats en 1901, dont 6 dans la curie du
suffrage universel, et cela par ses propres forces et en forçant des
positions acquises aux adversaires. De plus maints candidats du
parti populiste allemand furent suspects de complaisances envers
ces idées radicales. Cet essor frappa les observateurs en tous pays
et en inquiéta plus d'un sur l'avenir de l'Autriche.

Or, ces dernières années, les deux partis libéraux allemands ont
cédé aux Tchèques la majorité à la diète de Moravie; ils ont consenti
à introduire au parlement central une majorité slave nationale de
2 voix, dont la concession à été largement exploitée par les radicaux.

Malgré cela les pangermanistes n'obtiennent au premier tour de
scrutin que 2 mandats. En Basse-Autriche, en Haute-Autriche, dans
la province de Salzbourg, ils ne figurent pour ainsi dire pas. Au
Tirol où leur propagande s'était exercée surtout à Innsbruck, elle
arrive à recueillir dans cette dernière ville 700 voix dans deux
circonscriptions où 16,000 personnes environ ont voté. En Styrie et
en Carinthie, où la lutte contre les Slovènes avait avivé les passions, un seul partisan de Schönerer est élu en n'obtenant que le
quart des voix. En Moravie et en Silésie, ils ne doivent 2 mandats
au second tour qu'à la coalition de tous les partis bourgeois nationaux contre les socialistes. C'est en Bohême qu'ils triomphent par
leurs propres forces dans deux circonscriptions; mais les 12 autres
qu'ils représentent, ils en sont redevables à des alliances : alliances
en quelques endroits de toutes les fractions bourgeoises contre le
socialiste, quand celui-ci arrive au premier rang; ailleurs alliance
des antisémites contre les libéraux accusés d'être les valets des juifs,
« Juden Knechte ». Un véritable pacte électoral fut passé entre
deux partis, qui semblaient aux antipodes l'un de l'autre, le parti
dit « Freialldeutsch », groupe le plus important des pangermanistes,
que dirige M. Wolf, aussi célèbre comme agitateur qu'à d'autres
égards, et le parti chrétien-social : si l'on se rappelle que l'un
attaque les catholiques et le Habsbourg et que l'autre en est le soutien, on ne comprend pas. Mais l'explication est aisée : la fraction
« frei alldeutsch » a laissé dans l'ombre pendant la campagne électorale ces parties de son programme; elle n'a parlé que de défense
du germanisme en Autriche et de lutte contre le judaïsme. Aussi le

parti chrétien-social a-t-il pu lancer un appel aux électeurs, intitulé « compromis électoral des partis antisémites », où l'on lit : « les partis antisémites se sont unis sur toute la ligne. L'atout, c'est être antisémite ».

Ceux qui représentent vraiment le pangermaniste dans la pureté de sa doctrine et sa violence originelle, ce sont les amis du chevalier de Schönerer : ils apparaissent dans la nouvelle chambre comme une survivance et un corps sans âme. Malgré l'appel électoral du parti brûlant d'ardeur contre les juifs, le cléricalisme, la Hongrie, la réforme électorale, les socialistes judaïsants, proclamant « le combat contre tous », le fief électoral de Schönerer lui a été infidèle; ses lieutenants se déclarent indépendants, comme s'ils rougissaient de leur chef; c'est tout juste si l'on compte 3 députés qui avouent appartenir à la « tendance Schönerer ».

Nous assistons ainsi à une répétition de ce qui se passa en 1880 et les années suivantes : Le comte Taaffe avait publié ses premières ordonnances sur les langues défavorables aux Allemands; un mouvement radical national grandit en Bohême; les Schönerer et les Wolf de l'époque s'appelaient le Dr Knotz et autres; puis la colère tomba, l'effervescence diminua et l'opinion publique revint aux partis nationaux modérés. Aujourd'hui c'est à l'existence du suffrage universel qu'il faut attribuer en grande part cet apaisement : des préoccupations nouvelles ont porté sur un autre plan les luttes électorales.

* *

Mais de ce que les conflits sociaux ont servi de dérivatif aux batailles de races, de ce que les fractions ultra-nationalistes se sont heurtées dans presque toute l'Autriche à l'insuccès, il serait inexact d'en déduire des conclusions exagérées : nous n'assistons pas à la faillite ou même seulement à la décadence ou à l'affaiblissement des préoccupations nationales en Autriche. Nous assistons seulement à la défaite des partis qui faisaient du nationalisme exaspéré et tapageur un tremplin pour la conquête des mandats. L'échec de cette démagogie, le recul des fractions ultra-nationalistes laisse plus vigoureuse, plus vivante que jamais l'idée nationale. En tout domaine on

doit lui faire sa part; elle s'immisce dans tous les partis. Nous avons
relevé plus haut la naissance d'un groupe sionniste ou juif-national.
Un autre fait prouve plus clairement encore la force croissante de
l'idée de race : nous voulons parler du programme délibérément
nationaliste qu'ont adopté les fractions du socialisme autrichien. Jusqu'à présent, la social-démocratie avait constitué une organisation
fondée sur l'autonomie des groupes nationaux; elle avait admis
théoriquement, tout comme la constitution autrichienne, l'égalité
des langues et des peuples. Il fallait attendre l'épreuve de la pratique
pour voir ce que l'on tirerait de cette formule et si même on chercherait à en tirer quelque chose. On se demandait si, après cette
concession faite à l'esprit du temps, les fractions socialistes se désin-
téresseraient en fait ou non des questions nationales. Les élections
de 1907 nous fournissent une réponse décisive.

Le port de Trieste n'est représenté au Parlement que par des socialistes. Ceux-ci constituent la fraction italienne de la social-démocratie d'Autriche. Aussitôt élu, l'un d'eux, au nom de ses collègues,
expose que c'est à eux à s'occuper maintenant des questions nationales, que les partis bourgeois considéraient comme leur étant
réservées. Aussi réclame-t-il l'érection d'une faculté de droit italienne
à Trieste, la reconnaissance des diplômes délivrés en Italie comme
mesure transitoire jusqu'à la création d'une université complète,
l'établissement d'écoles réales italiennes, l'abandon des mesures de
police prises contre l'organisation des fêtes de Garibaldi « le héros
national, dont le ministre de l'intérieur ne se souvient que comme
ayant battu les troupes autrichiennes, il y a cinquante ans[1] ».

Bien plus significatif encore est le manifeste que les socialistes tchèques ont publié entre les deux tours de scrutin. Nous en traduisons
un passage vraiment suggestif : « Nous nous employerons, pour que
notre nation reçoive des écoles publiques partout, même dans les
territoires où plusieurs langues sont en usage, pour que nos écoles
soient complétées par l'établissement des nouvelles écoles nécessaires et spécialement par l'érection d'écoles techniques et d'écoles
moyennes, comme aussi d'une seconde université tchèque en Moravie.
Comme fils de la nation tchéquo-slave, nous mettrons tous nos

1. Discours du député Pittoni à la Chambre des députés, le 29 juillet 1907.

efforts, à ce que l'on reconnaisse partout à notre langue maternelle le droit qui lui appartient et à ce qu'elle soit admise enfin non seulement dans le parlement, mais aussi comme langue de service intérieur. Nous sommes remplis de la conviction joyeuse que dans le parlement, dans lequel nous entrons et qui sera, comme nous l'espérons, un parlement constituant, nous pourrons marcher avec succès en union avec la social-démocratie des autres nations d'Autriche, de telle sorte que cet empire soit transformé en une fédération de libres nations, et qu'enfin notre nation, comme les autres nations opprimées d'Autriche, jouisse de tout son droit. »

Ainsi les socialistes tchèques reprennent à leur compte toutes les exigences nationales élevées jusqu'à ce jour par les partis bourgeois : admission de la langue tchèque dans le service intérieur, insertion dans le procès-verbal des discours tenus en tchèque au Reichsrat, création d'une seconde université et d'écoles publiques partout où la langue tchèque est en usage. On comprend qu'une telle déclaration ait détrompé amèrement ceux qui s'imaginaient que les questions nationales allaient passer tout à fait à l'arrière-plan; sinon disparaître, avec le triomphe des socialistes. C'était mal connaître les socialistes tchèques : ils prétendent résoudre ces questions sans tapage, par l'entente avec les autres fractions socialistes, avec le désir non d'en jouer, mais d'arriver à un modus vivendi acceptable. C'est précisément parce qu'ils sentent combien vigoureuses et vivantes sont ces préoccupations nationales, qu'ils y sacrifient.

Qu'est-il donc advenu du grand espoir mis dans le suffrage universel, et de son œuvre pacificatrice? les prévisions raisonnables ont été remplies; nul ne pouvait s'illusionner et croire que les conflits du dernier quart de siècle étaient artificiels; ce sont des sentiments profonds et des désirs indéracinables que les partis politiques ont exploités, exaspérés et finalement conduits sur la voie du bouleversement de l'État. Le suffrage universel fait la part des revendications essentielles et de l'agitation passagère, due aux hommes et aux circonstances. Il peut favoriser l'entente entre les nations d'Autriche et c'est tout ce que l'on peut souhaiter. Mais loin d'indiquer un renoncement aux idées nationales, il en montre la diffusion. Il apporte seulement un esprit nouveau, qui est fait du désir sincère de résoudre ces problèmes nationaux pour s'attacher désormais aux questions économiques et sociales.

GABRIEL LOUIS-JARAY.

(*A suivre*).

LA DÉFENSE DE LA SANTÉ PUBLIQUE

L'orgueil de ses œuvres est l'un des caractères distinctifs de notre pays et de notre temps. Et si ce sentiment comporte, en beaucoup de choses, une part très regrettable et très dangereuse d'illusions, il paraît assurément légitime, autant que l'orgueil peut l'être, dans ce grand domaine social, où un grand courant d'humanité soulève et imprègne tout.

C'est parmi les alluvions, chaque jour plus fécondes de ce courant, qu'il faut placer les mesures destinées à préserver et à défendre la santé publique. On peut même dire qu'elles en constituent l'élément le plus original et le plus nouveau. Nos générations n'ont inventé ni la prévoyance ni l'assistance, et la solidarité n'est, à regarder de près, que la formule nouvelle d'un principe ancien. Dès les premiers temps d u christianisme, le monde avait connu les droits imprescriptibles et « l'éminente dignité » dè la souffrance, de l'infirmité, de la vieillesse, l'obligation du secours, le respect de la vie et de la personne humaine, les préceptes d'aide mutuelle et de mutuel amour. Les réalisations imparfaites au cours des siècles plus rudimentaires que le nôtre, l'obstination des égoïsmes tissant peu à peu un linceul d'oubli sur ces grandes vérités, donnent aujourd'hui quelque gloire à l'effort contemporain de la supériorité de ses procédés et de la générosité de ses tendances. Mais, en réalité, il reprend avec plus de force une tradition qu'il n'a pas créée, et la noblesse de son geste, comme l'honneur de son attitude vient de ce qu'il cultive et non de ce qu'il sème.

L'hygiène publique, au contraire, est comme une révélation. Certes, la science médicale ne date pas d'hier; et, pour énoncer la proposition dans son ordre logique, sans la colorer d'un paradoxe, c'est sans doute le premier malade qui engendra le premier médecin. L'art de guérir remonte avec, hélas! beaucoup plus d'imperfections, à l'expérience de souffrir. Mais la médecine n'est pas plus l'hygiène que le châtiment n'est la conscience. L'une essaye de réparer, l'autre de prévenir; l'une est individuelle, l'autre, même individualisée dans certaines de ses applications, est générale; l'une opère suivant les heures et les besoins, l'essence de l'autre est de demeurer; l'une est, avant tout, une action, l'autre, jusque dans l'action et pour agir, doit rester une ambiance. On aperçoit ainsi dans la première, une vertu personnelle et privée, tandis que se découvre dans la seconde une véritable portée sociale. Le lien qui rapproche indubitablement ces deux ordres de savoir et d'activité, n'est ni de similitude ni de ressemblance; il est seulement de généalogie; et si les combinaisons scientifiques des hygiénistes proviennent dans une large mesure des laboratoires médicaux, leur utilité est précisément de réduire au minimum le rôle direct des médecins.

L'hygiène, ainsi définie, n'a pu naître que le jour où le progrès des recherches et des découvertes a fait des maladies, des forces de destruction tangibles et déterminées, et en quelque sorte, des êtres mauvais et malfaisants, des ennemis concrets et objectifs du genre humain. C'est ce qui explique, qu'à ce premier point de vue, l'hygiène soit un fait nouveau. Mais, en même temps, contre ces légions dont les effectifs sont dénombrés, dont les armes sont connues, dont les ruses d'attaque et de combat sont éventées, on s'est mis à dresser des plans de bataille et des remparts de sûreté. Jadis on soignait des malades; désormais on peut organiser la défense des bien portants. Ainsi est apparu ce second aspect de l'hygiène, qui la caractérise et la distingue encore comme une nouveauté, d'être une action collective et presque un rouage public.

Or toute action collective est la conséquence ou la cause d'une intervention de l'État. Lorsqu'elle est organisée d'une façon normale et régulière, elle se traduit dans la loi ou en découle; elle nécessite des règlements ou y prend naissance. Du jour où la santé publique apparut plus nettement comme un bien national à défendre, et où furent mieux connus les moyens de la conserver, l'État devait donc s'en constituer le gardien vigilant. De même qu'il assurait déjà la sécurité, qu'il maintenait l'ordre, qu'il protégeait la liberté des citoyens, il entrait dans son rôle tutélaire de veiller sur elle. Un nouveau domaine s'ajoutait à son domaine naturel d'activité et de contrôle, de sauvegarde et de progrès. Sans empiétements sur l'exercice légitime des droits privés, sans menaces à l'égard de ce qui constitue le patrimoine personnel de chacun, avec la prudence qu'impose en pareille matière une intervention encore inconnue et mmédiatement délicate, sa mission comme son devoir l'obligeaient d'y pénétrer. Il l'a fait.

Cette intervention de l'État, cependant, n'a été d'abord qu'indirecte ou partielle. Si relativement récente qu'elle soit, elle a procédé par degrés, faisant face aux nécessités les plus urgentes, abordant par les côtés les plus accessibles, s'infiltrant en un mot par les canaux multiples d'une législation éparse [1]. On peut dire que lorsque la loi du 15 février 1902 a marqué et délimité, constitué et organisé, la défense collective de la santé publique, le champ si vaste dont l'État prenait ainsi possession officielle, était déjà envahi.

Les dispositions légales sur les établissements insalubres, les mesures de protection et de police des eaux minérales et des eaux potables, le régime si strict des sépultures, des inhumations et des cimetières, les règles imposées aux communes pour l'entretien de leurs rues, et notamment ce décret du 26 mars 1852 relatif à Paris et étendu à la plupart des grandes villes, les droits qu'il confère et les obligations qu'il impose, la procédure ouverte et les facilités données dans les campagnes pour le reboisement des terres arides et le desséchement des marais, forment déjà un ensemble respectable de prescriptions, dont les unes ont eu pour objet, et dont les autres ont au moins eu pour résultat d'améliorer l'hygiène urbaine et rurale. L'hygiène ouvrière à son tour a inspiré pour une bonne part les lois sur l'emploi des femmes et des mineurs dans les ateliers, sur la réduction des heures de travail, sur la protection de l'enfance abandonnée, sur les habitations à bon marché, sur le repos hebdomadaire; elle s'est encore affirmée d'une manière plus exclu-sive dans la législation des logements insalubres et dans celle qui vise précisément et nommément l'hygiène industrielle elle-même. Enfin, en établissant une police sanitaire des animaux et un service

---

1. On trouvera de très utiles aperçus et une sérieuse documentation sur ce sujet dans un intéressant ouvrage de M. Marcel Peschaud, *De l'intervention de l'État en matière d'hygiène publique.* Lamulle et Poisson, libraires-éditeurs, 1898.

des épizooties, en poursuivant la falsification des denrées alimentaires en général et de certaines d'entre elles en particulier, jusque dans la loi sur l'ivresse, le législateur a servi cette partie essentielle de l'hygiène privée et publique qu'est l'alimentation des familles et des individus. Et si dans les mailles de tant de dispositions diverses la santé nationale restait encore exposée, en dehors des accidents inévitables, des surprises possibles et du fardeau éternel des misères et des maladies que notre nature périssable ne peut qu'alléger sans les vaincre, à trop de dangers et d'aléas, les pouvoirs de surveillance donnés à l'autorité administrative et plus particulièrement aux municipalités étaient là, s'ajoutant à l'action parfois incertaine et toujours limitée des lois.

Les prescriptions légales concernant l'exercice de la médecine et de la pharmacie, et notamment ce texte de 1892 où apparaît avec tant de force la préoccupation d'enrayer la marche des maladies contagieuses, avaient d'ailleurs déjà affirmé d'une façon plus décisive les principes de protection dont l'État entendait s'inspirer chaque jour davantage.

L'étude et l'examen de toutes ces mesures, plus ou moins efficaces, plus ou moins appliquées, l'histoire de leur naissance suivie souvent de celle de leur désuétude, la critique ou l'éloge, ne sauraient être contenus dans les bornes de ce travail. Mais il était nécessaire d'y faire allusion et d'en prendre acte, car elles indiquent avec les faces multiples du problème de l'hygiène collective l'égale multiplicité des formes de l'intervention de l'État. Les unes, abrogées par la loi nouvelle du 15 février 1902 et les règlements qui s'y rattachent, les autres maintenues et conservées à côté d'elle, forment soit la préface nécessaire, soit l'encadrement logique et le complément approprié à des besoins spéciaux et à des circonstances déterminées, de l'organisation d'ensemble instituée par cette loi, pour défendre du mieux possible, directement cette fois et explicitement, la santé française.

Quelle est cette organisation? Quel est son fonctionnement?

*
* *

Dans un pays où les esprits sont si riches en idées, et la politique surabondante en ministres, on ne s'étonnera pas que la pensée de créer un ministère de l'hygiène publique ait pu se faire jour. Le travail a eu le pas sur l'hygiène ; mais pour ceux qui, avec persévérance, poursuivent un but précis et s'absorbent dans une activité unique, un retard n'est jamais un renoncement. La question, quoique tranchée négativement par le dernier effort législatif, reste ouverte : les amateurs de portefeuille — et ils sont légion, car pour un qui le possède beaucoup en profitent — ont le droit d'espérer. On pourrait, d'ailleurs envisager des créations plus inutiles, comme on a déjà enregistré des innovations plus hâtives et moins profitables. Cependant il semble qu'il y ait eu quelque sagesse à ne pas se presser.

Les branches diverses de l'hygiène trouvent, jusqu'ici, dans les ministères spéciaux qui correspondent à leur objet, une centralisation suffisante et des éléments peut-être mieux appropriées à leur application pratique. La santé dans les ateliers et dans les usines, l'hygiène ouvrière dans son ensemble, a ses gardiens naturels chez ceux qui ont la charge et la responsabilité de veiller aux conditions du travail et de la production industrielle. La santé de l'armée, dont, jusqu'à ces derniers temps, les services de la guerre n'avaient pas à coup sûr un souci suffisant, commence à trouver dans ces services mêmes une sollicitude, parfois un peu bruyante, mais déjà efficace. On vient précisément d'instituer des bureaux d'hygiène militaires, destinés à coordonner les mesures indispensables après les avoir prescrites, à surveiller leur exécution après l'avoir préparée. Les modifications apportées ou projetées à l'installation des casernements et des infirmeries régimentaires, à l'alimentation des soldats, et jusqu'au choix des villes de garnison sont une preuve des préoccupations nouvelles qui se sont emparées de l'administration de l'armée et qui, loin de la détacher de son objet essentiel, ajoutent à ses moyens de l'atteindre, en assurant à la défense nationale un plus grand nombre d'hommes mieux portants. Quant à la protection générale de la santé publique, elle pouvait trouver dans les services du ministère de l'Intérieur des cadres de concentration admirablement placés pour voir de haut et grouper de loin. Il ne s'agissait que de les développer et de les fortifier, comme on l'a fait et comme on continue de le faire tous les jours sous l'impulsion irrésistible du besoin, qui accroît les attributions de la direction de l'hygiène, vient de constituer avec l'Inspection générale administrative une inspection sanitaire permanente, et, sans multiplier à l'infini les organismes, alimente leur rôle et augmente leur influence dans la mesure de leur activité.

C'est donc avec raison, semble-t-il, qu'on n'a pas établi d'un seul coup ce ministère de l'hygiène réclamé avec tant d'insistance par quelques-uns et qui, à défaut d'une utilité immédiate, aurait cet immédiat inconvénient de faire tout d'une pièce un budget nouveau, grossi par la dépense un peu stérile d'une façade et la constitution coûteuse d'un état-major politique. Si des charges s'imposent à la France, déjà si lourdement grevée, pour y mieux défendre la race contre les maux physiques, c'est à la condition qu'elles soient assez légères pour être supportées et assez nécessaires pour être légitimes. Le plus urgent était de regarder vers le bas, au milieu de ces masses profondes où la mauvaise volonté s'ajoutant à l'ignorance entrave l'action bienfaisante des méthodes et des conceptions modernes sur l'hygiène. A cet égard il suffisait au législateur d'armer les autorités administratives existantes de pouvoirs sérieux, mais en les entourant de compétences; d'étendre, à tous les degrés de la hiérarchie publique, leurs obligations et leurs droits, mais en les doublant d'une atmosphère de pénétration qui amoindrisse les résistances; de prévoir un fonctionnement minutieux, mais en le faisant assez souple dans sa rigidité même pour qu'il ne reste pas lettre morte. Cette œuvre complexe et double était difficile : en elle pourtant se résument le sens et la portée de la loi du 15 février 1902 et des textes qui gravitent autour d'elle, la complètent dans le détail, la prolongent dans l'application.

La clef de voûte du système est la vitalité donnée à l'ancien Comité consultatif d'hygiène publique de France, devenu le Conseil supérieur d'hygiène, par sa composition, ses attributions, et, comme conséquence, par l'autorité même de ses décisions et de ses avis. C'est un lieu commun de parler, dans notre organisation administrative, de la stérilité des commissions; le Conseil supérieur d'hygiène, à supposer qu'il ait pu l'être dans les débuts de son fonctionnement, n'est pas une commission stérile, et l'un des buts principaux du législateur de 1902 et de 1906, comme du gouvernement dans ses décrets réglementaires, a été d'en faire, pour la défense de la santé française, une force agissante et un corps vivant [1]. Composé de cinquante-cinq membres, dont trente-quatre membres de droit, et vingt et un nommés par le ministre de l'Intérieur, il réunit, malgré la diversité multiple des questions de salubrité, toutes les compétences nécessaires : médicales, juridiques, pratiques, locales, et jusqu'à ces compétences morales si utiles dans le domaine de l'hygiène sanitaire qui se confond étroitement avec le domaine illimité de l'hygiène sociale elle-même. En dehors des spécialistes les plus éminents, tous les principaux services publics sont représentés par leurs chefs, administration départementale et communale, consulats et affaires commerciales, douanes, chemins de fer, postes et télégraphes, enseignement primaire, comités techniques militaires et maritimes; l'Académie des sciences et l'Académie de médecine y ont leurs délégués, ainsi que le Conseil d'État, la Cour de cassation, le Conseil supérieur du travail, le Conseil supérieur de l'assistance publique; la médecine y voit figurer quelques-unes de ses plus hautes sommités, et les professeurs d'hygiène des facultés les plus importantes associent la province à une action qui doit pénétrer partout pour être efficace. Ce conseil s'adjoint, sur la nomination du ministre, un certain nombre d'auditeurs qui collaborent directement à sa tâche, font des rapports, et reflètent dans leur composition la même variété de compétence, avec l'autorité moindre, mais la participation peut-être plus ardente de la jeunesse et de l'avenir.

Ainsi constitué, et divisé en trois sections ordinaires réunies en Assemblée générale chaque fois qu'il y a lieu, le Conseil supérieur d'hygiène délibère, dans le sens le plus large, sur tous les problèmes latents ou aigus, que pose, d'une façon constante ou au jour le jour, la protection de la santé nationale. Par sa section permanente, indépendante des sections normales, on peut dire, qu'à côté du ministre, il veille sans trêve, afin d'être prêt à obvier aux dangers les plus urgents et aux menaces les plus secrètes. Si son intervention n'est légalement obligatoire que pour les travaux d'assainissement et d'amenée d'eau potable dans les villes de plus de 5,000 habitants et

1. Les textes constitutifs du Conseil supérieur d'hygiène publique de France sont l'article 25 de la loi du 15 février 1902, modifié et complété par l'article 2 de la loi du 25 janvier-6 février 1906, et les décrets du 18 décembre 1902 et 19 juin 1906. Il est actuellement présidé par le Dr Roux, directeur de l'Institut Pasteur, dont l'autorité en ces matières est mondiale.

le classement des établissements insalubres, champ déjà très vaste
d'une autorité bienfaisante et féconde, il est, en fait, le conseil
assidu, le guide éclairé, toujours présent, du gouvernement dans
l'œuvre spéciale qui se trouve par là même tout entière confiée à sa
sollicitude et à ses lumières. Avis sur les questions posées ou les
affaires soumises, élaboration de projets réglementaires, examen de
procédés techniques, présentation ou admissions aux postes de
l'administration sanitaire, rien n'est soustrait à son contrôle et,
pour tout dire, à sa responsabilité. Vers lui montent et convergent
toutes les craintes, toutes les inquiétudes, toutes les hésitations,
. nées de la lutte constante entre la race et les infiniment petits ou
les innombrables atomes qui s'essaient à l'atteindre dans ses forces
de vie collectives; de lui descendent les impulsions indispensables
pour vaincre les inerties, régulariser les méthodes, appuyer cette
marche en avant d'une législation nouvelle qui, en pénétrant au
plus intime de nos habitudes et au plus invétéré de nos routines, a
besoin d'être entourée d'autant de prudence que de fermeté, d'un
égal souci des possibilités matérielles et des progrès scientifiques,
de cette autorité d'où seule peut sortir la confiance.

Siégeant à Paris, auprès des pouvoirs publics, le conseil supérieur
n'agit pas seulement sur l'ensemble du territoire par la ramification
naturelle des services sanitaires qu'il inspire de haut et par la présence dans son sein de compétences régionales mais il entre dans ses
fonctions de faire des enquêtes sur place, de déléguer plusieurs de
ses membres, lorsque des occasions graves, un péril sérieux, la
nécessité de mesures urgentes et radicales sur un point quelconque
ou dans toute une contrée, justifient son intervention directe.
Cependant il ne saurait à lui seul assurer dans tous ses détails et
dans toutes les parties du sol français, la protection de la santé
publique et l'application de la loi du 15 février 1902. En dehors des
cas spécifiés par les dispositions législatives ou des circonstances
exceptionnelles, son action doit conserver ce caractère général.
cette allure directrice, qui en précisent le caractère et en augmentent l'utilité. C'est pourquoi ont été maintenus ou constitués au-
dessous de lui des organisations et des comités locaux.

Le Conseil départemental d'hygiène n'est pas une création de la
loi récente. Le décret du 18 décembre 1848 avait décidé qu'il y

aurait un conseil d'hygiène et de salubrité au chef-lieu de chaque
département et de chaque arrondissement, et que des commissions
pourraient être facultativement constituées dans les chefs-lieux de
canton. L'originalité du législateur de 1902 est d'avoir renforcé le
rôle des conseils départementaux, substitué aux conseils d'arrondissement et de canton l'organisme plus souple de commissions
sanitaires correspondant à des circonscriptions déterminées,
et augmenté sur toute cette organisation, les pouvoirs et l'initiative
des conseils généraux. Le Conseil départemental d'hygiène comprend dix membres au moins et quinze au plus, et suivant le
principe qui a présidé à la composition du Conseil supérieur lui-
même, on s'efforce d'y réunir la variété des compétences utiles :
deux conseillers généraux, élus par leurs collègues, trois médecins
dont un de l'armée de terre ou de l'armée de mer, un pharmacien,
un architecte, un vétérinaire et l'ingénieur en chef. Dans ce cadre
obligatoire, l'assemblée départementale est libre de fixer le nombre
des membres, qui sont nommés par le préfet, et de leur assigner,
si elle juge à propos, des indemnités légitimes. C'est elle aussi qui,
par une innovation plus importante encore, détermine dans le
département les circonscriptions sanitaires, pourvues chacune d'une
commission spéciale. Cette commission peut être ainsi constituée,
non plus d'après les règles théoriques des divisions administratives,
mais en s'inspirant du caractère particulier des régions, de la diversité des besoins, de l'importance des agglomérations, de la prédominance de l'agriculture sur l'industrie ou de l'industrie sur l'agriculture, de tous les éléments, en un mot, dont doit tenir compte
dans les détails quotidiens, et malgré l'unité toujours intangible
de son action préservatrice, l'hygiène publique. Chaque commission
comprend à son tour, et dans des conditions analogues au conseil
départemental, de cinq à sept membres. Ces deux assemblées déli-
bèrent, en même temps que sur les points précis qui leur sont
dévolus par l'article 21 de la loi, sur toutes les questions intéressant la santé collective dans les limites de leurs territoires respectifs. Elles forment une véritable superposition de surveillance et de
contrôle et presque, dans plusieurs cas, de juridiction. En prescrivant que les deux tiers au moins de leurs membres doivent prendre
part à leurs délibérations pour qu'elles soient valables, le législateur

a affirmé sa volonté d'en faire des organismes sérieux, appelés à
se prononcer efficacement, dont les décisions aient toute l'autorité
nécessaire, et conscients eux-mêmes de leur responsabilité.

Au dernier échelon de la hiérarchie, la création de bureaux
d'hygiène municipaux n'est pas l'idée la moins neuve et la moins
intéressante de la loi. A vrai dire, imitant l'initiative de certaines
grandes villes étrangères, quelques municipalités françaises avaient
dès avant 1902, constitué cet organe technique si utile à la vie locale.
Le premier en date fut celui du Havre qu'un arrêté du 18 mars 1879,
pris par le maire de cette ville, justifiait en des termes qu'il est
bon de retenir : « Considérant que la santé est la base sur laquelle
repose avant tout le bonheur du peuple ; qu'elle est la première
richesse d'une ville comme d'un pays, puisqu'elle a pour conséquence d'augmenter la puissance de production et de diminution
et de diminuer les charges.... » Rien n'est plus exact ni exprimé en
de meilleurs termes, si l'on n'oublie pas, que la santé ne doit pas
être séparée, dans son intérêt même, de la vertu. Sans s'élever à
une considération aussi haute, l'institution d'un bureau d'hygiène
n'en était pas moins un progrès marqué et un germe fécond.
D'autres villes suivirent l'exemple du Havre ; et le législateur de
1902 généralisa et prescrivit le mesure nouvelle [1].

Les bureaux d'hygiène doivent exister désormais dans toutes les
villes de plus de 20,000 habitants et dans les stations thermales de
plus de 2,000. L'ensemble des villes envisagées dans la première
catégorie représente une population totale de 9,500,000 habitants,
c'est-à-dire plus du quart de la population française. Quant aux
stations thermales, la difficulté, pour les plus petites d'entre elles,
de les définir et la crainte de leur imposer une charge trop lourde
et disproportionnée à leur importance, ont amené le Gouvernement
à faire dresser par le Conseil supérieur la liste de cette seconde
catégorie [2]. Avec beaucoup de sagesse et de prévoyance, la loi et le

1. Les textes sont les articles 19, 26 et 33 de la loi du 15 février 1902, et le
décret portant règlement d'administration publique du 3 juillet 1905 préparé
par le Conseil supérieur d'hygiène et adopté par le Conseil d'État. On consul-
tera aussi avec fruit la circulaire ministérielle du 23 mars 1906.
2. La première liste arrêtée par le Conseil supérieur d'hygiène comprend :
Bourbon-l'Archambault (3,600 hab.), Cusset (6,598), Néris (2,821), Vichy (14,254),
Digne (7,238), Vals (4,025), Crausac (6,715), Bagnères-de-Luchon (3,260), Cazaubon
(2,520), Allevard (2,546), Lons-le-Saunier (12,935), Salins (5,525), Dax (10,329), Bour-
bonne (4,038), Saint-Amand (13,705), Mont-Dore (2,092), Cambo (2,118), Laruns

décret réglementaire ont, d'ailleurs, prévu que des communes voisines pourraient se syndiquer, afin d'établir un service unique. Cette référence aux dispositions de la loi du 22 mars 1890 sur les syndicats des communes permet soit de diminuer la charge des frais généraux pour chacune des collectivités associées, soit de réaliser plus aisément les mesures de prophylaxie ou d'assainissement d'une certaine étendue [1].

Il est à peine besoin de souligner, en passant, le rôle considérable que les bureaux d'hygiène ont à jouer pour la défense sanitaire. La commune n'est-elle pas dans notre organisme national la cellule vivante? C'est dans son cadre, restreint sans doute, mais où les molécules sociales sont plus particulièrement agglomérées entre elles et solidaires les unes des autres, que toute réforme et tout progrès rencontrent en dernière analyse leur pierre de touche, et puisent les éléments de leur propre fécondité. Or, précisément dans la commune, ce qui veut dire au jour le jour, au sein des demeures privées comme dans le cours de la vie municipale, ce nouveau service sera chargé de veiller à l'application quotidienne des dispositions imposées par la loi, et de prendre celles que dictera, suivant les circonstances, le souci de la santé de tous. Si la lettre des textes lui donne des attributions obligatoires, dont nous retrouverons la trace par ailleurs, leur esprit remet à sa spécialité et à sa compétence tout ce qui touche de près ou de loin à l'hygiène publique. Là où il ne proposera pas la décision à la municipalité, il lui arrivera fréquemment d'avoir à émettre un avis. L'autonomie des autres services communaux, puissance jalouse et ombrageuse, devra s'incliner devant son intervention et prendre en considération ses conseils, chaque fois qu'il y aura lieu. Et ne sera-ce pas presque toujours, si l'on remarque que, dans une ville, tout travail, tout projet, fussent-ils de voirie ou d'hospitalisation, qu'il s'agisse de construire des immeubles et de percer des rues aussi bien que d'établir des égouts et de transférer un cimetière, peut avoir sa répercussion sur l'état sanitaire lui-même.

(2,061), Salies-de-Béarn (5,994), Bagnères-de-Bigorre (8,671), La Preste (2,525), Luxeuil (5,254), Aix (8,120), Saint-Gervais (2,022), Thonon (6,268), Enghien (4,067), Lacaune (3,665), Bains (2,415), Bussang (2,508).

1. Cette référence existe également pour les règlements sanitaires communaux dont il sera parlé plus loin.

Cette situation exceptionnelle des bureaux d'hygiène n'a pas empêché le législateur et le gouvernement, autant dans le désir d'associer à leur œuvre les énergies localisées que dans une pensée de décentralisation et d'assimilation aux autres services de la commune, de laisser aux conseils municipaux le soin de les organiser et de les faire fonctionner. Il a paru, cependant, nécessaire de poser certaines règles constitutives, assurant un minimum de garanties. Il est entendu d'abord, qu'en dépit de son nom modeste, le bureau d'hygiène est un service indépendant, doté des rouages indispensables à l'exécution de sa tâche. Il aura son local, et, dans la mesure du possible, comme annexe, un laboratoire. Si ce laboratoire ne lui est pas propre et ne fait pas partie intégrante de sa constitution, il faudra que le bureau d'hygiène ait la ressource de relations faciles et régulières avec un laboratoire public ou privé pour remplir sa mission. Son personnel comportera d'autre part au moins un agent administratif et un agent technique. Il est vrai que le décret réglementaire, préoccupé à juste titre de concilier l'économie de l'argent des contribuables avec leur sécurité permet que ces employés, dont le nombre est variable, soient utilisés dans d'autres branches de l'administration communale. Seul le choix du Directeur impose une sollicitude particulière, comme son action a besoin d'une suffisante autorité. Ce titre de Directeur a été choisi à dessein. Le maire, qui le nomme, est obligé de le désigner parmi les personnes reconnues aptes à raison de leurs titres, par le Conseil supérieur[1]. Il est, en effet, réservé au corps le plus élevé de dresser la liste d'admissibilité à ces fonctions dont dépend en grande partie la bonne exécution de la loi, et de leur assurer par là cette double qualité nécessaire : la compétence et l'influence. Sur ces bases, le conseil municipal délibère souverainement pour organiser son bureau d'hygiène, et un arrêté du maire fixe les mesures de détail propres à exécuter sa délibération[2]. Toutefois les droits du gouvernement ont été réservés. Gardien des principes et tuteur des finances, il peut, par une procédure spéciale qui aboutit au décret

1. Le directeur n'est pas nécessairement un médecin.
2. Il ne faut pas oublier, pour tout ce qui précède, que nous sommes dans des villes de plus de vingt mille habitants, sauf le cas particulier des stations thermales.

en Conseil d'État, obvier au défaut, à l'insuffisance ou au contraire à l'exagération de l'organisation laissée à la commune.

Ainsi les bureaux d'hygiène municipaux nous apparaissent au bas de cette hiérarchie nouvelle, établie pour défendre la santé publique, comme le Conseil supérieur brille au sommet. On a pu définir celui-ci la clef de voûte de l'édifice; ceux-là, qui lui donnent des assises profondes dans les centres urbains et dans les lieux de passage et de séjour, en sont les fondements. L'armée sanitaire, partie de ce tout qu'est la constitution administrative de la France, vient de nous montrer sa structure particulière. Passons sur le terrain d'opérations.

*
* *

La tâche la plus urgente de l'hygiène est d'arrêter la contagion, parce qu'il n'est pas de péril plus pressant que l'expansion des maladies épidémiques. Les mesures essentielles édictées dans ce but, par la loi de 1902, les devoirs qu'elle impose et les droits qu'elle donne, constituent donc l'aspect primordial de la lutte entreprise.

La première condition pour combattre le mal, est de le connaître. Tout docteur en médecine, officier de santé ou sage-femme est tenu de déclarer à la mairie et à la sous-préfecture chaque cas de maladie contagieuse qu'il est appelé à constater. Un registre spécial est tenu dans chaque arrondissement pour recevoir, commune par commune, la déclaration prescrite. Il constitue comme un relevé constant de l'état sanitaire de la région, et permet, quand il y a lieu, de suivre en quelque sorte pas à pas le développement et la marche d'une épidémie. Une copie récapitulative en est envoyée chaque mois au ministère de l'Intérieur. La déclaration est faite à l'aide des cartes-lettres fermées détachées d'un carnet à souches, mis gratuitement à la disposition de tous les praticiens. Ces cartes-lettres, portent la mention « confidentielle », et ce caractère est maintenu sous les peines de droit, aussi bien à l'égard des autorités chargées de les recevoir, que des médecins obligés de les transmettre[1].

1. Loi du 15 février 1902, article 5; arrêté ministériel du 10 février 1903; circulaire du 5 juin 1903.

A vrai dire, cette formalité de la déclaration n'est pas absolument nouvelle, et la loi du 30 novembre 1892 sur l'exercice de la médecine l'imposait déjà. Mais elle n'avait alors qu'une portée très médiocre, celle d'une règle isolée et dénuée de toute conséquence pratique. Le législateur de 1902 l'a singulièrement fortifiée en la constituant comme le prélude de la désinfection obligatoire. Déclaration et désinfection sont étroitement liées. Et pour tirer d'une précision plus grande toute leur valeur et toute leur force, ces mesures se combinent et se concentrent sur une nomenclature de maladies qui les met, sans laisser de place aux hésitations possibles, immédiatement en jeu.

C'est en vertu de l'article 4 de la loi que des décrets présidentiels, rendus après avis de l'Académie de médecine et du Conseil supérieur d'hygiène, déterminent les maladies assujetties aux prescriptions légales. Et le premier décret, actuellement en vigueur depuis le 10 février 1903, contient cette énumération qu'on peut considérer comme la pierre angulaire du système tout entier. Elle comprend : la fièvre typhoïde, le typhus exanthématique, la variole et varioloïde, la scarlatine, la rougeole, la diphtérie, la suette miliaire, les maladies cholériformes, la peste, la fièvre jaune, la dysenterie, les infections puerpérales et l'ophtalmie des nouveau-nés, lorsque le secret de l'accouchement n'a pas été réclamé, la méningite cérébro-spinale. Seules ces maladies, jusqu'ici, astreignent à la déclaration et entraînent la désinfection ultérieure. Cependant on ne saurait considérer qu'il n'existe pas en dehors d'elles d'affections transmissibles : pour les exempter des charges de la loi, les privera-t-on nécessairement de ses bénéfices? La question était particulièrement angoissante pour la tuberculose, dont la puissance de transmission est redoutable et qui constitue, dans ce domaine, le fléau le plus mortel. Dans l'état de nos mœurs, devant l'insuffisance présente des services de désinfection, et en raison des formes multiples et de la durée de ce mal individuel devenu une véritable plaie sociale, il n'était pas pratiquement réalisable de le faire entrer dans le cadre rigide des prescriptions réglementaires. Mais on ne pouvait le passer sous silence, et le Conseil supérieur d'hygiène, dans le décret du 10 février 1903, a ajouté à la liste obligatoire, une liste facultative, où la tuberculose figure en

tête [1]. A la différence des premières, pour lesquelles la déclaration
et la désinfection sont exigées, les maladies inscrites sur cette liste
ne sont déclarées et ne mettent en mouvement le service public de
la désinfection que sur l'avis des médecins, ou la demande des
familles ou des collectivités intéressées. Cette innovation considérable, résultant d'une interprétation sans doute un peu hardie
de l'article 4 de la loi, a l'heureuse conséquence d'ouvrir très
largement le bénéfice des dispositions légales, tout en restreignant
au strict nécessaire leur obligation. Une double mesure, procédant
d'un texte unique et de la même idée, et dont les parties s'enchaînent
et se corroborent réciproquement, concilie de la sorte le souci de
donner à la prophylaxie des maladies contagieuses, dans un
minimum d'inquisition et de tyrannie, son maximum actuel
d'efficacité.

Le but immédiat de ces règles est, en effet, de répandre, soit en
l'imposant, soit en la facilitant, la pratique sérieuse de la désinfection. Comment les textes l'organisent-elle ?

Le service de la désinfection est municipal dans les villes de
20,000 habitants et au-dessus, et départemental pour toutes les autres
parties du territoire. Une corrélation rationnelle a ainsi été établie
entre l'existence du bureau d'hygiène et le mode de fonctionnement
de la désinfection obligatoire : Partout où il existe de droit un bureau
d'hygiène c'est la commune qui, sur l'avis du Directeur de ce bureau
détermine les conditions dans lesquelles elle entend assurer le nouveau service, composition et rétribution du personnel, acquisition et
entretien du matériel, vote des crédits. Partout ailleurs, au contraire,
la compétence des municipalités eût semblé douteuse, et c'est le
Conseil général, après avis du Conseil départemental d'hygiène, qui
pourvoit dans la même mesure au même service. A cette corrélation
si légitime, il n'est fait d'exception que pour les stations thermales
qui, au-dessous de 20,000 habitants, sont tenues de posséder leur
bureau d'hygiène, sans être pour cela détachées de l'organisation
confiée au département. Mais, par un reste d'assimilation, un poste
de désinfection doit s'y trouver nécessairement établi. L'abandon aux

---

1. Tuberculose pulmonaire, coqueluche, grippe, pneumonie et broncho-pneu-
monie, érysipèle, oreillons, lèpre, teigne, conjonctivite purulente et ophtalmie
granuleuse.

autorités locales du soin de créer et de mettre en mouvement une
organisation aussi délicate n'aurait pas cependant, malgré les concours exigés, présenté des garanties suffisantes. L'analogie avec les
prescriptions relatives aux bureaux d'hygiène se poursuit encore par
le fait qu'il appartient au pouvoir central, par décrets rendus en
Conseil d'État après consultation préalable du Conseil supérieur, de
remédier au défaut, à l'insuffisance, ou à l'exagération des services
prévus.

La désinfection fonctionne à l'aide de postes munis du personnel
et du matériel nécessaires. Il en est installé un ou plusieurs, dans
les villes maîtresses de constituer ces rouages à leur gré. Dans le
département, les postes doivent correspondre aux circonscriptions
sanitaires et le conseil général ne peut pas en créer moins d'un par
circonscription. Un délégué de la commission sanitaire, agréé par le
préfet, dirige le service pour chaque circonscription. Le contrôle en
est assuré, pour l'ensemble des communes, par un membre du conseil départemental. Les chefs de poste, assermentés et assistés, s'il y
a lieu, d'agents ou d'aides, procèdent aux opérations de désinfection.
Les sièges de chaque poste sont fixés de telle sorte qu'il ne faille pas
plus de six heures pour se rendre dans les diverses communes qui
en dépendent. La mise en mouvement résulte de la déclaration de
maladie prescrite à la mairie par la loi, et dont le maire est tenu
d'avertir le chef de poste dans le ressort duquel se trouve le malade
signalé. Lorsque le maire soupçonne une affection contagieuse dans
une famille où n'a été appelé aucun médecin traitant et où, par suite,
aucune déclaration n'a été faite, il lui appartient d'y envoyer un
médecin à toutes fins utiles. La désinfection est double : en cours de
maladie pour les objets usuels du malade, après décès ou guérison
pour les mêmes objets et les locaux. La destruction d'objets contaminés peut être ordonnée, sous certaines garanties. Le décret du
10 juillet 1906 contient d'ailleurs des dispositions destinées à concilier les nécessités de l'hygiène avec la discrétion qui s'impose quand
il s'agit de pénétrer dans les vies privées.

Au surplus l'autorité du Conseil supérieur plane sur le système tout
entier. Il a été appelé à collaborer à la rédaction des textes généraux
et réglementaires, et d'autre part les instructions de détail à suivre
pour opérer la désinfection émanent de lui. Aux termes du décret

du 7 mars 1903, nul appareil et nul procédé ne peuvent être mis en usage et ne sont considérés comme admissibles s'ils n'ont reçu son approbation et ne sont munis d'un certificat délivré, sur son avis, par le ministre de l'Intérieur. Il inspire de haut et constamment ce nouveau service public, auquel coopèrent tous les organes de l'administration sanitaire, et qui est vraiment l'un des grands progrès réalisés par l'effort de la législation [1].

La prophylaxie des maladies contagieuses, bien qu'elle tende à arrêter l'envahissement des épidémies, ne serait pas cependant à elle seule une mesure de protection suffisante. Poussant plus loin sa sollicitude, l'État s'est préoccupé de prévenir non seulement la diffusion du mal dans la société, mais son installation dans l'individu. Il est remonté jusqu'au point de départ, pensant que le meilleur moyen de se défendre est encore de prévenir, et il a entendu poursuivre les germes morbides, au delà de leurs multiplications désastreuses, dans leurs éclosions menaçantes.

La vaccine antivariolique lui fournissait une arme précieuse contre l'un des fléaux les plus graves de nos climats. Déjà, l'usage courant de la vaccination avait produit les plus heureux résultats. En la prescrivant à trois reprises, dans la première année de l'existence, dans la onzième, et dans la vingt et unième, l'article 6 de la loi du 15 février 1902 a érigé en obligation ce qui n'était pas encore partout une habitude; et le décret du 27 juillet 1903 a constitué en un autre service public sanitaire, à caractère départemental, l'accomplissement de cette obligation. Contre les autres maladies, la science ne fournit pas encore le remède préventif qu'il suffit à la loi d'imposer pour garantir. C'est à l'hygiène plus proprement dite que le législateur a dû demander des prescriptions tutélaires, et il les a particulièrement trouvées dans les mesures relatives à l'adduction des eaux potables et à l'assainissement des habitations.

Que l'eau soit le véhicule naturel et trop fréquent des bacilles les plus dangereux, et qu'elle contienne notamment les foyers ordinaires de propagation de la fièvre typhoïde, c'est ce qui ne fait plus doute pour personne. Dans ces dernières années, un certain nombre de

1. Les textes généraux sur la désinfection sont les articles 7 et 26 de la loi du 15 février 1902, et les règlements d'administration publique du 7 mars 1903 et 10 juillet 1906.

villes, pour remédier à cette situation, ont employé des sommes
considérables au captage et à la distribution d'eaux de source, prises
à leur émergence du sol, amenées dans des conduites fermées et à
l'abri de toute souillure aux réservoirs urbains, canalisées de ces
réservoirs jusqu'à l'intérieur des maisons. La loi de 1841 mettant
l'expropriation au service des municipalités a facilité un peu partout
l'accomplissement de ces travaux, de même que les subventions de
l'État les ont encouragés. Mais de pareilles initiatives ne devaient pas
rester limitées aux villes; et, afin de les répandre un peu partout et
d'y engager les communes de minime importance qui forment la
multitude immense des campagnes, il convenait de simplifier le plus
possible les formalités à remplir pour l'acquisition ou l'usage des
sources. D'autre part, les eaux ont besoin d'être protégées presque
autant à l'intérieur du sol dans lequel les infiltrations superficielles
pénètrent assez profondément, qu'à la surface où elles sont exposées
à tous les contacts. A ce double point de vue, les textes existants,
celui de 1841 comme le code rural de 1898, fournissaient moins des
garanties sanitaires que des solutions juridiques, et l'article 10 de
la loi du 15 février s'est efforcé de combler en partie cette lacune.
Désormais, la source captée pour le service de l'alimentation pourra
être entourée d'un périmètre de protection, comme le sont obligatoirement les sources d'eaux minérales, qui la préservera de toute
cause de pollution. Quant aux petites communes, désireuses d'acquérir une source sur leur propre territoire avec un débit ne dépassant pas deux litres par seconde, il suffira d'un arrêté du préfet, en
conseil d'hygiène, pour leur donner la déclaration d'utilité publique.
L'appareil un peu complexe des dispositions du 3 mai 1841 est mis
à leur portée par cette mesure, et par la référence à la loi du
21 mai 1836 en ce qui concerne le règlement des indemnités. De
l'usage même des sources l'article 10 dit peu de chose, et semble
prévoir sur ce point l'émission d'un décret qui jusqu'à ce jour n'a
pas été rendu.

L'assainissement des habitations n'est pas un moindre élément
de défense pour la santé publique que la protection des eaux
potables. On connaît ce vieux dicton d'après lequel le médecin
n'entre jamais où pénètre le soleil. L'étanchéité du sous-sol, l'écoulement normal des résidus ménagers, l'air et la lumière sont autant

de conditions indispensables à la salubrité des immeubles. Dans les centres urbains, où les questions d'hygiène n'ont pas échappé à la vigilance des municipalités, les règlements de police des maires ont pu assurer et garantir jusqu'à un certain point ces avantages de première nécessité. Mais l'incurie de beaucoup d'autres autorités locales, l'inexécution totale ou partielle des prescriptions édictées par les meilleures, le défaut de sanctions pratiques, l'inertie des intéressés, rendaient indispensable l'intervention de la loi nouvelle, si l'on voulait réellement atteindre et généraliser les résultats désirés. C'est pourquoi le législateur a consacré tout le chapitre II de son texte aux immeubles, et abrogé du même coup les dispositions anciennes de la loi du 13 avril 1850 sur les logements insalubres. Se heurtant aux prétentions et aux droits mêmes de la propriété, son œuvre était ici particulièrement délicate. La propriété n'est-elle pas le pouvoir le plus large de disposer des choses, et de la manière la plus absolue? Il fallait toute l'énergie du bien à accomplir, toute la conscience du mal auquel il était urgent de porter remède, pour tenter contre les résistances les plus certaines et les plus intransigeantes un pareil effort. Mais il était trop justifié par le but poursuivi pour qu'on reculât. La déclaration et la désinfection allaient parer au péril de la diffusion des maladies contagieuses; l'usage des eaux de sources répandu et facilité allait défendre les organismes humains contre l'invasion des germes morbides par la voie si naturelle de l'alimentation journalière : à leur tour, les infections latentes et permanentes, les ambiances empoisonnées, les atmosphères traîtreusement pernicieuses ne devaient pas échapper à l'action préservatrice, et, la compromettant dans son ensemble, sacrifier à l'intérêt de quelques-uns la vie du plus grand nombre.

Le permis de construire est la première garantie prise pour assurer la salubrité des immeubles. Il n'est d'ailleurs établi que dans les agglomérations de 20,000 habitants et au-dessus, qui sont dotées de bureaux d'hygiène. Il est naturel que les charges et les responsabilités imposées aux villes où cet organisme existe, soient plus grandes. Le permis de construire est délivré par le maire avant le commencement des travaux de toute habitation nouvelle, et il constate que dans le projet présenté, les conditions de salubrité que doit prescrire tout règlement sanitaire municipal sont observées.

Une pareille arme entre les mains d'un magistrat qui n'est souvent que l'élu d'une coterie politique aurait pu, toutefois, sembler fort dangereuse, et elle a soulevé, de sérieuses objections au sein du Parlement. Dans une matière qui touche de si près aux droits privés et où les intérêts les plus contradictoires exigent d'être conciliés, il n'y avait pas trop de précautions à prendre. Aussi n'a-t-on pas laissé aux maires un pouvoir sans appel, et en cas de refus, l'autorisation peut être donnée par le préfet. A côté de la mauvaise volonté, il fallait encore prévoir la négligence qui parfois n'en est qu'une forme, et le défaut de décision du maire dans le délai de vingt jours à dater du dépôt de la demande équivaut à la permission de commencer les travaux. Par contre, un procès-verbal est dressé contre ceux qui violent ces dispositions, sans préjudice de l'application aux immeubles édifiés en dehors des règles de l'arrêté municipal sanitaire, des mesures édictées à l'égard des habitations insalubres.

Ces mesures constituent la seconde catégorie des entraves apportées par l'hygiène à l'usage de la propriété. Bâti ou non, attenant ou non à la voie publique, un immeuble peut constituer un péril pour la santé des occupants ou des voisins. Si une pareille situation était intangible et si le droit du propriétaire restait intact devant les pires conséquences de son exercice, l'œuvre entreprise à grand'peine pour défendre la santé collective eût été frappée de stérilité dans une de ses parties vitales. A quoi eût-il servi, en effet, de dresser des barrières contre l'invasion des microbes, alors que leurs centres d'attraction seraient restés aussi facilement ouverts, aussi notoirement actifs que par le passé? Et quelle insuffisance de résultats dans une lutte intermittente contre la diphtérie, la variole, la typhoïde, alors qu'on n'aurait atteint aucun des foyers habituels et constants de la tuberculose! Ni la liberté de l'assassinat, ni même celle du suicide ne rentrent légitimement dans la liberté du propriétaire. Ne rien faire, c'eût été reconnaître implicitement l'une et l'autre, et leur laisser libre cours. De telles considérations font mieux que justifier les pouvoirs conférés, sous de prudentes réserves, aux autorités administratives pour assainir les immeubles par unité ou par groupe, et même les villes, par quartier ou dans la totalité de leur agglomération.

Lorsqu'un immeuble met en danger la santé de ceux qui l'habitent ou l'avoisinent, le maire, ou à son défaut, le préfet saisit de la question la commission sanitaire de la circonscription et l'invite à délibérer sur la nature et l'utilité des travaux à entreprendre, et sur l'interdiction d'habiter jusqu'à ce que les causes d'insalubrité aient disparu. Quinze jours à l'avance, les intéressés, quel que soit leur titre, propriétaires, usufruitiers ou usagers, doivent être avisés de la réunion de la commission; ils peuvent produire leurs observations et demander à être entendus par elle. En cas d'avis contraire aux propositions du maire, le dossier est transmis au préfet à qui il appartient, s'il entend poursuivre la procédure, de saisir le Conseil départemental d'hygiène. Devant le conseil la procédure est à peu près la même que devant la commission. Elle aboutit à la fixation d'un délai imparti pour l'exécution des travaux, en déterminant une interdiction d'habiter totale ou partielle. Cette mise en interdit d'un vieil immeuble insalubre apparaît ainsi, dans le système institué, comme la contre-partie du permis de construire un immeuble neuf; c'est entre ces deux pôles que se meuvent les mesures destinées à protéger la santé dans les maisons. Les droits des intéressés ont été sauvegardés autant que possible dans l'instruction de ces affaires devant les comités techniques; il leur reste encore, au lendemain des décisions prises qui leur feraient grief, un recours contentieux dont l'effet est suspensif. Par contre, leur résistance se heurterait à des sanctions pénales et ne ferait pas obstacle au pouvoir du maire, explicitement reconnu, d'exécuter les travaux d'office et d'expulser les occupants.

L'assainissement des immeubles peut être également obtenu par une opération d'ensemble. Il existe des causes d'insalubrité qui ne sont pas particulières à telle ou telle maison, mais à tout un groupe, et qui exigent, pour être détruites, l'établissement d'un programme dont la portée dépasse l'étendue d'une seule propriété. Il importait qu'une semblable hypothèse, fréquemment réalisable, ne trouvât pas l'autorité administrative désarmée, et, afin d'y faire face, les communes ont reçu la faculté d'acquérir par expropriation la totalité des terrains compris dans le périmètre des travaux reconnus nécessaires[1].

1. Loi du 15 février 1902, art. 18.

C'est à elles, dès lors, qu'il appartient de procéder à l'assainissement, et, lorsqu'il est opéré, il leur est loisible de vendre aux enchères les portions d'immeubles restées en dehors des nouveaux alignements, et sur lesquelles peuvent être édifiées des constructions salubres.   ·

La rigueur relative de pareilles prescriptions montre bien jusqu'où a pu conduire le souci de l'hygiène générale. Bien peu de matières existent où l'intérêt personnel et l'intérêt commun soient à la fois plus confondus et plus séparés, et où il semble aussi légitime, dans ce qui les sépare, de sacrifier à l'importance nationale du second l'individuelle étroitesse du premier. Qui avance de la sorte pas à pas dans l'examen des dispositions récentes dont le but est de protéger la santé publique, s'aperçoit mieux de l'importance du chemin parcouru vers des solutions jusqu'ici opposées à nos mœurs habituelles et à l'ombrageuse indépendance de nos vies intimes. La déclaration des maladies personnelles, la désinfection des locaux privés, une sorte de droit éminent reconnu à la collectivité représentée par la commune sur les eaux de source, et le pouvoir encore plus direct qui lui est attribué sur les propriétés malsaines, forment un enchaînement progressif de mesures, dont chacune pénètre un peu plus profondément et va un peu plus loin que celle qui la précède. Ce n'était pas assez, cependant : si l'hygiène peut être favorisée par des dispositions légales, elle n'est véritablement assurée que par l'effort quotidien de l'autorité agissante et active. Celle-ci même n'a-t-elle pas besoin d'être stimulée et surveillée sans cesse pour ne pas faillir à une tâche particulièrement délicate? L'œuvre entreprise par les réformateurs n'aurait laissé dans l'ombre cet autre aspect du problème qu'au grand détriment de la réforme. En l'abordant, comment l'a-t-elle résolu? Et après avoir constitué l'armée sanitaire, déterminé son domaine, qu'a-t-elle laissé à faire, sous cette garantie et dans ce domaine, aux organes normaux de l'administration?

*
* *

Que de ce partage de responsabilités le maire ait, pour chaque commune, reçu la meilleure part, nul ne s'en étonnera. N'est-il pas le dépositaire, partout présent, de l'autorité régulière à son moindre degré mais sous les formes les plus multiples? Ne concentre-t-il pas localement tous les pouvoirs, avec leur minimum de puissance mais leur maximum de variété? De là cette police municipale, si vaste que l'énumération des attributions qu'elle confère n'est, dans l'article 97 de la loi du 5 avril 1884, qu'énonciative, et si large qu'il en peut sortir, suivant les hommes et sous la réserve des contrôles supérieurs, ou les meilleures décisions, ou les pires abus. On y voit déjà apparaître, parmi les attributions du maire, à côté du bon ordre, de la sûreté, de la tranquillité, la salubrité publique. Cependant cette disposition restait lettre morte, parce qu'elle permettait tout ensemble trop et trop peu. Et rien ne marque mieux précisément les progrès des idées d'hygiène dans nos institutions, que les développements apportés à l'article 97 de la loi communale par des textes ultérieurs sur ce point particulier, alors qu'il est resté se suffisant à lui-même dans ses autres parties. Le chapitre II de la loi du 21 juin 1898, sur le code rural, n'en est, en vérité, qu'un commentaire qui en précise les applications à la vie agricole. A son tour, la loi du 15 février 1902 — et dans son article premier — en a fait sortir l'obligation généralisée d'un règlement sanitaire municipal, destiné à coopérer très étroitement et en tous lieux à la défense de la santé humaine. Ce règlement donne aux municipalités un rôle direct et constant dans la mise en valeur de l'œuvre législative[1]. Son énoncé indique à lui seul le lien qui l'unit à la loi pour leur objet commun; elle lui abandonne tout ce qu'elle n'a pas décidé elle-même, dans les matières identiques, désinfection, eaux potables, assainissement des immeubles, qu'ils ont en vue. Il en est comme le prolongement, déterminé, inspiré, et sanctionné par elle.

La portée de cette disposition était si grave et l'efficacité de la

---

1. Loi du 15 février 1902. Article I. « Dans toute commune le maire est tenu, afin de protéger la santé publique, de déterminer après avis du conseil municipal et sous forme d'arrêtés municipaux portant règlement sanitaire :

1° Les précautions à prendre, en exécution de l'article 97 de la loi du 5 avril 1884 pour prévenir ou faire cesser les maladies transmissibles visées à l'article 4 de la présente loi, spécialement les mesures de désinfection ou même de destruction des objets à l'usage des malades ou qui ont été souillés par eux et généralement des objets quelconques pouvant servir de véhicules à la contagion.

2° Les prescriptions destinées à assurer la salubrité des maisons et de leurs dépendances, des voies privées, closes ou non à leurs extrémités, des logements loués en garni et des autres agglomérations, quelle qu'en soit la nature notamment les prescriptions relatives à l'alimentation en eau potable ou à l'évacuation des matières usées.

législation purement sanitaire si étroitement liée à sa bonne exécution, qu'il avait été entendu, devant les Chambres, que des instructions seraient adressées, après avis du Conseil supérieur, aux municipalités. Elles ont pris la forme de règlements modèles, dont la rédaction ne s'impose pas d'ailleurs aux communes, mais ne tend qu'à leur servir de cadre et de memento [1]. Très sagement, on a distingué entre les campagnes et les villes. Le modèle de règlement urbain comprend quatre titres. Dans le premier sont réunies les prescriptions relatives à la salubrité des habitations, aération, éclairage, hauteur des maisons, dimension des cours et courettes, et surtout alimentation en eau et évacuation des déchets; on y vise la surveillance des puits et citernes, l'étanchéité des fosses et tout ce qui concerne la délivrance du permis de bâtir. Le titre II, en s'appliquant spécialement à la prophylaxie des maladies contagieuses, a surtout pour but le transport et l'isolement des malades et tous les détails de la désinfection d'après les principes posés soit par le législateur au point de vue juridique, soit par le Conseil supérieur d'hygiène au point de vue technique. Un ensemble de dispositions générales forme le titre III; et le titre IV rappelle les sanctions établies par la loi. A la différence du modèle urbain, le modèle rural ne contient qu'une réglementation sommaire, qui réduit et rend assimilables aux nécessités de la vie des champs, plus dispersée qu'agglomérée, des mesures dont le fond demeure analogue. La surveillance des sources et des puits, des citernes et des mares, des étables, des celliers, des fosses à fumier et à purin y a fait insérer toutefois des règles qui lui sont propres, et qui montrent que s'il doit renfermer des prescriptions plus simples, son objet n'est pas moins étendu.

Important par son but, vaste par son domaine, le règlement sanitaire municipal est confirmé dans ce double caractère par les formes où il doit être rendu. Contrairement aux arrêtés ordinaires qui sont pris par le maire seul et ne peuvent être qu'annulés ou suspendus par le préfet, il doit être précédé d'une délibération du conseil municipal et être soumis à l'approbation du préfet. Dans les villes, son élaboration appartiendra naturellement au bureau

---

1. Circulaire du ministre de l'Intérieur aux préfets du 30 mai 1903.

d'hygiène, qui en aura, dans la suite, à surveiller chaque jour l'application. Quant au visa préfectoral, il ne sera donné qu'après un avis du conseil départemental, qui devient ainsi le tuteur des communes, pour la défense de la santé puplique.

Une pareille attribution dans la main des municipalités, malgré les droits qu'elle donne, les garanties dont elle est entourée, les sanctions qu'elle comporte, ne saurait pourtant suffire à elle seule à assurer sur l'ensemble du territoire français toute l'efficacité de l'œuvre voulue par le Parlement, et souhaitée par la partie la plus éclairée de l'opinion. Et le rôle dévolu aux préfets ou au gouvernement lui-même en a semblé un indispensable complément.

Tout d'abord, les préfets peuvent se substituer aux maires dans tous les cas où ceux-ci négligent d'accomplir leur mission sanitaire. Ils tiennent ce droit des principes généraux; mais il leur est expressément renouvelé en cette matière, comme si, en un sujet aussi grave, on n'avait voulu laisser aucune place à l'hésitation et au doute, et ne permettre aucun de ces tâtonnements qui affaiblissent l'action administrative ou l'énervent. En dehors de ce pouvoir de substitution, ils ont leurs pouvoirs propres. Il leur appartient, par exemple, de prendre des arrêtés de salubrité concernant soit plusieurs communes, soit l'ensemble des communes de leur département lorsqu'il y a lieu, à raison de circonstances quelconques, d'édicter pour toute une région des règles uniformes. D'autre part, il leur a été réservé à l'intérieur même d'une seule agglomération dotée normalement de son règlement municipal, d'ordonner l'exécution immédiate des mesures prescrites par ce règlement, sans s'astreindre aux formalités ordinaires, quand il existe un danger imminent. Ils sont les souverains juges de l'urgence, et y puisent la faculté d'agir sans délai, vis-à-vis des personnes pour les isoler, des objets pour les détruire, des habitations pour les interdire, des situations subitement inquiétantes pour y parer. La réserve des droits des particuliers n'a été maintenue, dans ces hypothèses où l'intérêt collectif s'impose à un tel degré, qu'en vue des indemnités ultérieures; elle n'en constitue pas moins un tempérament nécessaire à un zèle qui serait susceptible de s'exagérer, et atténue, d'un motif de sagesse, l'utile tentation d'intervenir. Les préfets ont encore la haute responsabilité de l'exécution de la loi; et à cet égard, leur rôle est double, par leur initiative dans le département, et leur contrôle sur les communes. Ils présentent au Conseil général, et soutiennent devant lui, les projets d'organisation du service de l'hygiène publique qui rentre exclusivement dans la compétence de chacune de ces assemblées pour leurs circonscriptions respectives. Ils surveillent, afin d'y remédier s'il y a lieu, les conditions dans lesquelles les conseils municipaux établissent, de leur côté, les organismes spéciaux dont nous avons vu que l'institution et le fonctionnement leur ont été confiés. Enfin, et comme conséquence de ces droits de contrôle et d'initiative, les préfets ont, à côté de leurs pouvoirs de substitution et de leurs pouvoirs propres, la faculté de mettre en mouvement les procédures d'office qui seules triomphent des mauvaises volontés obstinées, et font aboutir entre les mains du Gouvernement et par lui-même, les mesures de défense et de protection que les autorités locales n'ont ni su ni voulu réaliser.

Les bureaux d'hygiène, les services de désinfection peuvent être, comme on l'a vu plus haut, l'objet de ces procédures où l'action du préfet précède et prépare toujours sous la garantie des conseils techniques, l'intervention gouvernementale. Mais il en est un autre cas, sur lequel il convient de s'arrêter, parce qu'il constitue l'une des innovations les plus intéressantes et l'un des droits les plus exorbitants — dans le meilleur sens du mot — consacré en faveur de la santé publique.

La possibilité de mettre en échec, au nom de cet intérêt national, l'indolence des familles, la liberté des propriétaires, la part de souveraineté qui appartient sur leurs territoires aux magistrats municipaux dans l'exercice de leurs attributions de police et d'organisation n'était pas assez. On y a ajouté celle de se substituer aux communes jusque dans leur administration courante et la gestion normale de leurs affaires [1]. Lorsqu'en effet, pendant trois années consécutives, le nombre des décès dans une ville a dépassé le chiffre de la mortalité moyenne de la France, ce fait constaté et démontré permet de lui imposer l'exécution et la dépense de tout un programme de travaux d'assainissement. Une instruction et des formalités rigoureuses entourent, il est vrai, l'application de mesures aussi

.1. Loi du 15 février 1902, art. 9.

exceptionnelles. Enquête demandée par le préfet au Conseil départemental d'hygiène; mises en demeure adressées à la commune quand l'enquête a établi les causes de mortalité et indiqué les moyens d'y porter remède; délibérations du Conseil départemental sur l'utilité et la nature des travaux jugés nécessaires lorsque la municipalité reste inerte devant les résultats de l'enquête; transmission, si le désaccord persiste, de l'affaire au ministre de l'Intérieur, examen par le Conseil supérieur, et dans le cas ou l'avis de cette haute assemblée confirme les propositions du préfet sans que le conseil municipal s'y soumette, les travaux sont ordonnés par décret, et la dépense mise à la charge de la commune par une loi. Mais sous ces réserves légitimes, les communes peuvent voir exécuter sur leur propre territoire à leurs frais et malgré elles une adduction d'eau potable, la construction d'un réseau d'égouts, l'élargissement de certaines rues, la démolition de tout un quartier. La puissance publique est mise tout entière au service de la vie humaine, et, pour un but si grand, elle ne s'arrête pas plus devant le droit des personnes morales que devant celui des personnes privées.

N'est-ce pas encore à juste titre qu'elle intervient quand une épidémie menace tout ou partie du territoire de la République? Les moyens de défense locaux sont alors insuffisants, les règles ordinaires, impuissantes, les mesures courantes, inefficaces; et toute liberté est donnée au Gouvernement, toujours après consultation du Conseil supérieur, pour décréter les dispositions à prendre. La loi du 3 mars 1822 avait, depuis longtemps, établi ce principe, et laissait au pouvoir central un véritable arbitraire de protection en face des maladies pestilentielles venant du dehors, et de ce qu'on pourrait appeler les dangers exotiques. L'article 8 de la loi du 15 février a appliqué ce même principe contre les maladies autochtones, dont le péril n'est pas moindre parce qu'elles sont à la fois plus fréquentes et plus habituelles. Mais il en a atténué les sanctions. Le régime des quarantaines, des cordons sanitaires armés de la peine de mort et de la dégradation civique pour violation des règlements reste dans le domaine, presque désuet, de la loi non abrogée de 1822. La nouvelle formule, plus adaptée aux besoins de l'hygiène moderne et aux mœurs contemporaines, compense la rigueur par l'étendue, dans la même plénitude de droits conférés à l'initiative gouvernementale. Le décret, rendu, dans cette hypothèse, par le Président de la République détermine à lui seul les moyens propres à empêcher la propagation de l'épidémie; il règle les attributions, la composition et le ressort des autorités et administrations chargées de l'exécuter. Les frais incombent à l'État. Nulle entrave et nulle réserve ni en fait ni en droit ne sont donc apportées à cette intervention exceptionnelle. Sous la garantie de l'avis préalable du Conseil supérieur, rien ne la limite. Ses décisions sont sans recours. Elle a la gravité des proclamations de salut public, leur caractère temporaire, et la marque véritable d'un acte de souveraineté.

Ainsi, de degrés en degrés, trois échelons apparaissent dans l'action administrative destinée à défendre la santé française. Au premier échelon, le maire possède les attributions de police les plus ordinaires et les plus normales, accentuées par la précision des textes, et s'imposant à lui, pour qu'il en use, avec non moins de force qu'elles s'imposent aux intérêts privés, pour qu'ils s'y soumettent. Dans le rôle du préfet, plus intermittent, rentrent les mesures urgentes à exécuter sans délai, et l'extension ou le complément des moyens purement locaux. Au chef de l'État, entouré des plus hautes compétences techniques, ont été réservés les pouvoirs coercitifs à l'égard des autorités inférieures insouciantes et incapables, et les droits généraux et absolus dont certaines circonstances exceptionnelles peuvent, par d'impérieux besoins, réclamer l'exercice.

Et ce partage, qu'on appellerait volontiers la division du travail, se retrouve, avec d'autres proportions, dans la division de la dépense. L'hygiène publique est en principe un service d'État; son fonctionnement est en fait et dans les détails journaliers, une affaire municipale; le département représenté par le Conseil général a reçu de la loi, et dans les conditions prévues par elle, la mission de l'organiser : État, département et commune ont respectivement leur part de ces charges nouvelles. Elles ne sont pas insignifiantes. Des taxes ont, il est vrai, été établies, conformément à la loi par le décret du 10 juillet 1906, qui permettent le remboursement partiel des dépenses de désinfection. La valeur locative des locaux et le chiffre de la population de la commune servent de base au tarif proportionnel d'après lequel elles sont perçues sur les intéressés.

Mais outre qu'elles sont loin de représenter l'ensemble des dépenses du service, elles ne s'appliquent pas aux familles et aux personnes inscrites sur les listes d'assistance, qui fournissent précisément un contingent élevé à la catégorie des malades contagieux. De plus les opérations de désinfection ne sont pas les seules qui, dans tout le système dont on connaît maintenant l'économie, constituent une charge budgétaire. La défense de la santé publique est en réalité, une de ces réformes sociales qui coûtent cher, quoiqu'il ne s'en trouve peut-être pas où l'effort financier soit plus modeste au regard surtout de l'utilité immédiate des résultats. A ces dépenses, l'État, les départements et les communes participent dans les conditions déjà prescrites par la loi sur l'assistance médicale gratuite, et suivant des barèmes analogues. Toutefois, en ce qui concerne spécialement l'organisation du service de la désinfection, le partage se fait, selon les mêmes tableaux, entre l'État et le département, si le service est départemental, ou la commune, si le service est municipal. Enfin les travaux d'assainissement, d'adduction d'eaux potables ou autres semblables ne perdent pas leur caractère de travaux communaux ordinaires malgré le but de salubrité qui les inspire, et ils ne rentrent pas dans cette répartition des sacrifices imposés par l'application directe de la réforme sanitaire.

Quoi qu'il en soit, d'ailleurs, des modalités du régime financier, l'idée maîtresse qu'on voit se dégager avec netteté et dont il faut retenir le sens profond, c'est la collaboration des trois grands organismes de la vie sociale et politique. Là, comme pour l'assistance aux malades en 1893, comme pour l'assistance aux vieillards en 1905, on a voulu grouper dans une action commune les expressions juridiquement permanentes de l'énergie nationale. La centralisation de la comptabilité, dans un intérêt d'ordre, a été faite au département; mais, de la commune à l'État, en passant par cet intermédiaire moderne dont nos besoins nouveaux et élargis tendent à augmenter la personnalité, de la cellule au corps tout entier, la même œuvre de préservation réclame la même sollicitude. La combinaison des devoirs s'ajoute à la hiérarchie des droits, et, pour ainsi dire, se confond avec elle. Rien n'est plus susceptible de rendre féconde la lutte en faveur de la race. Il reste pourtant un élément de succès qui n'est ni du ressort des lois, ni de la spécialité exclusive

des autorités administratives. Il domine les premières et peut seul
les faire vivre ; indispensable aux secondes pour les entraîner, il l'est
encore à la collectivité des individus pour la convaincre — et c'est,
dans l'intelligence du but à atteindre, la bonne volonté de le réaliser.

Cet axiome qui ne sépare pas l'effet des lois du concours des
mœurs est d'une vérité particulièrement saisissante dans le domaine
de l'hygiène sociale. Nulle part, les réformes et les progrès dépendent
moins des prescriptions extérieures et davantage des adhésions
volontaires. Nulle part l'appareil de la réglementation officielle n'a
un semblable besoin, pour ne pas manœuvrer à vide, de la conviction publique. Sans doute, l'obligation imposée, l'exécution surveillée et contrôlée sont faites pour vaincre les résistances et secouer
les torpeurs. Mais si la défense de la santé nationale, loin de devenir
la lutte presque unanime de tous contre le mal commun sous une
direction éclairée et acceptée, devait être au préalable la lutte de
cette direction contre tous ou contre le plus grand nombre, quelles
énergies perdues, quel amoindrissement dans les résultats, quelle
cause sans cesse renouvelée d'échecs et de reculs, d'interventions
tardives ou impuissantes, quelles difficultés d'avancer dans une œuvre
qui exige les collaborations les plus larges, et l'attention la plus
éveillée et la plus soutenue ! La nécessité de l'accord, en ces matières,
est à ce point évidente, qu'elle a inspiré déjà et qu'elle inspire
chaque jour des ententes et des fondations internationales. Dans
une prochaine étude, qui sera présentée aux lecteurs des *Annales*
par une plume alerte et documentée, cette forme en quelque sorte
mondiale de la protection sanitaire sera mise en relief. Ici, on se
contentera d'exprimer le vœu que l'opinion française ne soit pas,
dans son propre pays, la plus lente à s'émouvoir, et à s'engager sur
la route ouverte à son esprit d'initiative et à son ambition d'être en
toutes choses une lumière. Sa timidité accréditerait ce jugement
qu'elle trouve dans l'illusion des mots une suffisante possession des
réalités.

Or cette crainte n'est pas jusqu'à ce jour sans une apparence de raison. Les lois de prévoyance et d'assistance, malgré leurs charges, leur complexité, et même les restrictions un peu excusables dont on les entoure dans l'application pratique, sont accueillies d'enthousiasme. On ne saurait dire qu'il en est de même des lois d'hygiène publique, sensiblement moins coûteuses, et d'une égale utilité. Elles ne grisent pas de formules, et touchent immédiatement au vif de leur destination ; il n'en faut pas plus pour arrêter cette ardeur d'entraînement, ou seulement cet acquiescement d'exécution, qui serait indispensable à la plénitude de leur efficacité.

Les organismes administratifs locaux, les personnes morales, départements et communes, dont l'action est directement nécessaire, ne donnent même pas l'exemple qu'ils devraient. En dehors de Paris, dont l'organisation spéciale n'a pas été abordée dans cet exposé, de quelques villes et d'un nombre encore plus restreint de départements[1], les conseils généraux et municipaux n'ont pas montré un empressement merveilleux dans l'accomplissement des mesures qui leur étaient confiées. Ils n'ont reçu en quelque sorte qu'à regret l'impulsion qu'on entendait leur donner, et ne l'ont transmise qu'avec tiédeur. Il y a un an, devant la Commission permanente de préservation contre la tuberculose, M. Clemenceau le constatait éloquemment en des termes dont ce serait affaiblir la portée que de ne pas les reproduire.

Des lois d'hygiène « personne, disait-il, ne réclame la mise en vigueur. Que dis-je ? Chacun s'ingénie à les paralyser. Faut-il demander aux municipalités des villes de plus de 20,000 habitants de constituer les bureaux d'hygiène qui, dans les grandes villes sont les organes d'application essentiels de telles lois, le ministre de l'Intérieur, loin de rencontrer chez les municipalités les concours empressés qu'il pourrait en attendre, est obligé d'engager et de poursuivre une lutte de chaque jour pour vaincre leur indifférence. Vous ne sauriez croire la peine que nous avons à convaincre les municipalités même des villes très importantes, de grandes cités ouvrières et commerçantes, que ces directeurs de bureaux d'hygiène ont, dans de telles agglomérations, un rôle de premier ordre à jouer,

---

1. L'un des départements où le service de la désinfection a été notamment le mieux organisé, est celui d'Ille-et-Vilaine. L'exposé en est fait dans un ouvrage du Dr Follet.

que leurs fonctions sont, doivent être multiples et délicates, qu'elles ne constituent pas quelque sinécure plus ou moins honorifique, quelque tâche accessoire, mais qu'elles doivent être des fonctions essentiellement actives, qu'elles doivent en conséquence être confiées à des hommes compétents et responsables qui s'y consacrent tout entiers, et messieurs, ce serait une surprenante, une douloureuse énumération que celle de toutes nos grandes cités qui croient de bonne foi se mettre en règle avec la loi lorsqu'elles ont inscrit sur la porte d'un local quelconque de la mairie ces mots : Bureau d'hygiène, ou qu'elles prétendent appeler à ce poste de choix des hommes à qui elles voudraient faire une situation moindre qu'au plus modeste de leurs employés. Mais les mois et les mois se sont écoulés. Il n'est pas possible que sur un point essentiel comme celui-là, la loi de 1902 reste en échec. Elle donne au Gouvernement le pouvoir d'user de mesures de contrainte, d'imposer d'office aux municipalités récalcitrantes l'organisation et le budget de bureaux d'hygiène sérieux, efficaces, tels que le législateur les a voulus, tels que l'évidence les montre nécessaires. J'ai dit aux préfets et je saisis cette occasion publique de leur rappeler que de ces pouvoirs le Gouvernement est disposé à user désormais de façon méthodique e ferme.

« La loi de 1902 prescrit aussi l'organisation de services de désinfection, de services municipaux dans les villes de plus de 20,000 habitants, de services départementaux dans toutes les autres communes. Là encore nous aurons un rude effort à accomplir pour faire jouer, pour faire vivre la loi. La plupart des conseils généraux, sollicités par les préfets sur nos instructions précises, n'ont pas voulu envisager le problème à leur dernière session et ont remis à la session d'août la décision à prendre. Je souhaite que d'ici là ils s'élèvent tous à une juste compréhension de l'intérêt public, de l'intérêt national, et qu'ils ne se dérobent point à leurs responsabilités propres. Vous pouvez être assurés que je saurai le leur rappeler [1]. »

---

1. Discours prononcé par M. Clemenceau le 27 avril 1907, devant la Commission permanente de préservation contre la tuberculose, dont le président est M. Léon Bourgeois. La question de la tuberculose, envisagée en elle-même, mériterait une étude spéciale, et a été laissée en dehors de cet article.

Ces paroles ont-elles été entendues? S'inspirant en dehors de la politique, de l'esprit qui les a dictées, les préfets tiennent-ils les assemblées locales en haleine? Celles-ci, persuadées à leur tour, songent-elles un peu plus à l'existence des citoyens qu'au vote des électeurs? Jusqu'à ce jour, aucune de ces procédures d'office qu'envisageait le Président du Conseil, et qui ne sont qu'un pis aller afin que force reste à la loi, n'a été accomplie. Nous nous devons de croire, pour l'honneur de nos corps élus, que la cause en est autant dans leurs efforts que dans la patience gouvernementale. Il importe que l'usage de ces procédures soit l'extrême exception, que le travail s'organise, et que la voix de la raison ne reste pas sans écho.

S'il en était autrement au sein des organismes administratifs et des pouvoirs locaux, avertis et responsables, que pourrait-on attendre des particuliers? Le public n'est déjà que trop porté, en France, à se soustraire à des précautions et à des habitudes dont il ne voit que la gêne momentanée sans en apprécier non seulement la portée lointaine, mais la profonde utilité domestique, son indifférence journalière ne s'interrompt que dans des paniques excessives qui ne réparent rien, et, faisant succéder l'extrême de l'agitation à l'extrême de l'inertie, ne servent pas mieux la cause qu'il s'agit de défendre. A l'abri de l'inaction des autorités immédiates, cet état de choses risquerait de se perpétuer. A quoi servirait-il que l'impulsion vienne de haut, si l'exemple ne venait pas de près? Les propriétaires d'habitations meurtrières auraient beau jeu pour se retrancher, dans leurs résistances, derrière l'incurie officielle. Les médecins hésiteraient à mécontenter leur clientèle, aveugle sur ses propres intérêts, par ces déclarations de maladies transmissibles qui sont, pourtant, le point de départ de toute mesure de sauvegarde. Et la foule serait excusable de continuer à railler des prescriptions d'hygiène, dont on ne lui ferait pas sentir avec assez de force, par des applications sérieuses, l'importance capitale. Le succès de l'œuvre serait-il vraiment assuré, malgré les textes, dans de pareilles conditions?

La bonne volonté privée n'est donc pas moins nécessaire que la bonne volonté publique. Elle fait partie de ce concours quasi unanime qu'on ne saurait trop réclamer pour cette entreprise de salut commun. Aide-toi, et le ciel t'aidera, dit un proverbe. En matière d'hygiène, on pourrait dire à la masse : aide-toi, et le pouvoir t'aidera. L'idéal serait que les intéressés eux-mêmes vinssent à chaque occasion, réclamer le bénéfice des dispositions légales ou réglementaires, des plans d'assainissement pour leurs immeubles, la désinfection de leurs locaux contaminés, la destruction des objets qui peuvent servir de véhicule à la contagion. Il faudrait qu'ils soient les premiers à isoler leurs malades, ou à préserver par une prophylaxie attentive ceux qui les entourent ou les soignent. Et alors que tant de municipalités jettent de la poudre aux yeux de leurs électeurs par des dépenses somptuaires, il serait désirable que les électeurs, plus préoccupés de la santé de leurs familles que de leur vanité de citoyens, fussent décidés à imposer à leurs municipalités la construction d'égouts ou l'adduction d'eaux salubres. En un mot, une éducation est à faire qui, tout en laissant aux mains de l'administration, mieux armée à tous égards, les principaux moyens de protéger et de défendre la santé nationale, créerait chez les administrés le besoin, et comme l'exigence de s'en servir.

Peu à peu cette éducation se fera. Des pays voisins, plus avancés que le nôtre, nous la montrent en marche. La vulgarisation grandissante des questions d'hygiène, la publicité qu'elles reçoivent dans nos quotidiens ou nos périodiques, le nombre de comités qui en discutent, prouvent que l'opinion se forme. Mais, en attendant que cette évolution à peine ébauchée s'accomplisse, il convient que les organes de la puissance publique, à tous les degrés, comprennent sans réticence et pratiquent sans faiblesse leurs nouveaux devoirs, moins peut-être pour combattre les dangers au-devant desquels court parfois la multitude, que pour lui apprendre à les éviter.

Certes, pas plus aujourd'hui, ni même demain, qu'hier la maladie et la mort ne seront écartées de la route humaine. Les seules espérances qui soient permises à la raison sont les espérances raisonnables. Vouloir davantage serait un défi à l'infirmité de notre nature; mais les limites que cette infirmité nous impose sont encore des horizons et le champ reste immense à la recherche et au progrès. De ce que l'homme souffre, de ce qu'il tombe, de ce qu'il meurt, faut-il renoncer à atténuer ses souffrances, à le relever de ses chutes, à lui prolonger, si peu que ce soit, le bien précieux de la vie? Œuvre individuelle et œuvre française tout ensemble, car dans la force de chacun, se transmettent et se renouvellent la vigueur et la beauté de la race. Œuvre physique et œuvre morale aussi, car, dans le dualisme de sa formation, l'être est un, et c'est le même sang dont la richesse régularise les battements de son cœur et vivifie les lobes de son cerveau. Œuvre sociale enfin, car les sociétés se sont constituées pour mieux encadrer les existences séparées, et les mieux défendre contre les périls qui les guettent, au premier rang desquels, il faut mettre, avec tous ses effets de douleur et de misère, la maladie. Quiconque ne saurait pas voir, au delà des détails et des complications de l'hygiène réglementée et pratiquée, ces lointaines conséquences et ces hautes conceptions, ne comprendrait qu'à demi le sens et la portée de l'effort moderne qu'elle représente. Quiconque y verrait plus, et demanderait à ce chemin comme à d'autres, de conduire l'humanité vers la plénitude immortelle de la paix, préparerait aux générations futures de cruelles déceptions. Le bienfait de l'hygiène publique est immense, s'il consiste simplement à protéger la santé contre des maux qu'on ne peut détruire, et à diminuer la précocité, trop fréquente, hélas! d'une fin à laquelle personne ne peut échapper. Une ou deux années ajoutées à la moyenne de la vie ne justifient-elles pas, à elles seules, la plus persévérante dépense d'énergie, et la plus légitime satisfaction de victoire? Et ceux qui participent à cette tâche ont droit à une humble part du superbe hommage que l'Académie rendit un jour à Pasteur, « d'avoir, en se penchant sur d'infiniment petits, accompli l'œuvre infiniment grande de faire reculer la mort ».

JEAN IMBART DE LA TOUR.

LA PRÉSIDENCE DES ASSEMBLÉES POLITIQUES[1]

Au milieu des luttes qui agitent les assemblées politiques modernes, les présidents de ces assemblées sont appelés à jouer un rôle de plus en plus considérable. Leur tâche devient tous les jours plus ardue à raison même du caractère âpre et passionné des discussions, mais en même temps leur personnalité est appelée à exercer une influence tous les jours plus étendue sur la marche des débats. Représentants en outre, vis-à-vis du public et du pouvoir exécutif, des assemblées politiques, leur prestige s'est accru en même temps que le prestige des assemblées qu'ils président et l'influence dont ils ont pu disposer en a fait dans certains pays des rivaux même du chef du pouvoir exécutif, quelquefois plus puissants que lui. Il n'est donc pas sans intérêt de préciser le rôle des différents présidents d'assemblées et de marquer la place qu'ils occupent dans l'ensemble des institutions politiques du pays. Mais il faut auparavant se rendre compte de l'action que peuvent conférer les fonctions présidentielles aux hommes qui en sont investis.

Ces fonctions ont pris de bonne heure une véritable permanence. Leur durée est aujourd'hui variable suivant les pays, mais elle permet toujours aux présidents d'apporter une continuité de vues dans l'exécution de leur mission et, en dépassant même le cadre de l'assemblée législative, d'exercer une influence sur la marche des affaires publiques. Sans doute cette influence dépend de l'organisation politique de chaque pays, du caractère de la fonction présidentielle et même du tempérament national. Elle est presque nulle en

1. Nous renvoyons, pour le détail, à l'ouvrage de M. H. Ripert qui paraîtra prochainement sous le même titre.

Angleterre où par tradition le speaker de la Chambre des Communes doit se renfermer dans l'exercice de ses attributions présidentielles et y apporter l'esprit d'un juge non celui d'un homme politique. Elle a atteint au contraire son apogée aux États-Unis d'Amérique où le speaker de la Chambre des Représentants, par son action sur les comités du Congrès, est devenu le chef de ce gouvernement par le Congrès que l'on a appelé gouvernement congressionnel. Entre ces deux extrêmes, les présidents des assemblées européennes ont à jouer un rôle politique qui sans être prépondérant reste néanmoins important. Ce sont en réalité des chefs de partis qui, grâce à l'influence dont ils disposent dans leur parti, continuent à inspirer au moins officieusement ses résolutions et qui sont tout indiqués pour occuper, le cas échéant, la fonction plus active de chef du gouvernement.

Les présidents d'assemblées sont appelés à jouer d'autre part un rôle de plus en plus important dans le fonctionnement des assemblées législatives et la tenue de leurs séances. A mesure que ces séances se passionnent à raison même de leur répercussion sur la vie politique du pays, l'action du président qui, aux jours de tumulte, réprime les désordres et fait cesser les troubles, devient plus étendue. De la confiance qu'une assemblée possède en son président et des pouvoirs qu'elle ne craint pas de lui conférer peut seul résulter le maintien de l'ordre en son sein. Le temps est passé, où, dans une assemblée calme et paisible que les grandes passions n'agitaient pas, la majorité pouvait se réserver à elle-même d'exercer le pouvoir disciplinaire, laissant seulement à son président le souci matériel de la direction des débats. Le temps est passé aussi des règlements bénévoles et des peines anodines en présence des luttes ardentes soulevées dans certaines assemblées par les conflits de nationalités et dans d'autres par l'avènement de couches démocratiques plus impatientes dans leurs désirs et plus vives dans leurs manifestations. Pour faire face à l'obstruction qui s'est manifestée dans diverses assemblées, pour réprimer les grandes manifestations qui risquent de fausser le mécanisme de la vie parlementaire, un pouvoir disciplinaire étendu et sa concentration entre les mains du président de l'assemblée s'imposent comme une nécessité même de la vie parlementaire moderne. Cette nécessité a été sentie

dans la plupart des pays qui possèdent des assemblées représentatives et lorsque l'inefficacité du règlement de ces assemblées a été
démontrée par des troubles que les présidents ont été impuissants à
prévenir, on s'est décidé à renforcer leur autorité et à leur confier des armes nouvelles. Le même phénomène s'est produit à peu
près à la même époque dans différents pays du continent européen,
en France, en Belgique, en Allemagne, en Italie. La traditionnelle
Angleterre elle-même, qui était fière de voir sa Chambre des
Communes dominée et conduite par la seule autorité morale de
son speaker, s'est résignée[1] dans ces derniers temps, en présence
des actes de rébellion que l'obstruction irlandaise a provoqués, à
conférer au speaker des pouvoirs étendus qui ne le cèdent en rien
à ceux des présidents des assemblées européennes. Ainsi donc les
désordres qui sont venus discréditer parfois les assemblées politiques modernes ont contribué à établir au contraire le crédit de leurs
présidents en faisant renforcer leurs pouvoirs.

Si le développement de la vie politique a amené à peu près partout un développement corrélatif du rôle des présidents d'assemblées,
l'importance de ce rôle est apparue en même temps que les assemblées
législatives elles-mêmes. L'influence que peut avoir sur leurs délibérations l'homme qui est chargé de présider leurs séances est trop
évidente pour qu'il soit nécessaire d'y insister longuement. Le président, chargé de maintenir l'ordre dans les débats, est seul juge du
point de savoir si cet ordre est troublé par les membres du parlement et s'il doit prononcer contre eux le rappel à l'ordre; il peut
gêner un orateur antipathique en usant de son droit avec sévérité
ou au contraire encourager un orateur sympathique en négligeant de
s'en servir. Ainsi en est-il, à plus forte raison, pour l'exercice du pouvoir disciplinaire que le président peut posséder, d'après le règlement de l'assemblée, et l'application des pénalités prévues par ce
règlement. Cette application suppose toujours une part d'arbitraire
et d'appréciation personnelle et, par la façon dont il la pratique, le
président exerce sur les débats la plus certaine des influences. C'est
souvent de la manière dont il préside que dépend le sort de la séance
et lorsque de ce sort dépend celui d'un cabinet responsable devant
les chambres, il n'est pas exagéré de dire que les ministres eux-
mêmes sont subordonnés au président de l'assemblée.

Mais en outre, les présidents d'assemblées exercent dans la plupart des pays une influence plus ou moins étendue sur la tenue des séances et la marche des travaux législatifs. Chargés d'ouvrir et de lever les séances, de les suspendre en cas de tumulte, associés par le règlement au mécanisme de la question préalable et de la clôture, tenus de faire rentrer les orateurs dans l'objet de la discussion [1], ils peuvent, par la façon dont ils s'acquittent de leur mission, imprimer une impulsion au parlement et peser sur ses décisions. Enfin, dans les pays où le président règle à peu près souverainement l'ordre du jour de l'assemblée [2], c'est de lui que dépend en grande partie le mouvement législatif et l'activité d'une législature. Dans les pays qui, comme la France, font régler l'ordre du jour par l'assemblée elle-même en ne donnant au président qu'un droit de proposition, son action sur la marche des travaux législatifs est moins considérable. Mais il conserve le droit de déterminer, lors de la mise aux voix des différents amendements, l'ordre à adopter entre eux et par là il exerce sur leur adoption une influence incontestable.

Si telle est l'importance des fonctions des présidents d'assemblées, il n'est pas étonnant de voir une lutte s'engager autour du fauteuil présidentiel et pour sa conquête. Cette lutte, aujourd'hui où, dans presque tous les pays, les assemblées représentatives possèdent le droit de nommer elles-mêmes leur président, n'intéresse plus guère que les partis politiques. Mais pendant longtemps il n'en a pas été ainsi et la lutte pour la conquête du fauteuil présidentiel a été engagée entre le parlement lui-même et le pouvoir exécutif. L'intérêt du gouvernement à avoir à la présidence du parlement un homme choisi par lui, qui le soutiendra dans les discussions et défendra ses

---

1. Il suffit d'avoir assisté à une séance de la Chambre française où l'on discute la fixation de la date d'une interpellation pour se rendre compte de l'influence que le président peut exercer à ce point de vue sur le débat. Il a toujours une certaine peine à faire rentrer l'interpellateur dans la question en discussion, qui est uniquement celle de la date, et il est incontestable que sa tolérance ou sa faiblesse peut permettre la discussion au fond.

2. Notamment aux États-Unis où le speaker de la Chambre des Représentants préside le comité des règlements qui fixe officieusement l'ordre du jour de l'assemblée.

projets, est trop évident; c'est un moyen, à peine déguisé, d'exercer une action sur le parlement et une pression sur ses délibérations. Par là, le droit du pouvoir exécutif de nommer les présidents d'assemblées apparaît comme un véritable empiétement sur les prérogatives des assemblées législatives et une méconnaissance de l'indépendance qui doit être la leur. En pratique il convient cependant de faire quelques distinctions. Quand il s'agit d'assemblées qui émanent du suffrage populaire, direct ou indirect, universel en restreint, le droit du pouvoir exécutif de nommer lui-même aux fonctions présidentielles constitue une véritable anomalie en contradiction avec le principe même du recrutement de ces assemblées. Au contraire, lorsqu'on est en présence d'assemblées non électives, dont les membres tiennent leurs fonctions du souverain ou d'un principe héréditaire et représentent une classe de la nation plutôt que la nation elle-même, on ne saurait s'étonner de voir le droit de nommer le président de l'assemblée aux mains du souverain. Cela est conforme à l'esprit même de l'institution et en fait cela se rencontre dans beaucoup de pays où les assemblées électives possèdent pourtant le droit de nommer leur président.

*
* *

Il est exceptionnel aujourd'hui de voir les présidents des chambres basses désignés par le chef du pouvoir exécutif. Ce droit de nomination ne s'est maintenu au profit du souverain que dans des pays d'importance secondaire, où la vie politique est peu développée, la Hollande, le Portugal, la Suède [1]. Mais l'histoire nous offre des exemples de présidences non électives d'assemblées électives dans un grand pays, comme la France, qui a connu, à côté des périodes de liberté, des périodes de compression politique. Aux époques où le pouvoir exécutif a revêtu une allure autoritaire, le droit de nommer les présidents des assemblées législatives a été pour le souverain un

---

1. En Hollande, le président de la seconde chambre des États généraux est nommé par le roi sur une liste de trois candidats présentés par la Chambre (Constitution du 30 novembre 1887, art. 88). En Portugal, d'après l'art. 21 de la charte constitutionnelle, le président de la Chambre des députés est nommé par le roi sur une liste de présentation de cinq membres. En Suède, le président de la seconde chambre du Riksdag est nommé par le roi sans autre condition que d'être pris parmi les députés (Loi organique du 22 juin 1866, art. 33).

moyen de presser sur ces assemblées et par là un instrument de règne très efficace. Les constitutions du premier et du second Empire, l'avaient réservé à l'empereur qui, sous les deux régimes, s'en servit très habilement pour diriger le Corps législatif. A une époque où un pouvoir exécutif moins autoritaire prétendait pourtant posséder seul la souveraineté, sous la Restauration, le monarque a possédé également ment de droit de nommer le président de la Chambre des députés. Mais la charte de 1814 faisait coopérer à cette nomination l'assemblée elle-même en lui conférant le droit de présenter au roi une liste de candidats sur laquelle il devait choisir le président. Ce droit de présentation, bien qu'il fût loin d'équivaloir à une élection, a suffi pourtant à transformer le caractère des présidents et à leur donner un tout autre esprit que celui dont la théorie littérale de la charte aurait dû, semble-t-il, les animer.

Sous le premier Empire, la présidence subit l'éclipse de toutes les institutions représentatives. Nommés par l'empereur sur une présentation faite par l'assemblée qui fut d'ailleurs supprimée par le sénatus-consulte du 17 novembre 1813, les présidents du Corps législatif, inoccupés comme le corps lui-même, avaient pour principale fonction de faire connaître à l'assemblée les désirs du souverain et de faire son éloge au fauteuil présidentiel. La direction des débats d'une assemblée, où l'ordre n'était jamais troublé, où le droit de parole était d'ailleurs strictement réglementé et dont les membres votaient sans discussion les projets qui leur étaient présentés au nom du gouvernement, ne pouvait être pour ses présidents une charge pénible. C'étaient en réalité des courtisans, agents de l'empereur, qui avaient pour mission de prévenir les moindres tentatives de résistance du Corps législatif. Ce fut ainsi d'ailleurs que les titulaires de la présidence comprirent leur rôle. Successivement, Fontanes, le comte de Montesquiou, et le duc de Massa rivalisèrent de zèle officiel et donnèrent au Corps législatif l'exemple de la soumission aux volontés du maître de qui tout émanait.

Sous la Restauration, les institutions prennent un autre caractère et la présidence de la Chambre des députés subit le contrecoup des transformations politiques. Officiellement le roi seul est souverain et la charte qu'il a octroyée à son peuple est la seule base des droits de la nation. La Chambre des députés n'exerce ses fonclions législatives que par délégation du monarque qui s'est d'ailleurs réservé exclusivement le droit d'initiative. Il n'est donc pas bien surprenant de trouver également aux mains du souverain le droit de nommer le président de l'assemblée. Mais, de bonne heure, la théorie devait plier devant les faits; la Chambre élective qui représentait la nation allait aspirer à jouer un rôle prédominant et, après une série de luttes pacifiques au cours desquelles se précisèrent les pratiques du gouvernement parlementaire, se dresser contre la royauté dans une crise suprême qui devait amener la chute du régime. La présidence de l'assemblée devait participer du caractère incertain et flottant qui, dans cette époque de transition, est un peu celui de toutes les institutions politiques. Ses titulaires nommés par le roi avaient une tendance naturelle à se considérer comme ses représentants au fauteuil présidentiel, chargés de diriger dans son intérêt l'assemblée qu'ils présidaient. Mais en même temps la présentation faite par la Chambre leur imposait des devoirs envers elle et leur donnait l'esprit de corps dont sont animés tous ceux qui sont choisis à un degré quelconque par une assemblée.

De la sorte, les présidents de la Chambre des députés eurent presque tout de suite la double qualité de représentants du monarque et de représentants de la Chambre, et, malgré la théorie de la charte, cette dernière qualité devait prévaloir en eux si bien qu'aux derniers jours de la Restauration, dans le conflit entre le roi et la Chambre, on trouve du côté de l'assemblée le président de la Chambre, le doctrinaire Royer-Collard. Mais pendant longtemps, les présidents devaient hésiter entre le roi et la Chambre, faisant des efforts pour contenter les deux et servir les deux maîtres à la fois. Cela contribua à leur donner ce caractère un peu effacé qui, malgré la distinction de ses titulaires [1], reste celui de la présidence de la Chambre des députés sous la Restauration. La fonction avait d'ailleurs une autre cause de faiblesse. Dans une assemblée où les passions étaient souvent surexcitées et où les discussions parlementaires revêtaient un caractère de violence extrême, le président ne possédait que des pouvoirs disciplinaires restreints et tout

1. Les principaux furent MM. Lainé, Ravez et Royer-Collard.

à fait insuffisants. Sa subordination à l'assemblée était telle à ce point de vue que la Chambre, frappée des inconvénients de la situation, dut, en 1821, réformer son règlement pour préciser et renforcer les pouvoirs de son président. Mais il eut toujours en lui, à raison de son origine même, un élément de faiblesse qu'une réforme du règlement était impuissante à faire disparaître.

Ce fut le second Empire qui donna à l'institution de la présidence non élective tout son développement. Malgré le souvenir des présidences électives qui avaient existé sous la monarchie de juillet et sous la seconde République, la Constitution du 14 janvier 1852 revenait, pour la désignation du président du Corps législatif, au système le plus autoritaire, celui d'après lequel le président de l'assemblée était nommé par le chef de l'État sans autre condition que d'être pris parmi les députés. Ce droit de l'empereur, s'il paraissait au premier abord en contradiction avec le recrutement du corps au suffrage universel, était, du reste, en harmonie avec l'esprit général des institutions. Un corps législatif dépouillé de toutes les garanties essentielles d'indépendance et placé sous la subordination du pouvoir exécutif qui pouvait l'ajourner et le dissoudre à sa guise, ne pouvait évidemment s'offusquer de voir à sa tête un homme qui présidait ses délibérations au nom de l'empereur. Cette situation devait se maintenir jusqu'aux derniers jours de l'Empire où le droit de nommer son bureau fut accordé au Corps législatif par le sénatus-consulte du 8 septembre 1869. Mais sa présidence n'en devait pas moins revêtir des aspects différents suivant les époques et les hommes qui l'occupèrent successivement.

Aux premiers jours du règne, la présidence de M. Billault marque le point culminant d'un régime autoritaire qui, quelques années plus tard, devait s'assouplir sous l'habile influence de M. de Morny. Nommé par l'empereur avec la mission de contenir le Corps législatif et de réprimer les manifestations que dirigèrent contre l'Empire naissant les quelques députés indépendants que comptait alors l'assemblée, M. Billault fit de son mieux pour répondre à la confiance de Napoléon III au risque de froisser l'assemblée qu'il était chargé de présider. Naturellement autoritaire, il exerça sur elle une censure qui lui parut d'autant plus rigoureuse qu'elle était moins dissimulée. Il proscrivit la liberté de parole du Corps légis-

latif et, non content de la docilité de l'assemblée, il s'efforça de faire
le silence autour de ses débats, surveillant avec un soin jaloux les
comptes rendus officiels qui en constituaient alors la seule reproduction. Il voulut régner par la contrainte et, manquant d'habileté
pour la faire accepter, s'usa en quelque sorte lui-même.

Son successeur, de Morny, devait cacher un tempérament tout
aussi autoritaire sous des dehors aimables et courtois qui, en ménageant les susceptibilités du Corps législatif, allait permettre à son
président de le diriger sans se rendre suspect et de rendre ainsi
plus de services encore au gouvernement impérial. De Morny comprit
d'ailleurs sa mission autrement que M. Billault. Tandis que
M. Billault avait cherché à maintenir le corps législatif dans
l'espèce de sujétion où l'avait placé la Constitution de 1852, de
Morny, comprenant que cette situation ne pourrait se maintenir,
chercha au contraire à en relever le Corps législatif et à lui
redonner une partie du rôle qu'avaient tenu autrefois les assemblées législatives. Dans cette intention, il sut tirer parti, avec une
merveilleuse habileté, de l'opposition républicaine qui se manifesta
à partir de 1857, au Corps législatif, avec Émile Ollivier et le groupe
des cinq, pour amener le gouvernement impérial aux réformes qu'il
jugeait nécessaires. Désireux de donner au Corps législatif un certain contrôle sur les affaires du pays, il accorda aux cinq une liberté
relative dans la critique sans leur laisser d'ailleurs une licence qui
aurait pu déplaire au gouvernement. De la sorte, de Morny engagea
le Corps législatif dans une voie dont l'aboutissement naturel fut le
décret du 24 novembre 1860 qui, en reconnaissant au Corps législatif
le droit de voter chaque année une adresse en réponse au discours
de l'empereur à l'ouverture de la session, l'introduisait dans le
domaine de la politique générale et donnait un intérêt nouveau à
ses délibérations.

A partir de cette époque le rôle de son président devient un peu
différent et singulièrement plus difficile. Ce président n'est plus
seulement l'agent du gouvernement chargé de surveiller une
assemblée d'ailleurs docile et dépourvue de tout rôle politique.
C'est aussi le représentant d'une majorité qui prend conscience de
sa force et de sa véritable tâche et qu'il aura souvent à rapprocher
du gouvernement. De Morny remplit d'ailleurs fort heureusement

ce rôle d'intermédiaire dans lequel son tact le servait à merveille et solutionna avec succès les conflits qui s'élevèrent entre l'assemblée et le gouvernement. Il sut en même temps contenir une minorité toujours plus nombreuse et plus forte par le sang-froid et l'aisance spirituelle avec lesquels il dirigeait les débats. Il présida ainsi jusqu'en 1865 le Corps législatif, travaillant à préparer les voies à l'Empire libéral et à Émile Ollivier qu'il s'était attaché de bonne heure à séduire et à convertir au régime impérial. La mort, survenue pendant la session de 1865, ne devait pas laisser à de Morny le temps d'achever l'œuvre commencée, mais cette œuvre devait être continuée par ses successeurs, le comte Walewski et M. Schneider qui, soit par convictions, soit par tactique, devaient se rallier aux idées libérales. M. Schneider eut même l'habileté de se faire accepter comme président élu du Corps législatif, après le sénatus-consulte du 8 septembre 1869, et sut conserver à un nouveau titre des fonctions qu'il avait jusqu'alors exercées au nom de l'empereur.

.˙.

Tout cela n'est presque plus que de l'histoire pour les assemblées électives. Lorsqu'il s'agit au contraire d'assemblées non électives ou d'une façon plus générale de chambres hautes, on trouve encore aujourd'hui dans beaucoup de pays le droit de nommer le président de l'assemblée aux mains du gouvernement. Ce droit s'est conservé à son profit sous des formes variées. Tantôt le souverain désigne directement, parmi les membres de la Chambre, l'homme qui sera chargé de présider ses débats, tantôt il ne peut qu'en nommer indirectement le président qui est de droit un haut dignitaire ou un fonctionnaire désigné à l'avance par la Constitution. Quel que soit le système adopté, il aboutit à priver l'assemblée du droit de nommer son président, symbole de son indépendance, mais des considérations d'ordres divers peuvent expliquer et justifier dans une certaine mesure le droit du souverain.

Dans les pays où la chambre haute présente, par son recrutement et sa composition, un caractère nettement aristocratique, on ne saurait s'étonner beaucoup de voir le souverain qui en nomme les membres désigner lui-même le président de l'assemblée; et de fait cela se rencontre dans presque tous les pays qui possèdent des chambres hautes non électives, Angleterre, Autriche, Hongrie, Italie, Espagne. Seule de tous ces pays, l'Angleterre fait présider sa Chambre des lords par un haut fonctionnaire, le lord haut chancelier qui peut ne pas en être membre et qui ne possède d'ailleurs, en qualité de président que des pouvoirs très effacés. Cet effacement est un peu, du reste, la caractéristique de toutes ces présidences. Il est en quelque sorte la rançon et la contre-partie de leur origine.

Dans des pays fédéraux où la chambre haute est avant tout la représentation de l'élément fédéral, on trouve certaines présidences non électives qu'il est intéressant de signaler parce qu'elles correspondent à l'esprit général des institutions. Aux États-Unis, c'est le vice-président de l'Union qui est de droit le président du Sénat fédéral. Sa présence à la tête du Sénat peut s'expliquer par le désir de la Constitution de ne donner au sénateur d'aucun État une prééminence sur ses collègues contraire à l'égalité constitutionnelle entre les États. Mais le vice-président de l'Union, qui n'est pas sénateur, ne peut exercer dans le Sénat les droits de membre de l'assemblée et ne possède, comme président, que les pouvoirs strictement nécessaires à la conduite des séances. Un autre président d'une assemblée fédérale, qui est d'ailleurs une assemblée diplomatique tout autant qu'une assemblée politique, le Bundesrath allemand, jouit d'une autorité beaucoup plus considérable. C'est le chancelier de l'Empire, fondé de pouvoirs de la Prusse au Bundesrath, qui exerce la présidence de l'assemblée, tout comme la Prusse exerce la présidence de la confédération. Comme président, le chancelier ne possède pas de prérogatives exceptionnelles, mais comme fondé de pouvoirs de la Prusse, il possède le prestige que lui donne la force de l'État qu'il représente et sa prééminence dans la confédération. Il est en réalité chargé d'imposer à la confédération les volontés du gouvernement prussien, et, tel quel, c'est un des présidents d'assemblées les plus autoritaires.

II

Dans tous ces cas, et de quelque façon qu'il soit nommé par le chef de l'État, le président reste toujours l'homme du souverain que son origine même rend suspect à l'assemblée. En aurait-il même le désir, il ne puise pas dans son mode de nomination la force nécessaire pour défendre les droits et sauvegarder l'indépendance de l'assemblée qu'il préside. L'élection par l'assemblée est en réalité nécessaire pour donner à l'institution de la présidence tout son développement. Elle seule peut conférer à ses titulaires l'autorité dont ils ont besoin dans l'exécution de leur difficile mission. Un président doit parler au nom de la Chambre pour être écouté et obéi par ses collègues et il ne peut le faire qu'autant que, nommé par la Chambre elle-même, il peut légitimement s'en dire le représentant. C'est là, du reste, le système qui a triomphé dans presque tous les États, au moins pour la présidence des assemblées électives. Il a toutefois abouti, suivant les pays, à des types très divers de présidents.

***

L'Angleterre nous offre tout d'abord avec le speaker de sa Chambre des communes un type de président respectable autant par son ancienneté que par son caractère. Au milieu de toutes les transformations du monde politique et de la société, malgré les changements apportés à la composition de la vieille assemblée, le speaker a réussi à conserver jusqu'à aujourd'hui, sous le costume antique qu'il revêt pour présider la Chambre, le caractère traditionnel avec lequel il la préside. Le speaker est en réalité un magistrat qui, au fauteuil présidentiel, doit oublier son parti et ses opinions politiques pour prendre, dans la direction des débats, l'état d'esprit d'un juge impartial. Président de la Chambre, il doit traiter de la même façon ses amis et ses adversaires politiques ou plutôt ne voir en eux que des justiciables auxquels il doit une stricte impartialité. Représentant de la Chambre, il doit agir et parler au nom de l'assemblée entière et non pas au nom du parti auquel il a appartenu. De cette conception spéciale de la présidence découlent la plupart des règles qui concourent à l'organisation du « speakership » anglais.

Placé au-dessus des partis, le speaker est choisi avant tout d'après ses qualités personnelles et ses aptitudes aux fonctions présidentielles. Sans doute lors d'une première élection, il est généralement

pris dans les rangs de la majorité de l'assemblée; mais ensuite il
devient indépendant des questions de partis et des revirements
politiques. Aussi longtemps qu'il respecte lui-même son caractère,
le speaker est maintenu à la tête de l'assemblée, alors même que la
majorité y aurait changé. Le seul speaker du XIX° siècle qui n'ait
pas été réélu contre son gré, Manners Sutton, ne l'a pas été, en
1835, parce qu'il avait compromis son impartialité en se mêlant aux
luttes politiques qui avaient accompagné le bill de réforme électorale
de 1832. Tous les autres speakers ont été réélus par les diverses
assemblées qui se sont succédé jusqu'à ce qu'ils aient manifesté
le désir de se retirer.

De cette habitude résulte une grande stabilité des fonctions
présidentielles qui contribue à donner un éclat exceptionnel au
speakership. Un speaker est élu tout d'abord pour toute la durée
d'un parlement qui est normalement de sept ans, depuis le Septennial
act de 1715. A moins de raisons exceptionnelles, il est réélu par les
parlements suivants jusqu'à ce que l'âge ou l'état de sa santé lui
fassent une obligation de se retirer. De la sorte, et bien que la
dissolution vienne généralement abréger la durée d'un parlement,
un speaker reste habituellement en fonctions pendant dix à quinze
ans [1]. Il peut ainsi acquérir l'autorité et la science du règlement qui
lui sont d'autant plus nécessaires qu'il doit appliquer et interpréter
une loi parlementaire encore en partie coutumière.

Lorsque l'heure de la retraite a sonné pour lui, le speaker fait part
solennellement à la Chambre de ses intentions et quelques jours
après a lieu une cérémonie, non dépourvue de grandeur, dans
laquelle les chefs de tous les partis viennent successivement lui
adresser leurs félicitations et leurs remerciements. Le speaker
remercie à son tour l'assemblée qui vote immédiatement une motion
demandant à la couronne de lui accorder une marque spéciale de
faveur. La Couronne y répond en conférant la pairie au speaker
sortant de charge et en lui allouant une pension pour lui permettre
de tenir dignement son rang, sans avoir à remplir désormais
d'autres fonctions publiques, dans la retraite et la réserve que lui
imposent les traditions.

[1]. Aussi la liste des speakers de 1802 à 1905, c'est-à-dire pendant p'us d'un
siècle, ne comprend-elle que neuf noms.

Cette neutralité qui est la caractéristique essentielle du speakership se retrouve dans la situation parlementaire du speaker. Le président de la Chambre des Communes a pu être autrefois l'homme du souverain ou l'homme d'un parti, mais depuis 1688 ou tout au moins depuis le milieu du XVIIIe siècle, il est considéré comme le représentant de l'assemblée entière, l'organe de la Chambre aussi bien vis-à-vis de la Couronne que vis-à-vis des partis politiques. Son élection est bien, aujourd'hui encore, soumise théoriquement à l'approbation de Sa Majesté, mais il n'y a plus là qu'une figuration traditionnelle dépourvue de toute signification. D'un autre côté, le speaker une fois élu doit oublier son parti et ses opinions politiques pour se consacrer exclusivement à l'exercice de ses fonctions. Il peut ainsi jouir sur l'assemblée d'une autorité morale qu'aucun président ne possède au même degré, mais c'est au prix du sacrifice de ses droits individuels et en faisant abnégation de sa propre personnalité. D'après les traditions du parlement anglais, le speaker ne peut ni prendre la parole comme député, ni déposer des propositions ou des amendements, ni même exercer le droit de vote. Il peut seulement, lorsque la chambre est également partagée, la départager par un vote qui assure la prépondérance à l'une des opinions en présence et que les Anglais appellent, pour cette raison, *casting vote*. Le speaker ne peut même pas manifester sa personnalité en dehors du parlement. Il cesse de figurer aux conseils officiels de son parti et il ne doit pas continuer à l'inspirer même officieusement. Il est, en quelque sorte, retranché des membres de la Chambre pour pouvoir incarner et représenter la Chambre elle-même.

Cette situation du speaker, tout exceptionnelle parmi celles des présidents d'assemblées, lui permet de diriger les débats avec une autorité particulière. Pendant longtemps cette autorité a été suffisante pour assurer la marche régulière des débats. Un mot du speaker était pour les députés un ordre auquel ils obéissaient sans protester; une « nomination »[1] leur paraissait une peine

---

1. D'après les usages anglais, le président doit appeler ses collègues non par leur nom mais par celui de la circonscription qu'ils représentent. La nomination constitue une pénalité qui ne fait d'ailleurs que précéder souvent l'application d'une pénalité plus rigoureuse.

rigoureuse dont ils redoutaient et évitaient l'application. Mais
pendant les troubles suscités à la Chambre des communes, vers
1880, par les obstructionnistes irlandais, l'autorité du speaker a
été méconnue et la marche des affaires entravée au point qu'est
apparue la nécessité de renforcer la présidence et de lui conférer
des prérogatives nouvelles. A partir de l'année 1882, une série de
règlements sont venus augmenter les pouvoirs disciplinaires du
speaker et lui donner, dans la conduite des débats, des droits dont
le plus intéressant est celui d'écarter de sa propre autorité les
motions à caractère dilatoire. De la sorte, le speaker est désormais
en mesure d'exercer une action efficace sur la marche des débats
et la solution des affaires. S'il devait se servir de ses droits dans
un intérêt de parti, son caractère traditionnel en serait compromis
et son autorité morale risquerait d'en être affaiblie. Mais malgré les
transformations que subissent les institutions politiques anglaises,
un tel résultat n'est pas fatal. Il faut espérer dans le bon sens et
l'esprit de justice des parlementaires anglais pour maintenir l'élément impartial d'une institution qui distingue et honore leur parlement.

.*.

A l'opposé de ce type se présente celui du speaker de la Chambre
des représentants aux États-Unis d'Amérique. Historiquement le
speaker de la Chambre des représentants descend du speaker anglais
dont il porte le nom et dont il a en apparence les mêmes attributions. De bonne heure les deux types de présidents ont pourtant
profondément différé. Sous l'action du règlement de la Chambre qui
a donné au speaker des représentants une attribution d'ordre politique extrêmement importante, la nomination des comités de l'assemblée, sous l'influence aussi de la coutume et des mœurs nationales, le caractère du speaker de la Chambre des représentants s'est
différencié presque tout de suite de celui du speaker de la Chambre
des communes. Le speaker américain est apparu non comme un
magistrat mais comme un homme politique, un chef de parti qui
doit rester tel au fauteuil de la présidence et auquel ses attributions nouvelles ne font que conférer une influence plus étendue.

Dans la direction des débats, le speaker peut conserver et manifester l'esprit de parti. Il peut, de même, employer au profit de son parti l'influence que lui donne la nomination des comités de la Chambre. Il faut préciser l'action que ses attributions diverses lui permettent d'exercer pour avoir une idée de l'immense pouvoir dont il est aujourd'hui investi.

Presque tout de suite, le speakership de la Chambre des représentants a revêtu un caractère politique. La tradition des législatures d'États était en ce sens et les mœurs parlementaires américaines devaient contribuer à lui donner ce caractère. Le système constitutionnel de la séparation absolue des pouvoirs qui, en écartant les ministres du Congrès, privait l'assemblée de la direction officielle d'un chef de cabinet responsable, rendait du reste nécessaire la présence à la tête de la Chambre d'un chef qui put la guider au moins à titre officieux. Ce chef, le speaker l'a toujours été plus ou moins, mais il l'a été de différentes façons. Jusqu'à ces derniers temps, il était resté subordonné à son parti dont les réunions en « caucus » devaient exprimer les volontés suprêmes. Dans ces dernières années, où des hommes de grand talent comme Carlisle et Reed sont arrivés au speakership, le speaker est apparu comme un véritable « leader » chargé de guider lui-même son parti et de diriger la Chambre, au besoin d'inspirer l'œuvre législative. Cela a correspondu à des conditions politiques nouvelles créées par le développement de l'Union et l'accroissement du travail législatif qui en a été la conséquence. Le Congrès s'est trouvé dans l'impossibilité de faire face à l'immense besogne qui s'offrait à lui et il a été obligé, pour aboutir a quelque chose, de s'en rapporter à ses comités permanents dont le speaker est le directeur et le maître quasi-souverain.

Le speaker est le maître des comités par son droit de nomination. Depuis 1790, d'après un règlement qui a été ensuite confirmé par tous les Congrès qui se sont succédé, le speaker désigne les membres du Congrès qui doivent siéger dans les différents comités et il les désigne à sa guise sous sa responsabilité personnelle. Il peut de la sorte composer les comités d'après ses vues propres et ses idées sur les questions que les comités auront à résoudre. Il peut en même temps favoriser les députés en les plaçant dans des comités importants ou au contraire les annihiler en refusant de les nommer. Cette répartition des membres du Congrès entre les comités, qui suit immédiatement la première réunion d'un Congrès nouveau, constitue une des attributions les plus délicates du speaker. Il y apporte toute son attention, car c'est d'elle que dépendra la politique du Congrès. C'est en même temps une des plus difficiles à exercer, car le speaker doit y tenir compte des considérations les plus diverses. Il peut et il doit même assurer, dans chaque comité, la majorité au parti dont il est le représentant, mais il doit cependant se préoccuper de donner à la minorité une représentation équitable et en fait il faut reconnaître que les speakers n'ont pas cherché à abuser de leurs pouvoirs pour exclure la minorité des comités. Par leur action sur la majorité, ils n'en sont pas moins les directeurs et les inspirateurs des comités dont le président et les membres leur restent attachés par la reconnaissance et par l'intérêt. Or, les comités sont eux-mêmes les organes directeurs du Congrès qui, pressé par le temps et incapable de suffire à sa tâche, leur a délégué en fait ses attributions. Les séances du Congrès sont devenues des séances d'enregistrement où la discussion est à peu près impossible et c'est au sein des comités, dans le mystère et le secret de leurs salles de réunion, que les lois se font et se défont. C'est là également que le pouvoir législatif et le pouvoir exécutif se trouvent en contact dans des rapports extra-constitutionnels qui ont permis à la machine politique de fonctionner sans grincements. C'est par l'intermédiaire des comités que les ministres ont pu agir sur le Congrès et surtout que le Congrès a pu faire sentir son action au gouvernement en empiétant même sur ses attributions. Par leurs droits, en matière législative et en matière financière, les comités sont devenus, pour le pouvoir exécutif, des contrôleurs qui ont souvent revêtu l'allure de maîtres et le speaker, chef des comités, un rival avec lequel le président de l'Union doit compter et qui peut le tenir en échec.

Le système se complète par l'intervention du Comité des règlements dont le speaker est le président et l'inspirateur. Ce comité, qui comprend cinq membres nommés par le speaker, a pour rôle officiel comme son nom l'indique, de formuler et de reviser les règlements permanents de l'assemblée. Mais il s'est attribué de bonne heure un contrôle sur la présentation des « bills » et sur l'ordre des affaires, et en 1890, sous le premier speakership de Reed, cette pratique a été consacrée et réglementée. Actuellement c'est le Comité des règlements et en fait le speaker, son président, qui fixe officieusement l'ordre du jour de l'assemblée. De la sorte, le comité peut empêcher la mise en discussion des bills auxquels il est hostile. Il peut au contraire faciliter le vote d'autres propositions en leur assurant un tour de faveur. Par l'intermédiaire du Comité des règlements, le speaker règle en somme le travail législatif de la Chambre.

Là ne s'arrête pas son action, et les droits que la pratique parlementaire lui reconnaît dans la direction des débats lui permettent de seconder très efficacement l'action des comités en entravant celle des membres indépendants de la Chambre. C'est une tâche à peu près impossible, pour un membre du Congrès qui n'est pas embrigadé dans les comités, que d'arriver à faire voter un bill ou même de l'amener en discussion. Un auteur américain, M. Wilson, a décrit de façon pittoresque [1] les étonnements d'un nouveau membre du Congrès qui essaie d'obtenir la parole pour déposer une proposition et qui se la voit refuser impitoyablement par le speaker. C'est que le speaker, chargé d'accorder la parole d'après l'ordre des demandes faites en séance, ne l'accorde en fait qu'après avoir « reconnu » les députés qui la demandent. Or ce droit de reconnaissance, il l'exerce quasi-souverainement, souvent tyranniquement, et toujours dans un intérêt politique. Il s'en sert pour faire sentir son action sur la présentation des bills et sur leur discussion. Grâce à lui, il pourra écarter de prime abord des bills sans valeur ou qui lui sont désagréables; il pourra aussi empêcher de venir en discussion des bills qui n'auront pas obtenu l'assentiment du comité des règlements. S'il en est ainsi, le plus sûr moyen, pour un député qui veut obtenir la parole pour la présentation ou la discussion d'un bill, est de traiter avec le président ou le rapporteur du Comité compétent et d'informer de cette entente le speaker en se faisant présenter à lui. Alors seulement, il aura quelque chance d'obtenir « la reconnaissance » le jour de la séance du Congrès. De la sorte, le speaker peut, de son fauteuil, diriger la Chambre dans la voie tracée par le Comité des règlements.

Il le peut d'autant plus qu'il a conservé tous ses droits individuels

1. Wilson, *Gouvernement congressionnel*, éd. franç., p. 73 et suiv.

de membre de la Chambre qui lui permettent, le cas échéant, de faire
preuve d'initiative. Le speaker peut, comme tout député, se mêler à
la discussion et prononcer à la Chambre des discours politiques. Il
peut aussi et surtout déposer des propositions et des amendements,
et de la sorte il est en mesure d'inspirer le travail législatif de la
Chambre. Certains auteurs [1] l'ont comparé, pour cette raison, au premier ministre anglais et voudraient lui voir jouer de plus en plus le
rôle d'un « premier » chargé d'élaborer un programme législatif et
d'en poursuivre la réalisation. Certains speakers ont compris d'ailleurs eux-mêmes leur rôle de cette façon : Reed était le véritable
auteur des bills qui furent votés, sous son speakership, par les législatures républicaines. L'analogie ne doit pourtant pas être poussée
trop loin. La partie exécutive des pouvoirs du premier anglais n'est
pas accessible au speaker, et quant à la partie législative, il y a loin
encore de l'inspiration officieuse du speaker à la direction officielle
d'un chef de cabinet responsable. Le speaker n'en retire pas moins
une influence qui fait de lui le second personnage des États-Unis et
peut-être le premier en pouvoir effectif.

*. .

Les présidents des assemblées françaises réalisent un type intermédiaire entre celui du speaker anglais et celui du speaker américain. Ce type n'a été emprunté ni à l'Angleterre ni aux États-Unis ;
il est fait des souvenirs et des traditions des présidences de nos différentes assemblées. C'est surtout à la présidence de la Chambre
des députés sous la monarchie de juillet que doit la présidence de
la Chambre des députés et du Sénat, et le président Dupin est le
véritable prédécesseur de nos présidents actuels. C'est à lui que
revient l'honneur d'avoir donné à la fonction tout l'éclat qu'elle doit
comporter et d'en avoir établi les véritables traditions. Élu par la
Chambre pour une session, d'après la charte de 1830, réélu en fait
pendant près de dix ans, de 1832 à 1840, il s'est constamment posé
en défenseur des droits et des prérogatives de la Chambre et, à la

1. M. Bushnell Hart, The speaker as premier, dans *Practical Essays on American government.* New-York, 1893.

fois par tempérament et par convictions politiques, il a exalté la présidence dont il a fait la représentation matérielle et vivante de l'assemblée. En même temps, Dupin s'est attaché à réaliser le type du président parlementaire qui avait déjà été ébauché sous la Restauration, guidant la Chambre dans ses travaux, mettant de l'ordre dans les discussions avec un talent supérieur de directeur des débats, faisant respecter par tous la loi parlementaire avec toute l'impartialité dont un caractère vif et ombrageux le rendait capable et dominant du reste l'assemblée par le respect qu'imposaient ses qualités et la crainte qu'inspiraient ses défauts. Après lui, la présidence devait perdre de son prestige avec M. Sauzet, homme droit et consciencieux mais qui ne possédait pas une complète aptitude à la présidence et qui jouit d'une autorité bien inférieure à celle de son prédécesseur. Mais les traits caractéristiques de la fonction étaient dessinés et Dupin lui-même lui redonna un éclat nouveau lorsque, porté au fauteuil présidentiel de l'Assemblée législative de 1849, il sut dominer une assemblée beaucoup plus nombreuse que ses devancières et maîtriser une extrême-gauche socialiste turbulente et indisciplinée.

Après le second Empire, où la présidence devait revêtir un tout autre caractère, les traditions parlementaires reparaissent à l'assemblée nationale de 1871. L'assemblée d'un élan unanime porta à la présidence M. Grévy qui devait se faire remarquer par la gravité, l'impassibilité et l'impartialité avec lesquelles il allait remplir ses fonctions. M. Grévy n'en devait pas moins être victime du changement qui se produisit en 1873 dans l'orientation politique de l'assemblée et dut donner une démission qu'il avait jugée imposée par les circonstances. Il fut remplacé par M. Buffet qui présida à la discussion et au vote des lois constitutionnelles de 1875.

D'après l'article 11 de la loi constitutionnelle du 16 juillet 1875, les présidents de la Chambre des députés et du Sénat sont élus au commencement de chaque année pour la session ordinaire et pour toute session extraordinaire qui aurait lieu dans le courant de l'année. Les présidents de nos Chambres restent ainsi en fonctions un an au minimum, et en fait ils sont généralement réélus et président pendant plusieurs années consécutives. Ils ne sont pas à l'abri des vicissitudes politiques et indépendants des changements de majorités. On a vu des présidents auxquels la Chambre n'avait, au point de vue professionnel, aucun reproche à adresser, remplacés dans leurs fonctions parce que leur nuance politique ne correspondait plus aux tendances de la majorité. Cela pourtant n'est pas fatal et l'histoire parlementaire de la troisième République nous offre également l'exemple de présidents maintenus à la tête d'une assemblée dont au point de vue politique ils ne représentaient pas absolument la nuance.

La loi constitutionnelle de 1875 ne dit pas d'après quel mode de scrutin doit avoir lieu l'élection du président. Le règlement des deux assemblées a tranché la question en faveur du scrutin secret qui a été du reste la règle de toutes nos assemblées délibérantes lorsqu'il s'est agi de questions de personnes. Pourtant dans ces derniers temps, la Chambre des députés a été le théâtre d'une campagne menée en faveur du scrutin public, et des propositions ont été déposées tendant à la modification en ce sens du règlement de la Chambre[1]. On a fait valoir en faveur du scrutin public qu'il était seul conforme à la dignité de l'assemblée, qu'il permettait seul le maintien des groupements parlementaires que des raisons personnelles ou des intrigues de couloir ont trop beau jeu pour défaire quand le vote est secret. On a répondu à juste titre que l'élection du président de la Chambre n'avait pas en elle-même le caractère de manifestation politique, que d'ailleurs dans la mesure où les circonstances le lui attribuaient souvent, le scrutin secret était nécessaire pour dégager en toute sincérité la véritable opinion de l'assemblée. Il n'est pas besoin du reste d'insister longuement sur tous les inconvénients que présenterait en cette matière le scrutin public et la transformation qu'il pourrait amener dans le caractère de la fonction.

Actuellement ce caractère comporte des traits qui le rapprochent du speakership anglais et d'autres qui rappellent le speakership américain. Au premier abord, les présidents de nos deux Chambres ressemblent beaucoup au speaker anglais. Ils sont, il est vrai, élus par un parti, mais, au fauteuil présidentiel, ils ont pour devoir l'impartialité dans la direction des débats et ils deviennent en séance

1. V. la proposition François Fournier et Gouzy déposée le 2 février 1905, et le rapport de M. Dauzon. Séance du 1er décembre 1905. Annexe 2 805.

les arbitres des partis. Ils représentent l'assemblée entière et doivent parler en son nom et non pas au nom de leur parti. Ils cessent de participer aux votes de la Chambre et doivent s'abstenir de toute intervention dans les querelles de presse. Ils ne possèdent enfin aucuns des pouvoirs extraordinaires qui ont fait du speaker américain un chef politique d'une puissance considérable.

Mais la ressemblance avec le type anglais est toute superficielle et l'esprit de l'institution est complètement différent. Tandis que le speaker anglais exerce une véritable magistrature élevée au-dessus des partis, les présidents français restent au contraire des hommes d'État et des personnages politiques. En dehors de la Chambre, ils ont le droit de conserver et d'exprimer leur opinion sur la marche des affaires publiques. Ils peuvent continuer à inspirer leur parti et s'ils n'ont pas le droit de parler en son nom du fauteuil présidentiel ils peuvent abandonner momentanément la présidence pour intervenir dans les débats de l'assemblée [1]. La pratique parlementaire leur reconnaît même une prérogative qui les fait intervenir dans le domaine de la politique active. En cas de crise ministérielle, il est d'usage pour le président de la République de faire appeler le président du Sénat et le président de la Chambre des députés et de leur demander leur avis sur le choix du futur président du Conseil des ministres. Par là les présidents des Chambres sortent de leur rôle officiel pour devenir les conseillers du pouvoir exécutif et coopérer à la formation des ministères.

Enfin les présidents de nos assemblées, à la différence du speaker anglais, ne considèrent pas leurs fonctions comme le terme de leur carrière. Par le choix même dont ils ont été l'objet, ce sont des hommes politiques tout désignés pour prendre en mains la direction du gouvernement ou être investis le cas échéant, de la première magistrature du pays, la présidence de la République. L'histoire politique de la troisième République nous offrirait des exemples nombreux de présidents de la Chambre des députés ou du Sénat devenus chefs du cabinet ou présidents de la République. La fonc-

---

1. Un président de la Chambre qui n'a pas été un des moindres titulaires du fauteuil présidentiel, Gambetta, a cumulé ainsi la qualité de président et celle d'orateur parlementaire. Le fameux discours en faveur du scrutin de liste a été prononcé par lui le 19 mai 1881, alors qu'il était président de la Chambre.

tion présidentielle est donc importante non seulement en elle-même
mais par ce à quoi elle peut conduire. Les présidents de nos
assemblées sont en somme des chefs de partis qui exercent temporairement une magistrature mais qui redeviendront le lendemain
des hommes de partis et qui sont susceptibles d'être appelés à jouer
un rôle actif dans les destinées du pays.

*   *
*

En présence de la variété des types présidentiels, correspondant à
la variété des institutions politiques, une appréciation théorique et
générale des diverses présidences serait aussi injuste que vaine.
L'esprit politique du speakership américain est aussi remarquable
et aussi nécessaire en soi que l'esprit impartial du speakership
anglais. Ce qu'il importe de comprendre, c'est que le caractère de
chaque présidence liée à l'ensemble des institutions politiques du
pays ne saurait servir de modèle pour les pays voisins. Il y aurait
par exemple dommage pour la France à introduire au milieu des
institutions parlementaires importées d'Angleterre le caractère politique du speakership américain qui fait pièce avec le système américain de la séparation des pouvoirs. Cette seule conclusion donne
quelque utilité, même au point de vue critique, à une étude sur la
présidence des assemblées.

HENRI RIPERT.

ESSAI D'UNE ÉVALUATION DES REVENUS EN FRANCE[1]

Avant de chercher à individualiser, en quelque sorte, l'impôt en atteignant les revenus de chaque contribuable, il importerait peut-être de rechercher s'il est possible d'évaluer le montant global des ressources individuelles et leur répartition suivant leur origine. Peu de questions sont cependant plus délicates à résoudre. M. Renoult, particulièrement bien placé pour obtenir tous les renseignements désirables, ne constate-t-il pas dans son rapport que « le ministère des Finances ne possède ni les éléments de calcul, ni les données statistiques qui seraient si utiles pour l'étude d'un projet d'impôt sur le revenu[2] ».

Quelque imparfaites que soient les bases actuelles d'une évaluation, nous voudrions cependant essayer, dans cette étude, d'apprécier l'importance des diverses natures de ressources et, après avoir écarté autant que possible les doubles emplois, tenter de déduire le total du revenu national.

Les revenus peuvent être répartis en trois grandes catégories : intérêts des capitaux, rémunération du travail, et revenus mixtes, fruits de la collaboration de ces deux facteurs.

Les intérêts des capitaux se subdivisent : en revenus immobiliers et revenus mobiliers.

Pour évaluer la rente foncière, l'enquête de 1892, en attendant les résultats de la nouvelle évaluation des propriétés non bâties, constitue le seul document relatif aux immeubles ruraux. Mais le revenu net de 2,368 millions assigné à ces biens par cette publication paraît, à l'heure actuelle, un maximum supérieur à la réalité.

---

1. Cet article est tiré d'un ouvrage sur la *Richesse de la France : Fortunes et revenus privés*, publié en collaboration avec M. Alex. de Lavergne et devant paraître prochainement.
2. Ch. des Dép., 9° législature, 1907, n° 1053, p. 253.

En 1895, M. Coste ne l'estimait pas à plus de deux milliards[1] ; c'est le même chiffre qu'arbitrait récemment, à la Chambre[2], le ministre des Finances. Pour obtenir le revenu brut, il faut ajouter à ces résultats l'impôt foncier, les frais généraux et les réparations supportés par les propriétaires. Mais ces dernières dépenses ont comme contre-partie les profits qu'en retirent les ouvriers et entrepreneurs. Aussi figureront-elles dans les autres natures de revenus et, pour éviter un double emploi, doivent-elles être négligées. Il suffit donc d'ajouter les 268 millions d'impôt foncier supporté par les propriétaires. La rente du sol peut être ainsi évaluée à environ deux milliards et demi.

Mais ce chiffre ne peut figurer intégralement dans le calcul des revenus des particuliers car il importe de tenir compte des immeubles détenus par les personnes morales. Il couvrent 12.10 p. 0/0 du territoire agricole et, en admettant que leur revenu brut se répartisse proportionnellement à leur valeur en capital, appréciée d'après le produit des droits de mainmorte[3], le produit annuel peut être réparti de la façon suivante, en millions :

	Capital.	Revenu.
Domaine privé de l'État......................	1,400	50
Biens appartenant aux établissements publics, reconnus d'utilité publique et associations...	2,300	82
Biens des sociétés commerciales..............	220	8
Biens des particuliers......................	66,080	2,360
	70,000	2,500

Pour obtenir le rendement réel des propriétés rurales appartenant à des particuliers, il faudrait déduire les charges hypothécaires. Mais comme les intérêts de ces créances devraient figurer pour une somme égale dans les revenus des capitaux mobiliers, il paraît inutile d'en faire état dans une étude recherchant les ressources des particuliers, et il suffira de se rappeler que la rente du sol est majorée de ce fait de 4 à 500 millions et que les revenus mobiliers sont atténués d'une pareille somme. En résumé le produit

---

1. Procès-verbaux de la Commission extraparlementaire de l'impôt sur le revenu, p. 1077.
2. Ch. des Députés, séance du 11 février 1908, p. 295.
3. A. de Lavergne et L. Paul Henry, Les diverses méthodes d'évaluation de la fortune privée, *Revue Politique et Parlementaire*, t. XV, p. 371 et suiv.

des biens fonciers appartenant à des particuliers représenterait
2,360 millions.

Pour la propriété bâtie, les rôles, tenus à jour par l'administration
des contributions directes, permettent de connaître le montant de
la valeur locative et du revenu net des immeubles de cette nature.
Pour l'exercice 1906, la perception de la contribution foncière a
donné les résultats suivants :

	Nombre d'immeubles.	Valeur locative réelle. Francs.	Revenu net. Francs.
Maisons	9,270,953	3,021,914,711	2,266,351,567
Usines........	132,032	280,232,282	168,129,451
	9,403,985	3,302,146,993	2,434,181,018

Dans le désir de procurer des ressources au Trésor, l'administration surévalue plutôt les loyers des propriétés bâties, aussi le
chiffre de 2,434 millions est-il un maximum. Comme pour les biens
ruraux et pour les mêmes raisons, nous n'ajouterons à ce chiffre que
les 182 millions et demi d'impôt foncier pour obtenir leur revenu
brut. Le surplus représentera les non-valeurs, fréquentes pour les
immeubles bâtis et les dépenses d'assurance, d'entretien et d'amortissement.

Mais d'après les résultats de la taxe de mainmorte, 8.11 p. 0/0
de la contribution des propriétés bâties sont acquittés par des personnes morales. Les revenus des maisons et usines n'entrent donc
que jusqu'à concurrence de 91.89 p. 0/0 dans la composition des
revenus individuels.

	P. 0/0 —	Revenu. millions.
Établissements publics, reconnus d'utilité publique, associations...................................	2.21	58
Sociétés commerciales.........................	5.90	153
Particuliers....................................	91.89	2,389
	100	2,600

Négligeant, pour les raisons déjà indiquées, les 244 millions de
charges hypothécaires, le revenu des propriétés bâties semble donc
devoir être arbitré en chiffres ronds de 2,350 à 2,400 millions.

En ajoutant les 191 millions représentant, d'après l'enquête de
1892, la valeur locative des bâtiments ruraux, la propriété immobilière produirait par an environ 4,950 millions. Cette évaluation

néglige, il est vrai, les immeubles détenus, en France, par des étrangers et ceux possédés à l'étranger par des Français. Aucun renseignement ne permet d'en apprécier l'importance, mais une compensation doit s'établir entre ces causes d'augmentation et de réduction.

La détermination des revenus mobiliers offre des difficultés encore plus considérables. Pour la rente française [1], sur 775 millions d'arrérages payés par le Trésor, 584 millions seulement seraient imposables, les 191 autres millions étant détenus par divers établissements publics. Mais quelques autres dettes de l'État, 260 millions d'obligations et 200 millions en moyenne de bons du Trésor, sont productives d'intérêt et rapportent environ 16 millions, élevant à 600 millions les intérêts des fonds d'État français. En outre, les 658 millions d'emprunts des colonies françaises, placés à un taux moyen de 3 1/2 p. 0/0, produisent un revenu d'une vingtaine de millions.

Pour les autres valeurs françaises, l'impôt de 4 p. 0/0 sur le revenu permet d'en apprécier l'importance. En 1906, les droits ont été assis sur un produit de 1,893 millions, dont 22 millions de lots.

Les valeurs étrangères, autres que les fonds d'États, figuraient, pendant le même exercice, pour un revenu taxé de 265 millions et demi. Mais ce chiffre ne concerne que les intérêts et dividendes des titres abonnés à l'impôt. Or, 1,500 millions environ de valeurs de même nature, possédées par des Français n'étaient pas placées sous le régime de l'abonnement. Le taux de placement de ces titres varie de 4 à 5 p. 0/0 et leur revenu peut être fixé entre 60 et 75 millions. Quant aux fonds d'États étrangers, aucun renseignement ne peut être fourni par la statistique, puisque les titres sont seulement soumis à un droit de timbre sur leur valeur nominale. En admettant que les fonds rapportent de 4 1/2 à 5 p. 0/0, les arrérages des 18 milliards, circulant en France, atteindrait 810 à 900 millions.

Il doit, en dernier lieu, être tenu compte des valeurs achetées par les Français à l'étranger et laissées en dépôt à l'intérieur. Nous chiffrons, d'après M. Neymark, à 2 milliards le montant de ces capitaux. De semblables placements ne rapportent pas moins de

1. Rapport Renoult, *op. cit.*, p. 78.

5 p. 0/0; aussi est-il permis d'évaluer leur produit à une centaine de millions.

Mais deux causes nécessitent des rectifications. Les revenus des valeurs françaises comprennent l'intégralité des intérêts payés aux porteurs sans se préoccuper de leur nationalité. Or, un certain nombre de titres sont possédés par des étrangers. L'administration des finances estimait, en 1895, que sur 812 millions de rente, 90 millions environ étaient détenus par des porteurs non français, soit une proportion de plus d'un dixième [1]. Il semble donc nécessaire de n'évaluer qu'aux 9/10 des intérêts, le revenu des portefeuilles français.

Une seconde déduction doit être opérée à raison de valeurs possédées par des personnes morales. Sur ce point, des documents complets font une fois de plus défaut. Pour la rente française, cependant, la part des titres appartenant à des établissements nationaux atteignait, sur un total de 775 millions, 191 millions. Mais pour obtenir le montant exact des rentes possédées par des particuliers, il faudrait ajouter à ce chiffre toutes les rentes des établissements communaux et départementaux, des associations et des sociétés commerciales.

En l'absence de toute indication précise, nous pensons qu'une réduction proportionnelle à celle que, dans des travaux antérieurs, nous avons fait subir au capital, peut être apportée au total des revenus. Il faut cependant tenir compte, dans ce calcul, des 6,300 millions de rente française dont nous avons déjà retranché les intérêts.

Une dernière réduction doit être enfin opérée à raison des 71 millions d'intérêts des obligations du Crédit foncier qui, sous peine de double emploi, ne doivent pas figurer dans notre évaluation.

Finalement le revenu des valeurs mobilières semble pouvoir être ainsi établi :

Valeurs mobilières françaises...........		2,513	
A déduire :			
1/10 du revenu perçu par des étrangers..	250		
Revenu des obligations hypothécaires....	71	321	2,192
Valeurs mobilières étrangères...........			1,285
			3,477

1. Rapport général, p. 1077, n° 7.

Titres possédés par des particuliers............ 81 p. 0/0   3,072
            par des personnes morales de
            droit public et de droit privé. 19 p. 0/0   405
                                                          ———
                                                          3,477

Le revenu mobilier des particuliers serait donc de 3,100 millions environ. Mais, en dehors de titres de bourse, d'autres valeurs entrent dans la composition des revenus privés.

Les livrets des Caisse d'épargne procurent, suivant les établissements, de 2.50 à 3 p. 0/0. D'après un compte rendu sommaire, paru au *Journal Officiel* du 2 février 1908, les revenus des déposants des caisses privées auraient atteint 100 millions en 1907; ceux des déposants de la Caisse nationale peuvent être évalués, pour un capital de 1,350 à 1,400 millions, à 34 millions environ.

Les Compagnies françaises d'assurances sur la vie acquittaient, en 1905, 91 millions des annuités viagères. Avec les rentes servies par les mutuelles et les sociétés étrangères, le chiffre de 100 à 120 millions doit être dépassé. La Caisse des retraites pour la vieillesse a également versé 43,500,000 francs d'arrérages. Enfin les pensions mutualistes ont atteint le chiffre de 8 millions et demi en 1903.

A ces diverses retraites, il convient d'ajouter les pensions versées par l'État, atteignant en 1908 le chiffre formidable de 320 millions. Enfin toutes les retraites servies par divers établissements publics, les chemins de fer, les Sociétés commerciales, doivent être supputées. Il ne paraît pas possible d'évaluer à moins de 600 millions le montant des émoluments viagers de toute nature.

Les cautionnements et les fonds en séquestre à la Caisse des Dépôts et Consignations, représentant un peu plus de 500 millions, produisent également un revenu annuel d'une quinzaine de millions. Enfin les dépôts dans les banques ont été récemment évalués à 5 milliards, mais les plus importants d'entre eux sont effectués par des sociétés commerciales se servant de ces établissements pour leur trésorerie. La part appartenant aux particuliers doit être relativement assez restreinte, et ne guère dépasser deux à trois milliards. A 0 50 p. 0/0, intérêt alloué aux dépôts minimes, les revenus de ce genre de placement atteindraient une quinzaine de millions.

En additionnant ces divers chiffres, les ressources annuelles des particuliers, provenant des capitaux, s'élèveraient à 8,785 millions.

Les revenus provenant à la fois du capital et du travail comprennent : les bénéfices des exploitations agricoles commerciales et industrielles, les profits des occupations libérales.

Depuis de nombreuses années, les bénéfices agricoles sont considérés comme égaux à la rente du sol. M. Renoult estime que les bénéfices agricoles s'élèvent au minimum à 2,700 millions, qui se décomposent ainsi :

I. Produit net des cultivateurs..................	800 millions.
II. Intérêts à 5 p. 0/0 du capital d'exploitation...	400 —
III. Rémunération des chefs d'exploitation........	1,500 —
Bénéfices totaux d'exploitation..................	2,700 —

Quelques rectifications dues, en partie, à ce que nous recherchons le montant brut des bénéfices d'exploitation, doivent être faites à ces calculs. Il faut ajouter, en effet, l'impôt des prestations, soit 60 millions, et les charges des prêts à la culture, évaluées par l'enquête agricole à 300 millions. D'autre part, il paraît possible de déduire d'une façon plus précise la rémunération personnelle des exploitants. L'enquête agricole fixe à 3,967 millions le salaire de toute la main-d'œuvre agricole. Les renseignements fournis sur les salaires moyens de ces ouvriers permettent, par une soustraction, de déduire la rémunération du personnel dirigeant.

	Nombre.	Gages [1]. Francs.	Montant total des salaires. Francs.
Régisseurs	16,091	2,400	38,618,400
Maîtres-valets.....................	119,581	493 + 400	97,835,833
Laboureurs et charretiers..........	498,613	360 + 400	378,943,880
Bouviers..........................	136,537	322 + 400	98,579,714
Autres domestiques..,.............	377,902	310 + 400	268,310,420
Petits domestiques (moins de 16 ans).	237,631	151 + 290	169,205,271
Journaliers......................	363,081	622	227,080,382
Hommes.....................	1,751,436	690	1,218,593.900
Servantes de fermes..............	461,910	202 + 230	226,335,900
Journalières	845,000	390	329,550,000
Femmes	1,306,910	425	555,885,000
	3,058,346	580	1,774,481,800

Ainsi 3,058,346 auxiliaires des chefs d'exploitation recevaient 1,774 millions. La rémunération de ceux-ci serait donc égale à la

---

1. Lorsqu'il y a deux chiffres dans cette colonne, le second représente la valeur de la rémunération des ouvriers agricoles donnée en nature.

différence existant entre 3,967 millions et 1,774 millions, soit à 2,200 millions.

Le calcul des bénéfices bruts de l'agriculture s'établirait donc ainsi, d'après l'enquête de 1892 :

Produit net..	800	millions.
Intérêts du capital d'exploitation.................	400	—
Rémunération des chefs d'exploitation............	2,200	—
Impôt des prestations.............................	60	—
Prêts à la culture................................	300	—
	3,760	

Il est certain que, depuis 1892, les salaires agricoles ont augmenté. En admettant une hausse moyenne de 50 centimes par jour, ce qui paraît un maximum, la charge supplémentaire pour les patrons serait de 560 millions. Leurs ressources personnelles n'atteindraient plus alors que 3,200 millions.

S'il est possible, avec les documents actuels, de hasarder une approximation des bénéfices agricoles, la tâche est plus malaisée pour l'estimation des profits du commerce et de l'industrie. Aucun document ne nous en révèle l'importance. L'administration des finances prétend la déterminer à l'aide du rendement de la contribution des patentes. Des enquêtes administratives auraient révélé que le principal de cet impôt ne représenterait pas en moyenne plus de 3 p. 0/0 des bénéfices nets.

En admettant cette méthode, les profits de cette nature se seraient élevés, en 1906, à 2,897 millions, calculés sur un principal des patentes de 86 millions. Les critiques pouvant lui être adressées ne peuvent pas être passées sous silence. Rien ne révèle si ce chiffre de 3 p. 0/0 indique exactement le taux moyen de la contribution des patentes. Les attaques du ministre des Finances, au cours de là discussion sur la réforme fiscale, établissent l'improportionnalité de cet impôt. Est-il possible de déduire de vérifications partielles des conclusions générales?

De plus, les bénéfices commerciaux et industriels se trouvent indûment diminués par les exemptions inscrites, dans la loi, en faveur de certaines professions. Il est possible pour l'une des catégories exemptées, les concessions minières, de connaître leurs profits annuels. Un impôt spécial, la redevance des mines, frappe le produit net des exploitations qui, en 1906, a atteint 62 millions.

Pour les autres professions, nous ne pouvons que nous en référer aux estimations administratives fixant à 600 millions, en 1895, leurs bénéfices.

Mais si l'estimation globale des profits commerciaux et industriels peut satisfaire un financier se proposant d'atteindre toutes les entreprises, elle ne saurait contenter les économistes désireux d'apprécier les revenus des particuliers. Dans l'ensemble de ces profits, figurent ceux des sociétés commerciales déjà inscrits, dans nos évaluations, comme dividendes d'actions ou de parts d'intérêts et représentant au moins 900 millions. Les bénéfices commerciaux et industriels pourraient donc être évalués à 2,660 millions environ.

La troisième source de revenus est fournie par les professions libérales. Une semblable classification peut paraître étrange, car l'activité individuelle semble être la principale origine des ressources créées par ces occupations. Cependant, pour les offices ministériels, l'achat de la charge nécessite une mise de fonds; pour d'autres, la transmission de la clientèle ou la nécessité de certaines études impose aux candidats une dépense parfois importante, dont l'exercice de leur profession devra les dédommager. Aussi semble-t-il possible de ranger ces ressources parmi les revenus mixtes. Comme celles-ci sont frappées par la patente, le même critérium que celui adopté pour les produits commerciaux, semblerait pouvoir être admis : il n'en est rien cependant. En effet les 5 millions du principal des patentes du tableau D ne représenteraient qu'un revenu de 180 millions. Or, d'après une étude parue, en 1893, dans le *Journal des Économistes*, M. Theureau évaluait à 250 millions le produit annuel des offices ministériels. Les honoraires des médecins, avocats et professions analogues ne paraissent pas pouvoir être arbitrés à un chiffre inférieur, et un revenu total de 500 millions semble pouvoir être attribué aux professions libérales. Ajoutés aux 3,200 millions de bénéfices agricoles et aux 2,660 millions de profits industriels et commerciaux, ces 500 millions donneraient un total de 6,360 millions pour les revenus combinés du capital et du travail.

Il reste enfin à déterminer l'importance de la rémunération du travail. Les traitements publics avaient été estimés par l'administration, en 1895, à 550 millions. Ce chiffre, inférieur à la réalité, à cette époque, est devenu insuffisant en raison des créations d'emplois et des relèvements de traitement. Le budget ne permet pas d'apprécier d'une façon exacte l'importance des dépenses du personnel, car certains crédits comprennent à la fois des salaires et des frais de matériel. Néanmoins, l'addition des chapitres intitulés : dépenses du personnel, peut autoriser une évaluation des traitements publics. Or cette addition dépasse un milliard, solde de l'armée comprise. A ce chiffre, il convient d'ajouter les traitements des 262,078 agents des départements ou des communes. Leur rémunération globale ne semble pas devoir être de moins de 200 millions. En tenant compte, en outre, des employés des établissements publics, non compris parmi les agents de l'État, des départements et des communes, le montant des traitements publics de toute nature paraît pouvoir être évalué à 1,300 millions au moins.

Pour apprécier la part des chefs d'exploitations agricoles, dans les bénéfices de la culture, nous avons dû évaluer les gages de leurs ouvriers. Nous en avons fixé le montant actuel à 2,335 millions environ. Pour les salaires des ouvriers de l'industrie, nous ne possédons de données certaines que sur les gages des 195,000 travailleurs des industries extractives. D'après la statistique de l'industrie minérale, ceux-ci se seraient partagé, en 1905, 254 millions et demi. Le gain des autres ouvriers ne peut être apprécié qu'à l'aide des indications, sur les salaires de certaines professions, fournies chaque année par les conseils de prud'hommes. Mais il suffit de parcourir les tableaux publiés pour constater que les salaires varient dans des proportions considérables d'une ville à l'autre. Aussi les moyennes résumant ces renseignements partiels ne doivent-elles être acceptées que sous réserves.

De plus, les salaires des ouvriers masculins ont été surtout envisagés et les sept professions féminines énumérées, insuffisantes pour donner une notion exacte de la rémunération de la main-d'œuvre féminine, ne contre-balancent pas l'élévation relative des salaires masculins. Pour les professions féminines, la moyenne serait de 2 fr. 15, elle est de 4 fr. 39 pour les professions masculines, soit une moyenne générale de 4 fr. 10. D'ailleurs, ces chiffres ne s'appliquent pas à Paris. Dans la capitale, la moyenne générale est de 7 fr. 19, la moyenne pour les emplois féminins de 4 fr. 25, et pour les emplois masculins de 7 fr. 72.

En l'absence de toute indication plus précise et à l'exemple de
M. Coste, nous hasarderons une évaluation en prenant pour base le
recensement professionnel de 1901. Pour 300 jours de travail par an,
les salaires moyens annuels s'élèveraient à :

	Hommes.	Femmes.
Paris	2,157 fr.	1,275 fr.
Autres villes....................	1,317 fr.	645 fr.

Toutefois, comme ces chiffres s'appliquent à des ouvriers qualifiés
et comme la rémunération des autres employés parait moins élevée,
nous croyons que des réductions assez sensibles doivent être opérées
pour les travailleurs du commerce et des professions libérales. Il en
est de même pour ceux employés aux soins personnel, et les domestiques. Dans ce dernier cas, une partie du salaire est donnée en nature.

Nous obtiendrions le tableau suivant :

PARIS

	NOMBRE		SALAIRE APPLIQUÉ (francs).		SALAIRE TOTAL (en millions).	
	hommes	femmes	hommes	femmes	hommes	femmes
Employés et ouvriers de l'industrie..............	329,734	286,255	2,157	1,275	711.2	364.9
Employés et ouvriers du commerce, manutention et transports...........	315.675	116,677	1,800	1,000	568.2	116.6
Soins personnels.........	4,859	907	1,800	1,000	8.7	0.9
Service domestique.......	35,179	166,557	1,800	1,200	63.3	199.8
Employés des professions libérales...............	43,680	25,218	1,800	1,200	78.6	30.2
	729,127	595,614			1,430.0	712.4

AUTRES VILLES

	NOMBRE		SALAIRE APPLIQUÉ (francs).		SALAIRE TOTAL (en millions)	
	hommes	femmes	hommes	femmes	hommes	femmes
Employés et ouvriers de l'industrie..............	2,700,653	1,547,962	1,317	645	3,556.7	998.4
Employés et ouvriers du commerce, manutention et transports...........	1,358,490	540,677	1,000	600	1,358.4	324.4
Soins personnels.........	27,989	8,765	1,000	600	27.9	5.2
Service domestique.......	137,202	617,257	1,000	600	137.2	370.2
Employés des professions libérales	147,050	131,057	1,200	900	176.4	117.9
	4,371,384	2,845,658			5,256.6	1,816.1

La rémunération des ouvriers et employés de toutes catégories atteindrait ainsi 9,215 millions. Toutefois, bien que nous ayons écarté les 267,000 chômeurs constatés par le recensement de 1901, il y aurait peut-être lieu de faire subir une déduction supplémentaire pour tenir compte des périodes de maladie et de suspension de travail de toute nature. Nous croyons pouvoir fixer cette somme à 500 millions; en revanche, il faut ajouter 254 millions alloués aux travailleurs des industries extractives et au moins 30 millions pour les 50,000 pêcheurs.

Le total des salaires représenterait 9 milliards, soit en moyenne 1,030 francs par salarié. Ces chiffres peuvent paraître exagérés. Nous ne possédons aucune preuve de nos évaluations et ne nous dissimulons pas leur fragilité. L'application de moyennes à des milliers d'individus peut provoquer des erreurs considérables.

En particulier, le salaire moyen d'un travailleur parisien, justifié pour un ouvrier qualifié, n'est-il pas trop élevé pour des hommes sans instruction professionnelle? Il existe, par contre, à Paris, une nombreuse catégorie d'artisans fabriquant des objets de luxe, jouissant de salaires notablement supérieurs à la moyenne.

Inversement, les gages des ouvrières de province semblent évalués à un chiffre faible. Néanmoins le résultat global paraît vraisemblable. D'après une méthode analogue, M. Coste estimait, en 1890, les salaires à 6 milliards. Mais deux faits contribuent à majorer notre évaluation. D'une part M. Coste avait pris pour base le recensement de 1886 accusant une population de 6,900,000 travailleurs industriels alors qu'en 1901, les ouvriers de l'industrie sont au nombre de 8,850,000, soit un accroissement de 20 p. 0/0. En second lieu, les salaires se sont élevés depuis 1886 et l'augmentation n'est pas moindre de 12 p. 0/0 en province et atteint à Paris de 26 p. 0/0 à 35 p. 0/0. Dans ces conditions, nous ne croyons pas nous écarter sensiblement de la vérité en fixant à 9 milliards les salaires des ouvriers autres que ceux de l'agriculture.

En résumé les traitements publics et privés peuvent être arrêtés à la somme de 12,635 millions.

En reprenant nos évaluations des revenus provenant du capital et des revenus mixtes, les ressources annuelles des Français se répartiraient ainsi suivant leur nature (en millions) :

		P. 0/0
Revenus provenant de capitaux...............	8,785	31.6
— — du capital et du travail.......	6,360	22.8
— — du travail...................	12,635	45.6
	27,780	100

En hasardant ces chiffres, nous ne prétendons pas fournir une solution définitive. Nous avons dû, pour les profits commerciaux et les salaires des ouvriers, recourir à des hypothèses appuyées sur des présomptions sérieuses, mais que des investigations plus sagaces pourront détruire. Néanmoins, si imparfaites soient-elles, nos évaluations justifient quelques considérations générales.

La part des revenus du travail est sensiblement plus forte que chacune des deux autres. Comparés, en particulier, aux bénéfices des chefs d'établissement, les salaires seraient deux fois plus élevés qu'eux. Pour connaître le montant global des revenus du travail, il faudrait, en outre, ajouter la rémunération personnelle des chefs d'établissement. L'enquête agricole permet de connaître celle des patrons ruraux. Elle représenterait les 2/3 du bénéfice total. En admettant une proportion analogue pour les autres exploitations, il faudrait ajouter 4 milliards pour obtenir le chiffre total des salaires. Encore avons-nous compris, dans les revenus des capitaux, les arrérages de pensions, qui, dans une certaine mesure, peuvent être tenus pour des salaires différés. La part réelle des travailleurs ressortirait à bien près de 17 milliards, représentant 63 p. 0/0 du revenu total.

D'ailleurs, ce serait méconnaître le caractère même de la fortune individuelle que de considérer l'intégralité des 8,785 millions des intérêts de capitaux comme disponibles entre les mains des bénéficiaires. Comme toutes choses, les biens mobiliers ou immobiliers ont besoin de soins constants dont le coût doit être prélevé sur le revenu. Les valeurs mobilières elles-mêmes n'échappent pas à cette règle. Guettés tour à tour par des conversions ou par la disparition d'entreprises, les capitalistes doivent, par une épargne opiniâtre, assurer la conservation de leurs revenus et de leurs capitaux. Les rentes viagères sont basées sur la destruction systématique du capital et l'épargne doit encore intervenir pour le reconstituer. Enfin les lourds impôts frappant la transmission, à titre gratuit ou onéreux, des biens doivent être prélevés sur le revenu sous peine de détruire progressivement le capital. Aussi, dans la comparaison, la totalité des ressources provenant de capitaux ne saurait entrer en ligne de compte et la part relative des salaires dépasse certainement 63 p. 0/0.

Le capital humain joue donc, dans la formation des richesses, un rôle prépondérant. La statistique, sur ce point, confirme les déductions de l'économie politique. Mais il ne faut pas oublier que la production ne peut atteindre un développement intensif sans le capital. Seul, il permet aux ouvriers de toucher leurs salaires. Aussi la part réservée à la fortune acquise apparaît comme très justifiée.

Il semble cependant qu'elle doive, dans l'avenir, proportionnellement diminuer. Les économistes sont en général d'accord pour estimer de 1,500 millions à 2 milliards, les sommes susceptibles d'être annuellement épargnées en France. En admettant même ce chiffre, peut-être exagéré, et un taux moyen de placement de 4 p. 0/0, les revenus des capitaux augmenteraient de 60 à 80 millions par an. Or une majoration minime des salaires de 0 fr. 10 par jour, soit 30 francs par an, appliquée à plus de 14 millions d'employés et ouvriers élèverait de 420 millions les ressources provenant du travail. Si telle paraît être la tendance présente, il serait téméraire d'affirmer que la société future doive assister à une réduction continuelle de l'importance relative des revenus de la fortune acquise. Une transformation industrielle imprévue, des destructions de capitaux pourraient renchérir le loyer de l'argent. Elles seraient de nature à provoquer, en même temps qu'une hausse du revenu attribué aux capitalistes pour leurs épargnes nouvelles, une baisse importante des salaires. Dans des faits économiques aussi complexes, l'intervention d'autres facteurs, en particulier la loi de l'offre et de la demande, seraient susceptibles de bouleverser toutes les hypothèses. Les salaires pourraient progresser, alors que le taux de l'intérêt se relèverait. L'activité industrielle de ces dernières années fournit un exemple atténué de ce double phénomène. Aussi les économistes doivent-ils se borner à des constatations actuelles, les événements futurs échappant à toute prévision.

Il importe de rappeler que ces 27 milliards de ressources annuelles ne doivent pas être confondus avec le revenu réel du pays. Elles ne représentent que le total des encaissements successifs dont le revenu national grossi des consommations de capitaux a été l'objet. Sans que la richesse générale augmente, les ressources annuelles privées peuvent s'accroître si la circulation devient plus rapide. Une pareille modification ne peut être considérée comme un bienfait que si elle correspond à des transformations d'habitudes commerciales ou industrielles; mais elle a généralement pour cause la diminution de l'esprit de l'épargne ou la consommation improductive de capitaux. Or capitaux et épargne sont nécessaires à la conservation des forces productives d'un pays. Privées de ces éléments, celles-ci menacent de décliner et, par suite, elles ne permettent que de répartir des bénéfices inférieurs. Moins favorisés qu'auparavant, les possesseurs originaires des sommes servant à constituer les ressources des particuliers, resteindront leurs dépenses. Ce resserrement se répercutera chez tous les titulaires successifs d'une parcelle du revenu et, à une période d'inflation des ressources annuelles des particuliers, succédera une dépression, forçant chacun à limiter ses besoins. Si donc aucun rapport ne peut servir à déterminer l'importance globale des revenus privés, d'après la productivité nationale, il existe entre ces deux facteurs des relations étroites nécessitant leur développement en quelque sorte harmonique.

Pour être réel, l'accroissement des ressources des individus doit avoir pour cause une augmentation parallèle de la production. Mais même si cette augmentation est restreinte, son importance pour la progression du bien-être général, par suite des mutations successives des bénéfices supplémentaires réalisés, peut se traduire par une élévation considérable des ressources totales des particuliers.

L. PAUL HENRY.

CHRONIQUE BUDGÉTAIRE ET LÉGISLATIVE

(1907)

Lorsque le ministre des Finances dut préparer le budget de 1908[1] sa tâche apparut comme fort délicate. L'équilibre du budget de 1907 n'avait pu être obtenu qu'en faisant état de 108 millions de ressources exceptionnelles dont 97 millions disparaissaient avec la fin de l'exercice. Les plus-values des recouvrements de la pénultième année, grossies de l'augmentation de recettes due à la bissextilité de l'année 1908, compensaient, à la vérité, la diminution des ressources budgétaires et laissaient même un léger excédent de 6 millions et demi. Mais, des dépenses nouvelles considérables s'imposaient. A partir de 1908, deux séries de la rente 3 0/0 amortissable devaient être appelées au remboursement, chaque année, alors qu'en 1907, les crédits ne prévoyaient que l'amortissement d'une série. La surcharge n'était pas moindre de 24 millions. En outre, M. Caillaux, reprenant l'idée fort sage qu'il avait émise, en 1901, en faisant voter l'emprunt de 265 millions pour payer les frais de l'expédition de Chine, voulait amortir un capital égal de rentes et demandait à cet effet une somme de 3 millions. Enfin des relèvements de crédits, atteignant 48 millions, malgré une énergique compression, étaient nécessaires pour l'application des lois récentes, la défense nationale et la marche normale des services.

Déduction faite du boni de six millions et demi sur les recettes, le ministre devait pourvoir à un déficit de 68 millions et demi.

Il proposait de le combler en recourant à diverses mesures. Par un changement de l'échéance des pensions, il ajournait 23 millions de dépenses. De plus, il proposait, comme en 1907, de faire payer à l'avenir par la Caisse des dépôts les primes accordées à la Marine marchande par les lois de 1893 et de 1902; cet établissement aurait

[1]. Projet de loi, n° 943, Ch. des Dép., 9ᵉ législature, session de 1907. Rapport général de M. Mougeot, n° 1252, Ch. des Dép., 9ᵉ législature, session de 1907. Rapport général de M. Poincaré, n° 327, Sénat, session extraordinaire de 1907.

été remboursé par une annuité répartissant également, sur les exercices futurs, la charge décroissante incombant à l'État. L'économie résultant de cette seconde mesure aurait été de 28 millions et demi. Enfin, le gouvernement demandait la suppression de la détaxe de distance, instituée par la loi du 7 avril 1897 sur le régime des sucres en faveur des raffineries des ports, et le remaniement de divers impôts pour assurer une perception plus rigoureuse des droits : 12 millions auraient pu être obtenus au moyen de modifications dans les pesées des marchandises et dans la vérification des colis postaux en douane, la suppression de la troisième zone pour les tabacs, l'élévation des droits sur les manquants d'alcool, l'obligation de faire timbrer, s'ils ne l'étaient pas encore, les titres étrangers énoncés dans les inventaires, la fixation à 0 fr. 10 du droit de timbre sur les effets de commerce inférieurs à 100 francs, enfin l'application d'un droit proportionnel de 0 fr. 05 p. 0/0 aux chèques de place à place au lieu du droit uniforme de 0 fr. 20. L'équilibre budgétaire se trouvait ainsi assuré « en supprimant quelques fissures dans le produit des impôts ». .

La commission de la Chambre hésita longtemps avant de se résigner à admettre l'opération de trésorerie concernant les primes à la marine marchande. Les réductions qu'elle fit subir aux demandes de crédits compensèrent seulement certaines majorations reconnues nécessaires en cours d'exercice et le maintien des détaxes de distance pour les sucres et de la troisième zone pour les tabacs.

La Chambre apporta de profondes modifications aux propositions de sa commission. Elle vota 3 millions pour l'évaluation des propriétés non bâties et diminua de pareille somme les crédits de la guerre comme conséquences de la réduction des périodes des réservistes et territoriaux, décidée par la loi de finances. La disjonction des articles concernant les effets de commerce, les chèques et les manquants d'alcool ne fut pas compensée par le produit d'un nouvel impôt sur les chasses gardées. Pour combler le déficit, l'Assemblée, sur la proposition du Gouvernement et de la Commission, augmenta l'impôt sur les opérations de bourse et fit supporter l'impôt sur le revenu des valeurs mobilières aux intérêts des dépôts dans les banques et aux prélèvements statuaires distribués aux administrateurs et directeurs de sociétés.

La Commission des finances du Sénat examina principalement les combinaisons proposées par le ministre des Finances et la création de nouvelles ressources. Elle refusa de reculer les échéances des pensions, ce qui aurait causé un grave préjudice aux retraités et aurait rendu plus difficile l'établissement du prochain budget; puis, elle rejeta l'opération concernant les primes à la marine marchande, véritable emprunt déguisé. La majoration de l'impôt sur les opérations de Bourse fut admise par elle, mais l'extension de la taxe sur le revenu des valeurs mobilières fut limitée aux tantièmes des administrateurs. La Commission relevait enfin de 3 millions le crédit prévu pour la convocation des réservistes et des territoriaux. Elle avait, en effet, disjoint l'article de la loi de finances, modifiant la loi sur le recrutement, et ne croyait pas pouvoir escompter une réforme non encore votée. Ces diverses décisions créaient un déficit de 56 millions qui, d'ailleurs, « existait, à peu de chose près, dans le budget qui lui avait été transmis »; la Commission proposait de le couvrir par une émission d'obligations à court terme.

Le Sénat suivit sur presque tous les points les décisions de la Commission. Il repoussa cependant le nouvel impôt sur les tantièmes des administrateurs.

Après plusieurs voyages du budget entre le Luxembourg et le Palais-Bourbon, des concessions mutuelles furent faites par les deux Assemblées. La Chambre obtint le maintien de la réduction concernant la convocation des réservistes et des territoriaux. Le Sénat eut gain de cause pour les dispositions créant de nouveaux impôts. Finalement le budget put être voté le 31 décembre 1907.

Les recettes prévues s'élèvent à.......	3,910,583,680 francs
et les dépenses à....................	3,910,283,358 —
laissant un excédent de..............	300,322 francs.

En réalité, il existe un déficit puisque l'équilibre n'a pu être obtenu qu'en prévoyant l'émission de 56 millions et demi d'obligations à court terme. En outre certains chapitres paraissent insuffisamment dotés et l'expédition marocaine, les dépenses d'État pour l'assistance aux vieillards, par exemple, nécessiteront presque certainement d'importants crédits supplémentaires.

Le budget de 1908 est donc réduit, comme ses devanciers, à espérer de notables plus-values d'impôts pour se clôturer en fin d'exercice sans avoir besoin de recourir à l'emprunt. Malgré de superbes excédents de recettes au cours de ces dernières années, les dépenses croissent plus vite que les ressources et l'équilibre des budgets ne peut être obtenu qu'au moyen de « remaniements d'impôts », c'est-à-dire de taxes nouvelles et d'opérations exceptionnelles de trésorerie. Celles-ci pèsent lourdement sur les résultats des exercices et il faut des plus-values considérables pour qu'en fin d'année un déficit important ne grossisse pas le chiffre des découverts du trésor. L'exercice 1907 en est la preuve. Il a été favorisé par les excédents de recouvrements les plus élevés qui aient été constatés depuis de longues années [1]. Mais des crédits supplémentaires atteignant, au 10 mars 1907, 111 millions en ont absorbé la plus forte part et l'excédent provisoire n'était, à cette date, que de 57 millions. Comme la loi de finances prévoyait l'émission de 84 millions d'obligations à court terme, il existait un déficit réel de 27 millions. Si les annulations de crédits sont assez importantes et si des crédits supplémentaires trop considérables ne sont pas demandés, cet exercice pourra, néanmoins, ne pas augmenter les découverts du Trésor. Mais ce résultat est loin d'être remarquable pour une année qui a bénéficié de plus-values exceptionnelles et qui aurait dû, avec de bonnes finances, laisser un excédent appréciable [2].

Avec le ralentissement industriel qui paraît se manifester dans les recouvrements des impôts, le mouvement du commerce international et les recettes de nos grandes compagnies de chemins de fer, il est à craindre que la situation de l'exercice 1908, grevé, dès l'origine, d'un déficit de 56 millions et menacé d'importants crédits supplémentaires ne soit moins favorable encore que celle de son devancier.

*
* *

Parmi les dispositions de la loi de finances concernant les impôts, nous avons déjà signalé l'élévation de 0 fr. 05 à 0 fr. 10 p. 0/0 du droit sur les opérations de Bourse. Mais la taxe n'est pas modifiée pour les reports et les opérations concernant la rente française. L'article 7 fait disparaître l'immunité en faveur des titres étrangers non timbrés énoncés dans les inventaires [3]. A l'avenir les droits seront acquittés, quel que soit l'acte dans lequel le titre soit mentionné.

Afin de faire coïncider l'émission des rôles et le paiement du droit de vérification des poids et mesures avec ceux des autres contribu-

1. 136 millions en 1903; 145 millions en 1904; 69 millions en 1905; 123 millions en 1906; 167 millions en 1907 (chiffre au 1ᵉʳ février 1908). Pour les trois premiers mois de 1903, les excédents des recouvrements atteignent 13.7 millions par rapport aux évaluations budgétaires; mais la diminution est de 21.8 millions par rapport aux perceptions correspondantes de 1907.
2. V. Rapport de M. Poincaré sur un projet de loi portant ouverture et annulation de crédits sur l'exercice 1907. Sénat, 1908, n° 79.
3. V. L. 30 mars 1872 et 28 décembre 1895.

tions, la taxe sera désormais établie d'après les recensements opérés et les déclarations reçues au cours de l'année précédente. Certaines mesures sont prises pour faciliter la rectification des rôles ne correspondant plus avec la situation réelle.

L'exemption de la taxe sur les automobiles, accordée aux fonctionnaires pour les voitures qu'ils possèdent en vertu de règlements, est restreinte à ceux qui, en fait, les emploient exclusivement pour l'exercice de leurs fonctions. Les droits d'examen pour les permis délivrés aux conducteurs par le service des mines sont fixés à 20 francs, sauf réduction à 2 fr. 50 pour les professionnels.

Mais la mesure la plus importante concerne l'évaluation du revenu net des propriétés non bâties. Ce n'est pas ici le lieu de reprendre toutes les critiques formulées contre la fixité des évaluations cadastrales, consacrée par la loi du 15 septembre 1807. Depuis lors, les changements de cultures, les défrichements, le développement d'agglomérations ont modifié le revenu net des terres. Les lois des 7 août 1850 et 17 mars 1898, sur la réfection du cadastre, auraient pu remédier aux inégalités les plus choquantes. Mais, comme elles imposaient la plus forte part des dépenses aux communes, souvent hors d'état de les supporter, elles ne reçurent que de rares applications. A la place d'une réfection du cadastre, offrant de grands avantages économiques et financiers, mais entraînant une dépense d'au moins 500 millions, la loi du 21 juillet 1894 se borna à prescrire une nouvelle évaluation du revenu des propriétés non bâties, analogue à celle qui avait abouti à la transformation de la contribution des propriétés bâties en impôt de quotité. Cette décision de principe n'avait jamais reçu d'exécution. M. Poincaré avait demandé, en 1906, un crédit pour commencer les évaluations. Mais la Commission du budget l'avait supprimé.

Au moment où M. Caillaux se préoccupait d'établir un impôt sur les ressources réelles des contribuables, une nouvelle évaluation du revenu net de la propriété non bâtie s'imposait. Il soumit, le 21 novembre 1907, à la Chambre un projet ordonnant l'évaluation globale de la valeur locative de tous les immeubles possédés dans la commune par chaque propriétaire [1]. Cette proposition abandonnait le système d'évaluation parcellaire, jugé impraticable par le ministre à raison du nombre des parcelles et de l'insuffisance du cadastre et

---

1. Ch. des Dép., session extraordinaire 1907, n° 1325. V. aussi rapport Renoult, même session, n° 1354, et rapport général de M. Poincaré sur le projet de budget. *Op. cit.*, p. 136 et suiv.

mauvais, parce que les classifications des terres et l'application de
revenus théoriques à des catégories aboutissaient à déterminer des
revenus moyens, différant souvent des revenus réels. Le procédé
préconisé consistait à évaluer le produit net des propriétés non-
bâties soit d'après les baux, soit par comparaison, soit, à défaut de
ces deux premiers modes, par appréciation directe.

Deux critiques principales furent formulées contre le projet. D'une
part, à qualité égale, les petites propriétés ont une valeur locative
plus élevée que les grands domaines et, avec ce système, les propriétaires modestes seraient plus fortement taxés que les gros capitalistes; d'autre part, à chaque démembrement des propriétés, de
nouvelles évaluations seraient nécessaires. Au surplus, comme la
plupart des terres ne sont pas louées par baux, presque toujours il
faudra recourir à l'appréciation directe, comportant, avant l'estimation globale, une évaluation parcellaire. La Chambre avait passé
outre aux arguments de MM. Ribot, Roche et Aimond contre les propositions de M. Caillaux; le Sénat fit au contraire un accueil
favorable à un amendement de M. Touron, fondé sur des considérations analogues. Une texte transactionnel, présenté par la Commission du Sénat et voté par les deux assemblées, prévoit que les
évaluations auront lieu par exploitations distinctes, soit d'après un
tarif établi par nature de cultures et de propriétés, soit à l'aide de
baux authentiques ou de déclarations de locations verbales. Les
résultats seront communiqués aux intéressés qui auront deux mois
pour formuler leurs observations. Les deux systèmes sont, en
résumé, admis au même titre, et l'article omet soigneusement de
parler des propriétaires, pour mentionner seulement les biens.

**

Les ressources prévues dans le budget de 1908 se décomposent de
la manière suivante :

I. Impôts et revenus.	Francs.	
1° Contributions directes...............	517,752,189	
2° Taxes assimilées aux contributions di-		
rectes.......................	43,903,527	
3° Produits de l'enregistrement..........	613,217,900	
4° Produits du timbre...................	210,619,700	
5° Impôts sur les opérations de Bourse...	12,943,200	
6° Taxe sur le revenu des valeurs mobi-		
lières.............................	91,394,000	
7° Produits des douanes...............	481,465,000	
8° Produits des contributions indirectes..	613,815,900	
9° Sucres.............................	155,204,000	
Total...................	2,740,345,416	2,740,345,416

II. Produits de monopoles et exploitations industrielles de l'État.

1° Produit de la vente des allumettes chimiques......................	38,341,900	
2° Produit de la vente des tabacs........	459,250,500	
3° Produit de la vente des poudres à feu.	18,600,200	
4° Produit des postes, télégraphes et téléphones...........................	349,665,200	
5° Produit de diverses exploitations......	16,652,490	
Total.....	882,510,290	882,510,290

III. Produits et revenus du domaine de l'État.

1° Produits du domaine autre que le domaine forestier..................	26,791,882	
2° Produits des forêts...................	32,315,000	
Total...................	59,106,882	59,106,882
IV. Produits divers du budget......................		73,100,885
V. Ressources exceptionnelles......................		56,500,000
VI. Recette d'ordre.......................		96,897,043
VII. Produits recouvrables en Algérie...............		2,123,164
Total général......................		3,910,583,680

Les crédits ouverts pour 1908 se répartissent d'autre part ainsi qu'il suit :

I. Dette publique.	Francs.	
1° Dette consolidée...................	655,866,626	
2° Dette remboursable à terme ou par annuités	317,559,267	
3° Dette viagère......................	289,057,260	
Total..................	1,262,523,153	1,262,523,153
II. Dotation des pouvoirs publics.....		19,487,660

III. Services généraux des ministères.

1° Ministère des Finances...............	46,845,480	
2° — de la Justice..............	37,478,550	
3° — des Affaires étrangères.....	19,300,000	
4° — de l'Intérieur.............	112,759,008	
5° — de la Guerre..............	779,875,128	
6° — de la Marine..............	319,932,722	
7° — de l'Instruction publique, des Beaux-Arts et des Cultes..........	290,417,044	
8° Ministère du Commerce et de l'Industrie..................................	58,034,891	
9° Ministère du Travail et de la Prévoyance sociale.	13,109,499	
10° Ministère des Colonies..............	98,269,689	
11° — de l'Agriculture....	31,753,994	
12° — des Travaux publics, des Postes et des Télégraphes...........	245,557,373	
Total....................	2,053,333,378	2,053,333,378
IV. Frais de régie, de perception et d'exploitation....		534,018,767
V. Remboursements, restitutions et non-valeurs.......		40,920,400
Total général..................		3,910,283,358

.*.

L'article 24 de la loi de finances autorise l'annulation d'une rente perpétuelle de 7,950,000 francs, 3 p. 0/0, appartenant à la Caisse · d'épargne postale. En échange 29 annuités seront versées de 1908 à 1936 à cet établissement. De 11 millions à l'origine, ces annuités atteindront, à partir de 1932, 20,700,000 francs.

Des modifications assez importantes ont été apportées à la loi de 1905 sur l'assistance aux vieillards. Désormais, les vieillards, âgés de soixante-dix ans, ne seront plus tenus de justifier qu'ils sont incapables de gagner leur vie pour avoir droit à l'assistance et, s'ils se livrent encore à quelques travaux, les ressources qu'ils en retirent n'entreront plus en compte dans le calcul de l'allocation mensuelle. Un autre article stipule que, si le barême de la loi de 1905 servant à calculer la participation des communes donne des résultats moins favorables pour elles que celui de la loi du 15 juillet 1893, ce dernier devra être appliqué. Ces diverses mesures ne seront pas sans aggraver les sacrifices du Trésor.

L'article 41 accorde aux familles de réservistes ou de territoriaux, accomplissant une période d'instruction et justifiant de leur qualité de soutiens de famille, l'indemnité de 0 fr. 75 par jour, déjà allouée aux familles de jeunes gens de l'armée active remplissant envers elles le même rôle. Toutefois, le nombre des bénéficiaires ne pourra dépasser 12 p. 0/0 du contingent annuel.

La loi du 31 mars 1903 avait prévu, pour l'amélioration des retraites des ouvriers mineurs, le vote annuel d'un million. Les articles 48 à 50 remédient à quelques-unes des principales imperfections de ce texte. Au lieu de n'accorder les majorations de retraite ou les allocations de secours qu'aux mineurs ayant eu cinquante-cinq ans au 1er janvier 1903, celles-ci seront distribuées entre tous les ouvriers ayant eu cinquante-cinq ans au 1er janvier de chaque année; de plus, pour éviter que certains bénéficiaires ne jouissent à la fois de ressources assez élevées et d'allocations, celles-ci ne pourront être concédées aux ouvriers qui auraient une pension de retraite d'au moins 50 francs ou obtiendraient encore par leur travail un salaire mensuel de 50 francs.

L'article 44 fait bénéficier le Muséum d'histoire naturelle de l'autonomie financière déjà accordée aux universités; l'article 52 autorise le ministre des Colonies à transformer les hôpitaux colo-

niaux en hôpitaux civils autonomes : cette mesure devra réduire les
charges du Trésor. Il faut, enfin, signaler de nombreux articles
créant des emplois, fixant des traitements ou réglant les pensions
de diverses catégories d'agents.

* *
*

Depuis de nombreuses années, les Chambres n'avaient pas voté
de modifications au Code civil aussi importantes que celles relatives
au libre salaire de la femme mariée et à la contribution des époux
aux charges du ménage. Alors que, jusqu'à présent, la femme ne
pouvait sauvegarder le produit de son travail contre un mari dissi-
pateur qu'en ayant recours à des conventions matrimoniales spéciales, elle reçoit, par la loi du 13 juillet, le droit de conserver son
salaire personnel et ses économies et de disposer des biens ainsi
acquis, sans l'autorisation de son mari.

En cas de mauvaise gestion, le mari peut demander au tribunal civil
le retrait des pouvoirs conférés à son épouse. Les biens de la femme
peuvent être saisis par ses créanciers et par ceux de son mari, si la
dette a été contractée par ce dernier dans l'intérêt du ménage. Le
mari n'est, de son côté, responsable que des engagements pris par
la femme dans l'intérêt du ménage. A la dissolution d'une communauté, les biens réservés entrent dans le partage du fonds commun;
mais, si la femme renonce à la communauté, elle garde la propriété
des biens réservés, quitte de toutes dettes autres que celles dont ils
étaient antérieurement le gage. Si l'un des époux refuse de contribuer aux dépenses du ménage, son conjoint peut obtenir du juge de
paix l'autorisation de toucher une part de son salaire. Telles sont
les principales dispositions d'une loi qui, dans la généralité de ses
termes, vise toutes les femmes mariées se livrant à un travail et
règle, pour la première fois leurs droits d'une façon précise. Elle
introduit, dans notre code, des mesures protectrices déjà inscrites
dans la plupart des législations étrangères.

Les formalités du mariage ont été simplifiées par la loi du
21 juin. La publication n'aura plus lieu qu'une seule fois; à partir
de vingt et un ans, les garçons, comme les filles, pourront se marier
sans le consentement de leurs parents et ne devront plus, s'ils ont
moins de trente ans, leur faire notifier qu'une fois leur projet
d'union. Passé trente ans, ils n'auront plus besoin d'adresser d'actes
respectueux. Enfin une résidence d'un mois est déclarée suffisante
pour la célébration du mariage.

Le délai de viduité, imposé aux divorcées, partait de la transcription du jugement de divorce. Cette disposition retardait la célébration d'un nouveau mariage alors que, toute cohabitation ayant cessé depuis longtemps, aucune confusion de part n'était plus possible. Une nouvelle loi autorise le mariage dès la transcription du jugement, si 300 jours se sont écoulés depuis le premier jugement constatant la séparation des époux ou si le divorce n'est que la conversion d'une séparation ayant duré trois années (L. 13 juillet).

La loi du 2 juillet règle l'exercice des droits de puissance paternelle et organise la tutelle pour les enfants naturels. Celui des parents, ayant reconnu le premier l'enfant, a, sauf décision du tribunal, la puissance paternelle et l'administration des biens. Sa gestion est surveillée par un subrogé-tuteur et le tribunal joue le rôle de Conseil de famille. Le tribunal exerce également les fonctions de Conseil de famille pour les enfants non reconnus.

Comme conséquence de l'abolition de l'article 291 du C. C., interdisant à l'épouse adultère de se marier avec son complice, l'art. 331 a été modifié pour permettre la légitimation, dans certaines circonstances et par mariage subséquent, des enfants adultérins.

Signalons encore une loi du 17 juin sur les formalités hypothécaires, une loi du 8 juillet autorisant l'acquéreur d'engrais lésé de plus d'un quart de la valeur à intenter au vendeur une action en réduction de prix et en dommages-intérêts ; une loi du 30 décembre 1906 (*Journal officiel*, 4 janvier 1907) interdisant les ventes de marchandises neuves au déballage et au détail, sans une autorisation du maire.

En matière de procédure civile, la loi du 17 juillet autorise le saisi-arrêté à toucher du tiers-saisi les sommes dépassant le montant de la créance du saisissant. La loi du 4 décembre sur l'assistance judiciaire oblige les bureaux établis près des juridictions inférieures à motiver leurs décisions de refus et crée, au-dessus des bureaux organisés près des juridictions supérieures, une commission d'appel.

Une loi du 19 juillet a supprimé l'envoi des femmes récidivistes dans les colonies pénitentiaires et a remplacé cette pénalité par vingt années d'interdiction de séjour; une loi du 19 mars a accordé aux jurés, percevant déjà une indemnité de déplacement, une indemnité de séjour. Le décret du 12 avril a fixé le taux de cette indemnité suivant l'importance des localités.

Pour donner satisfaction aux populations viticoles, deux lois ont

été votées, le 29 juin et le 15 juillet, pour réprimer le mouillage
des vins et les abus du sucrage et pour régler la circulation des vins
et spiritueux. La création d'une surtaxe de 40 francs sur les sucres
destinés à la chaptalisation, le contrôle des ventes de sucre par
quantités supérieures à 25 kilos, les restrictions apportées à la
fabrication des vins de sucre et de piquette doivent, autant que la
déclaration de récolte imposée au vigneron pour prévenir le mouillage, empêcher les principales fraudes à la production. Ces mesures
sont sanctionnées par de lourdes amendes. La seconde loi a pour
but d'empêcher le mouillage chez les marchands en gros de Paris,
et de garantir aux acheteurs l'origine des alcools.

.·.

Par suite de la démission de M. Sarraut au moment des événements du Midi, le poste de sous-secrétaire d'État au ministère de
l'Intérieur a été attribué, le 20 juillet 1907, à M. Maujan.

Un important décret sur les honneurs et préséances, abrogeant le
décret du 22 messidor an XII, consacrant la suprématie du pouvoir
civil et simplifiant les honneurs a été rendu le 16 juin.

L'organisation centrale des ministères a fait l'objet de plusieurs
textes réglementaires [1]. Deux décrets méritent une mention spéciale. Le ministère des Affaires étrangères comprenait deux grandes
directions : politique et commerciale. Cette division ne correspondait plus à la réalité des faits, par suite de l'importance des questions économiques dans les relations internationales modernes.
Désormais les affaires politiques et commerciales ressortiront à un
seul directeur qui sera assisté de sous-directeurs, ayant chacun
dans leurs attributions des pays déterminés. Des conseillers techniques assureront l'unité de doctrine, pendant que les contingences
seront traitées par les chefs de sections géographiques. Enfin, une
fusion plus intime sera établie entre le personnel extérieur et les
fonctionnaires de l'administration centrale, ces derniers étant, pour
la plupart, des diplomates ou des consuls temporairement détachés
à Paris [2]. Une réforme analogue a été faite au ministère des Colonies.
Pour appliquer à toutes nos possessions de semblables méthodes

1. Ministères : Guerre, 30 avril. Instruction publique et des Beaux-Arts.
L. 27 mars, D. 18 juillet. Intérieur, D. 18, 19, 23 février. Justice, D. 9 février.
Travaux publics, postes et télégraphes, D. 20 juin. Travail et prévoyance sociale,
D. 20 juin, 20 juillet et 14 août.
2. D. 29 avril.

d'administration, un seul directeur a été chargé de toutes les questions politiques. Deux sous-directeurs, l'un pour les affaires d'Afrique, l'autre pour les affaires d'Asie, d'Amérique et d'Océanie, lui sont adjoints [1].

AFFAIRES ÉTRANGÈRES. — De nombreuses conventions ont été promulguées au *Journal officiel*. Il importe de signaler, parmi les actes internationaux, les conventions de l'Union postale universelle signées à Rome [2], la convention de Berne sur le transport des marchandises par chemin de fer [3], la convention de la Haye sur les bâtiments hospitaliers [4], la convention de Paris pour la protection contre la propagation de la peste et du choléra [5], le protocole autorisant la Turquie à relever à 11 p. 0/0 *ad valorem* le taux de ses droits de douanes [6], enfin la convention de Bruxelles augmentant les droits sur les spiritueux en Afrique [7]. Des traités de commerce ont été conclus avec la Roumanie [8], la Serbie [9], Haïti [10]. La protection de la propriété littéraire et artistique a été réglée avec l'Allemagne par la convention du 8 avril 1907 [11]. La propriété industrielle a fait l'objet de traités avec la Bulgarie [12], l'Équateur [13], et Salvador [14]. Une convention d'extradition a été signée avec la Grèce [15]; un arrangement avec l'Italie assure aux travailleurs français et italiens la réciprocité en matière d'accidents du travail [16], un autre acte a été passé avec ce pays au sujet des transports de fonds entre les caisses d'Épargne [17].

Il faut aussi mentionner la convention franco-japonaise pour le maintien du *statu quo* en Extrême-Orient [18], le traité franco-siamois relatif à la délimitation de nos possessions indo-chinoises et à la situation de nos protégés au Siam [19], la convention avec la Grande-Bretagne au sujet de l'administration et du régime judiciaire des Nouvelles-Hébrides [20], enfin la convention avec l'Espagne pour la construction de chemins de fer transpyrénéens [21]. Le 13 décembre, a été publié un arrangement passé avec la Grande-Bretagne en vue d'empêcher les fraudes sur les droits de succession.

Un décret du 16 janvier a supprimé les fonctions d'attachés autorisés, un autre du 17 janvier a réorganisé le concours d'admission

1. D. 10 octobre. — 2. L. 14 août et D. 29 septembre. — 3. L. 24 juillet. — 4. L. 12 juillet, L. 3 mars et D. 16 juillet. — 5. D. 26 août. — 6. L. 10 juillet. — 7. L. 31 octobre et D. 7 novembre. — 8. L. 12 juillet et D. 31 juillet. — 9. L. 12 juillet et D. 7 novembre. — 10. L. 27 juillet et D. 30 octobre. — 11. L. 12 juillet et D. 3 septembre. — 12. L. 29 mars. — 13. D. 20 novembre. — 14. D. 24 septembre. — 15. L. 1er juillet et D. 31 juillet. — 16. L. 3 juin et D. 13 juin. — 17. D. 28 décembre. — 18. D. 21 juin. — 19. L. 20 juin et D. 27 juin. — 20. D. 11 janvier. — 21. D. 6 février.

dans la carrière diplomatique et consulaire. L'émission de traites
sur le Trésor public, tirées par les agents diplomatiques ou consulaires pour acquitter les dépenses faites pour le compte du ministère,
a été réglementée par un décret du 14 janvier; un agent-comptable
tiendra à Paris la comptabilité de ces traites et poursuivra la liquidation des dépenses pour l'acquit desquelles elles ont été émises.
Un comité consultatif de l'enseignement français à l'étranger a été
créé par décret du 29 novembre.

AGRICULTURE. — Les lois des 16 avril 1897 et 1er août 1905 répri-
mant les falsifications des denrées alimentaires contenaient, suivant
les infractions poursuivies, des dispositions différentes occasionnant
des difficultés aux agents de surveillance. La loi du 23 juillet fait
cesser ce double régime en déclarant toujours applicable la loi de
1905. Deux règlements d'administration publique ont été rendus
pour l'application de cette dernière loi[1].

La loi du 23 juillet entend assurer la destruction des corbeaux et
des pies endommageant les récoltes. Le préfet, après avis du Conseil
général, peut ordonner la suppression des nids par les exploitants
et doit réglementer la destruction au fusil de ces oiseaux dans
son arrêté sur la police de la chasse.

Le règlement d'administration publique du 26 août a fixé les conditions que doivent remplir les sociétés coopératives agricoles pour
avoir droit aux avances de l'État. Un décret du 30 mai avait déterminé
les opérations auxquelles pourront se livrer ces sociétés.

La loi du 31 décembre 1906 enlève aux tribunaux correctionnels,
seuls compétents jusqu'alors en matière forestière, la connaissance
des infractions les plus légères pour les déférer aux juges de paix[2].

COMMERCE ET INDUSTRIE. — Tous les alcoomètres centésimaux et les
densimètres seront désormais soumis à la vérification des poids et
mesures[3]. Une loi du 17 juillet a décidé qu'à l'avenir, les droits de

1. D. des 29 août et 3 septembre. Il faut aussi signaler trois décrets des 24 avril,
3 juillet et 21 octobre sur le service de la répression des fraudes.
2. Signalons encore deux décrets du 11 janvier organisant l'inspection des services des épizooties et du 26 avril créant un service de contrôle des grains de
vers à soie.
3. L. 29 mars. Il y a en outre lieu de mentionner deux décrets des 4 janvier
et 13 mai sur les mesures pouvant être employées dans le commerce; les décrets
du 17 juillet réorganisant la commission extraparlementaire de la Marine marchande et créant une section permanente pour préparer les travaux de la commission plénière; du 2 août sur le fonctionnement du bateau-école de la Marine

vérification des poids et mesures seront établis par décret, après avis du bureau national, sans pouvoir dépasser le taux des droits en vigueur.

FINANCES. — Le droit de radiation des hypothèques maritimes, fixé à 2 p. 0/0 par assimilation avec les hypothèques terrestres, a été abaissé à 0 fr. 20 p. 0/0, afin d'inciter les armateurs à négliger moins souvent cette formalité. Certains articles du tarif des douanes ont été modifiés[1]. Des décrets ont réglementé l'admission temporaire des chocolats et cacaos et de la chicorée[2].

La création d'une taxe sur les absinthes, par la loi de finances de 1907, a motivé, le 12 décembre, l'émission d'un décret, plaçant la fabrication sous le contrôle permanent des agents des contributions indirectes, et d'un autre décret fixant la quantité d'essence pouvant être contenue dans les produits.

Enfin, de nombreux décrets ont déterminé les conditions du recrutement, de l'avancement et de la discipline pour les services extérieurs du ministère des Finances[3]. L'innovation la plus intéressante consiste dans l'élection de représentants des agents aux conseils de discipline[4].

Signalons encore deux décrets des 5 janvier et 5 juin substituant, sur la tranche des pièces d'or, l'inscription « Liberté, Égalité, Fraternité » à celle de « Dieu protège la France ».

INSTRUCTION PUBLIQUE, BEAUX-ARTS ET CULTES. — De nombreux décrets ont fixé les conditions d'obtention de certains grades ou diplômes[5]. Le décret du 25 juillet 1906 avait institué un certificat

---

marchande; du 19 février réorganisant le Conservatoire national des arts et métiers; du 5 juillet relatif au fonctionnement de l'École centrale des arts et manufactures.

1. L. 19 janvier, 18 mars, 23 avril, 19 juillet. — 2. 4 février et 4 mai.

3. Décrets du 2 février 1907 portant organisation de l'administration de l'enregistrement, des administrations départementales des contributions directes et indirectes, des services extérieurs des douanes et des manufactures de l'État; du 22 mars portant organisation de l'administration des monnaies et médailles; des 6 et 7 novembre sur le personnel des bureaux des trésoreries générales; du 18 septembre et 8 novembre sur les candidatures exceptionnelles à l'emploi de percepteur, sur l'avancement et la discipline du personnel des perceptions.

4. Le bénéfice de cette disposition a été retiré aux préposés des douanes qui s'étaient abstenus de nommer des délégués en signe de protestation (D. 24 mai 1907).

5. Décrets du 26 février supprimant les droits de robe, perçus à l'occasion de divers examens; des 8 juillet et 28 décembre sur la licence ès lettres; du 28 décembre permettant de conférer le titre de maître de conférences adjoint à certains chefs de travaux de facultés des sciences; du 28 décembre sur le doc-

d'études médicales supérieures exigé des candidats à l'agrégation;
il a été abrogé par le décret du 20 février, à la suite de protestations
du corps médical. La création d'un nouveau grade entre le doctorat
et l'agrégation avait été considéré comme abaissant le préstige du
titre de docteur. Les épreuves du certificat d'études sont remplacées
par l'examen d'admissibilité à l'agrégation comportant des interro-
gations sur les mêmes matières (D. 20 février).

Un décret du 15 février institue un conseil des observatoires
astronomiques et fixe les conditions de nomination et d'avancement
du personnel de ces établissements.

Le service des monuments historiques, auquel a été réuni le
service des édifices cultuels, a été réorganisé par des décrets des
12, 26 et 30 avril. La vérification de tous les travaux effectués par les
Beaux-arts a été confiée au seul service du contrôle des travaux
d'architecture (D. 26 avril). Une commission extraparlementaire a
été nommée pour examiner des propositions, faites dans la presse
et au parlement et demandant la revision de la loi de 1866 sur la
propriété littéraire (D. 5 août).

Les événements de l'année 1906, le refus du Pape, non seulement
de tolérer la formation d'associations cultuelles, mais encore d'autoriser les catholiques à faire la déclaration de réunion prévue par la
loi de 1905, amenèrent le Gouvernement à proposer de nouvelles
dispositions pour assurer le libre exercice des cultes et la liquidation
des patrimoines des anciens établissements religieux. Tous les
édifices, autres que les églises, affectés au culte catholique par l'État,
les départements ou les communes, sont rendus définitivement à
leurs propriétaires par la loi du 2 janvier 1907. Ils ne peuvent être
loués par les départements ou les communes qu'avec l'autorisation
du préfet, chargé de s'assurer que la location ne cache pas une
subvention déguisée. L'attribution des biens qui, d'après le règlement du 16 mars 1906, n'aurait pu avoir lieu qu'à partir du 9 décembre 1907, est autorisée dès la promulgation de la loi. Enfin l'art. 5
maintient les églises à la disposition des fidèles et des ministres du
culte. La jouissance gratuite peut être accordée par le préfet ou le
maire, soit à des associations cultuelles, soit à des associations de
la loi de 1901, soit aux ministres du culte dont les noms seraient

torat en droit; du 2 juillet sur le certificat de capacité en droit; du 28 décembre
sur les candidatures à l'inspection des écoles primaires et à la direction des
écoles normales; du 4 juillet sur la nomination des directeurs d'écoles primaires
dans le département de la Seine; du 30 décembre sur les conditions exigées de
candidats aux fonctions d'économe.

indiqués dans la déclaration prescrite par la loi de 1905. La jouissance gratuite a comme contre-partie l'obligation de pourvoir aux
réparations des édifices. Des négociations entre les autorités civiles
et les représentants du clergé n'ont pu aboutir à une entente sur
les conditions du contrat administratif et les prêtres continuent à
jouir des églises sans titre juridique, en vertu de l'art. 5. Cette
situation présente des inconvénients pour les communes, les catholiques et le clergé; elle a, toutefois, pour celui-ci, l'avantage de le
dispenser des réparations. Enfin, pour permettre d'organiser sans
déclaration préalable les réunions du culte, le gouvernement, dans
une pensée d'apaisement, fit voter la loi du 29 mars, abrogeant les
dispositions de la loi de 1881 exigeant cette formalité.

Intérieur. — La classification des préfectures et sous-préfectur es
a été supprimée afin d'éviter les déplacements trop fréquents des
fonctionnaires qui, pour avancer dans la hiérarchie administrative,
devaient passer à un poste d'une classe supérieure. Il n'existera
plus que des classes personnelles, trois pour chaque catégorie de
fonctions, auxquelles correspondent les traitements autrefois alloués
aux classes territoriales [1].

Deux lois modifiant le texte organique sur les conseils généraux,
ont été votées : l'une autorise ces assemblées à fixer, dans leur session
d'avril, l'ouverture de leur deuxième session à une date postérieure
à celle prévue par l'art. 23 de la loi de 1871, sans dépasser cependant
le 1er octobre [2]; l'autre, plus importante, concerne la comptabilité
départementale et les pouvoirs financiers des conseils générau x [3].
Au lieu de diviser les dépenses en ordinaires ou extraordinaires suivant la nature des ressources qui y pourvoient, la nouvelle loi les
répartit entre les deux catégories d'après leur caractère propre; de
plus, la loi supprime la séparation entre les dépenses obligatoire s
et facultatives, qui, trop rigide, ne permettait pas de se rendre
compte des besoins réels d'un service. Pour acquitter les dépenses
ordinaires, jusqu'alors gagées par des centimes extraordinaires, le
conseil général pourra voter des centimes pour insuffisance de
revenus dans la limite d'un maximum fixé par la loi de finances [4].
Enfin la nouvelle loi a revisé les articles concernant les recettes et

1. D. 8 novembre. — 2. L. 9 juillet. — 3. L. 30 juin.
4. Le nombre en a été fixé à 12 par la loi des contributions directes du
17 juillet. En outre cette loi a fixé à 25 le nombre des centimes ordinaires, à 10
celui des centimes spéciaux pour chemins vicinaux et à 12 celui des centimes
extraordinaires.

les dépenses obligatoires du budget départemental pour tenir compte des lois votées depuis 1871.

Le règlement, prévu par la loi de 1905 sur l'assistance aux vieillards pour son application à Paris, est intervenu le 30 mars. Les bureaux de bienfaisance jouent le rôle des bureaux d'assistance en province; le directeur de l'Assistance publique admet provisoirement les vieillards en attendant la décision du conseil municipal; une commission spéciale, substituée à la commission cantonale, statue sur les réclamations; d'autres modifications moins importantes sont apportées au fonctionnement financier du service.

La surveillance des enfants, confiés à des particuliers ou à des associations en vertu de la loi du 24 juillet 1889, appartient au préfet et, sous son autorité, à l'Inspection de l'assistance publique. Le décret du 12 avril règle l'exercice de ce contrôle.

Jusqu'en 1906, le Gouvernement autorisait le jeu dans les stations thermales en se fondant sur un décret du 24 juin 1806. Par un arrêt du 18 avril 1902, le conseil d'État a déclaré ce décret abrogé par la loi du 14 juillet 1836 prohibant le jeu en France et le ministre de l'Intérieur avait, par circulaire du 17 janvier 1907, retiré toutes les autorisations. Une loi du 15 juin rend au ministre les pouvoirs dont il avait usé jusqu'à ces derniers temps sous le couvert du décret de 1806. L'autorisation est donnée, après enquête, sur avis conforme du conseil municipal et au vu d'un cahier des charges. Elle peut être retirée sans indemnité par le ministre pour inobservation des conditions imposées. Le conseil municipal peut aussi demander le retrait de l'autorisation au ministre et, en cas de refus de celui-ci, au Conseil d'État. Tout cercle doit avoir un directeur et un comité de directions responsable et, indépendamment de toute autre condition, un prélèvement de 15 p. 0/0 sur le produit brut des jeux doit être opéré au profit d'œuvres d'assistance ou d'hygiène et sera réparti par une commission spéciale, organisée par un décret du 15 juin. Deux décrets des 21 juin et 17 août ont réglé les formalités d'instruction des demandes, la nomenclature des jeux autorisés, le mode de perception du prélèvement.

Les textes sur la police sanitaire ne visaient que les maladies pestilentielles; le décret du 5 avril détermine les mesures à prendre soit à l'arrivée d'un navire, soit pendant son séjour dans un port, lorsque des maladies épidémiques sont constatées [1].

1. Il importe de mentionner encore les décrets du 26 février autorisant le préfet à déléguer les sous-préfets ou les maires pour passer les actes intéres-

JUSTICE. — La réforme de la législation sur les conseils de Prud'-hommes, pendante devant les Chambres depuis plus de vingt ans, a été enfin votée. La loi du 21 mars contient de nombreuses innovations, notamment la création de droit d'un conseil de prud'hommes, lorsque la demande du conseil municipal est appuyée d'avis favorables, et l'extension de la prud'homie au commerce, aux industries extractives, aux entreprises de manutention et de transport. L'électorat est conféré aux femmes, l'éligibilité, aux anciens électeurs hommes n'ayant pas quitté la profession depuis plus de cinq ans. En outre, le temps d'exercice de la profession et la durée de la résidence requis pour pouvoir être électeur sont réduits; les femmes et les mineurs peuvent être admis à plaider sans autorisation; l'assistance judiciaire peut être demandée pour les instances pendantes devant les prud'hommes; enfin, lorsqu'il y a plusieurs sections, la compétence de chacune d'elles est déterminée par le genre de travail de l'ouvrier et non plus par la nature de l'établissement du patron. Comme cette juridiction, rattachée, depuis 1905, au ministère de la Justice, fait maintenant partie des tribunaux de l'ordre judiciaire, le contentieux électoral et la discipline des conseils de prud'hommes appartiennent désormais au tribunal civil ou à la Cour d'appel, suivant les cas.

Depuis longtemps attendue, cette loi contient d'heureuses réformes; reproduisant, en même temps, les modifications déjà introduites par la loi du 15 juillet 1905 [1], elle assure le jugement impartial des contestations entre patrons et ouvriers [2].

TRAVAIL ET PRÉVOYANCE SOCIALE. — Il y a deux années, le législateur votait une loi organisant le contrôle des assurances sur la vie, afin d'assurer aux clients de ces entreprises la réalisation des promesses faites en échange de leurs versements. La loi du 19 décembre institue une surveillance sur un autre genre de sociétés, celles qui

---

sant le domaine privé de l'État; du 20 décembre, réorganisant l'inspection générale des services administratifs; du 22 novembre modifiant le décret du 14 avril 1906 sur la comptabilité du service départemental d'assistance aux vieillards; du 29 juin sur l'organisation du personnel et du 12 juillet sur le fonctionnement des commissions de surveillance des prisons.

1. V. Chronique budgétaire et législative (1905), *Annales*, 1906, p. 393.

2. Il faut en outre signaler les lois du 29 mars concernant la compétence territoriale des notaires en résidence dans les ressorts de justice de paix modifiés par la loi du 12 juillet 1905; du 29 décembre complétant l'art. 24 de la loi du 12 juillet 1905 en ce qui concerne les justices de paix, diminuées de classe à la suite du dénombrement de la population; enfin le décret du 27 mars concernant le roulement des magistrats au tribunal de la Seine et à la Cour de Paris.

se proposent de faire appel à l'épargne et contractent, en échange
de versements uniques ou périodiques, des engagements déterminés. Les sociétés d'épargne se bornant à restituer aux épar-
gnants leurs versements, grossis des arrérages, ne sont pas visées
par la loi. Les dispositions prises à l'égard des sociétés de capitalisation sont à peu près les mêmes que pour les compagnies d'assurances (enregistrement préalable, réserves mathématiques, surveillance et pénalités). Les stipulations nouvelles concernent les garanties devant être données à la clientèle. Les frais de gestion doivent
être limités et aucun droit d'entrée ne peut être perçu, afin d'éviter
qu'une notable partie des épargnes ne soit absorbée par des dépenses
d'administration. Les retenues, en cas de déchéance, doivent être
déterminées et la déchéance ne peut être prononcée qu'après mise
en demeure par lettre recommandée : certaines combinaisons lou-
ches, aboutissant à une véritable escroquerie, seront ainsi écartées.
Enfin, pour éviter que des capitalisations à trop longue échéance ne
permettent des combinaisons peu avantageuses pour les déposants,
leur durée maxima est fixée à cinquante ans et réduite à trente-trois
ans, si les statuts prévoient des remboursements par voie de tirage
au sort avant l'expiration du terme fixé. Les actionnaires sont intéressés à la bonne gestion des entreprises, car le capital social doit
être divisé en actions qui ne peuvent être libérées que de moitié au
maximum; les versements à appeler constituent une garantie supplémentaire pour la clientèle.

La loi du 19 juillet autorise la Caisse nationale d'assurances en
cas de décès à placer ses fonds non seulement en fonds d'État, mais
aussi en obligations garanties par l'État et en prêts aux départements
et aux communes. De plus les capitaux assurés en cas de décès, qui
étaient déclarés incessibles et insaisissables jusqu'à concurrence
de moitié sans que la somme intangible fût inférieure à 600 francs,
peuvent être, à l'avenir, intégralement cédés entre conjoints. Enfin,
les capitaux provenant d'une assurance contractée en faveur d'un
conjoint peuvent être versés par celui-ci, en une fois, à la Caisse des
retraites pour la vieillesse en vue de se constituer une rente viagère,
même si le versement dépasse le maximum de 500 francs, prévu
par le loi du 20 juillet 1886.

Les incertitudes existant sur le champ d'application de la législation des accidents du travail sont préjudiciables aux intérêts des
patrons et des ouvriers, car les uns et les autres ne connaissent pas
les charges qui leur incombent ou les droits dont ils peuvent béné-

ficier. Pour couper court à ces inconvénients, la loi du 18 juillet autorise tout employeur, non assujetti à la législation sur les accidents du travail, à se placer sous ce régime. Il doit faire une déclaration au maire et lui présenter pour visa un carnet destiné à recevoir l'adhésion des salariés. Cette adhésion est nécessaire pour que la législation sur les accidents du travail leur soit applicable. L'employeur fait cesser son assujettissement par une déclaration contraire à la mairie, mais la déclaration n'a pas d'effet à l'égard des salariés qui avaient auparavant donné leur adhésion. L'employeur contribue au fonds de garantie dans des conditions spécifiées. Le décret du 30 juillet a arrêté les modèles de la déclaration et du carnet d'adhésion.

Les décrets des 18 février et 9 mars ont fixé le mode de perception des contributions au fond de garantie pour les employeurs, assurés contre les accidents du travail et non soumis à la patente.

Le règlement d'administration publique du 10 janvier, rendu en exécution de la loi de 1906 sur les habitations à bon marché, a déterminé le fonctionnement des comités de patronage départementaux, les clauses statutaires imposées aux sociétés pour bénéficier des avantages de la législation, les conditions du concours des établissements de bienfaisance, des départements et des communes, les règles à suivre pour contracter des assurances, pour faire prononcer le maintien de l'indivision ou l'attribution de la maison en cas de décès, enfin le mode de concession des immunité fiscales. Un règlement du même jour définit la composition et les attributions du Conseil supérieur des habitations à bon marché[1].

TRAVAUX PUBLICS, POSTES ET TÉLÉGRAPHES. — La loi du 23 juillet place sous l'autorité du ministre, et dans les objets de la police administrative des mines, l'hygiène des ouvriers mineurs au même titre que leur sécurité. Elle étend parallèlement la compétence des délégués mineurs aux mesures protectrices de la santé des travailleurs.

---

1. Signalons encore les décrets du 24 juin réorganisant le conseil supérieur du travail; du 23 mai modifiant la composition du conseil supérieur de statistique; les règlements d'administration publique des 14 août déterminant les industries et les travaux industriels, admis de droit à donner le repos hebdomadaire par roulement, et du 13 juillet organisant le contrôle des jours de repos; du 11 juillet fixant, pour les installations électriques, les mesures de sécurité à prendre dans l'intérêt des ouvriers; du 28 décembre 1906 réglant les conditions dans lesquelles les délégués mineurs peuvent participer aux caisses de secours et de retraites des ouvriers mineurs; enfin le décret du 3 mai sur l'avancement et la discipline dans le corps de l'inspection du travail.

Les décrets des 30 avril 1880 et 29 juin 1886 sur la surveillance des appareils à vapeur ont été remplacés par un décret du 9 octobre. Celui-ci précise les conditions dans lesquelles les visites et les réparations des machines doivent être faites ainsi que le mode de construction des appareils et des locaux. Il impose des mesures de surveillance, plus rigoureuses qu'auparavant, aux locomobiles, causes fréquentes d'accidents en ces dernières années. Enfin, il détermine les précautions à prendre pour les récipients de vapeur.

La loi du 15 juin 1906 avait renvoyé à des règlements d'administration publique le soin d'organiser le contrôle de la construction et de l'exploitation des distributions d'énergie électrique, de fixer les tarifs des redevances dues pour occupation du domaine public par ces entreprises et d'instituer un comité permanent d'électricité. Trois décrets des 7 février et 7 octobre ont rempli la délégation donnée par le législateur.

La loi du 18 décembre 1907 ouvre plus largement aux conducteurs des ponts et chaussées l'accès au grade d'ingénieur des ponts et chaussées et permet aux contrôleurs des mines d'obtenir le titre d'ingénieur des mines. Deux voies peuvent être suivies par les conducteurs et contrôleurs. Ils peuvent, soit se présenter, après six années d'exercice, aux examens des écoles nationales des ponts et chaussées et des mines, soit passer, après douze années de services, un examen professionnel leur permettant d'être portés sur un tableau d'avancement spécial.

L'État ayant été autorisé par la loi de finances de 1906 à recourir à l'arbitrage pour la liquidation des dépenses de travaux publics et fournitures, le ministre des Travaux publics a fait instituer, par décret du 24 décembre, auprès de son département, un comité chargé de rechercher, dans chaque litige, les bases équitables d'un règlement amiable des comptes [1].

Chacun des départements ministériels intéressés s'est, depuis

---

1. Mentionnons encore les décrets du 16 juillet revisant le décret du 6 août 1881, portant règlement d'administration publique pour l'exécution de la loi du 11 juin 1880 sur les chemins de fer d'intérêt local, et modifiant certains articles du cahier des charges-type; du 2 janvier réorganisant le comité consultatif des chemins de fer; des 14 février et 18 juillet sur les conditions d'admission des contrôleurs des mines et des conducteurs des ponts et chaussées; du 23 novembre fixant les traitements des ingénieurs des mines; du 18 juin sur l'organisation, le recrutement et la discipline du corps des officiers et maîtres de port; du 29 mars réorganisant les écoles des maîtres ouvriers mineurs d'Alais et de Douai.

plusieurs années, préoccupé d'établir des postes de télégraphie sans fil pour ses propres services. Afin d'établir, entre toutes ces initiatives, une coordination indispensable pour qu'elles répondent aux besoins généraux, un décret du 5 mars répartit en 4 groupes les stations existantes et les attribue à l'administration des travaux publics, de la guerre, de la marine et des postes et télégraphes, suivant qu'elles sont établies pour le service des phares et balises, des communications militaires, de la marine de guerre ou des relations commerciales. En outre des stations privées peuvent être créées par des particuliers dûment autorisés. En cas de mobilisation, toutes les stations seraient placées sous l'autorité des départements de la marine ou de la guerre. Une commission interministérielle est consultée sur les projets d'établissement de nouvelles stations. Les autorisations de postes privés sont, après avis de cette commission, données par le ministre des Postes et des Télégraphes. Toutes les stations radiotélégraphiques, à l'exclusion de celles des administrations de la guerre et des travaux publics, sont ouvertes à la télégraphie privée [1].

ARMÉE. — La loi du 10 juillet modifie la loi sur le recrutement de l'armée en vue d'encourager les rengagements trop peu nombreux de brigadiers, caporaux et soldats. A la suite de vives discussions sur l'opportunité de la mesure, les Chambres ont décidé de renvoyer par anticipation dans ses foyers la classe de 1903 (L. 9 juillet). Le traité passé avec la compagnie des lits militaires n'ayant pas été renouvelé, l'État devait se préoccuper d'assurer le service du couchage des troupes. La loi du 16 février charge les corps de troupes de la gestion de ce service moyennant l'allocation de prestations en deniers constituant la masse de couchage et d'ameublement. Un décret du 8 mars 1907 a déterminé les règles de cette gestion qui sera placée sous le contrôle de l'intendance.

En exécution de la loi de finances de 1906 exigeant de tout capitaine, commandant ou colonel deux années au moins d'exercice d'un commandement effectif de troupe pour être promu au grade

---

1. Mentionnons encore les décrets du 28 août appliquant aux correspondances internationales les résolutions prises à Rome le 26 mai 1906; du 16 octobre autorisant l'échange de mandats télégraphiques entre la France, l'Algérie et les Colonies; du 6 juin, investissant les directeurs de lignes de bureaux ambulants des fonctions d'ordonnateur secondaire des dépenses de personnel de leur service; du 2 février substituant, à la désignation par le ministre, l'élection des représentants des agents des postes et télégraphes au sein des conseils de discipline.

supérieur, un décret du 23 octobre a précisé ce qu'il fallait entendre par commandement effectif, les situations qui peuvent y être assimilées et les dispenses éventuelles. Un décret du 10 juin a déterminé le fonctionnement de l'examen prescrit par la loi de 1905 pour les jeunes gens désirant devenir officiers de réserve. Un autre décret du 10 décembre a fixé les conditions d'avancement des officiers de réserve et de territoriale. Enfin la loi du 23 juillet a décidé qu'un cinquième du corps des ingénieurs des poudres et salpêtres, jusqu'alors recruté exclusivement parmi les élèves de l'École polytechnique, serait pris parmi les agents techniques du service [1].

MARINE. — Les nominations au grade de quartier-maître ne pouvaient avoir lieu qu'après six mois de service à la mer. La loi du 31 mai fait une exception en faveur des élèves mécaniciens ayant six mois de service à terre. Une loi du 27 juillet réorganise le corps de santé de la marine. Des atténuations assez sensibles avaient été apportées, il y a quelques années, dans le régime disciplinaire des équipages de la flotte. Ces mesures furent reconnues présenter certains inconvénients pour le maintien de la discipline et un décret du 23 avril a dû aggraver certaines des punitions prévues par les textes antérieurs. Pour se conformer aux désirs des Chambres, le Gouvernement a supprimé le corps des aumôniers de la Marine. Des allocations viagères leur seront accordées, s'ils ne peuvent être appelés à remplir leur ministère dans des établissements hospitaliers, pénitentiaires ou enseignants dépendant de la marine (D. 6 février).

La loi du 17 avril, concernant la sécurité de la navigation maritime et la réglementation du travail à bord des navires, constitue l'une des mesures les plus importantes de l'année 1907, et se substitue aux nombreux textes sur la matière. Tout navire de pêche, de commerce ou de plaisance est soumis avant sa mise en service, puis tous les douze mois, à des visites effectuées par des commissions

1. Mentionnons encore la loi du 23 juillet sur les portiers consignes du génie, les décrets du 13 novembre 1907 apportant au décret du 2 août 1877 sur les réquisitions militaires les modifications rendues nécessaires par la loi nouvelle du 27 mars 1906; du 9 septembre autorisant le ministre de la Guerre à reprendre les achats directs de grains et de denrées fourragères déjà effectuées de 1904 à 1906; des 2 mai et 15 juin modifiant les règles d'affectation des officiers d'infanterie; du 26 janvier créant une inspection permanente des écoles militaires, chargée d'assurer l'unité de direction de ces établissements; du 8 février modifiant la composition des conseils de régiment chargés de statuer sur les demandes de rengagement; enfin du 11 mai relatif aux conditions d'avancement des employés civils des établissements militaires du ministère de la Guerre.

pour s'assurer de sa navigabilité et de la salubrité des locaux de toute nature. Si ces visites sont satisfaisantes, des permis de navigation, valables jusqu'à la prochaine vérification, sont délivrés aux armateurs. En outre, avant chaque départ, un certificat doit être délivré par un nouveau fonctionnaire, l'inspecteur de la navigation maritime, qui examinera la navigabilité du navire et la qualité des vivres embarqués. S'il refuse d'autoriser le départ, sa décision est soumise à une commission d'appel qui statue après une contre-visite.

Les navires étrangers sont soumis, dans nos ports, aux mêmes formalités que les navires français. Toutefois, ils sont dispensés des visites initiale et annuelle s'ils produisent des certificats officiels reconnus équivalents aux certificats français et si les navires français jouissent dans les ports de leur pays d'origine des mêmes exemptions.

Une commission supérieure, siégeant à Paris, donne son avis au ministre de la Marine sur les réclamations formées contre les décisions des commissions locales. La loi détermine l'effectif minimum des officiers et de l'équipage et le maximum des heures du service journalier en mer ou dans les ports. Le personnel ne peut cependant pas refuser son concours, quelle que soit la durée supplémentaire de service qui lui est commandée; il a seulement droit, pour ce travail extraordinaire, à des allocations spéciales, qui ne sont d'ailleurs pas dues en cas de force majeure et de mesures nécessitées par le salut du navire, des personnes ou de la cargaison. Un jour de repos hebdomadaire ou, à défaut, une allocation supplémentaire doit être accordée à l'équipage. Le nombre des mousses et des novices est limité; ceux-ci doivent être âgés d'au moins treize ans en principe et de quinze ans pour les grandes pêches; ils ne peuvent être appelés à faire du service la nuit ou employés au travail des chaufferies et des soutes. Les marins du commerce doivent recevoir une ration au moins équivalente à celle des marins de l'État. De plus, pour éviter des spéculations, il est interdit aux armateurs de charger à forfait le capitaine ou un autre membre de l'état-major de la nourriture du personnel embarqué.

Toutes ces prescriptions sont sanctionnées par des pénalités très sévères atteignant les contrevenants. Les tribunaux correctionnels connaîtront de ces délits.

Cette loi impose à notre marine marchande de très lourdes charges qui pourraient être encore aggravées par le règlement d'administration publique prévu à l'art. 1er et devant déterminer les conditions d'aménagement, d'habitabilité et de salubrité des navires. Les circonstances pouvaient paraître peu favorables à l'adoption de cette loi; il faut reconnaître cependant que certaines précautions devaient être prises pour sauvegarder la santé et la sécurité des équipages. Il appartiendra au ministre de la Marine, qui en a d'ailleurs pris l'engagement à la tribune du Sénat, d'apporter à l'application de la loi tous les ménagements nécessaires pour en faire sentir le moins possible le fardeau à nos transporteurs maritimes [1].

ALGÉRIE. — La loi du 19 décembre 1900 prescrivait aux assemblées financières de voter le budget d'un exercice dans les six premiers mois de l'exercice précédent et ne prévoyait pas la possibilité de modifications une fois le premier vote acquis. La loi du 9 juillet autorise la convocation des délégations financières et du Conseil supérieur en session extraordinaire lorsque des circonstances exceptionnelles le nécessiteront. En même temps que la loi du 29 juin 1907, sur le sucrage et la circulation des vins, était étendue à l'Algérie par le décret du 26 août, d'autres décrets du même jour homologuaient des décisions des délégations financières créant un droit de circulation sur les vins, modifiant le régime des alcools et établissant une surtaxe sur les sucres. Deux décrets du 28 décembre ont réglementé la circulation des vins et des eaux-de-vie.

La Banque de l'Algérie, en raison de l'extension de ses opérations, a demandé et obtenu l'élévation du chiffre des émissions de ses billets de 150 à 200 millions et, éventuellement, à 300 millions. Comme contre-partie de cette autorisation, le capital social a dû être porté de 20 à 25 millions (L. 11 avril).

En présence du refus par la Compagnie de l'Est-Algérien de consentir les réductions de tarif nécessaires pour l'amélioration des transports, le rachat de cette concession a été décidé sur la demande du Gouverneur général. Jusqu'à ce qu'il soit statué sur le mode d'exploitation, les lignes seront exploitées en régie (D. 25 août).

---

1. Signalons encore les décrets : du 28 mai sur le recrutement de la gendarmerie maritime; des 13 juin, 6 septembre et 11 décembre réorganisant le personnel ouvrier des arsenaux; du 11 juin sur les conditions requises des capitaines au long cours nommés enseignes de vaisseau de réserve et désirant entrer dans le corps des officiers de la marine, du 7 mai réglementant les passages du personnel de la marine sur des bâtiments de commerce; du 17 janvier appliquant, aux colonies où existe l'inscription maritime, le règlement d'administration publique du 14 avril 1906 rendu en exécution de la loi du 29 décembre 1905 sur la Caisse de prévoyance des marins français; enfin deux lois de détail du 25 juillet sur les primes à la grande pêche et du 30 juillet sur la situation des inscrits maritimes d'origine étrangère au point de vue de l'obtention de la pension de demi-solde.

Le règlement d'administration publique, prévu par la loi du 9 décembre 1905, pour l'application en Algérie de la loi de séparation des Églises et de l'État a été rendu le 27 septembre. Les principales modifications apportées à la loi sont d'ordre financier. Elles consistent à prévoir, pendant un délai de dix ans, des indemnités temporaires de fonctions dans des circonscriptions déterminées par arrêté du Gouverneur général. Des subventions pourront être accordées pendant cinq années pour réparations aux édifices. Les dispositions de la loi du 2 janvier 1907 ont été introduites dans le décret. La suppression de la déclaration pour les réunions publiques a été étendue à l'Algérie par le décret du 11 septembre.

Mentionnons deux décrets du 10 avril modifiant les circonscriptions administratives dans les territoires du sud de l'Algérie [1].

Colonies et protectorats. — Parmi les nombreux décrets concernant les colonies, nous ne citerons que les plus importants. Des contrôleurs financiers, ne dépendant que du gouvernement métropolitain et chargés de surveiller toutes les opérations financières concernant les budgets coloniaux, ont été substitués en Indo-Chine et à Madagascar aux directeurs du contrôle placés sous les ordres immédiats du Gouverneur général. Un semblable poste a été créé en Afrique occidentale (Décrets du 22 mars).

La division du territoire des établissements de l'Inde en communes a été remaniée par décret du 25 décembre, pour assurer une plus grande cohésion entre les aldées composant ces circonscriptions. Le corps des cipahis de l'Inde a été supprimé par décret du 17 mars. En vue de diminuer progressivement la consommation de l'opium en Indo-Chine, toute fumerie a été interdite en Annam et au Tonkin et l'installation de nouveaux établissements a été prohibée en Cochinchine et au Cambodge.

La loi du 22 janvier 1907 a autorisé le gouvernement de l'Afrique occidentale à contracter un emprunt de 100 millions affecté, pour la

1. Il importe encore de signaler les décrets du 26 février déterminant les conditions d'application à l'Algérie de la législation sur les enfants assistés, du 27 mai relatif à la vaccination obligatoire, du 11 octobre sur l'organisation du service des prélèvements en matière de fraudes alimentaires; du 4 août, sur la police sanitaire des animaux; du 5 octobre, sur les honneurs et préséances; du 9 juillet sur les traitements des receveurs municipaux; du 16 juillet organisant la caisse de retraites des fonctionnaires algériens instituée par la loi du 30 décembre 1903; du 6 mars, rendant applicables aux territoires du Sud des décrets relatifs aux patentes, à l'impôt des licences, aux droits d'enregistrement et de timbre; du 13 mars fixant le nombre des centimes additionnels perçus dans les territoires du Sud.

plus forte part, à la construction de chemins de fer et, pour le surplus, à l'aménagement des ports et des voies navigables, à l'installation de bâtiments hospitaliers, à des ouvrages militaires et à des lignes télégraphiques.

La loi du 30 mars a constitué, au moyen d'avances du Trésor, un fonds de roulement pour l'exploitation du chemin de fer de la Réunion. Les colons de Madagascar demandaient depuis longtemps la promulgation d'un nouveau décret sur le régime minier. Un important texte du 23 mai a réglementé la recherche et l'exploitation des mines d'or et de métaux précieux. La loi du 8 décembre 1897 sur l'instruction préalable en matière de crimes et de délits a été appliquée à cette colonie par le décret du 2 septembre.

Deux décrets du 28 mai ont réglementé l'emploi de la main-d'œuvre indigène à Mayotte et au Congo. Leur but est identique. Ils veulent éviter que, sous le couvert de contrats de travail, des colons peu scrupuleux ne réduisent les salariés indigènes à un état de véritable esclavage. A cet effet certaines obligations sont imposées aux employeurs, en ce qui concerne notamment l'hygiène et les soins médicaux de leurs ouvriers [1].

Il reste à signaler la loi du 10 janvier qui a autorisé le gouvernement tunisien à emprunter 75 millions pour accélérer la création de l'outillage économique de la régence par la construction de chemins de fer, de routes et l'achat de terres pour la colonisation.

⁂

Outre les lois promulguées, d'assez nombreux projets ont été examinés par les deux Chambres.

En matière de droit civil, les propositions tendant à autoriser de plein droit la conversion de la séparation de corps en divorce au bout de trois ans, et à ajouter un paragraphe à l'article autorisant

---

[1] Il faut mentionner encore les décrets du 18 août appliquant aux colonies, à l'exception des Antilles et de la Réunion, la loi sur la réhabilitation des faillis; du 26 février sur le régime disciplinaire des transportés; des 31 mai et 30 septembre sur l'organisation de l'École coloniale; du 7 avril réorganisant le comité de l'instruction publique aux colonies; du 16 mai sur les décorations coloniales; du 21 juin simplifiant, dans un but d'économie, l'organisation judiciaire à Saint-Pierre et Miquelon; du 30 novembre augmentant les droits sur l'alcool en Afrique Occidentale, conformément à la convention de Bruxelles; du 11 octobre rendant applicables en Afrique Occidentale, les lois métropolitaines sur les appareils à vapeur; du 20 décembre sur l'organisation judiciaire dans cette colonie; du 4 juillet créant un budget spécial pour les opérations financières concernant l'administration des intérêts français aux Nouvelles-Hébrides.

la renonciation, au nom d'un mineur, de la faculté de décliner à la majorité la qualité de Français, ont été adoptées par la Chambre les 24 janvier et 30 décembre, respectivement.

Cette assemblée a également voté une proposition de M. Louis Martin modifiant l'âge de la majorité pénale pour l'admission des circonstances atténuantes (21 mars). Le Sénat a examiné un nouveau texte destiné à assurer plus efficacement la répression de la prostitution des mineurs (4 juin). La législation sur les aliénés, dont on a si souvent demandé la revision, a fait l'objet d'une proposition adoptée par la Chambre le 22 janvier.

Les propositions tendant à assurer la sincérité des opérations électorales continuent à être renvoyées de l'une à l'autre assemblée sans pouvoir aboutir. La Chambre a voté un texte le 3 juin.

Mais les deux mesures, de beaucoup les plus importantes, discutées en 1907 ont été le projet d'impôt sur le revenu et le projet sur la dévolution des biens des établissements ecclésiastiques supprimés.

Le premier, déposé par le ministre des Finances le 7 février sur le bureau de la Chambre, a été l'objet d'une discussion générale au mois de juillet. Interrompue par les vacances, celle-ci a été reprise au début de l'année 1908. Le deuxième, destiné à faciliter les opérations de liquidation et à écarter l'éventualité de certaines revendications de collatéraux, a été adopté par la Chambre le 21 décembre et transmis au Sénat.

Signalons en terminant que le projet sur la réforme des Conseils de guerre était prêt à être discuté par la Chambre, lorsque les événements du Midi provoquèrent, sur la demande du Gouvernement, l'ajournement des débats.

Alexandre de Lavergne

ANALYSES ET COMPTES RENDUS

Henri Chardon. — *L'administration de la France. Les fonctionnaires.* — *Les fonctionnaires de Gouvernement.* — *Le ministère de la Justice.* Perrin, éd., 1 vol. in-18.

I. Notre administration, si vantée et si décriée tout ensemble, que chaque Français plaisante et critique inlassablement bien qu'il lui demande, tous les jours, quelque service nouveau est pourtant fort peu connue de ses censeurs eux-mêmes. M. Henri Chardon, que ses fonctions actuelles et les divers emplois par lui brillamment remplis dans sa carrière déjà longue ont mis à même de pratiquer et d'étudier de près tous nos grands services nationaux, s'est donné la tâche d'en décrire l'organisation et le fonctionnement, non pas dans des traités arides et rébarbatifs, accessibles à de rares initiés, mais dans une série de livres destinés au grand public, écrits dans une langue vive, simple et forte, et qui, chose rare par le temps qui court, peuvent être compris de tout le monde.

M. Chardon ne se borne pas à nous présenter un froid exposé de ce qui est, il fait vivre devant nous les organismes qu'il décrit, il nous montre l'œuvre formidable qu'ils accomplissent et il nous fait partager sa sympathie et son admiration pour ces innombrables agents qui, par leur labeur obscur, patient et mal payé, assurent, sans que personne prenne la peine de s'en apercevoir, la vie régulière de la nation. Mais comme l'auteur a l'esprit critique pour le moins aussi développé que l'esprit d'analyse, il ne manque pas, chemin faisant, de signaler certains vices du régime actuel et d'indiquer les remèdes qu'ils comportent. De telle sorte que l'œuvre entreprise sera, nous en avons la conviction profonde, plus encore une œuvre de réforme qu'une œuvre de vulgarisation.

Il y a deux ans, M. Chardon nous donnait un livre fortement documenté sur les travaux publics, qui fit grand bruit lors de son apparition et qui a déterminé déjà maintes améliorations et simplifications dans les services qui s'y trouvaient étudiés. — Le volume qu'il publie aujourd'hui et qui constituera le premier de la série précise tout d'abord l'économie et la philosophie générale de tout d'ouvrage. Il décrit ensuite l'organisation gouvernementale et législative de la France. — Après quoi il expose à grands traits la situation légale des fonctionnaires. — Enfin il examine les services les plus strictement indispensables aux hommes vivant en société, ceux qui sont l'origine et la cause première de tout groupement social, c'est à savoir

les services de la justice et ceux correspondants de la sûreté publique.
M. Chardon, esprit aussi affranchi des routines traditionalistes que des
différents snobismes à la mode, a poursuivi ces diverses études avec une
verve et une originalité de forme bien faites pour impressionner le lecteur
et le faire réfléchir à chaque page.

II. Le chapitre sur la situation des fonctionnaires est tout spécialement à
signaler. Les questions les plus brûlantes du moment, celles relatives aux
associations des agents de la puissance publique, celles qui touchent à
l'état de ces agents y sont traitées avec une grande largeur de vue mêlée à
une parfaite compréhension des nécessités administratives. L'auteur trouve
légitime la faculté que revendiquent les fonctionnaires de se grouper en
associations pour défendre leurs intérêts professionnels et, comme il ne
croit pas à la magie des mots, peu lui importe que ces groupements soient
dénommés associations, amicales ou syndicats. Ces groupements pour
M. Chardon ne présentent aucun danger, car s'il leur prenait fantaisie
de fomenter des grèves, d'organiser l'arrêt ou le sabotage des services
publics et d'agir à l'encontre des intérêts du pays, celui-ci aurait tôt fait
de les mettre à la raison. « C'est aux contrôleurs généraux de la nation,
dit-il, au parlement, au président de la République et aux ministres, de
maintenir dans son rôle normal toute association de fonctionnaires. Qu'ils
ne redoutent pas alors leur petit nombre : ils ont toute la nation avec eux ;
contre des fonctionnaires qui trahissent leurs fonctions, ils auront toujours
le dernier mot ; ils ne l'auront pas s'ils luttent contre les garanties que les
fonctionnaires ont le droit de demander. » Les associations de fonctionnaires
ne seront d'ailleurs pas tentées, dit M. Chardon, de sortir de leur rôle quand
on aura donné aux membres qui les composent un état sérieux et stable
garanti par le vigilant contrôle judiciaire du Conseil d'État.

Cette nécessité d'un état des fonctionnaires affranchissant de tout arbitraire, de toute intervention parlementaire ou mondaine leur entrée dans
la carrière, leur avancement et leur discipline, a été affirmée par tous les
grands politiques de ce pays. « Une administration qui n'a pas de système de
promotion, écrivait Talleyrand au Premier Consul, n'a pas à proprement
parler d'employés ; les hommes qui s'en occupent sont des salariés qui ne
voient devant eux aucune perspective, autour d'eux aucune garantie, au-
dessus d'eux aucun motif de confiance. » Et Dufaure, dans un rapport à la
Chambre des Députés du 22 juillet 1844, rapport remarquable à tous égards
et qu'il faut remercier M. Chardon d'avoir tiré de l'oubli, proposait déjà des
garanties tutélaires pour les agents de la puissance publique et s'exprimait
ainsi : « Tout en ménageant la responsabilité ministérielle, ces règles
écarteront de la carrière administrative cette foule de prétendants qui, sans
études préalables, sans ferme intention de se rendre utiles au pays, avides
de l'aisance qu'un emploi public peut assurer et sans souci des devoirs qu'il
impose, trouvent toujours, grâce à la molle facilité de nos mœurs, quelque
protecteur puissant et dévoué pour les imposer à l'autorité supérieure et à

l'État qui souffrira de leur incapacité. Elles donnent ainsi à l'aptitude et au travail au moins une grande partie des chances qui appartiennent à l'audace et à l'intrigue. — Sont-elles établies et loyalement observées? De ce jour l'employé entre dans l'administration avec dignité et fier d'une position qu'il ne doit qu'à son travail et à la justice de ses chefs. Il est soutenu et animé dans l'exercice de ses fonctions par l'espérance qui lui est permise que le zèle qu'il déploiera ne sera pas sans récompense, que les connaissances qu'il acquerra ne resteront pas sans emploi. Les membres d'une même administration apprennent à s'honorer mutuellement et ne luttent plus entre eux que par l'émulation de bien faire. — Les subordonnés respectent leurs chefs et les chefs n'ont plus à craindre de rencontrer parmi les subordonnés des hommes dont ils ont occupé la place et qui méritaient de leur commander. — Le pouvoir exécutif est respecté dans tous ses représentants et la confiance des populations lui rend plus facile la mission que nos institutions lui donnent.... »

Plus de soixante ans ont passé depuis que M. Dufaure a prononcé ces fortes paroles et les 800,000 fonctionnaires de France attendent toujours une loi générale qui règle leur état. Cette loi qui mettrait tout de suite fin à l'agitation insolite qui se manifeste actuellement dans nos divers services publics et qui inquiète tous les bons esprits, M. Chardon l'appelle de tous ses vœux; il en précise le but, et en indique les points essentiels avec une parfaite conscience tout à la fois des garanties nécessaires aux agents et des nécessités indispensables de la discipline administrative.

III. L'étude sur l'organisation des services destinés à assurer le maintien de l'ordre social n'est pas moins intéressante. Un chapitre a déjà soulevé, dans la presse périodique et dans l'opinion, une grande et légitime émotion, c'est celui dans lequel l'auteur démontre, avec son ordinaire précision, qu'en France il n'existe pas de police criminelle à proprement parler. Nous serions bien surpris si le cri d'alarme qu'il a poussé et qui a révélé à bien des gens, même parmi les plus informés, une situation périlleuse qu'ils ne soupçonnaient nullement, n'avait pas à bref délai pour effet d'aboutir à l'établissement d'une police d'état fortement constituée dont l'organisation s'impose chaque jour davantage.

Nous ne pouvons pas résumer ici tous les développements de l'ouvrage que nous analysons, toutes les réformes qu'il propose en ce qui concerne notre organisation judiciaire. M. Chardon étudie successivement le fonctionnement de la justice criminelle, de la justice civile, de la justice commerciale et de la justice administrative.

Il montre, dans une généralisation savante, l'œuvre admirable du Conseil d'État assurant aux citoyens par la voie du recours pour excès de pouvoir et par le moyen des actions en responsabilité à l'encontre de la puissance publique, le respect des droits individuels et substituant un contrôle judiciaire effectif au vieux contrôle préventif de la tutelle administrative qui ne pouvait guère se maintenir efficace dans un régime démocratique à bases électives

Enfin M. Chardon discute les garanties qui doivent assurer l'indépendance des magistrats de tout ordre. Nous aurions bien sur ce point quelques réserves à formuler sur les opinions qu'il expose, spécialement eu ce qui concerne l'inamovibilité qu'il nous paraît traiter un peu trop légèrement. Mais ce n'est point le lieu d'ouvrir un débat sur cette grave question et nous en avons assez dit pour montrer, à tous ceux qu'intéressent la politique et la vie administrative de ce pays, qu'ils auront grand intérêt à lire, à relire et à méditer le dernier livre de M. Chardon. Ils y trouveront d'ailleurs autant de plaisir que de profit.

Georges Teissier.

Albert Schatz, professeur agrégé à la Faculté de droit de l'Université de Dijon. — *L'individualisme économique et social : ses origines, son évolution, ses formes contemporaines.* A. Colin et Cⁱᵉ. In-18 de 590 p.

Il faut un grand courage pour venir, à notre époque, parler d'*individualisme*. La doctrine n'a pas fait fortune, et le mot est tombé dans un tel discrédit que bien des gens ne sont pas loin d'y voir un synonyme d'« égoïsme ». « L'individualisme, dit M. S. dans l'avant-propos de son livre, a particulièrement souffert des travestissements fâcheux que l'opinion publique lui a fait subir. Comme les dieux de l'Olympe après leurs équipées terrestres, je voudrais qu'avec de l'ambroisie, il s'en débarbouillât tout à fait. »

La tâche est malaisée, mais elle n'est pas impossible. La difficulté vient surtout de ce qu'il faut défendre l'individualisme contre ses propres représentants officiels, les « orthodoxes ». La Fontaine l'a dit : « Rien n'est plus dangereux qu'un maladroit ami. Ces soi-disant « libéraux » sont la cause de la défaveur où se trouve aujourd'hui cette doctrine, tant dans le monde des Universités et au Parlement que dans le public. Ils ne l'ont pas fait aimer, ils ont été jusqu'à donner à cette doctrine d'affranchissement et de libération l'aspect méprisable d'une doctrine de classe heurtant, sans discernement, toutes les aspirations modernes. C'est sa réhabilitation qu'entreprend M. Schatz.

Qu'est-ce donc que l'individualisme? L'acception de ce mot est par elle-même si vague et si élastique que notre auteur peut enrôler tout ensemble dans la cohorte individualiste un « socialiste modéré » comme Stuart Mill et le plus spirituel, le plus français des adversaires du marxisme, Bastiat, étudier successivement la *Reforme Sociale* de Le Play, et la « philosophie synthétique » d'Herbert Spencer, le libéralisme orthodoxe d'un Paul Leroy-Beaulieu et l'anarchisme d'un Max Stirner. L'exposé très clair et très complets de ces diverses théories — psychologiques, politiques, économiques, sociales et même littéraires — depuis Hobbes et Maudeville jusqu'à Nietzsche et Ibsen, constitue le corps du volume. A propos de chacun de ces penseurs, M. S. ne nous cache pas ses préférences personnelles.

Il fait pour chaque « individualiste », dont il expose les idées maîtresses, la part de la critique, et cela lui permet de résumer, à la fin de son livre, ses conclusions dans une trentaine de pages, qui constituent sa doctrine à lui.

ANGEL MARVAUD.

Otto Effertz. — *Les Antagonismes économiques.* Introduction de CHARLES ANDLER. Paris, Giard et Brière, 1906, 1 vol. in-8 de 566 p.

Effertz, l'auteur des *Antagonismes économiques*, est une découverte des économistes français, de même que Gobineau est une découverte des philosophes allemands. L'internationalisme des savants se plaît à recueillir les auteurs méconnus de leur patrie et à leur donner asile. L'Allemagne en use ainsi à l'égard de beaucoup d'autres que Gobineau ; toutefois un éminent critique berlinois a observé que ce patronage ne bénéficiait guère que des écrivains français assez secondaires, et qu'en retour nos gloires véritables restaient méconnues le plus souvent du public germanique. Je ne veux pas dire qu'Effertz accueilli en France soit une médiocrité économique, cependant, je crois que bien des économistes allemands contemporains doivent passer avant lui, qu'il écrase sous son mépris et cingle de sa verve.

En premier lieu Effertz est obscur et l'un de ses plus bienveillants critiques, un de ses parrains français, son disciple, n'hésite pas à le reconnaître. Il n'est pas obscur seulement parce qu'il emploie une terminologie personnelle, parce qu'il se sert de formules mathématiques, parce qu'il prétend à la verve, il est obscur parce qu'il se développe constamment des systèmes aprioristiques suivant une méthode assez fantaisiste ; il est obscur surtout pour le lecteur qui possédant les notions de la science qu'Effertz prétend rénover, se heurte à des propositions absolues, qui lui paraissent pour le moins hasardeuses et après lesquelles l'auteur continue allègrement, ou plus exactement passe à une autre démonstration estimant la première terminée à sa satisfaction. Et l'on comprend l'irritation des économistes allemands qui après avoir combattu de longues années pour doter l'économique d'une méthode scientifique se sont trouvés en face d'un travail où les principes les plus élémentaires, les plus indispensables de cette méthode sont ignorés. Je ne veux pas m'inquiéter ici des critiques de Pareto, l'importance de ton d'Effertz devait s'attendre à des ripostes sans bienveillance, Pareto va parfois trop loin. Ainsi lorsqu'il reproche à Effertz d'avoir voulu induire le lecteur en erreur en utilisant comme signes conventionnels $\varphi, \chi, \psi,$ = fonctions, sous prétexte qu'en langage mathématique ces signes n'ont pas toujours cette signification. Sa critique n'a pas de portée sérieuse, car le fait qu'en trigonométrie $\varphi\chi\psi$ peuvent avoir une autre signification, ne démontre pas qu'il résulte d'erreur de l'emploi qu'Effertz fait de ces signes au cours de ses raisonnements. Ce sont seulement des exemples. Je ne me placerai non plus sur le terrain adopté par M. Caudry pour critiquer les

Antagonismes économiques, ou plutôt j'y ajouterai une conclusion qui est loin de la pensée de cet auteur. Effertz, nous dit M. Caudry, donne aux lois qu'il pose une formulation mathématique, exemple $W = c$ log. : $m + c$ ce qui signifie que la valeur d'usage d'une quantité de biens considérée égale la valeur d'usage du premier de ces biens logarithme de la somme des biens $+ C$ (constante), Effertz « établit entre les phénomènes qu'il étudie des relations qui ne sont pas les véritables relations causales », et il cite comme exemple la théorie des coûts et de l'échange.

Était-il possible à l'écrivain qui voit le plan de l'économique dans la dramaturgie grecque et découvre la théorie des antagonismes sociaux dans un vers d'Horace d'échapper à ces fautes? Je ne le crois pas. Esprit inventif et fécond il manque de toute la prudence scientifique nécessaire et au point de vue méthodologique son œuvre est surannée. Peu d'hommes ont même poussé aussi loin le mépris des faits. A l'époque à laquelle il a écrit il est inexcusable. Mais son génie lui a-t-il permis, en dépit de sa témérité et des erreurs où il a été nécessairement entraîné, d'apporter une contribution féconde à la science? Il n'est pas contestable que ce soit théoriquement possible. L'invention, et l'esprit d'invention sont nécessaires au progrès de toutes les sciences, les savants qui n'en sont pas doués, même s'ils appliquent rigoureusement la méthode, ne la servent que peu et Fourier n'a pas fait une œuvre stérile. La discussion de ce point nous entraînerait bien loin des limites d'un compte rendu! Effertz a découvert l'existence des luttes sociales et les a caractérisées. Parmi les antagonismes économiques qu'il étudie il a défini la rentabilité qui oppose l'intérêt individuel économique à celui de la société en nuisant à la productivité. Il a fait une synthèse de la physiocratie et du marxisme et s'est aperçu que les biens coûtaient du travail et de la terre, et non pas du travail seulement ou de la terre seulement, et il a trouvé un système pour mettre fin à ces antagonismes ainsi clairement élucidés et définis. On le voit, la discussion mènerait loin. Je hasarderai seulement une suggestion. Si Effertz acquérait une notoriété véritable, je tiens pour certain que « le jeu des précurseurs », si l'on me permet cette expression, aurait vite fait d'en découvrir à la plupart de ses théories; il lui resterait à vrai dire le cadre, la terminologie qui lui sont propres, et que l'on ne se souciera je pense de revendiquer pour personne. Mais si vigoureux que soit cet effort de construction d'une économie politique pure je doute qu'il renouvelle la science et je crois exagéré l'enthousiasme des économistes français. Mais cela n'interdit pas de lire l'ouvrage d'Effertz et il n'est pas douteux qu'il ne suggère beaucoup d'idées, si l'on est doué soi-même de l'esprit d'invention.

E. B.

Yves Guyot. — *La science économique. Ses lois inductives.* Schleicher, Paris, 1 vol. in-18 de 520 p.

On serait tenté de penser que ce livre est simplement une mise à jour d'un ancien ouvrage de M. Yves Guyot; mais si les idées maîtresses sont demeurées les mêmes, si la conception générale se retrouve, il a été l'objet d'un remaniement complet. Il est du reste tenu au courant des faits les plus récents; et c'est là une nécessité en matière économique surtout quand on appartient à cette École dite orthodoxe, qu'on accuse volontiers de se tenir à côté des faits. L'ouvrage, en principe théorique, fait donc place logiquement aux plus graves questions d'application. Bien entendu, ce n'est pas un manuel ni même un traité d'Économie politique; et l'on n'a pas été sans en faire reproche à M. Guyot. Cette *Science économique* a bien sa personnalité, tout comme son auteur : et c'est une qualité pour l'une comme pour l'autre. Sans doute, nous trouvons commode la division habituelle et méthodique qui sert à classifier les phénomènes économiques en vue de leur étude, et nous nous étonnons qu'on la tourne quelque peu en en ridicule. Mais cette classification ne vaut pas plus que toutes les classifications; et nous comprenons et apprécions fort le plan tout original du livre que nous analysons ici : l'auteur comme il le dit, a cherché à dégager les lois inductives qui expriment les rapports constants et généraux des phénomènes économiques, et il le fait en toute indépendance d'esprit, en cherchant à résoudre tous les problèmes qu'il rencontre sur sa route.

Il commence par poser les bases de la science économique, et insiste sur ces lois naturelles dont la vérité est prouvée par la certitude de leur sanction. Puis il expose la psychologie économique, l'homme ayant besoin d'acquérir, de conserver, et la science économique ayant à déterminer et à enseigner les moyens d'acquérir, ou de conserver qui économisent l'effort, et qui sont naturellement les meilleurs. Logiquement, M. Guyot en arrive ensuite à montrer que l'intérêt individuel est le principal agent de la civilisation industrielle, que l'intérêt de l'individu est la fin de ses efforts, que cet individu n'est pas un moyen à la disposition de ceux qui détiennent le pouvoir politique, et aussi que la science économique doit se préoccuper de « l'homme moyen » qui est bel et bien à considérer, quoique ce soit une abstraction, si l'on veut s'en tenir à la réalité stricte des choses. Voici un chapitre des plus intéressants sur la coordination des intérêts individuels, qui amène l'auteur à l'évolution sociale ; et, s'appuyant sur Spencer ou sur Adam Smith, il montre la civilisation industrielle se formant peu à peu, avec la division du travail et l'échange à sa base; il nous rappelle sa formule fort heureuse : « Le Progrès est en raison inverse de l'action coercitive de l'homme sur l'homme, en raison directe de l'action de l'homme sur les choses ».

Ces bases essentielles une fois posées, il résume de façon caractéristique la formation de la science économique, puis nous indique le rôle de la statistique comme instrument de travail de l'économiste, sans oublier de nous prévenir de ses défauts possibles. Et ce n'est qu'après nous avoir montré le domaine où l'économiste se meut, les grandes lois que l'on a à observer, qu'il nous donne les définitions des termes de la science économique. Nous voici en présence de la richesse et de la propriété, et M. Yves Guyot, comme à la fin de presque tous ses chapitres, nous en fournit une définition bien personnelle et heureuse. La propriété est la faculté exclusive pour un individu d'user et de disposer d'utilités déterminées. Vient le chapitre sur le capital, et l'examen des divers capitaux suit logiquement, avec l'échange et la valeur. Ce qui le conduit à dire : « L'homme possède des utilités, les rapports seuls des hommes entre eux leur donnent de la valeur et la valeur est le rapport de l'utilité possédée par un individu au besoin et au pouvoir d'achat d'un autre ».

Nous ne pouvons naturellement que suivre bien rapidement l'ordonnance du livre, et signaler son caractère. Abordant le rôle des capitaux, M. Guyot arrive à ce qu'il appelle « l'espace », et tout naturellement à la circulation des richesses, puis à la monnaie, à la production des métaux précieux, à cette question du bimétallisme, sur laquelle il avait si bien auguré de ce qui devait logiquement se produire. Cette partie du livre est très développée, et l'on y trouve une abondante et sûre documentation, des considérations fort intéressantes, et le plus souvent très personnelles, sur les prix, les index-numbers, les crises, qu'il signale comme étant toujours le résultat d'un excès de consommation. Il traite ensuite dans des chapitres successifs de la population, du malthusianisme, des tables de mortalité. Dans le Livre relatif à la valeur de l'homme, il bat en brèche toutes les théories du socialisme, la loi d'airain notamment, et il s'occupe aussi bien du salaire en lui-même et des grèves que des Trade-Unions, de la commercialisation du travail. Ce sont ensuite les questions de propriété foncière qu'il aborde, de crédit, de banques. Et l'ouvrage se termine de la façon la plus originale par une réfutation de toutes les conceptions anti-économiques des « négateurs de la science économique » : protectionnistes, apologistes de la monnaie dépréciée, socialistes sentimentaux. Un résumé de quelques pages vient encore de préciser les idées et donner la quintessence de la pensée de l'auteur.

Si nous ajoutons que le volume est accompagné d'une bibliographie générale largement comprise : que chaque chapitre a sa bibliographie particulière très développée, on comprendra que ce livre remarquable à tant d'égards, est un précieux instrument de travail pour tous.

Daniel Bellet.

Désiré Pector. — *Les Richesses de l'Amérique Centrale*, avec une préface de M. E. Levasseur. 1 vol. in-8 de 363 p. Librairie E. Guilmoto, Paris, 1908. Nous ne possédions pas de livre sur le Centre-Amérique. L'important ouvrage de M. Pector, conseiller du commerce extérieur et consul général en France du Honduras et du Nicaragua, comble heureusement cette lacune, et j'ajoute qu'il arrive à son heure. Les récentes conventions que les cinq petites Républiques ont conclu, en décembre dernier, à Washington permettent d'augurer une ère — à vrai dire sans précédent — de paix et de concorde entre elles, favorable à leur essor économique et à leurs relations avec l'étranger. Si ces pays sont fatalement destinés à graviter dans l'orbe économique des États-Unis, nous devons, en effet, espérer que leur autonomie politique n'en sera pas moins respectée, et que le Vieux Monde pourra également profiter de l'établissement de gouvernements réguliers et·stables dans ces turbulentes Républiques des tropiques, et de la vitalité qui résultera pour elles de leur union, peut-être prochaine.

M. Pector est sans doute l'homme en France qui connait le mieux ces régions, où il a vécu plusieurs années et avec lesquelles il n'a cessé d'entretenir d'étroites relations d'affaires. Son livre si documenté et si précis a pour but de les réhabiliter à nos yeux et de nous en faire connaitre les richesses trop méconnues. Il s'adresse de préférence aux commerçants, aux capitalistes, aux colons, aux armateurs, à nos compatriotes de toute condition tentés de chercher fortune dans ces contrées du Nouveau Monde. C'est dire qu'il abonde en enseignements pratiques de grand intérêt, concernant notamment les communications avec l'extérieur, la configuration du sol, les communications et les transports intérieurs, les produits naturels, l'industrie, les finances, le climat, la colonisation et l'immigration, les échanges internationaux, etc.

Mais cet ouvrage a une portée plus haute. Notre gouvernement et nous tous Français nous ne pouvons, en effet, nous désintéresser de ces États, où nous jouissons, comme d'ailleurs, dans toute l'Amérique latine, d'une réelle et très vive sympathie. Notre pays y occupait jadis le second rang dans leur commerce général; il ne vient plus qu'au quatrième, après les États-Unis, l'Angleterre et l'Allemagne. La monographie que M. Pector a consacrée au Centre-Amérique peut justement aider à nous faire reconquérir la place qui nous y revient légitimement. Un tel livre sert mieux nos intérêts que maint récit de voyages, aux prétentions littéraires, mais vide et superficiel. Par son caractère vraiment réaliste, il constitue, à notre avis, un modèle du genre.

ANGEL MARVAUD.

Commandant E. Lunet de la Jonquière. — *Le Siam et les Siamois.* Paris, Armand Colin, 1 vol. in-18, 1906.

Les récits de voyage sont souvent fastidieux et je me lasse vite, je l'avouerai, de compter les bêtes de somme et d'entendre l'histoire des cuisiniers et des bateliers paresseux. Je ne mets pas le présent ouvrage au nombre de ces livres monotones : le commandant de la Jonquière a choisi parmi tous les faits de son excursion et il ne nous met sous les yeux que ceux qui sont caractéristiques des hommes ou des choses. A la fin de cette agréable promenade faite en sa compagnie, nous avons une idée des mandarins siamois et de leurs administrés, nous savons que les éléphants sont des bêtes très capricieuses et nous garderons à l'occasion de leurs fantaisies pesantes.

Le premier chapitre donne en moins de cent pages un tableau très nourri du Siam politique, économique, administratif : il faut connaître à merveille le pays pour tracer à si grands traits une esquisse aussi vivante. Le nom de l'auteur nous étant garant de sa bonne foi et de son exactitude, son petit volume sera d'autant plus utile que notre langue est déplorablement pauvre en renseignements sur le Siam contemporain.

Maurice Courant.

Vicomte G. d'Avenel : *Aux États-Unis.* Lib. A. Colin, 1 vol. in-18, 255 p.
— **Archibald Cary Coolidge** : *Les États-Unis puissance mondiale* (préface par Anatole Leroy-Beaulieu, de l'Institut). Lib. A. Colin, 1 vol. in-18, 415 p.
— **Louis Aubert** : *Américains et Japonais.* Lib. A. Colin, 1 vol. in-18, 430 p.

Les États-Unis sont à l'ordre du jour dans le Vieux Monde. Leur rapide développement intéresse et inquiète à la fois. Nous sentons la nécessité de connaître avec exactitude le fort et le faible de ce concurrent nouveau, devenu si vite redoutable, dans la lutte économique et de pénétrer le caractère, les ambitions, les moyens de ce partenaire inattendu, qui est venu prendre si carrément position au rang des grandes puissances dans la politique mondiale. Les trois ouvrages cités plus haut, qui viennent de paraître presque simultanément, sont une contribution intéressante et utile à ces études.

Le vicomte d'Avenel expose d'une manière élégante et rapide, les grands problèmes agricoles et industriels, et le mouvement des idées qui agitent en ce moment la république américaine, tels qu'ils lui sont apparus dans un voyage récent.

L'ouvrage de M. Archibald Cary Coolidge nous montre les États-Unis dans le concert des nations. C'est la reproduction des conférences que le professeur de Harvard a faites en anglais, à Paris, à la Sorbonne, en 1906-1907 ; conférences qui avaient été fort goûtées par un public fidèle et nombreux. Les chapitres sur la doctrine de Monröe, la guerre de Cuba, l'acquisition des colonies, seront assurément lus avec intérêt, mais ceux qui solliciteront le plus l'attention sont les chapitres où l'auteur examine les relations des États-Unis avec les principales puissances : Allemagne, Russie, Grande-Bretagne, Canada, Amérique latine, Chine, Japon. Le public français apprendra beaucoup à la lecture de cet ouvrage. Nous l'eussions souhaité un peu plus documenté, mais tel qu'il est, sa lecture en paraîtra peut-être plus aisée, et cela même étendra le cercle de ses lecteurs. L'auteur a traité son sujet avec une très grande habileté, et, incidemment, il montre à ceux de ses compatriotes toujours prêts à s'enflammer pour les partis extrêmes, aux jingoës du Nouveau Monde, la solution raisonnable à laquelle devront, s'ils ne veulent se heurter à de trop graves obstacles, se résigner les États-Unis. A l'égard du Pacifique, où « parmi tant de péripéties étonnantes, l'expansion des États-Unis jusqu'aux rives les plus lointaines du Grand Océan ne le cède en importance à aucun autre fait », M. C. nous dit que « les Américains se considèrent comme égaux ou même supérieurs à n'importe qui dans cette partie du monde, et ils sont convaincus que, une fois le canal de Panama achevé, lorsque New-York et la Nouvelle-Orléans seront en communication plus rapide avec l'Extrême-Orient que Londres ou que Hambourg, et que leur flotte pourra passer à son gré d'un océan dans l'autre, leur suprématie sera indiscutable ». « Mais, — ajoute-t-il, — le Pacifique n'est pas réservé à une seule nation, et toute prétention à y étendre une hégémonie particulière est prématurée, et ne sert qu'à irriter les autres pays. »

M. Aubert a consacré une étude particulière très intéressante et bien documentée sur un des aspects, le principal quant à présent, de cette question du Pacifique : les rapports entre Américains et Japonais. Il expose l'influence prise par les Japonais aux Hawaï, d'où ils ont débordé en Californie, où ils ont excité le fort mouvement d'antijaponisme de ces dernières années. Le chapitre sur les Japonais au Canada, et sur l'émigration japonaise récente au Mexique et dans l'Amérique du Sud révèle un nouvel aspect de ce délicat problème. Les deux derniers chapitres sont consacrés : l'un, à la situation respective des États-Unis et du Japon, à l'exposé des chances de conflit et de paix entre les deux pays; l'autre à l'attitude de l'Europe à l'égard du conflit américain-japonais, et aux effets de ce conflit sur la politique extérieure et intérieure des États-Unis.

A. V.

Biard d'Annet. — *L'aurore australe.* Plon-Nourrit et Cie, 1 vol. in-18, 403 pp.

C'est une bonne fortune lorsqu'un homme intelligent, qui a résidé pendant plusieurs années dans un pays étranger, et à qui sa situation permettait de voir de près les hommes politiques et le fonctionnement des institutions, veut bien ensuite nous faire part de son expérience. M. B. d'A. vient de le faire pour l'Australie, où il a résidé de 1893 à 1905, comme consul général de France. Son ouvrage sera lu avec intérêt et profit par ceux qu'intéresse le développement de cette jeune société australienne, qui a si vivement attiré l'attention du vieux monde par certaines expériences audacieuses. L'auteur examine successivement : la société australienne, le socialisme en Australie, la constitution australienne et son fonctionnement, la valeur et la situation matérielles de l'Australie. Et, après avoir donné ainsi une vue d'ensemble de la vie sociale, économique et politique du continent austral, il termine par une étude sur les relations de l'Australie avec le monde extérieur, s'attachant en particulier au problème de ses rapports avec l'Angleterre, et à son attitude à l'égard de l'impérialisme.

L'auteur est sympathique à cette population au milieu de laquelle il a passé une douzaine d'années; mais sa sympathie ne l'aveugle pas, et il signale, courtoisement, les défauts à côté des qualités des Australiens. La politique les a un peu trop occupés, jusqu'ici; des théories hasardeuses ont surtout servi à satisfaire des intérêts spéciaux, au détriment de l'intérêt général. Mais l'opinion, nous dit M. B. d'A., commence à se modifier. « Si, gardant son entière liberté d'action, l'Australie concentre ses efforts à la mise en valeur de ses richesses naturelles, réforme sa législation économique en ne s'inspirant que des conditions de son sol et de son climat, des aptitudes de sa population renforcée par un flot continu d'immigrants, et de la situation des marchés étrangers, dont l'accès lui est nécessaire; si enfin, comme l'ont fait les Américains au siècle dernier, elle met au premier plan le travail, et l'agitation politique au dernier, un bel avenir est devant elle. »

A. F.

Revue de Hongrie. — Il y a quelque temps, grâce à l'active impulsion du vicomte de Fontenay, consul général de France à Budapest, une « société littéraire française » était créée dans cette ville. Le but de la société est de « resserrer les liens intellectuels qui unissent la France et la Hongrie et de faciliter les rapports entre les mondes littéraires et artistiques de ces deux pays ». Les moyens employés par elle, ce sont : des conférences littéraires, des expositions artistiques, des représentations scéniques, des bourses de voyages accordées à de jeunes étudiants, afin de leur faciliter le séjour en France pendant les cours de vacances organisés par l'Alliance française; des cours gratuits de français pour fonctionnaires, étudiants, employés de commerce; des primes accordées aux meilleures traductions en langue française d'ouvrages hongrois. Pour compléter et étendre son action, la société vient de décider de transformer son bulletin périodique en une grande revue mensuelle : la *Revue de Hongrie*, dont le premier numéro a paru le 15 mars dernier. L'entreprise est hardie. Nous lui souhaitons le meilleur succès. Aussi bien, le sommaire de ce numéro, les noms des collaborateurs, les articles annoncés pour les numéros prochains montrent l'intérêt de ce nouvel organe. Dans le premier numéro, M. Léon Bourgeois a écrit une étude sur la Hongrie; M. Jean Richepin a donné une poésie inédite : *Crépusculaire*, et comme collaborateurs hongrois, nous relevons les noms du comte Albert Apponyi, auteur d'une étude sur l'instruction primaire en Hongrie, de M. Alexandre Wekerle, qui a exposé un projet de réforme des impôts en Hongrie, et M. Henri Marczali, dont l'article a pour objet la

Hongrie et la Révolution française. La revue annonce entre autres pour les prochains numéros des articles de M. François de Kossuth sur le développement de l'industrie, du comte Joseph Mailath sur la question sociale, de M. Alix Giesswein sur la question de l'immigration en Hongrie.

V. A.

———

L'industrie moderne, revue internationale de technique et d'économie industrielles, publiée mensuellement en deux éditions (une édition française et une édition espagnole). Pierre Roger et Cⁱᵉ, éditeurs.

Cette nouvelle revue mérite de recevoir bon accueil du public. Elle comble une lacune. Les revues techniques, certes, ne manquent pas, mais elles ont le défaut d'être trop spécialisées par industries. Celle-ci s'adresse aux industriels et chefs d'usine en général et se propose d'étudier les applications techniques et les méthodes économiques susceptibles d'intéresser toutes les industries.

Sa lecture sera utile aussi aux économistes, pour qui la connaissance de ces questions techniques industrielles est de plus en plus nécessaire. A en juger par les trois numéros déjà parus, ils trouveront dans la revue nombre d'articles intéressants pour eux. Signalons, par exemple : les études sur la situation actuelle de l'industrie allemande, sur l'essor économique de la République Argentine, l'organisation industrielle aux États-Unis, l'organisation technique industrielle, le rôle du chimiste dans l'industrie, l'essor économique de Barcelone.

La tentative est intéressante, espérons qu'elle réussira. Non moins bonne, nous semble-t-il, est l'idée d'une édition espagnole : nous oublions trop souvent, en France, que nous avons des lecteurs fidèles dans les républiques sud-américaines, lecteurs auprès desquels, en écrivant plus spécialement pour eux, nous pouvons accroitre encore notre autorité, ce qui ne serait pas sans profit pour le développement de nos relations économiques avec eux.

A. V.

Ouvrages envoyés à la rédaction.

R.-S. CARMICHAEL. — *Rapport du Comité de patronage des habitations à bon marché et de prévoyance sociale du département de la Somme, sur le VIIIe Congrès international.*

EDM. CHAMPION. — *Vue générale de l'Histoire de France.* Lib. A. Colin, 1 vol. in-18, 308 pp.

Cte PAUL COTTIN. — *Positivisme et anarchie.* F. Alcan, 1 vol. in-32, 80 pp.

Dr ADFRED EID. — *La fortune immobilière de l'Égypte et sa dette hypothécaire.* F. Alcan, 1 vol. in-8, 145 pp.

PAUL GAULTIER. — *L'idéal moderne. La question morale, la question sociale, la question religieuse.* Hachette et Cie, 1 vol. in-18, 350 pp.

OCTAVE FESTY. — *Le mouvement ouvrier au début de la monarchie de juillet, 1830-1834* (Bibliothèque d'histoire contemporaine, t. second gr. III). Ed. Cornély et Cie, 1 vol. in-8, 359 pp.

L. GÉRARD DES VIGNES. — *L'inscription maritime et la législation moderne.* A. Michalan, 1 vol. in-8, 152 pp.

LOUIS HOULLEVIGUE. — *L'évolution des sciences.* Lib. A. Colin, 1 vol. in-18.

Dr SÉVERIN ICARD. — *Nouvelle méthode de notation et de classification des fiches d'identité judiciaire.* 1 broch. in-8.

G. LECARPENTIER. — *La vente des biens ecclésiastiques pendant la Révolution française.* F. Alcan, 1 vol. in-18, 188 pp.

ALBERT MÉTIN. — *Les traités ouvriers : accords internationaux de prévoyance et de travail (Brevets officiels. Commentaire et historique).* Lib. A. Colin, 1 vol. in-18, 272 pp.

WESLEY C. MITCHELL. — *Gold, prices and wages under the greenback standard.* University of California publications in economics, march 1908, 1 vol. gr. in-8, 626 pp.

D^r TH. SCHUCHART, diplom. ingénieur. — *Die volkswirtschaftliche Bedeutung der technischen Entwicklung der deutschen Zuckerindustrie* Leipzig, 1 vol. in-8, 267 pp.

GEORGES SOREL. — *La décomposition du marxisme.* M. Rivière, 1 vol. in-32, 64 pp.

G. TALLAVIGNE D'ANGLAS. — *La responsabilité dans les connaissements français.* A. Rousseau, 1 vol. in-8, 272 pp.

CLEYRE YVELIN. — *Étude sur le féminisme dans l'antiquité.* V. Giard et E. Brière, 1 vol. in-8, 72 pp.

D. ZOLLA. — *La grève; les salaires et le contrat du travail* (préface de M. Anatole Leroy-Beaulieu, de l'Institut). V. Giard et E. Brière, 1 vol. in-18, 306 pp.

MOUVEMENT DES PÉRIODIQUES

Voir la table des abréviations à la dernière page.
La lettre qui suit l'abréviation du titre de la Revue est la première lettre du mois
de la date de la publication.

HISTOIRE, DIPLOMATIE, POLITIQUE

Aland (Les intérêts britanniques et suédois dans la question d'), Soderberg, **Nat. R. A.**

Allemagne (L'— économique et financière au début de 1908), R.-G. Lévy, **RDM. 1ᵉʳ M.**

— (Le Culturkampf en), G. Goyau, **RDM. 15 M.**

— (L'Effort naval de l'), Saint-Blancard, **C. 25 M.**

— (La flotte de l'), **CR. M.**

— (L'empereur d'— et l'Amirauté anglaise), H.-W. Wilson, **Nat. R. A.**

— (La population industrielle et rurale en), A.-V. Wenckstern, **DR. M.**

— (Le commerce de l'— en 1907), Raffalovich, **EP. 21 M.**

— (La vérité sur l'expansion de l'), Bᵒⁿ van Speck-Sternburg, **NAR. M.**

Amirauté et État-Major général, **RP. 1ᵉʳ M.**

Angleterre (Le socialisme municipal en), L. Paul-Dubois, **RDM. 1ᵉʳ M.**

— (En — Les radicaux anglais et l'Empire allemand), G. Bardoux, **RBI. 21 M.**

— (Le socialisme en), Ramsay Mc. Donald, **NC. M.** — H.-W. Hoare, **NC. A.**

— (En — Lord Randolph Churchill), R. Lethbridge, **NC. M.**

— (La puissance navale de l'), A.-S. Hurd, **NC. M.**

— (Le budget naval de l'), W.-H. White, **NC. A.**

— (La crise de l'enseignement en), H. Henson, **NC. A**, et R. Macdonald, **FR. A.**

— (Les lois antialcooliques en), E.-A. Pratt, **NC. A**, et J. Gretton, **FR. A.**

Angleterre (L'armée actuelle de l'), Heydebreck, **CR. M.**

Angleterre (L'— et la Turquie), A. Stead, **FR. M.**

— (La flotte de l'— et celle de l'Allemagne), **FR. M.**

— (La crise du parti libéral en), Calchas, **FR. A.**

— (La question rurale en), A. Spander. **FR. A.**

— (La question douanière en), J.-L. Garvin, **Nat. R. A.**

— (La réforme de l'armée en), A.-V. Janson. **DR. M.**

Autriche (L'entente de l'— avec la Russie), V. Bérard, **RP. 15 M.**

— (L'— Hongrie et la question d'Orient), R. Millet, **RPP. 10 A.**

Brunetière (Ferdinand), V. Giraud, **RDM. 1 M , 1 A.**

Cabet (Étienne), P.-F. Dubois, **RBI. 14 M.**

Convention au 9 thermidor (La), E. Creveiller, **RP. 15 M.**

Crise balkanique (La), V. Bérard, **RP. 1ᵉʳ A.**

Cremer (Lord — et le cabinet Gladstone), S. Low, **NC. A.**

Dino (Mémoires de la duchesse de), **RDM. 1ᵉʳ A, RP. 1ᵉʳ A, 15 A.**

— (Les mémoires de la duchesse de), E. Lamy, **C. 25 M.**

Donnadieu (Le colonel Fournier et l'affaire —, 1802), G. Augustin-Thierry, **RDM. 1ᵉʳ A.**

Duras (Mᵐᵉ de — et Chateaubriand), G. Pailhès, **C. 25 M.**

Espagne (En — La solidarité catalane), D. du Dézert, **RBI. 14 M.**

États-Unis (Le problème des immigrants aux), F. Klein, **C. 10 A.**

— (La crise de crédit aux), G. Martin, **REP. M.**

FINANCES, ÉCONOMIE POLITIQUE

DROIT PUBLIC ET PRIVÉ

VOYAGES, COLONISATION

Afrique du Sud (Les Allemands dans l'), RP. 1ᵉʳ m.
— (Les indigènes dans l'), G. Lagden, FR. A.
— (Dans l'), A. Rambler, Nat. R. M.
Armée coloniale (Notre), G. 10 M.
Canada (L'émigration française au), L.-A.
— (Le commerce anglais au), A. Hawkes, NG. A.
Civilisation (Sur l'expansion de la « — »), Ameer Ali, NG. A.

Émigration italienne au Brésil (L'), A. Franzoni, Rit. A.
Madagascar, Depincé, RPP. 10 M.
— Pierre Leroy-Beaulieu, EP. 21 M.
Maroc (Au), P. Delhaye, G. 25 M, 10 A.
Méharistes sahariens (L'œuvre de pénétration des), Bᵒⁿ Hulot, RDM. 15 M.
Philippines (Les Américains aux), Pierre Leroy-Beaulieu, EP. 14 M.
Port-Arthur, Mackowsky, DR. A.
Sicile (En), M.-V. Bunsen, DR. A.
Travail des Noirs (Le), G. Lagden, NC. M.
Tunisie (L'enseignement en), E. Bonhoure, RP. 15 M.

INDEX DES REVUES CITÉES

AG. — Annales de Géographie.
APS. — Appleton's popular Science Monthly.
BAF. — Bulletin du Comité de l'Afrique française.
BLC. — Bulletin de la Société de Législation comparée.
BU. — Bibliothèque universelle.
C. — Correspondant.
CH. — Le Carnet historique.
CR. — Contemporary Review.
DJZ. — Deutsche juristen Zeitung.
DR. — Deutsche Rundschau.
E. — Les Études, publiées par la Compagnie de Jésus.
Ec. — The Economist.
EF. — Économiste français.
FR. — Fortnightly Review.
G. — Gegenwart.
Go. — La Géographie.
JE. — Journal des Économistes.
JNS. — Jahrbücher für national OEkonomie und Statistik.
JPE. — The Journal of Political Economy.
JR. — Juridical Review.
LQR. — Law Quarterly Review.
MD. — Mémorial diplomatique.
ME. — Monde économique.
MS. — Le Mouvement socialiste.
Na. — The Nation.
NA. — Nuova Antologia.
NAR. — North American Review.
Nat. R. — National Review.
NC. — Nineteenth Century.
OR. — Archiv für offentliches Recht.
PJ. — Preussische Jahrbücher.
PP. — Revue politique et parlementaire.
QC. — Quinzaine coloniale.

QDC. — Questions diplomatiques et coloniales.
QH. — Revue des Questions historiques.
QJE. — Quarterly Journal of Economics.
QCS. — Political Science Quarterly.
RBl. — Revue bleue.
RDM. — Revue des Deux Mondes.
RDP. — Revue du droit public et de la science politique.
Réf. S. — Réforme sociale.
REI. — Revue économique internationale.
REP. — Revue d'économie politique.
RFC. — Revue française de l'étranger et des colonies.
RGA. — Revue générale d'administration.
RGo. — Revue de Géographie.
RH. — Revue historique.
RHD. — Revue d'histoire diplomatique.
RI. — Revue de droit international et de législation comparée.
RIC. — Revue de l'Institut catholique de Paris.
RIE. — Revue internationale de l'enseignement.
RIP. — Revue générale de droit international public.
RIT. — Rivista d'Italia.
RM. — Revue maritime.
RP. — Revue de Paris.
RR. — Review of Reviews.
RS. — Revue socialiste.
SaR. — Saturday Review.
Sc. So. — Science sociale.
St. — Statist.
Z. — Zeitschrift für die gesammte Staatswissenschaft.

Le propriétaire-gérant : FÉLIX ALCAN.

Coulommiers. — Imp. PAUL BRODARD.

FÉLIX ALCAN, ÉDITEUR

Viennent de paraître :

BIBLIOTHÈQUE DE PHILOSOPHIE CONTEMPORAINE

Études d'histoire des sciences et d'histoire de la philosophie, par **A. HANNEQUIN**, professeur à la Faculté des lettres de Lyon, avec préface de R. THAMIN, recteur de l'Académie de Bordeaux et introduction de J. GROSJEAN. 2 vol. in-8. **15 fr.**

La sociologie de l'action, La genèse sociale de la raison et les origines rationnelles, par **E. DE ROBERTY**, prof. à l'Université nouvelle de Bruxelles. 1 vol. in-8... **7 fr. 50**

Esquisse d'une esthétique musicale scientifique, par **Ch. LALO**, agrégé de philosophie, docteur ès lettres. 1 vol. in-8... **5 fr.**

Croyance religieuse et croyance intellectuelle, par **OSSIP-LOURIÉ.** 1 vol. in-16.................................... **2 fr. 50**

Essais sur le régime des castes, par **C. BOUGLÉ**, professeur à l'Université de Toulouse, chargé de cours à la Sorbonne. 1 vol. in-8.............. **5 fr.**
(*Travaux de l'Année sociologique publiés sous la direction* de M. Émile Durkheim).

L'Évolution de la vie, par **CHARLTON BASTIAN**, professeur à University Collège de Londres, traduction et avant-propos de H. DE VARIGNY, 1 vol. in-8 avec 12 fig. dans le texte et 12 pl. hors texte. Cart. à l'angl. (*Bibliothèque scientifique internationale*). **6 fr.**

La psychologie quantitative, par **J. J. VAN BIERVLIET.** 1 vol. in-8............. **4 fr.**

La loi et le contrat de travail par **JULIEN HAYEM**, préface de M. A. SCHATZ, professeur agrégé à la Faculté de Droit de Dijon, 1 vol. gr. in-8.................. **5 fr.**

LES MAITRES DE LA MUSIQUE

ÉTUDES D'HISTOIRE ET D'ESTHÉTIQUE PUBLIÉES SOUS LA DIRECTION DE

M. JEAN CHANTAVOINE

Chaque volume in-8 écu de 250 pages environ..................... **3 fr. 50**

Viennent de paraître :

RAMEAU
Par LOUIS LALOY

MOUSSORGSKY
Par M.-D. CALVOCORESSI

Précédemment parus :

J.-S. BACH, par ANDRÉ PIRRO (*2e édition*).
CÉSAR FRANCK, par VINCENT D'INDY (*4e édition*).
PALESTRINA, par MICHEL BRENET (*2e édition*).

BEETHOVEN, par JEAN CHANTAVOINE (*3e édition*).
MENDELSSOHN, par CAMILLE BELLAIGUE (*2e éd.*).
SMETANA, par WILLIAM RITTER.

La monnaie, le crédit et le change, par **A. ARNAUNÉ**, directeur de la Monnaie. 1 vol. in-8, 3e édition, revue et augmentée...................... **8 fr.**

Le budget, son histoire, son mécanisme. Cours de finances, par **R. STOURM**, de l'Institut, professeur à l'École libre des Sciences politiques. 5e édition. 1 vol. in-8.. **10 fr.**

Les systèmes généraux d'impôts, par LE MÊME. 2e édition, revisée et mise au courant. 1 vol. in-8...... **9 fr.**

COMPTOIR NATIONAL D'ESCOMPTE DE PARIS

Capital : 150 millions de francs entièrement versés.

Siège social **14, rue BERGÈRE** — Succursale **2, place de l'Opéra, Paris**

OPÉRATIONS DU COMPTOIR Bons à échéance fixe. Escompte et Recouvrements. Escompte de chèques. Achat et Vente de Monnaies étrangères, Lettres de Crédit, Ordres de Bourse. Avances sur Titres, Chèques, Traites. Envois de Fonds en Province et à l'Etranger, Souscriptions, Garde de Titres, Prêts hypothécaires maritimes. Garantie contre les Risques de remboursement au pair, Paiement de Coupons, etc

AGENCES 93 Bureaux de quartier dans Paris — 14 Bureaux de banlieue. — 140 Agences en Province. — 40 Agences dans les colonies et pays de Protectorat — 12 Agences à l'Etranger

LOCATION DE COFFRES-FORTS Le Comptoir tient un service de coffres-forts à la disposition du public, 14, rue Bergère, 2, place de l'Opéra, 147, boulevard Saint-Germain, 49, avenue des Champs-Elysées et dans les principales Agences. — Une clef spéciale unique est remise à chaque locataire — La combinaison est faite et changée par le locataire, à son gré. — Le locataire peut seul ouvrir son coffre.

Garantie et Sécurité absolues

Compartiments depuis 5 fr. par mois

BONS A ÉCHÉANCE FIXE. Intérêts payés sur les sommes déposées De 6 mois à 11 mois, **2 00**; de 1 an à 3 ans, **3 00** — Les Bons, délivrés par le Comptoir National aux taux d'intérêts ci-dessus, sont à ordre ou au porteur, au choix du déposant.

VILLES D'EAUX, STATIONS ESTIVALES ET HIVERNALES. Le Comptoir National a des agences dans les principales Villes d'Eaux. Ces agences traitent toutes les opérations comme le siège social et les autres agences, de sorte que les Etrangers, les Touristes, les Baigneurs, peuvent continuer à s'occuper d'affaires pendant leur villégiature

LETTRES DE CRÉDIT POUR VOYAGES Le Comptoir National d'Escompte délivre des Lettres de Crédit circulaires payables dans le monde entier auprès de ses agences et correspondants, ces Lettres de Crédit sont accompagnées d'un carnet d'identité et d'indications et offrent aux voyageurs les plus grandes commodités, en même temps qu'une sécurité incontestable.

Salons des Accrédités, Branch office, 2, place de l'Opéra

FÉLIX ALCAN, ÉDITEUR

Paul LEROY-BEAULIEU
Membre de l'Institut.

DE LA COLONISATION
CHEZ LES PEUPLES MODERNES

6e ÉDITION, REVUE ET AUGMENTÉE

2 vol. in-8 de la *Collection des économistes et publicistes contemporains...* **20 fr.**

Du même auteur :

Traité de la science des finances. 7e édition. 2 vol. in-8................ **25 fr.**
Traité théorique et pratique d'économie politique. 4e édition. 5 vol. in-8. **36 fr.**
Essai sur la répartition des richesses. 4e édition. 1 vol. in-8.......... **9 fr.**
Le collectivisme, examen critique du nouveau socialisme. 4e éd. 1 vol. in-8. **9 fr.**
L'Algérie et la Tunisie. 2e édition. 1 vol. in-8..................... **9 fr.**
L'Etat moderne et ses fonctions. 3e édition. 1 vol. in-8............... **9 fr.**
Le Sahara, le Soudan et les chemins de fer Transsahariens. 1 vol. in-8 avec une carte... **8 fr.**

C. COLSON
Ingénieur en chef des Ponts et Chaussées. Conseiller d'État.

COURS D'ÉCONOMIE POLITIQUE
PROFESSÉ A L'ÉCOLE NATIONALE DES PONTS ET CHAUSSÉES

6 volumes grand in-8.. **36 fr.**

On vend séparément :

Livre I. — **Théorie générale des phénomènes économiques.** 2e édition revue et augmentée... **6 fr.**
 — II. — **Le travail et les questions ouvrières.** 3e tirage........... **6 fr.**
 — III. — **La propriété des biens corporels et incorporels.** 2e tirage... **6 fr.**
 — IV. — **Les entreprises, le commerce et la circulation.** 2e tirage... **6 fr.**
 — V. — **Les finances publiques et le budget de la France.**......... **6 fr.**
 — VI. — **Les travaux publics et les transports.**.................... **6 fr.**

Coulommiers. — Im . Paul BRODARD.

ANNALES

DES

SCIENCES POLITIQUES

Revue bimestrielle

Publiée avec la collaboration des professeurs et des anciens élèves
de l'École libre des Sciences politiques

VINGT-TROISIÈME ANNÉE

IV. — 15 JUILLET 1908

FÉLIX ALCAN, ÉDITEUR

108, BOULEVARD SAINT-GERMAIN, PARIS

M. ANATOLE LEROY-BEAULIEU, de l'Institut, Directeur de l'École libre des Sciences politiques;

M. ALFRED DE FOVILLE, de l'Institut, Conseiller maître à la Cour des Comptes

M. STOURM, de l'Institut, ancien Inspecteur des finances et Administrateur des Contributions indirectes;

M. AUGUSTE ARNAUNÉ, ancien directeur de l'Administration des Monnaies, conseiller maître à la Cour des Comptes.

M. A. RIBOT, de l'Académie française, Député, anc. Président du Conseil des Ministres;

M. LOUIS RENAULT, de l'Institut, Professeur à la Faculté de droit de Paris;

M. ROMIEU, Maître des requêtes au Conseil d'État;

M. VANDAL, de l'Académie française;

M. ÉMILE BOURGEOIS, Professeur à la Faculté des lettres de Paris.

Professeurs à l'École libre des Sciences politiques.

RÉDACTEUR EN CHEF :

M. ACHILLE VIALLATE, Professeur à l'École libre des Sciences politiques.

Les ANNALES DES SCIENCES POLITIQUES (Vingt-deuxième année, 1907) sont la suite des ANNALES DE L'ÉCOLE LIBRE DES SCIENCES POLITIQUES. Elles paraissent tous les deux mois (en janvier, mars, mai, juillet, septembre, et novembre), par fascicules grand in-8.

PRIX D'ABONNEMENT

Un an (du 15 janvier)

Paris............................. 18 fr.
Départements et étranger............. 19 fr.
La livraison.......... 3 fr. 50

On s'abonne à la librairie **FÉLIX ALCAN**, 108, boulevard Saint-Germain, Paris; chez tous les libraires, et dans les bureaux de poste.

Les années écoulées se vendent séparément : les trois premières, **16 fr.**, les suivantes, **18 fr.** chacune. Les livraisons des trois premières années se vendent chacune **5 fr.**; à partir de la quatrième année, **3 fr. 50** chaque livraison.

FÉLIX ALCAN, ÉDITEUR

Viennent de paraître :

E. MILHAUD
Professeur d'Économie politique à l'Université de Genève.

L'Imposition de la Rente

LES INTÉRÊTS DU CRÉDIT PUBLIC.
LES ENGAGEMENTS DE L'ÉTAT. LÉGALITÉ DEVANT L'IMPOT.

1 volume in-16.............................. 3 fr. 50

A.-E. GAUTHIER
Sénateur, ancien ministre.

La Réforme Fiscale
par l'Impôt sur le revenu

1 volume in-16............................. 3 fr. 50

AUTRES OUVRAGES TRAITANT DE L'IMPOT SUR LE REVENU

CHARTON (P.). **La réforme fiscale en France et à l'étranger**, 1 vol. gr. in-18................................ 12 fr.

DUFAY (J.). **L'impôt progressif en France**, 2e édit., revue et augmentée, 1 vol. gr. in-8................................ 5 fr.

— **L'impôt progressif sur le capital et le revenu**, 1 vol. in-12. 1 fr. 50

GUYOT (Yves). **L'impôt sur le revenu**, 1 vol. in-12. 1887. 3 fr. 50

MANCHEZ (G.). **L'impôt général sur le revenu**, broch. in-8... 1 fr.

STOURM (R.), de l'Institut, professeur à l'École libre des Sciences politiques.
Les systèmes généraux d'impôts; 2e édition revisée, 1 vol. in-8. . **9 fr.**

L'ŒUVRE DE LA HAYE

(1899 et 1907)

Le directeur de l'École libre des Sciences politiques avait demandé à M. Louis Renault, membre de l'Institut, professeur à l'École, au lendemain de la seconde Conférence de la Paix, de vouloir bien exposer à ses anciens élèves et élèves l'œuvre accomplie à La Haye en 1899 et en 1907. La part considérable qu'a prise M. Louis Renault à cette œuvre est universellement connue. Le prix Nobel de la paix, qui lui a été décerné en 1907, en a été une élogieuse consécration; plus récemment le ministre des Affaires étrangères, en reconnaissance de ses éminents services, vient de le nommer commandeur de la Légion d'honneur. Le directeur de l'École avait prié M. Léon Bourgeois, sénateur, ancien président du Conseil des ministres, président de la délégation de la France à la Conférence de La Haye, de vouloir bien présider cette Conférence.

Les Annales des sciences politiques sont heureuses de donner à leurs lecteurs la Conférence de M. Louis Renault, avec l'allocution et le discours de M. Léon Bourgeois, qui ont reçu les chaleureux applaudissements d'un nombreux auditoire, réuni dans le grand amphithéâtre de l'École, le 5 juin dernier. Aux anciens élèves et élèves s'étaient jointes un certain nombre de personnalités du monde politique et du monde diplomatique.

ALLOCUTION DE M. LÉON BOURGEOIS

Mesdames, Messieurs,

Je suis vraiment embarrassé, et vraiment ému, en prenant pour la première fois la parole dans cette chaire de l'École des sciences politiques.

Je ne sais, en effet, comment m'excuser auprès de l'École, qui, depuis plus de cinq mois, m'a fait le très grand honneur de m'offrir la présidence de cette réunion, et qui l'a remise de mois en mois, jusqu'ici, avec tant de bonne grâce. L'état de ma santé a été la seule cause de tous ces retards bien involontaires. Il me laisse encore malheureusement aujourd'hui bien peu de forces et je vous demanderai votre indulgence s'il ne m'est pas possible de vous parler de l'objet de notre réunion et de celui que nous venons y fêter comme j'aurais voulu pouvoir le faire.

Je connais bien, sans y avoir pris part, l'enseignement de cette grande École. Je compte parmi ses maîtres plus d'un ami. Et j'étais heureux de venir vous dire combien, dans mes fonctions diverses, j'ai trouvé d'excellents collaborateurs parmi ses anciens élèves. — Ceux qui se forment ici ne puisent pas seulement dans son enseignement les connaissances spéciales les plus exactes et les plus profondes, mais ils prennent aussi, autour de ces chaires, à l'exemple de leurs maîtres, ces habitudes d'esprit et de caractère qui leur ont permis de donner, dans les carrières publiques, tant de preuves de haute culture intellectuelle et de forte valeur morale.

Enfin, messieurs, je n'oublie pas les excuses personnelles que je dois aussi à mon ami Louis Renault pour lui avoir fait aussi long-temps attendre sa seconde apothéose. (*Sourires.*)

Je suis vis-à-vis de lui dans une situation vraiment difficile. L'usage est que le Président d'une conférence présente le confé-rencier à l'auditoire. Aujourd'hui, c'est le conférencier, professeur depuis tant d'années dans cette chaire, qui devrait bien vous pré-senter le Président étranger!

Que vous apprendrais-je sur lui que vous ne sachiez mieux que moi? Je sais par une expérience récente quel est le respect, quelle est l'affection, dont l'entourent tant de générations d'élèves. L'an dernier, j'avais l'honneur de présider à la Faculté de Droit la séance où l'on fêtait le 23ᵉ anniversaire de son Enseignement, et j'ai pu m'associer à une des plus émouvantes manifestations de gratitude qu'un maître puisse souhaiter de ses élèves et de ses collègues. — N'en est-il pas de même ici, et quelle parole pourrais-je prononcer en l'honneur de Renault, qui ne fût devancée par vos esprits et, plus vite encore, par vos cœurs! (*Applaudissements.*)

Aussi, me ferais-je un scrupule de retarder plus longtemps le plaisir que vous attendez de l'entendre et de l'applaudir.

Vous avez la parole, mon cher ami. (*Applaudissements.*)

CONFÉRENCE DE M. LOUIS RENAULT

Mon cher Président,

Je vous remercie des paroles affectueuses que vous venez de m'adresser. Dans la séance, pour moi inoubliable, à laquelle vous venez de faire allusion, je vous ai promis, au cas où je serais de nouveau appelé à servir sous vos ordres, que je serais un lieutenant fidèle et dévoué. Je crois avoir tenu ma promesse. J'en ai votre témoignage affectueux; c'est la chose qui m'importe le plus. Vous venez de me donner une nouvelle preuve de votre amitié, je vous en suis reconnaissant et je remercie l'assemblée d'avoir bien voulu s'associer à ce que vous avez dit.

Mesdames et Messieurs, vous êtes venus dans une école pour entendre un professeur. Il ne faudra donc pas vous étonner si vous avez à subir un exposé qui sera utile, je l'espère du moins, mais un peu aride; aussi je vous demande seulement la patience nécessaire pour attendre l'orateur qui vous dédommagera amplement de mes aridités juridiques.

J'ai à vous parler de l'œuvre des deux Conférences de la Haye. Je laisserai, bien entendu, de côté le commentaire et l'analyse des textes qui exigeraient des volumes[1]. J'ai d'ailleurs consacré à ce sujet tout mon cours de cette année à l'école de droit. Je compte vous faire seulement un exposé d'ensemble, tirer en quelque sorte la philosophie de l'œuvre à laquelle nous avons collaboré.

Je veux parler en simple témoin, me dégager de la situation de diplomate occasionnel — je ne dis pas de diplomate d'occasion (*Rires*) — que j'ai pu avoir. Principalement jurisconsulte et professeur, je m'efforcerai d'apporter ici le sang-froid professionnel, sang-froid quelque peu nécessaire à raison des attaques passionnées, violentes,

---

1. Voir dans la *Vie politique dans les deux mondes* (1906-1907) mon étude sur « La deuxième conférence de la Paix », où j'ai analysé les textes adoptés.

venues de côtés très opposés, dont la Conférence a été l'objet et qui
témoigne souvent d'une profonde ignorance du sujet. La compétence universelle de la plupart des journalistes ne perdrait rien à
s'appuyer parfois sur quelques connaissances techniques.

Qu'on me permette un mot personnel qui, j'espère, ne froissera
personne. Je ne fais partie d'aucune « Société de la paix » ou de
sociétés analogues et, pour rester dans cette abstention, j'ai eu
parfois à résister à des sollicitations très séduisantes et très pres-
santes. Je constate par là un pur fait sans que cela implique une
critique quelconque contre les sociétés auxquelles je fais allusion
ou contre leurs membres. Mais j'ai tenu à garder une pleine liberté
d'appréciation sans subir l'influence naturelle d'un milieu spécial.
Je ne suis donc pas un « apôtre de la paix » dans le sens où on
prend ordinairement cette expression et je crains d'avoir été fréquemment jugé bien tiède pour les idées pacifiques. Si j'insiste sur ce
point, c'est pour montrer que l'on peut avoir quelque confiance dans
le jugement que je porte sur les faits dont j'ai été le témoin attentif
et pour lesquels il y a déjà le recul du temps. J'exprimerai mon
opinion personnelle sans engager personne. C'est le jurisconsulte
qui, depuis plus de trente ans, s'occupe principalement de droit
international, que vous allez entendre.

*
* *

L'œuvre de la seconde Conférence de la paix ne peut se séparer
de celle de la première pas plus que l'œuvre de la troisième ne
pourra se séparer de celle de la seconde. La première Conférence
avait fait un certain nombre de legs qui ont été fidèlement exécutés
par la seconde, et celle-ci a formulé des vœux et même, dans certaines
conventions, a prévu que telles et telles choses devraient être
accomplies par la troisième.

Il y a donc une *continuité*, un lien entre les diverses Conférences
de la paix. Qu'on le veuille ou qu'on ne le veuille pas, l'institution
est fondée, et j'ajouterai même qu'elle se fortifie. Ainsi, à la première Conférence, on avait d'une façon vague exprimé le vœu que
telles et telles questions fussent inscrites au Programme d'une conférence qui se tiendrait ultérieurement, sans aucune précision. Or,

à la seconde Conférence, on n'a pas procédé de la même façon : on
a prévu d'une manière positive qu'il y aurait une troisième Conférence de la paix, et on a même indiqué la période dans laquelle elle
devrait se réunir.

Il y a plus. C'est une puissance, à laquelle on ne saurait témoigner trop de gratitude, qui a pris l'initiative de la première réunion,
et c'est une autre puissance qui a donné l'hospitalité aux délégués;
il a été procédé de même pour la seconde Conférence. Eh bien! pour
attester que l'œuvre existait par elle-même et ne devait pas dépendre
du bon vouloir de telle ou telle puissance, on a établi sa continuité,
abstraction faite de telle ou telle puissance qui convoquerait, et de
telle ou telle puissance qui donnerait l'hospitalité. On n'a pas eu
ainsi l'intention de se montrer ingrat envers ceux qui, jusqu'à présent, ont joué un rôle actif dans la convocation et la réunion; on a
seulement tenu à montrer qu'il y a maintenant une volonté supérieure aux intentions individuelles. La chose a été proposée et
acceptée avec une égale bonne grâce par tout le monde.

En quoi est-il intéressant de constater cette continuité de la Conférence qui est appelée à tenir périodiquement ses assises?

C'est parce que cette continuité est la manifestation de la vie juridique internationale. Cette vie juridique internationale est née
en 1899. On a beau s'en moquer, on a beau la critiquer, dans tous
les cas on ne saurait contester son existence. Il y là une tentative
sans précédent pour soumettre les rapports internationaux à l'empire du droit.

Dans des congrès antérieurs, tenus presque toujours à la suite de
guerres, on avait bien réglé les rapports de cette nature sur des
points particuliers. Par exemple, au Congrès de Vienne, à la suite
des terribles guerres de la Révolution et de l'Empire, des dispositions de détail avaient été prises sur le rang des agents diplomatiques, sur les fleuves internationaux, sur la traite des noirs, etc. Au
Congrès de Paris, tenu à la suite de la guerre de Crimée, on a posé
quelques règles sur la guerre maritime. Comme vous le voyez, ce
sont des réunions qui se tiennent à la suite de conflits, et des
ententes restreintes quant à leur objet.

L'originalité de la Conférence de la Haye a été de s'occuper des
intérêts généraux des nations, sans y avoir été amené par une lutte.

Sans doute, il y a eu des tâtonnements. Ils proviennent, soit de la difficulté de l'entreprise, soit de l'inexpérience; mais, néanmoins, cette tentative pour soumettre à des règles juridiques les rapports internationaux est-elle digne de raillerie et de dédain? Ne mérite-t-elle pas qu'on s'y arrête avec quelque intérêt?

Voyons ce qui a été fait successivement dans chaque Conférence.

La première Conférence de la paix a été provoquée, comme vous le savez, par un fameux message du Tsar, en date du 12/24 août 1898. Il suffit, pour se rendre compte de la portée de ce document, d'en lire les premières phrases :

« Le maintien de la paix générale et une réduction possible des armements excessifs qui pèsent sur toutes les nations se présentent, dans la situation actuelle du monde entier, comme l'idéal auquel devraient tendre les efforts de tous les gouvernements. »

Ensuite le message insiste sur les charges écrasantes que les armements font peser sur les nations.

En quoi cette manifestation était-elle importante et grave?

Ce n'était évidemment pas la première fois que l'on faisait remarquer les inconvénients, les charges, les dangers de la paix armée; mais la constatation émanait cette fois d'une grande puissance militaire, soumise aux influences conservatrices.

Voilà ce qui a produit une grande émotion dans le monde entier, et cette émotion a malheureusement dépassé la portée de ce qui était dit dans le message. Celui-ci pouvait être considéré comme ouvrant une perspective un peu vaste; mais l'opinion publique est allée encore plus loin. Et alors, au lieu de parler de précautions de nature à prévenir les conflits, de la limitation ou de la réduction des armements, on a parlé tout simplement du désarmement et de la paix perpétuelle, ce qui, naturellement, a provoqué une réaction très vive dans les cercles diplomatiques et parmi les jurisconsultes.

Il m'est agréable de rappeler qu'à mon avis, parmi ceux qui se sont alors prononcés à ce sujet, M. Arthur Desjardins a émis l'opinion la plus judicieuse [1]. Il a dit qu'il ne fallait pas songer à la

1. *Revue des Deux Mondes*, 1er octobre 1898.

réduction des armements, mais profiter de la circonstance pour travailler à la codification du droit international public.

Cette première circulaire a été suivie d'une autre, au mois de décembre de la même année. Dans ce second message, il y avait deux tendances : la première partie parlait encore de la réduction possible des armements, et des mesures qui pourraient être prises pour diminuer les charges militaires ; puis, la seconde partie abordait un programme plus précis : revision du projet de Bruxelles relatif aux lois et coutumes de la guerre sur terre, adaptation à la guerre maritime des principes de la convention de Genève, moyens de prévenir les conflits armés. En d'autres termes, il s'agissait d'essayer de rendre les hostilités plus rares et moins cruelles. N'y avait-il pas là un objet digne d'attention? La Russie ne faisait que continuer de nobles initiatives prises par elle en 1780, 1868, 1874.

Cette dernière partie du programme a réussi, tandis que la première a échoué, ce n'est pas douteux. Alors certains n'ont voulu voir que ce qui n'avait pas abouti, sans s'arrêter aux résultats que l'on avait obtenus. Ils ont dit : « La Conférence, voyant qu'elle ne pouvait mener à bien la première réforme, a fait porter tous ses efforts sur la seconde, de manière à ne pas échouer sur tous les points. »

Devrait-on lui faire un grief de cela? N'était-il pas naturel qu'après avoir constaté que certaines questions étaient insolubles, au moins pour le moment, on étudiât avec un soin particulier celles qui, au contraire, paraissaient de nature à être réglées et que l'on profitât d'un bon vouloir général?

La Conférence a été appelée *Conférence de la paix*. A quel moment cette dénomination a-t-elle surgi?

Je ne saurais le dire. Cependant, me semble-t-il, la première manifestation extérieure s'est produite sur les buvards qui étaient à nos places dans la salle des séances, et qui portaient : « Conférence de la paix. » (*Sourires.*) La formule n'avait rien alors d'officiel, mais elle a été consacrée par l'*Acte final*.

Autrefois, certains critiques, chargés de rendre compte d'un livre, se contentaient, dit-on, de lire la table des matières. (*Rires.*) Et on avait la naïveté de s'en scandaliser! Nous avons changé cela : on doit juger maintenant non sur la table des matières, mais uniquement sur le titre. Lire une table des matières, cela dépasse un peu les forces de la plupart des hommes. Et alors on fait des variations ingénieuses sur le titre. C'est très facile; on ne se fatigue pas outre mesure, et on amuse toujours le public. C'est tout profit, si on n'est pas très difficile sur le genre de succès. (*Nouveaux rires.*)

Je vous assure que je n'exagère nullement, et qu'il y a une série — je ne peux pas dire de *travaux* ou d'*études* — une série d'élucubrations, dont les auteurs n'ont guère aperçu que ce titre : « Conférence de la paix. » Ceux-là ont dit que, du moment que l'on s'occupait de la guerre, il ne fallait pas parler de la paix, car il y avait contradiction dans les termes.

J'avoue que, dès le début, je n'ai pas été très enthousiaste du titre « Conférence de la paix ». Je lui trouvais des inconvénients qui apparaissaient plus que ses avantages. Mais, néanmoins, les railleries auxquelles je viens de faire allusion sont vraiment trop faciles et peu sérieuses. Toute conférence qui, en définitive, a pour but de soumettre les rapports internationaux à des règles juridiques, peut revendiquer ce titre, quand même elle s'occuperait de rapports entre les belligérants, et surtout de rapports entre les belligérants et les neutres. N'est-ce pas au cours d'une guerre que les questions internationales se présentent avec le plus d'acuité? N'est-ce pas alors qu'il importe d'avoir des règles? N'a-t-on pas vu des guerres entre deux puissances susciter des récriminations, puis des conflits entre les neutres et les belligérants? Par conséquent, c'est faire œuvre essentiellement utile, pacifique, que d'essayer de régler les rapports de cet ordre.

Maintenant ce titre de « Conférence de la paix » a présenté un inconvénient à un autre point de vue. Les enthousiastes ont pensé que cette réunion allait donner la paix au monde, comme si la paix se fabriquait sur mesure et devait résulter de formules bien tournées. Il paraît que Minerve est sortie tout armée du cerveau de Jupiter. La déesse de la Paix ne peut évidemment pas naître ainsi, parce que les pacifiques ne seraient pas contents de la voir avec des attributs guerriers; elle ne peut davantage sortir, même désarmée, du cerveau d'une Conférence (*Sourires.*) L'idée d'une conférence chargée d'établir définitivement la paix est par trop simpliste et un peu puérile. Les conférences de la paix, au sens littéral de l'expres-

sion, sont celles qui se tiennent à la fin d'une guerre pour le rétablissement des relations normales entre les belligérants; elles ont
bieh pour but de *faire la paix* et elles la font au moins provisoirement.

Ma conclusion est donc que, si l'on peut regretter les illusions et
les déceptions que devait amener la dénomination de Conférence
de la paix, cette dénomination se justifie au point de vue rationnel,
parce que c'est faire œuvre de paix qu'essayer de substituer le droit
à la force, la justice à l'arbitraire.

La première Conférence s'est réunie à la Haye, le 18 mai 1899.
C'était un milieu bien choisi, essentiellement calme. Il importe
qu'une semblable réunion soit à l'abri de toutes les agitations extérieures. Ceux qui furent alors les hôtes de la « Maison du Bois » —
et j'en vois un certain nombre en ce moment — peuvent se rappeler avec plaisir notre élégante installation dans un cadre de ver-
dure. Il est certain que, l'année dernière, nous n'avons pas retrouvé
cette intimité dans ce grand palais comtal, qui, pour nos séances
plénières, nous fournissait « la Salle des Chevaliers ».

Vingt-six États étaient représentés. Pour la première fois, l'on
voyait une conférence diplomatique aussi nombreuse. Je parle de
conférences diplomatiques proprement dites, et non de congrès
administratifs comme ceux des postes et des télégraphes, par
exemple, qui comprennent à peu près tous les États du monde.
Alors que la plupart des conférences de ce genre ne réunissaient
autrefois que des États de l'Europe, à celle de 1899, il y avait, en
outre, des États de l'Amérique et de l'Asie, réprésentés par une
centaine de délégués.

Qu'a-t-on fait?

On a échoué sur une portion du programme, dont je vous ai parlé
tout à l'heure, et on a réussi sur plusieurs autres; on a codifié une
partie du droit de la guerre continentale, ce qui n'était pas si facile.
A Bruxelles, en 1874, on n'avait pu aboutir; mais les oppositions
qui s'étaient alors produites ont disparu à la Haye. Cet heureux
résultat est dû en grande partie à la prudente habileté de
M. de Martens.

On a ensuite appliqué à la guerre maritime les principes de la
Convention de Genève. Il y a longtemps que l'on réclamait cette

extension; mais certains nous objectaient toujours : « Jamais vous
n'obtiendrez cela, car il faudrait faire le sacrifice partiel du droit
de prise, et il y a une puissance qui ne consentira jamais à cela ».
Cependant, grâce sans doute à l'influence du milieu, l'entente s'est
faite assez facilement.

En outre, on a essayé le règlement pacifique des litiges internationaux dans une assez longue convention, dont je vous épargnerai
l'analyse en mettant seulement quelques points en relief. Je parlerai
spécialement de l'arbitrage.

Cette convention pose en principe que l'arbitrage est reconnu par
les puissances signataires comme le moyen le plus efficace et en
même temps le plus équitable de régler les litiges qui n'ont pas été
résolus par la voie diplomatique. On conseille, on recommande aux
puissances de conclure des ententes ayant pour but de résoudre
leurs difficultés par la voie de l'arbitrage. Ce dernier est donc resté
facultatif. Et, pour en faciliter le fonctionnement, on a élaboré un
règlement de procédure très développé, dont peuvent se servir ceux
qui veulent régler judiciairement leurs différends.

Ce règlement peut naturellement être modifié par la volonté des
intéressés, puisqu'il serait absurde que le recours à l'arbitrage fût
facultatif et que la procédure à suivre fût impérative. Mais cela a
provoqué des railleries : « C'est une faculté greffée sur une faculté ».
Tout cela est un travail platonique. Et, dernier degré de l'injure,
l'on ajoutait cette réflexion, à laquelle je suis peut-être plus sensible aujourd'hui qu'en 1899 : « C'est un travail académique. » (*Rires.*)

Non, ce n'est pas si ridicule. A certains moments, quand on désire
régler un conflit par l'arbitrage, il est bon d'avoir un instrument
tout préparé à sa disposition, de n'être pas obligé de créer de toutes
pièces un *modus procedendi*, parce que les règles de procédure proposées en vue d'un cas spécial prennent trop facilement un caractère
tendancieux. Celles qui ont été tracées d'une manière abstraite avec
le seul souci d'une bonne administration de la justice sont évidemment préférables; il n'y a qu'à faire les retouches qui peuvent être
nécessitées par les circonstances particulières du litige.

Ces Conventions élaborées par la Conférence de 1899 ont été
finalement adoptées par toutes les puissances, qui en ont compris
l'utilité. Lorsque, lors de la clôture de la Conférence, quelques

nations seulement avaient donné leur signature, on prétendait que les autres ne signeraient pas et on se moquait de l'initiative prise par quelques puissances trop zélées et un peu naïves (la France était parmi celles-là, ce qui excitait la verve de certains de nos compatriotes). Puis, quand toutes eurent suivi le mouvement, on dit : « Du moment que toutes les puissances acceptent les Conventions, cela prouve que celles-ci ne signifient rien. On a signé, parce qu'on s'est rendu compte du peu de valeur pratique des Conventions. » *(Rires.)*

Je vous assure que je n'exagère pas. Comptez sur mon exactitude : je reproduis ce que j'ai entendu ou lu. L'œuvre à laquelle j'ai eu l'honneur de participer a été violemment attaquée, je la défends. Je ne suis pas ennemi des coups, surtout de ceux que je rends. *(Applaudissements.)*

L'œuvre de 1899 continuait la codification du droit international public, qui avait été commencée par la célèbre Déclaration de Paris de 1856. Seulement la manière de procéder aux deux époques a été différente et il convient d'insister sur ce point.

Au Congrès de Paris se trouvaient réunies les grandes puissances européennes, auxquelles étaient jointes la Turquie et la Sardaigne, en leur qualité de Puissances belligérantes. Elles avaient arrêté un certain nombre de règles qui étaient devenues obligatoires pour elles par le fait même de leur accord. Puis, pensant que ces règles étaient d'une application générale, elles les avaient communiquées aux autres puissances, en leur demandant d'y adhérer, c'est-à-dire qu'il fallait ou tout prendre, ou tout rejeter en bloc. Sans doute, les règles adoptées par des Puissances placées dans des conditions très différentes au point de vue politique, géographique, économique ou social, avaient des chances d'être conformes aux divers intérêts engagés et de ne pas répondre à des vues purement égoïstes. Toutefois les petites Puissances, ou, si l'on trouve l'expression désobligeante, les moyennes Puissances auraient pu présenter des observations utiles non seulement pour elles, mais pour tout le monde.

En 1899, au contraire, voilà vingt-six puissances qui sont appelées à délibérer sur les règles qui les lieront. N'y avait-il pas là quelque grandeur et un grand hommage rendu au droit et à l'égalité des divers États?

Il est vrai que ce changement de procédé, si digne d'éloge au point de vue des principes et de la justice, n'est pas sans entraîner des difficultés. S'il n'est pas commode de s'entendre quand on est six ou huit, la chose est encore plus malaisée lorsque l'on est vingt six, car il faut tenir compte non seulement de conceptions différentes du droit, mais aussi de conditions politiques, géographiques et sociales très variées. Il y a plus de chances de rencontrer des obstinés parmi cent délégués que dans un petit nombre. La délibération en souffrira, le résultat sera obtenu avec peine, car n'oubliez pas que, dans une conférence diplomatique, la règle est l'unanimité. Si cette exigence peut conduire à l'impuissance, comme le *liberum veto* en Pologne, c'est aussi une garantie contre les entraînements, les résolutions peu réfléchies. Les dispositions acceptées d'un commun accord doivent répondre aux intérêts supérieurs de l'humanité et elles auront d'autant plus de chance d'être observées qu'elles auront été voulues par tous. Un grand bon vouloir est nécessaire afin d'amener de chacun les concessions indispensables à l'entente commune. Il faut être pénétré de cette idée que, si l'on veut aboutir, l'on ne doit pas aller à l'extrémité de son droit, et, à plus forte raison, à l'extrémité de son intérêt.

Quelles ont été les suites de la Conférence de 1899?

D'après l'art. 19 de la Convention pour le règlement pacifique des conflits internationaux, les Puissances signataires se réservaient de conclure des Accords nouveaux, généraux ou particuliers, en vue d'étendre l'arbitrage obligatoire à tous les cas qu'elles jugeraient possible de lui soumettre. Plusieurs années s'écoulèrent sans qu'il fût fait usage de cette réserve. Le 14 octobre 1903 fut signée la convention d'arbitrage franco-britannique qui a été le point de départ de toute une série d'actes analogues. À l'heure actuelle, on compte une soixantaine de conventions d'arbitrage, dont la plupart ont pris comme type et comme modèle cette entente franco-anglaise.

Il y a eu aussi des affaires d'arbitrage réglées d'après les principes admis en 1899. Certains s'étonnent et regrettent que l'on n'en compte pas davantage; je ne saurais m'associer à ce regret.

Je crois qu'il vaut certainement mieux plaider que se battre; mais il vaut encore mieux s'entendre que plaider. Et il n'est pas utile qu'il y ait un grand nombre d'arbitrages, car cela indique qu'il y a eu beaucoup de procès. Or, un procès laisse parfois un état d'esprit peu favorable aux bons rapports.

Ce qu'il faut dire, c'est que la crainte de l'arbitrage produit un effet considérable, bien que ce dernier ne soit pas tangible. Je suis assez mêlé au contentieux, international pour affirmer le fait. Une convention d'arbitrage entre deux pays peut ne donner lieu à aucun arbitrage; mais son effet peut être néanmoins bienfaisant, car, si l'un d'eux a d'abord le désir de maintenir jusqu'au bout une prétention douteuse, il finira par l'abandonner, ou, tout au moins, par transiger, s'il entrevoit la possibilité d'une sentence arbitrale défavorable. Les gouvernements ne sont pas toujours libres de leurs mouvements; ils ont derrière eux des intérêts puissants qui les gênent, qui les empêchent de reconnaître facilement les droits de l'adversaire. Il faut qu'ils puissent se donner à eux-mêmes et donner à ceux qui les poussent une raison décisive pour traiter. Et cette raison sera précisément le danger d'une sentence arbitrale défavorable.

Je le répète : à mon avis, le grand nombre des conventions d'arbitrage est une chose très heureuse, à raison de leur effet préventif; la crainte de l'arbitre est le commencement de la sagesse et le plus efficace agent de conciliation. (*Applaudissements.*)

Une des suites non négligeables de cette Conférence de 1899 a été le règlement de l'incident de Hull, où tout semblait réuni pour exciter au plus haut point les passions dans les deux pays intéressés. On a vu, dans le passé, des incidents beaucoup moins importants donner lieu à des conflits armés.

Dans ce cas particulier, cette affaire si grave a été réglée avec une facilité relative, d'abord parce qu'il y avait, de part et d'autre, un gouvernement animé de sentiments pacifiques, et, ensuite, parce que l'on a pu recourir à cette procédure toute préparée dont je vous ai parlé, et qu'il a suffi de modifier sur quelques points. Cet instru-ment forgé par la Conférence a joué un rôle particulier; il a notam-ment permis de réfléchir, car il faut réfléchir quand il s'agit de con-clure une convention. Rien que par le fait que quelques jours s'écoulaient, les passions, qui s'exaspéraient des deux côtés, ont eu le temps de se calmer. Si l'on doit fabriquer un instrument au moment où on en a besoin, c'est une grosse difficulté, pour le fond et pour la forme; la nation qui prendra l'initiative n'est-elle pas considérée comme s'humiliant, faisant une démarche, tandis qu'il est tout simple de proposer de recourir à un procédé connu, réglé à l'avance.

Je trouve véritablement que l'on est bien ingrat envers la Conférence de 1889, quand on l'accuse d'avoir totalement échoué. N'aurait-elle fait que contribuer à éviter une guerre entre deux grands pays, ce serait déjà un bienfait appréciable, et elle n'aurait pas travaillé pour rien; elle aurait bien mérité son titre. (*Applaudissements.*)

*
* *

Vous savez que la seconde Conférence de la Haye est due à l'initiative du Président Roosevelt. Dans sa circulaire du 21 octobre 1904, provoquée par l'union interparlementaire qui s'était réunie à Saint-Louis, il proposait la réunion d'une seconde Conférence de la Paix. Il rappelait que, parmi les questions générales les plus importantes qui touchent à l'établissement du droit et de la justice dans les relations des États souverains entre eux, il faut citer les suivantes réservées en 1899 pour une future conférence : les droits et les devoirs des neutres, l'inviolabilité de la propriété privée dans la guerre maritime, le bombardement des villes et villages par une force navale. Il insistait sur la question du traitement que doivent recevoir les navires belligérants réfugiés dans les ports neutres à raison de l'importance qu'elle a prise à notre époque. Vous voyez que les questions soulevées se rattachaient à la guerre, ce qui n'empêchait pas le Président des États-Unis de qualifier de Conférence de la Paix la réunion qui aurait à les étudier. Vous vous souvenez qu'au lendemain de la conclusion de la paix à Portsmouth, le Tsar a manifesté l'intention de reprendre l'œuvre de 1899, et le Président Roosevelt s'effaça courtoisement. Ces faits sont rappelés dans le préambule de l'Acte final de 1907; il y est dit que « la deuxième Conférence internationale de la Paix, proposée d'abord par M. le Président des États-Unis d'Amérique, ayant été, sur l'invitation de Sa Majesté l'Empereur de toutes les Russies, convoquée par Sa Majesté la Reine des Pays-Bas, s'est réunie... »

En avril 1906, la Russie envoie un programme, que quelques-uns ont appelé un programme de résignation. Je l'appellerai un programme de sagesse imposé par les circonstances. Le gouvernement russe déclare expressément qu'il n'y a lieu actuellement que de procéder à l'examen des questions qui s'imposent d'une façon particulière, en tant qu'elles découlent de l'expérience de ces dernières années, *sans toucher à celles qui pourraient concerner la limitation des forces militaires ou navales*. La leçon de 1899 avait donc éclairé le gouvernement russe qui écartait nettement du Programme de la Conférence la question de la limitation des armements. Il est bien singulier que l'on reproche à la Conférence de n'avoir pas essayé de résoudre un problème qui ne lui était pas soumis. Il est vrai que, si elle avait fait de ce problème l'objet de ses délibérations, comme en 1899, on n'aurait pas eu assez de sarcasmes contre cette tentative qu'on aurait proclamée, peut-être non sans raison, vaine et dangereuse.

L'Angleterre s'était réservé de soulever la question et l'a soulevée sous sa responsabilité et dans la forme qui lui convenait. Elle s'est bornée à une déclaration solennelle faite dans une séance plénière et cette déclaration a été suivie d'une Résolution de la Conférence. Je me borne à cette mention.

Je n'insiste pas sur cette constatation, parce que j'entends ne m'occuper ici que du programme même de la Conférence.

Les questions inscrites à ce programme ont été, je crois, toutes discutées, et pour la plupart résolues. Un travail considérable a été accompli par le concours de tous. Ceux qui ont pris part aux discussions des Commissions ou des Comités d'examen n'en ont pas gardé un mauvais souvenir, bien que ceux qui n'ont même pas pris la peine d'en parcourir les procès-verbaux aient déclaré qu'elles avaient été mortelles; personne n'en est mort. (*Sourires.*)

Il y avait une difficulté particulière. Si vingt-six États étaient représentés en 1899, quarante-six avaient été invités en 1907. En fait, quarante-quatre ont été régulièrement représentés. On peut dire, sans altérer la vérité, que le monde civilisé, ou, pour ne blesser personne, que presque tout le monde civilisé assistait à cette Conférence.

Les représentants du monde entier, ainsi appelés à délibérer d'un commun accord sur les questions les plus graves, à élaborer des règles qui auront d'autant plus de valeur pratique qu'elles auront été librement consenties et acceptées par tous, il y avait certainement là un spectacle grandiose. Mais les difficultés que j'ai signalées à propos de la Conférence de 1899 étaient encore aggravées par l'augmentation du nombre des délégués. Pour la première fois, les Républiques de l'Amérique du Sud étaient appelées à collaborer avec les États de l'Europe et de l'Asie. Je crois pouvoir affirmer que cette rencontre de peuples si divers a eu d'excellents résultats, que les rapports entre les délégués ont été bons, que des préjugés ont disparu, que les peuples gagnent à se connaître et à ne pas se dédaigner ou se craindre systématiquement.

C'est là que les petits États peuvent jouer un rôle très utile s'ils agissent d'eux-mêmes et d'une façon désintéressée. Eux surtout ont la possibilité de soutenir plus facilement les causes justes, d'abord parce qu'ils n'auraient pas la force de faire prévaloir les causes injustes. (*Rires.*) Ils servent alors de trait d'union, ils trouvent des conciliations entre les thèses contradictoires des grandes puissances. Certains délégués ont en ce sens rendu les plus grands services.

La Conférence était fondée sur l'idée, — essentielle, je le reconnais, — de l'égalité juridique des États. Ceux-ci sont tous souverains, égaux en droit, etc. Cependant il faut aussi tenir compte des faits, et montrer parfois plus de tact et d'intelligence de la situation vraie.

Or, l'égalité juridique des États, prise à la lettre, mène à l'absurde. Voilà ce qu'il faut dire courageusement.

Je prends un exemple qui, je crois, ne peut froisser personne, même s'il se trouve dans cette salle des membres des petites nations dont je vais parler. Admettra-t-on que, dans une question de droit maritime, la voix du Grand-Duché de Luxembourg ou même du Monténégro puisse avoir le même poids que celle de la Grande-Bretagne? Ces petits pays pourraient-ils, en argumentant du principe de l'unanimité, arrêter des réformes sur lesquelles les grandes puissances maritimes seraient d'accord?

Souvent des petits États ne voient pas bien leur intérêt, ils croient que l'obstination, je ne voudrais pas dire l'obstruction, est le meilleur moyen d'affirmer leur indépendance, et ils risquent de compromettre le succès des conférences, qui leur sont pourtant si utiles, en ne tenant pas suffisamment compte, — cela s'est vu, du moins on l'assure (*Rires*), — de l'opinion de la majorité. Avec ces réunions, je le dis encore, ils ont la chance inappréciable de pouvoir faire entendre leur voix, réclamer ce qui leur semble juste, d'éveiller la sympathie de grands États qui viendra contre-balancer les craintes que leur causent de puissants voisins.

Je voudrais maintenant dire un mot des textes eux-mêmes, bien que je ne veuille ni les commenter, ni les analyser. On dira peut-être que je vais plaider les circonstances atténuantes. Il y a un peu de cela, je n'en disconviens pas.

Ce n'était pas facile, je vous l'assure, de rédiger un texte dans les circonstances où l'on se trouvait, parce qu'il fallait tenir compte d'intérêts divers et des différentes manières de voir. On ne travaille pas alors comme dans son cabinet, où l'on tient compte de la pure logique. Si l'on ne se prêtait pas à des transactions, à des nuances, à des formules un peu vagues, souvent on n'aboutirait à rien. Or, je ne crois pas qu'il y ait, en général, avantage à ne rien faire du tout.

Remarquez aussi qu'il est excessivement dangereux de poser une règle absolue, alors que l'on se rend très bien compte qu'en fait, il sera parfois impossible de l'appliquer. Tandis que, si vous ne formulez cette règle que comme une recommandation, en disant : « s'il est possible, si les circonstances le permettent », on réussira généralement. L'éducation nécessaire se fera ainsi peu à peu, progressivement. On aura à cœur de tenir compte de la recommandation ; on ne sera pas effrayé du devoir moral comme on le serait par l'obligation juridique.

Si je me permets de parler ainsi du travail un peu minutieux auquel j'ai dû me livrer, avec mes collègues du Comité de rédaction, c'est que j'ai à cœur de remplir un devoir qui m'est très doux, tout en étant sûr d'être désagréable en ce moment à quelqu'un, qui me pardonnera demain. Si j'ai pu jouer dans cette conférence le rôle dont on a parlé quelquefois avec trop de bienveillance, c'est que j'ai été aidé, à tous les instants et de toute façon, par le dévouement le plus actif, le plus intelligent, le plus affectueux et le plus modeste de mon excellent ami Henri Fromageot. Je voudrais que, quand on fait allusion aux services proprement juridiques qu'a pu rendre la Délé-

gation française, l'on associât nos deux noms. Ce serait justice, et
cela me ferait grand plaisir. (*Applaudissements.*)

L'ensemble des travaux de la Conférence a été caractérisé par
une variété d'expressions très pittoresques. Je n'ose pas dire qu'elles
soient très aimables. Voici ce que j'ai pu recueillir : « C'est un
sépulcre rempli d'ossements. » « C'est un fiasco. » « C'est un avor-
tement. » « C'est une faillite. » Certains critiques se contentaient
d'une de ces expressions; mais d'autres les cumulaient. Comme, en
définitive, je suis encore plus familier avec les affaires commerciales
qu'avec la chirurgie, je m'en tiens à la faillite. (*Sourires.*) Et, puisque
nous sommes accusés d'avoir fait faillite, je vais tâcher d'établir le
bilan de la conférence.

Pour établir ce bilan, il faut, à mon avis, ne pas tenir compte
seulement des résultats tangibles, positifs, déjà connus et expressément formulés, mais aussi de ce qui a été préparé, de ce qui ne
produit pas d'effets quant à présent, mais en produira dans l'avenir.

Dans les instructions qui avaient été données, au nom du président
Roosevelt, aux délégués des États-Unis à la Haye, se trouve un
passage qui me semble particulièrement significatif. C'est le secrétaire d'État qui s'exprime ainsi : « Vous envisagerez toujours l'éventualité d'un continuel progrès par lequel le développement de la
justice et de la paix internationales peut être procuré, et vous regar-
derez l'œuvre de la deuxième Conférence non pas seulement en vous
reportant aux résultats définitifs atteints dans cette Conférence,
mais aussi aux fondements qui pourront être établis pour le résultat des futures Conférences. Il peut très bien se faire que, parmi
les services les plus appréciables rendus par cette Conférence, se
trouvera le progrès réalisé dans des matières sur lesquelles les
délégués n'auront pas pu obtenir un résultat définitif. »

Voilà qui me semble la sagesse même, et je ne pense pas que le
président Roosevelt, quoiqu'il ait eu la malechance de recevoir un
prix Nobel de la paix (*Sourires*), puisse être considéré comme un
simple idéaliste qui se berce d'illusions et se contente trop facilement des apparences.

Je divise le travail accompli en deux parties.

Il y a d'abord une revision soigneuse du travail de 1899. Dans la convention pour le règlement pacifique des conflits internationaux, on a fait un grand nombre de modifications ou d'additions suggérées par la pratique et la doctrine. On a introduit, pour les litiges de peu d'importance, une procédure sommaire d'arbitrage. On a profité de l'expérience de l'incident de Hull pour régler les détails si complexes. de la procédure des commissions internationales d'enquête. En ce qui concerne les lois et coutumes de la guerre sur terre, on a revisé à la fois la Convention et le Règlement qui y est annexé. Je note pour le Règlement deux dispositions qui ont leur importance. « Il est interdit à un belligérant de forcer les nationaux de la partie adverse à prendre part aux opérations de guerre dirigées contre leur pays, même dans le cas où ils auraient été à son service avant le commencement de la guerre. » (Art. 23, dern. alin.)

« Il est interdit de forcer les habitants d'un pays envahi ou occupé à donner des renseignements sur l'armée de l'autre belligérant ou sur ses moyens de défense. » (Art. 44.) En d'autres termes, la grande majorité de la Conférence a condamné la pratique encore existante, brutale, barbare, des « guides forcés ». Elle a ainsi rendu hommage à l'idée du droit et au patriotisme.

Dans certains milieux, on avait dit que ce Règlement de 1899, en conformité duquel les puissances s'obligeaient à donner des instructions à leurs forces armées de terre, n'avait qu'une valeur purement morale. Des ouvrages autorisés, officieux sinon officiels, le mettaient sur la même ligne que le projet de Bruxelles de 1874, citant indifféremment l'un ou l'autre, c'est-à-dire un texte dûment signé et promulgué, et un simple projet.

Eh bien! si l'on a pu hésiter, avoir même des craintes à ce sujet, le doute n'est maintenant plus possible. En effet, il est dit dans la convention nouvelle que la partie belligérante qui violerait les dispositions du Règlement sera tenue à indemnité, s'il y a lieu. On ajoute même qu'elle sera responsable de tous actes commis par les personnes faisant partie de sa force armée. Voilà une disposition qui, sur l'initiative d'une puissance non suspecte d'idéalisme exagéré, a été adoptée sans difficulté et qui proclame d'une manière éclatante le caractère obligatoire du règlement en indiquant la sanction. Les belligérants sont intéressés à faire connaître le Règlement à leurs troupes et à veiller à son observation, puisque leur responsabilité pourra être invoquée. C'est un progrès incontestable de l'idée de droit.

En 1899, on avait adapté la convention de Genève de 1864 à la guerre maritime. Cette convention ayant été revisée en 1906, il a bien fallu tenir compte de cette revision pour la guerre maritime, de manière qu'il y ait concordance dans les mesures. humanitaires prises pour les victimes des guerres maritimes ou des guerres continentales.

Les résultats obtenus en 1899 ont donc été confirmés et consolidés en 1907.

Abordons maintenant la seconde partie des travaux, qui concerne les conventions nouvelles.

Sur bien des points, l'accord a été relativement facile. Mais je tiens à constater que, même lorsque, dans de pareilles circonstances, on se borne à reproduire des règles admises par la coutume ou la doctrine, on fait encore œuvre très utile, très pratique. En effet, une règle coutumière ou doctrinale manque le plus souvent de précision et quelquefois de certitude. Il vaut beaucoup mieux une règle acceptée d'une manière ferme et précise par tous les États qui entendent s'y soumettre.

Sur certains autres points, l'accord n'a pu se réaliser. Mais, là encore, la discussion n'a pas été inutile, parce que le domaine de l'incertitude s'est restreint peu à peu, et qu'alors on a pu voir exactement ce qui restait à régler. C'est comme pour l'Afrique qui, pendant ma jeunesse, était dans la plus grande partie *terra incognita*, dont la carte portait des blancs énormes. Puis peu à peu, grâce aux efforts combinés d'explorateurs de toute condition, de tout pays, elle a été mieux connue. Le domaine incertain du droit international se restreindra aussi peu à peu à la suite des travaux des jurisconsultes et des diplomates de toutes les nations.

En ce qui touche le commencement de la guerre, on a maintenant une convention sur laquelle on est tombé unanimement d'accord. Elle décide que les hostilités doivent être précédées d'une déclaration de guerre motivée ou d'un ultimatum formel. On s'en est tenu là. Une autre Conférence, allant plus loin, dira peut-être qu'il doit s'écouler un certain délai entre le moment où l'on notifie son

intention de se livrer aux hostilités, et celui où les hostilités pourront effectivement commencer. Un amendement avait été proposé
en ce sens. Il serait trop facile d'indiquer l'utilité de l'établissement
d'un pareil délai. En attendant, une question qui, depuis longtemps,
donnait lieu à de vives discussions doctrinales et à de fréquentes
récriminations entre les belligérants, se trouve tranchée.

On a ensuite posé quelques règles sur la neutralité dans la guerre
sur terre. Ces règles mettent hors de contestation quelques points de
première importance pour les États neutres. Les petits États seront
ainsi à l'abri des pressions ou des récriminations des belligérants.

J'arrive à la guerre maritime. Ce domaine a été pendant longtemps interdit, parce que, dans les conférences, l'Angleterre déclarait de la manière la plus nette qu'elle entendait que les questions
relatives à la marine ne fussent pas soulevées. C'est ainsi qu'elle
agit notamment à Bruxelles, en 1874, où cependant elle n'avait
guère à craindre qu'on parlàt de la marine.

C'est par conséquent déjà un progrès considérable que d'être
entré en conversation sur ce sujet si grave, si difficile à résoudre,
notamment par suite de certaines situations géographiques. Ainsi,
par exemple, il est certain que l'Angleterre et la Russie ne peuvent
avoir une même conception de la neutralité maritime.

Beaucoup de points ont été précisés au profit des neutres et de la
paix. La neutralité maritime a été examinée dans une commission
présidée par le comte Tornielli. J'ai eu l'honneur d'être alors le
collaborateur de cet éminent diplomate, et il m'a été permis de
constater les grands efforts qu'il faisait pour aboutir. Aussi, quand
on constate les résultats obtenus, doit-on un souvenir reconnaissant
à sa mémoire. (*Applaudissements.*)

Le comte Tornielli s'est notamment occupé des mines sous-
marines qui ont fait assez parler d'elles. Du reste, c'est naturel :
elles font du bruit. (*Rires.*) On pouvait s'en préoccuper, car, bien
des mois après la conclusion de la paix russo-japonaise, elles ont
encore causé du dommage à un grand nombre de navires. Mais le
problème est très difficile, et il ne faut pas en vouloir à la diplomatie, ni même au droit international, s'il n'est pas encore résolu.
On doit surtout faire appel ici aux ingénieurs; quant à présent, leurs
inventions ne sont pas encore au point. Il importe d'arriver à ce

. qu'une mine abandonnée ne soit pas nuisible trop longtemps, de découvrir un mécanisme qui, au bout d'un temps déterminé, l'empêche de produire son effet destructif. Les mathématiciens vous disent bien que l'on a trouvé la solution cherchée; mais, après avoir causé avec des marins, je n'en suis pas convaincu. Par conséquent, si la science a des tâtonnements, pourquoi en refuser au droit, d'autant que, dans cette circonstance, le droit doit suivre la science?

On a donc fait une convention qui contient certaines restrictions humanitaires, certaines interdictions, pour empêcher le retour de faits déplorables qui se sont produits récemment. On n'a pas craint de marquer que l'on faisait une œuvre provisoire qu'il y aurait lieu de reviser dans quelques années.

On a signé une autre convention relative au bombardement par des forces navales des villes et villages non défendus, de manière à concilier les intérêts des belligérants et les intérêts humanitaires.

Des publicistes ont reproché à la Conférence de n'avoir pas tranché la question de l'inviolabilité de la propriété privée sur mer. Je ne lui adresserai pas ce reproche, car, ici, aux conflits d'intérêts viennent s'ajouter les conflits d'idées; les jurisconsultes ne sont pas d'accord sur la solution à donner à la question. L'inviolabilité de la propriété privée n'est pas un dogme, et de grands États maritimes, comme la France et la Grande-Bretagne, ont le droit de s'en tenir à la pratique actuelle jugée par eux conforme à leurs intérêts. De nouvelles études sur ce sujet sont absolument nécessaires.

Si l'accord ne s'est pas fait sur la question principale, on s'est entendu sur certains points qui ne sont pas dénués d'importance. On a reconnu l'inviolabilité de la correspondance postale, qu'elle ait un caractère officiel ou privé, qu'elle se trouve sur un navire neutre ou sur un navire ennnemi. Il y a là un résultat précieux pour le commerce universel qui, en temps de guerre, souffrait considérablement du trouble apporté dans le service des postes par les procédés des belligérants.

De même, on a protégé contre la capture les bateaux affectés à la pêche côtière ou à des services de petite navigation locale, comme les navires chargés de missions religieuses, scientifiques ou philanthropiques. Sans doute, souvent des belligérants ont spontanément respecté de pareils navires, mais cela n'a pas toujours été et il vaut mieux établir une règle ferme que de laisser la solution dépendre de la générosité d'un belligérant, d'autant plus qu'en l'absence de convention, un belligérant pourra hésiter à être tolérant, parce qu'il ne sera pas sûr de la réciprocité.

Enfin, on a réglé d'une façon équitable la situation des équipages des bâtiments de commerce ennemis capturés. Ces hommes, moyennant certaines conditions, ne pourront plus être retenus prisonniers. La Convention suppose que la pratique est contraire et est la justification d'une thèse soutenue par le gouvernement français il y a trente-huit ans.

J'arrive à la matière particulièrement brûlante de l'*arbitrage obligatoire*.

Là, il y a les griefs de ceux qui le veulent, et les griefs de ceux qui le craignent. Il est évident que, dans les deux camps, on est mécontent à raison de ce qu'on n'a pas fait ou de ce qu'on a essayé de faire. Je constate que personne, ni en 1899, ni en 1907, n'a soutenu l'arbitrage obligatoire sans restrictions. Personne n'a eu la naïveté de dire et même, je l'espère, de penser qu'avec l'arbitrage obligatoire, la guerre serait écartée, et la paix définitivement fondée. Pour dire mon vrai sentiment, j'ai toujours été frappé du mot que l'on prête aux Puritains : « Ayons confiance en Dieu, et tenons notre poudre sèche. » Si vous le voulez, je modifierai cette formule en la modernisant : « Ayons confiance dans l'arbitrage obligatoire, mais restons forts. » Telle est la conclusion à laquelle j'aboutis.

Quel a été le résultat des délibérations prolongées qui ont eu lieu à ce sujet?

Un adversaire de l'arbitrage obligatoire a écrit une phrase que je vais lire textuellement, pour que l'on se persuade bien que je ne la modifie pas : « On a laissé aux plénipotentiaires allemands le soin de défendre la cause du bon sens et de la liberté des peuples, cet héritage de la Révolution française, dans un langage que n'auraient désavoué aucun de nos grands politiques comme Mirabeau, Danton, Thiers, Gambetta, Jules Ferry. »

Je ne suis pas absolument sûr que les plénipotentiaires allemands, auxquels on fait allusion, se recommanderaient de ceux qu'on leur donne comme ancêtres (*Sourires*); mais il faut avouer que cette phrase est un peu étonnante. Le baron Marschall, qui a soutenu avec tant de talent, avec tant de verve, la cause de la minorité, ne pensait certainement pas qu'il parlait en véritable représentant des idées de la Révolution française et qu'il continuait Danton. D'ailleurs, ceux qui ont combattu l'arbitrage obligatoire, en 1907, ont rendu à ses partisans, peut-être sans le vouloir, des services inappréciables en accumulant avec une ingéniosité et une science juridique extraordinaires, et dans le meilleur français, des objections tirées de points de vue auxquels on pouvait le moins songer. Ils les ont forcés à se replier sur eux-mêmes, à creuser le sujet beaucoup plus qu'on ne l'avait fait jusqu'ici. La discussion a été animée, pressante, par moments émouvante, entre diplomates et jurisconsultes qui s'étaient piqués au jeu. Qu'est-il sorti de cette discussion? Je crois que l'on peut dire que, pour la grande majorité de la Conférence, il a été reconnu que ces objections, en apparence dangereuses, n'étaient pas décisives : voilà ce qu'il y a d'important à relever. Voilà le point de départ d'un mouvement en avant. (*Applaudissements.*)

Cette question n'est plus, depuis 1907, ce qu'elle était avant. Je crois que les diplomates et les jurisconsultes qui voudront bien consulter tout ce qui a été dit à la Haye trouveront le moyen de renouveler complètement leurs connaissances sur la matière, et qu'il verront le problème sous tous ses aspects. Ceux-ci, contrairement à ce que pensent certains pacifistes enthousiastes, sont très complexes et il faut les envisager tous, si l'on veut résoudre le problème avec sûreté.

Quels ont été les résultats précis de la délibération?

Au premier abord, on pourrait croire qu'ils ont été négatifs, puisqu'il n'y a même pas eu de convention spéciale conclue entre les trente-deux États qui étaient d'accord sur le principe de l'arbitrage obligatoire et sur certaines de ses applications. Cependant on a abouti à une déclaration insérée dans l'acte final et qui est ainsi caractérisée par un commentateur : « C'est une hypocrisie et un non-sens. » On n'y va pas par quatre chemins. Cette déclaration constate cependant simplement ce qui s'est passé et ce qui n'est pas dénué d'importance.

Or, personne n'a contesté d'une manière absolue le principe de l'arbitrage obligatoire et on a reconnu que l'expérience acquise depuis 1899 lui était favorable. Quelques Délégations ont dit : « Nous n'avons pas assez étudié la question pour savoir jusqu'à quelles limites nous pouvons nous engager dans cette voie. Nous voulons bien passer des conventions de ce genre avec telles ou telles puissances, mais non avec toutes ; nous préférons les Conventions particulières à la Convention mondiale. » Bref, on s'est plutôt arrêté à des modalités du principe qu'à une question fondamentale.

Les trente-deux États qui avaient admis l'arbitrage obligatoire d'une manière générale, sous la réserve des cas où les intérêts vitaux et l'honneur seraient engagés, l'avaient adopté sans réserve pour un certain nombre d'autres cas. On a fait à ce sujet des plaisanteries faciles et réitérées ; on a parlé de la liste *anodine* ; on s'est demandé si vraiment il y avait des chances pour qu'un conflit proprement dit s'élevât à propos des cas visés. Je remarque d'abord que tous les cas n'étaient pas aussi mesquins qu'on veut bien le dire, qu'on n'avait pas la prétention d'établir dès à présent l'arbitrage obligatoire pour des cas de nature à provoquer une guerre, que l'essentiel est d'habituer les peuples à régler leurs différends par les voies pacifiques.

Dès à présent, ces trente-deux États se sont réservé le bénéfice de leurs votes, c'est-à-dire la faculté de conclure entre eux une Convention sur les bases adoptées. De plus, l'Acte final contient la mention suivante :

« Elle (la Conférence) est unanime : 1° à reconnaître le principe de l'arbitrage obligatoire ; 2° à déclarer que certains différends, et notamment ceux relatifs à l'interprétation et à l'application des stipulations conventionnelles internationales, sont susceptibles d'être soumis à l'arbitrage obligatoire sans aucune restriction. » Il n'y a là aucune hypocrisie et aucun non-sens, mais la constatation fidèle de ce qui s'est passé. Si rien n'a été achevé, tout a été préparé et on peut dire avec confiance que l'avenir de l'arbitrage obligatoire est assuré.

Il y a plus : la Conférence a admis, à la presque unanimité, l'arbitrage obligatoire dans un cas spécial qui n'est nullement chimérique. On suppose un État qui s'adresse à un autre pour exiger de celui-ci le paiement de dettes contractées envers des sujets de l'État réclamant. En principe, le recours à la force est écarté pour le recouvrement de pareilles dettes. « Toutefois, cette stipulation ne pourra être appliquée quand l'État débiteur refuse ou laisse sans réponse une offre d'arbitrage, ou, en cas d'acceptation, rend impossible l'établissement du compromis, ou, après l'arbitrage, manque de se conformer à la sentence rendue. » Cette Convention, appelée communément Convention *Porter*, du nom du délégué américain, auteur de la proposition, rend, comme on voit, l'arbitrage obligatoire en ce sens que l'emploi de la force est subordonné à l'offre de l'arbitrage. L'État prétendu débiteur n'est exposé à la violence que s'il ne se prête pas à l'arbitrage ou s'il n'exécute pas la sentence intervenue. N'est-ce pas une garantie équitable pour les.États faibles, et beaucoup de mesures violentes pratiquées dans le passé n'auraient-elles pas été empêchées par une Convention de ce genre? C'est un résultat bienfaisant à mettre à l'actif de la Conférence, et il ne suffit pas, pour en nier la valeur, de dire que c'est l'échec de la *Proposition Drago*. Celle-ci, sur laquelle je n'ai pas à m'expliquer ici et qui appelle de grandes réserves, n'est pas, que je sache, un dogme auquel il soit interdit de toucher.

Je ne veux pas dissimuler que la justice absolue n'est pas réalisée par la Convention Porter. Il suffit de supposer une réclamation, du genre de celles dont il est question, adressée par un État faible à un État fort. Celui-ci refuse l'arbitrage proposé et envisage avec sérénité la seule conséquence possible du refus, c'est-à-dire l'emploi de la force par son adversaire. Cela est vrai et l'arbitrage obligatoire n'est pas pleinement établi dans le cas prévu. Le résultat, bien qu'incomplet, n'en est pas moins avantageux, d'autant plus que l'expérience prouve que ce sont les petits États ou certains petits États qui, plus souvent que les grands États, sont de mauvais débiteurs. Il est inutile et il serait déplacé de citer des exemples. (*Rires.*)

La délégation des États-Unis a fait un effort considérable pour obtenir l'établissement d'une Cour de justice arbitrale qui serait *permanente*, non plus de nom, comme celle constituée en 1899, mais en fait. Un projet soigneusement élaboré présenté à la Conférence par les délégations des États-Unis, de l'Allemagne et de la Grande-Bretagne, a réglé la procédure, la compétence de la juridiction à créer. Seulement il manque une chose essentielle : la machine existe, mais pas le moteur, c'est-à-dire que l'on n'a pas pu tomber d'accord sur la composition de cette cour. Du moment qu'il s'agissait d'un tribunal de quinze ou dix-sept juges à constituer pour quarante-quatre États, on se rend compte de la difficulté qu'il y avait à vaincre pour donner satisfaction à de multiples exigences. Les combinaisons les plus variées ont été imaginées sans avoir la chance d'être acceptées : tantôt les grandes puissances, tantôt les petites étaient en défiance. La Conférence s'est donc bornée à recommander aux puissances l'adoption du projet et sa mise en vigueur dès qu'un accord sera intervenu sur le choix des juges et la constitution de la cour.

Ici encore une chose importante est préparée, et il y a des chances sérieuses pour qu'elle se réalise.

La dernière Convention dont je veuille vous entretenir concerne l'établissement d'une Cour internationale des prises.

Les prises effectuées par les bâtiments de guerre d'un belligérant au détriment des bâtiments de commerce ennemis ou neutres doivent être validées par une juridiction, et jusqu'à présent cette juridiction n'est autre que celle du capteur. Si cela se conçoit à la rigueur quand le navire capteur est de nationalité ennemie, cela se comprend moins quand le navire est de nationalité neutre. Depuis longtemps, des réclamations se sont élevées contre les décisions des tribunaux de prises nationaux auxquels on reproche leur partialité ; on comprend qu'ils n'admettent pas facilement que les officiers de leur marine ont commis des actes arbitraires ou que les règlements édictés par leur gouvernement ne sont pas conformes au droit des gens. Parfois de véritables conflits se sont élevés quand un État neutre épousant la querelle de ses sujets se plaignait à un État belligérant des décisions de ses tribunaux. La Convention à laquelle je suis arrivé a pour but l'établissement d'une Cour internationale à laquelle il sera permis de s'adresser pour demander la revision des décisions des tribunaux de prises nationaux. Il y a là quelque chose de particulièrement intéressant et de significatif au point de vue de l'esprit même de la Conférence. C'est un acheminement vers une Cour de justice permanente au sens propre du mot et aussi vers l'arbitrage obligatoire, puisqu'il se trouve que des États sont convenus de régler judiciairement des litiges d'une singulière gravité, à propos desquels les réserves ordinaires concernant les intérêts vitaux et l'honneur national se seraient comprises.

L'un des détracteurs attitrés des Conférences de la Haye, arrivant à parler de la Convention relative à la Cour des prises, a dit : « Il y a là quelque chose, mais l'Allemagne et la Grande-Bretagne ont à l'avance refusé leur assentiment ». Le savant publiciste était mal renseigné. Ce sont précisément ces deux pays qui ont pris l'initiative de l'innovation. Ils ont déposé, dès l'ouverture des travaux, deux projets tendant au même but, quoique par des moyens différents. Les divergences ont fini par disparaître grâce à une bonne volonté réciproque, grâce aussi à l'intervention de délégués d'autres États, et finalement la Conférence a été saisie d'un projet qui lui a été présenté au nom de quatre Puissances, l'Allemagne, les États-Unis, la France et la Grande-Bretagne, et qu'après des modifications peu importantes elle a adopté à la presque unanimité.

Pour la Cour des prises, on a résolu le problème qui avait fait échouer la Cour de justice arbitrale. Pour les 15 sièges à répartir entre les 44 États, les Grandes Puissances européennes, plus les États-Unis et le Japon, ont été considérés, d'une part, comme ayant des intérêts politiques, maritimes, militaires et commerciaux prépondérants, d'autre part, comme faisant le plus grand sacrifice, attendu qu'ils joueront ordinairement le rôle de belligérants. Ils nommeront chacun un juge qui siégera à titre permanent. Les autres puissances désigneront chacune un juge qui siégera, à tour de rôle, deux ou quatre ans. Les petits pays ont fini par se rallier à ce système qui, pour eux surtout, est préférable au *statu quo*, car une juridiction internationale, quelle qu'en soit la composition, sera toujours plus équitable que la juridiction du capteur. Après un accès de mauvaise humeur, résultant de ce que certains d'entre eux ne voient que l'égalité absolue des États, ils ont compris leur véritable intérêt. Et cette convention sur les prises a été votée à une très forte majorité, avec quelques abstentions et une opposition isolée, mais retentissante.

Je dois encore appeler l'attention sur ce qui concerne le droit à appliquer par cette Cour des prises. Le droit international maritime de la guerre est resté encore malheureusement incertain sur bien des points. La nouvelle juridiction appliquera sans doute le droit positif existant, qu'il résulte de conventions formelles ou d'une coutume bien établie. Que fera-t-elle s'il n'y a ni convention, ni coutume? L'Angleterre a proposé cette solution, hardie sans doute, mais pleine de promesses : « Si des règles généralement reconnues n'existent pas, la Cour statue d'après les principes généraux de la justice et de l'équité. » La Cour reçoit donc une mission très élevée qui est de nature à faire progresser le droit international d'une manière sûre et rationnelle. La jurisprudence pourra combler les lacunes du droit conventionnel.

La Conférence a ainsi créé le premier organisme juridique permanent pour les rapports entre les Etats.

Mon bilan est terminé; je crois qu'il présente un certain actif, et qu'il est difficile de dire que l'on n'a rien fait à la Haye.

On a beaucoup fait et on a beaucoup préparé pour l'avenir. Ce qu'il faut maintenant, c'est tâcher de développer ces germes, et, pour cela, le concours des gouvernements et celui des jurisconsultes sont nécessaires.

Je n'ai aucune qualité pour parler des gouvernements; mais j'estime que les jurisconsultes qui s'occupent du droit international public — je suis un de leurs doyens, je ne m'en vante pas, mais je le constate (*Rires*) — peuvent sans parti pris étudier ce qui a été ainsi préparé. Je ne demande pas que des approbations; on peut critiquer, même vivement, même violemment; mais, que l'on travaille, qu'on ne se contente pas de se moquer d'un titre, que l'on examine les textes et que l'on ne présente pas, comme la conclusion d'une « étude », que le résultat le plus clair de la Conférence de la paix, le seul sur lequel il y a unanimité, c'est qu'elle a montré que le premier délégué de France était un homme charmant. (*Rires et vifs applaudissements.*) C'est sans doute très spirituel, mais nous n'avions pas besoin d'aller à la Haye, je vous assure, pour le savoir. (*Nouveaux rires.*)

Je terminerai en disant qu'il y a un sujet d'études pour beaucoup, et un profit pour tout le monde, à ce qu'une chaîne ininterrompue de travaux réunisse les Conférences, de façon que cette organisation de la vie juridique des peuples soit en constante activité. Je pense qu'il y a là une éducation progressive à faire pour les gouvernements et pour les peuples. C'est pour cela que j'estime que ceux qui ont pris part à ces travaux peuvent ne pas être trop affectés des railleries ou des dédains auxquels ils sont exposés. (*Applaudissements prolongés*.)

DISCOURS DE M. LÉON BOURGEOIS

Messieurs,

Après l'exposé si complet et si impartial que M. Renault vient de faire des résultats de la conférence de la Haye, — exposé dans lequel il s'est dégagé de son rôle d'acteur principal pour se borner à celui d'équitable témoin, — il me reste en vérité bien peu de choses à vous dire sur nos travaux.

Mais, en tout cas, il faut que j'acquitte une dette envers M. Renault lui-même, à qui est due une si grande part de l'œuvre accomplie en 1907. Je vois ici un certain nombre de nos collègues de la Haye, en votre nom à tous, je les salue avec joie (*Applaudissements*), et je suis sûr que c'est en leur nom comme au mien que je peux parler ainsi de Renault et lui rendre ce témoignage (*Applaudissements*). Ils se le rappellent, comme moi, pendant ces quatre mois et demi, prenant part à toutes les discussions de nos cent cinquante séances, rédigeant entre temps ses lumineux rapports, guidant les esprits sur les terrains les plus difficiles, conseillant les uns et les autres, consulté au besoin par ses adversaires les plus considérables, — ce qui ne l'empêchait pas de les combattre ensuite avec toute sa redoutable bonne humeur. (*Rires*.) — Enfin, couronnant merveilleusement sa tâche dans ce rôle de rapporteur général, où nous l'avons vu réunir entre ses mains tous les textes délibérés, pour les ordonner, les classer, les distribuer à nouveau, souvent les éclaircir et en préciser les rédactions par quelque retouche hardie que chacun ensuite approuvait, puisqu'elle venait de lui, du maître véritable de l'Acte final, de l'auteur de ce magistral rapport général — qui, je l'espère, finira bien par être lu par les journalistes (*Rires*), — de celui en qui nous étions si heureux de voir, là-bas, acclamer, par tous, notre grande École française de Droit. (*Applaudissements*.)

Messieurs, après avoir écouté le discours de M. Renault, vous pouvez vous rendre enfin compte de ce qu'a vraiment été, malgré tant de vaines railleries, l'œuvre de la Haye.

L'entreprise a été des plus nobles, elle a été poursuivie avec une grande bonne volonté, une extrême bonne foi, par les représentants des nations, des civilisations les plus diverses, qui bien souvent ont eu le courage de subordonner à une idée supérieure les intérêts particuliers les plus respectables. Elle a ainsi abouti à tout un ensemble de conventions, de résolutions et de vœux, — et cet ensemble contient des parties définitives d'une importance considérable. D'autres parties sont inachevées, mais non point abandonnées, car des plans sont tracés et des fondations sont solidement posées pour la reprise et pour l'achèvement de l'œuvre.

Il est d'abord un trait essentiel de cette entreprise, sur lequel je veux revenir.

Le nom de « Conférence de la Paix » a donné lieu à bien des malentendus. Je ne voudrais pas, pour ma part, le voir abandonner, car il répond à une vérité profonde. Mais il a fait naître de fâcheuses illusions et, par suite, d'injustes mécontements.

Quel a été véritablement l'objet de nos conférences de 1899 et de 1907; quel sera l'objet de nos conférences futures?

Tout d'abord, faut-il le répéter, ce n'est point le désarmement des nations; ce n'est pas même, en 1907, la limitation des armements, puisque cette question a été préalablement et expressément exclue, par les puissances, du programme de nos délibérations.

Ce ne pouvait pas être davantage, comme certains ont paru s'y attendre, l'institution directe, immédiate de la paix universelle. La paix est le but vers lequel les peuples s'acheminent, et vers lequel, à la Haye, nous avons aussi voulu marcher, — mais on ne décrète pas la paix universelle. Et, pour nous rapprocher de la paix, nous savions bien que la route véritable n'était pas celle du désarmement, qui semble courte mais que barrent d'infranchissables obstacles, mais bien celle du Droit, longue, aride et rude, mais qui seule peut conduire au but.

C'est l'organisation juridique de la vie internationale qui a été l'objet réel de tous nos travaux. Le désarmement progressif sera la conséquence d'un état de paix de plus en plus stable; mais le seul moyen d'arriver à cet état de stabilité dans la paix, c'est l'établissement du droit et le respect assuré de ce droit entre les États.

Il y a dès maintenant dans l'ordre économique une vie internationale d'une intensité singulière.

Les intérêts industriels, agricoles, commerciaux, financiers, des divers pays se pénètrent tellement, leur réseau resserre tellement ses mailles qu'il existe en fait une communauté économique universelle. Mais cette communauté n'est point constituée suivant les règles du droit; c'est un marché qui obéit aux seules lois de la concurrence, où la chance, l'audace, la force sont les conditions du succès. Est-il possible de s'élever de cette communauté de fait à une communauté d'un ordre supérieur, de constituer entre les nations qui la composent un ensemble de liens de droit qu'elles acceptent également et qui forment entre elles une société véritable? Et si cet état de droit parvient à s'établir et à durer entre les États, ne sera-ce pas par là-même l'établissement d'un état de paix — et de paix réelle et profonde, de paix *vraie*, puisque, nous l'avons dit bien souvent et nous ne cesserons de le redire, la paix sans droit n'est pas, ne peut jamais être vraiment la paix! (*Applaudissements.*)

C'est à cette œuvre, qu'en 1907 comme en 1899, nous n'avons pas cessé de travailler.

Dans quelle mesure y avons-nous réussi?

N'est-ce pas déjà un événement considérable que le fait même d'une telle entreprise?

Au lendemain des événements les plus graves, après un choc qui avait mis aux prises deux grands empires et menacé par instants la paix des deux continents, quarante-quatre États formant l'ensemble du monde ont pu délibérer, pendant plus de quatre mois, sur les problèmes les plus difficiles, les plus redoutables même, — car quelques-uns d'entre eux éveillaient de récents et cruels souvenirs, — et cela sans qu'un trouble même passager ait jamais traversé leurs délibérations.

Et les représentants de ces quarante-quatre États ont pu mener à bien le vote de nombreuses conventions, dont l'esprit est uniquement l'esprit du droit, dont les clauses ont été déterminées non,

commé dans les traités habituels, par la force plus ou moins
grande des contractants, parce qu'on a appelé « les conditions de
puissance relative » des uns et des autres, mais uniquement par le
souci supérieur de l'Humanité et de la Justice, comme si elles
étaient dues à l'inspiration de quelque jurisconsulte idéal, réglant,
en dehors de toute considération d'intérêt particulier, l'ensemble
des rapports nécessaires entre des États égaux en droit. Quel esprit
attentif pourrait nier la nouveauté et la portée d'une telle expérience? Et n'y a-t-il pas là comme une révolution véritable dans les
relations des peuples civilisés?

Non certes, on n'avait jamais tenté cette entreprise de créer une
législation internationale qui fût à la fois contractuelle et permanente, qui pût successivement s'étendre à tous les objets du droit
public, fixer, même pour les questions politiques les plus graves,
dans l'état de paix comme dans l'état de guerre, les obligations
réciproques des États, quelle que fût leur puissance ou leur faiblesse, simplement suivant les données de la science du droit.

Pour que cela fût possible, il fallait d'abord que cette règle supérieure fût acceptée par tous, de se conformer aux leçons du droit.
— Et tous, en somme, ont fidèlement accepté ce point de vue commun, qui a été celui de tous nos travaux.

Il fallait ensuite que tous se fissent une idée commune de ce
droit supérieur qu'il s'agissait d'appliquer. Il fallait qu'on comprît
qu'il découlait tout entier de ce principe que les nations sont des
personnes morales égales en droits, parce qu'elles sont souveraines,
c'est-à-dire libres; égales en obligations, parce qu'étant libres elles
sont responsables. Ici les stipulations ne pouvaient plus être,
comme dans les traités politiques, consenties au profit de tel ou
tel, et contre tel ou tel autre. Tous devaient stipuler pour tous.
Toute obligation devait être mutuelle. Il ne devait y avoir, au
regard des institutions nouvelles, ni grands ni petits États. Il ne
devait également y avoir qu'une juridiction commune devant
laquelle tous, petits et grands, parussent en égaux.

Or, messieurs, c'est bien cet esprit qui a animé toutes nos délibérations de 1907, comme déjà il avait commencé à inspirer celles
de 1899. Et c'est lui que nous retrouverons à toutes les pages, dans
ces treize conventions, dans ces Déclarations et ces vœux dont

M. Renault vous a si clairement dressé le tableau. Certes on n'a pu faire pénétrer les règles du droit dans tous les domaines de l'action internationale. Il a fallu s'abstenir de conclure sur bien des sujets et le champ reste immense — pour les conférences suivantes — des questions sur lesquelles il n'a pas été possible de s'accorder. Mais qu'un accord se soit établi déjà sur tant de points que vous a signalés notre rapporteur général, que tant d'obligations réciproques, dans la paix et dans la guerre, aient été déjà consenties par tous les peuples, que tant de liens de droits mutuels soient formés entre eux, est-ce donc peu de chose? Et n'avons-nous pas eu raison de dire que de la communauté de fait que le développement économique a formé entre les peuples du globe commencent à se dégager les traits d'une société véritable, d'une société juridique des nations? (*Applaudissements.*)

Messieurs, nous connaissons les objections et les critiques qui peuvent être présentées ici. Certaines des obligations réciproques inscrites dans les conventions de la Haye sont des obligations purement morales. Certaines autres sont conditionnelles et l'examen des dites conditions est plus d'une fois laissé au jugement de l'État intéressé. Enfin, pour celles qui sont acceptées sans conditions ni réserves, qui ont ainsi vraiment le caractère d'obligations juridiques, quelles sanctions pourront être appliquées en cas d'inexécution des conventions? Où est la gendarmerie internationale qui en assurera le respect?

Il faut regarder en face ces objections, afin d'en bien voir à la fois la force apparente et la faiblesse réelle.

Disons un mot d'abord des obligations conditionnelles. Il s'agit de certains engagements que les États n'ont consentis que « sous réserve de certains intérêts vitaux » ou « sauf en cas de nécessité militaire absolue », dont ils demeurent juges. Il y a là évidemment, et on n'a pas manqué de le signaler à la Conférence, un droit d'appréciation souverain qui transforme en obligation morale l'engagement consenti. Mais, comme l'a déclaré tout à l'heure M. Renault, devait-on tenter l'impossible? Et, d'ailleurs, ne pouvons-nous pas rappeler avec quelle insistance solennelle les délégués des États qui ont tenu à insérer ces conditions (par exemple dans le Règlement international de la guerre) ont marqué le scrupule qu'auraient

leurs officiers à en faire usage. Au surplus, est-il vrai qu'une obligation morale soit pour un État une obligation vaine, inexistante?
Est-ce vrai surtout lorsque, pour garants d'une telle obligation, il
existe non pas comme dans les traités ordinaires, une ou deux puissances intéressées, mais l'ensemble des États du monde?

Il y a d'ailleurs dans nos conventions un grand nombre d'obligations nettement juridiques, sans conditions et sans réserves,
telles que le sont les clauses les plus rigoureuses d'un contrat quelconque de droit privé. Le temps nous manque ici pour vous en
donner un tableau que vous trouverez, d'ailleurs, dans le Rapport officiel que publiera prochainement la Délégation Française. M. Renault
vous en a cité quelques-unes, parmi les plus importantes.

Mais, dit-on encore, il n'y a pas de sanctions suffisantes même
pour les obligations vraiment juridiques, puisqu'il n'y a pas de force
armée internationale. Les nombreux traités politiques dont est faite
l'histoire internationale n'ont pas eu non plus de sanctions de ce
genre. Ont-ils cependant été sans durée, sans force, sans efficacité?

Il y a, du reste, pour quelques-unes des obligations inscrites aux
conventions de 1899, des sanctions nettement prévues, — sanctions
pécuniaires, par exemple, en cas de violation des lois conventionnelles de la guerre; — il y a des juridictions établies, et l'une de ces
juridictions, la Cour des Prises, est obligatoire. Si les juridictions
internationales créées en 1899 ou depuis n'ont point de force
armée à leurs ordres, les sentences qu'elles ont rendues n'ont-elles
cependant pas été exécutées? Les plus grands États militaires
n'ont-ils pas obéi aux décisions arbitrales? Pourquoi, dans l'avenir,
en irait-il autrement, alors que, nous le répétons, c'est le monde
entier qui a signé les contrats nouveaux et en garantit, avec une
autorité sans égale, la loyale exécution?

Le nier, c'est méconnaître la puissance d'une force qui grandit
tous les jours dans le monde : celle de l'opinion. Ce que nous
devons chercher dans le domaine des choses internationales, ce
n'est pas la sanction dans le sens pénal de ce mot. Ce qui nous
importe, ce n'est pas un châtiment après la faute, c'est un obstacle
préalable à la violation des engagements. Or, qui peut méconnaître
la puissance de l'action qu'exerce aujourd'hui, à toute heure, en
tout lieu, même sur les gouvernements les plus despotiques, la

pression continue de l'opinion, — non pas seulement celle que peut inspirer le sentiment du droit et de l'honneur, mais celle qui naît des craintes légitimes que le moindre trouble entre deux États cause aux intérêts de tous les autres, incessamment engagés dans l'échange universel!

C'est cet obstacle à la violation du droit qu'élèvent, entre les États, les Conventions de la Haye. En fixant nettement, avec le consentement de toutes les Puissances, les limites de leurs droits et de leurs devoirs réciproques, en montrant clairement à tous ce qu'elles ont promis de faire ou de ne pas faire, elles donnent non pas seulement aux juridictions arbitrales le texte de leurs décisions, mais à cette juridiction, également souveraine, de l'opinion universelle, les motifs d'une sorte de jugement préalable qui agira presque toujours assez fortement sur la volonté des deux parties pour les rappeler au respect de leurs engagements.

Nous avons parlé des sanctions pécuniaires que la Convention et le *Règlement sur la guerre sur terre* ont prévues, et nous avons dit combien était significative une pareille nouveauté. Voici deux grands États qui sont en guerre, deux armées puissantes en présence, qui n'auraient hier connu d'autre loi que la force, d'autre frein qu'un sentiment bien vague encore des devoirs de l'humanité. Voici qu'un petit article de la Convention se dresse entre les Chefs de ces armées; voici qu'ils entendent, par ce texte de quelques lignes, la voix même de tous les autres États leur dire : « La Puissance au nom de laquelle vous commandez, s'est engagée solennellement, non seulement envers votre adversaire d'aujourd'hui, mais envers nous tous, à faire tels actes, à s'abstenir de tels autres; et elle s'y est engagée pour ceux qui commandent et pour ceux qui combattent en son nom — pour tous, généraux, officiers, sousofficiers ou soldats, si vous violez cette loi, consentie par vousmême, vous êtes déclarés responsables, et il y a des juges, jugeant au nom de l'humanité tout entière, qui vous jugeront et vous condamneront. » — Quel spectacle nous donne, messieurs, cette image du droit se levant tout à coup au milieu des armées, et soyez-en sûrs, s'imposant à la force militaire la plus puissante, grâce au soutien d'une force plus puissante encore, à la volonté du monde civilisé. (*Applaudissements.*)

*
* *

Messieurs, ne nous arrêtons pas aux polémiques. Élevons-nous au-dessus d'elles, pour considérer dans leur ensemble les problèmes posés par les conférences de la Haye. — Tâchons de bien voir ce qu'ils ont de vraiment nouveau, ce qu'ils ont donné déjà de résultats heureux, et ce qu'ils peuvent promettre pour l'avenir.

Le but de la conférence de la Haye est, nous l'avons montré, l'organisation juridique de la vie internationale, la formation d'une société de droit entre les nations.

Pour que cette société pût naître et pût vivre, il fallait réunir les conditions suivantes :

1º Le consentement universel des États à l'établissement d'un système juridique international.

2º L'acceptation par tous d'une même conception du droit commun à tous, d'un même lien entre grands et petits, tous égaux dans le consentement et dans la responsabilité.

3º L'application précise et détaillée de ces principes, successivement à tous les domaines des relations internationales, domaine de la paix comme de la guerre. — et, en même temps, la codification d'un certain nombre d'obligations réciproques, les unes encore morales et conditionnelles, les autres, sans conditions ni réserves, vraiment juridiques et dont la non-exécution constituerait une rupture de la convention, une mise hors la Société.

4º L'organisation de sanctions efficaces, morales ou matérielles, et de juridictions internationales permettant d'assurer l'exécution des lois internationales.

De ces conditions les trois premières sont réalisées depuis 1899 entre 26 États, depuis 1907 entre tous les États civilisés. Une société de droit est formée et le code international a déjà défini un grand nombre des règles juridiques qui en constituent les véritables statuts.

Si l'organisation est encore incomplète, si les sanctions pécuniaires, par exemple, ne sont encore prévues que dans un article de la convention sur les règles de la guerre terrestre, nous avons montré qu'il ne manque pourtant point de sanctions efficaces, morales ou matérielles, pour la garantie des engagements consentis.

Enfin, si l'organisation de la juridiction internationale de l'arbitrage est encore incomplète, si cette juridiction est facultative, le principe de l'obligation de l'arbitrage a été reconnu à l'unanimité comme nécessaire, et comme applicable sans réserves à certains conflits, et 32 États sont prêts à l'organiser effectivement et sans délai pour les mêmes défférends; — enfin, même dans deux cas : recouvrement des dettes contractuelles — et règlement des questions de prises, sous des formes différentes, le recours à la juridiction internationale est d'ores et déjà obligatoire pour tous les États.

La société des nations est créée. — Elle est bien vivante.

En s'ajournant à huit ans, pour une nouvelle assemblée, les représentants des puissances ont marqué la volonté commune de ne pas se désintéresser de son existence et d'assurer sa stabilité, son développement par de nouvelles extensions du régime du Droit.

Pour être sûr de n'exagérer en rien ce jugement, j'en emprunterai la formule à l'un de nos plus éminents collègues, au doyen des ambassadeurs à la Haye, au regretté comte Tornielli.

A la réception officielle de janvier dernier à l'Élysée, parlant au nom du corps diplomatique, il disait : « Des problèmes que la Science elle-même n'avait pas encore osé aborder trouvèrent des solutions inattendues. Sur la base de vérités déjà acquises au patrimoine commun de la civilisation, la conciliation d'intérêts, jusqu'alors considérés comme les plus divergents, a pu être l'objet d'efforts qui ne sont pas demeurés stériles. Ce spectacle, dans lequel le rôle de la France était tout tracé par ses nobles et grandes traditions, est des plus réconfortants. La diplomatie du monde entier, placée désormais à la tête du mouvement des idées, peut, à juste titre, en tirer les plus heureux présages pour un avenir certain de justice et de paix. Le principe de la justice internationale supérieure appliquant sa propre loi n'a pas été seulement proclamé, mais il est entré dans la pratique des nations. »

*   *
*

Messieurs, j'ai bien souvent dit que le droit était le seul fondement solide de la paix des Nations.

En poursuivant l'organisation du Droit, la conférence de 1907 n'a donc pas manqué aux devoirs que lui imposait son titre de Conférence de la Paix.

Le monde l'a compris. Et c'est ainsi que le prix Nobel a été justement donné cette année au jurisconsulte qui, à la Haye, a le plus puissamment contribué à cette organisation du Droit.

Ce soir, messieurs, nous avons doublement le droit d'en être fiers, — puisque ce jurisconsulte est un Français et un des maîtres les plus aimés de cette École.

Mon cher ami, soyez non pas félicité par nous, mais remercié pour l'honneur qui, une fois de plus, revient par votre mérite à la science et à la pensée françaises. (*Applaudissements prolongés.*)

LA CRISE EN PORTUGAL

ET LES ÉLECTIONS D'AVRIL 1908

LA CRISE D'UNE NATION. LES PARTIS DYNASTIQUES
ET LE SYSTÈME « ROTATIF ».

L'inqualifiable attentat, dont ont été victimes à Lisbonne, le
1er février dernier, le roi Carlos Ier et son fils aîné, le prince héritier Louis-Philippe, a surpris et indigné l'opinion publique européenne. Il serait prématuré de vouloir porter un jugement définitif
sur des faits restés en partie dans l'ombre ou encore dénaturés
par les passions politiques; de même qu'on ne saurait, dès à présent, déterminer la part de responsabilité qui revient à M. João
Franco ou à ses adversaires dans les événements actuels. Mais ce
qu'on peut affirmer, c'est qu'il ne s'agit pas d'une simple crise
politique, due à un mouvement d'opinion passager ou à des intrigues
de partis : nous nous trouvons en présence d'une véritable crise
morale, qui met en jeu l'avenir de tout un pays.

Force nous sera donc de déborder le cadre où semblerait nous
contraindre le titre que nous avons donné à cette étude. Les
récentes élections portugaises n'ont point, en effet, de signification
en elles-mêmes : elles tirent toute leur importance des circonstances
effroyables et qui dénotent un état de choses excessivement grave,
qui les ont précédées. Pour être à même de comprendre la situation actuelle, nous demanderons au·lecteur de remonter avec nous
assez loin dans l'histoire de ce royaume, au siècle dernier.

Les illusions généreuses, qui animèrent les hommes de la Révolution française, furent aussi celles des premiers « constitutionnels »

portugais. Au moins, l'œuvre de la Constituante avait-elle été préparée dans notre pays par une pléiade de brillants penseurs, politiques, philosophes et économistes, dont toute une classe — très nombreuse et suffisamment éclairée — de la nation pouvait à juste titre se réclamer, car elle avait été élevée dans leurs idées, au point d'en faire son dogme, sa religion, et de leur donner dans son esprit la place des anciennes croyances et même des traditions nationales... Ceci n'empêcha pourtant pas notre France de se débattre, pendant près de cent années, dans les plus effroyables convulsions politiques et, aujourd'hui encore, le malaise quasi général, dans le monde parlementaire, que dénotent de récentes enquêtes, atteste que notre pays ne possède pas exactement les institutions dont il a besoin, ou du moins qu'il n'est pas parvenu à acquérir cette maturité d'esprit et de caractère qui seule peut assurer le fonctionnement régulier des institutions qu'il s'est données, sans doute prématurément.

Ces institutions, ce régime parlementaire — c'est un fait que l'on oublie trop souvent — sont d'importation étrangère : philosophes et constituants étaient obsédés par l'exemple du seul État « parlementaire » qui existât en Europe au XVIIIe siècle, l'Angleterre. Il eût été folie sans doute de transplanter telles quelles, sur notre sol, les institutions britanniques, et l'on n'y songea pas. Pourtant, la plupart des Constitutions que la France s'est données successivement s'inspirent plus ou moins du modèle anglais. Peut-être seulement n'a-t-on pas pris garde que le mérite de cette Constitution britannique, si justement vantée, provient moins de son excellence en elle-même, de son ordonnance merveilleuse et de sa beauté théorique, bien faite pour séduire les héritiers d'Athènes et de Rome, que de l'esprit libéral et éminemment pratique, — qui est celui de tout un peuple sur l'autre rive du Détroit, — de ce large esprit de tolérance, respectueux du passé, sagement progressiste, vraiment épris de liberté et soucieux exclusivement du bien du pays, qui assure la marche normale des affaires publiques, qui préside à la vie politique de cette grande nation et qui constitue, au fond, tout le mérite et la vertu intrinsèque de son régime parlementaire.

Autant peut-être qu'en France, l'influence anglaise se fit sentir au Portugal, davantage, en tout cas, qu'en Espagne, où — comme en

bien d'autres États européens — ce furent les armées napoléoniennes
qui introduisirent dans les esprits les germes des idées nouvelles et
d'un ordre de choses nouveau. L'invasion française de 1809 dans le
petit État lusitanien fut vite refoulée. En l'absence du roi, réfugié
au Brésil, le général anglais Beresford gouverna despotiquement en
son nom le pays pendant plusieurs années. On profita de ce qu'il
s'était embarqué, à la recherche du souverain, pour secouer son
joug. L'Angleterre, si libérale chez elle, n'a pas toujours jugé, en
effet, que ses institutions politiques fussent bonnes à exporter.
C'est l'armée portugaise toute seule qui fit la révolution et qui
établit un gouvernement provisoire. Au retour de Jean VI, des
Cortès furent réunies, qui votèrent une Constitution (1822) : elle
était copiée sur celle que les Cortès de Cadix avaient donnée à l'Espagne quelques années plus tôt, en 1812. Comme celle de Cadix,
d'ailleurs, la Constitution portugaise devait être éphémère. La
Restauration de 1823 dans le royaume voisin eut pour conséquence
de ramener au pouvoir à Lisbonne les « absolutistes ». Le vieux
roi, cédant à leur pression, rétablit la vieille constitution historique, la prétendue charte de Lamêgo.

Plus tard, à la suite d'événements que je n'ai pas à rappeler,
la reine Maria da Gloria promulgua la *Carta Constitucional* de
juillet 1826, analogue à la Charte « octroyée » en 1814 par
Louis XVIII, c'est-à-dire calquée sur le modèle anglais. Elle n'était
guère faite pour satisfaire des esprits déjà gagnés au principe révolutionnaire de la souveraineté du peuple. En dépit des *absolutistes*,
qui demeuraient obstinément attachés à l'ancien état de choses et se
refusaient à faire la moindre concession aux idées nouvelles, les
libéraux finirent par triompher, grâce, il est vrai, à la formation
de la quadruple alliance et à l'intervention étrangère : la France et
l'Angleterre avaient fini, en effet, par se mettre d'accord, pour
imposer, au besoin par la force, leurs doctrines parlementaires à la
Péninsule.

Mais les libéraux ne tardent pas à se diviser à leur tour en *chartistes* et en *septembristes*. Les premiers, les défenseurs de la Charte,
restaient le parti préféré de la Cour. Les seconds tiraient leur
nom de la révolution de septembre 1836, qui décida, en fin de
compte, de leur avènement : la Constitution promulguée en 1838

n'était que la Constitution de 1822 modifiée et réformée dans le sens monarchique. Quatre ans après, une révolution militaire ramenait leurs adversaires au pouvoir, et la Charte de 1826 était rétablie.

L'évolution du gouvernement de Costa Cabra vers le plein absolutisme détermina un certain nombre de chartistes à se rapprocher des septembristes : ainsi fut créé le parti dit *régénérateur*, sous la direction du maréchal Saldanha.

La révolution de 1851 assura le triomphe des *regeneradores*, mais l'acte additionnel de 1852 ne suffit pas à modifier l'état de choses exsistant. Saldanha se montra tout aussi enclin que son prédécesseur à gouverner en dictateur. Les anciens septembristes mécontents formèrent la *gauche historique*, dont le marquis de Loulé fut le chef (1856); ils se fondirent plus tard avec un autre groupe, qui s'intitulait *réformiste*, pour constituer, sous la direction de M. Luciano de Castro, le parti *progressiste*, en 1877.

L'ancien parti régénérateur. remplaçant le parti chartiste, forma la droite, et le parti progressiste la gauche constitutionnelle. C'était toujours le système anglais De même que le souverain du Royaume-Uni fait alternativement appel aux whigs et aux tories, — en langage plus moderne : aux conservateurs et aux libéraux, — la Couronne à Lisbonne s'appuie tour à tour sur les régénérateurs et sur les progressistes. Mais, en réalité, le Portugal ne possède que la façade du régime constitutionnel britannique. Les deux partis dynastiques dans ce pays ne sont rien de plus que de simples coteries ; moins encore que les partis similaires en Espagne, ils ne diffèrent l'un de l'autre par leurs programmes, ni même par leurs préférences et leurs tendances politiques. Depuis 1879, ils n'ont cessé de se transmettre régulièrement le pouvoir avec une parfaite bonne grâce et sans raison apparente. Le cabinet qui arrive aux affaires s'empresse de procéder à « ses » élections, puis il comble ses amis de faveurs et d'emplois bien rétribués. Juge-t-il qu'il a suffisamment profité de la situation, devine-t-il à certains symptômes que sa popularité décroît dans le pays, aussitôt il s'empresse de passer la main à ses adversaires, il vaudrait mieux dire à ses partenaires et à ses complices. Et le même jeu recommence : nouvelles élections naturellement favorables au gouvernement, et mêmes abus dans l'administration que rend possible l'absence de tout contrôle par-

.•.

Dans ces trente dernières années, où le régime importé d'Angleterre est arrivé à subir au Portugal d'aussi singulières déformations, ce sont les régénérateurs qui ont le plus souvent occupé le pouvoir. Ils gouvernent encore en 1890, au moment du conflit avec le cabinet britannique, pendant un an, puis de 1893 à 1897, de 1900 à 1904, et les premiers mois de 1906 jusqu'en mai. Sauf quelques ministères *extrapartidarios*, c'est-à-dire pris en dehors des partis, les libéraux remplissent tout l'intervalle.

Bien que certains de ces ministères aient fait voter des lois excellentes et réalisé l'exécution de travaux importants — cela soit dit en toute justice, — il était impossible que la machine parlementaire fonctionnât longtemps dans de semblables conditions, sans aboutir à un cataclysme. Il importait peu, en effet, que la constitution — celle de 1826 et de 1852, remaniée dans le sens le plus libéral en 1885 et en 1895 — reconnût, sur le papier, aux citoyens portugais un ensemble de droits publics très étendus, et qu'elle leur accordât, au moins dans l'une des deux Chambres, à la *Camara dos Deputados*, une représentation large et démocratique. Dans l'état actuel de l'instruction du peuple et des mœurs politiques, le suffrage direct lui-même et quasi universel, tel qu'il résulte de la loi électorale de 1901 [1], ne saurait être qu'un leurre. Le *caciquisme*, s'il n'offre pas l'ampleur et la régularité remarquables qu'il a atteints dans le royaume voisin, — où, bien qu'en marge de la Constitution, il est élevé presque à la hauteur d'une institution [2], — n'en existe pas moins au Portugal : tout comme en Espagne, il est facile de rencontrer dans ce pays des chefs de clans politiques, qui disposent d'un nombre imposant de voix et qui sont inféodés au parti régénérateur ou au parti progressiste, ou successivement à l'un et à

1. Il suffit, pour être électeur, d'avoir 21 ans, de payer un impôt annuel de 500 reis (2 fr. 80) ou de savoir lire et écrire. Les domestiques, les condamnés, les mendiants ou les indigents sont seuls exclus du droit de vote. Pour l'éligibilité, le cens est porté à 400 milreis (le milreis vaut 4 fr. 50 environ).
2. Voir notre étude *Les Élections espagnoles de mai 1907* dans les *Annales* du 15 juillet 1907.

l'autre de ces partis. Malgré leur titre officiel de *Senhores Depu-tados da nação portugueza*, les députés, qui siègent à Lisbonne, ne sauraient donc légitimement prétendre représenter la nation. Les affaires publiques sont le domaine exclusif et réservé d'une poignée de politiciens, qui n'ont guère en vue que la satisfaction de leurs appétits personnels. Le peuple, dans son ensemble, reste indiffé-rent à ces changements de ministère, qui ne répondent à aucune raison apparente : il est trop pauvre et trop ignorant pour s'inté-resser à autre chose qu'à la culture de ses terres. D'après la statis-tique officielle de 1900, la proportion des individus complètement illettrés atteindrait au Portugal le chiffre énorme de 78,6 p. 0/0!

Cette absence d'une classe large et influente d'électeurs instruits suffirait à expliquer la crise actuelle. Il n'existe pas non plus, dans ce royaume, d'aristocratie foncière, ni de bourgeoisie assez nombreuse pour compenser l'ignorance de la masse. Le régime parlementaire y est devenu un régime « de parti », au sens le plus misérable du mot, et les abus de la *camarilla*, dont le Portugal a eu tant à souffrir sous l'ancien régime absolutiste, n'ont pas encore entièrement disparu : bien souvent, la chute ou l'avènement de tel ou tel ministre n'obéit pas à d'autre cause qu'à une intrigue de cour.

Aucun des souverains qui se sont succédé depuis 1852 n'a pos-sédé l'autorité nécessaire pour remédier à ce triste état de choses; le dernier règne, en particulier, a souffert, pendant dix-neuf ans, de la pénurie d'hommes d'État, capables de s'affranchir de l'esprit de parti et de « régénérer » véritablement leur pays. Quant au Conseil d'État (*Conselho d'Estado*) — qui est bien plutôt le Conseil du Roi — les douze personnalités qui le composent auraient, sans doute, été à même de jouer un rôle correctif des plus utiles, mais elles ne semblent pas l'avoir compris.

On doit à la vérité de reconnaître que l'infortuné don Carlos s'employa très activement à l'étude des questions militaires : c'est grâce à lui — il faut le dire — que le Portugal possède aujourd'hui une armée bien équipée et, dans son ensemble, bien disciplinée, qui vient de sauver le pays, à des heures de trouble et d'incertitude, d'une révolution sanglante et peut-être inutile.

Il serait également injuste de ne pas tenir compte des efforts de certains ministres, en vue d'augmenter les ressources du pays et de développer son instruction... Malgré tout, ils ne sont pas arrivés à déraciner les abus scandaleux de l'administration, ni à remédier au pitoyable état des finances, devenu proverbial. C'est un fait malheureusement avéré que le Portugal s'endette de plus en plus. Cette situation est, en partie, la conséquence des fautes et des malheurs du passé, des guerres d'invasions et des luttes fratricides; en partie, aussi, de la prodigalité excessive avec laquelle on a dépensé sans compter, à une certaine époque, dans la construction des routes, des voies ferrées, des lignes télégraphiques, etc., mais le triste état des finances est dû surtout à la manipulation peu scrupuleuse des deniers publics par les divers cabinets, en l'absence de tout contrôle parlementaire sérieux. De 1852 à nos jours, c'est à peine si sept ou huit exercices se sont soldés en excédent. Le déficit annuel, qui était de 5 à 6,000 contos de reis en moyenne avant 1900, de 1,000 à 1,200 depuis, est comblé uniquement par des crédits supplémentaires que les Cortès n'ont pas approuvés au préalable. De 1891-1892 à 1905-1906, le total de ces crédits a atteint le chiffre énorme de 479,500,000 francs, ce qui donne une moyenne de 31,965,000 francs.

Le gouvernement aux abois en est réduit aux pires expédients pour se procurer de l'argent. Pour équilibrer ses budgets, pour combler le déficit de la balance commerciale, pour faire face aux charges de la dette extérieure, il ne connaît qu'un moyen : l'emprunt, sous toutes ses formes. Celui que lui a consenti en 1890 la Compagnie des Tabacs, en retour de la concession de son monopole, ne lui a pas suffi. L'année suivante, une loi du 26 février imposait une retenue « provisoire » de 30 p. 0/0 aux porteurs de la rente intérieure. En juin, éclata une crise terrible. L'État portugáis fut acculé à une véritable banqueroute des deux tiers de la dette extérieure, dont l'intérêt fut réduit par simple décret de 66 2/3 p. 0/0 (décret du 13 juin et loi du 20 août 1893). Plusieurs gouvernements étrangers — et notamment la France — durent intervenir pour protéger les créances de leurs nationaux. En 1902, la moitié du capital de la dette extérieure fut annulée, et le reste converti en 3 p. 0/0 et gagé sur les revenus des douanes.

Depuis cette crise, le gouvernement de Lisbonne n'a plus réussi à contracter d'emprunt à l'étranger. Il en a été réduit à des opérations de trésorerie, qui sont, à vrai dire, un emprunt déguisé. De 1897 à 1907, la dette flottante a ainsi passé de 36,000 contos à près de 77,000. Le montant de la dette consolidée représente actuellement le chiffre énorme de 93,581 reis par tête d'habitant, dont 59,431 reis pour la dette intérieure, et 34,150 reis pour la dette extérieure : soit, en francs (le milieu valant, au pair, 5 fr. 60), un total de 524 fr. 03 : alors que la dette nominale de l'Espagne est un peu inférieure à 500 francs par habitant, celle de l'Italie n'atteint pas 400 francs, celle de l'Autriche-Hongrie est de 308 francs, et celle de la Russie de 219 francs seulement [1]!

En même temps, les impôts ne cessent d'augmenter. L'incidence par tête d'habitant, qui était de 23 fr. 35 environ en 1882 — sans parler de la taxation locale — atteint aujourd'hui 48 fr. 75, dont 19 fr. 75 représentent les impôts directs et 29 francs les impôts indirects. Les tarifs protectionnistes de 1892 ont eu pour résultat d'élever sensiblement le coût de la vie, sans que les salaires aient augmenté dans la même proportion. A l'entrée des villes, les octrois frappent lourdement les produits de première nécessité ; à Lisbonne, ils atteignent le chiffre de 31 fr. 25 par habitant : il est vrai que 70 p. 0/0 de leur produit est absorbé par les frais de perception!

Mais c'est le peuple des campagnes surtout qui supporte mal cette augmentation des charges publiques, et ceci explique que l'émigration soit si forte : de 1872 à 1900, près de 580,000 individus ont ainsi quitté la mère patrie, pour la plupart sans esprit de retour ;

---

1. D'après le rapport du ministre actuel des finances, la dette du Portugal s'élevait, au 31 janvier 1908, aux chiffres suivants (reis) :

Dette intérieure créée, en capital nominal............	531,844,157,333
Partie détenue par le Trésor.....................	193,821,790,000
Reste en circulation...........................	338,022,367,333
Dette extérieure créée, en capital nominal............	200,158,200,000
	5,925,150,000
Reste en circulation...........................	194,233,050,000

Le montant total effectif de la dette portugaise consolidée serait donc de 532,255 contos.

Ces chiffres sont de beaucoup inférieurs à ceux qui ont été publiés jusqu'à présent, parce que, d'un côté, on ne fait pas figurer les titres de la dette qui se trouvent en possession du Trésor, — ce qui peut prêter à bien des objections, — ni les 30 p. 0/0 de réduction ou d'impôt dont les coupons de la dette intérieure sont obérés en faveur du Trésor depuis 1892, ce qui semble indiquer qu'on a l'intention de rendre cette retenue définitive.

pour la seule année 1903, le nombre des partants était encore de
21,600. Ces chiffres sont excessifs, pour un pays qui ne compte
guère plus de 5 millions et demi d'habitants, et où 4 millions d'hectares autrefois cultivés sont aujourd'hui en jachères.

II

TENDANCES RÉFORMISTES : LES PARTIS DISSIDENTS ET LES RÉPUBLICAINS.
LA DICTATURE FRANCO.

Il eût été incroyable qu'une pareille situation ne fît pas naître
chez certains esprits, véritablement épris du bien public, le désir
sincère et très vif d'y porter remède. Dans le conflit entre le « dictateur » Franco et les partis « rotatifs », qui vient de se terminer si
tragiquement, aussi bien que dans le mouvement républicain,
particulièrement accentué ces derniers mois, il ne faut voir, en
vérité, que l'expression, sous des formes différentes, d'une commune
soif de réformes.

Le parti républicain fit son apparition en 1880, à l'occasion de la
célébration solennelle du centenaire de Camoëns. Il débuta par une
active campagne en faveur de la colonie de Lourenço Marquès,
menacée par les ambitions étrangères. L'ultimatum anglais de
janvier 1890, dans les débuts du règne de Carlos Iᵉʳ, servit de
prétexte à une émeute républicaine, qui fut d'ailleurs très vite
réprimée. Peu après, la chute de l'Empire au Brésil vint augmenter
l'espoir des républicains portugais dans le succès de leur cause
et leur gagner de nouvelles adhésions. Depuis cette époque, ce
parti a profité de toutes les secousses politiques qui ont agité l'État
lusitanien, pour affirmer chaque fois davantage son importance
grandissante. La misère et l'ignorance du peuple, les abus du
système « rotatif » ont facilité l'œuvre de propagande des républicains. Leur programme est net et alléchant : ce qu'ils ont entrepris,
avant tout, c'est « l'éducation politique » du pays. Ils font miroiter
aussi aux yeux des pauvres gens que, sous le régime républicain,
ils ne paieront plus d'impôts et que leur pain leur coûtera moitié
moins cher. Les *leaders* du parti bénéficient de l'illustration qui

s'attache à beaucoup d'entre eux, en tant que notabilités du monde du barreau ou des lettres. Ils sont décidés, bruyants, prêts à tout : si quelques-uns d'entre eux rêvent d'une révolution pacifique, d'autres, surtout parmi « les jeunes », n'hésiteraient pas à faire appel à l'insurrection dans la rue.

Dans le camp monarchique, deux hommes, que séparent moins leurs idées que leur rivalité et leur inimitié personnelles, leur désir jaloux de jouer le premier rôle, tous deux chefs de partis, se sont posés en adversaires résolus du système « rotatif ».

Le premier d'entre ces hommes est le comte d'Alpoim, esprit inquiet, turbulent, qui donne — au dire d'un témoin — l'impression d'un « conjuré impénitent », d'un « agitateur de plein vent [1] ». Il a été deux fois ministre de la justice dans des cabinets Luciano de Castro ; mais sa personnalité encombrante n'a pas tardé à le brouiller avec son chef. En 1906, la fameuse affaire des tabacs lui servit de prétexte pour abandonner le parti progressiste, à la tête d'une douzaine de *dissidents* : d'où le nom pris par ce nouveau groupe. M. d'Alpoim rêve d'une « démocratie royale », ou d'une « royauté démocratique » : il ne désespère pas de concilier ses sentiments loyalistes avec ses idées radicales, et de voir se réaliser dans la monarchie « les plus larges libertés politiques et les plus justes revendications sociales [2] ».

Brillant orateur, énergique et ambitieux, M. d'Alpoim reste une des ressources de la Couronne, au cas où, de son plein gré ou forcée par les circonstances, elle ferait appel, pour réaliser de profondes réformes, aux partis dynastiques les plus avancés. A cet égard, l' « aristocratique tribun d'Extramadure », comme l'appelle M. Galtier, représente l'avenir [3].

Au contraire, M. Franco semble appartenir déjà au passé. Bien qu'il faille se garder d'être prophète, on peut penser que son rôle est terminé pour nombre d'années. Son ministère n'en marquera pas moins une date importante dans l'histoire du Portugal, non

1 et 2. M. Galtier, dans le *Temps* du 23 novembre 1907.
3. On pourra également consulter, sur la curieuse figure de M. d'Alpoim et sur le programme des • dissidents progressistes •, le livre récent de M. Luis Morote, intitulé *De la Dictadura á la República*, où le journaliste et député républicain espagnol a réuni ses vivantes interviews parues dans le *Heraldo de Madrid*.

point tant, sans doute, à cause des regrettables incidents qui l'ont
signalé et de la terrifiante catastrophe qui a précédé sa chute, que
par l'esprit vraiment nouveau dont il a fait preuve dans la direction
des affaires publiques.

M. João Franco a été chargé du portefeuille de l'intérieur dans
le cabinet régénérateur Hintze Ribeiro, de 1894 à 1897. Mais,
comme ce fut le cas pour M. d'Alpoim, sa personnalité était trop
forte et trop impérieuse, pour pouvoir s'accommoder d'un chef.
En 1901, le futur « dictateur » se détache de son parti, à la tête
de 22 députés séduits par son intelligente énergie. L'augmentation
des charges publiques — résultat naturel d'une mauvaise gestion
financière et d'une administration mise au pillage — provoquait,
depuis quelque temps, un vif mécontentement dans le pays. Les
leaders des deux grands partis traditionnels oubliaient leur correction d'antan, pour se lancer à la face les plus terribles accusations
et les pires injures. C'est le moment que choisit M. Franco pour
constituer, en 1903, un troisième parti, intermédiaire : le parti
régénérateur libéral. Son but était d' « établir le régime représentatif au Portugal », de faire que le « système parlementaire
s'exerçât en toute sincérité et ne cachât plus, sous un nom plein de
promesses libérales, le jeu alternatif de la succession réglée et
inévitable au pouvoir de deux partis plus préoccupés de se donner
la chasse que de bien gouverner [1] ». C'était donc un parti essentiellement réformateur. Son programme tenait dans ces formules :
transformation et épuration des mœurs parlementaires, régime
représentatif véritable, bonne administration de la chose publique.

M. Franco et ses amis restèrent quelque temps isolés : les gouvernements « rotatifs » les tenaient systématiquement à l'écart. Les
progressistes repoussèrent une première fois leur alliance; enfin,
sur une nouvelle tentative de M. Franco en avril 1906, leur chef,
M. de Castro, — dans le but surtout de faire échec aux régénérateurs, — accepta de fonder avec les régénérateurs libéraux ce qu'on
appela la *concentration libérale,* aux conditions suivantes : la réforme
de la loi de comptabilité, le vote d'une loi sur la responsabilité

1. Interview de M. Franco dans le *Temps.*

ministérielle et une loi électorale nouvelle abolissant les grandes
circonscriptions.

Aussi, quand M. Ribeiro tomba du pouvoir, don Carlos, comprenant la nécessité de réformes, fit-il appel à M. Franco (20 mai). Son
intelligence des choses politiques, sa fortune personnelle qui mettait
son honnêteté à l'abri de tout soupçon, ses dons brillants d'éloquence, et par-dessus tout son indomptable énergie en faisaient,
aux yeux du roi, l'homme de la situation : jusqu'à la fin, il ne cessa
de lui accorder toute sa confiance.

Dès la réunion des nouvelles Cortès (29 septembre), le nouveau
ministre se mit en voie de réaliser son programme. La loi de comptabilité fut votée [1]. Mais l'opposition ne permit pas qu'on allât plus
avant. Le cabinet se heurta ainsi, presque dès ses débuts, à une véritable obstruction au Parlement, et particulièrement à la Chambre
Haute, où la loi de la responsabilité ministérielle, déjà votée par la
Chambre des Députés, resta en suspens. Les incidents se succèdent
avec une effroyable rapidité. C'est la question de la lettre du roi à
M. Hintze Ribeiro, où il lui refusait la dictature, lettre qui fut lue,
malgré les protestations du destinataire, en pleine Chambre des
Pairs. C'est la question des avances d'argent à la maison royale.
C'est la grève des étudiants de Coïmbre, à propos de l'échec de l'un
d'eux à un concours pour le professorat. Chaque affaire fut singulièrement grossie au Parlement, où les obstructionnistes en faisaient
une « question d'intérêt national ». Les scènes de désordre devinrent
telles, que le ministre se décida à fermer les Cortès (11 avril) [2].

Malheureusement pour M. Franco, les progressistes refusèrent
de lui continuer plus longtemps leur appui. Ce fut la fin de la
concentration libérale; ce fut aussi l'origine de la « dictature ». Le
10 mai, le président du conseil, après quelques remaniements dans
son cabinet, se résolut, avec l'assentiment du roi, à dissoudre les
Chambres, sans fixer de délai pour la convocation des collèges
électoraux. Le décret invoquait les efforts inutiles du gouvernement

1. Sur les modifications apportées par cette loi à la comptabilité publique, je
renvoie le lecteur à la lettre adressée par M. le baron de San Miguel à l'*Économiste français* (23 février 1907).
2. Pour plus de détails sur ces événements, voir notre article la *Situation
actuelle du Portugal* dans les *Questions Diplomatiques et Coloniales* du 1er janvier 1908.

pour triompher de l'obstruction législative pendant six mois, son impossibilité de faire aboutir ses projets de réformes. Il déclarait : « En subordonnant la politique à l'œuvre administrative, nous agissons en conformité des aspirations de la nation ». Et M. Franco faisait le serment « d'assurer *avec ou sans les Chambres* le bien et l'avenir du pays ».

*
* *

Ce n'est pas sans raison que l'opposition accusa ce décret de dissolution d'« inconstitutionnel » et qu'elle traita M. Franco de « dictateur ». D'une part, en effet, le Conseil d'État n'avait pas été préalablement consulté, ainsi que le veut la loi. D'autre part, la Constitution exige qu'en cas de dissolution une autre Chambre soit convoquée sans retard, dans un délai fixé. Enfin, le budget n'avait pas été voté.

Il faut dire, à la défense de M. Franco, que la dictature, si elle n'a pas été souvent exercée avec la sévérité de ces derniers mois, n'est cependant pas chose nouvelle au Portugal. M. Ribeiro, pour sa part, n'y a pas eu recours moins de trois fois : en 1893, en 1895 et en 1904, et il n'a pas dépendu de lui qu'il ne l'exerçât une quatrième fois en 1906. M. de Castro, lors de son ministère, l'avait également demandée, mais inutilement, au roi. « Depuis 1881, pouvait dire M. Franco, tous les ministères ont eu recours à la promulgation des lois par décrets : le pouvoir exécutif a toujours empiété sur le législatif et l'a envahi... La dictature est chez nous un fait traditionnel... La Cour de cassation, en juillet dernier, a jugé que la plus grande partie de la législature portugaise a été établie en dictature [1]... »

De telles considérations encouragèrent sans doute don Carlos à se montrer inflexible, en présence des réclamations du « bloc » de l'opposition et des remontrances des corps constitués. Le Conseil d'État ne réussit pas même à obtenir une audience. Les députations des deux Chambres furent reçues, mais le roi se contenta de leur répondre qu'« il transmettrait leurs plaintes à son gouvernement. »

Puis ce fut le tour des assemblées locales, parmi lesquelles celle

---

1. Dans le *Temps* du 12 novembre 1907.

de Lisbonne se montra des plus acharnées à organiser un grand
meeting de protestation de tous les corps municipaux du royaume.
Mais elle ne réussit qu'à réunir 125 d'entre eux sur 262, et elle se
vit récompenser de son zèle intempestif par un décret de dissolution
sous le prétexte — très fondé, paraît-il — d'irrégularités administratives.

En un instant, M. Franco eut tout le monde contre lui. Aux anti-
dynastiques et aux conservateurs se joignirent les progressistes avec
M. de Castro, qui criaient à la trahison de leur ancien allié. Il s'y
ajouta encore les mécontents des divers partis, tous ceux qui
voyaient dans la fin du système rotatif une menace contre leurs
privilèges et leurs sinécures.

La première cause de cette haine quasi universelle contre le « dic-
tacteur » doit être cherchée dans son passé politique. Sa rupture
avec Hintze Ribeiro en 1897 avait été attribuée à des intrigues personnelles, dans le but de s'emparer de la direction du parti régénérateur. A la même époque, la fermeture de sociétés commerciales et
industrielles, qu'il ordonna comme ministre de l'intérieur, lui attira
bien des rancunes dans la capitale. Plus tard, sa campagne « réformiste » à la tête du petit groupe libéral-régénérateur, suffit à lui
aliéner tous les politiciens et à le faire « boycotter », c'est-à-dire à
le tenir à l'écart des affaires publiques, pendant près de dix ans. Ni
la cour, ni les partis, ni la nation ne virent dans son active propagande en faveur des réformes autre chose que la manifestation de
ses ambitions personnelles. M. Franco demeura aussi incompris et
ignoré que M. d'Alpoim, le chef des progressistes dissidents, qui
devint rapidement son adversaire le plus acharné.

C'est M. d'Alpoim qui, après l'exclusion de la Chambre des députés
républicains, dirigea vraiment l'opposition contre le ministre. C'est
lui qui demanda la lecture à la Chambre Haute de la fameuse
lettre d'Hintze Ribeiro : Franco y consentit, dans l'espoir d'augmenter
ainsi la popularité du roi, dont il dévoilait l'aversion pour le gouvernement dictatorial [1]. Mais le résultat fut tout différent de ce qu'il

1. Il est curieux de relire cette lettre « historique », dont certains passages
paraissent aujourd'hui singulièrement prophétiques. Elle est datée du palais de
Necessidades, 18 mai 1906. Avant de l'écrire, le souverain déclarait y avoir
réfléchi toute la nuit. « Tu me demandes, écrit le roi à son ministre (on sait
que Don Carlos avait l'habitude de tutoyer ses sujets), de dissoudre les Cham-

avait pensé : le ressentiment des régénérateurs s'en trouva accru,
et, quelques mois plus tard, lorsque M. Hintze Ribeiro mourut — de
chagrin et de la honte éprouvés, prétendit-on, à la suite de cette
lecture — on rendit M. Franco responsable de sa mort. Quand
celui-ci, à son tour, eut pris, pour son propre compte, la dictature,
la divulgation des paroles royales qu'il avait autorisée ne contribua
pas peu à diminuer le prestige, déjà singulièrement ébranlé, du
monarque.

Don Carlos n'a jamais été populaire dans son pays. Dès son avènement, on lui reprocha d'avoir écarté délibérément les plus fidèles
amis de son père. Les écarts de sa vie privée ne trouvèrent pas de
plus acerbes et impitoyables censeurs que parmi ses propres sujets;
un livre fameux intitulé : *O Marquez da Bucalhão*, qui contient à cet
égard des révélations singulières et manifestement exagérées, eut
l'an dernier un grand retentissement : il fut saisi par la police, mais
l'injurieux pamphlet n'en eut que plus de succès : les exemplaires
firent prime... On faisait surtout un grief au souverain de négliger,
pour la pêche et la chasse ou pour les arts, les affaires publiques et
de faire appel, uniquement — disait-on — par paresse, tous les
quatre ans, à l'un des partis « rotatifs ». Plus tard, sous le cabinet
Franco, on l'accusa de s'être fait le « bedeau » de son premier
ministre...

Une nouvelle affaire acheva de discréditer don Carlos et son
ministre dans l'opinion : ce fut la question des avances à la Couronne.
La liste civile du souverain avait été fixée en 1821 à 365 contos de
reis et elle était restée la même depuis. En 1859, pour payer les
dettes de la maison royale, il fallut vendre les diamants de la cou-

---

bres par décret, sans prendre l'avis du Conseil d'État : moyennant quoi tu
promets de restaurer l'ordre dans les rues de Lisbonne.... Il ne me semble
pas prudent de procéder à cette dissolution, qui, entre autres inconvénients,
surexciterait immédiatement l'opinion publique, non seulement parmi les républicains — cela va sans dire — mais parmi beaucoup, sinon tous les monarchistes.... Cela augmenterait encore le nombre déjà suffisant des mécontents. Ce
n'est point le moment d'une « aventure d'État » (*una aventura d'Estado*). Un
tel décret, bien qu'il soit au pouvoir de l'exécutif de le prendre, soulèverait
plus d'une protestation contre le Roi, et servirait à affaiblir le prestige de la
royauté. A poursuivre dans cette voie, le gouvernement devrait, pour se maintenir, recourir à la violence et à la terreur, et c'est un mal pour un État de faire
appel à de tels procédés. Je crois qu'il y en a d'autres, et nous devons y
recourir.... Une répression violente ne peut et ne doit être appliquée qu'au cas
d'absolue nécessité et en vue du bien public... »

ronne, dont on convertit le produit en rentes sur l'État. En 1885,
on fut même contraint de vendre ces titres. Ces mesures ne suffisant
pas, non plus que l'affectation de presque tous les revenus de la
maison de Bragance au règlement de ses emprunts particuliers, la
famille royale dut contracter de nouvelles dettes; et les divers gouvernements, tant régénérateurs que progressistes, consentirent à lui
faire des avances illégales. C'est à ce système d'*adeantamentos* que
M. Franco voulut mettre fin : il régularisa les avances déjà faites,
et, pour l'avenir, il augmenta la liste civile d'un million de francs.

Le ministre pouvait être animé des meilleures intentions, en
prenant cette mesure : elle n'ent eut pas moins pour résultat de
l'exposer — et, avec lui, le mónarque — aux plus graves accusations.
Cette augmentation, à laquelle eussent vraisemblablement consenti
les Cortès, si la demande leur en avait été faite avant leur dissolution, fit crier au scandale, quand on la vit réalisée par simple décret.
Les républicains ne se firent pas faute de prétendre que la dictature
n'était que le résultat d'un contrat honteux entre le souverain et le
président du conseil : Franco, ajoutaient-ils, dépouille le pauvre
pour enrichir le roi...

On ne tint pas compte au « dictateur » de ses efforts pour mettre
de l'ordre dans l'administration et dans les finances. Peu importait,
semble-t-il, aux politiciens, que la dette intérieure fût réduite le
30 juin 1907 à 2 milliards 730 millions de francs (soit une diminution
de 75 millions). Il leur était aussi indifférent que le déficit annuel fût
tombé d'une trentaine de millions de francs à 10 millions, en attendant que la mise en vigueur de la nouvelle loi de comptabilité
publique permît la disparition complète des crédits supplémentaires,
cause de démoralisation pour le Trésor. Ce qui touchait davantage
ceux qui avaient profité jusqu'alors des abus inhérents au système
de parti, c'était la suppression de leurs scandaleuses sinécures, qui
avait permis de réaliser une économie de 31,500,000 francs, pour un
budget total de 437 millions; c'était l'interdiction prononcée par
décret du cumul des traitements. En revanche, on faisait un grief
au « dictateur » de s'attacher les fonctionnaires publics et les officiers de l'armée par des augmentations de traitements, rendues
possibles par ces diverses économies.

Il convient de dire, à la vérité, que, dans sa fièvre de réformes

M. Franco manqua le plus souvent de calme et de modération. Les attaques incessantes de l'opposition l'exaspérèrent, au point de l'amener à prendre des mesures regrettables. Les troubles sanglants de Porto et de Lisbonne, les 16 et 18 juin dernier, furent suivis d'un décret accentuant les dispositions déjà rigoureuses de la loi sur la presse et autorisant les gouverneurs civils (préfets) à suspendre la publication des journaux et périodiques « de nature à porter atteinte à l'ordre et à la sécurité publics ». A Lisbonne, *O Paiz* et *O Mundo* furent suspendus pour un mois ; à Oporto, *O Primeiro de Janeiro* et *A Voz Pública*, chacun pour huit jours. Des poursuites furent engagées contre un certain nombre de personnalités marquantes de l'opposition, notamment contre M. d'Alpoim. Une censure très sévère s'exerça sur les dépêches destinées à l'étranger.

Ces mesures ne parvinrent pas à décourager le « bloc » des opposants. A la mort de M. Ribeiro (2 août), M. Julio de Vilhena, désigné pour lui succéder à la tête du parti régénérateur, poursuivit les négociations déjà engagées en vue d'une entente avec les progressistes.

Enfin, les déclarations retentissantes du Roi à un rédacteur du *Temps*, M. Joseph Galtier, le 10 novembre, semblèrent un défi jeté à l'opinion. Dans cette interview, don Carlos assurait que l'agitation était seulement l'œuvre des politiciens ; il affirmait que, pour concéder la dictature, il avait exigé des garanties de caractère, que, selon lui, il avait rencontrées en M. Franco. « Or, fit-on remarquer, *caractère* en portugais est synonyme d'honnêteté. C'était la suprême injure faite par un homme qui était accusé de promulguer l'état de siège pour fermer ses comptes avec son créancier, la nation [1]. »

Franco, de son côté, tout en méprisant les menaces de ses adversaires, se déclarait prêt à recourir à la force, en cas de besoin : « S'il y a des émeutes de factieux, elles seront réprimées. Le maintien de l'ordre s'achète quelquefois à un prix redoutable, mais aucun gouvernement digne de ce nom ne recule devant ce lourd sacrifice. »

Le souverain et son ministre assuraient avoir la nation pour eux ;

---

1. ANGELO VAZ, *La vérité sur l'assassinat du roi de Portugal*, dans les *Documents du Progrès* (avril 1908).

ils se montraient également confiants dans l'avenir. « Je me rends compte, affirmait le Roi, que mon peuple est avec moi. Le Portugal a besoin de calme; il travaille et demande que l'ordre et la paix soient sauvegardés. » Et il ajoutait : « Nous ferons les élections à notre moment, sans obéir aux injonctions, aux sommations qu'on nous adresse. Nous aurons sûrement la majorité. Le pays approuvera la politique de M. Franco[1]. »

Cet optimisme semblait singulièrement déconcertant, à lire, en regard, les virulentes déclarations des ennemis de la dictature, dynastiques et républicains[2].

A la suite des paroles royales, un ancien ministre progressiste et président de la Chambre des Pairs, M. José da Cunha, déclara qu'il préférait passer au camp républicain, plutôt que d'admettre un gouvernement absolutiste. Son exemple fut suivi par un autre sénateur, M. Braancamp Freire, ainsi que par diverses personnalités politiques de province.

Le gouvernement se crut obligé de redoubler de sévérité à l'égard de la presse. Le *Diario da Governo* du 23 novembre publia deux décrets, dont l'un prorogeait la durée de validité du fameux décret du 20 juin, et dont l'autre étendait à tous les délits politiques et de presse la procédure sommaire prévue pour les crimes anarchistes et déférait ces délits à une juridiction exceptionnelle, le tribunal d'instruction criminelle, constitué par un juge président et deux assesseurs. Dix journaux de Lisbonne furent suspendus, parmi lesquels *O Dia*, organe des progressistes dissidents, le *Correio de Norte*, organe des progressistes, le *Popular*, organe des régénérateurs, et *O Mundo*, journal républicain. Six autres furent déférés aux tribunaux. En un seul jour, le préfet de Vizen suspendit toute la presse de son département. Les deux journaux « franquistes », *Novidades* et le *Diario Ilustrado*, furent à peu près les seuls à échapper aux pénalités.

1. Voir le *Temps* du 12 novembre.
2. Voir notamment les interviews de MM. d'Alpoim et Bernardino Machado dans le *Temps* des 28 et 30 novembre.

III

LA TRAGÉDIE DU 1er FÉVRIER. LE MINISTÈRE
DE CONCENTRATION MONARCHIQUE. LES ÉLECTIONS.

En décembre, la situation devint tellement critique, que le « dictateur » parut hésiter : contrairement à ce qu'il avait annoncé au correspondant du *Temps*, et, sur l'intervention, prétend-on, du gouvernement britannique, il fixa les élections au 5 avril 1908.

Il est vrai qu'en même temps, deux décrets, datés du 23 décembre, affirmaient son intention bien arrêtée d'amener sa majorité dans les deux Chambres. Un de ces décrets réformait la Chambre des Pairs : l'ancien système de 1826 était rétabli; le nombre des pairs héréditaires, nommés par la couronne, jusqu'alors fixe, devenait illimité. En vertu du second décret, les conseils généraux, les conseils municipaux et les conseils de paroisse étaient dissous et remplacés par des commissions administratives nommées par le gouvernement. M. Franco montrait ainsi que sa confiance dans l'appui de la nation était moins grande qu'il voulait bien le dire.

Le bruit courut aussi qu'un accord était intervenu entre le ministère et les *catholiques nationalistes*, nouveau parti composé d'éléments régénérateurs et progressistes, qui, par ses tendances et son influence, rappelle assez le Centre allemand. Ce parti s'était, dit-on, engagé à mettre au service du gouvernement ces puissants moyens d'action.

Dès ce moment, la tempête gronde autour du pouvoir. Les journaux sont muselés et les réunions interdites. Mais c'est dans l'ombre que s'organise la vaste conspiration, d'où l'on attend la chute du « dictateur ». Celui-ci ne paraît s'apercevoir du danger qu'une dizaine de jours avant le drame sanglant du 1er février.

« On conspirait partout. Un esprit de révolte s'empare de tous. On achète des armes; on fabrique des bombes. Lisbonne est un vaste arsenal. Le juge d'instruction, Veiga, épouvanté par le volcan qui ébranlait toute la capitale, donne sa démission [1]... »

---

1. ANGELO VAZ, *loco cit.*

Dans la nuit du 21 janvier, la police arrête deux républicains : le journaliste Joao Chagas et M. França Borges, directeur du *Mundo*. Le 22, est emprisonné un autre chef du parti républicain, le docteur José d'Almeida.

« Le 26, on pressentait des événements d'une gravité exceptionnelle. La rage et la fureur s'exprimaient sur toutes les figures. On répandait des bruits alarmants; on garantissait la mort de Joao Chagas, victime de mauvais traitements. La mise en prison de Antonio José d'Almeida blessait les sentiments les plus chers de la foule. Dans un village proche de Lisbonne, les femmes, en ayant connaissance de cette triste nouvelle, sortent dans les rues en brandissant des couteaux... »

M. Franco apprend, par hasard, qu'un sérieux mécontentement existe dans certains régiments et qu'un complot se prépare, en vue de se débarrasser de lui, de proclamer la République, et d'embarquer le souverain et la famille royale à destination de l'étranger.

La police fait des perquisitions domiciliaires. Elle trouve des armes. Le 28, on a le pressentiment que quelque chose d'anormal va se passer. La nuit venue, le député Alfonso Costa, républicain, et le vicomte de Ribeira Brava, monarchiste libéral, sont arrêtés dans l'ascenseur de la bibliothèque. Dans la rue, la garde civile se heurte à des groupes hostiles. Des coups de revolver sont échangés. Des centaines de prisonniers sont conduits au fort de Caxias. Le lendemain, M. Franco signe de nouveaux mandats d'arrêt : l'un d'eux vise M. d'Alpoim, qui réussit à s'échapper et à gagner l'Espagne. Le bruit court que les personnes arrêtées seront fusillées sommairement.

Le 30, cinq journaux sont suspendus. Le 31, paraît un décret sensationnel, qui donne au gouvernement le droit de déporter aux colonies tous ses adversaires, même les députés et les pairs, sans jugement, de son seul bon plaisir.

Cet « oukase », comme on l'appela, souleva l'indignation des gens les plus paisibles. On déclara que le « dictateur » avait choisi à dessein l'anniversaire de la révolution républicaine de Porto de 1891, qui échoua, comme on sait, si misérablement, pour promulguer cette « loi de sarcasme et de haine ». Ce malheureux décret explique — sans le justifier — l'horrible guet-apens où tombèrent.

don Carlos et le prince héritier. Il s'en faut, cependant, que la pleine lumière soit faite sur ces dramatiques événements.

« Le lendemain et le surlendemain. la ville de Lisbonne ne donna pas le moindre signe de deuil… Tandis qu'un journal républicain, si je ne me trompe, *Lucta*, s'était borné à enregistrer le crime, sous forme d'un fait divers en quelques lignes, les autres journaux, les plus pondérés, ne faisaient aucune dépense de sensibilité à l'égard des illustres disparus et de la famille royale en pleurs. Une seule feuille parut encadrée de noir, et ce fut le *Diario*, le journal de Franco. Les sentiments des habitants étaient à l'unisson de ceux des journaux. Le lundi, pas une boutique fermée, pas un magasin affichant le deuil. A peine trois ou quatre balcons drapés de noir, et c'étaient des fournisseurs de la cour[1]. »

Cette indifférence s'explique par l'impopularité trop réelle de l'infortuné monarque. Pourtant, le peuple de Lisbonne, quoique de connivence tacite avec les révolutionnaires, n'était pas dans le secret : tout au plus croyait-il la vie du « dictateur » seule menacée. Il n'attribua le régicide à aucun parti, mais il considéra l'assassinat « comme l'œuvre de quelques hommes isolés, de quelques têtes brûlées, exaspérées par le mécontentement qui grondait dans la capitale et ses alentours[2] ».

Le défilé de 800,000 personnes, le 16 février, devant les tombes des deux régicides couvertes de fleurs, la souscription en faveur des deux fils de Buiça qui atteignit 50000 francs, doivent être regardés — selon le correspondant du *Times* — bien moins comme un acquiescement tacite à cet horrible crime que comme des manifestations indirectes contre la police. Ce qui paraît hors de doute, c'est que le samedi au soir, Lisbonne était à la merci d'un *pronunciamiento* républicain. Mais nombre de conspirateurs étaient déjà en prison, et l'armée resta fidèle à la monarchie.

* *

Le nouveau règne s'empressa « de briser tous les liens avec le régime de Carlos et de Franco ». Il le fit même avec « une telle hâte,

---

1 et 2. JEAN FINOT, *La journée portugaise*, dans la *Revue* du 1ᵉʳ mars 1908. On pourra lire aussi les curieuses déclarations faites à M. Galtier, par une « personnalité portugaise » mêlée à ces tragiques événements (le *Temps* du 10 avril).

une telle·brutalité, qu'il sembla donner une sanction suprême à
l'assassinat [1] ».

En face des deux cercueils étendus, côte à côte, sous les
voûtes de San Vicente de Fora, les deux partis « rotatifs » firent
trève passagère à leurs dissentiments et conclurent un pacte, qui
rappelle, à certains égards, celui des libéraux et des conservateurs
espagnols, à la mort d'Alphonse XII, au Palais du Pardo. Le ministère
que le jeune roi Manoel réunit, aussitôt après la chute et la fuite de
Franco, voué à l'exécration populaire, était un ministère de concentration monarchiste. Il était présidé par l'amiral José Ferreira
do Amaral, progressiste dit « indépendant », qui a fait jadis partie
du « cabinet du salut public » de Diaz Ferreira en 1891. Les libéraux
sont encore représentés dans le nouveau cabinet par le général
Mathias Nunès, ministre de la guerre, et le docteur Manoel Antonio
Moreira, chargé du portefeuille des finances. Quant au parti régénérateur, il s'est réservé la justice avec M. Campos Henriques, les
affaires étrangères avec M. Wenceslas de Lima, qui a déjà occupé ce
poste sous M. Hintze Ribeiro, et la marine avec l'amiral Augusto de
Castilho, ancien aide de camp de don Carlos. Enfin, le cabinet
compte un nationaliste catholique, le comte de Bretiandos, ministre
des travaux publics.

Les nouveaux ministres se mirent assez vite d'accord sur la répartition des sièges des gouverneurs civils : onze furent choisis parmi
les *regeneradores* et dix parmi les *progresistas*.

Puis on fit table rase de l'œuvre ébauchée par Franco. On ouvrit
toutes grandes les prisons à ses « victimes », on prit des mesures de
clémence à l'égard des anciens fauteurs de troubles : à tous on
promit une prochaine et complète amnistie. L'enquête sur le régicide ne fut poursuivie que pour la forme, et, semble-t-il, pour
complaire aux gouvernements étrangers, particulièrement à l'Angleterre; mais on sait très bien qu'elle n'aboutira à aucun résultat. Le
gouvernement parut même hésiter devant les républicains et les
dissidents. Il s'efforça de se les concilier en leur promettant, aux
prochaines élections, plus de sièges qu'ils ne pouvaient en espérer,
s'ils étaient laissés à leurs seules forces : sept aux dissidents, alors

1. J. Finot, *loco cit.*

qu'ils n'avaient de chances de réélire qu'un seul député, à Lamego ; et trois sièges aux républicains, en dehors de ceux qu'ils étaient à même de conserver à Lisbonne.

On avait allégé le budget du poids de la liste civile, augmentée par Franco. Un décret réintégra dans leurs fonctions les anciens conseils généraux, municipaux et de paroisse. Un autre revint sur la dissolution de la Chambre des députés, ainsi que sur la réforme de la Chambre des pairs. Il est vrai que les nouveaux députés, avant même d'entrer en fonctions, furent renvoyés — constitutionnellement cette fois — et qu'on convoqua de nouveau les électeurs pour le 5 avril. L'ouverture du Parlement était, en même temps, fixée au 29 avril, anniversaire de la Constitution.

Cette dernière mesure fut critiquée de divers côtés. Peut-être eût-il été plus habile de convoquer les Cortès existantes, illégalement dissoutes par Franco, plutôt que de plonger le pays dans la nouvelle agitation qui devait résulter des élections générales. Mais cela n'eût pas fait l'affaire des régénérateurs, qui n'étaient que 30 dans la dernière Chambre contre 43 progressistes et 70 « franquistes ».

En dépit des gages fournis par le ministère, les républicains commencèrent une active campagne électorale. Ils tinrent, en divers points du royaume, des meetings retentissants. Ils présentèrent plus de quatre-vingts candidats, dont 10 pour Lisbonne, 10 pour Oporto, 5 pour Coïmbre, 4 pour Bragance, etc.

Mais le succès ne répondit pas à leurs efforts. Les élections eurent lieu, le jour même qu'avait fixé M. Franco. Elles donnèrent lieu à des désordres sanglants dans la capitale, notamment sur la place Don-Pedro et en face de l'église Saint-Dominique. On ramassa dix morts et une centaine de blessés.

Les résultats furent, naturellement, à peu de chose près, ceux que l'on avait prévus. Pour 155 sièges, y compris les députés coloniaux (au nombre de sept) — on relève : 63 régénérateurs, 59 progressistes, 15 indépendants (partisans de do Amaral, dont le rôle, comme celui des autres partis, demeure encore incertain), 7 républicains, 7 dissidents progressistes, 3 franquistes et 1 nationaliste.

..

Bien qu'il soit impossible, comme nous l'avons dit, d'attacher à
ces élections la moindre signification, le fait que les républicains
n'ont pas cru pouvoir profiter des circonstances pour renverser la
dynastie est par lui-même digne d'être souligné. C'est sans doute
qu'ils ont senti que le peuple portugais, dans son ensemble, est
foncièrement traditionaliste et conservateur; au dire de ceux qui
l'ont étudié de près, il semble fatigué des révolutions. « Il est, a.
écrit M. Galtier, calme et paisible, et manque un peu d'initiative... »
Ceci explique que la République d'Oporto, en 1890, n'ait duré que
quelques heures, et que le dernier mouvement révolutionnaire ait
également échoué. L'attachement pour les Bragances, qui ont jadis
délivré le Portugal du joug de l'Espagne, demeure profondément
enraciné au cœur de la nation. A Lisbonne même, le peuple, revenant sur son indifférence du premier moment, commence à manifester un souvenir plus respectueux et plus ému à l'égard du roi
assassiné : dans l'esprit populaire, l'infortuné don Carlos restera
comme *O malo conseilhado*, un souverain dont les conseillers ont
gâté et dénaturé les bonnes intentions.

Il s'en faut, cependant, que la monarchie soit assise sur des
fondements inébranlables. On ne peut nier que l'idée républicaine
n'ait fait ces derniers mois d'inquiétants progrès : les chefs du
parti ont mis à profit chaque faute, chaque hésitation, chaque signe
de faiblesse ou de crainte de la Couronne. A cet égard, si les
gouvernants actuels à Lisbonne ont estimé que l'oubli du passé et
la clémence étaient indispensables après la tragédie « romaine »,
comme on l'a appelée, de Terreiro do Paço, à l'étranger il a paru,
au contraire, que cette politique ne travaillait pas précisément à
renforcer la moralité publique, qui gagne toujours à ce que les
actes aient leur sanction normale; dans le renvoi si brusque de
Franco, dans cette précipitation de donner raison au régicide, on a
vu des symptômes inquiétants pour la solidité du régime.

Les républicains ne se font pas faute de profiter de cet aveu
inconscient de faiblesse. Ils annoncent à tout instant la chute
imminente de la monarchie. Il est incontestable que l'inquiétude

causée par la dictature de Franco et par les heures d'angoisse qui
ont précédé sa chute ont particulièrement servi la cause des républicains. Ce n'est pas seulement parmi les « intellectuels » ou les
miséreux qu'ils ont conquis des adeptes; c'est aussi dans la bourgeoisie et dans l'armée, dans les milieux aristocratiques comme
dans le monde des fonctionnaires. Il fut même un moment où beaucoup de propriétaires et de capitalistes, peu confiants dans la
monarchie pour assurer l'ordre, ne virent de salut que dans l'avènement de la République. Mais leur enthousiasme a diminué aujour-
d'hui : les projets des républicains en matière fiscale et sociale,
dont ils ont fait leur plate-forme électorale, ne sont guère — il
faut l'avouer — de nature à séduire les *possidentes*.

Les républicains portugais affirment qu'on ne peut trouver dans
le monde entier de parti politique aussi bien organisé que le leur [1].
Mais il est permis de leur répondre que ce système d'organisation, si
parfait soit-il, reste tout théorique et qu'il n'a pas fait ses preuves.
Les républicains, unis dans l'opposition, pourraient bien ne plus
l'être, s'il leur arrivait de s'emparer du pouvoir. Dès à présent, il est
même possible de noter chez leurs principaux *leaders* des divergences d'opinion qui ne pourront que s'accentuer dans la suite, car
elles correspondent à des différences profondes de tempérament.
Ils n'ont pas, en réalité, de chef indiscuté : la *jefatura* est divisée
entre cinq ou six directeurs. Le chef en titre, celui que l'on regarde
comme le futur président de la République, — si la République
venait à s'établir au Portugal, — Bernardino Machado, joue dans le
parti un rôle analogue à celui de Salmeron chez les républicains
espagnols : « C'est, dit M. Galtier, une figure décorative, un buste
qu'on pourrait placer, couronné de lauriers, sur les ruines de la
monarchie... Sa douceur patriarcale ne le désigne pas à prendre la
direction des troupes républicaines pour une action vigoureuse et
sans merci [2]. » Le dernier mouvement révolutionnaire a été, en
fait, dirigé par un très petit nombre de républicains : Alfonso
Costa, qui, « par son âge et son tempérament, a joué et jouera sans
doute un rôle en évidence dans les manifestations de la rue »;

---

1. Déclaration de M. Machado au rédacteur de la *Frankfurter Zeitung* (21 février).
2. Dans le *Temps* du 26 novembre 1907.

Chagas, qui « connaît déjà par une amère expérience, tous les vaisseaux de guerre portugais; », le docteur d'Almeida, quelques autres encore... Machado est resté aussi étranger au complot qui se tramait dans l'ombre que cet autre vétéran, le philosophe et historien Théophile Braga : « L'idéal de notre parti, déclare ce dernier à un journaliste espagnol, est la révolution du Brésil... La mort du roi a été une surprise pour tous... L'idée pacifique républicaine finira d'elle-même par triompher... Notre parti, tout en étant capable d'héroïsme et ne reculant pas devant la force, comme *ultima ratio*, lui préfère la révolution des idées qui retarde peut-être la conquête du pouvoir, mais qui gagne sûrement et rapidement les consciences [1]... ».

Tout le monde, dans le parti, ne partage pas cette dernière opinion. Les républicains fussent-ils plus d'accord qu'ils ne le paraissent sur leur tactique et leurs moyens d'action, qu'il leur faudrait démontrer à l'étranger, qui hésite à croire que le chaos monarchique n'ait pas d'autre issue, que « le changement d'étiquette modifiera vraiment la nature du liquide », — selon le mot de M. Finot — et aussi que le pays est mûr pour la liberté démocratique...

Tout espoir ne semble donc pas perdu pour la monarchie portugaise. Mais il est grand temps qu'elle groupe ses forces et qu'elle aille d'elle-même au-devant des réformes. Ce n'est pas seulement l'éducation du peuple, c'est aussi l'éducation politique des partis dynastiques qui est à faire. Il est malheureusement à craindre que la coalition monarchiste actuelle ne change pas grand'chose à la situation créée par le système « rotatif ». Si les régénérateurs et les progressistes gouvernent, pour un temps, ensemble, au lieu de se combattre, toute la question est de savoir s'ils vont gouverner autrement. « Une heure d'attendrissement autour du cerceuil du roi et de la jeunesse de son successeur ne garantit pas encore qu'ils aient dépouillé le vieil homme, d'autant que les habitudes de leurs clientèles ne leur rendent pas facile de le faire [2]. »

L'avenir du Portugal apparaît, en somme, sous un jour bien incertain, et toutes les surprises sont possibles. Mais, quelles que

---

1. Déclaration au correspondant de l'*Imparcial* de Madrid (17 janvier 1908).
2. Les *Débats*, 24 février 1908.

soient les tempêtes qui viennent encore assiéger et bouleverser sa
vie politique, le monde civilisé doit se garder de les envisager
avec mépris : il convient d'y voir surtout, en effet, les efforts d'un
peuple — qui se souvient encore de son glorieux passé — pour se
purifier du vieux et honteux système des partis, pour se régénérer
véritablement et prendre une part plus directe et plus active à ses
destinées.

Angel Marvaud.

LE SOCIALISME

ET LE MOUVEMENT OUVRIER EN ALLEMAGNE

L'Allemagne est, à l'heure actuelle, le pays de l'Europe dans lequel la tendance naturelle de la classe ouvrière à réclamer des améliorations économiques a pris le développement le plus considérable; et c'est surtout en Allemagne que cette tendance s'est précisée et organisée en un « socialisme », c'est-à-dire en un vaste mouvement de revendications, avec des chefs, une hiérarchie, une discipline, une propagande méthodique.

Pour quelles raisons un socialisme si puissamment organisé s'est-il ainsi développé en Allemagne? Suivant nous, pour deux principales raisons. Les Allemands modernes ont un goût prononcé pour les recherches scientifiques, aussi bien au point de vue sociologique qu'au point de vue des sciences abstraites et naturelles; en Allemagne, les questions les plus pratiques et les plus courantes se transforment fréquemment en objets d'études scientifiques : les rapports économiques et sociaux entre les diverses classes de la nation ne devaient pas échapper à cette tendance. L'Allemand a de plus une disposition naturelle à fonder des associations, à organiser des groupements; tandis que le Latin a plutôt une formation d'esprit individualiste, le Germain a plutôt une formation d'esprit associationniste : l'ouvrier allemand est donc porté, pour discuter et pour lutter, à former des groupes, des *vereine*, et son esprit formaliste, assez « fonctionnariste », le pousse à donner à ces groupes une organisation très serrée, très méthodique.

Le socialisme allemand a, pendant une vingtaine d'années, exercé une sorte d'hégémonie sur le monde ouvrier européen : si cette hégémonie est aujourd'hui un peu sapée par des éléments plus audacieux qui se sont formés notamment dans les pays latins, l'influence exercée par le socialisme de l'Allemagne sur celui des autres pays reste considérable.

Le mouvement ouvrier allemand se partage en deux vastes organisations : le parti socialdémocrate, qui est une organisation à forme et à tendance politiques, et le syndicalisme, qui est une organisation économique.

Examinons brièvement comment s'est constitué le parti socialdémocrate.

La première grande association ouvrière allemande est celle que Lassalle organisa en 1863, l'*Association générale des ouvriers allemands*. Après la mort de Lassalle, des dissensions se produisirent au sein de l'association : le socialisme de Lassalle était une sorte de socialisme d'état, de socialisme nationaliste : Marx, Engels, Liebknecht, imbus d'un esprit révolutionnaire et internationaliste, se séparèrent de l'association. Tandis que Marx fondait, en 1868, l'*Association internationale des Travailleurs*, Liebknecht et Auguste Bebel fondaient, en 1869, au congrès d'Eisenach, le *Parti ouvrier socialdémocrate*, qui se réclamait des doctrines de Marx.

La rivalité entre Lassalliens et Marxistes continua pendant plusieurs années; puis une fusion s'opéra entre les deux partis, en 1875, au congrès de Gotha : ce fut en réalité une victoire des Marxistes et une sorte d'absorption des Lassalliens par le parti socialdémocrate.

Bismark ayant fait voter en 1878 par le Reichstag la fameuse loi d'exception connue sous le nom de « loi des socialistes », le parti socialdémocrate subit un recul passager; mais la persécution exalta l'esprit de dévouement à la « cause » chez beaucoup d'ouvriers, et en 1890, quand la loi d'exception vint à expiration, le parti prit un essor considérable.

Il s'organisa et détermina son programme aux congrès de Halle (1890) et d'Erfurt (1891). Les décisions du congrès d'Erfurt forment en quelque sorte la grande charte du parti; certaines idées lassalliennes sont définitivement abandonnées au profit des idées marxistes : d'autre part, les camarades à tendance anarchiste, les

« Jeunes », qui avaient voulu lutter contre la direction des Bebel, des Auer, etc., sont obligés de quitter le parti.

Dès 1891, nous voyons apparaître un personnage intéressant, M. de Vollmar ; c'est un ancien officier, resté estropié depuis la guerre de 1870, bien éduqué, à tendances catholiques, un « rassasié », disent ses rivaux, très influent à l'heure actuelle en Bavière. Vollmar exposa sa conception d'un socialisme réformiste et non révolutionnaire, attendant tout du temps et de l'évolution sociale progressive : il demandait qu'on poursuivît des réformes partielles, prochainement réalisables, et non point une transformation utopique ou catastrophique de la société. Bebel, à Erfurt, répondit vigoureusement à Vollmar : il soutint que la modération de celui-ci conduirait le parti à la dégénérescence et refroidirait l'enthousiasme nécessaire pour obtenir le succès final.

La tendance réformiste et opportuniste, qui avait trouvé en Vollmar un orateur énergique, trouva un théoricien éclairé dans la personne d'Édouard Bernstein. Celui-ci s'attaqua non seulement à la tactique de Liebknecht et de Bebel, mais aux théories mêmes de Karl Marx. Ce fut surtout en 1899, au congrès de Hanovre, que le parti discuta les théories de Bernstein. On admit partiellement sa critique de la théorie marxiste sur la conception matérialiste de l'histoire, mais, sur les autres points, Bernstein n'eut autour de lui qu'une minorité : la majorité ne manifesta aucune confiance dans le caractère socialiste que Bernstein reconnaissait aux syndicats, aux sociétés coopératives, aux lois de protection, d'assurance ouvrière, et maintint énergiquement le dogme de la conquête des pouvoirs et de l'expropriation.

Le mouvement réformiste dont Bernstein est le chef, n'a pas abouti à un schisme dans le parti. Fait digne d'attention, car il est caractéristique de la forme disciplinée de l'esprit allemand. D'une part, il y a eu blâme des idées de Bernstein, notamment à Lübeck, en 1901, mais il n'a pas été exclu du parti : d'autre part, chez Bernstein, il y a eu protestation contre la motion de Lübeck, mais il n'y a pas eu révolte ouverte.

Ces divergences doctrinales ou pratiques n'ont pas empêché la socialdémocratie de faire des progrès considérables. Le chiffre des voix obtenues par les candidats du parti au Reichstag est significatif :

en 1893, ils obtenaient 1,786,000 voix, en 1898, 2,107,000 voix, en 1903, 3,023,000 voix, en 1907, 3,258,000 voix. Le chiffre des députés socialistes au Reichstag, qui s'est élevé en 1903 à 81, a, il est vrai, reculé, en 1907, à 43. Nous examinerons plus loin les causes de cet échec qui, tout en modérant les progrès du parti, n'est cependant pas, suivant nous, un signe de dégénérescence.

Les grandes lignes de l'organisation actuelle du parti, telle qu'elle a été réglée par les congrès de Halle et d'Erfurt, et légèrement modifiée aux congrès de Mayence (1900) et d'Iéna (1906), sont les suivantes.

A la base de l'organisation nous trouvons des *Unions socialdémocrates*, formées dans chaque circonscription électorale et composées des adhérents socialistes payant une cotisation. Ces unions choisissent des présidents (dénommés jusqu'en 1906 « personnes de confiance »); ce sont les agents, les représentants de l'Union locale, chargés de la tenir en rapport direct avec le Comité directeur du parti. — Le deuxième organisme est formé par le *Comité directeur* et une *Commission de contrôle*. Le Comité directeur, composé de six membres, constitue le pouvoir exécutif du parti : il unifie l'action, il centralise les cotisations (le parti a de 4 à 500,000 cotisants), il dirige le journal officiel du parti, le *Vorwærts*[1]. — Le troisième organisme est le *Congrès annuel* : c'est l'organe souverain du parti : il est composé de délégués, nommés au nombre de un, deux ou trois par chaque union locale. Les députés socialistes au Reichstag sont responsables de leurs discours et de leurs votes devant le congrès. Le congrès règle, après l'audition de rapports spéciaux, quelle doit être l'attitude du parti dans certaines questions d'un intérêt actuel.

A côté de ces organes officiels du parti, il y en a une quantité d'autres, officieux et accessoires, qui s'occupent avec une activité intense de la propagande. Ce sont d'abord des groupements politiques extrêmement nombreux, principalement des cercles électoraux, des sociétés de toutes sortes, d'instruction, de jeux divers, sociétés chorales et de musique, restaurations, etc. Puis il y a la littérature socialiste; on compte 78 journaux socialistes dont les

1. Le *Vorwærts* a plus de 50,000 abonnés.

abonnés sont au nombre de 8 à 900,000 : la plupart de ces journaux donnent, à côté des articles de polémique, des articles d'étude sérieux et documentés; le parti a deux revues, la *Neue Zeit* qui a pour directeur Kautsky et qui représente des idées avancées, et les *Sozialistische Monatshefte,* revue qui tend à devenir l'organe des réformistes. Citons encore la *Kommunale Praxis*, organe du socialisme municipal, et la *Gleichheit*, journal féministe ouvrier, dirigé par Clara Zetkin [1]. Le parti a organisé à Berlin en 1906 une école socialiste de perfectionnement pour la formation des rédacteurs et secrétaires du parti. Mentionnons enfin un des plus importants moyens de propagande de la socialdémocratie, les réunions publiques et les meetings organisés soit avant les élections, soit pour protester contre un projet de loi, contre une mesure prise par le gouvernement : ces réunions se terminent parfois par des manifestations dans les rues : c'est ainsi que, cette année même, en janvier, lors de la discussion de la loi électorale au Landtag prussien, des bagarres sanglantes ont eu lieu à Berlin.

Telle est l'organisation du parti. Son principal chef est Bebel, qui a environ soixante-sept ans. C'est un orateur clair et énergique, exprimant sa pensée en vigoureuses formules; c'est lui qui a dit, il y a quelques années : « Nous voulons en politique la république, en économie le socialisme, en religion l'athéisme. » Son éloquence est un peu sauvage, parfois ironique. On dit que Bismarck ne pouvait l'entendre parler sans un vif énervement et quittait la salle des séances quand Bebel montait à la tribune. C'est plutôt un tribun qu'un écrivain.

A côté de Bebel nous voyons Singer, qui est le millionnaire du parti, mais qui n'en est pas le plus modéré : c'est le leader de la fraction socialiste au Reichstag. Kautsky est surtout un écrivain, d'idées très avancées. Parmi les modérés citons Vollmar, Bernstein [2], Schippel. Le vieux Liebknecht, le fidèle disciple de Marx,

---

1. Un mouvement féministe ouvrier assez important, organisé par des « personnes de confiance » du sexe féminin dans les diverses parties de l'Allemagne, dirigé par Clara Zetkin et Rosa Luxembourg, s'est manifesté en ces dernières années. Ce mouvement est distinct du mouvement féministe bourgeois, les ouvrières se rendant compte que les bourgeoises ne réclament une égalité de droits vis-à-vis des hommes qu'au sein de la classe bourgeoise, et seraient peut-être portées à se retourner contre les prolétariennes. au cas d'un conflit de classes.

2. Bernstein n'a pas été réélu député en 1907.

L'infatigable propagandiste, est mort en 1900 : son fils, Karl Liebknecht, n'a pas l'influence qu'avait son père : c'est un violent et un
antimilitariste.

Tous ces hommes jouissent d'une grande popularité dans les
milieux ouvriers : la plupart ont été ou sont députés au Reichstag.

Quelles sont, en dehors de leurs revendications économiques qui
se rattachent presques toutes au marxisme et qu'il serait trop long
d'énumérer dans ce rapide exposé, les tendances des socialdémocrates par rapport à quelques grandes questions d'un intérêt actuel,
telles que l'antimilitarisme, la question religieuse, la question
agraire?

Par principe et par tradition, le parti est opposé à toute guerre
offensive, partisan de l'arbitrage, du remplacement des armées permanentes par des milices. Dans les discussions sur le budget de la
guerre ou sur les accroissements de l'armée et de la flotte, le parti
vote régulièrement contre ce budget et ces accroissements : en cette
matière son principe bien connu est : « pas un homme, pas un
liard ». Mais ce n'est là qu'un principe : et si l'on passait en revue
les opinions émises depuis 1890 par les chefs du parti, on verrait
que ces opinions sont souvent singulièrement hésitantes et que les
socialdémocrates sont assez portés à ne point trop gêner en cette
matière l'action du gouvernement.

Prenons par exemple la question d'Alsace-Lorraine. Tout en
ayant blâmé la conquête et l'annexion, les socialdémocrates
demandent-ils qu'on s'entende pour trancher cette grave question,
qui reste une menace redoutable pour la paix européenne? Eh bien,
non! Ils déclarent en général « qu'il n'y a pas de question d'Alsace-
Lorraine pour les socialistes allemands; pas plus que pour les socialistes français : c'est une question artificielle qui ne peut résulter
que de la société corrompue de notre temps[1] ». Ils se désintéressent
de la question et n'essayent pas de discuter le fait accompli.

Sur la question des armements, en 1897, à Hambourg, Max
Schippel s'exprime ainsi : « Nous n'avons pas accordé les soldats,
mais enfin ils sont là. Pour les propositions de milices et la suppression des armées permanentes il n'y a pas de majorité et il n'y a pas

1. Congrès de Bruxelles, 1891.

à en espérer dans un avenir prochain. Devons-nous, parce que les partis bourgeois ne font pas à ce point de vue notre volonté, exposer les ouvriers allemands, comme pour les punir, au danger de payer de leur sang l'inintelligence de nos adversaires? Ce serait agir d'une manière insensée... On ne peut pourtant pas donner à nos soldats de mauvais fusils, de mauvais canons!... »

Quant à la grève militaire, proposée dès 1891 au congrès de Bruxelles par l'anarchiste hollandais Domela Nieuwenhuis, elle fut nettement repoussée par Liebknecht et les représentants de l'Allemagne.

Cette propension à se défier de l'antimilitarisme s'est encore accentuée au cours de ces dernières années, depuis que l' « hervéisme » sévit dans quelques milieux français, et l'on peut constater à l'heure actuelle chez les socialistes d'outre-Rhin, une évolution assez prononcée vers un vague patriotisme, conscient ou inconscient, mais réel.

Au dernier congrès socialiste allemand qui s'est tenu à Essen en 1907, la gauche du parti demanda compte à certains députés de leur attitude dans la discussion du budget de la guerre, et reprocha au député Noske d'avoir terminé son discours par ces mots : « Nous devons désirer que l'Allemagne reste puissamment armée ». Bebel soutint vigoureusement Noske et obtint une majorité écrasante. Kautsky essaya bien de dire : « Le Maroc ne vaut pas la vie d'un prolétaire. Si l'on fait la guerre à propos du Maroc, nous devrons nous y opposer, même si nous sommes attaqués. » Mais ces paroles ne furent approuvées que par un nombre très restreint de délégués.

Et n'oublions pas que, par suite de la très forte discipline du parti, les idées exprimées par Bebel et approuvées par la majorité des délégués du congrès d'Essen sont répandues et imposées dans toute la socialdémocratie ouvrière.

Notons que le *Manuel du Parti*, édité en 1906, contient ceci : « Aucun membre du parti ne met en doute que, dans une guerre, tous les soldats de l'armée allemande, sans aucune différence de rang, feront leur devoir. »

Pour conclure sur cette importante question, nous croyons que non seulement le soldat, le bourgeois mais que l'ouvrier allemand lui-même est encore aujourd'hui imprégné, plus que ne le croient

les socialistes français, de cet instinct puissant qui existe au fond du
cœur de la plupart des hommes, à savoir l'attachement à la terre
natale, aux traditions, à la langue, tout ce qu'on appelle de ce mot
vague et précis, le patriotisme. Il nous semble très improbable
qu'en cas de conflit international les socialistes allemands soient
disposés à jeter leurs fusils et à refuser de se battre. Et par conséquent ce serait une duperie dangereuse, pour nous autres Français,
que de laisser étouffer ou seulement même affaiblir en nous le sentiment patriotique, tant qu'il sera encore vivace et puissant de
l'autre côté du Rhin.

Si nous considérons maintenant la question religieuse, nous
devons constater que le programme d'Erfurt a déclaré la religion
« chose privée », a réclamé la suppression du budget des cultes et
la laïcité de l'école. Il est certain que les préférences du socialisme
allemand vont à la libre pensée, que la plupart des ouvriers socialistes ne pratiquent aucune religion ni protestante, ni catholique :
mais nous ne pouvons dire qu'ils soient d'une manière générale
antireligieux : ils sont plutôt *areligieux*, indifférents. Ils ont une
autre foi qui n'est ni métaphysique, ni théologique; ils ont la foi
sociale.

Uu certain nombre d'entre eux, entre autres Bebel, sont anticléricaux et voudraient notamment soustraire l'école à l'influence de
la religion protestante : mais la tendance dominante est plutôt un
esprit de tolérance, et il n'y a pas longtemps que le parti a accueilli
dans ses rangs deux pasteurs, MM. Gœhre et Blumhardt.

En ce qui concerne la question agraire, le parti est divisé. D'une
part, il devrait s'intéresser aux ouvriers agricoles qui sont des prolétaires comme les ouvriers des villes : d'autre part, doit-il s'intéresser aux paysans, petits ou moyens propriétaires? Le petit
paysan n'est pas fortuné, n'est pas heureux dans l'état de choses
actuel : il pourrait être un allié précieux dans la lutte électorale
pour la conquête des pouvoirs : mais le paysan n'est-il pas un
propriétaire privé et individualiste, un possesseur d'instruments de
travail, très défiant à l'égard d'une socialisation du sol et des projets
collectivistes? La question est délicate.

Les socialistes de la Bavière (pays de petite propriété foncière) se sont préoccupés de cette question agraire : ils ont formulé, à un congrès bavarois tenu à Ratisbonne en 1892, un programme agraire dans lequel ils assimilaient le petit paysan au prolétaire ouvrier et proposaient d'étudier un certain nombre de grandes réformes telles que l'étatisation des hypothèques et du crédit agricole, avec réduction du taux de l'intérêt, l'étatisation des assurances agricoles, etc. Naturellement ces mesures devaient êtres prises de telle façon que les intérêts des ouvriers agricoles ne fussent pas lésés au profit de l'intérêt des paysans petits propriétaires, et de façon que les intérêts généraux de la masse de la population, notamment de la classe ouvrière industrielle, ne fussent pas lésés au profit de l'agriculture.

Au congrès de Francfort, en 1894, on entendit les arguments de deux partisans du programme agraire, Vollmar et Bruno Schœnlank, et on nomma une commission de quinze membres pour étudier la question. Cette commission fut favorable au programme bavarois, mais elle fut vivement attaquée par Kautsky dans une série d'articles de la *Neue Zeit*, et, lorsque la discussion officielle sur cette question eut lieu au Congrès de Breslau (1895), Kautsky eut derrière lui un parti important. 158 voix contre 53 repoussèrent le programme de la commission, considérant que la socialdémocratie ne devait pas chercher à protéger toutes les classes exploitées par le capital, mais la classe ouvrière seulement.

La question agraire n'a plus été discutée depuis le congrès de Breslau. Elle a donné lieu cependant à quelques publications intéressantes; citons notamment : la *Question agraire*, de Kautsky, dans laquelle il reprend les objections présentées dans la *Neue Zeit*, en les modifiant un peu, et *Socialisme et Agriculture*, d'Edouard David, ancien membre de la commission agraire, partisan de la petite exploitation et des coopératives de travailleurs agricoles.

A l'heure actuelle, il n'y a en Allemagne aucune fusion, au point de vue des revendications sociales entre la classe paysanne et la classe ouvrière. « L'homme des champs, écrit M. G. Blondel, surtout en Allemagne, est pesant et routinier. » Il n'est donc pas porté aux manifestations socialistes. Il peut y avoir alliance, au moment des élections, entre les prolétaires agricoles et les ouvriers, mais il

n'y a pas encore de groupements socialistes agraires en Allemagne
comme il y en a, par exemple, en Italie.

II

Dans les syndicats, c'est-à-dire dans la deuxième grande organisation du prolétariat allemand, nous sommes en présence non plus
d'une tendance politique des ouvriers à créer une société nouvelle,
mais d'une tendance économique de ces ouvriers à obtenir des
patrons des améliorations pratiques dans les conditions du travail,
au sein de la société actuelle. Et cette tendance aboutit (au contraire
de ce qui se passe en France) à des actes moins violents, moins
subversifs que la tendance politique.

On peut distinguer trois sortes de syndicats : les syndicats qu'on
pourrait appeler « à tendance marxiste » et qui sont de beaucoup
les plus nombreux; les syndicats libéraux; les syndicats chrétiens.

C'est vers 1865 que les ouvriers allemands cherchèrent à organiser
des groupements professionnels à l'imitation des *trade unions*
anglaises. Fritsche fonda à cette époque un syndicat des ouvriers
du tabac. En 1868, M. de Schweitzer, qui avait succédé à Lassalle à
la tête de l'*Association générale des ouvriers*, réunit un congrès de
délégués ouvriers à Berlin : 206 délégués, représentant 142 000 travailleurs, prirent part à ce congrès. Schweitzer y présenta un plan de
division de la classe ouvrière allemande en 32 groupements ayant
chacun un syndicat ou *Gewerkschaft* : de tous ces groupes il for-
mait une confédération des syndicats, un *Gewerkschaftsbund*, ayant
pour le représenter un comité permanent. Tout cela était un peu
théorique, car il ne se forma guère alors qu'une dizaine de syndicats.

Vers la même époque, à la suite du congrès tenu à Nuremberg
par les sociétés d'éducation ouvrière, d'autres syndicats furent
formés, non plus par un initiateur comme Schweitzer, mais par les
ouvriers eux-mêmes. Tandis que les doctrines lassalliennes domi-
naient dans les syndicats de Schweitzer, les tendances marxistes
dominèrent dans les syndicats fondés par les ouvriers.

Ces deux groupes de syndicats fusionnèrent en 1875, en même
temps que les partis politiques lassalliens et marxistes se récon-

ciliaient. Les syndicats furent frappés comme les socialdémocrates par la loi de 1878 : mais, quand cette loi cessa d'être en vigueur, en 1890, ils se reformèrent avec une vitalité extraordinaire. A cette époque ces syndicats marxistes comptaient 350,000 adhérents ; aujourd'hui ils en comptent 1,880,000.

Vers 1890, une question importante se posa. La plupart des États allemands interdisaient alors les coalitions de groupements politiques. Si donc on voulait centraliser les syndicats, en former de vastes fédérations nationales, il fallait leur enlever tout caractère politique : si l'on voulait leur conserver un caractère politique, il fallait renoncer aux fédérations. Les partisans de la première méthode s'intitulèrent *centralistes*, les partisans de l'indépendance locale et de l'action politique, *localistes*. Le congrès des syndicats tenu à Halberstadt en 1892 trancha la question en faveur des centralistes.

L'organisation des syndicats à tendance marxiste peut se résumer ainsi. A la base se place le groupe local, *Zweigverein* ou *Zahlstelle*, · ouvert aux ouvriers de tout âge et de tout sexe, sans qu'aucune adhésion aux principes socialistes soit exigée d'eux. L'ouvrier paye un petit droit d'entrée et une cotisation hebdomadaire. Des assemblées se tiennent en moyenne tous les mois : ce sont elles qui nomment le bureau, élu pour un an. Le Zweigverein recouvre les cotisations et distribue les secours.

La réunion de tous les groupes locaux d'une même industrie ou d'une même branche d'industrie constitue le *Centralverband* ou la *Gewerkschaft* : c'est le syndicat proprement dit. La Gewerkschaft se manifeste par des congrès réunis tous les deux ou trois ans, ou dans des circonstances exceptionnelles, et par l'existence d'un Bureau central établi dans une des villes où la Gewerkschaft compte le plus d'adhérents. C'est de l'activité et de l'énergie du Bureau central que dépendent la vitalité et le développement du syndicat.

Enfin, depuis 1890, les syndicats à tendance marxiste ont organisé une Union générale des syndicats qui se manifeste par des Congrès généraux, réunis tous les trois ou quatre ans (le dernier vient de se tenir à Hambourg) et par l'existence d'une Commission générale nommée par les congrès. Cette commission a longtemps siégé à Hambourg ; elle siège maintenant à Berlin : elle comprend

7 membres : son président, Carl Legien, est un des personnages les plus influents du socialisme allemand. Cette commission publie un *Correspondenzblatt*, journal hebdomadaire qui donne des renseignements sur l'ensemble des mouvements syndicalistes.

La situation juridique des syndicats est assez instable. Il n'y a pas, en Allemagne, de loi rappelant notre loi française de 1884 sur les associations professionnelles. Les ouvriers ont bien le droit de coalition depuis 1869, mais, pour l'organisation de leurs associations, ils sont placés sous le droit commun. Leurs réunions sont le plus souvent à la merci des commissaires de police qui peuvent les interdire sous un prétexte quelconque. Ils n'ont pas de personnalité juridique et sont très gênés dans la gestion de leurs intérêts financiers.

On prépare au Reichstag une loi sur les syndicats depuis plusieurs années. Un grand nombre de députés libéraux et centristes sont favorables à une législation assez libérale en cette matière, mais ils rencontrent parmi les conservateurs des adversaires redoutables, tels que le baron de Stumm-Halberg, directeur des forges de Sarrebrück.

A côté des syndicats, on a formé des *cartels* de syndicats, institution qui rappelle nos bourses de travail françaises. Le cartel de syndicats est la réunion de plusieurs syndicats d'industries différentes d'une même ville; c'est donc l'unité de lieu et non l'unité professionnelle qui est la base de ces cartels. Ils constituent une puissance redoutable en cas de grève, et surtout en cas de tendance à la grève générale, principalement dans les grandes villes, à Berlin, Hambourg, Leipzig. Ils n'ont cependant pas toute la force des bourses de travail françaises : en Allemagne, c'est le syndicat qui est la puissance type.

Depuis la loi de 1899 qui autorise les coalitions de groupements politiques, les syndicats localistes n'ont guère leur raison d'être : ils se sont maintenus cependant en gardant une tendance très révolutionnaire : c'est chez eux que fleurit l'*anarcho-sozialismus* [1], de formation récente, dont le Dr Friedeberg est le principal représentant.

---

1. L'anarchisme proprement dit est très peu développé dans la classe ouvrière allemande : il existe à l'état isolé chez quelques individus (peut-être plutôt chez des étudiants et des intellectuels que chez des ouvriers), mais il est loin d'avoir l'importance de l'anarchisme russe, italien, espagnol ou même français.

On pourrait rapprocher l'esprit de ces localistes de celui des membres les plus militants de la Confédération française du travail.

Les localistes sont peu nombreux, une quinzaine de mille environ, répartis en une trentaine d'organisations : mais ils s'agitent beaucoup : bien que s'intitulant *localistes*, ils n'ont pu échapper eux-mêmes à un certain besoin de centralisation : ils ont créé une Commission d'affaires de 5 membres qui publie un journal, *die Einheit*.

Le parti socialdémocrate s'émut des agissements de cette minorité révolutionnaire et, à Lübeck, on vota une résolution dans laquelle il était dit « que la lutte de la classe ouvrière sur le terrain politique et syndical exigeait une centralisation unitaire de toutes les forces dans les organisations concernées ».

Beaucoup de socialdémocrates voudraient que les localistes fussent exclus du parti comme compromettants : ceux-ci se sont attiré l'inimitié de Bebel en publiant dans leur journal le compte rendu d'une conférence privée que celui-ci aurait eue avec les chefs du syndicalisme, pour s'entendre contre la grève générale, entre les congrès d'Iéna et de Mannheim. En 1906, les localistes ont encore accru l'irritation des chefs du parti, en permettant aux libertaires d'entrer dans leurs rangs. Cependant, à Mannheim et à Essen, on a évité de prendre une décision d'exclusion totale contre eux, et ce n'est qu'à titre individuel que le Dr Friedeberg a été exclu du parti il y a quelques mois pour avoir traduit en allemand un livre d'Hervé.

Quel est le caractère des tendances des syndicalistes marxistes (localistes mis à part)? D'une manière générale, ces tendances sont plus modérées que celles des syndicalistes français. Les syndicalistes allemands, tout en étant en grand nombre affiliés au parti social-démocrate, sont, en tant que syndicalistes, plutôt « neutralistes » que politiciens; ils sont en quelque sorte indifférents vis-à-vis de la conquête des pouvoirs publics, de l'obtention de sièges au Reichstag. S'ils font de la politique, c'est, suivant l'expression de Bebel, de la politique ouvrière : ils luttent pour l'augmentation des salaires, pour la diminution des heures de travail.

Les syndicalistes ne se laissent pas entraîner par des idées, ils agissent suivant les événements, spontanément. Cette théorie de la

« spontanéité ouvrière » a été exposée chez nous par Griffuelhe.
« L'action syndicaliste, a dit celui-ci, n'est pas commandée par des
formules. Elle n'est pas davantage une manifestation se déroulant
suivant un plan prévu par nous d'avance. Elle consiste en une série
d'efforts quotidiens rattachés aux efforts de la veille non par une
continuité rigoureuse, mais uniquement par l'ambiance et par l'état
d'esprit régnant dans la classe ouvrière. » Mais, par suite de la différence de race, de caractère, cette spontanéité ouvrière est en France
violente, révolutionnaire : elle est en Allemagne plus lourde et plus
pondérée.

Les principaux moyens employés par les syndicalistes sont la
grève et le boycottage. Les grèves, en ces dernières années, ont
été fréquentes en Allemagne : mais elles se heurtent souvent aux
coalitions patronales ou « lock out », tactique employée en Allemagne plus souvent qu'en France.

Quelle a été l'attitude de la classe ouvrière allemande vis-à-vis
d'une idée très discutée au cours des dernières années, l'idée de
grève générale ? C'est probablement parmi les plus révolutionnaires
du syndicalisme, indépendants ou localistes, que cette idée a pris
naissance. Vers 1902, les théoriciens du parti socialdémocrate, Rosa
Luxembourg, Kautsky, Bernstein commencèrent à l'étudier. Au congrès syndicaliste de Cologne, en 1905, deux partis se trouvèrent en
présence, l'un, de beaucoup le plus nombreux, composé d'éléments
modérés et hostiles à la grève générale, l'autre plus révolutionnaire et
favorable à la grève. Suivant l'un des orateurs modérés, la grève générale, pour être efficace contre la bourgeoisie, devrait durer de vingt
à trente jours. Un autre modéré, Bœmelburg, prononça la fameuse
phrase : « Les syndicats, avant tout, ont besoin de tranquillité ».
D'autre part, von Elm, tout en combattant la grève générale *offensive*, soutint que la grève générale *défensive* pouvait avoir son utilité. Finalement la grève générale fut repoussée à une grande
majorité : il n'y eut que sept voix en sa faveur. Les syndicalistes
se rendaient compte que c'était une arme à deux tranchants qui
pouvait être aussi dangereuse pour eux que pour la bourgeoisie,
qui pouvait épuiser leurs ressources et les obliger à capituler.

La question revint au congrès du parti tenu la même année à
Iéna. Bebel et les chefs du parti ne voulurent pas être aussi affir-

matifs contre la grève générale que les syndicalistes, et firent voter par le congrès une résolution dans laquelle il était dit que, « dans le cas d'attentat contre le suffrage universel ou le droit de coalition, le congrès considérait comme un des moyens les plus efficaces l'emploi le plus étendu possible de la cessation du travail par les masses ».

Il y avait donc une sorte de flottement sur ce point, et l'on pouvait croire à une divergence de vues entre syndicalistes et social-démocrates. Mais, dans les mois qui suivirent le congrès d'Iéna, Bebel et ses amis s'assagirent et, au congrès de Mannheim, en 1906, ils firent voter une résolution, un peu obscure dans la forme, mais qui en réalité signifiait que les membres du parti se rangeaient à la modération des syndicalistes et repoussaient la grève générale. Celle-ci restait en définitive une sorte d'*ultima ratio*, un moyen extrême auquel on ne devait recourir que dans des circonstances exceptionnellement graves.

Notons que, sur la question de l'antimilitarisme, les syndicalistes allemands sont peut-être encore plus prudents que les membres du parti. En voici la preuve. Après les événements du Maroc et la tension des rapports franco-allemands, Griffuelhe se rendit à Berlin pour proposer à la Commission générale des syndicats de protester contre l'éventualité d'une guerre : 1° par une démonstration simultanée à Paris et à Berlin; 2° par la réunion d'une conférence extraordinaire des confédérations des deux pays. Les syndicalistes refusèrent en se retranchant derrière la différence de buts poursuivis dans les deux pays par les syndicats. « En Allemagne, dirent-ils, les syndicalistes n'ont pas de visées politiques, mais seulement des visées professionnelles. Adressez-vous aux socialdémocrates. » Mais Singer, président du groupe socialdémocrate au Reichstag, refusa à son tour de traiter directement avec Griffuelhe sans passer par l'intermédiaire du parti socialiste unifié français. Et ce prétexte lui permit d'éluder la réponse. Griffuelhe revint à Paris sans avoir rien obtenu.

Les syndicalistes emploient aussi, pour améliorer leur sort, des moyens plus pacifiques que la grève. Ils parviennent, dans certaines professions, à conclure avec les syndicats patronaux des contrats collectifs de travail et à établir des *tarifs communs*. Ce sont surtout les imprimeurs qui ont donné l'exemple dans cette voie. Ils ont, vers 1896, établi des tarifs communs applicables à toute l'Allemagne moins l'Alsace. Deux comités, composés en partie égale de patrons et d'ouvriers, sont chargés de veiller à l'exécution des tarifs : pour trancher les difficultés qui peuvent s'élever à leur occasion, on a créé des tribunaux arbitraux.

Tous les syndicalistes allemands ne sont pas marxistes : un certain nombre d'entre eux font partie de syndicats fondés par des libéraux : ces syndicats, dont l'entrée n'est permise qu'à ceux qui déclarent repousser les doctrines collectivistes, sont appelés « syndicats Hirsch-Dunker », du nom de leurs principaux fondateurs, le Dr Hirsch et le député Dunker. C'est en 1868 que les premiers syndicats libéraux furent organisés sur le modèle des trade-unions : au lieu de faire appel à la lutte de classes, ces syndicats cherchaient à établir une conciliation entre les intérêts des ouvriers et ceux des patrons.

Ces syndicats, qui ont progressé d'une façon lente mais assez régulière, comptent actuellement environ 118,000 membres. Ils comprennent surtout deux grands syndicats, celui des mécaniciens et celui des « manœuvres et ouvriers de fabriques ».

A la base de ces associations on trouve des groupes locaux, des *Ortsvereine*, dont l'ensemble forme le syndicat proprement dit ou *Gewerkverein*. Tous ces Gewerkverein réunis forment une fédération générale ou *Verband* qui tient des congrès tous les trois ans et qui a pour organe permanent un Conseil ou *Centralrath*; parmi les membres du Centralrath nous remarquons un personnage important, l'*Anwalt* ou conseiller juridique de la fédération : c'est le cerveau directeur de ce groupe de syndicats : en fait, l'Anwalt a été pendant plus de trente ans le Dr Hirsch lui-même.

Les tendances de ces groupes sont plus pacifiques que celles des syndicats marxistes. Dans leur tactique, ils mettent la persuasion, l'entente avec le patron au premier plan, la grève au second plan. Ce que le Dr Hirsch a surtout cherché à créer, ce sont des tribunaux de conciliation ou d'arbitrage entre patrons et ouvriers : mais il faut avouer qu'il n'y a pas souvent réussi.

Enfin il existe en Allemagne un troisième groupe de syndicats, les syndicats chrétiens, de formation récente. Ils ont été fondés sous l'influence des deux grandes associations catholiques, « l'Union catholique des industriels et amis des ouvriers » et « l'Association populaire de l'Allemagne catholique ». Cette dernière association, très nombreuse, placée sous la direction du parti du Centre au Reichstag, a une grande influence dans les régions catholiques[1].

C'est dans la fameuse région industrielle de la vallée de la Ruhr, parmi les mineurs, que s'organisa, en 1894, le premier syndicat chrétien, le « syndicat des mineurs chrétiens du district de Dortmund ». Des syndicats analogues se formèrent dans les années suivantes, notamment parmi les employés de chemin de fer, et, en 1899, le premier congrès d'ensemble de ces syndicats se tint à Mayence : 38 délégués y représentèrent 100,000 ouvriers. Au 1er janvier 1905 ces syndicats comptaient 274,000 adhérents; ils en comptent probablement aujourd'hui plus de 300,000.

Nous retrouvons dans les *Gewerkvereine* chrétiens les trois divisions que nous avons déjà rencontrées dans les autres groupes, à savoir : groupements locaux, *Gewerkvereine* proprement dits ou *Centralverbande*, union générale ou *Gesamtverband* avec des assemblées régulières, un comité, un bureau directeur.

Ces syndicats ont un journal, les *Mitteilungen*, fondé en 1901 à München-Gladbach.

Ils présentent un caractère intéressant : ils ne sont, en théorie du moins, ni catholiques, ni protestants : ils sont chrétiens, interconfessionnels : les buts confessionnels y sont subordonnés aux buts sociaux.

La tendance de ces syndicats est aussi pacifique que celle des libéraux : ils sont réformistes et ne réclament que des améliorations partielles, sans bouleversement catastrophique de la société : cependant ils ne reculent aucunement devant l'emploi de la grève. De même que l'influence de Legien domine parmi les syndicats marxistes, c'est celle du mineur Auguste Brust qui domine dans les syndicats chrétiens.

---

1. Deux pasteurs, MM. Stœker et Naumann, ont cherché à pousser aussi les ouvriers protestants à former des syndicats chrétiens.

Il existe aussi en Allemagne un mouvement coopératif, moins étendu peut-être qu'en Angleterre, mais encore considérable. L'esprit associationniste des Allemands ne pouvait pas négliger cette forme de groupement dont les avantages économiques sont évidents.

Ce mouvement, organisé entre 1850 et 1860 par Schulze-Delitsch, est resté longtemps sous la direction des idées libérales : les éléments prépondérants étaient des éléments artisans et « petit bourgeois ». Mais, depuis une dizaine d'années, ces sociétés coopératives ont changé de caractère : les éléments ouvriers et socialistes s'y sont introduits et multipliés avec une vitalité singulière. Les ouvriers ont surtout fondé des coopératives de consommation, tandis que les coopératives de crédit restaient entre les mains des petits bourgeois ou des paysans petits propriétaires.

Les coopératives de consommation sont donc en quelque sorte les alliées du parti socialiste et des syndicats. Bernstein leur est ouvertement favorable : von Elm, un des anciens chefs du syndicalisme, fait beaucoup de propagande pour elles. Enfin le congrès du parti réuni à Hanovre en 1899, sans leur attribuer un rôle décisif, a estimé que ces sociétés pouvaient introduire de sérieuses améliorations dans la situation économique de leurs membres.

L' « Union générale des coopératives allemandes », organisme central des sociétés coopératives non agricoles chez qui était resté prédominant l'esprit libéral, a fait en 1902 une sorte de coup d'état en expulsant de son sein 98 coopératives de consommation qu'elle jugeait trop imbues d'esprit socialiste.

La plupart des coopératives de consommation se joignirent aux sociétés expulsées et fondèrent avec elles l' « Union générale des Sociétés de consommation allemandes ».

Le nombre des sociétés coopératives allemandes est considérable : il est d'environ 14,000, avec plus de 2 millions de membres [1].

Ce mouvement socialiste allemand, si important et si bien organisé, fait-il encore des progrès, ou bien, après une effervescence considérable, a-t-il atteint le niveau des hautes crues et reste-t-il stationnaire, ou même est-il en décroissance? On peut se poser cette

---

1. Et ces chiffres ne sont pas tout à fait récents.

question puisque, aux dernières élections pour le Reichstag, le parti socialdémocrate a essuyé un sérieux échec.

Nous croyons pour notre part que ce n'est là qu'un recul accidentel ayant des causes spéciales et que les tendances socialistes sont en Allemagne plutôt en voie d'accroissement que de décroissance.

Les élections de 1907 ont été défavorables aux socialistes pour les raisons suivantes : 1° Beaucoup de « bourgeois » qui s'étaient abstenus en 1903, ont voté en 1907 parce qu'il s'agissait d'une question d'honneur national, et, d'autre part, parce qu'ils avaient été effrayés par le spectre de la Révolution russe et par les menaces de grève générale qui avaient eu lieu l'année précédente ; 2° Beaucoup de paysans ont été mécontents de la campagne menée par les socialistes en faveur de l'abaissement du prix de la viande et du bétail, et ont voté pour les agrariens ; 3° Les partis conservateurs ont mené une campagne très active contre les socialistes : une société politique, le *Reichsverband*, fondée en 1903 par des agrariens, a lutté avec une âpreté des plus caractérisées, et le *Flottenverein* a également jeté dans la balance électorale, du côté conservateur, des fonds importants (d'origine privée, prétend cette ligue, mais peut-être d'origine gouvernementale, ont prétendu les centristes et les socialistes).

Malgré ces circonstances spéciales, les voix socialistes ont encore augmenté de 248,000. Et les socialistes font remarquer que si la délimitation électorale n'avait pas été maintenue telle qu'elle était en 1869, malgré l'énorme accroissement de la population, ils devraient avoir, avec leurs 3 millions de voix, 116 députés au lieu de 43. Mais le gouvernement a bien soin de ne pas faire ce remaniement de circonscriptions qu'il sait devoir lui être défavorable.

Si le parti socialdémocrate n'est pas en décroissance, que dire des syndicats? Pour ceux-ci, les chiffres sont d'une éloquence formidable. En 1904 les syndicalistes marxistes étaient au nombre de 1,116,000 : à la fin de 1907 leurs 65 organisations comprenaient 1,880.000 adhérents.

Cette machine redoutable qu'est le socialisme allemand a-t-elle des chances de réussir, placée qu'elle est en face de cette autre redoutable machine, le gouvernement impérialiste, militaire et fonctionnariste de l'Allemagne?

Il y a plusieurs sortes de réussites en matière de socialisme. La réussite totale, le bouleversement catastrophique de l'ordre établi, l'arrivée du grand soir ou de l'aube triomphale, nous ne croyons pas que le socialisme allemand soit en état de l'obtenir de long-temps. Mais il y a une autre réussite possible, c'est l'obtention lente et progressive de réformes économiques, et celle-là, peut-être, le socialisme allemand pourra-t-il l'obtenir un jour grâce à ses caractères particuliers. Certes il n'a pas l'audace du socialisme français et ne monte pas avec la même désinvolture à l'assaut de la société capitaliste : c'est ce qui permet à l'écrivain socialiste Berth de dire : « Le socialisme allemand ne constitue plus main-tenant qu'une force conservatrice et réactionnaire dans le socia-lisme international ». D'autre part, il n'a pas le fanatisme aveugle et terrifiant du révolutionnarisme russe. Mais il a, comme ces autres socialismes, une foi ardente qui a permis assez justement de comparer le mouvement socialiste à un mouvement religieux d'un genre spécial, et de plus il a sa ténacité, il a la profondeur de ses masses, la solidité de sa structure. Il n'aboie pas, mais il gronde sourdement, comme un ours puissant, et il avance. Il réfléchit avant d'agir et cela vaut mieux pour le progrès final que d'agir sans réfléchir. « Si un Allemand a une tache à son habit, a dit un jour le vieux Bœrne, il étudie d'abord la chimie, puis il enlève la tache. » L'ouvrier allemand n'a pas encore enlevé les taches dont il juge que sa situation économique est souillée, mais il étudie la chimie sociale.

Si donc la réussite du socialisme allemand sous sa forme collec-tiviste pure nous semble peu réalisable, il n'est pas impossible que les idées réformistes d'un Bernstein ou la tactique pratique d'un Legien n'obtiennent un jour gain de cause pour celles de leurs réclamations qui sont compatibles avec la stabilité générale de la nation allemande.

GASTON ISAMBERT.

LES SAINT-SIMONIENS & LES CHEMINS DE FER

L'ÉLABORATION DU RÉSEAU

La division, désormais classique, des doctrines socialistes en socialisme utopique et en socialisme scientifique, celui-ci embrassant les systèmes émis depuis 1848 et celui-là les théories antérieures à cette époque, peut donner à croire que le Saint-Simonisme, par cela même qu'il appartient à la période utopique, ne fut qu'une doctrine idéale, sortie toute construite du cerveau d'un rêveur, et sans rapport aucun avec les réalités et les faits. Ce serait là une erreur. Car, de toutes les théories socialistes, le Saint-Simonisme est peut-être la seule qui ait rendu service à l'humanité, en amenant une amélioration considérable dans la condition des hommes et dans les relations internationales.

Saint-Simon et ses disciples ont su, par la place qu'ils ont faite dans leur doctrine à l'exécution des grands travaux publics, entraîner des financiers et des ingénieurs à se lancer dans des entreprises considérées à cette époque comme hasardeuses, et ce sont les Saint-Simoniens qui, par leurs écrits et par leur action, ont fait naître et prospérer en France l'industrie des chemins de fer.

C'est ce rôle, encore aujourd'hui peu connu, des Saints-Simoniens que nous voudrions mettre en lumière dans cette étude.

Après avoir dit quelques mots de Saint-Simon et de son système industriel, — car on y trouve l'origine des théories professées plus tard par ses disciples, — nous examinerons l'importance prise dans leur doctrine par les grands travaux publics, afin de nous expliquer comment elle a pu séduire des ingénieurs et des financiers; puis nous passerons en revue les principaux écrits des Saint-Simoniens sur les chemins de fer, appréciant le mouvement d'opinion qu'ils sont arrivés à créer en leur faveur, et la part qu'ils ont prise à l'élaboration du réseau. Il nous restera alors à voir, dans un second article, ces ingénieurs et ces financiers à l'œuvre, prêtant leur concours à l'exécution des lignes les plus importantes, et assurant par leur collaboration le succès de cette industrie en France.

*
* *

Claude-Henry de Rouvroy, comte de Saint-Simon, débuta, comme tout noble à cette époque, dans la carrière des armes; c'était en 1777 : il avait alors dix-sept ans. En 1779, il partit pour l'Amérique combattre en faveur de l'indépendance des colonies anglaises. Il se battit bien; mais, comme il l'avoue lui-même, la guerre l'intéressait peu et il se sentait plus d'inclination pour les travaux pacifiques. Aussi profita-t-il de son séjour en Amérique pour proposer au vice-roi du Mexique l'exécution d'un canal, qui aurait relié les deux océans; mais ce projet d'un canal de Panama ne reçut qu'un accueil assez froid.

Rentré en France, Saint-Simon quitta l'armée et se mit à voyager. Après avoir suivi les cours de Monge à Metz et parcouru la Hollande, il alla en Espagne : là il prépara, avec un financier célèbre, le comte de Cabarrus, un projet de canal entre Madrid et la mer. A la suite de l'insuccès de cette proposition, il se rendit en Andalousie, où il fonda une entreprise de messageries, donnant ainsi un nouveau témoignage de l'intérêt qu'il portait au développement des moyens de communication.

Vint la Révolution : Saint-Simon s'enrichit en spéculant sur les biens nationaux. Puis persuadé qu'il avait une mission sociale à remplir et convaincu que pour s'en bien acquitter il lui faudrait des connaissances scientifiques, il résolut d'étudier les sciences physico-mathématiques; il s'installa en face de l'École Polytechnique et en suivit les cours pendant trois ans. Convaincu que « les savants sont appelés à être les chefs des peuples », il estime alors qu'il ne suffit pas de connaître la science; mais qu'il est non moins utile de connaître les savants : il organise à ses frais des cours gratuits sur les matières enseignées à l'École Polytechnique, s'entoure de savants, encourage les jeunes gens, ouvre un salon « où il veut élaborer la philosophie des sciences en voyant vivre sous ses yeux la tête de l'humanité ».

On retrouve cette idée de la prédominance des savants dans ses *Lettres d'un habitant de Genève*, où il soutient que « le gouvernement appartient de droit à ceux qui savent ».

Désormais la théorie qu'il va présenter, développer et soutenir, ne va plus varier : une nation n'est qu'une grande « société d'industrie » et « la société est l'ensemble et l'union des hommes livrés à des travaux utiles. » Par conséquent « le but unique où doivent tendre toutes les pensées et tous les efforts, c'est l'organisation la plus favorable à l'industrie[1] ». Et il résume toute sa doctrine en cette phrase qu'il inscrit en exergue sur son *Catéchisme des Industriels* : « Tout par l'industrie, tout pour elle. »

L'intérêt des gouvernants ainsi que des gouvernés, c'est « d'accroître l'importance politique des industriels »; la mission que Saint-Simon a reçue, c'est précisément « de faire sortir les pouvoirs politiques des mains du clergé, de la noblesse et de l'ordre judiciaire pour les faire entrer dans celles des industriels[2] »; le devoir du roi est de leur remettre le pouvoir, comme le devoir des industriels est de réclamer le pouvoir au roi.

Les seuls hommes utiles, ce sont : les savants, chargés de la découverte des lois de l'exploitation du globe; les industriels, chargés de l'administration; et les artistes, chargés d'éclairer la marche ou de la hâter, grâce à leur inspiration ou à leur intuition.

Telles sont, brièvement résumées, les idées les plus importantes, à notre point de vue, contenues dans les écrits de Saint-Simon. Sans doute, il n'y est nulle part question de chemins de fer : mais comment en serait-il autrement à une époque où personne, en France, ne parlait encore de cette invention? Car, comme nous le verrons, les Saint-Simoniens furent moins des inventeurs que d'admirables vulgarisateurs. Mais par la place donnée dans sa vie aux travaux publics et dans ses écrits à l'industrie, par la prédominance qu'il veut assurer aux savants et aux industriels, Saint-Simon a séduit des ingénieurs et des financiers et suscité chez ses disciples l'idée de donner la première place à l'industrie et aux travaux publics, donc plus tard aux chemins de fer, dans la doctrine qu'ils allaient édifier d'après les écrits du maître.

1. *L'Industrie*, p. 35.
2. *Système industriel*, p. 167.

*
* *

Quand il mourut, au mois de mai 1825, Saint-Simon projetait de
fonder avec quelques amis un journal de propagande, *le Producteur*.

Le maître mort, ses disciples, parmi lesquels se trouvaient un
ancien répétiteur à l'École Polytechnique, devenu banquier, Olinde
Rodrigues, et un ancien Polytechnicien, également placé dans une
maison de banque, Prosper Enfantin, ses disciples fondèrent une
société pour publier le journal annoncé. On pouvait remarquer sur
la liste des souscripteurs trois noms qui allaient devenir célèbres
par les chemins de fer : Mellet, Emile et Isaac Péreire. La rédaction de
ce journal fut confiée à un ancien conspirateur, Cerclet, qui devint
par la suite maître des requêtes au Conseil d'État et membre de la
commission des chemins de fer en 1837.

Le premier article du *Producteur*, *Journal de l'Industrie, des
Sciences et des Beaux-Arts*, est consacré à une institution, dont la
création est jugée indispensable par les Saint-Simoniens : la
« Société commanditaire de l'industrie » : on peut voir dans cette
banque, qui devrait « commanditer les entreprises industrielles de
tout genre [1] », l'idée première du fameux Crédit Mobilier, qui, fondé
en 1852 par les frères Péreire, fut d'un grand secours pour les entreprises de chemins de fer.

Cette invention, venue d'Angleterre, avait à peine fait son apparition en France, dans la région de la Loire, que déjà le *Producteur*
en exposait à ses lecteurs les principaux avantages : ce journal en
avait parlé, de façon incidente, dès 1825 [2]; mais la question n'y fut
traitée sérieusement qu'en 1826.

Dans un article sur « Les routes à ornières de fer, comparées avec
les canaux et les routes ordinaires [3] », J.-J. Dubochet montre que de
toutes les inventions « il en est peu qui promettent des avantages plus
généraux que l'établissement d'un système de communications intérieures, par le moyen de routes à ornières de fer »; il y a là « une
source vierge et abondante de richesses et d'amélioration sociale »,

1. *Le Producteur*, t. I, p. 11.
2. *Ibid.*, t. I, p. 230 et p. 389.
3. *Ibid.*, t. II, pp. 5 et ss., pp. 97 et ss.

car ce moyen de transport est moins coûteux, plus rapide et plus sûr que tous ceux employés jusqu'à ce jour. Il développe même cette idée, peu commune à cette époque, où l'on n'envisageait encore que le transport des produits, que ces chemins de fer pourraient servir au transport des voyageurs : « avec une facilité et une célérité de communication si grandes,... les rapports d'homme à homme, de province à province, de nation à nation seraient prodigieusement accrus. » Et J.-J. Dubochet avance « avec confiance que l'usage général des chemins à ornières et des voitures à vapeur, pour toutes sortes de communications intérieures... est peut-être destiné à opérer une plus grande révolution dans l'état de la société civile que la grande découverte de la navigation elle-même. »

Sa conclusion, c'est que « l'opportunité de leur adoption est évidente. La question, selon nous, est tellement importante, qu'elle aurait déjà dû exciter la sollicitude des industriels et occuper les veilles des savants... Nous leur soumettons en ce moment la question des communications intérieures d'un pays et de l'établissement de routes à ornières de fer et de machines à vapeur mobiles comme système général de communications et de transport. »

En octobre 1826, le *Producteur* cessa de paraître; son existence avait été de courte durée, mais son rôle n'avait pas été nul; car, en traitant du développement industriel et scientifique, il avait aidé à fonder l'École.

Cette école ne comprenait encore qu'un petit nombre de membres; les conversions étaient rares; c'était auprès des Polytechniciens que l'on réussissait le mieux : « Il faut, écrivait Enfantin, que l'École Polytechnique soit le canal par lequel nos idées se répandent dans la Société [1]. » Et il avait organisé chez lui des réunions auxquelles étaient invités tous les Polytechniciens se trouvant à Paris : Mellet et Léon Talabot y vinrent des premiers; ces adeptes lisaient et faisaient lire autour d'eux le *Producteur*.

Ainsi l'École Polytechnique fournit les premiers disciples, ceux qui devinrent les plus ardents, et qui vont se montrer aussi les plus chauds partisans des chemins de fer : Michel Chevalier, Henri Fournel, etc.

---

1. *Œuvres de Saint-Simon et d'Enfantin*, t. XXIV, p. 86.

L'un d'eux, Fournel, s'était déjà distingué en traçant, dès 1825, le plan d'un réseau de chemins de fer, en vue de conjurer la ruine prochaine des industries de la Champagne.

Ces disciples se consacrèrent à l'exposition de la doctrine édifiée d'après les idées du maître; l'idée de la prédominance des savants et des industriels faisait naturellement le fond de cet enseignement. Peu à peu, sous prétexte de s'adresser non seulement aux esprits, mais aussi aux cœurs, la doctrine se transformait en religion; corrélativement, l'École se transforma en Église. Il y eut deux Pères, Enfantin et Bazard; un collège, dont firent partie Michel Chevalier, Fournel, Edmond Talabot, Gustave d'Eichtal; des membres du second degré, comme Émile et Isaac Péreire; des membres du troisième degré, comme Jules Séguin, Capella; enfin, des catéchumènes. Léon et Paulin Talabot, Lamé, Clapeyron firent aussi partie de cette phalange d'ingénieurs saint-simoniens, dont nous venons de citer les principaux.

Enfin, au nombre des disciples les plus convaincus et les plus actifs se trouvaient deux hommes de lettres, qui devaient plus soumettre leur plume au service de la cause des chemins de fer, Charles Duveyrier et Emile Barrault.

Cette transformation de l'École en Église n'avait pas été sans provoquer une opposition et il y avait eu quelques défections. Mais le vide produit allait bientôt être comblé; à « l'expansion silencieuse » succéda la propagande, et dès lors les conversions se firent plus nombreuses :

Cette propagande, les Saint-Simoniens l'exercèrent par plusieurs moyens : ils firent de nombreuses conférences à Paris; ils organisèrent des missions en province et à l'étranger; enfin ils répandirent leurs idées par la voie du journal.

*
* *

En juillet 1829, Laurent, l'un des disciples les plus convaincus, fonda l'*Organisateur*; mais lorsque le *Globe*, le grand journal libéral de l'époque, eut passé, au mois de novembre 1830, aux mains des Saint-Simoniens, ce fut lui qui devint l'organe de l'École.

La direction en fut confiée à Michel Chevalier, et cette fonction,

nous dit un de ses biographes, « ne contribua pas peu à fonder la
réputation de M. Michel Chevalier, outre qu'elle le mit en relation
avec certains hauts personnages de robe et de finance, à demi
Saint-Simoniens, mais trop prudents pour l'afficher, et qui, d'ailleurs, étaient encore bien éloignés d'accepter toutes les idées nouvelles [1] ».

Le *Globe* reprend et développe la doctrine telle qu'elle résulte de
l'exposé qui en est fait dans les conférences et au cours des missions; il proclame la suprématie de l'industrie, réclame le pouvoir
pour les savants et les industriels. Pour relever l'industrie et améliorer la condition sociale des travailleurs, il faut réorganiser le
crédit [2], supprimer les lignes de douane, travailler à établir la paix
universelle, enfin entreprendre de grands travaux publics.

Ainsi le *Globe* se trouve amené à réclamer la création de chemins
de fer : il mène alors en leur faveur une campagne qui ne tarde pas
à devenir très active et qui finira par porter ses fruits.

Au début, le *Globe* n'avait parlé des chemins de fer que de façon
accidentelle [3]; mais bientôt « le passé s'écroule, l'avenir surgit », et
l'avenir, c'est le régime de l'industrie : elle met au service de
l'homme, l'eau, le fer et le feu « qui, sur un chemin de fer, plus
rapides que des coursiers, entraînent de lourds chariots [4] ».

Le 10 décembre 1831, la question des chemins de fer est, pour la
première fois, sérieusement traitée : l'auteur de l'article, probablement M. Chevalier, après avoir déploré que, depuis les événements
de Juillet, les gouvernements européens eussent « dans leurs préoccupations guerrières » dépensé 1 400 millions « pour se faire peur
les uns les autres », supposait qu' « animés de l'esprit de paix et
d'association », ils eussent employé cette somme à « établir entre
les villes principales de l'Europe un système de communications
auprès duquel toutes les merveilles des voies de transport
anglaises n'eussent été que de mesquines entreprises ». Ils auraient
exécuté un chemin de fer reliant Cadix, Madrid, Paris, Berlin,
Posen, Varsovie, Saint-Pétersbourg, en passant par les villes princi-

1. G. Biard, *Biographie véridique de M. Michel Chevalier*, p. 17 (Paris, 1842).
2. Le *Globe*, 4 avril 1831 et n°° suivants.
3. *Ibid.*, 29 juin, 8 septembre, 26 octobre 1831.
4. *Ibid.*, 15 août 1831.

pales de chaque pays; on aurait ensuite établi en croix sur cette
ligne immense des routes en fer allant de Barcelone à Lisbonne par
Madrid, de Marseille au Havre par Paris, de Breslau à Hambourg
par Berlin, etc. Ce magnifique réseau de 1 400 myriamètres ne
coûterait que les 1 400 millions « si stérilement dépensés en armements » et « son exécution changerait la face de l'Europe ».

Mais il ne suffisait pas de demander des chemins de fer; une autre
question se posait aussitôt : qui est-ce qui les exécuterait? Dans
une série d'articles sur les « travaux publics[1] », l'un des apôtres,
Stéphane Flachat, étudie cette question, qui, quelques années plus
tard, fera au sein des Chambres l'objet de longues discussions,
retardant l'exécution du réseau français. En particulier, St. Flachat
dénonce, avec une grande justesse de vue, les abus auxquels donnera lieu le système de l'adjudication; car ce procédé, fréquemment employé sous la Monarchie de Juillet, contribuera à provoquer, en 1847, une crise terrible pour les entreprises de chemins
de fer.

Michel Chevalier s'emploie activement à cette propagande industrielle; à plusieurs reprises, il demande au gouvernement d' « imprimer à la société une immense activité pacifique, par la création
d'un vaste ensemble de communications, chemins de fer, canaux,
routes; par l'établissement d'institutions de crédit...; par la fondation... de hautes écoles où seraient formés les officiers de l'armée
pacifique des travailleurs[2] ».

Mais ce qui devait surtout appeler l'attention sur M. Chevalier en
même temps que sur la campagne menée par les Saint-Simoniens en
faveur des chemins de fer, ce fut son *Système Méditerranéen*, qui
eut un grand et légitime retentissement[3].

M. Chevalier commence par y démontrer « l'immense utilité des
chemins de fer pour améliorer le sort des nations », car de tous les
moyens de communication, c'est le plus facile et le plus rapide; et il
évoque le jour où « un voyageur, parti du Havre de grand matin,
pourra venir déjeuner à Paris, dîner à Lyon et rejoindre le soir

1. *Le Globe*, 1er, 12 et 29 décembre 1831, 7 et 20 janvier 1832.
2. *Ibid.*, 14 et 18 janvier 1832.
3. *Ibid.*, 20 et 31 janvier, 12 février 1832; ou *Politique industrielle. Système
de la Méditerranée* (Paris, 1832).

même à Toulon le bateau à vapeur d'Alger...; de ce jour un immense changement sera survenu dans la constitution du monde... L'introduction, sur une grande échelle, des chemins de fer sera une révolution non seulement industrielle, mais politique. »

Puis après avoir établi que la paix est indispensable au repos des peuples, parce qu'il est impossible de fonder un équilibre européen par la guerre, M. Chevalier montre que la paix définitive doit reposer sur la conciliation de l'Orient et de l'Occident : « la Méditerranée va devenir le lit nuptial de l'Orient et de l'Occident ». L'avenir est à l'industrie, et celle-ci « se compose de centres de production unis... entre eux par des voies de transport »; on peut ainsi « considérer la Méditerranée comme une série de grands golfes qui sont chacun l'entrée d'un large pays sur la mer »; dans chacun de ces golfes, on choisira le port principal, d'où partira « un chemin de fer qui, remontant la vallée médiane, irait par-dessus ou à travers le versant des eaux chercher une autre vallée de premier ordre... Et ces systèmes partiels, tous rattachés entre eux, constitueraient le système général ».

En France, on établirait un chemin de fer reliant Marseille et le Havre, par Lyon et Paris; d'autres lignes feraient communiquer Toulouse avec l'Allemagne, par Bordeaux, Orléans, Paris, Metz, avec embranchement de Paris sur la Belgique; Lyon avec Maëstricht et Amsterdam; Paris avec Nantes et Brest.

Michel Chevalier trace ensuite les réseaux qui sillonneraient l'Espagne, l'Italie, l'Allemagne, la Russie, et même la Turquie d'Asie et la côte d'Afrique.

Enfin, on percerait les isthmes de Suez et de Panama, on rendrait navigables les principaux cours d'eau, on sillonnerait de bateaux à vapeur la Méditerranée, on améliorerait l'agriculture, on créerait un vaste système de banques et un ensemble d'écoles et de musées.

Ce réseau de chemins de fer, d'environ 6 000 myriamètres, coûterait 4 milliards et demi, c'est-à-dire « à peu près ce qu'a emprunté la France depuis le commencement de la Révolution pour faire la guerre ». La réalisation de ce plan gigantesque de travaux publics exigerait 18 milliards; les dépenses militaires des puissances européennes s'élevant chaque année à 1 500 millions, il suffirait d'appliquer pendant douze ans cette somme à l'exécution de ce programme;

et « le monde aurait changé de face sans que les peuples eussent augmenté d'une centime leurs budgets ».

Enfin l'armée serait employée à l'exécution de ces travaux. Les résultats de cette réalisation seraient la sécurité et un immense développement de l'industrie.

Ce projet, très sérieusement étudié, est aujourd'hui presque complètement réalisé; cependant les contemporains le prirent pour un rêve et ils ne virent en Michel Chevalier que le Jules Verne de l'économie politique.

Mais ce plan était beaucoup trop vaste pour être exécuté immédiatement; il fallait, pour être entendu, demander l'exécution d'une ligne unique : ce fut le chemin de fer du Havre à Marseille. Ch. Duveyrier le réclame comme le « moyen de donner du travail aux ouvriers et la paix à tout le monde [1] »; St. Flachat se joint à lui pour en demander l'exécution [2]. Et bientôt le *Globe* peut annoncer que la concession de cette ligne a été demandée [3].

Il ne suffisait pas de proposer la création des chemins de fer; il fallait prévoir des ressources pour faire face aux dépenses d'exécution : en particulier 100 millions sont nécessaires pour l'entier achèvement du chemin de Marseille au Havre. M. Chevalier propose de « garantir à la Compagnie un revenu de 2 à 3 millions pendant trente ans...; ce mode d'encouragement... serait d'une admirable fécondité [4] ». En effet, car le système proposé par Michel Chevalier, c'est tout simplement la garantie d'intérêt, et c'est à la généralisation de ce mode d'encouragement que nous devons l'entière exécution du réseau français.

Les sommes nécessaires pour faire face à cette garantie seraient fournies, proposent Delaporte [5], et Michel Chevalier [6], par les réserves de la caisse d'amortissement : car, la rente étant au-dessus du pair, les 80 millions destinés à opérer des rachats de titres demeurent chaque année inemployés, et ce seront ces ressources, en effet, qui seront affectées par le Gouvernement de Juillet aux dépenses d'exécution du réseau.

1. *Le Globe*, 21 février 1832.
2. *Ibid.*, 4 mars 1832.
3. *Ibid.*, 21 mars 1832.
4. *Ibid.*, 8 mars 1832.
5. *Ibid.*, 25 mars 1832.
6. *Ibid.*, 30 mars 1832.

Les chemins de fer deviennent alors pour les Saint-Simoniens la panacée universelle. Le choléra s'abat sur Paris et y fait de nombreuses victimes : aussitôt St. Flachat, Ch. Duveyrier, M. Chevalier joignent leurs voix pour demander de grands travaux publics, chemins de fer et travaux d'édilité, accompagnés de fêtes publiques[1]; il faut que le roi mette fin au choléra par « un coup d'État industriel », qui consisterait à modifier par ordonnance la loi d'expropriation et à créer, toujours par ordonnance, des fonds pour l'exécution des chemins de fer. On pourrait enfin commencer les grandes lignes : « l'ouverture des travaux et leur inauguration se feraient avec pompe et seraient célébrées par des fêtes publiques. Tous les corps de l'État viendraient avec leurs insignes prêcher l'exemple. Le roi et sa famille, les ministres, le Conseil d'État, la Cour de Cassation, la cour royale, ce qui reste des deux Chambres, y apparaîtraient fréquemment et manieraient la pelle et la pioche. Le vieux Lafayette y assisterait certainement plusieurs heures par jour. Les régiments viendraient y faire leur service en grande tenue, avec leur musique. Les escouades de travailleurs seraient commandées par les ingénieurs des ponts-et-chaussées et des mines, par les élèves de l'École Polytechnique, tous en grand uniforme. Le canon marquerait le commencement et la fin de la journée et sonnerait les heures. Les femmes les plus brillantes se mêleraient aux travailleurs pour les encourager. La population, devenue ainsi exaltée et fière, serait certainement invulnérable au choléra. »

Des soulèvements éclatent en Vendée; l'établissement d'un chemin de fer sera l'un des moyens de pacifier ce pays. « Le devoir et la mission de la presse », c'est de pousser le roi à prendre ces mesures; et H. Fournel donne le texte de l'ordonnance que le roi devrait rendre[2].

Mais le *Globe* touche à sa dernière heure : le 20 avril 1832, il cesse de paraître faute d'argent. L'effort des Saint-Simoniens avait, en effet, été considérable : depuis le 5 septembre 1831, leur journal était distribué gratuitement à plus de 4 000 exemplaires; en particulier, on l'envoyait aux ingénieurs et aux industriels. Et on a

1. *Le Globe*, 2, 9, 11, 16 avril 1832.
2. *Ibid.*, 13 avril 1832.

calculé que, de 1830 à 1832, les Saint-Simoniens avaient publié
près de 18 millions de pages.

En outre, de nombreuses feuilles de propagande étaient distribuées dans les rues; dans ces feuilles on exposait les principaux
points de la doctrine; dans beaucoup il était question des chemins
de fer [1]. Pour répandre leurs idées, les Saint-Simoniens eurent même
recours à la chanson; dans le *Chant du travail,* on proclamait sur
l'air de la *Marseillaise,* le prochain avènement des chemins de fer :

> . . . .
> La vapeur, brisant tout obstacle.
> Donne des ailes aux bateaux,
> Et d'un char, roulant sans chevaux,
> La vitesse tient du miracle.
>
> Courage ! mes amis, ensemble travaillons ;
> Marchons, que notre ardeur féconde nos sillons.
>
> Dans nos campagnes, dans nos villes,
> Voyez ce peuple doux et fort :
> Il change en instruments utiles
> Ces mousquets, instrumens de mort.
> Et le fer, en lames glissantes,
> Serpentant par mille chemins,
> Unit les fraternelles mains
> De cent nations florissantes.

Des réunions spéciales et une correspondance très active avaient
été établies pour accroître les relations avec les ingénieurs; parmi
les anciens élèves de l'École Polytechnique, qui, à la suite des
articles sur les chemins de fer, se mirent sous les ordres d'Enfantin,
citons : Bineau, Bonnet, Capella, Collignon, Didion, Jullien, Léon
et Paulin Talabot, Tourneux, qui allaient bientôt consacrer leur
activité à l'exécution du réseau français [2]. Sans doute, tous ces
ingénieurs ne professaient pas une foi pleine et entière, et plusieurs
faisaient des réserves sur la question religieuse; leur adhésion aux
vues industrielles de l'école n'en était pas moins significative.

L'influence des Saint-Simoniens ne s'exerçait pas seulement dans
le monde des ingénieurs, elle était universelle : des articles du

---

1. Feuilles populaires. Voy. Fonds Enfantin, 7,861, br. 5 (Bibl. de l'Arsenal).
2. Fonds Enfantin, 7,609 : Correspondance du Globe; École Polytechnique.

Courrier de l'Europe, de la *Carpenters Magazine* [1], de la *Gazette d'Augsbourg* [2] reconnaissaient que cette école était « destinée à apporter un changement immense dans le système social non seulement de leur propre pays, mais de tous les états civilisés de l'Europe »; et « quand même leur école tomberait, la vérité et la nouveauté de leurs idées n'en continueraient pas moins à porter leurs fruits ». Et, dans son *Histoire de l'Économie politique*, Ad. Blanqui reconnait qu' « on ne peut lire aujourd'hui sans un vif intérêt les vues que les Saint-Simoniens présentaient chaque jour dans le journal le *Globe*... Leur feuille traitait avec une supériorité incontestable les questions de finances, de travaux publics..., et il faut convenir que jamais aucune réunion de savants n'avait mis en circulation une pareille masse d'idées [3]. »

⁎
⁎ ⁎

A la suite des idées émises par Enfantin sur la mission de la femme et sur le rôle du couple-prêtre, plusieurs disciples se séparèrent du Père. L'un d'eux, Emile Péreire, continua, dans le *National*, à défendre la cause des chemins de fer [4].

Le gouvernement, de son côté, crut devoir intervenir et il engagea des poursuites contre les Saint-Simoniens. Enfantin se retira alors à Ménilmontant avec quarante disciples, dont Edmond Talabot, Gustave d'Eichtal, Barrault, Auguste et Michel Chevalier, Fournel, Tourneux, St. Flachat. L'influence de l'École ne disparut pas pour cela; le dimanche, le peuple de Paris accourait en foule pour les voir travailler. Et, à l'occasion des obsèques du général Lamarque, Ch. Lemonnier fit afficher dans Paris un manifeste, *les Saint-Simoniens*, dans lequel il exposait le but poursuivi par eux et demandait l'exécution des chemins de fer [5].

Les autres disciples se dispersèrent. Ils n'allaient pas tarder à être réunis de nouveau, à l'occasion de la mort d'Edmond Talabot. Le jour des obsèques, 17 juillet 1832, marque une date mémorable

1. *Le Globe*, 5 mars 1832.
2. *Ibid.*, 13 mars 1832.
3. Blanqui, *Histoire de l'Économie politique*, t. II, p. 316.
4. *Le National*, 12, 22, 23 septembre, 21 octobre 1832; 16 mars, 1ᵉʳ août, 6 septembre, 2 octobre, 4 novembre 1833; 23 janvier 1834; 3 avril 1835.
5. *Religion Saint-Simonienne. Les Saint-Simoniens.*

dans l'histoire des chemins de fer français; car, ce jour-là, se retrou-
vèrent, dans le jardin de Ménilmontant, Lamé, Clapeyron, Stéphane
et Eugène Flachat, Émile Péreire; Eugène Flachat, qui avait connu
Lamé et Clapeyron à Saint-Pétersbourg, les présenta à son frère et
à Émile Péreire. Des rapports de plus en plus intimes s'établirent
entre ces ingénieurs et, quelques semaines plus tard, Lamé,
Clapeyron, Stéphane et Eugène Flachat écrivaient en collaboration
les *Vues politiques et pratiques sur les travaux publics* et fondaient
en même temps une sorte de comité consultatif, destiné à diriger et
à éclairer ceux qui entreprendraient de semblables travaux. Bientôt
après, ils préparaient le projet du chemin de fer de Paris à Saint-
Germain, et ce projet fut déposé au ministère des travaux publics
avec le concours d'Émile Péreire et d'Adophe d'Eichtal.

Dans les *Vues politiques et pratiques sur les travaux publics*, Lamé,
Clapeyron, Stéphane et Eugène Flachat faisaient d'abord justice de
la prétendue concurrence des canaux et des chemins de fer, en
montrant les avantages respectifs des uns et des autres; puis ils
traçaient le réseau de voies ferrées qu'il fallait exécuter immédiatement en France : de Paris à la frontière de Belgique, de Paris au
Havre, de Paris à Strasbourg, de Paris à Marseille, de Paris à
Bordeaux avec embranchement sur Nantes, de Bordeaux à Lyon, enfin
une ligne parallèle aux frontières du Nord. Ils indiquaient ensuite
le moyen de réaliser ce réseau : en confier l'exécution à l'industrie
privée, en garantissant aux concessionnaires un certain intérêt.

Par cet ouvrage, Lamé, Clapeyron, Stéphane et Eugène Flachat
firent faire un grand pas à la question des chemins de fer; car, en
posant les principes de la matière et en donnant d'utiles renseignements sur les expériences déjà faites, ils facilitèrent la solution des
problèmes que soulevait ce nouveau mode de transport.

Dès lors, il ne restait plus qu'à entreprendre le réseau français; c'est
à cette réalisation que vont désormais travailler les Saint-Simoniens,
afin de se « concilier par des œuvres utiles, positives, matérielles, la
considération des peuples qui ne lisent et ne discourent pas, et qui ne
sont frappés que par les actes, les choses, les faits et non les idées[1] ».

(*A suivre.*)   MAURICE WALLON.

1. Fonds Enfantin, 7,671 : Lettre d'Enfantin de 1832.

ANATOLE DUNOYER

Anatole Dunoyer, qu'une mort douce et pleine de sérénité a enlevé, le 24 mai dernier, à la tendre affection de ses nombreux enfants et petits-enfants, à l'estime de ses amis, aux regrets de l'École des sciences politiques, où il a enseigné pendant près de trente ans, était né à Paris le 13 janvier 1829. Il était le second fils de Charles Dunoyer, ce courageux écrivain qui, « royaliste par tradition et libéral par réflexion [1] », faisant passer les droits du pays avant ceux de la couronne, entreprit, pendant toute la durée de la Restauration, avec Charles Comte, l'ancien compagnon de ses études juridiques, de censurer les actes du gouvernement et du pays, de « tirer celui-ci de l'engourdissement où l'avait laissé l'Empire, d'éloigner celui-là de l'arbitraire auquel il pouvait naturellement être enclin, d'empêcher à la fois les écarts si prompts du pouvoir et les faiblesses si fréquentes de la nation [2] » et qui « paya quatre fois de sa liberté toute l'énergie qu'il avait apportée à vouloir mettre un frein aux licences du pouvoir et maintenir quelque ordre dans la sincérité civile ».

Par ses grands-parents du côté paternel, Jean-Jacques-Philippe Dunoyer, seigneur de Segonzac, et Henriette de la Grange de Rouffillac, Anatole Dunoyer se rattachait à « cette remuante noblesse du Quercy qui, dans le moyen âge, flotta longtemps entre la domination anglaise et la domination française et, à la fin, de concert avec les Armagnacs, s'unit indissolublement à la France [3] ».

Dix-huit mois après la naissance de Dunoyer, la monarchie de Charles X succombait sous le poids des fautes du ministère Polignac.

---

1. *Notice historique sur la vie et les travaux de Charles Dunoyer*, par M. Mignet, lue à la séance publique annuelle de l'Académie des sciences morales et politiques le 3 mai 1873.
2. *Ibid.*
3. *Ibid.*

Charles Dunoyer ayant adhéré au gouvernement nouveau fut chargé d'administrer la préfecture de l'Allier, puis celle de la Somme. C'est dans ces préfectures que se passa l'enfance d'Anatole Dunoyer, enfance heureuse dont il aimait à évoquer les souvenirs. Et, lorsque, après sept années d'une autorité bienveillante, son père quitta la carrière des préfectures pour entrer au Conseil d'État, il fut mis comme interne, à Paris, au collège royal Henri IV, où il fit toutes ses études et où Victor Duruy, qui l'avait pris en amitié, lui donna le goût de l'histoire. Il allait terminer sa philosophie et subir les épreuves du baccalauréat quand éclata l'insurrection de Juin 1848. Dunoyer, sachant que son frère aîné avait pris les armes pour combattre les insurgés dans les rangs de la garde nationale, demande au proviseur l'autorisation de quitter le collège pour se battre aux côtés de son frère. Cette autorisation lui est d'abord refusée. Il insiste. Le proviseur le fait conduire chez son père qui l'envoie à la compagnie du prince de Talleyrand-Périgord où il est armé et envoyé aux Tuileries garder les insurgés. Il passe la nuit au poste de la gare Saint-Lazare, où sa jeunesse, son habit de collégien, ses bas bleus, son chapeau haut de forme étonnent parmi les gardes nationaux. Le lendemain, il marchait avec la compagnie du prince de Talleyrand-Périgord contre le faubourg Saint-Antoine quand on apprit que la barricade du faubourg venait de se rendre. Quelques jours après il était reçu bachelier.

Après le 2 décembre 1851, Charles Dunoyer cessa de faire partie du Conseil d'État. Son fils Anatole se trouvait sur les bancs de l'École de droit. Il se destinait à la carrière du barreau. Ses débuts comme avocat, aux Assises de la Seine, furent brillants. Le président des Assises rend de lui, en 1853, le témoignage que tous s'accordaient à reconnaître chez ce jeune stagiaire : « le don si nécessaire partout et si précieux au palais de la *facilité* et de la *lucidité* ». On le comptait « parmi les débutants qui avaient le plus de moyens ». Et, l'année suivante, M. Dufaure veut se l'attacher comme secrétaire. Il fait partie de la Conférence des avocats, comme membre d'abord, comme secrétaire ensuite.

Anatole Dunoyer avait alors vingt-sept ans. Il aurait pu, sans doute, grâce à l'estime dont il jouissait auprès de ses maîtres et de ses anciens condisciples, grâce à l'amitié de M. Dufaure, conquérir au barreau une place distinguée. Mais il fallait du temps, un temps bien long peut-être. Et le jeune avocat aspirait à gagner sa vie le plus tôt possible, lui-même, par ses propres forces, sans être à charge à ses parents, sans attendre des avoués, tout-puissants en cette matière, la constitution d'une clientèle. D'autre part, l'aversion qu'il éprouvait pour le nouveau régime; le sentiment de révolte et de répugnance invincible qu'avait fait naître en lui le coup de force du 2 décembre établissant le second Empire; l'union étroite où il vivait avec son père qui, rentré dans la vie privée consacrait ses dernières années à écrire un livre où il revendiquait sans relâche la liberté encore une fois détruite[1], tout lui faisait un devoir de renoncer, en France, aux carrières publiques.

Et comme sa famille et lui-même comptaient à Athènes de nombreux amis, que ces amis lui offraient de venir en Grèce pour y faire des conférences sur la littérature française et sur le droit français, que le *Journal des Débats* lui demandait des études sur l'Orient européen, sa résolution de s'expatrier fut vite prise, bien qu'il lui fût cruel de se séparer des siens qu'il aimait tendrement.

Il arrive à Corfou à la fin de mars 1847, et, descendu à l'*Hôtel de la belle Venise*, il se met immédiatement au travail. De Corfou, il se rend à Zante. Il a emporté de Corfou une masse énorme de matériaux. A Zante, il rassemble sans relâche les documents et les informations. Il travaille. Il est heureux. Il écrit à sa sœur : « Je suis ce matin dans un de ces agréables et fugitifs instants de l'existence où un concours fortuit de petites circonstances heureuses, jointes à un sentiment de satisfaction intérieure qui rejaillit sur les moindres objets qui nous entourent pour leur prêter un charme naïf, donne à l'âme un contentement ingénu et à l'esprit une sérénité placide qui sont bien près d'être le bonheur. Je me suis levé avec le soleil.... »

Le 8 août, le *Journal des Débats* publiait son premier article : *Des destinées de l'Orient européen*, daté de Zante, les 22 et 28 juin 1857.

Ses cours commencent le 19/7 septembre à l'Université d'Athènes. Il joindra à ses leçons de littérature des leçons de droit français. Il

---

1. Ce livre, Ch. Dunoyer n'a pas eu le temps de l'achever. Il fut publié à l'étranger par son fils, Anatole Dunoyer. C'est *Le second Empire et une nouvelle Restauration.*

aura pour auditeurs M. Pillica, avocat éminent, professeur de droit pénal à l'Université d'Athènes, et ancien ministre; M. Reniari, autre avocat du plus grand mérite et ancien rédacteur au *Spectateur de l'Orient*; M. Diomidis, professeur de droit constitutionnel à l'Université; M. Rangabé, ministre des Affaires étrangères; M. Soutzo, professeur d'économie politique à l'Université; M. Paparrhigopoulos, conseiller à la Cour de Cassation et professeur de droit romain à l'Université, M. Typaldo, administrateur de la bibliothèque de l'Université, etc. Pour sujet de cours, il a choisi l'histoire de la littérature en France depuis le commencement du XIXᵉ siècle. Les dames ne sont point exclues, au contraire, de ses leçons. Il est de trop bonne race pour manquer de galanterie.

Les gazettes athéniennes s'occupent de lui. Elles publient des avis détaillés annonçant le jour de l'ouverture. Quelques mois plus tard il publiait, avec beaucoup de savoir et non moins de verve, les *Lettres d'un voyageur en Grèce*[1].

A ces cours de littérature et de droit, à ces articles de journaux, il joint de nouvelles leçons, son tempérament exceptionnellement vigoureux, sa jeunesse ardente sollicitent du travail, plus de travail. Le 1ᵉʳ octobre 1859, il commence un cours d'histoire moderne dont le sujet est : *L'Histoire moderne de la Grèce considérée dans ses rapports avec l'Histoire moderne de l'Europe*. Ce cours a un tel succès que, de toutes parts, dans la société athénienne, on lui demande des leçons. Il donne dix leçons par jour, sans compter les heures qu'il consacre chaque soir à la préparation de son cours. Et la pensée des chers parents qu'il a laissés en France ne le quitte pas; son cœur n'est qu'à eux; il est à eux tout entier et à la France. Son cœur sent et son intelligence comprend « toute la sainteté des lois de la famille, cette naturelle et touchante association composée d'êtres qu'unit entre eux un lien si puissant ».

Il revint en France en 1860 passer quelques mois, puis il retourna en Grèce pour y professer de nouveau. Il y composa de nouveaux articles qu'il destinait à la *Revue des Deux Mondes* (*Des traditions historiques en France; Essai sur l'influence du christianisme et de l'hellénisme sur la société européenne; Étude sur le Grec moderne*).

---

1. Athènes, 1858.

Mais ses parents, se sentant vieillir et le trouvant trop éloigné d'eux désiraient son retour sinon en France où l'Empire durait toujours, du moins dans le voisinage de la France.

C'est à Genève qu'après avoir quitté la Grèce et grâce à un ami de son père, M. le duc de Broglie, qui, sous la Restauration, avait été avec Mme de Staël et le marquis d'Argenson l'un des libéraux commanditaires du *Censeur européen*, Anatole Dunoyer trouva l'accueil le plus encourageant, à la fin de 1862.

Le président du Grand Conseil, premier magistrat de la République, M. Pictet de la Rive lui témoigna une amitié qui demeura constante. A Genève, Dunoyer professa l'économie politique et la littérature grecque. Son auditoire était composé de la meilleure société du petit État, MM. Prévot et de Candolle, Pictet de la Rive, Pictet, Diodati, et autres.

Le 4 décembre 1862 il a l'immense douleur de perdre son père. Et ce sera désormais pour lui un « devoir sacré » de poursuivre la publication des œuvres laissées par le chef des économistes français contemporains : *la Liberté du travail, les Notions d'Économie sociale, le Second Empire et une Nouvelle Restauration*. Écrivant à sa mère, il s'exprimera ainsi : « C'est à nous de faire en sorte que cette chère mémoire soit entourée de toute la vénération qui lui est due. Ma plus grande préoccupation est d'y travailler de toutes mes forces. Veiller à ce que ses doctrines soient comprises, travailler à ce qu'elles se répandent, montrer autant qu'il sera en nous combien toutes ses actions ont été conformes aux vérités qu'il n'a cessé d'enseigner, vulgariser en un mot les belles théories auxquelles son nom et le souvenir des grands exemples qu'il a donnés doivent rester attachés, c'est là une tâche qui nous incombe tout naturellement et que, pour ma part, je consacrerai ma vie à remplir. (Il n'y a pas failli et sa vie entière a été consacrée au culte de la mémoire de son père.) Plus le temps s'écoule et plus je me sens ramené par une force secrète sur le très petit nombre de questions où je différais de sentiments avec lui, aux opinions qui étaient les siennes et c'est pour moi une satisfaction intime et profonde de me sentir entraîné, non par un effort d'affection mais par une vue plus équitable, plus sereine, plus pure de tous les grands problèmes humains, vers les idées qu'il émettait avec une foi si vive, une confiance si sincère. »

Le 8 février 1863 (il est à Genève), il reçoit le titre de membre de la Société internationale des Études pratiques d'Économie sociale. Cette société, fondée à Paris et dont Charles Dunoyer avait fait partie avant lui, se proposait surtout de constater par l'observation directe des faits, dans toutes les contrées, la condition physique et morale des personnes occupées de travaux manuels et les rapports qui les lient soit entre elles soit avec les personnes appartenant aux autres classes. Pour atteindre ce but, la Société réunissait des documents offrant des résultats de ce genre d'observations; elle les contrôlait, puis elle publiait chaque année ceux qui avaient obtenu son approbation. Elle s'appliquait également à former des observations, introduisant dans ce genre de recherches une méthode commune qui les rendît comparables et une exactitude qui en recommandât les résultats à l'attention publique. Le secrétaire général de Société était le Conseiller d'État F. Le Play.

La chaire d'Économie politique à l'Université de Berne ayant été mise au Concours, et la situation stable de professeur lui paraissant préférable à celle, très instable, de conférencier, Dunoyer présenta sa candidature. Le 20 décembre 1843, le Directeur de l'Instruction publique lui fait connaître que sa candidature est agréée. Il concourt et il est reçu. En attendant sa nomination, il donne des conférences à Gand. A Bruxelles, il continue à publier l'œuvre de son père. A Genève, il poursuit des leçons d'économie politique qui se font à l'Hôtel de Ville et il y joint un cours sur les *poèmes et légendes de la Grèce moderne* qui est suivi avec un très vif intérêt. A Veytaux, il va rendre visite à Edgar Quinet, qui est exilé. L'hiver précédent (1er janvier 1863), en revenant de France où l'avait appelé la mort de son père, il avait tenu à saluer l'illustre historien : « Ce doit être une vie bien austère et bien rude, écrivait-il, pour un homme déjà âgé, que cette vie d'ermite dans un lieu âpre, entouré de montagnes couvertes de neige, sans autre visage ami auprès de lui que celui de sa femme qui, je crois, souffre bien de cet exil si dur. J'ai causé avec lui de ses travaux et il m'a entretenu avec bonté de mes modestes commencements. Il m'a témoigné aussi en termes affectueux la part qu'il prenait à la perte que nous avons faite. »

Le 29 février 1864, M. Kümmer, directeur de l'Éducation du

canton de Berne, lui apprenait que, sur sa proposition, le Conseil exécutif l'avait nommé, pour une période de dix ans, professeur ordinaire d'économie politique à l'Université.

En décembre de la même année, *le Second Empire et une nouvelle Restauration*, publié à Bruxelles, put être offert au public.

C'est avec beaucoup de savoir, une lucidité ferme, des vues étendues, profondes et originales, que, pendant six ans (de mai 1864 à juillet 1870), Anatole Dunoyer poursuivit son enseignement à l'Université de Berne. Libre dans sa chaire, accueilli avec sympathie et écouté avec attention par des auditeurs éclairés, dans un pays généreux où tant de sages esprits avaient le goût des idées de tolérance et de liberté, il put développer largement ses doctrines. Les sujets de ses leçons furent très variés : leçons sur le crédit et les banques, sur les origines des institutions représentatives, recherches sur l'évolution démocratique comtemporaine en Angleterre (où il est traité de la réforme électorale de 1867, des Trades' Unions, de la question agraire).

Il continue cependant à pousser activement la publication des œuvres de son père et notamment de la *Liberté du Travail*. Consciencieusement, il revoit tout le texte sur les manuscrits de l'auteur, aussi bien que les notes dont quelques-unes, en très petit nombre, sont ajoutées par lui.

Il s'est marié en France ; il est heureux, entouré de sa mère, de sa tante vénérée, de sa jeune femme, de ses trois petits enfants. Il ne rêve que de continuer toujours cette existence paisible, laborieuse, modeste et très noble, cette existence qui ignore le monde et que le monde ignore. Un seul chagrin, un profond souci assombrit ce bonheur, une angoisse même — et qui grandit en son âme profondément française : le sentiment de l'état d'abaissement moral où l'empire a mis la France.

La déclaration de guerre fut un coup de foudre pour Dunoyer comme pour tant d'autres Français. On ne pouvait croire à une telle folie de la part de l'Empereur. « Comment n'avez-vous pas 100 000 pantalons rouges sur le Rhin ? » disaient les professeurs de l'Université de Berne, quatre ans auparavant, à la nouvelle de Sadowa, lorsqu'ils parlaient à leur collègue français de la politique de M. de Bismarck et des préparatifs militaires de l'Allemagne.

En 1870, Dunoyer avait quarante et un ans. Son âge le dispensait de servir. Son éloignement, sa situation de soutien de famille pouvaient être de suffisants motifs pour qu'il restât en pays étranger, à l'abri, loin du théâtre de la guerre. Il n'eut pas une hésitation.

D'accord avec sa toute jeune femme à qui ce départ brisait le cœur, il décide de rentrer en France et d'aller à Paris. Sa mère, bien âgée (elle a soixante-seize ans), le suivra. Elle ne veut pas abandonner son fils bien-aimé. Elle tient à donner à sa belle-fille, qu'une profonde tendresse conjugale appelle vers Paris, mais que le devoir maternel retient impérieusement à Berne, cette sécurité et cette consolation de penser qu'il ne sera pas seul, lui, là-bas, qu'il ne souffrira pas trop.

Le 15 août 1870, mère et fils entrent à Paris. Ils se logent dans un petit, bien modeste appartement de la rue de Vaugirard. Lui, sur le conseil de M. Barthélemy-St-Hilaire, va s'inscrire tout droit à la mairie du 6ᵉ arrondissement. Désormais le devoir devient simple et il s'y soumet avec cette conscience absolue, ce souci de la rectitude en toutes choses qui était la dominante de son noble caractère. Il faut apprendre à faire l'exercice, à manier un fusil, à marcher, à tirer. Il fait consciencieusement ce métier, nouveau pour lui. Afin d'arriver plus vite à un résultat meilleur, il prend des leçons particulières de maniement d'armes au gymnase Pascaud, rue de Vaugirard. Il est robuste et grand. Il est le n° 1 de son peloton. Il donne l'exemple et il ne s'en doute pas, car bien faire lui est si naturel qu'il lui semble que tous font pour le mieux. Les anciens de la 2ᵉ escouade, 2ᵉ peloton, 6ᵉ compagnie du 19ᵉ bataillon de marche auront longtemps gardé le souvenir de ce solide garde national, plus très jeune, déjà très chauve, au regard lumineux et ferme, que tous aimaient et respectaient.

Gambetta, qu'il a connu au barreau, lui fait demander s'il serait disposé à accepter une préfecture. Il refuse et donne de son refus deux raisons, la première est que, « quand on est à Paris, c'est à Paris même qu'il faut défendre la France en ce moment » ; la seconde, qu'il n'est pas partisan des nominations de préfets à cette heure et qu'il vaudrait beaucoup mieux se contenter d'envoyer en province des délégués du gouvernement de la défense nationale chargés de veiller à la formation de comités de défense provinciaux composés d'hommes du pays. Et voici une phrase qui le peint : « J'ai fait prendre à Gambetta une mesure un peu vigoureuse pour rendre les exercices et les manœuvres absolument obligatoires dans la garde nationale sous peine d'être désarmé ».

En dépit des malheurs et des humiliations de la patrie, il croit si fermement en elle qu'il conserve l'espoir tenace de temps meilleurs « où la France, éclairée par l'expérience, tenue en éveil par le souvenir du péril qu'elle aura couru et régénérée par le malheur, reviendra à la pratique des vertus nécessaires et, par excellence, conservatrices : l'amour du travail, le goût de ce qui est simple, l'application au devoir. Nous luttons en ce moment non pour vaincre mais pour nous réserver les plus sûrs moyens d'une prompte régénération morale de la France. La première et indispensable condition d'une telle tâche est que nous soyons tous pénétrés de l'esprit de dévouement et de sacrifice. Voilà quelle est la grande utilité morale de la résistance de Paris ».

Nommé secrétaire de la commission des subsistances dont faisaient partie J. Simon, J. Ferry, Picard, Gambetta, il se fit remplacer pour être tout à son service dans la garde nationale mobilisée où il est passé sur sa demande pour « pouvoir faire campagne exactement comme la troupe de ligne et la garde mobile ». Il couche à la belle étoile, sous la bise glacée. Sa vaillante humeur reste pleine de verve. « Je serai même heureux de mener la vraie vie du soldat si j'étais rassuré sur vous et si ma mère était en bonne santé », écrit-il à sa femme, le 24 décembre 1870. Le 30, comme il revenait de passer vingt-quatre heures dans les tranchées de Choisy-le-Roy, Mme Charles Dunoyer, épuisée par les émotions et par les souffrances du siège, expirait entre les bras de son fils tendrement chéri. Que de douleurs, pour lui! et comment les exprimer! « Je suis bien triste, bien seul, triste de mon deuil de fils, triste du deuil de la France; mais j'espère en Dieu. »

Le 19 janvier, il recevait le baptême du feu à Buzenval avec son bataillon faisant partie de la colonne du centre, longtemps fusillée par l'ennemi sous les murs du bois. Il est blessé légèrement. Le colonel ayant obtenu une croix de la Légion d'honneur pour la compagnie dont Dunoyer faisait partie, ses camarades le désignèrent comme devant être décoré. « En réalité, écrit-il à sa femme, je ne crois pas avoir mérité cette distinction plus que mes camarades. Je le leur ai dit. Je l'ai dit et répété au colonel; mais ils y ont tenu absolument. »

Dès l'armistice, il accourt vers les siens, à Berne. Il les ramène à Bordeaux. C'est là que la nouvelle des événements du 18 mars vient le surprendre. Dès le 20, il est à Versailles; il se met à la disposition de M. Dufaure qui le charge, comme attaché bénévole, de préparer un mémoire sur le caractère politique et économique de la révolte parisienne, puis d'étudier le dossier sur la réorganisation de l'ordre judiciaire, tâche délicate et difficile, beaucoup de documents importants se trouvant à Paris. On connaissait la générosité de son cœur; les lettres sont nombreuses qui sollicitent de lui une intervention pour tirer d'affaire de pauvres diables envoyés à Satory. Il s'y emploie de son mieux; et l'estime dont il jouit est telle qu'il y réussit.

Nommé maître des requêtes dans la commission provisoire instituée pour remplacer le Conseil d'État, il fut installé, le 22 novembre 1871, par le président, M. de Jouvencel. Il a vécu dans une si longue et si étroite intimité avec son père en publiant ses ouvrages qu'il se trouve, au Conseil d'État, en famille, et c'est sans y penser, qu'il y prend une autorité supérieure à celle d'un simple maître des requêtes, « égale à celle d'un vieux conseiller qui n'aurait fait autre chose de sa vie que discuter des projets d'administration publique ». A l'une des premières séances, il prend trois fois la parole; et sur les trois points qu'il à signaler à l'attention du Conseil, le projet de l'administration des Contributions directes a été modifié par les Conseillers dans le sens des observations présentées par lui.

Concurremment avec les absorbants travaux du Conseil (on sait toute la féconde activité qu'a déployée la Commission provisoire), il poursuit son étude sur les faits et gestes, l'organisation de l'*Internationale*. Il prépare en même temps un cours d'*histoire des doctrines économiques*.

Il a promis de faire ce cours à l'*École libre des Sciences politiques* que vient de fonder Emile Boutmy, et qui doit inaugurer ses leçons en janvier 1872. Avec Albert Sorel, Janet, E. Levasseur, Paul Leroy-

Beaulieu, Gaidoz, il aura l'honneur de figurer parmi ceux auxquels
Boutmy fit appel à la première heure pour créer un enseignement
nouveau en France, et dont tous attendaient de si heureux résultats
pour le pays.

Les événements du 24 mai, la chute de M. Thiers le déterminèrent
à donner sa démission de maître des requêtes au Conseil d'État.
Bien que ferme républicain (il avait été élu par la Société républicaine de progrès social et politique membre de son comité le
10 janvier 1872), il comptait beaucoup d'amis parmi les adhérents
de la cause monarchique, et il tenait à ne pas leur laisser supposer
qu'il pouvait n'être pas hostile à leur entreprise qu'il jugeait néfaste
par la stérilité même à laquelle elle était d'avance condamnée. « Je
ne pus trouver de meilleure preuve de ma bonne foi que de me
retirer. »

Tout en continuant son cours à l'École des Sciences politiques, il
entra à la *Revue politique et littéraire* où il prit part, comme rédacteur régulier, à la lutte très vive que les adversaires des droites
coalisées menèrent contre les ministres du Maréchal jusqu'à
l'établissement de la Constitution de 1875. Sa collaboration à la
Revue politique et littéraire, de 1873 à 1875, fut féconde. Il y traita
de sujets politiques très variés.

Ses jugements honnêtes et justes, émis avec une verve parfois
mordante mais toujours courtoise, pourraient être aujourd'hui
consultés avec fruit par ceux qui sont trop jeunes pour connaître
exactement ces grandes polémiques d'un temps où la France se
reconstituait. *La royauté et le suffrage universel*; *La dictature et la
députation*; *La liberté de la presse et la politique étrangère*; *Statistique du suffrage universel*; *Électeurs et contribuables*; *Les impôts*;
La loi électorale; *Le Septennat*, tels sont les titres d'un certain
nombre de ces causeries politiques où l'élégance sobre d'un style
très châtié s'allie à la liberté et à la justesse des idées.

Dunoyer, au lendemain de l'élection du Maréchal, avait fait
paraître à la librairie Guillaumin, sous le titre *Lendemain de victoire*,
par un républicain, une brochure dans laquelle, examinant les deux
années si laborieuses mais si fécondes en effets du gouvernement de
M. Thiers, il se demandait combien de temps il faudrait aux

hommes qui ont pris sa place pour inspirer pareille confiance. Comment oublier, disait-il, les dix millions d'électeurs qui ignorent les mystères de la politique des droites? Comment se passer d'eux! Et les masses profondes de notre démocratie de paysans, si lentes à concevoir, si difficiles à pénétrer, quelles raisons imaginent-elles pour s'expliquer à elles-mêmes le changement à vue qui vient de s'accomplir? Vingt ans d'Empire ont été, avant le gouvernement de M. Thiers, leur seule école. Qu'y ont-elles appris? Le mépris du droit, le culte du succès, la passion de l'argent, l'obéissance à la force matérielle alliée à la ruse. M. Thiers, « qui était encore pour elles un dictateur, mais un dictateur en habit noir et en lunettes », les délivra, « mit l'ordre où était le chaos, pansa les plaies que l'autre dictateur avait faites, leur enseigna la supériorité de l'esprit sur la force et sur l'astuce, du savoir, de l'expérience, de la rectitude des pensées et de la conduite sur le mensonge, leur ouvrit enfin un monde nouveau. Il les initiait ainsi, à sa façon, simple, sans pédanterie, familière, à la vie républicaine, aux mœurs réglées et hardies des peuples libres, dignes de n'obéir qu'à la loi et de la faire. »

Cependant Dunoyer se consacre de plus en plus à son enseignement des doctrines économiques où il abordait, en historien, des matières jusque-là tellement abstraites qu'elles paraissaient réservées à quelques esprits particulièrement doués : « Votre leçon de samedi, lui écrivait M. Boutmy en novembre 1874, est une de celles qui m'ont le plus frappé par la richesse du fonds, l'originalité des classifications et la grande portée des vues ». Il demeure le collaborateur de la *Revue politique*. Sa vie est partagée entre son enseignement, ses travaux et l'éducation de ses enfants qu'il dirigeait lui-même avec le soin et la conscience qu'il mettait à toutes choses. Sa petite maison de Versailles est la maison du sage et le bonheur y habite.

Lorsque, le 30 janvier 1879, le maréchal de Mac-Mahon eût décidé de se retirer, M. Dufaure, avant de quitter le ministère de la justice, fit rentrer Dunoyer au Conseil d'État en qualité de maître des requêtes. Peu après il fut désigné pour remplir les fonctions de commissaire du Gouvernement auprès du Conseil d'État statuant au contentieux, fonctions qu'il garda jusqu'au moment de sa nomination comme Conseiller d'État en juillet 1879. Pendant les neuf années qu'il remplit ses hautes fonctions, il se montra ferme dans ses principes, d'une irréductible honnêteté. Son âme droite et sa conscience éclairée faisaient de lui un contrôleur et un juge redouté; sa grande courtoisie, son urbanité attiraient vers·lui le respect et l'estime.

En 1887, lorsque le pourvoi formé au Conseil d'État par les princes de la maison d'Orléans auxquels, deux ans auparavant, le gouvernement de la République avait retiré leurs grades dans l'armée eût été rejeté par la haute juridiction administrative, Anatole Dunoyer, après avoir voté ouvertement en faveur du maintien du duc d'Aumale, l'illustre soldat d'Afrique, donna sa démission. Peu après, il écrivait à l'un de ses fils : « Si j'ai pris parti depuis 1870 pour la République ce n'est nullement que j'aie cessé de professer pour les princes d'Orléans les sentiments de respect et d'affection qui étaient ceux de mes parents et qui sont encore les miens, mais uniquement parce que le rétablissement de la royauté libérale de 1830 m'a paru chose impossible... Il m'a paru dès 1870, comme il a paru alors à beaucoup d'anciens amis et serviteurs de la monarchie de juillet que, dans l'état de profonde désunion où les rivalités et les animosités de parti avaient mis les hommes dévoués au maintien du bon ordre, les Français n'avaient rien de mieux à faire que de chercher dans la République un refuge commun où tous se pussent abriter avec honneur et travailler d'un commun accord à restaurer la puissance de notre pays.... Je crois avoir agi en bon patriote et en homme clairvoyant. Mais les motifs qui m'ont déterminé à souhaiter le maintien et la conservation de la République ne m'ont rien fait oublier de ce qui était dû de respect et d'affection à des princes qui avaient bien servi la France, qui l'ont honorée par la dignité de la vie et que leur dévouement à la France aurait dû rendre vénérables à tous les Français. »

S'étant retiré simplement, en évitant tout ce qui pouvait avoir l'apparence d'une manifestation politique, il se consacra plus intimement encore à la vie de famille, à l'éducation de ses fils. Des deuils cruels, la perte, après une longue maladie, d'une fille tendrement aimée, et, quelques années après, la mort de la femme charmante, de la mère admirable qui avait été la compagne de sa vie dans les bons et dans les mauvais jours, vinrent éprouver dure-

ment ce cœur si affectueux. Il supporta stoïquement l'adversité,
sans une plainte. Il continua l'éducation de ceux de ses enfants qui
restaient groupés autour de lui.

Jusqu'en 1900, il poursuivit son enseignement à l'École des
Sciences politiques. A cette époque, il abandonnna sa chaire,
décidé à se retirer de tout, ne voulant plus vivre que pour les
siens. M. Boutmy fit de vains efforts pour le retenir; force lui fut
d'annoncer sa retraite à l'assemblée générale de février 1901 : « Un
de nos professeurs les plus anciens et les plus distingués a renoncé
cette année à son enseignement. M. Dunoyer occupait depuis
l'origine de l'école une de nos chaires d'économie politique. Il y
déployait un zèle et une conscience qui ne se sont pas démentis un
seul jour durant cette longue carrière de vingt-six ans. Appelé à
raconter l'histoire des doctrines économiques, il avait pris la peine
de lire la plume à la main tous les grands auteurs. Il avait dégagé
leurs principes et les avait suivis jusque dans leurs lointaines conséquences. Il avait distingué magistralement ce qui, dans leur
pensée, était transitoire, de ce qui était appelé à prendre place
dans la science définitive. »

Les liens de Dunoyer avec l'école n'étaient d'ailleurs pas rompus,
le Conseil d'administration l'ayant nommé professeur honoraire.

Il vécut ainsi, à l'écart de la vie active, jusqu'au moment où la
mort impitoyable vint l'enlever à la tendresse de sa famille et à
l'affection de ses amis.

C'est une haute et pure figure morale qui disparaît, celle d'un
très galant homme, d'un esprit puissant, étendu et ingénieux, qui,
toute sa vie et avec une dignité constante, a mérité, lui aussi, ce bel
éloge de Mignet, parlant de son père à l'Institut : « Théoricien
opiniâtre de la liberté et chevaleresque soutien du bon droit, sans
tache dans sa conduite et sans défaillance dans son courage, il a
vécu en homme d'un noble cœur, d'une âme ferme, d'un esprit
élevé, d'un talent généreux et il mérite le bel éloge d'avoir, dans le
long cours de ses laborieuses années, pratiqué naturellement le
bien qu'il a recherché savamment. »

                                                    A. D.

Il est toujours imprudent de vouloir résumer dans une formule trop brève un mouvement d'idées et de faits aussi important et aussi complexe que celui dont l'ensemble constitue l'année coloniale française. Il semble bien cependant que, si l'on voulait caractériser l'année coloniale 1907, sur le seul point de vue de la politique générale, on pourait dire qu'elle a marqué une poussée violente dans le sens de la « politique d'association », de cette politique dont le programme fut tracé en 1905 par M. Clémentel et qui depuis, par la magie de son nom autant que par les chances d'avenir qu'elle renferme, a conquis toute l'opinion en France : Réforme de la conférence consultative en Tunisie, création d'une chambre indigène consultative au Tonkin, régime du travail au Congo et à Mayotte, discours de M. Augagneur durant son séjour en France, efforts vigoureux en Algérie, en Afrique occidentale, à Madagascar, en Indo-Chine pour développer l'enseignement et les œuvres de prévoyance ou d'assistance parmi nos sujets indigènes, il n'est peut-être pas un acte administratif, pas une manifestation oratoire qui ne témoigne du rôle considérable que joue la politique d'association dans l'évolution actuelle de la politique coloniale française.

*
* *

Plusieurs accords internationaux intéressant l'empire colonial français ont été conclus par la France en 1907. En Afrique, l'arrangement franco-libérien du 18 septembre a modifié la frontière entre la république noire et nos possessions, précédemment déterminée en 1892. Celle-ci avait été établie sur des données astronomiques inexactes. Les avantages territoriaux que nous reconnaît la convention de 1907 et dont nous ne pouvons indiquer ici le détail sont donc plus apparents que réels, ils nous permettront néanmoins de

compléter heureusement nos colonies de la Guinée et de la Côte
d'Ivoire et ils nous assurent en tout cas le libre contrôle sur des
régions où l'action administrative de Libéria n'avait jamais pu
s'exercer et dont les habitants, par leur humeur pillarde, avaient
causé maints ennuis à nos postes frontière.

En Asie, le traité franco-siamois du 23 mars 1907 a réglé très heureusement nos difficultés avec le Siam, que les accords de 1902 —
celui-ci ne fut au reste jamais ratifié — et de 1904 n'avaient pas réussi
à dissiper. Cette dernière, en effet, si elle nous avait accordé certains avantages territoriaux et des privilèges appréciables en matière
consulaire, laissait entre les mains du Siam les provinces de Battambang et de Siem-Reap détachées du Cambodge au xviiie siècle, cédées
à la cour de Bangkok en 1867, mais qui depuis lors n'avaient pas
cessé d'être revendiquées par la cour de Pnom-Penh. L'abandon
à la France des provinces riches et peuplées de Battambang, Siem-
Reap, Sysophon, Samonsok, etc., c'est-à-dire de la presque totalité
du bassin de Grand-Lac, y compris naturellement les célèbres ruines
d'Angkor, constitue pour l'Indo-Chine un accroissement important
de territoire. En échange nous remettons à notre co-contractant le
port de Kratt et quelques lambeaux de territoire sans grande importance pour nous. Ce qui fait en réalité de la convention de 1907 le
type de la convention d'échanges c'est l'abandon que nous faisons
de la plupart de nos droits consulaires et notre promesse de
renoncer aux droits de juridiction de nos représentants dès la promulgation des codes Siamois actuellement en préparation. Ces concessions de notre part ont pour le Siam une importance majeure, puisqu'elles équivalent à la reconnaissance de sa pleine souveraineté et
l'on comprend que la cour de Bangkok ait consenti à des sacrifices
territoriaux relativement importants afin de sortir de la condition
humiliante pour ce pays, qui n'est plus un pays barbare, où la
maintenaient nos accords antérieurs avec elle.

.·.

Le mouvement du *commerce général* des colonies françaises et
pays de protectorat *qui relèvent du ministère des Colonies* s'est élevé
en 1906 (importations et exportations réunies de marchandises de
toutes sortes) à une somme totale de 875,273,602 francs. C'est une
augmentation de 1,336,647 francs sur l'année précédente et de
12,636,228 francs sur la moyenne de la période quinquennale 1901-
1905.

A l'importation, les valeurs ont atteint le chiffre de 454,945,294 fr. Elles ont été ainsi inférieures de 34,134,197 francs à celles de l'année précédente et de 15,731,255 francs à la moyenne quinquennale.

Les exportations ont atteint le chiffre de 420,328,308 francs, en augmentation de 35,470,844 francs sur l'année précédente et de 28,387,483 francs sur la moyenne quinquennale.

La part de la France dans ce mouvement commercial a été de 380,662,694 francs dont 201,386,226 francs à l'importation et 179,275,468 francs à l'exportation, représentant 42,4 p. 0/0 du commerce total, 44,2 p. 0/0 des marchandises importées, 42,6 p. 0/0 des marchandises exportées.

Le commerce entre colonies françaises représente 23,034,322 francs, dont 14,465,749 francs pour l'importation et 8,568,573 francs pour l'exportation, soit 2,7 p. 0/0 du commerce total, 3,3 p. 0/0 de l'importation, et 2,1 p. 0/0 de l'exportation.

Les échanges avec les pays étrangers se sont élevés à 471,576,586 fr. dont 239,093,319 francs à l'importation et 232,483,267 francs à l'exportation, soit 53,9 p. 0/0 du commerce total, 52,5 p. 0/0 de l'importation et 53,3 p. 0/0 de l'exportation.

Si l'on ajoute à ces chiffres ceux qui représentent le commerce de l'Algérie et de la Tunisie durant la même période, on obtient les totaux généraux ci-après :

	Importation.	Exportation.	Totaux.
Algérie.............	401,652,000	280,294,000	681,946,000
Tunisie.............	89,349,456	80,595,121	169,944,577
Autres colonies......	454,945,294	420,328,308	875,273,602
	945,946,750	781,217,429	1,727,164,179

En général, dans ces chroniques annuelles, nous devons borner les renseignements statistiques sur le commerce des colonies aux chiffres de l'année qui précède celle dont nous nous occupons, et cela par suite des délais qu'entraîne l'envoi par les colonies de leurs statistiques. Cette année nous pouvons ajouter à ces indications celles qui concernent l'année écoulée. L'*Office Colonial* a pu en effet pour la première fois dresser le tableau du commerce général des colonies avant l'expiration du premier semestre de l'année suivante. Bien que les chiffres qu'il a publiés soient sujets à quelques rectifications de détail nous n'hésitons pas à les reproduire non seulement pour mettre à jour le plus possible ces brèves notes mais en raison de l'intérêt particulier qu'ils offrent. En 1907, en effet, pour la première fois le commerce de celles de nos possessions qui relèvent du ministère des Colonies a dépassé le milliard; comme, d'autre part, on a eu la satisfaction de relever un chiffre égal pour l'Afrique du Nord — Algérie et Tunisie — il en résulte que le commerce total de l'empire colonial français aura dépassé deux milliards en 1907. En 1902 il s'était élevé à 1,583,708,000 francs. Le seul rapprochement de ces deux chiffres permet d'apprécier le chemin parcouru en très peu d'années dans l'utilisation des richesses de nos diverses possessions.

- -

ALGÉRIE. — L'Algérie a fait, en 1907, un effort considérable pour développer son outillage économique et particulièrement le réseau de ses voies de communication. Sur leur insuffisance tout le monde est d'accord depuis longtemps. L'Algérie possède un réseau de chemins de fer très incomplet et hors de proportion avec ses besoins actuels : depuis 1892 il ne s'est pas accru d'un seul kilomètre, si l'on excepte la ligne de pénétration vers l'Extrême sud oranais, qui a un caractère nettement stratégique et « impérial »[1] et les 30 kilomètres ouverts à l'exploitation en 1907 sur la ligne de Tlemcen à la frontière du Maroc. Les centres de colonisation sont mal desservis par les routes, les ports ne répondent plus aux nécessités du trafic. En 1901 un emprunt de 50 millions avait permis d'effectuer certains travaux urgents (aménagement des forêts, construction de routes, chemins, etc.), mais rien n'avait été fait pour les chemins de fer. Un nouvel emprunt voté par les Délégations et le Conseil Supérieur dans leur session ordinaire de 1907 et autorisé depuis par le Parlement va fournir à la colonie les moyens de poursuivre dans d'excellentes conditions l'œuvre commencée en 1902.

Le gouvernement général avait proposé un appel au crédit de 150 millions; les assemblées algériennes ont élevé ce chiffre à 175 millions, et encore ont-elles prévu l'exécution de certains travaux supplémentaires sur les disponibilités futures de la caisse de réserve. Quoi qu'il en soit ces 175 millions seront employés de la manière suivante : Travaux de chemins de fer 96,748,200 francs; routes, 32,269,860; travaux maritimes, 16,081,600; colonisa-

1. Voir, dans le *Bull. du Comité de l'Afrique française*, 1908, p. 200, le remarquable article de M. Augustin Benard sur l'outillage de l'Algérie.

lion, 15,000,245; travaux hydrauliques, 2,254,554; forêts, 8,000,000; assistance publique, 2,725,241; postes et télégraphes, 1,920,000. Comme on le voit, l'effort principal porte sur les chemins de fer dont on espère pouvoir construire 931 kilomètres environ. Grâce à cet effort et à ceux que ne cesse de faire le gouverneur général actuel pour arriver à l'unification et à l'abaissement des tarifs, on peut espérer voir d'ici peu d'années l'Algérie dotée des instruments les plus propres à faciliter son expansion économique.

L'œuvre de la colonisation se poursuit normalement en Algérie. Les deux systèmes de la concession gratuite et de la vente à bureau ouvert se complétant fort heureusement [1]. Le premier a été appliqué en 1907 avec la seule intention de consolider les résultats déjà obtenus : c'est ainsi que l'administration s'est surtout attachée à combler les lacunes existant encore dans les centres déjà créés plutôt qu'à créer de nouveaux centres : 225 concessions gratuites ont été aussi attribuées, soit 66 dans le département d'Alger, 117 dans celui d'Oran et 42 dans celui de Constantine. Sur ces 225 concessions, 182 ont été accordées à des familles immigrantes comptant 868 personnes et disposant d'un capital global de 1,920,000 francs. Quant aux ventes de lots de colonisation, ventes à bureau ouvert ou ventes de gré à gré, elles ont obtenu comme précédemment un très vif succès. 115 propriétés, d'une contenance totale de 10,566 hectares ont été ainsi aliénées; sur des mises à prix globales de 810,673 francs, le produit des ventes a atteint 1,249,342 francs. Ce sont des résultats sensiblement supérieurs à ceux obtenus lors des ventes précédentes. Ils ne font que confirmer le phénomène assez général d'augmentation du prix des terres que l'on constate depuis quelques années en Algérie et qui est la conséquence de l'introduction de méthodes de culture plus perfectionnées grâce auxquelles le rendement est de plus en plus élevé. On a cru longtemps que les progrès de la colonisation européenne ne pouvaient s'effectuer qu'aux dépens des indigènes, dépouillés de leurs terres et réduits à la mendicité ou au pillage pour vivre. Sans chercher à nier les abus qui ont marqué la mise en valeur de certaines régions, on doit cependant reconnaître que les indigènes retirent des avantages de jour en jour plus marqués de la présence auprès d'eux d'agriculteurs expérimentés, dont les efforts donnent aux terres une plus-value dont bénéficient les propriétés indigènes et

1. Voir Chronique de 1904 dans les *Annales*.

dont les méthodes se répandent peu à peu et finiront à la longue.
par s'imposer aux plus conservateurs et aux plus routiniers[1].

Quant à la campagne agricole de 1906-07, on peut la caractériser
ainsi : bonne récolte de céréales, sauf dans quelques régions du sud
du département de Constantine (rendement total : 19,383,000 quintaux contre 21,381,000 en 1905-06) et abondante récolte de vin
(8,601,228 hectolitres). Ajoutons que l'Agérie a exporté 174,434 quintaux de légumes frais, contre 119,000 en 1906 et 104,000 en 1905.

.*.

TUNISIE. — L'organisation de la conférence consultative, la seule
assemblée délibérante de le Tunisie, a été profondément modifiée en
1907. Un décret beylical du 2 février a réalisé deux importantes
réformes qui toutes deux avaient provoqué de longues discussions;
il décide en premier lieu que désormais le budget de la Régence
sera soumis à l'examen de la Conférence; depuis longtemps les
colons réclamaient ce droit pour leurs représentants. Mais afin de
conserver au gouvernement du bey son autorité il est établi une
distinction entre les dépenses obligatoires (liste civile du bey,
service de la dette, résidence générale, justice, etc.) — et les
dépenses facultatives (instruction publique, travaux publics, agriculture, etc.); c'est seulement sur cette dernière catégorie que la
Conférence exercera son nouveau droit d'examen et de proposition.
La seconde de ces réformes consiste dans l'admission au sein de la
conférence, à côté des représentants français, de 16 représentants
indigènes dont un israélite, tous choisis par le résident général et
non élus. Comme il arrive toujours cette double concession à la
fois alarme les timides sans satisfaire les plus ardents. Parmi les
colons, on s'est plaint notamment des restrictions imposées aux
pouvoirs de la conférence en matière budgétaire ainsi que de la
participation des indigènes à ses travaux. Dans une certaine partie
de la société indigène on aurait d'autre part souhaité que les
représentants de cette partie de la population fussent élus et non
choisis par la résidence générale. Les indigènes tunisiens réclament au reste bien d'autres réformes, bien plus importantes : pour
exposer leurs revendications ils ont fondé un journal, *le Tunisien*
qui paraît en français depuis le 7 février 1907; leur programme

---

1. M. Joseph Challey a mis en pleine lumière ce point de vue dans son rapport
sur le budget spécial de l'Algérie (exercice 1908).

comprend : l'instruction obligatoire et gratuite, l'admission des indigènes à toute les fonctions administratives, la réorganisation de la justice musulmane, etc. On évalue à trois ou quatre centaines le nombre des jeunes Tunisiens instruits à l'Européenne, au courant de nos idées et de nos théories politiques et initiés à la culture française. C'est un groupe suffisamment nombreux pour que l'on suive avec attention toutes ses manifestations.

**

AFRIQUE OCCIDENTALE FRANÇAISE. — La décision, prise par le gouverneur général de l'Afrique occidentale française dans les dernières semaines de 1907, de se démettre de ses hautes fonctions a provoqué dans les milieux coloniaux de très vifs regrets. Elle a fourni l'occasion de passer en revue l'œuvre considérable accomplie dans cette partie de nos possessions par M. Roume, avec une admirable méthode et une remarquable persévérance. Nous avons essayé ici-même depuis cinq ans, dans les quelques lignes trop courtes que nous pouvons consacrer à l'Afrique occidentale, d'en faire connaître sinon le détail tout au moins l'esprit général et la conception première. A l'ouverture du conseil de gouvernement, en décembre dernier, le gouverneur général par intérim la caractérisait en ces quelques mots : « En cinq ans, de 1902 à 1907, 14 millions 1/2 d'emprunts contractés par la Guinée et le Sénégal ont été remboursés, 892 kilomètres de voie ferrée ont été ajoutés aux 594 kilomètres déjà existant, portant le réseau de l'Afrique occidentale à 1.486 kilomètres dont 747 sont déjà en exploitation; près de 5 millions ont été dépensés en travaux d'assainissement; un grand port a été créé à Dakar. En outre les disponibilités de l'emprunt de 65 millions et l'emprunt de 100 millions permettront de poser 750 kilomètres nouveaux de rail pour compléter le réseau de nos voies de pénétration. Ils permettront également de parfaire la mise en état des principaux ports des colonies du groupe, l'amélioration et la navigabilité du Sénégal et du Niger, et d'assurer l'achèvement de nombreuses œuvres d'assainissement et d'assistance médicale ».

Au point de vue politique les principaux problèmes auxquels ait eu à faire face le gouvernement général en 1907 sont relatifs à l'organisation des marches sahariennes. En Mauritanie, l'agitation qu'avait signalée la fin de 1906 a cessé au début de 1907, mais elle a repris vers la fin de l'année. Plus à l'est se poursuit lentement mais avec prudence la pénétration du Sahara et l'occupation des oasis sur lesquelles nous avons mis la main en 1905 et en 1906. C'était il n'y a pas bien longtemps un terrain relativement nouveau pour les « soudanais » : ils se sont très sagement inspirés des méthodes sahariennes de leurs camarades d'Algérie, et la création récente de troupes de méharistes sur le modèle de celles qui tiennent l'Extrême sud algérien va leur permettre de pacifier à peu de frais et dans des conditions excellentes les régions de plus en plus restreintes où circulent encore des pillards.

De nouvelles rencontres ont eu lieu en 1907 à travers le Sahara entre « algériens » et « soudanais ». Le 18 avril, les capitaines Cauvin et Paquier recevaient à Timiaouine la mission du capitaine Arnaud qui était partie d'Alger le 5 février et qui, descendant ensuite sur le Dahomey, arrivait à Cotonou le 23 juin, ayant traversé l'Afrique du Nord sur une longueur de 5,200 kilomètres en 127 jours. Quelques mois plus tard le lieutenant Alphen, de l'Algérie, retrouvait à Iférouane un détachement venu d'Agades. Enfin, un voyageur connu, M. Félix Dubois, a traversé le Sahara, seul et sans escorte, d'Alger à Gao, sur le Niger.

Dans un ordre d'idées analogues signalons encore les débuts d'une importante réorganisation militaire. Jugeant impossible d'augmenter les dépenses nécessitées par l'entretien des troupes régulières de l'Afrique occidentale et désirant en assurer un meilleur emploi, la métropole avait invité le gouvernement général à rechercher s'il ne serait pas possible de remplacer dans certaines régions, les troupes par des corps de police, ou de garde civile indigène, analogue à celle qui fonctionne en Indo-Chine et au Dahomey même. L'entretien de cette garde incomberait aux budgets locaux. L'administration locale s'est attachée à réaliser ce programme sans retard. Dès avril une brigade de police était créée en Guinée, au 1er juillet une autre en Casamance, etc., dans le courant de 1907 dix brigades ont été ainsi organisées, ce qui a permis à l'autorité militaire de disposer de sept compagnies et demie de troupes régulières qui ont servi à renforcer les bataillons de Zinder et de Tombouctou.

Malgré la forte baisse survenue sur le prix des caoutchoucs, qui constituent le principal article d'exportation de deux au moins des colonies du gouvernement général, la situation économique n'a pas cessé, considérée dans l'ensemble, d'être satisfaisante. En fin d'année, après apuration des comptes de 1906, l'actif des caisses de réserve du groupe s'élevait à plus de 13 millions de francs. Quant au commerce qui avait atteint en 1906 163 millions de francs, il aura atteint vraisemblablement 175 millions en 1907.

.•.

CONGO FRANÇAIS. — Le Congo est, avec l'Afrique occidentale, la seule de nos colonies où il reste encore des problèmes d'ordre militaire à résoudre. Le voisinage du Ouadaï indépendant et demeuré hors de toute action administrative de notre part, ainsi que la proximité relative des senoussistes, sont pour nos postes du territoire du Tchad et du Kanem, notamment, des sujets de fréquentes alertes. Aussi ne se passe-t-il guère d'année sans qu'il se produise quelque engagement entre nos troupes et leurs turbulents voisins. Dans les derniers mois de 1906 le lieutenant-colonel Largeau, commandant de territoire, avait dû faire repousser plusieurs attaques des Ouadaïens et, dans la poursuite des pillards, nos méharistes étaient parvenus à 30 kilomètres seulement d'Abeché, la capitale du Ouadaï. En mars 1907 le capitaine Bordeaux a poussé plus au nord, jusqu'au Borkou et a pu s'emparer du centre senoussite important de Aïn-Galakka. C'est le point extrême atteint au nord-est du Tchad par nos officiers.

A l'intérieur, le Congo développe sans cesse l'exploitation de ses richesses malgré les difficultés considérables qu'y rencontrent l'action administrative aussi bien que l'initiative privée. Tout est encore à faire dans ce pays sans chemin de fer, sans routes, et où nous n'occupons réellement, en dehors du Gabon, que le bord des cours d'eau. Depuis longtemps on réclame une intervention de la métropole qui ne peut prétendre, si elle refusait tout sacrifice, exiger que le Congo soit doté de l'outillage économique qui lui convient et que l'administration locale assure l'ordre sans troupes. Dans ce sens un effort réel a été fait en 1907 par le Ministre des Colonies qui a porté l'effectif militaire de 1,600 à 2,250 hommes et qui a fait part de son intention très arrêtée de porter en deux ans ce chiffre à 4,000 hommes.

Cependant le commerce de la colonie s'accroît sans cesse et en 1907 il a dépassé de 5,400,000 francs les résultats obtenus en 1906. Les quelques chiffres ci-après, qui représentent le commerce total (importation et exportation réunies), montrent quelle progression rapide ont suivie les statistiques de la colonie :

1897	8,830,000 francs.
1899	13.302,000 —
1901	15,122,000 —
1903	16,916,000 —
1905	24,311,000 —
1907	35,950,000 —

On se rappelle qu'un décret du 11 mai 1903 avait réglementé les contrats de travail au Congo. Un décret en date du 18 mai 1907 a substitué aux dispositions arrêtées en 1903 une législation nouvelle. Celle-ci a pour objet « de fixer les règles générales auxquelles est soumis le travail des indigènes dans la colonie ainsi que les conditions dans lesquelles les travailleurs peuvent être recrutés ». La liberté du travail est de façon minutieuse, pratiquement garantie. Tout engagement de travailleurs pour une durée supérieure à un mois est constaté par une convention écrite, soumise à la sanction de l'autorité administrative. L'exécution de ce contrat doit être assurée en toute bonne foi par les deux parties. L'indigène ne peut y être contraint dans sa personne par des mesures coercitives, mais s'il s'absente volontairement il s'expose à des pénalités pécuniaires.

*
* *

MAYOTTE ET COMORES. — A Mayotte et dans les Comores le régime du travail a été de même fixé par un décret qui porte, comme celui relatif au Congo, la date du 28 mai, et qui modifie sensiblement le décret du 22 octobre 1906 réglant la matière, en supprimant l'obligation de travailler un certain nombre de jours dans l'année que cet acte avait stipulée.

*
* *

RÉUNION. — La Réunion se débat toujours au milieu des difficultés économiques les plus graves. Les budgets de 1902 à 1905 s'étaient soldés par des déficits globaux de 884,857 francs, celui de 1906 s'annonçait comme devant se clôturer par un déficit de 300,000 francs environ. Pour régler ces arriérés et permettre en même temps aux communes de désintéresser leurs créanciers, la colonie a été autorisée, par un décret du 15 novembre, à contracter un emprunt de 1,400,000 francs. Durant presque toute l'année la Réunion a été préoccupée par les projets mis en avant par le gouverneur général de Madagascar, M. Augagneur, et qui tendaient à supprimer le gouvernement de notre vieille colonie de Bourbon en incorporant celle-ci au gouvernement général de Madagascar. Ces projets n'ont, au reste, pas reçu l'assentiment du gouvernement métropolitain.

*
* *

MADAGASCAR. — La période de recueillement que paraissait s'être imposée le nouveau gouverneur général depuis son entrée en fonctions a pris fin. L'année 1907 a vu surgir un ensemble de projets nouveaux dont la réalisation ne pourra manquer d'améliorer les communications dans la grande île, si difficiles à assurer en raison du caractère accidenté du pays. On va prolonger sans retard jusqu'à Tamatave le chemin de fer qui avait jusqu'à présent pour point de départ Brickaville, à quelque distance de la mer, et qui n'était en relations avec le principal port de la côte Ouest que par le canal des Pangalanes et le court tronçon de voie ferrée Ivondrona-Tamatave. D'ici peu d'années il sera ainsi possible d'aller en quelques heures et sans transbordement de Tamatave à Tananarive. En outre, M. Augagneur se propose de compléter les routes déjà ouvertes par de nouvelles voies qui devront répondre à un double objet : les unes serviront de voies de pénétration pour les principaux ports, les autres rayonneront autour de Tananarive de façon à faciliter la concentration en ce point des produits destinés à l'exportation par le chemin de fer. On va de même construire un wharf et des quais à Tuléar, qui devient le terminus d'une nouvelle ligne régulière de navigation entre Madagascar et Durban : des travaux d'adduction d'eau et d'éclairage sont en train à Majunga, à Tananarive, à Tamatave, etc. Il est intéressant de remarquer que tous ces travaux, pour lesquels il sera dépensé près de six millions de francs en 1908 seront effectués sans qu'il soit besoin de recourir à l'emprunt, et grâce aux ressources ordinaires et aux disponibilités de la caisse de réserve.

La législation sur les mines d'or à Madagascar, telle qu'elle ressortait du décret du 23 novembre 1905, avait provoqué de très vives protestations de la part de tous les intéressés, qui se plaignaient qu'elle paralysât tout esprit d'entreprise. Un décret en date du 23 mai 1907 a fait droit à la plupart des revendications formulées par l'industrie minière. Aux taxes à la superficie des périmètres instituées par le décret de 1905 est substituée une taxe de 7 p. 0/0 sur la production. La nouvelle réglementation a été bien accueillie mais on s'est cependant en général accordé à trouver le taux de 7 p. 0/0 un peu exagéré.

Le commerce de Madagascar a subi en 1907 un fléchissement assez sensible par rapport à l'année précédente. Le chiffre du commerce total s'est élevé en effet à 52,993,038 francs contre 62,769,836 en 1906. La diminution de 9,776,798 francs que ces chiffres accusent porte presque uniquement sur les importations qui n'ont pas dépassé 25,129,611 francs. Il faut remonter à 1898 pour trouver un chiffre plus faible (le maximum avait été de 45 millions en 1901). Par contre les exportations sont à peu près stationnaires avec un total de 27,863,427 francs, inférieur de 639,268 francs seulement au chiffre de 1906, et supérieur de 5 millions à celui de 1905. C'est au reste la première année que l'on relève, dans la Grande Ile, un chiffre d'exportation supérieur à celui des importations.

**

Indo-Chine. — En Indo-Chine, comme en Tunisie et comme en Algérie, les efforts de l'administration locale ont tendu surtout, en 1907, à réaliser la politique d'*association* dont nous exposions les principes il y a deux ans, et qui semble devenue le *credo* du système colonial français actuel. L'arrêté du gouverneur général, en date du 4 mai 1907, qui a institué au Tonkin une chambre consultative indigène, marque une étape importante dans ce sens. Cette assemblée est appelée à donner son avis sur les questions d'ordre fiscal, administratif ou économique, intéressant la population indigène du Tonkin et, en particulier, sur les questions relatives aux impôts et taxes indigènes. Elle est divisée en trois sections; la première représente la population rurale du Delta; la deuxième, les patentés annamites; la troisième, les contribuables indigènes autres que ceux de race annamite. Les membres des deux premières sections sont élus pour trois ans par un corps électoral dont il serait trop long d'indiquer ici la composition; quant à ceux de la troisième, ils sont désignés par le gouverneur général. La nouvelle chambre, dont l'institution n'a pas été sans provoquer certaines discussions, a tenu sa première session du 14 au 22 novembre. Elle a examiné, en ces quelques jours, un nombre relativement considérable de questions et, au moment de se séparer, a émis un certain nombre de vœux dont les principaux demandaient, sous une forme un peu spéciale, l'égalité de tous devant l'impôt, l'instruction obligatoire, pour les enfants de huit à treize ans, la création d'écoles professionnelles dans les provinces, etc. Cette sorte de « fièvre d'apprendre » si particulière à la race annamite se manifeste au reste depuis quelques années avec beaucoup d'intensité. Nombreux sont les jeunes gens qui se sont rendus au Japon en 1906 et 1907 pour suivre le cours des écoles de Kobé et de Yokohama ; le nombre relativement élevé — 120 — des étudiants inscrits à l'Université de l'Indo-Chine dès son ouverture, à la fin de 1907, est un autre indice de cet état d'esprit. Afin de donner satisfaction à ces besoins l'administration locale a commencé en 1907 la réalisation d'un vaste programme de réforme de l'enseignement indigène. Appliqué d'abord au Tonkin et en Annam ce programme consiste, dans ses données essentielles, à introduire à côté de l'enseignement chinois, simplifié et modernisé, dans les écoles du premier degré, communes aux filles et aux garçons, le quôc-ngu (représentation des sons de la langue annamite en caractères latins) et les notions des sciences usuelles ; dans les écoles du second degré, l'enseignement des sciences, de l'histoire et de la géographie, donné en annamite, dans les écoles du troisième degré, un enseignement plus complet des sciences avec celui de la langue française. En même temps des dispositions étaient prises pour former les maîtres nécessaires à ces diverses écoles[1].

Citons encore parmi les mesures ayant en vue l'amélioration de la condition des indigènes, les tentatives faites pour fonder au Tonkin des sociétés indigènes de mutualité et l'arrêté par lequel M. Beau a réglé, pour la Cochinchine, le fonctionnement des sociétés indigènes de prévoyance[2].

Ce n'est évidemment que dans quelques années que l'on pourra juger des effets de cette politique. A l'examiner de près, il semble bien qu'elle vise moins à créer un ordre de choses nouveau qu'à donner satisfaction à des aspirations chaque jour plus nombreuses et à des ambitions toujours un peu plus ardentes. Que des sentiments d'hostilité, de méfiance vis-à-vis de la France et de ses représentants aillent sans cesse croissant dans une bonne partie de la société indigène, c'est ce que nul ne songe plus à nier. Il s'est fait à cet égard parmi nos sujets indo-chinois, qui n'ont jamais aimé notre domination — qui songerait à s'en étonner — mais qui jusqu'à ces dernières années la subissaient avec une apparente patience, une

---

1. Signalons encore la fondation en France, sous les auspices de l'Alliance française, du « Comité de patronage des élèves et des étudiants indo-chinois ».
2. *Bull. du Comité de l'Asie française*, 1907, p. 118 et 255.

singulière évolution que nous ne pouvons qu'indiquer en passant. On a prononcé récemment le mot de « crise morale » pour caractériser une situation qui ne laisse pas de donner certaines inquiétudes, étant donné qu'elle coïncide avec le retrait, effectué par mesure d'économie, d'une partie du corps d'occupation. Les causes qui l'ont amenée ne seraient pas difficiles à découvrir; beaucoup sont de notre fait, comme certains abus du régime fiscal de l'Indo-Chine, la diminution de prestige des autorités indigènes, un singulier relâchement dans le fonctionnement de tous les rouages de nos administrations; d'autres échappent à tout contrôle de notre part, et parmi celles-ci il faut mettre au premier rang le trouble jeté dans le cerveau de nos sujets par les victoires japonaises.

Dans l'ordre des faits politiques deux événements importants ont marqué l'année 1907 en Indo-Chine. C'est d'abord la retrocession au Cambodge des provinces de Battambang, Siem-Reap et Sisophon, en exécution du traité franco-siamois du 23 mars. Le retour à la nation Khmer de territoires dont elle n'avait jamais oublié la perte a provoqué dans tout le Cambodge et dans toutes les classes de la population la plus vive satisfaction et y a fortement rehaussé notre prestige.

Dans une autre partie de la colonie, à Hué, nous nous sommes trouvés dans l'obligation de déposer le roi d'Annam dont les excentricités et la demi-folie étaient devenues intolérables et risquaient de provoquer de graves complications. L'opération avait été très longtemps différée de crainte qu'elle n'amenât quelques difficultés. Il n'en a rien été heureusement, sur le moment tout au moins, et, le 5 septembre, le cinquième fils de Thanh-Thaï, un enfant de huit ans, a été intronisé par le résident supérieur sous le nom de Duy-Tan.

La situation économique de l'Indo-Chine s'est très sensiblement améliorée au cours de l'année dernière et l'on peut considérer comme terminée la crise qui depuis quelques années, à la suite de plusieurs mauvaises récoltes, pesait si lourdement sur la colonie. On sait que toute ou presque toute la vie repose, dans notre grande possession d'Extrême-Orient, sur la culture du riz. Il a suffi que la récolte de la fin de 1906, qui est exportée quelques mois après, fût excellente, pour que la prospérité revînt dans le pays. L'exportation du riz a atteint en effet 1,422,970 tonnes, dont 1,263,975 pour la Cochinchine, 152,054 pour le Tonkin et 6,941 pour l'Annam. Ce sont là des chiffres très élevés, dont le total représente de beaucoup le plus important qui ait jamais été constaté. Les sorties de riz de

Saïgon ont en effet dépassé de 550,000 tonnes celles de l'année précédente et de 335,000 tonnes l'exportation de 1902 qui avait été jusqu'ici la plus élevée. La situation financière de la colonie n'a pas tardé à ressentir les effets de ses résultats heureux et les excédents budgétaires ont reparu.

Le chiffre de la population est un élément trop important dans les études dont s'occupent les *Annales* pour que nous négligions de reproduire les résultats du premier recensement effectué en Indo-Chine. Il a fait ressortir qu'en 1906 la population totale *indigène* de l'Indo-Chine s'élevait à 15,839,964 habitants ainsi répartis :

Cochinchine	2,837,787	habitants.
Cambodge	1,236,493	—
Annam	5,563,718	—
Tonkin	5,679,740	—
Laos	346,087	—
Quang-Tchéou	176,139	—

Dans ces chiffres ne sont pas compris 18,550 métis. Quant aux Européens ils étaient au nombre de 16,266 (troupes non comprises) : la presque totalité, soit 15,472, étaient français, ce chiffre se décomposant de la manière suivante : Cochinchine, 5,192 ; Cambodge, 928 ; Annam, 1,806 ; Tonkin, 7,148 ; Laos, 227 ; Quang-Tcheou 171. Il y a lieu de supposer, en raison des difficultés que présente un recensement dans un pays comme l'Indo-Chine, que les chiffres de la population indigène sont inférieurs à la réalité.

*
* *

OCÉANIE. — La Nouvelle-Calédonie continue à se débattre contre des difficultés de tout genre. La crise économique que nous signalons depuis plusieurs années a sévi avec encore plus d'intensité, si possible, sur la malheureuse colonie. Que le pays soit atteint profondément, que le découragement se soit emparé de nombreux colons, c'est ce dont on trouverait la preuve à défaut d'autre, dans le nombre des émigrants qui ont quitté l'île au cours de ces dernières années. Une statistique toute récente fournit à cet égard des indications précises [1]. Il en résulte que de novembre 1903 à novembre 1907, les départs de voyageurs ont dépassé les arrivées de 2,456 unités. Sans doute, dans ces chiffres les militaires et les

1. *Bull. du commerce de la Nouvelle-Calédonie*, 4 avril 1908.

fonctionnaires entrent pour une part notable, mais ils n'en demeurent pas moins élevés si on les compare surtout au chiffre total de la population blanche libre de l'île, qui était de 13,752 personnes en 1906. Toutefois, la population de la colonie n'a pas diminué, les partants étant remplacés par des naissances en nombre légèrement inférieur, mais si le total reste sensiblement le même, le nombre des *consommateurs* n'en a pas moins fléchi dans des proportions sensibles; aussi ne faut-il pas s'étonner de constater que le commerce de la colonie a décru, de 1906 à 1907, d'un peu plus de 1 million aux importations qui ont atteint au total 9,410,000 francs. A l'exportation on constate une baisse moins forte, de 705,473 francs seulement.

Pour terminer le chemin de fer commencé il y a quelques années et demeuré inachevé, — ces travaux auraient donné de l'occupation aux nombreux ouvriers sans travail de la colonie, — dans le but aussi de liquider un arriéré de dettes assez élevé, le conseil général s'était proposé de contracter un emprunt d'un peu plus de 3 millions de francs. Mais le ministère des Colonies s'est opposé à la réalisation de ce projet et, jugeant que la situation financière de la Calédonie ne comportait pas un appel au crédit aussi étendu, a voulu réduire ce chiffre à 700,000 francs seulement, somme qui représente le montant d'une créance de l'État sur la colonie qui se serait bornée ainsi pour le moment à rembourser les sommes qu'elle doit au trésor français. Cette question de l'emprunt, les résistances du département et l'obstination du Conseil général ont fourni durant toute l'année, la matière de nombreuses polémiques dans la presse coloniale.

Colonies d'Amérique. — Il semble que l'on puisse constater quelques symptômes de relèvement dans nos colonies des Antilles; les budgets de ces deux dernières années se sont soldés par des excédents de recettes, et l'on paraît désireux sincèrement, soit à la Guadeloupe, soit à la Martinique, de travailler au développement des cultures secondaires et à l'utilisation rationnelle des richesses du pays.

La Guyane languit toujours faute de main-d'œuvre. Dans ce pays, grand comme le cinquième de la France, on compte à peine 24,000 habitants (non compris les chercheurs d'or), dont 12,000 agglomérés à Cayenne. Il ne faut pas s'étonner que, dans ces conditions, le pays soit presque totalement inexploité, — exception faite pour les mines bien entendu, — sans routes, sans moyens de communication autres que les quelques rivières navigables qui descendent des monts de l'intérieur vers la mer. Le nouveau gouverneur de la colonie, M. Rodier, frappé, dès le jour même de son arrivée, de voir Cayenne sans port, sans wharf, a fait de la situation de la colonie, lors de l'ouverture de la session du Conseil général, une peinture assez sombre mais néanmoins exacte. Avec tous ceux qui souhaitent voir la colonie sortir de sa torpeur, il est d'avis que seule la reprise de l'immigration indoue serait de nature à faciliter l'éclosion de grandes entreprises industrielles ou agricoles. Il faut souhaiter, dans l'intérêt général, que cette intéressante question ne soit pas perdue de vue.

CHARLES MOUREY.

ANALYSES ET COMPTES RENDUS

La vie politique dans les deux mondes (1906-1907), publiée sous la direction de M. Achille Viallate, avec la collaboration de MM. L. Renault, de l'Institut; W. Beaumont, D. Bellet, P. Boyer, M. Caudel, M. Courant, M. Escoffier, G. Gidel, J.-P. Armand Hahn, Paul Henry, René Henry, A. de Lavergne, A. Marvaud, H.-R. Savary, A. Tardieu, R. Waultrin, professeurs et anciens élèves de l'École des Sciences politiques. — Préface de M. Anatole Leroy-Beaulieu, de l'Institut, directeur de l'École des Sciences politiques. F. Alcan, éd., 1 vol. in-8, 696 pp.

Il est impossible aujourd'hui pour un individu, si bien informé soit-il, de se tenir au courant d'une façon précise et suivie du mouvement politique contemporain. Ce mouvement, qui embrasse le monde entier, s'étend sur une trop vaste zone et met en jeu un nombre trop varié de questions. La tâche ne peut être remplie avec des chances de succès que par une collectivité de spécialistes apportant chacun les connaissances qu'ils doivent acquérir pour leurs travaux quotidiens. C'est le but que se propose *La vie politique dans les deux mondes*. Nous avons eu en France d'importants annuaires politiques, auxquels se reportent encore de nos jours avec fruit les historiens : l'*Annuaire historique universel* de Lesur, publié de 1818 à 1861, l'*Annuaire des Deux Mondes*, commencé en 1850, et continué jusqu'en 1867. Depuis ceux-ci, nous n'avons eu qu'un annuaire consacré à la vie politique française : *L'Année politique* d'André Daniel, fondé en 1874.

La *Vie politique* reprend la tradition des annuaires de Lesur et des Deux Mondes : elle entend suivre les événements politiques dans le monde entier. La tentative est des plus intéressantes Elle ne peut que réussir, si l'on songe que seules l'Allemagne et l'Angleterre ont des publications de cette nature. Or, la comparaison du premier volume de la *Vie politique* avec les *Geschichtkalender* et l'*Annual Register* est tout en faveur de l'annuaire français. La forme chronologique des annuaires allemands ne permet pas de suivre dans son ensemble le mouvement politique : il se trouve par trop scindé et divisé; de plus, ces annuaires ne traitent en détail que les états d'Europe. Ce même reproche s'adresse à l'annuaire anglais, qui consacre plus des deux tiers de son volume au Royaume-Uni, ne donnant ainsi aux autres qu'une place des plus limitées. Dans la *Vie politique*, tous les pays sont traités sur le même pied, ayant chacun une part autant que possible proportionnelle à leur importance : c'est ainsi que la France a 50 pages, l'Angleterre et l'Empire britannique 60, l'Allemagne 50, les États-Unis d'Amérique 50, l'Extrême-Orient 40, etc. A ces études par pays, s'ajoutent trois études d'ensemble, destinées à les compléter et à les relier : un chapitre sur la politique internationale, un chapitre sur les actes internationaux, et enfin un chapitre sur la vie économique. « La deuxième conférence de la Paix » fait dans ce volume l'objet d'une étude particulière, due à M. Louis Renault, de l'Institut, délégué de la France à la conférence, où il a rempli, on le sait, un rôle considérable.

L'ouvrage est complété par une table analytique et une table alphabétique, qui en rendent le maniement facile et permettent de se diriger rapidement dans les recherches que l'on veut y faire.

La *Vie politique* est une entreprise heureuse, tentée dans le milieu le plus apte pour la faire réussir. C'est un instrument de travail indispensable pour tous ceux qui suivent le mouvement politique contemporain. Les noms des collaborateurs donnent toute garantie quant à la méthode et à l'esprit d'impartialité qui doit présider à une œuvre de cette nature.

A. F.

André Tardieu. — *Notes sur les États-Unis : la société, la politique, la diplomatie.* Calmann-Lévy, 1 vol. in-18, 381 pp.

M. T. a été appelé à faire au commencement de 1908, à la célèbre Université Harvard, la série de conférences en langue française qui, depuis bientôt une décade, s'y donnent chaque année. Il y a obtenu un grand succès. Ses conférences ne l'ont pas accaparé au point de ne pas lui permettre de regarder autour de lui. De ce voyage rapide aux États-Unis, il a rapporté un ensemble de notes qu'il vient de donner au public. Admirablement au courant de la politique actuelle, excellent observateur, causeur aimable, habile à faire parler ses interlocuteurs, ayant ses entrées dans le monde politique et diplomatique, M. T. a pu, en quelques semaines, faire plus que d'autres en quelques mois. Ces notes sur la société américaine, la politique, la diplomatie, d'une lecture aisée, apprendront aux lecteurs de très nombreuses choses sur les États-Unis. Ceux-là mêmes qui connaissent le pays y trouveront aussi beaucoup. Les interviews, que M. T. excelle à prendre, seront pour eux une documentation précieuse. En quelques pages, ils auront les opinions des hommes politiques américains les plus considérables sur les multiples questions qui se posent aujourd'hui à leur pays. C'est M. Roosevelt exposant et défendant sa politique; M. Taft, son successeur vraisemblable à la présidence, affirmant les idées qui dirigeront sa conduite, s'il est élu. Du côté des démocrates, c'est M. William Bourke Cockran, député de New York, définissant l'attitude de son parti. M. Vanderlip, ancien sous-secrétaire du trésor, aujourd'hui vice-président d'une des principales banques de New-York, expose les opinions du monde financier sur la crise de 1907; M. Oscar Strauss, secrétaire du département du Commerce et du Travail indique la portée du contrôle qu'un nombre croissant d'hommes politiques jugent nécessaire de confier au gouvernement sur les grandes sociétés industrielles. Les opinions du sénateur Lodge, du baron Takahira, ambassadeur du Japon, de M. Julius Kahn, député de San Francisco, sur les relations des États-Unis avec le Japon, ne sont pas moins intéressantes à recueillir que les précédentes. Ces interviews, d'ailleurs, sont habilement commentés et reliées par l'auteur, qui sait s'effacer lorsqu'il est nécessaire, mais dont la personnalité reparaît aussitôt après pour émettre sa propre opinion et juger.

« J'ai rapporté de ce séjour, — écrit M. T., — l'impression la plus favorable... Les Américains ont des défauts; mais la somme du bien l'emporte chez eux sur la somme du mal dans une magnifique proportion. Ils sont une vivante leçon d'énergie nationale. » Son livre contribuera à les mieux faire connaître de ce côté de l'Océan.

A. V.

Otto Mayer. — *Le droit administratif allemand* (édition française par l'auteur avec une préface de H. BERTHÉLEMY). 4 vol. in-8 de XXIII-318, 317, 323 et 405 p. Paris, Giard et Brière.

MM. Boucard et Jèzes, après avoir fait paraître dans la Bibliothèque internationale de droit public dirigée par eux, le livre de Laband sur le droit public de l'empire allemand et l'avoir ainsi mis à la portée des lecteurs français, leur présentent l'ouvrage d'Otto Mayer sur le droit administratif allemand. Cette nouvelle contribution à l'étude du droit comparé offre un intérêt considérable. La matière était jusqu'alors d'une étude fort difficile, sinon impossible pour un étranger, car les États confédérés ont conservé chacun leurs institutions particulières; de plus, à l'opposé du droit administratif français d'origine récente, le droit administratif allemand est le résultat des transformations successives de notions juridiques diverses et ne peut être jugé, dans son dernier état, sans tenir compte de la lente évolution opérée au cours des siècles. La tâche devient au contraire aisée lorsqu'on est guidé par M. O. M. Cet auteur, qui a réuni un nombre énorme de matériaux, a systématisé toutes les règles adoptées dans les divers États; il les a classées sous diverses rubriques et a montré que les divers législateurs avaient, somme toute, obéi à des principes directeurs communs. Mais, en opérant cette synthèse, l'auteur a été amené à construire nombre de théories originales appuyées sur ses recherches personnelles. Aussi, à un moment où la plupart des maîtres français reconnaissent la nécessité de s'inspirer de concepts d'ensemble pour faire progresser la science du droit administratif, le travail magistral de M. O. M. attirera certainement leur attention et ne peut manquer d'exercer une influence profonde sur leurs prochains écrits.

Au point de vue matériel, l'ouvrage est divisé en deux parties : une partie générale, contenue dans le premier volume, et une partie spéciale, exposée dans les trois autres. Dans la partie générale l'introduction est consacrée à définir la notion de l'administration qui est « l'activité de l'État pour la réalisation de ses buts et sous son ordre juridique » et à délimiter le champ d'activité du droit administratif. Puis l'auteur nous expose le développement historique de la puissance publique. Basée tout d'abord sur les droits de supériorité territoriale des princes, elle était strictement soumise aux conventions passées soit avec les sujets, soit avec l'empire, et n'apparaissait que comme un moyen de satisfaire à certains intérêts communs. Mais ces considérations utilitaires disparurent peu à peu et le prince prétendit imposer de nouvelles obligations à ses ressortissants en se prévalant de l'intérêt supérieur de la chose publique : ce fut le régime de la police qui livra les populations à un arbitraire presque sans limites. Enfin apparut le régime du droit, le *Rechtsstaat*, dans lequel « l'État doit fixer et délimiter les voies et limites de son activité, ainsi que la sphère libre à ses citoyens, *à la manière du droit* », c'est-à-dire en respectant un ordre préétabli et certaines règles juridiques positives. Le droit français a suivi les mêmes phases que le droit allemand, mais alors que notre pays est passé sans transition du régime de la police à celui du droit, le législateur d'outre-Rhin n'est arrivé à la dernière conception que par une lente évolution, non encore terminée dans toutes les parties de l'empire.

Nous signalerons encore, dans ce premier volume, la théorie de l'acte administratif qui, d'après la définition de l'auteur, « est un acte d'autorité que détermine vis-à-vis du sujet ce qui pour lui doit être de droit dans des cas déterminés ». Par une intéressante comparaison avec le jugement civil qui, lui aussi, fixe le droit des parties, M. M. nous montre que l'acte administratif a une application singulièrement plus étendue, car il ne s'appuie pas exclusivement sur la loi comme l'acte juridictionnel. Néanmoins la réserve constitutionnelle, la loi elle-même ou le respect de principes supérieurs imposent des limites à l'activité de l'autorité publique.

Dans les volumes suivants, l'auteur montre comment les principes posés par lui ont été mis en œuvre dans les différentes sphères du droit administratif : la police et le pouvoir financier, le droit public des choses (expropriation, domaine public, etc.), les obligations spéciales telles que le service de l'État, les charges publiques, les indemnités pour dommages causés par l'administration, enfin la théorie de la personnalité morale sont successivement examinés par l'auteur. Il n'est pas possible dans cette courte analyse de chercher à rendre compte de la manière dont chacune de ces parties sont traitées. Nous voudrions examiner seulement la définition donnée par M. M. du domaine public. C'est en effet un point sur lequel peu de théoriciens sont d'accord et il est intéressant de connaître la façon dont il est traité dans l'ouvrage. La question a d'autant plus d'importance en Allemagne que le nouveau code civil n'a réservé aux États confédérés le droit d'édicter des règles spéciales que pour le domaine fluvial. Les principes posés pour la propriété ordinaire sembleraient donc s'appliquer aux autres choses publiques. M. M. ne le croit pas, il estime que le domaine public ne peut être soumis aux vicissitudes du droit civil. Il explique le silence du code par la nature même des privilèges attachés aux choses publiques, qui échappent ainsi à toute réglementation d'un caractère privé. Mais comme les lois d'introduction appliquant le nouveau code dans les diverses régions de l'empire n'ont pas donné de définitions précises du domaine public, il appartient à la doctrine de combler cette lacune. L'auteur écarte l'ancienne définition basée uniquement sur l'usage commun et l'impossibilité d'une affectation privée ; il n'admet pas cependant, comme M. Hanrion l'a proposé, l'extension du principe de la domanialité à toute chose affectée à un service public. D'après lui, il y a chose publique quand elle « représente par elle-même une portion de l'administration publique et que l'intérêt du service est trop important et trop intimement lié à l'état juridique de la chose pour le laisser exposé aux vicissitudes des actes de droit civil ». Nous serions, pour notre part, assez disposé à admettre cette définition qui tient compte de la relativité dans le temps et dans l'espace, de la notion de l'intérêt public. Mais nous trouvons que la liste des choses publiques qu'il dresse en application des principes posés parfois est quelque peu restreinte. Les halles, les parcs publics, les cabinets d'aisances, les lavoirs, chauffoirs et bains publics seraient d'après lui exclus. Or, s'il est des intérêts qui méritent une protection spéciale, ce sont bien ceux de la salubrité générale auxquels les parcs publics répondent et de l'alimentation des agglomérations urbaines en vue duquel les halles ont été créées. Comment, d'autre part, refuser le caractère de domanialité publique aux cabinets d'aisances placés sur la voie publique et, pour ainsi dire, incorporés à elle. Cette question n'est d'ailleurs pas la seule qui soit soulevée dans le grand ouvrage de M. O. M. ; à chaque instant l'auteur prend parti sur des points contestés.

Aussi tous ceux qu'intéresse l'étude du droit administratif doivent lire entièrement ce nouveau traité.

A. DE LAVERGNE.

Georges Pichat, maître des requêtes au Conseil d'État. — *Le contrat d'association.* A. Rousseau, éd., 1 vol. in-8, 203 p.

Cet ouvrage est le commentaire très complet et très clair de la loi du 1er juillet 1901, relative au contrat d'association, et du décret du 16 août 1901 ; pour préciser et expliquer ces textes, l'auteur s'est appuyé sur les documents parlementaires et sur la jurisprudence du Conseil d'État.

M. P. n'a pas fait rentrer dans le cadre de son étude les dispositions concernant les congrégations religieuses, mais il indique à quel critérium on peut s'attacher pour faire la distinction entre les associations ordinaires et ces congrégations. Après un court historique, M. P. définit l'association et en étudie la formation et les conditions de validité. Puis il recherche le fondement de la capacité juridique; selon lui, elle repose sur ce fait que l'association constitue réellement une personne, sujet de droit au même titre qu'une personne physique : elle représente, en effet, un intérêt collectif distinct de l'intérêt individuel des associés, et cet intérêt collectif rend l'association titulaire de droits; la personnalité morale existe donc réellement et n'est point une création du législateur : de ce principe, l'auteur tire d'importantes et intéressantes conséquences, notamment au point de vue des limitations que l'État peut apporter à la capacité juridique des associations, et au point de vue de la reconnaissance d'utilité publique.

Après avoir étudié le régime des associations déclarées et des associations reconnues d'utilité publique, et déterminé la condition des biens possédés en commun par les associés, l'auteur expose le fonctionnement de l'association, puis indique les causes de dissolution et les règles qui président à la dévolution des biens.

Enfin, en annexe, M. P. a reproduit le modèle de statuts dressé par la section de l'intérieur du Conseil d'État pour les associations qui sollicitent la reconnaissance d'utilité publique; ce modèle de statuts peut être utilisé par toutes autres associations, en en faisant disparaître les articles qui supposent la personnalité étendue des associations reconnues d'utilité publique.

Cet ouvrage, extrait du Répertoire du droit administratif, sera très utile à tous ceux qui veulent étudier le contrat d'association au point de vue administratif ou au point de vue juridique; il sera d'un puissant secours pour tous ceux qui rencontreraient quelque difficulté dans l'interprétation de la loi de 1901. Les personnes qui s'occupent de législation financière y trouveront fort bien exposé le régime fiscal des associations. Une table alphabétique facilite les recherches.

M. WALLON.

———————

Dr Alfred Eid. — *La fortune immobilière de l'Égypte et sa dette hypothécaire.* Paris, F. Alcan, 1 vol. in-8, 145 p.

Ce livre a une portée plus générale que son titre ne semble l'indiquer, car l'étude de la propriété rurale amène M. Eid à s'occuper de l'exportation des produits du sol : l'Égypte étant surtout un pays agricole, grand exportateur de coton, étudier la situation de l'agriculture, c'est exposer la vie économique de cette nation.

Après avoir évalué la fortune immobilière rurale, l'auteur étudie le développement et la condition de la propriété urbaine; il détermine ensuite la dette hypothécaire de ce pays et s'attache à montrer qu'elle est en rapport avec sa fortune immobilière.

Cette étude, appuyée sur des statistiques consciencieusement établies et accompagnée de nombreux graphiques, intéressera tous ceux que préoccupe l'essor économique de l'Égypte; comme Français, nous ne saurions nous désintéresser de l'avenir de ce pays, où la France est très aimée et où nos compatriotes ont placé beaucoup de capitaux.

M. W.

Roger Merlin, élève diplômé de l'École des Sciences politiques, bibliothécaire-archiviste du Musée Social.'— *Le Contrat de Travail, les Salaires, la Participation aux bénéfices.* 1 vol. in-18. Félix Alcan, 164 p.

L'ouvrage de M. R. M. contient, comme son titre l'indique, deux parties. Dans l'une, il examine la formation, les effets et la fin du contrat de travail; dans l'autre il étudie « le but essentiel du contrat aux yeux de l'ouvrier », le salaire, et indique les diverses modalités employées par les patrons pour intéresser les ouvriers à la prospérité des entreprises.

Dans la première partie, l'auteur expose, avec clarté et méthode, les principes juridiques qui règlent les rapports des employeurs et des salariés. Il rappelle les principaux monuments de la jurisprudence qui ont interprété nos lois écrites ou en ont comblé les lacunes. Il est seulement permis de regretter que, volontairement, l'auteur se soit contenté de résumer, le plus souvent, la situation présente des problèmes qu'il envisage sans prendre parti d'une façon explicite sur les solutions préconisées. Ainsi, nous aurions aimé trouver une appréciation personnelle sur les projets de lois sur les syndicats professionnels et le contrat de travail, soumis au Parlement, ainsi que sur la théorie jurisprudentielle de la rupture du contrat de travail par fait de grève. M. M. a voulu laisser au lecteur le soin de se faire une opinion après avoir pris connaissance de tous les éléments du débat.

Dans la seconde partie concernant les salaires, l'auteur montre fort bien comment la rémunération du travail humain, soumise surtout à la loi de l'offre et de la demande, n'est cependant pas uniquement réglée par elle. La productivité du travail, le coût de la vie, la richesse générale du pays, les lois, la coutume influent sur les taux des salaires et créent entre deux ouvriers de contrées différentes des inégalités que les facilités de plus en plus grandes des communications tendent, il est vrai, à diminuer chaque jour. Mais la rémunération forfaitaire de l'ouvrier ne lui paraît pas, à juste titre, suffisante pour assurer au patron le meilleur rendement de son outillage et à l'ouvrier le bénéfice le plus élevé de son énergie et de ses connaissances. Mieux que le travail aux pièces et les primes à la production, la participation aux bénéfices lui semble devoir assurer la collaboration du capital et du travail. M. M. fait d'ailleurs toutes les réserves nécessaires sur les difficultés de son application. Il n'entrevoit la généralisation de ce mode de rémunération que pour un lointain avenir.

Mais il estime que c'est vers la participation aux bénéfices, comme vers le contrat collectif de travail, que doit tendre le progrès économique. L'une et l'autre mettent, en effet, les deux parties en présence sur un pied d'égalité qui favorisera le développement de relations plus confiantes. Le livre de M. M. se termine sur cette appréciation, peut-être optimiste et d'une réalisation incertaine, mais dont on ne saurait cependant nier le caractère généreux.

A. DE L.

Pierre Bordereau, docteur d'Université de la Faculté des Lettres de Paris. — *La Capsa ancienne. La Gafsa moderne*. In-8° de 238 pages avec cartes et gravures. Paris, A. Challamel.

« Nous nous sommes efforcé, dit l'auteur dans son avant-propos, d'établir dans quelles conditions géographiques s'est développée cette oasis et quelles influences ont déterminé les habitudes séculaires de ses habitants. » C'est donc une étude de géographie économique et de géographie humaine d'une des plus importantes oasis tunisiennes que M. P. B. a voulu écrire.

L'essai est intéressant et à tout prendre heureux. *Géographie physique* (44 pages), *Histoire économique* (30 pages), *Géographie économique* (40 pages), *Exploitation des Phosphates et Chemins de fer* (22 pages), forment les quatre chapitres de l'ouvrage. M. P. B. a rejeté dans l'appendice une étude sur *la Population* (30 pages) qui avait sa place toute indiquée dans le corps même de l'ouvrage et une autre étude sur la *Géographie et Histoire militaires et politiques* (44 pages) qui n'était point indispensable au but que se proposait l'auteur. Une bibliographie très complète comprenant au moins 250 numéros termine l'ouvrage.

L'étude de Géographie physique (ch. I) est bien venue. Nous regrettons seulement que quelques cartogrammes et que quelques diagrammes n'illustrent pas en nombre suffisant ce chapitre. Aujourd'hui un bon ouvrage géographique devrait toujours en être abondamment pourvu. Le chapitre II, « Histoire économique » se lit facilement; sa lecture m'a rappelé l'ouvrage de M. G. Boissier sur l'Afrique Romaine.

Les chapitres III et IV et la première partie de l'Appendice sont évidemment ce qui, dans cet ouvrage, offre pour les lecteurs des *Annales* le plus grand intérêt : la défense de l'oasis contre l'ensablement, son irrigation, les progrès de l'agriculture et de l'élevage, la découverte et l'exploitation des célèbres gisements de phosphates sont fort nettement et très complètement mis en lumière.

G. L.

Ouvrages envoyés à la rédaction.

LÉON BARETY. — *L'évolution des banques locales en France et en Allemagne.* Marcel Rivière, 1 vol. in-18, 186 pp.

HENRY-ÉMILE BARRAULT. — *Le droit d'association en Angleterre.* Larose et Tenin, 1 vol. in-8, 309 pp.

ÉDOUARD CLAVERY, consul de France. — *Le développement économique du Japon et la concurrence en Extrême-Orient.* Marcel Rivière, 1 broch. in-8, 30 pp.

— *La situation financière du Japon.* Berger-Levrault et Cie, 1 broch. in-8, 75 pp.

PIERRE CLERGET. — *La Suisse au XXe siècle* (avec 6 cartes et graphiques). Lib. A. Colin, 1 vol. in-18, 350 pp.

PAUL FESCH. — *L'année sociale et économique en France et à l'étranger,* 1907. Marcel Rivière, 1 vol. in-8, 680 pp.

PAUL GHIO. — *Cours d'économie politique,* t. I : Les Origines. Marcel Rivière, 1 vol. in-18, 125 pp.

LOUIS DE GOY. — *La situation vraie des finances communales.* Lib. G. Roustan, 1 broch. in-18.

GUILLAUME de GREEF. — *La structure générale des sociétés.* T. III : Théorie des frontières et des classes. F. Alcan, 1 vol. in-8, 810 pp.

ERNEST LÉMONON. — *La seconde Conférence de la Paix* (La Haye, juin-octobre 1907); préface de M. Léon Bourgeois, sénateur. Pichon et Durand-Auzias, 1 vol. in-8, 800 pp.

PAUL NÈVE. — *La philosophie de Taine.* V. Lecoffre, 1 vol. in-18, 359 pp.

G. NOVICOW. — *Le problème de la misère et les phénomènes économiques naturels.* F. Alcan, 1 vol. in-8, 412 pp.

PIERRE RAIN. — *L'Europe et la Restauration des Bourbons* (1814-1818). Perrin et Cie, 1 vol. in-8, 497 pp.

MUNROE SMITH. — *Jurisprudence.* The Columbia University press, 1 broch.

D^r VON ULLMANN. — *Das œffentliche Recht der Gegenwart:* I, Völkerrecht. J. C. B. Mohr; Tübingen, 1 vol. gr. in-8, 555 pp.

HENRI D'URCLÉ. — *La réforme de l'octroi.* Marcel Rivière, 1 vol. in-18, 150 pp.

F. UZUREAU, directeur de l'*Anjou historique.* — *La séparation de l'Église et de l'État dans un grand diocèse* (1800-1802). 1 broch.

— *Les divisions administratives de la province d'Anjou et du département de Maine-et-Loire.* 1 broch.

GIORGIO DEL VECCHIO. — *Il sentimento giuridico.* Roma, 1 broch.

— *Il comunismo giuridico del Fichte.* Roma, 1 broch.

A. VULLIOD. — *Les étapes de l'expansion coloniale allemande.* F. Alcan, 1 broch.

MAURICE WALLON. — *Les Saint-Simoniens et les chemins de fer.* A. Pedone, 1 vol. in-8, 170 pp.

Organisation municipale. Loi du 5 avril 1884, complétée par la loi du 22 mars 1890, mise à jour. G. Roustan, 1 vol. in-18, 102 pp.

La vie politique dans les Deux Mondes (1906-1907), publiée sous la direction de M. Achille Viallate, avec la collaboration de MM. L. Renault, de l'Institut, W. Beaumont, D. Bellet, P. Boyer, M. Caudel, M. Courant, M. Escoffier, G. Gidel, J.-P. Armand Hahn, Paul Henry, René Henry, A. de Lavergne, A. Marvaud, H.-R. Savary, A. Tardieu, R. Waultrin, professeurs et anciens élèves de l'École des Sciences politiques. Préface de M. Anatole Leroy - Beaulieu, de l'Institut, directeur de l'École des Sciences politiques. F. Alcan, éd., 1 vol. in-8, 696 pp.

MOUVEMENT DES PÉRIODIQUES

Voir la table des abréviations à la dernière page.
La lettre qui suit l'abréviation du titre de la Revue est la première lettre du mois
de la date de la publication.

HISTOIRE, DIPLOMATIE, POLITIQUE

Action Française (L') et le Correspondant, **C.** 10 **J.**

Alliance (L') Savoyarde, Épilogue. D'Haussonville, **RDM.** 1er **M.**

Angleterre. The Pan Anglican Conference. Bishop Welldon, **NC. J.**

— The licensing Bill. Whittaker, **GR. M.**

— The evolution of Tariff Reform in the tory party, **NC. J.**

— Les suffragettes, les pairs et la foule, **NC. M.**

— L'Angleterre et les critiques français, **FR. J.**

Asquith (M.), Le nouveau premier ministre anglais (Filon), **RDM.** 1er **M.**

— et la situation politique, Kann, **QDC.** 1er **M.**

Allemagne (La politique morale de l'), Barker, **NC. M.**

— La France et le Maroc, R. de Caix, **QDC.** 1er **M.**

— Schiemann et les affaires marocaines, Muret, **QDC.** 16 **M.**

Australie (L') contemporaine, Lorin, **QQ. J.**

Baltique (La question Danoise et la mer), Guichen, **QDC.** 16 **J.**

Balkanique (La crise), chemins de fer et réformes, Pinon, **RDM.** 1er **M.**

Boigne (Les mémoires de Madame de), Lady Blennerhasset, **DR. J.**

Bohême (La nouvelle diète de), R. Henry, **QDC.** 16 **J.**

Bourdelot (Un médecin courtisan au XVIIe siècle), II. Lichtenberger et Lemoine, **C.** 25 **M.**

Bourbons (Les) émigrés, Madelin, **RDM.** 15 **M.**

Berry (Le mariage secret de la Duchesse de), Mlle de Beauregard, **RDM.** 15 **J.**

Brésil (L'Église et l'État au), H. R. Savary, **C.** 10 **M.**

Centre-Amérique (La paix dans le), Marvaud, **QDC.** 16 **M.**

Congo et Belgique, Challaye, **RP.** 1er **M.**

Congo Belge (La question du), Witte, **RDM.** 15 **M.**

Campbell Bannerman (Sir Henry). Chaming, **FR. J.**

Croates (Les élections), R. Henry, **QDC.** 1er **M.**

États-Unis. L'Amérique de demain, Félix Klein, **C.** 10 **M.**

— Les candidats à la présidence, **NAR. M.**

— Les États et le gouvernement Fédéral, Wilson, **NAR. M.**

— (La crise aux), Franconie, **QDC.** 1er **M.**

L'Empire Libéral (L'), Le Plébiscite, Émile Ollivier, **RDM.** 15 **M.**

— La politique intérieure après le plébiscite, Émile Ollivier, **C.** 10, 25 **J.**

— La Prusse et la France au début de 1870, Émile Ollivier, **RDM.** 1er **M.**

— La politique extérieure après le plébiscite, Émile Ollivier, **RDM.** 1er **J.**

Entente (La Triple) Anglo-Franco-Russe, Bérard, **RP.** 15 **J.**

France (Deux années de politique radicale socialiste), Fernand Faure, **PP.** mai.

Fournier (Le colonel) et la mystérieuse affaire Donnadieu, II. G. A. Thierry, **RDM.** 1er **M.**, 1er **J.**

Gréard (Octave), d'Haussonville, **RDM.** 15 **J.**

Guerre et Humanité, Knobelsdorff, **PJ. J.**

Hollando-Belge (L'entente), Meynadier, **QDC.** 1er **J.**

Indes (Les) Anglaises, **C.** 25 **M.**, 10 **J.**

— (Le conflit des civilisations dans les), Keene, **NC. J.**

— Christianity in India, Farquhar, GR. M.

Inde (Sur la frontière nord-ouest de l'), Bonin, RP. 15 M.

— Les troubles sur la frontière afghane, Marchand, QDC. 1ᵉʳ J.

Ireland (The New), III, Brooks, NAR. M.

Italie (Un ambassadeur de France en), Deux ans au Palais Farnèse, Comte de Moüy, C. 25 M., 10 J.

Japon (L'évolution de l'éducation au), Vay de Vaya et Luskod, RDM. 1ᵉʳ J.

— (Au), Laurent, RP. 1ᵉʳ M.

Karageorgevitch (Le Pᵐ Bojidar), Judith Gautier, RP. 1ᵉʳ J.

Leibnitz (Les Idées religieuses de), Fonsegrive, C. 25 J.

Madame, Mère du Régent, IV, A. Barine, RDM. 15 J..

Municipalité Parisienne (La), depuis les origines jusqu'à la Révolution, Varloy, C. 10 M.

Naval (Programme), Ferrand, RP. 1ᵉʳ, 15 J.

Navire de guerre (Le culte du) monstre, White, NC. J.

Océanie (Les maîtres de l'), Biard d'Aunèt, C. 25 J.

Prusse (Le suffrage politique en), Nezard, PP. J.

Révolution (L'Église de France pendant la), Lacombe, C. 10 M.

Révolution (A travers la), Lanzac de Laborie, C. 10 J.

Russe (Avec la flotte), Bouteiller, RP. 15 M.

Sud-africains (Problèmes), II, III, FR. M. J.

Suisse (Les institutions militaires en), Lafargue, QDC. 1ᵉʳ J.

Taine (Notes et souvenirs), A. Chevrillon, RP. 1ᵉʳ, 15 M., 1ᵉʳ J.

Tsarisme (Le). La crise russe, Blanc, C. 10 M.

Université de Paris (La vieille), Liard, PR. 1ᵉʳ M.

— (La nouvelle), Liard, RP. 15 M.

Victoria (La reine), d'après sa correspondance, Mézières, RDM. 25 J.

Voltaire et Rousseau en Angleterre, RDM. 25 M.

FINANCES, ÉCONOMIE POLITIQUE ET SOCIALE

Assurance (L') ouvrière en Hongrie, EF. 20 J.

Brésil (La valorisation du café au), Denis, PP. J.

— (Les chemins de fer du), Doumer, REI. 15-20 J.

Coton (Le passé, le présent et l'avenir de la production du), Bellet, PP. J.

— (La culture du), dans les colonies d'Europe, Chemin-Dupontès, QDC. 10 J.

Espagne (Le socialisme et le mouvement ouvrier en), Marvaud, REI. 15-20 J.

Finances (Les) des grandes puissances, Zahn, REI. 15-20 J.

France (La question de la dépopulation), Béchaux, C. 25 M.

— (La dépopulation de la), Leroy-Beaulieu, EF. 20 J.

— (La navigation intérieure en), Marlio, RP. 15 M.

— (L'agriculture et les transports), Colliez, PP. M.

— Le budget de 1909, Paul Leroy-Beaulieu, EF. 13, 20 J.

Grèves et salaires, Picquenard, REP. M.

Hongrie (Le développement de l'industrie en), Kossuth, RH. M., J.

— (La question sociale en), Mailoth, RH. J.

Impôt (L') sur les bénéfices agricoles, Renard, PP. J.

— (L') sur le revenu en Belgique et en France, Ingenbleek, REI. J.

Japonais (Le Budget), pour 1908-1909, JE. M.

Ouest (Le rachat de l'), Nouvion, JE. M.

Paris (Le budget de) pour 1908, Letourneur, JE. J.

Richesse (Une nouvelle théorie de 1 répartition de la), Bellom, JE. J.

Syndicalisme (Le), Duguit, PP. J.

— (Le) révolutionnaire et la confédération générale du travail, Seilhac C. 25 J.

— (Le) en Allemagne, Schwiedland REP. M.

Trusts (Les) et les cartells, Huant, JE. M.

DROIT PUBLIC ET PRIVÉ

Allemagne (La loi sur les Bourses en), Plochman, NAR. M.

Assurance (L') des œuvres et des orphelins, Bellom, PP. M.

Communisme municipal (Les formes et les interprétations juridiques du), Mater, REP. M.

Le Contrat de Travail, Rochetin, PP.

Contrats (Les) de travail et leur appellation légale, d'Eichttal, PP. J.

Duel (Un premier congrès international contre le), Le Rohn, C. 25 J.

Enseignement technique et enseignement primaire supérieur, PP. M.

— (L') professionnel, **EF.** 20 **J.**

Femme mariée (L'autonomie économique et juridique de la), Valensi, **PP. M.**

Le Droit de la Femme, Paulsen, **PJ. J.**

France (Mutualités ecclésiastiques en), Mater, **RP.** 15 **J.**

Police (La) municipale, Mossé, **JE. M.**

— (How to grise a good municipal), to New-York, Bingham, **NAR. M.**

Pouvoir (Le) judiciaire dans les Républiques, Proal, **PP. J.**

Protection (La) morale et légale de l'enfant en France et à l'étranger, Bonet-Maury, **RDM.** 1ᵉʳ **M.**

Société (Les bases nécessaires de la), Webb, **CR. J.**

VOYAGES, COLONISATION

Algérie, Le chemin de fer d'Oran au Tafilalet, Gotteron, **PP. J.**

— Notes sur Colomb-Béchar, **PP. M.**

Indo-Chine (L') dans les six dernières années, Payen, **QDC.** 15 **M.**

Terre-Neuve (Un voyage à), Perret, **C.** 25 **J.**

Tunisie (Les indigènes et l'instruction en), Abd Zaouch, **PP. M.**

INDEX DES REVUES CITÉES

Le propriétaire-gérant : FÉLIX ALCAN.

Coulommiers. — Imp. PAUL BRODARD.

FÉLIX ALCAN, ÉDITEUR

Viennent de paraître :

LA VIE POLITIQUE
DANS LES DEUX MONDES (1906-1907)

Publiée sous la Direction de M. **A. VIALLATE**, Professeur à l'Ecole des Sciences Politiques
Préface de M. **Anatole LEROY-BEAULIEU**, de l'Institut,

Avec la collaboration de MM L Renault, de l'Institut; W. Beaumont, D. Bellet, P Boyer, M. Caudel. M. Courant, M. Escoffier, G. Gidel, J.-P. Armand Hahn, Paul Henry, René Henry, A de Lavergne, A. Marvaud, H.-R. Savary, A. Tardieu, R. Vaultrin, professeurs et anciens élever de l'Ecole des Sciences Politiques.

Un fort vol. in-8 de 600 pages de la *Bibliothèque d'histoire contemporaine*. **10 fr.**

ANDRÉ LIESSE
Professeur au Conservatoire National des Arts et Métiers et à l'École des Sciences Politiques

PORTRAITS FINANCIERS
OUVRARD — MOLLIEN — GAUDIN — BARON LOUIS
CORVETTO — LAFFITTE — DE VILLÈLE

Un volume in-16. . . . . **3 fr. 50**

J. NOVICOW

LE PROBLÈME DE LA MISÈRE
ET LES PHÉNOMÈNES ÉCONOMIQUES NATURELS

Un vol. in-8 de la Collection *Économistes et publicistes contemporains* . **7 fr. 50**

LÉON DUGUIT
Professeur a la Faculté de Droit de Bordeaux

LE DROIT SOCIAL, LE DROIT INDIVIDUEL
ET LA TRANSFORMATION DE L'ÉTAT

1 volume in-16 de la *Bibliothèque de philosophie contemporaine*. . . . . . **2 fr. 50**

A. RAFFALOVISCH
Correspondant de l'Institut

LE MARCHÉ FINANCIER
(1907-1908)

Angleterre, Allemagne, France,
États-Unis, Japon, Autriche-Hongrie, Italie, Russie.
MÉTAUX PRÉCIEUX. — QUESTIONS MONÉTAIRES

1 volume grand in-8. . . . . **12 fr.**

Précédemment parues :

Le Marché Financier. Années 1894-1895 à 1896-1897, chacune 1 vol... **7 fr. 50.** — 1897-1898 à 1901-1902, chacune 1 vol.... **10 fr.** — 1902-1903 à 1906-1907, chacune 1 volume . . . . **12 fr.**

Le Contrat de travail et le code civil : Examen des textes que la Commission du travail de la Chambre des deputes propose d'introduire au code civil. *(Rapport à l'association nationale pour la protection légale des travailleurs.)* 1 vol. in-8 . . . . **3 fr. 50**

COMPTOIR NATIONAL D'ESCOMPTE DE PARIS

Capital : 150 millions de francs entièrement versés.

Siege social **14, rue BERGÈRE** – Succursale 2, place de l'Opera, Paris.

OPÉRATIONS DU COMPTOIR Bons à échéance fixe. Escompte et Recouvrements. Escompte de chèques Achat et Vente de Monnaies étrangères, Lettres de Crédit, Ordres de Bourse. Avances sur Titres, Chèques, Traites, Envois de Fonds en Province et à l'Etranger, Souscriptions. Garde de Titres, Prêts hypothécaires maritimes. Garantie contre les Risques de remboursement au pair, Paiement de Coupons, etc.

AGENCES 33 Bureaux de quartier dans Paris — 13 Bureaux de banlieue. — 140 Agences en Province. — 10 Agences dans les colonies et pays de Protectorat — 12 Agences à l'Etranger

LOCATION DE COFFRES-FORTS Le Comptoir tient un service de coffres-forts à la disposition du public. *14, rue Bergère, 2, place de l'Opéra, 147, boulevard Saint-Germain ; 49, avenue des Champs-Elysées* et dans les principales Agences — Une clef spéciale unique est remise à chaque locataire — La combinaison est faite et changée par le locataire, à son gré. — Le locataire peut seul ouvrir son coffre.

BONS A ÉCHÉANCE FIXE. Intérêts payés sur les sommes déposées De 6 mois à 11 mois, 2 0/0, de 1 an à 5 ans, 3 0/0 — Les Bons, délivrés par le COMPTOIR NATIONAL aux taux d'intérêts ci-dessus, sont à ordre ou au porteur, au choix du déposant.

VILLES D'EAUX, STATIONS ESTIVALES ET HIVERNALES. Le COMPTOIR NATIONAL a des agences dans les principales *Villes d'Eaux* Ces agences traitent toutes les opérations comme le siege social et les autres agences, de sorte que les Étrangers, les Touristes, les Baigneurs, peuvent continuer à s'occuper d'affaires pendant leur villégiature

LETTRES DE CRÉDIT POUR VOYAGES. Le COMPTOIR NATIONAL D'ESCOMPTE délivre des *Lettres de Crédit* circulaires payables dans le monde entier auprès de ses agences et correspondants, ces Lettres de Crédit sont accompagnées d'un carnet d'identité et d'indications et offrent aux voyageurs les plus grandes commodités, en même temps qu'une sécurité incontestable

Garantie et sécurité absolues

Compartiments depuis 5 fr. par mois

Salons des Accrédités, Branch office, 2, place de l'Opéra

FÉLIX ALCAN, ÉDITEUR

OUVRAGES ANALYSÉS DANS LE PRÉSENT NUMÉRO :

LA VIE POLITIQUE DANS LES DEUX MONDES

PREMIÈRE ANNÉE 1906-1907

Publiée sous la direction de **M. A. VIALLATE**

Professeur à l'Ecole des Sciences politiques.

Avec la collaboration de MM. L. RENAULT, de l'Institut; W. BEAUMONT, D. BELLET, P. BOYER, M. CAUDEL, M. COURANT. M. ESCOFFIER, G. GIDEL, J.-P. ARMAND HAHN, PAUL HENRY, RENÉ HENRY, A. de LAVERGNE, A. MARVAUD, H.-R. SAVARY, A. TARDIEU, R. VAULTRIN, professeurs et anciens élèves de l'Ecole des Sciences Politiques.

Préface de M. **Anatole LEROY-BEAULIEU**, membre de l'Institut

Directeur de l'Ecole des Sciences politiques.

1 fort volume in-8 de la *Bibliothèque d'histoire contemporaine*. . . **10 fr.**

A. EID

LA FORTUNE IMMOBILIÈRE DE L'ÉGYPTE
ET SA DETTE HYPOTHÈCAIRE
Propriété rurale. — Propriété urbaine.

1 volume grand in-8. . . . . **3 fr.**

R. MERLIN

LE CONTRAT DE TRAVAIL
Les salaires. — La participation aux bénéfices.

1 volume in-16. . . . . **2 fr. 50**

Coulommiers. — Imp. PAUL BRODARD.

ANNALES

DES

SCIENCES POLITIQUES

Revue bimestrielle

Publiée avec la collaboration des professeurs et des anciens élèves
de l'École libre des Sciences politiques

VINGT-TROISIÈME ANNÉE

V. — 15 SEPTEMBRE 1908

FÉLIX ALCAN, ÉDITEUR
108, BOULEVARD SAINT-GERMAIN, PARIS
—

COMITÉ DE RÉDACTION

M. ANATOLE LEROY-BEAULIEU, de l'Institut, Directeur de l'École libre des Sciences politiques;

M. ALFRED DE FOVILLE, de l'Institut, Conseiller maître à la Cour des Comptes

M. STOURM, de l'Institut, ancien Inspecteur des finances et Administrateur des Contributions indirectes;

M. AUGUSTE ARNAUNÉ, ancien directeur de l'Administration des Monnaies, conseiller maître à la Cour des Comptes.

M. A. RIBOT, de l'Académie française, Député, anc. Président du Conseil des Ministres;

M. LOUIS RENAULT, de l'Institut, Professeur à la Faculté de droit de Paris;

M. ROMIEU, Maître des requêtes au Conseil d'État;

M. VANDAL, de l'Académie française;

M. ÉMILE BOURGEOIS, Professeur à la Faculté des lettres de Paris.

Professeurs à l'École libre des Sciences politiques.

RÉDACTEUR EN CHEF :

M. ACHILLE VIALLATE, Professeur à l'École libre des Sciences politiques.

Les ANNALES DES SCIENCES POLITIQUES (Vingt-troisième année. 1908) sont la suite des ANNALES DE L'ÉCOLE LIBRE DES SCIENCES POLITIQUES. Elles paraissent tous les deux mois (en janvier, mars, mai, juillet, septembre, et novembre), par fascicules grand in-8.

PRIX D'ABONNEMENT
Un an (du 15 janvier)

Paris................................	18 fr.
Départements et étranger..............	19 fr.
La livraison..........	3 fr. 50

On s'abonne à la librairie **FÉLIX ALCAN**, 108, boulevard Saint-Germain, Paris; chez tous les libraires, et dans les bureaux de poste.

Les années écoulées se vendent séparément : les trois premières, **16 fr.**, les suivantes, **18 fr.** chacune. Les livraisons des trois premières années se vendent chacune **5 fr.**; à partir de la quatrième année, **3 fr. 50** chaque livraison.

FÉLIX ALCAN, ÉDITEUR

Viennent de paraître :

E. MILHAUD
Professeur d'Économie politique à l'Université de Genève.

L'Imposition de la Rente

LES INTÉRÊTS DU CRÉDIT PUBLIC.
LES ENGAGEMENTS DE L'ÉTAT. L'ÉGALITÉ DEVANT L'IMPOT.

1 volume in-16.......................... 3 fr. 50

A.-E. GAUTHIER
Sénateur, ancien ministre.

La Réforme Fiscale
par l'Impôt sur le revenu

1 volume in-16.......................... 3 fr. 50

AUTRES OUVRAGES TRAITANT DE L'IMPOT SUR LE REVENU

CHARTON (P.). **La réforme fiscale en France et à l'étranger,** 1 vol. gr. in-18. .... 12 fr.

DUFAY (J.). **L'impôt progressif en France,** 2ᵉ édit., revue et augmentée, 1 vol. gr. in-8. .... 5 fr.

— **L'impôt progressif sur le capital et le revenu,** 1 vol. in-12. 1 fr. 50

GUYOT (Yves). **L'impôt sur le revenu,** 1 vol. in-12. 1887. ..... 3 fr. 50

MANCHEZ (G.). **L'impôt général sur le revenu,** broch. in-8.. ..... 1 fr.

STOURM (R.), de l'Institut, professeur à l'École libre des Sciences politiques.

Les systèmes généraux d'impôts; 2ᵉ édition revisée, 1 vol. in-8. . 9 fr.

LE CONGRÈS SLAVE DE PRAGUE

(12-18 JUILLET 1908)

I. — LES ORIGINES DU CONGRÈS.

Le 31 mai 1848, sous la présidence du grand patriote tchèque Palacky, un congrès solennel se réunissait à Prague. Il devait jeter les bases d'une coalition des peuples slaves pour la défense de leurs intérêts nationaux et politiques menacés par les Allemands. L'idée de cette manifestation était venue des Polonais de la domination prussienne, fort inquiétés par un projet de partage du Grand-Duché de Posen que le gouvernement de Berlin voulait, alors, faire partiellement incorporer à la Confédération germanique. Sur la demande du Comité national de Posen, les Tchèques s'étaient volontiers chargés de l'organisation du congrès, que le monde slave comptait opposer au Parlement allemand, réuni à Francfort. En saluant les congressistes, accourus en grand nombre à son appel, Palacky s'écria enthousiasmé : « Voici que se réalise enfin le rêve le plus cher de nos aïeux; les Slaves se tendent cordialement la main, pour fonder une alliance de fraternité et d'affection! » — Mais, les grandes espérances qu'avait fait naître ce congrès furent rapidement déçues. Les délégués n'eurent même pas le temps d'arrêter un programme d'action et furent dispersés par les autorités autrichiennes alarmées. Il est vrai que le mouvement vers l'unité nationale tenté par l'Allemagne ne réussit pas mieux et que le Parlement de Francfort fut dissous, à son tour, quelques semaines plus tard.

Le 12 juillet 1908, à soixante ans d'intervalle, un nouveau congrès slave s'est réuni dans l'antique capitale bohème. Les événements dont la Pologne prussienne est le théâtre en avaient encore déterminé la réunion. La loi sur l'*Expropriation* et l'article additionnel à la loi sur les *Associations*, qui viennent de frapper si durement les Polonais de Prusse, ont eu un large retentissement dans la Slavie tout entière. Ces mesures injustifiables y ont fait naître le désir de mettre des bornes à un arbitraire dont l'exemple démoralisant peut être contagieux; et cela d'autant plus que la politique prussienne n'est pas dangereuse pour les Polonais seulement. Par le crédit dont le cabinet de Berlin jouit, soit à Saint-Pétersbourg, soit à Vienne, par l'influence occulte qu'il peut et sait y exercer le cas échéant, la Prusse pèse indirectement, de la façon la plus fâcheuse, sur les destinées des peuples slaves. Mais, politiquement dispersés, ceux-ci ne peuvent résister à la toute puissance allemande qu'en unissant leurs efforts, en se prêtant mutuellement aide et assistance et en répondant aux abus de la force par des représailles sur le terrain économique.

Ces représailles, les Polonais y recoururent, pour leur propre compte, dès le vote des lois d'exception mentionnées plus haut. Ils rompirent leurs relations commerciales avec les fabriques et maisons d'exportation allemandes, dirigèrent ailleurs que sur l'Allemagne les ouvriers agricoles qui s'y engageaient jadis pour le temps des moissons; ils retirèrent même leur clientèle aux villes d'eaux allemandes. Mais il fallait étendre ce mouvement, le généraliser afin qu'il devînt vraiment efficace et, pour cela, raviver le sentiment de l'intérêt commun, de la solidarité slave.

Comme en 1848, les Tchèques étaient politiquement et géographiquement les mieux placés pour entreprendre cette œuvre. Quelques hommes d'élite, au premier rang desquels se trouvait le D^r Ch. Kramarsch, le très distingué président du *Club Tchèque* au Reichsrath de Vienne, s'en firent les apôtres éloquents. M. Kramarsch sut intéresser à ses projets les milieux politiques russes où il compte de nombreux amis, et invité à en exposer le détail, il se rendit à Saint-Pétersbourg, vers la fin du mois de mai dernier. Il était accompagné de deux de ses collègues au Parlement : le député slovène, Dr Hribar et M. Hlibovitzky, représentant du parti Vieux-Ruthène.

Les trois délégués des Slaves autrichiens furent reçus de la façon la plus cordiale. Ils proposèrent la réunion d'un congrès qui se tiendrait à Prague pour arrêter un programme d'action commune. La question fut examinée dans une série de conférences qui eurent lieu au *Club politique* et au cercle des *Politiques sociaux*. Mais dès les premiers entretiens, on constata que tous les efforts, sur le terrain d'une entente générale des peuples slaves, demeureraient stériles si l'on ne réglait pas, auparavant, la question des relations russo-polonaises.

Les Polonais, présents aux conférences, déclarèrent par la voix de M. Dmowski, président du *Club polonais* de la Douma d'Empire, et par celle du comte Olizar, membre du Conseil d'État, qu'ils seraient disposés à se réconcilier avec les Russes, moyennant la reconnaissance et le respect, à l'avenir, de leur individualité nationale.

M. Dmowski s'est expliqué sur cette attitude nouvelle de ses compatriotes [1]. Près d'un demi-siècle s'est écoulé depuis l'échec de la dernière insurrection polonaise (1863-64). Depuis cette époque, le caractère de la nation polonaise a subi une transformation profonde : les Polonais ont compris l'inutilité des soulèvements à main armée, basés sur une intervention des puissances étrangères. D'autre part, la situation internationale s'est complètement modifiée. La défaite de la France et la création de l'empire ont donné aux Allemands une situation prépondérante en Europe. La Russie, battue par le Japon, paralysée par la crise intérieure qu'elle traverse, s'est montrée plus faible qu'il ne conviendrait, au point de vue de l'équilibre européen et sa situation en Extrême-Orient lui impose en Europe un rôle moins actif. L'Allemagne emploie contre les Polonais des moyens de plus en plus violents. Elle vise à désagréger les éléments sociaux de cette nation, à la *prolétariser*. La Russie, au contraire, exposée à des difficultés intérieures et extérieures de l'ordre le plus grave, ne peut plus continuer, sur la Vistule, une politique de russification qui l'affaiblit sur sa frontière de l'ouest et ne lui a donné, jusqu'ici, aucun résultat appréciable. Dans ces conditions, l'intérêt des Polonais est manifeste : il consiste à se rapprocher des Russes. Ils doivent travailler avec eux à faire de la Russie un état fort qui ne soit pas un instrument de la poli-

1. Dans deux articles publiés par le journal *Slowo polskie.*

tique berlinoise et, en quelque sorte, une sphère d'influence allemande. Mais, en accomplissant cette évolution, les Polonais demandent que leur individualité nationale soit formellement reconnue.

Autrefois, cette exigence aurait paru inacceptable. Mais, depuis
quelques années et, surtout, depuis l'introduction en Russie d'institutions représentatives, l'opinion russe s'est sensiblement modifiée
à l'égard des Polonais. On s'est convaincu, dans les milieux libéraux
tout au moins, que la Russie n'a pas intérêt à s'aliéner systématiquement ses sujets polonais. Les déclarations de M. Dmowsnki et du
comte Olizar furent donc accueillies avec la plus vive sympathie et
l'entente russo-polonaise devint le mot d'ordre des conférences de
Saint-Pétersbourg. Le Congrès fut décidé, un programme de questions à y examiner fut arrêté et M. Kramarsch fut chargé, avec ses
deux compagnons de voyage, de tous les travaux d'organisation.

Le séjour des délégués autrichiens dans la capitale russe se
termina par un somptueux banquet auquel tout Pétersbourg tint à
assister. De nombreux discours y furent prononcés. M. Milioukof,
chef du parti des cadets, fit l'éloge du *néo-slavisme* plein de sève et
de fraîcheur qui venait se substituer à l'ancien panslavisme « cet
épouvantail repoussant et vide de sens ». Le comte Bobrinsky,
membre de la Douma, termina un toast fort applaudi par ces
paroles significatives, qu'il adressa à M. Kramarsch : « Portez, en
passant, un salut cordial à nos chers frères des rives de la Vistule,
aux Polonais; dites leur qu'à l'Orient une aube nouvelle s'est levée
et que bientôt un radieux soleil brillera pour nous tous ».

Au retour, M. Kramarsch et ses collègues s'arrêtèrent quelques
heures à Varsovie et constatèrent que l'idée d'une réconciliation
russo-polonaise n'y avait pas moins d'adeptes qu'à Saint-Pétersbourg
A Vienne, une assemblée des députés slaves du Reichsrath ratifia
les démarches faites par les trois délégués et leur adjoignit un
comité de quinze membres pour la préparation du Congrès.

II. — Le Congrès : son programme et ses travaux.

Il se réunit le 12 juillet. Quatre-vingt et quelques délégués de
toutes les parties du monde slave avaient répondu à l'appel des

organisateurs. Étaient représentées : les nationalités russe, polonaise, tchèque, serbe, croate, slovène, bulgare et ruthène. Cette dernière, toutefois, n'était représentée que par des Vieux-Ruthènes ou « russophiles ». Les Jeunes-Ruthènes ou *Ukrainiens* — comme ils se désignent plus volontiers aujourd'hui — avaient refusé de se rendre à Prague. Ils donnèrent comme prétexte que les milieux officiels russes et autrichiens paralysaient l'essor de la nation « ukrainienne » et que celle-ci, consciente de son individualité, ne pouvait paraître publiquement *sous le pavillon russe*, revendiqué par leurs adversaires les Vieux-Ruthènes[1]. Il y avait une autre abstention encore : celle des Slovaques de Hongrie, qui n'allèrent pas au Congrès pour ne pas éveiller les susceptibilités des autorités magyares.

Les Tchèques, les Polonais et les Russes avaient, comme il convient à leur force numérique, envoyé les délégations les plus nombreuses. Dans la délégation tchèque figuraient les représentants des divers partis en Bohême, Moravie et Silésie. Les Polonais ne comptaient dans leurs rangs que des délégués du « Royaume » et de la Galicie; le Grand-Duché de Posen, par crainte des représailles de la Prusse, n'avait envoyé personne. Encore faut-il ajouter que, parmi les délégués de la Galicie ne se trouvait aucun membre du « Club polonais » du Reichsrath. Ce dernier n'avait pas voulu prendre, d'avance, la responsabilité des décisions du Congrès. Les Russes, qui comptaient une vingtaine de délégués, étaient représentés par des membres de la Douma, un conseiller d'État, des professeurs et plusieurs publicistes.

Pressentant les attaques de la presse germanique et les accusations qu'elle ne manquerait pas de formuler, les organisateurs du Congrès avaient eu bien soin de préciser dans les journaux le but de la réunion de Prague. Elle poursuivrait uniquement l'entente générale des Slaves pour mieux assurer leur développement matériel et moral; elle n'aurait aucune tendance hostile aux gouvernements non-slaves; elle ne préparerait aucun bouleversement politique. En d'autres termes, le Congrès n'attaquerait personne et se bornerait à

1. Lettre de MM. Lewicky, Batchynsky (Galicie) et Hruchewsky (Russie), adressée à M. Kramarsch le 13 juillet.

organiser la défense des intérêts slaves. Contre qui ? — Les circonstances l'indiquaient suffisamment [1].

La séance solennelle d'ouverture eut lieu le 13 juillet. Le Dr Gross,
bourgmestre de Prague, souhaita la bienvenue aux congressistes, en
quelques mots pleins de cordialité et exprima l'espoir qu'ils réus-
siraient à organiser une action commune de tous les Slaves. Après
le bourgmestre, M. Kramarsch prit la parole. Il rappela l'effort tenté
en 1848. « Depuis, dit-il, bien des changements sont survenus. Quelques nations slaves sont arrivées à la prospérité, à l'épanouissement
de leurs forces; mais d'autres, entravées dans leur progrès, doivent
encore lutter pour la défense du sol hérité des ancêtres. Cette lutte
intéresse toute la communauté slave, car l'affaiblissement d'un de
ses membres ouvre la voie à l'ennemi vers les autres. Aussi doivent-
ils associer leurs efforts dans l'intérêt de leur sécurité et de leur progrès mutuels. »

Le lendemain, le Congrès commença ses travaux proprement dits.
Il procéda à l'élection de son bureau et confia la présidence à
M. Kramarsch. On lui adjoignit autant de vice-présidents qu'il y
avait de nationalités présentes. Les délégués se répartirent ensuite
en sections pour étudier les diverses questions inscrites au programme. Chaque point ne devait être abordé en séance plénière
qu'après avoir été discuté en section et y avoir fait l'objet d'un rapport.

Les questions suivantes furent successivement étudiées :

1° Exposition universelle slave à Moscou en 1911, éventuellement
en 1915. Le but de cette exposition serait de donner un tableau exact
de ce que peuvent se fournir réciproquement les diverses nations
slaves :

2° Fondation d'une banque slave au capital de soixante millions

---

1. Un petit incident qui se passa le soir même de l'arrivée des congressistes
suffira à caractériser leur état d'esprit. Il y avait représentation de gala au
théatre municipal. Le programme portait entre autres une comédie de M. E
Bozdziech, intitulée : *l'Examen d'un homme d'État*. L'action s'y déroule au lendemain de la perte de la Silésie par l'Autriche. Marie-Thérèse hésite entre l'alliance de la Prusse et celle de la France. Le comte de Podewils, ambassadeur
de Prusse, intrigue pour son pays et cherche à profiter de l'influence qu'exerce
sur François de Lorraine la belle comtesse de Schœnmark. Mais Kaunitz accourt
de Versailles et réussit à démontrer les dangers de l'alliance prussienne. L'auditoire acclama vivement l'acteur qui personnifiait Kaunitz et souligna son discours de cris : « C'est la même chose aujourd'hui ! »

de couronnes, avec siège principal à Prague et succursales dans les villes slaves les plus importantes;

3° Union de toutes les sociétés de gymnastique slaves (Sokols) et organisation de fréquents concours entre elles;

4° Centralisation du mouvement de la librairie slave. Création d'un centre commercial qui pût secouer la tutelle de la place de Leipzig;

5° Organisation de la presse slave et création d'un bureau d'informations pour les événements intéressant les pays slaves;

6° Association générale de toutes les sociétés d'enseignement slaves;

7° Organisation de voyages de paysans vers les pays slaves de culture agricole perfectionnée;

8° Centralisation de toutes les sociétés de tourisme; organisation d'excursions en pays slaves.

La discussion qui s'ouvrit dès la troisième séance, le 15 juillet, sur l'opportunité d'une exposition à Moscou, amena sur le tapis la question des rapports russo-polonais. Elle s'était posée, à vrai dire, dès le premier jour du Congrès, mais, jusque-là, elle n'avait été discutée qu'entre Polonais et Russes et, pour ainsi dire, à huis clos. Deux opinions s'étaient manifestées. Les fractions *progressistes* des deux nationalités avaient réclamé que la question russo-polonaise fût nettement mise à l'ordre du jour, parce que le Congrès n'aurait aucune utilité positive si l'on ne se mettait d'accord, au préalable, sur les questions de principe. Les groupes *nationalistes* avaient, au contraire, demandé qu'on ne se lançât pas dans des abstractions épineuses, mais que l'on restât sur le terrain pratique, en abordant de suite les questions inscrites au programme.

La première opinion l'emporta. Les Polonais avaient précisé leur point de vue dans une sorte de catéchisme politique, publié sous la signature de M. Th. Cienski, président du « Conseil national ». Ce document se résume dans les principes suivants : « L'idée d'un rapprochement des peuples slaves s'étant fait jour, les Polonais ne voulant pas détruire les espérances que cette idée a fait naître, ont décidé de prendre part au congrès. Bien que la voie dans laquelle ils entrent soit, actuellement, assez difficile pour eux, ils acceptent volontiers de travailler au grand œuvre commun de l'union slave.

Mais ils sont obligés de poser des conditions à leur collaboration. Dans la *nouvelle alliance des nationalités slaves* les intérêts intellectuels et nationaux de chaque peuple devront être pleinement respectés. Le principe d'égalité sera la base des rapports mutuels. L'entente ne pourra nécessiter aucun sacrifice sous le rapport de la liberté de chaque peuple et du culte de son passé historique. La Russie devra renoncer à s'opposer au développement national, intellectuel et matériel de la nation polonaise, sinon elle n'aurait aucun droit à soutenir les revendications des autres peuples slaves soumis à des dominations étrangères. »

Le délégué Straszewicz, de la Pologne russe, rappela ces principes et déclara que s'ils étaient reconnus par les Russes, ses compatriotes seraient tout disposés à leur tendre la main et à travailler loyalement avec eux à la prospérité et à la grandeur de la Russie. L'exposition de Moscou serait un moyen puissant de rapprochement mais il faut pour cela que chaque peuple puisse y montrer exactement ce dont il est capable. Les Polonais de Galicie, dont la vie nationale suit un cours normal sous la domination de l'Autriche, sont à la hauteur de la tâche. Il n'en est pas de même des Polonais du Royaume. Leur vie intellectuelle et économique y est atrophiée par la situation politique et si celle-ci ne se modifie pas, leur participation à l'exposition projetée serait sans but aucun.

Le discours de M. Straszewicz provoqua une certaine hésitation, sur le moment, parmi les *conservateurs* russes, mais les *progressistes* et les *cadets* et tout particulièrement le prince Lwoff et M. Maklakoff, tous deux députés à la Douma, l'approuvèrent et l'applaudirent avec affectation. Le professeur Bobtcheff, ancien ministre et délégué de la Bulgarie, insista pour que la question posée fut réglée par le Congrès, sans quoi il ne pourrait être question de solidarité slave. « Ce n'est pas de nous, Messieurs, — conclut le professeur Bobtcheff — que vous pouvez attendre la solution de ce grave problème; vous êtes nos aînés, donnez-nous un bel exemple de concorde et de paix. »

Le délégué Wergoune, rédacteur au *Nowoïe Wremia*, reconnut l'utilité d'une réconciliation, mais il fit allusion aux rapports des Polonais et des Ruthènes et réclama pour « le peuple *russe* » — c'est-à-dire ruthène — de Galicie, Bukovine et Hongrie, une représentation convenable à l'exposition de Moscou. M. Wergoune touchait à un point sensible. Le Dʳ Grek, du parti populiste de Galicie, lui répondit immédiatement : « Les Polonais ne veulent pas intervenir dans le conflit qui divise les divers partis de la nation ruthène. Nous reconnaissons le droit à celle-ci de déterminer elle-même ce qu'elle veut être : un rameau de la grande famille russe ou une nationalité spéciale. Dans tous les cas, nous reconnaissons, sans réserves, que les Ruthènes doivent jouir d'une liberté absolue sur le terrain intellectuel, national ou économique. Nous regrettons que les Jeunes-Ruthènes n'aient pas envoyé de représentants à ce Congrès basé sur le principe d'égalité. Malgré le tort grave qu'il nous ont fait subir — vous savez, Messieurs, à quel acte tragique je fais allusion [1] — nous sommes prêts à nous entendre avec eux. Cette réconciliation doit se faire. Le suffrage universel, que nous avons obtenu en Autriche, modifie promptement les rapports entre partis, il permet à chacun de défendre ses intérêts nationaux et politiques; il amènera le triomphe des idées que je viens d'émettre ».

Le discours bref, mais très catégorique de M. Greek fit impression sur le Congrès et l'incident soulevé par M. Wergoune fut clos par de vifs applaudissements. Le conseiller d'État russe, Michel Vasiliëvitch Krassowsky se leva alors : « C'est avec la plus vive satisfaction — dit-il — que nous avons enregistré les paroles de notre collègue Straszewicz. Nous sommes heureux de savoir que les Polonais sont prêts à travailler avec nous à l'union de tous les slaves vers laquelle nous mène l'exposition de Moscou. Il a été dit, ici, que les conditions dans lesquelles vit actuellement la nation polonaise en Russie ne lui permettent pas de se montrer telle qu'elle le pourrait et le voudrait. *Je puis affirmer que nous nous efforcerons tous de faire disparaître, le plus tôt possible, les obstacles qui s'opposent aux progrès moraux et matériels de la nation polonaise.* Il ne faut pas oublier que, récemment encore, la nation russe était elle-même paralysée dans ses mouvements et que, nous aussi, nous ne pouvions être ce que nous aurions voulu. Nous croyons fermement que l'ère nouvelle, inaugurée en Russie, *amènera devant la con-*

1. L'assassinat du gouverneur de la Galicie, comte André Potocki, le 12 avril 1908, par l'étudiant jeune-ruthène Miroslaw Sitchynski.

science nationale, la disparition de tous les anciens·malentendus ».

Cette déclaration, faite très simplement, sans aucune recherche oratoire, provoqua ,parmi les congressistes un enthousiasme indescriptible et, avec cette impulsivité, qui est le propre de tous les Slaves, Polonais et Russes quittèrent leurs sièges pour aller se serrer la main et se féciliter mutuellement. On peut dire que cette séance du 15 juillet a donné au Congrès son véritable caractère et sa portée morale. Une atmosphère de cordialité telle que M. Kramarsch n'avait sans doute jamais osé la rêver ne cessa plus de régner, dans la salle des séances, jusqu'à la fin de la session. L'exposition de Moscou, la fondation d'une banque slave, la création d'une association de presse et toutes les autres mesures inscrites au programme du Congrès furent votées et, pour la plupart, à l'unanimité.

Le 18 juillet, dernier jour des délibérations, M. Krassovsky proposa, au nom de la délégation russe la résolution suivante : *L'union slave ne saurait être poursuivie que sur la base d'une reconnaissance formelle de l'égalité juridique de tous les peuples slaves et du droit, pour chacun d'eux, au libre développement de son individualité.* C'était le principe chaleureusement défendu à Saint-Pétersbourg comme à Prague par M. Kramarsch, inscrit par les Polonais, en tête de leur credo politique. Il fut voté à l'*unanimité* par le Congrès. Les délégués les plus optimistes n'avaient osé espérer pareil résultat et l'on comprend l'émotion que son adoption, sans réserves, produisit sur l'assemblée. M. Zdziechowski, le savant linguiste polonais, s'en fit l'écho dans le discours de clôture du Congrès et rappela, en termes vibrants, que la réconciliation des Russes et des Polonais, par la médiation des Tchèques, était une idée chère au grand poète Adam Mickiewicz.

III. — LES CONSÉQUENCES PRATIQUES DU CONGRÈS.

Un des traits caractéristiques du Congrès de Prague c'est que les délégués n'y ont employé que des idiomes slaves. Les langues étrangères ont été soigneusement écartées; c'est à peine si, de temps à autre, on a pu entendre un mot dit en français, et cela, moins par nécessité que par une habitude invétérée qu'ont les

Russes et les Polonais, d'émailler leurs discours d'expressions françaises. Il faut dire que la plupart des délégués possédant plusieurs langues slaves, pouvaient s'en servir tour à tour ou jouer éventuellement le rôle d'interprètes. Le président Kramarsch a fait, sous ce rapport, de véritables tours de force et, soit en parlant lentement, soit en modifiant légèrement la façon d'accentuer les mots, il a réussi à se faire entendre de tout le monde. On a dit de lui, spirituellement, qu'il avait inventé l'*esperanto* slave. Il y a, dans ce bannissement scrupuleux des langues étrangères une intention qui a bien sa valeur psychologique.

Au point de vue de la forme des débats, il convient de souligner que le Congrès a donné une grande preuve de tact politique. Au cours de la discussion, toujours marquée au coin d'une sage modération, aucune parole hostile, soit à une nation non-slave, soit à un gouvernement étranger n'a été prononcée. Les rapports entre les délégués n'ont cessé d'être empreints de la plus courtoise politesse et de la plus large tolérance. Et pourtant, des nationalités longtemps hostiles se trouvaient en présence et, dans chacune d'elles, des partis d'opinion très opposée s'étaient fait représenter. Pour la valeur même des décisions prises, il faut relever que les diverses nationalités ont agi solidairement, c'est-à-dire que leurs représentants se sont soumis, au sein de chacune d'elles, au principe de la majorité.

Peut-on dire que le Congrès donnera des résultats pratiques immédiats? — Remarquons d'abord que les décisions du Congrès sont de deux sortes. Les unes ont tranché des questions de principe, — égalité des peuples slaves, politiquement indépendants ou non; respect du particularisme national; nécessité d'une réconciliation russo-polonaise —, les autres ont simplement arrêté des mesures particulières : exposition de Moscou, banque slave, organisation de la presse, voyages d'études, etc.

Le Congrès n'ayant pas de caractère officiel, ses membres étant de simples délégués des nationalités intéressées et non les mandataires de leurs gouvernements, il est évident que les décisions touchant les questions de principe n'ont qu'une portée plus ou moins théorique. Ce sont des vœux, *de bonnes intentions qu'il s'agit de faire pénétrer dans la pratique.* Et, il est certain qu'elles ne sauraient y pénétrer du jour au lendemain. Les congressistes, rentrés dans leurs pays, devront user du crédit dont ils jouissent auprès du gouvernement, de l'influence qu'ils ont dans les assemblées, dont la plupart font partie, pour orienter la politique officielle vers l'idéal défini à Prague. C'est une œuvre de longue haleine, mais la question de temps est ici secondaire et cet accord sur les principes généraux est un résultat moral de la plus haute valeur, qui suffirait à lui seul pour faire du Congrès de Prague une manifestation politique d'un intérêt considérable. Elle aurait été plus intéressante encore si les Jeunes-Ruthènes n'avaient pas commis la faute tactique de s'absenter. Il faut espérer que les intentions manifestées à Prague par les Polonais trouveront de l'écho en Galicie et que, pour ce pays au moins, — car le problème ruthène se pose également, et fort compliqué, en Russie, — les parties intéressées trouveront le moyen de liquider avantageusement leur procès [1].

Quant aux mesures particulières arrêtées par le Congrès, elles sont comme autant de points de repère, de jalons qui tracent la besogne future et permettront de transformer les principes en réalités. L'exposition de Moscou, la banque slave, le bureau de presse peuvent être considérés dès aujourd'hui comme assurés. Pour les autres points du programme : association générale de toutes les Sociétés d'enseignement, voyages d'instruction pour les classes agricoles, etc., il est difficile de dire ce qu'ils deviendront. Ici, tout dépend de ce que fera, pour leur réalisation, chaque peuple intéressé. Le Congrès a, d'ailleurs, élu un conseil permanent, sous la présidence de M. Kramarsch et avec siège à Prague, pour encourager, faciliter et centraliser tous les efforts particuliers.

M. A. Stolypine [2], analysant dans le *Nowoïe Wremia* les résultats obtenus à Prague, arrive à cette conclusion : « le Congrès a nettement indiqué le but à atteindre; il a tracé la voie qui y mène et sur cette voie quelques hommes se sont engagés déjà, qui ont reçu mandat d'entraîner les peuples à leur suite.... Les apôtres de l'entente slave n'ont, pour triompher, qu'à dénoncer *d'où viennent les provo-*

1. Au moment où nous écrivons ces lignes, des conférences polono-ruthènes se préparent à Lemberg pour étudier les conditions d'une entente politique des deux nationalités.
2. M. A. Stolypine, publiciste distingué, est le frère du président du Conseil de Russie. Il a assisté au Congrès comme reporter.

cations au désaccord ; ils n'ont qu'à montrer à ceux qu'aveuglent les passions et les haines maladives, *qui profite* des rivalités slaves et *qui calcule* à froid les bénéfices à en tirer ».

M. A. Stolypine a ainsi désigné l'Allemagne, dont le nom n'a été que rarement prononcé au Congrès. Mais, en réalité, ce n'est pas l'Allemagne contre laquelle cherche à s'organiser le monde slave. C'est contre *l'impérialisme allemand*, contre le caractère égoïste et brutal, l'impulsion cynique que la Prusse lui a donné. « Il s'agit de dissiper l'atmosphère de dépravation morale qui menace de se répandre sur les autres pays, pour y contaminer les hommes d'État et les masses populaires. A l'idée impérialiste, le Congrès de Prague a voulu opposer un principe plus moderne et plus généreux : celui de l'égalité de toutes les nations, ne fussent-elles pas politiquement indépendantes. Il a voulu faire reconnaître aux peuples ayant une tradition et une conscience nationale le droit admis depuis longtemps pour les individus [1]. » Cette tentative nous semble avoir une portée universelle et il ne convient pas de la réduire aux proportions mesquines d'une coalition contre un état déterminé.

La *Frankfurter Zeitung*, libérale, a dit que « les Russes avaient récolté à Prague les fruits de la politique à courte vue du cabinet de Berlin ». Et la catholique *Kœlnische Zeitung* a ajouté : « On nous persuadait autrefois que la politique anti-polonaise se justifiait par des raisons diplomatiques, à cause de nos rapports avec la Russie. Sans l'*habile* tactique du prince de Bülow, la Russie n'aurait jamais réussi à grouper autour d'elle toutes les bonnes volontés slaves. » Les deux grands journaux allemands nous semblent avoir tiré l'une des moralités au moins, qui peuvent se dégager de la manifestation de Prague.

W. BEAUMONT.

1. Journal *le Czas* de Cracovie, 27 juillet 1908.

LA VALORISATION DU CAFÉ AU BRÉSIL

Si l'on parcourt l'histoire économique de ces dernières années, on est forcé de constater que les tentatives en vue de modifier le jeu normal de la loi de l'offre et de la demande et en vue de relever artificiellement le prix soit d'un métal, soit d'une denrée, ont presque toujours fini par échouer à plus ou moins brève échéance.

En 1889, le cuivre a fait l'objet de la fameuse tentative du syndicat Secretan, qui fut indirectement la cause de la suspension de paiements du Comptoir d'Escompte de Paris.

Il y a quelques années, dans le courant de 1905, a éclaté le fameux krach des sucres, qui entraîna la ruine de ceux qui avaient le plus activement participé à la hausse des cours.

Tout récemment enfin la crise américaine a débuté par la baisse vertigineuse du cuivre à la suite d'une longue campagne de hausse dont ce métal avait de nouveau fait l'objet. Des spéculateurs avaient cru que la production des mines de cuivre ne serait plus suffisante pour répondre aux besoins de la consommation qui était en pleine expansion par suite des armements en cours, des constructions de navires et des applications nouvelles de l'électricité. Aussi avaient-ils constitué des stocks très importants à des prix très élevés et alors que le cuivre s'était maintenu, pendant de longues années, au cours moyen de £ 64 la tonne, on le voyait atteindre £ 111 en mars et avril 1907 et même à un tel prix on entendait proclamer qu'il dépasserait £ 120.

Mais bientôt devait se présenter le revers de la médaille. On commença à annoncer, de côté et d'autre, que les demandes des gros consommateurs diminuaient. Sur ces bruits, un recul considérable se produisit, qui abaissa en quelques mois le cuivre jusqu'à £ 54. La chute des grandes valeurs cuprifères s'ensuivit, prélude de la crise américaine et de la crise mondiale de la fin de l'année dernière [1].

Toutes ces tentatives de majoration des cours, d'augmentation de la valeur courante d'un produit, ou, en un mot qui a passé dans la langue, « de valorisation », sont dues à l'initiative individuelle.

Nous allons, dans cette courte étude, examiner un essai de valorisation par un État : la valorisation du café au Brésil et par le Brésil ou plutôt par l'État de Saint-Paul.

_

Le café est une des principales sources de la richesse du Brésil. Sur un chiffre de £ 54,176,898 d'exportations pour 1907, le café atteint £ 28,559,063, soit près de 53 p. 100 du chiffre total. Le caoutchouc vient ensuite avec £ 12,827,926.

Le Brésil produit les 3/4 de la consommation totale et, tandis que la production des autres pays ne varie pas et a plutôt des tendances à diminuer, si on envisage une longue période de temps, celle du Brésil est en progression constante. Comme d'un autre côté la consommation n'a cessé de se développer — les statistiques accusent une augmentation moyenne de 3 à 4 p. 100 par an — on voit combien la production caféière brésilienne importe au point de vue de la consommation mondiale.

Voici les chiffres de la production et de la consommation pendant trente-cinq ans :

PÉRIODES	Production moy. annuelle mondiale en millions de sacs de 60 kg.	Production moy. annuelle du Brésil en millions de sacs.	Production moy. annuelle des pays autres que le Brésil en millions de sacs.	Consommation[2] moyenne annuelle en millions de sacs.
De 1870 à 1875..........	6,7	3,3	3,4	7,2
De 1880 à 1885..........	10,4	5,8	4,6	9,8
De 1890 à 1895..........	10,6	6,1	4,5	10,8
De 1895 à 1900..........	13,2	8,7	4,5	13
De 1900 à 1905..........	16,3	12,4	3,9	16,3

1. Voir Raphaël-Georges Lévy, La crise économique en 1907. *Revue des Deux Mondes*, 15 décembre 1907.

2. Nous empruntons ces renseignements statistiques à l'ouvrage de M. Ferreira Ramos sur *la Valorisation du café au Brésil*.

L'État de Saint-Paul contribue à lui seul pour la moitié de la production mondiale. Si nous prenons, par exemple, les récoltes 1904-1905 et 1905-1906, nous voyons que la production de l'État de Saint-Paul s'est élevée respectivement à 7,450,000 sacs et 6,980,000 sacs pour des productions totales de 14,400,000 et 14,300,000 sacs [1].

On estime, pour ce seul État, à 1,700,000 contos, c'est-à-dire à près de 4 milliards de francs, le capital engagé dans la production du café.

Il est aisé de s'expliquer, par ces quelques chiffres, que la question du café soit une de celles dont les Brésiliens ne sauraient se désintéresser.

La prospérité du pays étant intimement liée à celle des planteurs de café, des *fazendeiros*, ceux-ci comprennent combien l'État a besoin de les ménager; aussi n'ont-ils pas manqué, à maintes reprises, de faire entendre bien haut leurs doléances et de solliciter, en leur faveur, l'intervention officielle.

Sous l'empire brésilien il y eut un précédent à la loi de valorisation actuelle. Un syndicat fut constitué en 1884 par des particuliers en vue de relever artificiellement les prix du café. Il aboutit à un désastre sous la pression d'un syndicat américain à la vente [2].

Plus récemment, en 1893, en présence du fléchissement continuel des cours, le gouvernement de l'État de Saint-Paul, sur la demande des planteurs, a fait voter une loi ayant pour but de limiter le développement de la culture du café en frappant d'un droit prohi-

---

1. Le café franchit successivement les étapes suivantes depuis l'époque de sa floraison jusqu'au moment de l'exportation.

Floraison { septembre / octobre

Cueillette { avril / mai / juin / juillet

Séchage et préparation du café, { du mois de juillet de l'année en cours transport de l'intérieur vers les { au mois de juillet de l'année suivante. ports et exportation {

Exemple : La récolte 1906-1907 est celle dont la floraison a eu lieu vers fin 1905, la cueillette au début de 1906, la manutention, le transport vers les ports et l'exportation du milieu de 1906 au milieu de 1907.

2. On estime a plus de 30,000 contos les pertes qu'entraîna ce syndicat à la hausse (le contos vaut mille milreis, soit 1,000 francs environ au change actuel).

bitif de deux contos par hectare la plantation de nouveaux caféiers[1]. Cette disposition votée pour une période de cinq ans a été renouvelée à plusieurs reprises et est encore actuellement en vigueur.

Vers la fin de l'année 1905 les plaintes des producteurs de café sont devenues plus vives que jamais. Trois causes concouraient, à leur avis, à rendre leur situation particulièrement précaire : 1° la baisse persistante des cours; 2° la hausse du change; 3° la récolte 1906-1907.

1° Le prix du café, après avoir atteint à certaines époques jusqu'à 130 francs par 50 kilos et s'être tenu pendant une longue période à un cours moyen de près de 100 francs, n'a cessé de fléchir depuis dix ans et est descendu même jusqu'au-dessous de 40 francs;

2° Le Brésil est, comme on le sait, sous le régime de la circulation du papier-monnaie.

La valeur nominale de l'unité monétaire du pays, du milreis, est de 27 pence ou de 2 fr. 83, mais le cours du change représentant sa valeur réelle a enregistré de fréquentes variations. Le milreis n'a dépassé que très rarement la valeur nominale. En 1875, notamment, il a coté 28 pence 3/8. Quatorze ans après, en 1889, il s'est élevé également au-dessus de 28 pence et à partir de cette date le change n'a cessé de baisser. En 1898, il tombait à 5 5/8 (0 fr. 60 environ). Ensuite, grâce à l'heureuse politique financière suivie par le gouvernement du Brésil, à l'instigation de son président de la République, M. Campos Salles, et grâce à la réduction constante de la circulation du papier-monnaie[2], le change s'est relevé progressivement jusqu'à 18 milreis 1/8 en 1905 (soit environ 1 fr. 90).

Sous l'influence de ces deux facteurs — baisse du prix de vente

1. On n'a pas dû toujours suffisamment veiller à l'exécution rigoureuse de cette loi. Ce ne sont pas seulement des conditions climatériques particulièrement favorables qui permettent d'expliquer l'importance exceptionnelle de grandes récoltes telles que celles de 1906-1907. La mise en culture de nouvelles plantations qui échappent au fisc y contribue pour une certaine part.
L'accord, qui a été conclu en 1906 à Taubate entre les États producteurs de café en vue de maintenir les cours et que nous étudierons plus loin, contient la disposition suivante :
« Les États contractants maintiendront les lois et mesures tendant, à l'aide d'un impôt élevé, à empêcher l'augmentation des plantations de café sur le territoire pendant deux années prorogeables moyennant accord. »
2. Ce qui permit de réduire de plus de 115,000 contos le papier-monnaie en circulation, ce fut le paiement, pendant une durée de trois ans, des intérêts de la Dette, en titres de rente dénommés « funding loan. »

du café et hausse du change — le producteur qui recevait de moins
en moins de francs pour son café obtenait aussi de moins en moins
de milreis lorsqu'il faisait l'échange de ses francs en milreis.
Or, comme le pouvoir d'acquisition de la monnaie intérieure
n'augmentait pas en proportion de la hausse du change, le planteur était obligé de débourser le même montant de milreis pour
le paiement des salaires et des autres frais de production.

3° Un troisième fait — le plus important — se présentait vers la
fin de 1905. Par suite d'un concours de circonstances climatériques
tout à fait exceptionnelles, la récolte de 1906-1907 s'annonçait
comme devant être particulièrement abondante : on prévoyait que
la production mondiale serait de plus d'un tiers supérieure à celle
de l'année précédente avec un stock estimé à 10,000,000 de sacs.

Les planteurs prétendaient que le prix du café était inférieur au
prix de revient, que continuer à produire dans de pareilles conditions c'était la ruine et que, si l'État ne contribuait pas à modifier
et à améliorer un tel état de choses, il valait mieux abandonner la
culture de ce produit.

Remarquons, en passant, combien il est difficile de calculer le
prix de revient d'une denrée et en particulier du café. D'après
M. Ferreira Ramos, commissaire général de l'État de Saint-Paul pour
le Nord de l'Europe, qui se base sur des études des plus sérieuses,
les frais de production (culture, cueillette, préparation, etc.), de
50 kilogr. de café s'élèvent à 36 francs environ. A ce total, il ajoute
une somme de 14 francs pour tous les autres frais à payer tant au
Brésil qu'en Europe, c'est-à-dire pour les droits de sortie du Brésil,
le transport, l'assurance, le magasinage, les commissions. Il évalue
à 16 francs l'intérêt du capital engagé et l'amortissement et il
trouve ainsi que 50 kilos de café reviennent à 66 francs rendus en
Europe : d'où il déduit que, pour que la culture du café soit rému-
nératrice, il faut que les prix ne puissent jamais descendre au-
dessous de 66 francs par 50 kilogs [1].

Mais si nous consultons le *Diario de Santos* nous trouvons des
évaluations absolument différentes. Loin d'estimer que le producteur se ruine au prix actuel, il calcule qu'en déduisant les frais

[1]. M. Ferreira Ramos. *La Valorisation du café au Brésil*, p. 8.

généraux du prix de vente du café livré à Santos, il reste un bénéfice de 18,25 p. 0/0 de la valeur de la propriété du planteur.

Quoi qu'il en soit de cette question du prix de revient du café, dès le mois de décembre 1905, une agitation très vive commençait à se dessiner en vue de mesures à prendre pour relever la valeur du café et à assurer un prix rémunérateur au planteur.

Un article publié le 31 décembre 1905 dans le *Correio Paulistano*, journal de Saint-Paul, nous donne un reflet assez fidèle de la campagne entreprise et des sentiments de l'opinion publique.

« La richesse de l'État de Saint-Paul, dit l'auteur de cet article, réside presque tout entière dans l'agriculture. Outre que cette dernière doit subvenir à l'alimentation d'une population de près de 3,000,000 d'habitants, c'est elle qui, par la somme considérable que fournit l'exportation de son principal produit (le café), contribue le plus puissamment aux recettes de l'État et des municipalités.

« En estimant à 8,000,000 de sacs la quantité de café produite par l'État de Saint-Paul, cela représente, aux cours actuels, plus de 200,000 contos, soit plus de 340,000.000 de francs. Les recettes totales de l'État sont évaluées à 36,775 contos, sur lesquelles 21,420 contos ou près des 2/3 sont fournis par l'impôt sur le café : ce même impôt rapporte également plus de 600 contos aux municipalités.

« Il est donc indispensable de trouver un remède à la crise causée par la dépréciation des prix de vente du café et d'obtenir que ce produit de consommation universelle donne au moins assez pour payer le coût de la production et pour assurer la vie matérielle du planteur.

« Il faut valoriser le café. Il n'est pas admissible, en effet, que le planteur puisse se ruiner en cultivant un produit que le monde entier apprécie, consomme et paie cher.

« Il est nécessaire d'agir avec autant de promptitude que de prudence, mais aussi avec une réelle énergie. »

On fut loin de déployer l'empressement préconisé par l'auteur de cet article. Toute l'année 1906 devait s'écouler avant que les mesures décidées en principe fussent officiellement mises à exécution.

Les trois principaux États intéressés : Saint-Paul, Rio de Janeiro et Minas, décidèrent de nommer des délégués chargés d'élaborer une convention. Cette réunion eut lieu le 25 février 1906 à Taubate; d'où le nom de « Convenio de Taubate », sous lequel on désigne couramment l'accord conclu ce jour.

Les dispositions adoptées à Taubate devaient être soumises aux législatures respectives des États caféiers intéressés et ensuite à la Chambre et au Sénat de l'Union, garante de l'emprunt nécessaire à la réalisation du plan de valorisation. Comme on était en pleine période électorale (élections législatives en janvier et février et élection présidentielle en mars), et comme l'on savait que le gouvernement en fonctions n'était pas très favorable au projet en cours, la ratification du Convenio subit des lenteurs et n'eut lieu que dans le courant du mois d'août, après une seconde réunion des délégués des États à Bello Horizonte, le 4 juin, où quelques modifications furent apportées à l'accord adopté en février.

Pendant toute la période qui s'écoula de janvier à août l'agitation fut des plus vives et des plus violentes et la campagne électorale se fit en grande partie sur la question de la valorisation.

On constitua même le bloc de la valorisation et des discussions très passionnées s'engagèrent dans la presse brésilienne entre partisans et adversaires du Convenio. Un planteur très écouté en vint même à dire, dans l'ardeur de la bataille, que si l'Union n'approuvait pas le Convenio, l'État de Saint-Paul n'avait plus qu'une chose à faire : se séparer de la fédération avec les États qui consentiraient à suivre son exemple. Cette menace montre jusqu'à quel point les habitants de l'État de Saint-Paul avaient à cœur la réalisation de leur projet. La question de la valorisation, comme autrefois celle de l'abolition de l'esclavage, avait pris le caractère d'un grand événement politique.

Une fois le Convenio approuvé par l'Union, on aurait pu croire qu'il allait immédiatement entrer en application, tout au moins officiellement. Car, en fait, bien avant la mise en vigueur officielle du Convenio, l'État de Saint-Paul avait commencé à entreprendre des achats de café sur le marché.

Il n'en devait rien être. Les partisans de la valorisation craignaient à juste titre que les emprunts contractés en vue des achats de café n'eussent pour conséquence une nouvelle hausse du change par les rentrées d'or qu'ils produiraient et que par suite les effets favorables de l'exécution du plan de valorisation ne fussent, en quelque sorte, annihilés par cette hausse pour les raisons indiquées plus haut [1].

Dans les derniers jours de l'année 1906, a été votée une loi portant fixation du change à 15 pence et créant une Caisse de conversion destinée à recevoir de l'or et à donner en échange des billets sur la base de 15 pence par milreis. Le 1er janvier 1907, la Caisse de conversion entrait en fonction; dès lors aucun obstacle ne s'opposait plus à la mise en application du Convenio de Taubate.

*
* *

Aux termes du Convenio de Taubate — dont nous examinerons, à présent, en détail, les principales dispositions — les Etats de Rio de Janeiro, de Minas et de Sao Paulo, décidaient : 1° qu'en vue de stabiliser les cours du café à un taux rémunérateur, il serait procédé à des achats à un prix minimum fixé d'un commun accord; 2° que les fonds nécessaires seraient fournis au moyen d'un emprunt de £ 15,000,000; et 3° que le produit d'une surtaxe d'exportation de 3 francs serait affecté au service des intérêts et de l'amortissement de l'emprunt.

1. Les États contractants s'engageaient à maintenir sur les marchés nationaux les prix minima de 32 à 36 milreis (51 à 57 francs) par sac de 60 kilogrammes type n° 7 américain (c'est-à-dire bonne qualité moyenne) pour la première année. Ce prix minimum pourrait être élevé postérieurement jusqu'à 40 milreis (64 francs) suivant les convenances du marché. Pour les qualités supérieures, les prix seraient augmentés proportionnellement pendant cette même période.

Avant même l'entrée en vigueur du Convenio, d'ailleurs, un accord complémentaire conclu à Nicterohy, le 15 décembre 1906, entre les délégués des trois États, stipulait que le prix minimum fixé était réduit à 28 milreis 8/10° par sac.

2. Les gouvernements contractants s'obligeaient, en second lieu,

1. Voir page 589.

à créer une surtaxe de 3 francs, sujette à augmentation ou à diminution, sur chaque sac de café exporté de l'un ou l'autre des trois États. Le produit de cette surtaxe serait perçu par l'Union et serait destiné, ainsi que nous l'avons indiqué plus haut, au paiement des intérêts et à l'amortissement des emprunts contractés par les États.

Toutefois, si les opérations de crédit nécessaires étaient réalisées par les trois États, sans garantie de l'Union, la surtaxe de trois francs serait encaissée par les États.

3. L'État de Saint-Paul était autorisé à réaliser, dans le pays ou à l'étranger, les opérations de crédit jusqu'à concurrence de £ 15,000,000 sous la garantie de la surtaxe d'exportation et sous la responsabilité solidaire des trois États.

Le produit des emprunts ainsi réalisés serait exclusivement destiné à l'objet du Convenio, sans pouvoir être appliqué à des opérations différentes.

Avant de conclure ces opérations de crédit, le gouvernement de Saint-Paul devrait en soumettre les conditions à l'approbation des autres États contractants et même à celle du gouvernement fédéral pour les emprunts garantis par l'Union.   .

Un certain nombre de dispositions du Convenio concernaient la propagande en vue de développer la consommation et l'exportation du café. Les États s'engageaient à maintenir un service régulier de propagande, afin d'augmenter la consommation du café soit en la développant sur les marchés actuels, soit encore en ouvrant au café de nouveaux débouchés dans les pays qui en consomment peu ou point, soit aussi en luttant contre les innombrables fraudes de ce produit.

Quand ils le jugeraient opportun, les gouvernements contractants fixeraient les types des cafés nationaux en encourageant la création de Bourses ou Chambres de Commerce pour régulariser le commerce de ce produit. Ils feraient également tous leurs efforts pour procurer aux planteurs les moyens d'améliorer la qualité de leurs produits.

L'organisation et la direction de tous les services du Convenio étaient confiées à une commission de quatre membres nommés par les trois États qui serait chargée d'établir les différents services et de nommer le personnel et qui pourrait confier l'exécution, en tout ou en partie, à une association ou entreprise nationale.

Pour le fonctionnement des divers services du Convenio, la commission, dont le siège était établi dans la ville de Saint-Paul, ferait un règlement qui serait soumis à l'approbation du gouvernement de l'État de Saint-Paul.

Le Président de la République du Brésil était choisi comme arbitre des différends qui pourraient survenir dans l'exécution du Convenio.

.*.

Tel fut le vaste programme adopté à Taubate ; nous allons en suivre pas à pas la réalisation.

Sur les trois États signataires de l'accord, deux, l'État de Minas et l'État de Rio, ne sont intervenus ni dans les achats ni dans les emprunts.

L'État de Rio n'a jamais levé la surtaxe de 3 francs par sac de café exporté. Quant à l'État de Minas, il en perçoit le montant, mais jusqu'à présent il n'en a pas utilisé le produit, qu'il a l'intention d'affecter au développement de la vente du café, à l'organisation d'une banque agricole et à l'institution de primes en faveur des coopératives de café.

C'est donc l'État de Saint-Paul qui a assumé, à lui seul, toute l'exécution du plan de valorisation, malgré les engagements pris à Taubate par l'État de Minas et par l'État de Rio. Il y était d'ailleurs le plus intéressé, puisque la production des deux autres États est minime à côté de celle de l'État de Saint-Paul.

Pour l'année exceptionnelle 1906-1907, sur une production mondiale de 22 millions de sacs, la récolte de l'État de Saint-Paul a été de 14,000,000 de sacs, alors que pour les autres États du Brésil elle n'a été que de 4 millions de sacs.

L'État de Saint-Paul avait commencé ses achats dès le mois d'août 1906, c'est-à-dire bien avant le 1er janvier 1907, date officielle de l'entrée en vigueur du Convenio.

Ainsi qu'il résulte du message du gouverneur de Saint-Paul adressé à la législature de l'État, le 14 juillet 1907, le nombre de sacs achetés s'élevait déjà à 2,596,366 le 28 février, date de la fin de l'exercice financier 1906-1907.

Les achats continuèrent jusqu'au mois d'août 1907, et cessèrent lorsqu'ils atteignirent le nombre respectable de 8,000,000 de sacs.

Pourquoi furent-ils arrêtés à ce moment? Voici les raisons don-nées dans son message par le gouverneur :

« Le gouvernement, ayant retiré des marchés de café plus que l'excédent provenant de la récolte de 1906-1907, n'a pas jugé néces-saire de continuer à intervenir directement et d'une façon constante sur les marchés, ce qui a donné lieu au rétablissement de la libre concurrence et à la reprise normale du commerce du café. »

A côté de ce motif officiel, il en est un autre qui a sa valeur. Les achats exigeaient naturellement des sommes très élevées. Or les emprunts étaient difficiles à placer et il paraîtrait que le dernier emprunt de £ 3,000,000 contracté par l'Union auprès de MM. Roths-child frères, de Londres, ne fut accepté par cette maison de banque qu'à la condition que les achats de café seraient suspendus.

*
* *

Comment l'État de Saint-Paul s'est-il procuré les fonds néces-saires à la valorisation?

Il était autorisé, par l'accord de Taubate, à contracter, à l'exté-rieur ou à l'intérieur, un emprunt de 15 millions de livres sterling, soit 375 millions de francs.

Mais il fallut bientôt abandonner l'espoir de négocier un emprunt de cette envergure. La valorisation était, en effet, mal vue à l'étranger ; les grandes banques se montraient hostiles aux achats de café et l'État de Saint-Paul fut, par suite, dans la nécessité de recourir à d'autres opérations de crédit.

Voici comment l'on procéda : les sacs de café une fois achetés étaient dirigés sur les grands ports étrangers, le Havre, Hambourg, New-York, Brême, Londres et Anvers. Là, ils étaient emmagasinés et ensuite warrantés.

Un consortium international, composé de grands importateurs de café, se constitua pour faire l'avance de 80 p. 0/0 de la valeur du café au Gouvernement de l'État de Saint-Paul, qui donnait en garantie les cafés expédiés et entreposés en Europe et en Amérique. Les con-trats étaient passés avec chacune des maisons faisant partie du con-sortium et non avec le consortium lui-même. L'État de Saint-Paul n'avait donc plus de cette manière qu'à se procurer les fonds indispensables pour payer les frais de la valorisation (commissions diverses, assurances, frais de magasinage) et les 20 p. 0/0 de la valeur du café.

Dès le 1ᵉʳ août 1906, l'État de Saint-Paul avait contracté un emprunt de £ 1, 000, 000 par l'intermédiaire de la Brazilianische Bank für Deutschland au moyen d'escompte de traites du Trésor en faveur de la Direction de la Disconto Gesselschaft à une échéance d'un an, soit le 1ᵉʳ août 1907. Ces traites ont été remboursées à cette date.

Le 8 décembre 1906, l'État de Saint-Paul a négocié un emprunt de £ 3,000,000 dont £ 2,000,000 auprès de MM. J. Schrœder et Cⁱᵉ de Londres et £ 1,000,000 avec la National City Bank de New-York (pour effectuer le rachat des traites échéant le 1ᵉʳ août 1907). Cet emprunt a été émis en bons du Trésor 5 p. 0/0 à 94 0/0. Il est remboursable en cinq ans et est garanti par la surtaxe d'exportation sur le café.

Le 4 octobre 1907, un emprunt du Gouvernement fédéral du Brésil a été émis à Londres. Son montant de £ 3,000,000 a été destiné à la valorisation du café. C'était la maison Rothschild frères de Londres qui s'était chargée du placement.

Enfin, le 16 novembre 1907 a eu lieu à Paris une émission de 1,000,000 obligations Sao Paulo de fr. 500, soit £ 2,000,000 5 p. 0/0 à 93 p. 0/0. Cet emprunt contracté par l'État de Saint-Paul a été souscrit par la clientèle de la Banque de Paris et de la Société Générale. L'État de Saint-Paul était propriétaire d'un réseau de chemins de fer appelé la Sorocabana. Il a affermé ce réseau à une Compagnie fermière et affecté à la garantie de cet emprunt de £ 2,000,000 la part annuelle qu'il a à recevoir dans le bénéfice net de l'affermage.

En résumé, les emprunts émis et non remboursés sont les suivants :

Emprunt de l'État de Saint-Paul, 1906............	£ 3,000,000
Emprunt Brésilien, 1907........................	£ 3,000,000
Emprunt Sao Paulo, 1907.......................	£ 2,000,000
Soit en tout...........	£ 8,000,000

Telle est, rapidement esquissée, cette opération de la valorisation qui, pendant deux années, 1906 et 1907, a tenu une si grande place dans la vie du Brésil.

Les résultats obtenus sont-ils en rapport avec les efforts qui ont été faits? Constatons, tout d'abord, que l'on a été obligé, dans la pratique, de sacrifier quelques dispositions essentielles du programme primitif que l'on s'était tracé. En voici trois preuves :

1. Ainsi, en ce qui concerne le prix à payer par sac de café type n° 7 américain, en février 1906, lors de la première réunion du Convenio, on l'avait fixé entre 55 et 65 francs. Au mois de juin, à la deuxième réunion à Bello Horizonte, on adopta les chiffres de 32 à 36 milreis (soit 50 à 60 fr.) et finalement, comme nous l'avons dit plus haut, on s'arrêta, au mois de décembre 1906, au prix de 28 milreis 8, soit 46 francs.

2. De même on avait prévu primitivement que le Convenio aurait une durée de six ans. En juin 1906, on décida qu'il s'appliquerait pendant la période de temps « jugée utile », formule beaucoup plus souple et plus élastique, qui a permis d'en suspendre l'exécution dès août 1907, après huit mois environ d'existence officielle.

3. Enfin nous avons vu que l'emprunt de £ 15,000,000 n'a jamais pu avoir lieu et qu'il a fallu se contenter d'émettre successivement des emprunts partiels.

Quelles ont été les conséquences de la valorisation du café au point de vue des cours du café? Il valait, vers mars 1906, 47 francs à 48 francs; il vaut aujourd'hui 41 francs et est tombé jusqu'au-dessous de 36 francs en juin 1907.

Les achats de café par l'État de Saint-Paul n'ont donc pas empêché la baisse des cours. Au contraire, le prix du café n'a commencé à remonter que vers l'époque où ont cessé ces achats.

A cela, les partisans de la valorisation répondent que, si le gouvernement de Saint-Paul n'avait pas retiré du marché 8 millions de sacs, ce n'est pas jusqu'à 36 francs que les cours auraient fléchi, mais jusqu'à 25 francs. Ils ajoutent qu'il n'y a d'ailleurs pas à envisager les prix actuels, que ce dont il faut s'occuper c'est de l'avenir, que l'État de Saint-Paul n'est pas pressé de vendre, qu'il attendra le moment favorable qui se présentera inévitablement.

« Le gouvernement de l'État, déclarait le gouverneur dans son message du 14 juillet 1907, ne pense pas à se défaire des cafés acquis et dispose de ressources suffisantes pour retenir autant de temps qu'il le faudra les cafés qui sont sa propriété. Il prétend en disposer seulement quand les nécessités de la consommation l'exigeront et les vendre seulement à des prix compensateurs, assurant à l'agriculture les avantages que le gouvernement a en vue d'obtenir, tout en sauvegardant les intérêts du Trésor mais sans se préoccuper de bénéfices ou de préjudices, ces opérations n'ayant pas été réalisées dans un but de spéculation. »

Si les valorisateurs ont tellement d'espoir dans des prix plus élevés pour l'avenir c'est que, se basant sur l'expérience du passé, ils estiment qu'après une récolte aussi exceptionnellement abondante que celle de 1906-1907 il ne saurait y avoir de récolte comparable en importance avant 1911-1912.

« Après une saison trop riche, les branches fleurales du caféier meurent et il faut attendre plus de deux ans pour qu'elles soient remplacées. Les branches qui persistent sont anémiées par l'effort et ne donnent pas de fruits. Une année d'abondance entraîne deux ou trois années de disette [1]. »

Pendant ces deux ou trois années, disent encore les valorisateurs, la production mondiale ne dépassera pas 13 à 14 millions de sacs, et sera inférieure à la consommation, qui est actuellement de 17 millions de sacs, avec tendance à s'accroître de 500,000 à 600,000 sacs par an. L'État de Saint-Paul se dégagera de ses 8 millions de sacs, lorsque le stock disponible sur le marché sera en telle diminution que les prix seront en vive hausse et qu'il pourra, tout à son aise et sans peser sur les cours, écouler ses réserves.

Telles sont les perspectives pour l'avenir des amis de la valorisation.

Nous avons calculé, en prenant les chiffres très modérés donnés par les valorisateurs pour la récolte 1907-1908 (14 millions de sacs) et pour la récolte 1908-1909 (15,500,000 sacs), qu'au 1er juillet 1909

1. Voir lettre du Brésil publiée dans le journal *Le Temps* du 11 novembre 1907.

le stock sera encore d'un million de sacs supérieur à ce qu'il était le 1er juillet 1906, au moment où ont commencé les doléances des planteurs de café [1].

Si, à ce moment-là, après deux mauvaises récoltes, une grande récolte s'annonçait, on se trouverait placé de nouveau dans la même situation qu'avant la valorisation, avec cette différence que sur 11 millions de sacs 8 millions appartiendraient à l'État de Saint-Paul.

Ce ne sont là d'ailleurs que des prévisions et nous formons des vœux pour qu'il y ait une série de trois ou quatre récoltes médiocres, comme le désirent les amis de la valorisation, de façon à ce que la liquidation de cette opération se passe dans les meilleures conditions.

Nous ne croyons pas — contrairement à l'opinion des valorisateurs — que l'on puisse affirmer que sans la valorisation le café serait tombé à 25 francs. Nous pensons en effet que si le raisonnement tenu par les valorisateurs est assez précis pour justifier leurs achats, les spéculateurs — dont c'est la raison d'être de supputer l'avenir — n'auraient pas manqué d'arriver á des déductions identiques et de faire des achats de café en prévision de la hausse future. Ces achats auraient empêché la baisse de se produire, tandis que lorsque l'État de Saint-Paul a commencé à intervenir, la spéculation a cessé complètement sur le café et aujourd'hui encore, en vertu de cet adage financier que la crainte d'un fait impressionne plus que sa réalisation, elle se tient à l'écart du marché du café, parce

---

1. Voici le détail de ce calcul.

Stock au 1er juillet 1906.............	10	millions de sacs.
Récolte 1906-1907..................	+ 24	—
Total...............	34	—
Consommation	— 17	
Stock au 1er juillet 1907.............	17	
Récolte 1907-1908	+ 14	
Total..............	31	
Consommation	— 17,5	—
Stock au 1er juillet 1908.............	13,5	—
Récolte 1908-1909.................	15,5	—
	29	
Consommation	— 18	
Stok au 1er juillet 1909.............	11	

qu'elle craint toujours que l'État de Saint-Paul ne vende, à un moment donné, tout ou partie des 8 millions de sacs. Une certaine quantité d'une denrée entre les mains d'un seul paralyse l'essor d'un marché davantage qu'une quantité beaucoup plus grande disséminée entre de nombreuses personnes.

On peut, dans une certaine mesure, s'expliquer l'attitude d'expectative et de réserve dans laquelle se tient la spéculation vis-à-vis du marché du café. En effet, l'État de Saint-Paul est dans la situation d'un spéculateur qui a une forte position à la hausse. Il peut arriver tel ou tel événement inattendu qui l'oblige à liquider cette position dans un délai très court.

A quelle somme correspond, en effet, son engagement? D'après une étude très documentée parue dans le Journal du Commerce de Rio de Janeiro, les 8 millions de sacs représentent £ 18,000,000, soit 450 millions de francs ou 56 fr. 25 par sac de 60 kilos. Dans cette somme sont compris le prix d'achat au Brésil, les commissions d'achat, les frais d'envoi dans les ports européens et les autres frais divers. L'auteur de la même étude estime que si les 8 millions de sacs étaient actuellement vendus, la perte subie serait de 70 millions de francs.

Un pareil engagement se traduit par une lourde charge qui, à raison de 5 p. 0/0 d'intérêts, de 2 1/2 p. 0/0 de magasinage et d'assurance et de 3 p. 0/0 de commission, soit en tout 10 1/2 p. 0/0, est environ de 40 à 50 millions de francs par an. En temps normal, c'est-à-dire en période de prospérité, il est certain qu'une dépense supplémentaire de 40 à 50 millions de francs — soit 30,000 contos environ au change actuel de 15 pence pas milreis — est un sacrifice qu'un État aussi riche que l'État de Saint-Paul peut aisément supporter.

Mais supposons un instant que la situation financière de l'État de Saint-Paul et du Brésil vienne à être moins florissante, par exemple par suite d'une balance du commerce moins favorable, et que le gouvernement fédéral ne puisse seconder l'État de Saint-Paul au moment d'une échéance importante. Sans doute, la surtaxe d'exportation de 3 francs par sac rapporte à cet État environ 25,000,000 francs par an en prenant pour base une récolte moyenne de 8,000,000 de sacs. Mais, comme le montant de ce droit est spécialement affecté

à la garantie de l'emprunt 1906 de £ 3,000,000, et en grande partie
absorbé par le service de cet emprunt remboursable en un délai
très court, en quatre ans à partir du 1er décembre 1908, cette ressource est presque entièrement indisponible pendant toute cette
période. Qui peut savoir si, en présence d'une éventualité comme
celle que nous venons de signaler, l'État de Saint-Paul ne serait pas
forcé en toute hâte et à tout prix de liquider sa position et de subir
les exigences des acheteurs?

*
* *

Même si l'État de Saint-Paul parvient à vendre avec profit ses
nombreux millions de sacs et si la valorisation doit être considérée
comme une sorte de mesure de salut public exigée par les événements, il n'en restera pas moins vrai qu'elle aura créé un précédent fâcheux. Dès le mois de septembre 1906, des députés du nord
du Brésil, gagnés par la contagion de l'exemple, déposaient à la
Chambre un projet de loi tendant à réglementer le commerce du
caoutchouc, du tabac, du cacao et du sucre, à élever la valeur de
ces produits et à organiser un service de propagande pour en
augmenter la consommation.

Plus récemment, vers la fin de 1907, au moment de la forte baisse
du caoutchouc, des habitants de l'État de l'Amazone demandaient
que le Brésil négociât un emprunt en Europe pour acheter aux
producteurs la récolte du caoutchouc et l'emmagasiner jusqu'à ce
que les cours se soient relevés. Puissent-ils ne pas obtenir gain de
cause et puisse le Brésil être préservé de la valorisation du caoutchouc!

Comme on l'a dit très justement, c'est non pas tel ou tel produit,
mais le Brésil tout entier qu'il faut valoriser « en mobilisant le
plus possible la terre, en encourageant la production de toutes les
denrées de première nécessité qu'on achète encore très cher à
l'étranger, en organisant le crédit foncier et agricole [1] ».

La vraie solution du problème économique qui s'est posé au
Brésil à l'approche de la récolte 1906-1907 aurait consisté, à notre
avis, à créer une Banque agricole destinée à fournir à l'agriculture

1. Voir le journal Le Brésil, 27 janvier 1907.

des capitaux et du crédit au moyen de prêts sur gage, escompte de warrants, etc.

L'État de Saint-Paul aurait pu éviter d'entreprendre lui-même les achats de café et donner satisfaction aux producteurs sans engager directement son crédit et celui du Brésil. Pour cela il aurait dû encourager les planteurs à conserver jusqu'à des temps meilleurs, tout ou partie de leur récolte (soit chez eux, soit dans les docks des ports européens), et les importateurs étrangers à profiter des bas cours pour faire des achats de café. Il aurait facilité la tâche aux uns et aux autres en leur faisant avancer par la Banque agricole, qui aurait été organisée, tout ou partie des fonds nécessaires.

De cette manière, ce n'était pas l'État qui prenait à sa charge le risque, mais des particuliers, et la situation était tout autre. De plus la Banque agricole, une fois créée, n'était pas destinée à jouer un rôle momentané, mais elle était appelée d'une façon permanente à rendre des services inappréciables aux producteurs agricoles du Brésil tout entier.

Le 28 novembre dernier, le Président de la République du Brésil a sanctionné une loi du Congrès qui autorise la création d'une Banque centrale agricole, et le ministre des finances prend des dispositions pour qu'elle puisse fonctionner bientôt. Ce que sera cette Banque, l'avenir se chargera de nous l'apprendre [1].

MAURICE LÉVY.

---

1. Depuis que cet article a été écrit, deux faits importants se sont produits. Dans le courant du mois de mai, la Banque de France décidait qu'elle n'accepterait plus, jusqu'à nouvel ordre, de warrants de cafés du Brésil, sur une base supérieure à 40 francs par 50 kilogs rendus au Havre. En août, le Congrès législatif de l'État de São Paulo a voté une loi créant une série de mesures nouvelles pour régulariser la situation financière de l'État, embarrassée par l'exécution du plan de valorisation. Les mesures adoptées ont pour objet : création d'un impôt additionnel de 20 p. 100 sur le café exporté de l'État, et excédant 9 millions de sacs pour l'année agricole actuelle, 9 millions 1/2 pour la prochaine, et 10 millions pour la suivante; — élévation de 3 francs à 5 francs de la surtaxe de sortie perçue sur les cafés; — autorisation d'un emprunt extérieur jusqu'à concurrence de 15 millions de livres sterling.

L'ORGANISATION DES TRANSPORTS COMMUNS

SUR LES CHEMINS DE FER FRANÇAIS

Les réseaux français d'intérêt général ont été constitués de telle sorte qu'à chacun d'eux incombe la tâche de drainer le trafic d'une région bien délimitée du territoire, affectant la forme d'un grand polygone convexe. Il s'en faut, cependant, que nos réseaux n'aient à desservir que le trafic intérieur des zones d'action qui leur ont été ainsi assignées. Des courants de transports antérieurs et, pour la plupart, postérieurs à la création des chemins de fer se sont établis entre les centres agricoles ou industriels, desservis par des réseaux différents. D'autres courants, nés du commerce international, traversent la France de part en part et empruntent successivement sur leurs itinéraires, les rails de plusieurs Compagnies de chemins de fer.

La France doit à sa position géographique d'être, plus que les autres pays, sillonnée par ces courants commerciaux. Par cela même, le problème que suscitait chez elle l'organisation des transports qui empruntent plusieurs réseaux et qu'on nomme tantôt transports communs, tantôt transports directs, tantôt transports successifs, était particulièrement délicat. A la solution de ce problème étaient cependant intéressés à la fois le public et les Compagnies de chemins de fer; le premier, parce que la facilité, la rapidité, le bon marché des transports dans toutes les parties du pays sont les facteurs essentiels de la prospérité générale; les secondes, parce qu'à toute amélioration des conditions de prix et d'exécution des transports correspond, dans une certaine limite du moins, un accroissement immédiat de leur trafic et, partant, de leurs bénéfices.

A l'origine, les Compagnies, faibles, isolées, qui s'étaient constituées sans qu'un plan d'ensemble, une conception générale, aient présidé à leur création, se bornèrent naturellement à accepter les transports en destination des localités situées sur leurs lignes propres. Les wagons chargés de marchandises ne dépassaient pas la limite du réseau auxquels ils appartenaient. Là, si la marchandise qu'ils contenaient n'était pas arrivée à destination, elle était déchargée et remise au commissionnaire que l'expéditeur devait obligatoirement désigner. Un nouveau contrat était passé avec le chemin de fer qui allait achever le transport, une nouvelle lettre de voiture était établie.

Pour atténuer, sinon pour faire disparaître, les frais, les pertes de temps qu'une telle manière de faire entraînait inévitablement, les Compagnies, au fur et à mesure que s'améliora leur organisation et que s'accrut leur puissance, furent rapidement amenées à se concerter. Elles durent s'attacher d'abord à faire disparaître cet organisme parasite, l'intermédiaire, dont l'office était obligatoire, et remplir elles-mêmes le rôle qui, jusque-là, lui avait été dévolu. Elles s'ingénièrent, dès lors, à réduire à leur plus simple expression les opérations et les formalités dont cet intermédiaire assumait jusque-là la charge.

Rapprocher leurs lignes, les mettre en contact intime aux extrémités communes de leurs réseaux était la première tâche qui s'imposait à elles dans cette voie. Cependant, s'il facilitait la remise réciproque des marchandises, ce rapprochement ne faisait pas disparaître l'opération lente et coûteuse du transbordement. Une seconde mesure devait compléter la première et, changeant le caractère de la gare commune, en faire d'une gare de transbordement une gare d'échange pour les véhicules transporteurs. Chacune des administrations de chemin de fer fut conduite, en effet, à envisager la possibilité de faire circuler ses trains propres sur les lignes situées en prolongement des siennes, puis, plus simplement, à remettre à la Compagnie voisine, non pas seulement les marchandises voyageant en trafic commun, mais aussi les wagons qui les contenaient, en supprimant, par l'un ou l'autre de ces moyens, le transbordement lui-même.

Ces mesures, création de gares communes, circulation réciproque du matériel sur les lignes en contact de réseaux différents, constituent le minimum des mesures d'entente nécessaires pour rendre praticable, sans qu'il soit grevé de taxes exagérées et parfois prohibitives, le trafic commun. D'autres améliorations, cependant, restaient à réaliser. Aux contrats successifs qui régissaient les transports communs et qui équivalaient, suivant M. Picard, à maintenir « de véritables murailles de la Chine autour de chaque réseau », on substitua rapidement le contrat de transport unique et on créa des lettres de voiture directes. Tout d'abord, la taxe perçue à l'occasion du transport commun fut obtenue par la totalisation des taxes partielles afférentes aux parcours successifs à effectuer sur les réseaux intéressés, puis, un autre progrès fut atteint, par la création des tarifs communs, permettant d'étendre aux transports directs les avantages que les tarifs différentiels procurent aux transports intérieurs de chaque réseau.

Notre Code de Commerce, cependant, qui a vu le jour à une époque où il n'existait encore que deux instruments de transport, la route et la voie d'eau, contient des dispositions qui ne furent pas sans élever de sérieux obstacles à l'entente complète sur ce point entre les Compagnies. Celles-ci durent, par une nouvelle entente, atténuer ce qu'avait de trop incommode pour leur exploitation et pour l'organisation des transports communs, l'article 99 de ce Code.

Telles sont, exposées dans leur ordre logique, les mesures d'entente qui s'imposaient aux Compagnies dans l'intérêt d'une exécution rapide et économique des transports communs, c'est-à-dire dans l'intérêt général. Il ne faudrait pas croire cependant que ces ententes aient été réalisées sans entraves et que leur application ait été l'œuvre volontaire et libre des Compagnies. Les compétitions nées de la libre concurrence, régime de début auquel on n'avait pas toujours renoncé, les intérêts opposés résultant de multiples circonstances de fait et de lieu les retardèrent souvent et, parfois, les interdirent. Ces ententes n'ont pas, d'autre part, acquis du premier coup la forme qu'elles ont aujourd'hui et qui est le fruit des tâtonnements et de l'expérience de plus d'un demi-siècle.

Au surplus, l'obligation pour les Compagnies d'assurer la continuité des transports et de prendre des mesures pour qu'aucune interruption ne se produise de leur fait dans le service qui leur est commun est une de celles que l'État a inscrit dans leur cahier des charges. Dans le même texte et dans des textes ultérieurs, il a pris soin de stipuler sous quelle forme il entendait que fussent remplies ces obligations.

* *

La condition essentielle d'une transmission rapide, d'un transbordement commode des marchandises entre deux réseaux se trouve réalisée par l'existence de gares communes à ces réseaux. En dehors de l'intérêt qu'elles retirent de l'application du régime de la communauté au point de vue de la facilité dans l'exécution des transports directs, les Compagnies évitent, par ce moyen, des dépenses d'établissement importantes.

On ne trouve dans le Cahier des Charges de 1857 aucune obligation précise imposée aux Compagnies à ce sujet. Seul, l'article 61 se borne à stipuler, d'une manière qui laisse place à des interprétations plus ou moins larges, que les Compagnies seront tenues de s'entendre entre elles pour que le service ne soit pas interrompu aux points de jonction de leurs réseaux. En revanche, dans tous les actes de concession postérieurs à l'année 1863 on trouve une clause obligeant les Compagnies à partager l'usage des gares établies à l'origine des chemins d'embranchement.

En fait, les gares communes sont nombreuses et nombreuses aussi sont les modalités du régime sous lequel elles fonctionnent. Les accords intervenus entre les Compagnies à ce sujet sont extrêmement variés dans leurs dispositions de détail ; leur objet, double en réalité, se trouve cependant limité toujours aux points suivants : fonctionnement du service de la gare, partage des dépenses occasionnées par sa création et par son exploitation.

Au point de vue de leur fonctionnement, les gares communes sont placées sous une direction unique qu'assume l'une ou l'autre des Compagnies dont elle unit les réseaux. Quant à la répartition des dépenses elle doit être envisagée, d'une part, au point de vue des dépenses d'établissement de la gare, d'autre part, au point de vue des frais qu'entraîne son exploitation.

Il est extrêmement rare, quoique théoriquement possible, que deux Compagnies soient amenées à se concerter pour la construction d'une gare de contact. Dans la grande majorité des cas, c'est après la construction et la mise en exploitation d'une ligne que le concessionnaire d'un chemin de fer qui vient s'embrancher sur cette ligne ou s'établir

dans son prolongement, demande à la Compagnie existante de
recevoir ce chemin dans sa gare terminus et de lui permettre de se
servir de cette gare concurremment avec elle pour son service propre
et pour la desserte du trafic commun. La Compagnie existante va
ainsi mettre à la disposition de la seconde, une gare avec toutes ses
dépendances; terrains, voies de service, bâtiments, installations,
appareils, établis antérieurement par elle pour son service et que,
souvent, du fait de l'admission dans la gare de la ligne nouvelle,
elle va être amenée à étendre. Il est de toute équité qu'elle exige de
la seconde Compagnie, en retour des avantages qu'elle lui concède
ainsi, une participation dans les dépenses d'établissement de la gare.

D'autre part, l'usage de la gare commune pour le service de la
ligne d'embranchement ou de prolongement, va amener une augmentation dans les frais d'exploitation. Il est juste également que le
concessionnaire de cette ligne prenne à sa charge cette augmentation
ou, d'une manière plus générale, supporte, dans la mesure où il les
occasionne, une part des dépenses d'exploitation de la gare commune.

On voit ainsi apparaître le principe double qui forme la base fon-
mentale de toute la partie financière des conventions relatives aux
gares communes, et qui est le suivant : toute Compagnie admise à
utiliser sous le régime de la communauté une gare appartenant à
une Compagnie voisine, doit à cette dernière un loyer ou redevance
foncière ainsi qu'une part contributive dans les dépenses d'exploitation de la gare.

Ce principe établi, comment sont calculés ce loyer et cette part
contributive? Les solutions sont extrêmement diverses. Le plus souvent, on subordonne la détermination de la redevance foncière à
celle de la part contributive des dépenses d'exploitation. On procède
au calcul de cette part à l'aide d'éléments sur lesquels nous revien-
drons plus loin et on décide que la charge annuelle des dépenses
d'établissement de la gare sera répartie dans le même rapport que
les frais d'exploitation entre les administrations participantes.

Quant aux éléments qui entrent en ligne pour la détermination des
parts dans les frais d'exploitation, ils sont également très variés. On
prend pour base de la répartition tantôt le rapport des recettes réalisées respectivement dans la gare commune par les Compagnies en
présence, tantôt le rapport des nombres de trains que chacune de ces

Compagnies forme ou reçoit dans la gare. Suivant une troisième formule extrêmement simple on répartit les dépenses au prorata du nombre de lignes que chaque Compagnie fait pénétrer dans la gare commune en affectant ou non ces lignes de coefficients numériques correspondant à leur importance respective. Un autre mode de répartition présente une simplicité égale; il consiste à partager les dépenses communes en proportion, pour chaque Compagnie, du nombre de véhicules qu'elle a fait entrer dans la gare. Enfin, il est un procédé qui paraît empreint d'une certaine logique, c'est celui qui consiste à diviser en groupes, d'après leur nature, les dépenses d'exploitation de la gare commune, puis à répartir séparément les dépenses des groupes ainsi constitués, suivant des éléments d'appréciation distincts et propres à chacun d'eux. Malheureusement, ce système n'échappe pas à une certaine complication.

Quelle que soit d'ailleurs, la formule de répartition adoptée, souvent, pour éviter la répétition annuelle de calculs fastidieux et de statistiques sans intérêt, on détermine au cours d'une période limitée les sommes payées par les exploitations en communauté ; on donne au rapport numérique dans lequel se trouvent ces sommes un caractère définitif et les Compagnies contractantes continuent à se partager, suivant ce rapport, la charge des dépenses pendant les années postérieures.

⁎
⁎

La mise en contact dans des gares communes des lignes de deux réseaux voisins a pour effet immédiat de faciliter entre eux la transmission des marchandises en améliorant les conditions du transbordement. Cette opération, sous sa forme primitive, consiste à décharger la marchandise du wagon qui l'a amenée, pour la recharger, après reconnaissance et vérification, dans un wagon appartenant à la Compagnie sur les lignes de laquelle le transport doit se poursuivre. Elle est la source de dépenses considérables d'installations et de personnel, la cause d'avaries pour les marchandises qui la subissent. Les artifices qu'on a imaginés pour améliorer les conditions d'exécution du transbordement n'ont fait qu'atténuer, sans les faire disparaître, les inconvénients de cette opération.

En fait, aujourd'hui, hors les cas où les Compagnies en contact

exploitent les lignes d'écartements différents, le transbordement ne
subsiste plus que pour les expéditions de faible importance composées de petits colis maniables. Deux séries de mesures permettent,
dans les autres cas, d'y suppléer.

En premier lieu, chaque Compagnie accorde, suivant certaines conditions ou à titre de réciprocité et moyennant le paiement d'une
redevance déterminée dans chaque cas, le droit aux réseaux avec
lesquels elle se trouve en contact de faire circuler leurs trains sur
ses propres lignes. Rares, cependant, sont les cas où cette faculté
est appliquée. Il est aujourd'hui de règle générale que pour assurer
sans transbordement le transport des marchandises en transit, la
Compagnie de départ remette à la Compagnie sur les lignes de
laquelle doit se poursuivre le transport, non pas seulement ces
marchandises, mais aussi le wagon qui la porte, c'est-à-dire le contenu
et le contenant. Dans ce second cas, c'est la Compagnie de départ
qui reçoit de la Compagnie à qui elle a remis le wagon, pour l'usage
de son matériel, une redevance prédéterminée.

Ces mesures n'ont cependant été rendues possibles que par
l'entente tacite des Compagnies françaises qui ont donné à leurs voies
un écartement uniforme et à leur matériel roulant des dimensions
qui ne diffèrent pas sensiblement [1].

Le droit pour une Compagnie de faire circuler ses trains sur le
réseau d'une Compagnie voisine résulte de l'article 61 du Cahier des
Charges qui l'établit expressément. Cet article déclare que la Compagnie qui prête ainsi ses lignes à une autre, pourra réclamer à celle-
ci une rémunération égale au prix de péage que l'article 42 du même
Cahier des Charges l'autorise elle-même à percevoir du public. Des
décrets peuvent, d'ailleurs, autoriser les Compagnies à apporter,
dans certaines limites, à ces rémunérations, des réductions dont
l'importance croît avec la longueur du chemin de fer qui bénéficie,
pour ses trains, de cette faculté de circulation.

La redevance de péage qu'indique le Cahier des Charges est celle du
tarif légal. Comme ce tarif n'est plus guère appliqué et qu'à ses prix
on a substitué, ceux, plus bas, du tarif général et ceux des tarifs

1. En outre, les conférences de Berne de 1882 et 1885, auxquelles prirent part
des délégués de presque tous les réseaux de l'Europe continentale, ont fixé, pour
les principaux éléments de la voie et du matériel roulant, des dimensions uniformes.

spéciaux qui leur sont encore inférieurs, on fait subir aux prix de péage du tarif légal, pour le calcul de la redevance de circulation, une réduction proportionnelle.

Les Compagnies françaises n'usent que dans des cas fort rares, pour leurs trains, de la faculté de circulation que leur confère le Cahier des Charges de 1857 et les conventions ultérieures. Le fait trouve facilement son explication dans la façon dont ont été constitués les grands réseaux, lesquels desservent chacun une région du territoire distincte, dont les frontières sont nettement tracées. Un seul réseau, celui de l'État, créé tardivement à l'aide de lignes rachetées à des compagnies chancelantes, groupées et reliées tant bien que mal les unes aux autres, par des tronçons de lignes repris aux réseaux voisins, a échappé à cette formation homogène. Il est aussi presque le seul qui ait eu avantage à réclamer, pour ses trains, le bénéfice du droit de circulation sur les lignes voisines. En effet, en dehors des conventions passées quelquefois par les grands réseaux avec des compagnies d'intérêt local à voie normale, des traités conclus par les Compagnies du Nord, de l'Est, de Lyon, d'Orléans et de l'Ouest, pour l'exploitation en commun des chemins de fer de Ceinture, l'utilisation, par les trains de l'État, de la ligne de Paris à Chartres, concédée à la Compagnie de l'Ouest, constitue à peu près le seul cas important d'application qu'on puisse trouver de la faculté de circulation.

L'arrangement pris à ce sujet par les réseaux intéressés, résulte des articles 16 et 17 de la Convention du 17 juillet 1883. Le premier de ces articles contient d'abord l'autorisation de principe donnée au Chemin de fer de l'État par la Compagnie de l'Ouest, d'établir jusqu'à Paris les tarifs des voyageurs et des marchandises en destination de son réseau, d'après les barèmes de l'État appliqués à la longueur totale du parcours. Il stipule que le prix total de ces transports sera partagé entre les deux administrations, au prorata du nombre de kilomètres parcourus sur leurs réseaux respectifs.

L'article 17 donne au Chemin de Fer de l'État le droit de faire circuler ses trains entre Chartres et Paris moyennant le paiement à la Compagne de l'Ouest d'un péage réduit à 40 p. 100 de la recette brute réalisée sur le parcours de cette ligne [1]. Ainsi donc, dans la Conven-

1. En outre, les trains de l'État peuvent, entre Chartres et Paris, desservir

tion du 17 juillet 1883, on a décidé que la rénumération perçue par
l'Ouest représenterait les quatre dixièmes du prix total du transport,
quel que fut le tarif appliqué. Cette proportion n'est pas très différente de celle qui a été établie entre la taxe de péage et le prix total
de transport stipulés pour le tarif légal dans le Cahier des Charges.
On peut même dire qu'elle en représente la valeur moyenne, car cette
proportion, dans le Cahier des Charges, n'est pas fixe, elle varie de
l'une des séries entre lesquelles sont réparties les marchandises à
une autre et, dans la même série, de l'un des articles repris à l'article
voisin. Telle quelle, cette proportion est estimée, par certains, désavantageuse pour le Chemin de fer de l'État et l'on a souvent cherché
dans l'élévation de son taux, une excuse aux faibles rendements de
son réseau. Il convient, d'ailleurs, d'ajouter que la Convention du
17 juillet 1883 contient des stipulations contractuelles d'ordre différent, dont l'insertion a pu influer sur le chiffre de 40 p. 100 dont il s'agit.

L'échange des wagons aux points de soudure de leurs réseaux est
le procédé le plus généralement adopté par les Compagnies pour
éviter le transbordement des marchandises en transit. Il réalise une
solution simple, rationnelle, rapide et économique à la fois, celle qui
concilie le mieux les intérêts du public et les intérêts des administrations de chemins de fer.

L'article 61 du Cahier des Charges dit qu'une Compagnie utilisant
un matériel qui ne serait pas sa propriété paiera une indemnité en
rapport avec l'usage et la détérioration de ce matériel. Cette indemnité correspond, d'une part, à l'usure des wagons au cours de leur
utilisation hors du réseau de l'administration propriétaire, d'autre
part, à la privation subie par celle-ci. Il n'y a dans cette disposition
rien que de très légitime, mais s'ensuit-il de là que les Compagnies
soient obligées de se remettre réciproquement leurs wagons quand
ils contiennent des marchandises qui doivent passer d'un réseau sur
un autre ? Le texte précité ne le dit pas expressément et il est permis
de penser que non.

Quoi qu'il en soit, d'ailleurs, l'article 61 reconnaît au Gouvernement, au cas où les compagnies se trouveraient en désaccord sur les
moyens d'assurer la continuité du service, le droit de prendre toutes

le trafic local en retenant seulement 20 à 30 0/0 de la recette pour frais de
traction.

les mesures nécessaires. Cette formule confère au Gouvernement les pouvoirs les plus étendus et d'aucuns considèrent que, le cas échéant, le Gouvernement est suffisamment armé par ce texte, pour imposer aux Compagnies l'échange de leur matériel.

En fait, actuellement, l'échange du matériel est normal entre les Compagnies et celles-ci ont, en 1899, mis en vigueur une convention destinée à poser les règles générales qui président à cet échange. Cette convention fixe les conditions que doit remplir le matériel pour être admis à l'échange et les conditions dans lesquelles les Compagnies se remettent mutuellement leurs véhicules. Des dispositions spéciales sont adoptées pour le matériel échangé par l'intermédiaire des chemins de fer de Ceinture, dont la raison d'être, l'utilité primordiale, est précisément de jouer le rôle d'instrument d'échange pour les réseaux qui aboutissent à Paris.

La prise en charge par une Compagnie d'un véhicule appartenant à un réseau voisin donne lieu, comme le prévoit le Cahier des Charges, au paiement, par le second à la première, d'une allocation dite redevance d'emploi. Cette allocation peut être calculée de deux manières : ou bien, elle variera avec le temps durant lequel le wagon circulera sur les rails du réseau cessionnaire pour arriver à destination et pour être ensuite restitué au réseau propriétaire, ou bien, elle variera avec la distance parcourue à l'aller, par le véhicule, sur le réseau cessionnaire.

La convention de 1899 décide que le premier mode de calcul sera employé pour les wagons à marchandises et que le second sera appliqué pour les voitures à voyageurs qui, entrant dans la composition de trains en service régulier, n'accomplissent, en général, que des parcours fixes et bien déterminés. Le taux kilométrique de la redevance payée pour les voitures est fixé, quels que soient les réseaux intéressés, à 0 fr. 05, 0 fr. 04, 0 fr. 03, 0 fr. 02 suivant la classe à laquelle la voiture appartient. Quant au taux des redevances de temps dues pour les wagons, il varie quand on passe de l'une à l'autre des conventions particulières que les réseaux en contact ont conclues deux à deux pour le déterminer, mais il ne dépasse guère les limites extrêmes de 0 fr. 85 et de 1 fr. 25 par jour.

Quels que soient, d'ailleurs, le type et le taux de la redevance, le séjour d'un wagon sur un réseau voisin de celui auquel il appartient

ne peut en principe se prolonger une fois que le transport commun
pour l'exécution duquel il a été livré est terminé. On imagine aisément, en effet, les abus qui pourraient être commis par les Compagnies dont le matériel est insuffisant au détriment des autres réseaux,
s'il en était autrement.

Au delà donc d'un certain délai, qui varie avec la distance à parcourir, intervient la pénalité de retard. Celle-ci est une redevance
supplémentaire élevée qui frappe la Compagnie cessionnaire quand
elle conserve au delà du nombre de jours fixé par la convention, le
wagon que la Compagnie cédante lui a livré. La pénalité ne fait pas
cesser l'application de la redevance d'emploi; son rôle est d'intéresser chaque Compagnie à la restitution rapide du matériel qu'elle a
reçu des Compagnies voisines. Son taux est uniforme pour tous les
réseaux : il est de cinq francs par journée de retard pour les voitures
et de trois francs pour les wagons.

Le délai à l'expiration duquel la pénalité de retard commence à
être appliquée est également l'objet d'une règle uniforme. Il varie
avec la distance et dans le même sens qu'elle; il s'accroît de certains
suppléments, par exemple, quand l'exécution complète du transport
commun, nécessite une nouvelle remise du wagon par la Compagnie cessionnaire à une troisième Compagnie, quand le wagon doit
subir en cours de route des formalités de douane ou quand, au
retour, il est rendu chargé de marchandises au réseau qui l'avait
livré.

Le système d'échange parfait serait celui qui favoriserait la restitution à charge de tous les wagons livrés et permettrait la réduction
à zéro du nombre des véhicules circulant à vide. Un tel résultat est
évidemment inaccessible dans la pratique, mais il y a un intérêt
considérable à le poursuivre et à s'en rapprocher le plus possible. Ce
problème se rattache directement, d'ailleurs, à celui, plus général, de
la répartition du matériel qui est l'objet de la préoccupation continuelle des Compagnies. Pour perfectionner leur système de répartition, celles-ci n'hésitent pas à s'imposer des sacrifices, certaines d'en
retrouver l'équivalent et même davantage, par voie directe ou par
voie indirecte, sous forme d'économies importantes. Ces économies
résultent en premier lieu, de la réduction des parcours kilométriques
de trains et, partant, des frais de traction et de personnel, en second

lieu, de la possibilité de faire face à un trafic plus fort sans, pour cela, augmenter le stock de véhicules existant; or, on a estimé que chaque million de francs de matériel roulant supplémentaire entraine une dépense supplémentaire égale de constructions pour matériel fixe, garages, ateliers de réparations, etc., de sorte que si pour un ensemble de plusieurs réseaux ayant des relations de trafic importantes, on peut épargner 10 millions de matériel roulant, on arrive en réalité à une économie totale de 20 millions, correspondant annuellement à une économie de 1 200 000 à 1 500 000 francs. De plus, l'utilisation aussi complète que possible du matériel de chemin de fer suppose nécessairement une exécution plus rapide des transports, partant, une immobilisation moins longue des capitaux incorporés dans les marchandises qui circulent : il résulte de là une activité plus grande dans les transactions de laquelle, en dernière analyse, profite le chemin de fer.

.*.

On peut, *a priori*, concevoir deux manières d'établir la taxe d'une marchandise qui fait l'objet d'un transport commun a plusieurs réseaux : ou bien, la taxe appliquée représentera la somme des taxes partielles afférentes aux réseaux intéressés, taxes calculées séparément d'après les tarifs propres à chacun d'eux et totalisées, ou bien, la taxe sera calculée d'après un tarif unique qui aura été établi spécialement pour s'appliquer aux réseaux intéressés et qui comportera des bases et des conditions d'application particulières. Dans le premier cas, on soude simplement des tarifs intérieurs, dans le second cas, on applique un Tarif Commun.

La soudure des tarifs suppose la perception de taxes supplémentaires dénommées frais de transmission et indépendantes des frais accessoires ordinaires afférents à toute expédition. Ces frais spéciaux sont perçus en même temps que la taxe de transport quand la marchandise transite d'un réseau sur un autre pour rémunérer les Compagnies des frais que nécessite ce passage en transit. Ils sont fixés uniformément à 0 fr. 40 par tonne et sont portés à 0 fr. 70 quand les lignes en contact étant d'écartements différents, le transbordement est inévitable. Ils sont, pour un transport commun donné,

dus autant de fois qu'il y a de passages en transit au cours de ce
transport.

Jusqu'à une époque récente, quand l'expéditeur d'une marchandise faisant l'objet d'un transport commun, demandait l'application
de la taxe la plus réduite obtenue au moyen de la soudure des tarifs
de chacun des réseaux empruntés, la Compagnie qui recevait la
marchandise n'était pas tenue de rechercher quels étaient, sur les
réseaux voisins, les tarifs les moins onéreux pour l'expéditeur.
L'arrêté ministériel du 27 octobre 1900 fixant les conditions d'application des tarifs de petite vitesse a, au contraire, imposé cette obligation. L'un des principaux inconvénients de la soudure a ainsi disparu ;
cependant ce mode de taxation n'en est pas moins désavantageux
pour le public qu'il empêche de profiter des réductions dont bénéficient, du fait de l'application normale des tarifs différentiels, les
transports à longue distance. Qu'ils soient du système à palier ou du
système belge, en effet, les tarifs différentiels — et on peut faire
rentrer dans cette catégorie la majorité des tarifs en vigueur, car
il n'est guère que le tarif légal qui soit proportionnel — font
bénéficier les expéditeurs de réductions d'autant plus importantes que la distance à laquelle s'effectuent leurs transports est
plus considérable. Or, si cet avantage joue pleinement quand les
expéditions ont lieu en trafic intérieur, il n'en est plus ainsi lorsqu'elles doivent transiter sur plusieurs réseaux et être taxées au
moyen de tarifs soudés. Chacun des tarifs employés successivement
ne s'applique en effet qu'à une fraction du parcours total et la
décroissance de la base ne joue pas dans ces taxations successives
comme si un seul tarif différentiel était appliqué au transport de
bout en bout.

Les tarifs communs permettent de bénéficier de cet avantage; leur
application entraîne en outre, au bénéfice du public, la suppression
des frais de transmission qui grèvent tout transport taxé suivant la
soudure. Les tarifs communs permettent aux centres de production
d'étendre bien au delà de la limite du réseau dans lequel ils se trouvent, leur zone de consommation et de desservir les marchés nationaux ou internationaux les plus éloignés; ils ouvrent ainsi sur ces
marchés, une concurrence profitable aux consommateurs. Plus que
les autres tarifs, ils favorisent, dans leur zone d'action, ce nivelle-

ment des prix dont on a pu comparer le principe à celui des vases communicants.

C'est grâce à eux que les tarifs de transit sont possibles et que les tarifs d'exportation ont pu recevoir une extension suffisante. Les tarifs communs présentent en outre, pour les Compagnies, des avantages d'ordre secondaire : ils atténuent les difficultés qui résultent de la recherche, par les agents d'un réseau, des taxes à appliquer à un transport commun sur les réseaux voisins. Véritablement compliquée quand il s'agit d'appliquer des taxes soudées, cette recherche est au contraire très simple quand les taxes à appliquer résultent de tarifs communs.

L'initiative de la création des tarifs appartient aux Compagnies. En matière de tarification, l'Administration ne peut agir sur les concessionnaires que « par suggestion ou par voie indirecte » ; ses pouvoirs sont limités aux deux alternatives suivantes : approbation ou rejet des tarifs proposés. Les tarifs communs ne sont pas l'objet d'une dérogation à cette règle générale. D'un autre côté, une Compagnie ne saurait contraindre une Compagnie voisine à créer des tarifs communs pour la desserte du trafic intéressant à la fois leurs deux réseaux.

Les formalités de l'instruction préalable à la mise en vigueur des tarifs communs ne diffèrent pas de celles qui précèdent l'homologation des tarifs ordinaires ; elles sont accomplies simultanément par les Compagnies intéressées. Une fois l'homologation obtenue et la publication faite au Journal Officiel, cependant, une différence naît entre les tarifs intérieurs et les tarifs communs : les premiers sont applicables à l'expiration d'un délai de quinze jours, la mise en application des seconds n'est possible qu'au bout d'un mois.

La classification et la numérotation des tarifs communs sont analogues à celles des tarifs ordinaires et leurs conditions d'application sont les mêmes. On peut noter cependant, comme une condition particulière aux tarifs communs, l'adjonction aux délais de transports ordinaires, de délais de transmission, de longueur variable, suivant que le transport est fait en grande ou en petite vitesse, que la remise de la marchandise par un réseau à un autre se fait ou non dans une gare commune, etc... Ces délais sont cumulés si plusieurs transmissions s'opèrent au cours d'un même transport et le Ministre s'est

réservé la possibilité de les allonger dans une certaine limite si les
circonstances venaient à l'exiger. Enfin, la clause des stations intermédiaires non dénommées a été étendue aux cas où sont appliqués
des tarifs communs.

La répartition des taxes prévues par l'application d'un tarif commun entre les réseaux qui ont participé au transport effectué aux
conditions de ce tarif, est variable. Le principe sur lequel elle est
presque toujours basée est celui du partage au *prorata* des parcours
kilométriques effectués sur chacun des réseaux intéressés. Toutefois,
le partage ne s'effectue qu'après l'attribution à chacune des Compagnies participantes sur le produit de la taxe, des frais accessoires qui
lui reviennent aux termes des conditions d'application.

**

Qu'elles circulent sur les lignes d'un réseau unique ou qu'elles
empruntent plusieurs réseaux, les marchandises n'échappent pas à
certains risques, risques de perte ou d'avarie, risques de retard à la
livraison. Les actions en responsabilité qu'ouvrent au-public lésé
ces différents cas d'inexécution du contrat de transport, ont été
l'objet d'un nouveau chef d'entente entre les réseaux français.

Le Code de Commerce, dans ses articles 97, 98 et 99, créait en effet
en matière de transports communs une situation particulière. « Le
commissionnaire qui se charge d'un transport par terre ou par eau
est garant de l'arrivée des marchandises ou effets dans le délai déterminé (art. 97). Il est garant des avaries ou pertes de marchandises
s'il n'y a stipulation contraire dans la lettre de voiture ou cas de
force majeure (art. 98). Il est garant des faits du commissionnaire
intermédiaire auquel il adresse la marchandise (art. 99). »

Aux termes de ces articles, la Compagnie qui a accepté l'expédition,
qui s'est engagée à faire parvenir la marchandise à destination, est
et demeure responsable de l'inexécution du contrat même dans le
cas où ce défaut d'exécution serait le fait des Compagnies à qui
incombe, jusqu'à son achèvement, le transport de la marchandise au
delà de son réseau propre. Elle ne pourrait même pas se disculper
en faisant la preuve qu'elle n'est pour rien dans le dommage causé
et que la faute incombe à l'une des Compagnies qui ont reçu, après
elle, la marchandise.

Le principe posé par l'article 99 du Code de Commerce est certainement très avantageux pour le public à qui il désigne, sans discussion possible, le commissionnaire responsable de la faute dont il poursuit la réparation pécuniaire, mais on conçoit que les Compagnies n'aient accepté qu'avec une certaine difficulté, dans ces conditions, le rôle de commissionnaire de transport et qu'elles aient, à l'origine, montré quelque répugnance à prendre vis-à-vis des expéditeurs, en acceptant un transport commun, la responsabilité de la partie de ce transport qu'elles ne pouvaient exécuter elles-mêmes.

Un recours, il est vrai, leur reste contre la Compagnie qui est l'auteur réel du dommage, mais, pour que ce recours puisse être exercé, il est nécessaire que lors des remises successives qui s'opèrent d'un transporteur à un autre, il soit procédé à la vérification des marchandises. Or, de semblables vérifications ne peuvent s'effectuer sans entraîner des dépenses de manutention et de personnel que la taxe de transmission, perçue comme on l'a vu plus haut, est loin de couvrir. D'autre part, les recours en garantie des Compagnies les unes contre les autres entraînent des frais ruineux.

Très tôt, les réseaux s'entendirent pour tarir deux sources de dépenses aussi inutiles, d'une part, en supprimant la reconnaissance contradictoire des marchandises qui se pratiquait d'une manière effective aux points d'échange, d'autre part, en renonçant aux recours en garantie, en se donnant le mandat réciproque de régler par des transactions, au mieux de leurs intérêts communs, les demandes d'indemnités formulées par le public en cas d'inexécution du contrat de transport dans l'une ou dans plusieurs de ses clauses.

Tel a été l'objet de la convention qui fut passée entre les réseaux français en 1869 et qui a été renouvelée le 1er octobre 1886. Cette convention substitue au principe de la responsabilité individuelle du réseau qui accepte un transport commun, le principe de la responsabilité collective des Compagnies qui concourent à l'exécution de ce transport. Aucune reconnaissance contradictoire des marchandises n'est opérée aux points d'échange : c'est l'abandon de toute possibilité du recours en garantie. Les Compagnies participant à un transport déterminé considèrent qu'elles doivent supporter une partie des risques de perte, d'avarie ou de retard qu'entraîne l'exécution de ce transport, font, en conséquence, abstraction de la faute commise

et répartissent entre elles, proportionnellement aux parcours-kilo-
métriques effectués sur leurs réseaux respectifs; par la marchandise
objet du litige, les indemnités à payer.

La reconnaissance ne subsiste plus que pour les colis renfermant
des objets précieux et le recours en garantie n'est plus admis que
contre les lignes n'ayant pas participé à la convention, au cas d'un
transport commun auquel elles auraient concouru.

D'un autre côté, les Compagnies donnent à celle d'entre elles qui
est saisie d'une réclamation, le mandat de transiger et de régler les
litiges au mieux de leurs intérêts communs dans les mêmes conditions que si elle avait, seule, effectué le transport. Cependant les
Compagnies ne se donnent mandat de transiger sans autorisation
préalable, que jusqu'à concurrence de cinq cents francs. Au-dessous
de dix francs, d'ailleurs, aucune répartition n'a lieu et l'indemnité
reste à la charge de l'administration qui l'a réglée.

La Convention de 1886 n'a pas échappé à certaines critiques. Elle
est fondée sur l'idée que les soins donnés aux marchandises et les
risques de perte, d'avarie ou de retard, auxquels elles sont exposées,
sont les mêmes sur tous les réseaux. Or, il est loin d'en être ainsi en
réalité. Les risques courus par une marchandise sur un réseau donné
seront d'autant plus sérieux que l'entretien du matériel de ce réseau
sera moins bien assuré, que le personnel sera moins nombreux et
les Compagnies voisines en relation avec ce réseau pour des transports communs seront amenées à payer, de son fait, beaucoup plus
d'indemnités que, de son côté, il n'aura à en payer du leur.

On reproche à la Convention de 1886 d'être la source d'une autre
inégalité. Toutes les Compagnies n'ont pas, pour les mêmes marchandises, des tarifs égaux. Or, la part contributive de deux réseaux
dans une indemnité payée à l'occasion d'un transport commun
effectué par eux sont dans le même rapport que les distances kilométriques parcourues par la marchandise, respectivement sur chacun
d'eux. De ces deux réseaux, celui qui a le tarif le plus bas, paiera,
proportionnellement à la taxe de transport qu'il perçoit, une part
contributive dans l'indemnité plus élevée que celle que supportera
l'autre. C'est pour remédier à cette inégalité que l'on a admis pour
les transports internationaux, en vertu de la Convention de Berne,
le partage des indemnités au prorata des parts respectives de la taxe

de transport, au lieu du partage sur la base des parcours kilométriques.

L'attribution à chacun des réseaux ayant participé à un transport commun de sa part dans la taxe globale à laquelle ce transport a donné lieu, a été la raison d'être d'une nouvelle entente entre les réseaux. A l'exemple de ce qui avait été réalisé en Angleterre, il y a de nombreuses années, par l'institution du Railway Clearing House, on créa en 1881 le Contrôle commun des chemins de fer français. Cet organisme a pour rôle la liquidation des comptes du trafic commun et la répartition entre les Compagnies suivant leurs droits respectifs, des sommes à la perception desquelles les transports communs donnent lieu.

Si l'on examine l'ensemble des mesures qui président à l'organisation des transports communs, en France comme dans les pays étrangers, on voit que ces mesures et les améliorations qui y sont sans cesse apportées, procèdent d'un double principe : la recherche d'une rapidité et d'une économie toujours plus grandes. C'est dans le but d'accélérer la transmission des marchandises, de réduire au minimum les dépenses d'établissement ou d'exploitation qu'on a créé, aux confins des réseaux, des gares communes, qu'on a admis la circulation réciproque du matériel, qu'on a adopté le contrat unique, qu'on a substitué à la soudure pure et simple des tarifs intérieurs, l'application des tarifs communs.

Si, sur certains points, les intérêts du public en général et ceux des Compagnies, apparaissent comme antagonistes, les uns et les autres se sont heureusement rencontrés ici. On peut cependant se demander si l'organisation actuelle de nos transports communs donne à ce double point de vue des satisfactions suffisantes au public et, dans la négative, examiner quels régimes meilleurs il pourrait y avoir lieu de lui substituer.

Parmi les critiques qui ont été adressées à notre système, celles qui semblent mériter le plus d'être retenues s'appliquent précisément, d'une part, au supplément de délais et, d'autre part, au supplément de frais qu'occasionne, dans le transport des marchandises, le passage d'un réseau sur un autre.

Sur le premier point, il convient de remarquer que les délais de transmission dont s'allongent les délais ordinaires de transport, accordés aux Compagnies par leur Cahier des Charges et les conditions d'application des tarifs, correspondent à une opération réelle. Si réduites que soient, par les mesures que nous avons passées en revue, les opérations de la transmission aux points de soudure des réseaux, il n'en est pas moins nécessaire que la Compagnie cessionnaire enregistre au passage les wagons et les marchandises qui lui sont remis. Il est d'ailleurs difficile de renoncer complètement au transbordement : les expéditions de marchandises de faible poids et de petit volume, pour le transport exclusif desquelles on ne saurait songer à utiliser un wagon, y restent nécessairement soumises.

Les compagnies, cependant, remédient à cet inconvénient, dans la mesure du possible, en groupant les petites expéditions à destination d'un même réseau voisin dans des wagons spéciaux dits « de détail » qui sont livrés avec leur contenu, sans transbordement, au point d'échange.

En fait, d'ailleurs, les délais de transport et les délais de transmission ne représentent qu'un maximum rarement dépassé. Les Compagnies se trouvent, en effet, aussi intéressées que le public à la rapidité des transports : celle-ci, en assurant la prompte libération de leur matériel roulant, permet d'obtenir de ce dernier le rendement maximum et de réaliser ainsi, comme nous le disions plus haut, des économies importantes de capital.

D'autre part, les frais supplémentaires qu'occasionne au public la transmission des marchandises entre deux réseaux ne sont perçus que dans les cas où la taxe de transport est établie par soudure de tarifs intérieurs et la taxation par soudure devient de plus en plus l'exception.

On a cru pouvoir, de plusieurs façons, modifier les relations des chemins de fer entre eux de manière que le public en recueillît, au point de vue du trafic commun, les plus grands avantages. Un projet simpliste et qui, dans l'état actuel des choses, semble devoir plutôt relever de l'utopie qu'appartenir au domaine des mesures réalisables, suppose la fusion en un seul, des sept grands réseaux en lesquels se partage aujourd'hui le territoire français; mais on conçoit mal une compagnie unique. énorme organisme centralisé, véritable état dans l'État dont le rôle, infiniment complexe, serait de servir d'instrument à l'activité économique du pays tout entier. Aussi, pour réaliser l'unité de réseau n'est-ce pas l'intervention de l'initiative privée qu'on réclame mais bien celle de l'État lui-même. C'est le rachat total que visent les partisans de cette idée, ou pour mieux dire la nationalisation des chemins de fer et l'avènement anticipé de la situation que créera, dans moins d'un demi siècle, l'expiration des concessions.

Le procès de ces visées a été fait trop souvent, et avec trop d'autorité au nom des intérêts financiers de l'État et au nom des intérêts du public, non seulement par les économistes, mais encore par les représentants de l'industrie et du commerce, pour qu'il soit nécessaire de le reprendre. L'éventualité du rachat total des réseaux français ne paraît pas d'ailleurs être de sitôt réalisable.

D'un autre côté, à une époque où les tarifs étaient beaucoup plus nombreux et plus compliqués qu'aujourd'hui, où leurs conditions d'application n'imposaient pas encore aux transporteurs la recherche, dans tous les cas, de la taxation la plus avantageuse pour le public, on a cru pouvoir améliorer les conditions du trafic en général et du trafic commun en particulier, en réclamant l'unité des tarifs pour tous les réseaux français. L'idée de cette réforme qui avait rencontré une certaine faveur vers 1880 est tombée dans une complète défaveur aujourd'hui.

On aura une idée de la difficulté qu'offrirait une pareille réforme en considérant qu'on n'a même pu arriver, malgré plusieurs tentatives, à dresser pour les marchandises en petite vitesse un tarif général uniforme. L'unité absolue des tarifs dans tous les sens et dans toutes les parties du réseau français ne pourrait être obtenue qu'au prix de sacrifices consentis à la fois par les Compagnies, par l'État, leur associé, par le commerce et par les consommateurs.

Beaucoup plus profitables que ne sera jamais une uniformité absolue des tarifs, sont aujourd'hui pour le public les mesures que les compagnies ont prises, depuis 1884, pour la simplification et la similitude de leurs tarifs, mesures dont la nécessité se faisait réellement sentir dans une organisation faite « progressivement, sans plan d'ensemble, pour répondre à des besoins successifs au fur et à mesure qu'ils se manifestaient ». Telles sont, pour n'en rappeler que quel-

ques-unes, l'adoption d'une classification uniforme des marchandises
et de conditions communes d'application des tarifs, l'adoption de la
Convention du 1ᵉʳ octobre 1886 pour le règlement des indemnités, etc.

C'est surtout de mesures de ce genre, du développement toujours
croissant des tarifs communs, de l'amélioration des conditions matérielles de la transmission des marchandises aux points de contact
des réseaux, qu'il faut espérer obtenir, dans l'exécution des transports communs, une rapidité et une économie de plus en plus
grandes. A cet égard, on doit plus attendre de l'initiative des Compagnies, stimulée par l'intérêt commercial, que de l'intervention souvent inopportune de l'administration.

LOUIS LELIÈVRE.

LA CRISE VITICOLE

Douze mois, une occupation millitaire et un déluge ont passé sur
la crise du Midi. Douze mois : une seconde dans la vie d'un peuple;
et déjà le Midi a repris son visage familier. Les pampres verdoient
au flanc des côteaux; les routes poudroient sous le soleil; la plaine
se couvre de travaux, les hommes s'assemblent sur le forum et y discutent les cours du vin. La terre de Provence « a reconquis son calme
accoutumé ». Rien n'y révèle la tempête qui, l'autre printemps, jeta
hors de ses demeures un millier de gueux résolus « à vendre leur
vin pour avoir du pain », et l'observateur superficiel s'imaginerait
que le drame de 1907 ne fut qu'une comédie que le Midi s'est jouée
à lui-même et qui, d'aventure, finit en tragédie.

C'est que le Midi méditerranéen reste, pour le Français qui n'en
est pas, la « terra incognita ». Et s'il n'était qu'inconnu! Mais il est
méconnu, et le Sar Péladan a raison. Nous continuons de le voir à
travers le « pince-nez » du délicieux inventeur de Tartarin, si vrai
certes, mais qui n'est qu'un des deux masques du Midi.

Les meetings étonnèrent et amusèrent le Parisien. Il les traita de
farandoles. Farandoles, soit, mais où se coudoyaient, se heurtaient,
se confondaient, dans la plus insolite mêlée, au bruit des grelots et
des plaintes, des sanglots et des chansons, d'un monde d'hommes et
de choses, les systèmes et les faits, les théories philosophiques et les
principes économiques, les abstractions et les réalités, le sud et le
nord, le sucre et le vin, les passions et les intérêts, la betterave et
la vigne, l'alcool et les droits de l'homme!

De quelle épithète qualifier cette farandole? J'en vois beaucoup,
et qui ne se ressemblent guère et qui lui conviennent également :
économique, sociale, morale, ethnographique, politique ou plutôt
anti-politique, — ce qui est encore une façon d'être politique —, et
en un mot qui les tient tous : révolutionnaire. Il n'est pas excessif.

Regardée à distance, avec le recul d'une année, la crise qui secoue le midi constitue bien une révolution, une révolution locale qui faillit être générale.

Sur ma table, les documents de toutes sortes, articles, lettres, programmes, notes, brochures, déferlent. C'est l'histoire en puissance de cette révolution, de ses développements et de ses avatars. Enfermer tout cela dans le cadre étroit d'un essai, il n'y faut point songer; plusieurs volumes n'y suffiraient pas. Mon dessein, volontairement plus humble, c'est, en un bref raccourci, de retracer les phases du mouvement, d'en montrer les causes, évoluer les aspects les plus saisissants et les plus significatifs épisodes, marquer les caractères, et, sous la forme présente de l'hypothèse, d'en indiquer les conséquences prudentes ou prochaines, certaines ou probables : seule conclusion logique à l'étude d'évènements sur lesquels le temps n'a pas encore apposé ses scellés.

I. — LA CRISE ET SES ORIGINES.

Au commencement et au fond de tout grand mouvement populaire, on rencontre toujours le même phénomène : la misère. Depuis une dizaine d'années le Midi souffre d'un croissant malaise qui a pris dernièrement les proportions d'une réelle misère. Les signes en sont nombreux et frappants. La population de Narbonne a diminué d'un quart; Béziers, l'ex-joyeuse capitale des vins est « la ville où l'on ne rit plus ». Les propriétés ont subi une dépréciation de 30 à 60 pour cent; la plupart sont grevées d'hypothèques, les effets restent impayés; les faillites et les expropriations se multiplient et les chômages, les ouvriers pâtissent et émigrent, le rendement des octrois baisse. « Dans certains villages du Roussillon, déclare le docteur Battle, des gens se masquent pour mendier, la misère est horrible ».

Et quelle est la cause de cette misère? La réponse est sur toutes les lèvres méridionales : la mévente, l'obstinée mévente [1]. Entendons-

---

[1]. Le Midi a perdu en 25 ans 15 récoltes : 10 par la destruction phylloxérique, 5 par la mévente. Et « le Midi n'a pas protesté quand sévissait contre lui l'inclémence de la nature, mais seulement quand le fléau est devenu le fait de l'homme ».

(*Vendémiaire*, 15 mars 1908.)

nous, le Midi vend son vin, mais à des prix de famine. Et la culture de la vigne, le vin, c'est la grande, presque l'unique industrie du Languedoc, celle de qui toutes sont solidaires. Sur 100 habitants, il y a 85 vignerons ; l'hectare de vigne qui rapporte de 45 à 50 hectolitres, coûte 600 francs, soit 12 francs l'hectolitre. Cet hectolitre le paysan en trouve difficilement 10 francs, et le plus souvent moins [1]. Tels les faits, tels les chiffres, dans leur expressive brutalité. Et voici bien ce qui donne à cette crise sa physionomie si paradoxalement poignante : alors que le seul mot de misère évoque l'image de la stérilité ; ici, elle prend l'aspect de l'abondance. Ces chais, qui sont comme les ateliers de la détresse publique, ils regorgent de vin ; de la richesse, sort la disette.

Au cours de ces monotones et pathétiques journées, qui s'échelonnent de mai à juin, deux mots, sans cesse, reviennent comme un *leit-motiv*, qui résument et symbolisent toutes les cruautés, toutes les rancunes, toutes les colères du Midi : le sucre et la fraude. Dans le sucre et la fraude, le Midi voit la double cause de ses malheurs, et, sans doute, il ne se trompe guère. Mais sucre et fraude sont des causes secondes, des effets par rapport à d'autres causes moins immédiates et plus générales ; les dévoiler, c'est écrire une page — la plus récente et la plus trouble — de notre histoire méridionale.

La première, dans le temps et par l'importance de ces causes premières, porte un nom tristement fameux, de la Méditerranée à l'Atlantique et de la Garonne à la Loire : le phylloxéra.

Venu de par de là les mers, cet infiniment petit a été le plus actif agent de la révolution aux cent faces dont la dernière nous a révélé un Midi nouveau, violent et douloureux. « L'invasion phylloxérique, écrit M. Prosper Gervais, en tête de sa réponse au questionnaire de la Commission d'enquête parlementaire sur la crise viticole — l'in-

---

1. « Ces prix de famine, écrit M. H. Moyssel dans le *Vendémiaire* du 1er mars 1908, ne sont pas un phénomène nouveau. Jusque vers 1860, les vins du Midi allaient presque tous à la chaudière et se vendaient à bas prix. De 1800 à 1810 ils valaient 7 francs ; de 1820 à 1830, 6 fr. 50 ; en 1842, 2 fr 50 ; en 1849, 2 francs l'hectolitre. Mais un facteur économique nouveau a rendu la crise de 1900-07 inquiétante... La viticulture est aujourd'hui une industrie capitaliste et la première condition dont il faille tenir compte, c'est du prix de revient... or les frais de culture ont triplé dans l'espace de 40 ans, en sorte que le prix de revient de l'hectolitre est de 12 et 13 francs et même de 16 francs... »

vasion phylloxérique a été doublement néfaste à notre pays, d'abord
par ses conséquences agricoles — la destruction du vignoble —
ensuite par ses conséquences économiques, autrement redoutables
parce qu'elles étaient impossibles à prévoir et que, dissimulées à
tous les yeux, leurs manifestations successives déconcertent et
déroutent les meilleurs esprits. »

Et tout son lumineux rapport n'est que la démonstration de sa
proposition initiale. Il n'est paysan de France qui ignore cette
histoire : que l'apparition vers 1880, du redoutable insecte a été pour
le midi le signal des désastres, que le phylloxera, à la façon de la
tâche d'huile, a étendu ses ravages dans toutes les directions, que la
production moyenne du pays qui dépassait 50 millions d'hectolitres
est tombée à quelques millions ; que, sans se décourager, le Midi plus
atteint, parce que la vigne est sa grande richesse, s'est mis à
l'œuvre, qu'il a cherché, tâtonné et trouvé enfin, en Amérique, d'où,
lui venait le mal, le remède : la greffe qui résiste au terrible mangeur,
et qu'avec un entrain admirable, il a en quelques années reconstitué
son immense vignoble.

Reconstitué, mais en le modifiant profondément et c'est la série
des conséquences issues de cette modification que M. Gervais nous
découvre, qu'il analyse avec une rare sagacité.

D'abord la substitution à nos plants indigènes, de vignes greffées
sur porte-greffes américains, a ce double effet : d'augmenter la
production et de la déplacer ; insensiblement l'émigration du
vignoble commence, du coteau vers la plaine ; l'aire de culture se
déplace : c'est que « ce greffage hâte la maturité, accroît la fructifi-
cation ». Et la vigne monte vers le nord, agrandit son domaine et
comme, en même temps, elle produit davantage, le viticulteur
méridional qui, déjà aux jours de la disette, devait viser la quantité, le viticulteur que cette disette a affamé ne résistera pas à la
tentation de l'abondance soudaine, visera de plus en plus la quantité. Il remplacera par l'aramon copieux, les plants fins, moins
généreux ; il introduira la vigne dans les terres submersibles, dans
les sables même du littoral. Les grasses plaines de l'Aude, aux
environs de Narbonne, de Coursan, se peuplent de cépages [1].

1. Le vignoble de l'Aude qui couvrait 69,600 hectares en 1863, en couvre 128,000
en 1881, 193,500 en 1900.

En même temps, pour reprendre la forte image de M. P. Gervais, la viticulture française « semblable à un grand vaisseau, obéissant tout entière aux coups de barre du Midi, s'oriente vers la quantité ». Enfin, dans les grands centres de consommation [1] viticole, le jus de raisin frais rencontre le produit artificiel, qu'on a pris l'habitude, aux jours où le vin naturel était rare, de fabriquer sur place ; si bien, en somme, qu'à l'heure où la production méridionale, montant toujours, dépasse l'étiage du passé, d'avant le phylloxéra, représente une part proportionnellement plus grande : 50 p. 100 en 1899, 36 p. 100 en 1900, et 4 p. 100 de 1896 à 1901. De notre production globale, les débouchés se restreignent et se raréfient devant elle : d'où l'encombrement avec sa conséquence, l'avilissement des prix.

Est-ce à dire qu'il y ait surproduction ?

On l'a dit, et la surproduction a été le grand argument de ceux qui veulent que le Midi soit l'unique artisan de ses maux.

A cette opinion très répandue, les chiffres empruntés aux plus sûres statistiques répondent particulièrement : que, si le coefficient de rendement à l'hectare est sensiblement plus élevé, le nombre d'hectares plantés en vignes, l'est moins qu'avant le phylloxéra : 1 750 000 contre 2 400 000 ; que de 1863 à 1876 la France a récolté en moyenne 56 millions d'hectolitres par an, qui se sont vendus à des prix rémunérateurs, alors que la consommation taxée n'était guère que de 35 millions d'hectolitres, que les moyennes quinquennales constituées par les récoltes abondantes et les récoltes déficitaires n'ont pas dépassé 35 millions d'hectolitres de 1891 à 1895 ; 45 millions de 1896 à 1900 ; 51 200 000 de 1901 à 1903 ; tandis que la consommation taxée, grâce à la loi des boissons se chiffrait à 45 millions d'hectolitres qui, joints aux 10 ou 15 millions de la consommation non taxée, aux 5 ou 6 millions absorbés par la distillation ou l'exportation, représentent une consommation totale minimum de 65 à 70 millions d'hectolitres, soit un excédent de plus de 10 millions de la consommation sur la production. Ce qui signifie que la loi de l'offre et de la demande assurerait au midi l'écoulement normal de son vin, si d'autres facteurs perturbateurs n'intervenaient pour en

---

1. Que les grands centres de consommation soient en même temps de grands centres de fraude, le phénomène s'explique aisément par la raison qu'en donne M. Pommier-Lehnhardt : « ils aiment mieux créer des pseudo-vins chez eux ou à leur porte que de payer le transport sur 800 kilomètres ».

fausser le jeu; — autrement dit qu'il n'y a pas de surproduction naturelle [1].

La crise phylloxérique a profondément modifié les habitudes, les traditions, les besoins du commerce. Celui-ci présentait jadis tous les caractères de la puissance établie, compacte et unie. Il opérait par masses, achetait en gros sur pied la récolte connue d'avance. Détenteur de la presque totalité de la marchandise, il avait intérêt à maintenir des cours qui ne variaient guère d'année en année, et il en avait le moyen; il partageait la confiance qu'il inspirait; il jouait sur le marché le rôle utile de pondérateur. C'était le temps des opérations à longue échéance, de la grande et bienfaisante spéculation.

La crise phylloxérique a changé tout cela. Elle a morcelé et « révolutionné » le commerce. Elle l'a obligé à demander au dehors, à la vigne espagnole, italienne, algérienne et au raisin sec ce que lui refusait la vigne française. Une industrie naquit alors qui, elle même donna naissance à des types de vins nouveaux [2] par lesquels. fut à son tour modifié le goût du consommateur; auxquels devaient se heurter fatalement les produits de la vigne régénérée. A une ère de stabilité et d'ordre a succédé une période d'incertitude et de trouble. Désemparé par ces brusques fluctuations, le commerce a subi le cours mobile des choses au lieu de le diriger et de le contrôler. Il a vécu au jour le jour; il s'est fractionné, pulvérisé. D'allié il est devenu le concurrent du propriétaire qui, par défiance de lui et dans sa hâte de se défaire d'une marchandise hasardeuse, a traité directement avec le consommateur.

Ainsi, la désorganisation progresse et la concurrence au rabais sévit sur le marché des vins, en proie à l'anarchie, à la merci de la première épreuve.

L'épreuve est venue, en 1900, sous la forme d'une récolte plétho-

1. De surproduction générale s'entend; nous avons tout à l'heure constaté qu'il y avait surproduction dans certaines régions du Midi, surproduction locale.
2. Pendant 10 ans le marché national a été livré aux vins d'Espagne, véhicules d'un milliard de francs d'alcools allemands, les raisins secs de Grèce et de Turquie ont envahi notre pays, provoquant la création de vins artificiels, cause initiale de toutes les falsifications ultérieures.

(*Vendémiaire*, 15 janvier 1908.)

rique. Les cours, depuis longtemps vacillants, ne résistèrent pas au choc de ces 75 millions d'hectolitres de vin défectueux. Ils tombèrent à 2 francs, 1 fr. 50 l'hecto! Ce fut un effondrement. Ils ne s'en sont jamais pleinement relevés. La crise date de cette année. Suivons-en les mouvements.

En 1901, récolte moins abondante; les prix remontent à 5 francs, à 7 francs l'hecto. En 1902, récolte inférieure à la moyenne; les prix, continuant à se relever, atteignent 12 et même 18 francs. Puis, c'est la récolte très défectueuse de 1903. Dès le début de la campagne, le commerce, en prévision d'une hausse énorme, achète au prix moyen de 25 francs l'hecto; mais en même temps qu'il vend son vin naturel, le propriétaire, instruit ou perverti par le malheur, en fabrique de l'artificiel, et, au lieu de la disette escomptée, qui devait amener la hausse, c'est encore une fois l'abondance et la baisse. Et le commerce forcé de revendre à 15 francs ce qu'il avait acheté 25 « boit un bouillon ».

Ici, une question se pose. Par quelle aberration le propriétaire, premier intéressé à maintenir le bon renom de ses produits, s'est-il mué en fraudeur qui se fait à lui-même concurrence, jette le soupçon sur sa marchandise? Il y a dans cette métamorphose, comme une antinomie. Les raisons qui l'expliquent ne sont pas seulement, en effet, d'ordre naturel [1]; elles se rattachent à la seconde grande série de causes qui ont déterminé et aggravé en la perpétuant, la crise du Midi.

Pour compléter la ruine de la viticulture française, le phylloxéra a trouvé un allié dans le législateur. Mû par des considérations qui n'étaient pas toutes d'ordre économique, celui-ci a porté à la vigne

---

[1]. Les conditions générales et coutumes locales qui gouvernent les opérations de la vente en Languedoc, sont, au demeurant, bien faites pour entretenir l'état d'incertitude et de malaise dont souffre la viticulture méridionale. Brièvement les voici : au moment de la conclusion du marché, l'acheteur paie un à-compte de 1/4 à 1/8 du prix d'achat. Chaque fois qu'il retire du vin il paie la valeur intégrale de sa retiraison et l'à-compte est reporté sur les derniers enlèvements. Le vin reste aux risques et périls de l'acheteur, quoiqu'il advienne, à moins que le vin ne soit reconnu falsifié. La conséquence de ce régime, surtout dans les années où l'on a des craintes pour la conservation du vin, c'est de précipiter la vente. L'acheteur a intérêt de son côté, à enlever le vin le plus rapidement possible et à le travailler.

des coups répétés, et qui, pour n'être pas dirigés contre elle, ne lui
en ont pas moins fait — par répercussion — un mal très profond.
Oh! il ne l'a point oubliée : en dix-sept ans, il a fabriqué 17 lois qui
l'intéressent. Les deux dernières, hâtivement improvisées, sous l'aiguillon des circonstances, lui ont été particulièrement meurtrières.
Ce sont les lois de 1903[1] sur le régime des sucres et sur le régime
des boissons. « La première, dit avec beaucoup de force M. Gervais,
en autorisant, en légalisant pour ainsi dire, la pratique du sucrage
des vendanges et de la fabrication du vin de sucre, a, pour conséquence éternelle le foisonnement des vins, l'encombrement du marché. La seconde, en paralysant la distillation des vins, a mis la viticulture dans l'impossibilité de liquider ce trop plein. La loi sur l'alcool, qui aurait dû servir logiquement de correctif à la loi sur le
sucrage, en a été l'aggravation. En fait, l'un et l'autre devaient fatalement concourir au même résultat[2], l'encombrement continu du
marché des vins, c'est-à-dire la permanence, la perpétuité de l'état
de crise . »

Contre le régime nouveau, on ne saurait dresser acte d'accusation
plus concis, ni que l'événement ait mieux justifié.

Le mal, dès lors, s'étend, se propage, devient endémique. Officiellement instituée par la loi, protégée par la politique locale qu'elle
sert, tolérée plus ou moins par le pouvoir central qui en bénéficie[3],
la fraude, dont la saison 1903 a fait l'éducation, la fraude, sous les
espèces du mouillage et du sucrage, est entrée dans les mœurs. Partout, elle barre la route au produit honnête, « au vin loyal ».

« Le remède le plus efficace, écrit encore M. Gervais, et c'est la con-

1. Le trop gros et le trop brusque dégrèvement des droits sur le sucre,
abaissés de 50 à 25 francs par la loi du 28 janvier 1903, voilà, écrit l'*Éclair de Montpellier* du 18 mai, la cause principale de la crise... La consommation sucrière
passe de 450,000 (avant la loi) à 700,000 tonnes (après). Le sucrage entraîne le
mouillage et la peur de la fraude méduse tout le monde.

2. Les entraves apportées au privilège du bouilleur de cru ne pouvaient qu'a-
voir pour effet de soustraire une grande part des produits inférieurs à la distillation « soupape de sûreté » par où doit s'écouler le trop plein du marché.
D'autre part, les progrès de la chimie ont rendu à la consommation des vins
fins ne valant que la chaudière. Ainsi tout concourt en même temps, à sur-
charger le marché.

3. Le trésor est intéressé à la fraude, déclare le docteur Battle à l'*Echo de Paris*,
les vins ne sont frappés que d'un droit de circulation. Donc plus les vins
circuleront, plus de fois le droit de 1 fr. 50 par hectolitre sera perçu. Un négociant tirant de chez lui 4,000 hectos prend acquit pour 5,000; l'eau parfait
ensuite la différence. Et le tour est joué.

clusion de son rapport, ce serait le relèvement général du droit de consommation sur les sucres à un taux qui rendit illusoire et inutile la fabrication des vins de sucre. » Mais alors ce sera les fabricants de sucre qui protesteront, et on n'aura apaisé le Midi que pour exaspérer le Nord. Est-ce donc à dire qu'on soit désarmé? Nullement, à défaut du remède radical, il suffirait, pour limiter sinon pour supprimer la fabrication artificielle, « d'interdire le sucrage des vendanges, en dehors de la chaptalisat'. n admise par l'usage; et comme corollaire, d'édicter la suite des sucres [1], et frapper d'une surtaxe les sucres allant à la chaptalisation ».

Et quand on aura réglé la question du sucre, on n'aura fait que la moitié de la besogne; il restera la question de l'alcool. Les deux questions sont solidaires car « l'alcool est le terme final du vin ». Ce qui revient à dire que la distillation « est la contre-partie nécessaire de la production naturelle ». Elle élimine les vins défectueux ou en excédant, elle équilibre la production et la consommation, elle est la soupape de sûreté des années d'abondance et la régulatrice du marché. Voyez l'histoire : « les années 1858, 1864, 1865, 1875, apogée de la viticulture avec ses 83 millions d'hectolitres, se sont liquidées sans crise » par l'alambic. L'alambic, voilà le *Deus ex machina* qui nous sauvera.

Mais à ce retour si désirable il est une condition *sine qua non* : c'est — admirez encore ici la complexité d'un problème qu'on ne peut aborder sur un point sans mettre du même coup en question tout notre régime économique, — c'est que le produit de la distillation soit assuré d'un écoulement rémunérateur. Or, l'alcool de vin a un rival : l'alcool d'industrie qui, profitant de l'invasion phylloxérique s'est glissé à la place de l'alcool « loyal », s'est, plus ou moins, substitué à lui [2]. Qu'est-ce à dire, sinon que « pour créer un intérêt à la distillation, il faut protéger l'alcool de vin, lui prodiguer les encouragements « sous forme de taxes différentielles, de primes et autres bonifications ».

1. Le sucre est en somme du vin et de l'alcool à l'état solide. Pourquoi la régie ne le suit-elle pas aussi jalousement que ceux-ci? Le Midi ne demande que l'égalité devant la loi.
                                        (*Vendémiaire*, février.)
2. Sur le marché intérieur on nous applique le principe du « laissez-faire », on livre par des lois imprudentes le vin au sucre et la consommation des eaux-de-vie naturelles à l'alcool d'industrie.

Mais la plus urgente mesure c'est celle qui organisera la répression de la fraude, partout où elle s'exerce. Chez le récoltant, chez le négociant, chez le débitant; guerre offensive et défensive de tous les jours, par tous les moyens : déclaration de récolte, affichages hebdomadaires, surveillance de la circulation des vendanges, surveillance des produits œnologiques, analyses de vins en gare, vérifications de marchandises.

Hors de là, déclare M. Gervais, « point de sécurité », point de stabilité; point de fin à la crise ».

Vaste programme qui suppose une réforme, non seulement de la loi, mais de l'esprit public. Du moins se recommande-t-il par son caractère positif, et immédiatement pratique. Mais à côté de lui, que de théories imprévues, séduisantes, profondes, ingénieuses, nuageuses, lancées par les docteurs ès sciences, les sociologues, les moralistes, les économistes, les journalistes, les statisticiens, où « l'imprécis au précis se mêle », où la vérité côtoie l'utopie. Chacun formule son diagnostic, propose son ordonnance.

II. — LES MANIFESTATIONS. LES GRANDS MEETINGS.

De toute cette cacophonie, une harmonie se dégage. Car, aux chansons des chercheurs de quintessence, s'ajoute, tel un accompagnement, la vaste plainte du peuple qui souffre et réclame le remède.

L'orage n'est qu'une rumeur d'abord, dont les gazettes nous apportent l'écho. Au printemps de 1907, des notes çà et là paraissent, qui, entre deux faits divers, parlent d'une crise de la vigne et d'une agitation méridionale. Nul ne prend l'affaire au tragique, même au sérieux.

Pourtant les notes s'allongent, se multiplient. Et coup sur coup, on apprend que 3 000 vignerons, surgis nul ne sait d'où, se sont réunis le 16 avril à Coursan; que le 23 avril ils étaient 15 000 à Capestang, où des discours ont été prononcés, dont plus encore que les paroles, le ton donne à réfléchir.

Alors, ce serait vrai? Il y aurait tout de même quelque chose « là-bas » ?

Il y a ceci simplement que le problème dont nous avons tenté tout à l'heure d'expliquer la genèse et de fixer les données, que nous avons envisagé sous son aspect spéculatif, sort maintenant du domaine de la théorie, et se pose sous la forme émouvante d'un drame; que les idées et les chiffres cessant d'être des abstractions, s'animent, s'incarnent dans des visages d'hommes, deviennent des réalités vivantes et poignantes, revêtent des noms, dont les syllabes hier inconnues, fatigueront bientôt le tympan parisien, — le plus sourd à ce qui vient de plus loin que le boulevard — feront irruption dans l'histoire : Argeliès, Baixat, Bourgès, Cathala, Ferroul, Marcellin Albert.

Marcellin Albert! Pour trouver une expression adéquate à sa carrière, il faut la demander à l'astronomie qui répond : météore; pour trouver à son aventure une analogie, il faut la chercher dans les contes d'Andersen ou de Grimm, mieux encore dans les contes arabes.

En 1907, il avait cinquante-six ans, c'est-à-dire qu'il avait dépassé l'âge des vocations. Mais il advint de lui comme de l'ami d'Horace, que la pauvreté fit poète : « pauperias me pulit, audax ut versus facerem »; c'est la pauvreté qui l'a fait, non poète, mais prophète. Victime de la mévente il l'était, comme deux millions de ses compatriotes. Après avoir été heureux par la vigne, il souffrait par elle. De l'aisance ancienne, il était tombé dans la gêne, mais dans la gêne irrésignée. Et un jour il eut une idée, une intuition qui lui fut un peu ce qu'avaient été à Mahomet ses visions, à Jehanne d'Arc ses voix : la révélation de la tâche à faire. Et, dès lors, il ne vécut que pour cette idée; il fut l'homme de cette idée. Cette idée fixe, c'est que l'union faisant la force, la vigne serait sauvée par l'union de tous les vignerons, sans distinction de parti, de rang, de religion, de drapeau, de cocarde, de secte ou de sexe, et ne serait sauvée que par elle.

Seul d'abord, seul longtemps. Ses premières prédications datent de 1900.

Il s'improvise journaliste, conférencier, et en 1902, 1903, 1904 fait des tournées de propagande.

Nul ne l'écoute. Il continue; il réclame l'interdiction du sucrage et de la mise en vente, sous le nom de vin, « de toute boisson ne provenant pas exclusivement de la fermentation du jus de raisin frais ». Voilà posés les deux termes cardinaux, l'alpha et l'oméga, du programme viticole futur. On continue à ne pas l'entendre.

Il persévère, s'entête, essaie de pétitions : sans succès. Mais, pour lui, le temps travaille, et la mévente. Et voici qu'au mois de mars 1907, sa voix qui clamait jusqu'ici dans le désert, enfin, trouve un écho, non pas lointain, mais proche, chez les habitants de son village.

Dès lors les évènements se pressent, se précipitent. Le 31 mars, Argeliès va fédérer Bize, premier acte de la croisade dont Marcellin Albert est le Pierre l'Ermite. Le 7 avril, 15000 vignerons manifestent à Ouveillan.

Quatre jours plus tard les 87 du Comité d'Argeliès « tambours et clairons en tête » vont exposer leurs doléances devant la Commission d'enquête réunie à Narbonne.

Ici commence cette extraordinaire campagne de meetings, qui, trois mois durant, de cité en cité, de Coursan à Montpellier, va promener le cri grandissant de la détresse méridionale. Le fleuve humain, mince ruisseau encore aujourd'hui, torrent demain, prend sa source à Argeliès dans l'ancien café de Marcellin, devenu le siège du gouvernement viticole, dont les ministres anonymes sont tous des enfants du pays. De là partent les mots d'ordre, les instructions, les proclamations. Car le Midi ne se contente pas de bouger, il parle et très haut, par l'organe d'une petite feuille éclose à Argeliès, rédigée à Argeliès, inspirée par la pensée d'Argeliès : le *Tocsin*, dont les éclatantes sonneries vont réveiller le midi somnolent. Le premier article est la préface de la campagne : son manifeste. Il définit à merveille, avec la situation, l'état d'âme du Midi et de ceux qui le mènent; et il vaut moins encore par le mot que par l'accent. Mais l'accent ne s'analyse pas; il faut citer :

« Nous sommes ceux qui travaillent et qui n'ont pas le sou ; nous sommes les proprios décavés ou ruinés, les ouvriers sans travail ou peu s'en faut, les commerçants dans la purée ou aux abois. Nous sommes ceux qui crèvent de faim.

« Nous sommes des miséreux; des miséreux qui ont femme et enfants et qui ne peuvent pas vivre de l'air du temps; nous sommes ceux qui ont des vignes au soleil et des outils au bout des bras, ceux qui veulent manger en travaillant et ceux qui ont droit à la vie. Nous sommes ceux qui ne veulent pas crever de faim. »

C'est mieux qu'un manifeste, c'est une chanson presque, où avec Léon Daudet, on croit entendre un écho français à la chanson des tisserands germains. Le même soufle farouche qui anime les gueux de Silésie, soulève les gueux du Languedoc. Ici et là, c'est le même cri de souffrance où perce la révolte. « Nous sommes ceux qui ne veulent pas mourir de faim ! » Monotone refrain que nous entendrons résonner de plus en plus fort, à chaque étape du long pèlerinage parti de Capestang le 21 avril.

A Capestang, ils sont 15 000 qui clament : « pas de revenus pas d'impôts, à bas les fraudeurs ». Huit jours après, ils sont à Lézignan 20 000, « acculés, dit Cathala, à la ruine et à la misère, et qui sont las ». Déjà leur politique se dessine qui est de n'en pas avoir, car elle divise et ils ne vaincront que par l'union : « pas de politique, répètent-ils sur tous les tons ». C'est le premier chef-d'œuvre de la misère. Un phénomène aussi insolite éveille l'attention du pouvoir qui, le 3 mai, expédie un délégué dans le Midi afin de s'enquérir sur place des causes de la crise. Premier effet de l'agitation, escompté des agitateurs qui fièrement déclarent. « Nous traiterons directement avec le pouvoir, de puissance à puissance. »

Après Coursan et Capestang, exercices préliminaires entre acteurs ; après Lézignan répétition générale pour invités, c'est Narbonne. A Narbonne seulement, le 5 mai, le rideau se lève et découvre au public le premier des six tableaux qui constituent la série des grands meetings.

« Je t'avais promis cent mille hommes, les voilà ! » dit Marcellin Albert en désignant au maire de Narbonne la houle humaine qui bat l'estrade officielle. Marcellin Albert exagère ou plutôt il anticipe un peu, à peine. Il ne sont que 80 000 hommes à Narbonne, venus de toutes les directions géographiques, politiques, sociales.

Cent quarante ou cinquante communes sont là, représentées. Le défilé commence à une heure. En tête c'est Argeliès, puis Baixas, puis Sallèles de l'Aude, plus loin Villedaigne et Montredon qui a mis un crêpe à une bouteille ; et les « meurt-de-faim » de Thézan, et

Répiaux et son dernier « Croustet » (sa dernière croûte de pain),
Aigues-Vives avec la pancarte « la misero nous fa courre » (la misère
nous fait courir). On n'en finirait point à vouloir noter tous les appels,
tous les symboles « de la misère qui passe », comme dit Portel.

A trois heures, le défilé dure encore. Mais déjà du haut de la tribune tendue de rouge, en face des halles, Ferroul salue « les infati-
gables promoteurs de cet admirable mouvement populaire où vibre
toute l'âme du pays viticole clamant à la face du pouvoir, avec ses
doléances, sa volonté de faire reconnaître son droit à la vie ». Au
nom d'Argeliès, Marcellin Albert, très bref, rend à Narbonne son
salut et constate qu'il a tenu parole : « Il y a deux ans, j'ai promis à
Ferroul de lui amener 100 000 hommes, les voilà ».

D'autres, après ceux-là, viennent affirmer leur indigence et leur
volonté de lutte. Mais le *la* de cette symphonie de plaintes et de
menaces, c'est Gleize, un ouvrier agricole qui le donne : « Plus de
politique ; il n'y a plus que des gens qui meurent de faim ; plus de
distinction de classes, il n'y a plus de prolétaires, il n'y a que
des viticulteurs qui meurent de faim. Il n'y a plus ici qu'un parti,
c'est le parti de la viticulture ».

Ces quelques phrases, hachées de bravos, elles sont le thème que,
jusqu'au 9 juin, les orateurs du midi développeront inlassablement,
le commentaire anticipé et la devise de la campagne qui commence.

Huit jours après Narbonne, Béziers reçoit 150 000 pèlerins de la
vigne. En une semaine la masse a doublé, et miracle de la misère
qui réalise l'union des classes et des partis — une seule âme meut
cette masse « mens agitat moleus ». « Il n'y a dans cette foule,
dit le *Petit Méridional*, ni bourgeois, ni ouvriers, ni républicains,
ni réactionnaires, il n'y a que des méridionaux qui souffrent. »
Et pour cette lutte la région, unanime, se dresse. Agde, Capestang,
Gazouls-les-Béziers ont fourni chacune un contingent de plus de
3 000 manifestants, noyés — les mêmes phénomènes appellent les
mêmes images — dans ce fleuve humain qui, intarissablement, coule
avec la même plainte monotone, dont seul varient les mots, dolents
ou coléreux.

Puis Marcellin Albert, selon le rite, harangue la foule : « Unissons-nous, bannissons à jamais la haine et la discorde, oublions la

politique, ne pensons qu'à une chose : le Midi si fertile se meurt;
frères de misère au secours.

Après le meeting, plus important que le meeting, l'épilogue, la
réunion des Comités au théâtre, où le maire de Narbonne conseille
les mesures énergiques : « le gouvernement a laissé saboter le vin;
sabotons l'administration par la démission en masse et le refus de
l'impôt ». Et les délégués votent cette résolution : « Si le 10 juin, le
gouvernement n'a pas pris les dispositions nécessaires pour provoquer le relèvement des cours, la grève de l'impôt sera proclamée
et le Comité envisagera s'il n'y a pas lieu de prendre des dispositions encore plus énergiques ».

C'est l'ultimatum de Béziers et, sinon la guerre, la rupture à
échéance, avec le pouvoir central.

Par là, le Midi, las d'attendre, incrédule aux promesses, en
garde contre « les narcotiques des commissions d'enquête », veut
forcer la main à l'État, le contraindre à passer des paroles aux
actes. Mais quels actes? Le Midi ne le sait pas très clairement
lui-même. Ce qu'il sait seulement, c'est qu'il veut en finir avec
la fraude, le sucrage, le mouillage.

Et voici bien la preuve du désarroi des esprits; ils accusent la loi,
de leur mal et ils attendent d'une loi leur salut. Dès lors, on a la
perception nette que la situation est inextricable, et qu'en lançant
un ultimatum on a seulement fixé la date de la catastrophe; que la
force des choses sera plus forte que les volontés.

Les volontés restent pacifiques; les chefs prêchent le calme. Mais
la violence sort de l'impatience. A Marcerignan, la foule énervée
d'attente, place des muids sur la voie ferrée. A Béziers même éclate
une échauffourée; l'Hôtel de Ville est mis à sac, non par les vignerons, mais par cette tourbe que soulève tout grand mouvement
populaire. Partout, les malentendus s'accentuent :

Dans le débat du projet de loi sur les vins, un ministre qualifie
l'agitation « de battage », mot malheureux qui ne tombera point
dans l'oubli. Et le chef des gueux, emporté par son zèle, affirme
dans un interview : « Notre fédération doit être un petit État dans
l'État. »

Ainsi l'horizon s'obscurcit.

Tout de même l'ultimatum de Béziers a jeté un trait de lumière dans la nuit. On sait maintenant, sinon la fin dernière de cet effort, du moins son but prochain et on y marche allègrement et à grandes enjambées. Le mouvement s'amplifie en se déplaçant; « vires acquirit cundo ». Ils étaient 150 000 le 12 mai à Béziers; le 19 mai, ils sont 185 000 à Perpignan.

Attachement au sol, détachement de ce qui n'est pas le sol. Voilà le double sentiment qui fait explosion dans le cri : plus de politique qui ameute, pousse d'un même élan, ces foules disparates, mais filles de la même terre, et qui, maintenant, supprime les divisions conventionnelles, et unifie le territoire de quatre départements fédérés. « Des partis politiques et des classes sociales, remarque au lendemain de Perpignan l'*Express du midi*, la solidarité s'étend aux différentes parties d'une même région. » C'est bien le mot, c'est bien le sens de cette journée, la troisième des six grandes, qui pourrait s'appeler la journée des Provinces-Unies.

Chaque meeting représente non une halte mais un tremplin, d'où le mouvement rebondit avec plus de force en avant; il marque aussi une étape qui permet à l'œil de mesurer la distance parcourue.

A Perpignan, nous sommes à mi-chemin. L'agitation a produit ce double résultat d'émouvoir l'opinion et les pouvoirs. Tandis que — déjà — certains, en quête de diversion, prononcent le mot de complot, la presse discute, le parlement travaille. Le gouvernement a présenté un projet de loi sur les boissons, et ce projet qui ne sera pas voté avant plusieurs semaines, est déjà condamné par les intéressés. Ce n'est, dit-on, qu'un expédient, une demi-mesure; il n'apporte que l'apparence du remède.

Enfin on s'impatiente, on se décourage, on est sceptique : à quoi bon voter des lois qui répriment la fraude, suppriment le sucrage, si c'est pour ne les pas plus appliquer que les lois existantes?...

Ce ne sont pas tant les armes qui manquent contre les fraudeurs que la volonté de s'en servir. Et on dénonce, avec colère, des actes d'inexplicable indulgence.

Le pays écoute et s'étonne. Tous les regards convergent vers le Midi et vers celui qui l'incarne. Marcellin Albert est l'homme du jour, le personnage le plus interviewé et le plus portraicturé de France.

Le Midi, d'une même voix l'acclame, et d'un même cœur l'adore. Fortune rare : ses lieutenants s'effacent devant lui, forment autour de lui un état-major impersonnel et fanatique; des volontaires s'offrent à soigner ses vignes.

« Nous sommes les membres du corps dont Marcellin Albert est la tête .» Aux autres la chanson, « à lui l'ode », et dans son ancien café, devenu un foyer de vie intense, tous les jours, de tous les points où l'on cultive la vigne les adhésions affluent; du Puy-de-Dôme, du Jura, d'Algérie. Il en vient d'un groupe d'inscrits maritimes « qui ne produisent pas le vin, mais le boivent ».

Le reste du pays hésite, et dans ce doute, qui n'est déjà plus le scepticisme du début, il y a un commencement de sympathie, mêlée de curiosité : on se demande où l'on va.

Les chefs ne le savent guère mieux que leurs troupes, mais ils marchent avec une ardeur qui entraîne à leur suite des masses toujours plus denses.

250 000 manifestants courent à Carcassonne le 26 mai qui, pendant trois heures, à travers les rues tortueuses de l'antique cité féodale promèneront leur monotone cri de détresse et de révolte. Ce n'est plus un défilé, c'est une inondation.

C'est le représentant de Carcassonne, M. Faucilhon, qui ouvre la série des discours. Il conseille le sang-froid : « Soyez énergiques, soyez calmes, soyez forts, soyez grands et vous serez les maîtres de l'heure ». Puis, très bref, Marcellin Albert : « Unissons-nous tous, pas de jalousie, pas de haine et surtout pas dé politique ». Son lieutenant Bourgès est moins sobre : « Spectacle sublime que celui de ces foules volontairement disciplinées, conscientes de leurs forces et de leurs droits, véritable armée en marche vers la conquête des réformes, osera-t-on prétendre après la manifestation d'aujourd'hui que c'est là du battage? » Et ceci, qui est déjà tout un programme : « quels que soient les résultats de notre action, il importe de conserver intacts des liens fédératifs, afin que, périodiquement, les membres des Comités s'assemblent pour prendre les mesures dictées par le salut commun ».

Pour clore le meeting, Marcellin Albert, parodiant un geste célèbre, lit le serment des fédérés : « Nous jurons tous de rester unis pour la

défense viticole; ceux qui, par faiblesse ou lâcheté, nous trahiraient.
seront jugés et exécutés séance tenante ».

La fédération est une dictature populaire qui réunit en soi tous
les pouvoirs : délibératif, exécutif, judiciaire; et maintenant l'homme
qui l'inventa, qui la personnifie, le rédempteur, l'apôtre, de qui
chaque signe est un ordre, donne à tous les pèlerins de la viticulture rendez-vous, le 2 juin, à Nîmes.

La semaine qui sépare Carcassonne de Nîmes n'est pas perdue
pour la cause; le mouvement ne cesse de croître en largeur et en
profondeur. Les événements de chaque jour lui apportent des forces
nouvelles. Il lui en vient des directions les plus imprévues. Le projet
de loi.[1] qui devait éteindre les passions, les excite, devient un élément de propagande parmi les foules déçues. Entre la vigne et le
sucre, le Midi réclame une cloison étanche, et le projet ne lui
annonce qu'une frêle palissade à jour. Dès lors, toutes les dissertations
parlementaires ne sont que des « flatus vocis » qui mettent du vent
dans la toile des fédérés.

Et nous voici à Nîmes, avant-dernier tableau. D'abord parmi les
populations de la contrée on remarque moins d'unanimité, moins
d'élan. C'est que le Gard, à la différence des trois autres départements fédérés, n'est pas exclusivement viticole, que moindre étant
son mal, moindre est aussi, dans le succès de la croisade, son intérêt,
et que, même chez les croisés, du moins chez ceux du xxe siècle, l'intérêt alimente le zèle. Au demeurant, il ne s'agit que d'une simple
hésitation de l'égoïsme local, qui cède vite à l'universel entraînement.

Le 2 juin, Nîmes est à l'unisson des autres capitales du midi, et
les journaux du 3 annoncent :

1. « Le projet, dit M. Gaillard, vice-président de la chambre de Commerce de
l'Hérault, défend la fabrication du vin de sucre, il tolère la chaptalisation et surtaxe de 40 francs les sucres employés à cet usage. Nous demandons, comme taxe,
celle de l'alcool contenu en puissance dans le sucre employé, l'égalité de traitement entre deux produits, le sucre et le trois-six, concourant au même but :
l'élévation du degré alcoolique du vin. Et ce serait justice. » « Avec un projet
qui ne taxe que le sucre de consommation et seulement à partir de 25 kilogs,
dit en substance M. André Hubert, chimiste expert, les gros propriétaires
éprouveront bien quelque gêne pour s'adonner au sucrage, mais les petits! Il
faudrait au moins abaisser la limite à 10 kilogs ». Notre seul espoir, dit philo-
sophiquement M. Fournier, du Comité de Lézignan, réside dans les lois préven-
tives. Très pratique et très satirique à la fois, M. Cathala affirme : « Je préfère
la loi qui déclare : le sucrage est permis, mais je le rends impossible, à la loi
qui décrète l'interdiction du sucrage, mais qui lui laisse la porte ouverte. » Réponse
à une enquête du Petit Méridional.

« L'antique Nemusa a vu défiler hier 280 000 hommes pacifiques mais résolus. » 280 000 hommes, la boule de neige a grossi; le spectacle surtout a grandi. Nulle part ailleurs la manifestation n'avait offert un tel coup d'œil, une si théâtrale unité.

Beaux discours, encore belle journée, qui nous rapproche du dénouement, mais non pas de la solution. Après comme avant Nîmes, la question se pose : « que faire? » Et le Midi répond bien : « Sus à la fraude », à quoi, si vous le pressez, il ajoute familièrement : « Le gouvernement qui nous a mis dans ces mauvais draps, nous lui disons notre mal; qu'il trouve le remède ». En d'autres termes, il continue de maudire l'État et de l'invoquer. Et en attendant demain, qui sera fait Dieu sait de quoi, il suit le conseil du sage qui a écrit : « Cueille l'heure ». Il l'a cueillie et avec ivresse, « momentanément, il est dans l'extase », écrit un visiteur étranger : le Midi sent son vin lui monter à la tête. »

La caravane qui, partie d'Ouveillan au commencement d'avril, promena de dimanche en dimanche et de cité en cité ses sonores doléances, est parvenue au terme de son voyage. Nous sommes au 8 juin, à ce que le *Tocsin* dans sa dernière adresse au Midi appelle « l'échéance », l'échéance fixée par l'ultimatum de Béziers : « L'heure sonne, écrit l'organe des vignerons, il faut passer aux actes. Délibérez encore, nous agissons. Demain le Midi ne paiera plus d'impôts, demain nos villes et nos villages n'auront plus de vie municipale... La misère nous place au-dessus des injustes lois. » Celles du passé, on sait ce qu'elles valent; celle qu'on prépare, on le devine et on s'en irrite : « A notre mise en demeure, on répond, dit Ferroul, porte-parole des fédérés, par un projet imposant et dérisoire, qui organise plutôt qu'il ne défend la fabrication des vins, contre-façon de nos produits naturels. »

Le Midi ne veut plus attendre. Un ajournement lui semblerait une reculade. Là-dessus l'accord est parfait, tout le monde ratifie les propos du maire de Narbonne : « Si le 10 juin, justice ne nous est rendue, nous passerons de la parole aux actes. Notre sort reste entre nos mains; il faut que les décisions de Béziers soient appliquées »; tout le monde fait chorus avec Faucilhon, de Carcassonne : « Le combat contre le phylloxera fut un combat surhumain... nous avons fui. Mais le parasite d'aujourd'hui, le parasite fait homme, nous pouvons nous mesurer avec lui. Rien n'arrêtera le Midi en marche. »

Dans cette marche, il ira jusqu'où?

Le voici à Montpellier.

L'armée des gueux, qui ne sont pas encore des révoltés, a voulu s'offrir à titre d'encouragement à soi-même et d'avertissement au pouvoir, une suprême revue de ses forces. Il lui a plu d'impressionner l'opinion par le spectacle de son unité, de ce bloc vivant et croissant, que nul effort n'a entamé, où nulle lézarde ne se révèle. L'honneur de fournir son décor à cette apothéose ne pouvait échoir qu'à la capitale du Languedoc ; « c'est Montpellier, la cité intellectuelle, le centre viticole le plus important du monde entier, qui a été désigné par Argeliès pour clôturer momentanément la série des grandes assises populaires de la misère et de la faim ».

Cette foule est fiévreuse, mais maîtresse d'elle-même, selon le suprême conseil de l'apôtre : « Pas de cris hostiles, pas de violence, les ennemis de la viticulture nous guettent. Soyons calmes pour être forts. » Même la nuit n'apporte pas le désordre.

Gargantuesque kermesse, pantagruélique farandole ! Les 87 d'Argeliès en ont — par quels chemins et par quels bonds, nous le savons — amené 600,000 ; certains disent 700,000, quelques-uns 800,000, à Montpellier. Quels sont-ils? D'où viennent-ils? Des quatre départements fédérés et d'ailleurs. Le Comité a reçu des adhésions de tous les points de la France viticole, du Var, de la Lozère, de la la Gironde, du Jura, des Charentes, d'Algérie. On ne compte pas les délégations. Tout le Midi défile dans le cortège interminable, moins ceux qui le représentent légalement. Ceux-là, momentanément, il les renie, ou mieux, il les ignore.

Aujourd'hui, il ne connaît que les chefs, surgis du sol et de la crise, qu'il vient de se donner.

Et ces 600,000 manifestants, que veulent-ils? Une dernière fois, écoutons, regardons-les :

« Boulen bendre notre bi .» (Nous voulons vendre notre vin.) « Le vin vient du raisin comme le pain du blé. »« Ce n'est pas du battage .» « A la lanterne, les fraudeurs. » — « Le vin a sauvé le Midi, le Midi sauvera le vin. » — « Agissez ou nous agirons. » — « Satisfaction ou révolution. » Un tableau gigantesque reproduit la formule synthétique d'une revue régionale : « Sucre cher, vin cher; sucre bon marché,

vin pour rien ». Une carte postale qui s'enlève montre un taureau
« le Midi » chargeant un monsieur comique et antipathique qui
s'appelle « le Sucre », avec, au bas, cette légende : « Bravo toro ».

Et sans cesse sur les pancartes, comme sur les lèvres c'est le
refrain. « Boulen bendre notre bi. »

Tel est le premier mot de Marcellin Albert lorsque l'apôtre, après
avoir en vain tenté de fendre le flot noir « qui submerge l'Esplanade »,
après avoir grimpé — c'est sa seconde ascension pareille — sur un
platane pour, de là, haranguer la foule, puis s'être fait des épaules
de ses fidèles un mouvant marche-pied, réussit enfin à escalader
la tribune et à parler. Il retrace l'histoire de cette cause, de toute
cette épopée : « Il y a trois mois, trois mois à peine, j'étais seul,
seul à n'attendre notre salut que d'un soulèvement de la conscience
méridionale. Mais, un jour, j'eus la bonne fortune d'être compris de
quelques amis. Nous fûmes 87 à Argeliès... et après c'était d'autres
villages qui se levaient pour donner l'exemple aux communes voisines. Et dès lors, la boule de neige commençait à se former. Après
Ouveillan et Coursan, après Caspestang et Lézignan, c'était Narbonne, c'était Béziers et la boule de neige devenait avalanche ; c'était
Perpignan, puis Carcassonne, puis Nîmes et aujourd'hui c'est enfin
Montpellier, c'est-à-dire tout le Midi assemblé pour faire entendre
son dernier cri de détresse. Huit cent mille hommes sont là. C'est
l'armée du travail la plus formidable qui se soit jamais vue. Elle est
pacifique, mais résolue. C'est une armée de gueux. Elle n'a qu'un
drapeau, celui de la misère, qu'un but : la conquête du pain... Une
dernière fois, qu'ils se débrouillent ou qu'ils s'en aillent. — Toutes
les municipalités des départements fédérés démissionneront dans
les trois jours, si nous n'avons pas satisfaction : « Nous voulons
vendre notre vin. »

C'est le triomphe du rédempteur. Et dans cette foule latine en
délire qui acclame ce latin, nul ne songe que proche du Capitole
est la Roche Tarpéienne. Mais on n'a pas le temps de songer ; les
paroles et les actes de plus en plus se pressent.

Après Marcellin Albert, Ferroul, son fidèle lieutenant, confirme
et accentue les propos du chef : « Marcellin Albert a donné le signal
de la grève des impôts et de la grève politique. Aujourd'hui le Midi
cesse de parler, il va agir. Nous sommes le Midi debout contre

l'inertie du gouvernement. Demain à huit heures du soir, cela commencera au son du tocsin. A cette minute précise, je jetterai mon écharpe à la face du gouvernement. »

Et Marcellin Albert selon le rite, lit le serment des Fédérés : « Ceux qui porteront préjudice à la cause du Midi seront jugés, condamnés et exécutés ». Mais déjà Faucilhon, l'adjoint au maire de Carcassonne, a jeté à la foule son écharpe.

Le geste symbolique est fait, le geste qui sépare.

III. — SES CONSÉQUENCES ET SES CARACTÈRES.
PHILOSOPHIE DE LA CRISE.

Le 9 juin marque le point culminant de la courbe décrite par le mouvement viticole ; la seconde où la fusée lancée d'Argeliès et qui montait, montait incessamment, depuis trois mois, illuminant le ciel méridional, éclate pour retomber en pluie d'étincelles et de cendres.

De cendres seulement? Il faut voir.

L'action localisée jusqu'à ce jour sur un point, maintenant se généralise, se dédouble entre la capitale qui commande et la province qui n'obéit plus; elle s'éparpille, se déplace sans cesse, chaque mouvement de l'extrémité se répercutant au centre, et réciproquement; elle procède par bonds, soubresauts, chocs en retour, qu'il est fort malaisé de suivre, entre lesquels on ne démêle bientôt plus la cause de l'effet, l'effet de la cause. C'est le vertige et la confusion[1]. Un instant, on pourra craindre que la nation tout entière soit entraînée dans le Maëlstrom languedocien.

Dès le lendemain de Montpellier, le Comité d'Argeliès publie ses instructions : « Rien ne nous a été donné; les fédérés n'ont pas à payer l'impôt; les municipalités démissionneront dans les 3 jours. Les communes cesseront tout rapport avec le pouvoir central. Nous devons graduer la résistance; il serait fatal pour la cause d'épuiser d'un seul coup tous les moyens de défense. Restons disciplinés, restons calmes. »

---

1. Les liens sociaux les plus essentiels se relâchent et se rompent, écrit le *Radical*.

La première partie des instructions s'exécute ponctuellement. Les municipalités de Montpellier, Perpignan, Narbonne, Pézenas démissionnent, et leur exemple est imité. Mais plus forte que la volonté des chefs, la force des choses travaille à propager l'incendie. On surprend çà et là, dans l'édifice social, des craquements. Le désordre commence à gagner les agents de l'ordre, pénètre dans les casernes, que le recrutement régional a peuplées d'enfants du Midi, fils, frères, amis des vignerons, vignerons eux-mêmes d'hier et de demain. Une mutinerie éclate au 100° en garnison à Narbonne, qu'on tente en vain de dissimuler et qu'on n'étouffe qu'imparfaitement.

Sous la pression des événements, le Palais-Bourbon délibère. Fébrilement, il discute la loi des boissons; et toujours il se heurte au même obstacle : comment satisfaire le Midi sans indisposer le Nord, sauver la vigne sans atteindre la betterave? Dans un grand débat doctrinal qui se développe pendant plusieurs journées et fait repasser une dernière fois devant nos yeux les principaux aspects de la crise et les principaux arguments des thèses en conflit, chefs et partis prennent position, sans arriver à conclure.

Le « boycottage » de l'administration se généralise; les chutes « des écharpes » se multiplient. La plupart des mairies importantes sont vides; pour assurer certains services essentiels, des « permanences sont établies dans chaque commune par les Comités de défense viticole. Le gouvernement refuse les démissions et somme les insurgés de reprendre leurs fonctions. La réponse des municipalités à cette sommation n'est que la paraphrase retournée d'un propos historique : « Nous sommes sortis d'ici de par la volonté du peuple, et nous n'y rentrerons que sur sa volonté. Le gouvernement, le Midi ne le connaît plus. »

Nous touchons au point aigu de la crise. Entre le parti de la douceur, qui, avec le temps, aurait usé sinon apaisé les colères, et le parti de la répression, le pouvoir opte pour la répression. Qui n'a su prévenir ne saurait attendre. Et afin de préparer et de justifier l'emploi de la force, on met en circulation des bruits de complot; on parle gravement d'attentat à la patrie une et indivisible [1].

---

1. D'après certains journaux de Paris la conspiration se dissimulerait sous le masque de l'agitation viticole, le Midi, remonterait d'un bond au delà de 89.

Cependant dans les provinces enfiévrées, parviennent, en même temps que les premières troupes mobilisées de l'Est, du centre, car on se méfie, pour l'œuvre de police, du soldat régional, de mauvaises nouvelles : rejet de la surtaxe de 65 francs sur les sucres: ordres de poursuites contre les chefs. L'acte suit de près la menace. Le maire de Narbonne est appréhendé dans le moment même où il prêche la résistance passive. Son dernier geste de commandement est pour ordonner la destruction des barricades élevées par ses défenseurs. Les membres du Comité d'Argeliès subissent le même sort. Quant à l'homme qui n'aurait qu'un mot à dire ou à ne pas dire pour déchaîner la guerre civile, dans la crainte, non de la prison, mais des suites qu'aurait un geste sacrilège commis sur sa personne, il a brusquement disparu.

Quel doit être, normalement, le résultat de pareilles mesures, sinon de laisser l'État face à face avec la colère des foules privées de leurs directeurs naturels ; et par la suppression de la seule puissance d'ordre encore debout, d'accroître le désordre ? Mais elles n'ont atteint qu'imparfaitement leur but ; elles n'ont pas réussi à décapiter la résistance, car, en remplacement du Comité 1, on a nommé un Comité 2, auquel un Comité 3 est tout prêt à succéder, s'il est utile. L'anarchie est comme l'hydre dont il faudrait trancher d'un seul coup toutes les têtes. Difficile problème, qui semble relever de la diplomatie plutôt que de la force.

C'est à la force pourtant qu'on préfère s'en remettre. Le pays, couvert de soldats, est mis en état de siège ; les passions s'exaspèrent. Et coup sur coup on apprend qu'à Narbonne la troupe a tiré et tué ; que le feu est à la préfecture de Perpignan, que les paysans font sauter les ponts, coupent les voies de chemin de fer, que les hommes du 17ᵉ, n'écoutant que l'appel, ont quitté leur caserne d'Adge marchent en armes sur Béziers, campent sur le forum. L'heure est grave.

De tous côtés se multiplient les craquements précurseurs d'une dislocation générale. La division est partout, dans la nation et dans l'armée, qui se dresse contre une partie de la nation. Le sort du pays est à la merci d'un incident, du geste irréfléchi d'un soldat

Tout cela à propos de la fédération du Rousillon! « *Balivernes* » dit *la Dépêche* du 22 juin.

pressant la gachette d'un fusil, d'une poussée de la foule. Que nous voici apparemment loin de notre point de départ, de la question du sucre et de la fraude !

Mais brusquement on respire. Le dénouement s'est produit, imprévu, paradoxal comme le drame même : dans cette faillite de l'autorité constituée, la parole d'ordre qui, en ramenant les soldats hésitants à l'obéissance, décide du cours de l'histoire, a été prononcée par les hommes de désordre. Et c'est, autre ironie du destin, de la prison de Montpellier, où sont enfermés les premiers chefs des gueux, que partira aussi tout à l'heure le conseil aux vignerons insurgés de libérer leur otage, le sous-préfet de Lodève, tombé entre leurs mains.

Tout cela s'est accompli entre le 18 et le 22 juin.

Le 24 juin, coup de théâtre qui est aussi un coup de tête : coup de tête de Marcellin Albert, le disparu depuis huit jours, qui reparaît en négociateur, dans le cabinet du président du Conseil; il en ressort avec un blanc-seing et une mission pacificatrice. Mais l'homme qui a soulevé la tempête, saura-t-il aussi bien l'apaiser ? Il s'y essaie en vain. Le paysan, prophète aussi longtemps qu'il est resté chez lui, a laissé à Paris son prestige. Il ne le retrouvera « jamais plus ».

L'apaisement sera l'œuvre non d'une personnalité, mais du temps, de l'inconstance des hommes et de leur lassitude.

Au commencement de juillet on sent la résistance faiblir..

Et, finalement, force reste à la loi; autre nom de la force.

Toute cette agitation n'aura-t-elle donc été que « beaucoup de bruit pour rien » et le Midi n'aura-t-il d'un beau geste brandi pendant trois mois, sa grande épée, que pour en donner un solide coup dans l'eau, dans l'eau qui gâte son vin?

Ce n'est point tout à fait cela. Pour être disproportionnés à l'effort, qui fut gigantesque, les résultats, pourtant, n'en sont pas négligeables.

Le premier résultat, positif, immédiat, c'est la loi du 29 juin 1907 sur le mouillage et le sucrage des vins. Le vin et le sucre.

O lutteurs éternels, ô forces implacables!

Depuis 1884 leur querelle occupe le Parlement; elle n'a pas fait

l'objet de moins de 27 lois, celle-ci non comprise, tant il est difficile
de les réconcilier.

Pour être efficace, dit M. Cazeau-Cazalet, président de la Commission d'enquête, la législation doit résoudre, en même temps que les
questions du mouillage et du sucrage, celle des vins défectueux, celle
de l'emploi des produits chimiques et même la question des alcools
au point de vue de leur différenciation selon leur origine : « Si l'on
ne fait pas tout cela à la fois, je dis que l'on n'aura rien fait ».

Voilà pour le programme qui est lourd.

Et voici pour l'exécution : il s'agit de prendre le vin là où il est
produit, de le suivre chez le marchand et de ne le pas perdre de vue
jusqu'au moment où il arrive chez le consommateur. La loi, à cet
effet, édicte toute une série de prescriptions très minutieuses. Elle
institue une déclaration de récolte qui porte notamment sur la surface des vignes en production, la quantité totale de vin produit, le
volume ou le poids de vendanges fraîches expédiées ou reçues; le
contrôle des produits œnologiques qui assurent la fermentation du
vin; la surtaxe de 40 francs par 100 kilos de sucres destinés au
vinage ou à la chaptalisation, c'est-à-dire au relèvement alcoolique
du vin de première cuvée. La loi limite encore à la seule
consommation familiale elle-même, déclarée et limitée, la fabrication
des vins de sucre de deuxième cuvée, lesquels restent assujettis au
droit de 25 francs sur les sucres employés; elle crée des pénalités
— amende, confiscation, prison — contre les délinquants, soumet à
la surveillance la circulation des sucres, mais par une téméraire
inconséquence, qui est aussi une injustifiable faveur, en même temps
qu'elle réduit à 25 kilogs les quantités de sucre ou glucose dont la
détention est permise aux personnes possédant soit des vins destinés à la vente, soit de vendanges ou moûts, ou lies, ou marcs de
raisins, etc., elle excepte de cette disposition les débitants ou détaillants qui ne possèdent que des vins. Enfin elle étend aux syndicats
agricoles professionnels les droits de surveillance et de poursuite.

Telle, dans ses grandes lignes, l'économie de la loi. Ses défauts sau-
tent aux yeux : le contrôle du producteur, qu'un ministre qualifiait
de demi-exercice, devait avoir pour corollaire le contrôle du débitant,
car c'est chez le débitant que se pratique surtout le mouillage; après

comme devant, sa cave, pour reprendre une autre expression ministérielle « reste un laboratoire inviolable »; il y a là une lacune qui
n'est peut-être pas un oubli. Et, à côté de cette lacune, la chaptalisation, la consommation familiale représentent les fissures par où la
fraude n'aura pas de peine à se réintroduire dans la place d'où on
prétendait l'expulser [1].

Avant que d'être, la loi du 29 juin avait déçu. Son effet était manqué. C'est pour la corriger et la compléter que fut votée la loi du
15 juillet 1907, sur le mouillage et la circulation des vins et le régime
des spiritueux. Disons-en seulement qu'elle s'attaque à cet instrument si perfide de la fraude qui s'appelle l'acquit fictif en exigeant
l'attestation du livreur et le visa en cours de route; et qu'elle protège contre la concurrence des industriels les eaux-de-vie naturelles
au moyen de diverses mesures destinées à les authentiquer : suite
rigoureuse des alcools de fruits, comptabilité distincte, magasins
distincts séparés de la voie publique, etc...

Avant ces deux lois que nous venons sommairement d'analyser,
une loi de finances du 30 janvier 1907 sur le régime des boissons,
multipliait ou accentuait les dispositions qui doivent, soit en sur-
taxant certains vins, vermouth, liqueurs et toute une catégorie de spiritueux, soit en aggravant les pénalités, favoriser l'écoulement du
vin naturel défini : le produit de la fermentation du jus de raisin frais. »

Ainsi se trouve complétée [2] la ceinture de défense élevée autour de
la vigne. Dans cette ceinture, certes, des points faibles ne manquent
point, trop visibles. Elle ne suffira pas à arrêter la fraude; tout de
même, elle la gênera. C'est un premier résultat de l'agitation viticole.

Ce n'est pas le seul, ni le plus important. Elle crée un état d'esprit
défavorable au fraudeur et qui met l'acheteur en état de salutaire
défiance; elle a même été l'occasion d'une réhabilitation médicale
du vin naturel, naguère confondu dans la même condamnation que
ses fac-similés.

1. « On sucrera avec du sucre raffiné qui ne coûte que 5 francs de plus que
le brut. Mais il y a la déclaration de récolte : on mouillera les vendanges. Pour
être efficace la déclaration doit viser le volume et le degré suivis jusque chez le
débitant. M. Razimbeau, député de l'Hérault (*Éclair* du 31 mai).

2. Parmi les mesures de défense viticole, il faudrait encore ranger le décret du
3 septembre 1907 — complémentaire de la loi du 1er août 1905 sur l'application
des fraudes — qui réserve les appellations régionales aux crus de la région.

Effets directs, apparents. Pour comprendre les autres il faut s'élever
à des considérations plus hautes, se représenter, par un effort d'abstraction et de synthèse, le caractère de l'épopée paysanne à laquelle
nous venons d'assister, dégager de la gangue des faits, l'esprit
moteur de ce peuple, qui croyait ne se soulever « que parce qu'il
voulait vendre son vin ».

Les mêmes contradictions que nous avons rencontrées, en traçant
l'historique des faits de la crise, nous les retrouvons dans l'examen
de ses caractères.

Le premier de ces caractères — et qui, remarquons le, est comme
mêlé à tous les autres, comme impliqué dans le sentiment de surprise
que nous causera leur découverte — c'est le caractère révélateur.

Le mouvement viticole nous a révélé, sous le Midi léger, frivole,
mobile, toujours prêt à courir à la conquête des Gaules, le seul que
nous connaissions, un autre Midi tout différent; un Midi toujours
amoureux, certes, de la forme et du son, mais attaché à sa terre,
résolu à y vivre du produit de son travail; un Midi laborieux et passionné, celui des Albigeois et des Catalans. Quand ce Midi-là bouge,
et il a bougé, c'est qu'il a été ému jusqu'en ses profondeurs.

Et voici le second caractère du mouvement; il a été profond. Pour
être brusquement apparue, la vague qui a soulevé le Midi, n'en est
pas moins une de ces vagues de fond qui viennent de loin. Comme
ces gros coups de mer qui, dans une nuit, bouleversent la figure d'une
plage, elle a brisé, changé, renouvelé bien des choses. Cadres sociaux,
partis, préjugés, et jusqu'à l'aspect de ce pays où elle a passé; et
elle a déblayé les voies à un « novus rerum ordo ».

Sa violence dévastatrice n'a pas été désordonnée. Pour la première
fois, en dehors des nations saxonnes, on a vu des foules guidées par
cette obscure raison, par cet instinct vital qui dirige les opérations
du chaos, pratiquer exemplairement sur elles-mêmes le « self-govern-
ment ». Et ce qui fait plus saisissant cet exemple de discipline spon-
tanée, c'est qu'il nous a été donné sans préparation ni entraînement,
par le peuple qui passait pour le plus fol de France. De ce seul fait,
il y a chez nous, quelque chose de changé.

Mais tout est paradoxe dans cette aventure, où se rencontre et se
combine de la plus étrange sorte le réalisme et le mysticisme. Voici

bien, en effet, pour dérouter l'observateur cette explosion de mysticisme dans une affaire qui ne met en jeu que des intérêts si terrestres.

Le langage officiel, en proclamant « le caractère messianique » de cette révolte agraire, n'a fait que paraphraser le langage populaire qui, du premier jour, la baptisa « croisade ». De la croisade, rien ne lui manque, ni la foi naïve, ni l'élan brutal qui soulevait les peuples du xi° siècle à la voix de Pierre l'Ermite, ni même, vraiment, le Pierre l'Ermite, qui s'appelle, au xx°, Marcellin Albert, dit le Rédempteur, l'apôtre. L'accent, l'esprit y sont d'accord avec la lettre. Le peuple languedocien parle de la résurrection de la vigne, du même ton que les hommes du Moyen Age parlaient de la délivrance de la Terre-Sainte. Pour elle, il se dit prêt, lui aussi, à donner sa vie, et il ne croit pas, cette fois exagérer, et il exagère à peine. Et cette simple opposition constate un événement qui n'est pas peu de choses : la victoire du concret sur l'abstrait.

En vérité, nous venons d'assister à la première croisade économique : j'ai nommé un autre grand caractère du mouvement. Il est par ses origines et ses fins, essentiellement économique.

La cause de la crise —, sur ce point les champions de la révolution s'accordent avec ceux de la tradition, — ce n'est pas tant la fraude, cause seconde, que le défaut d'organisation, un manque d'équilibre et d'entente entre la production et la consommation, autrement dit, l'anarchie économique. Mais cette anarchie elle-même, d'où vient-elle, principalement? De ce que les intérêts positifs sont subordonnés à des intérêts factices, sacrifiés à des étiquettes qui ne révèlent que le néant, et les empêchent de se grouper selon leurs affinités réelles. En sorte que le remède serait dans l'association libre de ceux qui ont des intérêts pareils. « Plus de politique », ce cri jailli du cœur des foules méridionales, ne signifie pas autre chose. Il veut dire : « Trop longtemps, nous fûmes dupes des mots; place aux faits, seul l'antagonisme ou l'indentité des intérêts doit diviser ou rapprocher les hommes ». Ce prodigieux mouvement ne fait qu'affirmer à sa manière, la prédominance, dans la société moderne, du mobile économique.

Et c'est là presqu'une révolution. La discipline que le mouvement viticole s'est imposée ne doit pas nous donner le change sur sa nature

et sa portée : il est jusqu'à un certain point [1], révolutionnaire. De la
révolution, il a les audaces réfléchies, les procédés, le langage. Mais
ne nous y trompons point : Révolutionnaire dans ses moyens, le
Midi vise une fin qui ne l'est pas tout à fait.

D'après ces premières constatations, on pouvait définir le mouvement viticole un essai spontané d'association entre gens qui ont des
intérêts communs. Mais qu'est-ce qui déterminera la limite de l'association? La nature encore, je veux dire la région, qui suppose la province, qui est un assemblage de provinces.

La révolution dans un noble rêve d'unité a brisé les cadres économiques et politiques de l'ancienne France, les provinces et corporations : elles étaient des barrières qui séparaient et différenciaient les
hommes d'un même pays ; mais elles étaient aussi une armature et
un ressort souple, multiple, divers, comme la forme de la vie qu'elles
soutenaient et animaient. Cela le législateur révolutionnaire ne l'a
qu'imparfaitement remplacé, car c'était l'œuvre de la nature et de
l'histoire. Et, en brisant le cadre, il a pulvérisé le contenu. Sous
couleur de liberté, il a laissé l'individu, isolé et désarmé en face de
l'État; en éteignant les foyers de l'activité régionale, en la ramenant
toute vers la capitale, il a créé l'hypertrophie du centre et l'atrophie
des extrémités; et, en échange des « libertés » qui permettaient au
provincial de vivre, bien ou mal, à sa guise, il lui a octroyé la
« liberté » qui peut bien n'être quelquefois — les gens du Languedoc
viennent d'en faire l'expérience — que celle de mourir de faim au
milieu de ses richesses.

Mais, dira-t-on, la région n'est point dépourvue d'organes propres. Elle a ses assemblées locales. Soit. Le malheur est que ces
assemblées, coulées dans le même moule sans égard aux différences
de sol, de climat, de passé, peuvent délibérer de tout, hors de la
chose vitale. Tenues toujours en laisse par des autorités « supérieures », elles n'ont qu'une existence artificielle, intermittente,
dépendante d'influences étrangères. Dans l'étroit enclos que l'administration leur réserve, ces forces naturelles, l'expansion du libre
jeu de qui Herbert Spencer attend tout le progrès, ne peuvent que
végéter.

1. Tout à l'heure, nous nous expliquerons sur cette réserve. Rappelez-vous le
serment des fédérés et le langage des chefs viticoles.

Mais la région, du moins, est représentée au Parlement. Sans doute; prenez garde pourtant que cette représentation lointaine ne remplace guère la représentation locale et professionnelle. Car l'élection qui confère le mandat ne confère pas la compétence. Et l'élu représente-t-il les intérêts spéciaux de la région qui l'a nommé? Oui, sans doute, mais si peu! Le caractère national prime, en effet, chez lui, le caractère régional. Il est moins le délégué d'une fraction du territoire — département, arrondissement — que de la nation; et c'est pour la nation totale qu'il légifère sur toutes les choses. N'est-ce pas dire que l'universalité de sa mission la rend localement inopérante?

Et qu'arrive-t-il? Que selon la loi qui veut que les contraires naissent des contraires, l'omnipotence de l'État aboutit à l'impuissance pratique. On s'en aperçoit en temps de crise. L'individu qui a perdu le sens et l'habitude de l'initiative, qui n'a pas de proche défenseur, lève les yeux vers l'État, fait appel à l'État-Providence.

A propos de la crise viticole on a lancé le grand mot de séparatisme. Et, prenant au pied de la lettre la boutade de quelque cervelle échauffée, on a crié à l'attentat contre la patrie une et indivisible. C'est méconnaître avec trop d'ingénuité, les griefs et les aspirations du Midi, le caractère de son geste.

Son geste, c'est proprement, la réaction physique d'un organisme vigoureux contre la rigueur du lien séculaire qui l'étreint; quelque chose comme le soubresaut spontané d'un corps las du lit de Procuste où il est attaché; c'est aussi la protestation passionnée du fédéraliste qui veut que la grande patrie soit l'union vivante des petites patries, non leur mort.

Le mouvement viticole n'est pas anti-national, mais — et c'est tout différent, et c'est tout le contraire — centrifuge.

VI. — LA C. G. V.

« Le besoin crée l'organe », affirme un axiome physiologique, qui s'applique aussi aux phénomènes de la vie morale. Le besoin méridional, nous l'avons vu se créer à lui-même son organe, le pouvoir autonome et autochtone, qui ordonna le désordre, suppléa aux défaillances et insuffisances de l'État. Mais ce pouvoir, forgé au feu de l'action, survivrait-il aux circonstances extraordinaires où il avait vu le jour? Ce mouvement unioniste sans précédent aurait-il un lendemain? L'oubli et l'inconstance, voilà quels étaient les plus redoutables ennemis du Midi, l'automne de 1907. Contre le danger de dissolution, déjà Bourgès mettait ses concitoyens en garde, quand, à Carcassonne, il leur traçait un programme d'avenir : « Quels que soient les résultats de notre action, il importe de conserver intacts des liens fédératifs, afin que, périodiquement, les membres des Comités s'assemblent pour prendre les mesures dictées par le salut commun ».

L'avis a été entendu, le vœu exaucé. Non seulement le bloc des énergies qui s'était spontanément formé aux pays de la vigne, ne s'est point défait, mais il s'est augmenté et solidifié. Au milieu d'un Midi qui, par elle, se métamorphose, passe de l'état inorganique à l'état organique, la *Confédération générale des Vignerons* « croît et se fortifie ». Toute l'histoire méridionale depuis la fin de 1907, tient dans ces trois initiales, dans ces trois lettres magiques : C. G. V.

Qu'est-ce que la C. G. V.

Il faut le demander aux vignerons eux-mêmes, parlant par la voix de *Vendémiaire* [1].

« A la base et comme fondement de l'édifice, la section communale composée de la presque totalité des vignerons de la commune, pourvue d'un bureau, avec président, secrétaire, trésorier; sa fonction est de faire la police des vins à la production et chez les négociants expéditeurs. »

Au-dessus des sections, les 4 grands syndicats régionaux, — Narbonne-Carcassonne [2], Béziers-St-Pons, Montpellier-Lodève, Perpignan, exercent dans toute la France la police des vins à la consommation.

Au faîte, enfin, et formée de l'Union des quatre grands syndicats, la Confédération dirigée par un Conseil d'administration de 36 membres, où figurent, à côté des personnalités marquantes de la

---

1. Nom d'une revue créée à Narbonne au lendemain de la crise, spécialement consacrée aux intérêts viticoles.
2. Le syndicat de Narbonne réunit les 5/6 de la production soit 3,400,000 hectolitres.

région, quelques-uns des ouvriers de la première heure; Ferroul, président, « qui est le trait-d'union entre le gros propriétaire et le vigneron, qui est populaire, car il a souffert pour la cause [1]; l'ancien lieutenant de Marcellin Albert, Cathala; et encore MM. Castel, de Crozals, Etienne Marès, Prosper Gervais, Coural, Rayssac, Leenhart-Pommier, Guibal....

« Parlement des viticulteurs, écrit *Vendémiaire*, la Confédération coordonne les efforts de tous, étudie et prépare les mesures législatives; elle est le porte-parole des syndicats auprès des pouvoirs publics, organise la propagande et la défense du vin; oblige tous les représentants des régions de la vigne à une action commune en leur imposant la formation d'un bloc parlementaire; elle parle avec l'autorité qui s'attache aux mandataires de 70 000 viticulteurs représentant une production de plus de 10 millions d'hectolitres », en somme une dictature populaire, apte également à la défensive et à l'offensive.

Pour être membre de la C. G. V. deux conditions seulement : renoncer à la faculté légale du sucrage; verser à la société une cotisation de 1 sou par hectolitre de vin récolté.

« La C. G. V. n'a ni caractère ni but politique; elle ne poursuit qu'une fin, le relèvement du Midi viticole .» Au demeurant, vaste programme.

Si vaste soit-il, l'œuvre le déborde et le dépasse, abondante et qui se multiplie par elle-même et incessamment se renouvelle.

La première et la plus urgente besogne, c'est d'assainir le marché en le débarrassant des vins avariés ou falsifiés. Pour le mener à bien, la C. G. V. dispose de deux moyens : le persuasif et le répressif. Elle invite les intéressés à ne vendre « que des vins naturels, loyaux et marchands. Contre ceux qui ne l'entendraient pas, contre les fraudeurs, elle a organisé tout un système de surveillance proche et lointaine, toute une police volontaire dont les agents, en concurrence ou en collaboration avec ceux du fisc, opèrent ou provoquent des prélèvements dans les caves et celliers suspects, envoient les échantillons au laboratoire de la C. G. V. qui les analyse.

Cela, c'est de l'action négative.

---

1. Extrait d'une communication d'un des membres les plus éminents de la C. G. V., lui-même collaborateur du D'Ferroul.

En voici de l'Indirecte qui tend à l'amélioration de la loi, se manifeste par des critiques, projets, requêtes, avis, consultations. Le pouvoir fédéral, tout à l'heure auxiliaire de l'exécutif, joue ici, vis-à-vis du législateur, le rôle de préparateur-entraîneur. De loin, il surveille, contrôle, dirige l'effort des représentants du Midi au parlement.

Mais la C. G. V. ne s'en tient pas aux remontrances, doléances et vœux; elle fait aussi de l'action directe; entendez que, tout en s'adressant aux pouvoirs afin d'en obtenir ce qui dépend d'eux, des lois et règlements meilleurs, elle ne néglige pas de travailler par elle-même. Comme elle sait, de par une dure expérience, que le relèvement du Midi viticole sera l'œuvre du vigneron, elle s'applique à faire l'éducation du peuple vigneron; laborieuse entreprise qui met en jeu toutes les ressources de sa personnalité protéenne, et défie toute tentative de classement. En même temps qu'elle cherche à inculquer au Languedocien qui l'ignore, l'art familier au Bordelais, au Bourguignon, au Tourangeau, de soigner ses produits; qu'elle encourage l'envoi à la distillerie des vins avariés ou défectueux — qui lui doivent des facilités de circulation entre la demeure du producteur et celle du distillateur — elle s'efforce de réveiller l'esprit d'association [1] dans tout le Midi, préconise l'entente du propriétaire et du commerçant honnêtes, contre « le maquignon », négocie avec les syndicats similaires des autres régions. Si tous imitaient l'exemple du Midi, si le bloc se constituait de toutes les forces viticoles disséminées sur le territoire, ne serait-ce pas la maîtrise du marché conquise au vigneron, sa victoire définitive?

De ce but, très distant encore, tous les mouvements de la C. G. V. tendent à la rapprocher. Mais bien des obstacles l'en séparent, qu'il lui faudra abattre ou tourner. Elle s'y emploie sans répit.

Avec une belle confiance, elle porte elle-même sa cause devant le grand public. Un de ses membres, M. H. Coural entreprend à Paris, devant le corps électoral et le Conseil municipal, une courageuse campagne de conférences où il explique les origines de la crise, dissipe les préjugés, montre que la surproduction « n'est pas

---

1. L'association Palazy, qui réunissait plus de 20,000 vignerons et 10 millions d'hectolitres, offre comme un premier essai de groupement et une ébauche de fédération professionnelle et régionale. Rien cependant chez elle n'annonce encore la forte organisation hiérarchisée qui caractérise la C. G. V.

dans nos départements, qu'elle était à Paris, dans ces usines qui fabriquaient à votre usage des vins de toutes pièces ».

La C. G. V. ne comprend pas que des orateurs ; elle a aussi des diplomates, des hommes d'état. Dans la conférence permanente que préside M. Cazeaux-Cazalet et où toutes les grandes sociétés agricoles de France sont représentées, la C. G. V. plaide utilement sa cause.

Autour du tapis vert, la vigne et la betterave, le Midi et le Nord se sont rencontrés, on ne s'est pas entendu. Trop large est le fossé qui sépare les antagonistes. Mais on a causé. C'est quelque chose.

Dissiper les préjugés défavorables au Midi, lui créer en tous lieux des amis et des clients, c'est, en effet, la pensée constante de la C. G. V., celle qu'on retrouve dans tous ses actes.

Elle veut, sous les apparences, saisir les réalités. Partout où pourrait s'embusquer la fraude, ses investigations pénètrent. Elle a une commission des alcools, une commission des sucres. En même temps que ses légistes et ses économistes étudient l'épineuse question de l'acquit à caution, qui sert si souvent à dissimuler les mouvements de la marchandise, les chimistes de son Comité technique s'adonnent à des recherches touchant l'usage de l'acide tartrique, l'emploi des vins défectueux, la meilleure utilisation des lies ; s'acharnent à la découverte du révélateur idéal, celui « qui serait introduit dans tous les sucres et qu'on retrouverait infailliblement dans les vins si on en avait fait usage », le révélateur inoffensif, peu coûteux, sans goût, doué de tant de vertus qu'il évoque, hélas, l'idée de la pierre philosophale.

Enfin la C. G. V. est une puissance sociale. Elle ne peut pas ne pas l'être. Faite d'éléments hétérogènes, sinon hostiles les uns aux autres, il y va de son existence qu'elle supprime les causes de heurt internes, concilie les intérêts rivaux des différents groupes sous sa bannière. Elle comprend des patrons ou des ouvriers ; elle fera donc entre eux fonction de médiatrice, voire de tribunal des conflits. La C. G. V. est, ou paraît en voie de devenir quelque chose de plus, qu'annonce sa dernière et plus personnelle création : le label confédéral.

Le label confédéral c'est, ou plutôt ce sera, pour emprunter la définition de *Vendémiaire*, « une marque ou empreinte », apposée moyennant certaines conditions sur les locaux ou les récipients ne contenant que des vins naturels, une signature de la C. G. V. qui voudra dire « que le vin qu'elle revêt a toutes les chances possibles d'être du vin » et non point même du vin quelconque, mais un vin de provenance déterminée. Le label sera le certificat d'origine, datant d'un état civil, qui trop longtemps leur manqua, les produits languedociens ; la garantie d'authenticité par quoi ils seront réhabilités d'un injuste décri.

L'arbre se juge aux fruits, l'œuvre aux résultats. L'une est trop jeune pour que les autres soient décisifs et ils ne sont qu'encourageants : la fraude non pas vaincue mais enrayée ; les cours remontés non point à un niveau normal [1] mais — en dépit d'une récolte de plus de 66 millions d'hectolitres [2] — maintenus à un étiage qui permet la patience, voilà « les plus palpables » sinon les plus précieux effets de cette action diverse et convergente.

« L'heure est aux actes » déclarait le 9 juin, en jetant son écharpe à la foule, un des chefs du Midi.

Le Midi ne s'est point menti à lui-même. Il agit ; « il ne cesse plus d'agir ». La nouvelle surprendra bien des gens à qui l'on persuada que lorsque le Midi ne parle pas, il ne pense pas, ni ne vit presque ; qui s'imaginaient qu'avec le dernier écho du dernier discours ou du dernier coup de fusil, tout était bien fini là-bas, et que les gazettes parisiennes se taisant, l'incident était clos.

Excusable méprise. Depuis le jour où il s'est levé à la voix de Marcellin Albert, le Midi nous a causé tant d'étonnements !

Celui-ci cependant est le plus fort.

J'ai écrit tout à l'heure le mot « réforme ». Le mot n'est pas trop fort. Cette crise a été le point de départ d'une réforme morale chez ceux qu'elle éprouva. Le malheur a été leur maître. A ce peuple léger, brillant, insouciant, incohérent, voué aux apparences, dupe des sonorités. il a appris la persévérance, la discipline. la valeur de l'union, le sens de la responsabilité, et ce qui semble le moins capable de s'enseigner « l'initiative ». Il l'a remis debout. Le Midi vacille encore, il fera encore — sans doute — plus d'un faux pas.

---

1. Le relèvement des cours est sensible à Paris où un litre de vin ne se vend pas au-dessous de 0 fr. 25.

2. Algérie non comprise.

Mais du fait seul qu'il marche, l'événement dépasse la portée d'une leçon particulière, d'une expérience régionale.

Il rayonnera bien au delà des limites des Provinces-Unies, pour leur défense. Dans une France déshabituée de compter sur elle-même, il hausse le Midi au rôle de professeur d'énergie nationale, lui permet d'inscrire sur des bannières visibles de très loin, la devise d'une jeune nation qui prétendait devoir moins à la protection d'une puissante voisine qu'à son propre courage : *Fara da se.*

PAUL HAMELLE.

L'AUTRICHE NOUVELLE

SENTIMENTS NATIONAUX ET PRÉOCCUPATIONS SOCIALES

(Suite et fin [1]).

II

L'étude des élections, faites en Autriche pour la première fois en 1907 par le suffrage universel, révèle des préoccupations sociales et économiques très marquées; elle montre une évolution des influences sociales en Autriche. Ce fait capital ressort clairement de 'la transformation subie par les partis politiques : les éléments aristocratiques de la Chambre s'affaiblissent et disparaissent presque; les vieux partis bourgeois sont en décroissance; des fractions démocrates radicales apparaissent, sans prendre du reste de l'importance; partout se sont constitués des partis agrariens, qui triomphent dans les campagnes; enfin deux partis populaires prennent une extension considérable : ce sont les socialistes et les chrétiens-sociaux.

Jusqu'en 1907, l'aristocratie et les grands propriétaires de terres nobles faisaient sentir leur influence à la Chambre des députés par l'intermédiaire des 85 représentants de leur curie. Si chez les Polonais et les Tchèques dominait la vieille noblesse fédéraliste, qui soutenait des idées religieuses et conservatrices, il n'en était pas de même chez les Allemands : une dizaine de députés du Tirol, de Moravie et de Haute-Autriche s'unissaient bien au parti catholique conservateur; mais la plus grande partie, une trentaine environ, constituaient le groupe des grands propriétaires constitutionnels, d'idées libérales, de tendances centralistes et se défiant des influences religieuses : si certains d'entre eux étaient des aristocrates, la plupart appartenaient à la noblesse récente de fonctionnaires, et quelques-uns

1. Voir les *Annales* du 15 mai 1908.

étaient même simplement de riches bourgeois acquéreurs de terres nobles.

Dans une série d'articles publiés avant les élections par un professeur à l'Université de Vienne, M. de Weiser, celui-ci se demandait si le régime des curies n'avait pas fait des grands propriétaires une sorte de « plante de pot », ayant perdu tout contact avec le sol populaire, et qui, replantée en pleine terre, serait impuissante à y pousser ses racines; il exprimait le désir qu'on fît une place à la noblesse dans les nouveaux partis, pour que son influence ne fut pas exposée à se faire sentir seulement au dehors du parlement « en résistance »; mais il terminait en se demandant : est-ce possible[1]?

Chez les Allemands, 14 ou 15 grands propriétaires ont fait acte de candidats; deux seulement, le comte Alfred Khevenhüller, en Carinthie où il était député de la grande propriété, et l'ancien ministre, comte Bylandt-Rheidt, en Basse-Autriche, se sont présentés comme chrétiens-sociaux et du reste ont été écartés; tous les autres ont pris position en qualité d'agrariens libéraux et ont été combattus ici par des conservateurs catholiques, comme en Styrie, là par des chrétiens sociaux, comme au Tirol et en Carniole, là enfin par des agrariens démocrates ou des socialistes, comme en Bohême et en Silésie. Leur échec fut grand[2]; 3 seulement réussissent à être élus, le comte Léopold Kolowrat et le Docteur Damm, en Bohême, et le prince Charles Auerperg dans son fief de Gottschee, où il ne triompha de son adversaire chrétien-social que par 2000 voix contre un millier.

Cet insuccès est d'autant plus notable que les grands propriétaires se présentaient dans les pays où ils avaient leurs terres, avec un programme habile emprunté aux partis agraires et avec l'appui ou la neutralité des groupes allemands libéraux. Ils ont partagé la défaveur de ces derniers, accentuée encore par la poussée démocratique en Autriche.

La grande aristocratie tchèque, qui jusqu'au dernier jour s'est posée en adversaire du suffrage universel, paraît avoir « boudé » les

---

1. Professeur Frédéric baron de Weiser, *Neue Freie Presse*, 19 septembre 1906, morgenblatt.

2. En Bohême le Cte François Deym, le Dr Baernreither, le Cte Buquoy ont été battus par des agrariens démocrates et par des socialistes; en Styrie, le Cte Stürghl le Bon de Kellersberg et le Bon de Moscon par des conservateurs catholiques; en Silésie, le Cte Hans Larisch, par un socialiste; au Tirol, M. Grabmayr, par un chrétien-social.

élections. C'est tout juste si on relève parmi les candidats le nom de
2 ou 3 de ses membres. Le parti agrarien tchèque, qu'on disait né
sous ses auspices, n'a fait accueil à aucun d'eux ; le baron de Rolsberg
qui fut jadis député et qui passait alors pour allemand, est élu en
Silésie comme agrarien indépendant ; le comte Jaroslaw Thun, frère
de l'ancien président du conseil, l'est en Moravie comme chrétien-
social ; et c'est aussi comme tel que le comte Frédéric Deym a été
battu en Bohême par un socialiste.

Seule la noblesse polonaise conserve au Reichsrath une influence
directe sur un grand parti ; sans doute elle ne forme plus le bloc
conservateur qu'elle a été jusqu'à ce jour ; quantité de ses membres
ne se sont même pas présentés, tels le prince Paul Sapieha, le
comte Jean Potocki, le comte Pininski, etc. ; d'autres n'ont pas été
élus ; mais ses principaux chefs reviennent, le ministre d'alors pour
la Pologne, comte Adalbert Dzieduczycki, l'ancien président du club
polonais, chevalier David d'Abrahamowicz, le gouverneur de la
banque, chevalier de Bilinski, le prince Adam Lubomirski, etc. Assurément le club polonais ne ressemble pas à ce qu'il fut : les éléments
qui le forment, se démocratisent ; les professeurs et employés des
fractions dites démocrates, les prêtres et les paysans du parti du
centre, remplacent un grand nombre des anciens conservateurs et
ont une tendance indéniable à moderniser le club et à s'émanciper
de la tutelle aristocratique. D'autre part les groupes réunis du club
ne disposaient après les élections que de 53 mandats sur les 80 des
polonais, alors qu'il comptait dans son sein les 58 députés de la
nation jusqu'à la création de la curie du suffrage universel et depuis
lors 59, puis 62 sur 72· La puissance des « schlachtistes », selon le
surnom de la noblesse galicienne, si elle n'est pas brisée, est certainement ébranlée ; mais encore est-il remarquable que seule des
aristocraties nationales, elle maintienne son influence à la Chambre
des députés, au point de faire élire président du club polonais un
de ses membres les plus résolument conservateurs, l'ancien président Abrahamowicz, puis de faire de ce dernier un ministre,
quand la présidence du club fut attribuée à un démocrate panpolonais. Cette situation est due en premier lieu à l'activité et à
l'intelligence de cette noblesse, qui a souci des affaires publiques,
qui a toujours gardé le contact avec la population du pays. Cette

aristocratie est secondée et soutenue par une petite noblesse d'ancienne date assez pauvre, une gentry, qui a embrassé les mêmes intérêts et qui les défend dans les emplois publics dont elle profite. D'autre part la bourgeoisie naissante de quelques villes est encore trop faible pour constituer une force par elle-même. Ce qui en tient lieu, c'est l'élément juif; or son attitude est des plus intéressantes; quand on recherche les circonscriptions où les schlachtistes ont été élus, on reste étonné; quelques-uns l'ont été dans les campagnes où l'élément polonais, mélangé à l'élément ruthène, ont voté avant tout pour un candidat national; mais la plupart, une dizaine, représentent les villes de Galicie et de 7 d'entre eux on peut dire qu'ils ont été nommés par les pauvres juifs des petites villes. Ce contraste est assurément très piquant; quant à sa cause, voici comment l'expose dans la *Neue freie Presse*, l'ancien chef des démocrates polonais, le Docteur Michel Grek : « les juifs craignent avant toute chose Dieu, mais ensuite le préfet, l'ordonnance sur les métiers et toutes les lois; l'administration entière constitue pour eux une source jamais tarie de craintes et d'angoisses permanente. Ils croient que dans l'instant où ils votent contre la volonté du préfet, ils marchent à une catastrophe. Cependant, à cet égard, on peut constater des signes heureux. Les juifs progressifs arriveront à s'allier avec les partis démocratiques et les conservateurs perdront terre aussi dans ces petites villes, où maintenant ils trouvent asile. Le juif gagne en courage. Dans cette conscience du judaïsme réside l'avenir de la démocratie polonaise. Mais pour l'instant les voix des électeurs juifs forment le capital-actif du gouvernement, plus exactement du gouvernement provincial. Si demain à la tête du gouvernement provincial se trouvait un homme politique polonais libéral, les cœurs et les voix de cette couche de population voleraient vers lui. En une nuit, les villes deviendraient démocrates [1]. » Quelle que soit la valeur des pronostics de cet adversaire politique, on voit qu'une des forces de la noblesse polonaise réside dans cet état d'âme des petits bourgeois et petits artisans juifs.

A la faveur de ces circonstances et de ces conditions sociales, l'aristocratie a habilement provoqué l'alliance électorale des groupes

1. *Neue Freie Presse*, 31 mai 1907.

conservateurs et modérés et a pris l'initiative de constituer un « conseil national polonais », chargé de l'organisation et de la propagande électorale. Ce comité, composé des délégués des conservateurs, des chrétiens-sociaux et des démocrates[1] représentait la solidarité des intérêts polonais et lançait un appel électoral où l'on faisait appel à l'union contre les adversaires du polonisme et les partisans de la révolution sociale ; on invoque l'exemple des frères du royaume de Pologne et du grand duché de Posen ; on rappelle que la représentation des Ruthènes a été accrue et que si la Galicie a obtenu quelque chose de Vienne, c'est grâce à la cohésion du club polonais, dont l'affaiblissement réjouit déjà les allemands. Et l'appel presse les polonais de Galicie de placer les intérêts de la nation avant ceux des partis et de ne voter que pour des hommes qui s'engageront à faire partie du « club de la solidarité polonaise ».

A l'habileté d'une telle tactique, à la souplesse avec laquelle l'aristocratie de Galicie a su se plier aux événements, faire la part du temps et, pour un moindre mal, se solidariser avec les suspects de la veille, on reconnait ces polonais politiques et opportunistes, subtils et réalistes, qui paraissent n'avoir rien appris dans l'indépendance, mais beaucoup dans l'adversité.

*
* *

Les anciens partis bourgeois sont presque aussi fortement atteints que les anciens partis aristocratiques ; il n'y a guère que chez les Allemands, les Tchèques et les Italiens que l'on peut trouver aujourd'hui une véritable bourgeoisie avec ses traditions, ses richesses et sa conscience de classe ; ailleurs, comme en Galicie ou chez les Slovènes, une ébauche de partis bourgeois se dessine ; mais elle n'est encore qu'en voie de formation et, du reste, démocrates polo-

1. La commission exécutive du conseil national se compose de trois représentants des trois partis conservateurs (club autonomiste, club agraire et parti de Cracovie) Dr de Kozlowski, Dr Skalkowski, Dr Leo, de trois représentants de fractions démocrates (nationaux-démocrates, démocrates de la gauche de la diète et démocrates progressistes), M. Michalski, Dr Lövesstein et le Dr Glombinski, de trois représentants des partis paysans et chrétiens-sociaux, le père Pastor, M. Skolyszewski et le professeur Roztworowski, et d'un représentant des députés n'appartenant à aucun club, M. Cienski, président jusqu'à ce jour du comité électoral central.

nais comme slovènes libéraux n'ont pas plus connu le succès que les libéraux ou irrédentistes italiens.

Quant aux partis tchèques ou allemands traditionnels, libéraux de la gauche allemande, jeunes et vieux Tchèques, ils ont rencontré auprès du suffrage universel une défaveur marquée et du reste escomptée. Cet échec n'est point due à leur politique nationale, mais à ce que, représentants des classes bourgeoises, ils ne reflètent plus assez fidèlement l'image du nouveau corps électoral[1]. Aussi leurs vainqueurs ne sont-ils point des nationalistes intransigeants, mais des hommes qui, tout en suivant une ligne de conduite analogue dans les questions nationales, représentent des tendances sociales et économiques nouvelles.

.*.

Quand on parle en Autriche de partis avancés ou de partis modérés, il faut prendre garde que cette distinction est d'ordre national : le radicalisme et l'intransigeance sont une forme du nationalisme ; sous le régime des curies et du suffrage des privilégiés, la lutte en effet était depuis longtemps portée sur le seul terrain des aspirations nationales antagonistes. Ces préoccupations paraissaient tellement exclusives, que les partis, dont le programme était surtout social, n'obtenaient aucun succès. Il fallut la création d'une curie du suffrage universel en 1897 pour modifier cet état de choses : encore les socialistes furent-ils presque les seuls qui en profitèrent alors. A vrai dire, cela tient à ce qu'en Autriche dans la bourgeoisie petite, moyenne ou grande, ne règne pas l'état d'esprit que l'on retrouve assez souvent dans la même classe sociale en France ou en Angleterre par exemple. Elle a longtemps considéré les socialistes comme des révolutionnaires, toutes leurs conceptions comme des utopies ; profondément conservatrice au point de vue social, elle est pleine de défiance à l'égard d'un rapprochement d'avec eux ; son attention était peu portée vers les maux dont souffrait la classe ouvrière ; d'autre part un respect traditionnel pour les choses religieuses se joignait à un esprit d'indépendance

1. Nous avons développé ce point dans une étude sur les partis libéraux allemands et tchèques dans le nouveau parlement autrichien.

vis-à-vis des influences ecclésiastiques, que l'on dénommait anti-
cléricalisme; si à tout cela, on ajoute un certain scepticisme, un
laisser-aller, un désir de la vie facile et douce, on aura le sentiment
de ce qu'étaient et de ce que sont encore pour une grande part les
préoccupations de la bourgoisie. Il y avait donc, comme on voit,
peu de place pour un parti d'opinion « social-radicale », recrutée
dans son sein. On essaya cependant à Vienne, il y a quelques
années, d'acclimater les *Social-politiker*, dont les inspirateurs étaient
des hommes de haute valeur intellectuelle, comme M. de Philli-
povitch. Un autre professeur de faculté, un tchèque, M. Masaryk
tenta de créer un courant analogue en Bohême. Ces efforts échouèrent
et ce mouvement resta intellectuel et presque universitaire.

Les nouvelles élections permirent à ces groupements démocrates
de la bourgeoisie moyenne et intellectuelle des villes de se reformer,
de se compter et en quelques endroits de triompher : c'est naturellement chez les Allemands, les Tchèques et les Polonais seuls que
l'on trouve ces tendances, la bourgeoisie des autres nations n'étant
pas encore assez développée.

Chez les Allemands, le *Deutschdemocratische Verein* n'a été créé
par le baron Hock, le député Ofner et leurs amis, qu'après les
élections, et à l'occasion de leur exclusion du parti progressiste
allemand; mais avant les élections, la question se posait à Vienne,
en mains districts, pour la bourgeoisie, de voter pour les socialistes
ou pour les chrétiens-sociaux : le candidat libéral n'arrivait pas en
rang utile et il fallait opter. En pareil cas, sous le régime des curies,
les libéraux étaient assez portés à lutter avant tout contre les antisémites, car une très forte partie de leurs cadres et de leurs partisans était empruntée à la bourgeoisie juive, nombreuse à Vienne,
à Brünn, dans les grandes villes. Aujourd'hui la tendance de la
masse bourgeoise paraît différente et il ne semble pas qu'elle ait
goûté le mot d'ordre donné par la *Neue freie Presse* et le docteur
Joseph Unger, président du tribunal d'empire et vétéran des luttes
politiques : « In der Wahl zwischen Rouge et Noir muss jeder
Freisinnige auf Rouge setzen[1]. » Ce sont 3 ou 4 députés, principalement de Vienne, qui ont, à la suite de dissentiment, accentué

---

1. « Dans une élection entre rouge et noir, tout libéral doit placer sur le
rouge » (*Neue Freie Presse*, 19 mai 1907).

leur tendance et fondé le nouveau parti à l'automne de 1907. Dans
son manifeste, celui-ci a clairement défini son attitude[1] : programme démocratique radical, franchement et combativement anticlérical, prêchant le combat « contre la puissance cléricale » et
demandant la réforme en ce sens du mariage et de la législation scolaire, politique de lutte ouverte contre les partis chrétiens-sociaux et
leurs alliés et de bon voisinage avec les social-démocrates, appui
auprès des éléments intellectuels, de la population juive et d'une
fraction de la grande bourgeoisie commerçante, tel se présente le
nouveau parti.

Presque tous ces caractères se retrouvent, si l'on considère le
jeune parti réaliste tchèque, qui a réussi à envoyer 2 professeurs
de faculté siéger au Reichsrath : M. Masaryk, son chef, est un des
esprits les plus ouverts et les plus éminents d'Autriche et sa culture
anglaise le pousse vers des idées souvent peu en faveur dans son
pays. Son influence sur la jeunesse tchèque et même slave, qui
fréquente l'université de Prague, n'est pas douteuse. Sans chauvinisme, désireux d'un accord avec les allemands, toutefois signant
en Moravie avec les jeunes Tchèques un appel électoral commun,
qui appuie assez fort sur la question nationale, il s'est rapproché
de ces derniers par nécessité électorale et esprit de lutte contre les
influences ecclésiastiques, mais s'en est séparé, quant au second
tour de scrutin les jeunes Tchèques de Moravie ont conclu un
compromis électoral avec tous les partis bourgeois contre les socialistes. Cette attitude parait, en tout cas, être discutée dans son
propre parti, puisque son ami, le docteur Drtina, élu en Bohême,
l'a été par l'entente de tous les groupes tchèques, contre un concurrent social-démocrate.

Chez les Polonais, des tendances analogues s'observent chez les
démocrates progressistes, que dirigeait le docteur Michael Grek à
Léopol, et dans les articles de la *Nova Reforma* de Cracovie. Mais le
mouvement est ici beaucoup plus hésitant; il cherche en quelque
sorte sa voie. On donne bien comme élus aux élections de 1907
8 députés dénommés « démocrates », — en dehors des nationaux
démocrates, qui sont nettement conservateurs. Mais certains portent

1. *Neue Freie Presse*, 12 octobre 1907.

le nom plus qu'ils ne sont la chose. Le docteur Grek s'est retiré de la lutte, découragé. La cohésion des idées et des hommes est loin d'être parfaite : en vue des élections pour le parlement, ils sont entrés dans le conseil national polonais, que dominent les nationalistes-conservateurs. Plus tard, ils en sont sortis. Aux élections de 1908, pour la Diète de Galicie, les groupes démocrates polonais ont lancé un appel électoral, d'un ton très différent de celui des autres partis du conseil national : il est plein de modération à l'égard des Ruthènes, quoiqu'il réclame le bénéfice de la possession d'état pour les Polonais et les Juifs, auxquels il rappelle leurs traditions anciennes; l'appel est presque exclusivement consacré à l'exigence de la « démocratisation » de la Diète; ils en réclament l'élection au suffrage universel, direct et secret, qui devrait remplacer l'actuelle « démoralisation du peuple par les élections publiques et à degrés ». Et ils protestent contre l'hégémonie d'un parti tout puissant, on devine qu'il s'agit des « schlachtistes ». Quoi qu'il en soit, une ébauche de parti bourgeois démocratique est à signaler en Galicie, comme . chez les Allemands et chez les Tchèques. Dans les principales villes de l'ouest, on en peut distinguer l'apparition. Mais il cherche encore sa forme définitive. Le milieu social favorable à son développement ne paraît être que la bourgeoisie intellectuelle de Vienne et des pays des Sudètes.

*
* *

Si ces nouvelles fractions bourgeoises démocratiques n'ont encore pris qu'une extension très relative, limitée jusqu'à présent à l'élément intellectuel et à la bourgeoisie juive, qui joue en Autriche le rôle de ferment, il est au contraire des partis nouveaux qui ont pris résolument pour plate-forme des questions économiques et ont remporté des succès considérables : ce sont les partis agrariens. Que de tels partis existent en Autriche, ce n'est point étonnant : les circonscriptions ont été divisées en circonscriptions de villes et circonscriptions de campagne et l'on a pris soin de ne pas juxtaposer dans la même citadins et campagnards : or, d'après les statistiques du professeur Rauchberg, 61 p. 0/0 des mandats ont été attribués aux campagnes[4]. Celles-ci ont souffert de la crise agricole

───────

4. Il indique 197 mandats des villes, 319 des campagnes, soit 38,2 et 61,8 0/0 ;

générale et ont réclamé avant toute chose que l'on s'occupât d'elles, des intérêts du paysan, de leurs besoins. En maints endroits, l'aristocratie a essayé de profiter de ces désirs latents, pour maintenir son influence et diriger le mouvement agrarien, comme jadis elle avait fait du mouvement national. Sentant le vent, des députés au parlement et aux diètes quittèrent, entre 1901 et 1906, les anciens partis pour s'enrôler dans les nouveaux et lors des élections de 1907 les organisations agrariennes étaient presque partout maîtresses du plat-pays, sauf dans les lieux où les socialistes pouvaient les combattre. Mais ces organisations elles-mêmes se divisaient en deux groupes très tranchés : les unes étaient libérales, les autres catholiques, et c'est entre elles que le plus souvent s'engagea le combat.

Les organisations agrariennes libérales n'existent que chez les Allemands, les Tchèques et les Polonais, c'est-à-dire chez les nations où une nombreuse population des villes crée des intérêts distincts. Mais, à côté de leur caractère fondamental, elles en revêtent d'autres qui sont spéciaux à chaque peuple.

Les agrariens libéraux allemands sont un rameau détaché du parti populiste, avec lequel ils sont en relation étroite; indépendants, mais amis, ils ne se combattent nulle part. Ils ont formé un parti autrichien des agrariens allemands, avec des organisations spéciales pour les pays des Alpes, pour la Bohême et pour la Moravie et la Silésie. Si en Haute-Autriche, en Salsbourg, en Styrie et dans tous les pays des Alpes les organisations catholiques sont leur principal et du reste heureux adversaire, en Bohême ils luttent contre les socialistes, qui trouvent un fort appui dans la population industrielle des petites villes disséminées dans la campagne : ceux-ci les ont battus en maints endroits au premier tour de scrutin et c'est grâce à l'union de tous les agrariens que 15 libéraux allemands ont été élus finalement dans la campagne bohême. Comme ils ne sont en tout dans ce parlement que 17 (ils étaient 5 en 1901 et n'étaient pas en 1897), on comprend que leur programme soit singulièrement prudent : leur appel électoral de février 1907 comme les délibérations de leur commission exécutive montre en eux des

ces chiffres des circonscriptions correspondent assez bien à la population : 38,19/0 de la population totale de l'Autriche habite en effet les villes c'est-à-dire les lieux de plus de 2000 habitants.

conservateurs nationalistes poussés vers des préoccupations économiques : le centralisme, l'allemand langue d'état, la *Sonderstellung*
de la Galicie et de la Bukovine, la séparation économique d'avec la
Hongrie, l'union douanière de l'Europe centrale à l'exclusion des
États Balkaniques, ne comportant du reste que des droits de
douanes préférentiels, tout l'ancien vocabulaire des Allemands
nationaux se retrouve ici; mais on met en égale évidence le souci
des petites exploitations agricoles, une réforme essentielle des
impôts, l'abaissement à deux ans du service militaire, l'assurance
contre l'invalidité et la vieillesse, l'étude d'un code rural; enfin on
affirme « avec décision » que l'on repousse tout Kulturkampf[1].
Aujourd'hui ce parti est tiraillé entre les efforts des conservateurs
et ceux des démocrates; en son sein on trouve à la chambre et dans
les organisations provinciales de petites gens à côté de grands
propriétaires, la direction d'esprit n'est pas encore unitaire. Il sera
intéressant d'observer laquelle triomphera.

Six dans le dernier parlement, les agrariens tchèques libéraux
sont revenus dans le nouveau au nombre de 28; non seulement ils
représentent les intérêts agraires, mais encore ils ont fait une
campagne électorale dont la plateforme a été la lutte contre les
villes; ils se sont proclamés « les défenseurs des intérêts du plat-
pays contre les villes fermées », ont appelé à eux tous ceux qui
vivent sur la campagne, paysans, artisans, travailleurs agricoles,
instituteurs, prêtres, etc., et ont accusé de trahison ceux qui veulent
diviser les forces agraires, comme le font les organisations catholiques[2]; ils ont combattu avec violence les jeunes-tchèques, pour les
remplacer; leurs attaques ne se sont même pas arrêtées aux personnes et le vieux champion national, le docteur Gregr, a été en
butte, peu avant sa mort, à d'ardentes polémiques; après les élections, leur organe *Vencov* s'est autant réjoui des insuccès des jeunes-
tchèques que des succès des agrariens, tandis qu'en réplique les
Narodni Listy accusait ces derniers d'un profond égoïsme de parti.
Leurs députés sont pour la plupart de modestes gens de la campagne et leur chef est un simple agriculteur, qui n'a même pas fini

1. *Neue Freie Presse*, 24 février 1907 et 2 septembre 1907 (délibération de la
commission exécutive du parti du 1ᵉʳ septembre).
2. Discours des députés Praschek, Zazvorka et Udrzal à l'assemblée des délégués du parti du 30 décembre 1907 (*die Zeit*, 31 décembre 1907).

ses études secondaires, élève des vaches et vend son lait : M. Charles Praschek n'a pas peu contribué à donner à son parti cette note particulariste, et il est le premier individu nommé ministre par l'empereur sans être ni noble, ni docteur d'université. Les aristocrates, qu'on donnait comme protecteurs du parti, n'apparaissent qu'en Silésie. Cependant si le parti paysan se proclame démocrate, indépendant des influences religieuses, il est, au point de vue social, conservateur de principe et a lutté partout contre les socialistes, faisant contre eux alliance au second tour de scrutin avec tous les partis tchèques.

La situation sociale en Galicie a donné au parti agrarien libéral, dénommé « parti du peuple polonais » une couleur singulièrement plus vive, plus démocratique que celle des deux précédents partis. Le paysan polonais qui forme la masse de la population dans l'ouest, est généralement misérable, possesseur de terres trop petites, obligé à travailler pour le grand propriétaire voisin ou à émigrer. Devant cette misère, un jésuite, le père Stoyalowski, curé d'une petite commune voisine de Léopol, fut pris de compassion : né de paysans, connaissant leurs pays, il prêcha aux paysans la lutte contre les privilèges illégitimes et contre les injustices des classes dirigeantes; un petit clergé, mal payé et souffrant la faim, accueillit sa propagande et ses brochures avec autant d'empressement que le peuple de la campagne; mais bientôt la noblesse polonaise s'effraya du mouvement. Aussi, dès que le « parti Stoyalowski » apparut, on redoubla d'effort pour l'étouffer dans l'œuf : là où il présenta des candidats, ce fut la terreur organisée et le tumulte; son chef fut arrêté pour dette et excitation et resta de longs mois en prison; on obtint, non sans peine, son excommunication. Mais rien n'y fit : dans la curie du suffrage universel, 6 députés du parti furent élus en 1897 et en 1901 et 3 autres appartenaient à un parti analogue, le « parti du peuple ». Ce succès fit réfléchir les conservateurs polonais : ne fallait-il pas mieux composer que résister, faire la part du feu que compromettre définitivement l'avenir? La loi du suffrage universel accentua ces dispositions et l'accord se fit entre les uns et les autres. Le père Stoyalowski modéra un peu son ardeur, obtint la levée de son excommunication et entra avec tous ses amis dans un nouveau parti, une sorte de centre chrétien-social et agrarien, qui accrut d'autant son influence dans les campagnes et accepta la tutelle du conseil national polonais.

Mais le mouvement lancé ne pouvait s'arrêter ainsi : le « parti du peuple » reprend l'attitude des anciens amis de Stoyalowski; il se pose délibérément en défenseurs des paysans, des basses classes contre les riches; il proteste contre un régime qui ne ferait profiter que les classes privilégiées de la solidarité polonaise; il réclame des mesures énergiques en vue de la parcellation de la grande propriété, le rachat par l'État des mines de charbon, la diminution des impôts pour les petits propriétaires, l'introduction de l'assurance obligatoire contre l'incendie, la suppression du privilège des avocats et des avoués dans les petites causes, la réduction du service militaire, etc... Ces desiderata sociaux montrent l'esprit de ces paysans radicaux, trop petits propriétaires et demandant secours à l'État. Si c'est un parti vraiment populaire, ce n'est pas un parti social-démocrate, ni même un allié de celui-ci : ces paysans veulent des terres et jusqu'en ces derniers temps les socialistes polonais se sont assez mal pliés à cette exigence; ces paysans ont aussi le sens très vif de leur nationalité et le parti a grand soin d'insister sur ses préoccupations nationales : il est partisan de l'autonomie de la Galicie, de la « Sonderstellung », de la responsabilité du gouverneur devant la diète; il demande l'introduction de la langue polonaise comme langue unique de service en Galicie dans les chemins de fer, les postes, la gendarmerie, etc...; dans son programme électoral, le parti critique même très vivement la politique extérieure de l'Autriche, tout comme le parti panpolonais : il repousse l'alliance avec l'Allemagne, qui fortifie celle-ci, la grande persécutrice de leur nation, et l'entente avec la Russie, qui maintient sous le joug turc les populations slaves du Balkan; il voudrait l'alliance avec les nations libérales, qui soutiendraient leurs frères opprimés de Russie et de Prusse. Ainsi ce parti se place-t-il à égale distance des conservateurs et des socialistes. Aux élections de 1907, sous la direction de M. Stapinski, il a remporté 16 mandats : toute la campagne polonaise à l'est de Cracovie lui donna une forte majorité; à l'ouest, les chrétiens-sociaux sont plus forts et des minorités socialistes importantes apparaissent. Cette démocratie paysanne, chaque jour plus consciente et mieux organisée, est certainement un des facteurs principaux dans l'évolution de la Pologne contemporaine.

Vis-à-vis de ces partis agraires libéraux, des groupes agrariens catholiques se sont formés dans chaque nation : chrétiens-sociaux allemands des pays des Alpes et des Sudètes, chrétiens-sociaux tchèques, centre polonais, parti du peuple Slovène, parti catholique italien, tous sous des dénominations diverses présentent les mêmes caractères : ce sont des organisations paysannes, qui comprennent dans leurs cadres le peuple de la campagne; le petit clergé est presque partout le soutien le plus dévoué des groupes locaux; un esprit populaire, catholique et agrarien les anime. Si chez les Croates, les Ruthènes et les Roumains, de tels partis n'existent pas, c'est dû à des causes particulières : les Roumains sont orthodoxes et cela suffit; chez les Ruthènes, leur archevêque a tenté, paraît-il, de créer un mouvement de ce genre, mais son clergé marié, grecs-unis, n'a pas répondu à son appel et les deux principaux partis, jeunes et vieux Ruthènes, se montrent respectueux des choses religieuses et comptent des prêtres dans leurs rangs; quand aux Croates de Dalmatie, la question nationale les accapare et, du reste, le parti du droit pur du prêtre Prodan a, par certains côtés, des analogies avec ces groupes chrétiens-sociaux ; c'est du reste le parti croate le plus enclin à la fidélité au Halsbourg, sentiment que partagent à des degrés divers tous les partis catholiques.

Tous ces groupes ont été singulièrement favorisés par le suffrage universel, preuve de l'influence qu'ils ont su acquérir dans les campagnes. Sur 24 députés slovènes, 19 appartiennent au parti du peuple et ont été élus en Carniole, en Carinthie et dans la Styrie du Sud, avec d'énormes majorités, qui, en Carniole surtout, ne se monte pas à moins des neuf dixièmes des voix. Dans les villes ou aux alentours seulement, le parti « progressiste national » réussit à faire passer quelques candidats et les socialistes à réunir quelques 500 voix. On peut dire que le parti catholique monopolise la campagne.

Le même phénomène se produit exactement chez les Italiens du Tirol, tandis que catholiques et libéraux se partagent les voix dans l'Istrie et à Görz et que les uns et les autres sont vaincus à Trieste

par les socialistes. Cela n'empêche point les députés italiens de
compter 10 cléricaux sur 19 représentants.

Tandis que dans les campagnes montagneuses des pays des Alpes,
les partis populaires catholiques annihilent leurs adversaires, au
Nord de la monarchie dans les pays des Sudètes, en Bohême surtout
et en Pologne, la lutte a été des plus disputées; malgré cette rivalité, les chrétiens-sociaux tchèques qui n'étaient que 2 dans le
précédent parlement, reviennent au nombre de 17 : ils ont fait un
grand effort; dans la seule Bohême ils ont présenté 51 candidats,
ont organisé partout des groupes locaux et se sont présentés comme
des candidats nationaux, amis de la paix sociale, de la liberté religieuse, décidée avant tout à réaliser leur programme économique
d'accord avec tous les autres agrariens, mais résolus à lutter contre
les tentatives de laïcisation de l'école et de réforme du mariage.
Dès aujourd'hui, ils constituent en Moravie le parti le plus nombreux de beaucoup dans les campagnes et en Bohême l'appoint
décisif pour permettre au second tour de scrutin le triomphe de la
coalition agrarienne contre les socialistes.

Les 15 députés du centre polonais représentent tout ce que l'effort
des conservateurs, de la noblesse et du clergé a pu arracher à la
propagande du parti agraire radical, en s'écartant devant l'organisation chrétienne-sociale, populaire et paysanne du Père Pastor.

*
* *

Le parti chrétien-social allemand, de beaucoup le plus connu et
célèbre sous le nom de parti antisémite, mérite une mention à part.
Car il est, jusqu'à présent, le seul des partis dont nous venons de
parler, qui confondent en lui des députés des campagnes et des
députés des villes. Les partis agrariens libéraux n'existent pas dans
les villes, de même que le centre polonais; le parti du peuple
slovène et les chrétiens sociaux tchèques se comptent en dehors de
la campagne; les cléricaux italiens ont bien entrepris la lutte dans
quelques cités, mais avec insuccès. Au contraire il y a un nombre
très important de chrétiens-sociaux allemands élus par Vienne et
les villes de Basse-Autriche, et d'autres nommés par les campagnes
allemandes des pays des Alpes et même des Sudètes. La fusion en

un parti unique ne doit pas cacher la division des intérêts économiques : les mêmes idées religieuses, les mêmes préoccupations populaires, les mêmes luttes, surtout d'antan, contre la riche bourgeoisie, le haut clergé, le commerce juif n'empêchent qu'antisémites viennois et agrariens des Alpes ont leur histoire, leur clientèle et leurs tendances particulières.

Des chrétiens-sociaux agrariens, on peut dire que le suffrage universel a consacré leur hégémonie dans les pays des Alpes, leur triomphe sur l'ancien centre catholique et conservateur et qu'il leur a permis de commencer une lutte, du reste encore peu féconde, en Bohême et en Moravie. Si l'on se reporte à dix ans en arrière, les Alpes allemandes étaient le domaine des conservateurs, hommes de tendances modérées, hostiles aux changements, respectueux des situations sociales. Leur état-major était dirigé par l'aristocratie et surtout par le haut clergé. Des conservateurs dans toute la force du terme et sur tous les terrains, des catholiques dociles aux sollicitations épiscopales, ainsi se présentait ce parti.

Depuis lors l'esprit public s'est transformé et le suffrage universel aidant, s'est détourné de ces vétérans. Lorsque les antisémites viennois étaient déjà puissants, vers 1891, leur mouvement s'étendit lentement dans les Alpes; quand on créa en 1897 la curie du suffrage universel, il était assez fort pour gagner quelques sièges dans la campagne et transformer nominalement le parti du centre en « parti catholique du peuple »; depuis lors il a peu à peu emporté les positions de ces derniers : les campagnes de la Basse-Autriche lui étaient acquises depuis longtemps, et les élections de 1907 ont assuré aux chrétiens sociaux une énorme majorité, qui enlève au premier tour de scrutin les 21 mandats avec les huit dixièmes des voix; au Tirol, dès 1901, la lutte fut terriblement ardente entre chrétiens-sociaux et conservateurs; ceux-ci, dirigés par leurs chefs, le baron Dipauli et le docteur Kathrein, résistèrent, mais malaisément et plusieurs mandats leur échappèrent; en 1907, c'est la déroute : le centre, privé de direction (le baron Dipauli est mort et le docteur Kathrein est *Landes hauptmann* du Tirol), n'existe plus. Maître absolu il y a dix ans, il est entré dans l'histoire. Deux hommes, le docteur Schraffl et M. Schöpfer ont joué le même rôle au Tirol que Lueger et Gessmann à Vienne : ils ont accompli un

effort d'organisation étonnant, parsemant le pays de groupes locaux
de paysans, gagnant tout le petit clergé; ils ont tenu des réunions
sans nombre et partout : certains dimanches, on en pouvait
compter plus de 30 dans le Tirol allemand[1]. Aussi malgré la résistance des conservateurs, la dignité de leurs candidats, l'appui à
eux accordé avec chaleur par le haut clergé et particulièrement par
l'évêque de Botzen, les paysans du Tirol ont voté en masse pour les
chrétiens-sociaux, qui ont partout été élus par quelques 4000 voix
contre 500.

En Styrie, les organisations rivales existaient en 1907, mais ne se
sont pas combattues : 4 circonscriptions au jeune parti, 8 au vieux
parti, tel a été le résultat de leur compromis. En Carinthie, ainsi
qu'en Bohême et en Moravie, les partis catholiques étaient sans
force : les chrétiens sociaux ont commencé leur organisation et déjà
commencent à compter; ils arrivent au second rang en Moravie et
font passer quelques candidats. Grâce au savoir-faire et l'intelligence du chef du centre en Haute-Autriche, le docteur Ebenhoch,
les conservateurs se sont unis en « parti du peuple catholique »,
ont modernisé leur programme et leurs allures; ils ont ainsi conservé toutes leurs positions en Haute-Autriche et dans le Salsbourg,
où les chrétiens-sociaux n'ont pas cherché à les combattre[2]. Cette
transformation de l'opinion publique, constatée par les élections
de 1907, dictait aux catholiques allemands leur politique : ce ne
pouvait être qu'une fusion, sur la base du programme des chrétiens-sociaux et en empruntant leur nom, quitte pour les hommes
de valeur qui entraient dans le nouveau camp, à modifier l'esprit
et les tendances du parti. Ce qui demeure, c'est un parti porté vers

---

1. Dans toutes ces réunions, il n'est question que du sort injuste fait aux
paysans, de leur oppression par les impôts, des mesures nécessaires pour faire
vendre mieux leurs bêtes et leurs bois; précisément en 1907 les prix du bétail
et du bois augmentèrent et les chrétiens-sociaux insistèrent sur ce que le commencement de leur action avait déjà produit.
2. L'appel électoral et le discours tenu par le Dr Ebenhoch au Congrès du
1er mai 1907, insistent sur le caractère religieux et Autrichien du parti : « les
commandements du christianisme sont pour nous une étoile directrice dans
la vie privée et publique. Nous sommes des Autrichiens *Schwarz gelb* en toutes
choses et dévoués avec une fidélité inébranlable à notre maison impériale bien
aimée... Pour garantir les intérêts du peuple allemand, une très étroite
connexion sera nécessaire entre notre parti et le parti chrétien social » et l'appel
finissait par ces mots : « la grande Autriche par-dessus tout, *Grossösterreich
allerwege!* »

les questions sociales, ami des classes moyennes, des petits gens, des artisans ou des paysans, un parti d'esprit populaire, plus allemand et centraliste que l'ancien, mais aussi dévoué à l'Empire et au Habsbourg, un parti qui allie au respect des situations sociales ecclésiastiques ou foncières une indépendance et un souci d'améliorer celle des humbles. Aussi chrétiens-sociaux des campagnes et conservateurs agrariens se sont réconciliés en novembre 1907 et ont fusionné dans le nouveau parti, sous l'égide des chefs viennois Lueger, Gessmann et Aloys de Lichtenstein. Désormais les catholiques agraires unis sont les maîtres de toute la campagne des provinces alpestres allemandes.

C'est de Vienne qu'est parti ce mouvement il y a une vingtaine d'années : les premiers antisémites apparaissaient comme des démagogues révolutionnaires; leurs premières victoires dans la capitale s'accompagnèrent de bagarres dans la rue; peu à peu ils attirèrent à eux tout le peuple des petites gens, artisans, commerçants, employés; ils furent les grands protagonistes de la politique du *Mittelstand*, du moyen état; ainsi ils conquirent tour à tour la municipalité de Vienne, la diète de Basse-Autriche et enfin les mandats parlementaires. Toute cette agitation s'est aujourd'hui bien apaisée.

Le parti a pris le nom de parti chrétien-social, quand' il renonça aux violences du début et chercha un programme positif; si même on lit ses récents manifestes électoraux, il n'y est plus question d'antisémitisme; non qu'il ait rejeté cette idée, mais elle ne sert plus de plate-forme électorale; si l'on parcourt les délibérations du congrès général du parti, tenu à Vienne le 10 mars 1907, on aperçoit quelles sont aujourd'hui ses préoccupations dominantes; le président, le prince Aloys de Liechtenstein, qu'entouraient quelques aristocrates, — nouveauté dans le parti! — sonne dès l'abord le combat contre la social-démocratie : ces deux grands partis populaires, socialistes et chrétiens-sociaux, sont les plus mortels ennemis; Le docteur Gessmann, l'actuel ministre du travail, développe ensuite cette double idée que le parti est allemand, « le plus grand des partis allemands », prêt dans les questions nationales à un travail commun avec les autres allemands, et qu'il est chrétien, mais non clérical, repoussant « l'hégémonie politique et matérielle des évêques ».

Après ces discours, le Congrès adopte le manifeste électoral, qui révèle nettement les préoccupations économiques et sociales que le parti met aujourd'hui au premier plan. La question de la communauté économique avec la Hongrie est traitée sans sympathie pour ce dernier pays. « La solution du parti chrétien-social reste : plutôt la séparation économique que la continuation d'une situation déshonorante de valet. » Suit aussitôt un programme social : la protection du travail corporel et intellectuel, la répudiation de la lutte des classes, des réformes indispensables pour remédier au sort misérable du peuple; réforme des impôts, assurance générale et obligatoire des paysans et des ouvriers contre la vieillesse et toute incapacité de travail, et en cas de décès au profit de la veuve et des orphelins. La politique du *Mittelstand* est ensuite à nouveau consacrée et le manifeste en rappelle les principaux desiderata : « Protection contre la concurrence déloyale, organisation de secours corporatifs, organisation du crédit et des débouchés pour les petites exploitations avec protection de l'État, mesures contre les grands magasins et contre les dommages causés aux petits marchands par les coopératives de consommation, nouvelle revision de la loi industrielle dans le sens des exigences justifiées des artisans et commerçants ».

La suite du programme économique et social est provoquée par la formation dualiste du parti : aux agrariens, on adresse les promesses alléchantes que voici : « Libération du sol du poids des dettes qui l'opprime, organisation corporative des paysans pour la défense de leurs intérêts et l'organisation d'un crédit à bon marché, fixation saine et non influencée par les bourses des prix pour les produits agricoles... développement des assurances agricoles, mesures opportunes contre l'émigration, interdiction de la formation de territoires de chasses démesurés, créés par le dépouillement des vieux domaines des paysans ».

Quiconque lit ces délibérations et ce programme, sent l'esprit de démocratie religieuse qui imprègne le nouveau parti; son évolution et des influences nouvelles ne l'en ont pas détourné. Aussi ne s'étonne-t-on point que le suffrage universel limité de 1897 ait amené 26 de ses représentants à la chambre au lieu de 2 en 1885 et de 10 en 1891, et que le suffrage universel égal de 1907 ait élu

68 chrétiens-sociaux. Pendant ce même temps les conservateurs catholiques glissaient de 38 en 1885, à 33 en 1897, à 29 en 1901, et, en 1907, dans une chambre accrue d'un tiers, demeuraient 29. De leur fusion est né le plus grand parti de la chambre autrichienne, qui atteint presque la centaine.

*
* *

Son rival n'en est pas loin non plus : 87 députés arborent aujourd'hui les couleurs. marxistes. Cela seul montre à quel point les prolétaires d'Autriche sont déjà organisés et placent les questions sociales et économiques avant toutes autres. Tandis que les autres partis bataillaient en des luttes stériles et se croyaient sûrs du lendemain, les socialistes organisaient leurs fédérations nationales, enregimentaient les travailleurs; quand en 1897, 72 députés représentèrent la curie du suffrage universel, 14 social-démocrates firent leur entrée à la Chambre pour la première fois; ils reculèrent quelque peu en 1901 devant l'union des partis bourgeois, pour s'accroître de façon considérable en 1907. Le parti a fait un progrès considérable, surtout dans les pays allemand, tchèque et italien.

Dans toutes les villes allemandes, ils recueillent de nombreuses voix, à commencer par Vienne, où sur 335 000 votants, 125 000 environs se sont portés sur des socialistes; jusque dans le Tirol, si pauvre en industrie, les villes leur fournissent d'importantes minorités. Mais ce qui est plus remarquable encore, c'est leur extension dans les campagnes; dans les pays des Alpes, elle est encore minime; mais en Bohême, au premier tour de scrutin 8 socialistes passaient dans les campagnes allemandes et 4 seulement dans les villes. Il est vrai que toutes les circonscriptions bohémiennes avaient leur candidat socialiste, qui travaillait le pays; mais un tel succès était inattendu. Quand on songe que dans cette même Bohême, les campagnes tchèques ont présenté le même phénomène, ont élu au premier tour 10 socialistes, alors que les villes n'en nommaient que 7; quand on rapproche ces faits de l'insuccès relatif subi par le parti en Pologne, où cependant la question agraire est plus aiguë, on est amené à donner de ces événements les raisons suivantes : l'éparpillement de l'industrie et l'existence d'un prolétariat agricole

assez nombreux en Bohême explique en partie ces succès des socialistes à la campagne; mais il se comprend plus encore, si l'on note
qu'il n'y a pas un seul parti radical agraire chez les Allemands ou
chez les Tchèques, tandis qu'il y en a un vigoureux chez les Polonais.

Villes et campagnes allemandes ont élu 49 social-démocrates;
les tchèques ont assuré le succès de 23; la cité italienne de Trieste
est toute entière représentée par des socialistes; les villes polonaises de Leopol et de Cracovie partagent leurs suffrages, sinon
leurs mandats, entre socialistes et bourgeois. Deux Ruthènes et un
Roumain élu par une coalition étrange dans la ville lointaine et
bigarrée de Gernovitz complètent l'effectif.

Leur mot d'ordre a été partout : lutte contre les cléricaux. Ces
partis populaires, préoccupés des questions économiques, qui ont
expulsé les anciennes fractions, se sont entre-déchirés pour se partager les dépouilles : agrariens, chrétiens-sociaux et socialistes ont
mené la plus rude bataille. Les socialistes allemands avaient comme
consigne : contre les cléricaux d'abord, ensuite contre les alldeusch,
qui eux aussi cherchaient à leur prendre une partie de la clientèle
des petites gens; les tchèques donnaient comme maxime dans le
Pravo Lidre : « Notre devise est : partout contre les cléricaux »;
il faut voter pour les anti-cléricaux contre ces derniers, et s'il n'y a
que des partis bourgeois, s'abstenir. Car ils sentaient bien qu'avec
le suffrage universel, les grands partis de la chambre future ce
seraient eux-mêmes et les chrétiens-sociaux et ils voulaient à tout
prix affaiblir ces rivaux.

*
* *

Si donc nous cherchons à déceler quelques indications sur l'évolution des sentiments nationaux et des préoccupations sociales en
Autriche, en promenant nos regards sur les partis, leurs modifications intimes, leurs succès, leurs idées représentatives, si nous
nous servons des récentes élections au suffrage universel comme
d'une pierre de touche, voici en résumé l'impression que nous ressen-
tons : les sentiments nationaux pénètrent de plus en plus en toutes
matières, mais ils tendent à perdre de leur violence; la stérilité des
luttes passées et l'impossibilité d'un retour au temps jadis rendent

chaque nation plus tolérante pour sa voisine; le sens national s'affirme mais s'affine, se développe, s'infiltre en toute chose, mais est moins exclusif, moins excessif. Les préoccupations sociales et économiques vont grandissantes : elles créent ces partis populaires, qui les mettent au premier plan de leur programme, agrariens, chrétiens-sociaux et socialistes. Ces groupes n'étaient pas à eux tous 80 dans la Chambre de 425 députés de 1901; ils sont plus de 300 dans la Chambre de 516 députés de 1907; quelles que soient leurs convictions intimes, toutes ces fractions doivent prendre et ont pris une allure démocratique, elles se disputent la clientèle des petites gens et des ouvriers des villes et des campagnes, mais elles ont commencé par écarter des champs de bataille les anciens partis avant tout nationalistes, qu'a « usé » le parlement des privilégiés. Le combat actuel apparaît donc comme poursuivi entre une démocratie socialiste et une démocratie conservatrice, à tendance soit religieuse, soit libérale; j'entends par là que l'une soutient au moins théoriquement les idées de lutte de classe et l'autre au moins théoriquement les idées de paix sociale; si, en fait, bien des déviations se font sentir, du moins la ligne directrice reste encore celle-là.

C'est dire qu'une Autriche nouvelle apparaît, plus préoccupée de politique pratique, positive, réaliste, plus soucieuse des intérêts matériels, plus portée vers les questions économiques. Elle est née des expériences des dernières décades, comme de l'évolution des idées et des classes. Elle affermit l'État, fortifie l'idée autrichienne, mais aussi prépare des luttes sociales. L'instauration en Autriche du suffrage universel a été le résultat de ces idées montantes, auquel tôt ou tard on ne pouvait se soustraire, et elle a par suite fait apparaître en vive lumière ces préoccupations populaires qui vont dominer l'histoire prochaine de l'Autriche.

GABRIEL LOUIS-JARAY.

CHRONIQUE DES QUESTIONS INDUSTRIELLES

(1908)

——

I. — *Les perfectionnements techniques industriels et leurs résultats;
l'influence perturbatrice des crises économiques. La situation actuelle
de l'industrie dans le monde. L'accumulation des stocks et le ralentissement forcé de la production; diminution des importations de
matières premières et des exportations de manufacturés. Fermetures
d'usines; licenciement de personnel; élévation de la proportion des
chômeurs. Chute des prix de vente, abaissement des prix, même
des matières premières. Industrie houillère et sidérurgique; extraction
des minerais. La crise de la filature. La dépression de l'industrie
des transports maritimes. Les frets. La construction navale; fermeture de chantiers; exploitations à perte. La disette de capitaux.*

II. — *Les perfectionnements des transports par voie de fer et leur
influence sur l'industrie et la consommation. L'électrification des
chemins de fer. Ses avantages considérables et ses inconvénients
relatifs. Le mouvement de transformation commencé dans le
monde : États-Unis, France, Grande-Bretagne; les premières électri-
fications en Italie et le projet nouveau. La transformation à venir
des chemins de fer fédéraux suisses. Le projet dressé en Suède et son
application imminente. L'introduction de la traction électrique en
Autriche et en Allemagne. L'avenir prochain.*

Quel que puisse être l'intérêt que présentent les perfectionnements, les transformations de la technique, de l'industrie, de la
science appliquée sous toutes ses formes, c'est dans leurs résultats
qu'ils méritent d'être suivis et poursuivis, c'est pour ces résultats
que nous les signalons ici. Ce qui nous préoccupe, et ce qui doit surtout préoccuper l'industriel doublé d'un commerçant, c'est l'abaisse-

ment à obtenir dans le prix de revient, la possibilité de développer la consommation, tout au moins en satisfaisant mieux la clientèle, de répondre à des besoins croissants ou nouveaux; c'est d'offrir au consommateur ce qui n'était pas encore mis à sa disposition; c'est de mieux utiliser les matières premières que nous offre la nature.

Mais il ne suffit pas toujours de perfectionner l'industrie et la technique dans ces directions pour arriver à de bons résultats, susceptibles de rémunérer justement les efforts de l'industriel; et souvent, quand telle ou telle industrie se sera développée, aura accru considérablement sa production, aidée en cela par quelque application scientifique, on se trouvera en présence d'un manque d'équilibre, d'une crise comme celle par laquelle passe l'industrie du monde entier à l'heure présente. On arrivera d'abord à manquer de matières premières, ou bien elles atteindront des prix démesurés; et l'on manquera également de cet élément essentiel à la production industrielle qu'on appelle les capitaux, parce qu'on en aura trop consommé. Les prix de vente auront monté forcément, par suite du développement de la demande de consommateurs lancés dans la consommation à outrance, jusqu'à ce que, brusquement, et pour toutes ces causes réunies, cette consommation vienne à diminuer, obligeant les usines à s'arrêter, ou au moins à ralentir leur activité, encombrées qu'elles seront par des produits fabriqués invendus.

C'est la situation actuelle, et elle mérite qu'on s'y arrête un instant, car si elle n'est peut-être pas appelée à durer très longtemps, elle est sérieuse pour le moment. En Allemagne, par exemple, en présence des stocks de marchandises qui s'accumulent, un mouvement s'est fait contre les grands syndicats, auxquels on reconnaissait auparavant toutes sortes d'avantages; le syndicat de la fonte de Dusseldorf est condamné à mort à partir de fin 1908; à la suite d'une longue dépréciation, et aussi à cause de l'incertitude qui règne sur l'avenir, on prend à se tourner vers la liberté. D'un bout à l'autre du monde, la crise industrielle se fait sentir à peu près sous la même forme, puisque, au commencement de l'année, on estimait à 20 millions de taëls les marchandises invendues pesant sur le marché, rien qu'à Tien-Tsin. Si les marchandises ne sont pas périssables, le danger est moins grand; mais il n'en résulte pas moins un arrêt ou un ralentissement forcé dans la production et dans le commerce. Tout naturellement, cela entraîne une baisse de valeur sur les produits, en même temps qu'une diminution de la main-d'œuvre et du prix des

salaires, un abaissement du rendement des entreprises, une hausse
du taux de l'escompte, choses sur lesquelles nous ne nous étendrons
pas ici.

Interrogeons rapidement l'indice que nous fournissent les statistiques commerciales. En France, durant la première moitié de 1908,
l'importation des matières premières a décru de 112 millions 1/2 par
rapport à 1907, et, aux exportations, nous trouvons de même une
dépression de 144 millions environ pour les produits fabriqués, et de
50 pour les matières premières : la décroissance sur cette seconde
catégorie est typique également, car cela prouve que l'industrie
étrangère est moins active, puisqu'elle réclame moins de matières à
travailler. Sans doute, la baisse des prix influence défavorablement
ces totaux, qui expriment des valeurs ; mais cette baisse agit précisément de façon très nette, en ce moment, sur l'activité industrielle.
Cet indice du commerce révélant l'état de l'industrie, nous le trouvons tout aussi bien pour la Grande-Bretagne : c'est ainsi que le
mois de juin a vu s'accentuer chez nos voisins la dépression qui a
envahi leur commerce, après leur industrie, sous l'influence déterminante, mais non unique, de la fameuse crise américaine. Les importations ont été en décroissance constante chaque mois de 1908
par rapport aux mois correspondants de 1907, et l'on a vu cette différence atteindre plus de 5 millions 1/2 de livres en mars, plus de
9 1/2 en avril, près de 8 1/2 en mai, et elle est encore de 1,660,000 livres
en juin. Les matières premières sont pour beaucoup dans ces chiffres.
Aux exportations, la diminution totale pour la demi-année a été de
8 p. 0/0 à peu près (plus de 16 millions) et elle porte, comme de
juste, principalement sur les manufacturés. Les réexportations ont
baissé plus encore, près de 24 p. 0/0. En six mois seulement, les
manufactures anglaises ont introduit en moins, pour leurs besoins,
près de 11 millions de livres st. de coton, plus de 5 millions de laine,
et bien plus de 3 millions de produits textiles secondaires. Cela
montre combien l'activité a diminué dans les filatures. Dans les
exportations, nous trouvons des diminutions de 4,400,000 livres sur
les fers et aciers, de 2,120,000 sur les autres manufacturés en métaux
divers ; sur les navires, 567,000 livres, 2,630,000 sur les articles de
coton, plus de 2 millions sur ceux en laine, etc.

La situation est telle, que les journaux techniques les plus importants s'en alarment en Angleterre ; ils envisagent bien aussi l'influence
que peuvent avoir sur l'industrie, sur l'élévation du prix de revient,
les conflits des patrons avec les ouvriers. Mais c'est une matière sur

laquelle nous ne pouvons rien dire ici; et, du reste, ces conflits ont eu en grande partie pour origine, ces temps derniers, la nécessité où, par suite de la crise générale, s'est trouvé l'industriel anglais de licencier du personnel et de réduire les salaires de celui qu'il conservait. C'est ainsi que de nombreuses usines métallurgiques se sont fermées ou se sont mises à travailler sur une échelle fort réduite : cela, en dépit de ces perfectionnements techniques auxquels nous faisions allusion et qui ont été introduits largement dans l'industrie anglaise.

Nous avons parlé de licenciement de personnel, et le fait est que le chômage sévit réellement à l'heure présente. Rien qu'en un mois, des centaines de milliers d'ouvriers ont été jetés sur le pavé aux États-Unis, parce qu'il fallait absolument réduire les dépenses; on ne pouvait même plus songer à continuer de produire, comme cela se fait souvent, pour créer des stocks, car les stocks étaient déjà exagérés. Ce licenciement d'ouvriers, ce chômage sur lequel les statistiques qu'on essaye de faire ne donnent le plus souvent que des indications sujettes à caution, ont été accusés de la façon la plus manifeste par le retour en Europe d'une masse d'émigrants. Comment n'y aurait-il pas eu chômage, comment n'y aurait-il pas eu dépression énorme sur toutes les industries, alors que les chemins de fer américains voyaient 350,000 wagons à marchandises inutilisés, par manque de matière transportable? En consultant (avec toutes les précautions qui s'imposent en la matière) les statistiques des Commissaires du Travail dans tel ou tel État américain, nous y verrions des proportions de plus de 34 p. 0/0 de chômeurs, au lieu des 7 à 13 p. 0/0 ordinaires. Et l'on indiquait bien expressément que cela était le résultat du manque d'ouvrage, et non de grèves, ni de maladies.

Les relevés analogues, en Angleterre, n'accusent pas des proportions aussi énormes; mais, dans le milieu des Trade-Unions et des ouvriers de métier (où l'on souffre beaucoup moins), le pourcentage des chômeurs est de 8, au lieu de 3 l'année dernière à pareille époque. Dans bien des régions, des enquêtes personnelles, faites sans la majesté officielle d'une statistique, ont révélé que le chômage frappe la majorité des ouvriers. Dans cette industrie métallurgique qui tient tant de place dans la vie moderne, particulièrement en Grande-Bretagne, on a relevé jusqu'au mois de juillet (des données plus tardives ne pouvant être prises en considération) une proportion de chômeurs constamment croissante; sur la côte nord-est, on est même arrivé à ce chiffre de 30 p. 0/0 et plus que nous indiquions pour les États-Unis, et cela sans tenir compte non plus de l'influence des grèves. Pour l'industrie de la construction navale (dont nous reparlerons), le pourcentage atteint plus de 18 p. 0/0 souvent, et l'on cite pour certaines parties du pays la proportion extraordinaire de 50 p. 0/0.

* *

Nous indiquions que les employeurs étaient obligés de renvoyer des ouvriers, ou tout au moins de diminuer leur salaire, et aussi de produire peu, en dépit de l'abaissement graduel du prix de revient, tout simplement par suite de la chute des prix de vente. Celle-ci on la constate partout. Sans recourir aux index numbers, qui font état de matières alimentaires au détail, dont la cotaison est influencée par divers facteurs, nous pouvons prendre sur le marché de Londres, qui est régulateur à tant d'égards, des indications typiques. Voici, par exemple, des aciers qui, de juin 1907 à la fin de mars 1908, sont tombés de 135 à 120 shillings; les fontes du type Cleveland n° 3 sont descendues de 53,9 à 52,10. Pour des articles que l'on ne considère pas comme manufacturés, mais qui doivent pourtant payer par leur prix de vente les frais divers qu'ils ont entraînés, les salaires qui ont été payés pour leur production, nous trouvons le cuivre passant de 99 à 63 3/4 livres; la soie passant de 16,6 à 11. La baisse de ce qu'il est convenu d'appeler les matières premières est tout à fait remarquable, elle est d'ailleurs insuffisante pour relever à elle seule l'industrie, car on souffre de la dilapidation passée de capital, due en partie à la hausse antérieure de ces matières, mais surtout à la consommation démesurée de capitaux pour les usages les plus divers. Il faut se rappeler que ce cuivre, qui est descendu même jusqu'à 57 livres st., a valu il n'y a pas encore très longtemps 110 livres; l'étain a baissé de même de 200 à 140 livres; les cours extrêmes ont été de 22 et de moins de 14 livres pour le plomb, de 28 et 20 pour le zinc.

Nous n'avons pas parlé du charbon, parce que si une chute de 27 à 28 p. 0/0 s'est manifestée entre août 1907 et janvier 1908, et si la dépression s'est encore accentuée depuis, le charbon a moins baissé proportionnellement que bien d'autres produits et même certaines qualités ont repris partiellement. Il y a là un phénomène qui s'explique par ce fait qu'une multitude de consommateurs réclament de la houille pour des besoins divers, si bien que dans les statistiques d'exportations anglaises (où nous avons relevé de si nombreuses diminutions), la houille accuse un progrès de près de 10 p. 0/0 par rapport aux six premiers mois de 1907. Les marchés métallurgiques sont pourtant languissants, nous en donnerons des preuves; et à considérer seulement le marché belge, nous y verrions la fonte de moulage tomber, entre juillet 1907 et juillet 1908, de 79 à 63 francs; les barres en acier passer de même de 167 à 120 francs; les rails, de 150 à 130 (bien que la construction et l'entretien des voies ferrées ne puissent se restreindre). Et quand les prix se sont maintenus plusieurs mois, en dépit de la crise, c'est sous l'influence de contrats antérieurs passés pour longtemps : c'est ce qui s'est produit pour les charbons anglais, jusqu'au commencement de juin dernier. Mais à partir de ce moment, les exportations ont commencé de se ralentir et les prix de baisser. Si nous jetons un coup d'œil sur l'industrie houillère, dans les deux pays principaux, Allemagne et Angleterre, nous constatons que les exploitants sentent la crise les atteindre, un peu en retard par rapport aux autres industries, mais sûrement; en France, c'est peu sensible, à cause de l'espèce de volant que l'importation des charbons étrangers forme pour la production indigène. En Allemagne, l'industrie charbonnière avait pris un développement extraordinaire, on serait presque tenté de dire extravagant, et l'effondrement aurait eu lieu bien avant même la crise, si les charbonniers n'avaient pas constitué un cartel, et aussi déversé à prix réduits sur l'étranger une partie de leur production, afin de conserver les prix de vente sur le marché intérieur. Étant donnés les stocks considérables qui se sont formés néanmoins, on a été acculé à un abaissement de ces cours intérieurs; ce qui ne suffira pas du reste, comme nous l'avons dit pour d'autres matières premières, à redonner un coup de fouet à l'industrie.

* *

Nos constatations ne peuvent, en aucune matière, être plus édifiantes que pour l'industrie sidérurgique. Aux États-Unis, et bien que, au commencement de juillet, on ait manifesté certains espoirs de reprise pour un avenir assez prochain, on se trouve en présence d'une clientèle qui recule autant qu'elle le peut les commandes, à l'inverse de ce qui se passait encore au milieu de 1907. Les grandes compagnies de toutes sortes remettent leurs travaux neufs ou même d'entretien; et ce qui est bien typique, c'est que, en dépit d'un fret extrêmement bas, les bateaux des Grands Lacs ne trouvent pas à charger de minerais, les usines métallurgiques n'étant point pressées (et pour cause) de se procurer de la matière première. Malgré les réductions faites sur les prix, les consommateurs possibles estiment que ces prix sont encore trop élevés; les manufacturiers se disputent les rares commandes en consentant des diminutions plus ou moins avouées. Tout au plus, peut-on escompter avec quelque certitude des commandes de rails, parce que ce sont des fournitures qu'on ne peut pas remettre indéfiniment, surtout étant donnée la mauvaise qualité des rails actuellement en usage sur les voies américaines. En France, la situation reste languissante, on essaye surtout de temporiser chez les producteurs, comme, il est vrai, chez les acheteurs. Au milieu de l'année courante, dans cette région si importante, au point de vue sidérurgique, de l'Est (Longwy, Nancy, etc.) la production quotidienne de la fonte a dû baisser de plus de 7 500 tonnes à bien moins de 7 000 tonnes. Or, depuis 1900, la production avait suivi, dans ces parages, une loi de progression rapide et continue.

Un chiffre seulement ou deux sur la Belgique, bien que ce petit pays ait une grande importance dans l'industrie métallurgique : pendant la moitié de l'année courante, la production des fontes diverses n'a été que de 578 000 tonnes, alors qu'elle avait atteint 709 000 tonnes pour la période correspondante de l'année précédente. C'est relativement une dépression énorme. Aussi un spécialiste disait-il pittoresquement que le marché sidérurgique était « éteint » en Belgique. Il n'y a pas qu'en Belgique. En Angleterre, on constatait au commencement de juillet que le nombre des hauts fourneaux en exploitation était plus faible que jamais dans l'année et, bien entendu, fort inférieur à ce qu'il était en 1907. Il faut se rappeler que la diminution des exportations d'articles fabriqués en fer, en acier ou en autres métaux, représente un poids de 600 000 tonnes pour la demi-année 1908 : c'est autant de moins pour la production des usines métallurgiques, sans parler de la diminution de la consommation intérieure. Pour l'Allemagne, la situation est analogue. Ce que l'on note et signale partout, c'est la stagnation des affaires, c'est à peine si, dans la Haute-Silésie, on se hasarde à relever certains prix. Mais en Allemagne autant presque qu'en Amérique, on avait immobilisé des capitaux énormes dans des entreprises industrielles, sans conserver le capital liquide nécessaire, et spécialement dans l'industrie sidérurgique; on avait installé des machines extrêmement coûteuses, réduisant sans doute de beaucoup le prix de revient, mais dont, à l'heure présente, l'intensité de la production ne justifie plus l'existence en ne les utilisant que très partiellement. On ne s'est résigné à limiter la production qu'à la fin de l'année 1907, quand la crise avait fait sentir cruellement son action un peu de tous côtés, et parce que, dès lors, on ne pouvait plus conserver d'illusions. On a avoué enfin l'état de dépression, qui ne pouvait plus être masqué, à la réunion des maîtres de forges tenue en juin; et encore insistait-on sur ce que la diminution de la production, la réduction du nombre des ouvriers, étaient bien moindres qu'en Angleterre et aussi qu'en Amérique. On affirmait du reste que cette stabilité relative au milieu de la tourmente était due à l'influence régularisatrice des Unions sur la production. Et l'on annonçait qu'on utilisait la période de calme (mettons de dépression et d'arrêt partiel) pour améliorer l'outillage et les procédés des usines métallurgiques, afin de produire ensuite à bien meilleur compte, au moment de la reprise des affaires.

Il est évident que, dans ces conditions, l'industrie minière produisant les métaux susceptibles d'être traités dans les diverses usines métallurgiques, doit, elle aussi, souffrir de dépression, et d'autant que les produits extraits ne peuvent que se vendre relativement bon marché. C'est tout particulièrement pour ces minerais de fer que l'on se disputait avec tant d'acharnement ces temps derniers encore, que la crise industrielle se fait sentir. Les stocks de minerais de la Méditerranée et de l'Espagne ne font qu'augmenter, même actuellement; on ne demande pour l'instant que les meilleures qualités, parce que celles-ci peuvent assurer des profits un peu plus sensibles, en dépit de leur prix : le traitement métallurgique en est plus simple, le rendement meilleur, et, par suite, le fameux prix de revient relativement plus faible. On s'est demandé si l'on ne devrait pas fermer bon nombre de mines pour arriver à relever les prix. Malgré les procédés fort ingénieux imaginés pour traiter les minerais pauvres, on les abandonne au moins temporairement, et encore des marchés passés pour longtemps ont-ils contribué à retarder sensiblement la dépression qui ne pouvait manquer de se faire. Bilbao, notamment, souffre d'une crise minière terrible, les traités pour la vente des minerais n'ont pas été renouvelés, un certain grand nombre de petites mines ont suspendu leur exploitation ; il faut dire du reste (ce qui nous ramène à cette question si prédominante d'ordinaire des procédés et perfectionnements techniques), que les minerais riches de Bilbao ont fait place maintenant à des produits de traitement bien moins facile.

La dépression qui s'est fait sentir sur l'étain pendant certains mois de l'année courante est extraordinaire, puisque l'extraction a été, en mai par exemple, de 59 000 piculs au lieu de plus de 71 000 l'an dernier; encore l'étain et l'industrie du fer blanc (qui en fait un si grand usage) ont-ils relativement peu souffert dans la tourmente générale. Pour le cuivre, on en est encore à attendre la reprise de l'activité, alors pourtant que l'industrie électrique chôme moins que d'autres, elle qui consomme tant de ce métal; la production a bien repris, mais les stocks sont plus considérables qu'ils n'ont été depuis une douzaine d'années. On espère un réveil général, et l'on escompte pour cela surtout le bas prix de la main-d'œuvre; mais c'est un avenir sur lequel nous ne pouvons faire des prédictions.

Sans vouloir passer en revue toutes les industries, nous pourrions encore signaler ce qui se passe pour la filature du coton : aux États-Unis, les usiniers ont été obligés par deux fois de réduire le taux de la production de 25 p. 0/0; pour obtenir des commandes de la clientèle, il fallait abaisser les prix de vente, et l'on a diminué autant qu'il était possible les salaires. On n'est certainement pas encore au bout de ces sacrifices imposés à la classe ouvrière, et que viennent compléter les sacrifices considérables faits par les patrons.

* *

Il serait également intéressant de jeter un coup d'œil sur la puissante industrie de la construction navale, qui est liée intimement à celle des transports maritimes : il n'est pas difficile de les montrer pâtissant toutes les deux, la situation de l'industrie de la construction étant une conséquence directe de la crise industrielle générale que nous traversons et de l'état de langueur où se trouvent les transports maritimes. Pour ceux-ci, c'est comme de juste en Angleterre que nous pouvons le plus facilement les observer. Bien des gens considèrent que jamais pareille crise ne s'est manifestée dans le commerce maritime. Jusqu'à la fin de 1907, les navires avaient trouvé tant bien que mal du fret; mais les chargements sont rapidement devenus de plus en plus difficiles à se procurer, par suite même de l'abondance de navires que l'on devait à la surexcitation de la construction durant l'année précédente; les frets, même au départ d'Angleterre, tombaient dans des proportions considérables, et cela n'a pu que s'accentuer au fur et à mesure que les expéditions de houille elles-mêmes ont commencé de diminuer; c'est à peine si, pendant quelque temps, de belles récoltes dans l'Amérique du Sud ont soutenu les cours du fret. On s'est trouvé en présence d'une surabondance de l'offre, comme conséquence et de la diminution de la production industrielle, et du nombre énorme de navires qu'on avait construits pour répondre à une prospérité qu'on croyait durable. On a vu désarmer en Angleterre une foule de navires, pour diminuer les frais au maximum; seuls ont continué de naviguer ceux qui n'ont pas assez de capital pour payer sur des réserves leurs dépenses courantes. Au reste, partout, les dépenses des navires avaient augmenté, en particulier du fait de la législation nouvelle appliquée en bien des pays. La situation est telle qu'on a songé à s'entendre pour diminuer la capacité utilisable des navires, ou pour arrêter complètement la construction.

Pour ne pas trop souffrir du manque de cargaison, les steamers des lignes régulières multiplient leurs escales intermédiaires, en tuant naturellement les transports par tramps. Il ne faut pas oublier que les émigrants mêmes manquent à la navigation, puisque le courant de l'émigration vers les États-Unis a décru dans des proportions extraordinaires. Bien entendu, les choses ne peuvent se modifier bien vite.

Quant à la construction maritime, elle est dans un état lamentable. Nous ne parlerons pas de la grande grève des chantiers anglais, car ce n'est point elle qui a mis l'industrie de la construction navale mal en point; elle est bien plutôt le résultat des conditions dans lesquelles se sont trouvés les industriels, par suite de la crise. Beaucoup d'entre eux ont essayé de continuer à travailler, mais sur une échelle très restreinte, en réduisant leurs frais généraux autant que possible; certains chantiers n'ont pas un bateau en construction, d'autres n'ont qu'une petite unité leur assurant tout au plus de quoi payer leurs frais d'éclairage électrique; aussi, bien des chantiers ont-ils fermé complètement. D'après les statistiques les plus récentes du Lloyd, il y aurait en chantier 450 000 tonneaux de moins que l'an dernier à pareille époque; et encore les constructions dont il s'agit sont presque achevées, et quand elles seront terminées, on ne sait trop comment s'alimenteront les chantiers.

La situation n'est pas meilleure en Allemagne, pour ne pas parler des autres pays. Les gens les plus au courant affirment que cette industrie de la construction navale est la plus atteinte de toutes les branches de l'activité nationale, les commandes nouvelles faisant presque complètement défaut, ainsi que c'est le cas pour la Grande-Bretagne; certains chantiers maintiennent leur activité en constrû-

sant pour leur compte des bateaux qu'ils espèrent revendre plus
tard à des compagnies de navigation; d'autres ne vivent que de
réparations, ou encore commanditent des armateurs qui, en retour,
leur commandent des navires.

On le voit, l'état de l'industrie ou, si l'on veut, de toutes les
industries, est extrêmement pénible : pour sortir de cette situation,
il faudra que le capital reparaisse en suffisante abondance. Il semble
du reste que la crise ne doive pas être aussi longue que cela se produisait jadis; mais il est à supposer qu'elle servira d'enseignement à
toutes sortes d'égards,. et qu'on demandera encore plus que jadis
au technicien d'économiser sur les frais de production et sur les
matières premières de toute espèce.

II

Dans ces frais de production, le coût du transport entre pour une
part assez considérable, et c'est pour cela que nous voudrions indiquer ici les transformations qui se préparent ou qui sont en train
de s'accomplir du fait de l'application de l'électricité aux chemins de
fer. Beaucoup de gens, et des plus avisés, estiment que la reprise
industrielle se fera tout d'abord par le développement des voies
ferrées électriques, par l'équipement électrique des lignes existantes ou la construction de voies nouvelles où sera utilisé le mode
de propulsion également nouveau. Ce serait le cas tout spécialement
aux États-Unis.

Voyons donc quels sont les projets dressés, les travaux faits à cet
égard, les avantages que peut assurer cette transformation et qui
précisément la motivent. Sans doute, n'est-ce pas d'aujourd'hui
qu'on se préoccupe de cette question des chemins de fer électriques,
mais on a été hésitant d'abord à leur sujet, avec une prudence qui
se justifie par les écoles coûteuses qu'on aurait pu faire. On accusait
beaucoup de ceux qui manifestaient de l'enthousiasme pour ce
moyen de transport de céder à la mode, à un entraînement irréfléchi; et un savant comme M. Eric Gérard, par exemple, a dû rompre
bien des lances contre les partisans du statu quo. Maintenant ceux-
ci renoncent à lutter contre le progrès, et ce n'est plus seulement là
où abondent les chutes d'eau et où le charbon est rare que l'on se
met à dresser des plans pour substituer le moteur électrique à la
classique et vaillante locomotive à vapeur, à laquelle nous sommes

tant redevables. Au Congrès international des électriciens, un esprit très avisé, M. Arnold, avait bien annoncé l'électrification graduelle (puisque c'est le terme qui a acquis droit de cité) des voies ferrées; mais il avait envisagé une transformation ne se faisant qu'assez lentement, sur les lignes qui terminent les grands réseaux dans les agglomérations importantes, ou encore sur les lignes secondaires; il considérait que l'extension de cette électrification ne serait point rapide et serait due en grande partie aux réclamations du public appréciant la traction électrique surtout dans les sections de banlieue. Mais les choses se passent bien plus vite qu'on ne l'aurait pensé, et, aux États-Unis, le seul Long Island Railroad avait engagé déjà un capital de 500 millions de francs à la fin de 1906 dans l'électrification d'une portion de son réseau.

Quels que soient les perfectionnements de cette locomotive à vapeur dont nous venons de parler, son moteur, de faibles dimensions, a un mauvais rendement par rapport au combustible qu'il réclame; on ne peut dépasser avec lui une certaine puissance parce que la largeur de la voie, et aussi celle des ponts, des souterrains, limite étroitement la capacité de la chaudière; avec cet engin, on ne peut pas maintenir des vitesses *moyennes* considérables sans qu'il prenne tout de suite des mouvements oscillatoires dits de lacet et de galop qui fatiguent étrangement la voie et entraînent de grosses dépenses d'entretien. Sans parler de la lenteur des démarrages après chaque arrêt d'une locomotive à vapeur, il faut savoir aussi que les dépenses d'entretien d'un tracteur électrique sont bien moindres que celles de la locomotive ordinaire : avec cette dernière, on dépensera 18 centimes ou 21 et plus (suivant qu'il s'agit de convois de voyageurs ou de marchandises) au lieu de 5 centimes environ avec l'engin électrique. L'électrification donne la possibilité d'accroître la capacité d'une ligne, en augmentant la vitesse moyenne, et tout en multipliant les arrêts, aussi bien que les départs. Et ces qualités ne font que s'accentuer quand on emploie des *unités multiples électriques*, c'est-à-dire des wagons automoteurs répartis dans la longueur d'un convoi et commandés simultanément par un seul mécanicien, wagons permettant de composer un train très long et très lourd, sans qu'on redoute de voir le tracteur unique dans l'incapacité de remorquer le poids attelé derrière lui. On est généralement d'avis que même la locomotive électrique s'attelant en tête d'un convoi peut faire 25 p. 0/0 de besogne de plus que la locomotive à vapeur; des constatations absolument pratiques, effectuées sur le New Haven and Hartford Railroad, ont prouvé que, pour un service de 5 milliards de tonnes-kilomètres, l'électrification assurait une économie de plus de 1 800 000 francs. D'autre part, sur ces lignes à fortes rampes qui deviennent forcément plus nombreuses au fur et à mesure qu'on s'attaque davantage aux régions montagneuses, notamment pour les traverser par des voies passant en tunnel, toutes les dépenses diminuent considérablement avec la traction électrique.

On pourrait donner bien d'autres raisons de l'avantage de ce mode nouveau de traction. Par exemple, la locomotive à vapeur a le tort de continuer à brûler du charbon, par conséquent à consommer de la puissance, aux innombrables arrêts qui se produisent en service normal, arrêts dans les gares, arrêts aux signaux, et le maintien de la pression, dans ces circonstances, entraîne une déperdition de 180 kgr. de charbon à l'heure. Nous ne dirons rien des emplacements énormes qui sont consacrés un peu partout aux approvisionnements d'eau, de charbon, que la locomotive à vapeur doit trouver partout : son fonctionnement est basé exactement sur le contraire de cette centralisation qui a fait ses preuves dans toutes les industries. Par contre, le tracteur électrique, quel qu'il soit, est instantanément prêt à partir sans avoir besoin de la mise sous pression comme l'engin à vapeur. Un détail qui n'est pas non plus sans importance, c'est la fumée émise par cet dernier, qu'il est impossible de rendre fumivore, et cette fumée attaque de façon redoutable les poutres métalliques des innombrables ponts qui traversent les voies ferrées.

Sans doute, il y a bien des inconvénients à la transformation que l'on prépare : à commencer par l'abandon d'un matériel énorme qui a encore une réelle valeur. Toutefois, l'électrification ne se réalisera jamais d'une manière assez subite pour que l'amortissement de ce matériel n'ait pas le temps de se faire ; on l'utilisera tandis que l'électricité gagnera peu à peu du terrain par ailleurs. Certains ingénieurs voudraient voir dépenser les sommes qu'on va employer à créer du matériel nouveau à améliorer les lignes ferrées elles-mêmes, en y diminuant les rampes et les difficultés de tout genre, ce qui aurait pour résultat d'abaisser les frais d'exploitation. On se plaint aussi des dangers que peut faire courir le conducteur distribuant le courant électrique, si on le place au niveau du sol ; mais il y a là une exagération manifeste, l'éducation du public se faisant bien vite, et les conducteurs pouvant devenir aériens aux passages à niveau (sans parler de l'intérêt qu'il y aurait à supprimer complètement ceux-ci, étant donnés les besoins de vitesse de jour en jour plus grands).

Toujours est-il que le mouvement de transformation est trop bien imprimé à l'heure actuelle pour qu'il soit possible de revenir en arrière. Nous avons cité tout à l'heure les États-Unis à ce propos, et le fait est que l'électrification a commencé de s'y faire sur ces vastes proportions qu'affectionnent les ingénieurs américains. Le New York Central a introduit la traction électrique sur sa première section au départ de New-York, et il s'en trouve au mieux; le réseau du New Haven Railroad en a fait autant sur une longeur de plus de 55 kilomètres. C'est sur cette portion électrifiée qu'ont été faites les expériences les plus intéressantes sur les dépenses de combustible au moyen de la traction à vapeur ou de la traction électrique : on a constaté qu'en appliquant la traction électrique à tout le mouvement des trains et du trafic, on arrivera dans l'année à une économie de combustible de près de 1 700 000 francs; et qu'on ne s'en étonne pas en songeant que la même quantité de charbon brûlée sous les chaudières de la station centrale électrique qui fournit le courant au réseau, ou dans les chaudières dispersées des locomotives à vapeur, assure, dans le premier cas, une puissance de déplacement de voyageurs ou de marchandises double de ce qu'elle est dans le second. D'autre part, on compte réaliser, du fait de l'électrification, une économie de près d'un million de francs par an sur l'entretien des machines. Parmi les autres lignes électrifiées aux États-Unis, nous pourrions citer une section de plus de 50 kilomètres sur l'Erie Railroad, où l'on était arrivé à donner aux locomotives à vapeur des dimensions monstrueuses, afin de leur permettre de répondre au poids des trains et à la vitesse qu'on prétendait leur imprimer. On étudie en ce moment l'électrification d'une section de plus de 200 kilomètres aux environs de Sacramento, sur le Southern Pacific Railroad, section montagneuse à rampes très accentuées.

Nous n'avons pas l'intention de parler de ce qui s'est fait en France, parce que c'est connu de nos lecteurs; aussi bien, la traction électrique a été appliquée soit sur des lignes très secondaires de montagne, soit dans la banlieue de Paris, et pour les chemins de fer de banlieue on n'hésite plus à se résoudre à l'électrification. On sait que la Cie de l'Ouest prépare l'adoption de la traction électrique pour tout son important réseau de banlieue. En Grande-Bretagne, c'est également la banlieue des grandes villes qui a profité le plus de l'électrification;

nous aurions à citer comme particulièrement intéressante (faisant
tout à fait abstraction des lignes métropolitaines proprement dites)
la ligne Liverpool Southport, qui a 75 kilomètres de développement :
la traction électrique a permis sans inconvénient de presque doubler
le nombre des trains, tout en réduisant de plus d'un tiers le temps
du parcours total, qui se fait très vite malgré des arrêts très nombreux.
Le chemin de fer London Brighton prépare l'électrification d'une
partie de son réseau.

L'Italie qui, il est vrai, était poussée spécialement à la transformation par le manque de charbon sur son sol, par les difficultés du
transport du combustible vers les diverses portions de son réseau
ferré, par le prix de ce combustible arrivé à pied d'œuvre, poursuit
activement l'électrification déjà commencée depuis un certain temps.
Le dernier budget italien a prévu un crédit de près de 75 millions de
francs pour cette électrification, dont plus de 32 millions pour les
locomotives électriques, et le reste pour les stations génératrices,
les sous-stations transformant le courant avant sa distribution aux
locomoteurs, et enfin les rails de distribution de ce courant. Pour ne
pas avoir à modifier le matériel roulant, les wagons divers, et
réduire d'autant la dépense à faire dès le début, on aura recours à
des locomotives proprement dites, et non à des unités multiples se
répartissant l'effort nécessaire à la mise en marche d'un convoi ; le
courant arrivera des usines à une tension, mettons pression, de
25.000 volts, et sera ramené ensuite à une pression bien plus modeste
avant de parvenir aux machines. Le projet à mettre à exécution est
déjà considérable, puisque l'électrification doit porter sur une longueur de lignes de plus de 500 kilomètres. Au reste, l'Italie avait,
pour la renseigner sur les avantages de la traction électrique,
l'expérience tentée depuis 1902 sur le réseau de la Valteline, et qui
portait sur une longueur assez importante de 100 kilomètres. Ici,
tout indiquait de recourir à l'électricité, puisque les lignes desservies
présentent des rampes accentuées, et aussi de nombreux tunnels où
les fumées émises par les anciennes locomotives étaient une grande
gêne et pour les voyageurs et pour les agents de l'exploitation. Le
courant arrive par des conducteurs aériens sur lesquels frotte l'organe de prise, ce qui n'a pas paru présenter d'inconvénients sérieux,
l'exploitation se faisant dans de bonnes conditions. On tire parti de la
force motrice fournie par le fleuve Adda, et les résultats sont excellents. Comme l'a parfaitement montré M. l'Ingénieur Tajani, en dépit
des tâtonnements inévitables en une matière qui était encore nouvelle

au moment de la transformation, avec la traction électrique, on a porté sans peine la capacité des lignes de 6 258 000 essieux-kilomètres à plus de 11 millions 1/2, et l'essieu-kilomètre a coûté sensiblement moins cher ; cette économie s'accentuera du reste au fur et à mesure que le trafic croîtra, ce qui ne s'accuse que bien faiblement au cas d'une exploitation par la vapeur.

On doit savoir que l'adoption de la traction électrique s'est imposée tout de suite pour le tunnel du Simplon ; mais il va en être bientôt de même pour toutes les lignes Suisses : non pas que l'Etat éprouve le besoin de donner le bon exemple, au risque de hasarder de l'argent ; ce sont des fantaisies auxquelles ne se prêteraient pas les finances quelque peu avariées des Chemins de fer fédéraux. Mais on compte au contraire, grâce à l'électrification, satisfaire aux besoins d'économie qui s'imposent. L'opération aura la plus large envergure, puisque la Commission officielle qui avait été chargée d'étudier le problème devait examiner la possibilité d'adopter la traction électrique pour l'ensemble des chemins de fer. On a étudié le régime des chutes d'eau, et l'on compte leur demander par journée entière une puissance de 2 400 000 chevaux-vapeur-heure ; en fait, il en arrivera un peu moins d'un million aux locomoteurs ou tracteurs divers employés sur les voies ferrées, et c'est largement assez pour parer à l'augmentation du trafic, puisque, à l'heure actuelle, ce que l'on consomme annuellement de combustible sur ces chemins de fer correspond à une puissance de 800 000 chevaux-heure seulement, par 24 heures. Nous n'avons pas besoin de dire qu'ici tout est avantage dans l'électrification : non seulement on utilise des chutes d'eau qui donnent la force à bien meilleur marché que le charbon coûteusement importé, mais encore on se trouve pouvoir faire circuler bien plus facilement les convois sur les lignes à forte rampe qui abondent dans le pays. Au reste, dès maintenant, des lignes particulières sont en train d'adopter la traction électrique.

Il est tout naturel que l'on songe à électrifier les chemins de fer partout où la production du courant peut se faire au moyen de chutes d'eau ; c'est ce qui se passe, nous venons de le voir, en Suisse, en Italie, c'est ce que l'on prépare également en Suède, où un plan général de transformation des voies ferrées a été étudié de très près, dans tous ses détails, et sera bientôt exécuté en partie. Il est à remarquer l'audace de cette électrification générale du réseau suédois, en ce sens que la population est très clairsemée et que c'est un gros capital d'établissement qu'on va exposer sans être assuré de voir le trafic se développer très vite. Voici déjà plusieurs années que l'État a chargé un de ses ingénieurs d'étudier toutes les conditions du problème et comment il pourra être résolu au mieux au point de vue technique. On a d'ailleurs ce grand avantage que les chutes d'eau sont presque surabondantes, et que, par suite, on peut ne pas économiser trop étroitement le courant en recherchant des installations qui donnent un rendement très élevé entre le courant produit aux usines hydro-électriques et le courant utilisé sur les voies.

Le gouvernement suédois, qui possède ses chemins de fer, a déjà acheté une série de chutes d'eau, susceptibles de fournir constamment une puissance de 50 000 chevaux environ : ce qui n'est pas trop pour les 2 100 kilomètres de lignes où l'on veut installer la traction électrique. Et encore compte-t-on, pour répondre au développement certain du trafic, se procurer de façon fort originale le supplément de force motrice, c'est-à-dire de courant, qui deviendra indispensable : on construirait des usines où l'on brûlerait ce combustible encore bien peu utilisé qu'on nomme la tourbe, et que l'on commence maintenant de savoir mieux mettre à profit. Il faut dire que l'ingénieur qui a étudié la question estime qu'en 1920, grâce partiellement aux facilités et à l'abaissement du prix de revient dus à l'électricité, et permettant d'attirer voyageurs et marchandises, le trafic des lignes suédoises aura augmenté de 60 p. 0/0. On installera tout suivant les derniers progrès acquis en matière d'électricité; c'est ainsi que le courant arrivera des stations centrales à une tension de 50 000 volts, et l'on compte que ce courant aura encore une tension énorme (par rapport aux errements habituels) de 15 000 volts dans les moteurs des locomotives électriques.

*
* *

Donnons quelques chiffres qui vont faire comprendre que si, finalement, l'électrification assure une économie considérable dans le prix des transports, elle n'en nécessite pas moins au début l'immobilisation d'un capital énorme. En effet, la transformation projetée sur les lignes suédoises va exiger 39 millions de francs pour les usines hydro-électriques, plus de 65 millions pour les lignes amenant le courant aux voies et pour les sous-stations de transformation de ce courant, etc. Mais en 1920, au moment où le trafic se sera développé vraisemblablement comme nous le disions, on réalisera une économie de 5 millions au moins sur les dépenses annuelles d'exploitation telles qu'elles se seraient présentés avec la vapeur. La Suède fait en ce moment installer électriquement une première ligne ferrée, de faible développement il est vrai, mais qui lui permettra de mettre au point le projet dont nous venons de parler.

En Autriche, un projet a été également dressé pour une électrification qui se justifie en grande partie par le prix élevé du charbon ; dans la région de l'Arlberg, en particulier, la houille atteint des prix presque invraisemblables, alors justement qu'on se trouve en présence de rampes très rapides à franchir, et que, d'autre part, les chutes d'eau abondent dans ces parages. Mais, encore une fois, l'électrification n'est pas intéressante seulement là où l'on peut installer des usines hydro-électriques pour se procurer le courant ; celui-ci est de toute manière l'intermédiaire le plus pratique, le plus économique, pour distribuer aux convois circulant sur les voies ferrées la force motrice qui doit assurer leur déplacement.

Et c'est pour cela que de tous côtés, en Allemagne, on parle d'adopter la traction électrique sur les voies de fer. Nous n'envisageons pas la ligne de Berlin à Hambourg, dont il a été question depuis des années sans que la solution proprement dite du problème ait fait un pas ; mais une résolution formelle vient d'être prise pour les lignes prussiennes. Après des essais préliminaires qui auront pour but de constater pratiquement quelles sont les meilleures conditions techniques d'installation de cette traction, en particulier la nature du courant à distribuer et sa tension, on électrifiera la ligne Magdebourg-Bitterfeld-Leipzig, qui a un développement de 120 kilomètres ; puis on s'attaquera à la ligne qui relie Hall à Leipzig. Précisément, ici, on n'a pas l'intention, et pour cause, de mettre à contribution une usine hydro-électrique pour la production du courant ; mais on utilisera des charbons bitumineux qui sont en abondance dans la région et qu'il est impossible d'employer au chauffage des locomotives à vapeur. L'électricité viendra donc bien abaisser le prix de revient, en permettant de tirer parti de richesses naturelles qui, auparavant, ne pouvaient répondre aux besoins des transports ; ces charbons brûleront très bien dans les foyers d'une usine fixe, où l'on peut recourir aux moyens artificiels de tirage assurant la combustion de n'importe quel combustible. Et comme on entend bien généraliser la traction électrique sur tout le réseau prussien, on escompte, pour le moment où la transformation sera réalisée, une économie qui atteindrait dans l'ensemble la somme énorme de 70 millions de francs, à peu près 5 p. 0/0 du capital d'établissement avoué de ces chemins de fer : ceci d'après les chiffres établis par M. Pforr.

En Bavière, des plans sont dressés dans un but tout semblable, mais on y compte mettre à contribution les forces hydrauliques que représentent les innombrables lacs et cours d'eau du pays. On n'aura pas à utiliser toutes ces forces, il s'en faudra, pour répondre aux besoins des voies ferrées. Et cela quel que soit le taux d'accroissement du trafic sur ces lignes ferrées.

On touche donc au moment où la transformation, qui s'annonçait depuis quelques années comme logique, presque comme nécessaire, va commencer d'être un fait accompli.

Il reste encore, évidemment, des points à élucider dans les installations techniques; on se demande notamment s'il vaut mieux recourir au courant continu, au courant triphasé ou au courant monophasé; on devra perfectionner certains des appareils électriques qui permettent de modifier dans les meilleures conditions la vitesse de marche des convois. Mais on peut dire sans exagération que ce sont là des détails; l'ingénieur électricien s'empressera de les résoudre rapidement, surtout s'il voit qu'on n'attend plus que cela pour adopter de façon bien plus générale la traction électrique, en mettant à profit tous les avantages qu'elle présente.

DANIEL BELLET.

ANALYSES ET COMPTES RENDUS

René Henry. — *Des monts de Bohême au golfe Persique* (avec préface de M. Anatole Leroy-Beaulieu, de l'Institut). 1 vol. in-12, Paris, Plon, 1908.

De même qu'en 1903, dans ses questions d'Autriche-Hongrie et question d'Orient, M. René Henry unit en un volume une série d'études sur l'Autriche, la Hongrie et les pays de la péninsule balkanique. De plus, il franchit le Bosphore et consacre une 4ᵉ partie à l'Asie turque et au chemin de fer de Bagdad. C'est qu'à l'heure actuelle, aussi bien qu'il y a cinq ans, la pression germanique établit un lien entre ces pays divers, où, avec constance, méthode et ténacité, l'Allemagne cherche à la fois les éléments de puissance politique et des débouchés économiques. « Dans la mêlée de vingt peuples en lutte et le conflit des races anciennes brusquement éveillées à la vie moderne, l'observateur attentif découvre partout les mêmes influences en travail, la même poussée de l'Europe centrale penchée vers le sud et vers l'orient, le même Drang germanique en quête de terres nouvelles ou de nouveaux marchés pour les commis-voyageurs ou pour les colons de l'Allemagne du XXᵉ siècle, qui, avec ses énormes accroissements réguliers de huit ou neuf cent mille âmes chaque année, commence à étouffer dans l'enceinte des limites bismarckiennes » (préface de M. Leroy-Beaulieu, p. III-IV).

Le volume de M. René Henry est divisé en quatre parties : la première est consacrée au suffrage universel en Autriche. Elle montre quelles causes ont déterminé l'évolution de la géométrie électorale de Schmerling et du système des curies au régime actuel; quel a été le rôle décisif de l'Empereur dans la réforme et quels sont les effets de cette transformation radicale sur la constitution du Parlement autrichien et sur les rivalités nationales. Il convient d'y relever l'innovation qui, aux circonscriptions purement territoriales, substitue des circonscriptions nationales, là du moins où l'enchevêtrement des nationalités laisserait sans représentants des minorités importantes. « Électoralement, il existe deux Moravies : la tchèque et l'allemande, dont les circonscriptions ne coïncident même pas et s'étendent les unes et les autres sur tout le pays. Chaque électeur déclare dans sa commune s'il veut voter dans la circonscription tchèque ou dans l'allemande. C'est ce qu'on nomme le système du cadastre national » (p. 32). Ce système a le grand mérite d'affirmer le droit de la minorité à être entendue; il rompt avec la loi du nombre, trop souvent présentée comme la loi du droit alors qu'elle n'est, par elle-même, que la loi de la force; il pourrait être utilement introduit ailleurs qu'en Autriche. M. Renée Henry propose, à juste titre, dans sa troisième partie de le transporter en Macédoine et de lui demander un remède aux haines nationales, surexcitées par la crainte d'oppression de la part de la nationalité dominante.

La deuxième partie est consacrée à la crise hongroise. L'auteur y fait défiler, après un tableau fort intéressant des antécédents de la Hongrie contemporaine, du rôle de la noblesse et du développement de la nation magyare, une série de vues prises à des dates diverses depuis l'ouverture de la crise. Cette méthode a l'avantage de multiplier les documents, les éléments d'information dans une question fort complexe où il est singulièrement difficile de démêler les courants qui entraînent vers l'avenir parmi les remous multiples des agitations présentes. Mais elle ne va pas sans laisser le lecteur souvent perplexe et quelque peu désorienté, s'il n'est pas encore instruit des affaires magyares, au milieu de ce bouillonnement d'idées et de passions, de cette variété de problèmes et de faits imprévus et de ce luxe de déclarations d'hommes en vue et en désaccord. Ici, il ne suffit pas de lire, il faut étudier.

La troisième partie contient des esquisses historiques d'une grande clarté et d'un grand intérêt sur la Serbie et sur la Bulgarie, une récente enquête sur les rapports de ces deux états et sur leur action en Macédoine, un chapitre enfin sur la transformation du Monténégro en état constitutionnel et les premières difficultés qui en résultent.

Dans la quatrième partie, M. René Henry dresse la carte des intérêts et des convoitises qui se heurtent dans les vastes régions de l'Asie occidentale, appauvries par l'incurie turque. Il montre l'importance des voies ferrées et pour la Turquie et pour les Puissances européennes, les avantages que l'Allemagne espère du chemin de fer de Bagdad, l'hostilité que rencontre cette entreprise en Russie et en Angleterre, les solutions diverses qui pourraient hâter l'achèvement d'une œuvre incontestablement utile, en conciliant les oppositions et en prêtant, sous conditions, le concours des capitaux français à l'exécution des lignes commencées par les Allemands.

L'entrée en scène des Jeunes Turcs, l'inauguration du régime constitutionnel dans l'empire ottoman viennent d'introduire dans la question d'Orient des facteurs nouveaux, dont le contre-coup ne saurait manquer de retentir des monts de Bohème au golfe Persique et même au delà. Toutes les conditions de la politique européenne risquent d'en être affectées. Si le nouveau régime s'affermit, il y aura lieu d'en mettre au point les inévitables répercussions. Ce sera sans doute, pour M. René Henry, l'objet d'études nouvelles dont l'intérêt ne serait pas moindre que celui de ses études antérieures.

C. D.

Arthur Girault. *Principes de colonisation et de législation coloniale.* Troisième édition, revue et augmentée. Paris, Larose et Tenin, éditeurs, 1908, 3 vol. in-8.

Quand un travail scientifique ou doctrinal atteint rapidement sa troisième édition, il devient généralement oiseux d'en rendre compte encore et d'en refaire l'éloge. Mais M. Girault ne se borne pas à réimprimer simplement ses *Principes de Colonisation*, au fur et à mesure que les tirages successifs s'épuisent : il les remanie à chaque fois, les améliore et les augmente tant et si bien que ce n'est point répéter simplement des choses déjà dites que de profiter de chaque occasion pour signaler les mérites de cet excellent ouvrage.

L'édition qui vient de paraître forme trois volumes au lieu de deux. L'Algérie et la Tunisie en remplissent un, à elles seules, et l'ensemble contient si je ne me trompe, plusieurs centaines de pages de texte nouveau. C'est dire avec quel soin l'auteur a retravaillé son œuvre pour la remettre exactement au courant et c'est dire aussi qu'il a continué de faire preuve de la très scrupuleuse conscience qui a tant contribué à son légitime succès. De fait, le livre n'a point essentiellement changé et, s'il s'est développé, ses caractères généraux demeurent les mêmes, comme ses tendances. Touchant celles-ci, certaines réserves continuent d'être permises. On peut craindre, notamment, que M. Girault ne manifeste en faveur des principes d' « assimilation » une sympathie quelque peu trop forte. Inutile, toutefois, de s'apesantir sur ce point. En effet, bien que l'auteur des *Principes de Colonisation* ait tenu à ce que son travail fût très nettement doctrinal, il a su comprendre pourtant que les doctrines, en pareilles matières, ne pouvaient être absolues. Tandis que nombre d'autres s'appliquent à l'oublier, il a constamment marqué que la colonisation est chose extrêmement complexe, infiniment délicate étant perpétuellement obligée de se plier, sous peine d'échec, à des circonstances toujours changeantes. Non content d'expliquer et de commenter, avec une clarté parfaite, l'organisation générale et les législations particulières de nos colonies, il a pris soin de dégager les conditions parmi lesquelles cette organisation s'est développée et ces législations ont pris naissance. Il a donc fait une large place à l'histoire, et de cela je ne puis, naturellement, que lui savoir un gré particulier. Et pourtant je serais tenté aussi de formuler quelques objections au sujet de la partie historique, bien que sur certains points, la troisième édition me paraisse s'accorder mieux avec mes idées particulières que ne faisaient les précédentes. Ainsi pour expliquer la politique suivie par la monarchie de juillet à l'égard des « *possessions* françaises du Nord de l'Afrique » politique dont les conséquences se sont prolongées bien après 1848, il eût été bon, je crois, d'indiquer comment les ministres de Louis-Philippe se sentirent rapidement gênés par l'article de la Charte qui avait soumis les *colonies* au régime des lois. Ainsi encore les documents très formels conservés aux Archives de la Guerre me paraissent ne pas permettre de partager l'opinion de M. Thureau-Dangin, suivie par M. Girault, et suivant laquelle le gouvernement aurait hésité plusieurs années avant de se décider à garder définitivement Alger. Mais sur ces détails ou sur d'autres analogues, je m'en voudrais d'insister. Leur importance est minime et je les indique en passant, simplement parce qu'il convient de ne point se contenter de louanges banales ou de formules vagues en parlant d'un livre qui occupe dans notre littérature coloniale une place exceptionnelle.

Et c'est là ce qu'il importe surtout de ne pas oublier. A l'encontre de tant d'autres, l'ouvrage tient beaucoup plus que son titre ne promet. Il est d'abord un traité juridique. Il est aussi un livre d'histoire des plus sérieux, dont la documentation, pour n'avoir tenu compte que des imprimés, ne s'en trouve pas moins très ample et sûre. Il présente enfin, et par la com-

binaison même de ces deux éléments, un tableau d'ensemble de tout ce que
la France a fait aux diverses époques et continue de faire pour gouverner,
administrer, et exploiter ses colonies. Nul de ceux qui s'intéressent aux
choses coloniales, à quelque titre que ce soit, ne saurait donc se dispenser
de le consulter.

CHRISTIAN SCHEFER.

———

Léon Baréty, docteur en droit, diplômé de l'École des Sciences politiques. — *L'évolution des banques locales en France et en Allemagne*. Paris,
Librairie des Sciences politiques et sociales. Marcel Rivière, 1 vol. in-18, 191 p.

M. Léon Baréty, s'inspirant de l'affirmation de M. Paul Beauregard : « La
banque locale est, dans l'intérêt de tous, indispensable », s'est proposé d'étudier la constitution des banques locales en France et en Allemagne, — puis,
par une analyse de l'évolution économique, de nous faire entrevoir l'avenir
possible de ces institutions.

La question des banques locales est intéressante à plusieurs titres, et
c'est avec une certaine satisfaction que cette nouvelle étude sera accueillie
pour les travaux économiques.

M. Baréty espère le maintien des banques locales. « Notre intime conviction est que ces deux organisations (les sociétés et les banques locales) se
complètent, sont destinées à vivre côte à côte et peuvent simultanément
rendre des services au commerçant, à l'industriel et au capitaliste. » Il ne
suffit pas d'affirmer, et après avoir défini la banque locale et son rôle,
M. Léon Baréty nous fait faire un tour en Allemagne, où il passe en revue,
successivement, la fortune mobilière, la concentration des banques, les
crises de 1901 et de 1907, les émissions, le Congrès de Hambourg, la
réforme des petites banques et les groupements des banques allemandes.

Mais ce qui nous intéresse le plus après ce détour en Allemagne, ce sont
les remèdes à conseiller aux banquiers pour maintenir leur prospérité
« côte à côte » avec les puissantes sociétés de crédit. D'après M. Baréty, le
banquier doit placer des valeurs mobilières, se moderniser, participer au
fonctionnement du syndicat des banquiers de province, tout en restant le
confident sûr de l'industriel ou du commerçant.

Dans sa conclusion M. B. essaye de dégager les tendances de l'évolution
actuelle des banques. Il y a, en France et en Allemagne, tendance à la concentration des banques.

Quant aux modes :

En France, les banques locales privées ont tendance soit à disparaître,
soit à se transformer en sociétés anonymes, ou à devenir agences ou
succursales d'établissements de crédit ou de banques plus importantes.

« En Allemagne, les banques privées ont tendance à entrer dans la sphère
d'influence d'un établissement plus puissant en général, d'une des six
grandes banques berlinoises, soit qu'elles en deviennent succursales ou
fédérales, soit qu'elles lui accordent une participation ou une part
d'intérêt... »

F. L.

G. Lecarpentier, avocat à la Cour d'appel. — *Le commerce international.* 1 vol. in-16 de 110 pages. Bibliothèque des sciences économiques et sociales, Marcel Rivière, Paris, 1908.

Dans ce petit volume, que M. Millerand qualifiait récemment de « petit chef-d'œuvre », M. Lecarpentier résume avec la plus grande clarté les théories du libre-échange et de la protection, et les adaptations de ces théories économiques aux réalités du commerce international.

Il le fait avec une parfaite objectivité et donne à chaque argument adverse sa pleine force. Après une revue rapide des applications historiques de l'un ou l'autre système, il conclut qu' « en fait chaque état est libre-échangiste ou protectionniste dans la mesure où il y a ou du moins croit y avoir intérêt ». Ensuite il expose le mécanisme des différents moyens employés pour protéger le commerce national, le système du *tarif unique*, du *double tarif autonome*, des *tarifications spécifiques* ou *ad valorem*, des moyens employés pour importer à bon compte les matières premières, *admission temporaire, drawbacks*, etc.

Mais quel que soit le régime adopté, M. Lecarpentier estime qu'un état doit s'efforcer de développer son commerce d'exportation. Il expose donc ce qui a été fait en France dans les dernières années, pour aider les exportateurs : *Conseil supérieur du commerce, Moniteur officiel du commerce, Office national du commerce extérieur, Conseillers du commerce intérieur*, corps d'*attachés commerciaux* auprès des grandes légations. Il indique ensuite les institutions qui existent à l'étranger, entre autres le système des syndicats ou agences d'exportation et les groupes d'expansion commerciale créés en Allemagne, en Autriche, en Italie, en Hongrie, les *musées commerciaux*, les *Bourses du commerce extérieur*. Il y a là une foule de renseignements utiles non seulement à des législateurs, mais aux commerçants eux-mêmes qui par leur initiative pourraient réaliser un grand nombre de ces améliorations.

L'ouvrage se termine par une étude statistique et critique du commerce des principaux pays dans les plus grands pays du monde. C'est un manuel clair, alerte et persuasif.

J.-P.-ARMAND HAHN.

Ouvrages envoyés à la rédaction.

P. BAUDIN, P. LEROY-BEAULIEU, MIL-
LERAND, ROUME, J. THIERRY,
E. ALLIX, J.-C. CHARPENTIER, H. de
PEYERIMHOFF, P. de ROUZIERS,
D. ZOLLA. — *Les forces productives
de la France.* (Conférences organi-
sées à la Société des anciens élèves
de l'École des Sciences politiques).
F. Alcan, 1 vol. in-18, 252 p.

ALBERT CALEB, docteur en droit,
privat-docent à l'Université de
Genève. — *Du régime des capitulations en Turquie par rapport à
la Bulgarie.* 1 broch., 48 p.

LOUIS DELPÉRIER. — *Les colonies de
vacances.* (Préface de M. E. Cheysson de l'Institut). Lib. V. Lecoffre,
1 vol. in-32.

PAUL GAULTIER. — *L'idéal moderne : la
question morale, la question sociale,
la question religieuse.* Hachette et
Cⁱᵉ, 1 vol. in-18.

A.-E. GAULTIER. — *La réforme fiscale
par l'impôt sur le revenu.* F. Alcan,
1 vol. in-18, 340 p.

YVES GUYOT. — *Sophismes socialistes et faits économiques.* F. Alcan, éditeur, 1 vol. in-18, 350 p.

BERNARD LAVERGNE. — *Le régime
coopératif.* A. Rousseau. 1 vol.
in-8, 560 p.

RAYMOND LAZARD. — *Michel Goudchaux* (1797-1862), son œuvre, sa
vie politique. F. Alcan, 1 vol. in-8,
683 p.

ANDRÉ LIESSE, professeur au Conser-
vatoire des Arts et Métiers, et à
l'École des Sciences politiques. —
Portraits de financiers (Ouvrard,
Mollien, Gaudin, baron Louis,
Corvetto, Laffite, de Villèle). F.
Alcan, 1 vol. in-16.

MARCEL MARION. — *La vente des biens
nationaux pendant la Revolution,*
avec étude spécial des ventes
dans les départements de la Gironde
et du Cher. H. Champion, 1 vol.
in-8, 448 p.

LOUIS MARLIO, ingénieur des Ponts
et Chaussées, docteur en droit.
— *La politique allemande et la
navigation intérieure* ; 2ᵉ éd.,
L. Laron et L. Tenin, 1 vol.
in-18.

Le propriétaire-gérant : FÉLIX ALCAN.

Coulommiers. — Imp. PAUL BRODARD.

Viennent de paraître :

LA VIE POLITIQUE
DANS LES DEUX MONDES (1906-1907)

Publiée sous la Direction de M. **A. VIALLATE**, Professeur à l'École des Sciences Politiques

Préface de M. **Anatole LEROY-BEAULIEU**, de l'Institut,

Avec la collaboration de MM L. Renault, de l'Institut; W Beaumont, D. Bellet, P. Boyer, M Caudel, M Courant, M. Escoffier, G. Gidel, J.-P. Armand Hahn, Paul Henry, René Henry, A. de Lavergne, A. Marvaud, H.-R Savary, A. Tardieu, R. Vaultrin, professeurs et anciens elèves de l'Ecole des Sciences Politiques.

Un fort vol. in-8 de 600 pages de la *Bibliothèque d'histoire contemporaine.* **10 fr.**

ANDRÉ LIESSE
Professeur au Conservatoire National des Arts et Métiers et à l'École des Sciences Politiques

PORTRAITS FINANCIERS
OUVRARD — MOLLIEN — GAUDIN — BARON LOUIS
CORVETTO — LAFFITTE — DE VILLÈLE

Un volume in-16 . . . . **3 fr. 50**

J. NOVICOW

LE PROBLÈME DE LA MISÈRE
ET LES PHÉNOMÈNES ÉCONOMIQUES NATURELS

Un vol. in-8 de la Collection *Économistes et publicistes contemporains* . **7 fr. 50**

LÉON DUGUIT
Professeur a la Faculté de Droit de Bordeaux

LE DROIT SOCIAL, LE DROIT INDIVIDUEL
·ET LA TRANSFORMATION DE L'ÉTAT

1 volume in-16 de la *Bibliothèque de philosophie contemporaine*. . . . . . **2 fr. 50**

A. RAFFALOVICH
Correspondant de l'Institut

LE MARCHÉ FINANCIER
(1907-1908)

Angleterre, Allemagne, France,
États-Unis, Japon, Autriche-Hongrie, Italie, Russie.
MÉTAUX PRÉCIEUX. — QUESTIONS MONÉTAIRES

1 volume grand in-8 . . . . **12 fr.**

Précédemment parus :

Le Marché Financier. Années 1894-1895 a 1896-1897, chacune 1 vol... **7 fr. 50.** — 1897-1898 à 1901-1902, chacune 1 vol.... **10 fr.** — 1902-1903 à 1906-1907, chacune 1 volume . . . . **12 fr.**

Paraîtra le 15 octobre :

J. CHASTIN
Professeur au lycée Voltaire

LES TRUTS
ET
LES SYNDICATS DE PRODUCTEURS

(*Ouvrage récompensé par l'Académie des Sciences morales et politiques*)

Un vol. in-8 de la *Bibliothèque générale des Sciences sociales*, cart. à l'angl. **6 fr.**

COMPTOIR NATIONAL D'ESCOMPTE DE PARIS
Capital : 150 millions de francs entièrement versés.
Siège social **14, rue BERGÈRE**. – Succursale **2, place de l'Opéra, Paris.**

OPÉRATIONS DU COMPTOIR Bons à échéance fixe. Escompte et Recouvrements. Escompte de chèques. Achat et Vente de Monnaies étrangères. Lettres de Crédit, Ordres de Bourse, Avances sur Titres, Chèques, Traites, Envois de Fonds en Province et à l'Étranger, Souscriptions, Garde de Titres, Prêts hypothécaires maritimes, Garantie contre les Risques de remboursement au pair, Paiement de Coupons, etc

AGENCES 33 Bureaux de quartier dans Paris — 13 Bureaux de banlieue. — 140 Agences en Province. — 10 Agences dans les colonies et pays de Protectorat — 12 Agences à l'Étranger

LOCATION DE COFFRES-FORTS Le Comptoir tient un service de coffres-forts à la disposition du public, 14, rue Bergère, 2, place de l'Opéra, 147, boulevard Saint-Germain; 49, avenue des Champs-Élysées et dans les principales Agences — Une clef spéciale unique est remise à chaque locataire — La combinaison est faite et changée par le locataire, à son gré. — Le locataire peut seul ouvrir son coffre.

Garantie et Sécurité absolues

Compartiments depuis 5 fr. par mois

BONS A ÉCHÉANCE FIXE. Intérêts payés sur les sommes déposées De 6 mois à 11 mois, 2 0/0; de 1 an à 3 ans, 3 0/0 — Les Bons, délivrés par le Comptoir National aux taux d'Intérêts ci-dessus, sont à ordre ou au porteur, au choix du déposant.

VILLES D'EAUX, STATIONS ESTIVALES ET HIVERNALES. Le Comptoir National a des agences dans les principales *Villes d'Eaux* Ces agences traitent toutes les opérations comme le siège social et les autres agences, de sorte que les Étrangers, les Touristes, les Baigneurs, peuvent continuer à s'occuper d'affaires pendant leur villégiature

LETTRES DE CRÉDIT POUR VOYAGES. Le Comptoir National d'Escompte délivre des *Lettres de Crédit* circulaires payables dans le monde entier auprès de ses agences et correspondants, ces Lettres de Crédit sont accompagnées d'un carnet d'identité et d'indications et offrent aux voyageurs les plus grandes commodités, en même temps qu'une sécurité incontestable

Salons des Accrédités, Branch office, 2, place de l'Opéra

FÉLIX ALCAN, ÉDITEUR

Vient de paraître :

LES

FORCES PRODUCTIVES DE LA FRANCE

(Conférences organisées à la Société des anciens élèves de l'École libre des Sciences politiques)

Introduction par M. Paul LEROY-BEAULIEU, de l'Institut.

I. — *La productivité de l'agriculture et les problèmes sociaux*, par D. ZOLLA, professeur à l'École des Sciences politiques et à l'École nationale d'agriculture de Grignon; discours de PAUL LEROY-BEAULIEU.

II. — *La concentration industrielle et son influence sur le sort des classes ouvrières*, par M. E. ALLIX, professeur à la Faculté de droit de l'Université de Caen; discours de M. P. BAUDIN, député, ancien ministre des Travaux publics.

III. — *La marine marchande et les forces productives de la France*, par M. P. de ROUSIERS, secrétaire général du Comité central des armateurs de France; discours de M. THIERRY, député.

IV. — *L'organisation du commerce extérieur et les agents de son développement*, par M. J.-G. CHARPENTIER, premier secrétaire d'Ambassade honoraire; et discours de M. MILLERAND, député, ancien ministre du Commerce et de l'Industrie.

V. — *Les forces nouvelles en formation dans l'Afrique du nord*, par M. H. de PEYERIMHOFF, maître des requêtes honoraires au Conseil d'État; allocution et discours de M. ROUME, ancien gouverneur général de l'Afrique occidentale.

Un fort volume in-16.................................... **3 fr. 50**

Coulommiers. — Imp. PAUL BRODARD.

DES

SCIENCES POLITIQUES

Revue bimestrielle

Publiée avec la collaboration des professeurs et des anciens élèves
de l'École libre des Sciences politiques

VINGT-TROISIÈME ANNÉE

VI. — 15 NOVEMBRE 1908

FÉLIX ALCAN, ÉDITEUR

108, BOULEVARD SAINT-GERMAIN, PARIS
—

Renouvellement d'abonnement au 1er Janvier 1909.

Cette livraison étant la dernière de l'année 1908, nous prions nos abonnés de nous adresser leur renouvellement pour l'année 1909 par l'intermédiaire de leur libraire ou d'un bureau de poste. — Tout abonné qui ne nous aura pas envoyé pour le 25 Décembre prochain un avis contraire recevra par l'intermédiaire de la poste une quittance du montant de son abonnement pour 1909.

M. STOURM, de l'Institut, ancien Inspecteur des finances et Administrateur
des Contributions indirectes;

M. AUGUSTE ARNAUNÉ, ancien directeur de l'Administration des Monnaies,
conseiller maître à la Cour des Comptes.

M. A. RIBOT, de l'Académie française, Député, anc. President du Conseil des Ministres;

M. LOUIS RENAULT, de l'Institut, Professeur à la Faculté de droit de Paris;

M. ROMIEU, Maître des requêtes au Conseil d'État;

M. VANDAL, de l'Académie française:

M. ÉMILE BOURGEOIS, Professeur à la Faculté des lettres de Paris.

Professeurs à l'École libre des Sciences politiques.

RÉDACTEUR EN CHEF :

M. ACHILLE VIALLATE, Professeur à l'École libre des Sciences politiques.

Les ANNALES DES SCIENCES POLITIQUES (Vingt-troisième année,
1908) sont la suite des ANNALES DE L'ÉCOLE LIBRE DES SCIENCES
POLITIQUES. Elles paraissent tous les deux mois (en janvier.
mars, mai, juillet, septembre, et novembre), par fascicules grand
in-8.

PRIX D'ABONNEMENT
Un an (du 15 janvier)

Paris............................... 18 fr.

Départements et étranger............ 19 fr.

La livraison......... 3 fr. 50

On s'abonne à la librairie **FÉLIX ALCAN**, 108, boulevard Saint-Germain,
Paris; chez tous les libraires, et dans les bureaux de poste.

Les années écoulées se vendent séparément : les trois premières, **16** fr., les
suivantes, **18** fr. chacune. Les livraisons des trois premières années se vendent
chacune **5** fr.; à partir de la quatrième année, **3** fr. **50** chaque livraison.

FÉLIX ALCAN, ÉDITEUR

Viennent de paraître :

E. MILHAUD
Professeur d'Économie politique à l'Université de Genève.

L'Imposition de la Rente
LES INTÉRÊTS DU CRÉDIT PUBLIC.
LES ENGAGEMENTS DE L'ÉTAT. L'ÉGALITÉ DEVANT L'IMPOT.

1 volume in-16.............................. 3 fr. 50

A.-E. GAUTHIER
Sénateur, ancien ministre.

La Réforme Fiscale
par l'Impôt sur le revenu

1 volume in-16.............................. 3 fr. 50

AUTRES OUVRAGES TRAITANT DE L'IMPOT SUR LE REVENU

CHARTON (P.). **La réforme fiscale en France et à l'étranger**, 1 vol.
gr. in-18............................ **12** fr.

DUFAY (J.). **L'impôt progressif en France**, 2ᵉ édit., revue et augmentée,
1 vol. gr. in-8....................... **5** fr.

— **L'impôt progressif sur le capital et le revenu**, 1 vol. in-12. **1** fr. **50**

GUYOT (Yves). **L'impôt sur le revenu**. 1 vol. in-12. 1887...... **3** fr. **50**

MANCHEZ (G.). **L'impôt général sur le revenu**, broch. in-8.... **1** fr.

MARCE (V.), conseiller à la Cour des Comptes. **L'impôt sur le revenu en
Autriche**, broch. gr. in-8.................... **2** fr.

STOURM (R.), de l'Institut, professeur à l'École libre des Sciences politiques.
Les systèmes généraux d'impôts; 2ᵉ édition revisée, 1 vol. in-8.. **9** fr.

LE MOUVEMENT DES SALAIRES[1]

Aperçus sur le salariat des temps passés.

Le salariat a toujours existé dans les sociétés pour peu qu'elles eussent un commencement de civilisation; on en trouve des exemples dans l'*Iliade* et dans l'*Odyssée*[2]. C'est un genre de contrat qui est aussi naturel que le contrat de vente d'une marchandise. On le voit plus ou moins usité dans des sociétés dont l'esclavage était le régime dominant du travail manuel et dans des sociétés où le servage était le mode le plus ordinaire du travail rural, comme on le trouve généralisé dans les sociétés libres. C'est par un jeu d'esprit, en forçant les faits, que des écrivains ont soutenu que le travail a été soumis à trois régimes distincts et successifs, esclavage, servage, salariat, auxquels succédera suivant eux un quatrième régime affranchi de la dépendance du salarié au salariant. En réalité, toutes les sociétés n'ont pas passé par ces trois phrases; dans plusieurs sociétés il y a eu coexistence du salariat avec l'esclavage ou le servage.

On rencontre des édits de maximum dans le moyen âge et dans les temps modernes. Ils ont été rendus d'ordinaire à des époques où, par suite de l'affluence des métaux précieux ou de l'altération des monnaies, la puissance d'achat de l'argent diminuait rapidement. Les rois et seigneurs étaient convaincus qu'il était en leur pouvoir de fixer à leur gré la valeur d'échange de la monnaie qu'ils émettaient, et même de régler le prix des produits et des services.

1. Cet article est extrait d'un ouvrage intitulé *Salariat et Salaires* qui doit paraître en janvier 1909.
2. Voir P. Guiraud, *La main-d'œuvre industrielle dans l'ancienne Grèce.*

Une des ordonnances de ce genre les plus fameuses, celle du
roi Jean au mois de février 1351 (1350, vieux style), a eu cependant
une autre cause principale. La peste noire avait décimé la population ; les travailleurs et les produits manquaient et la rareté en
faisait hausser le prix. Le roi résolut, comme Dioclétien, d'enrayer
cette hausse ; il fixa le salaire des ouvriers en journée chez les particuliers à 12 deniers et, quand ils étaient nourris, à 6 deniers, celui
des chambrières à 30 sous par an, et en général celui des salariés à
un tiers au plus en sus de ce qu'il était avant la mortalité. Les
maîtres qui enchériraient les uns sur les autres pour attirer les
ouvriers devaient être à l'amende. Le travail à façon et les marchandises étaient tarifés : par exemple 2 sous 4 deniers la paire de
souliers d'hommes, 3 deniers l'aune pour la tonte des gros draps[1].

En Angleterre la même cause amena les mêmes effets : ordonnances (1349, 1350) pour réprimer « the insolence of the servants »
et punir de la prison quiconque demanderait un salaire plus élevé
que celui qu'on avait continué de donner depuis vingt ans[2]. En
Italie aussi le salaire haussa et on se plaignit des ouvriers.

En 1354 fut promulguée en France une autre ordonnance qui
paraît aujourd'hui plus étrange encore. Elle prescrit « à tous marchands, laboureurs, ouvriers, serviteurs de ramener et mettre leurs
denrées, marchandises et ouvrages à des prix convenables et suffisants selon la valeur de la forte monnaie » (le roi venait de changer
la taille au marc de la livre tournois), et elle ajoute que « dans
toutes les villes les personnes saines de corps, qu'elles aient des
métiers ou non, sont tenues de travailler pour gagner leur vie ; en
cas de contravention elles seront tenues de sortir dans les trois jours ;
si elles y manquent, elles seront mises en prison pendant trois jours
où elles seront nourries au pain et à l'eau ; si elles persistent, elles
seront marquées au front d'un fer chaud »[3].

Un peu plus de deux siècles après, la cause de la tarification fut
l'abondance de l'argent provenant des mines de l'Amérique. Les
ordonnances de 1567, de 1572 et de 1577 ont fixé un maximum au

---

1. Les taxations du salaire ont été fréquentes à cette époque : 1330, 1331, 1351,
1354, 1355, 1360, 1368.
2. Statute of laborers, 1350.
3. *Histoire des classes ouvrières et de l'industrie en France avant 1789*, t. I,
p. 377.

prix des marchandises et au salaire des ouvriers. « Sa Majesté désirant remédier au prix excessif des draps de soye qui depuis quelque temps en ça, par le monopole des marchands, s'est si fort augmenté, a voulu y estre mis le taux qui s'ensuit. » L'ordonnance est rigoureuse à l'égard des travailleurs qu'elle oblige à se laisser embaucher à l'heure et aux prix accoutumés à Paris : 17 sous les maçons, charpentiers, etc., 6 sous les manœuvres « sans qu'ils puissent, ne leur soit loisible prendre ne recevoir plus grand prix ne salaire ». « Et, au cas qu'après la dite heure passée les dits manouvriers, maitres ou compaignons, seront trouvés oisifs ès rues ou places de la dite ville de Paris ou ailleurs, sans soy appliquer à aucune besongne, seront prins et constitués prisonniers... comme vagabonds et punis ainsi qu'il appartiendra. »

L'administration royale ne devait pas ignorer pourtant que le renchérissement des denrées ne permettait plus à la famille ouvrière de vivre au taux ancien du salaire ; car dans une ordonnance de 1544 on lit : « Nos sujets en plusieurs estats sont tellement grevez et offensez que ceux qui ont quelque patrimoine et revenu n'en sauroient vivre, encore moins les artisans et le menu peuple du labeur de leurs mains ; par ce moyen contraints hausser et augmenter les salaires et prix accoutumés de leurs ouvrages, vacations et peines... ». Comme il arrive d'ordinaire dans les renchérissements causés par l'avilissement de la monnaie, ce renchérissement se produisait sur les vivres et sur les principales marchandises d'abord et ne se faisait sentir que plus tard et peu à peu sur les salaires ; la transition causait à la classe ouvrière une diminution de son salaire réel. « Ce qui se vendait auparavant un teston (environ le poids de 2 francs), écrit Brantôme vers la fin du XVIᵉ siècle, se vend un écu (environ 10 fr. 50) au moins. » Outre la diminution réelle de la puissance d'achat du métal lui-même, il y avait à compter avec le poids d'argent contenu dans la livre tournois, lequel, par des altérations successives, diminua de moitié dans le cours du XVIᵉ siècle. Si le maçon gagnait à la fin de ce siècle 5 à 8 sous par jour, tandis que ses devanciers en gagnaient 3 à 5 au commencement du même siècle, il est évident que le salaire réel était, pour la double cause de l'amoindrissement de la valeur du métal et de la réduction du poids d'argent contenu dans la livre tournois, beaucoup moindre en 1600 qu'en 1500.

Sous la Régence la profusion de billets de banque que répandit
Law fit hausser d'une manière extravagante les prix. Les salaires
haussèrent aussi, mais, comme dans les cas précédents, beaucoup
moins que le prix des denrées. Dans une ordonnance (21 juin 1720)
le Régent se plaint que « plusieurs prix des denrées ayant augmenté et les salaires n'ayant augmenté que dans une proportion
moindre », les ouvriers soient dans la gêne.

Le plus mémorable et le plus triste exemple de l'amoindrissement
du salaire réel par l'avilissement de la monnaie que fournisse
l'histoire de France est celui des assignats. La Constituante avait
commis une lourde erreur économique en croyant qu'un papier
auquel elle donnait des propriétés foncières pour hypothèque était
la plus solide des monnaies et elle avait émis les assignats. La Convention eut foi dans la théorie de la Constituante et prodigua les
émissions d'autant plus abondamment que la monnaie de papier
perdait davantage au change contre la monnaie métallique. Les marchandises renchérirent de jour en jour. La République tomba ainsi
dans la même erreur que la royauté, bien qu'elle s'inspirât d'un
principe très différent.

A la suite des lois sur les accaparements (28 juillet 1793), sur le
maximun des grains et farines (11 et 16 septembre), elle vota la loi
du maximum général (29 septembre 1793), donnant pour motif que
lorsqu'une conspiration générale rompt la balance naturelle du
commerce, « le salut du peuple devient la loi suprême ». En vertu
de cette loi des tableaux furent dressés dans tous les départements,
qui fixèrent les prix des marchandises (39 espèces de marchandises)
à un tiers au-dessus de ceux de 1790 et le taux des salaires au
double. Malgré l'avantage fait par cette loi aux ouvriers, ce fut le
petit peuple qui probablement souffrit le plus. Il y eut des marchands qui vendirent au prix du maximum, mais en donnant des
marchandises avariées qui ne valaient pas ce prix. Quelques-uns,
comme les boulangers et les bouchers, durent, sous la surveillance
de la police, en partie au moins dans Paris et dans nombre de villes,
subir la loi. Les autres vendirent au prix ordinaire en espèces
monnayées, et à un prix en assignats de plus en plus fort à mesure
que les assignats se dépréciaient, quoiqu'une loi du 10 mai 1794
punît de mort quiconque refusait les assignats et vendait ou ache-

tait à un prix supérieur au maximum. La famine régna ; à Paris il fallut rationner la population, presque partout procéder à des réquisitions.

Le maximum fut aboli à la fin de l'année 1794. Mais le mal dura, il s'aggrava même jusqu'à la suppression du papier-monnaie (assignats et mandats territoriaux), sous le Directoire. Quand le boisseau de haricots, qu'on payait 4 livres en 1790, se vendait 220 livres en assignats (en 1795), le boisseau de pommes de terre 126 livres, le boisseau de charbon 16 livres au lieu de 7 sous, la livre de chandelle 41 livres au lieu de 18 sous, puis même jusqu'à 200 livres à la fin de l'année 1796, la livre de beurre 30 livres au lieu de 18 sous, puis jusqu'à 560 livres en 1796, la livre de viande 97 francs à Paris (4 mars 1796), le mouton 140 livres, et tout le reste à l'avenant, à quoi servait un salaire officiellement doublé, décuplé même parfois? « Toutes les denrées sont à un prix si haut, lit-on dans un rapport de police du 3 novembre 1794, qu'il est impossible à l'homme infortuné d'en approcher. »

Sous le second Empire, à l'époque où l'affluence de l'or faisait hausser tous les prix, les salaires ont monté moins rapidement que le prix des denrées; mais alors les ouvriers bénéficiaient de l'activité croissante des affaires [1].

D'autres pays pourraient fournir des exemples de cette rupture d'équilibre entre le salaire et le prix des marchandises. A l'époque de la révolution monétaire du XVIᵉ siècle, un chapelier anglais s'exprimait ainsi : « Je suis obligé de donner à huit ouvriers 2 francs par jour de plus que je n'étais accoutumé à le faire et cependant ils disent qu'ils ne peuvent vivre suffisamment là-dessus [2] ». C'est à la suite de ce renchérissement qu'Élisabeth et Jacques Iᵉʳ promulguèrent des ordonnances par lesquelles ils fixaient un maximum des salaires et infligeaient la prison aux salariants comme aux salariés qui donnaient ou recevaient davantage.

C'est à cette époque aussi qu'en Allemagne une patente de l'Empire (1536) prescrivit à chaque magistrat de régler le taux des salaires. Un peu plus tard, la guerre de Trente Ans ayant dépeuplé le pays, la diète se préoccupa à plusieurs reprises d'édicter un

---

1. Voir *La question de l'or*, par E. Levasseur.
2. Cité par Shaw, *Histoire de la monnaie*, p. 96.

maximum, comme le roi Jean l'avait fait en France après la peste noire.

Dans les exemples que nous venons de citer, la loi est intervenue non pour élever le salaire, mais pour l'empêcher de s'élever. C'est le contraire de nos jours. Même sous la Convention, malgré la clause du doublement du salaire, c'est une barrière à l'élévation du salaire que posait le maximum. Déjà, sous la Constituante, la municipalité de Paris avait interdit des coalitions d'ouvriers du bâtiment réclamant une augmentation; le trouble qu'elles occasionnèrent dans Paris avait même été la cause déterminante de la loi du 14-17 juin 1791 qui défendit aux ouvriers et compagnons de former des associations corporatives.

II

Les salaires du moyen âge ne peuvent être compris qu'autant qu'on connaît la valeur des monnaies du temps.

Au XIIIᵉ siècle les textes relatifs aux salaires sont très rares. On trouve par exemple 2 sous pour un maçon de Saint-Gilles en 1261, 9 deniers en Artois pour un manœuvre en 1320, 1 sou à 1 sou 1/2 pour les ouvriers ordinaires du bâtiment vers la fin du XIIIᵉ siècle : salaires infimes semble-t-il de prime abord. Mais, quand on sait que le sou contenait autant d'argent fin que 1 franc aujourd'hui (avant la réforme monétaire de 1865), on en prend une plus juste idée. M. le vicᵗᵉ d'Avenel affirme que ce sou pouvait acheter 10 litres de froment ou 2 kilogs de viande [1].

Dans la seconde moitié du XVIᵉ siècle les salaires, comme nous l'avons dit, perdirent cet avantage; le prix des denrées et particulièrement celui du blé monta plus vite et plus haut que le taux des salaires. De 1501 à 1525 les maçons et tailleurs de pierre faisaient

1. M. d'Avenel estime, à l'aide, il est vrai, d'un nombre très restreint de documents comparables, que le salaire annuel du manœuvre travaillant 250 jours équivalait en moyenne à 125 francs de notre monnaie de 1226 à 1275, qu'il s'éleva à 225 francs de 1351 à 1375, mais qu'il était retombé après la fin de la guerre à 145 francs.

De 1451 à 1475 M. d'Avenel estime que ce salaire équivalait au prix de 18 livres 40. En Angleterre, sous Henri VII, l'ouvrier gagnait un salaire égal à deux ou trois fois plus de blé qu'un siècle plus tard.

des journées de 3 à 5 sous ; de 1580 à 1606, on les trouve payés, sauf
exception, 10 à 12 sous. La monnaie ayant été affaiblie, ils touchaient
en réalité un poids d'argent égal à 60 centimes dans la première
période et à 78 dans la seconde, soit une augmentation en métal fin de
30 p. 0/0. Or, les marchandises avaient augmenté de prix dans une
proportion beaucoup plus forte, et avec son salaire journalier le
manœuvre, qui achetait (moyenne approximative) 14.6 litres de blé
dans la période 1501-1525, n'en achetait plus que 3.90 dans la
période 1576-1600 ; au lieu 4 kil. 3 de viande de bœuf, il n'en achetait plus que 1 kil. 8. Il y avait donc diminution du salaire réel
quant aux vivres et probablement quant aux autres marchandises
de consommation ordinaire.

« Le bien-être de la classe ouvrière s'amoindrit alors, dans le temps
même où l'activité industrielle et la richesse mobilière se dévelop-
paient, contraste bizarre au premier abord, mais qu'on a observé
plusieurs fois dans des cas semblables et qui peut être considéré
presque comme une loi économique : une hausse constante et prolongée du prix des choses due à un avilissement de la monnaie est
préjudiciable aux salaires [1]. »

Le salaire réel de l'ouvrier paraît être resté à un niveau inférieur
à celui de la fin du xve siècle pendant tout le xviie et au commencement du xviiie siècle. Cependant Vauban ne le fixait-il pas un peu
trop bas quand il écrivait : « Quoique la plupart des artisans dans
les villes, comme Paris, Lyon, Rouen, gagnent d'ordinaire plus de
12 sous, tels que sont les drapiers, tondeurs, etc., qui gagnent
depuis 15 jusqu'à 30 sous, cependant il y en a qui ne gagnent pas
12 sous ». On trouve à cette époque, en province, des salaires de
maçon et de menuisier équivalant en poids à 1 fr. 80 et 2 francs de
notre monnaie actuelle.

Le salaire s'est relevé quelque peu dans la seconde moitié du
xviiie siècle, et, quoique le prix du blé eût alors augmenté, celui du
manœuvre au commencement du règne de Louis XVI équivalait à
une plus grande quantité de blé qu'à la fin du règne de Louis XIV [2].
« Les salaires des ouvriers sont trop faibles, écrivait Trudaine. Si

---

1. *Histoire des classes ouvrières et de l'industrie en France avant 1789*, t. II,
p. 971 (résumé).
2. 4.50 litres, moyenne de 1701-1725 ; 6.10 litres, moyenne de 1751-1775.

c'est un avantage pour les entrepreneurs, c'est un grand désavantage pour l'État. »

M. le vicomte d'Avenel attribue comme moyenne aux manœuvres et aux ouvriers agricoles un salaire égal à 0 fr. 35 de notre monnaie dans la première moitié du règne de Louis XV et à 0 fr. 45 sous le règne de Louis XVI; il attribue aux peintres et couvreurs, métiers bien rémunérés, un salaire égal à 1 fr. 04 au commencement du règne de Louis XV et à 1 fr. 25 sous Louis XVI. En Picardie, vers le milieu du xviiie siècle, un drapier, un bourrelier, un fouleur gagnaient 20 à 30 sous; dans la manufacture des van Robais ouvriers et ouvrières travaillant à la tâche se faisaient en moyenne 14 à 35 sous par jour.

En 1790 Arthur Young estimait que le salaire moyen des hommes était de 19 sous à la campagne et de 26 sous à la ville. Sous le Consulat, le préfet du Pas-de-Calais indiquait 0 fr. 74 comme prix de la journée du manœuvre à la campagne en 1789 et 0 fr. 90 comme prix à la ville; celui du Nord donnait, 1 fr. 05 comme étant en 1789 le salaire du fileur; un statisticien expérimenté, Peuchet, écrivait qu' « avant la Révolution le prix moyen de la journée de travail d'un ouvrier des arts et métiers pouvait être de 20 sous ». Arthur Young évalue à 20 p. 0/0 au moins pour la France entière et même à 50 p. 0/0 pour l'Ile-de-France la hausse des salaires dans le dernier tiers du xviiie siècle (jusqu'en 1790).

Insistons un peu sur le taux à la veille de la Révolution : c'est la fin d'une grande période de l'histoire économique de la France. D'après les renseignements fournis par les enquêtes de 1793 et de l'an III, M. Biollay a évalué à 20 sous le salaire moyen des manœuvres en 1790 [1]; nourris, les manœuvres recevaient 14 à 8 sous, et même moins. Le salaire des ouvriers de métier variait d'ordinaire entre 30 et 40 sous, quelquefois moins, quelquefois plus [2]. Les ouvriers du bâtiment étaient parmi les mieux partagés. A Paris le taux ordinaire était de 2 francs à 2 fr. 50 pour les maçons; il s'éle-

---

1. M. Biollay indique 1 livre 3 sous 4 deniers pour les manœuvres dans les villes, 1 livre 6 deniers dans les campagnes ; dans 42 départements (sur un total de 48) le taux ordinaire était entre 12 et 20 sous; dans 6 départements il dépassait 30 sous.

2. L'abbé Fauchet estimait alors à 20 sous (dont 12 sous pour la nourriture) la dépense minima d'un homme; le Comité de mendicité (1790) évaluait à 433 francs au moins la dépense annuelle d'une famille de cinq personnes.

vait pour quelques ouvriers d'élite dans les industries artistiques à
6 et même à 10 francs. Les femmes à Paris gagnaient 15 à 24 sous,
quelques-unes jusqu'à 2 francs.

Variations du salaire (salaire nominal) en France
aux xix° et xx° siècles.

Dans ce chapitre il ne sera question que du salaire nominal, c'est-
à-dire de la somme que reçoit en monnaie ou en nature le salarié
pour prix de son travail. Nous aborderons la question du salaire
réel dans un autre chapitre.

Pour les siècles passés nous n'avons trouvé en général que des
indices clairsemés sur les salaires. Les moyennes qu'on peut essayer
d'en tirer ne sont en réalité que des évaluations quelque peu hypo-
thétiques; elles ont néanmoins un intérêt historique et économique.

Pour les xixᵉ et xxᵉ siècles la statistique est mieux armée. Elle ne
l'est cependant pas assez pour que la plupart des moyennes de
salaires ne soient pas aussi de simples évaluations; mais ce sont des
évaluations fondées sur un beaucoup plus grand nombre d'observations que celles des siècles antérieurs. Il y a même eu plusieurs
enquêtes qui ont rassemblé un vaste ensemble de faits.

La diversité de taux des salaires suivant le genre d'occupation et
suivant la capacité des individus dans l'atelier, suivant les professions, suivant les localités est telle qu'on ne saurait généraliser en
cette matière que par approximation.

Relativement à la nature des occupations il y a une distinction à
faire tout d'abord, celle du salaire agricole et du salaire industriel.

De 1789 à 1814 il y a eu vraisemblablement une certaine augmentation du salaire. Les campagnes, affranchies des redevances féo-
dales, ne payant pas toujours le fermage ni même l'impôt pendant la
période révolutionnaire, furent relativement assez prospères; elles

eurent beaucoup moins que les villes à souffrir des disettes, en partie factices, de la période révolutionnaire. La population a augmenté malgré les troubles civils à l'intérieur et la guerre à l'extérieur.

Dans les villes qui se repeuplèrent sous l'Empire, la conscription fit, surtout depuis 1808, une rude concurrence aux ateliers, enlevant la jeunesse pour l'enrégimenter et raréfiant la main-d'œuvre dans les ateliers. D'après les mémoires des préfets on peut conjecturer que les salaires avaient déjà augmenté au début du xix° siècle; dans le Pas-de-Calais le journalier non nourri, qui avait avant 1789 0 fr. 74 à la campagne et 0 fr. 90 à la ville, gagnait en l'an IX 1 fr. et 1 fr. 20; dans le département du Nord, un fileur au grand rouet avait 1 fr. 05 en 1789 et 1 fr. 75 en 1804, le maçon de Paris 2 fr. 50 vers 1789 et 3 fr. 25 vers la fin de l'Empire. Peuchet, dans sa *Statistique élémentaire*, évalue vaguement la moyenne générale du salaire « depuis la couturière jusqu'au bijoutier » à 1 fr. 50 au commencement de l'Empire, tandis qu'elle n'aurait été, avons-nous dit suivant lui, que de 1 franc dans les dernières années du règne de Louis XVI.

Sous la Restauration et durant le règne de Louis-Philippe le salaire paraît s'être élevé quelque peu dans certaines industries, entre autres celles du bâtiment à Paris, augmentation très faible d'ailleurs, mais suffisante pour démentir les prédictions sinistres de ceux qui voyaient dans les machines la ruine de l'ouvrier. Même le maigre salaire des ouvriers et ouvrières des filatures et des tissages dont Villermé, en France, a fait un lamentable tableau, était sans doute supérieur au gain que le travail au village leur procurait, puisqu'ils quittaient le village pour la manufacture. Si l'augmentation a été peu sensible alors, c'est vraisemblablement en grande partie parce que l'industrie française avait tout d'abord à combler les pertes qu'elle avait subies pendant la période révolutionnaire et à reconstituer son capital.

Dans l'agriculture quelques témoignages isolés indiquent un accroissement du salaire. Dans telle ferme de l'Orléanais le premier charretier payé à l'année 270 francs en 1810-1820, 300 en 1821-1840, l'était à raison de 320 francs vers 1850; dans telle autre ferme des Ardennes son salaire passait de 235 francs en 1826 à 285 francs en

1845 et les autres salaires augmentaient à peu près dans la même proportion.

Dans une enquête sur les prohibitions faite en 1834, les manufacturiers, naturellement portés à présenter les choses sous un aspect favorable, indiquaient pour l'industrie textile des salaires de 1 fr. 50 à 3 francs pour les hommes avec une moyenne de 2 francs à 2 fr. 25 et pour les femmes une moyenne de 1 franc. Villermé, chargé d'une mission par l'Académie des sciences morales et politiques, était plus désintéressé qu'eux; il a signalé dans la filature du coton à Mulhouse, Lille, Rouen, des salaires de 2 à 3 francs pour les hommes et de 0 fr. 75 à 1 fr. 50 pour les femmes; dans le tissage du coton, 1 fr. 50 à 2 francs pour les hommes; dans la filature de la laine à Reims, 4 fr. 50; à Lodève 2 à 3 francs pour les tisseurs, 1 franc à 2 francs pour les manœuvres.

L'enquête industrielle dirigée par le gouvernement en 1840-1845 a donné comme moyenne probable du salaire dans les départements (Paris non compris) 2 fr. 09 pour les hommes, 1 fr. 03 pour les femmes, 0 fr. 73 pour les enfants, avec des différences suivant les professions de 1 à 4 francs pour les hommes et de 0 fr. 74 à 2 fr. 50 pour les femmes. A Paris la moyenne était plus élevée; 3 fr. 50 pour les hommes et 1 fr. 55 pour les femmes. A l'autre extrémité de l'échelle la moyenne de la Mayenne n'était que de 1 fr. 49 pour les hommes et de 0 fr. 68 pour les femmes.

Dans les industries que la mécanique transformait, le salaire des ouvriers et artisans qui persistaient dans les anciens errements s'amoindrissait. Villermé, entre autres, l'a fait remarquer. Il a fait remarquer aussi que, dans certaines fabrications nouvelles où le personnel capable était très rare, il avait y eu d'abord de très forts salaires, lesquels avaient baissé à mesure que la concurrence de la main-d'œuvre augmentait.

Après la chute de Louis-Philippe il a été fait, en vertu d'un décret de l'Assemblée Constituante, une enquête générale par cantons dont les résultats n'ont pas été publiés. Les salaires se trouvaient alors très affectés par la crise de 1848 et le taux général avait baissé. On peut dire que dans l'industrie ce taux semble n'avoir été en moyenne approximative (moyenne sur laquelle influent les bas salaires de l'industrie rurale) que de 1 fr. 78 pour les hommes, de 0 fr. 77 pour les femmes et de 0 fr. 50 pour les enfants [1].

Les sous-préfets, consultés en 1847 par le gouvernement, ont, les uns signalé une augmentation de salaires depuis 1830, les autres déclaré qu'il n'y avait pas eu augmentation.

II

Pour la seconde moitié du xixe siècle, le ministère de l'Agriculture fournit des moyennes générales du salaire agricole en France en 1862, en 1882, en 1892. Celui des maîtres valets a augmenté de 29 p. 0/0 de 1862 à 1882 et de 6 p. 0/0 seulement de 1882 à 1892; celui des journaliers, qui, l'été, avait augmenté de 12 p. 0/0, a quelque peu diminué de 1882 à 1892 sous l'influence de la baisse du prix des produits de la terre [2]; mais, depuis 1896, il y a eu de nouveau augmentation.

Salaires des ouvriers non nourris et gages des domestiques [3].

		1850	1862	1882	1892
Ouvriers : hiver...	la journée		1'35	2'22	2'04
— été......	—	1',42	2'77	3'11	2'94
Maîtres valets.....	l'année		361[f]	465[f]	493[f]
Laboureurs et charretiers......			256[f]	324[f]	360[f]

Un concours de l'Académie des sciences morales et politiques en 1908 a fait connaître l'accroissement depuis soixante ans du salaire agricole dans dix-sept régions de la France. En additionnant, d'une part, tous les gages à l'année des domestiques de ferme, hommes et femmes, et les salaires à la journée qui sont compara-

---

1. Les dossiers de cette enquête sont aux archives de la Chambre des députés. Nous en avons donné une analyse détaillée dans l'*Histoire des classes ouvrières et de l'industrie depuis 1789*, p. 259, et Appendice, p. 300 et suiv.

2. Cette baisse du salaire du journalier est même contestée par des agronomes. Voir *La grève, les salaires et le contrat de travail*, par M. Zolla, p. 75 et 77.

3. M. Zolla a recueilli quelques données dans des fermes dont les comptes étaient régulièrement tenus. Près de Pithiviers, le premier charretier, 400 francs en 1856-1861, 750 francs en 1881-1891; le quatrième charretier, 130 francs et 200 francs; la première servante, 250 francs et 400 francs, sans changement depuis 1881. Autres exemples: près de Château-Thierry, en 1874, le premier charretier, 500 francs en 1874, 600 francs en 1882, 660 francs en 1892; dans les Ardennes, l'ouvrier agricole non nourri, 2 francs en 1850, 3 fr. 50 en 1855, 3 fr. 60 en 1895; à Flancourt (Somme), le domestique de ferme, 210 francs en 1845, 500 francs en 1889.

bles il y a une soixantaine d'années et aujourd'hui dans ces
mémoires, puis en calculant leur rapport pour 0/0 aux deux époques, on obtient un résultat qui, sans avoir la prétention d'être la
moyenne de la France, fournit un indice d'augmentation. Ce résultat
est pour le salaire journalier un doublement et pour les gages
annuels un peu plus qu'un doublement[1].

On peut remonter par delà 1850 au moyen de quelques statistiques particulières. Par exemple, M. Risler a indiqué comme salaire
de l'ouvrier non nourri dans l'Aisne 2 francs de 1840 à 1860 et 3 fr. 50
de 1875 à 1884. M. Blaise des Vosges a donné dans le Bas-Vendô-
mois 1 fr. 50 à 1 fr. 75 pour les journaliers en 1836 et 2 fr. 50 à
3 francs en 1878. M. E. Chevalier a constaté dans une ferme de l'Oise
prise comme type 220 francs par an pour un premier charretier,
96 francs pour un homme de cour, 1 franc pour un journalier
en 1834, et pour les mêmes fonctions 600 fr., 400 fr., 2 fr. 50 en 1884[2].

La hausse des salaires ruraux est due en partie à l'accroissement
de la richesse agricole, en partie à l'émigration vers les villes. Elle
a exercé une influence sur l'adoption des machines par les cultivateurs en même temps que l'emploi des machines, laissant des journaliers sans travail, a contribué à l'émigration.

III

La statistique des salaires industriels est plus riche.

Les professions sur lesquelles on possède les renseignements les
plus précis depuis le commencement du xixᵉ siècle sont celles du
bâtiment à Paris. En exprimant par 100 la moyenne de leurs
salaires en 1806, date initiale, on trouve les rapports suivants :
100 en 1806, 148.3 en 1852, 187.8 en 1862, 193.3 en 1873, 252 en 1880,
271.1 en 1900. Ces salaires sont donc pour le moins une fois et
demie plus forts en 1900 qu'au début du siècle. Les maçons, par
exemple, gagnaient en douze heures 3 fr. 90 en 1806; en 1900-1905
ils gagnent en dix heures 8 francs. Le taux diffère d'une spécialité
à l'autre; par exemple en 1905, on trouve 1 fr. 14 l'heure pour les

1. Pour le détail de ces salaires voir le rapport de M. Levasseur sur le concours
pour le prix Léon Faucher de 1908. *Comptes rendus des séances et travaux de
l'Académie des sciences morales et politiques*, 1908.
2. Voir *Les Salaires au XIXᵉ siècle*, par E. Chevalier.

ravaleurs, 0 fr. 80 pour les menuisiers et les maçons, 0 fr. 60 pour les terrassiers, 0 fr. 50 pour les garçons maçons. Il différait à peu près dans les mêmes proportions en 1806.

Les mines de houille fournissent annuellement une statistique du salaire moyen journalier de leurs ouvriers : en 1844 (commencement de cette statistique) 2 fr. 09, en 1872 3 fr. 35, en 1903 4 fr. 53 [1]. Le gain annuel moyen s'est élevé à 531 francs en 1850, à 174 francs en 1870, et à 1161 en 1895, à 1309 en 1906. La production totale des combustibles dans les mines de houille a augmenté parallèlement au nombre des ouvriers jusque vers 1877 et plus rapidement que ce nombre depuis cette date, probablement à cause du perfectionnement de l'outillage. Par suite, le salaire moyen journalier des ouvriers n'a pas eu une progression aussi rapide, surtout depuis 1875, mais il a subi moins de variations d'une année à l'autre que le total de la production.

Le ministère du Commerce a publié en 1853 et de 1871 à 1887 les salaires dans les chefs-lieux de département d'après les renseignements des maires, renseignements simplement approximatifs. Le salaire moyen a été trouvé de 3 fr. 82 à Paris et de 2 fr. 04 dans les autres chefs-lieux en 1853, de 4 fr. 61 et 2 fr. 70 en 1875, de 5 fr. 34 et 3 fr. 17 en 1887 : d'où, depuis le début, une augmentation de 66 p. 0/0 en province et de 57 p. 0/0 à Paris [2].

En 1891-1893 l'Office du travail a procédé à une enquête sur les salaires et la durée du travail qui a porté sur 471 800 personnes appartenant presque toutes à la grande ou à la moyenne industrie. Le taux moyen général qu'il a trouvé par ses calculs est de 4 fr. 20 pour les hommes, à savoir 6 fr. 15 dans le département de la Seine et 3 fr. 90 dans les autres départements. Ces moyennes sont la résul-

---

1. Une des compagnies les plus importantes, celle de Lens, donne comme salaire annuel les chiffres suivants :

	OUVRIERS A LA VEINE (AIDES COMPRIS)	OUVRIERS DU FOND DE TOUTE CATÉGORIE
1869-70	1,199	1,073
1870-80	1,403	1,124
1900-1901....................	2,076	1.646
1906-1907....................	2,231	1,735

Une augmentation à peu près semblable est constatée dans les autres exploitations minières.

2. En prenant pour point de départ l'année 1872 représentée par 100, on trouve jusqu'en 1887 une augmentation de 16 p. 0/0 en province et de 21 à Paris.

tante de groupes échelonnés depuis 1 franc et moins jusqu'à
15 francs et plus; mais les quatre cinquièmes des cas ne s'éloignent
guère de plus d'un quart au-dessus ou au-dessous de la moyenne
générale.

Cette enquête a constaté que le travail était en général mieux
rémunéré dans les grands ateliers que dans les petits [1]. Or, le nombre
des grands ateliers augmente par suite de la concentration de certaines industries [2].

Une autre enquête de l'année 1901 sur le salaire dans les chefs-
lieux de département que la Direction du travail a publiée sous le
titre de *Bordereaux des salaires* a allongé la période d'observation
et donné comme salaire moyen de quarante-deux professions à
Paris 6 fr. 37 en 1896 et 6 fr. 93 en 1901, et en province 3 fr. 85 en
1896 et 3 fr. 92 en 1901.

En comparant les deux dates extrêmes, 1853 et 1901, on trouve
que, le salaire de 1901 étant représenté par 100, celui de 1852 le
serait par 50 : doublement en un demi-siècle.

La Direction du travail a continué à recevoir des maires et des
conseils de prudhommes des renseignements avec lesquels elle a
composé le tableau suivant du salaire moyen dans les chefs-lieux
de département (moins Paris) :

ANNÉES	FRANCS	NOMBRES INDICES
1853............................	1.99	49
1874............................	3.02	75
1892............................	3.83	95
1896............................	3.91	97
1901............................	4.03	100
1906.........?...................	4.20 [3]	101

1. En province le salaire moyen était de 4 fr. 45 dans les établissements
occupant plus de 1000 ouvriers, de 3 fr. 55 dans les établissements occupant de
499 à 100 ouvriers, de 3 francs dans les établissements occupant moins de
25 ouvriers. La durée de la journée est (à Paris au moins) plus courte en général dans les grands établissements que dans les petits.
2. Nombres proportionnels des établissements industriels classés d'après leur
importance :

ÉTABLISSEMENTS	EN 1896	EN 1901
De 0 à 10 employés..........	36	22
De 11 a 100 —	28	28
De plus de 160 —	36	40
	100	100

Les mines de houille, les usines de fer-blanc, les hauts fourneaux, les aciéries,
les fabriques de phosphore, de porcelaine, de bougies sont les établissements
dans lesquels la concentration a été le plus prononcée de 1896 à 1901.
3. Cette moyenne générale de 4f.20 est établie sur les salaires de 44 professions

En combinant ces éléments avec d'autres données il a été dressé dans l'*Annuaire statistique de la France* (1906) l'échelle suivante d'indices du taux moyen du salaire en France [1] de dix en dix ans depuis le commencement du xixᵉ siècle.

1806	46.5	1860	64.5
1810	47	1870	76
1820	48.5	1880	92.5
1830	50	1890	98
1840	52	1900	100
1850	56.5	1905	104

Ces diverses échelles d'accroissement doivent être considérées, ainsi que nous l'avons dit, comme de simples approximations, puisqu'elles résultent non de dénombrements, mais de renseignements partiels. Elles sont toutefois aussi rapprochées que possible de la réalité. Or, elles font voir :

1° accroissement général de dix ans en dix ans;

2° accroissement qui a été très lent de 1806 à 1840 et même jusqu'à 1850 (l'industrie était alors sous un régime ultra-protectionniste);

3° accroissement qui est devenu rapide de 1850 à 1880 (l'industrie a été pendant cette période sous un régime douanier libéral);

4° accroissement qui s'est ralenti depuis 1880, concordant avec la baisse de prix des marchandises en gros (le régime protectionniste s'est reconstitué pendant cette période);

5° reprise d'un mouvement ascendant plus accentué depuis 1900 et même un peu auparavant [2].

Il y a, en résumé, plus que doublement depuis le commencement du xixᵉ siècle.

IV

Les éléments dont se composent ces moyennes générales sont très divers.

exercées dans 183 villes. Voici la moyenne spéciale de quelques professions en 1906 : tisserands 3ᶠ.21, terrassiers 3ᶠ.51, cordonniers 3ᶠ.74, tailleurs d'habit 4ᶠ.39, serruriers 4ᶠ.40, maçons 4ᶠ.43, peintres en bâtiment 4ᶠ.41, menuisiers 4ᶠ.45, ébénistes 4ᶠ.66, imprimeurs 4ᶠ.87, horlogers 4ᶠ.92, forgerons 5ᶠ.

1. L'échelle a été dressée d'après les salaires des houillères, ceux des trois enquêtes de 1840-45, 1860-65 et 1891-93, ceux de la petite industrie dans les chef-lieux de département.

2. Comme exemple d'augmentation durant ces dernières années citons les aciéries de Longwy, industrie prospère, dans laquelle les manœuvres gagnaient au moins 3 francs en 1890 et 3 fr. 52 en 1905, les mouleurs 2 fr. 55 et en 1890 4 fr. 95 en 1905.

Les moyennes particulières à l'aide desquelles elles sont formées diffèrent d'une industrie à une autre. Ainsi, dans les *Bordereaux de salaires* de 1901, on trouve, dans les villes de province, chefs-lieux de département, une moyenne de 2 fr. 91 pour les journaliers, de 3 fr. 16 pour les tisserands; de 3 fr. 29 pour les terrassiers, tandis que cette moyenne monte à 4 fr. 72 pour les tailleurs de pierre, à 5 fr. 20 pour les charpentiers et pour les sculpteurs ornemanistes, qui sont des artistes, à 6 fr. 99.

Les salaires normaux (dont le salaire réel diffère assez souvent en plus ou en moins) dans le bâtiment à Paris variaient pour la maçonnerie de 0 fr. 90 l'heure (moucheteur et jointoyeur), à 0 fr. 40 (gardien de rue), pour la serrurerie de 1 franc pour le traceur à 0 fr. 50 pour l'aide chaudronnier, etc. En province les salaires des maçons, d'après les renseignements fournis en 1906 par les maires des chefs-lieux de département et par les conseils de prud'hommes, variaient de 0 fr. 25 (Castres), à 0 fr. 65 (Caen); ceux des tisserands, métier peu payé, de 0 fr. 20 (Bohain) à 0 fr. 45 (Boulogne-sur-Mer).

Les moyennes ne diffèrent pas moins d'une localité à une autre. C'est ainsi que dans les *Bordereaux de salaires* on trouve au bas de l'échelle 2 fr. 64 à Quimper, 2 fr. 59 à Cahors, 2 fr. 52 à Auch, villes de peu d'industrie, et au haut de l'échelle 5 fr. 08 à Limoges, 5 fr. 43 à Lyon, villes industrielles, 5 fr. 79 à Versailles, ville de bourgeoisie aisée. Le taux dépasse aussi 4 fr. 50 à Beauvais, à Melun, à Chaumont, quoique les mêmes raisons n'expliquent aussi clairement leur position sur l'échelle. Le département de la Seine occupe logiquement le premier rang avec une moyenne de 6 fr. 15 dans l'enquête de 1891-1893 pendant que la moyenne de tous les autres départements réunis n'était que de 3 fr. 90. A Paris il y a des métiers dont la moyenne s'élève à 8 francs (ébénistes), à 8 fr. 50 (forgerons), à 10 francs (sculpteurs ornemanistes) [1]. Les bons ouvriers de l'automobile gagnaient une dizaine de francs avant la crise de 1907.

Dans cette enquête de 1891-1893 un tableau est consacré au salaire moyen (contre-maîtres et enfants non compris) des ouvriers par arrondissement : 5 francs et plus par jour dans 15 arrondisse-

[1]. A Paris, en 1908, les ouvriers de l'Imprimerie nationale, ouvriers d'élite il est vrai, gagnaient de 8 à 13 francs.

ments[1] et au-dessous de 2 fr. 50 dans 17 autres arrondissements[2]. Ces derniers ont très peu d'industries ; mais il s'en faut de beaucoup que les quinze premiers soient ceux qui en ont le plus. Dans un autre tableau de cette enquête[3] et dans une carte de l'album graphique qui l'accompagne les départements sont classés d'après le taux du salaire des « ouvriers de métiers ». Le département de la Seine y est coté à 7 fr. 50. Dans les autres départements du bassin de la Seine et dans les Vosges, la Côte-d'Or et le Loiret, il l'est entre 6 fr. 10 et 4 fr. 25. A l'opposé, il est coté au-dessous de 3 fr. 66 en Bretagne, dans le centre de France, dans la région pyrénéenne, etc. Là apparaît distinctement l'influence du développement de l'industrie et de la richesse.

Les *Bordereaux de salaires* confirment à peu près cette répartition ou du moins mettent en évidence l'influence des mêmes causes. Ainsi les vingt-deux villes où le salaire est au-dessus de 4 fr. 50 sont, à peu d'exceptions près, des centres d'activité économique, tandis que les trois localités où il est inférieur à 3 francs sont presque sans industrie[3].

La moyenne diffère aussi le plus souvent avec l'âge de l'ouvrier. Une enquête de l'Office du travail sur les métiers de l'ameublement en fournit un exemple : 3 fr. 43 en moyenne de douze à dix-sept ans, 5 fr. 34 de dix-huit à vingt-quatre ans, 7 fr. 19 de vingt-cinq à quarante-quatre ans, 7 fr. 17 de quarante-cinq à soixante-quatre ans, 5 fr. 93 au-dessus de soixante-quatre ans[4]. Ces derniers ne forment qu'une petite minorité ; le recensement de 1901 a constaté que

1. Grasse, Cognac Montbrison, Gien, Cambrai, Nevers, St-Julien, Meaux, Melun, Fontainebleau, Etampes, Corbeil, Perpignan Limoges, Avallon.
2. Tournon, Castelnaudary, Limoux, Guingamp, Loudéac, Bourganeuf, Châteaulin, Muret, Fougères, Figeac, Florac, Marvejols, Mende, Mayenne, Saint-Omer, Bagnères-de-Bigorre, Rochechouart.
3. Au-dessus de 4 fr. 50 : Mézières (4 fr. 75), Troyes (4 fr. 67), Marseille (4 fr. 61), Dijon (4 fr. 78), Évreux (4 fr. 73), Bordeaux (4 fr. 62), Lons-le-Saunier (4 fr. 56), Nantes (4 fr. 54), Orléans (4 fr. 81), Chaumont (5 fr. 14), Nancy (4 fr. 94), Bar-le-Duc (4 fr. 85), Nevers (4 fr. 53) Lille (4 fr. 55), Beauvais (5 fr. 09), Belfort (4 fr. 69), Lyon (5 fr. 41), Mâcon (4 fr. 96), Rouen (4 fr. 89), Melun (5 fr. 09), Versailles (5 fr. 79), Limoges (5 fr. 03) ; au dessous de 3 francs : Quimper (2 fr. 64), Auch (2 fr. 52), Cahors (2 fr. 49).
4. Dans l'usine métallurgique de Rachecourt, pendant que les chefs d'équipe aux pièces gagnent 9 francs et le second et le troisième ouvriers 7 francs et 5 francs, les manœuvres n'ont que 4 francs ; on occupe les ouvriers vieillis en leur donnant 3 francs par jour. Cette usine, établie dans une commune de 900 habitants environ, mais occupant 450 à 500 personnes, est un exemple des hauts salaires que certaines industries peuvent atteindre dans de petites localités.

70 p. 0/0 des ouvriers et employés avaient moins de quarante-sept ans et qu'il y en avait à peine 3 p. 0/0 qui eussent dépassé les soixante-cinq.

Elle diffère beaucoup dans une même usine ou manufacture suivant l'emploi. Ainsi, dans les aciéries de Longwy, en 1905, pendant que les premiers chauffeurs gagnaient 8 fr. 50 à 9 fr. 30, les manœuvres du magasin central gagnaient 3 fr. 52 à 3 fr. 95. L'enquête de 1891-1893 constate que la moyenne générale (Paris excepté) pour les manœuvres était de 2 fr. 25, tandis que celle des ouvriers exercés de l'imprimerie, du cuir, du bois, des métaux, du bâtiment se tenait entre 4 et 5 francs.

C'est à l'habileté et à la productivité qu'il faut demander la raison de ces différences.

Pour les manufactures de tabacs, l'enquête de 1891-1893 a dressé l'échelle des salaires par tranches de 50 centimes. Plus de la moitié (71 p. 0/0) des ouvriers sont classés entre 4 et 6 francs et il s'en trouve deux fois plus au-dessus de 6 francs qu'au-dessous de 4 francs. On a pu calculer une moyenne précise du salaire de ces ouvriers, qui est à peu près de 5 fr. 50 et dont les éléments s'échelonnent de 0 fr. 50 (7 ouvriers) à 13 fr. 50 (1 ouvrier).

Les 13,800 ouvriers du département de la Seine dont les salaires ont été relevés par l'enquête de 1891-1893 se groupent à peu près de la même manière entre 0 fr. 50 et 14 fr. 50, les trois quarts (77 p. 0/0) ayant de 4 fr. 50 à 7 fr. 50; dans les départements 71 p. 0/0 ont été classés entre 2 fr. 50 et 5 fr.

Les transformations de l'outillage influent dans beaucoup de cas sur le taux des salaires. Ainsi une mécanique nouvelle qui produit davantage, mais qui exige plus d'attention et d'adresse de la part de l'ouvrier, comme il est arrivé pour la filature, est une cause d'accroissement du salaire. D'autre part, si la mécanique fait automatiquement un travail qui à la main était un travail difficile, il peut suffire d'ouvriers médiocrement habiles et partant moins payés : c'est ce qui a eu lieu dans les fabriques d'horlogerie. Dans les fabriques de sucre, lorsque le procédé de la diffusion par lequel l'opération se fait pour ainsi dire d'elle-même dans les alambics a remplacé l'ancien procédé, les salaires ont baissé, en même temps que diminuait le nombre des ouvriers; de 1880 à 1885 les hommes gagnaient environ 4 francs et les femmes 2 francs; de 1885 à 1899 la journée des hommes n'a été en moyenne que de 3 fr. 65 et celle des femmes de 1 fr. 80. Mais ces salaires ont participé ensuite au mouvement général de hausse et, dans la campagne 1904-1905, ils étaient de 3 fr. 97 pour les hommes et de 2 fr. 20 pour les femmes, quoique les fabricants emploient moins d'ouvriers et qu'on ne puisse pas dire que deux patrons couraient après un ouvrier [1].

V

Les domestiques attachés au service personnel (mais non les domestiques de ferme, qui sont de véritables travailleurs-ouvriers) sont dans une condition spéciale sous le rapport du salaire comme sous le rapport du travail; nous l'avons déjà fait remarquer. On ne peut pas chercher la raison de ce salaire dans le coût de la vie, si par ce coût on entend non toutes dépenses de nécessité ou de luxe d'une personne, mais les dépenses nécessaires à l'entretien de la vie consistant surtout dans la nourriture, le logement et le vêtement, puisque les domestiques sont nourris, logés, blanchis, souvent même en partie vêtus aux frais de leur maître. Il ne faut pas non plus chercher la mesure de l'augmentation de leurs gages dans leur productivité, bien que la capacité personnelle de travail et les qualités morales influent sur le taux de leur rémunération; car la moyenne générale a augmenté partout en France, et dans d'autres pays, quelles que fussent ces qualités. Pourtant la productivité moyenne d'un domestique n'est certainement pas devenue plus grande; les maîtresses de maison ne sont pas mieux servies qu'autrefois, et, si elles trouvent maintenant dans leur ménage plus de commodités, c'est grâce à des perfectionnements, tels que le gaz, l'eau, l'électricité à domicile, qu'elles le doivent; ces perfectionnements ont même allégé la besogne des domestiques.

1. Nombre d'ouvriers employés dans les

	FABRIQUES DE SUCRE			RAFFINERIES		
	Hommes	Femmes	Enfants	Hommes	Femmes	Enfants
1882-1883........	49,360	8,293	7,515	7,875	267	359
1892-1893........	42,556	3,845	2,961	7,913	183	263
1904-1905........	36,072	2,319	1,599	5,975	571	199

Néanmoins l'augmentation a été grande, plus grande peut-être que celle de la classe ouvrière depuis trois quarts de siècle. La statistique nous renseigne moins sur les gages des domestiques que sur le salaires des ouvriers. M. Bienaymé, qui a étudié la question à Paris, exprime ainsi l'augmentation : « Pour une bonne à tout faire suffisamment capable, c'est au moins à 1830 qu'on peut faire remonter les 20 francs alloués à l'emploi par mois. Ensuite, vers 1845, se trouvent les 25 francs qui se changent en 30 francs vers 1867 et en 35 après la guerre. En 1875 les 40 francs sont atteints. » Ils sont dépassés et l'on peut prendre aujourd'hui 45 francs comme un taux ordinaire, sans compter les profits accessoires. Une cuisinière experte dans le métier demande jusqu'à 80 francs. Pour la femme de chambre 50 francs sont un taux modeste. Le domestique mâle, qui vers 1840 gagnait à peine une cinquantaine de francs, gagne maintenant 60 francs et plus; les gages du valet de chambre peuvent être évalués à 80 francs.

Nous avons déjà fait observer que ces augmentations, dont la proportion n'est pas moindre que celle des salaires ouvriers les plus avantagés, s'est produite sans syndicat ni grève, par l'effet de l'accroissement de la richesse générale et de l'accroissement de la demande et qu'elle n'est nullement la conséquence d'une productivité plus grande de la domesticité.

VI

Des chiffres que nous venons de mettre sous les yeux du lecteur et qu'il serait facile de multiplier [1] il ressort avec évidence que le salaire nominal, agricole et industriel, a beaucoup augmenté depuis le commencement du XIXᵉ siècle en France. L'augmentation a été lente jusqu'en 1850. Elle a été rapide de 1850 jusque vers 1880, période pendant laquelle, d'une part, abondaient les métaux précieux qui diminuaient la valeur commerciale de la monnaie et, d'autre part, la vapeur et l'électricité transformaient les moyens de production et plus encore les moyens de communication. On peut

---

1. Voir, pour plus de détails, l'*Histoire des classes ouvrières et de l'industrie en France, passim,* et *Questions ouvrières et industrielles sous la troisième République,* chap. x : Les salaires et le coût de la vie.

dire, sans prétendre calculer un rapport rigoureusement mathématique, que le salaire a presque doublé pendant cette période. Depuis 1880, sous l'influence d'un état commercial moins progressif et d'une diminution générale des prix de gros, le salaire semble avoir moins augmenté et même avoir perdu quelques-unes de ses positions. Depuis 1896 l'activité des affaires lui- a imprimé un nouvel essor; peut-être l'affluence actuelle de l'or est-elle pour quelque chose dans ce nouvel essor qui a été concomitant à une reprise de la hausse des prix.

Tous les salaires ont participé à cette augmentation, mais en proportions inégales suivant les cas. Les petits — nous ne disons pas les salaires infimes aux pièces — ne sont pas ceux qui ont le moins bénéficié de la hausse.

(*A suivre.*)   E. LEVASSEUR.

ANGLETERRE ET JAPON[1]

Pendant l'année 1907, une série de traités est venue définir la situation de l'Extrême-Orient. Le Traité Franco-Japonais, la Convention Russo-Japonaise, signée le 28 juillet 1£07, et l'Accord Anglo-Russe, complètent logiquement la paix de Portsmouth et le renouvellement de l'Alliance Anglo-Nippone. Ces différents accords ont été suffisamment commentés. Les journaux et les revues en ont expliqué à souhait le sens et l'importance. Ils ont exploré et retracé tout ce qui est désormais tombé dans le domaine public. Il est inutile de redire, et il ne·sied pas d'ajouter. Mais il y a peut-être un certain intérêt à confronter le présent avec l'histoire récente, à rechercher les causes apparentes et immédiates d'événements aujourd'hui manifestes; et avant qu'une nouvelle crise, ou une

1. BIBLIOGRAPHIE. — I° DOCUMENTS. a. Livres bleus : Treaties between Her Majesty and the Emperor of China, 1861; 2,755. — China n° 1, 1887. — Convention between Great Britain and China relating to Sikkim and Tibet, 1894; C. 7,312. — Japan n° 1, 1894; C. 7,548. — Convention between Great Britain and China giving effect..., etc., 1894; C. 7,547. — Convention between G. Britain and China respecting..., etc., 1895; Cd. 7,710. — Despatch from Her Majesty's Minister at Tokyo forwarding Copy..., etc., 1895; C. 7,714. — Despatch from Her Majesty's ambassador at Paris, inclosing..., etc., 1896; C. 7,975. — Agreement between Great Britain and China, modifying..., etc., 1897; C. 8,654. — China n° 1, 1898; C. 8,814. — Despatch from Her Majesty's Minister at Peking..., etc., 1898; C. 8,940. — China n° 1, 1899; C. 9,131. — Exchange of notes between the United Kingdom and Russia..., etc., 1899; C. 9,241. — China n° 1, 2, 3, 4 et 5, 1900 : Cd. 93, Cd. 94, Cd. 257, Cd. 364, Cd. 365. — Extension of Hongkong territory, 1898; C. 9,087. — China n° 2, 1899; C. 9,329. — Despatch from His Majesty's Ambassador at Saint-Petersburgh respecting the Russo-Chinese agreement as to Manchuria, 1901. — China, n° 5, 6, 7, 1901 : Cd. 589, Cd. 675, Cd. 770. — Agreement between the United Kingdom and Japan relative to China and Corea, 1902; Cd. 914. — China, n° 1 et 3, 1902 : Cd. 1,005 et Cd. 1,369. — Final Protocol between the Foreign Powers and China, 1902; Cd. 1390. — Treaty between the United Kingdom and China r. commercial relations, 1903; Cd. 1,834. — Convention, etc., respecting Weï-haï-weï, 1899; C. 9,081 [l'année indiquée est celle de la présentation du document au Parlement; le numéro est celui du fascicule]. — b. Recueils de traités et de documents : Hertslet (Sir E.), Treaties between Great Britain and China, and between China and Foreign Powers. London, 1896; 2 vol. — Cordier (H.), Histoire des relations de la Chine avec les puissances occidentales; 3 vol. II° OUVRAGES FRANÇAIS : René Pinon, La Chine qui s'ouvre. — E. Clavery, Les Étrangers au Japon et les Japonais à l'étranger. Paris, 1904. — Cordier (H.),

rapide évolution ne transforme une fois de plus l'Extrême-Asie, à marquer les changements survenus dans cette région depuis un demi-siècle.

La question d'Extrême-Orient a paru prolonger par certains côtés celle d'Orient. Écartée de Constantinople, la Russie a cherché, d'abord vers la Perse, puis à travers la Chine septentrionale, le chemin de la mer libre. Ici encore, elle s'est heurtée au veto Britannique. L'initiative et l'énergie des races jaunes se sont opposées plus fortement à ses convoitises que le fanatisme musulman.

Angleterre et Japon ont tenu dans l'action Asiatique les deux premiers rôles; leur entente en a réalisé, ou tout au moins favorisé le dénouement.

Tant que leurs destinées demeuraient isolées, l'issue des événements flottait, incertaine; dès qu'elles s'unirent, la solution s'est précisée, puis imposée. Leurs relations purement commerciales (1858-94), leur amitié (1895-1902), enfin leur alliance marquent donc trois périodes décisives, trois étapes, qu'un narrateur des événements asiatiques n'aurait guère d'avantage à vouloir brûler.

Notice sur le Japon. Paris, 1894. — **Leroy-Beaulieu** (Pierre), *La rénovation de l'Asie,* 1900.

III° OUVRAGES ANGLAIS ET AMÉRICAINS : **Bancroft** (H. H.), *The New Pacific.* New-York, 1900. — **Beresford** (Lord C. W. D.), *The Break. up of China.* London, 1899. — **Chirol** (M. V.), *The Far Eastern Question.* London, 1896. — **Colquhoun** (A. R.), *Across Chryse.* London, 1883; *Opening of China,* ib., 1884; *English policy in the Far East,* 1885; *China in transformation,* 1898; *The Overland to China,* 1900. — **Curzon** (G. N.) [Baron Curzon of Kedleston], *Problems of the Far East,* 2° édition, Westminster, 1896. — **Dilke** (Sir C. W.) [M. P.], *Greater Britain, with chapters on English influence in Japan.* London, 1898. — **Diosy** (A.), *The New Far East.* London, 1900. — **Douglas** (Professor Robert K.), The story of Nations : *China.* London. — **Drage** (Geoffrey), *Russian Affairs.* London, 1904. — **Eitel** (E. J), *Europe in China : The History of Hongkong.* London, 1895. — **Hart** (Sir Robert), *These from the land of Sinim : Essays on the Chinese question.* London, 1901. — **Johnston** (J.); *China and its Future in the light of the Antecedents of the Empire.* London, 1899. — **Mahan** (A. T.) [D. C. L.; L. L. D.; Captain United States Navy], *The Problem of Asia and its effects upon International Politics.* London, 1900. — **Norman** (H.), *The real Japan,* London, 1892; *Peoples and Politics of the Far East,* 1895. — **Ransome** (J. S.), *Japan in transition. A Study of the progress of the Japanese since their war with China;* London, 1899. — **Reinsh** (P. S.) [Professor University of Wisconsin], *World Politics as influenced by the oriental situation,* 1900. — **Smith** (A. H.), *Chinese characteristics,* London, 1900; *China in Convulsion,* 1901. — **Stead** (edited by A.), *Japan by the Japanese.* London, 1904. — **Vladimir,** *Russia on the Pacific and the Siberian Railway.* London, 1899. — **Walton** (J.), *China and the present crisis.* London, 1900. — **Watson** (Petrie), *Japan. Aspects and destinies.* London, 1904. — **Whitehead** (T. H.), *British Interests in China.* Hong-kong, 1897.

IV° OUVRAGES ALLEMANDS : Brandt (M. N.); *Die Zukunft Ostasiens.* Stuttgart, 1895, *Ostasiatische Fragen : China, Japan.* Berlin, 1897; *Drei Jahre Ostasiatischer Politik* (94-97). Stuttgart, 98; *Zeitfragen : China,* Berlin, 1900.

I. — Période d'indifférence.

En 1858, Lord Elgin, qui signait la même année avec la Chine le Traité de Tientsin, concluait avec le Japon un traité de commerce et d'établissement.

L'empire du Soleil-Levant, fermé aux étrangers depuis 1637 (sauf aux Hollandais : îlot près de Nagasaki), venait de se rouvrir au commerce international sur les instances de l'Amérique. Le Comodore Perry, en 1854, après trois années de négociations, avait obtenu du Chogoun l'ouverture de plusieurs ports, où ses nationaux pourraient résider, soumis à la juridiction de leurs consuls.

Lord Elgin, en 1858, obtenait pour les Anglais les mêmes avantages [1] : les droits d'importation et d'exportation étaient fixés à un maximum de 5 p. 0/0. L'opium restait prohibé. L'Angleterre pouvait avoir au Japon un ministre plénipotentiaire et des consuls.

Les relations commerciales entre l'Angleterre et le Japon se développèrent rapidement [2]. Les Européens renouaient connaissance avec un peuple vif, intelligent, curieux d'apprendre. Les Anglais qui, au commencement du xviiᵉ siècle, avaient partagé le commerce du Japon avec les Hollandais et les Portugais, possédaient, vers 1858-60, la suprématie dans les mers extrême-orientales. Avec l'aide des Français, ils venaient de se faire ouvrir encore plus largement la Chine. (Traités de Tientsin, 26 juin 1858, et de Péking, 24 octobre 1860.) Les douanes chinoises se réorganisaient sous leur contrôle. Hong-kong, hier rocher, devenait métropole. Les Indes, où la révolte des Cipayes venait d'être réprimée, constituaient comme un centre, d'où l'influence anglaise rayonnait sur l'Asie.

Il semblait que la diplomatie pût s'endormir, ou du moins tourner les yeux vers une autre partie du monde, laissant aux commerçants, aux financiers le soin de pousser leurs affaires.

Et cependant, au loin apparaissaient des signes menaçants. La Russie, à qui l'Angleterre venait de barrer la route de Constantinople (1856), s'étendait à travers l'Asie avec la lenteur, mais avec

---

1. Après l'Angleterre, presque toutes les puissances européennes conclurent des traités avec le Japon. Celui de la France est du 27 juin 1858.
2. En 1885, sur 2,267 Occidentaux résidant au Japon, on comptait 1,200 Anglais.

la sûreté d'un glacier. Pendant que l'expédition franco-anglaise occupait Péking, la Russie se faisait céder, par la Chine effrayée, la rive gauche (Traité d'Aïgoun, 1858), puis la rive droite de l'Amour (Traité de Péking, 1860). Ainsi, partie des mers glacées de Behring et d'Okhostk, auxquelles depuis la fin du XVIIIᵉ siècle elle avait accès, elle gagnait des régions plus chaudes; et, devenue riveraine de la Mandchourie et de la Corée, elle allait fonder, en pleine mer du Japon, un port de guerre, Vladivostock, ce qui veut dire : Porte de l'Orient. Elle occupait Tsouchima et ne l'abandonnait que sous la pression de l'Angleterre. Dédaigneuse des terres froides, elle vendait en 1866 l'Alaska aux États-Unis. Puis, en 1875, elle faisait accepter au Japon les îles Kouriles, en échange de l'autre moitié de l'île Sakhaline. Elle parlait déjà de lancer un chemin de fer à travers l'Asie, jusqu'à la mer.

L'Angleterre, occupée surtout des affaires de l'Europe et de l'Orient proche, attendait l'avenir. S'étant emparée en avril 1885 de Port-Hamilton [1], un îlot au sud de la Corée, et s'étant aperçue qu'il ne valait rien comme base navale, elle céda à la demande de la Chine, du Japon et de la Corée, et le rendit à son légitime propriétaire (27 février 1887). Mais elle eut soin auparavant de se faire donner, par l'intermédiaire de la Chine, l'assurance que la Russie respecterait dans l'avenir et en toutes circonstances le territoire Coréen. Elle espérait peut-être faire de la Chine réorganisée une barrière aux ambitions russes. En revanche, ses inquiétudes se portaient sur l'Asie centrale. Depuis les projets de Paul Iᵉʳ et de Napoléon, les Anglais tremblaient pour la sécurité des Indes.

A la conquête par la Russie de Samarkande (1868), des Khanats de Boukhara et de Khiva (1872) l'Angleterre répondait par le protectorat du Beloutchistan (1876) et par l'expédition d'Afghanistan, entreprise en 1878, l'année même du traité de Berlin. Elle s'efforçait d'établir entre elle et la Russie tout un système d'états-tampons, sans chemins de fer, sans ressources, où les armées d'invasion fondraient parmi les déserts. A chaque nouvel empiétement de la Russie : prise de Merv, de Vieux-Seraks, de Pendjeh (1884-85),

---

1. Cf. A. Stead, *Japan by the Japanese*, p. 574, et Douglas, *China*, p. 413. Lorsque l'Angleterre occupa Port-Hamilton, elle redoutait une avance de la Russie en Corée.

expédition sur le Pamir (1890-91), l'Angleterre négocie pour délimiter la frontière de l'Afghanistan (1887 et Convention du 11 mars 1895). Le Transcaspien, commencé en 1880, atteignait Merv en 1886, Samarkande en 1888. Un embranchement vers Tachkent était déjà projeté. La menace d'envahir l'Inde va devenir un des lieux communs des journaux de Pétersbourg.

L'empire des Indes était moins que jamais une colonie, si l'on entend par ce mot un territoire que bordent des États faibles, ou d'autres possessions séparées de leur Métropole par des mers. L'Angleterre, puissance exclusivement commerciale et maritime, qui devait une part de sa suprématie à ce fait qu'elle avait pu s'épargner les dépenses d'une armée de terre, et porter tout son effort sur sa flotte de guerre, se trouvait maintenant entraînée vers les préoccupations d'une politique continentale et terrestre. Aux Indes, elle était menacée d'une invasion par la Russie, puissance insaisissable sur mer.

En Europe, l'Angleterre avait toujours attisé avec soin les querelles des États. Elle divisait pour maintenir son hégémonie. Des coalitions avaient mis le holà, en 1856, en 1878, aux ambitions occidentales de la Russie, à ses prétentions sur la Turquie et sur l'Asie Mineure. Quel État, s'opposant à la Russie dans l'Asie centrale et en Extrême-Asie, ferait contrepoids à sa force, établissant, pour le plus grand profit de l'Angleterre, l'équilibre asiatique?

La diplomatie le cherchait.

Quelques esprits perspicaces l'avaient déjà trouvé. Dès 1885, Sir Charles W. Dilke, un des membres éminents du parti libéral, dans la nouvelle édition de son livre *Greater Britain*, insérait un chapitre intitulé : « Influence anglaise au Japon », qui avait été publié à part, en 1885, dans la *Fortnightly Review*. Il écrivait : « Je viens de citer comme une des raisons que nous avons d'étendre encore notre influence au Japon, qui est déjà importante, le fait probable qu'un jour viendra où le Japon sera pour nous un allié utile dans le nord du Pacifique. La qualité des forces japonaises est telle, qu'on ne devrait jamais établir leur nombre sans rappeler en même temps leur réelle valeur [1]. »

---

1. Cf. *Greater Britain, with chapters on English influence in Japan*, p. 576.

En effet, le Japon s'assimilait la civilisation occidentale avec une incroyable rapidité. Le Mikado, restauré au pouvoir par les daïmios en 1868 — après la défaite du Chogoun — s'était entouré de conseillers intelligents et avisés. La révolution, loin de marquer une réaction contre l'esprit étranger, allait ouvrir le pays plus largement encore aux idées européennes et modernes. En 1871, la féodalité était abolie. Tandis que des ingénieurs français construisaient les arsenaux, que des officiers français instruisaient les troupes, des jurisconsultes français, MM. Bousquet et Boissonnade, logés au palais du Mikado, organisaient la justice, et rédigeaient des codes. En 1880, le nouveau code criminel était promulgué. — Pendant que les marins se formaient à l'école de l'Angleterre, une mission étudiait les constructions les plus libérales des États occidentaux et établissait un projet. En 1888, la nouvelle Constitution japonaise était promulguée. Les deux Chambres se réunirent en 1890.

Le pays tout entier prenait conscience de son importance et de sa force. Après s'être évertué à égaler l'Europe, il voulait être traité par l'Europe en égal. Il voulait être maître de son tarif douanier, insuffisant pour les besoins du fisc. Il souffrait de l'atteinte portée à sa souveraineté par la juridiction consulaire. — Par contre, les nations européennes, même la Grande-Bretagne, étaient fort peu disposées à renoncer à leurs privilèges. Outre la prudence bien naturelle qui leur faisait préférer le connu à l'inconnu, elles nourrissaient une certaine méfiance à l'égard de l'évolution du Japon. Elles croyaient qu'il ne s'était transformé qu'à la surface, et que, porter des habits européens et avoir des idées européennes étaient deux choses bien distinctes. L'opinion de l'Europe à cette époque ne pouvait être mieux caractérisée que par ce mot, attribué à un diplomate : « Le Japon, c'est une traduction mal faite ».

Aussi, lorsqu'en 1882 le Comte Inouye demandait aux puissances, en échange de l'ouverture du Japon tout entier, la suppression de la juridiction consulaire et la création de tribunaux mixtes, essuyait-il un refus. En 1886, à la conférence des seize puissances intéressées, l'Angleterre et l'Allemagne soumirent au Japon des clauses qui furent dûment rejetées. Le comte Okouma, en 1888, entreprit des négociations séparées. Il proposa la présence d'assesseurs étrangers à la Cour suprême chaque fois que des étrangers seraient en cause. Les

États-Unis, l'Allemagne, la Russie, la France acceptèrent, mais non l'Angleterre. M. Boissonnade déconseilla très vivement au gouvernement japonais un régime qui aurait entravé pour longtemps son indépendance. Du reste, la fierté japonaise veillait : un patriote lança une bombe contre la voiture du comte Okouma, puis se tua. Le ministre, grièvement blessé, donna sa démission. C'en était fait du système des tribunaux mixtes. Le vicomte Aoki reprit les négociations sur des bases d'absolue égalité. Lord Salisbury reçut ses ouvertures avec bienveillance (1890). — L'opinion anglaise évoluait. Quelques voyageurs, revenus du Japon enthousiasmés, créaient en Angleterre un courant de sympathie. Une nouvelle orientation politique apparaissait. Le 14 juillet 1894, le ministre libéral anglais Kimberley signait avec le vicomte Aoki, ministre plénipotentiaire à Londres, le traité de revision. Les autres États suivirent. Mais, la première de toutes les nations européennes, l'Angleterre venait d'accorder au parvenu de l'Orient un brevet de civilisation occidentale [1]. Elle venait de se créer des droits à la reconnaissance du Japon. Elle ne devait pas le regretter.

Grâce au Transsibérien, commencé depuis 1890, la Russie pourra bientôt lancer des troupes à travers l'Asie. Les États de l'Europe occidentale, occupés jusqu'ici par le partage de l'Afrique, cherchent sur la carte du monde d'autres sujets d'ambition et de querelle. L'Angleterre ne pourra seule arrêter leurs convoitises. Pour maintenir sa situation en Extrême-Orient, elle n'aura plus d'autre ressource que l'amitié, que l'alliance du Japon.

Impatient d'éprouver les armes qu'il avait empruntées à l'Europe, et d'affirmer sa supériorité sur la Chine, sa vieille rivale ; soucieux d'établir en Corée une situation conforme à ses intérêts, le Japon ébranle l'Asie orientale. Il donne à l'homme malade d'Extrême-Orient la potion finale, et les peuples de l'Europe accourent, croyant la succession ouverte.

II. — Période d'amitié.

Le Japon triomphait. Par ses victoires, il avait révélé au monde la valeur de son armée. Par le traité de Chimonoseki (17 avril 1895),

1. Le Mexique avait consenti dès 1889 à l'abolition de la juridiction consulaire.

il affranchissait la Corée à son profit; il acquérait Formose, les Pescadores, la presqu'île du Liao-tong (du Yalou au Lino); il occupait Weï-haï-weï jusqu'au paiement d'une indemnité de guerre fixée à 200 millions de taels; enfin, il obtenait en Chine des avantages commerciaux, qui, en vertu de la clause de la nation la plus favorisée, s'étendaient aux autres pays à traités. — Suivant l'exemple des puissances occidentales, le Japon venait de poser son empreinte sanglante sur la Chine, pour l'ouvrir au commerce et à la civilisation.

Les vieilles nations européennes, jalouses de leur jeune rivale, avaient résolu de lui imposer leurs conseils. La France, la Russie, l'Allemagne, rassemblaient des navires de guerre dans la mer Jaune, et faisaient savoir à Tokio que l'acquisition du Liao-tong était contraire à une paix durable en Extrême-Orient. Le Mikado dut céder (Proclamation du 10 mai 1895). La Chine continentale restait intacte. Mais le cabinet libéral de Lord Rosebery avait refusé de se joindre à l'intervention. Parmi l'Europe hostile, les Japonais trouvaient une bienveillante neutralité : celle de la première puissance navale du monde. Cette neutralité fera place à une amitié, puis à une alliance contre un péril commun : le péril russe.

La Russie semblait décidée à se faire payer cher l'appui prêté à la Chine. Ayant créé la Banque Russo-Chinoise, elle essayait d'accroître son influence à Péking. Agissant par la menace et par la séduction, on l'accusa d'envelopper le gouvernement chinois dans la trame subtile de sa diplomatie, pour le réduire à l'état de vassal. L'imagination anglaise aperçoit déjà l'ogre russe, que la moitié d'un continent n'a pas rassasié, s'apprêtant à dévorer un énorme empire.

Telle apparaissait la situation de l'Extrême Asie, à l'avènement du ministère unioniste Salisbury, le 2 juillet 1895. Désireuse de développer librement son commerce, dédaigneuse des conquêtes inutiles, assez forte pour ne pas craindre la concurrence, l'Angleterre qui, dans le monde, n'a jamais eu qu'une politique d'affaires, tendait en Chine à un seul résultat : la porte grande ouverte. Ses efforts allaient-ils se briser contre les Russes? Ainsi se posait pour elle le problème extrême-oriental. Occupée par les questions africaines, presque dépourvue d'armée de terre, elle n'était guère capable de le résoudre seule. Trois combinaisons s'offraient, trois formules : une entente anglo-russe; une entente entre la Russie et le Japon; une entente anglo-japonaise. L'Angleterre pouvait souhaiter la première ou la dernière. Elle devait empêcher que l'autre ne se fît contre elle; qu'un accord entre la Russie et le Japon ne lui fermât la Chine[1].

Avec la Russie, Lord Salisbury parut tenter un rapprochement. Il se montra très modéré sur les affaires d'Arménie (juillet-décembre 1895). Portant son attention vers le Nil et vers le Cap, il eût volontiers inauguré en Asie une politique de réserve et de détente. Les ministres anglais agrémentèrent leurs discours de phrases russophiles. A Bristol, le 3 février 1896, M. Balfour disait : « En ce qui me concerne, je déclare franchement que si la Russie établit sur le Pacifique un port de commerce qui ne soit pas fermé par les glaces la moitié de l'année, loin de considérer un tel événement avec crainte et jalousie, je le saluerai comme un notable progrès dans cette région lointaine ». Et la même année, au banquet du Guildhall, Lord Salisbury affirmait : « Croire qu'il y ait antagonisme forcé entre la Russie et la Grande-Bretagne, c'est la superstition d'une diplomatie surannée ».

Cependant, l'opinion publique restait méfiante. Elle haïssait l'absolutisme du tsar, et accusait volontiers ses diplomates de duplicité. « Celui qui soupe avec le diable doit avoir une longue cuillère », dira M. Chamberlain[2]. Les intérêts anglais et les prétentions russes étaient peu conciliables. Les faits le montrèrent bientôt. Le 8 septembre 1896, le comte Cassini avait obtenu définitivement que le transsibérien traversât la Mandchourie. — Le 17 novembre 1897, le ministre anglais à Péking, Sir C. Mac Donald, apprenait que le Tsung-li-yamen, effrayé de la présence de deux cuirassés allemands à Kiao-tchéou, avait imploré l'aide de la Russie. Le 17 décembre, il sait que cinq vaisseaux russes arrivent à Port-Arthur. Et comme, à Pétersbourg, M. Goschen manifeste sur ce point l'inquiétude de son gouvernement, « nos navires, répond le comte Mouravieff, ne sont

---

1. Quant à une entente à trois, entre l'Angleterre, la Russie et le Japon, préconisée dès 1895 par le publiciste anglais Norman, dans son livre *Peoples and Politics of the Far East*, p. 403, cette solution ne pouvait être obtenue directement, mais seulement comme complément à l'une des précédentes.

2. Discours prononcé à Birmingham le 13 mai 1898.

là que pour leur commodité, et non point pour répondre à l'occupation anglaise d'un autre port, ainsi que le bruit en a couru très inexactement ». Le 16 janvier 1898, Sir C. Mac Donald demande que Talien-ouan devienne un port ouvert. Le Tsung-li-yamen refuse « de peur de déplaire aux Russes ».

Assis autour d'une table ronde, mangeant des sucreries et fumant des pipes, les ministres chinois se défendent avec peine, malgré toute leur finesse orientale, contre les empiétements des « diables étrangers ».

Impuissante à les secourir, l'Angleterre ne songe plus qu'à prendre sa part : d'abord des avantages économiques et commerciaux : concessions de chemins de fer, ouverture des fleuves à la navigation à vapeur (14 février)[1], garantie du poste d'I. G. des douanes à un Anglais; — puis des gages, de bonnes hypothèques en terre chinoise : la non-aliénation du Yang-tsé promise (11 février), le bail de Weï-haï-weï offert. Avant d'accepter ce dernier, Lord Salisbury semble hésiter. Il modère l'initiative de Sir C. Mac Donald. Enfin, le 25 mars, apprenant que la cession de Kiao-tchéou à l'Allemagne a été signée (6 mars), que la Russie exige le bail de Port-Arthur et de Talien-ouan, il se décide : « pour sauvegarder l'équilibre dans le golfe du Petchili ». La convention du 1er juillet stipule que Weï-haï-weï restera à l'Angleterre « aussi longtemps que la Russie occupera Port-Arthur ».

Avec l'agrandissement du territoire de Hong-kong (9 juin), tels étaient les avantages obtenus par l'Angleterre dans la « bataille des concessions ». Ils contrebalançaient avec peine le profit des autres puissances[2]. Le gouvernement britannique recouvrait de brillants paradoxes les contradictions inévitables de sa diplomatie : « Loin de se joindre à la politique spoliatrice de la Russie et de l'Allemagne, assurait M. Balfour, l'Angleterre s'y oppose ».

1. Cette promesse fut réalisée le 18 juin 1898.
2. La France avait obtenu (12 avril) la baie de Kouangtchéou, — le prolongement des chemins de fer d'Indo-Chine, — la non-aliénation du Kouang-si, du Kouang-toung, du Yunnan, — enfin le droit de nommer le futur directeur des postes.
Le 27 mars, la Russie avait obtenu le bail de Port-Arthur et la construction de l'embranchement de Kirin à Talien-ouan.
L'Allemagne avait obtenu le bail de Kiao-tchéou le 6 mars, et des concessions de chemins de fer et de mines dans le Chan-toung.
Enfin le Japon s'était fait garantir, le 26 avril, la non-aliénation du Fou-kien.

(*Times*, 9 mai 1898) — « Prendre Weï-haï-weï, disait le marquis de
Salisbury à la Chambre-Haute, c'est encourager la Chine, la sauver
du désespoir où l'aurait mise la domination d'une seule puissance ;
nous voulons le maintien de l'Empire chinois ; nous ne croyons pas
qu'une nation européenne puisse entreprendre de gouverner de si
loin ces quatre cents millions d'hommes. » (*Times*, 18 mai 1898.)
C'était là une étrange façon de sauvegarder l'intégrité de la Chine. Le
chienne fit pas mieux pour défendre le dîner de son maître. Véritable
politique d'équilibre et de partage, l'*alternative policy* n'apportait
qu'une solution provisoire et imparfaite. Concentrant toute son
attention sur la question de Fachoda et du Haut-Nil, il semble qu'en
Extrême-Asie Lord Salisbury cherche seulement à retarder les
échéances.

L'immense marché ouvert, où le commerce anglais conservait aisément la suprématie, risquait d'être morcelé, et peut-être fermé au
profit de concurrents moins outillés, mais plus hardis. Envoyé en
mission par les chambres de commerce, l'amiral Lord Beresford, du
30 septembre 1898 au 9 janvier 1899, visite les ports-à-traités, y
recueille les doléances et les inquiétudes des marchands. Partout, il
trouve la menace de la Russie. Le 4 novembre 1898 [1], les résidents
britanniques à Niou-tchouang « se déclarent très effrayés par l'avenir.
Ils considèrent véritablement la Mandchourie comme une province
russe, à cause des importantes garnisons de troupes russes éparses
à travers le pays ». L'Accord Anglo-Russe du 8 avril 1899 ne fut pas
de nature à apaiser ces craintes. Après avoir demandé à la Chine
pendant deux ans le renvoi de M. Kinder, sujet britannique, ingénieur
de la ligne Chan-haï-kouan-Niou-tchouang ; après avoir refusé que
la garantie des actionnaires (anglais) portât sur la voie ferrée et le
matériel roulant ; après s'être opposé à la construction de l'embranchement de Sin-ming-ting, le gouvernement russe avait modéré ses
exigences, et consenti à conclure un arrangement d'un caractère
plus général. Par un échange de notes, le comte Mouravieff et Sir
C. Scott reconnurent pour l'avenir — en matière de concessions de
chemins de fer, — le privilège exclusif des sujets russes au nord de la
grande muraille, et des Anglais dans la vallée du Yang-tsé. — L'An-

---

1. Cf. également B. b. ; C. 9131. N° 25.

gleterre ne semblait-elle pas renoncer au principe de la porte ouverte
et se rallier au système des sphères d'influence. Ne venait-elle pas,
au prix d'une garantie problématique, d'encourager l'action russe
en Mandchourie? — Cette question de voies ferrées, cependant, était
la seule, ou à peu près, sur laquelle les diplomates anglais et russes
en Extrême-Orient ne fussent pas en dissonance.

L'harmonie ne s'était guère mieux établie entre la Russie et le
Japon. L'humiliation ressentie en avril 1895 ne s'effaçait pas. Elle
était avivée par les ambitions russes. Après une atteinte à son
amour-propre, le Japon subissait une menace à ses intérêts. Il
venait, au prix d'une guerre, de détruire en Corée la suzeraineté
chinoise. Allait-il s'y heurter aux intrigues russes? Le memoran-
dum dit Waeber-Komoura, signé en 1896 à Séoul, fixait un maximum
de troupes japonaises et russes devant maintenir l'ordre en Corée.
En juin de la même année intervenait un nouvel arrangement, relatif aux lignes télégraphiques. Enfin la Convention Nishi-Rosen, signée
à Tokyo le 25 avril 1898, établit un condominium : après une platonique proclamation de l'indépendance coréenne, « les gouvernements impériaux du Japon et de la Russie s'engagent mutuellement
pour le cas où la Corée aurait recours au Conseil et à l'assistance,
soit du Japon, soit de la Russie, à ne prendre aucune mesure quant
à la nomination d'instructeurs militaires et de conseillers financiers,
sans être arrivés préalablement à un accord mutuel à ce sujet ». La
Russie reconnaît la prédominance du commerce japonais et s'engage
à la respecter [1]. — Le 6 avril (25 mars) 1898, on pouvait lire dans le
Novoié Vremia : « Il faut que le gouvernement japonais... choisisse
entre les risques d'une influence politique en Corée, et la vente sûre
de ses produits en Corée et en Mandchourie sous le pavillon russe, à
l'abri des baïonnettes russes... Rôle politique pour la Russie, rôle
commercial pour le Japon. Celui-ci trouvera ainsi une alliée fidèle.
Par contre, s'il recherche l'aide de l'Angleterre, il sera trahi au profit des intérêts anglais, et trouvera son commerce entravé par
l'accroissement de la concurrence anglaise en Extrême-Orient. »
Telle était l'alliance inégale offerte par la Russie, véritable association du lion et de la chèvre.

1. Comme conséquence de ce protocole, le Japon obtenait de la Corée,
le 19 juin 1898, des privilèges pour la construction des chemins de fer.

Le Japon s'y résignerait-il ? Croirait-il même à la sécurité du partage? La prise à bail de Port-Arthur (27 mars 1898), de ce Port-Arthur qu'on lui avait arraché au nom de l'équilibre asiatique, était bien faite pour l'édifier sur la valeur des intentions et des promesses russes.

Les journaux de Pétersbourg s'efforcent vainement d'éveiller des dissentiments entre l'Angleterre et le Japon. La cession à l'Angleterre de Weï-haï-weï, gage de l'indemnité de guerre chinoise, excite bien un instant la nervosité de l'opinion japonaise. Celle-ci se calme vite devant la réserve bienveillante du marquis Ito[1], et les assurances données par M. Balfour[2]. A Tokyo, Sir E. Satow négocie avec succès la remise directe de Weï-haï-weï aux autorités anglaises, et l'obtient le 3 avril. Le 9, il peut écrire à son gouvernement : « Le ton général de la presse marque l'acceptation d'une politique que l'on considère comme imposée à l'Angleterre par l'action de l'Allemagne et de la Russie ». Quelques semaines plus tard, le marquis de Salisbury répond à une question de Lord Kimberley sur le Japon : « Il est entièrement contraire à notre politique de faire quoi que ce soit pouvant nous aliéner cette nation grandissante, avec laquelle nous avons tant de raisons de sympathiser et de coopérer. » (*Times*, 18 mai 1898.) Cette aimable parole était plus que de la courtoisie. Elle traduisait un sentiment vrai. La similitude des intérêts se vérifiait, s'éprouvait en face des événements. L'entente avec les insulaires d'Extrême-Asie devenait un de ces principes de la politique extérieure anglaise qui planent au-dessus des doctrines rivales et des partis.

III. — Période d'alliance.

L'entente anglo-japonaise semblait donc prévaloir. Mais ce n'est que plus tard (en janvier 1902) qu'elle revêtit la forme solennelle et précise d'une alliance. L'Angleterre, depuis la guerre de Crimée, pratiquait la politique du splendide isolement. Mais les transformations de l'Europe et des autres continents avaient diminué sa prépondérance. L'Angleterre n'était plus assez forte pour dicter, seule,

1. Alors ministre.
2. Intérim au Foreign Office du 13 avril au 4 septembre 1898.

la loi au monde. La guerre des Boers, se prolongeant du 12 octobre
1897 jusqu'en mai 1901, allait bientôt embarrasser son crédit, paralyser son influence, arrêter en Extrême-Orient toutes ses entreprises.
La soudaineté des événements asiatiques allait la saisir au dépourvu.
Le Japon, d'autre part, avait pu dès 1895 apprécier, en face d'une
coalition européenne, sa propre faiblesse. Briser le faisceau des
puissances, en s'alliant à l'une d'elles, était pour lui la condition indispensable du succès. La similitude des intérêts, les bonnes relations diplomatiques, l'importance du commerce et le prestige de la
civilisation britannique désignaient tout naturellement l'Angleterre à
son choix. Mais la prudence asiatique, l'ingéniosité du faible accoutumé aux refus ne conseillaient-elles point de ménager une autre
issue? Quelque solides que fussent déjà les fondations de l'accord
anglo-japonais, un brusque revirement ne pouvait-il pas tout ébranler? La sagesse du Japon se laisse deviner. On ne peut l'admirer
encore dans toutes ses nuances. L'ambition immense de la Russie
et son mépris pour la force du Japon furent des facteurs indéniables
et décisifs : en les démasquant, le rapide développement de la crise
chinoise pose les dernières données du problème et impose la solution.

Le prince Kung étant mort (3 mai 1898), l'audace — désormais
sans frein — des réformateurs justifie le coup d'état de l'impératrice mère (2 sept. 1898) et déchaîne la réaction. La révolte contre
l'étranger grandit, éclate. Le 14 mai 1900, les Boxers agitent le
Petchili. Le 1er juin, des missionnaires sont massacrés. Les puissances s'émeuvent et envoient des troupes. Tandis que les légations
sont assiégées (21 juin-14 août) l'armée de secours, par la diversité du langage, est comme une réminiscence de la tour de Babel :
l'intervention, étant unanime, semble moins dangereuse. L'Allemagne exploite l'imminence du péril pour imposer son généralissime. Les marins japonais et anglais fraternisent. Sous prétexte de
troubles à réprimer, la Russie — comme en Pologne, du temps de la
grande Catherine — immobilise ses troupes en Mandchourie
(Convention Tseng-Korostovitoh, 11 nov. 1900). Elle négocie l'occupation militaire de cette province avec la cour impériale fugitive,
pendant que les plénipotentiaires, réunis à Péking, préparent la
paix. Pour gagner les bonnes grâces de la Chine, elle refuse d'abord

de réclamer — de concert avec les autres puissances — la punition des mandarins coupables. Aux représentations de l'ambassadeur britannique, « c'est un sujet sans intérêt pour la Russie », répond le comte Lamsdorff. — L'Allemagne, qui s'était engagée, le 16 octobre 1900, vis-à-vis de l'Angleterre, à respecter et à faire respecter l'intégrité chinoise, restait impassible. Et pourtant, pour la diplomatie moscovite, l'ère était close des trop faciles succès.

Les aspirations contrariées s'affirment et s'unissent. Arrivé au Foreign Office le 13 novembre 1900, Lord Lansdowne inaugure en Asie une politique plus assurée. Le Japon, classé au rang des civilisés par la suppression des juridictions consulaires (achevée en 1899) et par son intervention contre les Boxers, entre en scène avec éclat. Le ministre Japonais à Péking, de concert avec les représentants de la Grande-Bretagne et des États-Unis, contrecarre les prétentions russes, et décide le gouvernement chinois à les accueillir par un refus. Les négociations reprises trois mois après, la Russie se heurte encore aux protestations des États-Unis, de l'Angleterre, et du Japon. La mission du marquis Ito reste sans résultat à Pétersbourg, puis à Paris : le Japon est définitivement rejeté vers l'Angleterre.

Le traité anglo-japonais, signé le 30 janvier 1902, rendu public le 12 février, détruit l'incertitude de la situation extrême-orientale : garantissant l'intégrité de la Chine et de la Corée, les hautes parties contractantes se promettent mutuellement, en cas de guerre contre un seul État, leur neutralité bienveillante ; leur appui, si un deuxième adversaire entre en lutte. Le Japon, pendant cinq ans, n'a plus à craindre de coalition européenne. La guerre de revanche contre la Russie lui devient possible. L'accord russo-chinois du 8 avril violé par le maintien des troupes en Mandchourie, la vice-royauté d'Extrême-Orient créée, la concession forestière exploitée par les Russes à Yongampo ; bref, les tentatives persistantes de la Russie en Mandchourie et jusqu'en Corée la rendent inévitable.

Elle va surprendre le continent européen, passionner l'opinion anglaise comme un match. Au pessimisme des Français, les Anglo-Saxons opposent une confiance inébranlable en la modération de leurs alliés[1]. Fidèle au traité, le Foreign-Office limite le conflit.

1. L'opinion publique anglaise montra alors, — suivant sa coutume, — une remarquable unité. C'est à peine si l'on note quelques rares divergences : une

Lord Curzon profite des difficultés de la Russie pour agir énergiquement au Thibet. A ses succès récents contre la Chine, le Japon
ajoute ses victoires contre un État de race blanche. En affaiblissant
la Russie, il a conquis sa place dans la *Weltpolitik*. — Un brusque
soubresaut a rétabli l'équilibre asiatique.

Cet équilibre est garanti par des traités. Le 12 août 1905, l'Angleterre et le Japon renouvelèrent leur alliance. Les négociations de
Portsmouth, entre le Japon et la Russie, commencées le 27 juillet
après les bons offices du président Roosevelt, aboutirent à la paix
du 14 octobre : la Russie reconnaît au Japon une hégémonie sur la
Corée. Elle lui cède le bail du Liao-tong; la partie méridionale de
Sakhaline et les îles adjacentes; la voie ferrée de Kouan-chan-su à
Port-Arthur avec les embranchements, les propriétés, et les concessions minières. La Mandchourie est rendue à la Chine. Les Hautes
Parties contractantes s'engagent à n'y exploiter leurs chemins de
fer qu'en vue de l'industrie et du commerce. — Telle est la paix de
Portsmouth. Elle anéantit la position stratégique de la Russie sur
le Pacifique, consacre le triomphe et la revanche du Japon. Par le
pacte du 12 août, celui-ci affermit encore sa suprématie, en partage
le bénéfice avec l'Angleterre. Le nouvel accord est conclu pour dix
ans, et stipule une aide mutuelle, même contre un seul adversaire.
Il protège le territoire des alliés, les droits du Japon en Corée, et la
domination anglaise aux Indes, garantit l'intégrité, l'indépendance
de la Chine et la porte ouverte, soit le *statu quo* en Extrême-Orient.
Il s'en dégage comme une doctrine de Monroe à propos de l'Asie. Le
Japon et l'Angleterre en sont arbitres.

La Convention Anglo-Russe et le Traité Franco-Japonais vinrent
encore compléter et consolider ce système. L' « entente cordiale »,
qui avait limité à l'Extrême-Orient la dernière guerre, constituait,
depuis la paix, comme le tenon d'une vaste charpente diplomatique.
Rapprochés par l'Angleterre, la France et le Japon concluaient une
sorte de contre-assurance en faveur de leurs possessions d'Asie. La

---

brochure satirique de Crossland : « The Truth about Japon » (London, Grant
Richards, 1904); un article signé : « Pro Patria » (dans la *Contemporary Review*
de novembre 1905), d'une forme déclamatoire et aveuglément chauvine. — Et
pourtant, le Japon fit naître en Angleterre toute une littérature : récits de
voyages, études politiques, économiques, historiques, artistiques, etc. Tout
Anglais qui avait vu le Japon se crut engagé d'honneur à publier ses impressions.

France offrait une naturelle transition de l'Angleterre à la Russie, et entre ces deux puissances, un règlement des difficultés asiatiques pouvait avoir lieu. Les défaites de Mandchourie avaient favorisé en Russie l'évolution constitutionnelle; elles ranimaient la tradition d'une politique balkanique et orientale. C'est ainsi que, loin de former un monde indépendant et isolé, l'Europe subit — mais non sans réagir — le contre-coup des événements d'Extrême-Asie.

Cette région, réputée lointaine, semble entrer dans une ère de transformations lentes et profondes. L'activité des Japonais à Sakhaline, en Corée, en Mandchourie inquiète les pessimistes. Ceux-ci considéraient, avec toute la joie de théoriciens satisfaits, les nuages qui semblaient s'amonceler entre les États-Unis et le Japon; ils persistent à faire de ce dernier pays un épouvantail[1]. Sans doute, en Australie, comme aux États-Unis, l'immigration des Japonais et des Chinois sera plus difficile à endiguer, maintenant qu'ils veulent être traités en égaux. Mais, il ne faut pas exagérer la puissance du Japon. Ses ressources économiques sont assez faibles : le sous-sol est pauvre en minerai. Les ouvriers, malgré leurs progrès remarquables, n'égalent pas encore les blancs dans les industries mécaniques. Les questions sociales se poseront avec une acuité particulière chez ce peuple rapidement transformé, où les vieilles institutions

---

1. Le péril jaune revêt deux formes : politique, et économique. — Politique, c'est la vision des races jaunes unies, rassemblées en hordes épaisses, envahissant et dévastant l'Europe comme jadis les Huns. Beau spectacle à évoquer en phrases dramatiques. Mais pourquoi cet esprit de concorde et d'entente, dont les nations blanches se montrèrent si dépourvues, serait-il l'apanage des jaunes? Le caractère humain changerait-il avec la couleur du visage? Oublie-t-on les vieilles querelles qui ensanglantèrent l'Asie avant les interventions de l'Occident? Un équilibre asiatique est aussi vraisemblable qu'un équilibre européen. Si la Chine renvoie les « diables étrangers », ce ne sera pas pour se faire japonaise. Sortie de son long sommeil, elle vérifiera l'axiome : « Nos voisins sont nos pires ennemis. » Elle utilisera elle-même les ressources inépuisables de son sous-sol, comme elle exploite par une culture merveilleusement intensive ses richesses agricoles.

Est-ce donc l'aspect économique du péril jaune qu'il nous faut redouter? — Non plus; les pessimistes disent : « Les jaunes ayant infiniment moins de besoins que les blancs fabriqueront pour des salaires beaucoup plus bas. Les prix de revient obtenus étant dérisoires, ou bien les travailleurs chinois remplaceront en tous pays les travailleurs indigènes, ou bien les industries locales ne pourront soutenir la concurrence des industries chinoises. » Cette théorie est séduisante. Mais elle méconnaît une loi jusqu'ici vérifiée : que les besoins d'un peuple croissent avec la civilisation et font monter automatiquement les salaires — Avant donc que les ouvriers chinois n'aient égalé la qualité et l'intensité du travail blanc, (l'exemple du Japon l'indique), la question sociale sera posée, et leurs salaires atteindront un taux normal.

n'ont laissé que des débris. Le Japon ne restera peut-être pas l'arbitre de l'Asie.

L'essor économique et le réveil de la Chine confondent dans une même attention les chercheurs du passé et les curieux de l'avenir.

HENRI MYLÈS.

LES DÉBOUCHÉS MARITIMES DE L'AUTRICHE-HONGRIE

(Suite et fin [1])

II

LE PORT DE FIUME

Fiume, situé à l'extrémité nord de la mer Adriatique, au fond du golfe de Quarnero, n'était il y a quarante ans qu'une petite ville maritime sans grande importance. L'année 1872 fut pour ce port, jusqu'alors presque complètement éclipsé par son rival autrichien, le point de départ d'une vie nouvelle. Jaloux de l'autonomie nationale, le Parlement hongrois voulut l'approprier et développer son outillage de manière à en faire le débouché du commerce extérieur de la monarchie transleithane. En sorte que l'histoire de Fiume n'est que celle de la conquête par la Hongrie du titre de nation maritime et des avantages qu'il comporte.

Donner de la vie et du mouvement au port de Fiume était une tâche délicate. Trois obstacles entravaient le développement de cette ville maritime : d'abord l'organisation défectueuse de son système de voies ferrées; en second lieu, sa vassalité vis-à-vis de Trieste au point de vue des services maritimes réguliers; enfin le manque d'industrie locale.

Antérieurement à 1875, Fiume n'était desservie que par une seule ligne de chemin de fer; cette artère unique, appartenant au réseau Sud-Autrichien, n'était que le prolongement des lignes Vienne-Trieste et Venise-Trieste. C'était là une situation très préjudiciable pour Fiume puisque sa rivale autrichienne, mieux partagée au point de vue des communications, pouvait drainer à son détriment le trafic de la Croatie et de la Slavonie, et ne lui laissait

---

1. Voir les *Annales* du 15 mars 1908, p. 189.

qu'une sphère d'influence très restreinte. Mais la construction de la
ligne directe Budapest-Fiume par Agram a réduit ce détournement
de trafic; d'autre part, devenu maître absolu des tarifs de voie
ferrée à la suite du rachat général des chemins de fer hongrois,
l'État magyar les a abaissés au minimum, favorisant ainsi l'exportation des produits hongrois via Fiume. Plus tard, d'accord avec le
gouvernement autrichien, des tarifs combinés ont été créés en vue
de développer l'ensemble des exportations de la Monarchie.

La question des transports par voie ferrée étant réglée, restait
à résoudre celle des services maritimes. Faute d'installations suffisantes, faute surtout d'organisation, Fiume n'avait pas encore de
grande compagnie de navigation vraiment autonome. Il n'était
desservi que par des escales. C'est en 1892 que le gouvernement hongrois s'est affranchi partiellement de la tutelle du Lloyd
autrichien, en provoquent la formation d'une compagnie hongroise
de navigation : l' « Adria ». Entre temps les pouvoirs publics du
pays magyar ne craignaient pas de demander à la nation de lourds
sacrifices pécuniaires en vue de doter le port national d'un outillage économique et d'installations maritimes dignes des espérances
fondées sur lui. Le premier plan de ces travaux, établi par les
ingénieurs de l'État, avait été soumis à l'approbation d'un expert
français, M. Pasqual, ingénieur à Marseille. Le développement du
trafic ne tarda pas à le rendre insuffisant, et un nouveau projet dut
être élaboré avant l'achèvement du premier. Ce programme, aujour-
d'hui presque complètement mis à exécution, a nécessité de 1872
à 1903 un ensemble de crédits de 75 millions de couronnes. Il se
compose, entre autres éléments, d'un port principal, protégé par
cinq môles contre les tempêtes du large, et comportant plus de
3,000 mètres de quais, et de deux petits mouillages, le port aux
bois et le port aux pétroles. Après la terminaison complète des travaux, Fiume ne comptera pas moins de 6,000 mètres de quais, et
pourra abriter 40 vapeurs grands et petits, et 120 voiliers de différents types. Outre les installations maritimes proprement dites, les
pouvoirs publics ont établi de vastes entrepôts, un élévateur de
grain du modèle américain, et un outillage très perfectionné,
notamment une grue roulante de 60 tonnes. Toutefois la majeure
partie des opérations d'embarquement et de débarquement se font

à la main, ce mode de procéder ayant été jugé plus économique que la force mécanique. De récentes grèves des débardeurs ont fait sentir les inconvénients de cette méthode. Une lacune non moins regrettable du programme de 1872 est l'absence de bassin de radoub. Mais la société de constructions navales « Danubius » est en train d'en construire un.

Dès 1905, avant l'achèvement complet des travaux entrepris depuis trente ans, le Parlement hongrois a ordonné l'exécution de nouveaux ouvrages, dont le coût estimatif dépasse 4 millions de couronnes, et notamment l'établissement d'un dock flottant.

La création d'établissements industriels à Fiume est venue assurer à ce port le troisième facteur indispensable à son développement. En dehors de l'usine des torpilles Whitehead — dont les produits appartiennent à une catégorie un peu trop spéciale pour offrir un grand intérêt économique — les principales manifestations de l'activité manufacturière de Fiume sont les raffineries de pétrole, les fabriques de pâtes alimentaires, les manufactures de tabacs, les tanneries et les chantiers de constructions navales. Ces derniers, notamment ceux de la société « Danubius », travaillent presque exclusivement pour la marine de guerre de la Monarchie. Quant aux tanneries, le nouveau tarif douanier, en mettant fin aux avantages accordés précédemment aux cuirs italiens, semble devoir encourager l'extension de leur chiffre d'affaires. Le dernier venu dans l'ordre chronologique parmi les établissements industriels de Fiume est un abattoir de vastes dimensions. Le renchérissement du coût des subsistances en Hongrie, constant depuis une dizaine d'années, a particulièrement affecté le prix de la viande. Afin de laisser au moins un bénéfice à l'industrie nationale, la Monarchie, qui avait maintenu l'ancienne taxe à l'importation du bétail vivant, a élevé le tarif d'entrée des viandes fraîches. Les fondateurs de l'abattoir de Fiume avaient espéré ménager à cet établissement une place marquante dans l'industrie nationale, en le transformant, peu après sa création (qui date de 1905) en fabrique de conserves. Mais ce projet survécut peu à la campagne menée en Amérique contre les « packers », qui en avait été l'inspiratrice. En sorte que l'abattoir de Fiume n'a qu'une importance purement locale. Ses installations n'en sont pas moins considérables : elles permettent d'abattre en même temps 150 bovidés, 1,000 chèvres ou moutons et 150 porcs. Il est pourvu de chambres réfrigérantes où peuvent prendre place 300 bœufs abattus. En 1906, 24,000 bêtes à cornes, 3,000 porcs et 19,000 moutons y ont été mis à mort.

Tant d'efforts entrepris en vue de développer le trafic de Fiume ne pouvaient rester stériles. De 1870 à 1907, c'est-à-dire en trente-sept ans, le mouvement des marchandises transportées par voie de mer, en provenance ou à destination de Fiume, a passé de 170,000 à 1,600,000 tonnes. Sans doute, comme à Trieste, la plus grande partie de ce courant commercial correspond à des opérations de transit. Mais, parti de plus bas que son émule autrichien, et venu plus tard à la vie économique, Fiume ne se heurte pas aux mêmes obstacles dans ses tentatives d'extension industrielle, et tout porte à croire que l'élément productif de son trafic croîtra plus vite, toutes proportions gardées, que chez son heureux rival.

Sur le total des entrées de marchandises par voie de mer enregistrées à Fiume durant l'année 1905 (134 millions de couronnes, correspondant à 600,000 tonnes), 110 millions, soit 80 p. 0/0, représentent la part du commerce international. Quant aux sorties effectuées par la même voie, elles se sont élevées à 178 millions de couronnes (800,000 tonnes), sur lesquelles les exportations proprement dites prennent 140 millions ou 83 p. 0/0. Il y a donc dans une certaine mesure équilibre entre les deux courants du trafic extérieur de Fiume. Mais si, détaillant ces résultats globaux, on considère distinctement les relations commerciales de chaque pays, il n'en est plus de même. Seule la Turquie, qui se classe au cinquième rang parmi les correspondants maritimes de Fiume, réalise à proprement parler le troc, ses 11 millions de couronnes d'importations étant balancées par un chiffre égal d'exportations.

Toutefois, l'Hindoustan, à qui revient la première place, proportionne ses importations (27 millions de couronnes) à ses exportations (22 millions). L'Angleterre, qui occupe la seconde place, prend pour 27 millions de marchandises, et n'en place, à son ordinaire, qu'une quantité beaucoup plus faible : 8 millions seulement. Vient ensuite l'Italie, avec 13 millions d'importations à Fiume et 21 d'exportations. La situation inverse se présente pour la République Argentine, le quatrième pays dans l'ordre des correspondants commerciaux de cette ville : à l'exemple des États-Unis (septième rang), cette contrée sud-américaine importe de notables quantités de denrées agricoles (20 millions de couronnes), et ne prend qu'une faible part des exportations fiuméennes (2 millions [1]). Entre la Turquie et la République argentine et par suite au sixième rang s'inscrit la France avec un trafic global de 19 millions de couronnes, dont 16 à la sortie de Fiume et 3 à peine d'entrées. Elle clôture la série des grands correspondants de ce port : le pays qui la suit immédiatement, la Hollande, ne peut revendiquer un chiffre d'affaires supérieur à 7 millions de couronnes. Mais en dehors des échanges en provenance ou à destination du territoire métropolitain, il faut mentionner le trafic de Fiume avec nos colonies de l'Afrique septentrionale, soit un million et demi de couronnes. En sorte qu'à tout prendre le commerce de la France, de l'Algérie et de la Tunisie avec la métropole maritime hongroise atteint le chiffre de 20 millions et demi de couronnes. Ce résultat, peu satisfaisant si on le considère d'une manière absolue, n'en représente pas moins un progrès important sur les statistiques antérieures; en particulier, les importations franco-algériennes à Fiume sont supérieures de 50 p. 0/0 aux nombres enregistrés en 1904. Reste à savoir si la tendance sera durable.

Contrairement à ce qui se passe à Trieste, l'Allemagne ne joue à Fiume qu'un rôle secondaire, en s'en tenant au trafic direct : ses échanges par mer avec ce port ne dépassent guère le chiffre insignifiant de 6 millions. Mais il faut prendre garde que la majeure partie des expéditions maritimes allemandes à destination de la Hongrie et des envois du pays magyar en Allemagne par voie de mer transitent par Trieste où elles perdent leur nationalité primitive. Pour qui va au fond des choses, l'empire germanique est en réalité l'un des principaux clients et l'un des meilleurs fournisseurs de Fiume.

Si de la répartition par pays l'on passe à la distribution par catégorie d'articles, les éléments dominants du commerce de Fiume sont, à l'importation, les céréales, les fibres végétales, les peaux brutes, les laines, la houille, les tabacs en feuilles, les oranges et citrons, enfin les engrais artificiels.

1. Commerce des États-Unis avec Fiume : 14 millions d'importation et 4 millions d'exportation.

La première de ces denrées est le facteur le plus instable du trafic fiuméen. Les entrées de cette catégorie se sont élevées en 1905 à 280,000 tonnes. Ce gros chiffre ne représente pas la moyenne des arrivages annuels, pas plus d'ailleurs que le nombre enregistré en 1904 : 110,000 tonnes. Il est au contraire très anormal, et ne s'explique que par la répétition en 1904 de la mauvaise récolte hongroise de 1903. Les articles principaux sont le maïs et le riz; le monopole de la fourniture de cette dernière denrée appartient à l'Hindoustan, et, en ce qui la concerne, le marché hongrois ne s'adresse aux autres pays de l'Extrême-Orient (Siam, Japon, Indo-Chine) que dans les années de disette aux Indes Anglaises; tel a été le cas en 1905. Quant au maïs, qui représente les deux tiers du trafic à l'importation des céréales, les plus gros arrivages (150,000 tonnes) proviennent de la République Argentine. Mais si le chiffre des envois des États-Unis (25,000 tonnes) est encore peu de chose en comparaison du précédent, il semble devoir s'augmenter rapidement, par suite de l'amélioration des communications avec ce pays, actuellement assurées par la Cunard-Line, et aussi de la substitution graduelle de la culture du maïs à celle du froment dans les plaines du Nord-Ouest américain (Dakota du Nord, Dakota du Sud, Minnesota, Montana). La différence dans le prix du fret maritime est plus que suffisante pour permettre la concurrence, en tenant compte du transport au point d'embarquement, moins coûteux d'ailleurs aux États-Unis, vu la possibilité d'emprunter la voie des grands lacs sur une partie notable du parcours.

L'Empire ottoman, dont l'apport en maïs est insignifiant, s'est adjugé en revanche la plus forte partie des commandes de tabacs en feuilles : 35,000 quintaux sur un total de 52,000.

Les matières premières de l'industrie textile se présentent à Fiume en quantités bien moindres qu'à Trieste. L'Hindoustan a le monopole de la fourniture du jute, et contribue avec les États-Unis à l'approvisionnement en coton du pays magyar. Le total des fibres végétales introduites à Fiume en 1905 n'a pas excédé le chiffre de 20,000 tonnes, dont les deux tiers pour le jute.

Malheureusement une partie notable de ces matières premières ne fait que passer dans le port hongrois : en raison de l'insuffisance de l'industrie transleithane, elles sont immédiatement réexportées en

Autriche ou même en Allemagne pour y être mises en œuvre. Elles sont ensuite réintroduites sur le marché hongrois à l'état de produits fabriqués. Une situation analogue se présente pour les arrivages de laines brutes ; sur un total d'importations de 38,000 tonnes, 3,000 seulement trouvent à se placer dans les manufactures du pays ; en sorte que, loin de se suffire à elle-même [1], l'industrie hongroise n'est même pas en état de transformer la totalité des matières textiles que le commerce d'importation maritime a introduites dans l'unique port national. Les cuirs donnent à cet égard plus de satisfaction ; les deux tiers des 25,000 tonnes de peaux brutes entrées à Fiume en 1905 ont été travaillées en Hongrie.

Les oranges et citrons, comme les vins avant l'abrogation de la « Clausola », sont presque exclusivement de provenance italienne ; comme à Trieste, c'est la Turquie et la Grèce qui ont, seules parmi les pays étrangers, tiré profit de la suppression du régime de faveur accordé à la viticulture du royaume voisin. Mais, à la suite des efforts officiels pour favoriser la culture de la vigne en Istrie et en Dalmatie — politique intérieure corrélative à la politique douanière de la Monarchie — la généralisation du droit de 50 francs par hectolitre a été plus avantageuse encore pour les vignerons austro-hongrois.

La plus grande partie des importations de houille à Fiume revient à l'Angleterre (67,000 tonnes pour 1905). Toutefois, en dehors du trafic direct, 22,000 tonnes de combustible minéral ont transité par Trieste.

Les expéditions d'engrais de provenance étrangère augmentent d'année en année à Fiume. L'agriculture hongroise est en effet obligée de faire un usage de plus en plus fréquent de ce stimulant agricole. Malgré la concurrence faite au port hongrois par Trieste, le chiffre des entrées directes à Fiume a passé de 3,500 tonnes en 1902 à 16,000 en 1905.

La plus forte partie de cette augmentation revient à l'Algérie et à la Floride. Les importations à Fiume de notre colonie de l'Afrique du Nord dans cette catégorie ont triplé depuis 1901, et presque

---

1. En 1905 il a été emporté par toutes les frontières hongroises 250,000 tonnes de tissus de jute et coton (valeurs des importations de tissus et filés, 3,000,000 de couronnes).

doublé de 1904 (4,000) à 1905 (7,500). Malheureusement le chiffre
d'affaires de la Floride a suivi la même courbe : cet État américain
a importé en 1905 pour plus de 16,000 tonnes de phosphates. Le prix
de revient des engrais floridiens est cependant plus élevé de
50 p. 0/0, en raison de la différence des frets. Il semble que l'Algérie
pourrait mieux faire, et que la Tunisie pourrait prendre part à ce
mouvement. En dehors des phosphates, notre colonie africaine a
réussi à placer à Fiume du crin végétal (elle pourvoit aux trois cinquièmes des demandes), et du liège, dont elle a le monopole. Les
autres articles ne comptent guère [1].

La Hongrie est restée tributaire de Trieste pour ses produits coloniaux, et en particulier le café. Les expéditions directes de cette
denrée à Fiume n'ont pas dépassé en 1905 le chiffre dérisoire de
2,000 quintaux, soit à peine le vingtième des importations enregistrées à Trieste.

Les envois de la France continentale à Fiume ne portent sur aucun
de ces articles, mais s'appliquent presque exclusivement à des éléments de trafic de second plan. Nous expédions dans ce port de
l'huile d'olive, de la résine et des produits chimiques, et nous y
réexportons des plantes coloniales et de l'huile de palme. Quant au
café, une certaine quantité de produits débarquée au Havre est
acheminée vers Fiume *via Hull* ou *Hambourg*.

Le mouvement d'exportation de Fiume porte surtout sur les haricots, l'orge, les farines (qui bénéficient des « tarifs combinés »), les
eaux minérales (Apenta et Hunyadi Janos), le tannin, les bois, le
tabac et les pétroles raffinés. Sur ces différents éléments du trafic de
sortie, la France fait venir des haricots (elle en prend la moitié, soit
5,000 tonnes), du tabac (32,000 quintaux de commandes sur un total
d'expéditions de 36,000) [2], des farines, en médiocre quantité
(7,000 tonnes sur 112,000), et surtout du bois (100,000 tonnes, soit
50 p. 0/0 du trafic total de Fiume). Cette dernière catégorie consiste
principalement en douelles. Le surplus des exportations de bois se
partage inégalement entre l'Italie, l'Angleterre, la Belgique, la Hollande, l'Allemagne et la Suisse.

1. Importations de l'Algérie à Fiume : 760,000 kr. Exportations pour l'Algérie :
420,000 kr.; pour Tunis, 250,000.
2. Ce tabac est de provenance hongroise; son trafic n'a rien de commun avec
celui des importations de tabac du Levant.

Les exportations de bois effectuées par l'intermédiaire de Fiume n'ont cessé de s'accroître depuis dix ans. L'achèvement du réseau des voies ferrées hongroises en Croatie et Slavonie a restitué au port hongrois la maîtrise économique d'une région qui faisait partie de sa zone naturelle d'action. Toutefois, il faudrait pour bien faire que l'industrie de la scierie mécanique se développât davantage à Fiume. En effet, l'accroissement du trafic ne porte que sur les bois sciés. Et 80 p. 0/0 des bois en grume à destination de l'Allemagne et de la Suisse sont acheminés, non pas via Fiume mais par la Save et le Danube jusqu'à Ratisbonne. En sorte que Fiume ne contribue que dans la proportion de 33 p. 0/0 aux exportations de bois de la Hongrie.

Si ce dernier courant de trafic s'est étendu depuis quelques années, un mouvement inverse s'est produit pour les farines, à la suite de la suppression du drawback. En dehors des commandes peu importantes de la France et de ses colonies, l'Angleterre (32,000 tonnes), l'Italie (11,000), le Brésil (7,000) et la Hollande ont envoyé les leurs.

L'orge va pour la moitié (20,000 tonnes) en Hollande. Le surplus se répartit inégalement entre divers pays, notamment l'Angleterre et la Belgique. L'emploi de cette céréale est le même dans les divers groupes de consommateurs; elle sert uniquement à la fabrication de la bière.

Les principaux débouchés des eaux minérales hongroises sont l'Angleterre et les États-Unis, qui en prennent chacun plus de deux millions de bouteilles. Le tannin (15,000 tonnes) est presque exclusivement acheminé sur l'Angleterre. Ce dernier pays est, en outre, avec la Turquie le meilleur client des exportateurs de pétrole du port de Fiume. Les quantités d'huile minérale raffinée sorties des entrepôts maritimes hongrois à destination de l'étranger ont atteint en 1905 le chiffre de 52,000 tonnes; c'est là un résultat tout à fait exceptionnel. Par suite de la guerre russo-japonaise, les exportations des puits de la région caspienne via Bakou ont diminué momentanément au profit des puits galiciens et des raffineries de Fiume.

Le trafic maritime de ce port s'est, à l'instar de son mouvement commercial, considérablement accru au cours des trente dernières années, comme en témoigne le tableau ci-dessous [1] :

---

1. Flotte de Fiume au 31 décembre 1905 : 85,000 tonnes (51 navires à vapeur).

	Nombre de navires.	Tonnage global.
1878.............	5,413	427,000
1892.............	12,610	1,620,000
1905.............	17,027	4,325,000
1907.............	16,423	4,331,000

Le tonnage a donc augmenté au cours des vingt-sept dernières années dans la proportion de 1 à 13.

La part du petit cabotage dans le tonnage total est de 71 p. 0/0, et celle de la navigation internationale de 29 p. 0/0. Le pavillon hongrois est représenté par 12,000 navires jaugeant 1,800,000 tonnes, le pavillon autrichien par 2,500 bâtiments et 1,200,000 tonnes. Les principaux correspondants maritimes de la Hongrie sont l'Angleterre (300 navires, 800,000 tonnes), et l'Italie (1,800 vaisseaux, 180,000 tonnes). Les autres ne comptent guère; quant au pavillon français, il ne compte pas; cette abstention de notre armement n'est pas d'ailleurs spéciale au port de Fiume; elle s'étend à toute la mer Adriatique, où, en cinq ans, de 1901 à 1905, cinq navires français seulement se sont montrés : trois à destination de Trieste, et deux à destination de Venise.

La presque totalité du tonnage de Fiume est représentée par des navires à vapeur; l'Angleterre, selon son habitude, n'en envoie pas d'autres. Les voiliers, relativement nombreux, sont tous de petits navires : on en a enregistré en 1905 3,300, avec une jauge totale de 150,000 tonnes. On remarquera que les pavillons scandinaves ne fréquentent pas le port hongrois; or, précisément, les voiliers tiennent une place particulièrement importante dans la flotte suédoise, norvégienne et danoise.

En vue de libérer le débouché maritime national de sa vassalité envers Trieste, le gouvernement hongrois a encouragé pécuniairement les entreprises magyares de navigation. Mais, bien que 60 p. 0/0 des échanges internationaux de Fiume s'effectuent par l'entremise des compagnies subventionnées, c'est dans la question de la marine marchande que la politique économique transleithane a été le moins heureuse. Sans doute les efforts officiels ont abouti en 1892 à la création d'une entreprise vraiment nationale, la compagnie de navigation « Adria ». Mais cette société ne desservant que les ports de l'Atlantique et de la région de la Méditerranée occidentale en ce qui concerne les relations de Fiume avec le Levant, l'Afrique, l'Extrême-Orient, l'Égypte, le Mexique et les ports de l'Amérique du Sud, le port hongrois continue d'être le tributaire du Lloyd autrichien, en sorte que ces divers courants de trafic sont à la discrétion de ces sociétés et dépendent du bon plaisir de l'Autriche. Lors du dernier renouvellement du contrat passé entre les pouvoirs publics cisleithans et le « Lloyd » (1907), l'entente n'ayant pu s'établir entre les gouvernements autrichiens et hongrois au sujet de la fixation des escales, le Lloyd a été dispensé de l'obligation de desservir le port de Fiume. La compagnie a néanmoins décidé de maintenir *provisoirement* l'escale de Fiume pour les services qui la comportaient sous l'empire de l'ancienne convention [1]. On voit combien était précaire la situation faite au port hongrois. Heureusement un accord entre les deux gouvernements de la monarchie a fini par s'établir au début de l'année 1908. Mais, aux termes de l'arrangement intervenu, « l'escale à Fiume n'a lieu qu'avant le départ régu- « lier de Trieste, et après l'arrivée dans ce port ». En d'autres termes, les relations entre la ville maritime hongroise et ses meilleurs correspondants commerciaux sont assurées, non point par une escale au sens propre du mot, mais seulement au moyen d'un parcours supplémentaire ajouté aux services de ou pour Trieste.

Aux termes d'un arrangement conclu avec l'État hongrois, la Compagnie « Adria » reçoit une subvention de 1,140,000 couronnes, moyennant quoi elle s'engage à maintenir aux lieu et place du Lloyd autrichien des services réguliers avec les principaux ports de la Méditerranée occidentale (France, Algérie, Italie, Espagne), de l'Atlantique et de la mer du Nord (notamment Londres, Liverpool, Hambourg, Anvers, etc.). Au point de vue français, sur un total de 444 services aller et retour en 1905, nos ports d'Alger, Tunis, Oran, Marseille, Bordeaux, le Havre et Rouen ont eu 148 escales dans chaque sens. Précédemment l'Adria desservait aussi Dunkerque, et avait même conclu à ce sujet une entente avec la Compagnie du Chemin de fer du Nord. Mais cette escale a été abandonnée par la suite. En revanche, une ligne directe entre Fiume et New-York a été

---

1. L'escale à Fiume avait été prévue pour l'ensemble des services du Lloyd, à l'exception d'un des départs hebdomadaires pour Constantinople.

récemment inaugurée. La société possède une flotte totale de 31 navires, jaugeant 101,000 tonnes [1].

Outre l'Adria, le gouvernement subventionne une entreprise de cabotage, l'Ungaro-Croata. Cette dernière ne peut mettre en ligne qu'une flotte plus modeste, le nombre de ses bâtiments (33) ne compensant pas leur faible tonnage individuel (en moyenne 300 tonnes). L'allocation annuelle accordée à cette société a été récemment portée de 384,000 à 590,000 couronnes [2].

La navigation libre au long cours est représentée à Fiume par deux compagnies à faible effectif (chacune possède seulement cinq navires), mais dont les bâtiments sont tous de fort tonnage (de 6,000 à 7,300 tonnes de jauge). Ce sont les entreprises Ungaro-Croata Liber et Oriente. Malheureusement ni l'une ni l'autre n'ont créé de service régulier : elles chargent seulement suivant les besoins du commerce. Cette attitude est très préjudiciable aux intérêts de Fiume.

En dehors du Lloyd autrichien et de ses filiales, qui n'ont organisé qu'un service d'escale, et de l'Unione Austriaca, qui fait seulement du cabotage, il y a lieu de signaler une autre compagnie de navigation dont le port d'attache n'est pas non plus fixé à Vienne ; la Cunard Line. Cette grande entreprise anglaise, outre un service bimensuel entre Fiume et Liverpool, a affecté d'une manière per-

---

1. Services réguliers assurés par « l'Adria ».
Ligne de l'Afrique du Nord. — Départs bimensuels pour Tanger, avec escales à Malte, Tunis, Alger et Oran dans les deux sens, à Malaga, Catane et Trieste au retour seulement, à Messine et Gibraltar à l'aller seulement.
Ligne de Marseille. — Service hebdomadaire aux escales à Malte, Messine, Palerme et Naples. En outre, Trieste et Bari sont desservis à l'aller ; Nice et Gêne au retour.
Ligne d'Espagne. — Relations hebdomadaires entre Fiume et Valence (escales à Bari, Catane, Messine, Palerme, Gênes et Marseille ; à l'aller, Naples et Barcelone ; au retour, Trieste.
Ligne de l'Atlantique. — Chaque mois : 2 départs pour New-York, 8 départs pour Londres (dont 5 ont Hull pour destination définitive, 8 pour Liverpool, 2 pour Glasgow (avec escales à Trieste et Lisbonne), 2 pour Anvers, pour Rotterdam et pour Amsterdam (par services distincts), 4 pour Hambourg, 2 pour Rouen et le Havre, selon les circonstances, et 2 pour Bordeaux (avec escale à Trieste).
2. Principaux services.
1° *Ligne de l'Italie.* — 3 départs par semaine pour Ancône, 6 pour Venise (trajet en dix heures pour les 2 destinations).
2° *Ligne du littoral.* — 10 départs chaque semaine pour Zara, 6 de ces services continuent jusqu'à Cattaro, avec escales dans tous les ports de la côte dalmate. 1 service tous les quinze jours pour Antivari et Dulcigno.

manente quatre grands navires (de 7,000 tonnes de jauge chacun) à
une ligne Fiume-New-York, dont les départs sont hebdomadaires.
Elle assure le transport des marchandises, mais aussi et surtout celui
des émigrants (38,000 en 1905). Le développement du trafic-voya-
geurs de cette société tient à une convention passée entre elle et le
gouvernement hongrois en vue d'encourager l'émigration. Longtemps tenu secret, cet arrangement a été plus tard formellement
reconnu par le premier ministre Coloman Tisza. En échange d'une
subvention de 20,000 livres sterling, la Cunard Line s'engage à transporter chaque année un minimum de 30,000 émigrants à des conditions de tarif très favorables. La convention, résiliable au bout de
dix années, a été passée pour vingt ans.

Il existe enfin deux maisons d'armement pratiquant la navigation
au long cours à itinéraire fixe : l'entreprise Freitas, qui dessert deux
fois par mois Hambourg, avec 5 navires (en tout 6,000 tonnes), et
l'entreprise Wilson, qui dessert Hull et Londres (deux départs par
mois ; 11 navires jaugeant 17,000 tonnes).

CONCLUSION

A l'heure présente, la rivalité économique séculaire entre Venise
et Trieste n'est plus qu'un souvenir. Le patriotisme magyar, confiant
dans les destinées du port national, escompte pour lui une période
prochaine de grande prospérité qui en fera, sinon une puissance
commerciale et maritime supérieure au grand havre autrichien, du
moins son égal. L'avenir consacrera-t-il ces visées ambitieuses? Il
est permis d'en douter. Venue plus tard à la vie économique intense,
Fiume a sur Trieste, son émule éventuelle, un retard considérable.
La zone naturelle d'influence de Trieste, l'hinterland autrichien et
la région riche en industrie de l'Allemagne du Sud, étant située
dans la direction du Nord et du Nord-Ouest, Fiume ne peut élever
de prétentions sur elle; d'ailleurs, l'amélioration des relations par
voie ferrée avec ces débouchés et la création d'un nouveau mouillage dans sa banlieue même, en anticipant sur les besoins immédiats du trafic de Trieste, ont fait disparaître par avance une cause
d'infériorité vis-à-vis du port magyar. Sans doute, la construction
de la voie ferrée Fiume-Budapest et de ses embranchements a conduit les exportateurs des bois croates et slavons à substituer Fiume

à Trieste comme point de sortie. Mais cette modification des débouchés intéressant une région comprise dans le territoire hongrois, apparaît plutôt comme une reprise que comme une conquête proprement dite. En revanche les empiétements de Trieste sur le domaine commercial de son voisin ne se comptent plus. Sans insister sur le rôle joué par la métropole istrienne dans les relations de Fiume avec l'Allemagne, il faut observer que le quart des importations de charbons anglais en Hongrie et la majeure partie des denrées coloniales à destination de ce pays (86,000 quintaux de café, 7,000 de poivre, 2,500 de cacao, 1,700 de thé et 9,000 tonnes de riz, sans parler des autres marchandises) sont débarqués à Trieste pour être ensuite expédiés par voie ferrée sur le marché hongrois. En sens inverse, entre autres éléments de transit, 28,000 tonnes de farines et 17,000 tonnes de blé de provenance magyare sont exportés via Trieste [1]. Dans le même ordre d'idées, une notable partie du mouvement commercial de la Bosnie-Herzégovine emprunte la même voie : 2 millions et demi de produits exportés de cette région et 3 millions et demi d'importations transitent par le port autrichien [2].

Au point de vue des services maritimes, le port hongrois dépend plus étroitement encore de son puissant voisin : le maintien des relations régulières entre la Hongrie d'une part, le Levant, l'Égypte, l'Extrême-Orient, le Mexique de l'autre, étant subordonné au bon plaisir de l'Autriche, et par suite lié au sort du compromis austro-hongrois. En revanche, il est vrai, Trieste est tributaire de Fiume pour ses rapports avec les principaux centres maritimes de l'Ouest méditerranéen, des côtes françaises et de l'Angleterre. Et, à la suite d'une entente conjointe de la Compagnie « Adria » et du Lloyd autrichien avec le Llyod brésilien (mars 1908), un service mensuel est organisé à compter du 1er avril tant entre Santos, Rio et Bahia d'une part, Trieste de l'autre, qu'entre les trois premiers ports et Fiume. Avant de rêver pour Fiume la maîtrise du golfe adriatique, avant de se flatter de concurrencer le port istrien sur son propre

---

1. Total des marchandises de provenance hongroise exportées via Trieste : 93,000 tonnes, 30 millions de couronnes. — Montant des importations en Hongrie via Trieste : 78,000 tonnes et 48 millions et demi de couronnes.
2. Respectivement 7,000 tonnes (douelles, avoines, charbon de bois) et 4,000 tonnes (14,000 quintaux de café, riz, huile d'olive).

domaine, le gouvernement magyar devrait bien songer à affranchir le havre national de la suzeraineté maritime de Trieste. A cet effet ne pourrait-il provoquer une entente entre les entreprises Ungaro-Croata Libera et Oriente, et leur donner son appui tant moral que financier; trop faibles individuellement pour créer des services périodiques de navigation, ces entreprises peuvent mettre en ligne une flotte totale de 10 navires d'une jauge moyenne de 6 à 7,000 tonnes. En augmentant leurs effectifs de quelques unités, grâce à une avance de l'État et à une subvention annuelle, elles seraient certainement à même d'organiser des relations régulières avec le Levant, l'Égypte et l'Hindoustan, ce qui libérerait la Hongrie du joug du Lloyd Autrichien; une combinaison analogue, en assurant un système de communications avec le Mexique et la République Argentine permettrait de se passer du concours de l' « Unione Austriaca ». Les résultats obtenus par la Compagnie Adria de 1892 à 1906 dans l'ouest de la Méditerranée sont de nature à encourager cette tentative, qui s'impose d'ailleurs à un autre point de vue. L'unique supériorité — plutôt virtuelle qu'actuelle — de Fiume sur Trieste consiste dans la possibilité d'étendre l'industrie locale. Or ces divers pays, Égypte, Hindoustan, Amérique du Sud, Mexique, sont précisément ceux qui fournissent de matière première les manufactures de Fiume. Bref, tout concourt à rendre nécessaire la réorganisation complète du système des communications maritimes régulières de Fiume.

Le terme raisonnable des ambitions de ce port — et le champ ouvert à son activité économique est déjà assez vaste — serait d'attirer vers ses quais la plus forte partie du trafic international hongrois actuellement accaparé par Trieste, trafic qui s'élève présentement à 171,000 tonnes, correspondant à une valeur de 78 millions et demi de couronnes. Encore, même en se cantonnant sur le terrain magyar, l'avenir est-il loin d'être sans nuages pour le port du golfe de Quarnero. Tandis que Trieste est appelée à rester isolée au milieu des petits centres de pêche et de cabotage de la côte istrienne, le rivage nord-est de la mer Adriatique compte plus d'un mouillage susceptible de concurrencer Fiume. Le seul obstacle à l'expansion de Zara, Sebenico, Spalato est le manque de communications par voies ferrées avec la Dalmatie, la Bosnie-Herzégovine et le pays magyar. Malgré l'opposition constante des Hongrois à l'extension du petit réseau local de voies ferrées des provinces maritimes du sud-est de la Monarchie, et à son raccordement avec les lignes transleithanes de l'intérieur, un jour viendra où ces travaux ne pourront plus être ajournés; par la suite les ports de la côte dalmato-bosniaque voudront non seulement desservir le trafic local, mais encore concurrencer Fiume comme débouché maritime du groupe économique magyar.

Venons-en au point de vue purement français. Notre intérêt bien entendu nous porte à étendre nos relations commerciales et maritimes *directes* — avec Fiume, de préférence à Trieste. En effet, la plus grande partie de nos importations dans cette dernière place (phosphates algéro-tunisiens, denrées coloniales, crins végétaux, ne font qu'y transiter, et sont immédiatement réexpédiées en Hongrie. Quant aux exportations à destination de France des bois demi-ouvrés et des douelles de provenance croate et slavone, ce courant de trafic tend à préférer de jour en jour l'intermédiaire de Fiume à celui de Trieste. En organisant un service tout au moins mensuel entre Marseille, Alger, Tunis et Fiume, notre armement donnerait satisfaction à trois desiderata; tout d'abord, il contribuerait à faire connaître le pavillon français dans les eaux de l'Adriatique, où il paraît si rarement. En second lieu, il favoriserait l'importation en Hongrie des produits de nos colonies de l'Afrique du Nord, éléments de trafic qui fournissent un excellent fret de sortie; enfin il mettrait notre commerce en meilleure posture vis-à-vis de la Compagnie Adria, et nous affranchirait de l'intermédiaire des Italiens pour nos relations entre la Tunisie et Fiume. La création d'une ligne directe entre le Havre, avec escales à Nantes et Bordeaux ne serait pas moins souhaitable; entre autres avantages, cette mesure permettrait d'assurer le transport immédiat de notre grand entrepôt de la Manche au port hongrois des denrées coloniales actuellement expédiées via Hull ou Hambourg. Il y a là une double initiative à prendre. Espérons que notre marine marchande ne reculera pas devant cette tâche, et qu'elle aura à cœur, en nous conquérant de haute lutte un débouché direct nouveau, d'augmenter le prestige du pavillon national.

MAURICE-L. DEWAVRIN.

CHRONIQUE D'ALLEMAGNE
(1907-1908)

*Procès scandaleux. — La session du Reichstag et la politique du bloc
conservateur-libéral : loi sur les bourses, loi sur le droit de réunion.
Projet de réforme financière. — Au Landtag prussien, rejet de la
réforme électorale : loi sur les expropriations en Pologne. — Élections au Landtag prussien (juin 1908). — Le socialisme : dissensions
entre le Nord et le Sud. — Le modernisme. — Guillaume II en Angleterre. L'incident Tweedmouth. Entrevues diverses. Reprise des discussions sur le Maroc.*

Au cours de ces derniers mois, l'évolution politique de l'Allemagne
s'est poursuivie sans événements saillants et sans à-coup. A l'intérieur, le gouvernement s'est efforcé de maintenir l'union conservatrice-libérale, dite « le bloc », en évitant toute discussion épineuse,
et y a réussi : mais les libéraux, désireux de rester dans la majorité gouvernementale, ont dû faire à plusieurs reprises litière
de leurs principes : le jour où ce parti libéral reprendrait un peu
d'indépendance, on ne sait ce que deviendrait le bloc. A l'extérieur,
Guillaume II a continué la politique pacifique de voyages et
d'entrevues par laquelle il cherche à se concilier les souverains et
les gouvernements; mais sa diplomatie a repris dernièrement une
attitude assez tracassière vis-à-vis de la France à propos du Maroc.

* *

Le mois d'octobre de 1907 a été marqué à Berlin par des procès
assez pénibles pour la Cour et la haute société militaire, procès dont
il nous faut dire quelques mots, malgré la délicatesse du sujet,
puisque ces scandales ont eu des répercussions politiques et ont
agité vivement l'opinion publique.

Le journaliste Maximilien Harden avait, au printemps de 1907, accusé, dans la revue *die Zukunft*, de très importants personnages d'habitudes vicieuses : ces personnages, le prince Philippe d'Eulenbourg, le général comte Kuno de Moltke, M. de Hohenau, etc., faisaient partie de l'entourage intime de l'empereur, de ce petit cercle de Liebenberg[1] qu'on appelait « la Table Ronde » ou « la Camarilla ».

Les personnages mis en cause avaient protesté de leur innocence, mais l'empereur s'était séparé d'eux sans hésitation. De Moltke, qui avait donné sa démission de gouverneur de Berlin, poursuivit Harden en justice. Ce fut le 23 octobre que vint ce procès devant le tribunal des échevins de Berlin.

L'avocat de Harden, Bernstein, chercha surtout à donner au procès un caractère politique : on disait du reste que Harden était poussé par M. de Holstein, ce conseiller de politique extérieure francophobe, qui en voulait à M. de Bülow et aux amis de l'empereur depuis sa disgrâce. Bernstein s'efforça de démontrer l'influence néfaste de la Camarilla, qui aurait eu la puissance de faire tomber les chanceliers Caprivi et Hohenlohe et qui aurait contribué à la nomination de M. de Bülow.

Les juges, tout en ne se laissant pas influencer par le côté politique du procès, acquittèrent Harden. Cet acquittement, qui équivalait pour de Moltke à une condamnation, porta un coup à l'aristocratie militaire allemande. L'empereur fut péniblement impressionné et, lors du voyage qu'il fit à cette époque en Angleterre, on put remarquer sur sa physionomie les traces d'une véritable altération.

M. de Bülow fut également accusé de faits du même genre par un individu nommé Brand : mais cette accusation ne reposait sur rien de sérieux, et son auteur fut condamné à un an et demi de prison[2].

En novembre, l'attention du monde politique se détourna de ces scandales pour s'occuper de la prochaine rentrée du Reichstag. Le bloc conservateur-libéral allait-il, au cours de la prochaine session, donner des preuves de vitalité ? Au mois d'août, les chefs des différents partis du bloc étaient allés à Norderney pour conférer de la

1. Le château de Liebenberg est la résidence du prince d'Eulenbourg.
2. Ces procès scandaleux devaient continuer par la suite, mais perdre de plus en plus leur caractère politique. L'affaire Harden revint en décembre, non plus devant le jury, mais devant des juges correctionnels qui, cette fois, condamnèrent le journaliste. — Au printemps de 1908, dans un autre procès de presse, Harden fit entendre deux témoins dont les dépositions furent accablantes pour le prince d'Eulenbourg. Celui-ci fut arrêté et, malgré son état de maladie, une instruction fut ouverte. L'état du prévenu est si précaire qu'il vient d'être remis en liberté provisoire. Le procès n'est pas fini.

situation politique avec M. de Bülow : c'était un fait nouveau et intéressant à noter dans un pays non parlementaire que cette tentative de collaboration du chancelier et des députés. La stabilité du bloc devait dépendre de l'attitude que prendraient les 48 députés libéraux, des concessions plus ou moins grandes qu'ils feraient au chancelier ou qu'ils obtiendraient de lui : en effet le bloc était constitué par 216 voix environ et la minorité par 179 voix; on voit de quelle importance était le maintien dans la majorité des 48 voix libérales.

En novembre, les libéraux tinrent un congrès à Francfort-sur-le-Mein : les trois fractions du parti étaient représentées par 5,000 congressistes; on remarqua l'influence prépondérante que prenait de plus en plus la fraction du « parti populaire démocrate » (Freisinnige Volkspartei) depuis la mort d'Eugène Richter : du vivant de cet homme politique, cette prépondérance avait été très discutée, les Barth et les Virchow (de l'Union démocratique), les Haussmann et les Payer (du parti populaire de l'Allemagne du Sud) ne voulant pas se soumettre à sa direction. Les libéraux s'engagèrent à voter l'accroissement des crédits militaires, mais se montrèrent opposés à l'augmentation des impôts indirects : ils admettaient une augmentation de la taxe de l'alcool, mais repoussaient l'établissement d'un monopole. Ils préféraient étendre à l'empire l'impôt direct, réservé jusqu'alors aux gouvernements confédérés, et augmenter les droits de succession. On savait que les ministres Stengel et Rheinbaben étaient d'un avis opposé, mais on savait aussi que M. de Bülow n'était pas d'accord sur ces points avec ses collaborateurs et pourrait bien se séparer prochainement d'eux.

Le Reichstag inaugura ses travaux le 28 novembre par la discussion générale du budget. M. de Stengel fit un exposé de la situation financière qu'il dépeignit comme peu satisfaisante. Les nouveaux impôts n'avaient pas donné les résultats espérés. Les moins-values budgétaires atteindraient 180 millions pour 1907 et peut-être 200 millions en 1908. Il fallait aviser. Le ministre jugeait difficile de créer de nouveaux impôts directs (tels qu'un impôt sur le capital proposé par M. Bassermann et les nationaux-libéraux), les gouvernements confédérés préférant qu'on leur laissât ce mode d'impôt. Il valait mieux avoir recours à des impôts indirects, notamment à des taxes sur l'alcool et le sucre.

Le ministre de la Marine, M. de Tirpitz, monta ensuite à la tribune pour annoncer le dépôt d'une nouvelle loi navale, exigée par la nécessité de maintenir la puissance maritime de l'Allemagne à la hauteur des autres marines.

Le leader du centre, le Dr Spahn, ne se montra défavorable ni à cette dernière proposition, ni au projet de création de taxes indirectes. Mais, après avoir ainsi fait d'importantes concessions au gouvernement, il chercha à le mettre en fâcheuse posture en amenant la discussion sur le procès Harden. M. de Bülow prit alors la parole pour défendre l'armée et pour affirmer que l'empereur balaierait énergiquement tout ce qui ne convenait pas à la propreté de sa maison et de son entourage. Quant à l'accusation portée contre le souverain de subir l'influence d'une camarilla, elle paraîtrait dénuée de sens à tous ceux qui connaissaient le caractère indépendant de Guillaume II.

Le lendemain, Bebel parla en faveur de l'augmentation des impôts directs et des droits de succession, et, le 30 novembre, M. de Bülow prononça un nouveau discours dans lequel il faisait une fois de plus l'apologie du bloc.

L'existence de l'alliance conservatrice-libérale fut menacée le 3 décembre par un incident de séance. M. Paasche, député national-libéral et vice-président du Reichstag, fit un discours très âpre d'abord contre M. de Rheinbaben (ceci n'était pas pour déplaire au chancelier), puis contre le ministre de la Guerre, en s'appuyant sur l'affaire Harden.

Le chancelier n'admit pas qu'un des membres importants du bloc attaquât aussi violemment un ministre, et, le 4 décembre, ilconvoqua dans son cabinet les chefs des différents groupes de la majorité, leur demandant de désavouer publiquement l'incartade de M. Paasche, les menaçant, en cas de refus, de quitter lui-même la chancellerie.

Les chefs du bloc n'hésitèrent pas à se soumettre et à apporter publiquement à M. de Bülow le témoignage de leur confiance. On vit monter successivement à la tribune M. Normann, au nom des conservateurs, M. Bassermann, au nom des nationaux-libéraux, M. Wiemer au nom des libéraux. M. Grœber, du centre, déclara ironiquement qu'il ne voulait pas troubler cette touchante fête de réconciliation (5 décembre). L'incident n'eut donc pas de suites et le bloc en sortit consolidé : mais on remarqua dans la presse et dans le public que le chancelier, qui n'est, dans la Constitution, responsable que devant l'empereur, s'était en l'occurrence (comme aux entrevues du mois d'août à Norderney), conduit en véritable ministre parlementaire, responsable devant le parlement.

Le 9 décembre commença la discussion de la loi sur le droit de réunion. Ce projet, qui permettait les réunions et associations dont le but n'était pas contraire à la loi, à condition que certaines déclarations fussent faites et certaines autorisations obtenues, devait être surtout une loi d'unification impériale des lois des différents états allemands sur cette matière. Il constituait un progrès pour un grand nombre d'états du Nord, mais plutôt un recul pour les états du Sud dans lesquels la législation actuelle est assez libérale.

Le paragraphe 7 de ce projet devait soulever de violentes controverses : il décidait que, dans les diverses réunions, les discours devaient être prononcés en allemand et que, pour s'exprimer dans une autre langue, il serait besoin d'une permission spéciale. D'après l'exposé des motifs, il était inadmissible qu'un citoyen allemand fît un discours public en une autre langue que l'allemand : l'emploi d'une langue étrangère devait entraîner la présomption qu'on se trouvait en présence d'une propagande anti-allemande. Les députés polonais, danois et lorrains, se sentant visés par ce paragraphe, protestèrent vivement contre une disposition qui paralysait leur développement politique : M. Grégoire parla au nom des Lorrains, M. Hansen au nom des Danois, le prince Radziwill au nom des Polonais; ce dernier s'expliqua avec beaucoup de véhémence. Le ministre de l'Intérieur, M. de Bethmann-Hollweg, laissa entendre que le gouvernement userait de beaucoup de tolérance envers les Lorrains et les Danois, mais qu'il se servirait du paragraphe 7 comme d'une arme utile à l'égard des aspirations particularistes des Polonais, et aussi à l'égard des syndicats socialistes de Westphalie qui renfermaient beaucoup d'étrangers.

Quelle attitude allaient prendre les libéraux? S'ils suivaient les principes qui dirigeaient leur politique depuis plusieurs années, ils devaient repousser catégoriquement le paragraphe 7. C'est ce qu'ils firent d'abord. Puis, voyant que le gouvernement ne voulait pas supprimer cette disposition et que le bloc menaçait de se rompre, ils cédèrent et proposèrent au sein de la commission un amendement qui tendait à autoriser l'emploi d'une langue étrangère quand la réunion aurait été annoncée trois jours à l'avance. M. de Bethmann-Hollweg répondit que, dans les villes polonaises, il y avait souvent de nombreuses réunions organisées pour le même jour et que la police ne pourrait les surveiller toutes : il écarta l'amendement. Alors, les libéraux votant avec le centre et les Polonais, le paragraphe 7 fut repoussé par la majorité de la commission. Il fallut chercher un autre terrain de conciliation, et le gouvernement entama dans ce but une série de négociations avec les libéraux.

En décembre, le Reichstag aborda la discussion de la loi sur les Bourses. Les libéraux, qui avaient de nombreuses attaches avec le monde de la finance, tenaient beaucoup au vote de cette loi. Tout en rétablissant le marché à terme pour les valeurs, ce qui donnait une base légale aux opérations spéculatives, M. de Bülow, pour ne pas mécontenter les agrariens, limitait l'autorisation du marché à terme en en excluant les farines et les céréales. Un registre commercial général devait être tenu et les opérations à terme ne pourraient être conclues qu'entre deux personnes inscrites sur ce registre (à l'exception des petits commerçants). Les opérations à terme sur les titres des sociétés industrielles ou minières n'étaient permises que sous certaines autorisations.

Les libéraux ne devaient donc obtenir le vote de cette loi (qui n'eut lieu que le 7 avril) qu'au prix d'importantes concessions.

Le 10 janvier vint au Landtag de Prusse la discussion de l'interpellation des libéraux sur la réforme de la loi électorale prussienne : ils réclamaient la modification du vieux système des trois classes, l'établissement du suffrage universel, du vote secret et une meilleure répartition des circonscriptions électorales. Ils déclaraient qu'ils allaient pouvoir juger, d'après les concessions que leur accorderait M. de Bülow, de la sincérité des avances qu'il leur avait faites.

L'opinion publique se passionna pour cette question, et, avant la séance, de bruyantes manifestations eurent lieu dans les rues.

M. de Bülow ne se laissa pas influencer par ce courant d'opinion : il répondit avec beaucoup de calme et de sécheresse aux interpellateurs que la loi électorale demandait en effet des améliorations, mais qu'il n'avait pu encore arriver à une solution pratique pour les réaliser : dans l'état actuel des choses, une modification de la loi électorale serait contraire à l'intérêt de l'état.

Les libéraux allaient-ils se rebeller ou accepteraient-ils cet affront? La réponse des orateurs libéraux Firchbeck et Pachnicke fut des plus incolores : ils se contentèrent de l'espoir problématique de réformes que le chancelier leur avait donné pour un avenir incertain.

En présence de cette défection inqualifiable des libéraux, le peuple protesta : le 12 janvier, une violente émeute eut lieu à Berlin : le sang coula, ce qu'on n'avait pas vu depuis 1848. Certains électeurs libéraux s'élevèrent contre la résignation de leurs mandataires et leur demandèrent de se séparer du bloc. Pour faire semblant d'agir, les députés libéraux constituèrent une commission centrale parlementaire destinée à « favoriser par des moyens énergiques l'extension du mouvement en faveur d'une réforme électorale ». Cette commission fit un appel de fonds, mais s'abstint de toute action sérieuse pour obtenir une solution. En définitive, les libéraux semblaient n'être entrés dans le bloc que pour faire de l'opposition aux socialistes : ils s'orientaient de plus en plus vers la droite et se laissaient absorber comme les nationaux-libéraux par les éléments conservateurs de la majorité.

Le 22 janvier, les socialistes interpellèrent le gouvernement au Reichstag, demandant pourquoi il considérait comme un danger l'extension du suffrage universel au Landtag de Prusse. M. de Bülow refusa de discuter au Reichstag une question qui ne regardait que la Prusse : il déclara qu'il ne se laisserait pas intimider par les menaces de la rue et quitta la salle des séances avec les autres membres du gouvernement. Quelques semaines plus tard, il exprima encore au Reichstag sa défiance contre le suffrage universel, « ce régime qui ne tient guère compte de la culture intellectuelle et de la compétence politique » (26 mars).

Quelques libéraux isolés, tels que le Dr Barth et M. de Gerlach, restèrent fidèles à leurs principes et se séparèrent du bloc : le désir du Dr Barth serait de former un bloc libéral avec les socialistes. Il se tourne de plus en plus du côté de Bernstein et des socialistes revisionnistes.

Cependant M. de Bülow n'oubliait pas un des buts qu'il s'était assignés, la germanisation de la Pologne. Les persécutions continuaient dans la province de Posen et l'agitation polonaise, pour être moins violente que l'année précédente, n'en subsistait pas moins. La condamnation du curé Olszenski à un an et demi de prison pour provocation à la grève scolaire avait soulevé une véritable tempête dans la presse polonaise. On s'attaqua non seulement au gouvernement prussien, mais au haut clergé et au pape lui-même. On empêcha beaucoup d'ouvriers agricoles de travailler pour les propriétaires allemands, et les prêtres polonais soutinrent en chaire le courant d'idées nationalistes.

M. de Bülow avait déposé en novembre sur le bureau du Landtag de Prusse un projet de demande de crédits de 400 millions de marks pour des achats de terres en Pologne. Les termes dans lesquels était conçue la loi en faisaient une véritable loi d'expropriation. Les conservateurs, pour la plupart propriétaires, l'avaient accueillie assez

froidement : cependant ils semblaient devoir la voter si elle présentait
nettement un caractère exceptionnel et limité ; les nationaux-libéraux devaient faire de même, avec une défiance encore plus accentuée. Les libéraux, le centre et les Polonais étaient hostiles à la loi.

Le gouvernement, sentant qu'il était utile de faire des concessions
à l'opposition, avait proposé de limiter l'expropriation à des territoires déterminés ne dépassant pas 43,000 hectares dans le district
de Bromberg de la province de Posen et 12,000 hectares dans la
Prusse orientale. Les crédits demandés seraient réduits de 400 à
275 millions. Puis le ministère était revenu partiellement sur ces
concessions et avait reporté le chiffre d'hectares expropriables à
70,000, en supprimant la limitation des territoires.

La discussion publique commença le 16 janvier. M. de Bülow
déclara qu'il lui avait été très pénible d'avoir recours à cette mesure
d'expropriation, mais qu'elle lui semblait indispensable : qu'il en
prenait la responsabilité devant le Landtag, devant le pays et devant
l'histoire. La loi fut votée en deux séances par une majorité
composée des conservateurs et des nationaux-libéraux contre les
Polonais, les libéraux et le centre. Si le vote avait eu lieu au Reichstag, la composition différente des partis aurait plus que probablement amené un vote contraire. Le député polonais Szuman,
lut une protestation solennelle contre cette nouvelle et violente
injustice.

Il fallait que le projet de loi fût aussi adopté par la chambre des
seigneurs de Prusse. Le cardinal Kopp défendit dans cette chambre
les intérêts sacrés de la propriété. M. de Bülow soutint la nécessité
de ne pas laisser un état se créer dans l'état, surtout quand il
s'agissait d'une « marche » commençant à 18 milles de Berlin.

La commission demanda que l'expropriation ne portât pas sur les
propriétés acquises par voie d'héritage, entre époux ou parents au
premier degré, ni sur les biens religieux ou fondations de bienfaisance, mais seulement sur les propriétés acquises par voie d'achat
depuis dix ans.

Pendant ce temps beaucoup de Polonais boycottaient les marchandises allemandes non seulement dans la Pologne allemande, mais
en Pologne russe et en Gallicie. Les Allemands de la province de
Posen se montraient eux-mêmes mécontents de cette loi qui menaçait de leur faire grand tort.

Quand vint la discussion publique (26 février), on se demanda
comment elle se terminerait. La chambre des seigneurs, composée

pourtant des éléments les plus autoritaires, les plus fonctionna-
ristes, mais obéissant sans doute à un sentiment de justice nationale et sociale, semblait reculer devant le vote de la loi. « Que dirait
l'Allemagne, s'écria le comte de Mirbach, si la Russie se mettait à
exproprier les Allemands des provinces baltiques? »

M. de Bülow fut inflexible : il fit intervenir le grand nom de
Bismarck pour justifier cette mesure exceptionnelle, et la loi (y
compris l'amendement Adickes qui exemptait seulement les biens
religieux et les fondations de bienfaisance) fut votée à une assez
forte majorité[1].

L'émotion fut grande dans les provinces polonaises. Les propriétaires allemands reçurent des menaces de mort et la difficulté à
trouver des ouvriers agricoles polonais les obligea à demander au
gouvernement si celui-ci ne pourrait pas leur envoyer des prisonniers pour exécuter les travaux des champs. Néanmoins aucun
soulèvement important n'a encore marqué l'exécution de cette
loi.

La tendance pangermanique, victorieuse vis-à-vis des Polonais, a
subi un léger échec dans une de ses principales forteresses, la Ligue
navale. Le 19 janvier, dans une réunion tenue à Cassel, le général
Keim a été obligé de donner sa démission de président de cette
ligue. Cette démission était réclamée depuis longtemps par ceux qui
trouvaient que le général Keim donnait à la Ligue navale un caractère de chauvinisme exagéré et dangereux, et aussi qu'il introduisait
beaucoup trop souvent dans cette ligue des éléments de politique
intérieure et électorale. La section bavaroise et centriste de cette
ligue avait vivement protesté contre cette attitude et avait ainsi
créé une véritable scission de la ligue en parti du Sud et parti du
Nord : le prince Ruprecht de Bavière ayant menacé de sortir de la
ligue et l'empereur ayant pris fait et cause pour le prince bavarois,
le général Keim consentit enfin à se retirer, accompagné du reste
par les ovations des membres les plus violents du Flottenverein :
ceux-ci firent même voter par la majorité un ordre du jour exprimant que le général n'avait mérité que des éloges. Les Bavarois,
les Badois et les Berlinois quittèrent la salle, très mécontents
de cette démonstration.

Depuis cette époque, les pangermanistes ont voulu faire élire
président le prince de Salm, mais on dit que l'empereur a donné le

1. Avaient voté contre: le prince Ernest Gunther de Slesvig-Holstein, le comte
Hœseler, le premier bourgmestre de Berlin, etc.

conseil de surseoir à cette élection qui aurait sans doute ravivé
toutes les passions.

Le 20 janvier fut votée au Reichstag une loi qui limitait les poursuites pour lèse-majesté aux cas où il y aurait préméditation et
intention méchante dans l'offense. — Le 29 janvier fut voté un
amendement au programme naval de 1900 : les socialistes et les
Polonais votèrent contre, mais le centre se rallia à la majorité.

Le budget ayant été voté comme à l'ordinaire à la fin du mois de
mars, le gouvernement fit immédiatement procéder à l'emprunt que
ce budget autorisait. Le déficit du budget s'élevait à 435 millions
de marks; un emprunt d'empire devait couvrir ce déficit pour
250 millions : le surplus pourrait être couvert par un reliquat du
dernier emprunt et au moyen d'un appel aux contributions matriculaires.

La situation financière exigeait une importante réforme. M. de
Sydow, qui a remplacé en février M. de Stengel comme secrétaire
d'état aux Finances, a fait connaître récemment ses vues personnelles
sur ce sujet dans un article de la *Deutsche Rundschau* (septembre).
Suivant le ministre, il est utile de rompre avec les systèmes d'emprunts ou de bons du trésor : il faudrait créer de nouveaux impôts
sur des objets de consommation satisfaisant plutôt un plaisir qu'un
besoin, tels que l'alcool, la bière[1], le tabac... De plus il faudrait
établir un impôt supplémentaire sur les successions, car il serait
équitable de frapper non seulement ceux qui consomment, mais
ceux qui possèdent. Il faudrait modifier les rapports de l'empire
avec les états, notamment supprimer les délais accordés pour le
paiement des contributions matriculaires arriérées, et augmenter le
taux de ces contributions au delà de 40 pfennigs par tête de
contribuable.

Le 3 avril, on aborda la discussion publique sur le projet de loi concernant le droit de réunion. Nous avons vu à quelles difficultés s'était
heurté le gouvernement à propos du paragraphe 7. Après de longs
pourparlers une transaction était intervenue entre le ministre et les
libéraux : il avait été convenu que, dans les régions frontières où
plus de 60 p. 0/0 de la population parlait une langue étrangère, des
réunions pourraient être tenues dans la langue du pays pendant une

---

1. Cet impôt serait très impopulaire. Mais les débitants gagnent beaucoup, et
l'on pourrait arriver à faire retomber sur eux l'impôt, en épargnant le consommateur.

période de transition de vingt ans. Les libéraux avaient de leur
côté concédé aux conservateurs que les réunions publiques seraient
interdites aux jeunes gens de moins de dix-huit ans.

Le ministre ne dissimulait aucunement qu'il eût voulu frapper les
Polonais et rien qu'eux : il fit remarquer que les états considérés
pourraient apporter des exceptions au paragraphe 7 et il laissa à
entendre qu'en ce qui concernait l'Alsace-Lorraine, le chancelier et
le conseil fédéral (de qui dépendent les pays annexés) se montre-
raient très libéraux. M. Grégoire prit acte de cette déclaration et se
montra disposé à voter la loi ainsi que les autres Lorrains. Les Alsaciens montrèrent plus de hauteur d'esprit : l'abbé Delsor déclara
« qu'il ne voulait pas se mettre à l'abri de l'incendie en allumant la
maison des Polonais, et qu'il préférait ne pas bénéficier de la bienveillance passagère des hommes au pouvoir ».

Finalement le paragraphe 7 fut voté par 200 voix contre 179 : les
Lorrains s'étaient joints aux conservateurs, aux nationaux-libéraux
et aux libéraux (4 avril). Il fut décidé que la loi entrerait en vigueur
le 15 mai, par conséquent qu'elle serait applicable lors des
prochaines élections au Landtag prussien. Les Polonais profitèrent
des quelques jours qui leur restaient pour tenir quelques réunions
dans leur langue et pour stigmatiser la conduite des « laquais
libéraux de Bülow ».

Dans les états du Sud, on autorisa l'emploi des langues étrangères
dans les réunions d'ouvriers ayant pour but la discussion d'intérêts
professionnels et la présence des jeunes gens au-dessous de dix-huit
ans dans les réunions syndicales. La loi ne restait donc très dure
qu'en Prusse, contre les Polonais et les socialistes.

Ce fut la dernière loi importante votée par le Reichstag dans cette
session. La réforme financière était remise à l'automne : on voulait
se préparer aux élections pour le Landtag de Prusse.

* *

Les élections au Landtag de Prusse eurent lieu le 3 juin. C'était
toujours l'antique système des trois classes (que d'aucuns trouvent
renouvelé de Servius Tullius) qui était en vigueur.

Les socialistes menèrent une campagne vigoureuse. Mécontents
de l'attitude des libéraux sur la question du suffrage universel, ils
avaient déclaré qu'ils n'admettraient le report des voix socialistes
sur les candidats libéraux que dans deux cas : 1° dans les circons-

criptions où l'on n'élit qu'un député, si le candidat libéral s'engageait par écrit à défendre au Landtag le suffrage universel; 2° dans
les circonscriptions où l'on nomme plusieurs députés, si le parti
libéral se déclarait prêt à céder un siège aux socialdémocrates.
Sinon ils s'abstiendraient.

Dans leurs manifestes, les trois groupes libéraux réclamaient bien
le suffrage universel, mais pratiquement ils agissaient sans aucune
énergie pour l'obtenir.

Bernstein déclara dans une réunion que la formation d'un bloc de
gauche, comme cela avait eu lieu en France, était peut-être désirable,
mais probablement impossible.

La caractéristique des élections du 3 juin fut la victoire des socialistes. Dès cette première journée, ils firent entrer six des leurs au
Landtag : quatre circonscriptions de Berlin, une de Hanovre, et
Rixdorf-Schœneberg (dans la banlieue berlinoise) avaient élu des
socialistes. Jamais jusqu'alors, par suite du système censitaire
appliqué, aucun socialiste n'était entré au Landtag. Ce succès fut
probablement le résultat de l'attitude indécise des radicaux : beaucoup d'électeurs d'esprit réformiste se détournèrent d'un parti
qui se montrait si peu fidèle à ses principes et qui, depuis qu'il était
entré dans le bloc, perdait peu à peu son indépendance et ses tendances réformatrices.

Le 16 juin eurent lieu les élections du deuxième degré. Les socialistes firent élire à Berlin un septième candidat, bien que les voix
conservatrices se fussent presque toutes portées sur le candidat
libéral. Malgré ce succès des socialistes, la majorité conservatrice-
centriste du Landtag (majorité de composition toute différente de
celle du Reichstag) restait écrasante : les conservateurs gagnaient
huit sièges, le centre neuf, les Polonais deux, les libéraux trois : les
conservateurs libres perdaient cinq sièges, les nationaux-libéraux
douze.

Le socialisme allemand, malgré ses succès au Landtag, ne semble
pas avoir fait de sensibles progrès au cours de ces derniers mois : il
est de plus menacé d'une grave scission entre les deux partis radical
(du Nord) et réformiste (du Sud).

Le gouvernement s'est montré sévère pour les tendances antimi-
litaristes qui se sont manifestées à quelques reprises. Karl Liebknecht a été poursuivi devant le tribunal d'empire de Leipzig pour
la publication d'une brochure intitulée *Militarisme et antimilitarisme*,

au point de vue spécial du mouvement international parmi la jeunesse.
Bien que ce factum fût beaucoup plus modéré que les publications
« hervéistes » (Liebknecht repousse la grève militaire, l'insurrection
et la désertion, il veut rester sur le terrain légal et se défend de faire
de la propagande dans les casernes, en un mot il avoue l'antimilitarisme, mais repousse l'antipatriotisme), Liebknecht fut condamné
à un an et demi de détention dans une forteresse.

L'antimilitarisme est du reste très rare chez les ouvriers allemands.
Il y a même parmi eux un grand nombre de syndicats loyalistes et
nationalistes : tels sont la plupart des syndicats chrétiens, évangé-
liques ou catholiques, qu'on qualifierait en France de syndicats
« jaunes » et qui ont tenu en octobre à Berlin un congrès dit « congrès des ouvriers allemands », remarquable par la modération de ses
revendications et son éloignement pour la lutte de classes.

Le 23 juin s'ouvrit à Hambourg le congrès des syndicalistes à
tendance socialiste ; 323 délégués étaient présents ; Karl Legien présenta le rapport de la commission centrale : le nombre des syndicalistes à tendance socialiste s'élevait à la fin de 1907 à 1,865,000 ; les
recettes de 1907 avaient atteint le chiffre de 51 millions de marks, et
l'encaisse était de 33 millions. Les dépenses (secours, indemnités, etc.)
avaient été de 43 millions de marks.

Le congrès ne s'occupa ni d'antimilitarisme, ni de grève générale.
Il discuta la question du 1er mai. La commission centrale n'était pas
favorable au chômage du 1er mai, trouvant que c'était une démonstration inutile, qui fournissait aux patrons l'occasion de faire aux
ouvriers la guerre à date fixe et de déclarer des lock-out, souvent fort
onéreux pour ceux-ci. Pourquoi ne pas se contenter de faire une fête
le soir du 1er mai ? On vota une motion qui maintenait en principe le
chômage, mais qui laissait désormais les caisses locales et non plus
les caisses centrales faire les frais de ces fêtes et des lock-out qui
pourraient en résulter.

On s'occupa aussi du travail à domicile : on vota une résolution
pour obliger les ouvriers à faire inscrire dans les syndicats leurs
enfants lorsque ceux-ci travaillaient à la maison pour des industriels.
Les députés au Reichstag devraient tâcher d'obtenir la suppression
de l'obligation du couvert et du logis chez le patron dans certaines
professions.

Le député Molkenbuhr a fait un rapport important sur l'extension
désirable de la législation sociale allemande qui subit un temps
d'arrêt. Il a réclamé la journée de 8 heures, l'augmentation des

indemnités de maladie et d'accident, une loi d'assurance pour les veuves et les orphelins, etc. Le congrès a protesté contre le projet de loi du gouvernement sur les chambres de travail, projet qui ne respecte pas assez les droits des ouvriers.

On s'est occupé aussi des coopératives dont le congrès se tenait au même moment à Eisenach. Les coopératives sont très florissantes en Allemagne : certaines d'entre elles font de gros bénéfices. Les syndicats reprochent à ces bénéfices d'être perçus sur les camarades et de rappeler la production capitaliste. On a engagé des négociations entre syndicats et coopératives, négociations qui aboutiront peut-être à une entente profitable aux deux sortes de groupements.

Les socialistes n'ont pas été aussi heureux aux élections d'Alsace-Lorraine qu'aux élections de Prusse. Les partis bourgeois, aussi bien indigènes qu'immigrés, se sont coalisés contre les socialistes : à Strasbourg, les anciens protestataires et les autonomistes ont préféré voter pour des listes où figuraient des vieux-allemands ou des alsaciens ralliés que pour des listes socialistes (où figuraient du reste aussi plusieurs immigrés) : ils l'ont emporté, et les socialistes n'ont pu faire passer aucun candidat. Il en a été de même dans la banlieue de Strasbourg, à Colmar et à Mulhouse.

Au cours de ces derniers mois, une question grave est venue jeter le trouble dans le camp socialiste. Les socialistes bavarois et badois ayant voté le budget de leurs états respectifs, parce qu'il y avait dans ces budgets des améliorations concernant le traitement des instituteurs et des ouvriers de l'état, les socialistes wurtembergeois ayant aussi voté le budget du Wurtemberg, le Comité directeur s'émut de cette violation des principes, anathématisa les socialistes du Sud et résolut de porter cette question devant le Congrès.

En réalité la question se posait entre marxistes purs et revisionnistes, les premiers dominant dans le Nord, les seconds dominant dans le Sud de l'Allemagne. Les sudistes réclamaient le droit de voter le budget chaque fois que l'intérêt du parti pouvait y trouver un bénéfice (les Chambres du Sud étant plus libérales que celles du Nord, puisque les membres de la plupart de ces Chambres sont élus par le suffrage universel, les socialistes ont plus de chances d'y voir triompher quelques-unes de leurs revendications); les nordistes, s'appuyant sur les résolutions votées à Lübeck et à Dresde, exigeaient l'abstention des membres du parti dans ces votes de budgets, quel que fût l'intérêt en cause.

Les semaines qui précédèrent le congrès furent très agitées : le comité directeur avait mobilisé toutes ses forces pour que la Prusse et la Saxe envoyassent au congrès le plus grand nombre possible de délégués : il avait conseillé de donner aux délégués un mandat déterminé, ne laissant à ceux-ci qu'une liberté très restreinte. Les Bavarois, de leur côté, avaient menacé de créer un schisme et de ne pas aller au congrès : ils étaient las de la dictature du comité directeur. Même dans le Nord, quelques sections (dans le Brandebourg et à Lübeck) avaient protesté contre le mandat impératif.

Le congrès s'ouvrit à Nüremberg [1], le 13 septembre, sous la présidence de Singer. M. Quelch, de Londres, vint d'abord affirmer les sentiments pacifiques des ouvriers anglais. Mais les questions de guerre ou de paix n'intéressaient pas les congressistes, et ils refusèrent de mettre à l'ordre du jour « l'attitude du parti vis-à-vis de la politique extérieure de l'Allemagne '».

On discuta un peu sur l'organisation féminine du socialisme. Le Comité directeur proposait une motion assez impérative : une femme devrait, dans chaque localité, faire partie du comité du parti. Von Elm protesta : il avait l'impression « qu'on voulait mettre le parti sous la pantoufle de la femme », et il avait toutes les raisons du monde pour s'y opposer. Il citait une phrase d'une femme socialiste : « Nous autres femmes, nous sommes des terroristes-nées ». La proposition du comité ne fut votée qu'avec des atténuations.

Un rapport de M. Eichhorn sur le rôle parlementaire du parti fut écouté sans objection. Enfin on arriva à la question primordiale, le vote des budgets dans les Landtage. Le Comité directeur avait déclaré dans sa motion préparatoire qu'un vote du budget devait être interprété comme un vote de confiance à l'égard du gouvernement, et qu'il fallait donc refuser cette marque aux gouvernements actuels, considérés comme hostiles.

Bebel avait été chargé de défendre la motion. Le tribun n'avait pas sa verve coutumière. Il semblait las, souffrant, mélancolique. Son discours fut calme et modéré. Suivant Bebel, « le vote d'un budget par les socialistes ne devrait avoir lieu que si, placés en face de deux budgets, l'un d'eux leur semblait plus favorable que l'autre à la classe ouvrière, ou si, les socialistes ayant la majorité dans un état, ils préparaient eux-mêmes le budget. Les Bavarois et les Badois ne s'étaient pas trouvés dans des cas semblables. La raison d'être des socialistes est de nier l'ordre existant, autrement ils ne

---

1. Quelque temps avant, un Congrès de femmes socialistes avait été tenu également à Nüremberg.

seraient plus socialistes. On allait sans doute émettre 50 millions
d'impôts nouveaux dont une partie accablerait les ouvriers : était-il
possible de voter des budgets approuvant de tels impôts? Les sudistes
prétendaient que le refus systématique de voter le budget nuisait au
parti devant la masse des électeurs : mais les Badois n'avaient-ils pas
obtenu leurs plus grands succès électoraux quand ils refusaient le
vote du budget? »

Le délégué bavarois Thiem, après s'être indigné des injures dont
le *Vorwärts* accablait les sudistes, examina chapitre par chapitre le
budget bavarois voté et signala les améliorations dues à l'intervention des socialistes. Le peuple ne comprendrait pas que l'obtention
de réformes partielles mais réelles fût écartée : Bebel lui-même
avait affirmé naguère que c'était par les réformes sociales que le
socialisme atteindrait son but.

M. Franck, du Grand-Duché de Bade, et M. Hildebrand, du Wurtemberg, parlèrent dans le même sens et repoussèrent énergiquement la motion tyrannique du Comité.

M. Brohme chercha une transaction : en cas de motif important
et urgent, les comités des États pourraient en référer au Comité
directeur et obtenir de lui une autorisation passagère et exceptionnelle. Sa proposition fut repoussée. Et Kautsky, reprenant la thèse
du Nord avec sa vigueur accoutumée, souleva une tempête et obligea
le président à lever la séance.

Suivant Sindermann, de Dresde, qui parla le lendemain, le vote
du budget n'était qu'une question de tactique dont les camarades
pouvaient décider suivant les circonstances.

Après des querelles d'une vivacité extrême, le vote eut lieu. La
motion du Nord, qui maintenait la décision de Lübeck, fut votée par
258 voix contre 189.

Mais, après la proclamation du vote, Steglitz déclara au nom de 66
délégués du Sud qu'ils reconnaissaient au congrès le droit de décider en dernier ressort dans les questions de principes ou de tactique
qui concernaient tout l'empire, mais que, dans les États particuliers,
c'était l'organisation socialiste de l'État qui, étant compétente,
devait diriger la politique à suivre par le groupe de l'État et notamment décider en ce qui concernait le vote du budget.

Il y a donc là une indication très grave pour l'avenir de l'unité
socialiste en Allemagne. Les revisionnistes ou réformistes ont manifesté avec une énergie que les fractions modérées des différents
partis de gauche ou de droite montrent rarement. L'intransigeance

des marxistes révolutionnaires a été mise en échec. On a remarqué que Legien, le chef si influent du syndicalisme allemand, sans s'allier nettement aux sudistes, avait voté pour la motion transactionnelle.

Tandis que les socialistes revisionnistes cherchent à rejeter la tyrannie et l'intransigeance du Comité directeur socialiste, dans un autre ordre d'idées, les catholiques réformistes et « modernistes », qui cherchent à rajeunir les dogmes et les pratiques du catholicisme, entrent sur bien des points en lutte non déguisée avec la papauté. L'Encyclique de Pie X, qui condamnait le modernisme, a rencontré beaucoup de résistance dans le catholicisme allemand. Un des chefs du Centre, le baron de Hertling a critiqué cette Encyclique dans un discours prononcé à Paderborn [octobre 1907). Dans plusieurs universités, certains professeurs ayant parlé en faveur de modernisme, par exemple le professeur Schrœrs à Bonn, le professeur Schnitzler à Münich, leurs cours ont été suspendus. Une association moderniste s'est formée dans la Prusse Rhénane.

Au Congrès catholique de Düsseldorf (août) ont surtout pris part les catholiques orthodoxes, et le professeur Mausbach, de Munster, y a fait l'apologie de l'Encyclique. Notons qu'à ce congrès M. Erzberger a nettement engagé les catholiques allemands à augmenter leurs missions en Orient, pour supplanter les missionnaires français, de moins en moins soutenus par leur gouvernement.

*
* *

Dans les derniers mois de 1907, la politique extérieure de l'Allemagne vis-à-vis de la France et de l'Angleterre a été assez conciliante.

Au mois de novembre, Guillaume II s'est rendu en Angleterre et a été reçu courtoisement non seulement par la famille royale anglaise, mais même par les autorités et le peuple de Londres. Il était accompagné par M. de Schœn qui venait de remplacer à la Wilhelmstrasse M. de Tschirschky, nommé ambassadeur à Vienne. Guillaume II passa quelques semaines à Highcliffe-Castle, près de Bournemouth, puis il revint en Allemagne vers le milieu de décembre après un court séjour en Hollande.

Le discours que M. de Bülow prononça au Reichstag, le 29 novembre, constata l'amélioration considérable que le brillant accueil fait à l'empereur en Angleterre avait apportée dans les relations anglo-allemandes : ce voyage et son résultat couronnaient l'œuvre de pacification déjà commencée par des particuliers, commerçants et journalistes. S'exprimant avec une correction parfaite sur les opérations militaires de la France au Maroc, nécessitées par les événements de Casablanca, il déclara que le gouvernement allemand continuerait à regarder le développement des événements marocains avec une calme réserve et avec confiance dans la loyauté du gouvernement français. Il fit une allusion rétrospective, nécessitée par quelques récents articles de journaux, à l'entrevue manquée de Guillaume II et de M. Loubet, lorsque les deux chefs d'État se trouvèrent en même temps en Italie en 1904, et soutint qu'il était enfantin de croire qu'un danger de guerre pût exister quand aucune question intéressant les intérêts vitaux de deux grandes nations n'était en jeu.

Ce discours très correct eut un vif succès en Allemagne et, à l'étranger, obtint l'approbation des puissances intéressées.

Le discours prononcé par M. Delcassé à la Chambre française (janvier) n'excita qu'un mécontentement modéré dans la presse allemande. On comprit qu'il était venu défendre sa politique et plaider *pro domo*, et on se refusa à croire que l'opinion actuelle en France lui fût en majorité favorable.

Le gouvernement allemand garda également une attitude très correcte quand les deux Sultans en compétition au Maroc, Abd-el-Aziz et Moulaï-Hafid, essayèrent chacun de leur côté de l'intéresser à leur cause, et lui demandèrent de faire à la France des observations sur son action au Maroc. Il communiqua ces ouvertures à notre gouvernement et répondit aux Sultans que s'ils avaient à se plaindre de la France, ils n'avaient qu'à s'adresser aux puissances signataires de l'acte d'Algésiras.

Au début de mars, un article du *Times* souleva subitement une émotion intense en Angleterre. « Guillaume II aurait adressé quelques semaines auparavant une lettre personnelle au ministre de la marine de Grande-Bretagne, lord Tweedmouth, au sujet du développement des marines anglaise et allemande. Le titre honorifique d'amiral de la marine anglaise ne justifiait pas cette intrusion extraordinaire dans les affaires intérieures de la Grande-Bretagne. Suivant l'auteur de l'article, il était difficile d'admettre que le souverain allemand n'eût pas cherché à influencer le ministre anglais dans le sens des intérêts de l'Allemagne. On ne pouvait penser qu'une lettre de ce genre eût un caractère privé; l'Angleterre devait donc réclamer la publication intégrale de cette lettre. »

Le fait ainsi dénoncé n'était pas inexact. Guillaume II, en effet, ayant appris que Lord Ester, administrateur de Windsor (connu personnellement de lui), avait envoyé une lettre aux journaux pour demander une augmentation du budget naval anglais, avait écrit à lord Tweedmouth « que lord Ester ferait mieux de s'occuper des conduites d'eau et des égouts de Windsor que des cuirassés de l'Angleterre et de l'Allemagne ». Le procédé était peut-être incorrect, mais le fait n'avait pas une gravité extrême. Guillaume II est un esprit prime-sautier. Il cherche à améliorer les relations anglo-allemandes, tout en sauvegardant les intérêts de l'Allemagne. Il avait eu déjà des conversations à ce sujet lors de son précédent séjour en Angleterre. Il avait sans doute voulu continuer dans cette voie et n'avait pas prévu qu'une simple lettre pût soulever une pareille tempête.

Mais l'Angleterre est très susceptible lorsqu'elle croit qu'un souverain étranger veut intervenir dans ses affaires propres. M. Asquith eut beau déclarer que le budget naval anglais était déjà arrêté avant le 18 février, jour de la réception de la fameuse lettre : l'opinion reprocha à lord Tweedmouth de n'avoir pas communiqué cette lettre au chef du Cabinet et réclama des explications. Une question fut donc posée à ce sujet à Lord Tweedmouth à la Chambre des Lords : Lord Tweedmouth répondit que « la lettre avait un caractère particulier et personnel, que le ton en était très amical et n'avait rien d'officiel. Il l'avait donc simplement montrée à Sir Edward Grey et, d'accord avec celui-ci sur le caractère non officiel de la missive, il n'avait pas cru devoir la communiquer au chef du Cabinet. » Lord Lansdowne, au nom de l'opposition, fit quelques critiques sur un ton très modéré et exprima le vœu que ces correspondances privées entre personnages officiels de pays différents fussent tout à fait exceptionnelles. Le Parlement accepta ces explications et n'exigea pas la publication de la lettre. L'opinion publique se calma et l'incident fut clos.

L'empereur Guillaume II n'a véritablement pas été heureux en ces derniers temps dans ses démarches personnelles : tandis qu'il se dirigeait vers Corfou, où il allait faire une cure d'air [1], un nouvel incident fut soulevé, cette fois par les États-Unis. Le gouvernement

1. Il a eu une entrevue avec le roi d'Italie à son passage à Venise (24 mars).

américain avait appris en effet que l'ambassadeur d'Allemagne à
Berlin, M. Tower, devant être prochainement remplacé dans cette
ville par M. Hill, l'empereur avait fait observer à M. Tower que
son successeur n'aurait peut-être pas la fortune nécessaire pour
représenter les États-Unis avec un éclat suffisant, et avait laissé à
entendre qu'il préférerait voir accréditer un autre ambassadeur.
M. Roosevelt se montra très froissé de cette observation. Les qualités
intellectuelles et politiques d'un diplomate ne doivent-elles pas
primer sa situation de fortune, non seulement dans un État démocratique, mais même dans un État monarchique? Le gouvernement
de Washington maintint la désignation qu'il avait faite et l'empereur dut l'accepter.

Le 18 avril, M. de Schœn et M. Cambon ont signé la convention
de délimitation du Congo français et du Cameroun, préparée par les
missions du commandant Moll et du capitaine Cottes. On a procédé
à des échanges de territoires, en vue de substituer autant que possible des frontières naturelles aux frontières artificielles. Il a semblé
aux yeux des personnes compétentes que la France aurait pu être
exigeante, les territoires laissés à la France étant plus étendus, mais
beaucoup moins riches en caoutchouc et en ivoire que les territoires
laissés à l'Allemagne. Mais telle qu'elle était, la convention était
acceptable pour nous et cette acceptation a prouvé notre esprit de
conciliation.

Le 23 avril furent signées à Berlin et à Saint-Pétersbourg deux
déclarations pour le maintien du *statu quo* territorial dans la mer du
Nord et la Baltique. L'accord concernant la mer du Nord était conclu
entre l'Allemagne, l'Angleterre, la France, le Danemark, la Suède,
la Hollande. Les petites puissances pouvaient voir dans cet accord
une garantie contre l'ambition éventuelle des grandes puissances.
·L'accord concernant la Baltique fut signé par l'Allemagne, la Russie,
la Suède, le Danemark; la France et l'Angleterre avaient signé un
accord séparé avec la Suède. Il résultait de ces instruments diplomatiques que le traité de novembre 1855 qui avait suivi la guerre de
Crimée se trouvait abrogé. Ces protocoles, sans avoir une portée
capitale, indiquaient un désir des puissances de limiter de plus en
plus les *casus belli.*

Le 7 mai l'empereur et l'impératrice se sont rendus à Vienne,
pour fêter les soixante ans de règne de François-Joseph, au milieu
d'un grand concours de princes allemands : le roi de Saxe, le roi de
Wurtemberg, le prince régent de Bavière, le grand-duc de Bade

étaient présents à la cérémonie : ce fut une véritable manifestation germanique.

Quelques jours après, Guillaume II alla en Alsace inaugurer le château de Hochkœnigsburg restauré (13 mai). M. Zorn de Bulach en fut nommé gouverneur, et l'écusson impérial fut placé à côté de celui de Charles-Quint. On avait espéré que peut-être à cette occasion une grande parole de libéralisme serait prononcée par le souverain au sujet de la situation des pays annexés : cet espoir a été déçu.

Lors des entrevues de M. Fallières avec Édouard VII à Londres (fin mai) et d'Édouard VII avec Nicolas II à Revel (juin) la presse allemande manifesta un peu de nervosité : il fut de nouveau question d'encerclement et d'isolement de l'Allemagne. Cette nervosité se manifesta également dans diverses paroles impériales : à Dœberitz notamment, lors d'une inspection militaire, l'empereur se serait exprimé ainsi : « Le Germain n'a jamais si bien combattu que lorsqu'on l'attaque de tous côtés; ils peuvent venir, nous sommes prêts ».

Enfin lorsque les soldats de Moulaï-Hafid [1] eurent vaincu ceux d'Abd-el-Aziz (août), la diplomatie allemande recommença une politique marocaine qui devait gêner plus d'une fois les diplomaties française et espagnole dans la tâche que leur avait confiée la conférence d'Algésiras. Le voyage du consul allemand, M. Vassel, à Fez, la demande faite aux différentes puissances de reconnaître Moulaï-Hafid avant même que celui-ci ait approuvé l'acte d'Algésiras, les réserves avec lesquelles l'Allemagne a accueilli la note franco-espagnole du 14 septembre, sont autant de petites tracasseries apportées à l'action franco-espagnole au Maroc.

Et cependant il semble incontestable que Guillaume II veut maintenir la paix. On a pu remarquer le ton très pacifique du toast qu'il a porté le 30 août à Strasbourg, quand il s'est rendu dans cette ville à l'occasion des manœuvres. Une phrase de ce toast aurait pu être considérée comme la critique de sa propre diplomatie : « La paix européenne, a-t-il dit, repose sur des fondements trop solides pour que ceux-ci puissent être renversés par les tracasseries continuelles et les calomnies inspirées par la jalousie de certaines gens ». Et l'empereur a une fois de plus manifesté le sentiment si profondément enraciné de sa *responsabilité* de souverain, en prononçant les paroles suivantes : « Une ferme garantie est offerte en première

---

1. Les envoyés de Moulaï-Hafid avaient été reçus non officiellement, mais officieusement à Berlin, par le baron de Langwerth au mois de mai.

ligne par la conscience des souverains et des hommes d'État de l'Europe, qui se savent et se sentent responsables devant Dieu de la vie et de la prospérité des peuples dont la direction leur est confiée ».

Le petit discours de forme parfaite prononcé en français par M. de Bülow au congrès interparlementaire de Berlin (septembre) a été aussi une manifestation pacifique. Au moment où s'ouvre dans les Balkans une crise menaçante, il sera intéressant de constater si les actes de l'empereur et du ministre seront d'accord avec le caractère pacifique de leurs récentes paroles officielles.

GASTON ISAMBERT.

CHRONIQUE D'ANGLETERRE

(1907-1908)

LES PARTIS POLITIQUES

I. Le parti libéral. *Défaites électorales. Insuccès politiques. Les vues de M. Campbell Bannerman. Le changement de leadership. La politique du Cabinet Asquith.*
II. Le parti conservateur. *Divisions et indiscipline. La conférence de Birmingham et le ralliement de M. Balfour au Tariff Reform. La lutte contre le socialisme.*
III. Le parti socialiste. *Les conférences de Hull, de Manchester et de Huddersfield. Concentration dans le sens socialiste.*
IV. Le parti irlandais. *Le conflit avec l'épiscopat catholique anglais.*

Je voudrais considérer, dans la présente chronique, l'attitude et l'évolution des différents partis au cours de la dernière année parlementaire. D'octobre 1907 au 1ᵉʳ août 1908 on a vu les hésitations, les échecs électoraux et les changements de tactique du parti libéral, la réorganisation du parti conservateur, la concentration des socia-listes, les divisions des Irlandais. Ce sont autant de points que nous allons observer successivement.

Le parti libéral a subi des échecs électoraux ; il a hésité dans ses vues ; il a changé de chef, et son leader actuel lui impose une direction nouvelle.

Les échecs électoraux ont été aussi nombreux que retentissants. Pour en apprécier justement la signification, il faut bien se représenter les conditions spéciales du parti libéral à l'heure actuelle, et la portée habituelle des manifestations politiques de ce genre. Les hommes d'État anglais pointent soigneusement les résultats des

élections partielles, parce que, dans un pays où les partis ne sont
pas divisés sur des questions de principe, l'électeur de la masse
populaire ne s'attache ni étroitement, ni longtemps à un groupe
politique. Il subit l'impression du moment et la traduit fidèlement
dans son vote. De là l'importance de chaque consultation partielle,
et la signification d'une série de consultations successives. Lorsqu'un
parti perd à peu près constamment au jeu électoral, comme ce fut
le cas pour les libéraux au cours de la dernière année, on doit évidemment en conclure que sa situation politique s'affaiblit. Mais peut-
on dire, comme le proclame à grands cris l'opposition, que le libéralisme court à une ruine prochaine? Personne ne le soutiendra après
avoir considéré les conditions spéciales dans lesquelles se meut le parti
du gouvernement à l'heure actuelle. On ne peut pas perdre de vue,
en effet, qu'il a conquis, aux dernières élections générales, par un
succès presque sans précédent, un nombre considérable de circonscriptions qui étaient restées, durant de longues années, fidèles à
l'Unionisme. La fatigue du vieux parti, les erreurs de ses dernières
années, l'audace inquiétante de son nouveau programme, les hésitations de ses chefs avaient pu détacher momentanément ces circonscriptions de leurs leaders habituels. Les voici qui reviennent, une
à une, à leur obéissance traditionnelle et à leurs convictions coutumières. Il ne faut ni s'en étonner, ni tirer de leur volte-face des
conclusions trop rapides.

Cette réserve faite, nous apprécierons mieux la valeur des récentes
élections partielles. Certaines ont fait très grand bruit. A Peckham,
le 24 mars 1908, le candidat libéral M. T. Gautrey n'obtint que
4,476 voix contre 6,970 à M. H. C. Gooch (conservateur). En 1906
Peckham avait donné une majorité de 2,339 voix au libéralisme;
en 1900, 1895 et 1892, il avait élu des tories. On attendait avec
une réelle anxiété le jugement de la circonscription métropolitaine :
les élections avaient lieu au plus fort de l'agitation sur le *Licensing
Bill*, que le Gouvernement venait de déposer. Qu'en penserait l'électeur? La réponse fut nette. Il condamna la mesure. La lutte électorale avait été très vive. On prétendit que le commerce des brasseurs,
grandement intéressé dans le débat, avait pesé de tout son poids
contre la candidature libérale. Le gouvernement n'en poursuivit pas
moins son projet de restreindre le nombre des licences des cabare-
tiers.

En avril, à Manchester, le Ministère subit un échec plus personnel
encore. L'un de ses membres, M. W. Churchill, qui venait d'aban-

donner le poste de sous-secrétaire colonial pour la Présidence du Board of Trade, dut, selon la coutume anglaise, se représenter devant ses électeurs de Manchester (N.-W.) qui lui avaient donné en 1906 une majorité de 1,241 voix. Il trouva cette fois une minorité de 429 voix et dut aller chercher un siège en Ecosse, où Dundee l'élut quelques jours plus tard [1].

En mai, le candidat libéral ne triompha à Wolverhampton que par 8 voix de majorité, au lieu des 2,865 voix que son prédécesseur avait obtenues en 1906. La campagne avait été menée surtout sur le protectionnisme et la presse libérale reconnut les progrès accomplis par le *Tariff Reform*.

Cependant le parti conservateur constate avec joie *the swing of pendulum*. En mai 1908 les Unionistes avaient conquis depuis 1906 6 sièges et 18,071 voix. Les libéraux avaient perdu 34,127 voix.

Ces défaites électorales n'étaient que le contre-coup d'insuccès plus fâcheux encore dans la politique générale. Le ministère Campbell Bannerman avait été porté aux affaires, en janvier 1906, par une énorme majorité. Sa victoire éclatante au scrutin l'avait condamné à une politique de grands résultats. On excuse la mollesse et l'hésitation chez un gouvernement mal soutenu par un parti peu nombreux et découragé. On ne la comprend pas dans un gouvernement porté aux affaires par 300 voix d'une majorité enivrée de son triomphe. Le parti libéral attendait beaucoup de ses leaders. Il en espérait même des résolutions passablement contradictoires. Les grosses majorités sont rarement homogènes. On trouvait un peu toutes les idées dans celle qui soutenait M. Campbell Bannerman, et le désaccord éclata entre elles dès que le parti abandonna le rôle facile de l'opposition pour prendre la direction des affaires. Le ministère prit des résolutions graves; il rencontra des oppositions nettes; il recula ou demeura hésitant; parfois il chercha sa voie dans une nouvelle direction; il donna rapidement l'impression d'une politique tâtonnante et indécise.

Le bill sur l'éducation avait été rejeté par les Lords [2]. M. Campbell Bannerman partit en guerre contre la haute assemblée et déclara solennellement qu'elle serait châtiée. Cependant le bill resta en suspens et la chambre des Lords ne fut pas touchée. Le ministère prépara un projet de réforme dans l'administration de l'Irlande.

1. Manchester N.-W., comme Peckham, était une vieille circonscription conservatrice, enlevée par surprise en 1906.
2. Voir la *Vie politique dans les deux mondes*, 1907-1908, p. 73 passim.

L'*Irish Council Bill* fut repoussé le 21 mai 1907 par la convention nationaliste réunie à Dublin, et on n'en entendit plus parler[1]. Le gouvernement mit au jour, quelques mois plus tard, un projet de réorganisation des universités irlandaises qui souleva d'autres mécontentements. Chacun de ces projets, heureux ou malheureux, aliéna au parti un groupe de ses adhérents. L'Education Bill avait ému les anglicans; son échec mécontenta les non-conformistes; le bill sur les universités irlandaises les exaspéra; l'insuccès de l'Irish Council Bill refroidit les Irlandais; les dépenses militaires déplurent aux radicaux et aux députés du travail (Labour Members); les projets d'économies sur le budget de la guerre mirent en éveil les libéraux orthodoxes.

Cependant M. Campbell Bannerman se tenait à son programme de grandes mesures politiques. Il persistait dans la lutte contre la Chambre des Lords. Dans un discours qu'il adressait, le 22 octobre, à ses électeurs de Dunfermline il classait ainsi les questions : « Je ne méconnais pas l'importance des affaires extérieures, mais les questions qui réclament actuellement une solution sont les maux qui assiègent notre corps politique à l'intérieur.... Alcoolisme, dépopulation, logements insalubres, mortalité infantile, ignorance, l'heure est passée des phrases inutiles sur ces sujets... Quant à la Chambre des Lords, nul n'a dit un mot pour la défense du système actuel. Par l'organe de ses avocats et sur l'avis de son conseil, elle plaide coupable.... *La première chose que nous ayons à faire*, et *ce que nous allons faire*, sera de régler les relations des deux Chambres de façon pratique et digne d'hommes d'État..... La coupe des Lords est pleine à déborder; il ne doit pas subsister un doute sur le contrôle suprême de la législation. » De même à Bristol, le 13 novembre. Le Premier Ministre ne signale les autres questions que pour les écarter aussitôt, et il ne précise sa pensée que sur le sujet qui lui tient au cœur : « Vous ne pouvez pas plus vous permettre de jouer avec une protection légère qu'avec une légère maladie contagieuse... Le parti unioniste n'a plus rien dans son buffet que les miettes moisies de la protection. A moins qu'il ne persuade le pays de les accepter, il est menacé de complète inanition et de perpétuel chômage.... Le pouvoir ne réside ni dans la Couronne ni dans la nation, mais dans la Chambre des Lords : telle est la leçon que nous venons de recevoir.... Rappelez-vous que tant que cet obstacle (la haute

1. *La vie politique dans les deux mondes*, p. 81.

assemblée) subsistera, nous ne pourrons pas étudier utilement les questions de réforme sociale dont la solution dépend du régime des terres. »

Tel était le mot d'ordre du gouvernement, et M. Asquith, alors Chancelier de l'Échiquier, l'observait fidèlement lorsque, le 11 décembre, au Eighty-Club, ils déclarait : « que, dans une Société démocratique comme la nôtre, la volonté du peuple soit constamment exposée à subir des échecs, voilà qui ne peut être pris que pour une contradiction absurde ».

Les choses allèrent ainsi durant la première partie de la session, sous un chef qui ne voulait pas abandonner ses convictions ni ses rancunes et que ses forces déclinantes éloignaient un peu plus chaque jour des affaires. Le 4 avril, M. Campbell Bannerman dut donner sa démission. M. Asquith le remplaça, remania le ministère et inaugura, sans fracas ni précipitation, mais avec fermeté, une politique nouvelle.

Il abandonna les grandes mesures ambitionnées par son prédécesseur pour porter tout son effort vers les réformes sociales, et en premier lieu les retraites ouvrières (Old age pensions) et la législation sur la vente des liqueurs fortes (Licensing Bill). Il ne parla plus de briser l'opposition de la Chambre des Lords, et même il laissa de côté le nouveau Bill sur l'éducation, que le ministère compétent avait préparé. Dans un discours au National Liberal Club, le 12 juin, il constata avec satisfaction la croissance, durant les derniers mois, de dispositions plus raisonnables et plus conciliantes dans l'opinion : « Si le gouvernement n'a pas poussé la discussion du Bill, c'est que non seulement il espérait, mais qu'il était convaincu que des forces pacifiques et conciliantes étaient à l'œuvre qui ménageront, avec le temps, un accord solide et durable ». Mais autant le nouveau Premier est accommodant sur ce point, autant il se montre ferme sur les réformes sociales, en particulier sur le Licensing Bill. Dès le 1er avril, quand il n'était encore que Chancelier de l'Échiquier, il avait nettement marqué l'intention du gouvernement. C'était au moment où le *Trade*, le commerce de la bière et de l'alcool, menait grand bruit autour du projet : « Le gouvernement de S. M. reste impassible devant cette clameur. Nous savions qu'elle éclaterait. Nous l'avons délibérément provoquée, et nous sommes prêts à y répondre. Nous persévérerons dans la voie où nous sommes entrés. Nous sommes dans un temps de combats.... Le parti libéral sait qu'il défend des causes qui méritent qu'on lutte pour elles et pour lesquelles il vaut mieux risquer la défaite qu'abandonner ou refuser la bataille. »

M. Lloyd George, devenu Chancelier de l'Échiquier dans le remaniement ministériel, donna la même note. Lui aussi mit en avant les réformes sociales. Dès le mois d'avril, lorsqu'il se rendit à Manchester pour soutenir de toute son autorité la candidature de son collègue M. Winston Churchill, il s'avança franchement sur ce terrain et, avec ses allures vives et prime-sautières d'orateur populaire il se déclara prêt à parier que les retraites ouvrières seraient votées dans l'année.

Le parti, sous un état-major raffermi, cherche de nouvelles voies. Il a allégé son programme des questions de doctrine, de ce qu'on pourrait appeler les problèmes de style, qui n'intéressent que les politiciens de carrière et n'émeuvent que le groupe plus ou moins considérable des intéressés. On ne pourrait pas faire actuellement une campagne d'élections générales sur la question de la Chambre des Lords; un projet quelconque sur l'éducation aurait chance de désunir le parti. Il faut avant tout retenir dans celui-ci la clientèle populaire qui menace de se retirer. De là l'orientation dans le sens des lois sociales. Sur ce terrain, le ministère rencontre un obstacle redoutable : les réformes sociales coûtent cher, et la bourse du contribuable réclame des ménagements. La situation économique est peu brillante; le rendement des impôts faiblit; la guerre et la marine exigent des sommes énormes. Le Chancelier de l'Échiquier satisfait péniblement aux demandes qui l'assaillent[1]. Il fait des prodiges d'ingéniosité pour répondre à tous les besoins. Sa tâche est d'autant plus difficile que la machine fiscale est portée au maximum de pression. Peut-être, en la transformant, obtiendrait-on davantage. Mais les gouvernants actuels sont bien décidés à ne rien changer au système. Ils sont avant tout libre-échangistes, et ils repoussent avec horreur la moindre réforme du tarif. Ils ont déjà plié sur plus d'un point; ils transigeront sans doute sur d'autres encore; mais jamais ils ne céderont sur celui-ci. Le Free Trade est la base intangible, immuable de leur politique. Le monde s'agite et la vie s'écoule autour d'elle sans l'ébranler.

Mais le monde change aussi; la vie se transforme et les idées évoluent. Rien de plus dangereux, en politique, que les principes absolus. La foule, dans sa marche éternelle, les dépasse et vous laisse

---

1. Voir le discours de M. Lloyd George à Mansion House le 3 juillet.

seul en face d'eux. Depuis deux ans, l'opinion anglaise a beaucoup remué le problème du Tariff Reform et l'idée progresse lentement, pour le plus grand profit du parti conservateur qui vient de trouver enfin, dans cette formule, sa plate-forme définitive.

II

Le second fait d'importance dans l'histoire des partis au cours des douze derniers mois, c'est, en effet, la réorganisation de l'Unionisme.

Il s'est reconstitué sur la base du *Tariff Reform* qui avait été, jusqu'à présent, la cause principale de ses divisions et de sa faiblesse. Depuis que M. Chamberlain avait posé nettement la question de la revision du tarif (novembre 1905), les conservateurs étaient séparés en deux groupes : le plus actif, sous la direction de l'ancien ministre des colonies, préconisait hautement, voire bruyamment, la réforme fiscale; l'autre, resté sous l'influence directe du leader du parti, M. Balfour, hésitait et temporisait. En insistant beaucoup on obtenait de son chef de vagues promesses d'adhésion à la réforme et, quand on le poussait dans ses derniers retranchements, il consentait à esquisser des projets nuageux de représailles économiques (retaliation) à l'égard des États étrangers à tarifs élevés. Cette division avait été fatale au parti dans la campagne électorale de 1906 et, depuis sa défaite, elle condamnait sa politique d'opposition à la stérilité. La personnalité du leader était vivement attaquée et perdait de son prestige. On ne pouvait cependant se passer de lui. Les hommes n'abondent pas dans le parti et les talents parlementaires de M. Balfour sont incontestables. Dès lors, le groupe réformiste n'avait plus qu'une ressource : gagner le leader à ses idées, et le maintenir, une fois converti, à la tête du parti reconstitué. C'est ce qu'il réussit à faire à la conférence de Birmingham.

A la fin d'octobre 1907 les circonstances avaient pris une mauvaise tournure. Sur un discours de M. Asquith sommant le leader conservateur de « venir s'expliquer au grand jour », le *Spectator* avait conseillé à M. Balfour de considérer la situation en face et de poser à son parti la question de confiance. Il constatait l'esprit de révolte qui animait beaucoup de ses adhérents et il ajoutait : « Réellement nous ne sommes pas certains que le meilleur parti ne soit pas actuellement pour le leader de donner sa démission devant la confé-

rence de Birmingham... Nous nous permettons de penser qu'une
semaine après la retraite de M. Balfour les Tariff Reformers seraient
à ses genoux, le suppliant de reprendre la direction du parti
comme il l'entendrait. M. Balfour pourrait alors poser des conditions
qui le protégeraient des humiliations auxquelles il est actuellement
exposé. » Le rédacteur ajoutait : « Sauf un petit nombre de fanatiques pour lesquels la protection est une sorte de religion, tout le
monde sait qu'il est impossible de proposer un leader qui soit le
moins du monde capable de prendre la direction du parti » et, après
avoir signalé MM. Austen Chamberlain, Bonar Law, Wyndham et
A. Lyttelton, pour les écarter aussitôt, il n'admettait la compétence
de M. Walter Long qu'en observant que le député de South Dublin
ne consentirait jamais à évincer M. Balfour.

Le leader du parti ne donna pas sa démission; tout au contraire,
il s'inclina devant la majorité imposante des Tariff Reformers qu'il
trouva en face de lui à Birmingham.

La conférence annuelle de l'Union nationale des associations
conservatrices et constitutionnelles s'ouvrit le 13 novembre. Sur le
Tariff Reform, trois motions différentes étaient inscrites à l'ordre du
jour : 1° une motion A. Ward, qui, tout en se réclamant de la réforme
fiscale, posait le principe de l'obéissance à M. Balfour; 2° une motion
F. E. Smith déclarant que « le premier travail constructif du parti
devrait être la taxation, dans un but fiscal, des produits manufacturés
étrangers, et l'établissement d'accords commerciaux avec les colonies
sur le pied de la réciprocité »; 3° enfin une motion Henry Chaplin :
« que la première politique constructive du parti conservateur
unioniste soit la réforme de notre tarif fiscal, dans le but d'élargir
la base de la taxation, de défendre nos grandes industries productives
contre les concurrences abusives, de fortifier notre position dans les
négociations sur les marchés étrangers, d'établir des arrangements
commerciaux préférentiels avec les colonies et d'assurer aux producteurs et aux ouvriers anglais un avantage sur leurs concurrents
étrangers dans les marchés coloniaux ».

Deux mille délégués assistèrent aux séances. C'était une affluence
peu commune. Le groupe de la réforme fiscale, de beaucoup le plus
nombreux, attendait avec impatience le discours de M. Balfour. Le
14 novembre, dans la séance du matin, la motion Chaplin fut
adoptée à l'unanimité et l'un des membres les plus convaincus et les
plus actifs du groupe réformiste, M. L. J. Maxse, prononça les
paroles décisives :

« On ne peut s'empêcher de se demander à quoi pourra servir le vote de nouvelles motions fiscales. Voici vingt ans que nous nous efforçons d'apprendre aux leaders conservateurs à réformer la politique fiscale de nos grand'mères. Jusqu'à présent, ces résolutions, constatant l'opinion délibérée de la *Douma* conservatrice, n'ont pas été plus loin que la corbeille à papier du Chief-Whip. Nous savons ce que nous voulons, mais nous ne savons pas comment l'obtenir, parce que nous avons été paralysés par des convictions mal assises dans les hautes sphères.... Sans doute d'enthousiastes Tariff Reformers comme M. Balfour nous ont dit que la réforme fiscale est et doit rester la première œuvre constructive du parti unioniste; mais qui soutiendra sincèrement que nos chefs ont déployé l'énergie et l'enthousiasme convenables pour demander à la nation le mandat nécessaire pour poursuivre cette grande politique? Durant quatre fatales années l'Unionisme officiel a attendu pour voir de quel côté le chat allait sauter, et pendant ce temps le parti a mené une vie de chien. Il est grand temps que les leaders de l'Unionisme resserrent les rangs, pour d'urgentes raisons nationales et impériales... Nous espérons très ardemment, pieusement et respectueusement que ce soir l'oracle proférera des sons intelligibles et que le pays entendra dire dans un langage compréhensible pour le peuple que le Tariff Reform est une partie intégrante du programme du parti unioniste, et que le premier soin du parti revenu au pouvoir sera d'imposer un droit général sur les produits manufacturés étrangers. Enfin nous espérons apprendre que tout candidat unioniste sera mis en demeure de soutenir la politique réformiste. »

La sommation était nette. La réponse fut satisfaisante. Le soir même l'*oracle* parla, et il proféra des sons intelligibles. M. Balfour débuta par ces mots, qui peignent bien la situation : « Je viens devant vous comme votre chef. Je crois avoir votre confiance... » puis, dans sa manière aisée et fluide, il fit l'historique du mouvement, déplora l'insuccès de la dernière conférence coloniale, déclara que le premier devoir de l'Unionisme revenu au pouvoir serait de la convoquer de nouveau; enfin sur la question vitale : « quant au programme de réforme fiscale, emprunté, je crois, à un discours que j'ai prononcé devant le conseil de cette union, je n'ai pas besoin de dire que j'y souscris de bon cœur ».

La déclaration du leader souleva dans l'assemblée un enthousiasme qui se répandit au dehors. La presse réformiste entonna un hosanna

La *National Review*[1], entre autres, proclama bien haut l'union du parti,
Était-elle si étroite? M. Balfour était-il si complètement converti?
Il prononça, le 17 janvier, à Glasgow un discours dans lequel il semblait considérer les Tariff Reformers comme des extrémistes, et la
National Review le reprit vivement là-dessus. Il est permis de penser
qu'après comme avant Birmingham le leader conservateur réserve
in petto son libre arbitre. La majorité réformiste a pu obtenir de
lui une adhésion que les circonstances rendaient inévitable, elle ne
l'a pas réduit au rôle médiocre de porte-parole. Pour apprécier justement la situation il faut se rappeler la fidélité et la soumission des
partis anglais à leur chef; il faut se dire encore que le leader actuel
dépasse de toute la tête son état-major. On a dit de lui qu'il était
« un géant parmi des nains »[2]. Du moins on ne peut douter que
M. Balfour ne soit un esprit intelligemment souple, accoutumé aux
horizons larges et aux vues d'arrière-plan. Il est assez adroit pour
donner, en passant, une satisfaction aux agités du parti. Ces échauffés
sont nécessaires; ils forment le levain qui fera fermenter la masse.
Il est trop maître de lui et trop conscient de sa supériorité pour
s'enfermer avec eux dans leur cabanon. Ces agités sont des politiciens : ils ressassent sans arrêt la même idée et frappent toujours
au même point. M. Balfour est un homme d'État : il sait qu'en
politique le dénouement vient presque toujours du côté où on ne
l'attendait pas et qu'il faut laisser beaucoup de portes ouvertes pour
lui livrer passage. L'important n'est pas d'engager hâtivement son
parti dans une voie douteuse, mais de le tenir en bon ordre de
marche, rassemblé et bien en main, pour le moment décisif. M. Balfour a, là-dessus, ses idées qu'il ne cache pas : il veut faire du
parti conservateur un grand parti démocratique, destiné à balancer
un jour l'influence du socialisme. « Je crois, disait-il récemment[3],
qu'il y a peu de place actuellement, dans les conditions politiques
de ce pays, pour les libéraux à l'ancienne mode. Ils ont rendu, en
leur temps, de grands services à l'État. Ils furent une puissance
directrice dans une importante période de transition, mais le cours
des événements a, en fait, effacé toutes les différences (et elles ne
furent peut-être jamais bien grandes) qui les séparaient du parti
auquel nous appartenons. Nous marchons actuellement vers une

---

1. Dont le rédacteur en chef est M. Maxse, l'auteur du discours significatif que
nous venons de citer.
2. Rob. White, *Fortn. Review*, fév. 1908, p. 320.
3. Discours à l'Association conservatrice de la Cité, 23 janvier 1908.

transformation des affaires politiques dans laquelle le parti unioniste sera l'élément directeur d'un côté, quoique pas tout à fait le seul, et nos amis socialistes qui viennent d'élever leur drapeau, seront sans doute la force militante de l'autre côté. C'est entre les deux conceptions sociales que ces opinions représentent qu'aura lieu le grand combat de l'avenir. »

Dès maintenant M. Balfour oppose les deux conceptions. Il distingue le *socialisme* et la *réforme sociale* : « socialisme signifie et ne peut signifier rien autre chose que ceci : la communauté de l'Etat doit s'emparer de tous les moyens de production ; l'entreprise privée et la propriété privée doivent disparaître, de même que tout ce qui est impliqué dans l'entreprise et la propriété privées. Voilà ce qu'est le socialisme, et rien autre n'est le socialisme. — La réforme sociale, c'est quand l'État, basé sur l'entreprise privée et sur la propriété privée, reconnaissant que les meilleurs résultats de production ne peuvent être obtenus qu'en respectant la propriété privée et en encourageant l'entreprise privée, leur demande de collaborer à la poursuite des grands objets d'intérêt national, public et social. Voilà ce qu'est la réforme sociale. Il n'y a pas, il ne peut y avoir de compromis entre les deux [1]. »

M. Balfour trouve sa nouvelle politique dans les tendances de son parti et dans les hésitations du parti adverse. L'élection d'une quarantaine de députés socialistes en 1906 a beaucoup ému l'opinion. Les libéraux ont assez cordialement accueilli les *Labour Members*, du moins ceux qui ont paru disposés à voter avec eux. Le jeu de l'unionisme était tout indiqué : il n'a plus qu'à recueillir sous son aile et à encadrer dans ses rangs tous ceux qu'effraye le spectre rouge. La spéculation est habile et peut devenir fructueuse; mais pour cela il faut garder ses rangs assez largement ouverts et n'effrayer personne par des résolutions radicales et intempestives. Moyennant ces précautions, l'unionisme pourra devenir un grand parti démocratique. Il fait dès maintenant appel à toutes les bonnes volontés et parle le langage de la circonstance : « Notre force vient du peuple, et a pris naissance dans le peuple. Le parti ne peut avoir de puissance et de durée que par le peuple [2]... »

1. Discours à la Convention de Birmingham.
2. M. Balfour à Birmingham, 15 novembre 1907. Dès le mois d'octobre, la presse conservatrice était en campagne : « Le parti unioniste a devant lui la plus belle occasion qu'il ait jamais connue de prouver son utilité. Les dernières élections générales ont prouvé que le libéralisme et le radicalisme n'opposent pas un front solide aux attaques du socialisme, et même qu'ils les favorisent. Le seul

Ainsi le vieux parti se remet lentement de sa défaite de 1906 et il retrouve peu à peu sa cohésion et sa discipline sous la main plus souple que ferme de son chef.

III

Le parti socialiste s'est également concentré. On se rappelle l'émotion soulevée par l'élection de 54 représentants du travail en 1906. Les vieux partis avaient cru jusqu'alors que le socialisme parlementaire était une spécialité du continent. Ils reprirent courage en constatant les divisions du nouveau groupe. On y trouvait, en effet, 29 députés qui, sous la direction de M. Keir Hardie, poursuivaient une politique de réforme démocratique et sociale indépendante (*Independent Labour Party*); 11 députés mineurs (*miners'members*) défendaient plus spécialement les intérêts des ouvriers de houillères; enfin 14 autres *Labour M. P's* représentaient d'autres organisations syndicales. Les deux derniers groupes se rapprochaient volontiers des libéraux. Chez ces représentants du. *travail* l'idée socialiste n'était pas fortement assise. Bon nombre d'entre eux semblaient disposés à poursuivre, loin des systèmes absolus, une politique d'amélioration sociale. La dernière année a vu l'idée socialiste s'affermir et les groupes se resserrer autour d'elle.

La conférence annuelle du Labour Party se réunit à Hull au mois de janvier. Dès le début des séances, on sentit, au ton des discours, que le parti était décidé à une politique agressive. Les aspirations socialistes paraissaient dans toutes les paroles. Elles éclatèrent dans les discussions sur les retraites ouvrières. M. Barnes, répondant à un discours dans lequel M. Asquith avait récemment déclaré que les classes ouvrières devraient contribuer aux frais de la réforme, dit ceci : « Les classes ouvrières paient actuellement plus que leur contribution légitime... Nous demandons les retraites ouvrières comme un droit civil. Nous demandons qu'elles soient imputées sur le produit des impôts du pays. Nous demandons qu'il n'y ait pas de taxes spéciales désignées pour cet objet, mais que les retraites soient une des choses ordinaires dont le gouvernement est responsable, de même que le gouvernement est responsable de l'entretien de notre immense marine. » M. Henderson ajouta : « Si quelqu'un doute de la

parti qui leur résiste directement et franchement est ce puissant *conservatisme* qui est, en somme, la force la plus typique dans nos affaires publiques. C'est au parti unioniste à assumer ses responsabilités et à s'armer pour un combat déterminé et sans merci. »

source où l'on pourra puiser l'argent, je le renvoie à M. Philip Show-
den, qui estime qu'une taxe supplémentaire sur les revenus supérieurs
à 5,000 livres rapporterait 13,825,000 livres. » — « D'où viendra
l'argent pour les retraites! s'écria M. J. R. Clynes M. P., il n'y a
qu'une source et c'est là où est l'argent. Les revenus immenses
qui sont, non le résultat du travail personnel, mais de nos conditions
sociales et industrielles illogiques, devront supporter le poids de
la souffrance que leur création a provoquée . » Et comme on proposait
d'ouvrir une enquête sur la question, le président répliqua : « Nous
n'avons pas à nous occuper d'où l'argent viendra. Si la demande est
suffisamment vigoureuse, la Chancelier de l'Échiquier saura bien
trouver les fonds. »

La conférence discuta ensuite l'adoption du programme socialiste. Elle le repoussa le 21 janvier, pour l'adopter le 22. Voici les
raisons de cette apparente contradiction. Le 21 janvier, M. Grayson,
dans un discours ardent, avait déclaré qu'il ne voulait pas, dans
l'assemblée, d'une majorité trompeuse et qu'il lui fallait l'assurance
que les votes de ses collègues étaient inspirés par un vrai socialisme : « La conférence discute le problème du chômage. Si elle
veut considérer deux minutes l'aspect économique de cette grave
question, elle verra que le problème est parfaitement insoluble sans
l'établissement du socialisme parfait. » Au milieu du silence gêné
qui suivit cette sortie vigoureuse, M. H. Quelch demanda que le
parti fît une déclaration nette : « Si vous êtes un parti socialiste,
dites-le. Sinon, dites-le encore, et alors nous aurons chance d'en
constituer un. Nous formerons un vrai parti socialiste si vous débar-
rassez la voie. Dites ce que vous êtes, au lieu de n'être, comme à présent, ni chair, ni poisson. » On entendit ensuite l'autre son avec
M. Bruce Glasier : « Nous croyons qu'il vaut beaucoup mieux attirer
le peuple au socialisme en lui prouvant qu'il est l'unique espoir du
monde que d'essayer de l'y pousser de force. Je proteste contre
toute résolution prise, au nom du socialisme, qui pourrait avoir
pour effet d'écarter de nos rangs un seul trade-unioniste. » De même,
M. F. R. Clynes : « Je suis moi-même un socialiste. Mais nous
sommes ici, non pas des visionnaires, mais des politiques pratiques. Rappelons-nous le pacte dont le respect nous a assuré un grand
succès à la Chambre des communes durant les deux dernières
sessions. Nous devons remplir honnêtement nos obligations à
l'égard de nos co-contractants, les trade-unionistes. La proposition
envisage le but final du parti. A mon avis, nous ferions mieux, en

laissant le but final s'en tirer tout seul, de nous occuper des possibilités immédiates. »

Finalement la proposition fut rejetée par 931,000 voix contre 91,000 dans un *card vote* dans lequel chaque délégué mettait en mouvement autant de voix qu'il représentait d'ouvriers.

Mais, le lendemain, la scène changea. La conférence rouvrit la discussion, en dépit d'une vive opposition de la fraction modérée, sur une motion de l'*Amalgamated Society of Engineers* tendant à déclarer « que, dans l'opinion de cette conférence, le temps est venu où le Labour Party devrait se proposer comme objectif précis la socialisation des moyens de production, de distribution et d'échange, leur contrôle par un État démocratique, dans l'intérêt de la communauté entière, et l'émancipation complète du travail de la suprématie du capitalisme et de la grande propriété foncière, avec l'établissement de l'égalité économique et sociale des sexes ». Cette résolution fut votée par 514,000 voix contre 469,000. La conférence semblait se déjuger. La presse du Royaume-Uni qui, vingt-quatre heures avant, chantait la sagesse du parti du travail, restait abasourdie. La première stupeur passée, on comprit la manœuvre. On s'aperçut que les deux motions proposées successivement n'avaient pas la même portée. La première, celle qui avait été repoussée, tendait à modifier la constitution actuelle du parti, en exigeant de chacun de ses membres l'engagement formel de soutenir efficacement un programme collectiviste. La seconde n'impliquait rien de semblable et ne constituait qu'une déclaration de style sans conséquences immédiates. Aussi bien la majorité en sa faveur avait été faible et, peu après le vote, le bruit se répandit que les 70 000 voix de l'*Amalgamated Society of Railway Servants* avaient été données à tort à la motion socialiste. L'effet moral n'en fut pas moins très grand. La proclamation du vote avait été accueillie dans la conférence par les hourras enthousiastes des socialistes et le chant du « drapeau rouge ». Le nouveau coup de barre donné à gauche par le parti du travail émut le pays. Les leaders libéraux furent un peu plus gênés dans leurs rapports avec leurs alliés d'occasion et M. Balfour prit texte des manifestations socialistes de Hull pour montrer à ses partisans qu'il était temps de faire face au danger.

Le parti du travail tend aux résolutions extrêmes. Sans doute, ce sont des paroles hâtives que l'avenir démentira peut-être. Mais le ton s'élève et devient plus agressif. C'est le sort fatal de tous les partis démocratiques, qui ne trouvent leurs bases que dans les masses les

plus profondes et les plus obscures de la nation. Ils sont contraints
d'élever la voix, et les plus bruyants l'emportent. « Les socialistes,
disait M. Hyndman peu après la conférence, veulent appliquer
leurs idées, autant que possible, par les moyens légaux et pacifiques,
mais plutôt que de continuer à subir le présent état de choses pendant encore trente ans, il vaudrait mieux employer la force pour
supprimer notre faux système social [1]. »

Une conférence rassembla à Manchester, le 17 avril, les 140 délégués des 12 000 membres du parti social-démocrate (jadis *Social de-
mocratie Federation*). Nous ne trouvons plus ici les centaines de milliers de voix du *Labour*. La Société est petite. Elle ne rassemble que
les purs parmi les purs. Après un débat de deux heures et demie,
elle décida, le 19 avril, de repousser toute affiliation avec le Labour
Party. M. Hyndman soutenait que s'ils pouvaient atteindre le parti du
travail, ils en feraient, en un an, un parti socialiste militant. M. Quelch
répondit : « Se rapprocher de l'Independent Labour Party, c'est
avouer que nous nous sommes trompés durant sept ans. Allons-nous
amener le drapeau rouge ? »

La 16ᵉ conférence annuelle de l'I. L. P. se réunit le 20 avril à Huddersfield. Les résolutions tinrent un assez juste milieu entre le mo-
dérantisme de la conférence de Hull et le radicalisme du S. D. P. La
note fut donnée par le Président, M. Ramsay Macdonald, un des
esprits les plus intéressants et une des figures les plus attachantes
du nouveau parti dans le Parlement. Selon lui « les nécessités
actuelles semblent demander que le Socialisme soit présenté comme
une théorie rationnelle d'organisation sociale, et le devoir des socialistes est de transcrire cette théorie dans la politique du jour. Toute
proposition pratique tendant à diminuer ou à supprimer les maux
sociaux présuppose la venue de l'État socialiste. Dans cette tendance
vers le socialisme, le rôle de l'I. L. P. est double. Il doit rendre
clair le sens de cette tendance et modeler la société sur ses exigences. Les socialistes doivent être des propagandistes comme
St Jean-Baptiste et des politiques comme St Paul. Ils doivent poursuivre ces deux missions et ce serait un malheur pour le socialisme
de ce pays si elles venaient à être séparées. »

Il est évident que, sous l'impulsion plus ou moins précise et généralement assez vigoureuse de ses affiliés, le parti parlementaire du
travail esquisse une évolution vers la gauche et penche de plus en

1. Discours au Shaftesbury Theatre (26 avril 1908).

plus vers le socialisme. En même temps, il tend à s'unifier. On annonçait, le 2 avril, que les négociations engagées entre les deux groupes du travail à la Chambre des communes étaient sur le point d'aboutir. Les représentants du groupe Trade Unioniste et du groupe de l'Independent Labour s'étaient mis d'accord sur le principe, non de la fusion complète, mais d'une alliance qui laisserait à chaque parti son autonomie. Les deux groupes s'assembleraient en commun une fois par mois, marcheraient d'accord dans les discussions relatives aux questions du travail et ne se feraient pas d'opposition aux élections.

Enfin on apprit au mois de juin une nouvelle d'importance. La Fédération des mineurs de la Grande-Bretagne, à la suite d'une consultation de tous ses membres par la voie du scrutin, résolut de s'affilier au *Labour Representation Committee*, c'est-à-dire à l'I. L. P. pour tout ce qui toucherait à l'action parlementaire ou électorale. Jusqu'à présent, nous l'avons déjà dit, les députés des mineurs avaient ménagé leur indépendance. Ils votaient souvent avec le gouvernement et constituaient, avec les autres députés trade-unionistes non affiliés à l'I. L. P. le groupe du *Liberal labour*. Ils souffraient, disait-on, de leur soumission au parti ministériel et enviaient la liberté d'action de leurs confrères labourites. Leur résolution entraînera de graves conséquences : ils constituaient à eux seuls une bonne partie du groupe trade-unioniste, que leur départ laisse très affaibli[1]. Leur affiliation au parti socialiste est une manifestation d'une grande portée qui augmentera sensiblement l'autorité de celui-ci, mais il ne faut pas oublier que les députés mineurs n'abdiquent pas toute personnalité et qu'ils exerceront sans doute une influence modératrice dans le parti indépendant du Travail.

IV

Enfin le parti irlandais traverse une crise qu'il faut signaler. Je ne veux pas parler du singulier mouvement de *Sinn Fein*, tendant à supprimer la représentation irlandaise à Westminster pour consacrer l'argent qu'elle coûte au développement économique du pays[2],

1. Les statistiques parlementaires de ce genre sont toujours difficiles à établir. Certains comptent 11 députés mineurs sur 25 trade-unionistes, d'autres en trouvent 15 sur 22. Leur départ réduira donc les trade-unionistes à un petit groupe d'une dizaine de membres.
2. *Sinn Fein* ne semble pas avoir obtenu dans l'opinion irlandaise un très vif succès. Il est du moins permis de le penser en considérant les résultats de

mais de l'antagonisme qui vient d'éclater entre les leaders nationalistes et le clergé catholique anglais. La fâcheuse loi sur l'éducation est encore la cause de ces difficultés. Elle a excité au plus haut
point les passions des diverses églises et les évêques catholiques ont,
à plusieurs reprises, prétendu mobiliser, contre les candidats qui la
soutenaient, les électeurs irlandais de leur confession. C'était les soustraire à l'autorité de leurs leaders politiques. Ceux-ci protestèrent
vigoureusement et proclamèrent les principes de l'unité du parti et
de la prééminence du Home Rule dans la convention annuelle de
l'*United Irish League* qui se réunit à Leeds au mois de juin. Sur une
motion de M. D. Boyle tendant à condamner les tentatives de certaines
organisations locales pour diviser les votes irlandais, M. J. Redmond
prit la parole. Il déclara que la motion présentait une importance
capitale. « La question posée est celle du maintien ou de l'extinction
du mouvement national (irlandais) en Grande-Bretagne. C'est une
question de vie ou de mort... Le mouvement national n'est pas un
mouvement catholique... Il unit dans son ensemble des hommes de
toutes les convictions et ceux qui voudraient le transformer en un
mouvement simplement catholique répudieraient quelques-unes des
plus belles pages de l'histoire nationale... Tout ce qui peut diminuer
la puissance, le prestige et l'unité du parti irlandais affaiblit la
défense des écoles catholiques... Cette défense est surtout, dans le
parlement, une affaire de tactique, et des hommes qui ont vécu un
quart de siècle dans la Chambre des communes et possèdent l'expérience des débats politiques sont beaucoup plus qualifiés pour
l'entreprendre que n'importe quelles personnalités ecclésiastiques
ou autres, moins expérimentées. Nous ne supporterons pas, autant
que cela dépendra de nous, aucune action, par aucunes personnes,
dans nos rangs ou en dehors, qui s'arrogeraient le droit de dicter
leur vote aux électeurs irlandais dans toute crise qui puisse éclater.
Des leaders politiques engageant les électeurs à voter dans un
sens et des conseillers cléricaux insistant dans un autre sens, ce
serait pour l'Irlande une situation fatale. »

La résolution fut adoptée à l'unanimité.

M. Caudel.

Manorhamilton (Leitrim) où M. Dolan, son candidat, n'obtint que 1,157 voix
contre 3,103 au candidat nationaliste.

CHRONIQUE DES ÉTATS-UNIS

(1907-1908)

LES PARTIS POLITIQUES ET L'ÉLECTION PRÉSIDENTIELLE

I. La 1ʳᵉ session du 60ᵉ Congrès. — II. Le parti républicain. M. Roosevelt et la question du 3ᵉ terme. Les aspirants candidats : MM. Joseph J. Cannon; Ch. Waren Fairbanks; Knox; Cortelyou; Hughes; William H. Taft. La convention de Chicago, 16 juin. Les candidats : Taft et Sherman. Le programme du parti. La question de la représentation à la Convention nationale. — III. Le parti démocrate. La convention de Denver, 7 juillet. Les candidats : William J. Bryan et John W. Kern. Le programme du parti. — IV. Les partis secondaires : le parti populariste; le parti socialiste; le parti socialiste ouvrier; le parti prohibitionniste; le parti national indépendant et M. William R. Hearst. — V. La campagne présidentielle : le mouvement radical; le territoire de la lutte : le centre-ouest; le vote des ouvriers; le vote des nègres. La publicité des dépenses électorales. L'élection du 3 novembre.

Le souci de l'élection présidentielle a dominé durant tout le cours de cette année la vie politique américaine. Il a eu sa répercussion sur la vie économique, pesant sur le monde des affaires, et contribuant à ralentir la reprise de celles-ci, qui avaient été si profondément troublées par la violente crise financière de l'automne de 1907. Les travaux législatifs ont été, comme d'ordinaire, profondément affectés par la perspective de cette élection. Le 60ᵉ Congrès commençait en novembre sa 1ʳᵉ session. C'était sa longue session, qui se prolonge lorsqu'il est nécessaire jusque bien avant dans l'été, mais cette année, elle a été interrompue dès le 30 mai. Les chefs de partis voulaient être libres pour préparer la campagne électorale, et les membres de la Chambre des représentants avaient hâte de rentrer dans leurs circonscriptions pour surveiller leurs propres intérêts : les élections à la Chambre basse ont lieu tous les deux ans, et coïncident une fois sur deux avec l'élection présidentielle.

Sans tenir compte de ces préoccupations, le président, M. Roosevelt, avait proposé au Congrès, dans son message annuel, du 3 décembre 1907, un programme considérable. Parmi les nombreuses mesures dont il demandait l'adoption, les principales avaient pour objet : le vote d'un amendement à la loi Sherman de 1890, en vue d'autoriser les compagnies de chemins de fer à conclure des ententes sous certaines réserves ; une loi sur la circulation fiduciaire, pour donner à celle-ci une plus grande élasticité ; une loi sur les accidents du travail, dans le domaine du pouvoir fédéral ; l'adoption du principe d'une enquête obligatoire par le gouvernement fédéral dans les conflits importants entre patrons et ouvriers etc. Le peu de hâte du Congrès à satisfaire les désirs du président amena l'envoi d'un nouveau message le 30 janvier, puis de deux autres, le 25 mars et le 27 avril. L'insistance du président n'eut d'ailleurs pas raison de l'apathie du Congrès et surtout de la volonté arrêtée du speaker, M. Cannon, qui s'est toujours montré hostile aux mesures souvent d'allures radicales proposées par M. Roosevelt, de ne faire à cette session qu'une besogne modeste. La seule mesure importante adoptée par le Congrès est la loi Vreeland-Aldrich, qui autorise l'émission, dans les périodes de resserrement monétaire, par des associations composées d'au moins dix banques nationales chacune, de billets d'un caractère provisoire, garantis, sous des conditions spéciales, par des titres et le portefeuille commercial des banques. Le président avait demandé le vote de crédits suffisants pour la construction de quatre cuirassés du type le plus récent ; il fit même de cette question l'objet d'un message spécial, le 14 avril. Mais le Congrès, insensible à ses objurgations, ne vota qu'un crédit de 10 millions de dollars, pour deux cuirassés seulement.

Les membres du Congrès ne portaient que peu d'intérêt à leurs travaux législatifs. Dès le mois de novembre, les intrigues avaient commencé au sein même des partis, entre les factions rivales, accaparant l'activité des chefs, pour assurer le triomphe de leur favori. Ces intrigues ont dominé la vie politique jusqu'au mois de juin, où les conventions nationales, par l'adoption du programme et l'élection des candidats, ont ouvert la seconde partie, la partie publique et bruyante de la campagne, qui se terminera le 3 novembre par l'élection des électeurs présidentiels, élection qui équivaut, on le sait, par suite de la pratique du mandat impératif donné à ceux-ci, au choix même du futur président.

II

Depuis que M. Roosevelt a été appelé à la présidence des États-Unis, sa personnalité domine le parti républicain. La lutte fort vive qu'il a menée contre les trusts, la position qu'il a prise en faveur des mesures radicales, dans les nombreuses questions qui sollicitent l'opinion publique, lui ont acquis une popularité considérable auprès des masses. Il a soulevé contre lui, il est vrai, les magnats de la finance et de l'industrie, qui lui reprochent sa politique bruyante, ses discours, dont l'allure et le ton sont souvent bien plus d'un politicien fougueux que d'un homme d'État. Et sa conduite est l'objet des plus acerbes critiques à New-York, où les hommes d'affaires l'accusent d'avoir, par ses discours virulents, précipité et aggravé la crise récente. En dépit de cette hostilité, cependant, la candidature de M. Roosevelt se serait imposée à son parti, si elle ne s'était heurtée à la tradition qui veut qu'un président ne reste pas en fonctions plus de deux termes consécutifs. Ses partisans, il est vrai, faisaient remarquer que la première période de trois ans et demi de présidence accomplis par M. Roosevelt n'était que l'achèvement du terme de M. Mac Kinley, à qui il avait été inopinément appelé à succéder, par l'assassinat de celui-ci. Ainsi, la présidence personnelle de M. Roosevelt n'a commencé qu'en 1905 : sa réélection en 1908 ne violerait donc pas la tradition. Mais cette argumentation spécieuse se heurtait à l'engagement formel pris par M. Roosevelt lui-même au lendemain de l'élection de 1904, de n'être « dans aucune circonstance » candidat aux fonctions présidentielles à l'expiration de cette période.

La décision de M. Roosevelt de ne pas se présenter aux suffrages de son parti en 1908 ouvrit la porte aux intrigues et aux compétitions. Dans ces dernières années, deux courants se sont dessinés dans le parti républicain : un courant conservateur, qui groupe les représentants des gros intérêts industriels et financiers, les bailleurs de fonds du parti, depuis plus de vingt ans, adversaires résolus des mesures que M. Roosevelt a imposées au parti ces dernières années, et un courant radical qui représente les aspirations des masses

ouvrières des régions industrielles de l'est et du centre-nord, et de
populations agricoles de l'ouest. Chacune de ces factions rivale
s'efforça de trouver le candidat qui lui permettrait d'assurer s
suprématie. Les adversaires de M. Roosevelt mirent en avant le
noms de MM. Cannon et Fairbanks. L'honorable Joseph J. Canno
est une des figures les plus connues du monde parlementaire amér
cain. Membre de la Chambre des représentants, où il siège por
l'état d'Illinois, il en est speaker depuis 1903 : il a dirigé les tra
vaux des 58ᵉ et 59ᵉ Congrès, et, en novembre dernier, le 60ᵉ l'a d
nouveau appelé à ces fonctions. Le speaker est la cheville ouvrière
le moteur du Congrès. Il peut opposer avec succès son autoril
à celle du président. M. Cannon a contrecarré souvent les désirs d
M. Roosevelt, et il est l'auteur responsable de l'échec de plus d'u
projet cher à celui-ci. Il est le chef du groupe des conservateul
dans le parti républicain. Malheureusement, le speaker avait conti
lui son grand âge : il a soixante-douze ans, et le peuple américai
appréhende confier à un vétéran les lourdes et fatiguantes fonctior
de la présidence. M. Charles Warren Fairbanks, élu vice-présidei
des États-Unis en 1904, âgé de cinquante-six ans seulement, sen
blait un meilleur candidat ; sa sympathie pour les mesures modéré
lui avait rendu favorables les représentants des trusts et des fina
ciers, tandis que sa fortune lui permettait d'organiser les forc
nécessaires pour préparer le succès de sa candidature.

Les candidats étaient plus nombreux dans l'aile radicale du par
Deux d'entre eux, MM. Knox et Cortelyou, furent assez vite écarté
Le sénateur Knox, qui représente au Sénat la Pensylvanie, a été atto
ney-général dans le cabinet de M. Roosevelt, pendant sa premiè
présidence; il a préparé en cette qualité les mesures législativ
contre les trusts, et poursuivi vivement ceux-ci devant les tribuna
Mais M. Knox avait une tare, qui devait le rendre suspect à be
coup de gens : avant de poursuivre les trusts au nom du gouver
ment fédéral, il avait été le conseil de quelques-uns des plus impc
tants. La carrière de M. Cortelyou peut être prise comme exemj
du libre accès des fonctions publiques aux États-Unis : simple stér
graphe dans le personnel du secrétariat de M. Mac Kinley, celui
l'appela à remplir les fonctions de secrétaire à la Maison-Blancl
que lui conserva M. Roosevelt. En 1903, lors de la création du min
tère du Commerce et du Travail, il en fut nommé titulaire; deux a
plus tard il devenait ministre des Postes; enfin, en 1907, le min
tère des Finances, le second en importance, lui était confié. S

étroite intimité avec M. Roosevelt, son influence sur les nombreux agents des postes et du trésor répartis sur tout le pays, merveilleuse armée d'agents électoraux, lui donnaient des chances de succès. Mais, malgré son ascension rapide et ses fonctions actuelles, M. Cortelyou ne tient pas encore les grands rôles dans le parti républicain. La candidature de M. Hughes parut pendant un certain temps avoir de sérieuses chances de succès. M. Hughes est un personnage nouveau dans le monde politique. La façon courageuse et habile dont il a dirigé en 1905 la fameuse enquête sur les Compagnies d'assurances sur la vie, qui révéla de graves désordres et fit apparaître une fois de plus au grand jour les rapports étroits entre la haute finance et les politiciens lui a valu une grande popularité. C'est à elle qu'il doit son élection comme gouverneur de l'état de New-York en 1906, et plusieurs de ses prédécesseurs, entre autres M. Cleveland et M. Roosevelt, sont allés d'Albany à la Maison-Blanche. Depuis qu'il est gouverneur, M. Hughes a vu encore augmenter sa popularité : sa conduite a toujours été dictée par le souci des intérêts généraux, et il a réduit à merci les « bosses » de son parti, qui lui disputaient le pouvoir. M. Hughes, malgré son entrée récente dans la politique, eût donc pu faire un bon candidat, mais il s'est heurté presque dès son entrée en fonctions à M. Roosevelt, dont il ne goûte pas l'allure autoritaire et volontiers bruyante. Ce désaccord lui a enlevé l'appui de l'administration.

Dès le début des intrigues pour le choix du candidat, le président désigna nettement l'homme à qui allaient ses préférences. Son favori était M. William H. Taft, qui a dans son cabinet le portefeuille de la Guerre. Ce choix était excellent, et la carrière de M. Taft l'a admirablement préparé aux hautes fonctions qu'il ambitionne. La première partie de sa vie s'est écoulée dans la magistrature. En 1887, à vingt-neuf ans, il était nommé juge à la Cour supérieure de l'état d'Ohio; trois ans après, le président Harrison le nommait solicitor général des États-Unis; et, en 1892, il retournait à Cincinnati comme membre de la Cour fédérale de circuit. C'est dans ces fonctions que le président Mac Kinley alla le chercher en 1900, pour faire de lui le premier gouverneur civil des Philippines. Puis, lorsque, après quatre années d'un labeur considérable, ressentant les atteintes de ce climat tropical, il dut songer à rentrer aux États-Unis, le président Roosevelt lui confia le ministère de la Guerre, qui a dans ses attributions l'administration des Philippines. M. Taft acquit bientôt dans le cabinet une situation prédominante, éclipsant même le secrétaire d'État, M. Elihu Root, homme d'une grande valeur, mais moins remuant, et dont les qualités d'esprit ne sympathisent pas autant avec celles du président.

La candidature de M. Taft rencontra une vive opposition de la part de la fraction conservatrice de son parti. Son adhésion déclarée aux idées défendues par le président le rendaient suspect aux « intérêts », et ceux-ci firent de leur mieux pour se débarrasser de ce candidat gênant. On se servit surtout pour le rendre impopulaire de l'affectation même avec laquelle M. Roosevelt le désignait comme le seul homme qu'il jugeât digne de lui succéder. Le « big stick » allait-il se transmettre comme un sceptre? le président pourrait-il imposer au pays son successeur? Ces critiques causèrent quelques embarras à M. Taft, mais il avait à sa disposition le puissant avantage que donne le « patronage » présidentiel, et, à mesure qu'approchait la Convention nationale, l'opposition paraissait désorganisée, incapable de s'entendre sur une candidature commune.

La Convention s'ouvrit à Chicago, le 16 juin. Elle ne témoigna pas le mouvement et l'exhubérance ordinaires de ces réunions. Elle n'allait remplir que le rôle de chambre d'enregistrement. La partie était jouée d'avance : l'autorité de M. Roosevelt dominait le parti républicain : il avait imposé son candidat et le programme électoral sur lequel devait se livrer la campagne. Les « alliés » s'étaient inclinés devant la certitude que si l'élection de M. Taft semblait en danger, M. Roosevelt était décidé à laisser mettre son nom en avant. De Roosevelt ou de Taft, le second leur paraissait préférable, ainsi qu'aux financiers eux-mêmes, qui pensaient que, même en suivant la politique de son prédécesseur, celui-ci l'appliquerait de manière moins brutale, et que, somme toute, l'on pourrait au moins causer avec lui. Un seul souci inquiétait les chefs : empêcher que la Convention, dans un mouvement impulsif, ne se laissât entraîner à acclamer pour candidat M. Roosevelt lui-même. Le sénateur Henry Cabot Lodge, de Massachusetts, ami personnel de M. Roosevelt, fut choisi comme président permanent de la Convention. Le 18, eut lieu le vote pour le candidat à la présidence. Au premier tour, M. Taft reçut 702 votes. Le nombre des délégués étant de 992, il avait beaucoup plus que la majorité exigée. 63 votes allèrent au gouverneur Hughes; 61 au speaker Cannon; 40 à M. Fairbanks; 25 au sénateur La Follette; 15 au sénateur Foraker, et 3 à M. Roosevelt. Aussitôt le résultat du vote connu, le président proposa d'élire M. Taft à l'unanimité, ce qui fut accepté avec enthousiasme. Le lendemain, la

Convention choisit le candidat à la vice-présidence. Au premier tour, M. Jamess Sherman, membre de la Chambre des représentants pour l'État de New-York reçut 816 votes, et son élection fut faite aussitôt unanime.

Le programme adopté par la Convention débute par un éloge de l'administration de M. Roosevelt : « Dans cette ère merveilleuse du développement des États-Unis, le parti républicain a atteint au degré le plus élevé d'efficacité sous la conduite de Théodore Roosevelt. Son administration marquera une époque dans l'histoire américaine..... Nous déclarons notre adhésion sans réserve à la politique inaugurée par lui, et nous engageons à la continuer sous une administration républicaine. » Depuis deux ou trois ans, un mouvement assez fort s'est dessiné en faveur d'une atténuation des droits de douane dans l'ouest, et même dans les états industriels de l'est. Le parti républicain s'engage à convoquer le Congrès en session spéciale aussitôt après l'inauguration du futur président pour procéder à une revision du tarif. Il se prononce en faveur du double tarif, maximum et minimum, ce dernier devant représenter la protection normale nécessaire « non seulement pour conserver, sans des droits excessifs, la sécurité contre la concurrence étrangère à laquelle les industriels, agriculteurs et producteurs américains ont droit, mais aussi pour maintenir le niveau élevé de vie des salariés de ce pays, qui sont les bénéficiaires les plus directs du système protecteur ». En ce qui concerne les trusts, le programme reconnaît la nécessité d'amender la loi Sherman de 1890 — anti-trust law — de façon à donner au gouvernement fédéral un pouvoir plus étendu de contrôle sur « cette classe de corporations engagées dans le commerce entre états, qui ont le pouvoir et les moyens de créer des monopoles », et d'assurer une plus grande publicité concernant les actes de ces sociétés. Un article spécial est consacré aux chemins de fer, dont la réglementation a retenu longuement ces dernières années l'attention des législateurs américains. La convention se prononce en faveur d'un amendement à la loi de 1887 sur le commerce entre états, pour autoriser les ententes entre compagnies, actuellement interdites, sous réserve de l'approbation de l'Interstate commerce commission et du « maintien du principe de la concurrence entre les compagnies dont les lignes sont des concurrentes naturelles ».

La convention a approuvé la loi récente Aldrich-Vreeland, sur la circulation fiduciaire, et s'est déclarée favorable à une législation

permanente sur cette matière, qui répondra aux besoins accrus du
pays et restera basée sur la doctrine républicaine de l'étalon d'or.
Elle a demandé l'établissement d'un système de caisse d'épargne
postale, l'encouragement à la marine marchande, l'augmentation
des pensions aux vétérans des guerres de la république, l'admission
immédiate comme états séparés des territoires de New-Mexico et
d'Arizona, etc. Un article spécial du programme est consacré aux
droits des nègres : le parti républicain, une fois de plus, demande
l'application des 13e, 14e et 15e amendements à la Constitution fédérale, votés au lendemain de la guerre de sécession pour la protection
des noirs; mais ce n'est là qu'un article platonique : il en sera de cette
protestation comme de celles antérieures contre les mesures adoptées
par les États du sud pour retirer le droit de vote aux nègres, aucune
suite ne lui sera donnée.

Un seul article du programme donna lieu à une longue controverse dans le comité des résolutions : c'est celui relatif au droit
d'usage par les tribunaux fédéraux de la procédure d'injonction
dans les conflits du travail. L'Association des manufacturiers, le
représentant le plus autorisé des intérêts patronaux, qui a pris une
attitude d'opposition décidée contre les unions ouvrières, demandait
que ce sujet ne figurât pas dans le programme. La Fédération américaine du travail, organe des syndicats ouvriers, voulait imposer, au
contraire, une rédaction radicale pour cet article. Son président,
M. Samuel Gompers, menaça même les chefs du parti républicain,
au cas où satisfaction ne serait pas donnée à la Fédération, d'une
désertion des votes ouvriers, qui pourraient aller au parti démocrate.
Cette procédure, est, en effet, susceptible d'abus, et M. Roosevelt a
demandé, sans succès à plusieurs reprises au Congrès de voter une
loi pour en réglementer l'usage. Un article ayant cet objet en vue
avait été inséré dans le programme original. Après un vif débat au
sein du Comité, il fut décidé d'en accentuer quelque peu le ton, sans
cependant donner satisfaction complète à M. Gompers. L'article
adopté reconnaît l'utilité d'une loi réglementant l'usage de la procédure d'injonction, et ajoute que « aucune injonction ou ordre res-
trictif temporaire ne devrait être émis sans avis préalable, excepté
dans le cas où un délai entraînerait un dommage irréparable, et
alors, un débat devrait avoir lieu aussitôt que possible devant un
tribunal. »

Une question importante, relative à la base de la représentation
aux conventions nationales du parti, a été agitée à Chicago. Suivant

les règles actuelles, adoptées par les deux parties, chaque état
envoie à la Convention un nombre de délégués égal au double de
celui des sénateurs et représentants qu'il envoie au Congrès. Cette
pratique n'offre pas de grave inconvénient pour le parti démocrate,
qui a des ramifications solidement établies dans toutes les fractions
de l'Union. Il en est autrement pour le parti républicain. L'attitude
prise par ce dernier en faveur des nègres libérés de l'esclavage,
auxquels il a fait octroyer, au lendemain de la guerre de sécession, les
droits politiques, lui a rendu hostile la population blanche du sud,
et, dans ces états où les blancs, en dépit de la Constitution fédérale,
tiennent les noirs éloignés des urnes électorales, le parti républicain
n'a qu'une existence artificielle. Aussi le choix des délégués de ces
états, qui réunissent le quart de l'ensemble des voix de la Convention, donne toujours lieu au début de la campagne présidentielle à
une vive campagne, qui n'est pas toujours sans scandale, entre les
factions rivales du parti. On a espéré un moment que la Convention
de Chicago déciderait que la représentation aux conventions futures
aurait pour base le nombre des votes donnés à l'élection nationale
précédente au candidat républicain. Cette sage proposition s'est
heurtée aux appréhensions des directeurs de la campagne pour
M. Taft : s'étant rendu favorables les délégués du sud, ils ont
redouté, s'ils s'associaient à cette mesure, de jeter un discrédit sur
leur candidat.

III

La parti démocrate, au contraire du parti républicain, avait
pénurie de candidats. Ce parti n'a éprouvé, depuis 1892, que des
défaites continuelles. Son harmonie a été troublée à partir de cette
date par l'entrée dans son sein d'un élément radical, ayant sa
base dans le centre-ouest et l'ouest, et qui a réussi rapidement à y
prendre la prédominance. En 1896 et en 1900, le parti, dominé par
cet élément, choisit pour candidat M. William J. Bryan, de
Nebraska, et livra la bataille sur la question monétaire, défendant
le principe du double étalon, or et argent. Deux défaites successives
permirent aux modérés, en 1904, de se faire entendre de nouveau
et à la Convention nationale de cette année, ils firent choisir comme
candidat à la présidence le juge Parker, de New-York, mais celui-ci
ne put avoir raison de la popularité croissante de M. Roosevelt et
éviter une troisième défaite à son parti. Grâce à cet échec les radi-

caux reprirent leur influence. Aucun homme nouveau n'étant apparu depuis douze ans dans le parti, capable d'en prendre la direction, c'est vers M. Bryan que se tournèrent derechef les regards.

Un seul homme aurait pu, peut-être, lui disputer cet honneur : M. John Johnson, gouverneur du Minnesota. D'origine scandinave, il est, dit-on, l'homme le plus populaire aujourd'hui dans le nord-ouest. En 1904, il réussit à se faire élire gouverneur de son état, bien que celui-ci donnât régulièrement la majorité aux républicains, et en 1906 il était réélu avec une majorité accrue. Malheureusement pour M. Johnson, sa renommée était trop locale pour lui permettre de devenir un bon candidat présidentiel. La candidature du juge George Gray, de l'état de Delaware, lancée par les modérés, ne présentait aucune chance de succès : c'est dans l'ouest que les démocrates entendaient livrer la lutte principale ; c'est un homme de cette région qu'il fallait au parti comme porte-drapeau. M. Bryan se trouvait ainsi le candidat nécessaire du parti en 1908. Dans l'ouest, sa popularité n'est balancée que par celle de M. Roosevelt; et, dans l'est, le radicalisme de ce dernier a eu pour résultat de faire paraître le sien moins redoutable. Sa candidature rencontrait, il est vrai, quelque résistance chez les démocrates de l'est, qui forment l'aile modérée du parti. M. Bryan, homme de l'ouest par ses origines et ses sentiments, n'a pu réussir, malgré quelque atténuation dans son langage et ses idées, à leur inspirer confiance. Ils le considèrent comme un orateur trop enclin à se laisser duper par ses propres paroles, et peu apte, n'ayant exercé aucune fonction publique exécutive, à remplir efficacement la plus haute magistrature du pays. M. Bryan a siégé de 1891 à 1895 au Congrès fédéral, comme représentant du Nebraska : ce sont les seules fonctions publiques qu'il a exercées jusqu'ici. Depuis lors, le candidat malheureux de 1896 et de 1900 a tiré ses revenus du journalisme : après son second échec, il a créé un journal hebdomadaire, *The Commoner*, pour défendre ses idées, et des conférences nombreuses que lui demandent les sociétés privées et les universités. Malgré leur répugnance, les modérés durent accepter, faute d'adversaire capable de lui être opposé, la nomination de M. Bryan. Et celui-ci, sentant sa puissance, déclara qu'il n'accepterait la candidature qu'à la condition de voir accepter sans réticence les principes qu'il défend. Ainsi, tandis que la popularité de M. Roosevelt lui permettait d'imposer sa volonté aux chefs des diverses factions du parti républicain et de diriger les travaux de la Convention nationale de son parti, l'absence de com-

pétiteur sérieux plaçait M. Bryan dans une situation analogue à
l'égard du parti démocrate.

La Convention nationale de ce parti se réunit à Denver le 7 juillet.
La présidence en fut confiée à M. Henry D. Clayton, représentant au
Congrès de l'Alabama. L'élection du candidat se fit le 10 juillet : le
juge Gray obtint 59 votes 1/2; le gouverneur Johnson, 46; et
M. William J. Bryan, 892 1/2, près des 9/10 du total des votes, au
premier tour. Sur la proposition du président, le choix de ce dernier
fut aussitôt proclamé à l'unanimité. L'assemblée élit ensuite comme
candidat à la vice-présidence, par acclamation, M. John W. Kern,
d'Indiana, très populaire dans son état, dont les tendances politiques
sont douteuses, et qui n'a dans sa législature qu'une faible majorité
républicaine.

Le programme voté par la Convention est d'allure franchement
radicale. Il débute, naturellement, comme celui de tout parti dans
l'opposition, par une critique des actes du parti au pouvoir. Rappelant les enquêtes récentes qui ont rendu publiques l'action des
grandes sociétés financières sur la politique, il déclare que « la
conscience de la nation, éveillée maintenant, est décidée à libérer
le gouvernement de l'étreinte de ceux qui ont lié partie avec les
sociétés mendiantes de faveurs.... Le peuple gouvernera-t-il? c'est
la question qui domine aujourd'hui toutes les autres. » Le tarif, les
trusts et la réglementation des chemins de fer tiennent dans la plateforme démocrate autant de place que dans la plateforme républicaine. En ce qui concerne le tarif, les démocrates se prononcent en
faveur « d'une revision immédiate par la réduction des droits d'importation. Les articles importés qui font concurrence aux produits
contrôlés par des trusts seront placés dans la liste des articles admis
en franchise, et une réduction matérielle sera effectuée sur les objets
de première nécessité, en particulier sur les articles concurrençant
les produits américains qui sont vendus meilleur marché à l'étranger
que sur notre propre marché; et une réduction graduelle sera faite
dans les autres cédules où elle peut être nécessaire, pour ramener
le tarif dans les limites d'un tarif fiscal ». Pour arrêter le développement des trusts et limiter leur puissance économique, le programme
démocrate préconise la création d'une license fédérale, idée chère à
M. Roosevelt, qui a vainement tenté de la faire accepter par le Congrès. Cette licence serait imposée à toute société manufacturière ou
commerciale engagée dans le commerce entre États, et contrôlant
25 p. 0/0 de la totalité des articles objets de ses opérations; en

outre, aucune société ne serait autorisée à exploiter ou dominer plus de 50 p. 0/0 de ces articles. Relativement aux chemins de fer, les démocrates réclament l'extension des pouvoirs de l'Interstate commerce Commission, en particulier le droit d'initiative à l'égard des tarifs de transports, et le pouvoir de déclarer un tarif illégal et supérieur au prix équitable qui devrait être demandé pour un service rendu. Ils recommandent également, en vue d'établir une base pour la fixation de ces tarifs, une expertise par l'Interstate commerce Commission de la valeur de l'actif des compagnies, cette évaluation devant tenir compte de la valeur physique de la propriété, du coût de construction et de tous les éléments nécessaires pour faire une évaluation équitable.

Une proposition originale concernant le commerce de banque est l'engagement de faire voter une loi obligeant les banques nationales à constituer un fonds de garantie pour le prompt remboursement des déposants des banques insolvables. Ce système de garantie a été inauguré il y a un an par l'Oklahoma et semble rencontrer une grande faveur parmi les populations de l'ouest.

M. Gompers, n'ayant pas trouvé suffisantes les concessions faites à ses demandes par le parti républicain relativement aux atténuations à apporter à l'usage de la procédure d'injonction, se rendit à Denver, espérant obtenir davantage des démocrates par la promesse de l'appui de la fédération du travail dans la campagne électorale. Il reçut ici un meilleur accueil, et l'article relatif aux injonctions fut libellé dans des termes plus conformes à ses désirs, sans cependant lui donner encore complète satisfaction : « Nous trouvons, dit le programme, que toutes les parties à une procédure judiciaire doivent être traitées avec une rigide impartialité, et que les injonctions ne doivent pas être rendues dans des cas où elles ne la seraient pas si aucune querelle industrielle n'existait ».

Parmi les autres articles du programme, les plus intéressants sont ceux qui ont trait à l'élection populaire des sénateurs des États-Unis ; la création d'un impôt fédéral sur le revenu ; l'approbation de l'admission des territoires de New-Mexico et d'Arizona comme états séparés ; l'opposition à l'admission des immigrants asiatiques. Parlant des Philippines, le programme républicain se borne à dire : « L'éducation et l'expérience développent les aptitudes du peuple au gouvernement, la politique de Mac Kinley et de Roosevelt conduit les habitants étape par étape vers un home-rule de plus en plus étendu ». Le programme démocrate témoigne plus de hâte vers une solution plus radicale : « Nous sommes en faveur d'une déclaration immédiate de l'intention du pays de reconnaître l'indépendance des îles Philippines aussitôt qu'un gouvernement stable sera constitué, cette indépendance devant être garantie comme nous garantissons l'indépendance de Cuba, jusqu'à ce que la neutralisation des îles puisse être assurée au moyen de traités avec les autres puissances. En reconnaissant l'indépendance des Philippines, notre gouvernement retiendra le territoire jugé nécessaire pour les stations de charbon et les bases navales. »

IV

A côté des deux grands partis politiques qui se disputent le pouvoir, et dont la lutte accapare presque entière l'attention du public pendant la campagne, les partis secondaires n'ont qu'une clientèle modeste, ils tiennent cependant à faire figure de partis nationaux et présentent des candidats aux fonctions de président et de vice-président de l'Union. Ces partis jouent quelque peu le rôle de missionnaires. Les grands partis ne peuvent accueillir, sous peine d'effaroucher la masse de leur clientèle, que des idées qui ont fait déjà leur chemin dans le monde. Les partis secondaires se font les défenseurs de ces idées nouvelles : si le public les adopte, elles finissent par figurer dans le programme de l'un des grands partis, que parfois elles modifient et transforment profondément.

Le parti populiste, créé en 1890 sous la pression du mouvement radical alors naissant dans la population de l'ouest, combattit vigoureusement en 1892 et 1896; mais à cette époque les démocrates acceptèrent la plupart des idées qui le caractérisaient. Déserté par la presque totalité de ses membres, il ne mène plus qu'une vie sans éclat, n'ayant gardé de son programme original que les idées les plus avancées, incapables de lui assurer une importante clientèle. A sa convention nationale, tenue à Saint-Louis le 2 avril, le parti s'est prononcé une fois encore en faveur de l'émission directe par le gouvernement de la monnaie de papier, sans avoir recours à l'intermédiaire des banques et en faveur de la nationalisation des chemins de fer et de tous les services publics qui revêtent le caractère de monopoles. La convention a élu pour candidat à la présidence M. Thomas E. Watson, de Georgie, et pour candidat à la vice-présidence M. Samuel W. Williams, d'Indiana.

Le parti socialiste est, des partis secondaires, celui qui a fait dans ces dernières années les progrès les plus rapides. En 1900, son candidat ne recueillait que 90 000 votes, mais en 1904 il en recevait plus de 400 000. Depuis, une propagande incessante, l'extension de son organisation, ont augmenté beaucoup son influence. Il possède aujourd'hui environ 3 000 comités locaux, auxquels sont affiliés une quarantaine de mille membres, dont les contributions régulières lui assurent un revenu de 120 000 dollars. La presse du parti compte une centaine de journaux hebdomadaires, et un périodique mensuel, le *Wilshire's Magazine*, qui a une circulation de 400 000 numéros ; en outre, plusieurs journaux des syndicats ouvriers soutiennent ouvertement le parti. Un certain nombre de socialistes ont déjà forcé l'entrée des conseils municipaux et de quelques législatures d'États. A la convention tenue à Chicago du 11 au 17 mai figuraient des représentants de tous les États. Les principaux articles de son programme demandent : l'appropriation collective des chemins de fer, télégraphes, téléphones, lignes de navigation et tous autres moyens de transport et de communication sociaux, ainsi que de la terre, et de toutes les industries dont le développement a un caractère national et dans lesquelles la concurrence a virtuellement cessé d'exister; l'extension du domaine public de manière à englober les usines, carrières, puits à pétrole, forêts et chutes d'eau. Ce sont là des demandes générales, mais à leur suite vient un programme pratique, qui groupe un certain nombre de revendications susceptibles de réalisation plus prochaine. Ce sont, dans l'ordre économique, des mesures en vue d'améliorer la condition des travailleurs : par la réduction de la journée de travail proportionnellement à la productivité accrue de l'outillage mécanique ; l'octroi d'un repos minimum de 1 jour 1/2 chaque semaine; une inspection plus sérieuse des ateliers et usines; l'interdiction de faire travailler les enfants de moins de seize ans. Au point de vue politique, le parti demande : l'extension des droits de succession, gradués en proportion de la valeur des legs et du degré de parenté; la création d'un impôt fédéral progressif sur le revenu; le suffrage universel, sans distinction d'aucune sorte pour les deux sexes; le droit d'initiative et de référendum, la représentation proportionnelle; l'abolition du Sénat fédéral; l'abolition du pouvoir usurpé par la Cour suprême des États-Unis de statuer sur la constitutionnalité des lois votées par le Congrès; l'abolition du droit de *veto* donné au Président des États-Unis par la Constitution fédérale, etc. La convention a choisi comme candidat à la présidence M. Eugène V. Debs, d'Indiana. C'est un homme de cinquante-trois ans, doué de réelles qualités d'orateur. Ancien chauffeur de chemin de fer, il fut, de 1880 à 1893, grand secrétaire de la Fraternité des chauffeurs de locomotives; aujourd'hui, il se consacre à la propagation des doctrines socialistes. Le candidat à la vice-présidence est M. Ben Hanford, de New-York, depuis vingt-huit ans membre de l'Union des typographes.

Le parti socialiste ouvrier, bien qu'il ait tenu, le 5 juillet, une convention nationale à New-York, n'a qu'une minime importance; la trentaine de délégués composant la convention ne représentaient que douze états. Il ne se caractérise que par sa haine à l'égard du parti socialiste propre, et ses exagérations. Son programme affirme « le droit inaliénable de l'homme à la vie, la liberté et la recherche du bonheur », et demande « la reddition sans condition de la classe capitaliste ». La convention a élu pour candidat à la présidence Martin R. Preston, qui n'a pas encore l'âge d'éligibilité et subit en ce moment, dans le Canada, une condamnation à vingt-cinq ans de prison, pour avoir tué dans une querelle, il y a environ trois ans, un restaurateur, alors qu'il était de faction pour faire respecter le boycott prononcé par le syndicat ouvrier contre la maison de celui-ci. C'est une ridicule et maladroite manifestation.

Le parti prohibitionniste est le plus ancien des partis secondaires. Il a été créé en 1872, mais le but limité qu'il poursuit l'a toujours maintenu à l'arrière-plan. Toutefois, ce but même lui a permis de conserver une clientèle fidèle. Son ennemi est l'alcool, et dans son programme, le plus court de tous : il ne se compose que de 14 articles d'une brève rédaction, le principal article demande la présentation par le Congrès aux États d'un amendement à la Constitution fédérale pour prohiber la fabrication, la vente, l'importation, l'exportation, ou le transport des liqueurs alcooliques destinées à la boisson. A la dernière élection présidentielle, le candidat du parti n'avait reçu que 250 000 votes. Mais, depuis deux ans, un mouvement vigoureux s'est développé contre l'alcool, en particulier dans les états de l'ouest et du sud, et il est possible que les prohibitionnistes voient augmenter sensiblement, cette année, leur clientèle. La Convention nationale qui s'est tenue à Columbus (Ohio) le 15 et 16 juillet a élu pour candidat à la présidence M. Eugene Wilder Chaffin, d'Illinois, et pour la vice-présidence, M. Aaron S. Watkins, d'Ohio.

L'année 1908 a vu naître un nouveau parti politique : le parti national indépendant. Il a eu pour créateur et parrain M. William Randolph Hearst, le propriétaire de la plus grande entreprise de presse qui ait jamais existé. M. Hearst, le roi de la presse jaune américaine, possède aujourd'hui neuf quotidiens, à New-York, Boston, Chicago, Los Angeles, et plusieurs magazines. En 1905, il se porta candidat à la mairie de New-York, et il ne s'en fallut que de quelques centaines de votes qu'il fût élu; l'année suivante, il se présenta comme candidat aux fonctions de gouverneur de l'état de New-York : malgré son alliance avec Charles F. Murphy, le chef de la célèbre association de Tammany, il fut battu par M. Hughes. Pour l'aider dans ses ambitions politiques, il a fondé en 1905 la « Ligue indépendante », qui se donne comme but de détruire l'influence des « bosses » dans les partis politiques, pour assurer aux électeurs la direction effective des partis, et de mettre le gouvernement à l'abri des influences corruptives des grandes corporations financières et industrielles. C'est pour défendre les mêmes idées que M. Hearst a créé le nouveau parti, rendu nécessaire suivant lui, par l'indifférence que témoigne le parti démocrate à l'égard des idées de réforme qu'il défendait autrefois. La Convention nationale réunie à Chicago le 28 juillet a choisi pour candidat à la présidence M. Thomas L. Hisgen, de Massachusetts, et pour candidat à la vice-présidence M. John Temple Graves, de Georgie.

V

Les programmes adoptés, les candidats élus par les conventions nationales témoignent de la généralisation du mouvement radical qui s'est développé dans le pays durant ces dernières années. A Chicago comme à Denver, l'élément conservateur a été réduit au silence par les éléments avancés des deux grands partis. Les abus exercés dans le domaine économique par les directeurs des trusts industriels et des grandes sociétés financières, les preuves rendues publiques au cours de diverses enquêtes des liens étroits existants entre les représentants des « affaires » et les politiciens, et de la main-mise sur ceux-ci par ceux-là ont ému profondément l'opinion publique. Une vive campagne d'agitation a été menée isolément, d'abord, dans les états pour vaincre l'autorité despotique des *bosses*. M. Roosevelt a donné à cette agitation un caractère national : le radicalisme actuel en est la suite logique. L'opinion demande la continuation de cette politique : M. Taft déclare sa fidélité au rooseveltisme, et M. Bryan se pose comme l'héritier naturel du président, à qui il a apporté plusieurs fois son appui moral pour faire réussir certaines mesures dont le caractère avancé soulevait les appréhensions de son propre parti.

Le territoire principal de la lutte sera cette année reporté dans les États situés à l'ouest du Mississipi. Ces états sont la forteresse du radicalisme. En 1896, lors de sa première campagne présidentielle, M. Bryan les avait enlevés, sauf trois, au parti républicain, mais la popularité de M. Roosevelt les a reconquis à ce parti. Cette année, la popularité de M. Bryan semble plus vive encore dans cette région, qu'il y a douze ans. Les 15 états de cette région, en exceptant les 3 états du Pacifique, ont dans le collège électoral présidentiel 95 votes; joints aux 133 votes des 12 états qui forment le « solid south democrat », ils assureraient à M. Bryan 228 votes. Ce serait insuffisant pour lui assurer la victoire : le vote électoral total est de 483, nécessitant pour le vainqueur la réunion de 242 votes. Pour compenser cette insuffisance, les démocrates s'efforceront de gagner à leur cause l'état de New-York, qui dispose de 39 votes, campagne dans laquelle ils ont l'alliance de Tammany. De leur côté, les républicains travailleront à conserver l'allégeance des états du centre-ouest, et à détacher des démocrates quelques états de l'ouest.

Le vote de la population ouvrière sera un facteur important dans le résultat final. M. Gompers, président de l'*American Federation of Labor*, qui groupe environ 2 millions de membres, mécontent de l'accueil fait à ses demandes par les républicains, satisfait au contraire de la façon dont les démocrates ont fait place dans leur programme aux revendications des ouvriers, a promis à M. Bryan les voix des syndiqués. Ce serait pour celui-ci un appoint considérable, susceptible de lui assurer la majorité dans plus d'un état douteux. Il reste à voir si M. Gompers, dont l'action a soulevé de vives critiques dans les milieux syndicaux, sera capable de tenir sa promesse.

La vote des nègres cause également d'assez sérieuses préoccupations au parti républicain. La population nègre, depuis qu'elle a reçu de ce parti le droit de vote, lui est restée fidèle. Dans le sud, il est vrai, la force, la persuasion morale et plus récemment des lois d'états empêchent ces électeurs d'approcher des urnes. Mais, dans les états du nord, ils exercent librement leur droit, et dans une demi-douzaine de ceux-ci, lorsque la campagne est vive et que les deux partis se serrent de près, le vote noir est capable d'assurer la victoire à celui qu'il favorise. Or, le brusque licenciement par M. Roosevelt, à la suite des troubles de Brownsville, d'un régiment

nègre jugé coupable des désordres, a causé dans la population noire
une fort mauvaise humeur contre le président et le secrétaire de la
Guerre. Certains des chefs de la population noire ont même déclaré
que, pour les punir, celle-ci ne voterait pas cette année pour le candidat républicain. L'impossibilité pour les démocrates, dont la forteresse est dans le sud, de donner satisfaction aux vœux des noirs
rend peu probable, il est vrai, l'accomplissement de cette menace.
Toutefois, M. Taft et les directeurs de sa campagne électorale se
sont efforcés de calmer les nègres et d'empêcher la désertion
menacée.

Le sentiment populaire, très vif depuis quelque temps contre la
corruption électorale et fort ému par les révélations récentes sur les
dépenses considérables faites depuis 1896 pour les élections présidentielles, grâce aux contributions des grandes sociétés financières
et industrielles et des personnages qui les dirigent, a amené cette
année les chefs des deux grands partis à prendre des mesures vainement réclamées jusqu'ici. Le 59ᵉ Congrès a voté (loi du 26 janvier 1907) une loi interdisant, sous peine d'une amende de 5,000 dollars, aux sociétés industrielles, commerciales et financières, de
verser des contributions à la caisse électorale des partis politiques
pour les élections fédérales. C'est une mesure insuffisante; pour la
compléter, la Chambre des représentants du 60ᵉ Congrès, avait
adopté, dans sa première session, un bill exigeant la publication
intégrale, par les comités des partis, des recettes et des dépenses
faites par eux pour les élections des membres du Congrès et du
président. Un état de ces comptes, affirmé exact sous serment,
devait être remis au clerk de la Chambre des représentants, entre
les quinze et dix derniers jours précédant l'élection, et un compte
définitif dans les trente jours la suivant. Ces comptes devaient
être tenus à la disposition du public. Certains amendements, insérés
dit-on à dessein dans le bill, servirent de prétexte au Sénat pour
en refuser le vote. Les démocrates insérèrent dans leur programme
un article dénonçant l'impuissance des républicains à faire voter
cette loi, et il s'engagèrent à assurer l'adoption d'une mesure législative exigeant la publication, avant les élections, des contributions
aux dépenses de la campagne électorale. Les républicains avaient
repoussé, à Chicago, l'insertion dans leur programme d'un article
de ce genre. Sous la pression de l'opinion, M. Taft, pour pallier cette
lacune, s'engagea à faire publier par son comité, après l'élection,
toutes les recettes et les dépenses de sa campagne. Renchérissant

sur lui, M. Bryan déclara aussitôt que son parti s'engageait à ne pas accepter de contributions des corporations, à n'accepter aucune contribution de plus de dix mille dollars, et à publier avant l'élection la liste des contributions de plus de cent dollars, et immédiatement après le compte de ses dépenses.

La campagne, commencée dans un calme profond, s'est continuée ainsi jusque vers la fin de septembre. A ce moment, M. Bryan est entré en lice : le candidat démocrate est le type accompli de l'orateur populaire, et il compte renouveler cette année ses prouesses de 1896 à 1900. Peu après, M. Taft, dérogeant à la nouvelle d'abord donnée qu'il ne quitterait pas Cincinnati, jugea nécessaire d'imiter son rival et d'aller haranguer les foules. Mais M. Taft est un mauvais orateur : sur ce terrain, il serait facilement battu. Pour le seconder, le comité national républicain a fait appel aux meilleurs orateurs du parti. Le gouverneur Hughes a été, dans l'ouest comme dans l'est, le plus applaudi. Malgré leurs efforts, les directeurs de la campagne n'ont pas réussi à éveiller l'enthousiasme des électeurs. Les trésoriers des comités se sont plaint du peu d'argent qui venait à leur caisse. Seule, l'entrée en scène de M. Roosevelt, dérogeant, comme il l'a fait tant de fois déjà, à tous les précédents, a créé quelque animation. Sa controverse avec M. Bryan, au sujet de la publication des recettes et des dépenses des fonds de campagne, sa lettre aux ouvriers et employés des chemins de fer, pour les mettre en garde contre les promesses décevantes de M. Bryan et de M. Gompers, ont fait sensation. Ces interventions témoignaient l'inquiétude des chefs du parti républicain. Dans les derniers jours de la campagne, la lutte s'est circonscrite dans les états douteux de Ohio, Indiana et Wisconsin, du centre-ouest, et surtout dans l'état de New-York qui, avec ses 39 votes, devait décider de la victoire.

L'élection du 3 novembre a été un nouveau triomphe pour les républicains. Un premier compte des votes électoraux en donnait 309 à M. Taft; tandis que M. Bryan n'en avait que 174. En outre, les républicains conserveront la majorité à la Chambre des représentants du 61ᵉ Congrès.

ACHILLE VIALLATE.

CHRONIQUE DE CHINE

(1907-1908)

I. *Chine* : *Réformes constitutionnelles. Les partis avancés. Affaire du Tatsou marou. Rachat des télégraphes. Chemins de fer. Mines. Missions religieuses. Les Chinois à l'étranger.* — II. *Mantchourie : La situation. Voie ferrée de Fa-khou-men. Le Kan-to (Kien-tao). Juridiction à Kharbin.*

I. — CHINE.

Réformes constitutionnelles. — Pendant les derniers mois de 1907 la question constitutionnelle est à peu près stagnante; plusieurs décrets des derniers jours de septembre[1] promettent une assemblée générale et des assemblées locales; la première *tseu-tcheng yuen* sera formée de ministres et présidée par le grand secrétaire Swen Kia-nai, elle devra étudier les bases du gouvernement parlementaire. Les assemblées locales seront composées en conformité de règles à préparer par les ministres de l'Instruction et de l'Intérieur; les vice-rois et gouverneurs désigneront les localités où l'on appliquera cette nouvelle forme de gouvernement pour y accoutumer le peuple. Des hommes de valeur et de bonne volonté seront choisis par les autorités pour expliquer au peuple ce qu'est une constitution et lui faire comprendre les intentions de l'Empereur, ces hommes seront récompensés selon leurs mérites, les spécialistes les plus marquants pourront, d'après la coutume antique, être présentés au Trône en vue d'obtenir des postes, décret du 19 octobre[2]. Les assemblées provinciales *tseu-yi kiu* sont instituées (19 octobre); les membres, choisis par les vice-rois et gouverneurs parmi les notables et hommes du peuple les plus intelligents et les plus intègres, donne-

1. *North China Herald*, 27 septembre 1907, p. 734, 4 octobre, p. 24.
2. *Ibid.*, 25 octobre 1907, pp. 222, 223.

ront des avis aux mandarins sur toutes les réformes à accomplir et
aideront à les mettre en pratique, les décisions les plus importantes
devant être préalablement soumises à l'approbation du Trône; à
l'avenir les membres de l'assemblée d'empire seront choisis parmi
ceux des assemblées provinciales[1]. Enfin un édit solennel du
25 décembre[2] répète la promesse d'une constitution : le peuple
doit se familiariser avec les procédés de l'élection, de la discussion
parlementaire, il doit se conformer aux règlements, mépriser les
fausses rumeurs dont les auteurs seront châtiés; par son attitude
et son intelligence des nouveaux principes il fixera lui-même
l'époque où la Cour mettra en usage le nouveau régime.

Vers cette époque répondant à l'appel du souverain les plus hauts
dignitaires de Péking se formèrent[3] sous la présidence du prince
de Khing en un comité-semi-officiel pour l'étude de l'organisation
parlementaire et d'autres questions gouvernementales; les vingt
membres de la nouvelle association, parmi lesquels on compte les
princes de Tchhwen et de Sou, les grands secrétaires Na-thong,
Swen Kia-nai, les conseillers impériaux Yuen Chi-khai, Tchang,
Tchi-tong, Thie-liang, Chi-siu, etc., sont en majorité des conservateurs : il est d'autant plus notable de les voir prendre en mains la
cause des réformes. Depuis la fin de 1906[4] il existait en plusieurs
villes de province des associations privées *tcheng-wen seu* formées
de notables, de commerçants, de mandarins et qui se réunissaient
pour étudier les questions politiques et administratives; elles ren-
seignaient les autorités et s'efforçaient de les aider dans la préparation des institutions nouvelles, elles correspondaient d'une ville à
l'autre et avaient des représentants à Péking; les décrets de l'automne 1907 invitant la population à participer aux réformes, le bon
accueil de la part des mandarins doublèrent l'activité des tcheng-
wen seu. Le mouvement en faveur de la prompte institution du parlement s'affirma rapidement pendant le printemps; des délégués
des dix-huit provinces, de Singapour, de Batavia, de Manille furent
envoyés en juin et juillet pour hâter la réforme; le gouvernement

1. Un bureau municipal a été fondé à Thien-tsin par le vice-roi Yuen le 29
août 1906 et s'est occupé d'instruction publique, de statistique, de questions
d'organisation; des séances de discussion étaient tenues. Le vice-roi avec
l'agrément du Trône a fait ainsi un premier essai de parlement local. (*North
China Herald*, 25 octobre 1907, p. 229.)
2. *Ibid.*, 10 janvier 1908, p. 83.
3. *Ibid.*, 20 décembre 1907, p. 721.
4. *Ibid.*, 29 août 1908, pp. 509, 535.

suivit l'opinion publique, réunit la commission spéciale des travaux constitutionnels et demanda l'avis des vice-rois et gouverneurs, puis des fonctionnaires provinciaux au-dessus du rang d'intendant : beaucoup de mandarins se prononcèrent pour ne pas retarder l'octroi d'une constitution, d'autres conseillèrent de fixer un délai de cinq, sept, voire vingt ans[1]. Toutefois l'ingérence des délégués semblant excessive, un décret du 10 août ordonna la dissolution des tcheng-wen seu, l'arrestation et la punition des membres[2].

Cependant l'organisation des assemblées provinciales avait été sanctionnée par l'Empereur[3] : le nombre des membres sera en raison de l'impôt foncier en grain et du nombre des licenciés fixé pour chaque session (Girin 30, Sin-kiang 30, Kwei-tchèou 39, Chan-tong 100, Kiang-sou 121, Tchi-li 140, etc., plus 20 ou 25 membres mantchous répartis dans les diverses assemblées d'après leur domicile) ; sont éligibles les gradués des écoles moyennes, les licenciés, les mandarins non en charge, les hommes qui pendant cinq ans se sont occupés d'instruction publique, les notables de toute qualification ayant un capital de 5 000 piastres ; toutes les mesures concernant l'intérêt général de l'Empire pourront être suspendues par le veto du vice-roi ou du gouverneur ; en pareil cas et chaque fois qu'il y aura désaccord entre l'autorité exécutive et l'assemblée, un conseil métropolitain tranchera le différend. L'assemblée d'empire émanera des assemblées provinciales, soit par une élection soumise à l'approbation des vice-rois et gouverneurs, soit par un choix fait par ceux-ci. Un décret du 22 juillet a fixé un délai d'un an, pour la préparation de tout ce qui concerne les assemblées provinciales. Il a de plus été décidé sur la proposition de Yuen Chi-khai qu'une école spéciale serait ouverte à Péking, où les jeunes gens des grandes familles mantchoues et chinoises étudieraient les principes du gouvernement parlementaire[4]. Un décret du 27 août[5] a sanctionné les principes constitutionnels qui ont été proposés par la commission : le souverain est inviolable, il détient le pouvoir total et l'exerce conformément à la constitution, les sujets ont des droits et des devoirs fixés par les lois ; de là se déduisent pour l'assemblée le droit

---

1. *North China Herald*, 20 juin, 4 juillet, 25 juillet, 1er août 1908, pp. 748, 749, 26, 27, 231, 292, 293.
2. *Ibid.*, 15 août, 29 août 1908, pp. 441, 509, 535.
3. *Ibid.*, 25 juillet, 1er août, 8 août 1908, pp. 230, 259, 292, 352.
4. *Ibid.*, 8 août 1908, p. 353.
5. *Ibid.*, 5 septembre 1908, pp. 599, 600 ; supplément spécial du *Pei-king ta thong ji pao*.

d'adresser des représentations aux ministres et aux agents exécutifs, le droit de coopérer à la confection des lois et de surveiller les mesures financières, aussi bien que la distinction des agents exécutifs et judiciaires; le rapport de la commission insiste sur l'idée que la Constitution est octroyée, que c'est la Constitution qui établit l'assemblée, bien loin que celle-ci fasse la Constitution : la Constitution doit donc être sagement mûrie et rester quasi immuable. Le même rapport a fixé année par année, exactement en 92 points, le détail des mesures qui seront prises dans l'Empire depuis 1908 jusqu'à 1916 date de la promulgation de la Constitution, et qui touchent à l'organisation des assemblées locales, provinciales, d'empire, à la rédaction et à la promulgation des codes, à la refonte du système des impôts, des traitements, des grades et dignités, à la publication des livres d'instruction, etc. Un programme si détaillé est puéril; les ennemis du gouvernement de Péking le déclarent destiné à jeter de la poudre aux yeux. Le reproche tombe partiellement à faux; il est probable que des hommes comme Yuen et Tchang sont convaincus, mais ils trouvent des résistances : et de là naissent les décisions successives et contradictoires de la Cour; il est évident toutefois que de tant d'études et de discussions il ne peut pas ne pas sortir des transformations importantes.

Les partis avancés. — Sitôt sortie des troubles de 1900 et des négociations de 1900-1901, la Cour, ayant orienté sa marche vers les réformes, a suivi cette voie non sans hésitations ni d'un pas égal, du moins constamment et sans retour marqué : on a noté quelques étapes dans la *Vie politique* publiée annuellement par les *Annales des Sciences politiques* depuis 1903. Avant 1900 ceux qui prônaient les réformes, les chefs, Khang Yeou-wei et Liang Khi-tchhao, les partisans avoués étaient traqués, exilés, mis à mort, beaucoup de commerçants, de notables, de mandarins taisaient leurs sentiments favorables aux réformateurs; depuis 1901 les amis de ceux-ci ont parlé, ils ont été nommés vice-rois, ministres, conseillers impériaux, ils sont dans la famille impériale même. Si Liang Khi-tchhao, qui, résidant au Japon, est devenu l'inspirateur du parti, si Khang Yeou-wei, passant de Hong-kong en Birmanie, puis au Mexique, sont encore à l'étranger, ce n'est plus pour leurs idées, mais en raison du ressentiment personnel de l'Impératrice douairière. Et, d'autre part, le *Chi-wou pao* de Chang-hai, organe de Liang Khi-tchhao, déclare à propos des premières enquêtes sur les constitutions : « La question de l'établissement d'une constitution est vraiment pour l'avenir de la Chine une question de vie ou de mort; les mandarins auront la force de réaliser les réformes... et si des hommes se fâchent contre les Mantchous, les mandarins avec leur force tenace détruiront l'opposition » [1]. Les progressistes dans le pays, exilés même, sont donc d'accord avec ceux qui sont aux affaires : corriger les abus, garder en général la forme de l'État tout en changeant et vivifiant quelques-uns de ses principes, maintenir la dynastie, tel est le programme.

Liang Khi-tchhao et ses journaux, à Tôkyô, Yokohama, Changhai, agirent profondément sur les étudiants si nombreux après 1900 ; ceux-ci se persuadèrent que leur science moderne leur conférait une mission politique, ils voulurent imposer leurs volontés au ministre de Chine à Tôkyô; plus tard ils jurèrent de défendre la Chine contre les Russes et envoyèrent des délégués à Yuen Chi-khai, au retour ils rapportèrent dans leur pays plus d'agitation d'esprit que de connaissances sérieuses [2]. Les uns se joignirent naturellement aux progressistes; les autres, plus impatients et moins instruits, trouvaient la réforme légale trop lente et superficielle. Les sociétés secrètes toujours existantes ont redoublé d'activité depuis une dizaine d'années : si les unes essaient simplement d'échapper à la tyrannie morale de l'État chinois, beaucoup sont ennemies de la dynastie mantchoue qui incarne présentement les principes de cet État; elles se réclament du sentiment national chinois persistant dans le sud, ressucité aujourd'hui, affirme-t-on, dans le nord : il y a quinze ans on n'en voyait pas trace au Tchi-li. De ces impulsions est né un parti révolutionnaire, qui, non moins qu'aux progressistes du gouvernement, s'oppose à Liang Khi-tchhao et à ses amis; divers faits l'ont montré, ainsi à une conférence en faveur de la Constitution donné à Tôkyô le 17 octobre [3], Liang Khi-tchhao, qui présidait, fut violemment pris à partie et eût été malmené sans l'intervention de la police. La divergence entre révolutionnaires et progressistes n'était pas si marquée au début; l'insurrection persistante du Kwang-si est l'œuvre des bandes locales et des sociétés secrètes, mais quand (mai 1903) le gouverneur fait mine de s'entendre avec les autorités françaises du Tonkin, ce sont les progressistes qui

1. A. Maybon, *La Politique chinoise*, p. 233 (1 vol. in 18, Paris, 1908).
2. Chronique, *Annales des Sciences politiques*, novembre 1905, novembre 1906, novembre 1907.
3. *Japan Mail*, 26 octobre 1907, p. 452.

protestent à Chang-hai[1]; lors du procès intenté aux journalistes du *Sou pao*[2], l'attitude des progressistes et révolutionnaires a été semblable. Depuis 1905, la scission des deux partis est complète; le 15 octobre, à la gare de Péking, quand allait partir la commission chargée d'étudier les constitutions étrangères, une bombe fut lancée par un révolutionnaire, Wou Yué, tua quatre hommes, en blessa davantage. Le testament politique de Wou Yué a paru dans le *Min pao*, le journal révolutionnaire; il peut se résumer en quelques points : jamais les Mantchous n'organiseront une monarchie constitutionnelle qui ne soit une duperie pour les Chinois; les réformateurs gouvernementaux, les progressistes sont donc des ambitieux et des traîtres, il faut renverser les Mantchous et établir une république[3].

Le parti révolutionnaire *ke ming tang* a trouvé un organisateur et un théoricien dans Swen Yi-sien (Yat-sen) ou Swen Wen, né près de Canton en 1866, élevé à Honolulu et à Hong-kong, médecin affilié à la société que l'on appelle la Triade, arrêté à Londres en 1896, par les gens de la légation de Chine, puis relâché sur l'intervention du gouvernement anglais, ayant depuis beaucoup voyagé et ayant exposé à Paris le plan d'une Chine du sud indépendante[4]. Dans une brochure de 1904, Swen déclare que les Mantchous n'ont ni pu ni voulu développer les forces et la prospérité de la race chinoise, ils dominent par la tyrannie, il faut donc les chasser, faire ainsi le bonheur de la Chine et du monde, une Chine régénérée devant infiniment mieux qu'une Chine troublée enrichir les nations commerçantes et assurer la paix de l'Asie; dans un discours prononcé à Tôkyô le 16 janvier 1907, Swen expose sa politique en trois points : expulsion des Mantchous, établissement de la république, fixation de la valeur du sol, la plus-value future appartenant à l'État de manière à éviter l'enrichissement des particuliers; dans un programme *Ke ming fang lio* paru depuis lors, il résume son plan d'action : 1° déclaration du gouvernement militaire, 2° rapports du gouvernement militaire et des corps d'armée, 3° organisation de l'armée républicaine, 4° règlement pour le pays conquis, 5° déclaration pour rassurer le peuple, 6° déclaration aux étrangers, 7° abolition des contributions et des douanes inté-

1. Chronique, *Annales des Sciences politiques*, novembre 1903.
2. *Ibid.*, novembre 1903, novembre 1904.
3. *Ibid.*, novembre 1906. A. Maybon, *La Politique chinoise*, p. 223.
4. Chronique, *Annales des Sciences politiques*, novembre 1905.

rieures [1]. Quelques détails feront mieux saisir la précision du plan ; chaque armée établit un bureau des vivres et ouvre trois registres pour les confiscations, pour les billets émis, pour les souscriptions ; règlement de ces matières ; déclaration aux étrangers (ayant circulé aussi en français au Tonkin, et en anglais) : 1° les traités resteront en vigueur ; 2° les indemnités et dettes seront reconnues et demeureront à la charge des douanes maritimes ; 3° les concessions accordées aux puissances étrangères seront respectées ; 4° les étrangers et leurs biens seront protégés ; 5° les traités signés, les engagements pris par les Tshing après la présente déclaration ne seront pas reconnus ; 6° les étrangers qui aideront le gouvernement mantchou contre l'armée républicaine seront traités en ennemis ; 7° les marchandises de guerre que les étrangers fourniraient au gouvernement mantchou seront confisquées.

Au printemps de 1907, Swen Wen lança une véritable proclamation de guerre où était condensé l'essentiel du programme qui vient d'être rappelé ; l'insurrection éclata dans plusieurs provinces, au Liang-kwang, au Yun-nan, dans la vallée du Yang-tseu, au Tchi-li, durant jusqu'à présent, prenant diverses formes, tantôt soulèvement organisé et quasi-militaire, tantôt attaques inopinées contre les mandarins dans leurs yamens, parfois assassinats ; les incendies à Péking en mars et avril 1908 ont sensiblement énervé le gouvernement [2]. Un des faits les plus remarqués fut l'assassinat du gouverneur du Ngan-hwei, un mantchou, Ngen-ming ; ce fonctionnaire venait, le 6 juillet 1907, présider un examen à l'école de police de la capitale, il est accueilli par le directeur qui le salue militairement, puis décharge sur lui trois coups de revolver en s'écriant : Je suis un révolutionnaire [3]. La police a été renforcée, son activité a redoublé, des cargaisons d'armes ont été plusieurs fois saisies dans les ports, des arrestations nombreuses, quelques-unes certainement injustifiées, des exécutions ont eu lieu ; un régime de délation et de rigueur a répondu à la terreur que les révolutionnaires faisaient peser sur les mandarins ; les séditions n'ont pas disparu, sont toujours menaçantes, mais le gouvernement ne perd pas de terrain, reste maître de soi, au milieu des troubles sporadiques continue paisiblement de préparer les réformes.

1. A. Maybon, *La Politique chinoise*, p. 361 ; *Bulletin de l'École française d'Extrême-Orient*, 1907, p. 442.

2. *North China Herald*, 3, 10 avril 1908, pp. 27, 73, 91, 92.

3. *Ibid.*, 12 juillet 1907, pp. 81, 108, etc.

Swen Wen, qui a déployé la plus grande activité et que les mandarins croiraient volontiers doué d'ubiquité, qui a si bien préparé
l'agitation de ces deux années, semble moins doué pour l'exécution,
à en juger par les deux attaques que du Tonkin il a lancées sur les
forts de Nam-kwan (décembre 1907) et sur Ho-kheou et le sud du
Yun-nan (mai 1908) : les petites troupes qu'il a armées et accompagnées, ont été vite dispersées[1]. Ho-kheou est cependant resté
aux mains des révolutionnaires pendant près d'un mois, jusqu'au
26 mai; des troupes ont été dépêchées des provinces voisines;
mais ce qui a surtout paru aux yeux de l'observateur, c'est l'incroyable désordre de l'administration et c'est la faiblesse, l'insuffisance des rebelles.

Affaire du Tatsou marou. — Le 6 février[2], un bateau japonais de
Kôbé, le *Tatsou marou,* fut saisi devant Macao avec une importante
cargaison d'armes et de munitions; les Chinois amenèrent le
pavillon japonais Le gouvernement chinois reconnut son tort pour
ce dernier fait, mais établit que les autorités chinoises n'avaient pas
consenti à l'introduction de ces armes et munitions, se déclara donc
justifié à les tenir pour contrebande; le gouvernement japonais
contesta cette opinion et exigea la remise sans condition du bateau
confisqué outre le paiement d'une indemnité; après un mois et plus
de pourparlers, le ministre des Affaires étrangères Yuen Chi-khai
consentit à payer l'indemnité, le gouvernement japonais s'engageant à empêcher ses nationaux de faire la contrebande des armes.
Des réunions tumultueuses ont été aussitôt tenues à Canton, où le
gouvernement chinois a été accusé de lâcheté et où le boycottage
des produits japonais a été organisé; la cessation des rapports commerciaux s'est étendue jusqu'à Sydney et a produit une grosse per-
turbation chez les marchands japonais; on cite une compagnie de
navigation qui a dû suspendre ses voyages; les bonnes paroles
données par Yuen Chi-khai au baron Hayasi n'ont pas empêché le
vice-roi de ménager le sentiment populaire et les marchands de
poursuivre avec succès leur campagne; de leur côté les chambres
de commerce japonaises ont jugé prudent de s'abstenir de représailles craignant d'exciter davantage la colère des Chinois.

1. *North China Herald,* 25 juillet 1908, p. 261.
2. *Bulletin du Comité de l'Asie française,* 1908, pp. 120, 154, 203; *Japan Mail.*
15 février 1908, p. 166, etc., 2 mai, p. 478, etc.; *North China Herald,* 14 février
1908, p. 367, 21 février, p. 452, 13 mars, p. 602, 649, 3 avril, p. 35, 16 avril,
p. 142, 23 mai, p. 408, etc.

Rachat des télégraphes. — La première ligne télégraphique, de Chang-hai à Péking, a été construite en 1884 par la compagnie danoise Great Northern Telegraph Cº; les lignes se sont étendues de proche en proche et ont à présent une longueur de plus de 36 000 milles réunissant près de 400 bureaux. Les télégraphes appartiennent à une société privée dont le gouvernement détient la moitié des actions et qui paie une redevance pour la concession; chaque province forme une unité séparée qui surveille son réseau et dont les taxes s'ajoutent à celles de la province voisine; la direction est partout confiée à des mandarins délégués sans connaissances spéciales, les employés reçoivent une instruction technique sommaire dans une école établie à Chang-hai, sept inspecteurs danois sont les seuls agents compétents. Le ministre des Postes et Communications, Tchhen Pi, à la suite de la conférence télégraphique internationale de Lisbonne (juin 1908) a décidé de faire de l'administration des télégraphes une administration officielle, de réparer et d'unifier les lignes existantes, d'en créer de nouvelles surtout en Mantchourie, en Mongolie, au Tibet, de réduire les taxes. Les actionnaires, après quelque résistance, ont consenti à céder au gouvernement leurs actions au prix de 180 piastres [1].

Chemins de fer. — La ligne de Tcheng-ting à Thai-yuen (182 milles) a été ouverte le 6 novembre [2]; la ligne de Chang-hai à Nanking (193 milles) a été ouverte le 25 mars [3].

La question de la ligne Sou-tcheou Hang-tcheou Ning-po (ligne du Tche-kiang) a causé une grosse agitation. En 1898 un contrat préliminaire avait été signé par la British and Chinese Corporation; comme rien n'était fait en 1905, Cheng Siuen-hwai, alors directeur général des chemins de fer, sans tenir compte des objections du syndicat anglais, obtint le retrait de la concession, puis (23 septembre 1905) son transfert à une compagnie chinoise du Tche-kiang; depuis lors le syndicat anglais put établir son bon droit méconnu en 1905 et obtint la restitution de la concession (26 octobre 1907). La compagnie chinoise lésée mit en mouvement tous les notables de la province, les mandarins fort nombreux qui en sont originaires, les riches corporations du Tche-kiang répandues à travers tout l'Empire; meetings, pétitions, télégrammes, émeutes, tous moyens furent

1. *North China Herald*, 6, 13 et 20 juin 1908, pp. 643, 664, 750, 15 août, p. 417.
2. *Ibid.*, 15 novembre 1907, p. 409.
3. *Ibid.*, 3 avril 1908, p. 9.

bons; un mandarin originaire de la dite province, Wang Ta-sié, fut chargé par le gouvernement d'intervenir, on menaça de l'assassiner et de profaner les tombes de ses ancêtres; on parla aussi de boycotter les commerçants anglais. D'après un compromis conclu au début de mars par le ministre des Communications, le syndicat anglais fournira les fonds sous forme d'un prêt de 1 500 000 livres sterling à 5 0/0 garanti par les bénéfices du chemin de fer du Nord (Péking-Thien-tsin-Sin-min-thing); la construction sera effectuée par la compagnie chinoise sous la direction d'ingénieurs anglais. Le gouvernement de Péking avait paru à cette occasion comprendre la nécessité d'une direction unique pour coordonner tous les plans de voies ferrées, et la nomination de Cheng Siuen-hwai comme vice-ministre des Communications semblait indiquer un programme; mais dès le mois d'avril les influences provinciales reprirent le dessus et un bureau provincial a été formé pour la ligne en question [1].

Les négociations traînaient aussi depuis le 18 mai 1899 avec la Deutsch Asiatische Bank et la British and Chinese Corporation pour la ligne de Thien-tsin à Tchen-kiang, qui doit être prolongée jusqu'à Phou-kheou en face de Nanking (560 milles), les Allemands et les Anglais se partageant l'affaire en proportion de la longueur de la ligne d'une part au Chan-tong, d'autre part au Kiang-sou. Le contrat définitif a été signé le 13 janvier dernier et ne laisse aux étrangers que le rôle de prêteurs; la Chine empruntera 125 millions de francs à 5 0/0; la construction et l'exploitation appartiendront totalement aux Chinois qui sont toutefois tenus d'employer des ingénieurs en chef européens [2].

Pour la ligne Keou-long-Canton, le conseil législatif de Hong-kong a voté une somme de 4 450 000 piastres pour frais de construction pendant l'année courante; il s'agit seulement de la section sise sur le territoire cédé à bail, la Chine d'après sa politique actuelle s'étant réservé la construction et l'exploitation du reste de la ligne et n'ayant accepté que le concours financier de la British and Chinese Corporation.

Le gouvernement impérial a voulu aussi soumettre la ligne Péking-Han-kheou aux idées présentes sur l'exploitation des voies

1, *Bulletin du Comité de l'Asie française*, 1907, p. 469, 1908, pp. 33, 122 ; *Japan Mail*, 14 mars 1908, p. 284; *North China Herald*, voir en particulier 15 et 22 novembre 1907, pp. 390, 467, 18 juillet 1908, p. 145.
2. *Bulletin du Comité de l'Asie française*, 1908, p. 33.

ferrées; il a donc, au mois d'avril (1908), entamé des négociations en vue d'opérer le rachat. C'est seulement dans les premiers jours d'octobre qu'un contrat a été signé à Péking avec les représentants de la Banque de l'Indo-Chine et de la Hongkong. and Shanghai Banking Corporation, qui prêtent 5 millions de livres sterling, dont 4 millions seront consacrés au rachat de la ligne; les détails de la combinaison ne sont pas encore connus [1].

La ligne Canton-Han-kheou, qui est aux mains des Chinois seuls, se construit dans des conditions satisfaisantes de solidité, mais lentement, surtout par l'incompétence des directeurs chinois [2].

Pour la ligne française du Yun-nan, les circonstances résumées l'an dernier [3] ont amené la dissolution de la société de construction; la compagnie concessionnaire a pris en mains tout récemment les travaux dont l'achèvement ne saurait beaucoup tarder, les troubles du printemps ont toutefois causé un dommage sérieux [4].

Mines. — L'attitude des commerçants et notables chinois a été la même a propos des mines que pour les chemins de fer. La population du Chan-si s'est vivement opposée à l'exercice par le Peking Syndicate des droits obtenus en 1898 (mines de houille, de fer, etc. dans les districts de Phing-ting et avoisinants); une société indigène d'exploitation a été formée, des notables de Thai-yuen ont été envoyés à Péking et ont décidé le gouvernement à négocier avec l'Angleterre; une convention a été signée le 21 janvier, d'après laquelle le bureau officiel du commerce de la province rachète tous les droits concédés moyennant 2 750 000 taëls qui seront payés en quatre versements de 1908 à 1911. La remise de toutes les propriétés acquises au Chan-si par le Peking Syndicate a été effectuée au mois d'avril. Non contents de ce succès les notables ont obtenu la dégradation du gouvernenr qui avait conclu l'affaire avec le Peking Syndicate en 1898. Le manque de fonds suffisants et d'ingénieurs experts laisse croire que la société chinoise formée pour l'exploitation restera longtemps inactive : elle a seulement servi de prétexte au rachat [5].

---

1. *Bulletin du Comité de l'Asie française*, 1908, p. 157; *le Temps*, 30 octobre 1908.
2. *Bulletin du Comité de l'Asie française*, 1908, p. 294.
3. *Vie Politique*, p. 413.
4. Voir sur cette question *Bulletin du Comité de l'Asie Française*, 1908, p. 269; *la Dépêche Coloniale illustrée*, n° du 30 juin 1908.
5. *North China Herald*, 25 octobre 1907, p. 225; 7, 14, 23 février 1908, pp. 311, 368, 491, 24 avril, p. 214.

Missions religieuses. — Un décret du 10 avril 1908 a abrogé le décret du 15 mars 1899 qui fixait pour les évêques et les missionnaires une équivalence de rang dans la hiérarchie mandarinale. Dans un pays où tout est hiérarchisé il semblait naturel que les missionnaires eussent une place marquée, leur situation aux yeux des Chinois pouvait en devenir mieux définie et plus assise ; d'autre part il était à craindre qu'ils prissent pour ainsi dire une couleur officielle peu compatible avec leur ministère. Ce dernier point de vue avait attiré l'attention des missionnaires protestants qui, presque tous, je crois, se sont abstenus d'invoquer le décret ; d'autres personnes aussi, fonctionnaires étrangers et mandarins pour de tout autres motifs avaient été choqués de l'assimilation ; enfin des gens du peuple, des moins recommandables, avaient tâché de profiter du lustre nouveau des Missions pour obtenir une protection peu méritée et faire régler avantageusement leurs litiges. Quoi qu'il en soit, c'est parler contre les faits que d'attribuer, comme le *North China Herald* [1], quelques meurtres et quelques difficultés au décret de 1899 : c'est oublier tout ce que les Missions et les chrétiens ont souffert avant cette date. La satisfaction exprimée par ce journal ferait croire que l'assimilation hiérarchique gênait quelques-uns des missionnaires protestants. Le nouveau décret semble avoir été imprévu pour les Européens de Chine ; la légation de France qui avait participé à la confection du décret de 1899, a-t-elle été sinon consultée, du moins avertie? il est vrai que la situation à l'égard des Missions n'est plus celle d'antan [2].

Le ministère des Affaires étrangères a donné (avril) à tous les vice-rois et gouverneurs l'ordre de rechercher dans quelles conditions se font les ventes de biens fonciers, en vue de surveiller les transactions de ce genre entre chrétiens et non-chrétiens. Cette mesure paraît résulter d'un rapport du vice-roi du Kwang-tong qui a prescrit une publicité préalable durant plusieurs jours chaque fois qu'il serait question de vendre aux Missions ; une décision semblable a été prise au Ngan-hwei. Il est certain que des objections seront toujours faites par les autorités et que cette publicité équivaut à une interdiction ; cette prescription spéciale est contraire aux conventions Berthemy et Gérard relatives à la question [3]. Des règle-

---

1. 21 avril 1908, p. 189.
2. *Bulletin du Comité de l'Asie française,* 1908, p. 203.
3. *North China Herald,* 28 février 1908, p. 490, 6 mars, p. 537, 1er mai, p. 282. Voir H. Cordier, *Relations de la Chine,* t. I, p. 68, etc.

ments miniers de Thien-tsin ont spécifié que les missionnaires, les prêtres ou révérends indigènes aussi bien que le clergé mahométan, taoïste ou autre, ne peuvent acquérir aucun droit de nature minière[1].

Les bonzes japonais au Fou-kien sont encore plus mal accueillis que les missionnaires chrétiens, les autorités y maintiennent fermés plusieurs temples malgré les protestations de la légation du Japon[2]. Un décret a été publié (1er octobre 1907) en faveur des chrétiens pour leur assurer égalité de traitement : la volonté de l'Empereur n'est pas interprétée de manière libérale et l'on trouve ici comme en d'autres domaines l'esprit le plus étroit de la Chine aux Chinois[3].

Les Chinois à l'étranger. — Le même mouvement d'organisation et de concentration se fait sentir hors de Chine. Les marchands chinois de Java ont fondé à Batavia une chambre de commerce (1907) et ont obtenu un sceau du ministère du Commerce à Péking[4]. Vers la même époque trente-deux jeunes Chinois ont été envoyés de Batavia pour étudier à Nanking, trente-quatre autres sont arrivés cette année ; presque tous appartiennent à des familles établies à l'étranger depuis le xvie ou le xviie siècle. Le vice-roi Twan-fang a obtenu pour l'entretien de ces étudiants 2,000 taëls qui seront versés annuellement par les douanes de Chang-hai, Fou-tcheou et Canton, l'impératrice douairière a envoyé à Java 4,000 piastres pour concourir à l'éducation chinoise des jeunes gens[5].

Le gouvernement ayant besoin d'argent pour la construction des voies ferrées, l'idée a été exprimée d'emprunter aux grands commerçants établis hors de Chine et d'envoyer un prince de la maison impériale en mission dans les îles de la mer du Sud (Insulinde, etc.). Les commerçants chinois du Siam auraient décidé de former une compagnie au capital de 3 millions de taëls pour la navigation entre le Siam, Singapour et Hong-kong. Deux croiseurs de la flotte du Pei-yang ont visité l'hiver dernier Hong-kong, Manille, Saigon, Bangkok, Singapour, Batavia, Soerabaja, Pinang et ont été partout reçus avec enthousiasme par les Chinois[6].

1. *North China Herald*, 28 février 1908, p. 490.
2. *Ibid.*, 14 février 1908, p. 366.
3. *Ibid.*, 4 octobre 1907, p. 24 ; *Japan Mail*, 5 octobre 1907, p. 366.
4 *North China Herald*, 5 juillet 1907, p. 28.
5. *Ibid.*, 30 mai 1908, p. 545, 1er et 22 août, pp. 293, 474.
6. *Bulletin du Comité de l'Asie française*, 1908, p. 155 ; *North China Herald*, 1er août 1908, p. 269, 5 septembre, p. 601.

Pour se rapprocher de ses sujets résidant au dehors, le gouvernement a senti le besoin d'une marine militaire; des projets ont été
formés, on aurait trois divisions navales, Pei-yang, Nan-yang et
Canton, chacune avec un vaisseau de ligne, de 9 à 12 croiseurs,
des torpilleurs; la construction serait faite aux frais du gouverne-
mentcentral, mais l'entretien de la flotte incomberait aux provinces [1].
Tout cela est jusqu'ici sans caractère officiel.

Le gouvernement chinois s'apprête à nommer quatre délégués à
la cour d'arbitrage de la Haye; il a décidé de transformer en « véritables charges » les postes de ministre à l'étranger qui étaient de
simples « missions »; ce changement, important du point de vue
administratif, confirme l'attention croissante qui est donnée aux
affaires extérieures [2].

Au Transvaal, la loi restrictive de l'immigration asiatique a été
suspendue et le gouvernement a admis des propositions d'immigration chinoise [3]. Aux États-Unis des dispositions plus conciliantes sont
manifestées dans le rapport annuel du Department of Commerce
and Labour, mais la loi est toujours appliquée avec brutalité [4]. Le
gouvernement de Washington cherche par d'autres moyens à rétablir des rapports cordiaux avec Péking. On notera plus bas l'attitude prise à l'égard des Russes par le consul des États-Unis à Kharbin. Depuis lors le reste inutilisé de l'indemnité pour les événements
de 1900, soit plus de 20 millions de piastres, a été restitué à la
Chine; Thang Chao-yi, un élève de l'université de Yale, gouverneur
de Moukden a été chargé (20 juillet) de porter au Président les
remerciements du gouvernement chinois. Le décret impérial
rappelle que depuis le premier traité les relations entre la Chine et
les États-Unis ont toujours été de la nature la plus amicale; le
New-York Herald, puis les journaux chinois du nord ont immédiatement suggéré une alliance entre les deux pays; on a dit aussi que
l'ambassadeur chercherait à attirer en Mandchourie des capitaux
américains; il doit emmener une dizaine d'étudiants officiels qui,
l'an prochain, seront rejoints par un plus grand nombre [5].

1. *Japan Mail*, 2 mai 1908, p. 481.
2. *North China Herald*, 11 juillet 1908, p. 90, 3 octobre, p. 23.
3. *Ibid.*, 20 mai 1908, p. 683.
4. *Ibid.*, 31 janvier 1908, p. 285, 11 mai, p. 368.
5. *Ibid.*, 25 juillet 1908, p. 230, 1ᵉʳ août, p. 294, 5 septembre, p. 602.

II. — Mantchourie

La situation. — La situation générale n'a pas changé dans le
cours de l'année: Chinois et étrangers se plaignent toujours de
l'invasion japonaise qui bouleverse les habitudes et les conditions
économiques; de leur part les Japonais, contre le gré de leurs consuls, agissent comme en pays conquis. C'est ainsi que, malgré les
dénégations officielles, bien des terrains sont, affirment les correspondants du *North China Herald*, occupés sans titre, ou avec des
titres revêtus de signatures extorquées, de signatures n'émanant
pas du propriétaire. Les hommes des classes inférieures se conduisent avec une entière désinvolture : ainsi à Moukden, en janvier, un
Japonais voit de la rue un pigeon posé sur le toit d'une maison, il
tire et entre tout simplement dans la propriété pour ramasser son
gibier; il se trouvait que la maison était occupée par le secrétaire
du consulat allemand si bien que le chasseur fut remis à son consul
qui le punit pour violation de domicile. A Moukden encore (5 ou 6
avril) le facteur japonais apportant le courrier au consulat des États-
Unis, dessert d'abord une maison adjacente, une porte existe entre
les deux propriétés, mais elle est barrée et interdite; plutôt que de
faire le tour et de rentrer par la grande porte, le facteur force
l'entrée interdite et, comme il se heurte à un domestique chinois qui
l'arrête, il va quérir quatre camarades de renfort, frappe les
Chinois du consulat et pénètre dans la bataille jusqu'à la chambre
du consul. Ce sont minces incidents, mais ils sont établis et éclairent
la situation [1].

Voie ferrée de Fa-khou-men. — En novembre 1907 un contrat fut
conclu entre le gouvernement chinois et une maison anglaise pour
prolonger le chemin de fer du Nord (Pekin-gChan-hai-kwan Sin-min-
thing) de Sin-min-thing à Fa-khou-men et desservir ainsi la rive
droite du Liao. Quand, au mois de janvier, le contrat fut connu, le
gouvernement japonais formula une protestation basée sur les
clauses annexes au traité sino-japonais de Péking (1905), la Chine
s'étant alors engagée à ne pas construire de voie ferrée parallèle et
voisine à la ligne japonaise de la Mantchourie du sud. Le gouvernement britannique ne fit pas d'objection contre cette protestation;

1. *North China Herald*, 3, 10, 16 avril 1908, pp. 22, 68, 430.

mais, le 13 mars, la Chambre de commerce de Nieou-tchwang formula à son tour une énergique protestation contre la thèse japonaise
et en envoya copie au corps consulaire : les deux lignes devant se
trouver sur les deux rives du Liao et à 35 milles au moins l'une de
l'autre, dans une région peuplée et prospère, ne peuvent être dites
voisines, le courant commercial de la région de Fa-khou-men ne
s'est jamais dirigé vers l'est, mais aboutissant à Sin-min-thing est
toujours resté sur la rive droite ; dans ces conditions la thèse japonaise est contraire au principe reconnu par le Japon de la porte
ouverte. La prétention maintenue du Japon cause une grande irritation et chez les Chinois et dans les milieux britanniques de Chine [1].

Le Kan-to (*Kien-tao*). — La souveraineté de cette région comprise
entre le Tou-man et l'un de ses affluents, vaste, dit-on, comme
toute l'île de Kyou-chou, semble en fait avoir été assez indécise entre
la Chine et la Corée ; les documents établissant les droits de l'une et
de l'autre partie n'ont pas encore été publiés, ni l'une ni l'autre ne
veut céder. Les Japonais agissent en maîtres, interviennent dans
l'administration de la justice, dans l'instruction publique ; les
Chinois restent sur leurs positions et semblent aussi s'entendre
avec la portion coréenne de la population et avec les brigands dits
Hong-hou-tseu. Le baron Hayasi aurait élevé une triple prétention :
l'île renfermant plus de 100 000 Coréens, le Japon y a droit à une
situation spéciale ; la présence des troupes chinoises étant nuisible
aux intérêts japonais, le Japon a droit à une indemnité ; les mines
de Thien-pao-chan ayant été acquises par un Japonais, celui-ci a droit
de les exploiter. Pris en eux-mêmes et sans un droit territorial qui
les appuie, les deux premiers points sont insoutenables ; on ne
peut croire qu'ils soient rapportés exactement. Les deux pays ont
constamment renforcé leurs troupes et dans la première quinzaine
d'octobre (1908) des coups de fusil ont été échangés [2].

Juridiction à Kharbin. — En vertu des arrangements russo-
chinois de 1896 la Russie exerce le long de sa voie ferrée un pouvoir
étendu et mal défini qui, pour Kharbin, n'a pu être modifié par la
guerre, puisque les troupes japonaises se sont arrêtées bien au sud.

1. *North China Herald*, 3 avril 1908, p. 34, 27 juin, p. 823, 11 juillet, pp. 69,
137 ; *Bulletin du Comité de l'Asie française*, 1908, p. 121.
2. *North China Herald*, 3 avril 1908, p. 28, 13 juin, p. 680, 4 juillet, p. 28, 22
août, p. 476 ; *Japan Mail*, 7 septembre 1908, p. 250.

La compagnie du chemin de fer, sans se mettre d'accord avec le gouvernement chinois, a élaboré pour Kharbin, ville ouverte au commerce par les Chinois, un règlement municipal qui a été adopté en janvier : l'administration sera confiée à une assemblée de soixante délégués et à un conseil de six membres, la moitié des membres seront des employés du chemin de fer, tous les documents de l'assemblée et du conseil seront rédigés en russe, l'administration du chemin de fer s'attribue un droit de surveillance et de véto et conserve la direction des rapports avec les autorités chinoises et avec les consuls étrangers. Contre ce règlement le vice-roi de Mantchourie a protesté ; de plus le consul des États-Unis a refusé de reconnaître la juridiction russe, fait grave parce qu'il est un précédent. Ces incidents ont soulevé aussi une assez vive émotion au Japon, puisque la situation de cette puissance dans la Mantchourie du sud est semblable à celle de la Russie dans le nord : les deux ennemis d'hier sont dans la même position en face de la Chine et des États-Unis[1].

MAURICE COURANT.

1. *North China Herald.* 14 février 1908, p. 371 ; *Japan Mail*, 11 avril, p. 102 ; *Bulletin du Comité de l'Asie française*, 1908, p. 153.

ANALYSES ET COMPTES RENDUS

Eugène d'Eichthal, de l'Institut. — *Guerre et paix internationale*, 1 vol. in-12. Paris, Doin.

Ce petit volume présente, en termes concis, beaucoup de renseignements précieux et bien groupés, beaucoup d'aperçus intéressants, de vues personnelles et de pensées justes, fruits de réflexions qui appellent, à leur tour, les réflexions des lecteurs. L'auteur aime la paix, mais il estime, à juste titre, que c'est en mal servir la cause que l'aimer aveuglément. Il est en garde contre l'utopie et c'est à l'examen circonspect et avisé des faits passés et présents qu'il entend demander des fondements rationnels de quelques prévisions d'avenir. « Il faut, dit-il (p. xiv), pour éviter des désillusions cruelles qui pourraient être désastreuses, et ne pas tomber dans de dangereux sophismes ou leur prêter des arguments, il faut rester sur le terrain positif de la réalité; mais il faut tâcher de la comprendre, cette réalité, dans sa généralité aussi bien d'avenir probable que de présent tangible; et l'entreprise est d'autant plus difficile que, si celui-ci est fait d'institutions et de chiffres, celui-là repose, en grande partie, sur des données immatérielles où les idées, les opinions, les passions des hommes, leurs intérêts compris de telle ou telle façon, pèseront d'un grand poids. » Le premier chapitre est consacré surtout à l'étude des conditions qui ont amené « la constitution d'aires de police et de paix intestine suffisamment étendues que nous nommons des États » (p. 17-18). Cette étude est indispensable pour juger si les causes qui ont décidé de la suppression des guerres entre les faibles groupements d'autrefois, absorbés par des États puissants, ont chance d'agir, dans le même sens bienfaisant, à l'égard des États modernes et de faire disparaître entre ces derniers les luttes armées. Très justement l'auteur relève que l'unification en État centralisé — forme la plus favorable au maintien de la paix intérieure — a presque toujours été subordonnée à une double condition : « crainte d'un ennemi commun » rapprochant « dans des alliances défensives plus ou moins prolongées les groupes contigus, trop faibles pour se protéger isolément contre un envahisseur puissant... prédominance d'un des groupes particuliers, plus fort que ses limitrophes » cristallisant en quelque sorte « la future nation autour d'un élément central prépondérant » (p. 12-13). Les chapitres ii et iii montrent, avec toute la précision possible, en des matières où certaines données sont nécessairement indécises ou variables, les charges de l'état de paix armée qui pèse sur le monde contemporain, et les conséquences économiques des guerres. Ces dernières sont telles qu'elles suffiraient, à elles seules, à faire juger avantageuses les charges de la paix armée, si celles-ci pouvaient constituer une assurance certaine contre les risques de guerre. Et cependant le poids de la paix armée augmente sans cesse dans des proportions effroyables. M. Erg, délégué de la Grande-Bretagne à la seconde conférence de la Paix, a pu dire à la Haye que « les dépenses militaires annuelles » de l'Europe (moins la Turquie et le Monténégro), des États-Unis et du Japon, avaient augmenté, « dans l'intervalle des deux conférences (de 1899 et de 1907)... de la somme de 69 millions de livres sterling ou plus de 1 725 millions de francs » (251 millions de livres en 1898, et 320 millions en 1906 ; p. 31-33 note). Reste-t-il quelque chance que le monde — ou tout au moins le Vieux Monde européen — cherche, dans la constitution d'une fédération, analogue à celle des États-Unis ou de la Suisse, le remède aux maux de la guerre ou du militarisme? Dans le chapitre IV : « Vues d'avenir tirées du passé », M. d'Eichthal constate que la crainte d'un péril commun a été le ciment des fédérations aussi bien que des États unifiés; il constate encore que l'existence d'un péril commun, assez fort pour faire dominer les divergences et imposer silence à l'orgueil des particularismes actuels, n'apparaît pas comme une éventualité probable ni surtout comme une éventualité prochaine. Il en conclut justement qu'il faudrait « un mobile prenant en quelque sorte l'intensité d'une foi dogmatique » pour « dominer les prétentions dynastiques ou chauvines, étouffer les ambitions, les préjugés, les jalousies d'intérêt de nation à nation, l'irritation restée des blessures passées, toutes causes de conflits que les croyances religieuses du passé n'ont pas réussi à écarter » (p. 106). — « C'est dire, ajoute-t-il (chap. V : « Les faits et les tendances », (p. 107), que, pour produire une paix qui ne peut plus être en quelque sorte une paix imposée comme fut la paix romaine, mais une paix désirée, aimée, réclamée par la grande majorité des hommes, se conciliant avec la dignité et les traditions nationales en ce qu'elles ont de noble et de fortifiant, on ne peut plus espérer que dans une seule puissance, celle qui représente l'union des volontés : l'opinion publique. » Mais pour qu'un courant d'opinion eût « le degré de générosité et d'intensité voulue » pour être à la fois « suffisant et efficace » il faudrait qu'il se produisît « à la fois chez les principaux peuples dont l'un pourrait menacer la sécurité de l'autre. Il s'agit d'une assurance mutuelle et qui n'existe que si elle est mutuelle » (p. 107). Ce courant d'opinion se dessine-t-il avec une force suffisante pour autoriser l'espoir? L'auteur analyse avec sagacité les diverses influences qui se disputent l'opinion et l'agitent en sens contraire : orgueil de la force chez les peuples puissants et tentation de traduire cette force en conquêtes, aspirations à l'indépendance chez les nations assujetties, soucis d'agrandissement commercial, recherche et dispute de marchés et de colonies, tendance d'autre part à chercher plus volontiers qu'autrefois des solutions amiables pour les

conflits nés de querelles coloniales, crainte plus grande de la guerre rendue
plus effrayante en même temps que plus effroyable par la puissance croissante des engins de destruction, « moindre division qui s'établit peu à peu et
sans pression de contrainte, entre les modes d'existence morale physique
des diverses portions de la population civilisée » (p. 137), répugnances des
classes ouvrières pour les charges et pour les risques militaires, répugnances
malheureusement contre-balancées, dans une certaine mesure, par le désir
de certains socialistes d'employer le militarisme — loin de le supprimer - -
au profit de leurs doctrines et de tourner vers la guerre civile les énergies
détournées de la guerre internationale.

« Jusqu'à quel point les conventions internationales partielles déjà réalisées,
les alliances, les interventions collectives et concertées, la conciliation et
l'arbitrage enfin, peuvent-elles être considérées comme les étapes effectives
de la longue route » qui pourrait conduire à l'établissement d'une fédération
pacifique des États les plus civilisés, telle est la question que pose M. d'Eichthal
au début du chapitre vi pour faire ensuite l'inventaire des résultats acquis,
des illusions interdites et des espoirs autorisés. Fidèle à sa méthode, l'auteur
s'attache à dégager, avec précision, du mouvement d'idées et de faits qui a
renouvelé, depuis une quarantaine d'années, le droit international de l'Europe
et du monde, les gains réels de la cause de la paix; il s'attache particulièrement à déterminer l'exacte portée de l'œuvre accomplie par les deux conférences de la Haye de 1899 et de 1907.

Il conclut ensuite que « nous sommes, en fait de guerre, trop loin
encore de la terre promise » (p. 208), que « le jour où une immense
majorité de la partie agissante et organisée de la planète voudra résolument
la paix, la paix sera faite : mais qu'elle ne sera faite que par ce *consensus*,
sinon universel, du moins très étendu. On peut, ajoute-t-il, à la fois
chercher à contribuer dans la mesure de ses forces, et si restreinte soit
cette mesure, à réchauffer et à activer les mouvements d'opinion d'où
sortira ce *consensus*, s'il doit se produire; et on peut précisément en
analysant de près les conditions indispensables à sa formation, insister
sur le caractère notable de la paix, tant que ces conditions ne sont pas
réalisées, par suite, mettre en lumière la nécessité, pour les nations, de
demeurer vigilantes et prêtes à se défendre » (p. 209-210).

Ces conclusions, aussi modérées que sages, devraient rallier tous les
esprits. A ceux qui seraient tentés de les trouver trop modestes. Le seul
conseil qu'il convienne de donner est de lire les études et de méditer les
pensées dont cette analyse, trop brève pour être complète, ne saurait
donner qu'une idée tout à fait insuffisante. Ceux qui seraient enclins à
exagérer comme ceux qui seraient portés à méconnaître les exigences du
patriotisme trouveraient également matière à amples réflexions dans ces
pages très fermes où une vaste érudition est mise au service d'une raison
très impartiale et d'un sens très affiné.   C. Dupuis.

P. Baudin, P. Leroy-Beaulieu, Millerand, Roume, J. Thierry; E. Allix, J.-C. Charpentier, H. de Peyerimhoff, P. de Rousiers, Daniel Zolla. — *Les forces productives de la France.* Paris, Félix Alcan, 1 vol. in-16, 202 p.

En 1907, la Société des anciens élèves de l'École libre des sciences politiques avait inauguré une série de conférences ayant pour objet des études de politique étrangère. L'ouvrage les réunissant n'avait pas rencontré moins de succès que les conférences elles-mêmes. Le même accueil attend, certainement, ce nouvel ouvrage, qui reproduit les conférences organisées en 1908 sous les auspices de la société. Cette fois, la société a pensé qu'il y aurait intérêt, au début du XXᵉ siècle, « à examiner quelques-unes des questions qui se posent, pour la production nationale, soit dans le domaine de l'agriculture, soit dans celui de l'industrie, de la marine marchande, du commerce d'exportation ou des colonies ». Elle a trouvé aisément dans son entourage les hommes capables de traiter ces questions. Les noms des présidents des conférences et des conférenciers sont la meilleure garantie de la valeur et de l'intérêt de ce volume appelé à répandre dans le public des idées saines, des suggestions intéressantes, sur des questions de la solution plus ou moins heureuse desquelles dépendra finalement l'avenir du pays.

M. Paul Leroy-Baulieu, qui a présidé la première de ces conférences, a tracé en quelques pages un magistral tableau de la France économique dans le monde. M. Daniel Zolla a traité de « la productivité de l'agriculture et les problèmes sociaux ». M. Edgard Allix, dont la conférence était présidée par M. Pierre Baudin, avait pris pour sujet « la concentration industrielle et son influence sur le sort des classes ouvrières ». M. Paul de Rousiers a exposé la question si grave pour la France de « la marine marchande »; sa conférence a été suivie par une courte allocution de M. J. Thierry, qui présidait. « L'organisation du commerce extérieur et les agents de son développement », sujet d'une importance considérable, a été exposée par M. J.-C. Charpentier; M. Millerand, président de cette séance, a prononcé sur le même sujet une allocution suggestive. La dernière conférence avait pour titre « Les forces nouvelles en formation dans l'Afrique du Nord »; ce domaine, appelé à augmenter singulièrement notre puissance économique, si nous savons mettre en valeur les richesses nombreuses qu'il recèle, ne pouvait être oublié dans l'examen des forces productives de la France. M. de Peyerimhoff, ancien directeur au gouvernement de l'Algérie, l'a traité avec une connaissance approfondie du sujet, et M. Roume, qui avait accepté de présider cette conférence, a, dans un sobre résumé, exposé les conclusions auxquelles l'ont conduit son expérience comme gouverneur de l'Afrique occidentale.

A. V.

Louis Marlio, ingénieur des Ponts et Chaussées, docteur en droit. — *La politique allemande et la navigation intérieure.* 1 vol. in-8, 212 p., Sirey, 2ᵉ édition.

Ce livre est l'étude de la loi du 1ᵉʳ avril 1905, relative à l'extension et à l'amélioration du réseau des voies navigables intérieures de la Prusse, plus connue sous le nom de loi des canaux. Ouvrage utile, intéressant et bien fait, où l'auteur allie heureusement les compétences du juriste et de l'ingénieur. L'histoire des différents projets a été décrite maintes fois, mais presque toujours exclusivement au point de vue politique et économique, et c'est le mérite de M. M. de l'avoir envisagée surtout au point de vue technique. L'auteur met nettement en lumière l'originalité de la loi nouvelle qui rompt avec les vieux principes par l'établissement d'un péage sur les fleuves, due à l'initiative de M. Am. Zehnhoff et la démonstration qu'il nous donne de la légitimité de cette mesure paraît convaincante. Le monopole de la traction sur le canal du Rhin à la Weser, dont l'idée remonte également à M. Am. Zenhoff, concession faite au socialisme d'État, est la seconde caractéristique du projet. M. M. rend hommage à la valeur scientifique de son armature, mais il se montre très sceptique à l'égard de l'utilité des nouveaux travaux; il y voit surtout une manifestation d'impérialisme, dont le caractère grandiose a séduit les imaginations, celle de Guillaume II surtout, à qui l'œuvre doit sa réalisation, plus que son utilité réelle n'a pu persuader la raison. L'auteur ne s'est pas, aussi bien, placé au point de vue exclusif de l'Allemagne, il a cherché à dégager les leçons qui se dégagent pour notre pays de l'initiative allemande. Son ouvrage y gagne une portée générale qui le place à côté des meilleures études sur la matière des transports intérieurs par voie d'eau, très nombreuses en ces dernières années. S'il s'impose aux spécialistes, d'autres trouveront encore à le lire un profit certain.

                                                  R. DOLLOT.

Albert B. Martinez et **Maurice Lewandowski**. *L'Argentine au XXᵉ siecle.* Lib. Armand Colin, 1 vol. in-18, 432 p. — **W. K. Koebel**. *L'Argentine moderne.* Pierre Roger et Cⁱᵉ, 1 vol. in-18, 272 p.

Des pays d'avenir qui travaillent à se faire une place dans le monde, la République Argentine est à coup sûr un de ceux à qui il est permis de caresser les plus brillantes espérances. Longtemps entravée dans son essor par des luttes intestines, le calme politique enfin trouvé a donné confiance aux capitalistes et aux émigrants. Son développement économique depuis une décade a été extraordinaire. MM. Martinez et Lewandowski, qui ont pu se documenter aux sources officielles, nous donnent une étude claire et sobre de l'Argentine au point de vue économique. Leurs trois chapitres sur l'agriculture, l'industrie et les finances, exposent nettement les progrès récents, les conditions actuelles et les éléments de prospérité sur lesquels peut tabler le pays. l.'ouvrage de M. Koebel peut servir de complément au précédent : c'est le récit pittoresque, à côté de l'exposé documentaire. Il montre ce qu'est la vie à Buenos-Ayres, la gigantesque capitale de ce jeune pays; au Campo, la source des richesses de l'Argentine; l'exploitation d'une estancia. La connaissance de ces pays neufs devient de plus en plus nécessaire aux économistes et aux hommes d'État : ce sont des éléments nouveaux dans la vie internationale, avec lesquels il faut s'habituer à compter.

A. F.

C. **Colson**, ingénieur en chef des ponts et chaussées, conseiller d'État. — *Cours d'économie politique*; *livre VI : les travaux publics et les transports*. Paris, Félix Alcan, 1 vol. gr. in-8°, 527 p.

Ce volume vient compléter le *Cours d'économie politique* dont M. Colson, professeur à l'École des ponts et chaussées et à l'École des sciences politiques, a entrepris la publication depuis plusieurs années. Le même accueil lui est réservé qu'aux cinq volumes précédents, devenus classiques presque dès leur publication. Il est impossible d'analyser et de rendre compte avec détail d'un ouvrage aussi considérable. On ne peut qu'appeler l'attention sur l'intérêt particulier qu'il offre, et en indiquer les grandes divisions. Ce traité offre cette particularité intéressante d'être écrit par un homme qui, dans des fonctions publiques actives élevées, a été mêlé de près aux questions pratiques : la vie économique lui est familière; il a eu à lutter avec la réalité des faits. De là résulte dans l'examen des questions économiques, si complexes, un tour d'esprit caractéristique : le professeur de carrière est nécessairement porté à l'abstraction; malgré ses efforts sincères, il est une ambiance des faits qu'il ne parvient souvent pas à reconstituer, et il négligera dans ses généralisations des phénomènes d'apparence secondaire ou négligeables pour lui, et qui cependant prennent avec raison aux yeux du praticien une importance réelle. C'est cet esprit qui donne un intérêt tout particulier à l'œuvre de M. Colson.

L'ouvrage se partage en trois grandes divisions. Dans la première (livre I), l'auteur fait à grands traits l'exposé général et théorique des phénomènes économiques. C'est comme une grande introduction à l'étude détaillée qui va suivre, de ces phénomènes. Dans ce livre, il pose les principes généraux dont il fera l'application dans les suivants. Les trois autres livres ont pour objet : le livre II, le travail et les questions ouvrières; le livre III, la propriété des capitaux, des agents naturels et des biens incorporels; le livre IV, les entreprises, le commerce et la circulation. Les deux derniers livres sont consacrés à des sujets plus spéciaux : l'un, le livre V, traite des finances publiques; l'autre, le livre VI, qui vient de paraître, des travaux publics et des transports. Ce dernier offre peut-être un intérêt plus grand encore que les autres, par la compétence toute spéciale de l'auteur en ces importantes questions.

L'auteur ne se rattache par ses origines, ainsi qu'il le fait lui-même remarquer, à aucune École particulière. N'est-il pas d'autant plus intéressant de voir, à une époque où les économistes de la chaire acceptent de plus en plus l'extension du principe de l'intervention de l'État, un homme dont l'esprit a été façonné par la pratique des affaires montrer une réelle répugnance pour une solution qui tend presque à s'imposer comme une panacée. « Si générale que soit cette tendance [à l'intervention de l'État], écrit notamment M. Colson, réagir contre elle est aujourd'hui d'un intérêt capital pour tout l'avenir de la civilisation. »

A. VIALLATE.

Pierre Clerget. — *La Suisse au XXe siècle.* Étude économique et sociale. 1 vol. in-12. A. Colin, édit.

Depuis quelques années la France, dont il a été de mode si longtemps de railler l'indifférence pour les questions étrangères et l'incuriosité à l'égard des pays situés au delà de ses frontières, fournit des études de plus en plus nombreuses et remarquables sur l'état économique, social, politique des divers pays. Les peuples les plus étudiés ont été jusqu'ici ceux dont les progrès paraissent les plus significatifs ou les plus menaçants pour nous : l'Angleterre et ses colonies, les États-Unis, l'Allemagne, quelques républiques sud-américaines.

Les contrées secondaires de l'Europe n'ont pas encore été souvent traitées. C'est un tort, et il faut savoir beaucoup de gré à M. P. C. de l'avoir compris. Dans son excellent petit livre il passe en revue un des pays de l'Europe dont l'histoire, les efforts, les progrès sont un des exemples les plus remarquables de ce que peut accomplir un peuple qui possède à un haut degré ces vertus civiques par excellence qui sont l'amour de la liberté, le respect des lois, la discipline sociale, le patriotisme, l'ardeur au travail. Toutes ces qualités, le peuple suisse les a portées à leur maximum, et le résultat est une prospérité matérielle admirable, l'instruction répandue dans les couches les plus infimes de la population, d'innombrables œuvres d'assistance, et une éducation supérieure de la démocratie.

Ce sont des exemples qui valent bien la richesse et la splendeur de la civilisation des grands peuples voisins, richesse et splendeur qui ne vont pas sans être accompagnées de grandes misères sociales et morales. Il y a beaucoup à apprendre pour nous chez ces petits peuples, Suisses, Hollandais, Scandinaves. Le jour où nous aurons surpris et appliqué le secret de leur prospérité et de leur tranquillité, qui réside, au fond, dans la santé vigoureuse de leur corps politique, dans l'harmonie complète des hommes et des institutions avec les besoins de la société, la France sera sauvée.

H.-R. S.

Léon Poinsard. — *La production, le travail et le problème social dans tous les pays au début du XX° siècle.* Félix Alcan, 2 vol. in-8°, 593 et 768 p.

M. Poinsard avait publié, il y a une quinzaine d'années déjà, un ouvrage intitulé *Libre-échange et protection*, dans lequel il s'était proposé d'expliquer « la politique douanière de tous les pays par les circonstances de leur état social et économique ». Cet ouvrage avait eu un légitime succès; au lieu de le rééditer purement et simplement, en s'attachant à le mettre à jour, l'auteur a voulu amplifier ces premières études, et il a entrepris courageusement une tâche considérable : l'étude de « la production, le travail et le problème social dans tous les pays au début du XX° siècle ».

Il serait vain de tenter d'analyser un ouvrage de ce genre : il mérite d'être étudié autant que lu. Adepte convaincu de la « science sociale », qui a pour auteur original Le Play, mais a été modifiée depuis lui et systématisée par des disciples, dont les plus connus sont Henri de Tourville et Demolins, la méthode de l'auteur n'est pas sans surprendre tout d'abord le lecteur qui n'a pas eu l'occasion de l'étudier. Certaines classifications le déroutent, des affirmations l'étonnent par leur netteté. Il aurait tort de se laisser rebuter par cet appareil scientifique. Qu'il l'adopte ou qu'il le rejette, il trouvera dans ces deux volumes une masse considérable de connaissances, réunies à grand'peine, et un grand nombre de réflexions judicieuses qui lui ouvriront sur les questions économiques de fort intéressants aperçus. A la fin de cette immense entreprise « dont l'étendue et les difficultés, nous dit l'auteur, l'ont plus d'une fois jeté dans le trouble et l'hésitation », il a rassemblé dans une conclusion générale les idées fondamentales qu'elle avait fait naître dans son esprit, et comme la philosophie générale qu'elle l'a conduit à tirer relativement aux « conditions normales du progrès social ». Il les résume ainsi : « Le progrès social et le développement économique ne peuvent se produire d'une manière régulière et continue, que dans une société basée sur les principes suivants : large autonomie du particulier, stabilité de la famille, pratique assidue des travaux variés, étroite limitation des pouvoirs de l'autorité publique centrale. » L'on ne peut s'empêcher, devant ces conclusions, de regarder avec mélancolie le mouvement général qui paraît emporter nos sociétés occidentales vers une organisation toute différente de la vie.

A. V.

Henry Sage, docteur en droit. — *Les Institutions politiques du pays de Liége au XVIII° siècle, leur décadence et leur dernier état,* Paris, Arth. Rousseau, 1 vol. in-8. — L'histoire du pays de Liége sous l'Ancien Régime offre le spectacle d'un état singulièrement respectueux des libertés civiles. Je ne crois pas que, sauf l'État anglais et avec plus de bonhomie, il en existait un autre en Europe qui entourât de telles garanties les droits des citoyens. Dans le nouvel ouvrage que vient de nous donner M. H. S., il a voulu nous expliquer le mécanisme des institutions liégeoises, en analyser les organes au moment où leur désagrégation commençante permet davantage de saisir leur caractère essentiel, montrer comment l'état liégeois, sans constitution proprement dite, fut véritablement un état constitutionnel. Au sommet de la hiérarchie, le prince-évêque, souverain élu, sorte de président à vie dont les pouvoirs sont limités par les droits des États. Les États, comme nos États généraux, composés de trois ordres et comme eux temporaires. Ils se réunissent régulièrement deux fois l'an en session ordinaire de dix jours ; le prince garde la faculté de les convoquer plus souvent. Ils votent l'impôt et en surveillent l'emploi ; une délégation permanente, analogue à celle qui fonctionne chez nous dans l'intervalle des sessions des Conseils généraux, contrôle l'utilisation des fonds. L'évêché de Liége jouit donc du bienfait d'un budget régulièrement voté. Pour les actes que le prince peut accomplir sans le consentement des États, les édits de police générale, par exemple, la règle de l'irresponsabilité du souverain se concilie avec des sanctions effectives. Chacun des actes du prince doit être contresigné par un membre du conseil privé, sorte de conseil des ministres. Et pour que la responsabilité de ces fonctionnaires soit réelle, ils ne sont pas seulement passibles de destitution, mais responsables sur leurs propres biens. Le droit de grâce, qui pourrait les soustraire au châtiment, n'appartient pas à l'évêque trop aisément tenté de le faire servir à innocenter des serviteurs coupables simplement d'avoir exécuté ses ordres : il est la propriété des États. A côté des États, garantie de saine gestion financière et de bonne administration, le tribunal des XXII, garantie de prompte et sévère justice ; l'institution, peut être la plus originale du pays de Liége, sorte de jury permanent que chacun peut saisir et qui peut se saisir lui-même directement des causes d'intérêt public. Désignés pour un an, ses membres étaient responsables devant leurs successeurs des abus qu'ils avaient pu commettre dans l'exercice de leur charge.

Tel se présente en bref le régime dont M. H. S., dans une étude effectuée sur les documents originaux, pénétrante et claire, nous a retracé la décadence depuis le coup d'état épiscopal de 1684 qui en restreignit les libertés jusqu'à la révolution du 18 août 1689 montrant comment cette organisation ecclésiastique se décompose peu à peu au contact des idées nouvelles. Comme ouvrage de droit constitutionnel, l'ouvrage de M. H. S, n'est pas indigne d'être rapproché des livres d'Émile Boutmy et c'est dire quelle utilité il présente au point de vue de la formation et du fonctionnement des institutions libres en Europe. Dans un chapitre spécial, fort instructif au point de vue du droit international, M. S. étudie la neutralité du pays de Liége, neutralité bien particulière faite d'une servitude de passage librement consentie par l'évêque pour se maintenir en dehors des hostilités. Le long couloir formé par l'État liégeois dans la vallée de la Meuse est comme un détroit qui assure les communications de l'Allemagne et de la France; une sorte de Sund territorial dont le souverain contrôle la traversée. Il n'est pas comme la Belgique actuelle une région dont la possession donnerait la prépondérance en Europe occidentale à ses détenteurs. Loin de l'interdire, le prince, au contraire, accepte la violation de son territoire pour assurer son intégrité. On voit la différence de la neutralité liégeoise avec les neutralités permanentes et actuelles et comment il serait imprudent de l'y rattacher : elle se réfère à d'autres principes. Paix à l'extérieur, paix à l'intérieur. M. S. a nettement montré comment le pays de Liège se maintint depuis les époques les plus lointaines dans la tradition d'un libéralisme conciliant qui sut, au temps de la Réforme, éviter les bûchers, accueillir les Encyclopédistes au xviiie siècle, offrir une chaire à Sainte-Beuve sous le second Empire et qui reste le caractère distinctif de la Wallonie.

R. DOLLOT.

E. Tonnelat. — *L'expansion allemande hors d'Europe.* Lib. Armand Colin ; 1 vol. in-18, 278 p.

Dans son intéressant ouvrage sur *L'émigration européenne au XIXe siècle*, M. R. Gonnard avait, naturellement, consacré un chapitre à l'émigration allemande. M. Tonnelat a pu visiter, sinon toutes, du moins les plus importantes des colonies allemandes hors d'Europe. Son ouvrage nous apporte donc, sur ce sujet d'une réelle importance, une documentation et des impressions précieuses. Ses chapitres sur : les Allemands aux États-Unis; les colonies allemandes au Brésil; les Allemands au Chantoung, ces deux derniers surtout, sont particulièrement intéressants. L'étude sur les Allemands et indigènes dans l'Afrique du Sud complète cet ensemble d'essais traitant à la fois de l'émigration et de la colonisation allemandes.

Les colonies allemandes au Brésil ont appelé l'attention ces dernières années, et même soulevé quelques appréhensions de la part des États-Unis. Les conclusions de M. T. à ce sujet prouvent leur futilité : « Quant à la fondation d'un État indépendant de paysans allemands dans le sud du Brésil, dit-il, elle paraît encore moins vraisemblable qu'un essai d'annexion territoriale par l'Allemagne. »

V. A.

Georges Blondel. — *L'éducation économique du peuple allemand.* Larose et Tercin, 1 vol. in-18, 136 p.

La grande connaissance qu'a M. Blondel des questions économiques en général, et en particulier de celles qui concernent l'Allemagne, donnent un intérêt particulier à cette nouvelle étude, résultat d'observations faites au cours de plusieurs voyages. L'occasion particulière de celle-ci est l'inauguration, l'année dernière, de la nouvelle école des hautes études commerciales de Berlin. Elle vient à un moment propice et sera lue avec intérêt et profit par les hommes, de plus en plus nombreux, qui se préoccupent de la réforme de notre enseignement secondaire. Nul doute que chez nous quelque chose ne cloche en ce moment, à cet égard. La tendance des masses semble être de plus en plus vers le fonctionnarisme, tandis que ceux dont le devoir est d'envisager l'avenir comprennent la nécessité d'aiguiller vers les carrières actives, commerciales et industrielles, les individus les meilleurs des jeunes générations. Notre système d'éducation n'a pas été conçu dans ce but : il est indispensable que nous l'adaptions promptement à ce besoin nouveau. Les Allemands nous ont devancés dans cette voie; nous pouvons, non pas les copier servilement, mais leur demander des exemples. L'étude critique de M. Blondel sera pour cet objet un guide excellent.

A. V.

_____

Henri de Noussanne. — *Des Faits. Des Hommes. Des Idées. 1905-1906.* Préface de Maurice Barrès, de l'Académie française. 1 vol. in-18, 286 p. Plon.

Il n'y a rien de didactique dans ce livre et c'est cependant un des ouvrages les plus renseignés, en notre temps. Tableaux de politique intérieure ou de politique étrangère, esquissés sur place, d'une touche légère et précise, les études de M. de N. ont la valeur de documents certains. On peut discuter l'interprétation des faits qu'il rapporte ; on ne saurait en méconnaître l'exactitude. Et, d'autre part, notre curiosité trouve toujours son compte à l'accompagner, il l'éveille et ne l'épuise pas.

Dans une succession de chapitres qu'a publiés au jour le jour *l'Écho de Paris*, mais conçus suivant un plan directeur et rédigés d'ensemble, l'auteur nous entraîne successivement à sa suite sur les routes, et plus volontiers sur les chemins douloureux de l'Europe. A Rome, il nous introduit auprès de Pie X et du cardinal Merry del Val et termine son enquête sur le Conflit religieux en nous apportant un entretien très noble avec Ferdinand Brunetière agonisant. Dans *Choses et Gens d'Outre-Rhin*, c'est toute la politique étrangère de l'Allemagne que nous entrevoyons évoquée en vivantes images, car M. de N. a le génie du concret. L'Allemagne et la Scandinavie nous font saisir un des problèmes les plus injustement méconnus de notre politique étrangère. Mais, c'est dans l'*Oppression prussienne en Pologne* que l'auteur donne véritablement sa mesure. Par le simple récit de faits incontestés, il atteint à la plus haute émotion et dresse un réquisitoire qui restera, contre une administration dont les rigueurs ont su effacer chez les Polonais le souvenir des persécutions russes. Le livre s'achève par deux enquêtes sur les révolutionnaires de France, ceux des campagnes et ceux des villes, les plus intéressantes pour nous, triste dyptique de l'anarchie morale d'aujourd'hui. Souvent émues, toujours éloquentes, les pages de ce volume d'une belle tenue littéraire s'inspirent de

deux idées constamment présentes à notre esprit : la notion de l'ordre et
le respect du droit.

R. W.

Édouard Escarra. — *Le développement industriel de la Catalogne*, 1 vol.
in-8 de 250 pages, chez Arthur Rousseau.

Sous ce titre, M. Escarra, chargé de cours à la Faculté de droit de l'Université de Lille, a réuni les résultats de l'enquête dont il avait été chargé,
l'an dernier, par le Musée Social. Son livre est divisé en trois parties : la
seconde — qui eût dû logiquement, croyons-nous, être la première — contient un historique sommaire, mais très précis, de l'industrie catalane. Le
chapitre premier nous offre un aperçu assez complet de l'état actuel de
cette industrie, l'énumération détaillée de ses branches les plus importantes.
Ce n'est pas la faute de l'auteur, s'il n'a pu nous donner de renseignements
plus détaillés ou plus précis : les statistiques officielles sont notoirement
insuffisantes... lorsqu'elles existent, et, en tout cas, fort sujettes à caution.
Il n'y a guère que pour l'industrie du coton — qui est de beaucoup, il est
vrai, la plus importante des industries catalanes — que M. E. a pu se procurer des chiffres suffisamment dignes de foi auprès du *Fomento del Tra-
bajo Nacional*, dont le siège est à Barcelone.

Peut-être seulement le fait que M. E. a mené à peu près exclusivement
son enquête dans cette ville, ne lui a-t-il pas permis de tenir assez compte
du caractère très particulariste des Catalans et de leur souverain mépris
pour les autres citoyens du royaume. C'est ce qui lui a fait écrire des
phrases comme celles-ci : « ce qui caractérise cette région, c'est son activité
industrielle : par là elle se *distingue nettement*, et à plusieurs points de vue,
du reste du royaume... » (p. 10), ou encore, deux pages plus loin : « *seule
en Espagne*, l'industrie catalane est une industrie nationale... » (p. 12), —
phrases que démentent, au reste, heureusement, d'autres passages du
livre, qu'il serait trop long de citer ici.

Peut-être aussi, peut-on reprocher à M. E. de n'avoir pas proclamé assez
haut ce que l'industrie catalane doit au protectionnisme, bien que cela
résulte clairement de la lecture de son ouvrage. C'est le protectionnisme
exagéré, dont ont bénéficié les Catalans, et pour lequel l'Espagne entière
paie un lourd tribut, qui fait comprendre ce que cette industrie a d'artificiel, dans certaines de ses branches, qui explique à la fois le peu de progrès qu'elle réalise, faute de l'aiguillon de la concurrence étrangère, et la
crise dont elle souffre actuellement et qui est due, avant tout, à la surproduction. C'est le protectionnisme aussi, et l'étude de ses effets sont l'ensemble du royaume, qui permet de voir exactement le rôle joué par la Catalogne dans la vie économique du royaume et d'apprécier, en partie, les
théories régionalistes ou « nationalistes » des Catalans.

M. E. se montre, au reste, et, croyons-nous, avec infiniment de raison, assez sceptique au sujet de l'avenir de nombre d'industries de cette province. Ceci fait l'objet de son chapitre III. Si les industries métallurgiques ou minière lui paraissent appelées à prendre plus d'extension, il se demande, en revanche, si les industries cotonnières ne sont pas destinées à rester stationnaires, et l'avenir des industries chimiques lui paraît fort douteux.

Quelques réserves que l'on puisse faire sur certaines des conclusions de M. E., — et notamment au sujet de l'avenir des relations franco-espagnoles, qu'il envisage sous un jour bien pessimiste, — son livre n'en constitue pas moins une très utile contribution à l'étude économique d'un pays trop négligé et cependant digne de tout notre intérêt.

ANGEL MARVAUD.

Louis Delpérier. — *Les colonies de vacances.* Lecoffre, 1 vol. in-18, XXV-184 p.

A une époque où les économistes se préoccupent justement de l'abaissement continu de la natalité, toute mesure propre à diminuer la mortalité, surtout parmi les enfants, doit être encouragée. A ce titre, les colonies de vacances ne sauraient trop être recommandées; en outre, de leurs avantages physiques, elles comportent de nombreux avantages intellectuels, moraux et sociaux. Ces importants résultats sont fort bien mis en lumière dans l'ouvrage de M. L. D. : après avoir retracé le développement et la situation actuelle des colonies de vacances à l'étranger et en France, il étudie leur organisation et leur administration, et fait la comparaison entre les deux modes de placement : placement familial et colonie collective; il envisage aussi la question des transports et celle des assurances, et termine en indiquant comment les colonies de vacances peuvent être prolongées ou remplacées. Ce livre, très complet et très clair, est le résultat de laborieuses et consciencieuses recherches; aussi la Bibliothèque d'économie sociale n'a-t-elle pas hésité à donner l'hospitalité au travail de notre jeune camarade. Dans la préface qu'il a écrite pour cet ouvrage, M. E. Cheysson dit en parlant de M. L. D. que « les lecteurs trouveront en sa compagnie autant de profit que de plaisir »; nous sommes les premiers à applaudir un tel jugement, et nous recommandons la lecture de ce livre à tous ceux qu'intéressent les questions d'économie sociale.

M. WALLON.

Ouvrages envoyés à la rédaction.

A. RODRIGUEZ DEL BUSTO. — *América del Sur : altitudes y canalización,* Plógo, t. I. Cordóla, 1 vol. in-8, 235 p.

A. CALEB. — *Du régime des capitulations en Turquie par rapport à la Bulgarie.* Genève, 1 broch., 48 p.

JEAN DARCY. — *France et Angleterre : cent années de rivalité coloniale. L'affaire de Madagascar.* Perrin et Cⁱᵉ, 1 vol. in-8, 161 p.

LUCIEN DESLINIÈRES. — *Projet de code socialiste.* T. II, V. Giard et E. Brière, 1 vol. in-18, 240 p.

EUG. D'EICHTHAL, de l'Institut. — *Guerre et paix internationale.* O. Doin, 1 vol. in-18, 338 p.

ROBERT DE FÉLICE. — *Toujours plus haut.* Pensées éparses. Librairie Fischbacher, 1 vol. in-32, 116 p.

ROBERT DE FÉLICE. — *Le régime des bouilleurs de cru. La crise financière aux États-Unis.* 1 broch. in-8, 65 p.

LUCIEN HUBERT, député. — *L'éveil d'un monde : l'œuvre de la France en Afrique occidentale.* F. Alcan, 1 vol. in-16, 250 p.

ADOLPHE LANDRY. — *Manuel économique.* V. Giard et Brière, 1 vol. in-8, 887 p.

A. DE LAVERGNE et PAUL HENRY. — *La richesse de la France : fortune et revenus privés.* Marcel Rivière, 1 vol. in-8, 200 p.

E. LEVASSEUR, de l'Institut. — *Rapport sur le Concours pour le prix Léon Faucher,* 1908 : Décrire dans une région de la France (département ou pays) l'état de la culture et les changements survenus depuis une cinquantaine d'années dans les procédés, les produits, les débouchés, les prix, et dans la condition des cultivateurs, exploitants et salariés. A. Picard et fils, 1 vol. in-18, 168 p.

HENRI LORIN. — *L'Afrique du Nord : Tunisie, Algérie, Maroc.* Librairie A. Colin, 1 vol. in-18, 418 p.

SIR ALFRED C. LYALL. — *Études sur les mœurs religieuses et sociales de l'Extrême-Orient* (trad. de l'anglais), t. II. A. Fontemoing, 1 vol. in-8, 480 p.

ROGER PICARD. — *La philosophie sociale de Renouvier.* Marcel Rivière, 1 vol. in-18, 344 p.

HENRI RIPERT. — *La présidence des assemblées politiques.* A. Rousseau, 1 vol. in-8, 506 p.

EUG. RIGUANO. — *Le matérialisme historique.* F. Alcan, une broch.

ANDRÉ TARDIEU. — *La France et les alliances : la lutte pour l'équilibre.* F. Alcan, 1 vol. in-16, 362 p.

DOTT. CARLO TORLONIA. — *La dottrine finanziarie di F.-V. Duverger de Forbonnais.* Roma, 1 vol. in-8, 112 p.

HENRI TUROT. — *La régie du café.* Ed. Cornély et Cⁱᵉ, 1 vol. in-18, 125.

STANISLAS ZIELINSKI. — *Die Ermordung des Statthalters Grafen Andreas Potocki.* Leipzig, 1 broch.

MOUVEMENT DES PÉRIODIQUES

Voir la table des abréviations à la dernière page.
La lettre qui suit l'abréviation du titre de la Revue est la première lettre du mois de la date de la publication.

HISTOIRE, DIPLOMATIE, POLITIQUE

Aerenthal (L'œuvre de M.), P. Bérard, **RP. 1ᵉʳ N.**

Allemagne (Rapprochement économique entre la France et l'), M. Lair, **RBL. 5 s.**

Angleterre (En — la Chambre des Lords et Lord Lansdowne), A. Peer, **Nat. R. s.**

— (et Allemagne), H. Spender, **CR. o.**

— (En — Le roi et la constitution), **CR. s.**

— (Les réformes militaires en), A. Messimy, **RBL. 10 o.**

Amérique de demain (L'), F. Klein, **C. 25 o.**

Bakounine (Michel), A. Herzen, **RBL. 17o.**

Bavière (En —. Le réveil d'une église et d'un peuple, 1848-1870), G. Goyau, **C. 10 o.**

Belgique (La représentation proportionnelle en), J. H. Humphreys, **CR. o.**

Belgique et Allemagne. Feibelmann, **Nat. R. s.**

Burns (Robert), T. Bayne, **Nat. R. s.**

Cavaignac (Le général), P.-F. Dubois, **RBL. 5 s.**

Confédération générale du travail (La), H. de Larègle, **C. 25 s.**

— (Le syndicalisme et la), Paul Louis, **RBL. 24 o.**

Congrès de Berlin (Le), G. Hanotaux, **RDM. 15 s. 1ᵉʳ o.**

Dagobert avant la Révolution (Le général), A. Chuquet, **RH. o.**

États-Unis (La conquête du Désert, aux), A. Viallate, **RBL. 12 s.**

— (Aux — Le nouveau fédéralisme), H. Wade Rogers, **NAR. s.**

— (L'Enseignement public aux), Col. C W. Larned, **NAR. s.**

— (L'immigration aux), W. S. Rossiter, **CR. s.**

— (Aux —. Les Unions du travail et la campagne présidentielle), H. White, **NAR. s.**

—(Aux —. L'Énergie américaine d'après les plus récentes observations), F. Roz, **RDM. 1ᵉʳ s.**

— (La croisade contre l'alcool aux), A. Viallate, **RBL. 24 o.**

— (la campagne et la loi Sherman), Ed. L'Andrews, **NAR. o.**

Famille royale en 1700 (La—), E. Lavisse, **RP. 150.**

Guerre de 1870 (La déclaration de la), H. Welschinger, **C. 10 o.**

— Souvenirs d'un officier prussien sur la), P. Desrangs **RP. 1ᵉʳ N.**

Hongrie (La — et L'Autriche), J. Mailath, **CR. s.**

Indépendance Bulgare (L'), V. Bérard, **RP, 15 o.**

Irlande (En), F. Montgomery, **Nat. R. o.**

Italie (L'Autriche et l'), dans la mer Adriatique), B. Davin, **RBL. 19 s.**

Japon (L'avenir du), R. Preston, **Nat. R. s.**

Lamartine orateur, R. Doumic, **RDM, 15 s.**

Liberté, Égalité, Fraternité (La devise), A. Aulard, **RBL. 5 s.**

Louis-Philippe et Nicolas I, F. de Martens, **RDM. 15 o.**

Mancini (Hortense), G. de Glouvet, **C. 10 s.**

Maroc (Les opérations du général d'Amada au), R. Rahn, **RP. 1ᵉʳ N.**

Moreau et la Conspiration de Georges, E. Daudet, **RDM. 15 o.**

Paix Européenne (La), **Nat. R. o.**

Palmyre, Lagrange **C. 20 s.**

Petrachevsky — Alex, Herzen, **RBL. 26 s. 3 o.**

Philippines (La première Assemblée des), C. V. Lobingier, **NAR. o.**

Pie VII. Les affaires religieuses et la

INDEX DES REVUES CITÉES

TABLE DES MATIÈRES

DU

TOME VINGT-TROISIÈME

(1908)

—

I. — ARTICLES ·ORIGINAUX.

II. — CHRONIQUES.

III. — ANALYSES ET COMPTES RENDUS.

Le propriétaire-gérant : FÉLIX ALCAN.

Coulommiers. — Imp. PAUL BRODARD.

Viennent de paraître :

A. TARDIEU
Premier secrétaire d'ambassade honoraire.

LA FRANCE ET LES ALLIANCES
LA LUTTE POUR L'ÉQUILIBRE
Un volume in-16 de la *Bibliothèque d'hisoic contemporaine.* . . . . **3 fr. 50**

J. CHASTIN
Professeur au lycée Voltaire

LES TRUSTS
ET LES SYNDICATS DE PRODUCTEURS
(Ouvrage récompensé par l'Académie des Sciences morales et politiques)
Un vol. in-8 de la *Bibliothèque générale des Sciences sociales*, cart. à l'angl. **6 fr.**

F. CHALLAYE

SYNDICALISME RÉVOLUTIONNAIRE
ET SYNDICALISME RÉFORMISTE
Un volume in-16. . . . . **2 fr. 50**

LA VIE POLITIQUE
DANS LES DEUX MONDES (1906-1907)
Publiée sous la Direction de M. **A. VIALLATE**, Professeur à l'École des Sciences Politiques
Préface de M. **Anatole LEROY-BEAULIEU**, de l'Institut,
Avec la collaboration de MM. L. Renault, de l'Institut; W. Beaumont, D. Bellet, P. Boyer, M Caudel, M. Courant,
M. Escoffier, G. Gidel, J.-P. Armand Hahn, Paul Henry, René Henry, A. de Lavergne, A. Marvaud, H.-R Savary,
A. Tardieu, R. Vaultrin, professeurs et anciens élèves de l'Ecole des Sciences Politiques.
Un fort vol. in-8 de 600 pages de la *Bibliothèque d'histoire contemporaine.* **10 fr.**

Ouvrages analysés dans le présent numéro :

C. COLSON
Ingénieur en chef des Ponts et Chaussées. Conseiller d'État.

COURS D'ÉCONOMIE POLITIQUE
PROFESSÉ A L'ÉCOLE NATIONALE DES PONTS ET CHAUSSÉES
6 volumes grand in-8. . . . . **36 fr.**

On vend séparément :
Livre I. — **Théorie générale des phénomènes économiques.** 2e édition
    revue et augmentée. . . . . **6 fr.**
— II. — **Le travail et les questions ouvrières.** 3e tirage. . . . . **6 fr.**
— III. — **La propriété des biens corporels et incorporels.** 2e tirage. . . **6 fr.**
— IV. — **Les entreprises, le commerce et la circulation.** 2e tirage. . . **6 fr.**
— V. — **Les finances publiques et le budget de la France.** . . . . **6 fr.**
— VI. — **Les travaux publics et les transports.** . . . . **6 fr.**

LES FORCES PRODUCTIVES DE LA FRANCE
CONFÉRENCES DE LA SOCIÉTÉ DES ANCIENS ÉLÈVES
DE L'ÉCOLE DES SCIENCES POLITIQUES
Introduction de M. PAUL LEROY-BEAULIEU, de l'Institut.

I. *La productivité de l'agriculture et les problèmes sociaux*, par M. D. Zolla, professeur à l'École des Sciences politiques et a l'École d'agriculture de Grignon; discours de M. Paul Leroy-Beaulieu. — II. *La concentration industrielle et son influence sur le sort des classes ouvrières.* par M. E. Allix, professeur a l'Université de Caen; discours de M. P. Baudin, député, ancien ministre des Travaux publics. — III. *La marine marchande et les forces productives de la France*, par M. P. de Rousiers, secrétaire général du Comité central des armateurs de France; discours de M. Thierry, député. — IV. *L'organisation du commerce extérieur et les agents de son développement*, par M. J.-G. Charpentier, premier secrétaire d'Ambassade honoraire; discours de M. Millerand, député, ancien ministre du Commerce et de l'industrie. — V. *Les forces nouvelles en formation dans l'Afrique du Nord*, par M. H. de Peyerimhoff, maître des requêtes honoraires au Conseil d'Etat; allocution et discours de M. Roume, ancien gouverneur général de l'Afrique occidentale.
Un volume in-16. . . . . **3 fr. 50**

COMPTOIR NATIONAL D'ESCOMPTE DE PARIS
Capital : 150 millions de francs entièrement versés.
Siège social : 14, Rue BERGÈRE. — Succursale : 2, place de l'Opéra, Paris.

ident du Conseil d'Administration : M. Alexis ROSTAND, O. ✳   Vice-Président, Directeur : M. E. U

ÉRATIONS DU COMPTOIR : Bons à échéance fixe, Es-
te et Recouvrement, Escompte de chèque, Achat et
e de Monnaies étrangères, Lettres de
it, Ordres de Bourse, Avances sur Ti-
Chèques, Traites, Envois de Fonds
ro vince et à l'Étranger, Souscrip-
, Garde de Titres, Prêts hypothécai-
aritimes, Garantie contre les Risques
emboursement au pair, Paiement de
ns, etc.
ENCES : 33 Bureaux de quartiers dans
 — 13 Bureaux de Banlieue. —
 ences en Province. — 11 Agences
les colonies et pays de protectorat.
2 Agences à l'Étranger.
CATION DE COFFRES-FORTS : Le
ptoir tient un service de coffres-forts
disposition du public, 14, rue Ber-
; 2, place de l'Opéra ; 147, boule-
Saint-Germain ; 49, avenue des
ps-Elysées, et dans les principales
ces. — Une clef spéciale unique est
se à chaque locataire. — La com-
son est faite et changée par le locataire, à son gré. —
ocataire peut seul ouvrir son coffre.
NS A ÉCHÉANCE FIXE. Intérêts payés sur les sommes.
sées : De 6 mois à 11 mois. 2 0/0 : 1 an à 3 ans,
. — Les Bons, délivrés par le COMPTOIR NATIONAL aux
d'intérêts ci-dessus. sont à ordre ou au porteur, au
du Déposant. Les intérêts sont représentés par des

Garantie et Sécurité absolues

Compartiments depuis 5 fr. par mois

Bons d'intérêts également à ordre ou au porteur, pa
semestriellement ou annuellement suivant les conve
du Déposant. Les Bons de cap
d'intérêts peuvent être endossés
par conséquent négociables.
   VILLES D'EAUX, STATIONS ES
ET HIVERNALES. Le COMPTOIR NA
des agences dans les principales
d'Eaux : Aix-en-Provence, Bagn
Luchon, Bayonne, Biarritz, La Bo
Calais, Cannes, Châtel-Guyon, Che
Compiègne, Dax. Dieppe, Dunke
ghien, Fontainebleau, Le Havre, Le
Dore, Nice, Pau, Saint-Germain-en
Trouville-Deauville, Vichy, Tunis,
Saint-Sébastien. Monte-Carlo, Le
Alexandrie (Egypte), etc.; ces
traitent toutes les opérations cou
siège social et les autres agences.
te que les Etrangers, les Touriste
Baigneurs, peuvent continuer à s'
d'affaires pendant leurs villégiatu
   LETTRES DE CREDIT pour voyag
·COMPTOIR NATIONAL D'ESCOMPTE délivre des Lettres d
dit circulaires payables dans le monde entier au
ses agences et correspondants; ces Lettres de Crédi
accompagnées d'un carnet d'identité et d'indicatio
offrent aux voyageurs les plus grandes commodi
même temps qu'une sécurité incontestable.
Salons des Accrédités, Branch Office, 2, place de

FÉLIX ALCAN, ÉDITEUR

Vient de paraître :

RENÉ STOURM
Membre de l'Institut, Professeur à l'École des Sciences politiques

COURS DE FINANCES

LE BUDGET

SIXIÈME ÉDITION, REVUE ET MISE AU COURANT

La progression des dépenses, des dettes et des impôts dans les grands États européens rend aujourd'hui plus nécessaire que jamais l'étude des règles et des formalités
budgétaires. L'utilité de ce livre qui leur est spécialement consacré se trouve donc
justifiée et ses éditions successives prouvent qu'il répond aux besoins de nombreux
lecteurs.

Le plan de l'ouvrage consiste à développer, d'abord, les enseignements que comportent chaque règle et formalités, puis à découvrir leur origine et leur raison d'être,.
à comparer leur mode d'application de pays en pays, à rechercher enfin les perfectionnements possibles.

Un fort volume in-8 de XV-624 pages .... **10 fr.**

Du même auteur :

Les systèmes géné aux d'impôts. 2e édition revisée et mise au courant.
1 vol. in-8 .... **9 fr.**

CPSIA information can be obtained
at www.ICGtesting.com
Printed in the USA
BVHW04*1955230818
525300BV00013B/63/P

9 780260 094940